Código de Processo Civil Anotado

Vol. I

PARTE GERAL E PROCESSO DE DECLARAÇÃO

Artigos 1º a 702º

Código de Processo Civil Anotado

Vol. I

PARTE GERAL E PROCESSO DE DECLARAÇÃO

Artigos 1º a 702º

2021 • 2ª edição • Reimpressão

António Santos Abrantes Geraldes
Juiz Conselheiro do Supremo Tribunal de Justiça

Paulo Pimenta
Advogado e Professor Universitário

Luís Filipe Pires de Sousa
Juiz Desembargador do Tribunal da Relação de Lisboa

ALMEDINA

CÓDIGO DE PROCESSO CIVIL ANOTADO

VOL. I

PARTE GERAL E PROCESSO DE DECLARAÇÃO

ARTIGOS 1º A 702º

AUTORES
António Santos Abrantes Geraldes
Paulo Pimenta
Luís Filipe Pires de Sousa

EDITOR
EDIÇÕES ALMEDINA, S.A.
Rua Fernandes Tomás, nºs 76-80
3000-167 Coimbra
Tel.: 239 851 904 · Fax: 239 851 901
www.almedina.net · editora@almedina.net

Design de colecção: FBA.
Capa: Edições Almedina

PRÉ-IMPRESSÃO
EDIÇÕES ALMEDINA, SA
IMPRESSÃO E ACABAMENTO
PAPELMUNDE

Novembro, 2021
DEPÓSITO LEGAL
467672/20

ALMEDINA | GRUPOALMEDINA

BIBLIOTECA NACIONAL DE PORTUGAL – CATALOGAÇÃO NA PUBLICAÇÃO

Código de processo civil anotado / [anot.] António Santos Abrantes Geraldes, Paulo Pimenta, Luís Filipe Pires de Sousa. - (Códigos anotados)
1º v.: Parte geral e processo de declaração, artigos 1º a 701º. – 2.ª Ed. – p. - ISBN 978-972-40-8316-2

I – GERALDES, António Santos Abrantes
II – PIMENTA, Paulo
III – SOUSA, Luís Filipe Pires de

CDU 347

NOTA PRÉVIA À 2ª EDIÇÃO

O processo civil continua a ser um terreno fértil para modificações legislativas, assim o evidenciando os diplomas que foram publicados desde a 1ª edição deste I vol. do *Código de Processo Civil anotado.*

O DL nº 97/19, de 26 de julho, veio consagrar definitivamente o modelo do *processo eletrónico*, o que se traduziu também na alteração formal de diversos preceitos, sendo de assinalar doravante a obrigatoriedade de todos os atos das partes serem praticados diretamente na plataforma eletrónica, não se acolhendo outra forma, a não ser quando se trate de processo que não imponha a constituição de mandatário e a parte não esteja patrocinada ou em casos excecionais em que se verifique a indisponibilidade do sistema.

Incidindo cirurgicamente sobre o Tribunal dos Conflitos, a Lei nº 91/19, de 4 de setembro, veio finalmente normalizar e atualizar a *resolução de conflitos de jurisdição*, substituindo o regime arcaico que resultava de normas dispersas em franca desarmonia com as exigências de celeridade e de eficácia que devem caracterizar os instrumentos processuais.

A Lei nº 117/19, de 13 de setembro, veio introduzir modificações em três áreas do processo civil. No que concerne ao regime do *recurso de revisão*, reforçou os mecanismos de proteção do réu em situação de revelia e sanou a duplicidade de regimes quanto ao reconhecimento do direito de indemnização decorrente da prática de atos jurisdicionais, dando resposta a exigências que emanam do direito ou da jurisprudência da União Europeia. Exigências que igualmente se manifestaram na modificação do regime da *injunção* e da ação executiva sustentada nesse título, procurando dar uma resposta satisfatória ao que emerge da jurisprudência constitucional. Finalmente, no que respeita às partilhas litigiosas, concretizou-se o recuo quanto a uma opção de desjudicialização introduzida pela Lei nº 23/13, de 5 de março. Sendo verdade que o regime do inventário judicial que constava do CPC de 1961 não satisfazia as exigências da sociedade, em face da morosidade da resposta, a transferência de tais litígios para o notariado não trouxe qualquer melhoria. O insucesso de tal opção esteve na base da reintrodução do regime do *processo de inventário* no CPC, com a correspondente devolução aos tribunais judiciais da competência para a sua resolução, considerando que naturalmente estão mais aptos a resolver conflitos de interesses e a debelar a carga incidental que sempre acompanhou os processos de inventário.

Todas estas modificações estão visivelmente assinaladas à margem de cada preceito (sendo as referentes ao *processo de execução* e ao *processo de inventário* no vol. II que simultaneamente se publica), servindo esta 2ª edição do vol. I também para atualizar as notas, sempre com o intuito, que guia cada um dos autores, de contribuir para a melhoria da aplicação do direito processual civil cujo relevo social e económico é evidente.

É, pois, com as novas indicações que constam desta 2ª edição e também com o vol. II (*Ação Executiva, Processos Especiais e Processo de Inventário*), no qual foi seguida a mesma metodologia nas anotações, que se espera contribuir para uma melhoria dos resultados em cada uma das atividades dos juristas interessados: magistratura, advocacia ou academia.

Fevereiro 2020

A. ABRANTES GERALDES
PAULO PIMENTA
LUÍS FILIPE DE SOUSA

NOTA PRÉVIA À 1ª EDIÇÃO

A elaboração de um Código de Processo Civil anotado (este vol. I abarca as normas da *Parte Geral* e da *Ação Declarativa;* o vol. II será dedicado à *Ação Executiva* e aos *Processos Especiais*) constitui uma tarefa cuja dificuldade é proporcional ao empenho que os autores lhe votaram, prosseguindo o objetivo de tornar mais claras para os profissionais forenses, e não só, as soluções que emergem dos preceitos anotados.

Constituindo um trabalho onde foi exercitada uma efetiva colegialidade, cada um dos autores entregou de penhor a vasta experiência nas respetivas áreas profissionais (magistratura ou advocacia), mas também a que resulta, em maior ou menor grau, da docência universitária e/ou da formação de magistrados e de advogados, o que teve por efeito assegurar que as opiniões emitidas relevam essencialmente do contacto direto com os problemas que o quotidiano forense suscita na interpretação e aplicação de um diploma tão importante como o Código de Processo Civil.

As variadas experiências dos autores e o modo como isso se revela nas anotações permitem antever para esta obra uma função semelhante à que é desempenhada pelo G.P.S. (*Global Positioning System*): pretende-se que constitua um instrumento que faculte a todos os "tripulantes" do sistema da justiça na área do Direito Privado, a partir do local onde se encontram, a indicação das vias mais adequadas, mais céleres e mais seguras para atingir o destino.

Para o efeito, optou-se por explicitar o regime de um ponto de vista operacional, poupando tanto nas referências jurisprudenciais (agora de fácil acesso mediante busca informática, *máxime* através de *www.dgsi.pt*), como nos elementos de natureza doutrinária, sem embargo das remissões para obras dos próprios autores, especialmente quando nelas se possam encontrar informações mais detalhadas sobre as questões tratadas. Naturalmente cada um dos autores está a par das divergências jurisprudenciais ou doutrinais acerca dos mais variados assuntos, mas considerou-se que não existia vantagem na exposição de todas as polémicas, apostando na apresentação das soluções que se afiguram mais razoáveis. Em certos casos mais duvidosos ou em que não existe posição uniforme mesmo dentro do coletivo, ficaram expostas alternativas, no intuito, sempre presente, de afastar qualquer dogmatismo e de privilegiar a busca das melhores soluções.

Por razões de simplificação, os arestos dos tribunais, sem outra indicação, têm como fonte *www.dgsi.pt* e surgem identificados da forma mais simples, tendo por referência o primeiro descritor que é apresentado (*v.g.* STJ 21-2-17, 876/16), permitindo a sua fácil localização. Foram usadas as seguintes siglas: STJ (Supremo Tribunal de Justiça), RL (Relação de Lisboa), RP (Relação do Porto), RC (Relação de Coimbra), RE (Relação de Évora) e RG (Relação de Guimarães).

Esperam os autores que os profissionais forenses, seus destinatários mais imediatos, mas também estudiosos do processo civil e mesmo alunos universitários, extraiam desta obra a utilidade com que a mesma foi idealizada, na certeza de que a evolução da jurisprudência ou da doutrina, a par de um mais aturado estudo das matérias, poderá demandar, futuramente, a revisão e atualização de algumas posições. Em suma, espera-se que a recetividade desta obra e a sua utilização quotidiana contrabalancem, largamente, os longos períodos de tempo que os autores dedicaram à sua execução, com privação de tempo para a vida familiar.

Setembro de 2018

A. Abrantes Geraldes
Paulo Pimenta
Luís Filipe de Sousa

NOTAS CURRICULARES

ANTÓNIO SANTOS ABRANTES GERALDES

- Juiz Conselheiro do Supremo Tribunal de Justiça (2011)
- Correspondente Nacional da Academia das Ciências de Lisboa, Classe de Letras (5ª Secção: Direito e Ciência Política) (2019)

Anteriormente:

- Desembargador nas Relações de Coimbra e de Lisboa (1999-2011)
- Vogal do Conselho Superior da Magistratura (2004-2007)
- Docente do Centro de Estudos Judiciários, na Jurisdição Cível (1992-1998)
- Juiz de Direito do Tribunal Marítimo (1998-1999), do Tribunal Cível de Lisboa e (1987-1998) e do Tribunal Judicial de Vila Franca do Campo (1983-1987)

Foi ainda:

- Docente Convidado da Faculdade de Direito da Universidade Nova de Lisboa (Mestrado Forense e Arbitragem) (2015-2017)
- Membro da Comissão de Revisão do CPC (2011)
- Membro do Grupo e do Conselho de Administração da Coletânea de Jurisprudência (1999-2018)

Publicações em livro:

- Temas da Reforma do Processo Civil – I vol. (*Princípios Fundamentais do Processo Civil e Fase Inicial da Ação Declarativa*) (2ª ed.)
- Temas da Reforma do Processo Civil – II vol. (*Audiência Preliminar; Saneamento e Condensação; Registo da Prova e Decisão da Matéria de Facto*) (4ª ed.)
- Temas da Reforma do Processo Civil – III vol. (*Procedimento Cautelar Comum*) (4ª ed.)
- Temas da Reforma do Processo Civil – IV vol. (*Procedimentos Cautelares Específicos*) (4ª ed.)
- Recursos em Processo Civil – Novo Regime (3ª ed.)

- Recursos no Processo do Trabalho
- Suspensão de Despedimentos e outras Providências Cautelares no Processo do Trabalho
- Recursos no Novo Código de Processo Civil (5ª ed.)
- Temas Judiciários, Citações e Notificações e Custas Judiciais e Multas Cíveis
- Temas da Responsabilidade Civil – I vol. (*Indemnização do Dano da Privação do Uso*) (3ª ed.)
- Temas da Responsabilidade Civil – II vol. (*Indemnização dos Danos Reflexos*) (2ª ed.)

Algumas publicações em revistas jurídicas:

- "Registo da prova", na revista *Sub Judice;*
- "Reforma do processo civil e o foro laboral", "Documentação e registo da prova em processo laboral", "Reforma do processo civil e o foro laboral – processo executivo", "Reforma do processo civil e o foro laboral – procedimentos cautelares", "A recuperação de empresas, a falência e o direito do trabalho" e "A reforma dos recursos introduzida pelo DL nº 303/07 e os seus reflexos no CPT", no *Prontuário de Direito do Trabalho*, do CEJ
- "Recursos sobre a matéria de facto em processo civil", em "*Reforma dos Recursos em Processo Civil – Trabalhos Preparatórios*"
- "Cassação ou substituição. Livre escolha ou determinismo legislativo?", em "*As recentes reformas na ação executiva e nos recursos*"
- "Reforma do regime de recurso cíveis", na revista *Julgar*
- "Valor da jurisprudência cível" e "Exequibilidade da sentença condenatória quanto aos juros de mora", na *Coletânea de Jurisprudência*
- "Recursos", na *Revista do Ministério* Público
- "Títulos executivos" e "O juiz e a execução", na revista *Themis*, da FDUNL
- "Processo civil experimental", em "*Novas Exigências do Processo Civil*"
- "Recursos no processo do trabalho", em *Estudos do Instituto de Direito do Trabalho*
- "Responsabilidade civil no direito da propriedade industrial", na revista *Direito Industrial*
- "A responsabilidade civil extracontratual na jurisprudência do STJ", na *Revista de Direito Civil*

Diversas participações em Colóquios, Conferências e Ações de Formação essencialmente na área do processo civil, do processo do trabalho e do direito das obrigações, quer no âmbito de ações de formação de magistrados (CEJ, CSM, PALOP), quer a solicitação de diversas Universidades (FDUL, FDUC, FDUNL, Escola de Direito da UC, Escola de Direito da UM) ou de Delegações da Ordem dos Advogados.

PAULO JOSÉ REIS ALVES PIMENTA

- Advogado, com escritório no Porto, inscrito desde Julho de 1992
- Mestrado em Direito (Faculdade de Direito da Universidade de Coimbra, Especialização em Ciências Jurídico-Processuais)
- Presidente do Conselho Regional do Porto da Ordem dos Advogados (mandato 2017-2019)
- Membro da Comissão de Reforma do Processo Civil, 2011
- Formador do Centro de Estágio do Conselho Distrital do Porto da Ordem do Advogados, sendo coordenador da área de Prática Processual Civil II (1996/2006)

Publicações em livro:

- Processo Civil (em coautoria)
- O Novo Processo Civil (em coautoria) (12ª ed.)
- A Fase do Saneamento do Processo antes e após a vigência do Novo Código de Processo Civil
- Introdução ao Estudo e à Aplicação do Código de Processo Civil de 2013 (em coautoria)
- Processo Civil Declarativo (2ª ed.)

Publicações em revistas jurídicas e outros meios:

- "Reconvenção", no *BFDUC*
- "Ações e incidentes declarativos na dependência da execução", na revista *Themis*, da FDUNL
- "Reflexões sobre a nova ação executiva" na revista *Sub Judice*
- "Breves considerações acerca do anunciado Regime processual especial e experimental", no *BOA*
- "Notificação, citação e revelia", na revista *Themis*, da FDUNL
- "As linhas fundamentais da ação executiva", na *Revista do CEJ*
- "A fase introdutória da ação executiva", na revista *Maia Jurídica*
- "A fase introdutória da ação executiva para pagamento de quantia certa após as alterações introduzidas pelo DL nº 226/08", na *Revista Jurídica da Universidade Portucalense.*
- "Tópicos para a reforma do processo civil português", na revista *Julgar*
- "A ação executiva na revisão do processo civil", na *ROA*
- "Saneamento e audiência preliminar", na *Revista do Mini*stério Público
- "Os temas da prova", na *Revista Lusíada*
- "Os temas da prova – O novo processo civil", em *Cadernos do CEJ*

Mais de uma centena de conferências e palestras versando temas de processo civil, a convite de diversas Universidades, do CEJ, da Ordem dos Advogados e de outras instituições.

LUÍS FILIPE PIRES de SOUSA

Juiz Desembargador no Tribunal da Relação de Lisboa desde 2016

Anteriormente:

Foi Juiz de Direito das Varas Cíveis de Lisboa entre 1999 e 2016
Foi docente no Centro de Estudos Judiciários, na Jurisdição Civil, entre 2009 e 2011
Mestrado Profissionalizante na FDUL, em 2016, com dissertação sobre o "Documento Eletrónico"

Publicações em livro:

- Prova por Presunção no Direito Civil (3ª ed.)
- O Valor Probatório do Documento Eletrónico no Processo Civil (2ª ed.)
- Processos Especiais de Divisão de Coisa Comum e de Prestação de Contas
- Prova Testemunhal

Publicações em revistas jurídicas e outros meios:

- "O ónus da prova na responsabilidade civil médica. Questões processuais atinentes à tramitação deste tipo de ações (competência, instrução do processo, prova pericial)", na *Revista do CEJ*
- "Prova da Simulação", na revista *Julgar*
- "O empenho ativo do juiz na obtenção da solução de equidade em sede de tentativa de conciliação", na revista *Julgar*
- "O *standard* de prova no processo civil e no processo penal", em *www.trl.pt* e em *https//blogippc.blogspot.com* e
- "Declarações de parte. Uma síntese", em *https//blogippc.blogspot.com*
- "A valoração da prova pericial", na *Revista Portuguesa do Dano Corporal*

É colaborador no Grupo da Coletânea de Jurisprudência.

Teve intervenções em diversas ações de formação a magistrados, no Centro de Estudos Judiciários, bem como a advogados em colaboração com a Ordem dos Advogados (Porto).

É membro do IPPC (Instituto Português de Processo Civil).

ABREVIATURAS PRINCIPAIS

AUJ – Acórdão de Uniformização de Jurisprudência
BMJ – Boletim do Ministério da Justiça
CC – Código Civil
CEDH – Convenção Europeia dos Direitos do Homem
CIMT – Cód. de Imposto Municipal de Transmissões
CIRE – Código da Insolvência e da Recuperação de Empresas
CJ – Coletânea de Jurisprudência
Cód. Com. – Código Comercial
Cód. de Exp. – Código das Expropriações
CPC – Código de Processo Civil
CPP – Código de Processo Penal
CPT – Código de Processo do Trabalho
CPTA – Código do Processo dos Tribunais Administrativos
CRP – Constituição da República Portuguesa
CSC – Código das Sociedades Comerciais
DL – Decreto-Lei
EMJ – Estatuto dos Magistrados Judiciais (alterado pela Lei nº 67/19, de 27-8)
EMP – Estatuto do Ministério Público (aprovado pela Lei nº 68/19, de 27-8)
EOA – Estatuto da Ordem dos Advogados
ETAF – Estatuto dos Tribunais Administrativos e Fiscais
IMT – Imposto Municipal de Transmissões
INML – Instituto Nacional de Medicina legal
LOSJ – Lei Orgânica do Sistema Judiciário
LUC – Lei Uniforme Sobre Cheques
LULL – Lei Uniforme Sobre Letras e Livranças
RC – Relação de Coimbra
RCP – Regulamento das Custas Processuais
RE – Relação de Évora

RG – Relação de Guimarães
RL – Relação de Lisboa
RLOSJ – Regulamento da Lei Orgânica do Sistema Judiciário
RP – Relação do Porto
RLJ – Revista de Legislação e Jurisprudência
STA – Supremo Tribunal Administrativo
STJ – Supremo Tribunal de Justiça
TAF – Tribunais Administrativos e Fiscais
TEDH – Tribunal Europeu de Direitos do Homem
TJUE – Tribunal de Justiça da União Europeia
Trib. Const. – Tribunal Constitucional

Advertências:

- A reprodução dos artigos do Código de Processo Civil não dispensa a análise da versão oficial publicada no *Diário da República*.
- São do Código de Processo Civil as normas mencionadas sem qualquer outra indicação.
- Os acórdãos referidos sem qualquer outra indicação têm por fonte *www.dgsi.pt*.

CÓDIGO DE PROCESSO CIVIL

LIVRO I
DA AÇÃO, DAS PARTES E DO TRIBUNAL

TÍTULO I
Das disposições e dos princípios fundamentais

ARTIGO 1º
Proibição de autodefesa

A ninguém é lícito o recurso à força com o fim de realizar ou assegurar o próprio direito, salvo nos casos e dentro dos limites declarados na lei.

Remissões: arts. 336º do CC (ação direta); 337º do CC (legítima defesa); arts. 362º e ss. (procedimentos cautelares).

1. A proibição da autodefesa constitui uma das traves fundamentais dos sistemas jurídicos modernos, a que subjaz o dever do Estado de dirimir os conflitos de interesses cuja resolução lhe seja solicitada. Só excecionalmente se admite a autotutela, limitada a situações particulares, com destaque para a ação direta e para a legítima defesa (arts. 336º e 337º do CC), a par de determinados redutos específicos, como sucede no âmbito da defesa da posse ou de direitos reais de gozo (arts. 1277º e 1314º do CC).

2. É decorrência da norma a ilicitude de comportamentos que não respeitem o estrito condicionalismo legal previsto para atuações de autotutela (STJ 8-9-16, CJ, t. III, p. 35).

3. Sobre cada uma das situações e a necessidade ou desnecessidade de confirmação judicial de eventual atuação direta do interessado, com referências jurisprudenciais e doutrinais, cf. Abrantes Geraldes, *Temas da Reforma do Processo Civil*, vol. III, 4ª ed., pp. 25 a 28.

ARTIGO 2º

Garantia de acesso aos tribunais

1 – A proteção jurídica através dos tribunais implica o direito de obter, em prazo razoável, uma decisão judicial que aprecie, com força de caso julgado, a pretensão regularmente deduzida em juízo, bem como a possibilidade de a fazer executar.

2 – A todo o direito, exceto quando a lei determine o contrário, corresponde a ação adequada a fazê-lo reconhecer em juízo, a prevenir ou reparar a violação dele e a realizá-lo coercivamente, bem como os procedimentos necessários para acautelar o efeito útil da ação.

Remissões: art. 6º da CEDH e art. 20º, nº 4, da CRP (prazo razoável); art. 10º (tipos de ação); arts. 362º e ss. (procedimentos cautelares); art. 607º (sentença); art. 619º (caso jugado material); arts. 703º e ss. (processo de execução).

1. O preceito regula o acesso aos tribunais, mediante o exercício do direito de ação, englobando o recurso às ações declarativas e executivas ou procedimentos cautelares. Tem como contraponto um dever do Estado que deve traduzir-se na resolução dos litígios em prazo razoável, cujo horizonte é marcado pelo trânsito em julgado da decisão, sem embargo ainda da atividade necessária ao cumprimento coercivo da obrigação que seja reconhecida na sentença (ou emergente de outro título executivo). Para que tal desiderato seja alcançado é mister que seja acatado o dever de diligência que o art. 7º-C do EMJ (introduzido pela Lei nº 67/19, de 27-8), faz recair sobre os magistrados judiciais, que obriga a que pautem a sua atividade "*pelos princípios da qualidade e eficiência de modo a assegurar, designadamente, um julgamento justo, equitativo e em prazo razoável a todos os que recorrem aos tribunais*". Pode relevar ainda o poder atribuído ao CSM no sentido de "*estabelecer critérios de prioridade no processamento de causas que se encontrem pendentes nos tribunais por período considerado excessivo*" ou mesmo de "*determinar a aceleração de processos judiciais concretos de qualquer natureza ... quando se mostrem excedidos, para além do razoável, os prazos previstos na lei ...*", nos termos do art. 149º, nº 1, als. p) e q), do EMJ. Tudo isto sem prejuízo da definição dos "*valores processuais de referência para cada unidade orgânica dos tribunais, por forma a não tornar excessivo o número de processos a cargo de cada magistrado judiciais*" (al. r) do mesmo artigo).

2. Tanto do art. 6º da CEDH como do art. 20º, nº 4, da CRP, resulta para o Estado o dever de proporcionar mecanismos de tutela jurisdicional que, com as garantias de independência e de imparcialidade (e também de acordo com as regras da boa-fé e de proteção das expectativas: STJ 9-7-14, 2577/05) cumpram o objetivo da celeridade e da eficácia na resolução de conflitos e na regulação de interesses. O respeito pela razoabilidade dos prazos, até ao trânsito em julgado da decisão ou atinentes à tramitação da ação executiva, dependerá de diversos fatores ligados à complexidade dos litígios ou ao comportamento das partes, mas legitima que o juiz, no uso do poder de gestão processual, adote as medidas que se mostrem concretamente necessárias para a salvaguarda desse direito fundamental: assegurando o processo equitativo, mas agindo no sentido de, com razoabilidade e proporcionalidade, eliminar ou atenuar fatores que determinam o arrastamento excessivo ou injustificado da tramitação processual. A celeridade está especificamente prescrita para os processos de inventário e de heranças indivisas quando incluam bens imóveis com aptidão habitacional (art. 33º da Lei nº 83/91, de 3-9 – Lei de Bases da Habitação).

3. Segundo o TEDH, a duração razoável do processo é apreciada segundo os seguintes critérios: complexidade da matéria, comportamento do requerente, comportamento das autoridades competentes e risco do litígio para o interessado (cf. *Guide sur l'article 6 de la CEDH*, pp. 51 e ss.). Sobre o julgamento imparcial e em prazo razoável, cf. Joana C. de Abreu, *Tribunais Nacionais e Tutela Jurisdicional Efetiva*, Almedina, 2019, pp. 416-421.

4. O art. 20º, nº 4, da CRP, tem um conteúdo mais amplo do que o art. 2º do CPC: reportando-se à "*proteção jurídica*", abarca outras vertentes do acesso ao direito que não se confundem com o direito de ação, sendo de destacar o direito à informação jurídica e ao apoio judiciário, institutos que prosseguem o objetivo de evitar, tanto quanto possível, que a resolução dos litígios em conformidade com o direito material seja afetada por razões de ordem económica ou financeira (Lei nº 34/04, de 29-7).

5. Encontra larga aceitação na doutrina a ideia da autonomia do direito de ação face ao direito substantivo que lhe subjaz (cf., por todos, Antunes Varela, *RLJ* 125º, pp. 358 e ss. e 126º, pp. 39 e ss.), o que permite afirmar a legitimidade do seu exercício, ainda que o resultado declarado se traduza na absolvição da instância ou na improcedência da ação. Ressalvados comportamentos que constituam manifestações de abuso do direito de ação, de litigância de má-fé ou de simulação processual, a legitimidade do exercício do direito de ação satisfaz-se com a afirmação da titularidade de um direito material (com ressalva do regime respeitante às obrigações naturais – arts. 402º e 403º do CC), sem que fique condicionada pelo resultado que vier a ser obtido.

6. O exercício do direito de ação, na sua vertente executiva, pressupõe a apresentação de título executivo, documento cuja natureza judicial, para-judicial ou extrajudicial transporta uma forte, ainda que variável, presunção da existência e da titularidade do direito de crédito. Não bastando invocar um direito de crédito, mostra-se necessária a sua demonstração mediante a apresentação de documento a que a lei atribua força executiva (arts. 703º e ss.).

7. É ainda no âmbito do direito de ação, em sentido amplo, que se inscreve o recurso a procedimentos cautelares típicos ou atípicos, tal como o uso de outros instrumentos que visam antecipar a tutela definitiva do direito ou evitar que a demora na tramitação da ação (ou da execução) coloque em perigo a sua utilidade ou eficácia (para mais desenvolvimentos, cf. Abrantes Geraldes, *Temas da Reforma do Processo Civil*, vol. III, 4ª ed. e vol. IV, 4ª ed.).

ARTIGO 3º
Necessidade do pedido e da contradição

1 – O tribunal não pode resolver o conflito de interesses que a ação pressupõe sem que a resolução lhe seja pedida por uma das partes e a outra seja devidamente chamada para deduzir oposição.

2 – Só nos casos excecionais previstos na lei se podem tomar providências contra determinada pessoa sem que esta seja previamente ouvida.

3 – O juiz deve observar e fazer cumprir, ao longo de todo o processo, o princípio do contraditório, não lhe sendo lícito, salvo caso de manifesta desnecessidade, decidir questões de direito ou de facto, mesmo que de conhecimento oficioso, sem que as partes tenham tido a possibilidade de sobre elas se pronunciarem.

4 – Às exceções deduzidas no último articulado admissível pode a parte contrária responder na audiência prévia ou, não havendo lugar a ela, no início da audiência final.

Remissões: arts. 259º e ss. (instância processual); arts. 362º e ss. (procedimentos cautelares); arts. 552º e ss. (processo de declaração); art. 591º, nº 1, al. b) (audiência prévia); arts. 703º e ss. (processo de execução); arts. 878º e ss. (processos especiais); arts. 986º e ss. (processos de jurisdição voluntária).

1. O preceito consagra dois princípios estruturantes do processo civil: o dispositivo e o contraditório que essencialmente afloram nos arts. 562º e ss. (petição inicial) e 569º e ss. (contestação), mas que são visíveis em muitas outras disposições que regulam os articulados, requerimentos, incidentes, procedimentos cautelares, recursos ou fases de promoção ou de produção de meios de prova (sobre a relevância e função dos princípios gerais do processo civil, cf. Abrantes Geraldes, *Temas da Reforma do Processo Civil*, vol. I, 2ª ed., pp. 26 e ss., 52 e ss. (princípio do dispositivo) e 74 e ss. (princípio do contraditório) e Paulo Pimenta, *Processo Civil Declarativo*, 2ª ed., pp. 13 e ss.).

2. Quanto ao princípio do dispositivo, podendo as partes dispor dos direitos de natureza privada, sobre as mesmas recai o ónus de promover e de impulsionar os instrumentos de natureza processual destinados a assegurar a respetiva tutela. O Estado, através dos tribunais, não age por iniciativa própria em matéria de direito privado; só dirime os litígios cuja resolução lhe seja solicitada pelos interessados ou por quem detenha legitimidade extraordinária ou indireta, incluindo certos casos em que esta é atribuída ao Ministério Público. Apenas se detetam alguns desvios a tal regra: oficiosidade na fixação do regime provisório de alimentos, da regulação das responsabilidades parentais ou da atribuição da casa de morada de família (art. 931º, nº 7), na fixação de alimentos provisórios a favor de menores (art. 2007º, nº 1, CC), na condenação na restituição da prestação provisória que antecipadamente tenha sido arbitrada e que se revele indevida (art. 390º, nº 2) ou no decretamento de medidas cautelares no processo especial de acompanhamento de maiores (art. 891º, nº 2).

3. O mesmo princípio estende-se à configuração do objeto do processo, através da formulação do pedido e da alegação da matéria de facto que serve de fundamento à ação ou à defesa (art. 5º, nº 1). As exceções ao princípio da vinculação do juiz ao pedido formulado situam-se essencialmente na área dos processos de jurisdição voluntária. Outro exemplo colhe-se do regime do acompanhamento de maiores em que, face aos interesses em presença, é conferido ao juiz o poder-dever de adequar a decisão final às necessidades do beneficiário (arts. 901º, nº 1). Destaca-se ainda a situação prevista no art. 609º, nº 3 (e também no art. 595º, nº 5), a respeito das ações de restituição ou de manutenção de posse, ou no art. 376º, nº 3, em sede de providências cautelares. O art. 612º contém também um desvio ao princípio do dispositivo que encontra justificação em fortes razões ligadas à ordem pública, uma vez que, independentemente da vontade das partes, atribui ao juiz o dever de obstar a que o processo seja utilizado para a prática de atos simulados ou proibidos por lei.

4. A formulação do pedido (art. 552º, nº 1, al. e)), que vai determinar o objeto da instância e que circunscreve o âmbito da decisão final, é uma necessidade que resulta, além do mais, da consagração plena do princípio do dispositivo, que faz recair sobre os interessados que recorrem às instâncias judiciais o ónus de conformação do objeto do processo (art. 3º), com repercussão nos limites da sentença (art. 609º, nº 1). O pedido delimita os poderes do juiz, já que este não pode condenar em quantidade superior ou em objeto diverso do que se pedir, embora sem prejuízo da aplicação da jurisprudência fixada pelo ***Assento nº 4/95***: ("*O conhecimento oficioso da nulidade de um negócio jurídico não impede que o tribunal condene o réu a restituir o que tenha recebido, se na ação tiverem sido fixados os necessários factos materiais*") e pelo ***AUJ nº 3/01***: ("*Tendo o autor, em ação de impugnação pauliana, pedido a declaração de nulidade ou a anulação do ato jurídico impugnado, tratando-se de erro na qualificação jurídica do efeito pretendido, que é a ineficácia do ato em relação ao autor (nº 1 do art. 616º do CC), o juiz deve corrigir oficiosamente tal erro e declarar tal ineficácia, como permitido pelo art. 664º do CPC [de 1961]*") (cf. Abrantes Geraldes, *ob. cit.*, pp. 120 e 121 e anot. ao art. 615º). De resto, será nula a sentença que condene em quantidade ou em objeto diverso do pedido (art. 615º, nº 1, al. e)).

5. O pedido a formular na petição inicial expressa a concreta tutela jurisdicional pretendida pelo autor, constituindo o corolário dos factos alegados como causa de pedir. Neste contexto, pedido e causa de pedir jogam num esquema silogístico (Alberto dos Reis, *CPC anot.*, vol. II, p. 350). A noção de "*pedido*" está consagrada no art. 581º, nº 3, e corresponde ao efeito prático-jurídico que o autor pretende retirar da ação. Pode envolver dois significados distintos mas concorrentes: *a)* como pretensão material, traduz-se na afirmação de um direito subjetivo ou de um interesse juridicamente relevante (*v.g.* a arguição da nulidade de um contrato ou a invocação da titularidade de um direito real, a averiguação da paternidade, etc.); *b)* como pretensão processual, identifica o meio de tutela jurisdicional pretendido pelo autor (*v.g.* condenação, reconhecimento, declaração de nulidade, produção dos efeitos constitutivos correspondentes ao exercício de um direito potestativo, etc.). Em qualquer dos casos, mais importante do que a qualificação jurídica dada pelo autor é o efeito prático que o mesmo efetivamente pretende alcançar, o que é determinante para o conteúdo da decisão final ou para aferição das exceções dilatórias da litispendência ou do caso julgado (cf. Abrantes Geraldes, *ob. cit.*, pp. 119 e ss. e as anot. aos arts. 186º, 552º, 607º e 609º).

6. Para a avaliação da real importância que deve ser conferida ao princípio do dispositivo, quer na vertente da alegação da matéria de facto, quer na indicação do direito que se pretende exercitar e do efeito jurídico a obter, é paradigmático o exemplo que pode retirar-se do regime do contrato-promessa de compra e venda que, sob a perspetiva do promitente-comprador, pode fundar, nuns casos, a arguição da nulidade do contrato (art. 410º, nº 3, do CC), noutros a invocação de uma situação de incumprimento contratual da contraparte que desencadeie o pedido de execução específica ou de condenação no pagamento do sinal em dobro ou do valor da coisa à data do incumprimento (art. 442º do CC). Outro exemplo da diversidade de efeitos que ficam na dependência da iniciativa do interessado retira-se do regime da compra e venda de coisa defeituosa (arts. 892º e ss. do CC) ou da empreitada (arts. 1218º e ss. do CC). Relativamente à tutela do direito de propriedade, com base na mesma situação de facto e invocando o mesmo direito subjetivo, poderá o respetivo titular escolher, entre diversas providências possíveis, aquela que melhor satisfaça os seus interesses em função da natureza do litígio e do efeito projetado. Em qualquer dos casos, o tribunal é alheio à escolha do interessado que, de entre os diversos meios de atuação legitimados pelo sistema, optará por aquele que considere mais ajustado aos seus interesses (princípio da autorresponsabilidade das partes).

7. Quanto ao princípio do dispositivo (regra e exceções), relevam os seguintes arestos uniformizadores do Supremo Tribunal de Justiça:

a) O ***Assento nº 4/95***: "*O conhecimento oficioso da nulidade de um negócio jurídico não impede que o tribunal condene o réu a restituir o que tenha recebido, se na ação tiverem sido fixados os necessários factos materiais*" (jurisprudência que deve ser compatibilizada com o dever ínsito no art. 3º, nº 3, no sentido de evitar decisões--surpresa);

b) O ***AUJ nº 3/01***: "*Tendo o autor, em ação de impugnação pauliana, pedido a declaração de nulidade ou a anulação do ato jurídico impugnado, tratando-se de erro na* *qualificação jurídica do efeito pretendido, que é a ineficácia do ato em relação ao autor (nº 1 do art. 616º do CC), o juiz deve corrigir oficiosamente tal erro e declarar tal ineficácia, como permitido pelo art. 664º do CPC* [de 1961]";

c) O ***AUJ nº 13/96***, no qual, como corolário de uma extensa e documentada conjugação entre o princípio do dispositivo e os limites do pedido, se concluiu que: "*O tribunal não pode, nos termos do art. 661º, nº 1, do CPC* [de 1961], *quando condenar em dívida de valor, proceder oficiosamente à sua atualização em montante superior ao valor do pedido do autor*",

d) E ainda o ***AUJ nº 9/15***: "*Se o autor não formula na petição inicial, nem em ulterior ampliação, pedido de juros de mora, o tribunal não pode condenar o réu no pagamento desses juros*".

8. O apego necessário ao pedido formal não impede que se pondere, em certos casos, a apreciação de pedidos implícitos (cf. Abrantes Geraldes, *ob. cit.*, p. 123, nota 164; STJ 8-11-18, 48/15). Também não deve obstar a que se desenvolva um esforço interpretativo no sentido de identificar o real conteúdo da pretensão em casos que possam suscitar dúvidas que não tenham sido oportunamente corrigidas, como se procedeu em STJ 18-1-18, 1005/18, num caso em que, tendo sido formalmente pedida apenas a declaração de nulidade de um contrato, se verificou, pelo teor da petição, pelo modo como os réus se defenderam e por outras incidências processuais, que também se inscrevia no objeto do processo o pedido de anulação do mesmo contrato, ao abrigo do art. 877º, nº 2, do CC, dependente da iniciativa (no caso, tida por implícita) do interessado, nos termos do art. 287º, nº 1, do CC (cf., para o efeito, no que concerne ao conteúdo dos atos postulativos, Paula Costa e Silva, *Acto e Processo*).

9. Ao nível dos procedimentos cautelares, destacam-se, de um lado, o art. 362º, nº 1, a exigir a formulação de um pedido de decretamento de providência e, do outro, o art. 376º, nº 3, nos termos do qual, independentemente da providência concretamente requerida, se legitima o tribunal a ordenar aquela que mais se ajuste à situação de facto apurada (cf. mais desenvolvidamente Abrantes Geraldes, *Temas* cit., vol. III, 4ª ed., pp. 334 e ss.).

10. Ao princípio do contraditório subjaz a ideia de que repugnam ao nosso sistema processual civil decisões tomadas à revelia de algum dos interessados, regra que apenas sofre desvios quando outros interesses se sobreponham. Posto que a necessidade de observância do contraditório seja replicada em diversos preceitos avulsos, tal não diminui o relevo da sua enunciação como princípio geral que se impõe em todas as fases processuais, especialmente nos articulados e na apresentação e produção de meios de prova (art. 415º).

11. Em alguns dos procedimentos cautelares (na restituição provisória da posse, no arresto ou no procedimento avulso para apreensão de veículos automóveis), o contraditório é legalmente transferido para momento posterior ao decretamento da providência. Tal diferimento fica dependente de decisão judicial no procedimento cautelar comum (art. 366º), na suspensão de deliberações sociais, no embargo de obra nova e no arrolamento. Já nos alimentos provisórios e no arbitramento de reparação provisória, os vetores da urgência e da eficácia não bastaram para dispensar a audiência prévia do requerido, que é sempre exigida.

12. A liberdade de aplicação das regras do direito (art. 5º, nº 3) ou a oficiosidade no conhecimento de determinadas exceções, sem outras condicionantes, potenciariam decisões que, em divergência com as posições jurídicas assumidas pelas partes, constituiriam verdadeiras decisões-surpresa (STJ 17-6-14, 233/2000). A regra do nº 3 pretende impedir que, a coberto desse princípio, as partes sejam confrontadas com soluções jurídicas inesperadas ou surpreendentes, por não terem sido objeto de qualquer discussão (STJ 15-3-18, 2057/11, STJ 19-5-16, 6473/03 e STJ 27-9-11, 2005/03; em STJ 19-12-18, 543/05 estava em causa o recurso a regras do enriquecimento sem causa numa ação sustentada na responsabilidade civil). Simultaneamente, a solução legal propicia ao juiz melhores condições para uma ponderação mais serena dos argumentos, potenciando designadamente a redução de casos de injustificadas absolvições da instância. A audição das partes apenas pode ser dispensada em casos de "*manifesta desnecessidade*" (conceito indeterminado que deve ser encarado sob uma perspetiva objetiva), quando se trate de indeferimento de nulidades (art. 201º) e sempre que as partes não possam, objetivamente e de boa-fé, alegar o desconhecimento das questões de direito ou de facto a decidir ou as respetivas consequências (RL 24-4-18, 15582/17).

13. Na formulação do nº 3 foram adotados conceitos indeterminados ou cláusulas gerais cuja maleabilidade permite assegurar a instrumentalidade do processo face ao direito substantivo sem, no entanto, dispensar critérios rigorosos e convincentes relativamente à sua delimitação a partir da análise ou resolução de casos concretos. Cabe ao juiz um papel fundamental na compatibilização dos diversos interesses que no processo se interligam (STJ 19-5-16, 6473/03).

14. Tal como o princípio do contraditório não deve obscurecer o objetivo da celeridade processual, também esta não pode conduzir a uma dispensa do contraditório sob o pretexto da sua desnecessidade. Tal dispensa é prevista a título excecional, apenas se justificando quando a questão já tenha sido suficientemente discutida ou quando a falta de audição das partes não prejudique de modo algum o resultado final.

15. O cumprimento de tal dever é especialmente exigido quando se trate de apreciar questões de conhecimento oficioso que não foram objeto de discussão, como sucede com a exceção de incompetência absoluta. Antes de decidir, o juiz deve facultar às partes a possibilidade de se pronunciarem sobre a matéria (ou, quiçá, requerer que seja acionado o mecanismo de consulta prejudicial dirigida ao Trib. dos Conflitos, nos termos do art. 15º, nº 2, da Lei nº 91/19, de 4-9), o que poderá evitar decisões precipitadas ou, no mínimo, decisões que surjam contra a corrente do processo ou contra as expectativas que legitimamente foram criadas quanto à sua evolução no sentido da prolação de uma decisão de mérito (situação tanto mais grave quanto é certo que, em certos casos referidos no art. 97º, nº 1, tal exceção pode ser conhecida a todo o tempo). O mesmo se verifica quando está em causa uma diversa qualificação jurídica dos factos: sendo esta legítima, ao abrigo do art. 5º, nº 3, não dispensa a necessidade de o juiz auscultar as partes, na medida em que uma diversa qualificação jurídica pode contender com a posição que cada uma adotou no processo, interferindo na tutela dos respetivos interesses (sobre a matéria, cf. a fundamentação do ***AUJ nº 13/96***, onde se alude ao princípio do contraditório como instrumento destinado a evitar as decisões-surpresa, e ainda RC 12-9-17, 444/16).

16. Essa obrigação vigora também em sede de recursos. Sem embargo das normas que especificamente vinculam os Tribunais Superiores ao acatamento do contraditório (*v.g.* arts. 654º, nº 1 e 655º, nº 1), este deve ser observado nos termos gerais que emergem do art. 3º, nº 3, sempre que exista o risco de um resultado surpreendente para alguma das partes. Dever especialmente relevante nos casos em que a Relação, ao abrigo do art. 665º, nº 2, proceda à apreciação imediata de questões que tenham ficado prejudicadas, quando divirja da qualificação jurídica ou quando detete alguma exceção dilatória que anteriormente não foi suscitada ou apreciada.

17. Perante decisão que tenha sido proferida com desrespeito pelo princípio do contraditório (*v.g.* quando se trate de uma verdadeira decisão-surpresa), a sua impugnação deve ser feita através da interposição de recurso, se e quando este for admissível, ou mediante a arguição da nulidade da decisão, nos demais casos (cf. mais desenvolvidamente Abrantes Geraldes, *Recursos no NCPC*, 5ª ed., pp. 26-30 e Teixeira de Sousa, em *https://blogippc.blogspot.com*; STJ 22-2-17, 5384/15).

18. Relativamente às exceções deduzidas no último articulado admissível (que, em regra, atento o art. 584º, será a contestação) a parte contrária pode (deve) responder na audiência prévia (art. 591º, nº 1, al. c)) ou, não havendo lugar a esta, no início da audiência final (cf. Paulo Pimenta, *ob. cit.*, p. 260, nota 587; STJ 23-6-16, 1937/15). Trata-se, contudo, de um ónus e não de uma mera faculdade, de modo que a falta de resposta à matéria de exceção terá como efeito a produção do efeito cominatório previsto no art. 574º, nº 2, a não ser que a matéria em causa já tenha sido antecipadamente impugnada ou colida com a defesa considerada no seu conjunto (RP 23-2-15, 95961/13).

19. Não está, porém, liminarmente afastada a possibilidade de o juiz, ao abrigo dos poderes de gestão processual ou de adequação formal (arts. 6º e 547º), facultar à parte a apresentação de resposta em instrumento avulso (cf. Paulo Pimenta, *ob. cit.*, pp. 223 e 319-321). Mas, salvo se o juiz prescrever o contraditório antecipado ou se validar, com base nos mesmos princípios, o eventual articulado que, com aquele objetivo, tenha sido apresentado pela parte (como se decidiu em RL 26-10-17, 807/16 e RG 25-2-16, 634/14; contra: RE 11-6-15, 1406/14), a resposta às exceções suscitadas pelo réu deve ser exercida na audiência prévia, nos termos dos arts. 3º, nº 4 e 591º, nº 1.

20. Sobre o princípio do contraditório na jurisprudência constitucional, cf., entre outros, os Acs. do Trib. Const. nºs 330/2001, 1193/1996 e 1185/1996.

ARTIGO 4º
Igualdade das partes

O tribunal deve assegurar, ao longo de todo o processo, um estatuto de igualdade substancial das partes, designadamente no exercício de faculdades, no uso de meios de defesa e na aplicação de cominações ou de sanções processuais.

Remissões: art. 13º da CRP (princípio igualdade); art. 630º, nº 2 (recorribilidade).

1. O princípio da igualdade das partes é inerente ao sistema processual comum, sob influência direta do art. 13º da CRP (cf. fundamentação do ***AUJ nº 13/96***). O relevo de tal princípio aflora, desde logo, no art. 630º, nº 2, quando inclui na regra geral da recorribilidade as decisões que, apesar da sua natureza instrumental, desrespeitem tal princípio.

2. Ao qualificativo "*substancial*" contrapõe-se uma interpretação meramente formal do princípio. O legislador alertou para a necessidade de assegurar a igualdade no exercício de faculdades, no uso de meios de defesa ou na aplicação de cominações ou de sanções processuais, não podendo, contudo, ser postergadas normas processuais que se apresentem com um conteúdo inflexível (*v.g.* normas relativas a prazos judiciais e a efeitos cominatórios). Não se admitem atitudes subjetivistas conotadas com um certo paternalismo relativamente a determinados sujeitos processuais; o desiderato também não pode ser alcançado através de um automático e generalizado suprimento das falhas processuais imputáveis às partes, o que colidiria com os padrões da imparcialidade, da equidistância do juiz e da autorresponsabilidade das partes.

3. Prosseguindo um objetivo programático, no sentido de se alcançar um equilíbrio global do processo (Lebre de Freitas e Isabel Alexandre, *CPC anot.*, vol. I, 4ª ed., p. 34), o juiz deve tratar com paralelismo situações semelhantes, independentemente das condições económicas ou sociais da parte beneficiada. A integração do princípio da igualdade substancial deve buscar-se através de um critério que, sem violação de normas precetivas, permita que se efetive a justa composição do conflito de interesses, assegurando a paridade no que respeita ao exercício de faculdades, uso de meios de defesa e aplicação de cominações ou sanções processuais (STJ 18-5-04, 6181/03, onde se decidiu que "o princípio da igualdade processual das partes significa que são iguais em direitos, deveres, poderes e ónus, estando colocadas em perfeita paridade de condições e gozando de idênticas possibilidades de obter a justiça que lhes seja devida").

4. De tudo quanto fica dito – e que a experiência confirma – constata-se que é muito reduzido, afinal, o campo de manobra do tribunal no que concerne ao desiderato de uma igualdade substancial, amarrado que está por normas precetivas que não podem ser ignoradas, por regras rígidas com efeitos preclusivos, enfim, pela frequente verificação de uma efetiva e insuperável desigualdade (económica, cultural, social) dos litigantes, tudo levando a que aquele objetivo não seja mais que programático. Veja-se que o art. 6º-C do EMJ, introduzido pela Lei nº 68/19, de 27-8, faz recair sobre os magistrados judiciais o dever de conferir "*a todos um tratamento igual e isento quanto aos interesses particulares e públicos que lhes cumpre dirimir*". Manifestações daquele dever de promover a igualdade substancial emergem do art. 40º, nº 3, segundo o qual, em causas em que não seja obrigatório o patrocínio judiciário e a parte aja por si, é o juiz que efetua a inquirição das testemunhas que aquela arrolar; do art. 144º, nº 7 (prática de atos processuais) e do art. 145º, nº 5, que procuram desagravar a posição da parte não patrocinada; e ainda do art. 569º, nº 5, que atenua os efeitos que para o réu podem decorrer da fixação de um curto prazo para a apresentação da defesa, em contraposição com a maior disponibilidade de que beneficia o autor quanto à iniciativa de instaurar a ação.

5. Segundo o TEDH, o princípio da igualdade das partes tem por objetivo manter um "justo equilíbrio" entre as partes. A igualdade das partes implica a obrigação de facultar a cada uma a possibilidade razoável de apresentar o seu caso, aí se compreendendo a indicação das suas provas em condições que não a coloquem numa situação de clara desvantagem em relação ao adversário (*Ac. Dombo Beheer B.V. versus Pays-Bas*). Foi considerada compatível com o princípio da igualdade de armas uma disposição que limita as possibilidades de recurso da parte cível, sem limitar as possibilidades de recurso do Ministério Público, com fundamento na distinção dos respetivos papéis e objetivos (*Ac. Berger versus France*).

6. Sobre o princípio da igualdade cf. Abrantes Geraldes, *Temas da Reforma do Processo Civil*, vol. I, 2ª ed., pp. 109 e ss. e Paulo Pimenta, *Processo Civil Declarativo*, 2ª ed., pp. 27 e 28. Na ótica constitucional, cf. Jorge Miranda, *Direitos Fundamentais*, pp. 287-325.

ARTIGO 5º
Ónus de alegação das partes e poderes de cognição do tribunal

1 – Às partes cabe alegar os factos essenciais que constituem a causa de pedir e aqueles em que se baseiam as exceções invocadas.

2 – Além dos factos articulados pelas partes, são ainda considerados pelo juiz:

a) Os factos instrumentais que resultem da instrução da causa;

b) Os factos que sejam complemento ou concretização dos que as partes hajam alegado e resultem da instrução da causa, desde que sobre eles tenham tido a possibilidade de se pronunciar;

c) Os factos notórios e aqueles de que o tribunal tem conhecimento por virtude do exercício das suas funções.

3 – O juiz não está sujeito às alegações das partes no tocante à indagação, interpretação e aplicação das regras de direito.

Remissões: art. 186º, nº 2, al. a) (falta de causa de pedir); art. 552º, nº 1, al. d) (petição; causa de pedir; factos essenciais); art. 572º, al. c) (contestação; defesa por exceção; factos essenciais); art. 574º, nº 2 (admissão de factos instrumentais), art. 581º, nº 4 (causa de pedir); art. 590º, nº 1 (gestão inicial do processo); art. 590º, nº 4 (despacho de aperfeiçoamento); art. 591º, nº 1, al. c) (insuficiências da matéria de facto); art. 607º (sentença: factos essenciais, complementares ou concretizadores; factos instrumentais).

1. Não basta a invocação de um determinado direito subjetivo e a formulação da vontade de obter do tribunal determinada forma de tutela jurisdicional (cf. anot. ao art. 3º). Tão importante quanto isso é a alegação da relação material da qual o autor faz derivar o correspondente direito e, dentro dessa relação, a alegação dos factos constitutivos desse direito. Na verdade, a causa de pedir é entendida como o "*facto jurídico de que procede a pretensão deduzida*" (art. 581º, nº 4), cumprindo ao autor que invoca a titularidade de um direito alegar os factos cuja prova permita concluir pela existência desse direito.

2. No art. 581º o legislador fez uma opção clara entre dois sistemas possíveis: o da individualização ou o da substanciação da causa de pedir. Ao primeiro bastaria a indicação do pedido, devendo a sentença esgotar todas as possíveis causas de pedir da situação jurídica configurada pelo autor, impedindo-se, após a sentença, a alegação de factos anteriores que, porventura, não tivessem sido alegados ou apreciados. Já a opção pela teoria da substanciação implica para o autor a necessidade de articular os factos dos quais deriva a sua pretensão, constituindo-se o objeto do processo e, por arrastamento, o caso julgado apenas sobre os factos integradores dessa concreta causa de pedir. Foi esta a opção do legislador de modo que o preenchimento da causa de pedir, independentemente da qualificação jurídica apresentada, supõe a alegação do conjunto de factos essenciais que se inserem na previsão abstrata da norma ou normas jurídicas definidoras do direito subjetivo cuja tutela jurisdicional se pretende. A causa de pedir, servindo de suporte ao pedido, é integrada pelos factos (por todos os factos) de cuja verificação depende o reconhecimento da pretensão deduzida, nos termos dos arts. 5º, nº 1 e 552º, nº 1, al. d), não devendo confundir-se com a valoração jurídica atribuída pelo autor, a qual, de todo o modo, não será vinculativa para o tribunal, devido ao princípio da oficiosidade consagrado no nº 3.

3. Assumida a necessidade de alegação da matéria de facto constitutiva do direito invocado pelo autor cuja prova permita afirmar a procedência da ação, nem por isso fica facilitada a execução prática dessa tarefa, até pela constatação, frequentemente referida pelos autores que abordam a metodologia na aplicação do direito ou se debruçam sobre o direito adjetivo, de que não se torna fácil (ou possível) estabelecer uma cisão perfeita entre "questões de facto" e "questões de direito". Em geral, os factos alegados já indiciam, como é natural, uma determinada solução jurídica que o autor pretenderá que obtenha vencimento no processo, ou seja, já vêm carregados de alguma juridicidade, envolvendo um determinado compromisso ou um pré-entendimento relativamente ao direito aplicável. Como refere Castanheira Neves ("*Matéria de facto-matéria de direito*", *RLJ*, ano 129º, p. 164), "o direito aplicável não pode deixar de ser selecionado, determinado e reconstituído em função das exigências problemático-concretas do caso a decidir". Daí que, mais do que encontrar um critério universal que estabeleça a distinção entre estes dois campos, o referido autor chame a atenção para as "questões mistas", propugnando uma distinção casuística consoante as necessidades de resolução dos problemas que em concreto se suscitam no âmbito dos processos (p. 163). Dificuldades que também são apontadas por Antunes Varela (*RLJ*, ano 129º, p. 209), afirmando que "facto e direito são, na verdade, elementos que continuamente se interpenetram e que reciprocamente se influenciam em diversos pontos do percurso da ação cível, seja na seleção dos factos juridicamente relevantes, seja na qualificação jurídica dos factos verificados, seja na complexa elaboração lógico-emocional da decisão final da causa".

4. Persiste naturalmente a distinção entre o que constitui matéria de facto e matéria de direito (sobre a distinção e sobre o modo como essa distinção deve ser interpretada face ao atual CPC, cf. Abrantes Geraldes, *Recursos no NCPC*, 5ª ed., pp. 597 e ss.). Ao que, em concreto, seja de qualificar como matéria de direito aplica-se a regra do nº 3, que demanda a oficiosidade do seu conhecimento (desde que os factos tenham sido oportunamente alegados ou possam ser considerados), sem embargo do princípio do contraditório imposto pelo art. 3º, nº 3, com vista a obstar à prolação de decisões-surpresa.

5. O preceituado no nº 3, associado à eliminação do que se previa no nº 4 do art. 646º do CPC de 1961 (que considerava "*não escritas as respostas do tribunal coletivo sobre questões de direito*"), implica que deva ser moderada a ideia tradicionalmente arreigada, posto que formalmente excessiva, de se estabelecer uma rígida delimitação entre o que constitui matéria de facto e matéria de direito (cf. anot. ao art. 607º e Abrantes Geraldes, *Temas da Reforma do Processo Civil*, vol. II, 5ª ed., pp. 238 e ss. e *Recursos* cit., pp. 613-615).

6. Assim, se em muitos casos é possível tomar uma afirmação como feita claramente no campo da matéria de direito (*v.g.* má fé, abuso de direito, diligência do bom pai de família, culpa, imprevidência, inconsideração) ou no campo da matéria de facto (*v.g.* terreno, edifício, árvore, carta postal), não raras vezes se suscitam dúvidas quanto ao estabelecimento da linha de demarcação entre os dois campos, em virtude do uso de expressões que têm simultaneamente um sentido técnico-

-jurídico, do qual o legislador retira determinados efeitos, e um significado vulgar e corrente facilmente captado pelas pessoas comuns (*v.g.* arrendamento, renda, inquilino, hóspede, proprietário, possuidor, preço, lucro, empréstimo, consentimento, etc.). Neste contexto, sem dogmatismos que já nem sequer encontravam apoio no referido nº 4 do art. 646º do CPC de 1961 (que não transitou para o atual CPC), e tendo em consideração o modo como, em simultâneo, na sentença final serão abordadas as questões de facto e as questões de direito, podemos antecipar que a inclusão daquelas expressões numa ou noutra das categorias dependerá fundamentalmente do objeto da ação. Se este, no todo ou em parte, estiver precisamente dependente do significado real daquelas expressões, tem de considerar-se que estamos perante matéria de direito, pois o significado a atribuir-lhes será determinante para o desfecho da causa. Se, pelo contrário, o objeto da ação não estiver diretamente associado ao significado a conferir a certas afirmações das partes, as expressões assim utilizadas (arrendamento, renda, hóspede e outras de cariz semelhante) poderão ser tomadas como matéria de facto, passíveis de apuramento por via da prova e de pronúncia em sede de julgamento, sempre encaradas com o significado vulgar e corrente, não já com o sentido técnico-jurídico que possa colher-se nos textos legais (cf., a propósito, Paulo Pimenta, *A Fase do Saneamento do Processo Antes e Após a Vigência do Novo Código de Processo Civil*, pp. 306-308 e Abrantes Geraldes, *Temas da Reforma do Processo Civil*, vol. I, 2ª ed, pp. 196-197; cf. ainda anot. mais desenvolvidas aos arts. 186º, 552º e 607º).

7. O atual CPC implica (ou deveria implicar) um maior esforço de sintetização dos articulados, centrando a alegação nos factos imprescindíveis para a integração do direito ou das exceções, sem a tradicional e excessiva descrição de todos os pormenores circunstanciais ou instrumentais. Nessa medida, não está sequer afastado o recurso a expressões de conteúdo mais genérico ou até conclusivo, desde que permitam percecionar a realidade que se pretende invocar e possam ser posteriormente objeto de uma maior concretização na sentença. Por conseguinte, não devem ser formalmente recusadas alegações que, embora reproduzindo termos que integram certa vertente jurídica, sejam de uso corrente e permitam compreender facilmente o seu alcance, tanto mais que sempre existirá a possibilidade de serem desdobradas na sentença de modo a que seja conseguida uma melhor concretização da realidade subjacente ao litígio. Ponto é que a alegação se apresente de molde a que seja substancialmente acautelado o exercício do contraditório e, através dela, possa ficar circunscrita a realidade que será objeto de apreciação jurisdicional, para efeitos de delimitação objetiva do caso julgado material (sobre a matéria, cf. Abrantes Geraldes, *Recursos* cit., pp. 599 e ss. e anot. aos arts. 552º e 607º).

8. Teixeira de Sousa, em *https//blogippc.blogspot.com*, à margem de STJ 28-9-17, 809/10, aponta para um critério bem diverso daquele que vem sendo assumido em determinada jurisprudência, mesmo em arestos já proferidos no âmbito do atual CPC, rematando o comentário de um modo que é bem elucidativo da necessidade de se operar uma reflexão sobre a matéria: "a referida «proibição dos factos conclusivos» também não corresponde às modernas correntes metodológicas na Ciência do Direito, que não se cansam de referir que a distinção entre a matéria de facto e a matéria de direito é totalmente artificial, dado que, para o direito, apenas são relevantes os factos que o direito qualificar como factos jurídicos. Para o direito, não há factos, mas apenas factos jurídicos, tal como, para a física ou a biologia, não há factos, mas somente factos físicos ou biológicos. Os factos são sempre um *Konstrukt*, pelo que os factos jurídicos são aqueles factos que são construídos pelo direito. Em conclusão: o objeto da prova não pode deixar de ser um facto jurídico, com todas as características descritivas, qualitativas, quantitativas ou valorativas desse facto".

9. No que concerne à alegação e atendibilidade da matéria de facto, o regime atual pode condensar-se da forma seguinte:

a) Na petição inicial, o autor tem o ónus de expor os factos essenciais que constituem a causa de pedir;

b) Na contestação, o réu deverá expor as razões de facto por que se opõe à pretensão do autor e alegar os factos essenciais em que se baseiam eventuais exceções;

c) A réplica (que só existe quando haja reconvenção e nas ações de simples apreciação negativa) serve para o autor se defender do alegado pelo réu quanto a essa matéria (e porventura ainda para responder à matéria das exceções invocadas pelo réu, apesar de o art. 584º não se mostrar completamente explícito a este respeito);

d) Qualquer das partes pode trazer ao processo, nos termos regulados no art. 588º, os factos objetiva ou subjetivamente supervenientes;

e) Na fase intermédia do processo, se não houver motivo para considerar que a petição é inepta, por falta ou ininteligibilidade da causa de pedir, mas padecer de insuficiências ou imprecisões na exposição ou concretização da matéria de facto alegada, o juiz deve convidar o autor a aperfeiçoar o seu articulado, aplicando-se critério semelhante à contestação relativamente às exceções deduzidas e à reconvenção (art. 590º, nº 4);

f) Na audiência prévia, de modo espontâneo ou mediante solicitação do juiz, as partes têm ainda a possibilidade de suprir as insuficiências ou imprecisões da matéria de facto que ainda subsistam ou se tornem patentes na sequência do debate (art. 591º, nº 1, al. c));

g) Na sentença, no segmento em que se pronuncia sobre os factos provados e não provados (para além de integrar os factos notórios ou que tenham sido revelados ao tribunal por força do exercício das suas funções), o juiz deve ponderar, mesmo oficiosamente, os factos complementares (constitutivos do direito ou integrantes da exceção, embora não identificadores dos mesmos) e os factos concretizadores de anteriores afirmações de pendor mais genérico que tenham sido feitas, acautelando substancialmente o exercício do contraditório (arts. 607º, nºs 3 a 5 e 5º, nº 2, al. b));

h) Na enunciação da matéria de facto na sentença, sem embargo da atendibilidade da prova plena que resulte dos autos, o juiz deve verter o que emergir da apreciação livre e crítica dos demais elementos probatórios e usar, se for o caso, as presunções judiciais que as circunstâncias justificarem, designadamente a partir dos factos instrumentais (arts. 607º, nº 4 e 5º, nº 2, al. a)).

10. É inepta a petição que não contenha os factos que constituem a causa de pedir (art. 186º, nº 2, al. a)), o que implica uma distinção entre os factos que identificam ou individualizam o direito em causa (os factos essenciais nucleares) e aqueles que, não desempenhando tal função, se revelam, contudo, imprescindíveis para que a ação proceda, por também serem constitutivos do direito invocado (factos essenciais complementares). A falta destes últimos revelará uma petição deficiente ou insuficiente, a carecer de convite ao aperfeiçoamento que permita suprir as falhas da exposição ou da concretização da matéria de facto (cf. Abrantes Geraldes, *Temas da Reforma do Processo Civil*, vol. I, 2ª ed., pp. 207 e ss., Paulo Pimenta, *Processo Civil Declarativo*, 2ª ed., pp. 155-156 e 239-241 e STJ 26-3-15, 6500/07), sem embargo da sua atendibilidade na audiência prévia ou da sua inserção na sentença quando resultantes da instrução da causa (cf. anot. desenvolvida aos arts. 186º e 552º).

11. A distinção torna-se inequívoca, por exemplo, em face do direito de indemnização fundado em responsabilidade civil extracontratual (causa de pedir complexa): nem todos os factos respeitantes a cada um dos pressupostos normativos (evento, ilicitude, culpa, culpa presumida ou risco, danos e nexo de causalidade) apresentam o mesmo relevo, de tal modo que, sem embargo da opção pelo esgotamento de todos esses factos na petição inicial, esta ultrapassará o filtro da ineptidão quando tiverem sido alegados aqueles que individualizam a origem do direito de indemnização, sem embargo da inserção posterior dos demais que, em face do caso concreto, se revelem complementares ou concretizadores, seja por via da resposta a um despacho de aperfeiçoamento, seja em sede de audiência prévia, seja, enfim, através da sua recolha em função do que resultar da instrução da causa (sobre as categorias que os factos essenciais encerram e com exemplos, cf. Paulo Pimenta, *ob. cit.*, pp. 22-23). Constitui exemplo de facto complementar o alargamento do período temporal para efeitos de cálculo do dano de privação de uso (STJ 12-9-13, 5559/09, *Sumários*, em *www.stj.pt*).

12. O que se referiu quanto à petição é aplicável, *mutatis mutandis*, à contestação, inscreva esta ou não um pedido reconvencional. Especificamente quanto à matéria de exceção, o ónus de alegação implica, no mínimo, a invocação dos factos em que se baseiam as exceções (isto é, os factos que individualizam as exceções), sem prejuízo do posterior aperfeiçoamento integrativo ou até da consideração oficiosa de determinados factos que, exercendo uma função complementar ou concretizadora de outros que tenham sido alegados, resultem da instrução da causa (cf. Paulo Pimenta, *ob. cit.*, p. 241).

13. Os factos essenciais que constituem a causa de pedir e aqueles em que se baseiam as exceções (isto é, todos os factos de que depende o reconhecimento das pretensões deduzidas) devem ser vertidos nos articulados das partes, a isso respeitando o ónus de alegação imposto pelo nº 1. No entanto, a eventual incompletude no cumprimento desse ónus relativamente a factos complementares ou concretizadores dos inicialmente alegados não tem efeitos preclusivos, já que os factos omitidos podem ainda ser introduzidos nos autos, seja através de um articulado de aperfeiçoamento (art. 590º, nº 4), seja em face do que resulte da instrução (art. 5º, nº 2, al. b)).

14. A consideração dos factos complementares ou concretizadores em resultado da instrução tem agora natureza oficiosa. Se isso não afasta a iniciativa da parte interessada, não é exigida a sua concordância para o efeito. Para Teixeira de Sousa, a solução de prescindir da concordância da parte "é orientada pela busca da verdade em processo, entendendo-se que nada pode justificar que a parte possa impedir o tribunal de utilizar na sua atividade decisória um facto de que o tribunal tem conhecimento" (*https://blogippc.blogspot.com*). Os factos que sejam confessados por alguma das partes (em depoimento de parte ou em declarações de parte) serão obviamente considerados, tal como o devem ser os resultantes de outros meios de prova. Unicamente se exige que sobre os mesmos ou sobre a sua atendibilidade na sentença seja exercido o contraditório, atento o disposto nos arts. 3º, nº 3 e 5º, nº 2, al. b) (contra: Lebre de Freitas e Isabel Alexandre, *CPC anot.*, vol. I, 4ª ed., p. 40, realçando o princípio do dispositivo). Com efeito, a não ser que o autor desista do pedido ou da instância ou que o réu confesse o pedido, os factos de que depender a procedência da ação ou da exceção hão de necessariamente interessar-lhes, não fazendo sentido desconsiderá-los com fundamento na ausência de uma posição concordante da parte a quem afinal aproveitam. A alteração da previsão legal aponta, aliás, no sentido de a assunção dos factos complementares e concretizadores não depender de requerimento da parte interessada em deles se prevalecerem (STJ 10-4-18, 16/14, STJ 1-10-15, 903/11, RC 23-02-16, 2316/12 e RP 15-9-14, 3596/12).

15. No que concerne à densificação da concessão às partes da possibilidade de se pronunciarem nos termos da al. b) do nº 2, não existe consenso. Ramos de Faria e Ana Luísa Loureiro, *Primeiras Notas ao NCPC*, vol. I, pp. 41 e 521, sustentam que "para que a parte tenha a possibilidade de se pronunciar, não é necessário que o juiz despache no sentido de lhe ser dada a palavra para o efeito", uma vez que o nosso sistema processual assegura ao mandatário a possibilidade de formular requerimentos a qualquer momento. Em contraponto, pode afirmar-se como mais consentânea com os princípios processuais e designadamente com a proibição de decisões-surpresa a posição que defende que o juiz deve anunciar às partes, antes do encerramento da audiência, que está a equacionar utilizar esse mecanismo de ampliação da matéria de facto. Conforme se refere, com pertinência, em RP 30-4-15, 5800/13, "trata-se, no fundo, de salvaguardar a confiança que é necessário ter quanto ao conteúdo dos atos do processo e de não impor aos mandatários graus de diligência e atenção absolutos, exigindo-lhes que a todo o momento prevejam todas as hipóteses e levem o esforço probatório aos limites, apenas para evitar que se o tribunal vier a considerar relevantes outros factos os mesmos resultem provados ou não provados. Só perante esse alerta se poderão imputar às partes as consequências do esforço probatório que entenderam produzir e a responsabilidade por não terem levado esse esforço ao ponto que seria eventualmente necessário." Mais pacífico parece ser o entendimento de que, na eventualidade a que se reporta aquela al. b), assiste quer à parte beneficiada pelo facto, quer à contraparte, a faculdade de requerer a produção de novos meios de prova (ou a reinquirição de testemunhas) para, consoante o caso, se fazer prova ou contraprova desses factos (Ramos de Faria e Ana Luísa Loureiro, *ob. cit.*, pp. 41 e 521, Lebre de Freitas e Isabel Alexandre, *CPC anot.*, vol. I, 4ª ed., p. 40 e RP 30-4-15, 5800/13, cf. ainda nota 13 ao art. 662º, quanto à consequência de inobservância do contraditório).

16. Quanto aos factos instrumentais (aqueles que permitem a afirmação, por indução, de outros factos de cuja prova depende o reconhecimento do direito ou da exceção), não há ónus de alegação nem sequer qualquer tipo preclusão, pelo que poderão ser livremente averiguados e discutidos na audiência final em torno da produção e valoração dos meios de prova e em face dos temas da prova que tenham sido enunciados. Sobre os mesmos não tem de existir necessariamente uma pronúncia judicial, na medida em que apenas sirvam de apoio à formação da convicção acerca da restante factualidade, *máxime* quando, a partir deles, se possam inferir outros factos mediante presunções judiciais (arts. 607º, nº 4 e 5º, nº 2, al. a)), situações em que basta que sejam enunciados na motivação da sentença (cf. anot. aos arts. 186º, 552º e 607º).

17. Mas a aludida característica da instrumentalidade abarca apenas os factos que possam servir para a formação da convicção sobre os demais factos (designadamente por via do uso de presunções judiciais), devendo distinguir-se dos que sirvam para integrar presunções legais (*v.g.* em matéria de responsabilidade civil extracontratual, da posse ou do regime da filiação). Neste quadro, tais factos são de considerar "essenciais", devendo ser alegados em conformidade (art. 5º, nº 1) e ser objeto de pronúncia positiva ou negativa na sentença (sobre a matéria, cf. Abrantes Geraldes, *Recursos no NCPC*, 5ª ed., Apêndice sobre "Sentença Cível", p. 603, Paulo Pimenta, *ob. cit.*, pp. 360-361 e Lebre de Freitas e Isabel Alexandre, *ob. cit.*, p. 38).

18. O princípio da oficiosidade no que respeita à indagação, interpretação e aplicação das regras de direito tem como limite as questões cuja apreciação dependa da iniciativa do interessado, como acontece com a anulabilidade (art. 289º, nº 1), a prescrição (art. 303º), a caducidade reportada a direitos disponíveis (art. 333º, nº 1), a exceção de não cumprimento (art. 428º; STJ 22-11-18, 85159/13), a resolução (art. 436º, nº 1) ou a compensação (art. 848º, nº 1, todos do CC). Está ainda condicionado pela necessidade de ser respeitado o contraditório, por forma a evitar decisões-surpresa, isto é, contra a corrente do que as partes alegaram (art. 3º, nº 3; cf. nota 12 ao art. 3º).

19. Segundo STJ 19-1-17, 873/10, incumbe ao tribunal proceder à qualificação jurídica que julgue adequada (art. 5º, nº 3) mas dentro da fronteira da factualidade alegada e provada e nos limites do efeito prático-jurídico pretendido, sendo-lhe vedado enveredar por uma medida que extravase aquele limite.

20. Para maiores desenvolvimentos, cf. ainda Paulo Pimenta, "Ónus de alegação e de impugnação das partes e poderes de cognição do tribunal", em *II Colóquio de Proc. Civil de Santo Tirso*, pp. 89-123 e Teixeira de Sousa, "Algumas questões sobre o ónus de alegação e de impugnação em processo civil", em *Scientia Juridica*, nº 332, pp. 395-412. Sobre a articulação do art. 5º, nº 2, al. a) com o art. 574º, nº 2, designadamente sobre a impugnação do facto instrumental, *versus* impugnação do facto principal correspondente, cf. Teixeira de Sousa, "A função dos factos instrumentais e a possibilidade de considerar não provado um facto essencial admitido por acordo", em comentário ao Ac. do STJ de 28-9-17, 809/10, em *https://blogippc.blogspot.com* e nota 8 ao art. 574º.

ARTIGO 6º
Dever de gestão processual

1 – Cumpre ao juiz, sem prejuízo do ónus de impulso especialmente imposto pela lei às partes, dirigir ativamente o processo e providenciar pelo seu andamento célere, promovendo oficiosamente as diligências necessárias ao normal prosseguimento da ação, recusando o que for impertinente ou meramente dilatório e, ouvidas as partes, adotando mecanismos de simplificação e agilização processual que garantam a justa composição do litígio em prazo razoável.

2 – O juiz providencia oficiosamente pelo suprimento da falta de pressupostos processuais suscetíveis de sanação, determinando a realização dos atos necessários à regularização da instância ou, quando a sanação dependa de ato que deva ser praticado pelas partes, convidando estas a praticá-lo.

Remissões: art. 547º (adequação formal); art. 590º, nº 2 (despacho pré-saneador); art. 630º, nº 2 (despachos que não admitem recurso).

1. O poder de direção do juiz do processo supõe obviamente que adote comportamentos que potenciem a qualidade e a eficiência da resposta judiciária (art. 7º-C do EMJ, introduzido pela Lei nº 67/19, de 27-8) e implica que acompanhe o modo como a secretaria tramita os processos, promovendo as melhorias que se justificarem ou o estabelecimento de parâmetros de atuação de que resulte o tratamento preferencial dos processos prioritários e a adoção de critérios objetivos quanto aos demais, por forma a assegurar a sua célere tramitação. Note-se que, atualmente, a prolação de decisão judicial não está sequer condicionada à abertura de conclusão pela secretaria (art. 153º, nº 1, modificado pelo DL nº 97/19, de 26-7). Deve ainda refletir-se na observação do modo como as partes exercem os seus direitos, ónus ou deveres processuais, agindo sempre que as circunstâncias o justificarem, de modo a que sejam atingidos os desideratos essenciais consagrados no art. 2º: decisão de mérito em tempo razoável.

2. Sem embargo dos casos em que é imprescindível a iniciativa das partes, cabe ao juiz dirigir ativamente o processo para que sejam alcançados os seus objetivos fundamentais com celeridade e eficácia, obstar ao uso ilegítimo dos mecanismos processuais e evitar ou sancionar comportamentos que se revelem dilatórios. Esse poder de gestão processual envolve ainda o esforço, que deve ser comparticipado pelas partes, no sentido de se conseguir a maior simplificação e agilização possível, tudo com vista a que seja proferida decisão final que, apreciando o mérito, garanta a justa composição do litígio. Se é verdade que a natureza litigiosa do processo dificulta a prossecução de tais objetivos, não é menos certo que a consagração do dever de gestão processual se impõe ao juiz em primeiro lugar e deve por este ser refletido na tramitação processual por forma a aproximar, tanto quanto possível, o resultado alcançado dos propósitos do legislador. Para o reforço do poder/dever de gestão processual que compete ao juiz confluem as normas do art. 547º (adequação formal) e o regime mais claro que consta do art. 590º (Paulo Pimenta, *Processo Civil Declarativo*, 2ª ed., pp. 29 e ss.). Nesta sede, existe um largo campo de manobra para o juiz impor às partes condutas que obstem a pretendidos efeitos dilatórios ou para adotar medidas que se traduzam na simplificação e agilização processual e mesmo, em certos casos, na adequação formal prevista no art. 547º (STJ 19-11-15, 2864/12). Através da direção da marcha do processo e de gestão dos processos também se manifesta o princípio da independência consagrado no art. 4º, nº 2, do EMJ, na redação dada pela Lei nº 67/19, de 27-8.

3. A experiência anterior demonstrou que à efetivação do dever de direção processual e, agora, de gestão processual não seria indiferente a amplitude do direito de impugnação de decisões de cariz instrumental, ou seja, a submissão de toda e qualquer decisão do juiz a posterior impugnação, ainda que diferida. Por isso, a alteração do regime foi acompanhada da introdução da norma do nº 2 do art. 630º, que condiciona largamente a possibilidade de impugnação de decisões que, afinal, acabam por ter uma função meramente instrumental e que, em regra, não colocam em causa a justa composição da lide. Por isso, em princípio, são insindicáveis as decisões que apreciam nulidades gerais, as que visam a simplificação e agilização processual e as que materializam a adequação formal, salvo se estiver em causa a violação dos princípios ou regras assinaladas no mesmo preceito.

4. Nesse dever continua a inscrever-se o uso dos poderes necessários para que seja suprida a falta de pressupostos processuais suscetíveis de sanação, nuns casos atuando *ex officio*, noutros mediante formulação de convite à parte interessada (art.

590º, nº 2, al. a)). Se em determinadas situações a superação constitui um ónus da parte (*v.g.* preterição de litisconsórcio necessário ou patrocínio judiciário), noutras é o próprio juiz que deve agir, ordenando a prática dos atos adequados, como sucede quando esteja em causa a incapacidade judiciária *stricto sensu* (art. 27º). Trata-se, em qualquer dos casos, de um poder vinculado (RG 19-6-14, 3553/12), ou seja, de um dever e nunca de um poder discricionário que dependa unicamente do critério do juiz (acerca da conjugação entre os arts. 6º, nº 2 e 590º, nº 2, al. a), cf. Paulo Pimenta, *ob. cit.*, pp. 228-233 e anot. ao art. 590º).

5. No normativo afloram com precisão dois pilares fundamentais do processo civil: o da instrumentalidade dos mecanismos processuais em face do direito substantivo e o da prevalência das decisões de mérito sobre as formais. O direito adjetivo só existe porque existe direito substantivo integrado por normas que, de modo abstrato e generalizado, concedem direitos, fixam obrigações ou impõem ónus ou limitações. Em caso de conflito de interesses, impõe-se a intervenção reguladora do juiz com funções de tutela de direitos subjetivos ou de interesses juridicamente relevantes. De tudo isto deriva a sobreposição do direito substantivo ao direito processual, relação que só deve inverter-se quando a boa administração da justiça imponha outra solução. Esta a real função do preceituado no art. 6º, no pórtico de entrada no CPC, replicado noutros preceitos.

6. São insanáveis designadamente a ilegitimidade singular (sem prejuízo do disposto no art. 39º, em conjugação com o art. 316º, nº 2), a falta de personalidade judiciária (fora do caso referido no art. 14º ou daqueles em que verdadeiramente se trate de um mero erro de identificação do sujeito suscetível de ser corrigido ou de ser objeto de uma correta interpretação), a incompetência absoluta (ressalvado o eventual aproveitamento do processado, nos termos do art. 99º, nº 2), o caso julgado ou a litispendência. No que respeita à ineptidão da petição inicial (com ressalva do caso previsto no art. 186º, nº 3), constituindo uma nulidade absoluta que afeta todo o processo (art. 186º, nº 1), é simultaneamente uma exceção dilatória típica (art. 577º, al. b)), resultando na falta de um verdadeiro pressuposto processual formado pela necessidade de conformação do objeto do processo. Em face da verificação de tais exceções dilatórias, só resta, em linhas muito gerais, a absolvição do réu da instância (cf. nota 13 ao art. 278º).

7. As decisões proferidas ao abrigo deste normativo no sentido da agilização ou simplificação processual são irrecorríveis, salvo se contenderem com os princípios da igualdade ou do contraditório, com a aquisição processual ou com a admissibilidade de meios probatórios (art. 630º, nº 2). Irrecorrível é ainda o despacho de aperfeiçoamento em qualquer das suas múltiplas formas (art. 590º, nº 7).

8. Para maiores desenvolvimentos sobre o princípio da gestão processual, cf. Teixeira de Sousa, "Apontamento sobre o princípio da gestão processual no novo CPC", em *Cad. de Direito Privado*, nº 43, pp. 10-14, Lebre de Freitas, "Gestão processual, princípio da cooperação e garantias das partes", em *II Colóquio de Proc. Civil de*

Santo Tirso, pp. 77-87 e Miguel Mesquita, "Princípio da gestão processual: o «Santo Graal» do novo processo civil?", na *RLJ*, ano 145º, pp. 78-108.

9. Sobre o princípio da gestão processual nos regulamentos comunitários, cf. Joana C. de Abreu, *Tribunais Nacionais e Tutela Jurisdicional Efetiva*, Almedina, 2019, pp. 446-449.

ARTIGO 7º
Princípio da cooperação

1 – Na condução e intervenção no processo, devem os magistrados, os mandatários judiciais e as próprias partes cooperar entre si, concorrendo para se obter, com brevidade e eficácia, a justa composição do litígio.

2 – O juiz pode, em qualquer altura do processo, ouvir as partes, seus representantes ou mandatários judiciais, convidando-os a fornecer os esclarecimentos sobre a matéria de facto ou de direito que se afigurem pertinentes e dando-se conhecimento à outra parte dos resultados da diligência.

3 – As pessoas referidas no número anterior são obrigadas a comparecer sempre que para isso forem notificadas e a prestar os esclarecimentos que lhes forem pedidos, sem prejuízo do disposto no nº 3 do artigo 417º.

4 – Sempre que alguma das partes alegue justificadamente dificuldade séria em obter documento ou informação que condicione o eficaz exercício de faculdade ou o cumprimento de ónus ou dever processual, deve o juiz, sempre que possível, providenciar pela remoção do obstáculo.

Remissões: art. 417º (dever de cooperação para a descoberta da verdade); art. 418º (dispensa de confidencialidade); art. 436º (requisição de documentos).

1. A cooperação é uma responsabilidade conjunta de todos os intervenientes processuais, com destaque para o juiz e para os mandatários das partes, surgindo a sua necessidade essencialmente na fase posterior aos articulados. Então cumpre ao juiz proceder à análise detalhada das falhas supríveis, das quais possam resultar prejuízos para as partes, e apreciar as diversas soluções plausíveis da questão de direito. Cada parte, sem prejuízo das naturais divergências que se mantenham quanto à matéria de facto ou quanto à solução jurídica do caso, deve encarar o processo como um simples instrumento necessário à busca da solução justa, com reflexos na ilegitimidade de formulação de pretensões ou de argumentos inconsistentes, dedução de incidentes ou oposições sem fundamento razoável ou iniciativas tomadas com o mero objetivo de dilatar a conclusão do processo. A omissão grave do dever de cooperação é suscetível de determinar a responsabilidade da parte como litigante de má-fé, nos termos do art. 542º, nº 2, al. c), ao passo que outras atuações de menor gravidade poderão determinar a aplicação de taxa sancionatória excecional (art. 531º).

2. Mas o dever de cooperação de todos os intervenientes manifesta-se ainda noutros domínios, constituindo disso exemplos, entre outros: a conjugação de esforços tendentes a agendar as diligências para datas em que se compatibilizem os diversos interesses (art. 151º, nº 1); a necessidade de se proceder à desconvocação das pessoas quando, por algum motivo, as diligências marcadas se frustrem (art. 151º, nº 4); o dever de comunicação antecipada, por parte do advogado, do facto impeditivo da realização da diligência (art. 151º, nº 5); o dever de qualquer das partes prestar esclarecimentos sobre aspetos da matéria de facto ou de direito que se revelem pertinentes para a boa decisão da causa (art. 7º, nº 2); o dever de o juiz providenciar pela remoção dos obstáculos que qualquer das partes encontre quando se trata de obter algum documento ou informação ou exercer algum direito, ónus ou dever processual (art. 7º, nº 4); o dever de o juiz proferir despacho de convite ao aperfeiçoamento fáctico dos articulados (art. 590º, nº 4). Em matéria de direito probatório formal, são também diversos os afloramentos normativos desse dever intersubjetivo que impende sobre as partes ou sobre o tribunal, merecendo especial relevo a norma do art. 417º, atinente à cooperação para a descoberta da verdade (para maiores desenvolvimentos, cf. Abrantes Geraldes, *Temas da Reforma do Processo Civil*, I vol., 2ª ed., pp. 88 e ss. e Paulo Pimenta, *Processo Civil Declarativo*, 2ª ed., p. 28).

3. O poder de pedir esclarecimentos às partes e seus mandatários sobre a matéria litigada constitui uma ferramenta que tanto pode servir para ultrapassar dúvidas que se suscitem, como para desmontar eventuais estratégias maliciosas, passo que pode mostrar-se fundamental para, mais adiante, aplicar medidas sancionatórias ou para extrair da análise comportamental os pertinentes efeitos ao nível da formação da convicção quer sobre a matéria de facto controvertida, quer sobre a solidez do direito ou da defesa invocada. Tal diligência pode mostrar-se útil mesmo em sede de recurso.

4. Merece especial atenção a norma do nº 4 que visa a remoção de obstáculos que a parte encontre relativamente ao exercício de faculdades ou ao cumprimento de ónus ou deveres, o que pode revelar-se especialmente relevante em situações em que a parte esteja impedida de aceder a determinados dados de natureza administrativa. Neste caso, a cooperação do tribunal pode ser especialmente suscitada ao abrigo do art. 418º. Noutros casos em que, por exemplo, a habilitação dos sucessores de uma parte dependa do acesso a elementos informativos que a parte interessada não detém e que não consegue coligir com facilidade, pode justificar-se a intervenção do juiz com vista a notificar as pessoas que possam prestar os esclarecimentos necessários.

5. Para mais desenvolvimentos sobre o princípio da cooperação, cf. Teixeira de Sousa, "Omissão do dever de cooperação do tribunal: que consequências?", *www.academia.edu*, Fredie Didier Junior, *Fundamentos do Princípio da Cooperação no Direito Processual Civil Português* e Fernando Silva Pereira, "Princípio da cooperação e dever jurídico de colaboração probatória: uma análise à luz do novo CPC", na *RFDUP*, 2013, pp. 111-132.

ARTIGO 8º
Dever de boa-fé processual

As partes devem agir de boa-fé e observar os deveres de cooperação resultantes do preceituado no artigo anterior.

Remissões: art. 531º (taxa sancionatória excecional); art. 542º (responsabilidade no caso de má-fé).

1. A boa-fé constitui uma norma de conduta que, devendo ser observada nas relações contratuais, também deve incidir sobre a relação jurídico-processual que tem como sujeitos principais as partes e o tribunal. Posto que também se possa invocar relativamente ao juiz, tanto o dever de boa-fé como o de cooperação surgem aqui associados às partes (e naturalmente aos respetivos mandatários), marcando a necessidade de adoção de comportamentos que se pautem pela lisura processual (art. 542º). A boa-fé objetiva estabelece as balizas de atuação de todos os que participam na relação jurídica processual, impondo uma conduta proba e leal. A regra da boa-fé constitui um limite imanente da atuação processual, o qual deriva de forma mediata da necessidade de proteger os direitos fundamentais da tutela efetiva, da defesa, da igualdade e de um processo com todas as garantias (Picó Junoy, "El principio de la buena fe procesal y su fundamento constitucional", *Revista de Processo,* nº 196, p. 151).

2. A regra da boa-fé é uma norma cogente, de ordem pública no sentido de que atua independentemente da vontade dos interessados e mesmo contra a vontade destes, que não podem impedir a sua aplicação. Neste sentido, pode afirmar-se que a boa-fé objetiva atua como norma delimitadora do exercício doutros princípios processuais como o do contraditório e o da igualdade das partes (*ob. cit.*, p. 150). Sobre o relevo singular que foi atribuído ao princípio da confiança assente na boa-fé processual fundada na aparência e na proteção de legítimas expectativas, cf. STJ 9-7-14, 2577/05 (no caso, o processo de insolvência foi tramitado sem aparentemente ter natureza urgente que, no entanto, foi invocada posteriormente para efeitos de contagem do prazo para apresentação de recurso em férias judiciais).

3. O dever de boa-fé processual é imposto especificamente aos advogados pelo art. 90º do EOA (não advogar contra o direito, não usar de meios ou expedientes ilegais, não promover diligências reconhecidamente dilatórias, inúteis ou prejudiciais para a correta aplicação da lei ou descoberta da verdade), enquanto o dever de lealdade consta do art. 108º.

4. O dever de cooperação aflora no art. 417º quando se trata de colaborar com o tribunal para a descoberta da verdade ou, em sentido inverso, no art. 418º, quando suscitado pela própria parte perante o tribunal.

5. Para maiores desenvolvimentos, cf. Abrantes Geraldes, *Temas da Reforma do Processo Civil,* I vol., 2ª ed., pp. 88 e ss. e *Temas Judiciários,* pp. 303 e ss. Sobre o abuso de direito no processo, cf. Menezes Cordeiro, *Litigância de Má-fé, Abuso de Direito de Ação e Culpa "in Agendo"*, pp. 83-94. Para uma análise dos princípios da cooperação e da boa-fé processual numa ótica probatória, nomeadamente articulando os mesmos com a valoração probatória da conduta das partes, Luís Filipe Sousa, *Prova por Presunção no Direito Civil*, pp. 35-50.

ARTIGO 9º
Dever de recíproca correção

1 – Todos os intervenientes no processo devem agir em conformidade com um dever de recíproca correção, pautando-se as relações entre advogados e magistrados por um especial dever de urbanidade.

2 – Nenhuma das partes deve usar, nos seus escritos ou alegações orais, expressões desnecessária ou injustificadamente ofensivas da honra ou do bom nome da outra, ou do respeito devido às instituições.

Remissões: art. 150º (manutenção da ordem dos atos processuais); art. 7º-D do EMJ, introduzido pela Lei nº 67/19, de 27-8 (dever de urbanidade dos magistrados judiciais); art. 105º do EMP (dever de urbanidade dos magistrados do Ministério Público); arts. 95º, 110º e 112º do EOA – Lei nº 145/15, de 9-9 (dever geral de urbanidade e dever de correção do advogado).

1. Trata-se, em boa verdade, de uma "norma de cortesia" cuja integração seria dispensável num diploma como o CPC, mais se adequando aos estatutos ou regras deontológicas de cada profissão, como, aliás, consta do art. 7º-D do EMJ (magistrados judiciais) do art. 105º do EMP (magistrados do Ministério Público) e, no que concerne aos advogados, do art. 95º do EOA (dever geral de urbanidade) e dos arts. 110º e 112º (dever de correção), sendo que para situações de maior gravidade pode justificar-se a aplicação do disposto no art. 150º.

2. Em STJ 16-6-15, 7/15, densificou-se o dever de correção imposto ao juiz, considerando-se que não se limita aos casos de ofensa da honra ou dignidade, sendo também correlacionado com a necessidade e a proporcionalidade.

ARTIGO 9º-A
Princípio da utilização de linguagem simples e clara

O tribunal deve, em todos os seus atos, e em particular nas citações, notificações e outras comunicações dirigidas diretamente às partes e a outras pessoas singulares e coletivas, utilizar preferencialmente linguagem simples e clara.

(Aditado pelo DL nº 97/19, de 26-7)

1. Estamos perante uma norma que, implicando diretamente com o teor das comunicações dirigidas às partes ou a terceiros, deve ser interpretada *cum granu salis* quando se trate de decisões judiciais. Sendo desejável que as citações, notificações, avisos, anúncios, etc., sejam facilmente compreendidos pelos cidadãos sem formação jurídica, já quando se trate de decisões judiciais não pode abandonar-se o rigor terminológico ou concetual, ao ponto de afetar a correta subsunção do caso às normas jurídicas aplicáveis. Por exemplo, a "resolução de contrato" que constitua o objeto do processo não se confunde nem com o termo corrente de "rescisão" nem com o conceito de "denúncia" ou de "revogação", do mesmo modo que declarar a "absolvição da instância", para além de diferir de outras formas de "extinção da instância" ou da "absolvição do pedido", não encontra rigorosa equivalência na expressão "termo do processo". Nestes e noutros casos, não pode dispensar-se o rigor concetual, mesmo que as diferenças não sejam imediatamente apreendidas pelos interessados, mais a mais quando estejam judiciariamente patrocinados. Embora qualquer decisão judicial deva ser compreendida pelos seus destinatários, não deve ceder-se à tentação de, através de uma indevida ou exagerada simplificação terminológica (ou de linguagem "Simplex"), confundir conceitos ou categorias legais, sem embargo da possibilidade de inserção no texto da sentença de uma espécie de resumo em linguagem clara, à semelhança do que ocorre com a publicação de diplomas legais no Diário da República.

2. Diferentes são os efeitos da aplicação deste princípio nas comunicações de cariz judicial remetidas a cidadãos ou as empresas, *máxime* quando se trate de citações, notificações, anúncios ou avisos. É exigida a utilização de uma linguagem que seja imediatamente entendida, como passo fundamental para a tutela dos seus direitos e interesses, sem necessidade de intermediação de outros profissionais forenses. Assim, exemplificativamente, as notificações às quais esteja associado um efeito cominatório deverão enunciar descritivamente tal efeito, não se limitando a remeter, de forma reduzida, para normas legais.

TÍTULO II
Das espécies de ações

ARTIGO 10º
Espécies de ações, consoante o seu fim

1 – As ações são declarativas ou executivas.

2 – As ações declarativas podem ser de simples apreciação, de condenação ou constitutivas.

3 – As ações referidas no número anterior têm por fim:

a) As de simples apreciação, obter unicamente a declaração da existência ou inexistência de um direito ou de um facto;

b) As de condenação, exigir a prestação de uma coisa ou de um facto, pressupondo ou prevendo a violação de um direito;

c) As constitutivas, autorizar uma mudança na ordem jurídica existente.

4 - Dizem-se "*ações executivas*" aquelas em que o credor requer as providências adequadas à realização coativa de uma obrigação que lhe é devida.

5 - Toda a execução tem por base um título, pelo qual se determinam o fim e os limites da ação executiva.

6 - O fim da execução, para o efeito do processo aplicável, pode consistir no pagamento de quantia certa, na entrega de coisa certa ou na prestação de um facto, quer positivo quer negativo.

Remissões: art. 548º (forma do processo declarativo comum); art. 549º (processo especial); art. 550º (processo executivo comum).

1. As ações declarativas têm como objetivo fundamental a declaração da solução concreta que decorre da ordem jurídica para a situação real que serve de base à pretensão, englobando litígios de pretensão contestada, em que a contestação é atual ou eventual. Já as ações executivas destinam-se a obter a realização coerciva de direitos de crédito violados e abarcam litígios de pretensão insatisfeita, variando a atividade processual em função da natureza das obrigações: pagamento de quantia certa, entrega de coisa certa ou prestação de facto, positivo ou negativo.

2. A par daquelas ações, prevêem-se procedimentos cautelares (arts. 362º e ss.) cuja relevância prática não deriva tanto da capacidade de resolução autónoma e definitiva de conflitos de interesses (possível, ainda assim, agora, em situações de inversão do contencioso, nos termos previstos nos arts. 369º e 376º, nº 4), antes da utilidade para prevenir a violação grave ou dificilmente reparável de direitos, acautelar ou antecipar os efeitos das decisões judiciais ou evitar os prejuízos que podem advir da demora na decisão do processo principal. Sem embargo dos casos em que pode existir inversão do contencioso (arts. 369º e 376º, nº 4), as decisões que decretam providências cautelares representam uma antecipação ou garantia de eficácia relativamente ao resultado do processo principal, assentando numa análise sumária (*summaria cognitio*) da situação de facto que permita concluir pela provável existência do direito (*fumus boni juris*) e pelo receio de que tal direito seja seriamente afetado ou inutilizado se não for decretada uma determinada medida cautelar (*periculum in mora*).

3. Os incidentes processuais não se enquadram no grupo das ações, embora com estas tenham algumas semelhanças. São formas processuais secundárias, pressupondo, em geral (cf. arts. 292º e ss.), uma questão a resolver (*v.g.* determinação do valor) que apresenta em relação ao objeto da ação um carácter acessório ou secundário (*v.g.* incompetência relativa) ou uma ocorrência anormal produzida no decurso do processo (*v.g.* falsidade, liquidação, intervenção de terceiros). Estão sujeitos a uma tramitação própria, umas vezes materialmente autonomizada (*v.g.* embargos de terceiro, habilitação de sucessores), outras vezes inserida na tramitação do processo principal (*v.g.* falsidade).

4. Os diversos tipos de ações não se confundem com as formas processuais utilizadas (arts. 546º e ss.). Dentro de certas formas de processo (*v.g.* processo declarativo comum) podem inscrever-se diversos tipos de pretensões (de simples declaração, de condenação ou constitutivas) emergentes de relações jurídicas distintas (*v.g.* filiação, contrato, responsabilidade civil extracontratual). Por seu lado, a mesma relação jurídica pode desencadear o recurso a diversos tipos de ação consoante o direito subjetivo que é invocado ou a pretensão que é deduzida, tal como decorre, por exemplo, do complexo regime jurídico do contrato-promessa de compra e venda que, atento o direito material, tanto pode gerar uma pretensão de simples apreciação (declaração de nulidade), como uma ação condenatória (pagamento do dobro do sinal) ou constitutiva (execução específica).

5. Quanto ao objeto imediato, as ações podem ser de condenação, constitutivas ou de simples apreciação. Mas muito raramente a classificação surge com toda esta pureza, pois que, ao menos de modo implícito, as ações de condenação impõem sempre a prévia apreciação do direito e são, também por isso, ações de simples apreciação. Uma decisão a proferir numa ação constitutiva, destinada a provocar uma mudança na ordem jurídica existente, implicará sempre o reconhecimento da existência do direito potestativo invocado. O mais natural é que, ainda que de modo implícito, coexistam duas pretensões concorrentes, o que sucede, por exemplo, na ação de reivindicação, que implica a formulação simultânea de um pedido de reconhecimento da titularidade do direito de propriedade e de um pedido de condenação do réu na restituição do bem.

6. As ações de simples apreciação visam obter a declaração da existência ou inexistência de um direito ou de um facto; não exigem, embora também não excluam, a efetiva e atual violação ou lesão do direito. A classificação de uma ação como de simples apreciação positiva ou negativa depende unicamente da providência que é requerida pelo autor, o que se repercutirá na distribuição de ónus probatório, nos termos que resultam do disposto nos arts. 342º, nº 1 e 343º, nº 1, do CC. A enunciação de um pedido de reconhecimento da existência de um direito ou de um facto, supondo a alegação prévia dos respetivos fundamentos, faz impender sobre o autor o correspondente ónus da prova: o resultado da ação ser-lhe-á favorável ou desfavorável consoante se provem ou não tais factos. Já na sua formulação negativa recairá sobre o réu o ónus da prova da existência do direito ou do facto que o autor veio (legitimamente) questionar, assim se compreendendo, nestes casos, a manutenção do articulado de réplica, que permite ao autor responder à matéria que for alegada pelo réu na contestação (art. 584º, nº 2).

7. Decidiu-se no ***AUJ nº 1/08***: "*Na ação de impugnação de escritura de justificação notarial prevista nos arts. 116º, nº 1, do Cód. de Registo Predial e 101º do Cód. de Notariado,* *tendo sido os réus que nela afirmaram a aquisição, por usucapião, do direito de propriedade sobre um imóvel, inscrito definitivamente no registo, a seu favor, com base nessa escritura, incumbe-lhes a prova dos factos constitutivos do seu direito, sem poderem beneficiar da presunção do registo decorrente do art. 7º do Cód. de Registo Predial*".

8. Na sistemática do CPC, as ações de condenação constituem o paradigma de todas as ações declarativas, o que é demonstrado por diversas disposições em que, embora destinadas a regular atos processuais comuns a todos os tipos de ações, surge a menção isolada às ações de condenação; noutras normas é usada uma terminologia que envolve a imposição de uma determinada obrigação ao sujeito passivo da relação processual (arts. 609º, nº 1 e 615º, nº 1, al. e)). Apesar disso, tais normas são extensivas a quaisquer outras ações, tendo o sentido que se pode retirar de outras mais abrangentes (*v.g.* art. 607º, nº 3).

9. As ações constitutivas visam autorizar uma mudança na ordem jurídica existente, através da prolação de uma decisão judicial com efeitos constitutivos, modificativos ou extintivos. Têm na sua base direitos potestativos cujos efeitos se produzem *ope judicis* na esfera da contraparte, como ocorre, por exemplo, com as ações de preferência, de divórcio, de constituição de servidão predial, de impugnação pauliana, de alimentos ou de anulação.

10. No que concerne às ações executivas, é de acordo com o objeto da pretensão que se determina se seguirá a tramitação correspondente ao pagamento de quantia certa, à entrega de coisa certa ou à prestação de facto positivo ou negativo. Enquanto a tramitação da ação executiva para pagamento de quantia certa está moldada para integrar fundamentalmente os atos de penhora, convocação de credores, venda dos bens e posterior pagamento, já quando se trate da entrega de coisa certa tem-se em vista a execução específica da prestação, através da substituição do devedor pelo tribunal, o mesmo ocorrendo perante execução para prestação de facto.

11. Certas ações, a que normalmente também corresponde uma forma de processo especial, têm simultaneamente feição declarativa e executiva. Assim acontece com a insolvência (CIRE), no âmbito da qual, depois de apreciados os fundamentos e proferida a decisão, se procede à liquidação do património da massa insolvente para pagamento da universalidade de credores; outrossim com a ação de divisão de coisa comum (arts. 925º a 930º).

12. Para mais desenvolvimentos, cf. Paulo Pimenta, *Processo Civil Declarativo*, 2ª ed., pp. 35 e ss. e Lebre de Freitas, *A Ação Declarativa Comum*, 3ª ed., pp. 13 e ss.

TÍTULO III
Das partes

CAPÍTULO I
Personalidade e capacidade judiciária

ARTIGO 11º
Conceito e medida da personalidade judiciária

1 – A personalidade judiciária consiste na suscetibilidade de ser parte.

2 – Quem tiver personalidade jurídica tem igualmente personalidade judiciária.

Remissões: art. 66º do CC (começo da personalidade); art. 158º do CC (aquisição da personalidade pelas pessoas coletivas); art. 5º do CSC (personalidade das sociedades comerciais); art. 278º, nº 1, al. c) (falta de personalidade judiciária como causa de absolvição da instância).

1. A personalidade judiciária constitui um pressuposto processual subjetivo imprescindível para que se possa ter o estatuto de parte em processo judicial, não se confundindo com a personalidade jurídica (mais restrita), que traduz a suscetibilidade de ser titular de direitos e deveres. Tende a acompanhar a personalidade jurídica, pelo que é inerente às pessoas singulares. Já quanto às pessoas coletivas, terão personalidade jurídica e judiciária as associações constituídas de acordo com o art. 158º do CC, as fundações reconhecidas (art. 158º, nº 2, do CC), as sociedades comerciais (o art. 5º do CSC impõe a regularidade formal e o registo definitivo do contrato), as sociedades civis sob forma comercial (art. 1º, nº 4, do CSC) ou as sociedades cooperativas, a partir do registo da sua constituição (art. 16º do Cód. Cooperativo). Existem ainda outras entidades de natureza administrativa (pessoas coletivas de direito público) às quais é legalmente reconhecida personalidade jurídica, permitindo distingui-las de outros organismos públicos que, apesar de beneficiarem de autonomia administrativa e/ou financeira, não gozam daquele estatuto.

2. Nas pessoas singulares, a extinção da personalidade jurídica e judiciária ocorre por via da morte, com reflexos na extinção da instância (art. 269º, nº 3) ou na sua suspensão para dedução de habilitação de sucessores (arts. 269º, nº 1, al. a) e 351º). Já relativamente às sociedades comerciais, importa ter em consideração o que prescreve o art. 162º do CSC.

3. A falta de personalidade judiciária é, em princípio, insanável. Por isso, a não ser quando a lei o admita (art. 14º), o juiz não tem de proferir qualquer decisão com vista ao seu suprimento, devendo decretar a absolvição da instância. Tal não colide, porém, com a necessidade de convidar o autor a apresentar documento que se revele porventura necessário para aferir tal pressuposto quando se suscitarem dúvidas sobre o mesmo (art. 590º, nº 2, al. c)). Também devem ser ressalvadas as situações de superação superveniente da falta de personalidade judiciária, assim como aquelas, mais frequentes, em que a falta de personalidade judiciária é apenas aparente, traduzida num simples erro de identificação do sujeito processual.

4. Para estas situações, em lugar de, numa visão positivista e formal, se optar logo pela absolvição da instância decorrente da falta daquele pressuposto processual, é mais razoável que se observe a possibilidade de retificação da identificação do sujeito processual, nuns casos mediante formulação de um convite à parte, noutros casos por via direta, através de uma simples interpretação corretiva que estabeleça a precisa correspondência entre a identificação do sujeito e a verdadeira intenção da parte (cf. art. 146º, nº 2). Tal pode suceder designadamente quando é demandado um "Estabelecimento Comercial X pertencente a Y", tornando-se evidente que o que o autor pretende é a demanda do titular, quando, em lugar do Estado ou de outra pessoa coletiva de direito público, surge como sujeito passivo ou ativo um departamento ou um organismo integrante, mas destituído de autonomia jurídica ou quando a ação é instaurada ou dirigida em nome de "Herança H, representada pelos Herdeiros X, Y e Z", sendo evidente – como é, em geral – que se trata de uma situação de herança indivisa cujos interesses são titulados pelos respetivos herdeiros. Nas autarquias locais, a personalidade judiciária é expressamente reportada às pessoas coletivas de base territorial, e não aos respetivos órgãos executivos com meras funções de representação judiciária (arts. 27º, nº 1, al. e), 28, nº 1, al. a) e 53º, nº 1, al. a) e nº 2, al. e), da LAL). Uma vez que a personalidade judiciária que serve para identificar o sujeito processual é atribuída ao Município ou à Freguesia, devem ser como tal interpretadas as situações em que porventura surja a designação imperfeita de "Câmara Municipal" ou de "Junta de Freguesia".

5. Importa ainda referir uma forma especial de sanação da falta de personalidade jurídica que decorre do art. 351º, nº 2: verificando-se, na data da citação, que o réu demandado já falecera antes de instaurada a ação, o que a lei prevê é a possibilidade de ser requerida, apesar disso, a habilitação dos respetivos sucessores, medida pragmática e inteiramente justificada.

6. Detetada uma situação de verdadeira falta de personalidade judiciária na fase liminar (quando tal se verifique, nos termos do art. 590º, nº 1), tal determina o indeferimento da petição; se isso ocorrer posteriormente à citação do réu, ajustar-se-á a absolvição da instância. Por outro lado, se a falta de personalidade atingir o sujeito passivo, a absolvição da instância traduzir-se-á, na realidade, numa aparente absolvição da instância. Quando a falta de personalidade judiciária desembocar na absolvição da instância, tal efeito não pode ser evitado através do disposto no art. 278º, nº 3, uma vez que a exigência do pressuposto subjetivo não se destina a tutelar apenas o interesse das partes, antes a conferir segurança jurídica e eficácia às decisões judiciais.

7. Sendo a falta de personalidade do lado ativo, para além da absolvição do réu da instância, a responsabilidade pelo pagamento das custas recai sobre quem de facto impulsionou o processo judicial, solução que deve ser sustentada no princípio geral segundo o qual as custas são suportadas por quem deu causa à ação (art. 527º, nº 1).

8. Para mais desenvolvimentos, cf. Paulo Pimenta, *Processo Civil Declarativo*, 2ª ed., pp. 69 e ss.

ARTIGO 12º
Extensão da personalidade judiciária

Têm ainda personalidade judiciária:

a) A herança jacente e os patrimónios autónomos semelhantes cujo titular não estiver determinado;

b) As associações sem personalidade jurídica e as comissões especiais;

c) As sociedades civis;

d) As sociedades comerciais, até à data do registo definitivo do contrato pelo qual se constituem, nos termos do artigo 5º do Código das Sociedades Comerciais;

e) O condomínio resultante da propriedade horizontal, relativamente às ações que se inserem no âmbito dos poderes do administrador;

f) Os navios, nos casos previstos em legislação especial.

Remissões: art. 26º (representação); art. 1437º do CC (legitimidade do administrador do condomínio).

1. A atribuição de personalidade judiciária à pessoa singular ou à pessoa coletiva que seja detentora de personalidade jurídica é automática. Mas, tendo em vista dar uma resposta mais satisfatória e pragmática a determinadas situações particulares, tal qualidade foi ainda atribuída a outras entidades.

2. Assim ocorre com a herança jacente (art. 2046º do CC), isto é, a herança aberta mas ainda não aceita nem declarada vaga para o Estado (art. 938º), por desconhecimento da existência de herdeiros, por existência de herdeiros legítimos ou testamentários que ainda não aceitaram a herança ou pelo facto de ter sido deixada a favor de nascituro ou de conceturo. Assumindo provisoriamente o lugar do *de cujus* na relação jurídica litigada, tal entidade não se confunde com os herdeiros que venham a habilitar-se (arts. 2050º e ss. do CC), correspondendo a uma fase transitória de relativa indefinição jurídica no fenómeno sucessório que, contudo, não se confunde com a herança indivisa. Toda a herança jacente é indivisa mas nem toda a herança indivisa é jacente, deixando de o ser com a aceitação e/ou o repúdio pelos herdeiros. Por isso, a herança indivisa, na medida em que é atribuída a herdeiros que estão identificados, não se subsume à noção de património autónomo, sendo incorreta a frequente utilização da denominação da parte como sendo "Herança ilíquida e indivisa aberta por óbito de X", embora tal não imponha a absolvição imediata do réu da instância, antes o esforço integrativo referido na anot. ao art. 11º (RC 24-9-19, 348/18 e RC 26-2-19, 1222716). Uma vez que a lei só atribui personalidade judiciária à "*herança jacente*", determinados os sucessores e aceita a herança, os interesses passam a ser encabeçados, segundo as circunstâncias, pelo respetivo cabeça de casal ou pelos herdeiros (art. 2091º do CC).

3. A personalidade judiciária também é atribuída a determinados "*patrimónios autónomos*", como ocorre com a situação dos bens doados ou legados a nascituros ou que se destinem a fundações ainda por constituir. O mesmo ocorre com determinadas associações sem personalidade jurídica a que, de acordo com o direito substantivo, esteja adstrito um determinado património ou sejam suscetíveis de responder por obrigações contraídas no exercício da atividade a que se destinam (arts. 195º e ss. do CC). Constituem exemplos de patrimónios autónomos os Fundos de Inv. Imobiliário (STJ 5-2-19, 2921/17, STJ 6-3-08, 08B402, RL 3-4-14, 2014/10 e RL 7-5-13, 953/11) e os Fundos de Pensões (STJ 5-2-19, 1438/12). Os Fundos de Investimento Imobiliário devem ser citados na pessoa da representante sociedade gestora, a quem incumbe a respetiva representação em juízo (STJ 5-2-19, 2921/17).

4. As sociedades civis não gozam de personalidade jurídica, mas o respetivo património é dotado de autonomia (arts. 999º e 997º do CC) que é suficiente para justificar a atribuição de personalidade judiciária, sendo a respetiva representação assegurada nos termos do art. 996º do CC.

5. Quanto às sociedades comerciais, só adquirem personalidade jurídica com o registo definitivo do contrato (art. 5º do CSC). Porém, a necessidade de assegurar a proteção de terceiros levou à atribuição de personalidade judiciária ainda antes do registo, permitindo-lhes uma ampla possibilidade de intervenção processual. Para o efeito, é necessário que exista um acordo societário tendente ao exercício de determinada atividade lucrativa (art. 36º, nº 2, do CSC). Sendo aplicáveis nas relações com terceiros as disposições que regulam as sociedades civis, tanto a sociedade como os sócios responderão solidariamente pelo cumprimento de obrigações assumidas em nome da sociedade, de modo que o credor poderá demandar simultaneamente os sócios e/ou a sociedade, ainda que na fase executiva aqueles possam pedir a excussão prévia dos bens sociais (art. 997º do CC e art. 745º do CPC).

6. A lei também concede personalidade judiciária ao condomínio urbano, o que lhe permite intervir como autor ou como réu em determinadas ações em que estejam em discussão questões que importam ao condomínio e que se inscrevem no âmbito dos poderes do administrador. Não sendo suficiente que essas ações respeitem ao prédio constituído em regime de propriedade horizontal, é através da conexão com as normas substantivas que deverá aferir-se quais aquelas em que o condomínio é ou não é suscetível de ser parte processual ativa ou passiva, sob representação do administrador.

7. Também os navios podem ter personalidade judiciária, nos termos referidos no art. 7º do DL nº 201/98, de 10-7, no art. 28º do DL nº 352/86, de 21-10 e no art. 12º do DL nº 202/98, de 10-7.

8. Acrescem as sucursais, agências, filiais ou delegações, quanto às ações que procedam de factos por elas praticados (art. 13º).

9. Nas autarquias locais, a personalidade judiciária deve ser expressamente reportada às pessoas coletivas de base territorial, e não aos respetivos órgãos executivos com meras funções de representação judiciária (arts. 27º, nº 1, al. e), 28º, nº 1, al. a) e 53º, nº 1, al. a) e nº 2, al. e), da LAL). Assim, a personalidade judiciária que serve para identificar o sujeito processual é atribuída ao Município ou à Freguesia, devendo ser como tal interpretadas as situações em que porventura surja a designação imperfeita de "Câmara Municipal" ou de "Junta de Freguesia" (cf. anot. ao art. 11º).

10. Quanto aos Ministérios e órgãos da Administração Pública, importa ter em consideração o regime específico que emerge do art. 8º-A, nº 3, do CPTA, segundo o qual "*...os Ministérios e os órgãos da Administração Pública têm personalidade judiciária correspondente à legitimidade ativa e passiva que lhes é conferida pelo presente Código*". Nos termos do nº 4, "*nas ações indevidamente propostas contra Ministérios, a respetiva falta de personalidade judiciária pode ser sanada pela intervenção do Estado e a ratificação ou repetição do processado*". Ademais, prescreve o nº 5 que "*a propositura indevida de ação contra um órgão administrativo não tem consequências processuais, nos termos do nº 4 do art. 10º*" (cf. T. Soares da Fonseca, "Revisitando a sanação, *ope legis*, da falta de personalidade judiciária e a citação virtual da entidade demandada", *Julgar* nº 36, pp. 65 e ss.).

ARTIGO 13º
Personalidade judiciária das sucursais

1 – As sucursais, agências, filiais, delegações ou representações podem demandar ou ser demandadas quando a ação proceda de facto por elas praticado.

2 – Se a administração principal tiver a sede ou o domicílio em país estrangeiro, as sucursais, agências, filiais, delegações ou representações estabelecidas em Portugal podem demandar e ser demandadas, ainda que a ação derive de facto praticado por aquela, quando a obrigação tenha sido contraída com um português ou com um estrangeiro domiciliado em Portugal.

Remissões: art. 26º (representação).

1. A concessão de personalidade judiciária às sucursais e a outras formas de representação de sociedades comerciais ou de pessoas coletivas, representando uma extensão da personalidade judiciária, radica na circunstância de, em termos práticos, as figuras aqui referidas representarem organicamente as entidades em que se integram. Daí a exigência de que se trate de ações que incidam sobre factos praticados por tais representações, independentemente de estas intervirem como sujeitos ativos ou passivos na relação processual. A demanda destas representações locais, em vez da própria entidade jurídica a que respeitam, pode ter importantes implicações na determinação do tribunal territorialmente competente, permitindo ao autor litigar num tribunal mais próximo da sua residência, sempre que a sucursal tenha sede nessa área (cf. o art. 82º, nº 2).

2. A extensão é ainda maior em ações que incidam sobre obrigações contraídas com um português ou com um estrangeiro domiciliado em Portugal, em que se admite a intervenção da sucursal em substituição da própria pessoa coletiva que tenha a sede ou o domicílio no estrangeiro, solução justificada pela conexão com a nacionalidade portuguesa ou com o domicílio em território nacional.

ARTIGO 14º
Sanação da falta de personalidade judiciária

A falta de personalidade judiciária das sucursais, agências, filiais, delegações ou representações pode ser sanada mediante a intervenção da administração principal e a ratificação ou repetição do processado.

Remissões: art. 13º (personalidade judiciária).

1. Este regime é aplicável apenas aos casos em que não seja conferida personalidade judiciária às sucursais, agências, filiais, delegações ou representações (art. 13º). Para o efeito, quer a sucursal seja demandante, quer seja demandada, o juiz deve ordenar a citação da administração principal da sociedade, evitando-se a absolvição do réu da instância por via da sua intervenção e eventual ratificação ou repetição do processado.

2. Para além das situações a que se reporta o art. 14º, alguma doutrina admite a aplicação analógica da mesma solução aos casos em que seja demandado um organismo do Estado sem personalidade judiciária, desde que o Estado intervenha e ratifique o processado. Cremos, no entanto, que, para além da solução prevista no art. 10º-A do CPTA, em sede do processo administrativo, existirá na maior parte dos casos uma forma mais simples de ultrapassar a situação, perspetivando a existência de um mero erro de identificação do sujeito processual, bastando então a sua correção oficiosa pela parte ou pelo juiz (anot. ao art. 11º).

3. Para mais desenvolvimentos, cf. Paulo Pimenta, *Processo Civil Declarativo*, 2ª ed., pp. 132-133. Cf. ainda a nota 11 ao art. 590º.

ARTIGO 15º
Conceito e medida da capacidade judiciária

1 – A capacidade judiciária consiste na suscetibilidade de estar, por si, em juízo.

2 – A capacidade judiciária tem por base e por medida a capacidade do exercício de direitos.

Remissões: arts. 122º do CC (incapacidades); arts. 6º, nº 2, 16º, 27º e 28º (suprimento); art. 278º, nº 1 (absolvição da instância); art. 577º, al. c) (incapacidade judiciária como exceção dilatória).

1. A capacidade judiciária respeita à suscetibilidade de a parte estar por si em juízo como sujeito ativo ou passivo, de forma que se reflitam na sua esfera jurídica os efeitos que, atenta a posição processual, são projetados pela ação.

2. No que respeita a pessoas singulares, tem plena capacidade judiciária quem for de maioridade ou emancipado, sem embargo das situações de maior acompanhado (art. 139º do CC), das restrições previstas para os casos de acompanhamento (art. 145º do CC) ou de insolvência (art. 81º do CIRE). Em situações de menoridade, a capacidade judiciária é aferida pelo modo como a legislação substantiva confere capacidade de gozo ou de exercício (arts. 123º e 127º do CC).

3. Em relação às pessoas coletivas e sociedades, importa verificar os condicionalismos referentes à sua representação judiciária ligados à identificação ou ao número de representantes ou a outras exigências atinentes, por exemplo, a autorizações ou deliberações necessárias, para o que também pode revelar-se com interesse o pacto social ou os estatutos.

4. A verificação de uma qualquer situação de incapacidade judiciária, tal como a deteção de alguma situação de incapacidade natural, não pode prejudicar a parte. Para cada situação de incapacidade judiciária, em sentido amplo, prescreve a lei o adequado instrumento de suprimento, o que convoca a análise dos preceitos de natureza substantiva ou de ordem estatutária em moldes semelhantes aos que existem para efeitos de superação de situações de incapacidade de exercício de direitos, como sucede em casos de menoridade, maior acompanhado, falta de representante, necessidade de autorização ou de deliberação, etc.

5. À falta do pressuposto processual corresponde uma exceção dilatória, envolvendo a incapacidade judiciária *stricto sensu*, a irregularidade de representação ou a falta de deliberação ou de autorização. Mas trata-se de uma falha processual sem efeitos imediatos, já que, independentemente da sua arguição pela contraparte, o juiz deve ordenar oficiosamente as diligências necessárias a assegurar o referido pressuposto processual, nos termos dos arts. 6º, nº 2, 27º a 29º e 590º, nº 2, al. a), de tal modo que os efeitos da exceção dilatória apenas poderão ser extraídos depois de realizadas tais diligências com vista a assegurar o preenchimento do pressuposto processual, ainda assim, sem prejuízo do que dispõe o art. 278º, nº 3 (cf. nota 16 ao art. 278º).

6. Para mais desenvolvimentos, cf. Paulo Pimenta, *Processo Civil Declarativo*, 2ª ed., pp. 72 e ss.

ARTIGO 16º
Suprimento da incapacidade

1 – Os menores e os maiores acompanhados sujeitos a representação só podem estar em juízo por intermédio dos seus representantes, exceto quanto a atos que possam exercer pessoal e livremente.

2 – Os menores cujo exercício das responsabilidades parentais compete a ambos os pais são por estes representados em juízo, sendo necessário o acordo de ambos para a propositura de ações.

3 – Quando seja réu um menor sujeito ao exercício das responsabilidades parentais dos pais, devem ambos ser citados para a ação.

(Alterado pela Lei nº 49/18, de 14-8)

Remissões: arts. 6º, nº 2, 27º e 28º (suprimento).

1. Trata-se de um preceito exclusivamente aplicável a pessoas singulares. As diferenças entre o regime da menoridade (art. 123º do CC) e do maior acompanhado (arts. 138º e 145º do CC) têm repercussão no modo de assegurar a representação judiciária, em função da concreta situação: os menores são representados, em regra, pelos seus pais ou, quando tal se revele necessário, por tutor; os maiores acompanhados sujeitos a representação são representados pelo acompanhante. Isto sem prejuízo dos atos que o menor e o maior acompanhado podem exercer pessoal e livremente (cf. art. 147º do CC).

2. Sendo proposta uma ação contra um maior acompanhado, versando sobre atos sujeitos a autorização do acompanhante, o acompanhado pode estar por si em juízo e ser citado para a ação (cf. nº 1), mas necessita da autorização do acompanhante para praticar atos em juízo (art. 19º). Sendo demandado um maior acompanhado sujeito a representação (art. 145º, nº 2, al. b), do CC) ou administração de bens, o maior é representado pelo acompanhante nessa ação, sendo que, no caso de administração de bens, a representação só ocorre se a ação respeitar a tais bens, não se impondo a citação do maior acompanhado (cf. art. 19º, nº 1, *a contrario*).

3. Em qualquer caso, mesmo que não haja representação atual, os incapazes não poderão ficar desprovidos de tutela, para o que importa verificar o que resulta do art. 17º.

4. Quando a responsabilidade parental pertença a ambos os pais, devem ambos intervir na ação, quer do lado ativo, quer do lado passivo (cf., porém, o art.

1889º, nº 1, al. n), do CC). Quanto aos menores cuja responsabilidade esteja atribuída apenas a um dos pais ou relativamente aos quais tenha sido instituída tutela, a representação judiciária faz-se de acordo com a respetiva decisão judicial, sem embargo dos casos em que se mostre necessária autorização (art. 1938º, nº 1, al. e), do CC). Quando, por qualquer razão, não puder ser assegurada a intervenção ou o acordo de ambos os pais para efeitos de instauração de uma ação, importa suprir tal situação (art. 18º).

ARTIGO 17º
Representação por curador especial ou provisório

1 – Se o incapaz não tiver representante geral deve requerer-se a nomeação dele ao tribunal competente, sem prejuízo da imediata designação de um curador provisório pelo juiz da causa, em caso de urgência.

2 – Tanto no decurso do processo como na execução da sentença, pode o curador provisório praticar os mesmos atos que competiriam ao representante geral, cessando as suas funções logo que o representante nomeado ocupe o lugar dele no processo.

3 – Quando o incapaz deva ser representado por curador especial, a nomeação dele incumbe igualmente ao juiz da causa, aplicando-se o disposto na primeira parte do número anterior.

4 – A nomeação incidental de curador deve ser promovida pelo Ministério Público, podendo ser requerida por qualquer parente sucessível, quando o incapaz haja de ser autor, devendo sê-lo pelo autor, quando o incapaz figure como réu.

5 – O Ministério Público é ouvido, sempre que não seja o requerente da nomeação.

Remissões: arts. 20º, nº 1 e 234º, nº 3 (curador provisório para quem esteja impossibilitado de receber a citação); art. 1086º (representação por curador especial no processo de inventário); art. 138º do CC (acompanhamento a maior); art. 1921º do CC (menores sujeitos a tutela).

1. A intervenção de incapaz em processo judicial tanto pode ocorrer do lado ativo como do lado passivo. Em qualquer caso de falta de representação legal, é necessário assegurá-la, o que pode suceder sob promoção do Ministério Público ou de qualquer parente sucessível, quando se trate de intervenção ativa, podendo tal iniciativa provir ainda do próprio autor, quando o incapaz ocupe o lado passivo da instância processual.

2. Ocorrendo conflito de interesses entre o acompanhante e o maior acompanhado (cf. art. 150º do CC), o maior acompanhado deve ser representado por um curador especial nos termos do nº 3.

3. Quando a situação exija uma intervenção urgente, terá lugar a designação de um curador *ad litem*, cuja função é a de assegurar a representação do incapaz no processo a instaurar ou naquele em que foi demandado. Nestes casos, o curador agirá em representação do incapaz até que seja designado o respetivo representante legal.

ARTIGO 18º
Desacordo entre os pais na representação do menor

1 – Se, sendo o menor representado por ambos os pais, houver desacordo entre estes acerca da conveniência de intentar a ação, pode qualquer deles requerer ao tribunal competente para a causa a resolução do conflito.

2 – Se o desacordo apenas surgir no decurso do processo, acerca da orientação deste, pode qualquer dos pais, no prazo de realização do primeiro ato processual afetado pelo desacordo, requerer ao juiz da causa que providencie sobre a forma de o incapaz ser nela representado, suspendendo-se entretanto a instância.

3 – Ouvido o outro progenitor, quando só um deles tenha requerido, bem como o Ministério Público, o juiz decide de acordo com o interesse do menor, podendo atribuir a representação a só um dos pais, designar curador especial ou conferir a representação ao Ministério Público, cabendo recurso da decisão.

4 – A contagem do prazo suspenso reinicia-se com a notificação da decisão ao representante designado.

5 – Se houver necessidade de fazer intervir um menor em causa pendente, não havendo acordo entre os pais para o efeito, pode qualquer deles requerer a suspensão da instância até resolução do desacordo pelo tribunal da causa, que decide no prazo de 30 dias.

1. Em situações de desacordo dos pais do menor relativamente à instauração de alguma ação no seu interesse, o diferendo deve ser previamente resolvido pelo tribunal, o qual, de acordo com as circunstâncias e os interesses do menor, pode atribuir a representação apenas a um dos pais, a um curador especial ou ao Ministério Público.

2. Esse desacordo pode ocorrer também no âmbito de uma ação já pendente em que o menor seja demandante ou demandado, cenário em que não basta promover a designação de um representante, impondo-se ainda evitar que aquele desacordo prejudique os interesses do menor. Para isso, determina a lei que a instância seja suspensa depois da apresentação de requerimento de algum dos pais, reiniciando-se o prazo que estiver em curso depois de proferida a decisão sobre a representação. Regime semelhante será aplicável quando o desacordo se verifique relativamente à intervenção de menor em instância pendente.

ARTIGO 19º
Capacidade judiciária dos maiores acompanhados

1 – Os maiores acompanhados que não estejam sujeitos a representação podem intervir em todas as ações em que sejam partes e devem ser citados quando tiverem a posição de réus, sob pena de se verificar a nulidade correspondente à falta de citação, ainda que tenha sido citado o acompanhante.

2 – A intervenção do maior acompanhado quanto a atos sujeitos a autorização fica subordinada à orientação do acompanhante, que prevalece em caso de divergência.

(Alterado pela Lei nº 49/18, de 14-8)

Remissões: art. 29º (sanação da falta de autorização do acompanhante); art. 188º (falta de citação).

1. A capacidade do maior acompanhado tem uma amplitude variável, em função do regime fixado na sentença proferida no respetivo processo (art. 145º do CC). Não tendo sido estipulado aí o regime da representação, o maior acompanhado pode atuar por si em juízo, sempre que seja parte, e deve ser citado quando tiver a condição de réu. Isso não obsta a que, quanto a atos sujeitos a autorização, nos termos da respetiva sentença, a atuação do maior acompanhado fique subordinada à orientação do acompanhante.

2. O maior acompanhado pode estar por si em juízo, demandando quanto a atos sujeitos a autorização, embora necessite da autorização do acompanhante para a prática de atos no processo (nº 2). A falta de autorização do acompanhante para a propositura da ação é sanável através da aplicação extensiva do disposto no art. 29º.

ARTIGO 20º
Representação das pessoas impossibilitadas de receber a citação

1 – As pessoas que, por anomalia psíquica ou outro motivo grave, estejam impossibilitadas de receber a citação para a causa são representadas nela por um curador especial.

2 – A representação do curador especial cessa quando for julgada desnecessária, ou quando se juntar documento que mostre ter sido concedido o benefício de acompanhamento e nomeado representante ao acompanhado.

3 – A desnecessidade da curadoria, quer seja originária quer superveniente, é apreciada sumariamente, a requerimento do curatelado, que pode produzir quaisquer provas.

4 – O representante nomeado no processo de proteção através de acompanhamento é citado para o processo.

(Alterado pela Lei nº 49/18, de 14-8)

Remissões: art. 234º (incapacidade de facto do citando).

1. O relevo atribuído ao ato de citação dispensa desenvolvidas considerações acerca da necessidade de o sistema assegurar que todos os demandados estejam em condições físicas e psíquicas para apreenderem o significado do ato e promoverem a sua defesa. Demandando-se pessoa de maioridade ou emancipada que padeça de anomalia psíquica ou de outra doença ou estado físico impeditivo da gestão consciente ou eficaz dos seus interesses, existe o grave risco de o processo ser decidido sem que efetivamente seja assegurado o direito de defesa. Aliás, com a generalização da citação por via postal, são maiores as probabilidades de passarem despercebidas ao juiz (e mesmo ao autor) algumas situações de inequívoca incapacidade de facto do citado para entender o ato de citação ou para gerir os interesses que devem ser assegurados (cf. Abrantes Geraldes, *Temas Judiciários*, pp. 72 e ss.).

2. Sempre que houver conhecimento de um caso passível de se enquadrar nos pressupostos de aplicação do art. 234º (anomalia psíquica ou outro motivo grave), compete ao juiz apreciar os elementos probatórios emergentes dos autos e determinar as diligências que julgar necessárias, *máxime* a designação de curador *ad litem* (art. 17º, nº 1), que cessará as funções quando a representação se revelar desnecessária ou logo que seja designado representante legal por sentença proferida em processo próprio (art. 891º e ss.).

ARTIGO 21º
Defesa do ausente e do incapaz pelo Ministério Público

1 – Se o ausente ou o incapaz, ou os seus representantes, não deduzirem oposição, ou se o ausente não comparecer a tempo de a deduzir, incumbe ao Ministério Público a defesa deles, para o que é citado, através do sistema de informação de suporte à atividade dos tribunais, nos termos definidos na portaria prevista no nº 2 do artigo 132º, presumindo-se a citação efetuada no terceiro dia posterior ao do seu envio, correndo novamente o prazo para a contestação.

2 – Quando o Ministério Público represente o autor, é nomeado defensor oficioso.

3 – Cessa a representação do Ministério Público ou do defensor oficioso logo que o ausente ou o seu procurador compareça ou logo que seja constituído mandatário judicial do ausente ou do incapaz.

(Alterado pelo DL nº 87/19, de 26-7)

Remissões: art. 568º, al. b) (revelia inoperante); art. 4º, nº 1, al. b), da Lei nº 68/19, de 17-8 (competência do Ministério Público para representar os incapazes, incertos e ausentes em parte incerta).

1. De entre as múltiplas funções atribuídas ao Ministério Público prescreve-se aqui a assunção da defesa dos ausentes ou dos incapazes, extensiva aos casos de incapacidade de facto (art. 234º, nº 4).

2. A conjugação entre o nº 4 do art. 234º e o art. 21º impedirá, em caso de inércia do curador, que o incapaz de facto incorra, sem mais, em revelia, pois sempre caberá ao Ministério Pública a defesa do incapaz (RL 16-11-17, 1271/12). De todo o modo, para a hipótese de nem o Ministério Público deduzir contestação, parece-nos que, tal como ocorre com os incapazes cujo estatuto tenha sido oficializado, será de submeter os incapazes de facto ao regime especial previsto no art. 568º, al. b), em sede de revelia inoperante. Deve ser recusado o entendimento, de raiz mais formal, encontrado através de uma leitura restrita do art. 568º, al. b), que circunscreva a sua aplicação ao regime da menoridade e ao regime do maior acompanhado.

3. A citação do Ministério Público para intervir em representação do beneficiário está prevista especialmente no processo de acompanhamento de maiores, por força da remissão para o art. 21º (art. 895º, nº 2).

ARTIGO 22º
Representação dos incertos

1 – Quando a ação seja proposta contra incertos, por não ter o autor possibilidade de identificar os interessados diretos em contradizer, são aqueles representados pelo Ministério Público.

2 – Quando o Ministério Público represente o autor, é nomeado defensor oficioso aos incertos.

3 – A representação do Ministério Público ou do defensor oficioso só cessa quando os citados como incertos se apresentem para intervir como réus e a sua legitimidade se encontre devidamente reconhecida.

Remissões: art. 243º (citação de incertos); art. 4º, nº 1, al. b), da Lei nº 68/19, de 17-8 (competência do Ministério Público para representar os incapazes, incertos e ausentes em parte incerta).

1. Para além das normas instrumentais dos arts. 243º e 240º, reguladoras das formalidades a que deve obedecer a concretização da citação de incertos, o art. 22º admite e regula os casos em que a ação pode ser instaurada contra incertos, isto é, sem identificação das pessoas contra quem a demanda é dirigida, devendo o autor justificar a impossibilidade de identificar os interessados diretos em contradizer. Cabe ao juiz verificar se estão reunidas condições para tal forma de demanda, no sentido de evitar, tanto quanto possível, que, a pretexto de um alegado desconhecimento dos contrainteressados, o autor obtenha uma decisão em divergência com o direito material ou mesmo contra normas imperativas (o uso deste "expediente" em casos de ações de justificação judicial ou de usucapião deve ser especialmente controlado pelo juiz para evitar que, através de sentença judicial, se consigam produzir efeitos impedidos por normas de gestão territorial ou urbanísticas). Daí que, fazendo uso dos poderes conferidos pelo art. 6º ou do princípio que emerge do art. 612º (uso anormal do processo), não sejam descabidas diligências oficiosas no sentido de se averiguar a efetiva incerteza dos réus.

2. A representação dos incertos será imediatamente assegurada pelo Ministério Público, que será citado (a não ser quando represente o autor, caso em que deve ser nomeado defensor oficioso). Tal representação cessa quando os verdadeiros interessados se apresentarem a intervir como réus e depois de a sua legitimidade se encontrar devidamente assegurada. Nada obsta a que, apesar da intervenção de algum ou de alguns dos sujeitos com interesse direto na demanda, a ação continue contra incertos se, ouvidas as partes, se constatar que podem existir outras pessoas ainda não intervenientes.

3. A legitimidade processual de réus incertos está também prevista no art. 355º, norma que acautela a possibilidade de a habilitação prosseguir contra sucessores incertos, sem prejuízo de ser habilitada a herança jacente (nº 4), bem como no regime jurídico da ação popular constante da Lei nº 83/95, de 31-8, que prevê a citação de interessados incertos, e ainda no âmbito de expropriações por utilidade pública (arts. 11º, nº 4, 17º, nº 2 e 41º, nº 2, do Cód. de Exp.).

4. Considerando, no confronto com o CPC de 1939, que o art. 16º do CPC de 1961 (correspondente ao atual art. 22º) deixou de conter a expressão "*unicamente*", é de concluir que a intervenção do Ministério Público deve ter lugar sempre que sejam demandados incertos, ainda que, em simultâneo, a ação seja também dirigida contra pessoas identificadas.

ARTIGO 23º
Representação de incapazes e ausentes pelo Ministério Público

1 – Incumbe ao Ministério Público, em representação de incapazes e ausentes, intentar em juízo quaisquer ações que se mostrem necessárias à tutela dos seus direitos e interesses.

2 – A representação cessa logo que seja constituído mandatário judicial do incapaz ou ausente, ou quando, deduzindo o respetivo representante legal oposição à intervenção principal do Ministério Público, o juiz, ponderado o interesse do representado, a considere procedente.

Remissões: art. 9º, nºs 1, al. c) e 3, do EMP (intervenção como parte principal).

1. Ao Ministério Público é conferida a possibilidade de intervir no sentido da promoção de interesses variados, surgindo aqui os interesses ligados a incapazes e ausentes. Não se trata de uma norma sobre legitimidade extraordinária ou indireta, como naqueles casos em que o Ministério Público instaura a ação, mas tão só de representação judiciária por razões de incapacidade judiciária ou de ausência do interessado em parte incerta. No que concerne ao incapaz, a intervenção do Ministério Público é compatível com a existência de representante legal que, por alguma razão, não tome a iniciativa da promoção dos interesses do representado.

2. Sem embargo da intervenção acessória, para a qual o Ministério Público continuará a ter legitimidade, aquela representação finda com a designação de advogado pelo representante do incapaz ou pelo ausente, ou quando o juiz, a requerimento do representante do incapaz, considere procedentes as objeções apresentadas relativamente à iniciativa adotada pelo Ministério Público.

ARTIGO 24º
Representação do Estado

1 – O Estado é representado pelo Ministério Público, sem prejuízo dos casos em que a lei especialmente permita o patrocínio por mandatário judicial próprio, cessando a intervenção principal do Ministério Público logo que este esteja constituído.

2 – Se a causa tiver por objeto bens ou direitos do Estado, mas que estejam na administração ou fruição de entidades autónomas, podem estas constituir advogado que intervenha no processo juntamente com o Ministério Público, para o que são citadas quando o Estado seja réu; havendo divergência entre o Ministério Público e o advogado, prevalece a orientação daquele.

Remissões: art. 569º, nº 4 (prorrogação do prazo para contestar).

1. A função de representação do Estado está prevista no art. 9º, nº 1, al. a), do EMP, não estando afastada a possibilidade de legislação especial autorizar a nomeação de mandatário judicial.

2. O Conselho Consultivo da PGR, em pareceres emitidos, entende que o Ministério Público não representa o Estado e os incapazes nos tribunais arbitrais (Parecer nº 2337) e nos Julgados de Paz (Parecer nº 2598), diversamente do que ocorre no procedimento de injunção (Parecer nº 3180), todos em *www.dgsi.pt.*

ARTIGO 25º
Representação das outras pessoas coletivas e das sociedades

1 – As demais pessoas coletivas e as sociedades são representadas por quem a lei, os estatutos ou o pacto social designarem.

2 – Sendo demandada pessoa coletiva ou sociedade que não tenha quem a represente, ou ocorrendo conflito de interesses entre a ré e o seu representante, o juiz da causa designa representante especial, salvo se a lei estabelecer outra forma de assegurar a respetiva representação em juízo.

3 – As funções do representante a que se refere o número anterior cessam logo que a representação seja assumida por quem deva, nos termos da lei, assegurá-la.

Remissões: art. 246º (citação de pessoas coletivas); art. 163º do CC (representação de associações); art. 552º, nºs 2 a 5 (identificação das pessoas coletivas na petição inicial); arts. 252º (sociedade por quotas), 260º (vinculação da sociedade por quotas) e 409º do CSC (vinculação da sociedade anónima).

1. O preceito visa identificar a quem pertence a representação judiciária das pessoas coletivas, incluindo as sociedades, observando o que determinam a lei, os estatutos e o pacto social. Quanto à citação, cf. os arts. 223º e 246º.

2. Ocorrem, por vezes, situações de vazio representativo ou de conflitos internos que demandam a designação de representante especial *ad litem* que cessará funções logo que a situação esteja regularizada.

3. Nos termos do nº 2, e salvo se a lei estabelecer outra forma de assegurar a respetiva representação em juízo, o juiz deve nomear um curador *ad litem* quando a pessoa coletiva ou a sociedade não tenha quem a represente ou quando ocorra conflito de interesses entre aquela e o representante que se pretende demandar ou é demandante (*v.g.* no caso de gerência plural em que a sociedade não se possa obrigar sem a assinatura do demandado). Essa nomeação pode ocorrer entre os representantes da sociedade ou os sócios, ou através da nomeação de uma terceira entidade (RP 16-4-12, 909/10).

ARTIGO 26º
Representação das entidades que careçam de personalidade jurídica

Salvo disposição especial em contrário, os patrimónios autónomos são representados pelos seus administradores e as sociedades e associações que careçam de personalidade jurídica, bem como as sucursais, agências, filiais ou delegações, são representadas pelas pessoas que ajam como diretores, gerentes ou administradores.

Remissões: art. 12º, al. a) (patrimónios autónomos); art. 13º (sucursais); art. 552º, nºs 2 a 5 (identificação das pessoas coletivas na petição inicial); arts. 195º e ss. do CC (associações sem personalidade jurídica); art. 254º do Cód. Comercial (legitimidade processual do gerente).

1. Os patrimónios autónomos são representados pelo seu administrador, questão que se segue a uma outra em redor da delimitação das ações em que tais patrimónios podem ser parte ativa ou passiva (art. 12º, al. a)).

2. As sociedades e associações sem personalidade jurídica, assim como as agências, filiais e delegações são representadas judiciariamente por quem aja em seu nome na qualidade de diretor, gerente ou administrador.

3. Quanto ao condomínio urbano, nos casos em que deva intervir ativa ou passivamente, a representação pertence ao administrador (art. 1437º do CC), como acontecerá em ações contra qualquer condómino por uso indevido de parte comum do edifício (art. 1436º, al. g), do CC). O mesmo ocorre quanto às ações que respeitem às partes comuns (*v.g.* ações relativas a arrendamentos de partes comuns do prédio), com ressalva daquelas em que se discuta a propriedade ou a posse das mesmas, casos em que a intervenção do administrador deve ser precedida da atribuição de poderes especiais por parte da assembleia (art. 1437º, nº 3, do CC), constituindo a comprovação desses poderes requisito que se enquadra no pressuposto da capacidade judiciária *lato sensu* (art. 29º).

4. Também pode haver intervenção passiva nos casos em que condóminos ou terceiros tenham alguma pretensão a deduzir contra o coletivo, designadamente quando o litígio se estabeleça quanto a uma parte comum do edifício (art. 1437º, nº 2, do CC). Se não estiver em causa a propriedade ou a posse dessa parte comum, quem intervirá como representante do condomínio urbano, no lado passivo, será o administrador, sem necessidade de qualquer autorização especial dos condóminos. Já quando qualquer dos condóminos ou terceiro reclame a propriedade ou a posse sobre uma parte comum, para que a ação possa produzir o efeito útil normal, nos termos do art. 33º, nº 2, devem ser demandados todos os condóminos, os quais, no entanto, se podem fazer representar pelo administrador de condomínio.

5. Uma outra situação expressamente prevista pela lei é a que regula a legitimidade ativa e passiva em ações que tenham por objeto a anulação de deliberações: só os condóminos que não tenham aprovado as deliberações poderão intentar a respetiva ação de anulação, a não ser que as deliberações afetem partes comuns do condomínio; a legitimidade passiva pertencerá aos condóminos que aprovaram a deliberação, embora estes se possam fazer representar pelo administrador, nos termos do art. 1433º, nº 4, do CC.

6. Sobre os poderes forenses do gerente de comércio, cf. Pedro Pais de Vasconcelos, *A Preposição*, pp. 198 a 207.

ARTIGO 27º

Suprimento da incapacidade judiciária e da irregularidade de representação

1 – A incapacidade judiciária e a irregularidade de representação são sanadas mediante a intervenção ou citação do representante legítimo do incapaz.

2 – Se estes ratificarem os atos anteriormente praticados, o processo segue como se o vício não existisse; no caso contrário, fica sem efeito todo o processado posterior ao momento em que a falta se deu ou a irregularidade foi cometida, correndo novamente os prazos para a prática dos atos não ratificados, que podem ser renovados.

3 – Se a irregularidade verificada consistir na preterição de algum dos pais, tem-se como ratificado o processado anterior, quando o preterido, devida-

mente notificado, nada disser dentro do prazo fixado; havendo desacordo dos pais acerca da repetição da ação ou da renovação dos atos, é aplicável o disposto no artigo 18º.

4 – Sendo o incapaz autor e tendo o processo sido anulado desde o início, se o prazo de prescrição ou caducidade tiver entretanto terminado ou terminar nos dois meses imediatos à anulação, não se considera completada a prescrição ou caducidade antes de findarem estes dois meses.

(Alterado pela Lei nº 49/18, de 14-8)

Remissões: art. 6º, nº 2 (atuação oficiosa); art. 18º (desacordo dos pais na representação dos menores).

1. A incapacidade judiciária, em qualquer das suas vertentes, é sempre sanável, bastando que, por iniciativa da parte interessada ou da parte contrária, ou mediante atuação oficiosa do tribunal, sejam satisfeitas as exigências legais, com a intervenção espontânea, citação do representante do incapaz ou junção do documento suscetível de sanar a representação irregular. Será em tal ocasião que deve atuar-se no sentido da ratificação do processado. A não ser nos casos do nº 3, a lei não extrai qualquer efeito da inércia, de modo que se impõe uma atuação expressa e inequívoca num sentido ou no outro.

2. Ratificado o processado, tudo evolui como se o vício não tivesse existido. Se for negada a ratificação, fica sem efeito o processado posterior ao momento em que se verificou a situação de incapacidade ou a representação irregular, correndo de novo prazos para a sua prática.

3. O nº 4 destina-se a salvaguardar direitos sujeitos a caducidade ou a prescrição, traduzindo uma situação paralela à prevista no arts. 327º, nº 3 e 332º, nº 1, do CC, para os casos de absolvição da instância por motivo não imputável ao autor. Assim, quando a incapacidade judiciária atinja o autor e tiver sido declarada a anulação de todo o processado, é garantida uma extensão do prazo por dois meses, permitindo ao autor beneficiar desse prazo suplementar para efeitos de aplicação do regime quer da caducidade, quer da prescrição.

ARTIGO 28º

Iniciativa do juiz no suprimento

1 – Logo que se aperceba de algum dos vícios a que se refere o artigo anterior, deve o juiz, oficiosamente e a todo o tempo, providenciar pela regularização da instância.

2 – Incumbe ao juiz ordenar a citação do réu em quem o deva representar, ou, se a falta ou irregularidade respeitar ao autor, determinar a notificação de quem o deva representar na causa para, no prazo fixado, ratificar, querendo, no todo ou em parte, o processado anterior, suspendendo-se entretanto a instância.

Remissões: arts. 6º, nº 2 e 590º, nº 2, al. a) (iniciativa do juiz).

1. Logo que o juiz detete a incapacidade judiciária ou a irregularidade de representação deve providenciar pela regularização da instância. Esta atuação situa-se geralmente na fase posterior à apresentação dos articulados (art. 590º, nº 2), mas nada obsta a que tal suceda em qualquer outro momento anterior ou posterior (art. 6º).

2. Independentemente do circunstancialismo em que o juiz se confronte com a exceção dilatória de incapacidade judiciária, suscitada ou não por qualquer das partes, deve, segundo as circunstâncias, ordenar a citação do representante legal ou do curador do réu que tenha sido demandado isoladamente (art. 28º, nº 2), ordenar a notificação do representante legal ou do curador do autor ou convidar o autor a praticar os atos que se mostrem necessários para que sejam supridas outras irregularidades (art. 6º, nº 2).

3. As diligências tendentes a suprir a incapacidade judiciária devem ser promovidas pelo juiz, logo que disso se aperceba. Tratando-se de vícios de incapacidade judiciária ou de irregularidade de representação que afetem o sujeito ativo da relação processual, o juiz deve decretar a suspensão da instância e determinar a notificação do respetivo representante para, dentro de certo prazo, ratificar o processado. Solução semelhante prevê a lei para os casos em que ao representante do autor falte alguma autorização ou deliberação (art. 29º). Se o vício afetar o sujeito passivo da relação processual, em vez de o processo seguir com a citação do incapaz, o juiz deve ordenar a citação do seu representante legal (nº 2).

4. As consequências processuais estão dependentes da reação do representante legal, dentro do prazo que for fixado pelo juiz. Se o processado for ratificado, tudo decorre como se a exceção dilatória se não tivesse verificado; se houver recusa de ratificação total ou parcial, ficará sem efeito, correndo novamente prazo para a prática dos atos não ratificados.

5. Sobre a matéria, cf. Paulo Pimenta, *Processo Civil Declarativo*, 2ª ed., pp. 133-135.

ARTIGO 29º
Falta de autorização ou de deliberação

1 – Se a parte estiver devidamente representada, mas faltar alguma autorização ou deliberação exigida por lei, é designado o prazo dentro do qual o representante deve obter a respetiva autorização ou deliberação, suspendendo-se entretanto os termos da causa.

2 – Não sendo a falta sanada dentro do prazo, o réu é absolvido da instância, quando a autorização ou deliberação devesse ser obtida pelo representante do autor; se era ao representante do réu que incumbia prover, o processo segue como se o réu não deduzisse oposição.

Remissões: arts. 6º, nº 2 e 590º, nº 2, al. a) (iniciativa do juiz).

1. Quando se trate de falta de autorização ou de deliberação imposta por lei, o juiz deve designar prazo para regularização do processado com suspensão da instância dentro de tal período. Apresentada a autorização ou a deliberação, o processo corre normalmente; no caso contrário, sem prejuízo do disposto no art. 278º, nº 3, o réu é absolvido da instância, se a falta respeitar ao autor, ou fica sem efeito a oposição deduzida, se a falta respeitar ao réu. As consequências deverão, no entanto, ser apreciadas no despacho saneador (art. 595º, nº 1, al. a)), e não imediatamente.

CAPÍTULO II
Legitimidade das partes

ARTIGO 30º
Conceito de legitimidade

1 – O autor é parte legítima quando tem interesse direto em demandar; o réu é parte legítima quando tem interesse direto em contradizer.

2 – O interesse em demandar exprime-se pela utilidade derivada da procedência da ação e o interesse em contradizer pelo prejuízo que dessa procedência advenha.

3 – Na falta de indicação da lei em contrário, são considerados titulares do interesse relevante para o efeito da legitimidade os sujeitos da relação controvertida, tal como é configurada pelo autor.

Remissões: arts. 62º e 64º do DL nº 291/07, de 21-8 (legitimidade em ações emergentes de acidentes de viação).

1. O critério aferidor da legitimidade processual foi o centro de uma arrastada polémica que apenas foi resolvida (finalmente!) por via legislativa, ainda no domínio do CPC de 1961. A partir da introdução de um preceito com a redação do atual nº 3, ficou claro que tal pressuposto processual é identificado em função da relação jurídica configurada pelo autor. Assim, avaliado tal pressuposto por um critério formal, o autor é parte legítima se, atenta a relação jurídica que invoca, surgir nela como sujeito suscetível de beneficiar diretamente do efeito jurídico pretendido; já o réu terá legitimidade passiva se for diretamente prejudicado com a procedência da ação. A exigência de um "*interesse*" emergente da pronúncia judicial, reconduz-nos a um interesse direto e indica que é irrelevante para o efeito um mero interesse indireto, reflexo ou mediato, ou ainda mais um interesse diletante ou de ordem moral ou académica.

2. Casos há ainda em que é a própria lei que identifica o detentor da legitimidade ativa ou passiva, prevalecendo tal indicação sobre a eventual alegação do autor em sentido inverso, como ocorre designadamente em certas relações com pluralidade de sujeitos ou nos casos de legitimidade extraordinária ou indireta que é atribuída ao cabeça de casal ou ao administrador do condomínio urbano. Apesar de não serem titulares exclusivos ou diretos do interesse em discussão, prevalece o que emerge dos preceitos legais que sustentam a sua intervenção. Outrossim nos casos excecionais em que é concedido o exercício do direito de ação a sujeitos que são titulares de um interesse indireto, como ocorre na ação sub-rogatória (art. 606º do CC).

3. A ilegitimidade singular é insanável. Por isso, confrontando-se a parte com justificadas dúvidas sobre a titularidade do sujeito ou sujeitos da relação controvertida, admite-se a opção pela pluralidade subjetiva subsidiária ativa ou passiva (art. 39º). Problema que, do lado passivo, pode ser ultrapassado ainda no decurso da ação, através do incidente de intervenção principal provocada, ao abrigo do art. 316º, nº 2, forma pragmática de evitar a absolvição da instância quando as dúvidas sobre o sujeito que ocupa o polo passivo da relação material surjam na sequência da contestação apresentada.

4. A legitimidade processual não se confunde com o interesse em agir, reportando-se este a situações que careçam objetivamente de uma resolução judicial que ponha cobro a um conflito de interesses ou que tutele interesses juridicamente relevantes, sempre que os efeitos não possam ser alcançados com a mesma segurança por meios extrajudiciais (Paulo Pimenta, *Processo Civil Declarativo*, 2ª ed., pp. 89 e ss.).

5. Se o processo estiver ou for submetido a uma intervenção liminar, o juiz deve declarar a ilegitimidade quando esta resulte manifesta ou evidente (art. 590º, nº 1). Nos demais casos, deve ser apreciada, em regra, no despacho saneador, ainda que para o efeito o juiz tenha de determinar a junção de documentos que se revelem necessários (art. 590º, nº 2, al. c)). Não se concebe que a apreciação de tal pressuposto seja relegada para a sentença final (art. 595º, nº 1, al. a)).

6. Nos termos do art. 278º, nº 3, a apreciação do mérito (quando, por exemplo, conduza à absolvição do réu do pedido) pode prevalecer sobre a decisão formal de absolvição da instância, o que encontrará plena justificação nos casos em que a verificação da ilegitimidade passiva concorra com a improcedência da ação, beneficiando o réu com a prolação de uma sentença que, incidindo sobre o mérito, o coloque a coberto do caso julgado material. Cf. , todavia, a restrição proposta na nota 17 ao art. 278º.

7. A modificação superveniente da legitimidade substantiva em consequência da cessão entre vivos do direito litigioso não modifica necessariamente a legitimidade processual que se mantém até que seja decidida a habilitação (art. 263º, nº 1). Produzindo a sentença, em tal circunstância, efeitos relativamente ao cessionário, cabe, no entanto, ressalvar os casos em que a ação esteja sujeita a registo, pois a extensão subjetiva do caso julgado ao cessionário fica condicionada pelo registo da ação com precedência sobre o registo da aquisição do direito litigioso (art. 263º, nº 3).

8. Para mais desenvolvimentos, cf. Paulo Pimenta, *ob. cit.*, pp. 74 e ss.

ARTIGO 31º
Ações para a tutela de interesses difusos

Têm legitimidade para propor e intervir nas ações e procedimentos cautelares destinados, designadamente, à defesa da saúde pública, do ambiente, da qualidade de vida, do património cultural e do domínio público, bem como à proteção do consumo de bens e serviços, qualquer cidadão no gozo dos seus direitos civis e políticos, as associações e fundações defensoras dos interesses em causa, as autarquias locais e o Ministério Público, nos termos previstos na lei.

Remissões: art. 52º da CRP (direito de petição e direito de ação popular); art. 26º do DL nº 446/85, de 25-10 (legitimidade ativa para ações inibitórias de cláusulas contratuais gerais); art. 9º, nº 1, al. c), do EMP (intervenção principal do Ministério Público); Lei nº 83/95, de 31-8, alterada pelo DL nº 214-G/15, de 2-10 (direito de participação procedimental e de ação popular); art. 31º do CVM (ação popular para proteção de interesses individuais homogéneos ou coletivos de investidores não qualificados em instrumentos financeiros); art. 10º da Lei nº 35/98, de 18-7 (legitimidade processual das associações ambientais).

1. O preceito procura ultrapassar dificuldades que seriam suscitadas pela aplicação do critério definido no art. 30º com base no interesse direto. Nas situações a que o preceito se reporta, não existe propriamente um direito subjetivo nem uma relação jurídica de que o autor seja titular. Por isso se concedeu especialmente legitimidade ativa a cidadãos no gozo dos seus direitos cívicos, a autarquias locais, associações e fundações defensoras dos interesses em causa e ao Ministério Público, devendo observar-se o que concretamente emerge dos diplomas reguladores de cada uma das matérias.

2. Não seria necessário aludir especificamente aos procedimentos cautelares, atenta a relação de instrumentalidade quanto às ações de que dependem (art. 364º). Ainda assim, essa referência elimina qualquer dúvida que, porventura, pudesse suscitar-se, acompanhando as regras da legitimidade ativa prescritas para a ação principal.

3. O preceito não regula apenas a legitimidade para a instauração da ação, mas também para a intervenção como sujeito ativo a título principal ou acessório, nos termos que resultam das normas que regulam os incidentes de intervenção de terceiros (arts. 311º e ss.).

ARTIGO 32º
Litisconsórcio voluntário

1 - Se a relação material controvertida respeitar a várias pessoas, a ação respetiva pode ser proposta por todos ou contra todos os interessados; mas, se a lei ou o negócio for omisso, a ação pode também ser proposta por um só ou contra um só dos interessados, devendo o tribunal, nesse caso, conhecer apenas da respetiva quota-parte do interesse ou da responsabilidade, ainda que o pedido abranja a totalidade.

2 - Se a lei ou o negócio permitir que o direito seja exercido por um só ou que a obrigação comum seja exigida de um só dos interessados, basta que um deles intervenha para assegurar a legitimidade.

Remissões: art. 190º, al. b) (falta de citação); art. 288º, nº 1 (confissão, desistência e transação); art. 311º (intervenção principal espontânea); art. 316º (intervenção principal provocada); art. 528º (responsabilidade pelas custas); art. 568º, al. a) (exceção à revelia operante); art. 569º, nº 2 (prazo para contestar).

1. Sempre que uma relação jurídica envolva diversas pessoas, a respetiva discussão judicial pode ter lugar com a presença de todos os interessados. Quando a presença de todos na lide ocorra sem que haja uma imposição (legal ou outra) nesse sentido, o litisconsórcio diz-se voluntário (é este o sentido da primeira parte do nº 1). Mas, nestas situações, nada impede que apenas um ou alguns desses interessados estejam em juízo, casos em que o tribunal definirá somente a situação daqueles que estão nos autos (disto tratando a 2ª parte do nº 1 e o nº 2). Respeitando a mesma relação jurídica a diversos sujeitos, cada um pode intervir isoladamente, como autor ou como réu, embora para discutir apenas o que respeitar ao seu interesse, sem embargo dos direitos e obrigações solidárias (arts. 522º e 531º do CC). Em qualquer das referidas situações, outros cointeressados poderão intervir ou ser convocados a intervir posteriormente, nos termos dos arts. 311º e 316º.

2. O nº 2 deste artigo abrange designadamente as seguintes situações: art. 538º, nº 1 (pluralidade de credores de obrigação indivisível); art. 1286º, nº 1 (defesa da composse); art. 1405º, nº 2 (reivindicação pelo comproprietário), aplicável a outros casos de contitularidade (arts. 1404º e 2078º, nº 1, todos do CC).

3. Sobre a matéria, cf. Paulo Pimenta, *Processo Civil Declarativo*, 2ª ed., pp. 77-78.

ARTIGO 33º
Litisconsórcio necessário

1 - Se, porém, a lei ou o negócio exigir a intervenção dos vários interessados na relação controvertida, a falta de qualquer deles é motivo de ilegitimidade.

2 - É igualmente necessária a intervenção de todos os interessados quando, pela própria natureza da relação jurídica, ela seja necessária para que a decisão a obter produza o seu efeito útil normal.

3 – A decisão produz o seu efeito útil normal sempre que, não vinculando embora os restantes interessados, possa regular definitivamente a situação concreta das partes relativamente ao pedido formulado.

Remissões: art. 190º, al. a) (falta de citação); art. 288º, nº 2 (confissão, desistência e transação); art. 261º (modificação subjetiva da instância); art. 278º, nº 1, al. d) (absolvição da instância); art. 311º (intervenção principal espontânea); art. 316º (intervenção principal provocada); art. 353º, nº 2, do CC (confissão em caso de litisconsórcio); art. 528º (responsabilidade pelas custas); art. 568º, al. a) (exceção à revelia operante); art. 569º, nº 2 (prazo para contestar); art. 577º, al. e) (exceção dilatória); art. 634º, nº 1 (extensão do recurso no caso de litisconsórcio necessário).

1. O litisconsórcio necessário pode ter origem na lei ou no negócio jurídico ou assentar na natureza da relação jurídica litigada. Os critérios que presidem à previsão do litisconsórcio necessário são essencialmente dois: o critério da indisponibilidade individual ou da disponibilidade plural do objeto do processo para o litisconsórcio legal e convencional e o critério da compatibilidade dos efeitos produzidos para o litisconsórcio natural (Teixeira de Sousa, *As Partes, o Objecto e a Prova na Acção Declarativa*, p. 65). São pouco comuns os casos de litisconsórcio necessário de génese negocial, sendo mais frequentes os que têm origem legal, de forma expressa (*v.g.* os arts. 925º e 2091º do CC) ou implícita, como, de acordo com o entendimento maioritário, ocorre nas ações para exercício do direito de preferência (art. 1410º do CC) ou de impugnação pauliana (art. 612º do CC).

2. Em alguns destes casos, a aferição da legitimidade exclusivamente através do critério previsto nº 3 do art. 30º, assente na relação material controvertida configurada (descrita) pelo autor, não pode deixar de ser questionada quando, porventura, outros elementos dos autos infirmem de forma absoluta tal alegação (*v.g.* alegação do autor de que é o único herdeiro ou o único interveniente num contrato, contrariando prova documental firme). Deve ainda moderar-se a aplicação estrita daquele critério formal quando as dúvidas que tenham surgido acerca da titularidade da relação material possam ser resolvidas mediante o acionamento do art. 590º, nº 2, al. c), com vista à junção de documentos que clarifiquem a situação.

3. Problemática é a delimitação das situações em que o litisconsórcio necessário ativo ou passivo é reclamado pela própria natureza da relação jurídica litigada. O litisconsórcio necessário natural não constitui simples corolário do imperativo de obstar à coexistência de decisões diversas sobre a mesma relação jurídica. O sistema admite esta possibilidade, desde que cada decisão seja suscetível de produzir o seu efeito útil normal, ou seja, desde que a sentença que venha a ser proferida possa regular definitivamente a situação concreta dos interessados intervenientes na lide, com independência relativamente aos não intervenientes. Por regra, o caso julgado apenas vincula os sujeitos intervenientes (arts. 619º, nº 1 e 581º), de modo que o sistema convive com a possibilidade de existirem sentenças diversas emergentes de ações distintas.

4. O litisconsórcio necessário natural constitui uma exceção à regra segundo a qual é ao autor que cumpre selecionar os sujeitos que intervirão na demanda do lado ativo ou passivo. Com efeito, para além das razões de oportunidade que poderão ser atendíveis, importa não olvidar que a pluralidade de sujeitos potencia maior complexidade e morosidade na tramitação da ação, razão pela qual não deve onerar-se aquele que toma a iniciativa de a instaurar com a necessidade de se fazer acompanhar ou de demandar, a todo o custo, a totalidade dos sujeitos implicados. Por isso, o litisconsórcio necessário natural deve ser encarado com excecionalidade, verificando-se apenas quando a sentença que porventura vier a ser proferida fique numa situação instável em face de outra eventual sentença que venha a ser proferida noutra ação com intervenção de outros interessados (STJ 22-10-15, 2394/11, STJ 26-6-03, 03B1371 e STJ 27-10-99, 99A295).

5. Dito de outra forma, o litisconsórcio natural existe quer quando a repartição dos interessados por ações diferentes impeça a composição definitiva entre as partes, quer quando obste a uma solução uniforme entre todos os interessados (Teixeira de Sousa, *ob. cit.*, p. 70). Com tal exigência procura-se evitar que a sentença nem sequer entre os sujeitos vinculados consiga produzir o seu efeito útil normal, o qual "consiste na composição definitiva do litígio entre as partes relativamente ao pedido formulado, de modo que o caso julgado material possa abranger todos os interessados, evitando tornar-se incompatível (por que contraditória, total ou parcialmente) com a decisão eventualmente obtida noutra ação" (Remédio Marques, *Acção Declarativa à Luz do Código Revisto*, 2ª ed., p. 380). Será, pois, em função de cada litígio que poderá determinar-se se uma projetada sentença de mérito tem ou não virtualidade para, de modo definitivo, resolver o litígio entre as partes, ainda que porventura esteja pendente ou venha a ser instaurada outra ação com outros sujeitos do lado ativo ou passivo (Paulo Pimenta, *Processo Civil Declarativo*, 2ª ed., pp. 81 e 82).

6. Constituem exemplos de litisconsórcio necessário natural ativo aquele em que se peticiona a resolução de contrato-promessa por incumprimento do promitente-vendedor, havendo vários promitentes-compradores (RP 25-1-07, 00040011), a ação para exercício de direito de preferência, existindo vários comproprietários (STJ 16-6-15, 1010/06) ou a ação em que se discuta a invalidade de negócio jurídico por vício que envolva todos os interessados (STJ 22-10-15, CJ, t. III, p. 98). Do lado passivo, ocorre, por exemplo, com a ação de declaração de nulidade da cessão de quotas por simulação, que naturalmente deve envolver tanto o cedente como o cessionário (STJ 27-11-12, 752/2001) ou a ação em que se pretenda a declaração de nulidade de um contrato, por simulação, numa situação que envolve diversos interessados e um credor hipotecário (RL 9-11-17, 3831/15).

7. Apesar das dificuldades que o autor enfrentará em certos casos no sentido de identificar uma situação de litisconsórcio necessário ativo ou passivo, as consequências não são agora tão rígidas como outrora o foram. O sistema evoluiu no sentido de evitar, tanto quanto possível, decisões formais motivadas simplesmente pela ausência de algum dos sujeitos com interesse direto na demanda. Se for o caso, o juiz deve determinar a prestação dos esclarecimentos julgados necessários ou a junção dos documentos relevantes para a apreciação do pressuposto processual, normalmente no final dos articulados (art. 590º, nº 2, al. c)), de modo que a questão possa ser definitivamente apreciada no despacho saneador.

8. Em todas as situações em que considere que existe preterição de litisconsórcio necessário ativo ou passivo, o juiz deve confrontar a parte interessada (autor ou reconvinte) com um convite destinado a suprir a exceção dilatória (arts. 6º, nº 2 e 590º, nº 2, al. a)), ou admitir o incidente de intervenção principal que espontaneamente seja requerido por alguma das partes ou por terceiro legitimado para o efeito (art. 316º), até ao trânsito em julgado da decisão de absolvição da instância ou mesmo depois desse momento, no prazo de 30 dias (art. 261º, nºs 1 e 2).

9. Segundo o ***Assento nº 6/95***: "*Sob pena de ilegitimidade, por se tratar de um litisconsórcio necessário, deve ser proposta também contra o progenitor que tenha a seu cargo a guarda do menor a ação intentada pelo Mº Pº para nova regulação do poder paternal para alteração da pensão de alimentos devida ao menor pelo outro progenitor.*"

10. Para mais desenvolvimentos, cf. Abrantes Geraldes, *Temas da Reforma do Processo Civil*, vol. II, 4ª ed., pp. 64-65, Paulo Pimenta, *ob. cit.*, pp. 79-83 e Lebre de Freitas e Isabel Alexandre, *CPC anot.*, vol. I, 4ª ed., pp. 100 e ss.

ARTIGO 34º

Ações que têm de ser propostas por ambos ou contra ambos os cônjuges

1 – Devem ser propostas por ambos os cônjuges, ou por um deles com consentimento do outro, as ações de que possa resultar a perda ou a oneração de bens que só por ambos possam ser alienados ou a perda de direitos que só por ambos possam ser exercidos, incluindo as ações que tenham por objeto, direta ou indiretamente, a casa de morada de família.

2 – Na falta de acordo, o tribunal decide sobre o suprimento do consentimento, tendo em consideração o interesse da família, aplicando-se, com as necessárias adaptações, o disposto no artigo 29º.

3 – Devem ser propostas contra ambos os cônjuges as ações emergentes de facto praticado por ambos os cônjuges, as ações emergentes de facto praticado por um deles, mas em que pretenda obter-se decisão suscetível de ser executada sobre bens próprios do outro, e ainda as ações compreendidas no nº 1.

Remissões: arts. 1682º-A e 1682º-B do CC (regime substantivo); arts. 1690º e ss. do CC (regime das dívidas de cônjuges); art. 343º (embargos de terceiro); art. 740º (penhora de bens comuns); arts. 741º e 742º (incidente de comunicabilidade); art. 786º, nº 1, al. a) (citação do cônjuge do executado); art. 1085º, nº 1, al a) (legitimidade para intervir no inventário).

1. A sociedade conjugal justifica a previsão de regras especiais quanto à legitimidade ativa e passiva. Para o efeito, importa observar o regime de bens do casal e, dentro deste, a natureza da relação jurídica litigada, a fim de verificar se a intervenção de apenas um dos cônjuges assegura a legitimidade processual ou se é necessária a intervenção ou o consentimento do outro. A regra que emerge do direito substantivo é a de que cada cônjuge dispõe do pleno gozo dos seus direitos. Contudo, como forma de preservar a sociedade conjugal e impedir que um só dos cônjuges ponha em causa, como autor ou como réu, bens ou direitos que pertencem a ambos, há determinadas situações em que é de exigir a intervenção de ambos os elementos ou de algum deles com o consentimento do outro.

2. Do lado ativo, exige-se o litisconsórcio (ou, ao menos, a obtenção do consentimento do outro cônjuge) nas ações de que possa resultar a perda ou oneração de bens que só por ambos possam ser alienados ou a perda de direitos que só por ambos possam ser exercidos (arts. 1682º-A e 1682º-B do CC). Entre tais ações incluem-se aquelas que tenham por objeto, de forma direta ou indireta, a casa de morada da família, definida pelo art. 10º, nº 3 da Lei nº 83/19, de 3/9, como "*aquela onde, de forma permanente, estável e duradoura, se encontra sediado o centro da vida familiar dos cônjuges e unidos de facto*". Se algum dos cônjuges pretender instaurar a ação e não conseguir obter a adesão ou o consentimento do outro, deverá instruir a petição com a decisão judicial que tenha suprido esse consentimento, nos termos do art. 1000º do CPC, por referência ao art. 1684º, nº 3, do CC. Detetada alguma ação em que se verifique a falta de intervenção ou de consentimento de um dos cônjuges que ainda não tenha sido suprida, o juiz, sob pena de absolvição da instância, fixará prazo para obtenção deste, suspendendo-se a ação em termos análogos aos previstos no art. 29º.

3. Do lado passivo, o litisconsórcio conjugal deve ocorrer não só nas ações previstas no nº 1, mas também nas ações que tenham por base facto praticado por ambos, ou por um deles com o consentimento do outro (art. 1691º, nº 1, al. a), do CC), e ainda as emergentes de facto praticado por algum deles, mas em que se pretenda obter sentença suscetível de ser executada sobre bens próprios do outro. Quanto a este último segmento, a previsão é especialmente relevante, na medida em que, embora virtualmente a dívida possa ser catalogada como comunicável, a falta de demanda declarativa de ambos os cônjuges obsta a que a questão da comunicabilidade seja suscitada na execução de sentença proferida em ação instaurada apenas contra um deles (art. 741º) – daí falar-se em litisconsórcio "conveniente" (cf. Paulo Pimenta, *Processo Civil Declarativo*, p. 80, nota 149). Acresce que, sendo demandados ambos os cônjuges, a sua condenação abre caminho para a penhora dos bens comuns do casal e, subsidiariamente, dos bens próprios de cada um deles, em regime de solidariedade (art. 1695º, nº 1, do CC).

4. A ação de despejo deve ser proposta contra ambos os cônjuges se o locado for a casa de morada de família (arts. 1105º, nº 1, e 1682º-B, al. a), do CC).

5. Tal como se disse em relação ao litisconsórcio necessário, a falta de intervenção ou de consentimento de algum dos cônjuges apenas pode interferir na apreciação do mérito da causa depois de o juiz convidar a parte a suprir a falta desse pressuposto.

6. Sobre a aplicação deste preceito em sede de processo executivo, cf. desenvolvidamente, Rui Pinto, *A Ação Executiva*, pp. 298-301 e Teixeira de Sousa, "A execução das dívidas dos cônjuges: perspetivas de evolução", em *https//blogippc.blogspot.com*, atualizando o texto publicado nos *Estudos em Memória do Prof. Doutor J. L. Saldanha Sanches*, vol. II, pp. 723 e ss.

ARTIGO 35º
O litisconsórcio e a ação

No caso de litisconsórcio necessário, há uma única ação com pluralidade de sujeitos; no litisconsórcio voluntário, há uma simples acumulação de ações, conservando cada litigante uma posição de independência em relação aos seus compartes.

Remissões: art. 32º (litisconsórcio voluntário); art. 33º (litisconsórcio necessário).

1. A configuração do litisconsórcio varia em função da sua natureza necessária ou voluntária, o que tem reflexos a diversos níveis, designadamente no que concerne aos efeitos da falta de algum dos litisconsortes do lado ativo ou passivo (arts. 32º e 33º) ou da falta de citação de algum deles (art. 190º), quanto à disponibilidade do objeto do processo através de confissão, desistência ou transação (art. 288º) ou quanto ao âmbito subjetivo dos recursos que sejam interpostos (art. 634º).

ARTIGO 36º
Coligação de autores e de réus

1 – É permitida a coligação de autores contra um ou vários réus e é permitido a um autor demandar conjuntamente vários réus, por pedidos diferentes, quando a causa de pedir seja a mesma e única ou quando os pedidos estejam entre si numa relação de prejudicialidade ou de dependência.

2 – É igualmente lícita a coligação quando, sendo embora diferente a causa de pedir, a procedência dos pedidos principais dependa essencialmente da apreciação dos mesmos factos ou da interpretação e aplicação das mesmas regras de direito ou de cláusulas de contratos perfeitamente análogas.

3 – É admitida a coligação quando os pedidos deduzidos contra os vários réus se baseiam na invocação da obrigação cartular, quanto a uns, e da respetiva relação subjacente, quanto a outros.

Remissões: arts. 37º e 577º, al. f) (coligação ilegal); art 56º (coligação na ação executiva).

1. A distinção entre a coligação e o litisconsórcio expressa-se assim: "na coligação, há pluralidade de partes e pluralidade correspondente de relações materiais controvertidas; no litisconsórcio, há pluralidade de partes, mas unicidade da relação controvertida. Acresce que a coligação tem sempre carácter voluntário, ao passo que o litisconsórcio ora pode ser voluntário, ora necessário" (Paulo Pimenta, *Processo Civil Declarativo*, 2ª ed., p. 83).

2. Na coligação existe uma cumulação de ações. Colocando dificuldades no tratamento unitário dos diversos litígios, a coligação apenas é permitida verificados certos pressupostos de ordem material ou formal. A primeira situação que justifica a coligação do lado ativo ou do lado passivo ocorre quando a causa de pedir é a mesma ou quando entre os pedidos formulados se verifica uma relação de prejudicialidade ou de dependência. Sendo a causa de pedir integrada pelo facto ou factos jurídicos de que emerge a pretensão, importante é que as pretensões advenham do mesmo fundamento fáctico-jurídico ou que a procedência de uma ação esteja condicionada ou dependente do resultado da outra.

3. A coligação é ainda legítima quando, apesar da diversidade de causas de pedir, a procedência das diversas ações dependa essencialmente dos mesmos factos, da interpretação ou aplicação das mesmas regras de direito ou da aplicação de cláusulas de contratos perfeitamente análogas. No que tange ao requisito de admissibilidade assente na "*apreciação dos mesmos factos*", o mesmo verifica-se quando os factos forem comuns às pretensões de todos os autores, de forma que se possa concluir que, se se provarem os factos alegados por um dos autores, existirá suporte fáctico total ou parcialmente necessário para a procedência das pretensões de todos eles (STA 2-12-04, 44/04).

4. Por fim, a coligação passiva é de admitir quando um dos pedidos se funda na relação cartular e o outro pedido na relação jurídica subjacente.

5. A falta dos pressupostos materiais da coligação gera uma exceção dilatória típica (art. 577º, al. f)), cujos efeitos, porém, não terão de ser imediatamente determinados, devendo ser precedidos do convite previsto no art. 38º dirigido ao autor ou autores coligados (cf. Abrantes Geraldes, *Temas da Reforma do Processo Civil*, vol. II, 4ª ed., p. 65). Sobre a matéria, cf. Paulo Pimenta, *ob. cit.*, pp. 83-84.

ARTIGO 37º
Obstáculos à coligação

1 – A coligação não é admissível quando aos pedidos correspondam formas de processo diferentes ou a cumulação possa ofender regras de competência internacional ou em razão da matéria ou da hierarquia.

2 – Quando aos pedidos correspondam formas de processo que, embora diversas, não sigam uma tramitação manifestamente incompatível, pode o juiz

autorizar a cumulação, sempre que nela haja interesse relevante ou quando a apreciação conjunta das pretensões seja indispensável para a justa composição do litígio.

3 - Incumbe ao juiz, na situação prevista no número anterior, adaptar o processado à cumulação autorizada.

4 - Se o tribunal, oficiosamente ou a requerimento de algum dos réus, entender que, não obstante a verificação dos requisitos da coligação, há inconveniente grave em que as causas sejam instruídas, discutidas e julgadas conjuntamente, determina, em despacho fundamentado, a notificação do autor para indicar, no prazo fixado, qual o pedido ou os pedidos que continuam a ser apreciados no processo, sob cominação de, não o fazendo, ser o réu absolvido da instância quanto a todos eles, aplicando-se o disposto nos nºs 2 e 3 do artigo seguinte.

5 - No caso previsto no número anterior, se as novas ações forem propostas dentro de 30 dias a contar do trânsito em julgado do despacho que ordenou a separação, os efeitos civis da propositura da ação e da citação do réu retrotraem-se à data em que estes factos se produziram no primeiro processo.

Remissões: art. 577º, al. f) (coligação ilegal).

1. A liberdade de coligação não é ilimitada. Para além de impedimentos que encontrem suporte no art. 36º, não é autorizada quando, relativamente a alguma das pretensões, sejam desrespeitadas as regras da competência absoluta, em que se justifica a absolvição da instância (ou o indeferimento liminar) relativamente ao pedido que extravase a referida competência. Na realidade, do que se trata é de uma situação que deve ser resolvida segundo o regime da exceção de incompetência absoluta (STJ 9-7-14, 934/05).

2. Mais brando é o regime quando se nos apresente uma incompatibilidade que advenha da diversidade de formas de processo. A economia de processos potenciada pelo julgamento conjunto de diversas ações pode ficar prejudicada quando as correspondentes tramitações forem diversas. Por isso, a diversidade de formas de processo correspondentes a cada pedido determina, em regra, a absolvição da instância relativamente à pretensão que não se enquadre na forma de processo que tenha sido indicada pelo autor na petição inicial. Contudo, esta solução radical surge matizada: salvo em casos em que se verifique a incompatibilidade absoluta das formas de processo, o juiz pode autorizar a coligação, desde que, numa análise casuística, exista um interesse relevante na apreciação conjunta das ações (designadamente para evitar inconvenientes contradições decisórias) ou vantagens para a justa composição do litígio. Em tais circunstâncias, cumpre ao juiz ajustar a subsequente tramitação às respetivas especificidades, em manifestação do princípio da adequação formal previsto no art. 547º (cf. Abrantes Geraldes, *Temas da Reforma do Processo Civil*, vol. II, 4ª ed., p. 66).

3. Exemplificativamente, ao abrigo do nº 2 pode ser cumulado o pedido de ação declarativa comum com outro correspondente ao processo especial de consignação em depósito (RL 7-11-06, 4080/2006). Diversamente, não será de admitir a cumulação entre um processo de inventário e um pedido correspondente a processo de suprimento de consentimento (RL 28-6-07, 5839/2007). Em RL 7-3-19, 26294/17, considerou-se inviável a cumulação entre pedido com processo comum e pedido do processo especial de apresentação de coisa ou documentos.

4. Mas pode acontecer também que, apesar da verificação dos pressupostos materiais e formais da coligação, esta se revele, em concreto, gravemente inconveniente. Nesta situação, o juiz, em decisão devidamente fundamentada, determinará a notificação do autor para identificar a ação que, por sua escolha, deverá prosseguir, sob pena de absolvição total da instância.

5. Decretada a separação de processos (e a absolvição da instância relativamente à ação que seja eliminada, como se refere no art. 38º, nº 3), se o autor instaurar nova ação no prazo de 30 dias, aproveitar-lhe-ão os efeitos cíveis decorrentes da instauração da primeira ação (*v.g.* impedimento da caducidade) e da citação do réu (*v.g.* interrupção da prescrição, cessação da boa-fé, constituição em mora). Já se, por falta de resposta do autor, houver absolvição da instância relativamente a todas as ações coligadas, aplicar-se-ão as normas gerais dos arts. 327º, nº 2 e 332º, nº 1, do CC (quanto à prescrição e caducidade) e do art. 279º, nº 2, do CPC (quanto a outros efeitos).

ARTIGO 38º
Suprimento da coligação ilegal

1 – Ocorrendo coligação sem que entre os pedidos exista a conexão exigida pelo artigo 36º, o juiz notifica o autor para, no prazo fixado, indicar qual o pedido que pretende ver apreciado no processo, sob cominação de, não o fazendo, o réu ser absolvido da instância quanto a todos eles.

2 – Havendo pluralidade de autores, são todos notificados, nos termos do número anterior, para, por acordo, esclarecerem quais os pedidos que pretendem ver apreciados no processo.

3 – Feita a indicação a que aludem os números anteriores, o juiz absolve o réu da instância relativamente aos outros pedidos.

Remissões: art. 577º, al. f) (coligação ilegal).

1. A coligação que não obedeça aos requisitos materiais do art. 36º constitui uma exceção dilatória típica (art. 577º, al. f)). Porém, em lugar da absolvição total da instância, prescreve-se o aproveitamento de alguma das ações coligadas relativamente à qual se verifiquem os requisitos formais do art. 37º, com notificação do autor para indicar qual o pedido que pretende ver apreciado, sob pena de absolvição total da instância. Se forem diversos os autores coligados, a notificação será feita a todos eles, dependendo o aproveitamento do processado da manifestação de acordo quanto às ações que devem prosseguir sem os referidos impedimentos.

2. Quanto às ações que sejam excluídas, o juiz decreta a absolvição da instância, podendo os respetivos autores extrair proveito da primeira ação ou da citação nos mesmos termos previstos no art. 37º, nº 5, aplicável por analogia.

ARTIGO 39º

Pluralidade subjetiva subsidiária

É admitida a dedução subsidiária do mesmo pedido, ou a dedução de pedido subsidiário, por autor ou contra réu diverso do que demanda ou é demandado a título principal, no caso de dúvida fundamentada sobre o sujeito da relação controvertida.

Remissões: art. 316º, nº 2 (intervenção principal provocada passiva); art. 577º, al. g) (exceção dilatória).

1. Antes de propor a ação, cumpre ao autor recolher os elementos que lhe permitam delimitar não só os factos relevantes, mas também os sujeitos que, na sua perspetiva, são titulares dos interesses em conflito. É uma consequência quer do princípio do dispositivo, quer da autorresponsabilidade das partes. Porém, nem sempre é percetível para o autor a verdadeira titularidade da relação jurídica litigada. Circunstâncias existem que podem justificar uma opção pela pluralidade subjetiva subsidiária que tanto pode respeitar ao titular do direito invocado, como ao sujeito passivo da relação controvertida (cf. STJ 24-1-19, 1668/15, sobre o exercício do direito de defesa, confirmando RL 5-3-18, 1668/15). Tal pode justificar ainda o incidente de intervenção de terceiro (STJ 2-6-15, 505/07). Esta uma solução pragmática (daquelas que frutificam em matéria de direito processual) que, tendo sido adotada ainda na vigência do CPC de 1961, transitou para o CPC de 2013.

2. Tal mecanismo dependerá, contudo, da verificação de uma situação de fundada dúvida sobre o elemento subjetivo, justificando que a pretensão possa ser deduzida em via principal por um autor e em via subsidiária por outro, para a eventualidade de aquele ser considerado parte ilegítima, ou que o autor demande um determinado réu e, precavendo-se quando à sua ilegitimidade, demande subsidiariamente outro réu (assim foi apreciado em RE 7-6-18, 2279/15, num caso de responsabilidade civil decorrente de acidente de caça). Pode envolver mesmo a dedução de um pedido por um autor ou contra um determinado réu e outro pedido subsidiário por autor ou contra réu diverso.

3. Detetada a indefinição do elemento subjetivo no decurso da ação, designadamente em resultado da contestação apresentada pelo réu inicialmente demandado, o mesmo mecanismo pode ser supervenientemente desencadeado pelo autor, através do incidente de intervenção principal provocada previsto no art. 316º, nº 2, situação que, no entanto, se restringe aos casos em que a "*dúvida fundamentada*" se verifica relativamente à identificação do sujeito passivo da relação controvertida (cf. ainda notas 3 e 4 ao art. 261º).

4. Cabendo ao autor, previamente à instauração de qualquer ação, desenvolver as diligências necessárias à identificação correta dos titulares da relação jurídica litigada, não pode ser feito um uso abusivo desta hipótese de demanda que, como a lei o enuncia, está reservada para os casos em que se manifeste uma "*dúvida fundamentada*", isto é, uma dúvida objetiva que, não podendo ser imediata e seguramente ultrapassada, colida com a definição dos sujeitos da relação material controvertida. Situação bem diversa de uma dúvida meramente subjetiva ou emergente do incumprimento do dever de diligência investigatória que deve preceder a instauração de qualquer ação judicial.

5. A falta de verificação deste motivo gera uma exceção dilatória típica (art. 577º, al. g)) que, não sendo sanada pelo autor mediante oportuna escolha em resposta ao convite que lhe seja dirigido, nos termos dos arts. 6º, nº 2 e 590º, nº 2, al. a), determina a absolvição total da instância. Por outro lado, embora a lei não o preveja especificamente, não poderão deixar de se aplicar a esta iniciativa os mesmos obstáculos que foram colocados relativamente à coligação, nos termos do art. 37º. Já parece arredada a aplicação do art. 36º que naturalmente pressupõe multiplicidade de relações jurídicas, ao passo que o art. 39º foi gizado para situações que emergem da "*relação controvertida*".

CAPÍTULO III
Patrocínio judiciário

ARTIGO 40º
Constituição obrigatória de advogado

1 – É obrigatória a constituição de advogado:

a) Nas causas de competência de tribunais com alçada, em que seja admissível recurso ordinário;

b) Nas causas em que seja sempre admissível recurso, independentemente do valor;

c) Nos recursos e nas causas propostas nos tribunais superiores.

2 – Ainda que seja obrigatória a constituição de advogado, os advogados estagiários, os solicitadores e as próprias partes podem fazer requerimentos em que se não levantem questões de direito.

3 – Nas causas em que, não sendo obrigatória a constituição de advogado, as partes não tenham constituído mandatário judicial, a inquirição das teste-

munhas é efetuada pelo juiz, cabendo ainda a este adequar a tramitação processual às especificidades da situação.

Remissões: art. 47º (falta de constituição de advogado); art. 48º (falta ou irregularidade do mandato); art. 67º do EOA (mandato forense); art. 44º, nº 1, da LOSJ (alçadas em matéria cível); art. 1090º (patrocínio judiciário obrigatório no inventário).

1. A obrigatoriedade de constituição de advogado constitui uma condição para que a defesa dos interesses ou o exercício da jurisdição não seja prejudicado por razões alheias à substância do litígio. A experiência rapidamente demonstra que outra solução prejudicaria a justa composição dos interesses, potenciando situações em que, por motivos de ordem puramente formal ligados ao desconhecimento do ordenamento jurídico, a solução fosse prejudicial à parte que tem razão. Acrescem ainda motivos, não menos importantes, atinentes à serenidade da discussão, evitando a introdução de elementos ou de argumentos marginais que sobreponham a emoção à razão.

2. No que respeita aos tribunais judiciais, é obrigatória a intervenção de advogado sempre que seja admissível recurso ordinário, isto é, sempre que a ação tenha um valor superior à alçada do tribunal de 1ª instância: € 5.000,00. Também é exigível nos processos em que, independentemente do valor, seja sempre admissível recurso ordinário, como ocorre nas ações de despejo ou naquelas em que se aprecie a subsistência ou a validade de contrato de arrendamento, nos termos do art. 629º, nº 3, al. a). Igualmente nos recursos dirigidos ao Trib. da Relação ou ao Supremo Tribunal de Justiça, ou nas ações que sejam diretamente intentadas em tribunais superiores (*v.g.* revisão de sentença estrangeira – arts. 978º e ss.).

3. A alusão que a lei faz à suscetibilidade de recurso "*ordinário*" visa estabelecer a distinção relativamente aos recursos "*extraordinários*" de revisão ou para uniformização de jurisprudência (art. 627º, nº 2). Sendo o recurso para uniformização de jurisprudência interposto para o Pleno das secções cíveis do STJ (art. 688º), o patrocínio judiciário é obrigatório. Já quanto ao recurso extraordinário de revisão, que é interposto no tribunal que proferiu a decisão a rever (art. 697º, nº 1), a obrigatoriedade de constituição de advogado dependerá das circunstâncias: será obrigatória se o tribunal interpelado for a Relação ou o Supremo ou se, sendo competente o tribunal de 1ª instância, o valor do processo exceder a alçada deste tribunal ou se for sempre admissível recurso ordinário. Nos demais casos, é facultativa a intervenção de advogado, sendo admissível que a própria parte, por si, por procurador, solicitador ou advogado-estagiário, pratique os atos processuais, independentemente da sua natureza. Por outro lado, ainda que seja obrigatória a intervenção de advogado, nada obsta a que a parte (ou algum daqueles em seu nome) apresente requerimentos em que não se coloquem questões de direito.

4. A obrigatoriedade de patrocínio judiciário pode revelar-se supervenientemente não apenas quando a parte pretenda interpor ou intervir em recurso ordinário, mas também nas situações em que, por via de reconvenção ou de intervenção principal (art. 299º, nº 1), ou da dedução do incidente de verificação do valor da causa (art. 306º), a ação passe a ter um valor superior à alçada da 1ª instância.

5. O patrocínio judiciário no âmbito do processo de inventário judicial reintroduzido no CPC pela Lei nº 117/19, de 13-9, encontra-se agora regulado no art. 1090º, nele se consignando a obrigatoriedade de constituição de advogado, "*para suscitar ou discutir qualquer questão de direito*" e "*para interpor recurso*".

6. Nas causas em que não seja obrigatório o patrocínio judiciário, o juiz deve adequar a tramitação processual às especificidades da situação, de certo modo garantindo que os interesses da parte não sejam afetados por motivos estritamente ligados ao direito adjetivo. Com a mesma finalidade, a inquirição das testemunhas arroladas pela parte é feita pelo juiz. Em qualquer dos casos, estamos perante afloramentos do princípio da igualdade substancial previsto no art. 4º, que favorecem a justiça material.

7. Quanto aos processos especiais cuja competência foi transferida para o Ministério Público e para as conservatórias do registo civil, nos termos do DL nº 272/01, de 13-10, há que observar especificamente o que resulta de tal diploma, sem embargo da aplicação subsidiária do regime constante do CPC, nos termos do respetivo art. 19º.

8. No que concerne aos julgados de paz, a sua competência em função do valor está limitada às ações que não excedam a alçada da 1ª instância (art. 8º da Lei nº 78/01, de 13-7), pelo que a constituição de advogado é facultativa.

9. Analisando o nº 3 como expressão do princípio da igualdade das partes, cf. nota 4 ao art. 4º.

10. Sobre as incidências processuais resultantes da constituição de vários mandatários, cf. anot. ao art. 247º e notas 3 e 4 ao art. 44º.

11. Sobre a matéria, cf. Paulo Pimenta, *Processo Civil Declarativo*, 2ª ed., pp. 84-88).

ARTIGO 41º

Falta de constituição de advogado

Se a parte não constituir advogado, sendo obrigatória a constituição, o juiz, oficiosamente ou a requerimento da parte contrária, determina a sua notificação para o constituir dentro de prazo certo, sob pena de o réu ser absolvido da instância, de não ter seguimento o recurso ou de ficar sem efeito a defesa.

Remissões: art. 47º (falta ou irregularidade do mandato); art. 577º, al. h) (exceção dilatória).

1. O conhecimento da exceção de falta de patrocínio judiciário obrigatório deverá ocorrer logo que seja detetada, embora não exista qualquer efeito preclusivo, nada obstando a que o seja também em momento posterior. Detetada a falha, o tribunal ordena a notificação da parte, com a menção expressa das consequências legais. A sanação satisfaz-se com a simples intervenção posterior do respetivo mandatário judicial, sem que haja a possibilidade de repetir atos cujo prazo legal já tenha expirado.

2. As consequências do não suprimento da exceção dilatória no prazo fixado dependem das circunstâncias de ordem subjetiva e objetiva: se a falta de patrocínio judiciário respeitar ao autor, gera a absolvição da instância; se respeitar ao réu, é dada sem efeito a defesa apresentada pelo mesmo; sendo verificada no âmbito da tramitação de recurso, este não tem seguimento se a exceção se verificar em relação ao recorrente; se disser respeito ao recorrido, implica a ineficácia da defesa que porventura tenha apresentado nessa fase. Em qualquer dos casos, importa ponderar, na perspetiva do autor ou do réu, o disposto no art. 278º, nº 3.

ARTIGO 42º

Representação nas causas em que não é obrigatória a constituição de advogado

Nas causas em que não seja obrigatória a constituição de advogado podem as próprias partes pleitear por si ou ser representadas por advogados estagiários ou por solicitadores.

Remissões: art. 39º (obrigatoriedade do patrocínio judiciário); art. 1090º (patrocínio judiciário obrigatório no inventário).

1. Em todas as causas é admissível o patrocínio judiciário. Naquelas em que não seja obrigatória a constituição de advogado, a parte, independentemente da sua posição processual, pode intervir diretamente ou, se o entender, por procurador, advogado-estagiário ou solicitador. Nestas circunstâncias, é legítima toda a sorte de intervenções, incluindo as que tenham cunho jurídico.

2. Já passará a ser obrigatório o patrocínio judiciário através de advogado, se a parte pretender interpor recurso (art. 40º, nº 1, al. c)), ou se, por via do aumento do valor do processo, tal se refletir nesse pressuposto, nos termos do art. 40º.

ARTIGO 43º

Como se confere o mandato judicial

O mandato judicial pode ser conferido:

a) Por instrumento público ou por documento particular, nos termos do Código do Notariado e da legislação especial;

b) Por declaração verbal da parte no auto de qualquer diligência que se pratique no processo.

Remissões: arts. 116º e 118º do Cód. do Notariado (procurações e substabelecimentos).

1. O mandato judicial constitui uma modalidade específica do contrato de mandato que é regulado nos arts. 1157º e ss. do CC. A constituição de advogado pode ser conferida tanto por instrumento público, como por documento particular, devendo atentar-se agora na maior amplitude desta última forma. Acresce ainda a constituição por declaração verbal, quando ocorra no âmbito de diligência judicial, iniciativa que deve ficar exarada na respetiva ata (sobre a relação entre a parte e o seu mandatário, cf. RL 16-3-10, 703-A/1995).

2. O mandatário assume, por via da aceitação do mandato judicial, uma obrigação de meios dentro dos objetivos a que o mesmo se destina e nunca uma obrigação de resultado. O incumprimento dos deveres legais e profissionais pode implicar responsabilidade obrigacional, designadamente em casos de desrespeito das instruções que tenham sido dadas pelo mandante ou, com mais frequência ou pertinência, quando se verifique uma situação de perda de *chance* decorrente da violação de *leges artis*, a qual tenha causalmente impedido a verificação do resultado que provavelmente seria obtido. Trata-se de matéria recorrente em diversos acórdãos do Supremo (*v.g.* STJ 10-1-19, 3595/16, STJ 19-12-18, 1337/12, STJ 19-12-18, 233/14, STJ 30-11-17, 12198/14, STJ 9-7-15, 5105/12 e STJ 6-3-14, 23/05) e das Relações, embora esteja ainda longe de pacificação especialmente em termos doutrinários.

3. Sobre a repercussão da junção da procuração no suprimento da nulidade da falta de citação, cf. nota 3 ao art. 189º.

ARTIGO 44º
Conteúdo e alcance do mandato

1 – O mandato atribui poderes ao mandatário para representar a parte em todos os atos e termos do processo principal e respetivos incidentes, mesmo perante os tribunais superiores, sem prejuízo das disposições que exijam a outorga de poderes especiais por parte do mandante.

2 – Nos poderes que a lei presume conferidos ao mandatário está incluído o de substabelecer o mandato.

3 – O substabelecimento sem reserva implica a exclusão do anterior mandatário.

4 – A eficácia do mandato depende de aceitação, que pode ser manifestada no próprio instrumento público ou em documento particular, ou resultar de comportamento concludente do mandatário.

Remissões: art. 353º, nº 1, do CC (capacidade e legitimação para confessar); art. 291º, nº 3 (exigência de poderes especiais); 632º, nº 5 (desistência de recurso).

1. A extensão do mandato judicial afere-se pelo texto do respetivo instrumento. Assumindo termos genéricos, a mera junção aos autos revelará os poderes forenses atribuídos ao mandatário para representação em todos os atos e termos do processo, incluindo os respetivos incidentes (solução que passará necessariamente pela constituição de advogado nos casos referidos no art. 40º, nº 1). O âmbito do mandato judicial abarca não apenas o patrocínio na instância em que o processo se encontre, mas ainda a intervenção nos tribunais superiores quando seja interposto recurso, incluindo a desistência do recurso (art. 632º, nº 5). A referência aos incidentes do processo principal envolve também os processos que são tramitados por apenso. Quando a lei exija a concessão de poderes especiais por parte do mandante, os mesmos devem ser especialmente outorgados (art. 45º, nº 2).

2. A lei admite a constituição de multiplicidade de mandatários (cf. anot. ao art. 247º). A única diferença relevante é que se, a par da constituição de advogado ou de advogado-estagiário, houver também a constituição de solicitador, as notificações deverão ser dirigidas a este (art. 247º, nº 3).

3. Ainda que a procuração o não refira expressamente, presume-se que, através da mesma, são conferidos ao mandatário poderes para substabelecer, isto é, para se fazer substituir num ou mais atos processuais. O substabelecimento pode ser feito com reserva ou sem reserva. No primeiro caso, o mandato mantém-se em relação ao primitivo mandatário; no segundo, implica a sua exclusão, constituindo, assim, uma forma de extinção do contrato por iniciativa do mandatário. Em caso de substabelecimento, com ou sem reserva de patrocínio, os atos praticados pelo mandatário substabelecido vinculam a parte nos mesmos termos em que a vincularia a atuação do mandatário inicialmente designado. No substabelecimento com reserva, as notificações consideram-se eficazes independentemente do mandatário a quem sejam dirigidas, atento o art. 247º, nº 1 (STJ 6-10-16, 318/11, STJ 4-12-07, 07B3967 e Ac. do Trib. Const. nº 357/2008).

4. O mandato conferido a alguns sócios de uma sociedade de advogados não se considera automaticamente extensivo aos restantes sócios, os quais só poderão intervir mediante substabelecimento (RP 2-12-13, 654/12).

5. A propósito da falta do mandatário na audiência final (art. 603º, nº 1), no caso de outorga de procuração a vários advogados, a jurisprudência tem vindo a entender que haverá que atender apenas ao justo impedimento do mandatário que subscreveu as peças e que foi sucessivamente notificado para os atos processuais, não relevando a circunstância de existir procuração conjunta (RL 20-1-11, 2325/07 e RL 24-4-06, 991/2006; cf. nota 9 ao art. 603º).

ARTIGO 45º

Poderes gerais e especiais dos mandatários judiciais

1 – Quando a parte declare na procuração que concede poderes forenses ou para ser representada em qualquer ação, o mandato tem a extensão definida no artigo anterior.

2 – Os mandatários judiciais só podem confessar a ação, transigir sobre o seu objeto e desistir do pedido ou da instância quando estejam munidos de procuração que os autorize expressamente a praticar qualquer desses atos.

Remissões: art. 291º, nº 3 (falta de poderes especiais).

1. O preceito distingue o mandato com poderes forenses gerais do mandato com poderes especiais. Relativamente à generalidade dos atos a praticar em representação do mandante, bastará o primeiro; já para a prática de atos que digam diretamente respeito ao objeto da ação, são exigidos poderes especiais. Assim acontece em relação à confissão total ou parcial do pedido, à transação ou à desistência total ou parcial do pedido ou da instância.

2. É verdade que se o mandatário judicial designado pelo réu, em eventual desrespeito pelo mandato forense, se abstiver de contestar a ação ou se, porventura, na contestação que subscreveu, forem admitidos como verdadeiros, por confissão expressa ou ficta, certos factos alegados pelo autor como fundamento da sua pretensão (art. 46º), tal pode produzir na esfera do mandante efeitos semelhantes aos que porventura decorreriam da confissão do pedido. Ainda assim, estas situações obtêm do sistema um tratamento diverso, limitando-se o legislador, fundado nas regras de experiência, a acautelar os casos em que a atuação do mandatário se traduza diretamente no objeto da ação, pondo-lhe termo por alguma daquelas vias.

3. Mas a prática dos atos para que a lei exige procuração com poderes especiais não determina necessariamente a sua ineficácia, nem autoriza o juiz a desconsiderá-los. Verificada uma situação que seja qualificada como invalidade da desistência (do pedido ou da instância), confissão ou transação emergente da falta de poderes do mandatário que interveio no ato, a solução consta do art. 291º, nº 3: se nada obstar à respetiva homologação, o juiz determina que a respetiva sentença seja notificada pessoalmente ao mandante, extraindo efeitos da sua inércia. Esta implicará que os atos do mandatário se tornem eficazes relativamente ao mandante, solução que, mais uma vez, assentará nas regras da experiência reveladoras de que, em regra, o mandatário age no interesse da parte patrocinada.

ARTIGO 46º
Confissão de factos feita pelo mandatário

As afirmações e confissões expressas de factos, feitas pelo mandatário nos articulados, vinculam a parte, salvo se forem retificadas ou retiradas enquanto a parte contrária as não tiver aceitado especificadamente.

Remissões: art. 465º, nº 2 (retirada da confissão de factos feita nos articulados).

1. O preceito abarca apenas as afirmações ou confissões expressas de factos. Excluem-se, assim, do regime aqui previsto, por um lado, a confissão do pedido (art. 45º) e, por outro, a confissão tácita ou ficta de factos alegados (art. 574º, nº 2).

2. Importa que se distingam também as afirmações das confissões. A confissão traduz o reconhecimento que a parte faz da realidade de um facto que lhe é desfavorável e que favorece a parte contrária (art. 352º do CC), ao passo que as afirmações não pressupõem tais efeitos diretos, tendo um âmbito mais vasto. Independentemente dos efeitos que a atuação do mandatário possa determinar na esfera jurídica do mandante, a lei não exige que esteja explicitamente apoiada em procuração forense (o que se revelaria totalmente impraticável), presumindo o legislador que o mandatário age no exclusivo interesse da parte patrocinada em todo e qualquer ato que pratique a coberto do mandato judicial. Ainda assim, porque a realidade pode contrariar por vezes a abstração normativa, a lei admite que a parte, confrontada com articulado subscrito pelo seu mandatário, se retrate, retificando ou retirando as confissões ou afirmações "*expressas*" que nele tenham sido feitas (possibilidade que, em relação à confissão, foi replicada no art. 465º, nº 2). Tal hipótese de retratação ou de retificação ficará precludida se a parte contrária entretanto já tiver assinalado, através de alguma intervenção processual, a aceitação especificada de tais afirmações ou declarações (cf. nota 2 ao art. 465º).

3. Note-se, porém, que a repercussão imediata na esfera do mandante das afirmações ou declarações confessórias feitas pelo mandatário apenas abarca as que, além de terem sido inscritas em "*articulados*", tenham natureza "*expressa*". Fora disso, a vinculação do mandante exige que a confissão esteja sustentada em procuração com poderes especiais (art. 356º, nº 1, do CC) ou que emane da própria parte, designadamente no âmbito do respetivo depoimento ou declaração, nos termos dos arts. 463º, nº 1 e 466º, nº 2.

4. Quanto à confissão ficta (ou seja, que não foi "*expressa*") decorrente da falta de impugnação de factos alegados pelo autor ou da alegação ineficaz do seu desconhecimento, nos termos do art. 574º, o regime é diverso. Para além de a lei dispensar poderes especiais (RP 26-10-17, 1920/14), não se admite o arrependimento ou retratação da parte. Correspondentemente, a sua eficácia definitiva nem sequer está dependente da aceitação especificada da parte contrária.

ARTIGO 47º
Revogação e renúncia do mandato

1 – A revogação e a renúncia do mandato devem ter lugar no próprio processo e são notificadas tanto ao mandatário ou ao mandante, como à parte contrária.

2 – Os efeitos da revogação e da renúncia produzem-se a partir da notificação, sem prejuízo do disposto nos números seguintes; a renúncia é pessoalmente notificada ao mandante, com a advertência dos efeitos previstos no número seguinte.

3 – Nos casos em que seja obrigatória a constituição de advogado, se a parte, depois de notificada da renúncia, não constituir novo mandatário no prazo de 20 dias:

a) Suspende-se a instância, se a falta for do autor ou do exequente;

b) O processo segue os seus termos, se a falta for do réu, do executado ou do requerido, aproveitando-se os atos anteriormente praticados;

c) Extingue-se o procedimento ou o incidente inserido na tramitação de qualquer ação, se a falta for do requerente, opoente ou embargante.

4 – Sendo o patrocínio obrigatório, se o réu, o reconvindo, o executado ou o requerido não puderem ser notificados, é nomeado oficiosamente mandatário, nos termos do nº 3 do artigo 51º.

5 – O advogado nomeado nos termos do número anterior tem direito a exame do processo, pelo prazo de 10 dias.

6 – Se o réu tiver deduzido reconvenção, esta fica sem efeito quando for dele a falta a que se refere o nº 3; sendo a falta do autor, segue só o pedido reconvencional, decorridos que sejam 10 dias sobre a suspensão da ação.

Remissões: art. 250º (notificação pessoal à parte).

1. O mandato judicial é livremente revogável (art. 1170º, nº 1, do CC), devendo a parte declarar essa revogação no próprio processo. O mesmo ocorre com a renúncia declarada pelo mandatário. Uma e outra devem ser notificadas mutuamente e também à parte contrária.

2. Com a notificação da revogação do mandato este extingue-se, cumprindo ao mandante constituir novo mandatário para que não fique numa situação de falta de patrocínio judiciário. Daí em diante, se a parte pretender praticar algum ato processual em ação em que seja exigido patrocínio judiciário por advogado, só poderá fazê-lo mediante a designação de novo advogado (cf. nota 6 ao art. 247º).

3. Diverso é o regime nos casos de renúncia. Esta é imediatamente eficaz na data em que ocorrer a notificação pessoal do mandante se o patrocínio judiciário por advogado não for obrigatório. Já nos demais casos, deu-se guarida à necessidade de tutelar dos interesses da parte patrocinada, persistindo o mandato por mais 20 dias após a notificação da renúncia, sendo o mandante advertido dos efeitos que decorrem da falta de constituição de novo mandatário (regime cuja inconstitucionalidade foi infirmada pelo Ac. do Trib. Const. nº 671/2017). Findo aquele prazo de 20 dias: a instância é suspensa, se a falta for do autor ou do exequente (cf. nota 8 ao art. 281º); os autos prosseguem, se a falta for do réu, do executado ou do requerido; extingue-se o procedimento ou o incidente, se a falta for do requerente, do opoente ou embargante; havendo reconvenção, esta fica sem efeito, se a falta de advogado for do réu reconvinte; se a falta de patrocínio respeitar ao autor reconvindo, a reconvenção segue os seus termos logo que decorridos 10 dias sobre a suspensão da ação imposta pela al. a) do nº 3.

4. Trata-se de um regime que parece equilibrado, na medida em que, nos casos de renúncia, obsta a que se produzam efeitos imediatos que poderiam, por exemplo, refletir-se na preclusão relacionado com a prática de atos cujo prazo estivesse ainda em curso (*v.g.* prazo para o autor apresentar articulado de réplica ou para cada uma das partes interpor recurso da sentença entretanto proferida). Com efeito, enquanto perdurar o mandato forense por essa via mantêm-se os deveres que normalmente emergem dos termos que conjuguem as regras de direito civil com normas do EOA.

5. Se não for possível a notificação pessoal do mandante em ação com patrocínio obrigatório, é nomeado mandatário oficioso quando se trate de réu, reconvindo, executado ou requerido, tendo o advogado nomeado direito a exame do processo por 10 dias (nº 4). Como se vê, esta nomeação apenas respeita ao lado passivo da relação processual, na medida em que os autos seguem os seus termos, podendo culminar num desfecho desfavorável ao demandado, havendo, pois, que assegurar-lhe o patrocínio. Esta preocupação não se coloca no lado ativo, pois a falta de constituição de advogado gera a suspensão da instância (declarativa ou executiva) ou a extinção do procedimento ou do incidente (al. a) do nº 3).

6. Sobre os efeitos da constituição de segundo mandatário sem revogação da procuração, cf. nota 4 ao art. 247º.

ARTIGO 48º
Falta, insuficiência e irregularidade do mandato

1 – A falta de procuração e a sua insuficiência ou irregularidade podem, em qualquer altura, ser arguidas pela parte contrária e suscitadas oficiosamente pelo tribunal.

2 – O juiz fixa o prazo dentro do qual deve ser suprida a falta ou corrigido o vício e ratificado o processado, findo o qual, sem que esteja regularizada a situação, fica sem efeito tudo o que tiver sido praticado pelo mandatário, devendo este ser condenado nas custas respetivas e, se tiver agido culposamente, na indemnização dos prejuízos a que tenha dado causa.

3 – Sempre que o vício resulte de excesso de mandato, o tribunal participa a ocorrência ao respetivo conselho distrital da Ordem dos Advogados.

Remissões: art. 577º, al. h) (exceção dilatória).

1. A regularidade do pressuposto processual do patrocínio judiciário não depende apenas da constituição de advogado quando esta se revele obrigatória; é ainda posta em causa em situações em que um terceiro (*máxime*, um advogado) intervém em putativa representação de uma parte sem, no entanto, estar munido dos imprescindíveis poderes forenses ou com base em procuração que se mostre insuficiente (*v.g.* falta de poderes especiais) ou que padeça de irregularidades (*v.g.* falha na representação da pessoa coletiva). Detetada alguma das referidas situações, oficiosamente ou mediante arguição da parte contrária, o juiz deve diligenciar no sentido da regularização do patrocínio judiciário (com notificação não apenas da parte como ainda do mandatário que em nome dela interveio – RL 21-12-17, 1921/16).

2. Nos casos em que se verifique a falta pura e simples de procuração, não bastará, em regra, a sua junção, sendo necessária a ratificação do processado (RC 12-11-85, CJ, t. V, p. 25 e RL 4-4-84, CJ, t. II, p. 188). Esta ratificação será de dispensar quando se demonstre, pelo conteúdo da procuração, que foi subscrita em data anterior à da apresentação da peça. É que, em tal circunstância, para todos os efeitos, o advogado ou o solicitador, quando agiu em representação da parte, fê-lo efetivamente (nos termos que a procuração o demonstram) ao abrigo de um mandato que já existia, ainda que não estivesse documentado nos autos (RL 9-11-73, BMJ 231º/200). Nos casos de insuficiência ou de irregularidade do mandato por falta de poderes para o ato ou por falhas relativas à outorga dos poderes, a necessidade ou não de ratificação do processado dependerá das concretas circunstâncias. Considerando que a falta de regularização do pressuposto processual do patrocínio judiciário é suscetível de se repercutir na esfera jurídica da parte e do próprio advogado, é necessária a notificação de ambos (cf. nota 6 ao art. 247º).

3. Decorrido o prazo sem que se mostre regularizada a situação nos termos definidos pelo tribunal, deverá ser determinada a ineficácia dos atos que tenham sido praticados pelo alegado "mandatário". Os efeitos na instância processual deverão acolher aquilo que emergir de outros preceitos. Se a falha respeitar à contestação apresentada em nome do réu, a ineficácia importa o desentranhamento, ficando o mesmo em situação de revelia; se disser respeito à petição inicial, determina a absolvição da instância, por verificação de uma exceção dilatória, sem prejuízo do disposto no art. 278º, nº 3 (cf. nota 16 a tal artigo). Acresce ainda a condenação do interveniente efetivo nas custas da ação e ainda, eventualmente, na indemnização dos prejuízos a que tiver dado causa, se para isso houver elementos, e que tanto podem afetar a parte que pretendeu representar como a contraparte (STJ 14-2-91, BMJ 404º/364 e RL 2-10-97, CJ, t. IV, p. 96).

ARTIGO 49º

Patrocínio a título de gestão de negócios

1 – Em casos de urgência, o patrocínio judiciário pode ser exercido como gestão de negócios.

2 – Porém, se a parte não ratificar a gestão dentro do prazo fixado pelo juiz, o gestor é condenado nas custas que provocou e na indemnização do dano causado à parte contrária ou à parte cuja gestão assumiu.

3 – O despacho que fixar o prazo para a ratificação é notificado pessoalmente à parte cujo patrocínio o gestor assumiu.

Remissões: arts. 464º e ss. do CC (gestão de negócios).

1. A gestão de negócios (art. 464º do CC) é um instituto que revela pertinência com as regras do patrocínio judiciário em situações de urgência em que não tenha sido possível colher o instrumento de representação, estando naturalmente sujeita a ratificação.

2. Não sendo esta concretizada de forma espontânea, o juiz ordena a notificação pessoal da parte para a efetivar. Sendo positiva a resposta, fica regularizado o patrocínio judiciário; em caso negativo, para além da declaração dos efeitos decorrentes da falta de mandato, nos termos do art. 48º, nº 2, o gestor, independentemente de outras consequências que resultem do regime geral da gestão de negócios, responde pelas custas a que deu causa e pelos danos causados tanto à parte cuja gestão assumiu, como à parte contrária.

ARTIGO 50º
Assistência técnica aos advogados

1 – Quando no processo se suscitem questões de natureza técnica para as quais não tenha a necessária preparação, pode o advogado fazer-se assistir, durante a produção da prova e a discussão da causa, de pessoa dotada de competência especial para se ocupar das questões suscitadas.

2 – Até 10 dias antes da audiência final, o advogado indica no processo a pessoa que escolheu e as questões para que reputa conveniente a sua assistência, dando-se logo conhecimento do facto ao advogado da parte contrária, que pode usar de igual direito.

3 – A intervenção pode ser recusada quando se julgue desnecessária.

4 – Em relação às questões para que tenha sido designado, o técnico tem os mesmos direitos e deveres que o advogado, mas deve prestar o seu concurso sob a direção deste e não pode produzir alegações orais.

Remissões: art. 601º (designação de técnico pelo juiz).

1. Assim como ao juiz é legítimo requisitar ou designar um técnico, nos termos dos arts. 492º (inspeção judicial) e 601º (audiência final), também o advogado pode fazer-se acompanhar de pessoa tecnicamente qualificada na fase de produção da prova e na audiência final, quando a matéria em causa o justificar. Faculdade que, uma vez acionada, deve ser notificada à parte contrária, em obediência ao princípio do contraditório.

2. Não se trata, porém, de uma faculdade discricionária, devendo encontrar nas especificidades do caso conveniente justificação. O assistente técnico desempenhará a sua função naturalmente na orla do advogado da parte, sem que lhe seja legítimo produzir alegações orais.

3. Sobre a matéria, cf. Maria José Capelo, "A enigmática figura do técnico no CPC", *Estudos em Homenagem ao Prof. Doutor José Lebre de Freitas*, vol. I, pp. 1045 e ss.

ARTIGO 51º
Nomeação oficiosa de advogado

1 – Se a parte não encontrar na circunscrição judicial quem aceite voluntariamente o seu patrocínio, pode dirigir-se ao presidente do conselho distrital da Ordem dos Advogados ou à respetiva delegação para que lhe nomeiem advogado.

2 – A nomeação será feita sem demora e notificada ao nomeado, que pode alegar escusa dentro de cinco dias; na falta de escusa ou quando esta não seja julgada legítima por quem fez a nomeação, deve o advogado exercer o patrocínio, sob pena de procedimento disciplinar.

3 – À nomeação de advogado nos casos de urgência aplica-se, com as necessárias adaptações, o disposto para as nomeações urgentes em processo penal.

Remissões: art. 54º, nº 1, al. o), do EOA (nomeação oficiosa); art. 98º do EOA (aceitação do patrocínio e dever de competência).

1. O preceito regula a nomeação oficiosa de advogado. Mas daqui não decorre necessariamente que o advogado deva aceitar, no exercício do patrocínio, toda e qualquer pretensão da parte. No exercício da tarefa, não pode o advogado deixar de atentar também nos deveres estatutários a que está vinculado.

2. Sem prejudicar a possibilidade de a designação de advogado ser recusada pela entidade competente da Ordem dos Advogados, quando haja conhecimento de alguma circunstância que colida com o exercício do patrocínio judiciário, e sem embargo também da possibilidade de ser apresentada escusa por parte do advogado designado, este deve agir como agiria se tivesse aceitado espontaneamente o patrocínio pretendido.

ARTIGO 52º
Nomeação oficiosa de solicitador

Sendo necessária a nomeação de solicitador, é aplicável, com as necessárias adaptações, o disposto no artigo anterior.

Remissões: art. 51º (nomeação oficiosa).

1. Se o patrocínio não exigir a designação de advogado, podendo ser exercido por solicitador que, contudo, não tenha sido possível contratar, seguem-se as regras do art. 52º, com a especificidade de a competência caber à Ordem dos Solicitadores e Agentes de Execução.

CAPÍTULO IV
Disposições especiais sobre execuções

ARTIGO 53º
Legitimidade do exequente e do executado

1 – A execução tem de ser promovida pela pessoa que no título executivo figure como credor e deve ser instaurada contra a pessoa que no título tenha a posição de devedor.

2 – Se o título for ao portador, será a execução promovida pelo portador do título.

Remissões: arts. 703º e ss. (títulos executivos); art. 741º (incidente de comunicabilidade suscitado pelo exequente); 742º (incidente de comunicabilidade suscitado pelo executado).

1. A necessidade da existência de um título executivo, necessariamente materializado num documento, justifica a simplicidade com que é tratada a legitimidade na ação executiva. O regime é claro: em regra, a execução só pode ser promovida por quem, através da análise do título, tenha a posição de credor e só pode ser movida contra quem, no mesmo título, tenha a qualidade de devedor. Por isso, na generalidade dos casos, basta analisar o documento para definir quem tem interesse direto ativo ou passivo na execução.

2. Porém, algumas exceções existem. Para além das que constam do art. 54º, tal regra é modificada quanto aos títulos de crédito ao portador, cuja legitimidade é aferida pelas regras específicas constantes da LULL e da LUCh. Os títulos de crédito podem servir de base à execução (art. 703º, al. c)), mas, tratando-se de títulos ao portador, a legitimidade ativa é atribuída a quem se apresente como portador do título, quer esteja numa relação direta com o obrigado cambiário, quer o tenha recebido por endosso, incluindo os casos de endosso em branco. Sendo presumida a legitimidade ativa de quem se apresenta como portador do título, é o executado que, nos embargos, deverá alegar factos que infirmem tal legitimidade (art. 731º). Aliás, em tais situações, o exequente nem sequer tem de justificar no requerimento executivo a sua legitimidade; é a sua eventual ilegitimidade que deve ser demonstrada pelo executado nos embargos.

3. Algumas dúvidas se suscitaram em casos de demanda de sociedade comercial, a partir de um título de crédito em que interveio através do seu legal representante, relativamente ao que se decidiu no ***AUJ nº 1/02*** que: "*A indicação da qualidade de gerente prescrita no nº 4 do art. 260º do CSC pode ser deduzida, nos termos do art. 217º do CC, de factos que, com toda a probabilidade, a revelem*", jurisprudência que tanto é válida nas relações imediatas como nas mediatas. A declaração negocial tácita da sociedade, enquanto sujeito cambiário que se obrigou, pode ser o resultado de uma conjugação de factos concludentes: da circunstância de a sociedade aparecer identificada, no local apropriado, como sacada (letras) ou como emitente (livranças); da impressão do carimbo que reproduz a firma da sociedade junto da assinatura aposta; da inclusão na firma da sociedade de elementos do nome do sujeito que assina; da prestação de aval à sociedade por parte do sujeito que assina (cf. Carolina Cunha, *Manual de Letras e Livranças*, pp. 103-110).

4. Outra situação que merece um tratamento especial está ligada às dívidas de cônjuges. A regra é inteiramente mantida quanto exista título executivo contra ambos, seja sentença de condenação, seja qualquer outro. Mas suporta uma modificação quando, tratando-se de dívida emergente de título diverso da sentença (se o título for a sentença o regime será outro), o exequente deduza, no requerimento inicial ou até à venda ou adjudicação, o incidente de comunicabilidade previsto no art. 741º, caso em que, sendo este julgado procedente, a execução segue também contra o cônjuge do primitivo executado (cf. Teixeira de Sousa, numa análise pormenorizada do novo regime, em artigo intitulado "A execução das dívidas dos cônjuges: perspetivas de evolução", em *https//blogippc.blogspot.com*, atualizando o que fora publicado nos *Estudos em Memória do Prof. Doutor J. L. Saldanha Sanches*, vol. II, pp. 723 e ss.).

ARTIGO 54º
Desvios à regra geral da determinação da legitimidade

1 – Tendo havido sucessão no direito ou na obrigação, deve a execução correr entre os sucessores das pessoas que no título figuram como credor ou devedor da obrigação exequenda; no próprio requerimento para a execução o exequente deduz os factos constitutivos da sucessão.

2 – A execução por dívida provida de garantia real sobre bens de terceiro segue diretamente contra este se o exequente pretender fazer valer a garantia, sem prejuízo de poder desde logo ser também demandado o devedor.

3 – Quando a execução tenha sido movida apenas contra o terceiro e se reconheça a insuficiência dos bens onerados com a garantia real, pode o exequente requerer, no mesmo processo, o prosseguimento da ação executiva contra o devedor, que é demandado para completa satisfação do crédito exequendo.

4 – Pertencendo os bens onerados ao devedor, mas estando eles na posse de terceiro, pode este ser desde logo demandado juntamente com o devedor.

Remissões: art. 354º, nº 3 (habilitação de pessoa coletiva ou sociedade); art. 724º (requerimento executivo); art. 728º (embargos de executado); art. 747º (bens na posse de terceiro).

1. A regra constante do art. 53º não poderia deixar de suportar algumas exceções, integrando vicissitudes dos títulos executivos que, manifestando-se, desde logo, no direito material, não poderiam ser ignorados pelo direito adjetivo. Assim acontece quando ocorre um fenómeno sucessório, *inter vivos* ou *mortis causa*, do credor ou do devedor. Em tais circunstâncias, é imposto ao exequente algo mais do que a mera solicitação do cumprimento coercivo da obrigação exequenda, devendo alegar no requerimento executivo factos reveladores da sua legitimidade ativa ou da legitimidade passiva do executado (*v.g.* a morte e o vínculo sucessório, a cessão do crédito, a assunção de dívida, a extinção e liquidação de sociedade, etc.), em termos semelhantes aos que devem ser respeitados quando tal ocorre na ação declarativa (habilitação-legitimidade, nos termos dos arts. 351º e ss.), como se verificou em RL 12-5-09, 29488/05, numa situação de cessão de crédito (cf. também RG 24-4-19, 26/18 e RC 14-11-17, 712/14). Sem prejuízo da intervenção liminar do juiz, nos termos do art. 726º, o executado terá, em tais circunstâncias, a possibilidade de alegar nos respetivos embargos os factos que, porventura, infirmem a legitimidade ativa ou a legitimidade passiva.

2. O nº 2 tem aplicação tanto nos casos em que a garantia real foi prestada por terceiro (*v.g.* hipoteca constituída por terceiro para garantia do devedor), como naqueles em que, tendo a garantia sido constituída sobre um bem que, na ocasião, era do devedor, esse bem foi entretanto transferido para terceiro, como reflexo do direito de sequela que caracteriza os direitos reais (RC 12-9-17, 1922/15). Assim será no caso de alienação ou de transmissão sucessória de imóvel onerado com hipoteca a favor do credor ou de alienação de bem sobre o qual o credor detém um direito de retenção. Está claro que a demanda do terceiro apenas se justifica e é imposta nos casos em que o credor pretenda fazer valer a garantia real. Abdicando dessa garantia real, como o permite indiretamente o art. 752º, pode, de acordo com os seus interesses, demandar unicamente o devedor com vista a atingir outros bens que não estejam abarcados pela garantia real.

3. Em tais situações, o credor pode optar pela demanda litisconsorcial de ambos os interessados, com a vantagem de se iniciar relativamente a ambos o prazo para a dedução de embargos de executado, tal como pode dirigir o requerimento executivo unicamente contra o terceiro titular do bem onerado, reservando-se o direito de demandar posteriormente o devedor (litisconsórcio sucessivo), se aquele se revelar insuficiente para pagamento da dívida (nº 3).

4. Sendo insuficiente o bem sobre que recai a garantia real (insuficiência que pode revelar-se mesmo antes de ser efetuada a venda), o exequente pode fazer prosseguir a execução contra o devedor. Se este já tiver sido demandado, bastará que a penhora passe a incidir sobre os seus bens; se ainda não tiver sido chamado, torna-se necessário requerer a sua intervenção principal.

5. O nº 4 trata de situação diversa: aquela em que os bens sobre que recai a garantia real pertencem ao devedor mas encontram-se na posse de terceiro (art. 747º). Esta iniciativa pressupõe a verificação de uma verdadeira situação de posse, não se confundindo com os casos em que o terceiro é mero detentor ou possuidor precário em função da existência de uma relação obrigacional entre o executado e o detentor (*v.g.* arrendamento, contrato-promessa com *traditio*, comodato, depósito, etc.), que não é oponível em absoluto ao exequente. Também não se confunde com outras realidades em que se está perante titular de um direito real de garantia, como o penhor ou o direito de retenção, cuja tutela opera através da reclamação de créditos.

6. Quando exista uma verdadeira situação de posse de terceiro sobre o bem onerado, foi deixada ao exequente a opção entre demandar exclusivamente o devedor (titular do bem cuja penhora se requer) ou fazer intervir logo o terceiro possuidor. No primeiro caso, o exequente suportará o risco da posterior dedução de embargos de terceiro advindos do possuidor (art. 342º); na segunda alternativa, o possuidor adquire o estatuto de parte principal, de modo que apenas se pode defender através da oportuna dedução de embargos de executado.

ARTIGO 55º
Exequibilidade da sentença contra terceiros

A execução fundada em sentença condenatória pode ser promovida não só contra o devedor, mas ainda contra as pessoas em relação às quais a sentença tenha força de caso julgado.

Remissões: art. 263º (transmissão de coisa ou de direito litigioso); 320º (interveniente principal); art. 323º, nº 4 (interveniente acessório); art. 332º (assistente); art. 619º (âmbito do caso julgado); art. 704º (requisitos da exequibilidade da sentença).

1. Em regra, a sentença condenatória apenas produz efeitos na esfera jurídica do demandado (art. 619º, nº 1). Mas tal regra comporta exceções disseminadas tanto pelo CPC como por outros diplomas (*v.g.* art. 61º do CSC). Razões atinentes à eficiência da atividade judicial justificam que o caso julgado também seja oposto a terceiros nas situações previstas no art. 263º, nº 3 (adquirente de coisa ou direito litigioso), no art. 323º, nº 4 (intervenção acessória) ou no art. 332º (assistência). Visa-se a vinculação de terceiros chamados a intervir na ação na qualidade de titulares de uma relação conexa ou de detentores de um interesse jurídico relevante (já nos casos de intervenção principal, o terceiro passa a assumir a posição de parte principal, funcionando, por isso, a regra geral). Nos casos de sucessão *inter vivos* ou *mortis causa*, a legitimidade dos sucessores do devedor já resulta do art. 54º, nº 1.

2. Com especial destaque, pela sua especificidade, considera-se vinculado aquele que, na pendência da ação, adquiriu do demandado a coisa ou o direito litigioso sem promover a respetiva habilitação (art. 263º, nº 3). Com uma particularidade: tratando-se de ação sujeita a registo, é pressuposto da extensão subjetiva do caso julgado que o registo da ação na qual foi proferida a sentença tenha prioridade sobre o registo da transmissão operada, constituindo este um dos efeitos da proteção concedida aos terceiros para efeitos de registo.

ARTIGO 56º
Coligação

1 – Quando não se verifiquem as circunstâncias impeditivas previstas no nº 1 do artigo 709º, é permitido:

a) A vários credores coligados demandar o mesmo devedor ou vários devedores litisconsortes;

b) A um ou vários credores litisconsortes, ou a vários credores coligados, demandar vários devedores coligados desde que obrigados no mesmo título;

c) A um ou vários credores litisconsortes, ou a vários credores coligados, demandar vários devedores coligados, titulares de quinhões no mesmo património autónomo ou de direitos relativos ao mesmo bem indiviso sobre os quais se faça incidir a penhora.

2 – Não obsta à cumulação a circunstância de ser ilíquida alguma das quantias, desde que a liquidação dependa unicamente de operações aritméticas.

3 – É aplicável à coligação o disposto nos nºs 2 a 5 do artigo 709º para a cumulação de execuções.

Remissões: art. 35º (litisconsórcio); arts. 36º e 37º (coligação); art. 709º (cumulação de execuções).

1. A coligação executiva supõe uma multiplicidade de relações jurídicas creditícias. Para a sua admissão, por referência ao disposto no art. 709º, nº 1, exige-se que haja competência absoluta do tribunal para as diversas execuções e identidade das execuções quanto ao fim. Além disso, se a todas as execuções não corresponder a forma comum do processo (independentemente de ser ordinária ou sumária), a forma especial aplicável a uma delas não deverá ser diferente da aplicável às demais, salvo se as respetivas tramitações puderem ser ajustadas entre si sem grave perturbação da marcha processual (art. 37º, nºs 1 e 2). Não pode haver coligação quando uma das execuções seja sustentada em decisão judicial que deva executada nos próprios autos.

2. Preenchidos os pressupostos de natureza formal, a coligação pode dar-se em alguma das situações discriminadas no preceito: um credor ou uma coligação de credores contra o mesmo devedor ou devedores litisconsorciais; um credor ou credores em litisconsórcio contra devedores coligados obrigados pelo mesmo título; um credor ou credores litisconsorciais contra devedores titulares do mesmo património autónomo ou de direitos relativos a bens indivisos sobre os quais recaia a penhora.

3. A competência para a apreciação conjunta das execuções coligadas obedece ao regime prescrito pelo art. 709º, nºs 2 a 5. Em caso de cumulação de execuções com processo comum, seguem todas a forma ordinária. Tratando-se de formas de processo especial, se for autorizada a coligação, cumpre ao juiz adaptar o processo (arts. 709º, nº 1, al. c) e 37º, nº 3).

4. Naquilo que não estiver especialmente regulado, são transponíveis para a coligação executiva as regras previstas para a coligação na ação declarativa, designadamente naquilo que respeita ao máximo aproveitamento da atividade processual. Assim, verificada alguma situação de coligação ilegal, o juiz deve restringir a rejeição do requerimento executivo ao segmento ou segmentos que não possam aproveitar-se ou, quando for o caso, deve convidar o exequente a indicar a pretensão ou pretensões que devam prosseguir.

ARTIGO 57º

(Revogado pela Lei nº 27/19, de 28-3)

ARTIGO 58º

Patrocínio judiciário obrigatório

1 – As partes têm de se fazer representar por advogado nas execuções de valor superior à alçada da Relação e nas de valor igual ou inferior a esta quantia, mas superior à alçada do tribunal de 1ª instância, quando tenha lugar algum procedimento que siga os termos do processo declarativo.

2 – No apenso de verificação de créditos, o patrocínio de advogado só é necessário quando seja reclamado algum crédito de valor superior à alçada do tribunal de 1ª instância e apenas para apreciação dele.

3 – As partes têm de se fazer representar por advogado, advogado estagiário ou solicitador nas execuções de valor superior à alçada do tribunal de 1ª instância não abrangidas pelos números anteriores.

Remissões: art. 44º, nº 1, da LOSJ (alçada em matéria cível); art. 1090º (patrocínio judiciário obrigatório no inventário).

1. A constituição de advogado é obrigatória nas execuções de valor superior à alçada da Relação (€ 30.000,00). Também assim nas execuções que, não excedendo aquele limite, tenham valor superior à alçada do tribunal de 1ª instância (€ 5.000,00), mas aí quando sejam deduzidos embargos de executado ou ocorra algum procedimento que siga os termos do processo declarativo, como sucede com a liquidação ou com os embargos de terceiro.

2. Já quanto à reclamação e verificação de créditos, apenas é imposta a constituição de advogado se estiver em causa um crédito de valor superior à alçada da 1ª instância e apenas para efeitos da sua apreciação, isto é, para o caso de o mesmo ter sido impugnado ou, apesar da falta de impugnação, para o caso de haver necessidade de produção de prova (art. 791º).

3. O patrocínio judiciário é ainda obrigatório em todas as execuções de valor superior à alçada do tribunal de 1ª instância, mas não é exigível que seja assegurado por advogado, bastando advogado-estagiário ou solicitador.

4. Independentemente do valor ou da natureza do procedimento que esteja em causa, é sempre obrigatório o patrocínio através de advogado em sede de recursos para tribunal superior (art. 40º, nº 1, al. c)).

TÍTULO IV
Do tribunal

CAPÍTULO I
Das disposições gerais sobre competência

ARTIGO 59º
Competência internacional

Sem prejuízo do que se encontre estabelecido em regulamentos europeus e em outros instrumentos internacionais, os tribunais portugueses são internacionalmente competentes quando se verifique algum dos elementos de conexão referidos nos artigos 62º e 63º ou quando as partes lhes tenham atribuído competência nos termos do artigo 94º.

Remissões: art. 8º da CRP (direito internacional); Regulamento nº 1215/2012 relativo à competência judiciária, ao reconhecimento e à execução de decisões em matéria civil e comercial (que revogou o Regulamento nº 44/2001); Regulamento nº 2201/2003, relativo à competência, ao reconhecimento e à execução de decisões em matéria matrimonial e de responsabilidade parental; Regulamento nº 4/2009, relativo à competência, à lei aplicável, ao reconhecimento e à execução das decisões e à cooperação em matéria de obrigações alimentares; Regulamento nº 1259/2010, que cria uma cooperação reforçada no domínio da lei aplicável em matéria de divórcio e separação judicial; Regulamento nº 650/2012, relativo à competência, à lei aplicável, ao reconhecimento e execução das decisões, e à aceitação e execução dos atos autênticos em matéria de sucessões e à criação de um certificado sucessório europeu; Regulamento nº 2015/848, relativo aos processos de insolvência; Regulamento nº 2016/1103, que implementa a cooperação no domínio da competência, da lei aplicável, do reconhecimento e da execução de decisões em matéria de regimes matrimoniais; Resolução da AR nº 46/06, de 20-6, que aprovou a Conv. das Nações Unidas sobre as Imunidades Jurisdicionais dos Estados e dos seus Bens, de 17-1-05.

1. A competência internacional dos tribunais portugueses depende, em primeira linha, do que resultar de convenções internacionais (*v.g.* Conv. de Lugano) ou dos regulamentos europeus sobre a matéria (*v.g.* Regulamentos nºs 1215/2012 e 2201/2003) e, depois, da integração de algum dos segmentos normativos dos arts. 62º e 63º, sem embargo da que possa emergir de pacto atributivo de jurisdição, nos termos do art. 94º (sobre o critério de aferição e sobre a prevalência dos instrumentos de direito internacional, cf. STJ 7-3-19, 13688/16).

2. O desrespeito das regras de competência internacional constitui uma exceção dilatória que deve ser apreciada oficiosamente, enquanto não transitar em julgado a sentença (art. 97º, nº 1). Uma vez verificada, determina inelutavelmente a absolvição da instância (cf. Paulo Pimenta, *Processo Civil Declarativo*, 2ª ed., pp. 137-138). Com fundamento na violação de regras de competência internacional, a decisão admite sempre recurso independentemente de outros condicionalismos (arts. 629º, nº 2, al. a), 644º, nº 2, al. b) (apelação) e 671º, nº 2, al. a) (revista)).

3. Para maiores desenvolvimentos, cf. Rui Moura Ramos, "O Direito Processual Civil Internacional no NCPC", na *RLJ* ano 143º, pp. 82-106. Sobre a imunidade dos Estados, cf. Joana Mizarela, "O regime internacional de Imunidade de Estados: a citação do estado estrangeiro", *Anuário Português de Direito Internacional*, 2012, p. 45-60.

4. Sobre a matéria, cf. Paulo Pimenta, *ob. cit.*, pp. 95-99.

5. Com um quadro alargado das convenções internacionais e regulamentos aplicáveis em Portugal, cf. a anot. ao art. 978º.

ARTIGO 60º
Fatores determinantes da competência na ordem interna

1 – A competência dos tribunais judiciais, no âmbito da jurisdição civil, é regulada conjuntamente pelo estabelecido nas leis de organização judiciária e pelas disposições deste Código.

2 – Na ordem interna, a jurisdição reparte-se pelos diferentes tribunais segundo a matéria, o valor da causa, a hierarquia judiciária e o território.

Remissões: arts. 70º e ss. (competência territorial); arts. 37º e ss. da LOSJ (competência interna).

1. Os tribunais judiciais têm competência residual, abarcando todas as questões cuja apreciação não seja atribuída a tribunais de outra ordem jurisdicional (*máxime* à ordem dos tribunais administrativos e fiscais). Já na esfera dos tribunais judiciais, em que também se estabelece uma especialização em função da matéria, a competência residual é atribuída aos juízos cíveis de cada tribunal de comarca, nos termos estabelecidos pela LOSJ.

2. Existem ainda outros fatores que relevam para a distribuição dos processos na orgânica dos tribunais judiciais: a hierarquia judiciária (que se manifesta através da previsão do Supremo Tribunal de Justiça, dos Trib. de Relação e dos tribunais de

1ª instância), o valor da causa (art. 66º do CPC e art. 41º da LOSJ) e o território (arts. 70º e ss. do CPC e art. 43º da LOSJ).

3. Quando esteja em causa a exceção dilatória de incompetência do tribunal, as principais implicações são estabelecidas em função da sua qualificação como incompetência absoluta (arts. 96º e ss.) ou relativa (arts. 102º e ss.), que assomam, por exemplo, nos arts. 37º, nº 1 (coligação), 93º, nº 1 (reconvenção), 97º (regime de arguição e de cognição), 99º e 105º, nº 3 (efeitos), 109º (conflitos de jurisdição) e 644º, nº 2, al. b) (modo de impugnação).

ARTIGO 61º
Alteração da competência

Quando ocorra alteração da lei reguladora da competência considerada relevante quanto aos processos pendentes, o juiz ordena oficiosamente a sua remessa para o tribunal que a nova lei considere competente.

Remissões: art. 38º da LOSJ (lei que define a competência).

1. A modificação das circunstâncias de facto ocorrida na pendência da ação não produz qualquer efeito na competência absoluta ou relativa do tribunal, sendo esta determinada em função da data em que a instância se inicia (art. 259º). Regra que persiste quando se trate de alterações de natureza jurídica, em obediência ao princípio do juiz natural, a não ser que se traduzam na supressão do tribunal a que a causa estava afeta ou na atribuição a um tribunal da competência de que anteriormente carecia (art. 38º da LOSJ).

2. Mas, sem prejuízo do que resultar de disposições legais que especificamente regulam a questão, certas vicissitudes jurídico-processuais podem interferir na competência. Assim ocorre por via da decisão do incidente de valor do processo (art. 310º, nºs 1 e 3) ou da dedução de reconvenção, ou do incidente de intervenção principal, quando daí resulte um valor que extravase os limites da competência do tribunal (art. 299º, nº 2), casos em que o processo deve ser remetido para o tribunal competente em função do valor da causa (art. 93º, nº 2) (sem prejuízo da regra específica do nº 3 do art. 310º, para os casos em que a redução do valor seja decretada *ex officio* pelo juiz).

CAPÍTULO II
Da competência internacional

ARTIGO 62º
Fatores de atribuição da competência internacional

Os tribunais portugueses são internacionalmente competentes:

a) Quando a ação possa ser proposta em tribunal português segundo as regras de competência territorial estabelecidas na lei portuguesa;

b) Ter sido praticado em território português o facto que serve de causa de pedir na ação, ou algum dos factos que a integram;

c) Quando o direito invocado não possa tornar-se efetivo senão por meio de ação proposta em território português ou se verifique para o autor dificuldade apreciável na propositura da ação no estrangeiro, desde que entre o objeto do litígio e a ordem jurídica portuguesa haja um elemento ponderoso de conexão, pessoal ou real.

Remissões: as assinaladas no art. 59º.

1. Para efeitos de aferição da competência internacional do tribunal nacional (que pode ser exclusiva ou concorrencial), deve ser dada prioridade ao que resultar de regulamentos europeus e de instrumentos de direito internacional que vinculem o Estado Português (art. 59º) (cf. Paulo Pimenta, *Processo Civil Declarativo*, 2ª ed., pp. 95 e ss. e STJ 19-12-18, 2312/16).

2. A competência internacional acompanha, desde logo, a competência interna de raiz territorial: se, de acordo com as regras da competência em razão do território, algum tribunal português for territorialmente competente, também lhe é atribuída a competência internacional por via do princípio da coincidência (STJ 11-7-17, 531/15 e RC 24-5-18, CJ, t. III, p. 101).

3. Em função do princípio da causalidade, existe competência internacional se o facto que serve de causa de pedir (causa de pedir simples) ou algum dos factos que a integram (causa de pedir complexa) tiver sido praticado em território nacional. A redação do preceito acolheu a jurisprudência do ***Assento nº 6/94***: "*Invocado um contrato de seguro celebrado em Portugal, no âmbito de causa complexa do pedido, ainda que também decorrente de má estiva ou mau manuseamento de mercadorias não ocorridos em território português, aquele facto desencadeia a competência internacional do foro português, face ao disposto no art. 65º, nº 1, al. b), do CPC [de 1961]*".

4. Como referem Lebre de Freitas e Isabel Alexandre (*CPC anot.*, vol. I, 4ª ed., p. 156), citando Anselmo de Castro, o intuito legislativo é o de evitar que os tribunais portugueses recusem competência quando um só dos factos tenha ocorrido em território estrangeiro. Ainda assim, a questão é especialmente melindrosa quando se trata de causa de pedir complexa, como ocorre em sede de responsabilidade civil extracontratual, sendo duvidoso que se assuma a competência internacional dos tribunais portugueses só porque um determinado acidente, que ocorreu no estrangeiro, provocou num indivíduo lesões que vieram a manifestar-se ou agravar-se quando o mesmo passou a residir em território nacional. Sobre a questão, cf. STJ 19-9-13, 783/08, incidindo sobre um caso em que o contrato gerador do crédito que foi invocado, conquanto tenha sido celebrado no estrangeiro, entre entidades estrangeiras, foi parcialmente executado em território nacional. Cf. ainda STJ 10-10-18, CJ, t. III, p. 69, STJ 11-7-17, 531/15, STJ 30-1-13, 1705/08, STJ 8-4-10, 4632/07 e STJ 25-11-04, 04B3758.

5. A al. c) contém uma cláusula de salvaguarda tendente a evitar que, atenta a impossibilidade de ordem prática ou jurídica (*v.g.* recusa de competência) ou a grave dificuldade na instauração da ação num tribunal de outro Estado, o direito em causa pudesse ficar sem tutela efetiva (*v.g.* casos de guerra ou outras calamidades). Concretiza o princípio da necessidade, mas a atribuição da competência aos tribunais nacionais exige uma forte conexão com a ordem jurídica portuguesa (STJ 8-6-18, 30508/15 e CJ, t. II, p. 137, sobre a prestação de contas), seja de ordem pessoal (*v.g.* nacionalidade ou residência das partes), seja de natureza real (*v.g.* o facto de se situar em território nacional o bem que é objeto imediato ou mediato da ação).

ARTIGO 63º
Competência exclusiva dos tribunais portugueses

Os tribunais portugueses são exclusivamente competentes:

a) Em matéria de direitos reais sobre imóveis e de arrendamento de imóveis situados em território português; todavia, em matéria de contratos de arrendamento de imóveis celebrados para uso pessoal temporário por um período máximo de seis meses consecutivos, são igualmente competentes os tribunais do Estado membro da União Europeia onde o requerido tiver domicílio, desde que o arrendatário seja uma pessoa singular e o proprietário e o arrendatário tenham domicílio no mesmo Estado membro;

b) Em matéria de validade da constituição ou de dissolução de sociedades ou de outras pessoas coletivas que tenham a sua sede em Portugal, bem como em matéria de validade das decisões dos seus órgãos; para determinar essa sede, o tribunal português aplica as suas regras de direito internacional privado;

c) Em matéria de validade de inscrições em registos públicos conservados em Portugal;

d) Em matéria de execuções sobre imóveis situados em território português;

e) Em matéria de insolvência ou de revitalização de pessoas domiciliadas em Portugal ou de pessoas coletivas ou sociedades cuja sede esteja situada em território português.

Remissões: Regulamento nº 1215/2012, relativo à competência judiciária, ao reconhecimento e à execução de decisões em matéria civil e comercial (que revogou o Regulamento nº 44/2001); art. 89º, nº 4 (competência em matéria de execuções); art. 94º, nº 3, al. d) (competência internacional exclusiva não pode ser afastada por pacto de jurisdição).

1. Não tendo Portugal jurisdição sobre outros Estados, não existem possibilidades de impedir que neles sejam instauradas e tramitadas ações abarcadas pela competência exclusiva dos tribunais portugueses. Sem embargo das regras que neles vigorem no que concerne à definição da competência internacional ou à apreciação de tal pressuposto, a violação do critério imperativo definido pela lei nacional apenas diferidamente poderá ser apreciada, quando eventualmente seja pedida a revisão da sentença estrangeira (art. 980º, al. c)) ou solicitado o seu reconhecimento ou *exequatur* (arts. 45º e 46º do Regulamento nº 1215/2012).

2. Importa, antes de mais, analisar os regulamentos comunitários (*v.g.* art. 24º do Regulamento nº 1215/2012) ou outros instrumentos internacionais e verificar se é atribuída a tribunais portugueses a competência exclusiva. A exclusividade manifesta-se quando a ação tenha por objeto direitos reais (*v.g.* propriedade, usufruto, servidão predial, direito real de habitação periódica), desde que o objeto mediato seja integrado por bens imóveis situados em território nacional. Já se admite a competência internacional de outro Estado da UE quando se trate de arrendamento de imóveis para uso pessoal por um período máximo de 6 meses em casos em que quer o arrendatário, quer o proprietário têm domicílio no mesmo Estado.

3. Também se verifica a exclusividade nas ações que visem a apreciação da validade do ato constitutivo ou de dissolução de pessoas coletivas ou sociedades sediadas em território nacional, assim como as ações de declaração de nulidade, de anulabilidade ou de ineficácia das respetivas deliberações sociais. Outrossim as ações que tenham por objeto principal a apreciação da validade da inscrição em registos públicos de quaisquer direitos sujeitos a registo em Portugal (*v.g.* registo civil, predial, comercial, automóvel, navios).

4. Os tribunais nacionais são ainda exclusivamente competentes para tramitar as ações executivas que tenham por objeto imóveis sitos em território nacional (execuções para entrega de bens imóveis) e bem assim para os processos de insolvência de pessoas singulares domiciliadas em Portugal ou pessoas coletivas ou sociedades com sede em território nacional.

5. O efeito precípuo do desrespeito da competência internacional exclusiva aqui prevista consiste em que não será reconhecida em Portugal decisão proferida por tribunal estrangeiro, versando sobre matéria da exclusiva competência internacional dos tribunais portugueses.

6. Para maiores desenvolvimentos, cf. Luís de Lima Pinheiro, "A competência internacional exclusiva dos tribunais portugueses", em *Estudos em Memória do Professor Doutor José Dias Marques*, pp. 593-623.

CAPÍTULO III
Da competência interna

SECÇÃO I
Competência em razão da matéria

ARTIGO 64º
Competência dos tribunais judiciais

São da competência dos tribunais judiciais as causas que não sejam atribuídas a outra ordem jurisdicional.

Remissões: Lei nº 78/01, de 13-7, alterada pela Lei nº 54/13, de 31-7 (competência, organização e funcionamento dos julgados de paz).

1. A norma praticamente reproduz o que consta do art. 40º, nº 1, da LOSJ. Pressupõe a existência de múltiplas ordens jurisdicionais (mais incisivamente a dos tribunais judiciais e a dos tribunais administrativos e fiscais, aqueles com competência residual), sendo que a distribuição da competência se afere pelo pedido efetuado e pela causa de pedir (STJ 29-5-14, 1327/11). A respeito da delimitação das esferas de atuação de cada ordem jurisdicional, revelar-se-á de muita importância a consulta da jurisprudência do Tribunal dos Conflitos, acessível através de *www.dgsi.pt*, que dirime conflitos de jurisdição.

2. Em relação aos julgados de paz verifica-se uma relação de concorrência, como se decidiu no ***AUJ nº 11/07***: "*No atual quadro jurídico, a competência material dos julgados de paz para apreciar e decidir as ações previstas no art. 9º, nº 1, da Lei nº 78/01, de 13-7, é alternativa relativamente aos tribunais judiciais de competência territorial concorrente*".

3. Segundo o ***Assento nº 3/78***: "*Compete ao tribunal comum, segundo as regras do processo comum, conhecer das ações propostas contra árbitros por causa do exercício das suas funções.*"

4. Sobre a matéria, cf. Paulo Pimenta, *Processo Civil Declarativo*, 2ª ed., pp. 100 e ss.

ARTIGO 65º
Tribunais e secções de competência especializada

As leis de organização judiciária determinam quais as causas que, em razão da matéria, são da competência dos tribunais e das secções dotados de competência especializada.

Remissões: Lei nº 62/13, de 26-8 (Lei de Organização do Sistema Judiciário).

1. Dentro dos tribunais judiciais foi incrementada a especialização em função da natureza das questões. Tal resulta fundamentalmente dos arts. 79º a 83º e 111º e ss. da LOSJ (cf. Paulo Pimenta, *Processo Civil Declarativo*, 2ª ed., pp. 103 e ss.).

2. A violação das regras de competência material implica uma exceção dilatória que é de conhecimento oficioso e que determina a absolvição da instância, sem embargo da faculdade de remessa para o tribunal materialmente competente, nos termos do art. 99º, nº 2.

3. Se estiver em causa a competência material circunscrita aos tribunais judiciais, a correspondente exceção apenas pode ser arguida ou oficiosamente conhecida até ser proferido o despacho saneador ou, não havendo lugar a este, até ao início da audiência final (art. 97º, nº 2).

SECÇÃO II
Competência em razão do valor

ARTIGO 66º
Instâncias central e local

As leis de organização judiciária determinam quais as causas que, pelo seu valor, se inserem na competência da instância central e da instância local.

Remissões: arts. 296º e ss. (valor processual); art. 117º da LOSJ (juízo central cível); art. 130º da LOSJ (juízo local cível e juízo de competência genérica).

1. A alteração do valor do processo pode envolver ou não alteração da competência em razão do valor, nos termos do art. 310º, nºs 1 e 3.

2. Nos termos do art. 117º da LOSJ, cabe ao juízo central cível a preparação e julgamento das ações declarativas cíveis de processo comum de valor superior a € 50.000,00 e exercer, no âmbito das ações executivas de natureza cível de valor superior a € 50.000,00, em circunscrições não abrangidas pela competência de outro juízo ou tribunal, as competências previstas no CPC.

3. Já de acordo com o art. 130º, nº 1, da LOSJ, compete aos juízos locais cíveis ou aos juízos de competência genérica preparar e julgar os processos relativos a causas não atribuídas a outros juízos ou tribunal de competência territorial alargada.

4. Sobre a matéria, cf. Paulo Pimenta, *Processo Civil Declarativo*, 2ª ed., pp. 113-114.

SECÇÃO III
Competência em razão da hierarquia

ARTIGO 67º
Tribunais de 1ª instância

Compete aos tribunais de 1ª instância o conhecimento dos recursos das decisões dos notários, dos conservadores do registo e de outros que, nos termos da lei, para eles devam ser interpostos.

1. Legislação específica regula os casos em que as decisões proferidas por determinadas entidades são impugnáveis para os tribunais de 1ª instância, sendo a competência distribuída em função da matéria: art. 117º (juízo central cível), art. 111º (tribunal da propriedade intelectual), 112º (tribunal da concorrência, regulação e supervisão), art. 113º (tribunal marítimo) e art. 128º, todos da LOSJ (juízo de comércio).

2. Sobre a matéria, cf. Paulo Pimenta, *Processo Civil Declarativo*, 2ª ed., p. 113.

ARTIGO 68º
Relações

1 – As Relações conhecem dos recursos e das causas que por lei sejam da sua competência.

2 – Compete às Relações o conhecimento dos recursos interpostos de decisões proferidas pelos tribunais de 1ª instância.

Remissões: Lei nº 62/13 (LOSJ); art. 979º (revisão de sentença estrangeira); art. 59º, nº 1, da Lei nº 63/01, de 14-12 (arbitragem voluntária).

1. A competência cível dos Trib. da Relação decorre dos arts. 73º e 74º da LOSJ, agindo, em regra, como tribunal de recurso, sem embargo dos casos de intervenção em 1ª instância (*v.g.* revisão de sentenças estrangeiras – art. 979º).

ARTIGO 69º
Supremo Tribunal de Justiça

1 – O Supremo Tribunal de Justiça conhece dos recursos e das causas que por lei sejam da sua competência.

2 – Compete ao Supremo Tribunal de Justiça o conhecimento dos recursos interpostos de decisões proferidas pelas Relações e, nos casos especialmente previstos na lei, pelos tribunais de 1ª instância.

1. A competência do STJ em matéria cível consta dos arts. 53º a 55º da LOSJ, intervindo, em regra, no âmbito do recurso de revista interposto de acórdãos da Relação (art. 671º) e mais raramente no âmbito de recurso de revista *per saltum* de decisão proferida pelo tribunal de 1ª instância (art. 678º).

SECÇÃO IV
Competência em razão do território

ARTIGO 70º
Foro da situação dos bens

1 - Devem ser propostas no tribunal da situação dos bens as ações referentes a direitos reais ou pessoais de gozo sobre imóveis, a ação de divisão de coisa comum, de despejo, de preferência e de execução específica sobre imóveis, e ainda as de reforço, substituição, redução ou expurgação de hipotecas.

2 - As ações de reforço, substituição, redução e expurgação de hipotecas sobre navios e aeronaves são, porém, instauradas na circunscrição da respetiva matrícula, podendo o autor optar por qualquer delas se a hipoteca abranger móveis matriculados em circunscrições diversas.

3 - Quando a ação tiver por objeto uma universalidade de facto, ou bens móveis e imóveis, ou imóveis situados em circunscrições diferentes, é proposta no tribunal correspondente à situação dos imóveis de maior valor, devendo atender-se para esse efeito aos valores da matriz predial; se o prédio que é objeto da ação estiver situado em mais de uma circunscrição territorial, pode ela ser proposta em qualquer das circunscrições.

Remissões: art. 104º (apreciação oficiosa da incompetência territorial).

1. Estamos perante um preceito que elege como critério definidor da competência territorial o *forum rei*, por razões atinentes à maior proximidade entre o tribunal e o objeto mediato do processo. Esta regra não pode ser afastada por vontade das partes (art. 95º, nº 1), sendo de conhecimento oficioso a incompetência territorial resultante da sua violação (art. 104º, nº 1, al. a)).

2. As ações reais (em cuja base esteja o domínio ou a titularidade de um direito real, sem que haja qualquer vínculo pessoal entre o autor e o réu que a ação se proponha efetivar) ou as ações de natureza semelhante, que versem sobre direitos pessoais de gozo, são instauradas no tribunal da situação dos bens sobre que incidem. Aqui se inscrevem designadamente as ações de reivindicação da propriedade e outras ações que visem a tutela de direitos reais de gozo, como o usufruto ou a servidão predial. Em contraposição, as ações pessoais são aquelas em que entre o autor e o réu existe um vínculo de natureza obrigacional (*v.g.* a ação de declaração de nulidade de um contrato de compra e venda ou a ação de cumprimento de um contrato de compra e venda para obtenção da entrega da coisa).

3. No conceito de direitos pessoais de gozo abarcam-se os contratos de arrendamento, de locação financeira, de comodato, de depósito e de parceria pecuária e também os contratos-promessa de compra e venda em que tenha existido *traditio* do imóvel para o promitente-comprador. Por expressa previsão, seguem o mesmo regime.

4. Ainda por expressa previsão legal, estão abarcadas pela regra as ações de despejo, de preferência e de execução específica sobre imóveis, mas já não as de resolução ou cumprimento de contratos ou em que se exija a entrega do bem fundada na extinção do contrato que legitimava a sua fruição. Naqueles casos, não estamos perante ações "*referentes a direitos reais ou pessoais de gozo*". A par da regra do art. 70º, importa considerar a do art. 71º, assim como a do art. 80º que, por exemplo, envolve as ações de declaração de nulidade ou de anulação que impliquem a restituição de bem imóvel.

5. Quanto às ações possessórias relativas a imóveis, a sua integração na regra do *forum rei* decorre não apenas do paralelismo relativamente às ações referentes a direitos reais (independentemente da qualificação jurídica da posse), como ainda da similitude com os direitos pessoais de gozo, cuja tutela é equiparada à do possuidor (arts. 1037º, nº 2, 1133º, nº 2, 1125º, nº 2 e 1188º, nº 2, do CC).

6. A mesma regra é de aplicar às ações de reforço, substituição, redução ou expurgação de hipotecas (que seguem agora a forma de processo comum), mesmo que incidam sobre bens móveis (*v.g.* veículos automóveis), salvo quando se trate de navios ou aeronaves (nº 2).

7. Ações sobre universalidades de facto ou que envolvam bens móveis e imóveis ou imóveis sitos em circunscrições diversas são da competência do tribunal correspondente aos imóveis de maior valor patrimonial. Se acaso o imóvel se situar em mais do que uma circunscrição, o autor pode optar por qualquer delas.

ARTIGO 71º
Competência para o cumprimento da obrigação

1 – A ação destinada a exigir o cumprimento de obrigações, a indemnização pelo não cumprimento ou pelo cumprimento defeituoso e a resolução do contrato por falta de cumprimento é proposta no tribunal do domicílio do réu, podendo o credor optar pelo tribunal do lugar em que a obrigação deveria ser cumprida, quando o réu seja pessoa coletiva ou quando, situando-se o domicílio do credor na área metropolitana de Lisboa ou do Porto, o réu tenha domicílio na mesma área metropolitana.

2 – Se a ação se destinar a efetivar a responsabilidade civil baseada em facto ilícito ou fundada no risco, o tribunal competente é o correspondente ao lugar onde o facto ocorreu.

Remissões: art. 104º (apreciação oficiosa da incompetência territorial).

1. Todas as ações que se destinem a exigir o cumprimento de obrigações, a indemnização pelo incumprimento (incumprimento definitivo ou mora) ou cumprimento defeituoso ou a resolução do contrato por falta de cumprimento (ressalvada a ação de resolução do contrato de arrendamento, sujeita à regra do art. 70º, nº 1) seguem o critério aferido em função do domicílio do réu.

2. Com esta opção genérica, o legislador respondeu à necessidade de uma melhor distribuição de processos que, por via da massificação de conflitos de consumo, tradicionalmente se concentravam nos tribunais dos grandes centros urbanos de Lisboa e Porto (normalmente as sedes das grandes empresas credoras). Com tal medida se potenciou ainda o efetivo exercício do direito de defesa, facilitado pela maior proximidade entre o domicílio do réu e o tribunal a que a competência é atribuída (cf. Paulo Pimenta, *Processo Civil Declarativo*, 2ª ed., pp. 118 e 119). Trata-se de uma regra que também se inscreve na tutela do consumidor, que normalmente surge no lado passivo das ações em causa.

3. O regime do nº 1 é aplicável também nos casos em que algum dos réus seja pessoa singular e se encontre em situação de litisconsórcio ou de coligação passiva com pessoa coletiva, prevalecendo sobre o disposto no art. 82º (STJ 8-1-09, 08B2183). O critério referido pode ceder em duas situações: quando o réu seja pessoa coletiva ou quando o credor tenha o domicílio ou sede na área metropolitana de Lisboa ou Porto e o réu também esteja domiciliado na mesma área, casos em que aquele pode optar entre o tribunal do domicílio do réu (1ª parte) ou o tribunal do local onde a obrigação deveria ser cumprida (2ª parte).

4. Destinando-se a ação a efetivar a responsabilidade baseada em facto ilícito ou no risco (*v.g.* acidentes de viação, ofensa a direitos de personalidade por via da comunicação social) segue o critério do lugar onde o facto ilícito ocorreu, relevando o fator da maior proximidade. Ainda que tais ações surjam sustentadas numa causa de pedir complexa que envolve, a par do facto ilícito, o dano ou outros factos que sustentam a responsabilidade (caso do contrato de seguro quando seja demandada a seguradora), releva apenas o local onde ocorreu o facto ilícito (comportamento do agente violador de direitos do lesado)

5. Com ressalva dos casos abarcados pela 2ª parte do nº 1, o critério definido neste preceito sobrepõe-se a qualquer acordo em sentido contrário, resultante ou não de clausulado contratual geral, sendo de conhecimento oficioso a incompetência resultante da sua violação (arts. 95º, nº 1 e 104º, nº 1, al. a)).

ARTIGO 72º
Divórcio e separação

Para as ações de divórcio e de separação de pessoas e bens é competente o tribunal do domicílio ou da residência do autor.

Remissões: DL nº 272/01, de 13-10 (divórcio por mútuo consentimento); art. 931º (divórcio sem consentimento); Regulamento nº 2201/2003, de 27-11-2003, relativo à competência, ao reconhecimento e à execução de decisões em matéria matrimonial e em matéria de responsabilidade parental; Regulamento nº 1259/2010, de 20-12-10, que cria uma cooperação reforçada no domínio da lei aplicável em matéria de divórcio e separação judicial; Regulamento nº 606/2013, de 12-6-2013 relativo ao reconhecimento mútuo de medidas de proteção em matéria civil; Regulamento nº 2016/1103, de 24-6-2016, que implementa a cooperação reforçada no domínio da competência, da lei aplicável, do reconhecimento e da execução de decisões em matéria de regimes matrimoniais; Conv. da Haia de 19-10-1996, relativa à Competência, à Lei Aplicável, ao Reconhecimento, à Execução e à Cooperação em Matéria de Responsabilidade Parental e Medidas de Proteção das Crianças.

1. Caso a ação de divórcio englobe elementos de conexão com outra ordem jurídica da UE, *v.g.* divórcio em que as partes têm nacionalidade estrangeira, haverá que aquilatar da aplicação do Regulamento nº 2201/2003, de 27-11-2003, cujo art. 3º fixa a competência geral para a ação de divórcio.

2. Foi seguido neste art. 72º um critério definido em função da residência ou do domicílio do autor, o que tem especial interesse nas ações de divórcio sem consentimento (art. 931º). A incompetência territorial decorrente da violação deste preceito não é de conhecimento oficioso (art. 104º, nº 1, *a contrario*).

3. No que concerne ao divórcio ou separação por mútuo consentimento, importa ter em atenção os casos em que é atribuída competência ao conservador do registo civil (art. 12º, nº 1, al. b), do DL nº 272/01, de 13-10, em conjugação com o art. 1773º do CC), valendo as regras prescritas para as ações a instaurar nos tribunais (art. 16º). Justificada a instauração da ação no tribunal judicial (arts. 994º e ss.), não há propriamente autor nem réu, mas apenas requerentes, valendo, por isso, o domicílio ou a residência dos requerentes ou, em caso de diversidade, o de qualquer deles.

4. Sobre o Regulamento nº 2201/2003 e a Conv. da Haia de 19-10-1996, cf. o *e:book, O Direito Internacional da Família*, t. I, CEJ, 2014, pp. 9-133.

ARTIGO 72º-A
Matéria sucessória

1 – Em matéria sucessória é competente o tribunal do lugar da abertura da sucessão.

2 – Se, no momento da sua morte, o autor da sucessão não tiver residência habitual em território português, é competente o tribunal em cuja circunscrição esse autor teve a sua última residência habitual em território nacional.

3 – Se o tribunal competente não puder ser determinado com base no disposto nos números anteriores, mas o autor da sucessão tiver a nacionalidade portuguesa ou houver bens situados em Portugal, o tribunal competente é:

a) **Havendo imóveis, o tribunal da situação dos bens, ou, situando-se os imóveis em circunscrições diferentes, o tribunal da situação do maior número; ou**

b) **Não havendo imóveis, o tribunal de Lisboa.**

(Introduzido pela Lei nº 117/19, de 13-9)

1. O preceito foi introduzido na sequência da reintegração do processo de inventário no CPC, visando regular o pressuposto da competência territorial em termos que não suscitam dúvidas: local da abertura da sucessão em território nacional; última residência habitual nos casos em que o *de cujus* tinha residência habitual no estrangeiro, se acaso nenhum dos referidos critérios se mostrar decisivo para resolver a questão, vale o lugar em que se situem os imóveis ou a maioria dos imóveis que integrem o acervo hereditário e, residualmente, a competência é atribuída ao tribunal da comarca de Lisboa.

2. Sobre o âmbito e relevância do Regulamento nº 650/2012, de 4-7-2012, relativo à competência, à lei aplicável, ao reconhecimento e execução das decisões, e à aceitação e execução de atos autênticos em matéria de sucessões e à criação de um certificado sucessório europeu, cf. a anotação alargada ao art. 1082º.

ARTIGO 73º
Ação de honorários

1 – Para a ação de honorários de mandatários judiciais ou técnicos e para a cobrança das quantias adiantadas ao cliente, é competente o tribunal da causa na qual foi prestado o serviço, devendo aquela correr por apenso a esta.

2 – Se a causa tiver sido, porém, instaurada na Relação ou no Supremo Tribunal de Justiça, a ação de honorários correrá no tribunal da comarca do domicílio do devedor.

1. O preceito apenas trata da competência por conexão, não pretendendo resolver a questão da determinação da competência material nos casos em que os serviços do mandatário são prestados no âmbito de processos da competência de tribunal ou de juízo de competência especializada (*v.g.* família, propriedade intelectual, criminal, etc.).

2. Não se foi ao ponto de sobrepor o critério funcional decorrente do tribunal onde correu a ação (competência por conexão) às regras sobre a distribuição da competência em função da matéria em discussão (cf. Paulo Pimenta, *Processo Civil Declarativo*, 2ª ed., p. 116). Por isso, ainda que a ação respeite a honorários decorrentes de intervenção em ação que correu termos em tribunal de competência especializada, deve ser instaurada no tribunal que for competente em função da matéria relacionada com o pedido de condenação (*v.g.* juízo central cível, para pedidos de valor superior a € 50.000,00) e, se houver necessidade ou for conveniente, deverá ser requisitado o processo, a título devolutivo, ao tribunal no qual foi tramitada a ação de que emanam os honorários (STJ 28-5-02, 02A327, em cujo sumário se refere que se "estabelece uma norma de competência territorial – nada tem que ver com o problema da competência em razão da matéria – além de estabelecer uma norma de conexão. Os tribunais de família e menores são materialmente incompetentes para conhecer da ação de honorários instaurada pelo mandatário forense em ação que naqueles correm termos". No mesmo sentido, cf. RP 12-9-19, 3329/16).

3. Pode acontecer que a dívida de honorários provenha de intervenções que ocorreram em diversos processos, justificando-se, então, o recurso ao disposto no art. 82º, nº 2, que admite a instauração da ação em qualquer dos tribunais, à escolha do credor, desde que seja assegurada a competência em razão da matéria.

4. Já se a causa tiver sido instaurada na Relação ou no Supremo (o que exclui os casos em que estes tribunais intervêm em sede de recurso de decisões que foram proferidas na 1ª instância), a ação de honorários deve ser instaurada no tribunal do domicílio do devedor.

5. As ações para cobrança de créditos de honorários relativos a atos que não se inscrevem em qualquer processo judicial seguem as regras gerais.

6. Nos casos em que a ação deva correr efetivamente por apenso, nos termos do nº 1, o desrespeito por esta estipulação é de conhecimento oficioso (art. 104º, nº 1, al. c)).

ARTIGO 74º

Regulação e repartição de avaria grossa

O tribunal do porto onde for ou devesse ser entregue a carga de um navio que sofreu avaria grossa é competente para regular e repartir esta avaria.

1. A competência material para a ação com processo especial prevista nos arts. 953º e ss. é atribuída ao tribunal marítimo (instalado em Lisboa) dentro da sua área de jurisdição (art. 113º, nº 1, al. h), da LOSJ), da qual se excluem apenas as Regiões Autónomas.

ARTIGO 75º

Perdas e danos por abalroação de navios

A ação de perdas e danos por abalroação de navios pode ser proposta no tribunal do lugar do acidente, no do domicílio do dono do navio abalroador, no do lugar a que pertencer ou em que for encontrado esse navio e no do lugar do primeiro porto em que entrar o navio abalroado.

1. A competência material para a ação relativa a perdas e danos resultantes de abalroação de navios é atribuída ao tribunal marítimo (instalado em Lisboa) dentro da sua área de jurisdição (art. 113º, nº 1, al. a), da LOSJ), da qual se excluem apenas as Regiões Autónomas.

2. É com esta limitação que deve ser compreendida a previsão de foros alternativos que se integra nas regras de competência territorial subordinadas às regras de competência em razão da matéria.

ARTIGO 76º
Salários por salvação ou assistência de navios

Os salários devidos por salvação ou assistência de navios podem ser exigidos no tribunal do lugar em que o facto ocorrer, no do domicílio do dono dos objetos salvos e no do lugar a que pertencer ou onde for encontrado o navio socorrido.

1. A competência material para a ação referente a salários por salvação ou assistência a navios é atribuída ao tribunal marítimo (instalado em Lisboa) dentro da sua área de jurisdição (art. 113º, nº 1, al. k), da LOSJ), da qual se excluem apenas as Regiões Autónomas.

2. É com esta limitação que deve ser compreendida a previsão de foros alternativos que se integra nas regras de competência territorial subordinadas às regras de competência em razão da matéria.

ARTIGO 77º
Extinção de privilégios sobre navios

A ação para ser julgado livre de privilégios um navio adquirido por título gratuito ou oneroso é proposta no tribunal do porto onde o navio se achasse surto no momento da aquisição.

Remissões: art. 579º do Cód. Comercial.

1. Ao contrário do resultava do disposto no art. 1007º do CPC de 1961, à extinção de privilégios deixou de corresponder qualquer processo especial; a respetiva pretensão é deduzida numa ação com processo comum (art. 546º).

2. A competência material para a ação é atribuída ao tribunal marítimo (art. 113º, nº 1, al. g), da LOSJ).

ARTIGO 78º
Procedimentos cautelares e diligências antecipadas

1 – Quanto a procedimentos cautelares e diligências anteriores à proposição da ação, observa-se o seguinte:

a) O arresto e o arrolamento tanto podem ser requeridos no tribunal onde deva ser proposta a ação respetiva, como no do lugar onde os bens se encontrem ou, se houver bens em várias comarcas, no de qualquer destas;
b) Para o embargo de obra nova é competente o tribunal do lugar da obra;
c) Para os outros procedimentos cautelares é competente o tribunal em que deva ser proposta a ação respetiva;
d) As diligências antecipadas de produção de prova são requeridas no tribunal do lugar em que hajam de efetuar-se.

2 – O processo dos atos e diligências a que se refere o número anterior é apensado ao da ação respetiva, para o que deve ser remetido, quando se torne necessário, ao tribunal em que esta for proposta.

Remissões: art. 104º (apreciação oficiosa da incompetência territorial); arts. 362º e ss. (procedimentos cautelares); arts. 419º e 420º (produção antecipada de prova).

1. A regulamentação dos procedimentos cautelares consta dos arts. 362º e ss. Já à produção antecipada de prova referem-se os arts. 419º e 420º. A norma apenas se dirige aos procedimentos cautelares (e diligências de produção antecipada de prova) requeridos antes da propositura da ação (sendo de conhecimento oficioso a apreciação da eventual incompetência, nos termos do art. 104, nº 1, al. a)). Quando instaurados na pendência da ação, correm incidentalmente, por apenso (arts. 364º, nº 3 e 420º, nº 1).

2. Arresto e arrolamento: prevê-se competência alternativa, à escolha do requerente, conforme achar mais conveniente, tendo em vista designadamente a eficácia e a celeridade da medida cautelar. Tais procedimentos podem, assim, ser requeridos no tribunal onde deva ser proposta a ação principal, no lugar onde se encontram os bens a apreender ou, se acaso estes estiverem localizados em mais do que uma área de jurisdição, em qualquer delas.

3. Embargo de obra nova: a competência pertence exclusivamente ao tribunal do lugar da obra que se pretende embargar.

4. Outros procedimentos cautelares: o procedimento cautelar comum e os demais procedimentos especificados previstos no CPC (restituição provisória da posse, suspensão de deliberações sociais, alimentos provisórios e arbitramento de reparação provisória) seguem as regras de competência previstas para a respetiva ação.

5. Apreensão de veículos automóveis: o art. 21º do DL nº 54/75 continha uma regra especial, conferindo ao tribunal da residência habitual ou da sede do proprietário competência para o processo de apreensão e para as ações relativas aos veículos apreendidos; conquanto se mantenha formalmente inalterada, essa norma deve ter-se por tacitamente revogada, em virtude da Lei nº 14/06, de 26-4 (cf. Abrantes Geraldes, *Temas da Reforma do Processo Civil*, vol. IV, 4ª ed., p. 324, RL 5-6-07, 4906/2007 e RL 29-5-07, 4117/2007).

6. Os procedimentos e as diligências de que trata o preceito não gozam, em regra, de autonomia, estando dependentes do que vier a decidir-se na ação principal. Quanto aos procedimentos cautelares, a remessa deve ocorrer logo que haja notícia da instauração da ação (art. 364º, nº 2), a não ser que estejam em curso diligências que devam ser terminadas.

7. O incidente de produção antecipada de prova, quando a ação ainda não tenha sido instaurada, é requerido no tribunal onde devam realizar-se as diligências de prova, sendo remetido para o tribunal onde a ação vier a ser instaurada.

ARTIGO 79º
Notificações avulsas

As notificações avulsas são requeridas no tribunal em cuja área resida a pessoa a notificar.

Remissões: arts. 256º a 258º (notificações avulsas).

1. As notificações avulsas encontram-se reguladas nos arts. 256º a 258º e, como o indica a designação, são atos de comunicação que não estão associados a qualquer processo judicial pendente. Por isso são requeridas no tribunal em cuja área resida a pessoa a notificar (RL 20-12-16, 19815/16 e RL 15-12-16, 19859/16).

2. O preceito alude à residência do notificando. Outros preceitos reportam-se, paralelamente ou não, ao domicílio. Qualquer dos locais será relevante para efeitos de atribuição da competência, na certeza de que o que fundamentalmente importa é que o notificando seja encontrado a fim de ser efetuada a comunicação solene requerida para a produção de determinados efeitos.

3. Esta norma cuida da competência do tribunal em razão do território, não obstando à competência dos tribunais portugueses para tramitarem notificações avulsas de requeridos localizados no estrangeiro, designadamente ao abrigo do Regulamento nº 1393/07, de 13-11-2007, relativo à citação e à notificação dos atos judiciais e extrajudiciais em matéria civil e comercial nos Estados-Membros e da Conv. da Haia Relativa à Citação e à Notificação no Estrangeiro de Atos Judiciais e Extrajudiciais em Matérias Civil e Comercial (RL 15-12-16, 19859/16).

4. A competência para a apreciação e deferimento da notificação judicial avulsa é do juízo local cível ou do juízo de competência genérica, no âmbito da respetiva competência residual (arts. 117º e 130º, nº 1, da LOSJ).

ARTIGO 80º
Regra geral

1 – Em todos os casos não previstos nos artigos anteriores ou em disposições especiais é competente para a ação o tribunal do domicílio do réu.

2 – Se, porém, o réu não tiver residência habitual ou for incerto ou ausente, é demandado no tribunal do domicílio do autor; mas a curadoria, provisória ou definitiva, dos bens do ausente é requerida no tribunal do último domicílio que ele teve em Portugal.

3 – Se o réu tiver o domicílio e a residência em país estrangeiro, é demandado no tribunal do lugar em que se encontrar; não se encontrando em território português, é demandado no do domicílio do autor, e, quando este domicílio for em país estrangeiro, é competente para a causa o tribunal de Lisboa.

Remissões: cf. remissões do art. 59º (regulamentos comunitários); arts. 1021º e ss. (curadoria provisória de bens do ausente).

1. O nº 1 contém uma regra supletiva que apenas intervém nos casos que não encontrem regulação nas normas anteriores ou noutras normas avulsas: vale para o efeito o domicílio do réu (pessoa singular). Para casos de pluralidade de réus, aplica-se o art. 82º.

2. Quando o réu não tenha residência habitual, se encontre ausente ou seja pessoa incerta, vale o domicílio do autor, o qual cede, porém, em relação aos processos de curadoria provisória ou definitiva de bens do ausente (arts. 1021º e ss.), sendo então substituído pelo último domicílio que este teve em Portugal. Desconhecendo-se este último domicílio, manter-se-á a solução imediatamente anterior.

3. Se, devendo aplicar-se o critério do domicílio do réu, for constatado que este está domiciliado e tem residência no estrangeiro, a solução deve respeitar sucessivamente o seguinte regime: tribunal correspondente ao local do território português onde o réu ocasionalmente se encontrar; domicílio do autor; sendo o domicílio do autor no estrangeiro, tribunal de Lisboa. Isto sem embargo da eventual prevalência do que resultar dos regulamentos comunitários ou de convenções internacionais acerca da determinação do tribunal internacionalmente competente.

4. A aplicação da regra geral do art. 80º deve ainda compatibilizar-se ou ceder em face da aplicação das regras dos arts. 81º e 82º. Ambos os preceitos acabam por prever também regras gerais que funcionam depois de esgotadas as possibilidades emergentes dos critérios anteriores.

ARTIGO 81º
Regra geral para as pessoas coletivas e sociedades

1 – Se o réu for o Estado, ao tribunal do domicílio do réu substitui-se o do domicílio do autor.

2 – Se o réu for outra pessoa coletiva ou uma sociedade, é demandado no tribunal da sede da administração principal ou no da sede da sucursal, agência, filial, delegação ou representação, conforme a ação seja dirigida contra aquela ou contra estas; mas a ação contra pessoas coletivas ou sociedades estrangeiras

que tenham sucursal, agência, filial, delegação ou representação em Portugal pode ser proposta no tribunal da sede destas, ainda que seja pedida a citação da administração principal.

Remissões: arts. 4º, 5º e 7º, nº 5, do Regulamento 1215/2012, sobre competência judiciária, reconhecimento e execução de decisões e matéria civil e comercial; art. 552º, nºs 2 a 5 (identificação das pessoas coletivas na petição inicial).

1. Trata-se de uma regra supletiva, paralela à que decorre do art. 80º, que apenas intervém na falta de outro critério específico. Por isso, na falta de algum dos critérios previstos nos arts. 70º a 79º, ou em disposições avulsas, e em substituição do critério geral do art. 80º, nos casos em que o réu seja o Estado, a competência territorial afere-se pelo domicílio do autor. O vocábulo "*Estado*" empregue no nº 1 tem um sentido estrito, sendo que as pessoas coletivas de direito público constituem organismos autónomos e com personalidade jurídica própria, com órgãos próprios de representação que, por isso, não são representadas pelo Ministério Público (RP 24-10-11, 7873/09).

2. Sendo réu outra pessoa coletiva (que não o Estado, em sentido estrito) ou uma sociedade, a competência é aferida pela sede da administração principal ou da agência, filial, delegação ou representação, consoante seja demandada aquela ou alguma destas, importando notar a norma de atribuição de personalidade judiciária que consta do art. 13º. Mas se for demandada pessoa coletiva ou sociedade estrangeira com alguma daquelas ramificações em território nacional, a competência é alternativa, de modo que, mesmo que a ação seja dirigida contra aquela, pode ser instaurada no tribunal correspondente a qualquer das ramificações.

3. Com uma análise do Regulamento nº 1215/2012, incluindo jurisprudência nacional e comunitária, cf. Joana C. de Abreu, *Tribunais Nacionais e Tutela Jurisdicional Efetiva*, Almedina, 2019, pp. 109-199.

ARTIGO 82º
Pluralidade de réus e cumulação de pedidos

1 – Havendo mais de um réu na mesma causa, devem ser todos demandados no tribunal do domicílio do maior número; se for igual o número nos diferentes domicílios, pode o autor escolher o de qualquer deles.

2 – Se o autor cumular pedidos para cuja apreciação sejam territorialmente competentes diversos tribunais, pode escolher qualquer deles para a propositura da ação, salvo se a competência para apreciar algum dos pedidos depender de algum dos elementos de conexão que permitem o conhecimento oficioso da incompetência relativa; neste caso, a ação é proposta nesse tribunal.

3 – Quando se cumulem, porém, pedidos entre os quais haja uma relação de dependência ou subsidiariedade, deve a ação ser proposta no tribunal competente para a apreciação do pedido principal.

Remissões: art. 104º, nºs 1 e 2 (apreciação oficiosa da incompetência relativa); art. 554º (pedidos subsidiários): art. 555º (cumulação de pedidos).

1. A norma destina-se a regular situações em que, sendo aplicável o critério do domicílio do réu, são demandados diversos réus com domicílios em múltiplas circunscrições. Nestes casos, a competência pertence ao tribunal que abarcar o maior número de réus e, sendo o número igual, é conferida ao autor a escolha do tribunal.

2. Pode acontecer que na mesma ação se cumulem diversos pedidos (cumulação real ou alternativa) a que correspondam competências territoriais diversificadas. Neste caso, importa distinguir: se a algum dos pedidos corresponder competência relativa sujeita a apreciação oficiosa (art. 104º, nºs 1 e 2), prevalece essa competência; se nessa situação estiver mais do que um pedido, deve aplicar-se, por analogia, o disposto no nº 1.

3. A terceira situação respeita a situações de cumulação de pedidos em relação de dependência ou de subsidiariedade, para o que vale a competência de acordo com o critério a que se subordinar o pedido principal.

4. Cf. a nota 3 ao art. 71º, em que enuncia uma situação de prevalência do regime do art. 71º sobre este art. 82º.

ARTIGO 83º
Competência para o julgamento dos recursos

Os recursos devem ser interpostos para o tribunal a que está hierarquicamente subordinado aquele de que se recorre.

1. Os recursos das decisões dos tribunais de 1ª instância devem ser interpostos, em regra, para o tribunal da Relação com jurisdição sobre o tribunal *a quo*, nos termos do art. 32º da LOSJ. Exceciona-se o recurso de revista *per saltum* que, nos termos do art. 678º, é interposto diretamente para o STJ.

2. No que concerne aos recursos de sentenças dos julgados de paz, são interpostos para o tribunal judicial de 1ª instância que for competente (art. 62º da Lei nº 78/01, de 13-9).

3. Os recursos interpostos de decisões proferidas por outras entidades seguem o regime que constar dos diplomas que os regulam. Assim acontece com os recursos de decisões dos conservadores no âmbito dos processos a que se refere o art. 5º do DL nº 271/01, de 13-10 (art. 10º).

4. Quanto aos recursos de decisões proferidas pelos notários no âmbito dos processos de inventário que sejam instaurados junto do notariado, vale agora o que está previsto no art. 4º do Anexo à Lei nº 117/19, de 13-9, nos termos do qual:

"1 – A decisão do notário que, nos termos do artigo anterior, não decretar a suspensão do processo e não remeter os interessados para os meios judiciais pode ser impugnada por

qualquer dos interessados diretos na partilha, mediante recurso interposto para o tribunal competente.

2 – O regime dos recursos é o seguinte:

a) O recurso previsto no número anterior sobe imediatamente e tem efeito suspensivo da marcha do processo;

b) O recurso previsto na alínea b) do nº 2 do artigo anterior sobe imediatamente e em separado dos autos de inventário, sem efeito suspensivo da marcha do processo;

c) Aos recursos interpostos das restantes decisões proferidas pelo notário no decurso do processo é aplicável, com as necessárias adaptações, o regime previsto no artigo 1123º do Código de Processo Civil.

3 – Os recursos das decisões proferidas pelo notário são interpostos no prazo de 15 dias a contar da notificação da decisão, devendo o requerimento de interposição do recurso incluir a alegação do recorrente.

4 – A decisão do notário de remessa dos interessados para os meios judiciais não pode ser posta em causa pelo juiz".

5. No que concerne aos recursos dos tribunais arbitrais, importa notar o disposto no art. 59º da Lei nº 63/11, de 14-12.

6. A verificação da incompetência territorial é oficiosa (art. 104º, nº 1, al. a)).

ARTIGO 84º

Ações em que seja parte o juiz, seu cônjuge ou certos parentes

1 – Para as ações em que seja parte o juiz de direito, seu cônjuge, algum seu descendente ou ascendente ou quem com ele conviva em economia comum e que devessem ser propostas na circunscrição em que o juiz exerce jurisdição, é competente o tribunal da circunscrição judicial cuja sede esteja a menor distância da sede daquela.

2 – Se a ação for proposta na circunscrição em que o juiz impedido exerce jurisdição ou se este for aí colocado estando já pendente a causa, é o processo remetido para a circunscrição mais próxima, observado o disposto no artigo 116º, podendo a remessa ser requerida em qualquer estado da causa, até à sentença.

3 – O juiz da causa pode ordenar e praticar na circunscrição do juiz impedido todos os atos necessários ao andamento e instrução do processo como se fosse juiz dessa circunscrição.

4 – O disposto nos números anteriores não se aplica nas circunscrições em que houver mais de um juiz.

1. Relativamente às ações de regresso contra magistrados judiciais rege o disposto nos arts. 967º e ss., assim como o art. 5º, nº 3, do EMJ. O art. 84º trata de outro género de ações, em que ocorra a coincidência entre o tribunal onde o magistrado exerce funções e aquele que decorre da aplicação dos critérios determinativos da competência territorial, excecionando, ainda assim, os casos em que haja pluralidade de juízes.

2. A verificação da incompetência territorial é oficiosa (art. 104º, nº 1, al. a)).

SECÇÃO V
Disposições especiais sobre execuções

ARTIGO 85º
Competência para a execução fundada em sentença

1 – Na execução de decisão proferida por tribunais portugueses, o requerimento executivo é apresentado no processo em que aquela foi proferida, correndo a execução nos próprios autos e sendo tramitada de forma autónoma, exceto quando o processo tenha entretanto subido em recurso, casos em que corre no traslado.

2 – Quando, nos termos da lei de organização judiciária, seja competente para a execução secção especializada de execução, deve ser remetida a esta, com carácter de urgência, cópia da sentença, do requerimento que deu início à execução e dos documentos que o acompanham.

3 – Se a decisão tiver sido proferida por árbitros em arbitragem que tenha tido lugar em território português, é competente para a execução o tribunal da comarca do lugar da arbitragem.

Remissões: art. 104º (apreciação oficiosa da incompetência); art. 626º (requerimento executivo).

1. A execução fundada em sentença (a que deve equiparar-se a execução fundada noutra decisão judicial, designadamente o saneador-sentença que tenha apreciado total ou parcialmente o pedido) é tramitada, se bem que de forma autónoma, nos autos da ação declarativa (art. 626º). Nos casos em que, de acordo com a LOSJ, a competência para a execução seja atribuída a um tribunal diverso daquele que proferiu a sentença (juízo especializado de execução), exigindo-se, embora, que o impulso processual ocorra nos autos declarativos (RG 7-12-17, 196/16), a lei determina que se extraia cópia da sentença, do requerimento executivo e dos eventuais documentos que o acompanham, sendo o processo de execução autuado com base nesse expediente.

2. Trata-se de um pormenor de natureza formal, pouco relevante para a eficácia da ação executiva, servindo essencialmente para traduzir a ideia de que à sentença condenatória se segue, sem hiatos, a execução coerciva, à semelhança do que já esteve previsto relativamente às ações de despejo cuja fase executiva surgia enxertada na ação declarativa. Aquele regime serve ainda de justificação para a negação da cumulação de execuções (art. 709º, nº 1, al. d)) e da coligação (art. 56º, nº 1).

3. Em termos adjetivos, tal regime não colide com o facto de a instância declarativa se extinguir com o julgamento, iniciando-se uma nova instância – a executiva – com a apresentação do requerimento executivo (art. 626º) necessário para que se desenvolvam as diligências subsequentes. Efetivamente, o regime não foi ao ponto de prever a oficiosidade da ação executiva, como corolário da executoriedade e da força vinculativa das sentenças.

4. A verificação da incompetência territorial por violação do disposto no nº 1 é oficiosa (art. 104º, nº 1, al. a)).

5. O regime da arbitragem voluntária não foi ao ponto (nem se conceberia que fosse) de abarcar a execução das decisões arbitrais, para o que é competente o tribunal judicial do lugar da arbitragem, a não ser que outro seja convencionado (art. 95º, nº 1).

ARTIGO 86º

Execução de sentença proferida por tribunais superiores

Se a ação tiver sido proposta na Relação ou no Supremo Tribunal de Justiça, é competente para a execução o tribunal do domicílio do executado, salvo o caso especial do artigo 84º; em qualquer caso, baixa o traslado ou o processo declarativo ao tribunal competente para a execução.

1. Não oferece dúvidas o preceito, atenta a natural inviabilidade de a execução correr junto dos tribunais superiores.

ARTIGO 87º

Execução pelas indemnizações

1 – Para a execução pelas indemnizações referidas no artigo 542º e preceitos análogos, é competente o tribunal em que haja corrido o processo no qual tenha sido proferida a condenação.

2 – A execução pelas indemnizações corre por apenso ao respetivo processo.

(Alterado pela Lei nº 27/19, de 28-3)

Remissões: arts. 35º e 36º do RCP.

1. Consagra a competência por conexão para as execuções por condenações por litigância de má fé e outras condenações análogas, tendo o legislador transferido a competência para a execução das demais penalidades para os tribunais tributários, nos termos do art. 148º, nº 2, al. c), do CPPT, alterado pela Lei nº 27/19, de 28-3.

ARTIGO 88º
Execução pelas indemnizações derivadas de condenação em tribunais superiores

Quando a condenação em indemnização tiver sido proferida na Relação ou no Supremo Tribunal de Justiça, a execução corre no tribunal de 1ª instância competente da área em que o processo haja corrido.

(Alterado pela Lei nº 27/19, de 28-3)

1. Não oferece dúvidas o preceito, atenta a natural inviabilidade de a execução correr junto dos tribunais superiores.

ARTIGO 89º
Regra geral de competência em matéria de execuções

1 – Salvos os casos especiais previstos noutras disposições, é competente para a execução o tribunal do domicílio do executado, podendo o exequente optar pelo tribunal do lugar em que a obrigação deva ser cumprida quando o executado seja pessoa coletiva ou quando, situando-se o domicílio do exequente na área metropolitana de Lisboa ou do Porto, o executado tenha domicílio na mesma área metropolitana.

2 – Porém, se a execução for para entrega de coisa certa ou por dívida com garantia real, são, respetivamente, competentes o tribunal do lugar onde a coisa se encontre ou o da situação dos bens onerados.

3 – Quando a execução haja de ser instaurada no tribunal do domicílio do executado e este não tenha domicílio em Portugal, mas aqui tenha bens, é competente para a execução o tribunal da situação desses bens.

4 – É igualmente competente o tribunal da situação dos bens a executar quando a execução haja de ser instaurada em tribunal português, por via da alínea b) do artigo 63º, e não ocorra nenhuma das situações previstas nos artigos anteriores e nos números anteriores deste artigo.

5 – Nos casos de cumulação de execuções para cuja apreciação sejam territorialmente competentes diversos tribunais, é competente o tribunal do domicílio do executado.

Remissões: art. 104º, nº 1 (apreciação oficiosa da incompetência territorial).

1. Importa, antes de mais, ressalvar o regime especialmente previsto no art. 85º para as execuções fundadas em sentença judicial proferida por tribunais portugueses ou em sentença arbitral localizada em território nacional. Para as demais execuções, é territorialmente competente o tribunal do domicílio do executado, sem embargo das ressalvas previstas no nº 1, que encontram paralelismo no art. 71º, nº 1, sendo oficiosa a verificação da incompetência decorrente da violação da previsão contida na 1ª parte (art. 104º, nº 1, al. a); cf. Paulo Pimenta, *Processo Civil Declarativo*, 2ª ed., pp. 118-119). Esta regra não vigora naturalmente nos casos em que o executado não tenha domicílio em Portugal (nº 3), sendo então substituída pelo tribunal onde se encontrem os seus bens passíveis de serem executados.

2. Lebre de Freitas e Isabel Alexandre alertam para o lapso que afeta a remissão que consta do nº 4, de modo que, em lugar da al. b) do art. 63º, a remissão deve reportar-se à al. d) (*CPC anot.*, vol. I, 4ª ed., p. 200).

3. Por razões facilmente compreendidas, se a execução visar a entrega de coisa certa, deve ser instaurada no tribunal em cuja área a coisa se encontre. Solução semelhante à prevista para os casos em que se pretenda executar a garantia real do crédito. Em qualquer dos casos, a verificação da incompetência é oficiosa (art. 104º, nº 1, al. a)).

4. A mesma regra abarca os casos em que a execução incida sobre imóveis sitos em território nacional (art. 63º, al. e)), quando não se verifique nenhuma das demais previsões.

5. A cumulação de execuções encontra-se condicionada pelo que se dispõe no art. 709º. Quando seja admitida, se acaso houver divergência quanto à competência para cada execução, é atribuída ao tribunal do domicílio do executado.

ARTIGO 90º
Execução fundada em sentença estrangeira

A competência para a execução fundada em sentença estrangeira determina-se nos termos do artigo 86º.

Remissões: arts. 39º a 43º do Regulamento 1215/2012, sobre competência judiciária, reconhecimento e execução de decisões e matéria civil e comercial.

1. Tratando-se de sentença estrangeira (proferida por tribunal de outro Estado ou em arbitragem localizada no estrangeiro) a competência, na generalidade dos casos, afere-se pelo domicílio do executado.

2. Se o executado não tiver domicílio em Portugal mas aqui tiver bens, aplica-se a regra do art. 89º, nº 3.

3. Tratando-se da execução de decisão proferida noutro Estado-Membro da União Europeia, há que atentar que: o art. 39º do Regulamento 1212/2012 estabelece a supressão do *exequatur*; o art. 41º fixa os termos em que se processará o processo executivo; o art. 42º enuncia as condições documentais da execução e o art. 43º fixa a tramitação do pedido de execução da decisão.

CAPÍTULO IV
Da extensão e modificações da competência

ARTIGO 91º
Competência do tribunal em relação às questões incidentais

1 – O tribunal competente para a ação é também competente para conhecer dos incidentes que nela se levantem e das questões que o réu suscite como meio de defesa.

2 – A decisão das questões e incidentes suscitados não constitui, porém, caso julgado fora do processo respetivo, exceto se alguma das partes requerer o julgamento com essa amplitude e o tribunal for competente do ponto de vista internacional e em razão da matéria e da hierarquia.

Remissões: art. 92º (questões prejudiciais); arts. 292º e ss. (incidentes da instância); art. 608º, nº 2 (ordem de conhecimento das questões); art. 621º (alcance do caso julgado).

1. Assegurada a competência para a ação, tal envolve a apreciação de todas as questões que tenham sido suscitadas pelo autor ou pelo réu. Como é natural, em relação ao autor não se admite qualquer restrição cognitiva, precisamente porque a competência para a ação envolve necessariamente a apreciação de todas as questões conexas com a causa de pedir e com o pedido. Já relativamente aos incidentes processuais (expressão usada no sentido lato de questões, afora as suscitadas pelo réu, que têm de ser previamente resolvidas para que o juiz possa estatuir sobre a pretensão do autor – Vaz Serra, *RLJ* ano 110º, p. 234), assim como aos meios de defesa invocados pelo réu, poderiam suscitar-se dúvidas que, no entanto, são expressamente resolvidas no mesmo sentido: o tribunal deve apreciá-los se e na medida em que interessem à decisão da causa.

2. Segundo Miguel Mesquita, *Reconvenção e Exceção no Processo Civil*, pp. 58-59, o disposto no nº 2 rege sobre questões prejudiciais relacionadas com a denominada "prejudicialidade técnica", a qual abrange situações em que o juiz, para reconhecer um direito, tem de declarar existente outro direito, bem como os casos em que o juiz, para julgar procedente a pretensão do demandante, tem de se convencer da inexistência ou ineficácia de factos impeditivos, modificativos ou extintivos.

3. Em princípio, a decisão incidental ou a que tenha incidido sobre as questões suscitadas pelo réu apenas produz efeitos no processo, a não ser que alguma das partes requeira a sua apreciação com maior amplitude, caso em que produzirá caso julgado material. Este pedido de declaração pode ser formulado até ao encerramento da discussão em 1ª instância (Lebre de Freitas e Isabel Alexandre, *CPC anot.*, vol. I, 4ª ed., p. 205), mas depende de uma importante condição: que, relativamente a tais incidentes ou questões, o tribunal seja competente em razão da nacionalidade, matéria e hierarquia. Se estas condições falharem, a decisão não produzirá caso julgado externo.

4. Ainda assim, não ficam resolvidas todas as dificuldades quando nos defrontamos com a norma do art. 621º sobre o alcance do caso julgado (em que relevam os efeitos negativos) ou com a figura da autoridade do caso julgado (que procura privilegiar os efeitos positivos), aqui se centrando uma polémica quanto a saber se os fundamentos que constituíram condição necessária e/ou suficiente da decisão estão ou não abarcados pelo caso julgado ou, com semelhante resultado, em que termos pode ser invocada a autoridade de caso julgado a partir de uma decisão proferida noutro processo entre as mesmas partes (cf., sobre esta polémica, Lebre de Freitas e Isabel Alexandre, *CPC anot.*, vol. I, 4ª ed., pp. 205 a 207 e também anot. ao art. 621º).

5. Numa conceção restritiva, a decisão transitada em julgado não produziria efeitos externos na parte em que incidisse sobre questões prejudiciais resolvidas apenas com o escopo de apreciar o pedido deduzido pelo autor, salvo se, nos termos do art. 91º, nº 2, tivesse sido peticionada a prolação de uma decisão com efeitos mais amplos. Tal regime seria, assim, o preço a pagar pela rapidez da resposta encontrada para as questões prejudiciais suscitadas no processo, evitando que se extraíssem da decisão efeitos mais amplos para cada uma das partes. Nesta conformidade, assistiria, por exemplo, ao réu a faculdade de fazer valer pedidos fundados em exceções anteriormente julgadas improcedentes, com o limite da impossibilidade da afetação do caso julgado favorável ao autor. Lebre de Freitas e Isabel Alexandre, *CPC anot.*, vol. I, 4ª ed., p. 206, reputam de errada a orientação jurisprudencial que persiste em reconhecer força de caso julgado material à decisão da questão que seja mero antecedente lógico da parte dispositiva da sentença.

6. Não é esta, contudo, a única perspetiva, pois não deixa de considerar-se também que existem situações, fora dos limites expressos pelo nº 2 do art. 91º, em que se justifica a atribuição de efeitos definitivos entre as partes emergentes dos fundamentos da decisão, designadamente em dois grupos de casos: quando ocorrem relações de prejudicialidade e quando ocorrem relações sinalagmáticas, desde que o processo no qual se profira a primeira decisão forneça às partes "as mesmas garantias que lhe são concedidas no processo em que é invocado o valor vinculativo daqueles fundamentos" (Teixeira de Sousa, *Estudos Sobre o Novo Processo Civil*, 2ª ed., p. 581). Nesta perspetiva, os fundamentos de facto adquirem o valor de caso julgado quando criam "uma relação de prejudicialidade entre a decisão transitada e o objeto da ação posterior, ou seja, quando o fundamento da decisão transitada condiciona a apreciação do objeto de uma ação posterior, por ser tida como situação localizada dentro do objeto da primeira ação" (Remédio Marques, *Ação Declarativa à Luz do Código Revisto*, 2ª ed., p. 663).

7. Na mesma linha, esta prejudicialidade lógica ocorre nas hipóteses em que da mesma relação jurídica brota uma série de direitos (*v.g.* contrato de arrendamento e de fornecimento), de modo que, se na primeira sentença se declarou a (in)existência do contrato, haveria que atender à sua (in)existência na ação subsequente.

As relações sinalagmáticas também poderiam fundamentar a extensão do caso julgado a certos fundamentos de facto da decisão. Assim, se numa primeira ação foi pedido o cumprimento de um contrato e a mesma foi julgada improcedente, por nulidade do contrato, não poderia em ação subsequente pedir-se a condenação na contraprestação do contrato. No que tange especificamente à nulidade do contrato, Miguel Mesquita entende que a nulidade se configura "como um desvio legal ao princípio de que o caso julgado não se estende às questões prejudiciais" (*ob. cit.*, p. 73).

8. Na jurisprudência dos tribunais, em que se estabelece o confronto imediato com os efeitos que emanam de uma ou outra das vias de resolução, a polémica não deixa de estar instalada. Nuns casos, revela-se a adesão à aludida tese restritiva: STJ 18-2-99, 99B040 (contrato de arrendamento invocado numa ação de consignação em depósito), STJ 9-3-04, 04A117 (nulidade de uma deliberação camarária), STJ 14-6-05, 05A1660 (questão da compensação de créditos decidida em processo de insolvência) ou STJ 2-3-10, 690/09 (os fundamentos de facto nunca por nunca formam, por si só, caso julgado, de molde a poderem impor-se extraprocessualmente).

9. Noutros casos, vinga a solução oposta, em prol da qual militam os valores da certeza e da previsibilidade, como o demonstram os seguintes arestos: STJ 30-3-17, 1375/06 (a autoridade do caso julgado implica o acatamento de uma decisão proferida em ação anterior cujo objeto se inscreve, como pressuposto indiscutível, no objeto de uma ação ulterior, obstando, assim, a que a relação jurídica ali definida venha a ser contemplada, de novo, de forma diversa); STJ 16-2-16, 53/14 (se as condições e circunstâncias em que, explicitamente, foi proferida a decisão da primitiva ação já tinham como pressuposto a decisão implícita para que apontam os pedidos deduzidos na segunda ação, devem considerar-se, implicitamente, resolvidas todas as questões cuja solução é, logicamente, necessária para chegar à solução expressa na decisão); STJ 19-1-16, 126/12 (o caso julgado material abrange o segmento decisório e a decisão das questões preliminares que sejam seu antecedente lógico indispensável, não sendo de excluir o recurso à parte motivadora para alcançar e fixar o verdadeiro conteúdo da mesma decisão).

10. Trata-se de uma questão cuja incontornável dificuldade tem como equivalente o seu relevo prático, sendo a solução a adotar avessa a um critério rígido. Assim, temos por idónea a posição segundo a qual o caso julgado não deve abranger o pronunciamento sobre toda e qualquer questão debatida no percurso lógico que conduziu à decisão da ação. Todavia, parece justificar-se que uma decisão transitada em julgado confira, na esfera jurídica dos sujeitos intervenientes, definitividade ao julgamento das questões prejudiciais – por via da autoridade do caso julgado – quando estas se encontrem numa estreita interdependência com a decisão, de tal modo que, mesmo quando as partes não hajam formulado os correspondentes pedidos, provocando pronúncias formais em termos decisórios do tribunal, seja impedida nova apreciação da mesma questão, com os riscos da incompatibilidade prática das duas decisões (RC 18-3-14, 556/12).

11. Nesta linha, não parece que, por exemplo, numa ação de despejo entre dois sujeitos possa desconsiderar-se o facto de, em ação que anteriormente correu entre os mesmos sujeitos, tendo por objeto a reivindicação do mesmo prédio, ter sido proferida sentença que julgou improcedente a ação com fundamento na existência de um contrato de arrendamento; este elemento, que é fundamental para o resultado de cada uma das ações, não pode deixar de se considerar definitivamente assumido entre as partes para, a partir dele, apreciar o pedido de resolução ou de denúncia do contrato de arrendamento. Os demais exemplos que se encontram na jurisprudência do Supremo anteriormente citada (e que, naturalmente, pressupõem a identidade dos sujeitos em cada uma das ações), revelam bem a necessidade de se adotar este entendimento como forma de evitar, na prática, uma contradição de julgados com todo o rol de efeitos negativos que determina nos valores da segurança e da certeza jurídicas.

12. Cf. ainda Rui Pinto, "Exceção e autoridade de caso julgado. Algumas notas provisórias", *ROA*, ano 78º, tt. II-II, pp. 377 e ss. e *Julgar Online*.

ARTIGO 92º
Questões prejudiciais

1 – Se o conhecimento do objeto da ação depender da decisão de uma questão que seja da competência do tribunal criminal ou do tribunal administrativo, pode o juiz sobrestar na decisão até que o tribunal competente se pronuncie.

2 – A suspensão fica sem efeito se a ação penal ou a ação administrativa não for exercida dentro de um mês ou se o respetivo processo estiver parado, por negligência das partes, durante o mesmo prazo; neste caso, o juiz da ação decidirá a questão prejudicial, mas a sua decisão não produz efeitos fora do processo em que for proferida.

Remissões: art. 272º (suspensão da instância); art. 623º (oponibilidade a terceiros da decisão penal condenatória); art. 624º (eficácia da decisão penal absolutória); arts. 1092º e 1093º (questões prejudiciais no processo de inventário).

1. Em princípio, o tribunal que julga determinada ação tem jurisdição plena sobre todas as questões que nela se suscitem, como decorre do art. 91º. Porém, a existência de uma outra ordem jurisdicional (tribunais administrativos e fiscais) e a existência de tribunais com competência especializada em questões criminais (e também contraordenacionais) permite compreender que, se acaso a ação depender da resolução de uma questão da competência de tribunais de outra ordem jurisdicional ou de tribunais criminais, possa aguardar-se pela decisão a proferir em processo que esteja pendente ou entretanto venha a ser instaurado em algum desses tribunais. Para o efeito, não basta que exista uma qualquer questão conexa com a jurisdição administrativa ou criminal; mais do que isso, é necessário que o resultado da ação possa depender da resolução dessa questão, segundo o critério do juiz.

2. A suspensão que seja decretada fica sem efeito se a parte a quem interessa a apreciação da questão prejudicial não promover o exercício da ação penal, não instaurar a ação de natureza administrativa ou fiscal no prazo de um mês ou se, tendo sido dado esse impulso inicial, o processo sofrer paralisação, por inércia da parte, durante o mesmo prazo. Se assim suceder, a ação suspensa retomará os seus trâmites, cabendo ao juiz apreciar a própria questão prejudicial, embora essa decisão não produza efeitos fora do processo.

3. A norma não abarca as situações em que a questão prejudicial emana de matérias da competência especializada de outros tribunais, como os tribunais de trabalho, da família ou de comércio, o que, no entanto, não obsta a que seja decretada a suspensão da instância por motivo justificado, ao abrigo do art. disposto no art. 272º, nº 1, sendo que pra o processo de inventário importa ponderar especificamente o que se prescreve nos arts. 1092º e 1093º.

4. Para maiores desenvolvimentos, cf. Maria José Capelo, *A Sentença Entre a Autoridade e a Prova*, pp. 199-210.

ARTIGO 93º
Competência para as questões reconvencionais

1 – O tribunal da ação é competente para as questões deduzidas por via de reconvenção, desde que tenha competência para elas em razão da nacionalidade, da matéria e da hierarquia; se a não tiver, é o reconvindo absolvido da instância.

2 – Quando, por virtude da reconvenção, o tribunal deixe de ser competente em razão do valor, deve o juiz oficiosamente remeter o processo para o tribunal competente.

Remissões: art. 266º (admissibilidade da reconvenção); art. 299º, nº 2 (valor da reconvenção).

1. A admissibilidade da reconvenção depende de pressupostos materiais previstos no art. 266º, nº 2 e dos requisitos formais previstos no nº 3, em conjugação com art. 37º, nºs 2 e 3. Acresce ainda a exigência relacionada com a competência absoluta, em razão da nacionalidade, da matéria ou da hierarquia, sob pena de absolvição da instância reconvencional (cf. Paulo Pimenta, *Processo Civil Declarativo*, 2ª ed., pp. 204-205).

2. A restrição da competência apenas funciona quando as questões suscitadas pelo réu sejam integradas em pedido reconvencional, já não quando surjam como exceção perentória. Porém, relativamente à invocação de contra-crédito, prescreve-se agora a via de reconvenção, ainda que o réu não pretenda a condenação do autor reconvindo no pagamento do crédito remanescente (art. 266º, nº 2, al. c)). Nos casos em que se aplique este preceito (matéria que não é pacífica, como se refere na anot. ao art. 266º), tornar-se-á inviável, por falta de competência absoluta em razão da matéria, o intuito da compensação a partir da invocação de um crédito cuja apreciação seja cometida a um juízo especializado (*v.g.* tribunal do trabalho).

3. A dedução de reconvenção (quando seja admissível, nos termos do art. 266º) deve respeitar as exigências formais constantes do art. 583º, implicando designadamente uma separação formal relativamente à parte restante do articulado. Quanto ao seu conteúdo, aplicam-se, *grosso modo*, as regras da petição inicial, o que se compreende, na medida em que a reconvenção acaba por se apresentar como uma ação cruzada contra o autor. Sempre que o pedido reconvencional determine o aumento do valor da ação (art. 299º, nº 2), passando a exceder o valor de € 50.000,00, pode daí resultar uma modificação da competência do tribunal inicialmente fixada em função do valor indicado na petição (art. 310º, nº 1). Aquele efeito processual manter-se-á mesmo que, porventura, no despacho saneador, venha a ser declarada a inadmissibilidade da reconvenção por falta de requisitos formais ou substanciais, uma vez que as vicissitudes por que passar o pedido reconvencional não determinam a repristinação do valor que a causa tinha aquando da sua dedução (art. 299º, nº 1).

ARTIGO 94º
Pactos privativo e atributivo de jurisdição

1 – As partes podem convencionar qual a jurisdição competente para dirimir um litígio determinado, ou os litígios eventualmente decorrentes de certa relação jurídica, contanto que a relação controvertida tenha conexão com mais de uma ordem jurídica.

2 – A designação convencional pode envolver a atribuição de competência exclusiva ou meramente alternativa com a dos tribunais portugueses, quando esta exista, presumindo-se que seja exclusiva em caso de dúvida.

3 – A eleição do foro só é válida quando se verifiquem cumulativamente os seguintes requisitos:

a) Dizer respeito a um litígio sobre direitos disponíveis;

b) Ser aceite pela lei do tribunal designado;

c) Ser justificada por um interesse sério de ambas as partes ou de uma delas, desde que não envolva inconveniente grave para a outra;

d) Não recair sobre matéria da exclusiva competência dos tribunais portugueses;

e) Resultar de acordo escrito ou confirmado por escrito, devendo nele fazer-se menção expressa da jurisdição competente.

4 – Para efeitos do disposto no número anterior, considera-se reduzido a escrito o acordo constante de documento assinado pelas partes, ou o emergente de troca de cartas, telex, telegramas ou outros meios de comunicação de que fique prova escrita, quer tais instrumentos contenham diretamente o

acordo quer deles conste cláusula de remissão para algum documento em que ele esteja contido.

Remissões: art. 25º do Regulamento 1215/2012, sobre competência judiciária, reconhecimento e execução de decisões e matéria civil e comercial (extensão da competência); art. 63º (competência exclusiva dos tribunais portugueses); art. 96º, al. a) (incompetência absoluta); art. 97º, nº 1 (regime de arguição); art. 578º (não conhecimento oficioso da exceção).

1. Mediante convenção, as partes podem dispor sobre a competência internacional, seja atribuindo aos tribunais nacionais competência de que estes não disponham (pacto atributivo), seja retirando aos tribunais nacionais competência que lhes assistisse (pacto privativo), conferindo-a eventualmente a tribunais de outra jurisdição. Podem ainda estabelecer jurisdições alternativas, permitindo que o autor opte pela instauração em tribunal nacional de ação que, em princípio, seria da competência de tribunal de outro Estado e vice-versa. Em qualquer dos casos, exige-se uma certa conexão, em termos subjetivos ou objetivos, da relação jurídica sobre que versa a convenção e a jurisdição escolhida. O pacto tanto pode respeitar a um determinado litígio já configurado, como antecipar a competência internacional relativamente à resolução de eventuais litígios que possam emergir da relação jurídica de que as partes são sujeitos. A fim de evitar uma situação de vazio de jurisdição ou a eventualidade de instauração de ação liminarmente votada ao insucesso, é suposto que o ordenamento jurídico estrangeiro aceite a designação (cf. Paulo Pimenta, *Processo Civil Declarativo*, 2ª ed., pp. 98-99).

2. São, contudo, impostas condições à validade dos pactos de jurisdição. É necessário que o litígio respeite a direitos disponíveis, no sentido de poderem integrar o tráfico jurídico, ainda que porventura esteja em causa a aplicação de regras de cariz imperativo. Cremos que o conceito de disponibilidade, à semelhança do que ocorre com a admissão da transação (art. 289º, nº 1) ou da arbitragem voluntária (art. 1º da Lei nº 63/11, de 14-12), deve ser associado à ideia da patrimonialidade e da possibilidade de as partes poderem transigir sobre o objeto do processo.

3. Constitui obstáculo à validade do pacto (privativo) de jurisdição o facto de o litígio recair sobre matéria que é da competência exclusiva dos tribunais nacionais, nos termos do art. 63º.

4. Para além da conexão subjetiva ou objetiva, o pacto deve revelar ainda a existência de um interesse sério de ambas as partes ou, pelo menos, de uma delas, na privação ou na atribuição de jurisdição, desde que, neste caso, isso não represente um forte gravame para a contraparte.

5. Em termos formais, o pacto deve encontrar-se traduzido num acordo escrito ou na confirmação escrita de um acordo verbal, com indicação da jurisdição competente, formalidade que, por razões de ordem pragmática, a lei considera satisfeita nos casos referidos no nº 4, desde que em qualquer das hipóteses nele configuradas exista registo escrito do acordo ou da confirmação. Consequentemente, não parece suficiente a mera declaração tácita resultante do silêncio da contraparte relativamente a uma determinada cláusula que tenha sido inserida num documento que lhe foi enviado (*v.g.* no verso da fatura emitida). Além disso, nos casos em que o pacto de jurisdição se integre num clausulado contratual geral, aplicar-se-ão ainda as regras sobre a validade dessa cláusula, o que pode revelar-se de grande importância, tendo em conta os efeitos projetados pela necessidade de solicitação de outra jurisdição ou pela inviabilidade de acesso à jurisdição nacional que decorram de um clausulado que não foi submetido a uma verdadeira negociação (STJ 9-7-14, 165595/11).

6. No ***AUJ nº 3/08*** foi fixada a seguinte solução: "*A cláusula de atribuição de jurisdição inserida num contrato de agência mantém-se em vigor para todas as questões de natureza cível, mesmo que relativas ao respetivo regime de cessação.*"

7. A violação do pacto privativo de jurisdição de tribunais nacionais, conquanto constitua uma exceção dilatória, não é de conhecimento oficioso, devendo, por isso, ser arguida pelo réu na contestação (arts. 97º, nº 1 e 578º).

8. Em litígios em que as partes estejam domiciliadas em Estados-Membros da UE, haverá que aplicar o Regulamento 1215/12, sobre competência judiciária, reconhecimento e execução de decisões e matéria civil e comercial, *máxime* no seu art. 25º.

9. Para maiores desenvolvimentos, cf. Torres Vouga, "O novo regime jurídico dos pactos de jurisdição", na *Revista do CEJ*, 2018, I, pp. 65 e ss. Sofia Henriques, *Os Pactos de Jurisdição no Regulamento (CE) nº 44/01* e Luís de Lima Pinheiro, "Temas de direito marítimo: pactos de jurisdição e convenções de arbitragem em matéria de transporte de mercadorias", na *ROA* ano 73º, t. II, pp. 567-594.

ARTIGO 95º
Competência convencional

1 – As regras de competência em razão da matéria, da hierarquia e do valor da causa não podem ser afastadas por vontade das partes; mas é permitido a estas afastar, por convenção expressa, a aplicação das regras de competência em razão do território, salvo nos casos a que se refere o artigo 104º.

2 – O acordo deve satisfazer os requisitos de forma do contrato, fonte da obrigação, contanto que seja reduzido a escrito, nos termos do nº 4 do artigo anterior, e deve designar as questões a que se refere e o critério de determinação do tribunal que fica sendo competente.

3 – A competência fundada na estipulação é tão obrigatória como a que deriva da lei.

4 – A designação das questões abrangidas pelo acordo pode fazer-se pela especificação do facto jurídico suscetível de as originar.

Remissões: art. 19º, al. g), do DL nº 446/85, de 25-10 (cláusula de foro relativamente proibida).

1. É fácil compreender a imperatividade das regras sobre competência material (dentro ou fora da ordem jurisdicional dos tribunais judiciais) ou hierárquica, na medida em que tutelam fundamentalmente interesses de ordem pública ligados ao exercício da jurisdição. O mesmo ocorre com as regras sobre competência em função do valor da causa (art. 66º). Tais interesses já não são tão prementes quando se trata de regras sobre a divisão territorial, assim se justificando a possibilidade de, em certos casos, as partes disporem sobre a determinação do tribunal que terá competência para a apreciação do litígio.

2. O pacto de competência é, porém, vedado nos casos previstos no art. 104º: quando a competência for determinada em função da situação dos bens (art. 70º); nas ações previstas na 1ª parte do art. 71º e nas ações de responsabilidade civil (art. 71º, nº 2); nos procedimentos cautelares (art. 78º); nos recursos (art. 83º); nas ações do art. 84º; nas execuções fundadas em sentença (art. 85º, nº 1); nas execuções para entrega de coisa certa ou por dívida com garantia real (art. 89º, nº 2); em todos os processos em que a lei preveja que a citação do requerido seja antecedida de despacho judicial (art. 226º, nº 4); nas causas que devam correr na dependência de outro processo.

3. O pacto de competência obedece a diversos requisitos formais: convenção expressa que respeite a forma exigida para o contrato a que o pacto de competência se reporta; ainda que o contrato não exija qualquer espécie de forma, o pacto deve resultar necessariamente de acordo reduzido a escrito; tal como ocorre com o pacto de jurisdição, o acordo pode resultar da conjugação dos elementos referidos no nº 4 do art. 94º; deve especificar as questões que abarca, embora esta especificação possa ser feita através da enunciação do facto jurídico de que podem emergir; deve designar o tribunal a que é atribuída a competência ou, ao menos, enunciar o critério para a sua determinação. A competência convencional é fixada, em regra, na ocasião da outorga do contrato (pacto de aforamento), prevenindo litígios eventuais que possam ocorrer no âmbito de determinada relação jurídica, mas nada obsta a que seja acordada em momento posterior, caso em que se devem enunciar as questões abrangidas.

4. O pacto de competência que não respeite nem os limites do art. 104º, nem os requisitos formais do art. 95º, não pode modificar as regras a que obedece a competência territorial, estando submetido à apreciação oficiosa do juiz. Inversamente, a definição convencional da competência territorial tem os mesmos efeitos que a que decorre dos critérios legais, cuja violação constitui uma exceção dilatória, com a especificidade de que, fora dos casos do art. 104º, nº 1, não é de conhecimento oficioso (arts. 578º), devendo ser arguida pelo réu, nos termos do art. 103º. Em lugar da absolvição da instância, determina a remessa do processo para o tribunal que for competente (art. 105º, nº 3) (cf. Paulo Pimenta, *Processo Civil Declarativo*, 2ª ed., pp. 117-118).

5. Decidiu-se no ***AUJ nº 2/16*** que: "*A nulidade da cláusula de atribuição de competência territorial pode ser apreciada em ação inibitória, em função da valoração do quadro contratual padronizado e não apenas no âmbito dos contratos concretos.*"

CAPÍTULO V
Das garantias da competência

SECÇÃO I
Incompetência absoluta

ARTIGO 96º
Casos de incompetência absoluta

Determinam a incompetência absoluta do tribunal:

a) A infração das regras de competência em razão da matéria e da hierarquia e das regras de competência internacional;

b) A preterição de tribunal arbitral.

Remissões: arts. 62º e 63º (competência internacional); art. 67º (competência hierárquica); arts. 64º e 65º do CPC (competência material); art. 97º, nº 1 (regime arguição); art. 578º (arguição da exceção de preterição de tribunal arbitral); art. 18º da Lei nº 63/11, de 14-12 (competência do tribunal arbitral para se pronunciar sobre a sua competência).

1. Sem prejuízo do disposto nos arts. 67º a 69º, as regras sobre a competência em razão da matéria ou da hierarquia resultam fundamentalmente da LOSJ, em conjugação com outros diplomas ou normas. Quanto à competência internacional, importa reter o que decorre de instrumentos de direito internacional ou da União Europeia (cf. anot. ao art. 978º) e bem assim das normas dos arts. 62º e 63º.

2. Sendo admissíveis pactos privativos de jurisdição, nos termos do art. 94º, a sua violação também determina a incompetência absoluta em razão das regras de competência internacional (diversamente do que decorria do art. 101º do CPC de 1961, que prescrevia a incompetência relativa), mas com uma *nuance*: nos termos dos arts. 97º, nº 1 e 578º, a sua apreciação depende da arguição do réu.

3. A competência absoluta do tribunal, *máxime* a competência em razão da matéria, é aferida através do confronto entre as normas que a definem e o teor da petição inicial, com destaque para o pedido e a causa de pedir (STJ 7-3-19, 13688/16 e STJ 9-11-17, 8214/13, cf., desenvolvidamente, notas 2 a 4 ao art. 577º). Assim ocorre também com a aferição do pressuposto processual da legitimidade ou com a adequação da forma de processo. Por isso, não deve confundir-se a verificação (afirmação ou negação) desse pressuposto processual com a apreciação do mérito da pretensão (STJ 1-6-17, 5874/15 – juízo cível/comércio; STJ 6-4-17, 23567/15 – juízo cível/inventário). Daí que se, por exemplo, o autor sustenta a sua pretensão na existência de um contrato de prestação de serviços, alegando os factos que integram essa relação jurídica e que contrariam a relação de dependência que é específica do contrato de trabalho, não deva negar-se a competência material do juízo cível, a pretexto de um pré-entendimento diverso, a não ser que se esteja perante um erro de qualificação jurídica dos factos que o próprio autor alegou (cf. arestos do Trib. dos Conflitos, em *www.dgsi.pt*). Cf. ainda notas 2 a 5 ao art. 577º.

4. Também a preterição de tribunal arbitral é motivo de incompetência absoluta, embora seja importante distinguir entre a arbitragem necessária e a voluntária, pois somente o desrespeito pela primeira é de conhecimento oficioso (arts. 97º, nº 1 e 578º) (cf. Paulo Pimenta, *Processo Civil Declarativo*, 2ª ed., p. 137).

ARTIGO 97º

Regime de arguição – Legitimidade e oportunidade

1 – A incompetência absoluta pode ser arguida pelas partes e, exceto se decorrer da violação de pacto privativo de jurisdição ou de preterição de tribunal arbitral voluntário, deve ser suscitada oficiosamente pelo tribunal enquanto não houver sentença com trânsito em julgado proferida sobre o fundo da causa.

2 – A violação das regras de competência em razão da matéria que apenas respeitem aos tribunais judiciais só pode ser arguida, ou oficiosamente conhecida, até ser proferido despacho saneador, ou, não havendo lugar a este, até ao início da audiência final.

Remissões: art. 94º (pacto privativo de jurisdição); art. 96º (competência absoluta); art. 573º (defesa); art. 576º, nº 2 (exceções dilatórias); art. 578º (conhecimento de exceções dilatórias).

1. Com exceção da violação do pacto privativo de jurisdição ou da preterição de tribunal arbitral voluntário (art. 578º), a incompetência absoluta é de conhecimento oficioso. Constitui uma exceção dilatória insuprível, determinando a absolvição da instância, efeito que nem sequer pode ser afastado nos termos da 2ª parte do nº 3 do art. 278º.

2. Se houver despacho liminar, a incompetência absoluta (não dependente de arguição das partes) deverá ser apreciada logo aí, quando seja manifesta, com efeitos no indeferimento da petição (art. 590º, nº 1). Se, de algum modo, os autos forem apresentados ao juiz no decurso do período dos articulados, nada obsta a que a incompetência absoluta seja conhecida nesse outro contexto. No entanto, o momento previsivelmente mais adequado para apreciar a (in)competência absoluta é o do despacho saneador (art. 595º, nº 1, al. a)), altura em que o juiz já disporá de mais elementos para uma decisão segura. Independentemente do regime especial de recurso do despacho de indeferimento liminar (art. 629º, nº 3, al. c)), a decisão proferida no âmbito da (in)competência absoluta admite sempre recurso de apelação (e também de revista), sem interferência do valor da causa, quando verse sobre a competência internacional, material ou hierárquica (art. 629º, nº 2, al. a)), submetendo-se já ao regime geral (art. 629º, nº 1) quando respeite à preterição de tribunal arbitral (voluntário ou necessário).

3. A incompetência absoluta pode ser arguida pelas partes ou suscitada oficiosamente pelo tribunal (salvo se resultar da violação de pacto privativo de jurisdição ou da preterição de tribunal arbitral voluntário), enquanto a decisão final relativa ao mérito da causa não transitar em julgado. Regime que, assim, diverge da regra preclusiva do art. 573º, nº 2 (princípio da concentração da defesa na contestação), levando, por exemplo, a que seja admissível a apreciação ou mesmo a invocação da exceção em sede de recurso.

4. A alusão ao trânsito em julgado da sentença não deve levar a que se afirme a possibilidade de ser o próprio juiz que proferiu a sentença a apreciar, depois, a existência da exceção de incompetência em razão da nacionalidade. Contrariando posição inversa defendida por Lebre de Freitas e Isabel Alexandre, *CPC anot.*, vol. I, 4ª ed., p. 227, consideramos que o preceito não se sobrepõe ao disposto no art. 613º, nº 1, segundo o qual se extingue o poder jurisdicional com a prolação da sentença, tendo antes o sentido de, em caso de interposição de recurso (que, aliás, é sempre admissível, nos termos do art. 629º, nº 2, al. a)), ainda que com outro fundamento, ser conferida ao tribunal *ad quem* a possibilidade de suscitar oficiosamente e apreciar tal exceção.

5. Este regime modifica-se quando se trate de incompetência material circunscrita à ordem dos tribunais judiciais (situação tida por menos grave do que a prevista no nº 1). Apenas pode ser invocada pelas partes ou suscitada pelo juiz até ser proferido o despacho saneador (podendo, é claro, integrar o próprio despacho saneador) ou, não havendo lugar a este, até ao início da audiência final.

6. A oficiosidade do conhecimento da exceção dilatória e a diluição das regras da preclusão quanto à sua arguição não devem levar, no entanto, a que se ignore a necessidade de acautelar o princípio do contraditório. Este é plenamente assegurado nos casos, que constituirão a regra, em que a exceção é suscitada pelo réu na contestação (ou pelo autor, na réplica, em face da reconvenção), nos termos do art. 573º, nº 2 (e do art. 587º, nº 2). Suscitada em requerimento avulso, segue-se a audição da contraparte, antes de ser apreciada. Quando deva ser oficiosamente apreciada, o acatamento de tal dever é decorrência da regra geral do art. 3º, nº 3, que pode ser avulsamente cumprido (art. 547º) ou reservado para a audiência prévia (art. 591º, nº 1, al. b)), o que conferirá ao juiz elementos acrescidos que permitam reduzir o erro decisório. Dever que *inclusive* deve ser respeitado em sede de recurso, tendo o benefício de evitar decisões precipitadas e que, além disso, venham contra as expetativas das partes. O que de modo algum se justifica, em face do preceituado no art. 3º, nº 3, é a apreciação oficiosa da exceção de incompetência absoluta, em qualquer das suas modalidades, sem que às partes seja dada a possibilidade de se pronunciarem, num total volte-face surpreendente.

7. Sobre a matéria, cf. Paulo Pimenta, *Processo Civil Declarativo*, 2ª ed., p. 137-138.

ARTIGO 98º

Em que momento deve conhecer-se da incompetência

Se a incompetência for arguida antes de ser proferido o despacho saneador, pode conhecer-se dela imediatamente ou reservar-se a apreciação para esse despacho; se for arguida posteriormente ao despacho, deve conhecer-se logo da arguição.

Remissões: art. 590º, nº 1 (indeferimento liminar); art. 595º (despacho saneador); art. 15º da Lei nº 91/19, de 4-9 (consulta prejudicial ao Tribunal dos Conflitos).

1. Em regra, não está prevista para a ação declarativa a prolação de despacho liminar. Mas nos casos em que tal despacho se inscreva na tramitação normal da ação (art. 226º, nº 4) ou naqueles em que, independentemente disso, haja uma intervenção do juiz, este deve aproveitar essa oportunidade para declarar o indeferimento liminar da petição quando se mostre evidente a incompetência absoluta, nos casos em que a declaração não está dependente da iniciativa da parte (arts. 578º e 590º, nº 1). Em alguns casos, o interesse na apreciação imediata da questão pode emergir das regras da coligação (art. 37º, nº 1) ou da cumulação de pedidos (art. 555º), a justificarem uma decisão imediata que leve à exclusão de alguma parte coligada ou à absolvição da instância relativamente a algum pedido cumulado. Noutros casos, será preferível relegar a sua apreciação para momento ulterior, depois de se estabelecer o contraditório que permita consolidar a decisão.

2. Admite-se que o juiz conheça da exceção logo que seja oficiosamente detetada ou suscitada pela parte, o que tem a vantagem de evitar o prolongamento de ações cujo mérito se revela antecipadamente prejudicado. Assim deve ser quando a decisão a proferir vá no sentido da procedência da exceção que desemboca na absolvição da instância. Já se for no sentido da improcedência, parece mais conveniente que a decisão se integre no despacho saneador (cf. Abrantes Geraldes, *Temas da Reforma do Processo Civil*, vol. II, 4ª ed., p. 50).

3. Em todos os casos em que a exceção não tenha sido objeto de debate, é necessário assegurar o contraditório, o que, para além de reduzir a margem de erro decisório, serve para evitar uma decisão-surpresa (art. 3º, nº 3). Arguida a exceção depois de proferido o despacho saneador (nos casos em que ainda seja legítima a arguição, atento o disposto no art. 97º, nº 1) ou quando apenas nessa fase seja detetada pelo juiz, este deve apreciá-la imediatamente, assegurando, em todo o caso, o contraditório, nos termos referidos.

4. A nova lei que veio regular a resolução de conflitos de jurisdição (Lei nº 91/19, de 4-9) trouxe como novidade a possibilidade de sujeitar ao Tribunal dos Conflitos uma consulta prejudicial (quando as dúvidas se suscitem entre a competência do tribunais judiciais ou do tribunais administrativos e fiscais), nos termos do art. 15º, nº 1: "*Sempre que, na pendência de uma ação, incidente, providência ou recurso, se suscitem fundadas dúvidas sobre a questão da jurisdição competente, qualquer tribunal pode, oficiosamente ou a requerimento de uma das partes, submeter a sua apreciação ao Tribunal dos Conflitos*". A decisão subsequente a tal iniciativa, que apenas fica vedada nos processos urgentes, é irrecorrível (nºs 2 e 3), resolvendo em termos definitivos a questão no caso concreto.

5. Qualquer decisão que seja proferida no âmbito da apreciação (in)competência absoluta admite recurso, independentemente do valor da causa (art. 629º, nº 2, al. a)), salvo quando respeite à preterição de tribunal arbitral (voluntário ou necessário), caso em que a recorribilidade se submete à regra geral (art. 629º, nº 1). A decisão proferida em 1ª instância está, aliás, sujeita a recurso de apelação autónomo (arts. 644º, nº 2, al. b) e 671º, nº 2, al. a); cf. notas 14 a 16 ao art. 644º).

6. Se a questão tiver sido apreciada em acórdão da Relação, o recurso para o Supremo nem sequer sofre os condicionalismos estabelecidos para a revista normal, quer em função do resultado (arts. 671º, nºs 1 e 2, al. a)), quer da dupla conforme (art. 671º, nº 3). Ou seja, sempre com a ressalva ligada à preterição de tribunal arbitral (voluntário ou necessário), em sede de exceção de incompetência absoluta é assegurado em toda a extensão o terceiro grau de jurisdição (cf. Abrantes Geraldes, *Recursos no NCPC*, 5ª ed., pp. 46-49).

ARTIGO 99º
Efeito da incompetência absoluta

1 – A verificação da incompetência absoluta implica a absolvição do réu da instância ou o indeferimento em despacho liminar, quando o processo o comportar.

2 – Se a incompetência for decretada depois de findos os articulados, podem estes aproveitar-se desde que o autor requeira, no prazo de 10 dias a contar do trânsito em julgado da decisão, a remessa do processo ao tribunal em que a ação deveria ter sido proposta, não oferecendo o réu oposição justificada.

3 – Não se aplica o disposto no número anterior nos casos de violação de pacto privativo de jurisdição e de preterição do tribunal arbitral.

Remissões: art. 278º, nº 1, al. a) (absolvição da instância); art. 576º, nº 2 (efeitos das exceções dilatórias); art. 590º, nº 1 (indeferimento liminar); art. 629º, nº 2, al. a) (admissibilidade de recurso); art. 644º, nº 2, al. b) (recurso de apelação).

1. O efeito processual da verificação da exceção de incompetência absoluta varia em função do momento em que é apreciada. Na fase liminar, determina o indeferimento da petição, o qual será total ou parcial consoante o segmento do objeto do processo afetado pela exceção (art. 590º, nº 1). Depois da contestação, implica a absolvição total ou parcial da instância (art. 278º, nº 1, al. a)). Nos casos de coligação (art. 37º, nº 1) ou de cumulação de pedidos (art. 555º), implicará a absolvição da instância relativamente à ação ou ao pedido que não se inclua na esfera de competência absoluta do tribunal.

2. A incompetência absoluta é insuscetível de sanação, de modo que, uma vez arguida ou detetada, nada mais se pede ao juiz do que proceder à apreciação da exceção e, se esta se comprovar, determinar o efeito processual que ao caso convier.

3. Mas a lei admite o aproveitamento de parte do processado quando a incompetência seja declarada depois da fase dos articulados. O efeito de absolvição da instância que decorre da deteção e declaração da exceção de incompetência absoluta não deve levar a que inelutavelmente se inutilize toda a tramitação processual, *máxime* as peças processuais em que as partes expuseram os seus argumentos de facto e de direito. Admite-se, pois, com uma latitude maior do que a que resultava do anterior CPC, que sejam aproveitados os articulados que as partes apresentaram (e não apenas a petição, como se decidiu em RL 15-11-18, 266/16), o que naturalmente envolve os atos processuais que lhes estão associados.

4. Tal efeito, contudo, está dependente de algumas condições: é impedido nos casos em que a exceção seja decorrência da violação de pacto privativo de jurisdição ou corresponda à preterição de tribunal arbitral (nº 3), por razões que parecem óbvias, tendo em conta, por um lado, a diferença de jurisdições e, por outro, o regime da arbitragem voluntária; a decisão de absolvição da instância com aquele fundamento deve ter transitado em julgado; o requerimento do autor deve ser apresentado no prazo de 10 dias sobre o trânsito da decisão; o réu será ouvido, podendo suscitar objeções que serão apreciadas pelo juiz. Nesta decisão entrarão em linha não apenas os argumentos formalmente expostos pelo réu, como ainda outros que a concreta situação justifique, envolvidos na margem de apreciação do juiz que, designadamente, emerge do facto de a remessa ser encarada como uma "possibilidade" e não como um efeito decorrente do mero confronto entre as posições assumidas pelas partes ou do exercício de um direito potestativo.

5. Ocorre fundamento bastante para a oposição à remessa do processo para o tribunal competente quando, por exemplo, o réu não deduziu reconvenção pelo facto de o tribunal também ser materialmente incompetente para o conhecimento do pedido reconvencional (RG 23-11-17, 2089/16). Neste caso, a eventual remessa do processo, com o referido aproveitamento dos articulados, determinaria uma restrição nas garantias do réu, assim se justificando a recusa. Noutros casos, os motivos poderão não ser relevantes (RL 10-10-17, 16/10) ou menos evidentes, devendo ser feita uma apreciação global da defesa que foi ou poderia ter sido apresentada, como se decidiu em STJ 15-1-19, 1021/16, e CJ, t. I, p. 39 e RP 11-10-17, 1974/16 e CJ, t. IV, p. 176 (cf., no entanto, as dúvidas suscitadas por Lebre de Freitas e Isabel Alexandre, *CPC anot.*, vol. I, 4ª ed., p. 230).

6. Nos termos do art. 14º, nº 2, do CPTA, "*quando a petição seja dirigida a tribunal incompetente, sem que o tribunal competente pertença à jurisdição administrativa e fiscal, pode o interessado, no prazo de 30 dias a contar do trânsito em julgado da decisão que declare a incompetência, requerer a remessa do processo ao tribunal competente, com indicação do mesmo*". Solução semelhante figura no art. 18º, nº 2, do CPPT (alterado pela Lei nº 118/18, de 17-9: "*quando a petição seja dirigida a tribunal incompetente, sem que o tribunal competente pertença à jurisdição administrativa e fiscal, pode o interessado, no prazo de 15 dias a contar do trânsito em julgado da decisão que declare a incompetência, requerer a remessa do processo, se possível por via eletrónica, ao tribunal competente, com indicação do mesmo*".

7. A remessa do processo para o tribunal materialmente competente não dispensa, antes pressupõe, a prévia decisão de absolvição da instância, por efeito da verificação da exceção. Assim, uma vez concretizada a remessa, gera-se a renovação da instância, que deve ser equiparada à instauração de nova ação, designadamente para aproveitamento dos efeitos produzidos pela instauração da ação ou pela citação do réu, nos termos do art. 279º, nº 2, do CPC e dos arts. 327º, nº 3 e 332º, nº 1, do CC (estes relativamente à prescrição e à caducidade).

8. Pode ocorrer que o tribunal que for declarado competente para a apreciação do litígio esteja sujeito a regras que não coincidam com as que foram observadas no outro tribunal. Tal será mais frequente no caso de se tratar de tribunal administrativo ou fiscal, mas não está afastada a diversidade de requisitos formais ou de tramitações em face das regras aplicáveis, por exemplo, à resolução de casos no foro laboral (é significativa a diferença no que respeita ao processo especial de impugnação judicial da regularidade e licitude de despedimento). Nestes casos, poderá justificar-se o exercício dos poderes de adequação formal, nos termos dos arts. 6º e 547º.

ARTIGO 100º
Valor da decisão sobre incompetência absoluta

A decisão sobre incompetência absoluta do tribunal, embora transite em julgado, não tem valor algum fora do processo em que foi proferida, salvo o disposto no artigo seguinte.

Remissões: art. 620º (caso julgado formal).

1. A decisão que declare a incompetência absoluta do tribunal apenas produz caso julgado formal, não vinculando nem o tribunal para onde os articulados eventualmente sejam remetidos (art. 99º, nº 2), nem qualquer outro onde venha a ser proposta a segunda ação, a não ser que a competência tenha sido definida pelo Supremo ou pelo Tribunal dos Conflitos, nos termos do art. 101º.

ARTIGO 101º
Fixação definitiva do tribunal competente

1 – Se o tribunal da Relação decidir, em via de recurso, que um tribunal é incompetente, em razão da matéria ou da hierarquia, para conhecer de certa causa, o Supremo Tribunal de Justiça decide, no recurso que vier a ser interposto, qual o tribunal competente; neste caso, é ouvido o Ministério Público e no tribunal que for declarado competente não pode voltar a suscitar-se a questão da competência.

2 – Se a Relação tiver julgado incompetente o tribunal judicial por a causa pertencer ao âmbito da jurisdição administrativa e fiscal, o recurso destinado a fixar o tribunal competente é interposto para o Tribunal dos Conflitos.

3 – Se a mesma ação já estiver pendente noutro tribunal, aplica-se, na fixação do tribunal competente, o regime dos conflitos.

Remissões: arts. 109º e ss. (conflitos de jurisdição); Lei nº 91/19, de 4-9 (Tribunal dos Conflitos).

1. Da decisão da 1ª instância sobre matéria de competência absoluta é sempre admissível recurso de apelação, independentemente do sentido da decisão, tal como é admissível recurso de revista do acórdão que seja proferido (art. 629º, nº 2, al. a)). A especificidade na área dos tribunais judiciais, quando esteja em causa a competência em razão da hierarquia ou em função da matéria, é que, quando seja impugnado acórdão da Relação que tenha declarado a incompetência material ou hierárquica de certo tribunal, no recurso de revista que seja interposto para o Supremo, este não se cinge a reapreciar a aludida incompetência, adiantando também vinculadamente qual o tribunal competente (cf. nota 2 ao art. 620º).

2. Tratando-se, porém, de dissídio em matéria de competência material que divida tribunais judiciais e tribunais administrativos ou fiscais, prescreve a lei que o recurso do acórdão da Relação que, confirmando ou revogando a decisão da 1ª instância, afirme a incompetência material dos tribunais judiciais, em lugar de ser dirigido ao Supremo Tribunal de Justiça, é interposto diretamente para o Trib. dos Conflitos. O regime de resolução de conflitos de jurisdição entre tribunais judiciais e tribunais administrativos e fiscais encontra-se agora submetido à regulamentação constante da Lei nº 91/19, de 4-9, tendo sido revogado o decrépito regime que emergia do Decreto nº 19.243, de 16-1-1931, do Decreto nº 19.438, de 11-3-1931 e do DL nº 23185, de 30-10-33 (a análise crítica do regime jurídico anterior foi feita por Abrantes Geraldes, em "Tribunal dos Conflitos", acessível através de *https://blogippc.blogspot.com*, 11-5-17). Sobre a matéria cf. ainda Sérvulo Correia, "A reforma do Tribunal dos Conflitos", *Justiça Administrativa*, nº 27, pp. 3 e ss.

3. Nos termos do art. 3º, al. c), da Lei nº 91/19, "*compete ao Tribunal dos Conflitos conhecer ... dos recursos previstos no nº 2 do art. 101º do CPC*", os quais podem também ser interpostos nos casos em que um Tribunal Central Administrativo julgue incompetente tribunal administrativo de círculo ou tribunal tributário por considerar que a competência para a apreciação desse litígio cabe aos tribunais judiciais. Por esta via se consegue dirimir, de modo definitivo, a questão da competência material, evitando o surgimento de um conflito de jurisdição provocado por uma decisão contraditória que porventura viesse a ser proferida no tribunal administrativo ou fiscal ou no tribunal judicial, respetivamente (cf. anot. ao art. 110º sobre o Trib. dos Conflitos).

4. A redação do art. 18º da Lei nº 91/19, de 4-9, é a seguinte:

"1 – Cumpridos os trâmites que houverem de ser respeitados junto do tribunal que tenha proferido a decisão recorrida, os recursos previstos na al. c) do art. 3º são remetidos para o presidente do Supremo Tribunal a quem caiba, nos termos do nº 2 do art. 2º, a presidência do Tribunal dos Conflitos.

2 – Recebidos os autos, o presidente ordena à secretaria a autuação do processo como recurso e a convocação dos demais juízes que, nos termos do nº 3 do art. 2º, devam integrar o Tribunal dos Conflitos.

3 – Cumprido o disposto no número anterior, o processo vai com vista ao Ministério Público junto do Tribunal dos Conflitos pelo prazo de 5 dias, sendo aplicável à tramitação subsequente do recurso o disposto nos arts. 12º a 14º".

SECÇÃO II
Incompetência relativa

ARTIGO 102º
Em que casos se verifica

A infração das regras de competência fundadas no valor da causa, na divisão judicial do território ou decorrentes do estipulado na convenção prevista no artigo 95º determina a incompetência relativa do tribunal.

Remissões: arts. 70º e ss. (competência territorial); art. 95º (pacto de aforamento); art. 66º e LOSJ (competência em razão do valor).

1. Por razões de orgânica judiciária tendentes a tornar mais eficaz a tarefa dos tribunais e mais correta a administração da justiça, as ações devem ser instauradas nos tribunais que, de acordo os critérios legais, têm a função de dirimir os litígios que envolvem o direito civil e comercial. O desrespeito de tais regras leva à incompetência relativa do tribunal quando seja infringido o que na LOSJ ou no CPC se dispõe sobre a competência fundada no valor ou na divisão judicial do território, bem assim o definido por via convencional, nos termos do art. 95º (pacto de competência).

2. Em coerência com o que agora se dispõe no art. 96º, a violação do pacto privativo de jurisdição (respeitante à competência internacional) já não é configurada como incompetência relativa. Conduz à declaração de incompetência absoluta, ainda que a sua apreciação esteja dependente de oportuna arguição da parte (arts. 97º, nº 1 e 578º).

ARTIGO 103º
Regime da arguição

1 – A incompetência relativa pode ser arguida pelo réu, sendo o prazo de arguição o fixado para a contestação, oposição ou resposta ou, quando não haja lugar a estas, para outro meio de defesa que tenha a faculdade de deduzir.

2 – Sendo a incompetência arguida pelo réu, pode o autor responder no articulado subsequente da ação ou, não havendo lugar a este, em articulado próprio, dentro de 10 dias após a notificação da entrega do articulado do réu.

3 – O réu deve indicar as suas provas com o articulado da arguição, cabendo ao autor oferecer as suas no articulado da resposta.

Remissões: arts. 292º a 295º (regime dos incidentes); art. 573º (defesa).

1. A incompetência relativa constitui uma exceção dilatória que, em lugar de desencadear a absolvição da instância, implica a remessa para o tribunal que for declarado competente. Constitui um requisito formal gradativamente menos relevante do que a incompetência absoluta, o que se manifesta também através da forma como pode ser objeto de apreciação judicial.

2. Quando resulte do desrespeito de pacto de aforamento estipulado ao abrigo do art. 95º, a incompetência depende sempre de arguição da parte, o que está em direta conexão com a liberdade de determinação que através do mesmo se manifestou. Já quando seja consequência de violação das regras de distribuição da competência em função do valor da causa, é sempre de conhecimento oficioso (art. 104º, nº 2). Nos demais casos, ou seja, quando respeitar aos critérios legais de determinação da competência territorial, a solução varia: nuns casos é de conhecimento oficioso (art. 104º, nº 1), noutros depende de arguição da parte.

3. A arguição deve ser feita na contestação ou na peça processual com valor equivalente, nos termos da regra geral do art. 573º. A incompetência relativa é, aliás, tratada como incidente processual, submetido a tramitação autónoma, embora inserida nos próprios autos, sendo-lhe por isso aplicável, na medida em que for necessário, o regime dos arts. 292º a 295º. Tratando-se de um incidente com estrutura processual paralela à da ação, aplica-se-lhe o regime da taxa de justiça e das custas previsto no art. 527º, nº 1, do CPC e no art. 7º, nº 4, do RCP (Salvador da Costa, *As Custas Processuais*, 6ª ed., p. 48).

4. Ao invés do que ocorre relativamente às demais exceções (art. 584º), cabe sempre resposta autónoma do autor ao incidente de incompetência relativa, a qual deve ser inserida na réplica, se esta for admitida, ou em articulado avulso nos demais casos, a apresentar no prazo de 10 dias. Com a dedução do incidente e da correspondente resposta devem ser apresentadas as respetivas provas, nos termos dos arts. 293º e 294º.

ARTIGO 104º
Conhecimento oficioso da incompetência relativa

1 – A incompetência em razão do território deve ser conhecida oficiosamente pelo tribunal, sempre que os autos fornecerem os elementos necessários, nos casos seguintes:

a) Nas causas a que se referem o artigo 70º, a primeira parte do nº 1 e o nº 2 do artigo 71º, os artigos 78º, 83º e 84º, o nº 1 do artigo 85º e a primeira parte do nº 1 e o nº 2 do artigo 89º;

b) Nos processos cuja decisão não seja precedida de citação do requerido;

c) Nas causas que, por lei, devam correr como dependência de outro processo.

2 – A incompetência em razão do valor da causa é sempre do conhecimento oficioso do tribunal, seja qual for a ação em que se suscite.

3 – O juiz deve suscitar e decidir a questão da incompetência até ao despacho saneador, podendo a decisão ser incluída neste sempre que o tribunal se julgue competente; não havendo lugar a saneador, pode a questão ser suscitada até à prolação do primeiro despacho subsequente ao termo dos articulados.

Remissões: art. 66º (competência em razão do valor); arts. 70º e ss. (competência territorial); art. 578º (apreciação da incompetência relativa).

1. A incompetência relativa em função do valor da causa é sempre de conhecimento oficioso (nº 2), na medida em que está em jogo o desrespeito pelos critérios que levaram o legislador a racionalizar a distribuição dos processos. Já a incompetência territorial é de conhecimento oficioso apenas nos casos em que a lei o prevê (art. 578º), ainda assim, apenas quando os autos forneçam para o efeito os elementos necessários, sem necessidade de averiguações complementares. Nestes casos, o interesse da administração da justiça sobrepõe-se ao das partes resultante de acordo expresso ou da simples falta de dedução da exceção dilatória. Nas demais situações, é relativamente indiferente a escolha que é feita pelo autor e, por isso, desde que o réu não suscite o incidente, o juiz está inibido de apreciar oficiosamente a incompetência (mais desenvolvimentos em Abrantes Geraldes, *Temas da Reforma do Processo Civil*, vol. II, 4ª ed., pp. 32 a 35).

2. A exceção deve ser conhecida oficiosamente pelo juiz, designadamente nos seguintes casos: ações relativas a direitos reais ou direitos pessoais de gozo sobre imóveis (art. 70º); ações obrigacionais previstas no art. 71º, nº 1, 1ª parte; ações relativas a responsabilidade civil extracontratual (art. 71º, nº 2); procedimentos cautelares e diligências antecipadas de prova (art. 78º); recursos (art. 83º); execuções de sentença (art. 85º, nº 1); execuções para entrega de coisa certa e por dívida com garantia real (art. 89º, nº 2); ações em que a decisão não seja precedida de audiência da parte contrária, como sucede em determinados processos de insolvência; causas que sejam dependentes de outro processo (competência por conexão).

3. Se o réu não deduzir o incidente, a apreciação oficiosa da incompetência relativa, nos casos em que a mesma é admissível, apenas se justifica quando o processo fornecer elementos necessários e tem como limite o despacho saneador ou equivalente. Tal significa que, ao invés do que pode ocorrer com outras exceções dilatórias, não há lugar à realização de diligências tendentes a apurar *ex officio* a competência relativa. Esta deve ser apreciada em face dos elementos disponíveis, não se justificando sequer a solicitação de pedidos de esclarecimento ao abrigo do art. 7º, nº 2.

4. A confirmação da competência relativa que tenha sido questionada deve ser incluída no despacho saneador. Já a declaração de incompetência relativa, suscitada ou não pelo réu, é objeto de decisão autónoma proferida após os articulados e antes do despacho saneador. A razão para tal é que, sendo negada a competência, segue-se a determinação da remessa do processo para o tribunal que for considerado competente, a qual apenas será executada depois do trânsito em julgado da decisão (art. 105º, nº 3). Aliás, tendo em conta a função e o relevo da audiência prévia e do despacho saneador para o desenvolvimento posterior da instância, a lógica sempre determinaria a precedência da decisão daquele incidente em relação a essa diligência, a qual deverá realizar-se no tribunal que for efetivamente competente para o efeito. A decisão que se traduza na declaração de incompetência relativa, com determinação da remessa para outro tribunal, também se mostra prejudicial relativamente à apreciação das demais questões que tenham sido suscitadas ou que sejam de conhecimento oficioso. É no tribunal que definitivamente for considerado competente que deve ser proferido o despacho saneador. Nos casos em que não haja lugar a despacho saneador, a verificação da incompetência deve ser suscitada até ser proferido o primeiro despacho após o termo dos articulados. Assim sucederá nos processos especiais cuja estrutura não comporte tal despacho ou mesmo nas ações comuns que corram em regime de revelia operante, cenário em que não há despacho saneador e o despacho de referência é o proferido nos termos do art. 567º, fixando os efeitos (operantes) da revelia e mandando cumprir o nº 2 do mesmo preceito.

ARTIGO 105º
Instrução e julgamento da exceção

1 - Produzidas as provas indispensáveis à apreciação da exceção deduzida, o juiz decide qual é o tribunal competente para a ação.

2 - A decisão transitada em julgado resolve definitivamente a questão da competência, mesmo que esta tenha sido oficiosamente suscitada.

3 - Se a exceção for julgada procedente, o processo é remetido para o tribunal competente.

4 - Da decisão que aprecie a competência cabe reclamação, com efeito suspensivo, para o presidente da Relação respetiva, o qual decide definitivamente a questão.

Remissões: arts. 292º a 295º (regras dos incidentes); art. 620º (caso julgado formal); art. 625º (casos julgados contraditórios).

1. Suscitada pelo réu a exceção de incompetência relativa, em qualquer das suas modalidades, e decorrido o prazo para apresentação da resposta ao incidente, pode haver necessidade de se efetuarem diligências de prova tendentes a averiguar os factos em que o autor ou o réu fundam as respetivas posições, segundo o regime que emerge dos arts. 293º a 295º para os incidentes da instância. O resultado do incidente pode desembocar na sua improcedência, na sua procedência, de acordo com a tese alinhada pelo réu, ou mesmo na comprovação da incompetência relativa suscitada pelo réu, mas com atribuição da competência a outro tribunal. Em tal decisão não devem ser olvidadas as regras relativas à responsabilidade pelas custas incidentais, a cargo da parte vencida (art. 527º, nº 1).

2. Comprovada a incompetência relativa, o juiz deve identificar o tribunal que considera competente para a ação, determinando a remessa dos autos logo que a decisão transitar em julgado.

3. A decisão que afirme ou que negue a competência relativa é passível de impugnação. Porém, em lugar de a sujeitar ao recurso de apelação previsto no art. 644º (cujo nº 2, al. b), apenas abarca a decisões sobre competência absoluta), prevê-se agora a reclamação dirigida ao Pres. da Relação, à semelhança do que está previsto para a resolução de conflitos de competência. Se a questão da competência relativa respeitar a Trib. da Relação, a reclamação é dirigida ao Pres. do Supremo Tribunal de Justiça (art. 652º, nº 5, al. a)).

4. Para além da maior rapidez associada a este instrumento de impugnação, colhem-se do novo regime benefícios potenciados quer pela uniformidade de critério relativamente à resolução de questões idênticas, quer pela definitividade do que for decidido. Em consequência da modificação legal, tal impugnação não está sequer condicionada pelo valor da causa, nos termos da regra geral do art. 629º, nº 1.

5. Outra vantagem do novo regime advém do estabelecimento do efeito suspensivo que anteriormente não estava previsto para o recurso de apelação. Com a suspensão dos efeitos da decisão incidental, evitam-se os inconvenientes que para o autor ou para o réu decorriam da última redação do art. 111º do CPC de 1961, que não obstava à consumação da *translatio judicii* para outro tribunal, mesmo antes de haver decisão definitiva.

6. O que for decidido resolve definitivamente a questão, sendo vedado ao tribunal para onde for remetido o processo recusar a competência que lhe tenha sido atribuída ou endossá-la a um terceiro tribunal, com ou sem invocação de outro fundamento (cf. o Ac. do Trib. Const. de 26-5-09, DR II Série, de 7-7-09, decidindo que não era inconstitucional o art. 111º, nº 2, do CPC de 1961, segundo o qual a decisão transitada em julgado resolvia definitivamente a questão da competência territorial).

7. Se, contrariando o regime legal que prescreve a definitividade da decisão transitada em julgado, for proferida decisão de teor inverso sobre a competência relativa, a situação resolver-se-á segundo os parâmetros gerais: a segunda decisão fere o caso julgado formal previsto no art. 620º; mesmo que porventura dela não seja interposto recurso (o qual é sempre admissível, de acordo com o art. 629º, nº 2, al. a) – caso julgado formal), deve prevalecer a competência definida na primeira decisão (art. 625º).

ARTIGO 106º
Regime no caso de pluralidade de réus

Havendo mais de um réu, a sentença produz efeito em relação a todos; mas quando a exceção for deduzida só por um, podem os outros contestar, para o que são notificados nos mesmos termos que o autor.

1. Considerando o interesse que pode existir para outros réus na manutenção da competência relativa do tribunal, o incidente deduzido por algum deles não está sujeito apenas ao contraditório do autor mas também dos compartes. Seguro é que, com ou sem oposição, a decisão que for proferida, *máxime* a que determinar a remessa do processo para diverso tribunal, vinculará todos os réus.

ARTIGO 107º
Tentativa ilícita de desaforamento

A incompetência pode fundar-se no facto de se ter demandado um indivíduo estranho à causa para se desviar o verdadeiro réu do tribunal territorialmente competente; neste caso, a decisão que julgue incompetente o tribunal condena o autor em multa e indemnização como litigante de má-fé.

Remissões: art. 39º da LOSJ (proibição de desaforamento).

1. Como ocorre noutras sedes, a questão da competência territorial não é imune a manifestações de instrumentalização dos mecanismos processuais, aqui focados na demanda maliciosa de outro réu, com o objetivo de modificar as regras do juiz natural. Quando tal seja evidenciado, cabe ao juiz impedir esse efeito, com declaração da incompetência relativa do tribunal e aplicação das sanções civis. Em tal contexto, considerando os objetivos visados, a incompetência é de conhecimento oficioso.

ARTIGO 108º
Regime da incompetência do tribunal de recurso

1 – O prazo para a arguição da incompetência do tribunal de recurso é de 10 dias a contar da primeira notificação que for feita ao recorrido ou da primeira intervenção que ele tiver no processo.

2 – Ao julgamento da exceção aplicam-se as disposições nos artigos anteriores, feitas as necessárias adaptações.

1. A incompetência relativa para a apreciação dos recursos é de conhecimento oficioso (arts. 104º, nº 1, al. a) e 83º). Mas pode ser arguida pelo recorrido no prazo de 10 dias, sendo o incidente tramitado e apreciado em moldes semelhantes aos que vigoram para a 1ª instância. À semelhança do previsto no art. 105º, nº 4, a impugnação do que for decidido é apreciada pelo Pres. do Supremo (art. 652º, nº 5, al. a)).

SECÇÃO III
Conflitos de jurisdição e competência

ARTIGO 109º
Conflito de jurisdição e conflito de competência

1 – Há conflito de jurisdição quando duas ou mais autoridades, pertencentes a diversas atividades do Estado, ou dois ou mais tribunais, integrados em ordens jurisdicionais diferentes, se arrogam ou declinam o poder de conhecer da mesma questão: o conflito diz-se positivo no primeiro caso e negativo no segundo.

2 – Há conflito, positivo ou negativo, de competência quando dois ou mais tribunais da mesma ordem jurisdicional se consideram competentes ou incompetentes para conhecer da mesma questão.

3 – Não há conflito enquanto forem suscetíveis de recurso as decisões proferidas sobre a competência.

Remissões: Lei nº 91/19, de 4-9 (regime do Tribunal dos Conflitos).

1. Nos termos do art. 9º da Lei nº 91/19, de 4-9, que regula o Tribunal dos Conflitos, "*para efeitos da presente lei, há conflito de jurisdição quando dois ou mais tribunais, integrados em ordens jurisdicionais diferentes, se arrogam ou declinam o poder de conhecer da mesma questão, dizendo-se o conflito positivo no primeiro caso e negativo no segundo*", sendo que, de acordo com o nº 2, "*não há conflito de jurisdição enquanto forem suscetíveis de recurso ordinário as decisões proferidas sobre a questão da jurisdição*".

2. Em conformidade com as normas constitucionais que atribuem primazia às decisões dos tribunais, os conflitos de jurisdição apenas se estabelecem entre decisões de tribunais (pertencentes a ordens jurisdicionais diversas, em regra, tribunais judiciais *versus* tribunais administrativos e fiscais) ou entre duas ou mais autoridades, pertencentes a diversas atividades do Estado. Não entre tribunais estaduais e outras autoridades do Estado.

3. Os conflitos de jurisdição podem assumir tanto o cunho negativo (quando cada tribunal ou entidade nega a competência) como positivo (quando, inversamente, cada um afirma a sua competência para a resolução da mesma questão). Sendo esta última modalidade praticamente inexistente, a necessidade de resolução dos conflitos de jurisdição decorre, por regra, da verificação de duas decisões contraditórias de tribunais pertencentes a diferentes jurisdições, visando ultrapassar esse bloqueio à apreciação do mérito das pretensões ou à tutela dos interesses juridicamente protegidos.

4. Conforme estabelecido no nº 3 do art. 209º da CRP a "*lei determina os casos e as formas em que os tribunais» supracitados «se podem constituir, separada ou conjuntamente, em tribunais de conflitos*". Por isso, quando se trate de conflitos dentro da mesma ordem de tribunais, é natural que a competência para os solucionar caiba a um tribunal superior dessa categoria. Mas quando o conflito se dê entre tribunais de categorias diversas, a solução mais razoável consistirá em constituir um tribunal *ad hoc*.

5. Já os conflitos de competência reportam-se apenas a divergências positivas ou negativas que se manifestam dentro de tribunais da mesma ordem jurisdicional, aqui com especial destaque para a ordem dos tribunais judiciais.

6. Em qualquer dos casos, o conflito apenas se materializa quando ambas as decisões se revelarem definitivas.

7. Por sua vez, o art. 62º, nº 3, da LOSJ, prevê que compete ao "*Presidente do Supremo Tribunal de Justiça conhecer dos conflitos de jurisdição cuja apreciação não pertença ao Tribunal dos Conflitos e, ainda, dos conflitos de competência que ocorram entre: os plenos das secções; as secções; os tribunais da Relação; os tribunais da Relação e os tribunais de comarca ou os tribunais de competência territorial alargada; os tribunais de comarca ou tribunal de comarca e tribunal de competência territorial alargada sediados na área de diferentes tribunais da Relação*".

8. O regime anterior, para além de obsoleto, mostrava-se inadequado face ao aumento exponencial de conflitos de jurisdição. O sistema não proporcionava decisões céleres, e a rotatividade na composição do tribunal não assegurava a estabilidade e previsibilidade das decisões.

9. A análise crítica do regime jurídico anterior foi feita por Abrantes Geraldes, em "Tribunal dos Conflitos", acessível através de *https://blogippc.blogspot.com* (11-5-17), onde se formularam propostas de reformulação de um tão anquilosado sistema e que acabaram por ficar consagradas no regime agora vigente (estabilidade da composição dos elementos, redução do seu número, presidência alternativa em função da ordem jurisdicional onde o conflito surge, promoção oficiosa da resolução do conflito, urgência na resolução, previsão da decisão sumária, etc.). Sobre a matéria cf. ainda Sérvulo Correia, "A reforma do Tribunal dos Conflitos", *Justiça Administrativa*, nº 27, pp. 3 e ss.

ARTIGO 110º
Regras para a resolução dos conflitos

1 – Os conflitos de jurisdição são resolvidos, conforme os casos, pelo Supremo Tribunal de Justiça ou pelo Tribunal dos Conflitos.

2 – Os conflitos de competência são solucionados pelo presidente do tribunal de menor categoria que exerça jurisdição sobre as autoridades em conflito.

3 – O processo a seguir no julgamento dos conflitos de jurisdição cuja resolução caiba ao Tribunal dos Conflitos é o estabelecido na respetiva legislação.

4 – No julgamento dos conflitos de jurisdição ou de competência cuja resolução caiba aos tribunais comuns segue-se o disposto nos artigos seguintes.

Remissões: art. 209º, nº 3, da CRP (Trib. dos Conflitos); Lei nº 91/19, de 4-9 (Trib. dos Conflitos).

1. Os conflitos de jurisdição são resolvidos do seguinte modo:

a) Entre os Tribunais Judiciais e os Tribunais Administrativos e Fiscais, as divergências são resolvidas pelo Trib. dos Conflitos regulado agora pela Lei nº 91/19, de 4-9 (que substituiu o que emergia do Decreto nº 19.243, de 16-1-1931, do Decreto nº 19.438, de 11-3-1931 e do DL nº 23.185, de 30-10-33);

b) Entre os Tribunais Administrativos e o Tribunal de Contas são resolvidos por um outro Trib. dos Conflitos *ad hoc*, nos termos o art. 1º, nº 3, da Lei nº 98/97, de 26-8, integrando dois juízes conselheiros de cada Tribunal e o Presidente do STJ, sendo-lhe aplicável, com as necessárias adaptações, o que está previsto nos arts. 5º a 14º da Lei nº 91/19, de 4-9.

2. Os conflitos de competência são resolvidos pelo Presidente da Relação que exerça a jurisdição sobre ambos os tribunais ou pelo Pres. do Supremo, quando surjam entre Relações ou entre tribunais submetidos a Relações diversas.

3. A declaração de incompetência relativa (em função do valor ou da divisão territorial) nunca pode desencadear um conflito negativo de competência, pela simples razão de que, transitada em julgado a decisão, com remessa do processo para outro tribunal judicial, a questão fica definitivamente resolvida, nos termos do art. 105º, nº 2. Eventuais decisões contraditórias serão sanadas mediante a aplicação do art. 625º.

4. Por isso, os conflitos de competência apenas podem ocorrer quando, depois de um tribunal judicial negar a sua competência absoluta (*v.g.* por estar em causa matéria da competência dos juízos de comércio), por decisão que apenas produz efeitos no próprio processo (art. 100º), outro tribunal judicial negar também a competência absoluta para a mesma ação (*v.g.* considerando que se trata de matéria da competência dos juízos cíveis).

5. Relativamente aos conflitos de jurisdição (entre tribunais judiciais e tribunais administrativos e fiscais), prescreve a Lei nº 91/19, de 4-9, o seguinte:

Artigo 9º (Pressupostos)

1 – Para efeitos da presente lei, há conflito de jurisdição quando dois ou mais tribunais, integrados em ordens jurisdicionais diferentes, se arrogam ou declinam o poder de conhecer da mesma questão, dizendo-se o conflito positivo no primeiro caso e negativo no segundo.

2 – Não há conflito de jurisdição enquanto forem suscetíveis de recurso ordinário as decisões proferidas sobre a questão da jurisdição.

Artigo 10º (Legitimidade)

1 – Quando o tribunal se aperceber do conflito, deve suscitar oficiosamente a sua resolução junto do presidente do Supremo Tribunal a quem caiba, nos termos do nº 2 do art. 2º, a presidência do Tribunal dos Conflitos.

2 – A resolução do conflito pode igualmente ser pedida por qualquer das partes ou pelo Ministério Público, mediante requerimento dirigido ao presidente do Supremo Tribunal referido no número anterior.

Artigo 11º (Tramitação inicial)

1 – Recebido o pedido, o presidente ordena à secretaria a autuação do processo como conflito de jurisdição e a convocação dos demais juízes que, nos termos do nº 3 do artigo 2º, devam integrar o Tribunal dos Conflitos.

2 – Se do conflito de jurisdição puder resultar prejuízo grave e dificilmente reparável, o presidente designa o tribunal que deve exercer provisoriamente a jurisdição na prática de atos urgentes.

3 – As partes, no caso em que a resolução do conflito tiver sido pedida pelo tribunal ou pelo Ministério Público, ou a parte contrária à que tiver pedido a resolução do conflito, são notificadas para, querendo, se pronunciarem no prazo de cinco dias.

4 – Recebida a pronúncia prevista no número anterior, ou expirado o prazo para o efeito, o processo vai com vista ao Ministério Público junto do Tribunal dos Conflitos, pelo prazo de cinco dias.

Artigo 12º (Exame preliminar e decisão sumária)

1 – Colhido o visto do Ministério Público, o processo é concluso ao relator para exame preliminar.

2 – Quando o relator entender que o pedido é manifestamente infundado ou que a questão a decidir é simples, designadamente por ter já sido apreciada de modo uniforme e reiterado, profere decisão sumária, que pode consistir em simples remissão para precedentes decisões do Tribunal dos Conflitos, de que se juntam cópias.

3 – O Ministério Público ou qualquer das partes pode requerer que sobre a matéria apreciada na decisão sumária do relator recaia um acórdão.

4 – A reclamação deduzida nos termos do número anterior é decidida no acórdão que julgar o conflito.

Artigo 13º (Preparação da decisão)

1 – Decididas as questões que devam ser apreciadas antes do julgamento do objeto do processo, se não se verificar o caso previsto no nº 2 do artigo anterior, o relator elabora o projeto de acórdão no prazo de 15 dias.

2 – O processo, acompanhado do projeto de acórdão, vai com vista simultânea, por meios eletrónicos, aos restantes juízes do Tribunal dos Conflitos, pelo prazo de cinco dias.

3 – Quando não for tecnicamente possível proceder conforme o número anterior, o relator ordena a extração de cópias do projeto de acórdão e das peças processuais relevantes para a apreciação do objeto do processo.

4 – Se o volume das peças processuais relevantes tornar excessivamente morosa a extração de cópias, o processo vai com vista aos restantes juízes do Tribunal dos Conflitos, pelo prazo de cinco dias a cada um.

5 – Quando a natureza das questões a decidir ou a necessidade de celeridade no julgamento do conflito o aconselhem, pode o relator, com a concordância dos restantes juízes do Tribunal dos Conflitos, dispensar os vistos.

Artigo 14º (Julgamento)

1 – O processo é inscrito em tabela logo que se mostre decorrido o prazo para o relator elaborar o projeto de acórdão.

2 – No dia do julgamento, o relator faz sucinta apresentação do projeto de acórdão e, de seguida, os restantes juízes do Tribunal dos Conflitos dão o seu voto.

3 – Para o julgamento do conflito, é necessária a presença de, pelo menos, dois juízes, de entre os quais um do Supremo Tribunal de Justiça e um do Supremo Tribunal Administrativo.

4 – A decisão é tomada por maioria, sendo a discussão dirigida pelo presidente, que desempata quando não possa formar-se maioria.

5 – A decisão especifica o tribunal competente, sendo imediatamente comunicada aos tribunais em conflito e ao Ministério Público e notificada às partes.

6. A compreensão do novo regime, que em grande parte aproveitou o que já resultava do regime de resolução dos conflitos de competência e do regime de decisão dos recursos previstos no CPC, melhor se alcança quando nos confrontamos com o arcaico sistema que anteriormente estava implantado e que sobressaía de normas que foram elaboradas num contexto jurídico e político diferente: Decreto nº 19.243, de 16-1-1931, Decreto nº 19.438, de 11-3-1931 e DL nº 23.185, de 30-10-33 (a análise crítica do regime jurídico anterior foi feita por Abrantes Geraldes, em "Tribunal dos Conflitos", acessível através de *https://blogippc.blogspot.com*, 11-5-17). Sobre a matéria cf. ainda Sérvulo Correia, "A reforma do Tribunal dos Conflitos", *Justiça Administrativa*, nº 27, pp. 3 e ss.

ARTIGO 111º
Pedido de resolução do conflito

1 – Quando o tribunal se aperceba do conflito, deve suscitar oficiosamente a sua resolução junto do presidente do tribunal competente para decidir.

2 – A resolução do conflito pode igualmente ser suscitada, por qualquer das partes ou pelo Ministério Público, mediante requerimento dirigido ao presidente do tribunal competente para decidir.

3 – O processo de resolução de conflitos tem carácter urgente, correndo nos próprios autos quando seja negativo.

1. Detetada no âmbito de processo pendente nos tribunais judiciais a ocorrência de um conflito de jurisdição (que não deva ser resolvido pelo regime que vigora para o Trib. dos Conflitos) ou de competência, a sua resolução deve ser acionada oficiosamente junto do tribunal que for competente, sem embargo de a iniciativa poder partir também de alguma das partes ou do Ministério Público.

2. Tratando-se de conflito negativo, a sua resolução corre nos próprios autos. Já se for positivo, corre por apenso. Em qualquer dos casos, tem natureza urgente.

ARTIGO 112º
Tramitação subsequente

1 – As partes ou a parte contrária à que suscite a resolução do conflito podem pronunciar-se no prazo de cinco dias.

2 – De seguida, o processo vai com vista ao Ministério Público pelo prazo de cinco dias.

1. Cumprido o contraditório, é ouvido o Ministério Público, a não ser que tenha sido este a suscitar a resolução do conflito.

ARTIGO 113º
Decisão

1 – Se o presidente do tribunal entender que não há conflito, indefere imediatamente o pedido.

2 - Se o presidente do tribunal entender que há conflito, decide-o sumariamente.
3 - A decisão é imediatamente comunicada aos tribunais em conflito e ao Ministério Público e notificada às partes.

1. Instruído o incidente de resolução de conflito, a sua decisão é célere. Por um lado, deve ser liminarmente rejeitado, quando nenhum conflito se verificar. Por outro, confirmando-se a existência de algum conflito, o mesmo será decidido de forma sumária, com imediata comunicação às partes e ao Ministério Público.

2. Não cabe recurso algum (a não ser em matéria de constitucionalidade) da decisão proferida sobre conflitos, uma vez que, como prescreve o art. 110º, os mesmos são solucionados pelo presidente do tribunal da Relação ou do STJ que em concreto se revelar competente para a sua apreciação.

ARTIGO 114º
Aplicação do processo a outros casos

O disposto nos artigos 111º a 113º é aplicável a quaisquer outros conflitos que devam ser resolvidos pelas Relações ou pelo Supremo Tribunal de Justiça e também:

a) Ao caso de a mesma ação estar pendente em tribunais diferentes e ter passado o prazo para serem opostas a exceção de incompetência e a exceção de litispendência;

b) Ao caso de a mesma ação estar pendente em tribunais diferentes e um deles se ter julgado competente, não podendo já ser arguida perante o outro ou outros nem a exceção de incompetência nem a exceção de litispendência;

c) Ao caso de um dos tribunais se ter julgado incompetente e ter mandado remeter o processo para tribunal diferente daquele em que pende a mesma causa, não podendo já ser arguidas perante este nem a exceção de incompetência nem a exceção de litispendência.

1. Com uma frequência superior à que seria desejável ocorrem por vezes situações de bloqueio processual, em resultado da verificação de conflitos de competência impróprios, mas que têm de ser resolvidos a bem do interesse das partes e da justiça. São essas situações que são configuradas no corpo do artigo. Já as alíneas subsequentes visam evitar a pendência de duas ações, apesar do que relativamente a cada uma delas tenha sido decidido.

2. A exceção de incompetência absoluta pode ser suscitada fora da contestação. Por outro lado, a exceção de litispendência, uma vez detetada pelo juiz, é de conhecimento oficioso. Ainda que a maior parte das situações encontre noutras normas do CPC solução mais ajustada, o legislador quis acautelar, com as especificações feitas, casos-limite em que nem sequer o uso desses mecanismos se revele eficaz.

CAPÍTULO VI
Das garantias da imparcialidade

SECÇÃO I
Impedimentos

ARTIGO 115º
Casos de impedimento do juiz

1 – Nenhum juiz pode exercer as suas funções, em jurisdição contenciosa ou voluntária:

a) Quando seja parte na causa, por si ou como representante de outra pessoa, ou quando nela tenha um interesse que lhe permitisse ser parte principal;

b) Quando seja parte da causa, por si ou como representante de outra pessoa, o seu cônjuge ou algum seu parente ou afim, ou em linha reta ou no 2º grau da linha colateral, ou quando alguma destas pessoas tenha na causa um interesse que lhe permita figurar nela como parte principal;

c) Quando tenha intervindo na causa como mandatário ou perito ou quando haja que decidir questão sobre que tenha dado parecer ou se tenha pronunciado, ainda que oralmente;

d) Quando tenha intervindo na causa como mandatário judicial o seu cônjuge ou algum seu parente ou afim na linha reta ou no 2º grau da linha colateral;

e) Quando se trate de recurso interposto em processo no qual tenha tido intervenção como juiz de outro tribunal, quer proferindo a decisão recorrida quer tomando de outro modo posição sobre questões suscitadas no recurso;

f) Quando se trate de recurso de decisão proferida por algum seu parente ou afim, em linha reta ou no 2º grau da linha colateral, ou de decisão que se tenha pronunciado sobre a proferida por algum seu parente ou afim nessas condições;

g) Quando seja parte na causa pessoa que contra ele propôs ação civil para indemnização de danos, ou que contra ele deduziu acusação penal, em consequência de factos praticados no exercício das suas funções ou por causa delas, ou quando seja parte o cônjuge dessa pessoa ou um parente dela ou afim, em linha reta ou no 2º grau da linha colateral, desde que a ação ou a acusação já tenha sido admitida;

h) Quando haja deposto ou tenha de depor como testemunha;

i) Quando esteja em situação prevista nas alíneas anteriores pessoa que com o juiz viva em economia comum.

2 – O impedimento da alínea d) do número anterior só se verifica quando o mandatário já tenha começado a exercer o mandato na altura em que o juiz foi colocado no respetivo juízo; na hipótese inversa, é o mandatário que está inibido de exercer o patrocínio.

3 – Nos juízos em que haja mais de um juiz ou perante os tribunais superiores não pode ser admitido como mandatário judicial o cônjuge, parente ou afim em linha reta ou no 2º grau da linha colateral do juiz, bem como a pessoa que com ele viva em economia comum, que, por virtude da distribuição, haja de intervir no julgamento da causa; mas, se essa pessoa já tiver requerido ou alegado no processo na altura da distribuição, é o juiz que fica impedido.

Remissões: art. 470º, nº 1 (aplicação do regime dos impedimentos e suspeições aos peritos); art. 7º do EMJ, alterado pela Lei nº 67/19, de 27-8 (impedimentos dos juízes); arts. 16º e 17º do DL nº 125/02, de 10-5 (impedimentos e suspeições dos peritos avaliadores).

1. São de fácil compreensão os motivos que levaram o legislador a criar uma série de impedimentos que, acima de tudo, visam garantir a imparcialidade do julgador, pressuposto essencial para o exercício da função que sobre si impende de resolver de forma justa, independente e autónoma os litígios ou as situações carecidas de regulação. Nuns casos, as alíneas correspondem ao brocardo segundo o qual "ninguém é bom juiz em causa própria"; noutros, ao de que "não basta ser sério, é necessário parecê-lo". De resto, os diversos impedimentos não constituem fatores que importem apenas às partes ou a alguma delas; importam também ao juiz que, ao confrontar-se com um obstáculo à sua intervenção processual, se vê também liberto dos constrangimentos que, em alguma das situações configuradas, poderiam colocar em causa a sua imparcialidade para julgar o caso ou, quiçá, o levariam a adotar critérios mais rigorosos do que aqueles que usaria se acaso não se verificasse nenhuma das situações.

2. Tendo em vista evitar os efeitos de atuações abusivas, visando afastar determinado juiz da ação, os impedimentos fundados na existência de ação de responsabilidade civil ou de processo de natureza criminal por causa do exercício de funções, em que é autor ou participante quem seja parte na causa, são tratados de forma mais rigorosa, implicando que a ação de responsabilidade civil ou a acusação já tenha sido admitida.

3. Para outras situações não previstas no preceito, mas em que possa estar em causa a imparcialidade do juiz, pode justificar-se o pedido de dispensa formulado pelo próprio juiz ou a dedução do incidente de suspeição suscitado por alguma das partes, nos termos dos arts. 119º e 120º.

ARTIGO 116º
Dever do juiz impedido

1 – Quando se verifique alguma das causas previstas no artigo anterior, o juiz deve declarar-se impedido, podendo as partes requerer a declaração do impedimento até à sentença.

2 – Do despacho proferido sobre o impedimento de algum dos juízes da Relação ou do Supremo Tribunal de Justiça pode reclamar-se para a conferência, que decide com todos os juízes que devam intervir, exceto aquele a quem o impedimento respeitar.

3 – Declarado o impedimento, a causa passa ao juiz substituto, com exceção do caso previsto no nº 2 do artigo 84º.

4 – Nos tribunais superiores observa-se o disposto no nº 1 do artigo 217º, se o impedimento respeitar ao relator, ou a causa passa ao juiz imediato, se o impedimento respeitar a qualquer dos adjuntos.

5 – É sempre admissível recurso da decisão de indeferimento para o tribunal imediatamente superior.

1. Configurada alguma situação prevista no art. 115º, é dever do juiz declarar-se impedido de intervir no processo, com subsequente substituição, podendo qualquer das partes requerer que esse impedimento seja assumido. Da decisão que admita o impedimento há recurso, nos termos gerais (art. 644º, nº 2, al. a)). Já a decisão que o recuse admite sempre recurso, independentemente do valor da ação.

1. Os atos que eventualmente sejam praticados, apesar da verificação de uma situação de impedimento objetivo ou subjetivo, estão inquinados, podendo ser arguida a sua nulidade, nos termos do art. 199º.

ARTIGO 117º
Causas de impedimento nos tribunais coletivos

1 – Não podem intervir simultaneamente no julgamento de tribunal coletivo juízes que sejam cônjuges, parentes ou afins em linha reta ou no 2º grau da linha colateral.

2 – Dos juízes ligados por casamento, parentesco ou afinidade a que se refere o número anterior, não intervém o juiz com menor antiguidade de serviço, salvo se lhe competir a elaboração do acórdão, caso em que não intervém aquele que o antecede em antiguidade.

3 – É aplicável o disposto na alínea i) do nº 1 do artigo 115º.

1. Considerando que praticamente foi abolida a intervenção de tribunal coletivo na 1ª instância, o preceito que veda a intervenção no mesmo coletivo de juízes ligados por laços familiares referidos no preceito acaba por interessar fundamentalmente ao julgamento nos tribunais superiores.

ARTIGO 118º
Impedimentos do Ministério Público e dos funcionários da secretaria

1 – Aos representantes do Ministério Público é aplicável o disposto nas alíneas a), b), g) e i) do nº 1 do artigo 115º; estão também impedidos de intervir quando tenham intervindo na causa como mandatários ou peritos, constituídos ou designados pela parte contrária àquela que teriam de representar ou a quem teriam de prestar assistência.

2 – Aos funcionários da secretaria é aplicável o disposto nas alíneas a), b) e i) do nº 1 do artigo 115º; também não podem intervir quando tenham intervindo na causa como mandatários ou peritos de qualquer das partes.

3 – O representante do Ministério Público ou o funcionário da secretaria que esteja abrangido por qualquer impedimento deve declará-lo imediatamente no processo; se o não fizer, o juiz, enquanto a pessoa impedida houver de intervir na causa, conhece do impedimento, oficiosamente ou a requerimento de qualquer das partes, observando-se o disposto no artigo 129º.

4 – A procedência do impedimento do funcionário da secretaria, ainda que por este declarado, é sempre apreciada pelo juiz.

Remissões: art. 109º do EMP (impedimentos dos magistrados do Ministério Público).

1. Embora em menor grau, também não são indiferentes para a regular tramitação da causa as situações impeditivas que respeitem ao magistrado do Ministério Público ou a funcionário da secretaria.

SECÇÃO II
Suspeições

ARTIGO 119º
Pedido de escusa por parte do juiz

1 – O juiz não pode declarar-se voluntariamente suspeito, mas pode pedir que seja dispensado de intervir na causa quando se verifique algum dos casos previstos no artigo seguinte e, além disso, quando, por outras circunstâncias ponderosas, entenda que pode suspeitar-se da sua imparcialidade.

2 – O pedido é apresentado antes de proferido o primeiro despacho ou antes da primeira intervenção no processo, se esta for anterior a qualquer despacho; quando forem supervenientes os factos que justificam o pedido ou o conhecimento deles pelo juiz, a escusa é solicitada antes do primeiro despacho ou intervenção no processo, posterior a esse conhecimento.

3 – O pedido contém a indicação precisa dos factos que o justificam e é dirigido ao presidente da Relação respetiva ou ao Presidente do Supremo Tribunal de Justiça, se o juiz pertencer a este Tribunal.

4 – O presidente pode colher quaisquer informações e, quando o pedido tiver por fundamento algum dos factos especificados no artigo seguinte, ouve, se o entender conveniente, a parte que poderia opor a suspeição, mandando-lhe entregar cópia da exposição do juiz.

5 – Concluídas as diligências referidas no número anterior, ou não havendo lugar a elas, o presidente decide sem recurso.

6 – É aplicável o disposto no artigo 125º.

1. Os motivos de suspeição, que podem ser suscitados relativamente ao juiz ou que este mesmo pode usar para ver deferida a sua dispensa de intervenção no processo, não apresentam o grau de objetividade que foi empregue na descrição dos motivos de impedimento. Ainda assim, subjazem a tais motivos os mesmos interesses que se visaram atingir com as situações de impedimento, pretendendo-se que a intervenção do juiz no processo não suscite dúvidas objetivas quanto à sua imparcialidade.

ARTIGO 120º
Fundamento de suspeição

1 – As partes podem opor suspeição ao juiz quando ocorrer motivo, sério e grave, adequado a gerar desconfiança sobre a sua imparcialidade, nomeadamente:

a) Se existir parentesco ou afinidade, não compreendidos no artigo 115º, em linha reta ou até ao 4º grau da linha colateral, entre o juiz ou o seu cônjuge e alguma das partes ou pessoa que tenha, em relação ao objeto da causa, interesse que lhe permitisse ser nela parte principal;

b) Se houver causa em que seja parte o juiz ou o seu cônjuge ou unido de facto ou algum parente ou afim de qualquer deles em linha reta e alguma das partes for juiz nessa causa;

c) Se houver, ou tiver havido nos três anos antecedentes, qualquer causa, não compreendida na alínea g) do nº 1 do artigo 115º, entre alguma das partes ou o seu cônjuge e o juiz ou seu cônjuge ou algum parente ou afim de qualquer deles em linha reta;

d) Se o juiz ou o seu cônjuge, ou algum parente ou afim de qualquer deles em linha reta, for credor ou devedor de alguma das partes, ou tiver interesse jurídico em que a decisão do pleito seja favorável a uma das partes;

e) Se o juiz for protutor, herdeiro presumido, donatário ou patrão de alguma das partes, ou membro da direção ou administração de qualquer pessoa coletiva parte na causa;

f) Se o juiz tiver recebido dádivas antes ou depois de instaurado o processo e por causa dele, ou se tiver fornecido meios para as despesas do processo;

g) Se houver inimizade grave ou grande intimidade entre o juiz e alguma das partes ou seus mandatários.

2 – O disposto na alínea c) do número anterior abrange as causas criminais quando as pessoas aí designadas sejam ou tenham sido ofendidas, participantes ou arguidas.

3 – Nos casos das alíneas c) e d) do nº 1 é julgada improcedente a suspeição quando as circunstâncias de facto convençam de que a ação foi proposta ou o crédito foi adquirido para se obter motivo de recusa do juiz.

1. Entre os motivos da suspeição, uns são de ordem objetiva e, uma vez verificados, não revelam dificuldade de integração, outros apresentam-se com contornos mais fluidos, implicando a formulação de juízos de valor sobre os efeitos que podem determinar na imparcialidade do juiz. Se, quanto aos primeiros casos, mais não resta do que aferir a sua verificação objetiva, mais dificuldades se suscitam nos demais que, com uma frequência excessiva, surgem inseridos numa estratégia apostada em protelar o julgamento, questionar ou condicionar a atuação do juiz, contornar as regras do juiz natural ou diferir o mais possível a prolação da decisão ou a finalização do processo.

2. A dedução de um incidente como o de suspeição, pelo que sugere ou implica, deveria ser resguardada para casos evidentes que o legislador espelhou no preceito, em reforço dos motivos de escusa previstos no art. 119º. Ocorre, porém, que, com uma frequência que não encontra objetivas razões, acaba por ser desencadeado e substancialmente apoiado apenas numa divergência quanto ao que foi decidido; noutros casos, intui-se o objetivo de "atemorizar" o juiz.

3. Na maior parte dos casos, como a experiência o comprova, tal iniciativa não encontra justificação alguma, constituindo apenas um expediente que é usado quando faltam argumentos de ordem substancial. A aplicação do sancionamento como litigante de má-fé prescrito pelo art. 123º, nº 3, poderá constituir uma importante resposta que, a par da penalização especial, potencia a dissuasão geral.

4. Segundo o TEDH, a imparcialidade pode ser apreciada numa perspetiva subjetiva ou objetiva. Na primeira, considera-se a convicção pessoal e o comportamento do juiz, cuidando-se de saber se o mesmo evidencia um viés ou preconceito pessoal no processo. A imparcialidade subjetiva do magistrado presume-se até prova em contrário (*Micallef c. Malta*, § 94). A prova em contrário assentará, por exemplo, na demonstração que o juiz revelou hostilidade face a uma das partes (*Buscemi c. Itália*, §§ 67-68). No que tange à imparcialidade objetiva ou funcional, a mesma deve ser combinada com a teoria da aparência: "*justice must not only be done, it must also be seen to be done*". Em sede de imparcialidade objetiva, há que determinar se o tribunal oferece, sobretudo através da sua composição, garantias suficientes para excluir qualquer dúvida quanto à sua imparcialidade.

5. Em especial no que tange à al. g), não constitui fundamento específico de suspeição o mero indeferimento de requerimento probatório (RL 7-11-12, 5275/09) nem a inoportuna expressão pelo juiz de juízos sobre a credibilidade das testemunhas (RG 20-3-06, 458/06). Em sentido contrário, constituirá fundamento de suspeição a relação de namoro entre a juíza do processo e o mandatário de uma das partes (RE 4-4-13, 31/13).

ARTIGO 121º
Prazo para a dedução da suspeição

1 – O prazo para a dedução da suspeição corre desde o dia em que, depois de o juiz ter despachado ou intervindo no processo, nos termos do nº 2 do artigo 119º, a parte for citada ou notificada para qualquer termo ou intervier em algum ato do processo; o réu citado para a causa pode deduzir a suspeição no mesmo prazo que lhe é concedido para a defesa.

2 – A parte pode denunciar ao juiz o fundamento da suspeição, antes de ele intervir no processo; nesse caso o juiz, se não quiser fazer uso da faculdade concedida pelo artigo 119º, declara-o logo em despacho no processo e suspendem-se os termos deste até decorrer o prazo para a dedução da suspeição, contado a partir da notificação daquele despacho.

3 – Se o fundamento da suspeição ou o seu conhecimento for superveniente, a parte denuncia o facto ao juiz logo que tenha conhecimento dele, sob pena de não poder mais tarde arguir a suspeição. Observa-se neste caso o disposto no número anterior.

4 – Se o juiz tiver pedido dispensa de intervir na causa, mas o seu pedido não houver sido atendido, a suspeição só pode ser oposta por fundamento diferente do que ele tiver invocado e o prazo para a dedução corre desde a primeira notificação ou intervenção da parte no processo, posterior ao indeferimento do pedido de escusa do juiz.

Remissões: art. 149º, nº 1 (prazo de arguição).

1. A suspeição só pode ser deduzida pela parte interessada, devendo "considerar-se interessada a parte em prejuízo da qual poderia atuar a causa da suspeição" (Alberto dos Reis, *Comentário ao CPC*, vol. I, p. 456).

ARTIGO 122º
Como se deduz e processa a suspeição

1 – O recusante indica com precisão os fundamentos da suspeição e, autuado o requerimento por apenso, é este concluso ao juiz recusado para responder; a falta de resposta ou de impugnação dos factos alegados importa confissão destes.

2 – Não havendo diligências instrutórias a efetuar, o juiz manda logo desapensar o processo do incidente e remetê-lo ao presidente da Relação; no caso

contrário, o processo é concluso ao juiz substituto, que ordena a produção das provas oferecidas e, finda esta, a remessa do processo; não são admitidas diligências por carta.

3 – É aplicável a este caso o disposto nos artigos 292º a 295º.

4 – A parte contrária ao recusante pode intervir no incidente como assistente.

Remissões: art. 293º, nºs 1 e 2 (proposição provas e prazo respetivo); art. 294º, nº 1 (limites do número de testemunhas).

1. Não suscitam dúvidas os trâmites do incidente de suspeição.

ARTIGO 123º

Julgamento da suspeição

1 – Recebido o processo, o presidente da Relação pode requisitar das partes ou do juiz recusado os esclarecimentos que julgue necessários; a requisição é feita por ofício dirigido ao juiz recusado, ou ao substituto quando os esclarecimentos devam ser fornecidos pelas partes.

2 – Se os documentos destinados a fazer prova dos fundamentos da suspeição ou da resposta não puderem ser logo oferecidos, o presidente admite-os posteriormente, quando julgue justificada a demora.

3 – Concluídas as diligências que se mostrem necessárias, o presidente decide sem recurso; quando julgar improcedente a suspeição, apreciará se o recusante procedeu de má-fé.

1. O incidente de suspeição de juiz da 1ª instância é decidido pelo Presidente da Relação correspondente, importando que, nos casos de atuação maliciosa da parte, sejam aplicadas as sanções cíveis ajustadas (STJ 28-2-02, 02B211). Em STJ 7-12-16, 4761/04 e STJ 3-10-13, 5/11, decidiu-se que a irrecorribilidade referida no nº 3 é extensiva ao segmento decisório que tenha aplicado multa por litigância de má-fé, sobrepondo-se à norma do art. 542º, nº 3, solução sustentada também no facto de não haver recurso de revista de decisões singulares do Presidente da Relação, atento o disposto no art. 671º, nº 1 (no Ac. do Trib. Const. nº 174/2018 foi considerada não inconstitucional a restrição do direito de recurso, mas no Ac. nº 30/2020 considerou-se necessária a audição da parte).

ARTIGO 124º

Suspeição oposta a juiz da Relação ou do Supremo Tribunal de Justiça

A suspeição oposta a juiz da Relação ou do Supremo Tribunal de Justiça é julgada pelo presidente do respetivo tribunal, observando-se, na parte

aplicável, o disposto nos artigos antecedentes; as testemunhas são inquiridas pelo próprio presidente.

1. A norma atribui a competência para a apreciação do incidente de suspeição de juiz da Relação ou de juiz do Supremo ao respetivo Presidente.

ARTIGO 125º
Influência da arguição na marcha do processo

1 – A causa principal segue os seus termos, intervindo nela o juiz substituto; mas nem o despacho saneador nem a decisão final são proferidos enquanto não estiver julgada a suspeição.

2 – Nas Relações e no Supremo Tribunal de Justiça, quando a suspeição for oposta ao relator, serve de relator o primeiro adjunto e o processo vai com vista ao juiz imediato ao último adjunto; mas não se conhece do objeto do feito nem se profere decisão que possa prejudicar o conhecimento da causa enquanto não for julgada a suspeição.

Remissões: art. 86º da LOSJ (designação do juiz substituto).

1. A dedução dos incidentes de escusa ou de suspeição determina efeitos imediatos, designadamente ao nível da direção do processo. Porém, tendo em vista evitar que a parte pudesse extrair efeitos da dedução abusiva do incidente de suspeição, a tramitação será suspensa antes de ser proferido despacho saneador ou, em sede de recurso, antes de este ser julgado.

ARTIGO 126º
Procedência da escusa ou da suspeição

1 – Julgada procedente a escusa ou a suspeição, continua a intervir no processo o juiz que fora chamado em substituição, nos termos do artigo anterior.

2 – Se a escusa ou a suspeição for desatendida, intervém na decisão da causa o juiz que se escusou ou que foi averbado de suspeito, ainda que o processo tenha já os vistos necessários para o julgamento.

1. O deferimento da escusa ou da suspeição determina a substituição definitiva do juiz. Já o seu indeferimento tem como efeitos a retoma da direção do processo no estado em que o mesmo se encontrar.

ARTIGO 127º
Suspeição oposta aos funcionários da secretaria

Podem também as partes opor suspeição aos funcionários da secretaria com os fundamentos indicados nas várias alíneas do nº 1 do artigo 120º, exce-

tuada a alínea b). Mas os factos designados nas alíneas c) e d) do mesmo artigo só podem ser invocados como fundamento de suspeição quando se verifiquem entre o funcionário ou seu cônjuge e qualquer das partes.

1. Posto que em menor grau relativamente aos motivos que devem levar o juiz a suscitar o seu impedimento ou que motivam a parte a arguir a suspeição, também relativamente aos funcionários se podem verificar alguns obstáculos que deverão ser resolvidos por vias semelhantes.

2. O funcionário da secretaria não pode pedir escusa, podendo declarar-se impedido (art. 118º, nºs 3 e 4).

ARTIGO 128º
Contagem do prazo para a dedução

1 – O prazo para o autor deduzir a suspeição conta-se do recebimento da petição inicial na secretaria ou da distribuição, se desta depender a intervenção do funcionário.

2 – O réu pode deduzir a suspeição no mesmo prazo em que lhe é permitido apresentar a defesa.

3 – Sendo superveniente a causa da suspeição, o prazo conta-se desde que o facto tenha chegado ao conhecimento do interessado.

1. Não suscitam dúvidas os condicionalismos do incidente de suspeição.

ARTIGO 129º
Processamento do incidente

O incidente é processado nos termos do artigo 122º, com as modificações seguintes:

a) Ao recusado é facultado o exame do processo para responder, não tendo a parte contrária ao recusante intervenção no incidente;

b) Enquanto não for julgada a suspeição, o funcionário não pode intervir no processo;

c) O juiz da causa provê a todos os termos e atos do incidente e decide, sem recurso, a suspeição.

1. Não suscitam dúvidas os trâmites do incidente de suspeição, sendo de destacar apenas a irrecorribilidade da decisão que o apreciar.

LIVRO II
DO PROCESSO EM GERAL

TÍTULO I
Dos atos processuais

CAPÍTULO I
Atos em geral

SECÇÃO I
Disposições comuns

ARTIGO 130º
Princípio da limitação dos atos

Não é lícito realizar no processo atos inúteis.

Remissões: art. 547º (adequação formal).

1. O processo é um encadeado de atos – atos processuais – que devem ser praticados segundo determinado rito e numa certa ordem ou cadência lógica, tendo por objetivo a obtenção de uma decisão que aprecie materialmente a questão submetida a juízo. Embora a existência de uma tramitação processual prévia e abstratamente definida tenha a virtude de assegurar previsibilidade e segurança no desenvolvimento da lide, quer para as partes, quer para o tribunal, são notórios os esforços legislativos no sentido de evitar que os critérios de índole meramente formal operem como fator de perturbação face ao objetivo da obtenção de uma solução materialmente justa, proferida em prazo razoável (art. 2º, nº 1).

2. Quer dizer, a eventual rigidez da tramitação processual fixada na lei deverá ser compensada por medidas tendentes a flexibilizar e a agilizar os trâmites processuais, sem contudo atentar contra garantias das partes a um processo justo. É assim que devem ser entendidas disposições como as que consagram o dever de gestão processual (art. 6º) ou o princípio da adequação formal (art. 547º).

3. É ainda numa linha de eficácia e de economia processuais que deve tomar-se aquilo que a lei designa por princípio da limitação dos atos, ao estabelecer que não é lícita a realização de atos inúteis no processo. O direito adjetivo não constitui um fim em si mesmo, sendo um mero instrumento para resolução de litígios de acordo com o que emergir do direito material. Daí que no processo em que o litígio se dirime apenas devam ser praticados os atos que se revelem úteis para alcançar aquele desiderato, de forma simples e ágil, como o impõe o art. 6º. Tal poderá envolver, por exemplo, a rejeição da apreciação da impugnação da decisão da matéria de facto quando da mesma não decorra qualquer utilidade para a apreciação do litígio segundo as diversas soluções de direito que sejam plausíveis (STJ 17-5-17, 4111/13).

4. É o referido princípio que justifica que o tribunal se abstenha de apreciar uma determinada questão quando, porventura, a mesma se encontre prejudicada pela resposta dada a outra questão (art. 608º, nº 2), a não ser que se pretenda reforçar o sentido da decisão (RC 7-2-17, CJ, t. I, p. 21).

ARTIGO 131º
Forma dos atos

1 – Os atos processuais têm a forma que, nos termos mais simples, melhor corresponda ao fim que visam atingir.

2 – Os atos processuais podem obedecer a modelos aprovados pela entidade competente, só podendo, no entanto, ser considerados obrigatórios, salvo disposição especial, os modelos relativos a atos da secretaria.

3 – Os atos processuais que hajam de reduzir-se a escrito devem ser compostos de modo a não deixar dúvidas acerca da sua autenticidade formal e redigidos de maneira a tornar claro o seu conteúdo, possuindo as abreviaturas usadas significado inequívoco.

4 – As datas e os números podem ser escritos por algarismos, exceto quando respeitem à definição de direitos ou obrigações das partes ou de terceiros; nas ressalvas, porém, os números que tenham sido rasurados ou emendados devem ser sempre escritos por extenso.

5 – *(Revogado).*

(O nº 5 foi revogado pelo Dec. Lei nº 97/19, de 26-7)

Remissões: art. 146º (suprimento de deficiências formais de atos das partes); art. 153º (requisitos externos da sentença e do despacho); art. 160º (assinatura dos autos e dos termos); art. 547º (adequação formal).

1. Em matéria de forma dos atos processuais, impera o critério da simplicidade (termos mais simples) e da adequação (que melhor corresponda ao fim), diretriz que, emergindo do princípio da economia processual, nem sempre encontra o eco necessário no quotidiano judiciário, onde abundam peças processuais demasiado extensas, prolixas ou repetitivas. Assim ocorre com os articulados das partes que, com muita frequência, em vez de se concentrarem no essencial, se espraiam por factos circunstanciais sem qualquer utilidade para a compreensão dos fundamentos da ação ou da defesa (cf. anot. ao art. 5º). Mas também com determinados despachos, sentenças ou mesmo acórdãos que, em vez de incidirem sobre as questões que realmente importa apreciar, acabam por constituir mero pretexto para a exposição de conhecimentos jurídicos, sem efetivo relevo para a decisão do caso concreto (cf. anot. ao art. 607º).

2. A observância de modelos que conformem a prática de atos é sempre obrigatória quanto a atos de secretaria, o que tem a vantagem de criar uniformidade em certos atos-tipo. Já quanto às partes, só mediante disposição especial nesse sentido lhes pode ser imposto o uso de modelos, como acontece com o requerimento executivo (art. 712º, nº 2 e arts. 2º e 3º da Port. nº 282/13, de 29-8), o requerimento de injunção (art. 10º, nº 1, do Anexo ao DL nº 269/98, de 1-9) e o requerimento de despejo (art. 5º do DL nº 1/13, de 7-1 e art. 2º da Port. nº 9/13, de 7-1).

3. Sobre a legibilidade e inteligibilidade dos atos processuais, designadamente da nota de citação, na parte respeitante à indicação da data em que a citação foi efetuada, cf. STJ 30-3-17, 6617/07, aresto que, a partir do preceituado no nº 3, impediu a penalização do réu relativamente à data em que se iniciava o prazo para contestar (cf. notas 9 e 10 ao art. 219º).

4. O regime legal da proteção de dados pessoais encontra-se no Regulamento 2016/679, de 27-4-2016 e na Lei nº 58/19, de 8-8 (cf. anot. ao art. 164º).

ARTIGO 132º
Processo eletrónico

1 – O processo tem natureza eletrónica, sendo constituído por informação estruturada constante do sistema de informação de suporte à atividade dos tribunais e por documentos eletrónicos.

2 – A tramitação dos processos, incluindo a prática de atos escritos, é efetuada no sistema de informação de suporte à atividade dos tribunais, nos termos definidos por portaria do membro do Governo responsável pela área da justiça.

3 – Em caso de indisponibilidade do sistema referido no número anterior, os atos dos magistrados podem excecionalmente ser praticados em papel, procedendo a secretaria à sua digitalização e inserção naquele sistema.

4 – A tramitação eletrónica dos processos deve garantir a respetiva integralidade, autenticidade e inviolabilidade, bem como o respeito pelo segredo de justiça e pelos regimes de proteção e tratamento de dados pessoais e, em especial, o relativo ao tratamento de dados referentes ao sistema judicial.

5 – As comunicações entre tribunais ou agentes de execução e entidades públicas e outras pessoas coletivas que auxiliem os tribunais no âmbito dos processos judiciais podem ser efetuadas por via eletrónica, através do envio de informação estruturada e da interoperabilidade entre o sistema de informação de suporte à atividade dos tribunais e os sistemas de informação das referidas entidades, nos termos previstos em portaria dos membros do Governo responsáveis pela área da justiça e pela entidade pública em causa.

6 – O processo pode ter um suporte físico, a constituir nos termos definidos por portaria do membro do Governo responsável pela área da justiça, com o objetivo de apoiar a respetiva tramitação.

(Alterado pelo Dec. Lei nº 97/19, de 26-7)

Remissões: art. 552º, nº 13 (identificação na peça processual de parte que seja pessoa coletiva); Lei nº 34/09, de 14-7 (alterada pela Lei nº 30/17, de 30-5) (tratamento de dados referentes ao sistema judicial); Port. nº 280/13, de 26-8, alterada pelas Port. nº 170/17, de 25-5, nº 267/18, de 20-9 e nº 93/19, de 28-3 (tramitação eletrónica dos processos judiciais); Port. nº 209/17, de 13-7 (alterada pelas Port. nº 170/17, de 26-8, nº 267/18, de 20-9 e nº 93/19, de 28-3) (regime do requerimento, da emissão, da disponibilização e da consulta da certidão eletrónica); Port. nº 347/19, de 4-10 (regulamenta as comunicações eletrónicas entre os Trib. Judiciais e o FGADM); Port. nº 348/19, de 4-10 (regulamenta as comunicações eletrónicas entre os Trib. Judiciais e a Seg. Social no âmbito dos processos tutelares cíveis e de promoção e proteção); Port. nº 356/19, de 8-10 (regulamenta as comunicações eletrónicas dos Trib. Judiciais ao Banco de Portugal no âmbito dos processo regulados pelo CIRE); Port. nº 357/19, de 8-10 (regulamenta as comunicações eletrónicas entre os Trib. Judiciais e as escolas da rede pública); Port. nº 358/19, de 8-10 (regulamenta as comunicações eletrónicas entre o sistema de informação e suporte à atividade dos Tribunais, o sistema informático de suporte à atividade dos agentes de execução e os sistemas da Seg. Social, do F. G. Salarial e da CNA no âmbito da realização de penhoras de prestações sociais e pensões).

1. Depois de um modelo processual assente na tramitação eletrónica dos processos, mas sem excluir, por regra, a existência de um processo físico, o legislador optou pela consagração de um verdadeiro processo eletrónico, que, como se refere no Preâmbulo do DL nº 97/19, de 26-7, "*assenta não apenas em documentos eletrónicos, mas também (e cada vez mais) em informação estruturada constante de um efetivo sistema de informação que realiza de forma automática um conjunto cada vez maior de tarefas. Procura-se, desta forma, libertar magistrados e funcionários judiciais de tarefas desnecessárias, preparando o sistema para a evolução tecnológica que caracteriza a sociedade atual*".

2. O processo tem agora natureza eletrónica, de modo que apenas em casos excecionais (máxime nos casos previstos nos nºs 7 e 8 do art. 144º, quando a parte não esteja patrocinada, e em situações de indisponibilidade do sistema, respetivamente) é permitida a prática de atos por via diversa da eletrónica (*CITIUS*).

3. A regulamentação da natureza eletrónica dos processos, naquilo que não emerge dos preceitos do CPC, é a que resulta da atual redação da Port. nº 280/13, de 26-8, dispondo sobre a apresentação de peças processuais e documentos (arts. 4º a 15º), distribuição (arts. 16º a 18º), atos processuais de magistrados e de funcionários judiciais (arts. 19º a 23º), citação edital e notificações (arts. 24º a 26º), consulta eletrónica de processos (art. 27º) e organização do processo (art. 28º) ou comunicação entre tribunais e agentes de execução (arts. 29º a 31º).

4. Constitui exceção à obrigatoriedade da tramitação eletrónica o disposto no art. 144º, nº 7 (aplicável apenas a parte não patrocinada em ação que não exija a intervenção de advogado). A inoperacionalidade da plataforma ou outras situações de justo impedimento também podem justificar a prática do ato por outra via ou para além do prazo (arts. 140º e 144º, nº 8).

5. A tramitação eletrónica dos processos deve garantir a respetiva integralidade, autenticidade e inviolabilidade, bem como o respeito pelo segredo de justiça e pelos regimes de proteção e tratamento de dados pessoais e, em especial, o relativo ao tratamento de dados referentes ao sistema judicial.

6. O regime do requerimento, da emissão, da disponibilização e da consulta da certidão eletrónica encontra-se na Port. nº 209/17, de 13-7 (alterado pelas Port. nº 267/18, de 20-9 e nº 93/19, de 28-3).

ARTIGO 133º
Língua a empregar nos atos

1 – Nos atos judiciais usa-se a língua portuguesa.

2 – Quando hajam de ser ouvidos, os estrangeiros podem, no entanto, exprimir-se em língua diferente, se não conhecerem a portuguesa, devendo nomear-se um intérprete, quando seja necessário, para, sob juramento de fidelidade, estabelecer a comunicação.

3 – A intervenção do intérprete prevista no número anterior é limitada ao que for estritamente indispensável.

Remissões: arts. 16º, nº 1, al. h) e 17º, nº 2, do RCP (remuneração do intérprete).

1. A regra da utilização obrigatória da língua portuguesa é aplicável a todos os atos processuais praticados por escrito ou oralmente. O incumprimento desta exigência relativamente à petição inicial determina a recusa de recebimento pela secretaria (art. 558º, al. h)).

2. Quanto a atos orais, se tiver de ser ouvida pessoa que não conheça a língua portuguesa, poderá a mesma exprimir-se noutra língua, nomeando-se um intérprete que assegure a comunicação, aplicando-se, com adaptações, o regime previsto para a nomeação de perito.

3. Embora a lei se refira apenas a "*estrangeiros*" que não conheçam a língua portuguesa, o mesmo regime será de observar quando se trate de cidadãos nacionais que, por qualquer motivo, não consigam entender ou expressar-se na língua portuguesa (Rodrigues Bastos, *Notas ao CPC*, vol. I, p. 208).

4. O regime é aplicável a quaisquer declarações, designadamente das partes, testemunhas, peritos ou técnicos.

ARTIGO 134º
Tradução de documentos escritos em língua estrangeira

1 - Quando se ofereçam documentos escritos em língua estrangeira que careçam de tradução, o juiz, oficiosamente ou a requerimento de alguma das partes, ordena que o apresentante a junte.

2 - Surgindo dúvidas fundadas sobre a idoneidade da tradução, o juiz ordena que o apresentante junte tradução feita por notário ou autenticada por funcionário diplomático ou consular do Estado respetivo; na impossibilidade de obter a tradução ou não sendo a determinação cumprida no prazo fixado, pode o juiz determinar que o documento seja traduzido por perito designado pelo tribunal.

Remissões: art. 365º do CC (documentos passados em país estrangeiro); art. 440º (legalização dos documentos passados em país estrangeiro); art. 49º do Cód. Reg. Civil (documentos passados em país estrangeiro); art. 43º, nº 3, do Cód. Reg. Predial (documentos em inglês, francês ou espanhol).

1. A junção pelas partes de documento originariamente redigido em língua estrangeira deve ser acompanhada, em princípio, da respetiva tradução, a qual pode ser dispensada pelo juiz quando as circunstâncias o justifiquem. A prudência aconselha, porém, que tal dispensa apenas seja autorizada quando for seguro que não compromete as garantias das partes nem a justa composição do litígio, o que poderá revelar-se especialmente pertinente quando se trate de interpretar o teor de algum documento ou cláusula contratual que se mostrem decisivos para a solução do pleito.

2. Em RP 16-6-04, 722/11, decidiu-se que "a tradução dos documentos escritos em língua estrangeira não é obrigatória, apenas se impondo, quando necessária, não o sendo quando se trata de uma língua com grandes semelhanças com a portuguesa, como é o caso da língua espanhola e em geral acessível ao comum dos falantes da língua portuguesa".

3. Compete à parte que apresentou o documento providenciar pela sua tradução. Suscitadas dúvidas fundadas sobre a sua idoneidade, o tribunal determinará a junção de tradução qualificada, que tanto pode ser feita por notário como autenticada por funcionário diplomático ou consular do Estado respetivo. Esta expressão "*Estado*" deve ser interpretada segundo as circunstâncias: em primeira linha, reporta-se ao Estado estrangeiro em que o documento foi passado; em segundo lugar, sendo o documento emitido em Portugal mas em língua estrangeira, a expressão reporta-se ao Estado a que pertence a pessoa que redigiu o documento; num terceiro cenário, se o autor do documento adquiriu nacionalidade portuguesa mas continua a expressar-se num língua estrangeira, a expressão deve interpretar-se como reportando-se ao Estado a que pertenceu o autor do documento. Caso não seja possível obter a tradução por alguma destas vias, ou se a parte não respeitar o prazo fixado, será realizada por perito designado pelo tribunal.

ARTIGO 135º
Participação de surdo, mudo ou surdo-mudo

1 – Sem prejuízo da intervenção de intérprete idóneo sempre que o juiz o considerar conveniente, quando um surdo, mudo ou surdo-mudo devam prestar depoimento, observam-se as seguintes regras:

a) Ao surdo, formulam-se as perguntas por escrito, respondendo ele oralmente;

b) Ao mudo, formulam-se as perguntas oralmente, respondendo ele por escrito;

c) Ao surdo-mudo, formulam-se as perguntas por escrito, respondendo ele também por escrito.

2 – O juiz deve nomear intérprete idóneo ao surdo, ao mudo ou ao surdo-mudo que não souber ler ou escrever.

3 – O disposto nos números anteriores é correspondentemente aplicável aos requerimentos orais e à prestação de juramento.

1. Sempre que a pessoa a ser ouvida padeça de limitações (surdez, mudez ou surdez-mudez) suscetíveis de condicionar a sua intervenção, esta deverá ser rodeada das cautelas aqui previstas, orientadas, em primeira linha, no sentido de assegurar, tanto quanto possível, a imediação.

2. A título residual, prevê-se a intervenção de intérprete idóneo, a designar pelo juiz, quando este o considere conveniente ou quando o depoente, além daquelas limitações, não saiba ler ou escrever.

ARTIGO 136º
Lei reguladora da forma dos atos e do processo

1 – A forma dos diversos atos processuais é regulada pela lei que vigore no momento em que são praticados.

2 – A forma de processo aplicável determina-se pela lei vigente à data em que a ação é proposta.

Remissões: arts. 5º e ss. da Lei nº 41/13, de 26-6 (aplicação no tempo do atual CPC).

1. No preceito aflora o princípio da aplicação imediata da lei processual, que, no entanto, não é absoluto, não impedindo que legislação específica determine uma solução diversa.

2. Este preceito diferencia a regulamentação da forma dos atos processuais (considerados autonomamente) e a forma de processo aplicável. A primeira é regulada pela lei vigente no momento em que os atos são praticados; obviamente que as alterações posteriores não interferem na validade ou na regularidade dos atos já anteriormente praticados ou cujos efeitos se projetam no tempo.

3. O nº 2 respeita à forma do processo, a qual se rege, em regra, pela lei vigente na data em que a ação é proposta. O critério firmado no preceito leva a que, proposta uma ação na forma processual legalmente fixada à data, será irrelevante uma posterior intervenção legislativa que altere a forma de processo. Isto não obsta, porém, a que o legislador, de modo expresso, consagre outro tipo de solução, constituindo exemplo disso o art. 5º da Lei nº 41/13, de 26-6, que aprovou o atual CPC: dado que a um modelo em que, para o processo comum declarativo, se prescreviam três formas processuais distintas, em função do valor (ordinária, sumária e sumaríssima), sucedeu outro baseado numa única forma de processo (art. 548º), o legislador providenciou no sentido de que, a partir de 1-9-13, as ações pendentes seguissem os trâmites previstos no novo regime (nº 1), embora salvaguardando algumas exceções.

ARTIGO 137º
Quando se praticam os atos

1 – Sem prejuízo de atos realizados de forma automática, não se praticam atos processuais nos dias em que os tribunais estiverem encerrados, nem durante o período de férias judiciais.

2 – Excetuam-se do disposto no número anterior as citações e notificações, os registos de penhora e os atos que se destinem a evitar dano irreparável.

3 – Os atos das partes podem ser praticados por via eletrónica ou através de telecópia em qualquer dia e independentemente da hora da abertura e do encerramento dos tribunais.

4 – Os atos das partes praticados por forma presencial junto do tribunal, nomeadamente a entrega de quaisquer articulados, requerimentos ou documentos, devem ser praticados durante as horas de expediente dos serviços.

(Alterado pelo Dec. Lei nº 97/19, de 26-7)

Remissões: art. 552º, nº 13 (identificação na peça processual de parte que seja pessoa coletiva); art. 36º da LOSJ (organização de turnos); arts. 34º a 52º do ROFTJ (secretarias judiciais).

1. A regra segundo a qual não se praticam atos processuais (conceito mais abrangente do que o de atos judiciais, que são os praticados pelo juiz) nos dias em que os tribunais estejam encerrados, nem durante o período de férias judiciais, é afastada quanto a citações e notificações, registos de penhora e atos que se destinem a evitar dano irreparável. Independentemente dos atos que são realizados de forma automática, pretende-se impedir que a circunstância de não haver atividade processual durante um certo lapso de tempo possa fazer perigar interesses merecedores de tutela incompatível com delongas.

2. Deste modo, em particular durante as férias judiciais, far-se-ão normalmente citações, notificações e registos de penhora, sendo de notar que, face ao disposto no art. 719º, nº 1, no âmbito da ação executiva, estes atos incumbem ao agente de execução.

3. Terão a natureza de atos destinados a evitar dano irreparável, por exemplo, a produção antecipada de prova (art. 419º), a citação urgente (arts. 226º, nº 4, al. f) e 561º), os atos a praticar em processos que a própria lei qualifique como urgentes, como ocorre com os procedimentos cautelares (art. 363º, nº 1) e o processo de insolvência, incluindo aqui os respetivos incidentes, apensos e recursos (art. 9º, nº 1, do CIRE).

4. Os tribunais estão encerrados aos sábados e aos domingos e nos dias feriados (cf., respetivamente, art. 166º e arts. 168º e 169º da Lei nº 59/08, de 11-9, que define o Reg. do Cont. de Trabalho em Funções Públicas).

5. As férias judiciais decorrem em três períodos ao longo do ano: de 22 de dezembro de a 3 de Janeiro, do domingo de Ramos à segunda-feira de Páscoa e de 16 de Julho a 31 de agosto (art. 28º da LOSJ).

6. O horário de expediente das secretarias judiciais é o seguinte: das 9,00 às 12,30 h e das 13,30 às 17,00 h, encerrando ao público às 16 h (Port. nº 307/18, de 29-11).

7. A circunstância de os tribunais estarem encerrados ou fora do horário de expediente da secretaria não obsta a que as partes pratiquem atos processuais por transmissão eletrónica de dados ou por telecópia, sendo que, face ao regime do art. 144º, é obrigatória, em regra, a transmissão eletrónica de dados.

8. Para maiores desenvolvimentos, cf. Marco Carvalho Gonçalves, *Prazos Processuais*, Almedina, 2019, pp. 127-137.

ARTIGO 138º
Regra da continuidade dos prazos

1 – O prazo processual, estabelecido por lei ou fixado por despacho do juiz, é contínuo, suspendendo-se, no entanto, durante as férias judiciais, salvo se a sua duração for igual ou superior a seis meses ou se tratar de atos a praticar em processos que a lei considere urgentes.

2 – Quando o prazo para a prática do ato processual terminar em dia em que os tribunais estiverem encerrados, transfere-se o seu termo para o 1º dia útil seguinte.

3 – Para efeitos do disposto no número anterior, consideram-se encerrados os tribunais quando for concedida tolerância de ponto.

4 – Os prazos para a propositura de ações previstos neste Código seguem o regime dos números anteriores.

Remissões: arts. 279º (cômputo do termo) e 296º (contagem dos prazos) do CC; art. 24º, nº 4, da Lei nº 30/04, de 29-7 (interrupção do prazo pela formulação do pedido de apoio judiciário na modalidade de nomeação de patrono).

1. A regra da continuidade dos prazos implica que os mesmos sejam contados também aos sábados, domingos e dias feriados, suspendendo-se, todavia, durante o período de férias judiciais.

2. O regime da suspensão em férias judiciais não opera em duas situações: se o prazo for igual ou superior a 6 meses ou se se tratar de atos a praticar em processos considerados urgentes por lei, de que são exemplos o processo de insolvência, aí se incluindo os respetivos incidentes, apensos e recursos (art. 9º, nº 1 do CIRE), e os procedimentos cautelares (art. 363º, nº 1). Quanto aos procedimentos cautelares, importa salientar que a natureza urgente vale em todos os momentos da instância, mesmo na fase do recurso (cf. o ***AUJ nº 9/09***: "*Os procedimentos cautelares revestem sempre carácter urgente mesmo na fase de recurso*").

3. Considerando a impossibilidade (quanto a ato a praticar diretamente na secretaria judicial) ou a irrelevância (por a secretaria judicial não poder dar-lhe qualquer sequência), sempre que o prazo para a prática de ato processual termine em dia em que os tribunais estejam encerrados, o termo do prazo é transferido para o primeiro dia útil seguinte. Trata-se de uma solução similar à fixada no art. 279º, al. c), do CC, para os prazos substantivos relacionados com atos que tenham de ser praticados em juízo.

4. É equiparada ao encerramento dos tribunais, com submissão ao mesmo regime quanto à transferência do termo do prazo, a hipótese de concessão de tolerância de ponto, tendo, assim, caducado a solução uniformizadora que, no âmbito do CPC de 1961, fora estabelecida pelo ***AUJ nº 8/96***: "*A tolerância de ponto não se integra no conceito de feriado. A tolerância de ponto não reúne, pois, os pressupostos para, por integração analógica, poder ser subsumida na previsão do art. 144º, nºs 1 e 3, do CPC. Porém, se o dia de tolerância de ponto coincidir com o último dia do prazo para a prática do ato, considera-se existir justo impedimento, nos termos do art. 146º, nº 2, do CPC, para que o ato possa ser praticado no dia imediato*".

5. O regime da contagem de prazos fixado neste preceito é aplicável aos prazos previstos no CPC para a instauração de ações, sendo, então, de observar tanto a regra como as exceções assinaladas, em lugar da sujeição ao estrito regime da caducidade que resultaria da aplicação do art. 279º do CC. A expressão "*propositura de ações*" deve ser tomada como visando, além das ações, os incidentes, os procedimentos cautelares e mesmo o recurso extraordinário de revisão.

6. Deste modo, entre outros, suspendem-se nas férias judiciais e, se terminarem em dia em que os tribunais estejam encerrados, o seu termo transfere-se para o primeiro dia útil seguinte, os seguintes prazos: o de dois meses para, sob pena de caducidade do arresto, promover a execução da sentença transitada em julgado (art. 395º); o de 30 dias para deduzir os embargos de terceiro (art. 344º, nº 2); o de 30 dias para propor a ação a que alude o art. 838º, nº 3.

7. No campo dos procedimentos cautelares, quando a sua instauração estiver sujeita a prazo de caducidade marcado no CPC (cf. o art. 380º, nº 1, para a suspensão de deliberações sociais, e o art. 397º, nºs 1 e 3, para o embargo de obra nova), este corre em férias judiciais, dado que se trata de processos urgentes; terminando no decurso destas, deve o procedimento ser instaurado em férias (cf. Abrantes Geraldes, *Temas da Reforma do Processo Civil*, vol. IV, 4ª ed., p. 87 e 259).

8. Diferentemente, o prazo para a instauração da ação principal subsequente ao deferimento da providência cautelar – quer pelo requerente (art. 373º, nº 1, al. a)), quer pelo requerido, nos casos de inversão do contencioso (art. 371º, nº 1) – fica sujeito ao regime da suspensão em férias judiciais, dado que tal ação não tem natureza urgente (cf. Abrantes Geraldes, *Temas da Reforma do Processo Civil*, vol. III, 4ª ed., pp. 304 e ss.). Já no ***Assento nº 8/94*** se fixara que: "*A suspensão dos prazos judiciais, estabelecido no art. 144º, nº 3 do CPC (de 1961), não é aplicável ao prazo judicial de propositura de ação previsto no art. 382º, nº 1, al. a), do mesmo Código*".

9. Também se suspende nas férias judiciais e, terminando em dia em que os tribunais estejam encerrados, o seu termo transfere-se para o primeiro dia útil seguinte, o prazo de 30 dias para ser intentada a nova ação nos casos em que tenha sido declarada a absolvição da instância e o autor pretenda o aproveitamento dos efeitos civis derivados da propositura da primeira ação (art. 279º, nº 2). O mesmo se diga do prazo de 10 dias para requerer a renovação da execução extinta (art. 850º, nº 2).

10. No caso do recurso extraordinário de revisão (arts. 696º e ss.), os prazos de 5 anos (art. 697º, nº 2) e de 2 anos (art. 697º, nº 3) não se suspendem nas férias judiciais, transferindo-se, porém, o seu termo para o primeiro dia útil seguinte, quando terminem em dia em que os tribunais estejam encerrados. E se terminarem em férias judiciais, o seu termo transfere-se para o primeiro dia útil subsequente ao fim das férias – aqui por força do disposto no art. 279º, al. e), do CC, que equipara aos domingos e dias feriados as férias judiciais. Mas já se suspende o prazo de 60 dias previsto no nº 2 do art. 697º.

11. Em STJ 12-9-19, 587/17, considerou-se aplicável o regime do art. 138º a prazos regressivos, ou seja, prazos que se contam de modo inverso, como ocorre com o prazo de 20 dias previsto no art. 423º, nº 2, para a junção de documentos, ou o mesmo prazo previsto no art. 598º, nº 2, relativamente ao aditamento ou alteração do rol de testemunhas, solução recusada por Teixeira de Sousa, em *https://blogippc.blospot.com* (2-10-19).

12. Para maiores desenvolvimentos, cf. Marco Carvalho Gonçalves, *Prazos Processuais*, Almedina, 2019, pp. 79-111.

ARTIGO 139º
Modalidades do prazo

1 – O prazo é dilatório ou perentório.

2 – O prazo dilatório difere para certo momento a possibilidade de realização de um ato ou o início da contagem de um outro prazo.

3 – O decurso do prazo perentório extingue o direito de praticar o ato.

4 – O ato pode, porém, ser praticado fora do prazo em caso de justo impedimento, nos termos regulados no artigo seguinte.

5 – Independentemente de justo impedimento, pode o ato ser praticado dentro dos três primeiros dias úteis subsequentes ao termo do prazo, ficando a sua validade dependente do pagamento imediato de uma multa, fixada nos seguintes termos:

a) Se o ato for praticado no 1º dia, a multa é fixada em 10% da taxa de justiça correspondente ao processo ou ato, com o limite máximo de 1/2 UC;

b) Se o ato for praticado no 2º dia, a multa é fixada em 25% da taxa de justiça correspondente ao processo ou ato, com o limite máximo de 3 UC;

c) Se o ato for praticado no 3º dia, a multa é fixada em 40% da taxa de justiça correspondente ao processo ou ato, com o limite máximo de 7 UC.

6 – Praticado o ato em qualquer dos três dias úteis seguintes sem ter sido paga imediatamente a multa devida, logo que a falta seja verificada, a secretaria, independentemente de despacho, notifica o interessado para pagar a multa, acrescida de uma penalização de 25% do valor da multa, desde que se trate de ato praticado por mandatário.

7 – Se o ato for praticado diretamente pela parte, em ação que não importe a constituição de mandatário, o pagamento da multa só é devido após notificação efetuada pela secretaria, na qual se prevê um prazo de 10 dias para o referido pagamento.

8 – O juiz pode excecionalmente determinar a redução ou dispensa da multa nos casos de manifesta carência económica ou quando o respetivo montante se revele manifestamente desproporcionado, designadamente nas ações que não importem a constituição de mandatário e o ato tenha sido praticado diretamente pela parte.

Remissões: art. 141º (prorrogabilidade dos prazos); art. 162º nº 2 (submissão a despacho de requerimentos extemporâneos); art. 569º, nº 5 (prorrogação do prazo da contestação); art. 25º da Port. nº 419-A/09, de 17-4 (autoliquidação da multa).

1. Apresentando-se o processo como uma sucessão de atos tendentes a permitir ao tribunal a prolação de uma decisão que defina os direitos no caso concreto, isso implica a previsão de fases e prazos processuais para a prática de atos. O princípio da eventualidade e da preclusão que emana de diversas disposições legais significa que, em regra, ultrapassada determinada fase processual, as partes deixam de poder praticar os atos que aí deveriam inserir-se.

2. Tem ainda como consequência que, excedido um prazo fixado na lei ou determinado pelo juiz, extingue-se o direito de praticar o ato, a não ser que as partes estejam de acordo quanto à sua prorrogação (como o permite o art. 141º, nº 2), ou que a própria lei a preveja (art. 569º, nºs 4 e 5). Mas tanto o acordo sobre a prorrogação do prazo como o requerimento de prorrogação devem dar entrada nos autos enquanto o prazo estiver em curso e, quanto ao último, com a antecedência adequada a evitar o seu esgotamento antes de ser apreciado o pedido de prorrogação.

3. A prática de um ato fora do prazo legal e que não se reconduza a qualquer das situações excecionais determina que a secretaria o submeta à prévia apreciação do juiz, nos termos do art. 162º, nº 2.

4. O relevo da distinção entre prazo dilatório e prazo perentório advém muito dos efeitos do decurso de cada um deles. O decurso de um prazo perentório tem efeitos preclusivos, conduzindo à impossibilidade da prática do ato respetivo. Por sua vez, o prazo dilatório posterga o momento da prática de certo ato (assim sucede no caso previsto no art. 510º, havendo substituição de testemunhas) ou o início da contagem de outro prazo (é o caso previsto no art. 245º, fazendo acrescer certo número de dias ao prazo da defesa – cf. ainda o art. 569º, nº 1).

5. Os efeitos preclusivos resultantes do esgotamento de um prazo perentório podem ser evitados em dois planos: pela prática do ato dentro dos 3 dias úteis subsequentes ao termo do prazo ou pela ocorrência de justo impedimento (art. 140º). A primeira está dependente do pagamento imediato de uma multa, que é progressivamente maior por cada dia de atraso, havendo sempre um limite máximo para cada dia de multa. A multa é fixada em percentagem da taxa de justiça, sendo o seu limite máximo definido por referência à unidade de conta processual (UC).

6. Mesmo aqui, há um mecanismo suplementar destinado a salvar o ato que tiver sido praticado sem o imediato pagamento da multa devida, variando a solução em função de a parte estar ou não patrocinada por mandatário. Havendo mandatário constituído, se a multa respetiva não foi paga imediatamente, o ato só é considerado na condição de a parte, além de proceder ao pagamento da multa em falta, pagar a penalização correspondente a 25% do valor da multa, para o que será notificada pela secretaria, logo que a falta seja verificada.

7. Se não houver mandatário constituído e o ato tiver sido praticado diretamente pela parte, tratando-se de ação em que o patrocínio judiciário não é obrigatório, a secretaria judicial, antes de acionar a referida penalização, notifica a parte para, no prazo de 10 dias, efetuar o pagamento da multa em singelo pelo valor correspondente ao dia (1º, 2º ou 3º) em que o ato foi praticado. Não sendo a multa paga nesse prazo, haverá uma última notificação para o seu pagamento, acrescida da penalização de 25% do valor da multa, sob pena de o ato perder validade.

8. A concessão do benefício de apoio judiciário na modalidade de dispensa do pagamento de taxa de justiça e de custas não dispensa a parte do pagamento da multa prevista no nº 5.

9. O Trib. Const., no Ac. nº 33/2012, concluiu pelo não julgamento de inconstitucionalidade do art. 145º, nºs 5 e 6 do CPC de 1961 (atual art. 139º), quando interpretado no sentido de ser admissível a prática de atos processuais pelo Ministério Público, dentro dos 3 primeiros dias úteis subsequentes ao termo do prazo, sem que a sua validade fique dependente da emissão de uma declaração no sentido de pretender praticar o ato nesses três dias.

10. Existe divergência jurisprudencial quanto a saber se a parte pode invocar a situação de justo impedimento dentro dos 3 dias úteis previstos no nº 5. No sentido negativo, cf. STJ 27-11-08, 08B2372 e RC 1-3-16, 527/14, mas no sentido inverso, que mais se adequa ao regime legal, cf. STJ 25-10-12, 1627/04, RL 27-9-17, 10805/15 e Teixeira de Sousa, segundo o qual "o regime do justo impedimento é geral: ele abrange a prática de qualquer ato que a parte tenha a faculdade de praticar. Se a parte tem essa faculdade porque está dentro do prazo ou porque beneficia do «prazo de complacência» estabelecido no art. 139º, nº 5, isso tem de ser indiferente. Aquele regime destina-se a desonerar a parte do risco de um evento que lhe não é imputável e que obsta à prática do ato" (*https//blogippc.blogspot.com*).

11. Para que o juiz pondere a redução ou a dispensa da multa, nos termos do art. 139º, nº 8, o respetivo requerimento deverá ser formulado no momento da prática do ato, sendo que tal redução ou dispensa pode versar tanto sobre a multa prevista no nº 5 como sobre a prevista nos nºs 6 e 7. São elegíveis as situações de manifesta carência económica ou os casos em que a sanção seja manifestamente desproporcionada, designadamente quando, não sendo obrigatória a constituição de mandatário, tenha sido a própria parte a praticar o ato.

12. Nos termos do art. 22º do DL nº 34/08, de 26-2 (diploma que aprovou o RCP), a UC é a quantia monetária equivalente a um ¼ do valor do Indexante dos Apoios Sociais (IAS), arredondada à unidade €. O IAS foi instituído pela Lei nº 53-B/06, de 29-12. Para o ano de 2008, a Port. nº 9/08, de 3-1, fixou o valor do IAS em € 407,41. Tendo o RCP entrado em vigor em 20-4-09, a UC passou a ter o valor de € 102,00.

13. Em princípio, valor da UC deveria ser atualizado anual e automaticamente com base na taxa de atualização daquele indexante, mas tal ainda não ocorreu, seja porque, durante alguns anos, o IAS não foi alterado, seja porque a própria atualização automática da UC foi sendo suspensa, cenário que se repete no ano de 2019, conforme estabelece o art. 182º da Lei nº 71/18, de 31-12: "*Em 2019, mantém-se a suspensão da atualização automática da unidade de conta processual (UC) prevista no nº 2 do art. 5º do RCP, aprovado pelo DL* nº 34/08, de 26-2, contin*uando em vigor o valor das custas vigente em 2018*". Por tudo isso, o valor da UC mantém-se em € 102,00.

14. Para maiores desenvolvimentos, cf. Marco Carvalho Gonçalves, *Prazos Processuais*, Almedina, 2019, pp. 153-160.

ARTIGO 140º
Justo impedimento

1 – Considera-se "justo impedimento" o evento não imputável à parte nem aos seus representantes ou mandatários que obste à prática atempada do ato.

2 – A parte que alegar o justo impedimento oferece logo a respetiva prova; o juiz, ouvida a parte contrária, admite o requerente a praticar o ato fora do prazo se julgar verificado o impedimento e reconhecer que a parte se apresentou a requerer logo que ele cessou.

3 – É do conhecimento oficioso a verificação do impedimento quando o evento a que se refere o nº 1 constitua facto notório, nos termos do nº 1 do artigo 412º, e seja previsível a impossibilidade da prática do ato dentro do prazo.

Remissões: art. 144º, nº 8 (justo impedimento para a prática do ato na forma eletrónica); art. 248º, nº 2 (justo impedimento no acesso à notificação); arts. 2º e 3º do DL nº 131/09, de 1-6, revisto pelo DL nº 50/18, de 25-6 e pelo DL nº 172/19, de 12-12 (adiamento de ato em que deva intervir advogado ou solicitador, em virtude de maternidade e paternidade ou de falecimento de familiar).

1. A figura do justo impedimento, que legitima a prática do ato depois de decorrido o prazo respetivo (ou, nos casos do art. 144º, nº 8, por uma forma diversa da eletrónica), encontra-se regulada e tem sido interpretada pelos tribunais de modo muito cauteloso, a fim de contrariar o uso abusivo que se revelaria prejudicial aos interesses da segurança e da celeridade. A experiência aconselha que tal mecanismo seja reservado para situações que verdadeiramente o justifiquem, desconsiderando, para além dos argumentos artificiosos, eventos imputáveis à própria parte ou aos seus representantes e que sejam reveladores de negligência ou da falta de diligência devida.

2. Com tal regime pretende-se evitar que, a pretexto de qualquer evento, pudesse ser perturbada a marcha processual ou, mais do que isso, pudessem ser afetados atos já praticados, tanto mais que sempre restaria uma larga margem de incerteza quanto à sua imputabilidade, na medida em que tais eventos ocorrem na esfera particular do sujeito envolvido, tornando difícil o seu escrutínio (cf. Lebre de Freitas e Isabel Alexandre, *CPC anot.*, vol. I, 4ª ed., pp. 297-302).

3. Em lugar de assentar na imprevisibilidade e na impossibilidade de prática do ato, como já esteve previsto, o instituto está agora centrado na ideia da culpabilidade das partes, dos seus representantes ou dos mandatários, aqui se incluindo também as pessoas que desempenham funções acessórias (cf. RC 30-6-15, 39/14). Refere, com propriedade, Paula Costa e Silva, *Acto e Processo*, p. 314, que o justo impedimento funciona como uma cláusula geral de salvaguarda contra os efeitos das omissões involuntárias.

4. Na jurisprudência do STJ sobre o justo impedimento merecem destaque as seguintes decisões: verifica-se o justo impedimento quando o ato não é tempestivamente praticado por impossibilidade absoluta da parte, do mandatário ou mesmo de um seu empregado, por virtude de facto estranho à sua vontade e que um cuidado e diligência normal não fariam prever (STJ 9-6-16, 7283/07); não mencionando o atestado médico nenhum facto concreto, limitando-se a mencionar que o paciente "se encontra incapacitado de cumprir os seus deveres profissionais, por motivo de doença e pelo período de N dias desde o dia Y", tal declaração não atesta factos, não viabilizando que o tribunal se possa pronunciar reconhecendo que houve justo impedimento, não podendo, assim, considerar-se preenchido o ónus da prova do justo impedimento (STJ 22-10-15, 2736/11); um deficiente manuseamento informático do programa *CITIUS*, em consequência do qual foram enviadas (embora dentro de prazo de recurso) peças processuais que nada tinham a ver com a ação a que se destinavam, não corresponde a qualquer situação totalmente imprevisível e que impeça completamente a prática correta do envio das alegações de recurso pertinentes, não podendo enquadrar-se esta situação no conceito de justo impedimento (STJ 15-1-14, 1009/06 e STJ 17-4-12, 4592/06). Outros exemplos são enunciados em RG 18-1-18, 6018/16.

5. O incidente deve ser suscitado logo que tenha cessado a situação invocada como impeditiva da prática atempada do ato. Além de alegar as circunstâncias que motivaram o impedimento, a parte deve apresentar logo os meios de prova. Cumprido o contraditório, o juiz decidirá. Face ao modo como a figura está enunciada na lei, o reconhecimento do justo impedimento radicará numa ponderação essencialmente casuística.

6. O efeito do justo impedimento não é, nem o de impedir o início do curso de prazo perentório nem o de interromper tal prazo em curso, mas tão somente o de suspender o termo de um prazo perentório, diferindo-o para o dia imediato ao que tenha sido o último de duração do impedimento (STJ 2-5-12, 8083/07). No que tange aos efeitos da procedência do justo impedimento, haverá que aplicar por analogia o disposto no nº 2 do art. 195º no que respeita à sorte dos atos que foram praticados entretanto bem como à estruturação do procedimento que tomou determinada forma em função da omissão (cf. Paula Costa e Silva, *Acto e Processo*, p. 316).

7. O nº 3 vem facilitar o recurso ao instituto em causa, admitindo a verificação oficiosa do impedimento quando o evento constitua facto notório, como ocorre em casos de greve dos funcionários judiciais ou noutro circunstancialismo que torne previsível a impossibilidade de prática do ato.

8. Alude-se também à figura do justo impedimento a propósito da prática de atos por transmissão eletrónica (art. 144º, nº 8) e do adiamento da audiência final (art. 603º, nº 1). Nesses casos, porém, não se trata de circunstância que obste à prática de ato processual dentro de certo prazo, mas da inobservância do modo previsto para o envio de peças processuais ou da falta de comparência de advogado em diligência judicial. Reconhecidas as razões invocadas, aceitar-se-á, sem quaisquer consequências para a parte, o modo alternativo usado no envio da peça processual, no primeiro caso e, no segundo caso, a reconstituição da situação, com anulação da diligência que tenha sido realizada e, se for o caso, anulação de alguma decisão que tenha sido proferida (cf. Paulo Pimenta, *Processo Civil Declarativo*, 2ª ed., pp. 333-334).

9. Para maiores desenvolvimentos e com muitos exemplos, cf. Marco Carvalho Gonçalves, *Prazos Processuais*, Almedina, 2019, pp. 160-176.

ARTIGO 141º
Prorrogabilidade dos prazos

1 – O prazo processual marcado pela lei é prorrogável nos casos nela previstos.

2 – Havendo acordo das partes, o prazo é prorrogável por uma vez e por igual período.

1. É prazo processual tanto o marcado pela lei como o fixado pelo juiz. O prazo fixado pelo juiz pode ser prorrogado quando tal se justifique, ao passo que o fixado na lei apenas pode sê-lo quando esta o permita, como sucede nos casos previstos nos arts. 569º, nºs 4 e 5, 586º e 942º, nº 2.

2. Com vista a atenuar os efeitos preclusivos decorrentes do mero decurso de prazos judiciais e, desse modo, evitar os prejuízos inerentes, as partes dispõem da possibilidade de acordarem na prorrogação, por uma vez e por idêntico período, do prazo processual marcado por lei, no que será uma manifestação da ideia de dispositivo. Outra forma de as partes agirem sobre os prazos (quer os marcados por lei, quer os fixados pelo juiz) é a de acordarem na suspensão da instância, nos termos do art. 272º, nº 4, com os efeitos no cômputo dos prazos previstos no art. 275º, nº 2.

3. O acordo das partes quanto à prorrogação do prazo deverá ser comunicado aos autos em tempo útil, isto é, enquanto não se mostrar esgotado o prazo sobre cuja prorrogação há acordo, limitando-se o juiz a constatar a existência e a oportunidade do acordo.

4. Para maiores desenvolvimentos, cf. Marco Carvalho Gonçalves, *Prazos Processuais*, Almedina, 2019, pp. 151-153.

ARTIGO 142º
Prazo dilatório seguido de prazo perentório

Quando um prazo perentório se seguir a um prazo dilatório, os dois prazos contam-se como um só.

1. Em conjugação com a regra da continuidade dos prazos (art. 138º), a contagem dos dois prazos como um só implica a irrelevância do dia em que termina o prazo dilatório, pois o prazo perentório iniciará a sua contagem no dia imediato, sem prejuízo, obviamente, de eventual suspensão determinada pelas férias judiciais, nos termos gerais. Igualmente deixa de ser aplicável ao prazo que corre em primeiro lugar a extensão especial prevista no art. 139º, nº 5. Sobre a interpretação do preceito, cf. STJ 6-6-19, 2008/17.

ARTIGO 143º
Em que lugar se praticam os atos

1 – Os atos judiciais realizam-se no lugar em que possam ser mais eficazes, mas podem realizar-se em lugar diferente, por motivos de deferência ou de justo impedimento.

2 – Quando nenhuma razão imponha outro lugar, os atos realizam-se no tribunal.

1. A definição do lugar em que o ato deve realizar-se é orientada por um critério de eficiência. Por princípio, os atos processuais (conceito mais abrangente do que o de atos judiciais, que são os praticados pelo juiz) realizam-se no tribunal, isto é, nas respetivas instalações, na sala de audiências, na secretaria judicial ou até no gabinete do juiz, em função da natureza do ato.

2. Há atos cuja realização a lei prevê possa ocorrer fora das instalações do tribunal: inquirição de testemunhas no local da questão (art. 501º), inquirição de testemunhas na sua residência ou na sede dos respetivos serviços (art. 503º, nº 1), inquirição de parte ou de testemunha impossibilitada de comparecer por doença (arts. 457º e 506º).

3. Além disso, há diversos atos que, pela sua natureza, é normal serem realizados fora do tribunal, como sucede com as diligências de perícia ou com a inspeção judicial.

SECÇÃO II
Atos das partes

ARTIGO 144º
Apresentação a juízo dos atos processuais

1 – Os atos processuais que devam ser praticados por escrito pelas partes são apresentados a juízo por via eletrónica, nos termos definidos na portaria prevista no nº 2 do artigo 132º, valendo como data da prática do ato processual a da respetiva expedição.

2 – A apresentação de peça processual nos termos do número anterior abrange também os documentos que a devam acompanhar, ficando a parte dispensada de remeter os respetivos originais, exceto quando o seu formato ou a dimensão dos ficheiros a enviar não permitirem o seu envio eletrónico, nos termos definidos na portaria prevista no nº 2 do artigo 132º.

3 – *(Revogado)*

4 – Os documentos apresentados nos termos previstos no nº 2 têm a força probatória dos originais, nos termos definidos para as certidões.

5 – O disposto no nº 2 não prejudica o dever de exibição das peças processuais em suporte de papel e dos originais dos documentos juntos pelas partes por via eletrónica, sempre que o juiz o determine nos termos da lei de processo, designadamente quando:

a) Duvidar da autenticidade ou genuinidade das peças ou dos documentos;
b) For necessário realizar perícia à letra ou assinatura dos documentos.

6 – Quando seja necessário duplicado ou cópia de qualquer peça processual ou documento apresentado por via eletrónica, designadamente para efeitos de citação ou notificação das partes, compete à secretaria extrair exemplares dos mesmos.

7 – Sempre que se trate de causa que não importe a constituição de mandatário, e a parte não esteja patrocinada, a apresentação a juízo dos atos processuais referidos no nº 1 é efetuada por uma das seguintes formas:

a) Entrega na secretaria judicial, valendo como data da prática do ato processual a da respetiva entrega;
b) Remessa pelo correio, sob registo, valendo como data da prática do ato processual a da efetivação do respetivo registo postal;
c) Envio através de telecópia, valendo como data da prática do ato processual a da expedição;
d) Entrega por via eletrónica, nos termos definidos na portaria prevista no nº 2 do artigo 132º, valendo como data da prática do ato a da respetiva expedição.

8 – Quando a parte esteja patrocinada por mandatário, havendo justo impedimento para a prática dos atos processuais nos termos indicados no nº 1, estes podem ser praticados nos termos do disposto no número anterior.

9 – Sem prejuízo do disposto no nº 4 do artigo 37º da Lei nº 34/2009, de 14 de julho, o disposto no nº 7 é igualmente aplicável à apresentação de peças processuais e outros documentos por peritos e outros intervenientes processuais não representados por mandatários.

10 – Quando a peça processual seja apresentada por via eletrónica e o sistema de informação através do qual se realiza a apresentação preveja a existência de formulários com campos para preenchimento de informação específica:

a) Essa informação deve ser indicada no campo respetivo, não podendo ser apresentada unicamente em ficheiros anexos;
b) Em caso de desconformidade entre o conteúdo dos formulários e o conteúdo dos ficheiros anexos, prevalece a informação constante dos formulários, ainda que estes não se encontrem preenchidos.

11 – Quando a apresentação de peças processuais e documentos for efetuada em suporte físico, nos termos dos números anteriores, a secretaria procede à

sua digitalização e inserção no sistema de informação, exceto nos casos em que o formato ou o estado de conservação do documento o não permitirem, nos termos definidos na portaria prevista no nº 2 do artigo 132º.

12 – Aos documentos digitalizados pela secretaria nos termos do número anterior é aplicável o disposto no nº 4.

13 – Quando a apresentação de peças processuais e documentos for efetuada nos termos previstos na alínea a) do nº 7, após a digitalização, as peças processuais e os documentos são devolvidos ao apresentante, aplicando-se, com as necessárias adaptações, o disposto nos nºs 4 e 5.

14 – Nos casos previstos no número anterior, se a secretaria constatar que a digitalização não permite um adequado exame da peça processual ou documento, arquiva e conserva o seu original no suporte físico do processo.

(Alterado pelo Dec. Lei nº 97/19, de 26-7)

Remissões: art. 148º, nºs 1 e 2 (exigência de duplicados em caso de apresentação de articulado nas formas previstas nas als. a) e b) do nº 7); art. 162º, nº 2 (submissão a despacho de requerimentos intempestivos); art. 259º, nº 1 (início da instância); arts. 359º, nº 2 e 360º (exigência de duplicado em caso de apresentação de articulado nas formas previstas nas als. a) e b) do nº 7); art. 552º, nº 8 (junção de comprovativo do pagamento da taxa de justiça quando a petição seja apresentada por uma das formas previstas nas als. a) a c) do nº 7); art. 558º, nº 3 (rejeição da petição quanto apresentada por uma das formas previstas nas als. a) a c) do nº 7); Port. nº 280/13, de 26-8, alterada pelas Portarias nº 170/17, de 26-8, nº 267/18, de 20-9 e nº 93/19, de 28-3) (tramitação eletrónica dos processos judiciais); DL nº 28/92, de 27-2 (regime da telecópia); Port. nº 347/19, de 4-10 (regulamenta as comunicações eletrónicas entre os Trib. Judiciais e o FGADM); Port. nº 348/19, de 4-10 (regulamenta as comunicações eletrónicas entre os Trib. Judiciais e a Seg. Social no âmbito dos processos tutelares cíveis e de promoção e proteção); Port. nº 357/19, de 8-10 (regulamenta as comunicações eletrónicas entre os Trib. Judiciais e as escolas da rede pública); Port. nº 358/19, de 8-10 (regulamenta as comunicações eletrónicas entre o sistema de informação e suporte à atividade dos Tribunais, o sistema informático de suporte à atividade dos agentes de execução e os sistemas da Seg. Social, do Fundo de Garantia Salarial e da CNA no âmbito da realização de penhoras de prestações sociais e pensões).

1. Quando as partes estão patrocinadas por mandatário, os atos que devam ser praticados por escrito terão de sê-lo por via eletrónica, através do sistema de informação específico dos tribunais (*CITIUS*), o qual, além de assegurar a integração das respetivas peças no processo judicial, confere as garantias da integralidade, autenticidade e inviolabilidade e efetiva as notificações entre mandatários. Em tais circunstâncias, o ato considera-se praticado na data da respetiva expedição.

2. O modo de envio da peça processual e dos documentos que a devam acompanhar está fixado nos arts. 4º e ss. da Port. nº 280/13, de 26-8, na sua atual redação, normas regulamentares que devem ser conjugados com as alterações introduzidas diretamente no CPC pelo Dec. Lei nº 97/19, de 26-7.

3. Antes da alteração pelo Dec. Lei nº 97/19, poderia entender-se que, apesar da assertividade do que se dispunha no nº 1 do art. 144º do CPC e da Portaria que regulamentava a matéria, a prática do ato processual por via diversa da legalmente imposta era suscetível de superação. Apesar de anómala, a situação gerada não correspondia verdadeiramente a uma nulidade processual, já que não existia no CPC qualquer preceito que estabelecesse essa cominação específica, e a regra geral do art. 195º, nº 1, implicava que a falha fosse suscetível de influir no exame e decisão da causa. O mesmo era defendido também por Lebre de Freitas e Isabel Alexandre, *CPC anot.*, vol. I, 4ª ed., p. 307 e assim foi sustentado em STJ 19-6-19, 1418/14, STJ 5-3-15, 891/08 e RL 26-9-17, 6886/13, contrariando o que se defendera em RE 8-3-18, 360/17, RP 4-12-17, 1618/16 ou RP 2-5-16, 1083/15.

4. O contexto normativo, entretanto, sofreu uma modificação com a publicação do DL nº 97/19 que, além do mais, introduziu alterações nos arts. 132º e 144º, o que leva a assumir outro entendimento. Doravante, é inequívoco que, fora dos casos em que se admite a utilização de uma outra alternativa (nºs 7 e 8 do art. 144º ou outras normas avulsas, como a do art. 21º do Estatuto dos Magistrados Judiciais), os atos judiciais que devam assumir a forma escrita devem ser praticados através do sistema de informação e de suporte à atividade dos tribunais, nos termos do nº 2 do art. 132º, de modo que o incumprimento dessa diretriz representa a inadequação do meio utilizado. Tal é evidenciado, além do mais, pela leitura do Preâmbulo do DL nº 97/19, de 26-9, onde se refere que se pretendeu consagrar inequivocamente "*um verdadeiro processo eletrónico, assente não apenas em documentos eletrónicos, mas também em informação estruturada constante de um efetivo sistema de informação*", visando "*libertar magistrados e funcionários de tarefas desnecessárias ...*".

5. Assim, nos termos dos arts. 132º, nº 1 e 144º, nº 1, com as ressalvas já assinaladas, a forma eletrónica constitui um requisito externo da prática de atos processuais que o devam ser por escrito. Se a lei exige uma certa forma (eletrónica) como requisito genético do ato processual, a peça que, fora do quadro fixado nos nºs 7 e nº 8, seja apresentada por outra via deve ser recusada pela secretaria (com eventual reclamação para o juiz, nos termos do nº 5 do art. 157º). Cf. decisão sumária do STJ, de 13-1-20, em www.juriprudência.csm.org.pt, ECLI.PT.STJ:2020:59.19.7YFLSB.

6. As implicações deste regime são particularmente impressivas quando está em causa a petição inicial. A nova redação do nº 1 do art. 259º, define o início da instância, não tanto pelo recebimento da petição pela secretaria, mas pelo momento em que a petição se considere apresentada, o que, como se referiu, supõe a observância da forma eletrónica. Daqui resulta que, fora dos casos de justo impedimento (nº 8), estando a parte patrocinada por mandatário judicial, a apresentação ou a remessa da petição inicial em suporte físico implicará a sua recusa pela secretaria judicial, com a agravante de ao autor não ser admitido prevalecer-se do regime previsto no art. 560º, cuja redação também foi alterada.

7. Ficando a parte dispensada de remeter o original da peça processual e dos respetivos documentos, cabe à secretaria judicial providenciar pela extração dos exemplares necessários quando haja necessidade de duplicados ou cópias, nomeadamente para efeitos de citação ou de notificação.

8. As als. a), b) e c) do nº 7 do art. 144º regulam formas de apresentação de peças escritas nos autos em suporte físico, limitando, porém, tal possibilidade aos casos em que, não sendo obrigatório o patrocínio judiciário, as partes não estejam efetivamente patrocinadas. Nesta situação, o regime legal é mais compreensivo, de modo que a peça pode ser entregue na secretaria judicial (considerando-se o ato praticado nessa data), remetida por correio registado (releva a data da efetivação do registo) ou enviada por via telecópia (valendo a data da expedição). Note-se que, considerando os últimos desenvolvimentos legislativos atinentes, não constitui alternativa admissível a utilização do correio eletrónico (*e-mail*). Quando tal vier a ser regulamentado, a parte que não esteja patrocinada, em ação que não exija o patrocínio judiciário, ainda poderá utilizar a via eletrónica, nos termos da al. d).

9. O nº 8 do art. 144º abre uma outra exceção à obrigatoriedade da transmissão eletrónica de dados prevista no nº 1 e no art. 132º, admitindo que a parte, embora patrocinada por mandatário, faça uso dos meios alternativos indicados no nº 7 (entenda-se: nas suas als. a), b) e c)). Para tal, é suposto que se esteja perante uma situação enquadrada na figura do "*justo impedimento*" para a prática do ato processual pela via prioritária prevista no nº 1. Por referência à previsão do art. 140º, nº 1, deverá tratar-se de uma circunstância que, por razões não imputáveis à parte ou ao seu mandatário, impeça a apresentação da peça processual pela via eletrónica. Assim ocorrerá em casos de inoperacionalidade do sistema informático de suporte à atividade dos tribunais, mas também, por exemplo, em casos de quebra do fornecimento de energia elétrica que atinja o escritório do mandatário (RL 12-1-17, CJ, t. I, p. 65).

10. Nos casos de justo impedimento relativamente ao envio pela via eletrónica, a parte, através do seu mandatário, deve praticar o ato por alguma das vias alternativas referidas nas als. a), b) e c) do nº 7, em simultâneo com a alegação do evento que, em seu entender, configura o justo impedimento e com a indicação da respetiva prova (art. 140º, nº 2), quando necessária (nº 3 deste preceito). Procedendo deste modo, a parte assegura em simultâneo o seguinte:

a) Impede a eventual preclusão associada ao esgotamento do prazo, pois pratica o ato no tempo devido (embora por uma via diferente da prevista);

b) Obsta a que a secretaria recuse a peça processual com fundamento na inobservância da forma de apresentação prevista na lei, já que vem alegado o justo impedimento.

11. O eventual justo impedimento para o uso da via eletrónica na apresentação de peças escritas não significa que a parte possa optar entre o uso imediato de outros meios de apresentação do ato a juízo ou postergar a sua prática por via eletrónica para o momento em que cesse o impedimento. O sentido da lei é claro: em regra, as peças processuais devem ser remetidas aos autos por via eletrónica (nº 1); havendo justo impedimento para tal, é admitido o uso das vias alternativas previstas nas als. a), b) e c) do nº 7, mas sempre dentro do prazo legal. Com efeito, o impedimento de que trata o nº 8 respeita apenas ao modo da prática do ato e não à oportunidade de tal prática (quanto a esta última, vale o regime geral que resulta do art. 140º).

12. Cabe ao juiz apreciar se há ou não justo impedimento. Em caso afirmativo, nenhuma sanção será aplicável à parte, procedendo-se à digitalização da peça processual e seguindo o processo o seu curso. Em caso negativo, significando isso que o uso dos meios alternativos foi infundado, tudo se passará nos termos acima referidos, isto é, a peça escrita não pode ser integrada nos autos, implicando o seu desentranhamento.

13. A lei não exclui que, por decisão fundamentada do juiz, seja determinada a exibição das peças processuais em suporte de papel e bem assim dos originais dos documentos, o que tendencialmente sucederá em casos limitados, designadamente quando houver dúvidas acerca da autenticidade ou genuinidade das peças ou dos documentos, ou quando for necessário realizar perícia à letra ou assinatura dos documentos (cf. o art. 4º, nº 2, da Port. nº 280/13).

14. Outra situação particular para a qual é obrigatória a entrega do original respeita aos títulos de crédito (*v.g.* letras, livranças e cheques) que sejam apresentados como título executivo: o regime substantivo decorrente da LUCh e da LULL, associado à possibilidade de tais títulos serem endossados a terceiros, justifica e exige a sua integração nos autos, única forma de proteger o executado contra uma eventual posterior exigência da mesma quantia por outro indivíduo. Por isso, no prazo de 10 dias posteriores à distribuição, o exequente deve remeter ao tribunal o original do título de crédito (art. 724º, nº 5).

15. Quando a apresentação da petição inicial possa ser efetuada nos termos do nº 7, als. a) a c), cabe ao autor juntar o documento comprovativo do prévio pagamento da taxa de justiça devida ou da concessão do benefício de apoio judiciário, na modalidade de dispensa do mesmo (nº 8 do art. 552º).

16. O nº 10 do art. 144º replica o nº 2 do art. 7º da Port. nº 280/13, de 26-8, impondo a obrigatoriedade de preenchimento dos campos constantes dos formulários para a inserção de informação específica, não devendo tal informação ser apresentada apenas nos ficheiros anexos. Todavia, tal como já ocorria com o preceito anterior, o regime deve articular-se com o disposto no art. 146º, nº 2, facultando-se à parte a retificação do lapso quando, por exemplo, tenha feito constar o rol de testemunhas do anexo, omitindo-o no formulário (cf. RL 6-12-17, 16694/16, RL 27-1-16, 390/15 e RP 24-2-15, 1967/14). Solução diversa, pelo seu radicalismo, colocaria em crise o objetivo de proporcionar às partes processo equitativo (RL 27-1-16, 390/15).

ARTIGO 145º
Comprovação do pagamento de taxa de justiça

1 – Quando a prática de um ato processual exija o pagamento de taxa de justiça, nos termos fixados pelo Regulamento das Custas Processuais, deve ser comprovado o seu prévio pagamento ou a concessão do benefício do apoio judiciário, salvo se, neste último caso, essa concessão já se encontrar comprovada nos autos.

2 – A comprovação de pagamento de taxa de justiça de valor inferior ao devido, nos termos do Regulamento das Custas Processuais, equivale à falta de comprovação.

3 – Sem prejuízo das disposições relativas à petição inicial, a falta de comprovação do pagamento referido no nº 1 ou da concessão do benefício do apoio judiciário não implica a recusa da peça processual, devendo a parte proceder à sua comprovação nos 10 dias subsequentes à prática do ato processual, sob pena de aplicação das cominações previstas nos artigos 570º e 642º.

4 – O prévio pagamento da taxa de justiça ou a concessão do benefício do apoio judiciário são comprovados:

a) Quando o ato processual seja praticado por via eletrónica, nos termos definidos na portaria prevista no nº 2 do artigo 132º;

b) Quando o ato processual seja praticado por uma das formas previstas nas alíneas a) a c) do nº 7 do artigo anterior, através da junção do documento comprovativo do prévio pagamento ou da concessão do benefício do apoio judiciário.

5 – Sempre que se trate de causa que não importe a constituição de mandatário, e o ato tenha sido praticado diretamente pela parte, é a parte notificada para que proceda à junção de comprovativo de pagamento ou da concessão de apoio judiciário, sob pena de ficar sujeita às cominações legais.

6 – *(Revogado)*

(Alterado pelo DL nº 97/19, de 26-7)

Remissões: arts. 8º (pagamento de taxa de justiça), 18º (DUC) e 22º, todos da Port. nº 419-A/09, de 17-4 (documento comprovativo); art. 14º do RCP (oportunidade do pagamento da taxa de justiça); art 9º da Port. nº 280/13, de 26-8 (pagamento de taxa de justiça e benefício do apoio judiciário).

1. Por princípio, nos termos que resultam da conjugação entre a norma do art. 530º do CPC e os arts. 6º e 7º do RCP, as iniciativas processuais estão sujeitas a tributação e implicam o prévio pagamento da taxa de justiça, o qual deve ser demonstrado juntamente com a peça processual correspondente. Só não será assim quando a parte beneficie de apoio judiciário, na modalidade de dispensa de pagamento de taxa de justiça, caso em que deve comprovar a obtenção desse benefício ou, na hipótese de ainda não haver decisão sobre o mesmo, demonstrar a formulação do respetivo pedido.

2. De maneira a evitar situações que poderiam configurar um desvirtuamento do dever de prévio pagamento da taxa de justiça devida, é dito expressamente que o pagamento de valor inferior ao devido equivale à falta de pagamento.

3. Quando se trate de petição inicial, é de observar o regime concretamente definido nos arts. 552º, nº 7, 558º, nº 1, al. f) e 560º, nos termos dos quais a falta de comprovação do prévio pagamento da taxa de justiça devida ou da concessão do benefício do apoio judiciário (ou, pelo menos, da formulação do pedido, caso ainda não haja decisão) determina a recusa da petição inicial pela secretaria (salvo no caso particular referido no art. 552º, nº 9), podendo ainda o autor juntar o respetivo documento no prazo de 10 dias a contar da recusa ou da sua confirmação judicial, tendo-se presente que, sem prejuízo das considerações tecidas no local próprio, o atual regime do 560º não é aplicável quando a parte está patrocinada por mandatário judicial.

4. Relativamente aos demais casos (*v.g.* contestação e recursos), o incumprimento do prescrito no nº 1 do art. 145º não determina a recusa da peça processual. Porém, e sem que deva ser notificada para tal, a parte dispõe de 10 dias, contados da prática do ato, para proceder à junção do documento em falta (cf., também, o art. 570º, nº 3). Quando a parte não atue nesses termos, sujeita-se às cominações previstas no art. 570º, tratando-se da contestação, e no art. 642º, para o caso de recurso (seja a parte recorrente ou recorrida).

5. Tais cominações implicam a notificação da parte faltosa para proceder ao pagamento omitido, acrescido de multa determinada, sob pena de vir a ser ordenado o desentranhamento da peça processual em causa. Deve notar-se que, no caso da contestação, antes do respetivo desentranhamento (art. 570º, nº 6), são concedidas ao réu duas oportunidades, com o inerente agravamento da multa da primeira oportunidade (art. 570º, nºs 3 e 4) para a segunda (art. 570º, nº 5). No caso de recurso, há apenas uma oportunidade para o recorrente ou o recorrido (art. 642º, nº 1), seguindo-se o desentranhamento da peça respetiva (art. 642º, nº 2, *in fine*).

6. Nos casos em que a parte litigue sem estar patrocinada por mandatário, por não ser obrigatório o patrocínio judiciário, tendo decorrido 10 dias sem comprovação do pagamento da taxa de justiça ou da concessão do apoio judiciário, a lei acautela que, antes de ser acionada qualquer cominação, seja ainda concedida à parte a hipótese de, sem acréscimos, documentar o pagamento da taxa de justiça devida ou a concessão do apoio judiciário (art. 145º, nº 5).

7. Pode dizer-se que as exigências consagradas na lei acerca da comprovação do pagamento da taxa de justiça devida pela prática de atos processuais são acompanhadas de mecanismos tendentes a evitar automatismos cominatórios que ponham em causa o direito material.

ARTIGO 146º
Suprimento de deficiências formais de atos das partes

1 – É admissível a retificação de erros de cálculo ou de escrita, revelados no contexto da peça processual apresentada.

2 – Deve ainda o juiz admitir, a requerimento da parte, o suprimento ou a correção de vícios ou omissões puramente formais de atos praticados, desde que a falta não deva imputar-se a dolo ou culpa grave e o suprimento ou a correção não implique prejuízo relevante para o regular andamento da causa.

Remissões: art. 249º do CC (erros de escrita).

1. Trata-se de um preceito novo pautado, como outros do CPC de 2013 (*v.g.* arts. 6º, nº 2 e 193º, nº 3), pelo objetivo de evitar, tanto quanto possível, que aspetos meramente técnicos ou formais possam impedir ou condicionar a apreciação do mérito da causa e a justa composição do litígio.

2. O nº 1 veio consagrar expressamente a solução (sustentada numa jurisprudência constante) que já vinha sendo aplicada por referência ao disposto no art. 249º do CC, sendo critério fundamental que o erro de cálculo ou de escrita se revele no contexto da peça processual, seja pelo seu próprio teor, seja pelo teor de peças ou documentos com que tenha conexão.

3. Em RP 18-12-18, 1950/10, decidiu-se que não constitui erro de escrita retificável a declaração unilateral dos autores em que estes expressamente declaram desistir dos pedidos, vindo posteriormente a dizer que pretendiam desistir da instância, quando no requerimento de desistência identificam expressamente os pedidos de que pretendem desistir e identificam o pedido que mantêm formulado, nada dizendo quanto aos motivos da desistência que permitissem outra interpretação do declarado.

4. O nº 2 admite o suprimento ou a correção de vícios ou omissões de atos praticados, desde que a parte interessada o requeira e o vício ou a omissão tenham natureza meramente formal, isto é, que não contendam com a substância do ato praticado. Distingue-se da solução prevista no art. 3º da Lei nº 41/13, de 26-6, que aprovou o CPC de 2013, além do mais, pelo facto de ser de aplicação perene e não transitória. Igualmente se distingue da solução contida no art. 193º, nº 3, que abarca o erro de qualificação do meio processual utilizado em função do que é determinado pela lei.

5. Importa notar que, sem prejuízo de disposição expressa com outra função e alcance (de que é exemplo o art. 590º, nº 3, em conjugação com o ónus de alegação marcado no art. 5º, nº 1), o nº 2 do art. 146º não permite superar o efeito do incumprimento de algum ónus que impenda sobre as partes, visando tão só permitir a correção de aspetos meramente formais de ato que tenha sido tempestivamente praticado.

6. Nesta medida, será possível corrigir um requerimento probatório quanto ao nome ou ao endereço de uma testemunha, mas já não compor o requerimento em termos de pedir que as testemunhas arroladas sejam notificadas (art. 507º, nº 2); não será possível suprir a falta absoluta de inclusão de requerimento probatório na petição inicial ou na contestação, nem requerer o depoimento de parte fora do condicionalismo dos arts. 552º, nº 6, 572º, al. d) e 598º, mas já será admissível corrigir a falta de indicação dos factos sobre que há de recair tal depoimento (art. 452º, nº 2); também encontrará respaldo nesta previsão a correção de lapso decorrente da troca na junção de documentos entre dois processos patrocinados pelo mesmo mandatário ou da remessa para outro tribunal ou para outro processo, por erro de identificação (cf. nota 4 ao art. 572º); ou ainda a correção de lapso no preenchimento dos formulários, tendo em conta o conteúdo dos ficheiros anexos, nos termos do art. 144º, nº 10, al. b) (cf. anot. ao art. 144º).

7. De todo o modo, para os efeitos do art. 146º, nº 2, exige-se que a falta não radique em dolo ou culpa grave da parte, sob pena de o sistema caucionar condutas desconformes com o dever de boa-fé processual, mais se exigindo que o suprimento ou a correção não cause prejuízo relevante para o regular andamento da causa, o que supõe uma análise casuística da situação. Por certo, não autorizará suprimentos ou correções suscetíveis de bulir com decisões entretanto já proferidas e que tenham tido por referência o ato praticado; também não será possível, por esta via, praticar atos relativamente aos quais já tenha decorrido o prazo respetivo, pois que para tais situações se ajusta a figura do justo impedimento, única via suscetível de ultrapassar os efeitos do decurso de prazo perentório.

ARTIGO 147º
Definição de articulados

1 – Os articulados são as peças em que as partes expõem os fundamentos da ação e da defesa e formulam os pedidos correspondentes.

2 – Nas ações, nos seus incidentes e nos procedimentos cautelares, havendo mandatário constituído, é obrigatória a dedução por artigos dos factos que interessem à fundamentação do pedido ou da defesa, sem prejuízo dos casos em que a lei dispensa a narração de forma articulada.

Remissões: art. 552º (petição inicial); art. 572º (contestação); art. 584º (réplica).

1. Os articulados são peças escritas que se destinam à apresentação dos fundamentos da ação (quanto ao autor e ao reconvinte) e da defesa (quanto ao réu e ao reconvindo) e à formulação dos pedidos respetivos.

2. Integram esta categoria, na ação declarativa, a petição inicial (arts. 552º a 557º), a contestação (arts. 569º a 583º), a réplica (arts. 584º a 587º), os articulados supervenientes (arts. 588º e 589º) e ainda o articulado de aperfeiçoamento (art. 590º, nº 4).

3. O teor dos articulados deve ter em conta o ónus de alegação de factos essenciais (art. 5º, nº 1) quanto à causa de pedir da ação (art. 552º, nº 1, al. d)) ou da reconvenção (art. 583º, nº 1) e quanto às exceções invocadas (art. 572º, al. c)), bem assim o ónus de impugnação dos factos alegados pela contraparte (arts. 574º, 587º e 588º, nº 4). Os articulados incluem ainda a exposição das razões de direito acerca das posições assumidas (arts. 552º, nº 1, al. d), 572º, al. b) e 583º, nº 1). Finalmente, servem para expressar a tutela jurisdicional concretamente pretendida pelas partes (arts. 552º, nº 1, al. e) e 583º, nº 1).

4. Quando as partes estão patrocinadas por mandatário, a narração dos factos que interessam à ação e à defesa deve ser feita por artigos (radicando aí a denominação articulado), valendo esta obrigatoriedade tanto para as ações e respetivos incidentes, como para os procedimentos cautelares. Nos casos em que, não sendo obrigatório o patrocínio judiciário (cf. arts. 40º e 58º), a parte não haja constituído advogado, não é exigida a narração articulada dos factos. Também assim sucederá quando a própria lei dispensar a forma articulada.

5. Resulta evidente do texto legal que a forma articulada se reporta somente aos fundamentos de facto e não já aos argumentos jurídicos, embora a prática forense seja no sentido de também estes serem expostos por artigos, o que torna mais fácil a apreensão do seu conteúdo ("arrazoe quem quiser, articule quem souber").

ARTIGO 148º
Exigência de duplicados

1 – Os articulados apresentados por uma das formas previstas nas alíneas a) e b) do nº 7 do artigo 144º são apresentados em duplicado, devendo ser oferecidos tantos duplicados quantos os necessários para a realização, pela secretaria, de citações ou notificações por via que não seja eletrónica.

2 – Os requerimentos, as alegações e os documentos apresentados por qualquer das partes por uma das formas previstas nas alíneas a) e b) do nº 7 do artigo 144º devem ser igualmente acompanhados de tantas cópias, em papel comum, quantos os duplicados previstos no número anterior.

3 – Se a parte não fizer entrega de qualquer dos duplicados e cópias exigidos nos números anteriores, é notificada oficiosamente pela secretaria para os apresentar no prazo de dois dias, pagando a título de multa a quantia fixada na alínea a) do nº 5 do artigo 139º; não o fazendo, é extraída certidão dos elementos em falta, pagando a parte, além do respetivo custo, a multa mais elevada prevista no nº 5 do artigo 139º.

4 – Quando razões especiais o justifiquem, o juiz pode dispensar a apresentação das cópias a que se refere o nº 2 ou marcar um prazo suplementar para a sua apresentação.

5 – *(Revogado)*
6 – *(Revogado)*
7 – *(Revogado)*

(Alterado pelo DL nº 97/19, de 26-7)

Remissões: art. 4º da Port. nº 280/13, de 26-8 (apresentação de peças processuais e documentos por via eletrónica).

1. Este preceito, que dispõe sobre a exigência de duplicados, tem hoje um campo de aplicação limitado, já que vale apenas para os casos em que as partes, não sendo obrigatório o patrocínio judiciário, não hajam constituído advogado. Com efeito, quando há mandatário constituído, é aplicável o regime do art. 144º. Por outro lado, mesmo quando o patrocínio não é obrigatório, muitas vezes é constituído mandatário, sendo afastada a aplicação do art. 148º.

2. A exigência de apresentação de duplicados dos articulados tem que ver com as garantias do contraditório, em termos de permitir à contraparte o conhecimento efetivo da peça processual entrada nos autos e, quando for o caso, o adequado exercício do direito de resposta (cf. o art. 227º, nº 1, quanto à citação, e o art. 219º, nº 3, quanto à notificação). Por isso mesmo, nos casos de entrega na secretaria ou por correio, nos termos do art. 144º, nº 7, als. a) e b), os duplicados a apresentar scrão tantos quantas as pcssoas quc constitucm a contrapartc, salvo cm duas situações: se os interessados viverem em economia comum ou se tiverem constituído o mesmo mandatário (aqui, a notificação é feita na pessoa do mandatário, bastando, pois, um duplicado – cf. o art. 247º, nº 1). O regime é similar no caso de requerimentos, alegações e documentos, devendo ser apresentadas cópias em número igual ao dos duplicados dos articulados.

3. Dado que aqui estamos fora do âmbito do nº 1 do art. 144º, pois não há mandatário constituído pela parte, os duplicados e as cópias devem ser apresentados em juízo por alguma das formas indicadas no nº 7 do mesmo preceito, em simultâneo com as próprias peças e os documentos a que dizem respeito, sem prejuízo de, com fundamento em razões especiais, o juiz fixar prazo suplementar para a apresentação das cópias ou até dispensar a sua apresentação.

4. A falta de apresentação dos duplicados e cópias não obsta ao recebimento do articulado ou das demais peças processuais, nem dos próprios documentos, mas a parte será intimada pela secretaria para, no prazo de dois dias, proceder à junção dos elementos em falta, pagando ainda multa em valor correspondente ao fixado no art. 139º, nº 5, al. a), para a prática de ato no primeiro dia útil após o termo do prazo. Caso a parte não acate a notificação, a secretaria extrairá certidão daqueles elementos, sendo o respetivo custo da responsabilidade da parte, que ainda pagará multa em valor igual ao fixado no art. 139º, nº 5, al. c).

ARTIGO 149º
Regra geral sobre o prazo

1 – Na falta de disposição especial, é de 10 dias o prazo para as partes requererem qualquer ato ou diligência, arguirem nulidades, deduzirem incidentes ou exercerem qualquer outro poder processual; e também é de 10 dias o prazo para a parte responder ao que for deduzido pela parte contrária.

2 – O prazo para qualquer resposta conta-se sempre da notificação do ato a que se responde.

Remissões: art. 139º (prazo perentório).

1. Sendo uma necessidade, até por razões de segurança jurídica, a existência de prazos para a prática de atos pelas partes em processo, a lei fixa expressamente prazo para certas categorias de atos.

2. Assim:

a) Prazos de 30 dias: para contestar (art. 569º, nº 1), para replicar (art. 585º), para embargar de terceiro (art. 344º, nº 2), para propor a ação destinada evitar a caducidade da providência cautelar (art. 373º, nº 1, al. a)), para propor a ação destinada a evitar que a providência decretada se consolide como composição definitiva do litígio (art. 371º, nº 1), para requerer o embargo de obra nova (art. 397º, nº 1) e para recorrer (art. 638º, nº 1);

b) Prazos de 20 dias: para embargar de executado (art. 728º, nº 1), para contestar os embargos de executado (art. 732º, nº 2) ou para o cônjuge do executado se pronunciar sobre a comunicabilidade da dívida exequenda (art. 741º, nº 2);

c) Prazos de 15 dias: para recorrer nos processos urgentes e nos casos previstos nos arts. 644º, nº 2 e 638º, nº 1, para reclamar créditos na execução (art. 788º, nº 2) e para impugnar as reclamações (art. 789º, nº 2);

d) Prazos de 10 dias: para deduzir oposição nos incidentes da instância (art. 293º, nº 2), para impugnar a genuinidade de documento ou para ilidir a sua autenticidade ou força probatória (arts. 444º, nº 1 e 446º, nº 1), para alegar causas de impedimento e de suspeição de perito designado (art. 471º, nº 1), para dedução de reclamação contra a não admissão de recurso (art. 643º, nº 1), para deduzir oposição à penhora (art. 785º, nº 1) e para requerer a renovação da execução extinta (art. 850º, nº 2);

e) Prazos de 5 dias: para os mandatários proporem datas alternativas (art. 151º, nº 2), para ser requerida a ratificação judicial do embargo extrajudicialmente feito (art. 397º, nº 3), para a parte contrária usar da faculdade de aditar ou alterar o rol de testemunhas (art. 598º, nº 2) ou para o recorrente, mediante convite, completar, esclarecer ou sintetizar as conclusões do recurso (art. 639º, nº 3).

3. Em todos os casos não expressamente previstos na lei é de 10 dias o prazo de que a parte dispõe para praticar qualquer ato ou adotar qualquer iniciativa processual, bem como para responder à contraparte. Assim acontece designadamente com o prazo para arguir nulidades que a lei não sujeite a um regime especial (art. 195º) e para a arguição de nulidades da sentença (art. 615º, nº 4).

4. É este prazo supletivo de 10 dias que se deve observar quando seja proferido despacho judicial a determinar a prática de algum ato sem fixação de prazo específico, o qual, no entanto, pode ser expressamente fixado em período superior ou inferior, não sendo aceitável, no último caso, que seja tão exíguo que atente contra as garantias das partes.

SECÇÃO III
Atos dos magistrados

ARTIGO 150º
Manutenção da ordem nos atos processuais

1 – A manutenção da ordem nos atos processuais compete ao magistrado que a eles presida, o qual toma as providências necessárias contra quem perturbar a sua realização, podendo, nomeadamente, e consoante a gravidade da infração, advertir com urbanidade o infrator, retirar-lhe a palavra quando se afaste do respeito devido ao tribunal ou às instituições vigentes, condená-lo em multa ou fazê-lo sair do local, sem prejuízo do procedimento criminal ou disciplinar que no caso couber.

2 – Não é considerado ilícito o uso das expressões e imputações indispensáveis à defesa da causa.

3 – O magistrado faz consignar em ata, de forma especificada, os atos que determinaram a providência.

4 – Sempre que seja retirada a palavra a advogado, a advogado estagiário ou ao magistrado do Ministério Público, é, consoante os casos, dado conhecimento circunstanciado do facto à Ordem dos Advogados, para efeitos disciplinares, ou ao respetivo superior hierárquico.

5 – Das decisões referidas no nº 1, salvo a de advertência, cabe recurso, com efeito suspensivo da decisão.

6 – Sem prejuízo do disposto no número anterior, o recurso da decisão que retire a palavra a mandatário judicial ou lhe ordene a saída do local onde o ato se realiza tem também efeito suspensivo do processo e deve ser processado como urgente.

7 – Para a manutenção da ordem nos atos processuais, pode o tribunal requisitar, sempre que necessário, o auxílio da força pública, a qual fica submetida, para o efeito, ao poder de direção do juiz que presidir ao ato.

Remissões: art. 9º (dever de recíproca correção); art. 602º (poderes do juiz); art. 516º, nº 5 (avocação do interrogatório da testemunhas); art. 80º da Lei nº 145/15, de 9-9 (direito de protesto do advogado).

1. Os atos processuais, primordialmente as diligências realizadas nos autos, tanto na 1ª instância como nos tribunais superiores, devem decorrer de modo disciplinado, a isso estando vinculados todos os intervenientes processuais, sejam partes ou mandatários, magistrados do Ministério Público ou intervenientes acidentais (*v.g.* testemunhas e peritos). Na eventualidade de ser perturbada a realização de ato processual, o juiz dispõe de poderes, que deverá exercer em função da gravidade da infração, para tomar as providências necessárias.

2. A lei impõe que sejam especificados na ata pelo juiz os atos que determinaram a providência e indica, a título exemplificativo, as medidas que o juiz pode tomar: advertir com urbanidade o infrator, retirar-lhe a palavra quando se afaste do respeito devido ao tribunal ou às instituições vigentes, condená-lo em multa ou fazê-lo sair do local.

3. Neste contexto, não é indiferente a pessoa do infrator nem a circunstância de a infração poder implicar responsabilidade disciplinar ou criminal. Assim, não pode ser aplicada multa a mandatários (advogados, advogados estagiários e solicitadores) nem a magistrados do Ministério Público. Depois, se a medida consistir em retirar a palavra a mandatário ou a magistrado do Ministério Público, a ocorrência deverá ser comunicada, para fins disciplinares, à respetiva associação pública profissional (Ordem dos Advogados ou OSAE – cf. a terminologia do art. 545º) ou ao respetivo superior hierárquico. Além disso, se a infração implicar responsabilidade criminal, deverá ser feita a competente participação ao Ministério Público.

4. Pode ser sempre impugnada em recurso, que terá efeito suspensivo, qualquer medida concretamente adotada nos termos do nº 1, salvo a de advertência. Dadas as implicações imediatas da decisão que retire a palavra a mandatário ou lhe ordene a saída do local, o respetivo recurso suspende os próprios termos do processo, devendo ser tramitado como urgente (cf. o art. 138º, nº 1, *in fine*).

5. De modo a dar sentido útil ao nº 6 do art. 150º, apelando à adequação formal (art. 547º), e por razões de eficácia, tal recurso deverá ser interposto na própria ocasião em que é retirada a palavra ao mandatário ou lhe é ordenado que saia do local, seguindo-se o despacho sobre a admissão do recurso; se o recurso for admitido, e sê-lo-á com efeito suspensivo da decisão e dos termos do processo, começará a correr prazo para ser apresentada a alegação de recurso. Este recurso será uma apelação autónoma (art. 644º, nº 2, al. e)), com subida nos próprios autos (art. 645º, nº 1, al. b)) e tramitação urgente (art. 150º, nº 6), devendo a alegação ser apresentada em 15 dias a contar do despacho que admitiu o recurso (art. 638º, nº 1).

6. Será esta a forma de ajustar a eficácia do recurso à modificação que foi operada relativamente ao regime de recursos que vigorou até à entrada em vigor do

DL nº 303/07, de 24-8. Tendo passado a prever-se a apresentação simultânea do requerimento de interposição de recurso e das alegações (num prazo de 30 ou de 15 dias), seguidas de igual prazo para contra-alegações, só aquela solução permitirá que opere de imediato o efeito suspensivo.

7. O juiz não se pode opor a que o protesto do advogado fique a constar da ata, considerando o teor do art. 80º, nºs 2 e 3, do EOA, segundo o qual "*quando, por qualquer razão, não lhe seja concedida a palavra ou o requerimento não for exarado em ata, pode o advogado exercer o direito de protesto, indicando a matéria do requerimento e o objeto que tinha em vista*" e que "*o protesto não pode deixar de constar da ata e é havido para todos os efeitos como arguição de nulidade, nos termos da lei*".

8. Sobre a liberdade de expressão, cf. Alfredo Gaspar, *Advogado e a sua Liberdade de Expressão nos Tribunais* e Francisco Teixeira da Mota, *A Liberdade de Expressão em Tribunal.*

ARTIGO 151º
Marcação e início pontual das diligências

1 – A fim de prevenir o risco de sobreposição de datas de diligências a que devam comparecer os mandatários judiciais, deve o juiz providenciar pela marcação do dia e hora da sua realização mediante prévio acordo com aqueles, podendo encarregar a secretaria de realizar, por forma expedita, os contactos prévios necessários.

2 – Quando a marcação não possa ser feita nos termos do número anterior, devem os mandatários impedidos em consequência de outro serviço judicial já marcado comunicar o facto ao tribunal e identificar expressamente a diligência e o processo a que respeita, no prazo de cinco dias, propondo datas alternativas, após contacto com os restantes mandatários interessados.

3 – O juiz, ponderadas as razões aduzidas, pode alterar a data inicialmente fixada, apenas se procedendo à notificação dos demais intervenientes no ato após o decurso do prazo a que alude o número anterior.

4 – Logo que se verifique que a diligência, por motivo imprevisto, não pode realizar-se no dia e na hora designados, deve o tribunal dar imediato conhecimento do facto aos intervenientes processuais, providenciando por que as pessoas convocadas sejam prontamente notificadas do adiamento.

5 – Os mandatários judiciais devem comunicar prontamente ao tribunal quaisquer circunstâncias impeditivas da sua presença.

6 – Se ocorrerem justificados obstáculos ao início pontual das diligências, deve o juiz comunicá-los aos advogados e a secretaria às partes e demais intervenientes processuais, dentro dos trinta minutos subsequentes à hora designada para o seu início.

7 – A falta da comunicação referida no número anterior implica a dispensa automática dos intervenientes processuais.

Remissões: art. 7º (princípio da cooperação); art. 8º (dever da boa-fé processual); art. 367º (realização da audiência nos procedimentos cautelares); art. 603º (realização da audiência final).

1. Num sistema pautado pelo dever de cooperação entre todos os intervenientes processuais (art. 7º), assume particular relevo o agendamento das diligências, procurando-se implementar, o mais possível, a compatibilização de agendas, não só pela vantagem que daí resulta em termos de confiança e de previsibilidade, mas também porque, não havendo tal acordo, a eventual falta do mandatário à audiência final implica o seu adiamento (art. 603º, nº 1). O adiamento das audiências é a "praga" que o legislador procura debelar através de um regime que coloca em diálogo os principais intervenientes, isto é, o juiz e os advogados de cada uma das partes.

2. Na consecução desse desiderato, a data da diligência só deve ser marcada na sequência da realização de diligências, a encetar pelo tribunal (o juiz ou a secretaria), tendentes a obter o prévio acordo dos mandatários (nº 1). Isso pode passar por contactos, com o grau de (in)formalidade tido por adequado, que permitam a definição de data(s) da conveniência dos mandatários e da disponibilidade do tribunal, de tal modo que o despacho judicial a proferir tenha já assegurada a anuência e a vinculação dos mandatários das partes.

3. Pode também passar pela prolação de um despacho no qual o juiz sugira data(s) aos mandatários e aguarde a sua reação, podendo mesmo, por razões de agilização e de simplicidade, assinalar, desde logo, que, no silêncio dos mandatários, se considera haver prévio acordo quanto à(s) data(s) sugeridas(s) (para este efeito, tem-se por adequado um despacho com o teor avançado por Ramos de Faria e Ana Luísa Loureiro, *Primeiras Notas ao NCPC*, vol. I, p. 152).

4. Importa salientar que, neste contexto (que é diferente do consignado no nº 2), isto é, em sede de tentativa de prévio acordo, os mandatários não estão limitados à invocação de impedimento decorrente de serviço judicial já marcado, ainda que nem os mandatários nem o juiz possam desgarrar-se dos objetivos de celeridade colocados no frontispício do CPC (art. 2º), o que demanda uma atuação conforme ao princípio da cooperação.

5. Quando dessas diligências não resulte, de todo em todo, acordo prévio quanto à(s) data(s), terá aplicação o regime do nº 2, cabendo ao juiz fixar a(s) data(s). Notificado o respetivo despacho, a data é vinculativa para os mandatários, salvo havendo sobreposição de diligências judiciais. Nesse caso, dentro dos 5 dias seguintes, os mandatários impedidos em virtude de serviço judicial anteriormente marcado deverão comunicar o facto ao tribunal, com a indicação expressa da diligência impeditiva e do processo em que terá lugar, propondo ao mesmo tempo datas alternativas, o que deve ser feito após contacto com os demais mandatários constituídos. Se o juiz atender aos motivos invocados, é caso para ser alterada a data, levando em conta alguma das que tenham sido sugeridas, assim ficando obtido, para os devidos efeitos, o prévio acordo.

6. Se, porém, houver indisponibilidade do tribunal para as datas sugeridas pelos mandatários, o mais adequado é encetar novas diligências que permitam definir outra data que, sendo da conveniência do tribunal, não se sobreponha a serviço judicial dos mandatários preteritamente marcado. Se tal não acontecer, ora porque o juiz acaba por manter a data, ora porque marca outra data que também se sobreponha a outro serviço judicial já marcado (a assinalar perante a respetiva notificação), há o risco sério de a audiência final vir a ser adiada, pois a data não foi designada mediante acordo prévio (art. 603º, nº 2).

7. O confronto do disposto no nº 1 e no nº 2 revela que o juiz não pode marcar uma data unilateralmente, omitindo toda e qualquer diligência visando a obtenção de prévio acordo; menos ainda pode restringir a outro serviço judicial a manifestação de discordância dos mandatários quanto à data unilateralmente marcada. No limite, tal marcação unilateral valerá apenas como sugestão do juiz (para os efeitos do nº 1), a qual, não obtendo anuência dos mandatários, implicará que o juiz designe outra data, à qual, então, sim, a discordância dos mandatários está limitada a serviço judicial já marcado (para os efeitos do nº 2).

8. São ainda manifestações da ideia de cooperação as disposições contidas nos nºs 4, 5 e 6, sendo de notar que os impedimentos do tribunal (nº 4) devem ser comunicados a todos os intervenientes processuais (não apenas às partes e seus mandatários, mas também a intervenientes acidentais, *máxime* testemunhas e peritos), que os impedimentos dos mandatários (nº 5) devem ser comunicados sempre, qualquer que seja o efeito da sua falta (isto é, implicando ou não o adiamento da diligência) e, ainda, que a falta da comunicação prevista no nº 6 implica a dispensa automática dos intervenientes processuais (nº 7), mesmo daqueles que não estejam presentes e não tenham respondido à chamada, ficando prejudicada a eventual aplicação de multa pela falta (é a conclusão imposta pelo confronto deste nº 7 com o art. 266º-B, nº 4, do CPC de 1961), na certeza de que a realização da diligência em momento posterior implica nova convocatória.

9. O regime do prévio acordo na marcação de diligências é de observar em todas as situações, sendo de mais fácil concretização quando o juiz e os mandatários estão pessoalmente presentes. Assim é na audiência prévia, tanto mais que um dos fins a cumprir nessa diligência é a designação de datas para a audiência final e a sua programação (art. 591º, nº 1, al g)). Nesse caso, será bem mais simples alcançar, em tempo real e de modo informal, acordo de agendas, ficando logo todos vinculados. Cabe salientar que a falta de algum dos mandatários não constitui motivo de adiamento da audiência prévia (art. 591º, nº 2).

10. Quer isto dizer que a audiência prévia decorre com quem estiver presente, havendo a hipótese de aí ser acertada entre os presentes a data da audiência final, o que valerá como marcação por prévio acordo, vinculando, para os efeitos do art. 603º, nº 1, o próprio mandatário faltoso, salvo se a sua falta for considerada justificada, razão pela qual é importante os mandatários darem bom cumprimento ao nº 5 deste o art. 151º. Considerada justificada a falta à audiência, deverá procurar-se atuar nos termos do nº 1 e obter contacto com o mandatário faltoso no sentido de alcançar o prévio acordo quanto à data. Não sendo isso possível, a data será fixada entre o juiz e os mandatários presentes, ficando aberta ao advogado faltoso (apenas aquele cuja falta se teve por justificada) a possibilidade prevista no nº 2, invocando serviço judicial anteriormente marcado.

11. A questão do acordo prévio para designar datas pode ocorrer na própria audiência final, quando, por alguma razão, seja preciso agendar mais sessões, mostrando o nº 3 do art. 606º que a continuação será sempre marcada para uma data obtida por consenso, sendo legítimo aos advogados, invocando serviço judicial já marcado, opor-se a qualquer data sugerida pelo juiz, devendo este e aqueles considerar o princípio da cooperação, conjugando-o com o princípio da continuidade da audiência bem explícito nesse preceito e com o desiderato da celeridade processual patente no art. 2º.

ARTIGO 152º

Dever de administrar justiça – Conceito de sentença

1 – Os juízes têm o dever de administrar justiça, proferindo despacho ou sentença sobre as matérias pendentes e cumprindo, nos termos da lei, as decisões dos tribunais superiores.

2 – Diz-se "sentença" o ato pelo qual o juiz decide a causa principal ou algum incidente que apresente a estrutura de uma causa.

3 – As decisões dos tribunais colegiais têm a denominação de acórdãos.

4 – Os despachos de mero expediente destinam-se a prover ao andamento regular do processo, sem interferir no conflito de interesses entre as partes; consideram-se proferidos no uso legal de um poder discricionário os despachos que decidam matérias confiadas ao prudente arbítrio do julgador.

Remissões: art. 295º (decisão incidental); art. 607º (sentença); art. 630º, nº 1 (inadmissibilidade de recurso dos despachos de mero expediente e dos proferidos no uso de um poder discricionário); art. 4º, nº 1, da Lei nº 67/19, de 27-8 (dever de acatamento das decisões dos tribunais superiores).

1. As decisões judiciais tomam a forma de despacho e de sentença (ou acórdão, sendo colegial a decisão). A sentença decide a causa principal, seja conhecendo do mérito (absolvendo ou condenando o réu no pedido), seja abstendo-se desse conhecimento (absolvendo o réu da instância). Também se designa por sentença a decisão de incidente que tenha a estrutura de uma causa. As demais decisões judiciais denominam-se despachos.

2. A lei exclui a recorribilidade dos despachos de mero expediente e dos proferidos no uso legal de um poder discricionário (art. 630º, nº 1). Os primeiros são os destinados a prover ao andamento regular do processo, não interferindo no conflito de interesses entre as partes, de que são exemplo os despachos que designam datas para a realização de diligências. São despachos inócuos do ponto de vista da decisão, julgamento, aceitação ou reconhecimento do direito requerido.

3. O despacho de mero expediente tem uma finalidade (prover ao andamento regular do processo) e um pressuposto (sem interferir no conflito de interesses entre as partes). É de notar, porém, que esta irrecorribilidade supõe a observância da lei, sendo já possível impugnar o despacho, nos termos gerais, com fundamento na sua ilegalidade (cf. Abrantes Geraldes, *Recursos no NCPC*, 5ª ed., p. 80). Ou seja, será de admitir a recorribilidade de tais despachos se a mesma se fundar no facto de o despacho admitir atos ou termos que a lei não prevê ou, sendo previstos, se forem praticados com um condicionalismo diferente do legalmente previsto (cf. nota 2 ao art. 490º).

4. Os segundos despachos decidem matérias confiadas ao prudente arbítrio do julgador, o que sucede quando a lei permite ao juiz "a livre escolha quer da oportunidade da sua prática, quer da solução a dar a certo caso concreto" (Rodrigues Bastos, *Notas ao CPC*, vol. III, p. 217). Relativamente a estes, cumpre frisar que, não sendo embora despachos vinculados, a respetiva prolação não pode desconsiderar a sua adequação aos fins do processo, isto é, à justa composição do litígio. Quer isto dizer que "prudente arbítrio" não equivale a "juízo arbitrário", exigindo-se sempre uma ponderação jurisdicional, a realizar segundo critérios de razoabilidade, capaz de orientar os pressupostos de conveniência e oportunidade subjacentes à previsão de despachos desta natureza (Lopes do Rego, *Comentários ao CPC*, vol. I, p. 169).

5. São exemplos de uso legal de um poder discricionário: requisição oficiosa de documentos (art. 436º); determinação da perícia colegial (art. 468º, nº 1, al. a)); realização de segunda perícia (art. 487º, nº 2); realização oficiosa de inspeção judicial (art. 490º); opção pela verificação não judicial qualificada (art. 494º); admissão de testemunhas suplementares (art. 511º, nº 4); designação de técnico (art. 601º); audição em simultâneo de testemunhas de ambas as partes (art. 604º, nº 8). Em contrapartida, estarão excluídas deste domínio as seguintes decisões: inquirição de testemunha não oferecida pelas partes (art. 526º); recusa de realização de inspeção judicial requerida pelas partes (art. 476º, nº 1); recusa de exames periciais (para mais desenvolvimentos, cf. Abrantes Geraldes, *ob. cit.*, pp. 76-84).

ARTIGO 153º
Requisitos externos da sentença e do despacho

1 – As decisões judiciais são elaboradas, mesmo nos casos em que a secretaria não tenha procedido à abertura de conclusão do processo, no sistema de informação de suporte à atividade dos tribunais, que garante a sua datação, e assinadas pelo juiz ou relator, nos termos definidos pela portaria prevista no

nº 2 do artigo 132º; os acórdãos são também assinados pelos outros juízes que hajam intervindo.

2 – *(Revogado)*

3 – Sem prejuízo do disposto no nº 1 do artigo 155º, os despachos e as sentenças proferidos oralmente no decurso de ato de que deva lavrar-se auto ou ata são aí reproduzidos; a assinatura do auto ou da ata, por parte do juiz, garante a fidelidade da reprodução.

4 – O sistema de informação de suporte à atividade dos tribunais garante o registo das sentenças e dos acórdãos finais.

5 – A obrigatoriedade de elaboração das decisões judiciais nos termos do disposto no nº 1 não é aplicável nas situações identificadas na portaria prevista no nº 3 do artigo 132º, devendo, nesses casos, os juízes ou relatores que intervenham na decisão proceder à sua elaboração em processador de texto, bem como à sua datação e assinatura, rubricando todas as folhas, e competindo à secretaria a digitalização da decisão e a sua inserção no sistema de informação referido no nº 1.

(Alterado pelo DL nº 97/19, de 26-7)

Remissões: art. 155º (gravação da audiência final e documentação dos demais atos presididos pelo juiz).

1. Atualmente, o sistema eletrónico *CITIUS* prevê que o juiz possa praticar ato processual autónomo, sem precedência de abertura de conclusão eletrónica pela secção de processos. Assim se deve entender o segmento do nº 1 na parte em que menciona "*mesmo nos casos em que a secretaria não tenha procedido à abertura de conclusão do processo*", o que significa que compete ao juiz controlar o prazo de prolação da sentença.

2. O nº 3, ao ressalvar o disposto no nº 1 do art. 155º, aponta no sentido de que, sempre que a audiência for gravada, as decisões orais aí proferidas não carecem de ser reproduzidas em ata.

3. Embora o nº 1 do art. 155º se reporte às audiências finais, o mesmo regime será de aplicar no caso da audiência prévia, quando esta seja gravada (arts. 591º, nº 4 e 596º, nº 4).

ARTIGO 154º
Dever de fundamentar a decisão

1 – As decisões proferidas sobre qualquer pedido controvertido ou sobre alguma dúvida suscitada no processo são sempre fundamentadas.

2 – A justificação não pode consistir na simples adesão aos fundamentos alegados no requerimento ou na oposição, salvo quando, tratando-se de des-

pacho interlocutório, a contraparte não tenha apresentado oposição ao pedido e o caso seja de manifesta simplicidade.

Remissões: art. 607º (sentença).

1. O dever de fundamentação das decisões tem consagração constitucional (art. 205º, nº 1, da CRP), apenas se dispensando no caso de decisões de mero expediente. Deste modo, ainda que o pedido não seja controvertido ou que a questão não suscite qualquer dúvida, a respetiva decisão deverá ser fundamentada nos termos que forem ajustados ao caso. Naturalmente que tal dependerá da complexidade das questões ou da maior ou menor discussão que exista na jurisprudência ou na doutrina acerca das mesmas. Noutros casos a simplicidade da fundamentação é expressamente anunciada por preceitos legais (art. 385º, nº 3, a respeito dos alimentos provisórios, ou o art. 664º, nº 5, a respeito de certos recursos de apelação). No caso de decisão liminar do relator, nos termos do art. 656º, pode consistir, conforme as circunstâncias, na mera remissão para decisões precedentes. O carácter sumário da fundamentação também é apregoado no art. 673º, nº 3, sobre a apreciação da admissibilidade excecional do recurso de revista.

2. Não pode medir-se a fundamentação pelo seu "volume" ou "extensão", antes pelo seu conteúdo substancial. A este respeito, não encontra justificação racional, por exemplo, a reprodução de textos alheios, a colagem de textos de outras decisões ou a mera exposição de conhecimentos jurídicos sem qualquer interesse real para o caso. Eticamente reprovável é a reprodução de vastos segmentos de arestos ou de outros escritos jurídicos sem menção da respetiva fonte, mais a mais se os atuais mecanismos tecnológicos permitem determiná-la com facilidade ...

3. No campo dos despachos interlocutórios, a exigência de fundamentação pode não ser tão intensa, autorizando-se o juiz a fundamentar por remissão para os fundamentos alegados no requerimento ou na oposição, desde que verificados os seguintes requisitos: faltar oposição ao pedido pela contraparte e tratar-se de caso de manifesta simplicidade.

4. O incumprimento do dever de fundamentação implica nulidade da sentença, nos termos do art. 615º, nº 1, al. b), aplicando-se o mesmo regime aos despachos (art. 613º, nº 3). Importa notar, no entanto, que não deve confundir-se, para este efeito, a falta de fundamentação com fundamentação (alegadamente) insuficiente e menos ainda com fundamentação divergente.

5. Sobre a fundamentação da decisão de facto sob o enfoque da relevância da prova testemunhal, cf. Luís Filipe Sousa, *Prova Testemunhal*, pp. 319 a 330.

ARTIGO 155º

Gravação da audiência final e documentação dos demais atos presididos pelo juiz

1 – A audiência final de ações, incidentes e procedimentos cautelares é sempre gravada, devendo apenas ser assinalados na ata o início e o termo de cada depoimento, informação, esclarecimento, requerimento e respetiva resposta, despacho, decisão e alegações orais.

2 – A gravação é efetuada em sistema vídeo ou sonoro, sem prejuízo de outros meios audiovisuais ou de outros processos técnicos semelhantes de que o tribunal possa dispor, devendo todos os intervenientes no ato ser informados da sua realização.

3 – A gravação deve ser disponibilizada às partes, no prazo de dois dias a contar do respetivo ato.

4 – A falta ou deficiência da gravação deve ser invocada, no prazo de 10 dias a contar do momento em que a gravação é disponibilizada.

5 – A secretaria procede à transcrição de requerimentos e respetivas respostas, despachos e decisões que o juiz, oficiosamente ou a requerimento, determine, por despacho irrecorrível.

6 – A transcrição é feita no prazo de cinco dias a contar do respetivo ato; o prazo para arguir qualquer desconformidade da transcrição é de cinco dias a contar da notificação da sua incorporação nos autos.

7 – A realização e o conteúdo dos demais atos processuais presididos pelo juiz são documentados em ata, na qual são recolhidas as declarações, requerimentos, promoções e atos decisórios orais que tiverem ocorrido.

8 – A redação da ata incumbe ao funcionário judicial, sob a direção do juiz.

9 – Em caso de alegada desconformidade entre o teor do que foi ditado e o ocorrido, são feitas consignar as declarações relativas à discrepância, com indicação das retificações a efetuar, após o que o juiz profere, ouvidas as partes presentes, decisão definitiva, sustentando ou modificando a redação inicial.

(Alterado pelo DL nº 97/19, de 26-7)

Remissões: arts. 292º e ss. (incidentes da instância); art. 367º (audiência final nos procedimentos cautelares); art. 591º, nº 4 (gravação da audiência prévia); art. 604º (audiência final).

1. O CPC de 1961, na sua última versão, previa a hipótese de ser requerida a gravação da prova nas ações cuja decisão fosse suscetível de recurso ordinário, havendo conexão entre a gravação da prova e a possibilidade de impugnação da decisão proferida em 1ª instância sobre a matéria de facto (era o que decorria, genericamente, do disposto nos arts. 522º-B, 522º-C, 685º-B e 712º do CPC de 1961).

2. Com o atual regime, em resultado de uma opção do legislador, a gravação tem um outro significado e uma maior amplitude: abarca a gravação da audiência final e não apenas da prova oralmente produzida; e reporta-se a todas as audiências finais, ou seja, audiências de ações, de incidentes e de procedimentos cautelares. Ademais, ocorre por imposição legal, sem necessidade de requerimento e independentemente da questão do recurso.

3. Nos termos do nº 1, aquilo que o funcionário judicial deverá assinalar na ata da audiência é somente o início e o termo de cada depoimento, informação, esclarecimento, requerimento e respetiva resposta, despacho e decisão, bem assim o início e o termo das alegações orais.

4. Nos termos do nº 2, sem prejuízo de outros meios disponíveis, a gravação será efetuada em sistema vídeo ou sonoro, devendo ser disponibilizada às partes no prazo de dois dias, a contar do respetivo ato (nº 3). Se a audiência decorrer em mais do que uma sessão, aquele prazo para disponibilização da gravação deve ser considerado por referência a cada concreta sessão.

5. A disponibilização do ficheiro da gravação deverá, em regra, ser feita por transmissão eletrónica de dados. Além disso, e ao contrário do que sucedia no passado, tal disponibilização é um ato que a secretaria deve praticar espontaneamente, isto é, sem necessidade de requerimento e de fornecimento de material pela parte (Lebre de Freitas e Isabel Alexandre, *CPC anot.*, vol. I, 4ª ed., p. 333 e RG 30-11-17, 229/17), não envolvendo a realização de qualquer notificação às partes de que a gravação se encontra disponível na secretaria judicial (RC 25-9-18, 7839/15).

6. O nº 4, com a virtude de clarificar um aspeto que vinha sendo controverso na prática forense, estabelece o prazo de 10 dias para a arguição de qualquer falta ou deficiência da gravação, contado a partir do momento em que a gravação é disponibilizada. Decorrido esse prazo sem que seja arguido o vício em causa, fica o mesmo sanado, não podendo oficiosamente ser conhecido pela Relação, nem podendo tal nulidade ser arguida nas alegações de recurso (cf. Abrantes Geraldes, *Recursos no NCPC*, 5ª ed., p. 178).

7. Podendo dizer-se que a omissão ou a deficiência da gravação configura uma nulidade processual, porquanto se omite uma formalidade prescrita por lei (art. 195º), e que o juiz deve tomar as providências para que a lei se cumpra (art. 199º, nº 2), não pode sustentar-se que a respetiva arguição pelas partes deva ocorrer na própria audiência, para os efeitos do nº 1 do art. 199º. Por um lado, não é exigível às partes que, a cada momento, se certifiquem de que a gravação está sendo feita e sem deficiências. Por outro lado, a norma do nº 4 do art. 155º, ao regular diretamente o regime da arguição, define a solução aplicável.

8. Confrontado com a falta ou deficiência da gravação, cabe ao juiz fixar a respetiva consequência, o que tanto pode implicar a repetição integral da audiência (se nada foi gravado ou se toda a gravação apresenta deficiências), como uma repetição parcial (limitada aos atos não gravados ou cuja gravação é deficiente). No limite, se puder entender-se que o ato não gravado ou deficientemente gravado não influi no exame e decisão da causa (art. 195º, nº 1, *in fine*), nada se repetirá (concede-se que assim possa ser se a falha da gravação for limitada às alegações orais dos mandatários

– art. 604º, nº 3, al. e)). A impugnação do despacho proferido neste contexto, que não é de mero expediente nem proferido no uso legal de um poder discricionário, submete-se ao disposto no nº 2 do art. 630º.

9. Com o regime da gravação, pretende-se que as audiências finais decorram de modo mais célere e fluido, pois deixa de haver lugar à tradicional documentação, em ata e na própria ocasião, de requerimentos, respetivas respostas e despachos. Procurando salvaguardar a desejável e (agora) possível fluidez da audiência final, mas antevendo a utilidade e a conveniência de haver suporte escrito de determinados atos nela praticados, o nº 5 estabelece que a secretaria procede à transcrição de requerimentos, respetivas respostas e decisões que o juiz determine, oficiosamente ou a requerimento, por despacho irrecorrível.

10. Ao contrário do que vai acontecendo em certos tribunais (numa prática que perverte o sentido da lei), a transcrição não deve ser feita no decurso da audiência, mas depois de esta findar. Aliás, o nº 6 define o prazo de 5 dias, a contar do respetivo ato, para a secretaria proceder à transcrição determinada. A secretaria deve notificar as partes da incorporação da transcrição nos autos, dispondo estas de 5 dias para arguir qualquer desconformidade da transcrição. Cumprido o contraditório, o juiz decidirá no confronto com a gravação efetuada.

11. Quanto aos demais atos presididos pelo juiz, a respetiva documentação é feita em ata (nº 7), cuja redação incumbe ao funcionário judicial, sob a direção do juiz (nº 8), sendo as partes admitidas a reclamar para o juiz, o qual, observado o contraditório, decide em definitivo a questão (nº 9).

12. Sobre a matéria, Paulo Pimenta, *Processo Civil Declarativo*, 2ª ed., pp. 335-336.

ARTIGO 156º
Prazo para os atos dos magistrados

1 – Na falta de disposição especial, os despachos judiciais são proferidos no prazo de 10 dias.

2 – Na falta de disposição especial, as promoções do Ministério Público são deduzidas no prazo de 10 dias.

3 – Os despachos ou promoções de mero expediente, bem como os considerados urgentes, devem ser proferidos no prazo máximo de dois dias.
4 – Decorridos três meses sobre o termo do prazo fixado para a prática de ato próprio do juiz sem que o mesmo tenha sido praticado, deve o juiz consignar a concreta razão da inobservância do prazo.

5 – A secretaria remete, mensalmente, ao presidente do tribunal informação discriminada dos casos em que se mostrem decorridos três meses sobre o termo do prazo fixado para a prática de ato próprio do juiz, ainda que o ato tenha sido entretanto praticado, incumbindo ao presidente do tribunal, no prazo de 10 dias contado da data de receção, remeter o expediente à entidade com competência disciplinar.

Remissões: art. 152º, nº 4 (despachos de mero expediente); art. 593º, nº 2 (prazo para despacho saneador); art. 607º, nº 1 (prazo para sentença).

1. Para a prática dos atos que lhe são próprios, o juiz deve orientar-se pelos seguintes critérios. Se houver previsão expressa de prazo, aplica-se essa (*v.g.* arts. 593º, nº 2 e 607º, nº 1). Se não houver, o prazo é de 10 dias (nº 1). Se, porém, o despacho for de mero expediente ou for considerado urgente, o prazo é de dois dias (nº 3).

2. O que aqui se estabelece, em termos similares, para os magistrados do Ministério Público, apenas é aplicável no campo da intervenção acessória (art. 325º) e não já quando o Ministério Público age em representação da parte principal, caso em que o regime dos prazos é o que vale para as partes.

3. Com alguma frequência, ouve-se dizer que, em processo, apenas as partes respeitam os prazos fixados. Sendo exata no que concerne às partes, dada a natureza perentória dos prazos, tal afirmação leva habitualmente implícita a ideia de que a observância dos prazos pelo juiz não é um dever nem um dado seguro. Este preceito cria um mecanismo que permite apurar os casos em que os prazos não são cumpridos. É claro que o controlo da observância dos prazos pelo juiz não pode ter consequências ao nível de cada concreto processo, pois isso, no limite, poderia redundar no prejuízo das partes. A solução legal passa por sinalizar os casos de desrespeito objetivo de prazos, ficando registo disso no processo, com a necessária justificação para tal.

4. O nº 4 estabelece que, decorridos três meses sobre o termo do prazo fixado para a prática de ato próprio de juiz sem que o mesmo tenha sido praticado, o mesmo deve consignar a concreta razão da inobservância do prazo. Esta previsão implica, pois, que o juiz assuma e justifique nos autos a inobservância do prazo.

5. Por outro lado, o nº 5 prevê que, mensalmente, a secretaria apresente ao presidente do tribunal (entenda-se: presidente da comarca – art. 92º da LOSJ) a informação discriminada dos casos em que se mostrem decorridos três meses sobre o termo do prazo fixado para a prática de ato próprio do juiz, mesmo que tenha sido, entretanto, praticado, sendo encargo do presidente do tribunal remeter, em 10 dias, esse expediente à entidade com competência disciplinar.

6. Sobre a matéria, João Correia, Paulo Pimenta e Sérgio Castanheira, *Introdução ao Estudo e à Aplicação do CPC de 2013*, pp. 33-34.

SECÇÃO IV
Atos da secretaria

ARTIGO 157º
Função e deveres das secretarias judiciais

1 – As secretarias judiciais asseguram o expediente, autuação e regular tramitação dos processos pendentes, nos termos estabelecidos na respetiva lei de

organização judiciária, em conformidade com a lei de processo e na dependência funcional do magistrado competente.

2 – Incumbe à secretaria a execução dos despachos judiciais e o cumprimento das orientações de serviço emitidas pelo juiz, bem como a prática dos atos que lhe sejam por este delegados, no âmbito dos processos de que é titular e nos termos da lei, cumprindo-lhe realizar oficiosamente as diligências necessárias para que o fim daqueles possa ser prontamente alcançado.

3 – Nas relações com os mandatários judiciais, devem os funcionários agir com especial correção e urbanidade.

4 – As pessoas que prestem serviços forenses junto das secretarias, no interesse e por conta dos mandatários judiciais, devem ser identificadas por cartão de modelo emitido pela respetiva associação pública profissional, com expressa identificação do advogado ou solicitador, número de cédula profissional, bem como, se for o caso, da respetiva sociedade, devendo a assinatura daquele ser reconhecida pela associação pública profissional correspondente.

5 – Dos atos dos funcionários da secretaria judicial é sempre admissível reclamação para o juiz de que aquela depende funcionalmente.

6 – Os erros e omissões dos atos praticados pela secretaria judicial não podem, em qualquer caso, prejudicar as partes.

Remissões: art. 66º do DL nº 343/99, de 26-8 (deveres dos funcionários de justiça); art. 94º da LOSJ (competências do presidente do tribunal).

1. Estando a secretaria judicial sob a dependência funcional do juiz, este dispõe de um poder de direção relativamente aos funcionários respetivos com o objetivo de, por um lado, adequar e agilizar os serviços da secretaria e de, por outro, libertar o juiz da prática de certos atos processuais despidos de carácter jurisdicional. O CPC coloca ao seu dispor dois meios: orientações de serviço (equivalentes aos tradicionais provimentos) e delegação de competências (a este propósito, cf. Ramos de Faria e Ana Luísa Loureiro, *Primeiras Notas ao NCPC*, vol. I, pp. 165-167). Importante é ainda a pró-atividade dos funcionários judiciais, no sentido de praticarem os atos que a lei determina sem necessidade de despacho judicial.

2. Do que o juiz não deve abdicar de modo algum é de exercer vigilância sobre o modo como a secretaria tramita os processos pendentes, sendo inadmissível que se estabeleça uma separação entre os processos que são "conclusos" ao juiz e aqueles que, sem qualquer controlo da sua parte, continuam pendentes na secretaria, pois é disso que se trata quando a lei prescreve a "*dependência funcional*" da secretaria relativamente ao juiz respetivo. Atualmente, o sistema eletrónico *CITIUS* contém funcionalidade que permite ao juiz aferir quais os processos que não são movimentados há mais de 90 dias, sendo ainda certo que a prolação de decisão judicial não está dependente da prévia abertura de conclusão do processo (ato processual autónomo; cf. art. 153º, nº 1).

3. Dada a assinalada dependência funcional, os atos praticados pelos funcionários da secretaria judicial são sempre passíveis de reclamação para o juiz, a quem cabe a respetiva validação ou revogação (nº 5).

4. Acresce que as partes não podem, em caso algum, ser prejudicadas em virtude de erros ou omissões da secretaria judicial (cf. STJ 30-3-17, 6617/07, sobre a legibilidade da data afixada na nota de citação e início de contagem do prazo para contestar), o que radica na ideia de que, devendo a secretaria judicial atuar nos termos da lei e segundo as orientações do juiz de que depende, as partes hão de poder confiar naquilo que os funcionários judiciais lhes transmitam ou levem a cabo (cf. nota 5 ao art. 191º e nota 1, al. c), ao art. 227º).

5. Ao erro ou omissão referentes a notificações da secretaria judicial são de equiparar atos equívocos, ou de dúbia interpretação, e que possam afetar negativamente direitos dos seus destinatários, desde que a interpretação lesiva que deles seja feita, aferida pelo *standard* interpretativo do destinatário normal (art. 236º, nº 1, do CC), possa ser acolhida (STJ 5-4-16, CJ, t. I, p. 193).

6. No Ac. nº 500/2019, o Trib. Const. decidiu não julgar inconstitucional o nº 6 quando interpretado no sentido de abranger apenas os erros e omissões dos atos praticados pela secretaria no próprio processo, que detenham relevância no desenvolvimento normal dos seus termos processuais, com exclusão dos atos exteriores a esse processamento.

7. As nulidades dos atos processuais, incluindo as derivadas de erros ou omissões dos funcionários da secretaria, devem ser arguidas, no prazo respetivo, no tribunal onde foram cometidas e não no âmbito do recurso de alguma decisão proferida no pressuposto da sua não verificação (STJ 12-10-06, 06B3371).

ARTIGO 158º

Âmbito territorial para a prática de atos de secretaria

1 – Os funcionários das secretarias do Supremo Tribunal de Justiça, das Relações e de quaisquer outros tribunais podem praticar diretamente os atos que lhes incumbam em toda a área de jurisdição do respetivo tribunal ou juízo, quando a área de jurisdição deste for superior à do tribunal em que está inserido.

2 – Nos casos previstos nas leis de organização judiciária, a competência para a prática dos atos pelos funcionários da secretaria pode abranger a área de outras circunscrições judiciais.

3 – A obtenção de informações, o pedido e obtenção de certidões, a entrega de peças processuais ou de documentos em suporte físico, quando admissível, e a consulta de processos podem ser efetuados em qualquer tribunal judicial, independentemente do tribunal onde corre o processo.

(O nº 3 foi aditado pelo DL nº 97/19, de 26 de julho)

1. Estando afetados à secretaria de certo tribunal, a área dentro da qual os funcionários judiciais podem praticar os atos que lhes caibam corresponde à área de jurisdição do tribunal. Assim, os funcionários do STJ podem praticar atos em todo o território nacional, por ser essa a jurisdição do tribunal (art. 4º, nº 1, do RLOSJ e o respetivo Mapa I anexo), os das Relações (art. 32º, nº 1, da LOSJ e Anexo I) na área das comarcas submetidas à respetiva jurisdição (art. 4º, nº 2, do RLOSJ e Anexo II) e os dos tribunais de competência territorial alargada (art. 83º da LOSJ e Anexo III) na área sobre que cada um tem jurisdição (art. 4º, nº 3, do RLOSJ e o respetivo Anexo IV).

2. No domínio dos tribunais de comarca, os juízos de competência especializada (art. 81º, nº 3, da LOSJ) tanto podem exercer jurisdição em toda a área territorial respetiva como em áreas mais restritas, enquanto os juízos locais e os juízos de competência genérica (art. 130º, nºs 1 e 2, da LOSJ) cobrem uma área geográfica inferior à da comarca a que pertencem (art. 4º, nº 3; arts. 64º e ss. do RLOSJ e o respetivo Anexo III).

3. Independentemente da concreta jurisdição territorial desses juízos, o nº 1 deste art. 158º revela que os funcionários dos tribunais de comarca (art. 33º, nº 2, da LOSJ e Anexo II), tanto dos juízos de competência especializada, como dos juízos locais e dos juízos de competência genérica, podem praticar atos em toda área da comarca a que pertence o juízo em que prestam funções.

4. Acerca dos tribunais de competência territorial alargada, dos juízos de competência especializada, dos juízos de competência genérica e dos juízos locais, cf. Paulo Pimenta, *Processo Civil Declarativo*, 2ª ed., pp. 103-112.

ARTIGO 159º
Composição de autos e termos

1 – Os autos e termos lavrados na secretaria devem conter a menção dos elementos essenciais e da data e lugar da prática do ato a que respeitem.

2 – *(Revogado)*

3 – *(Revogado)*

(Os nºs 2 e 3 foram revogados pelo DL nº 97/19, de 27-7)

Remissões: art. 451º (falsidade de ato judicial); arts. 21º (atos dos funcionários), 25º (notificações eletrónicas), 30º (comunicação de atos entre serviços judiciais), todos da Port. nº 280/13, de 26-8, com a redação introduzida pelas Portarias nº 170/17, de 25-5 e nº 267/18, de 20-9.

1. O termo e o auto expressam atos processuais realizados pela secretaria. O termo destina-se a acolher declarações das partes ou ao exercício de certos poderes processuais pelas partes. São exemplos de termos os contidos nos arts. 290º (desistência, confissão ou transação), 356º, nº 1, al. a) (cessão de direito litigioso),

924º, nº 1 (entrega da quantia ou coisa, em vez do depósito) e 1028º, nº 2 (declaração de preferência ou recebimento do preço). A expressão "*termo*" é usada ainda para referir atos pelos quais a secretaria dá conta do desenvolvimento da lide.

2. Por sua vez, o auto tem em vista registar diligências processuais, atos de direito material praticados no processo ou verificações de factos. Encontram-se previstos autos nos arts. 400º (embargo de obra nova), 406º, nº 2, 408º, nº 2 (arrolamento), 493º (inspeção judicial), 757º, nº 3 (arrombamento de portas), 766º (penhora) e 826º (abertura de propostas na venda judicial). Para mais desenvolvimentos, cf. Alberto dos Reis, *Comentário ao CPC*, vol. II, pp. 199-200.

3. Uns e outros constituem documentos autênticos, na medida em que sejam lavrados no exercício das funções, de modo que a sua impugnação apenas poderá ser alcançada mediante a prova da falsidade.

ARTIGO 160º
Elaboração dos atos da secretaria

1 – Os autos, termos e demais atos elaborados pelos funcionários judiciais, mesmo que em coautoria, dispensam a sua assinatura, sendo a autoria dos mesmos certificada pelos mecanismos de autenticação do sistema de informação de suporte à atividade dos tribunais.

2 – Os atos a que se refere o número anterior nos quais intervenha o juiz só são válidos desde que estejam assinados por este.

3 – Quando o ato exprimir a manifestação de vontade de alguma das partes ou importar para ela qualquer responsabilidade, o mesmo deve ser assinado eletronicamente por si ou pelo seu representante.

4 – Não sendo possível à parte ou ao seu representante assinar eletronicamente o ato, o mesmo é impresso e assinado autografamente, procedendo-se em seguida à sua digitalização e junção ao processo, sendo a versão em papel arquivada no suporte físico do processo.

5 – Quando seja necessária a assinatura da parte e esta não possa, não queira ou não saiba assinar, o auto ou termo é assinado, nos termos previstos nos nºs 3 e 4, por duas testemunhas que a reconheçam.

6 – Quando a sua natureza o permitir, os atos da competência da secretaria podem ser efetuados de forma automática, pelo sistema de informação de suporte à atividade dos tribunais, nos termos definidos na portaria prevista no nº 2 do artigo 132º.

7 – Nos casos em que o funcionário judicial elabore citação, notificação ou outro ato que deva ser remetido por via postal, a sua assinatura pode ser substituída por indicação do código identificador da comunicação, bem como do endereço do sítio eletrónico do Ministério da Justiça no qual, através da inserção do código, é possível confirmar a autenticidade da comunicação.

(Alterado pelo DL nº 97/19, de 26-7)

Remissões: art. 21º, nº 2, da Port. nº 280/13, de 26-8 (versão eletrónica dos atos praticados pelos funcionários judiciais); art. 184º (certificação da autoria dos mandados pelo competente funcionário).

1. A nova redação do preceito emerge da consagração do processo eletrónico que tanto abarca os atos praticados por funcionários como aqueles que sejam praticados pelo juiz, resultando claro o seguinte: não intervindo o juiz, a autoria da certificação de autos, termos e demais atos elaborados por funcionário é certificada pelos mecanismos de autenticação previstos para o efeito (nº 1); intervindo o juiz, a validade dos atos depende da assinatura deste.

2. Apesar de o nº 3, acerca de ato de disposição das partes, não fazer a distinção (ao contrário do que sucedia no nº 1 do preceito na redação anterior) entre a circunstância de tal ato decorrer perante juiz ou perante funcionário, deve continuar a entender-se que a exigência da assinatura da parte ou do seu representante só é aplicável no caso de esse ato ter lugar perante o funcionário, como sucede quando este colhe na secretaria termo de desistência, confissão ou transação (art. 290º, nº 1, *in fine*).

3. Ao invés, quando o ato de disposição ocorrer em diligência presidida pelo juiz, como será o caso da audiência prévia (art. 591º, nº 1, al. a)) ou da audiência final (art. 604º, nº 2), a assinatura do juiz é suficiente, o que não invalida que as partes também assinem. Aliás, é este o sentido que melhor se coaduna com o disposto no nº 4 do art. 290º, ficando o resultado da disposição em ata, da qual constará a assinatura do juiz.

ARTIGO 161º

(Revogado pelo DL nº 97/19, de 26-7)

ARTIGO 162º

Prazos para o expediente da secretaria

1 – No prazo de cinco dias, salvos os casos de urgência, deve a secretaria fazer os processos conclusos, continuá-los com vista ou facultá-los para exame, passar os mandados e praticar os outros atos de expediente.

2 – No próprio dia, sendo possível, deve a secretaria submeter a despacho, avulsamente, os requerimentos que não respeitem ao andamento de processos pendentes, juntar a estes os requerimentos, respostas, articulados e alegações que lhes digam respeito ou, se forem apresentados fora do prazo ou houver dúvidas sobre a legalidade da junção, submetê-los a despacho do juiz, para este a ordenar ou recusar.

3 – O prazo para conclusão do processo a que se junte qualquer requerimento conta-se da apresentação deste ou da ordem de junção.

4 – Decorridos 10 dias sobre o termo do prazo fixado para a prática de ato próprio da secretaria sem que o mesmo tenha sido praticado, deve ser aberta conclusão com a indicação da concreta razão da inobservância do prazo.

5 – A secretaria remete, mensalmente, ao presidente do tribunal informação discriminada dos casos em que se mostrem decorridos 10 dias sobre o termo do prazo fixado para a prática de ato próprio da secretaria, ainda que o ato tenha sido entretanto praticado, incumbindo ao presidente do tribunal, no prazo de 10 dias contado da data de receção, remeter o expediente à entidade com competência disciplinar.

1. Salvo nos casos de urgência, a secretaria deve observar o prazo de 5 dias para a prática de certas categorias de atos em processos pendentes: apresentar o processo ao juiz para proferir despacho ou sentença (conclusão), disponibilizar o processo ao juiz para análise (vista), facultar o processo às partes para os fins marcados por lei ou despacho (exame), emitir documento, em nome do juiz, destinado a servir de suporte à realização de ato processual (mandado) ou praticar os demais atos de expediente.

2. Há outro tipo de atos que a secretaria deve praticar, sendo possível, no próprio dia: submeter a despacho, avulsamente, requerimentos que não respeitem ao andamento de processos pendentes, incorporar nos autos peças que lhes digam respeito ou submeter à apreciação do juiz peças sobre as quais haja dúvidas acerca da legalidade da junção ou acerca da tempestividade da apresentação.

3. Em termos paralelos aos do art. 156º, foi instituído neste art. 162º um mecanismo de controlo processual relativo aos prazos pela secretaria. Assim, decorridos 10 dias sobre o termo do prazo fixado para a prática de certo ato da sua competência sem que o mesmo tenha sido praticado, deve ser aberta conclusao com a indicação da concreta razão da inobservância do prazo (nº 4). Este regime implica não só a assunção expressa da inobservância do prazo pela secretaria, mas também o dever de justificar tal inobservância.

4. Acresce que, mensalmente, a secretaria deve apresentar ao presidente do tribunal (entenda-se: presidente da comarca – art. 92º da LOSJ) a informação discriminada dos casos em que se mostrem decorridos 10 dias sobre o termo do prazo fixado para a prática de ato da competência da secretaria, mesmo que tenha sido, entretanto, praticado, sendo encargo do presidente do tribunal remeter, em 10 dias, esse expediente à entidade com competência disciplinar (nº 5).

5. Sobre a matéria, cf. João Correia, Paulo Pimenta e Sérgio Castanheira, *Introdução ao Estudo e à Aplicação do CPC de 2013*, p. 34.

SECÇÃO V
Publicidade e acesso ao processo

ARTIGO 163º
Publicidade do processo

1 – O processo civil é público, salvas as restrições previstas na lei.

2 – A publicidade do processo implica o direito de exame e consulta do processo por via eletrónica, nos termos definidos na portaria prevista no nº 2 do artigo 132º, e na secretaria, bem como o de obtenção de cópias ou certidões de quaisquer peças nele incorporadas, pelas partes, por qualquer pessoa capaz de exercer o mandato judicial ou por quem nisso revele interesse atendível.

3 – *(Revogado)*

4 – Incumbe às secretarias judiciais prestar informação precisa às partes, seus representantes ou mandatários judiciais, ou aos funcionários destes, devidamente credenciados, acerca do estado dos processos pendentes em que sejam interessados.

5 – *(Revogado)*

(Alterado pelo DL nº 97/19, de 26-7)

Remissões: art. 165º (confiança do processo); arts. 1º, nº 6, al. j) e 27º da Port. nº 280/13, de 26-8, com a redação introduzida pelas Port. nº 170/17, de 25-5 e nº 267/18, de 20-9 (consulta eletrónica de processos); Port. nº 209/17, de 13-7, com a redação introduzida pela Port. nº 267/18, de 20-9 (certidão eletrónica); Lei nº 34/09, de 14-7 (tratamento de dados referentes ao sistema judicial).

1. A publicidade do processo civil aqui consagrada tem uma amplitude bem maior do que a referida noutros preceitos que apenas se referem às audiências (art. 206º da CRP, art. 25º da LOSJ e art. 606º, nº 1, do CPC). Na verdade, a publicidade respeita a todo o processo, a todas as suas etapas e a todas as suas diligências, salvas as restrições previstas na lei.

2. O princípio da publicidade envolve o exame e a consulta dos autos por via eletrónica e na secretaria e a obtenção de cópias ou certidões (nº 2), a prestação de informações pela secretaria judicial (nº 4) e ainda a confiança de algum suporte físico do processo para exame fora da secretaria (arts. 165º e 166º).

3. A lei estabelece graduações, distinguindo entre quem é parte, ou não, e entre quem exerce o mandato judicial ou tem condições para tal. As partes (elas próprias ou seus representantes) e os respetivos mandatários poderão examinar e consultar os autos na secretaria e obter cópias ou certidões, bem assim solicitar informações precisas à secretaria acerca do estado dos processos pendentes, sendo que tais informações podem também ser solicitadas por funcionários dos mandatários judiciais, devidamente credenciados (art. 157º, nº 4). Acresce que os mandatários constituídos podem obter a confiança do processo para exame fora da secretaria judicial (art. 165º, nº 1).

4. Quem não for parte no processo apenas tem o direito de examinar e consultar os autos na secretaria e obter cópias ou certidões quando nisso revelar interesse atendível. Assim será no caso de titular de interesse conexo com o que se discute nos autos (*v.g.* o subarrendatário ou o cessionário do inquilino demandado numa ação de despejo) ou no caso de desempenho de atividade que legitime o acesso ao processo (*v.g.* um jornalista). O interessado na consulta do processo deve alegar factos dos quais resulte que o interesse nessa consulta se justifica, concretizando a alegada relevância e interesse público (RL 19-1-12, 1769/11).

5. Relativamente a quem pode exercer mandato judicial mas não se encontra constituído como tal nos autos, o regime é o seguinte: pode examinar e consultar o processo na secretaria e obter cópias e certidões (nº 2), mas não tem acesso à prestação de informações precisas pela secretaria (nº 4) ou através de ficheiros informáticos aí existentes (nº 5); somente pode obter a confiança para exame fora da secretaria relativamente a processos findos, desde que os pudesse ali examinar (art. 165º, nº 2).

6. Sobre o tratamento de dados do sistema judicial e acesso aos mesmos cf. Lei nº 34/09, de 14-7 (tratamento de dados referentes ao sistema judicial).

ARTIGO 164º
Limitações à publicidade do processo

1 – O acesso aos autos é limitado nos casos em que a divulgação do seu conteúdo possa causar dano à dignidade das pessoas, à intimidade da vida privada ou familiar ou à moral pública, ou pôr em causa a eficácia da decisão a proferir.

2 – Preenchem, designadamente, as restrições à publicidade previstas no número anterior:

a) Os processos de anulação de casamento, divórcio, separação de pessoas e bens e os que respeitem ao estabelecimento ou impugnação de paternidade, a que apenas podem ter acesso as partes e os seus mandatários;

b) Os procedimentos cautelares pendentes, que só podem ser facultados aos requerentes e seus mandatários e aos requeridos e respetivos mandatários, quando devam ser ouvidos antes de ordenada a providência;

c) Os processos de execução só podem ser facultados aos executados e respetivos mandatários após a citação ou, nos casos previstos no artigo 626º, após a notificação; independentemente da citação ou da notificação, é vedado aos executados e respetivos mandatários o acesso à informação relativa aos bens indicados pelo exequente para penhora e aos atos instrutórios da mesma;

d) Os processos de acompanhamento de maior.

3 – O acesso a informação do processo também pode ser limitado, em respeito pelo regime legal de proteção e tratamento de dados pessoais, quando, estando em causa dados pessoais constantes do processo, os mesmos não sejam pertinentes para a justa composição do litígio.

(Alterado pela Lei nº 49/18, de 14-8 e pelo DL nº 97/19, de 26-7)

Remissões: art. 170º, nº 2 (fixação judicial dos limites da certidão); art. 18º, nº 2, da CRP (princípio da proporcionalidade); Lei nº 58/19, de 8-8 (proteção das pessoas singulares no que diz respeito ao tratamento de dados pessoais e à livre circulação desses dados).

1. Em conformidade com a ressalva inserida no nº 1 do preceito anterior, a lei impõe limitações à publicidade, em função da necessidade de salvaguardar a dignidade e a intimidade da vida privada e familiar, de defender a moral pública e de assegurar a eficácia de decisões a proferir (ou de diligências de penhora ou de apreensão de bens a realizar).

2. A lei enuncia, embora exemplificativamente, situações que justificam restrições à publicidade, sendo de referir que a formulação da al. c) do nº 2, não primando pelo rigor, deve ser tomada como vedando o acesso também a terceiros, e não apenas aos executados e respetivos mandatários, sob pena de sair frustrado o objetivo visado. A al. d), que foi introduzida pela Lei nº 49/18, de 14-8, deve ser conjugada com o art. 893º, nos termos do qual compete ao juiz decidir, em face do caso, que publicidade deve ser dada ao início, ao decurso e à decisão final do processo.

3. No Parecer do Cons. Consultivo da PGR nº 2619, de 2-6-05, defendeu-se que as autoridades judiciárias competentes, ao procederem à aplicação casuística das regras processuais que possibilitem o acesso de terceiros ao processo (consulta e obtenção de cópias ou certidões), devem, na decisão sobre o concreto pedido de acesso a relatórios de perícias médico-legais, interpretar os critérios legais aplicáveis com apelo a um juízo de ponderação que atenda ao regime de restrições aos direitos, liberdades e garantias previsto no art. 18º da Constituição.

4. Sobre o tratamento de dados do sistema judicial e acesso aos mesmos cf. a Lei nº 34/09, de 14-7 (tratamento de dados referentes ao sistema judicial).

5. Em decorrência do nº 3, constitui também fundamento de limitação de acesso a informação constante do processo o disposto na Lei nº 58/19, de 8-8 (regime de proteção das pessoas singulares no que diz respeito ao tratamento de dados pessoais e à livre circulação desses dados), desde que os dados pessoais em causa sejam impertinentes para a justa composição do litígio. Nos termos do art. 4º do Regulamento 2016/679, de 27-4-2016, entende-se por "dados pessoais" a informação relativa a uma pessoa singular identificada ou identificável, sendo "*considerada identificável uma pessoa singular que possa ser identificada, direta ou indiretamente, em especial por referência a um identificador, como por exemplo um nome, um número de identificação, dados de localização, identificadores por via eletrónica ou a um ou mais elemen-*

tos específicos da identidade física, fisiológica, genética, mental, económica, cultural ou social dessa pessoa singular".

ARTIGO 165º
Confiança do suporte físico do processo

1 – Os mandatários judiciais constituídos pelas partes, os magistrados do Ministério Público e os que exerçam o patrocínio por nomeação oficiosa podem solicitar, por escrito ou verbalmente, que os suportes físicos de processos pendentes que contenham atos e documentos que não tenham representação eletrónica lhes sejam confiados para exame fora da secretaria do tribunal.

2 – Tratando-se de processos findos, a confiança pode ser requerida por qualquer pessoa capaz de exercer o mandato judicial, a quem seja lícito examiná-los na secretaria.

3 – Compete à secretaria facultar a confiança do suporte físico do processo, pelo prazo de cinco dias, que pode ser reduzido se causar embaraço grave ao andamento da causa.

4 – A recusa da confiança deve ser fundamentada e comunicada por escrito, dela cabendo reclamação para o juiz, nos termos do artigo 168º.

(Alterado pelo DL nº 97/19, de 26-7)

Remissões: art. 167º (direito ao exame).

1. A confiança do suporte físico do processo tem em vista permitir o respetivo exame fora da secretaria do tribunal. Tratando-se de processos pendentes, tal confiança apenas pode ser solicitada pelos mandatários constituídos, pelos magistrados do Ministério Público e pelos defensores oficiosos. O pedido de confiança pode ainda ser feito por funcionário do mandatário judicial, desde que devidamente credenciado (art. 157º, nº 4). Relativamente a processos findos, esta confiança do processo pode também ser requerida por qualquer pessoa capaz de exercer o mandato judicial, na medida em que pudesse examinar tais processos na secretaria.

2. A lei é clara ao estabelecer que a solicitação deve ser dirigida à secretaria, cabendo a esta facultar a confiança do suporte físico do processo, sem necessidade de intervenção do juiz. E é também clara ao prever que o pedido de confiança pode ser formulado por escrito (por requerimento) ou de modo oral (verbalizando-se a solicitação ao balcão). Resulta ainda da lei que a confiança facultada pela secretaria é pelo prazo de 5 dias, apenas sendo inferior se causar grave embaraço ao andamento da causa. Quer isto dizer que um pedido desta índole não tem de ser dirigido ao juiz (o que nem seria exequível, no modo oral), nem tem de ser apresentado a despacho pela secretaria.

3. Em rigor, neste contexto, o juiz só tem de intervir nos seguintes casos: se a confiança for solicitada por prazo superior a 5 dias (caso em que o requerimento deverá ser escrito e submetido a despacho); se a secretaria recusar a confiança (o que deve ser feito por escrito e fundamentadamente) ou confiar por menos de 5 dias e houver reclamação para o juiz (nº 4); se for requerida prorrogação do prazo de confiança do processo (art. 168º, nº 2).

ARTIGO 166º

Falta de restituição do suporte físico do processo dentro do prazo

1 – O mandatário judicial que não entregue o suporte físico do processo dentro do prazo que lhe tiver sido fixado é notificado para, em dois dias, justificar o seu procedimento.

2 – Caso o mandatário judicial não apresente justificação ou esta não constitua facto do conhecimento pessoal do juiz ou justo impedimento nos termos do artigo 140º, é condenado no máximo de multa; esta é elevada ao dobro se, notificado da sua aplicação, não entregar o suporte físico do processo no prazo de cinco dias.

3 – Se, decorrido o prazo previsto na última parte do número anterior, o mandatário judicial ainda não tiver feito a entrega do suporte físico do processo, o Ministério Público, ao qual é dado conhecimento do facto, promove contra ele procedimento pelo crime de desobediência e faz apreender o suporte físico do processo.

4 – Do mesmo facto é dado conhecimento à respetiva associação pública profissional.

(Alterado pelo DL nº 97/19, de 26-7)

1. Por razões óbvias, impõe-se que o suporte físico do processo que tenha sido confiado volte à secretaria dentro do prazo concedido. Esgotado esse prazo (e sem que tenha sido pedida a sua prorrogação – art. 168º, nº 2), a secretaria deverá, oficiosamente, notificar o mandatário judicial para, em 2 dias, justificar o facto. Assim notificado, o mandatário será condenado em multa se não apresentar justificação alguma, se o motivo invocado não for do conhecimento pessoal do juiz (nesse conhecimento radicando a atendibilidade do motivo) ou se o motivo não constituir justo impedimento para os efeitos do art. 140º. Tal multa será aplicada pelo máximo (cf. o nº 1 do art. 27º do RCP), podendo ser elevada para o dobro no caso de o mandatário, notificado da sua aplicação, não devolver o processo no prazo de 5 dias.

2. Esgotado este prazo, persistindo a falta de entrega do processo, disso será dado conhecimento ao Ministério Público, seja com vista a procedimento criminal pelo crime de desobediência, seja com vista a diligenciar pela efetiva apreensão do processo. Dado que a conduta é passível de configurar ilícito disciplinar, o facto é ainda comunicado à associação pública profissional a que o mandatário pertença.

3. A notificação prevista no nº 1 deverá ser tida também como interpelação para o mandatário proceder à imediata entrega do processo, até porque a eventual justificação que apresente será reportada à questão da falta de entrega dentro do prazo fixado, e não a uma eventual razão para continuar com o processo em seu poder. Na verdade, o prazo de 5 cinco dias previsto na parte final do nº 2 apenas vale como critério para duplicação da multa aplicada.

ARTIGO 167º
Direito ao exame em consequência de disposição legal ou despacho judicial

1 – Nos casos em que, por disposição da lei ou despacho do juiz, o mandatário judicial tenha prazo para exame, e estando em causa processo cujo suporte físico contenha atos ou documentos que não tenham representação eletrónica, a secretaria, a simples pedido verbal, confia-lhe o suporte físico do processo pelo prazo marcado.

2 – Considera-se que o mandatário judicial tem prazo para exame do processo sempre que este aguarde o decurso do prazo para a prática de um ato que só à parte por ele patrocinada caiba praticar.

3 – Se deixar de entregar o suporte físico do processo até ao último dia do prazo de exame, o mandatário incorre nas sanções cominadas no artigo anterior.

(Alterado pelo DL nº 97/19, de 26-7)

1. Regula-se aqui um regime especial de confiança de algum suporte físico do processo ao mandatário judicial, com base na existência de prazo para exame do processo, regime que, naturalmente, prevalece sobre o contido no nº 1 do art. 165º. Há prazo para exame do processo sempre que os autos aguardem o decurso de prazo para a prática de ato que compete somente à parte que o mandatário patrocina. Nos termos aqui definidos, a secretaria deve entregar o suporte físico ao mandatário judicial, mediante simples pedido verbal deste.

2. O prazo da confiança coincide com o prazo do exame, sendo sempre, no mínimo, pelo tempo que ainda faltar até ao termo desse prazo. Assim sucederá, por um lado, quando houver prazo para exame do processo por previsão legal ou por despacho do juiz. São exemplos de previsão legal o art. 567º, nº 2 (alegações de direito), e o art. 638º, nº 9 (alegações e contra-alegação de recurso). Por outro lado, mais genericamente, toma-se como havendo prazo para exame do suporte físico do processo pelo mandatário qualquer situação em que os autos aguardem o decurso de prazo para a prática de ato que só à parte por si patrocinada caiba praticar. Assim sucederá no caso dos arts. 149º, nº 1 (resposta a requerimento da contraparte), 569º, nº 1 (contestação) e 585º (réplica).

3. Esgotado o prazo previsto para o exame sem que proceda à devolução do suporte físico, será acionado o regime previsto no art. 166º, sujeitando-se o mandatário judicial às sanções aí marcadas. No entanto, deve entender-se que, sendo o ato processual praticado dentro dos 3 dias úteis seguintes ao termo do prazo, e paga a respetiva multa (art. 139º, nº 5), a devolução do suporte físico do processo pode ser diferida para a data da prática do ato, sem consequências para o mandatário (STJ 14-1-93, 083509 e RP 25-5-93, 9240813).

4. No caso de prazos que corram em simultâneo para ambas as partes (*v.g.* em casos de interposição de recurso por ambas as partes - art. 638º, nº 9), não pode aplicar-se sem mais o regime da confiança do suporte físico do processo previsto no art. 167º, devendo a confiança operar-se nos termos do art. 165º. Por outro lado, havendo pluralidade de autores ou de réus, e não sendo comum o mandatário judicial, embora o prazo corra apenas para uma das partes (ativa ou passiva), a confiança do suporte físico, nos termos do art. 167º, nº 2, deve ser gerida adequadamente pela secretaria, aplicando-se a solução do art. 638º, nº 9 (diretamente, no caso de alegações ou contra-alegações de recurso; por analogia, nos outros casos - cf. Lebre de Freitas e Isabel Alexandre, *CPC anot.*, vol. I, 4ª ed., p. 352).

ARTIGO 168º
Dúvidas e reclamações

1 - Em caso de dúvida sobre o direito de acesso ao processo, a secretaria submete, por escrito, a questão à apreciação do juiz.

2 - No caso de recusa do acesso ao processo ou se for requerida a prorrogação do prazo de consulta, a secretaria faz o processo concluso imediatamente ao juiz com a informação que tiver por conveniente, para ser proferida decisão.

1. Em matéria de acesso ao processo e de confiança dos autos, a lei outorga à secretaria competências que esta deve exercer por si, assim se resguardando o juiz, o qual apenas deverá intervir perante questões que ultrapassem aquilo que a secretaria pode e deve resolver. Deste modo, o juiz terá de intervir quando haja dúvida da secretaria em facultar o acesso ao processo ou a respetiva confiança.

2. O juiz intervirá igualmente para decidir reclamações contra ato da secretaria, seja quando esta recusa a confiança do processo, seja quando pretenda confiar o processo por prazo inferior a 5 dias (art. 165º, nº 3). Intervirá ainda quando, confiado o processo, seja requerida a prorrogação do prazo da confiança.

3. Em matéria de acesso ao processo (exame e consulta dos autos na secretaria e obtenção de cópias ou certidões), sempre que a secretaria recuse tal acesso (sinal de que não teve dúvida, tendo decidido pela recusa), o processo deverá ser imediatamente feito concluso, com a informação que a secretaria tiver por pertinente, de modo a que o juiz decida a questão, ratificando o ato da secretaria ou revogando-o.

ARTIGO 169º
Registo de entrega do suporte físico do processo

1 – A entrega do suporte físico do processo e a posterior restituição são registados no sistema de suporte à atividade dos tribunais

2 – *(Revogado)*

(Alterado pelo DL nº 97/19, de 26-7)

1. Este preceito regula procedimentos de segurança no caso de confiança do suporte físico do processo. Não deve confundir-se a "*pessoa munida de autorização escrita*" com o funcionário, devidamente credenciado, do mandatário judicial. Este último, considerando o sentido do art. 157º, nº 4, é admitido a solicitar a confiança, tanto nos termos do art. 165º, como do art. 167º, agindo no interesse e por conta do mandatário judicial. Aquela limitar-se-á ao ato material de levantar o suporte físico, para o que deve estar autorizado por escrito por quem solicitou a confiança.

ARTIGO 170º
Dever de passagem de certidões

1 – A secretaria deve, sem precedência de despacho, passar as certidões de todos os termos e atos processuais que lhe sejam requeridas, oralmente ou por escrito, pelas partes no processo, por quem possa exercer o mandato judicial ou por quem revele interesse atendível em as obter.

2 – Tratando-se, porém, dos processos a que alude o artigo 164º, nenhuma certidão é passada sem prévio despacho sobre a justificação, em requerimento escrito, da sua necessidade, devendo o despacho fixar os limites da certidão.

3 – As certidões podem ser emitidas em formato eletrónico, nos termos a definir por portaria do membro do Governo responsável pela área da justiça, delas constando apenas o nome do funcionário que as emitiu, sendo a sua assinatura e rubrica e o selo do respetivo serviço substituídos por assinatura eletrónica ou por mecanismo de autenticação aposto pelo sistema informático de suporte à atividade dos tribunais.

4 – As certidões eletrónicas podem ainda ser emitidas de forma automatizada com base na informação constante do sistema de suporte à atividade dos tribunais, sendo-lhe aposto mecanismo de autenticação pelo sistema informático, o qual dispensa, para todos os efeitos legais, a aposição de assinatura e rubrica de funcionário e o selo do serviço.

5 – As certidões eletrónicas previstas no presente artigo são documentos autênticos, nos mesmos termos e para os mesmos efeitos que as certidões em papel.

6 – Sempre que a emissão de certidão seja efetuada oficiosamente pelo tribunal, deve ser feita em formato eletrónico.

(Alterado pelo DL nº 68/17, de 16-6 e pelo DL nº 97/19, de 26-7)

Remissões: art. 29º da Port. nº 280/13, de 26-8 (certidões); Port. nº 209/17, de 13-7, alterado pela Port. nº 267/18, de 20-9 (certidão eletrónica); art. 34º da Lei nº 34/09 (dados referentes ao sistema judicial).

1. Uma das vertentes do acesso ao processo é a obtenção de certidões, cabendo à secretaria, sem carecer de prévio despacho, passar as certidões que lhe sejam requeridas, oralmente ou por escrito. A legitimidade para formular este requerimento é definida por referência à legitimidade para acesso ao processo, nos termos do nº 2 do art. 163º, com inclusão de funcionário de mandatário judicial, desde que devidamente credenciado (arts. 157º, nº 4 e 163º, nº 4).

2. Embora a regra seja a desnecessidade de requerimento escrito e de despacho judicial, há cautelas a tomar quando o pedido de certidão se reporta a um processo dos indicados no art. 164º. As limitações à publicidade aí consignadas impõem um controlo judicial casuístico do pedido de passagem de certidão. Assim, o interessado deve indicar por escrito a sua pretensão e a certidão apenas é passada mediante despacho favorável, para o que deverá o juiz ter presente os interesses protegidos pelo art. 164º.

3. Sobre o acesso aos dados do sistema judicial, cf. a Lei nº 34/09, de 14-7 (tratamento de dados referentes ao sistema judicial).

ARTIGO 171º
Prazo para a passagem das certidões

1 – As certidões são passadas dentro do prazo de cinco dias, salvo nos casos de urgência ou de manifesta impossibilidade, em que se consigna o dia em que devem ser levantadas.

2 – Se a secretaria recusar a passagem da certidão, aplica-se o disposto no nº 2 do artigo 168º, sem prejuízo das providências disciplinares a que a falta dê lugar.

3 – Se a secretaria retardar a passagem de qualquer certidão, a parte pode requerer ao juiz que a mande passar ou fixe prazo para ser passada, sendo o requerimento submetido a despacho com informação escrita do funcionário.

1. O prazo de 5 dias para a passagem de certidões, que corresponde ao prazo geral para o expediente da secretaria (art. 162º, nº 1), poderá ser reduzido em casos de urgência (de que o interessado deve dar nota ao requerer a certidão) ou poderá ser ampliado quando seja de todo em todo impossível o seu cumprimento, incumbindo à secretaria especificar (por escrito) a data em que disponibilizará a certidão.

2. A recusa da passagem da certidão submete-se ao regime do art. 168º, nº 2, pelo que, expondo as razões da recusa, a secretaria deve apresentar o processo imediatamente ao juiz, cabendo a este ratificar ou revogar a recusa.

3. Em caso de demora na passagem da certidão, pode o interessado dirigir requerimento ao juiz, de modo a obter decisão que mande passar (de imediato) a certidão ou fixe prazo para tal. A questão será então decidida pelo juiz, em face do requerimento apresentado e da informação escrita a prestar pelo funcionário.

4. Apesar da formulação da parte final do nº 2 do art. 171º, a aplicação de providências disciplinares não terá lugar apenas no contexto de recusa de passagem da certidão, mas também no caso de retardamento e, em geral, sempre que, pela sua conduta, o funcionário judicial pratique ato que configure infração disciplinar, nos termos do respetivo Estatuto (DL nº 343/99, de 26-8).

SECÇÃO VI
Comunicação dos atos

ARTIGO 172º
Formas de requisição e comunicação de atos

1 – A prática de atos processuais que exijam intervenção dos serviços judiciários pode ser solicitada a outros tribunais ou autoridades por carta precatória ou rogatória, empregando-se a carta precatória quando a realização do ato seja solicitada a um tribunal ou a um cônsul português e a carta rogatória quando o seja a autoridade estrangeira.

2 – Através do mandado, o tribunal ordena a execução de ato processual a entidade que lhe está funcionalmente subordinada.

3 – As citações ou notificações por via postal são enviadas diretamente para o interessado a que se destinam, seja qual for a circunscrição em que se encontre.

4 – A solicitação de informações, de envio de documentos ou da realização de atos que não exijam, pela sua natureza, intervenção dos serviços judiciários é feita diretamente às entidades públicas ou privadas cuja colaboração se requer, por ofício remetido por via postal ou por outro meio de comunicação.

5 – Na transmissão de quaisquer comunicações e na expedição ou devolução de cartas precatórias, os serviços judicias devem utilizar o sistema de informação de suporte à atividade dos tribunais ou, quando tal não seja possível, a via postal, a telecópia ou o correio eletrónico, nos termos previstos em portaria do membro do governo responsável pela área da Justiça; tratando-se de atos urgentes, pode ainda ser utilizado o telegrama, a comunicação telefónica ou outro meio análogo de telecomunicações.

6 – A comunicação telefónica é sempre documentada nos autos e seguida de confirmação por qualquer meio escrito; relativamente às partes, apenas é lícita como forma de transmissão de uma convocação ou desconvocação para atos processuais.

(Alterado pelo DL nº 97/19, de 26-7)

Remissões: Port. nº 348/19, de 4-10 (regulamenta as comunicações eletrónicas entre os Tribunais Judiciais e a Segurança Social no âmbito dos processos tutelares cíveis e de promoção e proteção); Port. nº 356/19, de 8-10 (regulamenta as comunicações eletrónicas dos Trib. Judiciais ao Banco de Portugal no âmbito dos processo regulados pelo CIRE); Port. nº 357/19, de 8-10 (regulamenta as comunicações eletrónicas entre os Tribunais Judiciais e as escolas da rede pública); Port. nº 358/19, de 8-10 (regulamenta as comunicações eletrónicas entre o sistema de informação e suporte à atividade dos Tribunais, o sistema informático de suporte à atividade dos agentes de execução e os sistemas da Seg. Social, do Fundo de Garantia Salarial e da CNA, no âmbito da realização de penhoras de prestações sociais e pensões).

1. Em função do destinatário da carta por via qual se solicita a prática de atos judiciais, a lei distingue entre carta precatória (remetida a um tribunal ou a um cônsul português) e carta rogatória (enviada a uma autoridade estrangeira). Nos casos em que o tribunal dispõe de condições para, em virtude de subordinação funcional existente, ordenar a realização de ato processual, emprega-se o mandado (arts. 184º e 185º). Neste caso, a subordinação tanto pode dizer respeito a entidade exterior ao tribunal (agente de execução ou entidade policial) como a alguém da respetiva estrutura (funcionário judicial).

2. No que respeita a citações e notificações a realizar por via postal, o respetivo expediente é remetido diretamente para o endereço do destinatário, qualquer que seja o lugar, tanto no território nacional como no estrangeiro (art. 239º, nº 2).

3. Nos contactos a manter com entidades terceiras, públicas ou privadas, tanto para solicitar informações como para obter documentos, bem assim para colaborarem na prática de atos que não impliquem a intervenção dos serviços judiciários, a comunicação é feita diretamente, empregando-se o ofício ou outro meio de comunicação.

4. Sendo a via eletrónica o meio a usar por regra nas comunicações a encetar pelo tribunal, a lei admite o uso de via postal, de telecópia e de correio eletrónico, nos termos definidos regulamentarmente. Quando o ato for urgente, pode também utilizar-se o telegrama, o telefone ou outro meio análogo de comunicação.

5. Por compreensíveis razões de segurança, a lei impõe que fique a constar dos autos menção da comunicação telefónica efetuada, a que acrescerá sempre a confirmação escrita, sendo esta que, verdadeiramente, consubstanciará o ato praticado. É de notar que, relativamente às partes, a comunicação telefónica é limitada à notícia de convocação ou desconvocação para atos processuais.

ARTIGO 173º
Destinatários das cartas precatórias

1 – As cartas precatórias são dirigidas ao juízo em cuja área jurisdicional o ato deve ser praticado.

2 – Quando a carta tiver por objeto a prática de ato respeitante a processo pendente em juízo de competência especializada e o local onde deva realizar-se coincida com a área jurisdicional de juízo com idêntica competência material, já instalado, é a carta a este dirigida.

3 – A possibilidade decorrente do estatuído no artigo 158º não obsta à expedição da carta, sempre que se trate de ato a realizar fora da área de jurisdição do juízo mas ainda na área de jurisdição do tribunal onde está inserido o juízo.

4 – A possibilidade decorrente do estatuído no artigo 158º não obsta igualmente à expedição da carta, sempre que se trate de ato a realizar fora da área da comarca do tribunal onde está inserido o juízo, mas ainda na área de jurisdição do juízo, sempre que o juiz o entenda necessário.

5 – Quando se reconheça que o ato deve ser praticado em lugar diverso do indicado na carta, deve esta ser cumprida pelo juízo desse lugar.

6 – Para efeitos do disposto no número anterior, deve o juízo, ao qual a carta foi dirigida, remetê-la ao que a haja de cumprir, comunicando o facto ao juízo que a expediu.

1. Quando o juízo deprecante é de competência especializada e exista juízo de igual competência na área em que o ato deva ser praticado, será esse juízo o destinatário da carta precatória. Quando nessa área não exista juízo de competência especializada, a carta precatória é então dirigida ao respetivo juízo local cível (ou juízo de competência genérica). E quando o deprecante for um juízo local cível (ou um juízo de competência genérica), será destinatário da carta precatória o juízo local cível (ou o juízo de competência genérica) com jurisdição no lugar em que o ato haja de ser praticado.

2. Nos termos do disposto na LOSJ, são dotados de competência especializada os juízos referidos no art. 81º, nº 3, de que tratam os arts. 117º a 129º, bem assim os tribunais de competência territorial alargada mencionados no art. 83º, nº 2, de que tratam os arts. 111º a 116º. Por sua vez, os juízos locais cíveis (e os juízos de competência genérica) são tratados no art. 130º da LOSJ.

3. A título exemplificativo, pendendo a ação no juízo central cível de determinada comarca, se o ato processual dever ser praticado na área geográfica de outra comarca, a carta precatória é expedida para o juízo central cível dessa outra comarca. Quando aí existir mais de um juízo central cível, a carta é remetida àquele que tenha jurisdição territorial sobre o local da prática do ato. Já se a ação correr termos num juízo de família e menores, mas na comarca de destino não houver tal espécie de juízo, a carta precatória é dirigida ao juízo local cível (ou juízo de competência genérica) cuja área de jurisdição inclua o lugar em que o ato deve ser praticado. Face ao disposto no art. 158º, nos termos do qual os funcionários dos tribunais de comarca podem praticar atos em toda a área territorial da comarca, sem limitação, pois, à concreta jurisdição geográfica do juízo em que exercem funções, o nº 3 do art. 173º coloca em alternativa a prática do ato pelo próprio funcionário (art. 158º, nº 1) e a expedição de carta precatória para o juízo com jurisdição territorial sobre o local em questão (art. 173º, nº 2).

4. Relativamente aos tribunais de competência territorial alargada (art. 83º da LOSJ e Anexo III), que têm jurisdição sobre o território de diversas comarcas ou mesmo sobre todo o território nacional, e cujos funcionários podem praticar atos em toda a área abrangida por tal jurisdição (art. 158º, nº 1), o nº 4 do art. 173º admite a possibilidade de, quando o juiz o entenda necessário, ser expedida carta precatória para a prática de certos atos.

5. O critério é o seguinte: a expedição de carta precatória será possível quando o ato tenha de ser praticado em lugar situado fora dos limites territoriais da comarca em que está sediado o tribunal de competência territorial alargada. Tomemos como exemplo o tribunal da concorrência, regulação e supervisão (arts. 4º, nº 3 e 65º, al. g), do RLOSJ e Anexo IV): tem sede em Santarém; os atos a praticar dentro área da comarca de Santarém sê-lo-ão sempre diretamente pelos respetivos funcionários; quanto aos atos a praticar fora dessa área territorial, além de poderem ser praticados pelos ditos funcionários, a sua prática pode ser solicitada por carta precatória, quando o juiz o entenda necessário (art. 173º, nº 3); dado que não temos no país qualquer outro tribunal de competência especializada nesta matéria, a carta precatória será remetida a um juízo local cível (ou juízo de competência genérica) com jurisdição sobre o lugar da prática do ato (art. 173º, nº 2).

6. Sobre os termos em que todos estes juízos estão previstos na lei, no âmbito da designada competência em razão da matéria, explicitando o modo como deve entender-se o confronto entre o juízo de competência genérica e o juízo local cível, cf. Paulo Pimenta, *Processo Civil Declarativo*, 2ª ed., pp. 103-112.

7. Por princípio, o tribunal destinatário da carta precatória deverá ter competência territorial e material para a prática do ato. Caso assim não suceda, a carta deverá ser reencaminhada para o tribunal tido por competente, disso se dando notícia ao tribunal deprecante. Defendendo igualmente que esta remessa para outro tribunal se pode fundar tanto na incompetência territorial como na incompetência material do tribunal deprecado, cf. Lebre de Freitas e Isabel Alexandre, *CPC anot.*, vol. I, 4ª ed., p. 360. Limitando a remessa à hipótese de incompetência em razão do território e sustentando a devolução da carta ao tribunal deprecante no caso de a incompetência ser de outra espécie, cf. Rodrigues Bastos, *Notas ao CPC*, vol. I, p. 247.

ARTIGO 174º
Regras sobre o conteúdo da carta

1 – As cartas são assinadas pelo juiz ou relator e apenas contêm o que seja estritamente necessário para a realização da diligência.

2 – As cartas para afixação de editais são acompanhadas destes.

(Alterado pelo DL nº 97/19, de 26-7)

Remissões: art. 184º (assinatura dos mandados); art. 185º (conteúdo dos mandados).

1. Sendo a carta uma solicitação feita por um tribunal, deve ser subscrita pelo juiz ou pelo relator titular do processo de onde emana a solicitação, fundando-se no princípio da limitação dos atos (art. 130º) a imposição de circunscrever o conteúdo da carta ao que for realmente necessário para a diligência que se pretende ver realizada.

ARTIGO 175º
Remessa, com a carta, de autógrafos ou quaisquer gráficos

Existindo nos autos algum autógrafo, ou alguma planta, desenho ou gráfico que deva ser examinado no ato da diligência pelas partes, peritos ou testemunhas, é remetida com a carta uma cópia eletrónica desse documento.

(Alterado pelo DL nº 97/19, de 26-7)

1. Previsão destinada a assegurar o efeito útil da carta, o mesmo é dizer da diligência cuja realização é solicitada.

ARTIGO 176º
Prazo para cumprimento das cartas

1 – As cartas devem ser cumpridas pelo tribunal deprecado no prazo máximo de dois meses a contar da expedição, que deve ser notificada às partes, quando tenha por objeto a produção de prova.

2 – Quando a diligência deva realizar-se no estrangeiro, o prazo para o cumprimento da carta é de três meses.

3 – O juiz deprecante pode, sempre que se mostre justificado, estabelecer prazo mais curto ou mais longo para o cumprimento das cartas ou, ouvidas as partes, prorrogar pelo tempo necessário o decorrente do número anterior, para o que deve colher, mesmo oficiosamente, informação sobre os motivos da demora.

4 – Decorridos 15 dias sobre o termo do prazo fixado para o cumprimento da carta, sem que tal se tenha verificado, deve ser comunicada ao tribunal deprecante a concreta razão da inobservância do prazo.

5 – Não sendo a carta tempestivamente cumprida, pode ainda o juiz determinar a comparência na audiência final de quem devia prestar depoimento, quando o repute essencial à descoberta da verdade e tal não represente sacrifício incomportável.

Remissões: art. 502º (inquirição de testemunha por meio tecnológico).

1. De modo a criar uma certa uniformidade procedimental, é definido um prazo geral e supletivo de dois meses para o cumprimento das cartas, que passa a três meses para diligências a realizar no estrangeiro. O prazo do cumprimento conta-se da expedição da carta, devendo a expedição ser notificada às partes quando o ato solicitado respeite à produção de prova.

2. O referido prazo geral pode ser ajustado pelo juiz deprecante, seja ampliando-o, seja encurtando-o, em função das necessidades ou conveniências do processo, à luz de um critério de boa administração da justiça. É ainda possível ao juiz decretar a prorrogação do prazo inicialmente fixado, devendo ouvir as partes para o efeito, depois de obtida informação sobre as razões da demora.

3. A previsão contida no nº 4 desempenha uma função similar à consagrada nos arts. 156º, nº 4 e 162º, nº 4: do que se trata é de impor mecanismos destinados a controlar a (in)observância de prazos pelo tribunal. Havendo concomitância, pode suceder que a informação a obter nos termos da parte final do nº 3 deste art. 176º seja assegurada pela comunicação dirigida ao tribunal deprecante em cumprimento da norma do nº 4.

4. Quando a carta seja expedida com vista à realização de diligências de prova, a previsão do nº 5, que admite, no caso de falta de cumprimento atempado da carta, a determinação da comparência na audiência final de quem deveria prestar depoimento, é hoje de aplicação residual e limitada às diligências a realizar no estrangeiro. Com efeito, o sistema da inquirição por teleconferência (agora também designado como inquirição por meio de equipamento tecnológico) é apto a dispensar a expedição de carta para este fim, mesmo quando o depoente resida no estrangeiro (arts. 456º, nº 2 e 502º, nºs 1 e 4).

5. Para maiores desenvolvimentos, cf. Marco Carvalho Gonçalves, *Prazos Processuais*, 2019, pp. 48-50.

ARTIGO 177º
Expedição das cartas

1 – As cartas precatórias são expedidas pela secretaria através do sistema de informação de suporte à atividade dos tribunais.

2 – As cartas rogatórias, seja qual for o ato a que se destinem, são expedidas pela secretaria e endereçadas diretamente à autoridade ou tribunal estrangeiro, salvo tratado ou convenção em contrário.

3 – A expedição faz-se pela via diplomática ou consular quando a rogatória se dirija a Estado que só por essa via receba cartas; se o Estado respetivo não receber cartas por via oficial, a rogatória é entregue ao interessado.

4 – Quando deva ser expedida por via diplomática ou consular, a carta é entregue ao Ministério Público, para a remeter pelas vias competentes.

(Alterado pelo DL nº 97/19, de 26-7)

Remissões: arts. 8º a 16º da Conv. da Haia, de 1-3-54, relativa ao processo civil; arts. 1º a 14º da Conv. da Haia, de 18-3-70, sobre a obtenção de provas no estrangeiro em matéria civil ou comercial; arts. 1º a 6º do Regulamento nº 1206/2001, de 28-5-2001, relativo à cooperação entre os tribunais dos Estados-Membros no domínio da obtenção de provas em matéria civil ou comercial.

1. A regra é ser a secretaria a expedir as cartas, tanto precatórias como rogatórias, exceto se, quanto às últimas, o Estado destinatário não receber cartas por via oficial, caso em que a carta é entregue ao interessado, cabendo a este providenciar por fazê-la chegar ao destino.

2. Quanto às cartas rogatórias, o critério base é serem remetidas diretamente à autoridade ou ao tribunal estrangeiro, salvo havendo tratado ou convenção em contrário. Será usada a via diplomática ou consular quando o Estado destinatário da carta rogatória só por esse meio receba cartas, caso em que a carta é entregue pela secretaria ao Ministério Público para que este assegure o envio pelos canais próprios.

3. No que tange à inquirição de testemunhas na UE, cf. anot. ao art. 502º.

ARTIGO 178º

A expedição da carta e a marcha do processo

A expedição da carta não obsta a que se prossiga nos mais termos que não dependam absolutamente da diligência requisitada, mas a discussão e julgamento da causa não podem ter lugar senão depois de apresentada a carta ou depois de ter findado o prazo do seu cumprimento.

1. A remessa da carta, embora respeite à prática de ato processual relativo àquela lide, não obsta a que a instância prossiga. Porém, a discussão da causa (art. 604º, nº 3, al. e)) não deverá ter lugar enquanto a carta não for devolvida ou, pelo menos, enquanto não se esgotar o prazo (inicial ou prorrogado – art. 176º, nº 3) fixado para o seu cumprimento. Tal cautela é especialmente significativa quanto às cartas que contendam com diligências probatórias, na medida em que as alegações orais dos advogados das partes só devem ter lugar depois de finda a produção de prova, seguindo-se então a sentença (art. 607º, nº 1).

2. De todo o modo, se a carta acabar por entrar nos autos depois daquelas alegações, mas antes de ser proferida a sentença, é de entender que o juiz pode e deve considerar o que daí resulte. Isso implicará, por referência ao disposto no art. 607º, nº 1, em conjugação com o art. 3º, nº 3, a reabertura da audiência final, facultando-se às partes a discussão sobre a matéria em causa e, eventualmente, diligências tidas então por necessárias. E no caso de a carta apenas ingressar nos autos depois de proferida sentença, é de admitir a sua invocação no recurso de apelação, em termos de a Relação poder vir a alterar a decisão proferida sobre a matéria de facto, à luz do art. 662º.

ARTIGO 179º
Recusa legítima de cumprimento da carta precatória

1 – O tribunal deprecado só pode deixar de cumprir a carta quando se verifique algum dos casos seguintes:

a) Se não tiver competência para o ato requisitado, sem prejuízo do disposto no nº 4 do artigo 173º;

b) Se a requisição for para ato que a lei proíba absolutamente.

2 – Quando tenha dúvidas sobre a autenticidade da carta, o tribunal pede ao juiz deprecante as informações de que careça, suspendendo o cumprimento até as obter.

1. Em princípio, o tribunal destinatário da carta precatória está vinculado ao respetivo cumprimento. Porém, havendo problemas de competência, seja em razão da matéria, seja em razão do território, esse tribunal estará impedido de intervir, procedendo então ao reenvio da carta para o tribunal competente, dando nota disso ao tribunal deprecante.

2. No mais, só em situações limite e de difícil verificação pode o tribunal deprecado deixar de praticar o ato, apenas sendo fundamento para tal a circunstância de o ato ser absolutamente proibido por lei (ponderando sobre esta questão, STJ 24-5-11, 35/10, STJ 16-10-03, 03P2730 e STJ 1-6-88, 039364).

ARTIGO 180º
Recusa legítima de cumprimento da carta rogatória

O cumprimento das cartas rogatórias é recusado nos casos mencionados no nº 1 do artigo anterior e ainda nos seguintes:

a) Se a carta não estiver legalizada, salvo se houver sido recebida por via diplomática ou se houver tratado, convenção ou acordo que dispense a legalização;

b) Se o ato for contrário à ordem pública portuguesa;

c) Se a execução da carta for atentatória da soberania ou da segurança do Estado;

d) Se o ato importar execução de decisão de tribunal estrangeiro sujeita a revisão e que se não mostre revista e confirmada.

Remissões: art. 22º do CC (ordem pública); Conv. da Haia de 5-6-61, relativa à supressão da exigência da legalização dos atos públicos estrangeiros; art. 11º da Conv. da Haia de 1-3-54, relativa ao processo civil; art. 12º da Conv. da Haia de 18-3-70, sobre a obtenção de provas no estrangeiro em matéria civil ou comercial; art. 14º do Regulamento nº 1206/2001, de 28-5-2001, relativo à cooperação entre os tribunais dos Estados-Membros no domínio da obtenção de provas em matéria civil ou comercial; arts. 36º e ss. do Regulamento Bruxelas I – Regulamento nº 1215/2012, de 12-12-2012, relativo à competência judiciária, ao reconhecimento e à execução de decisões em matéria civil e comercial (reformulação); arts. 33º e ss. da Conv. de Lugano, de 30-10-07.

1. Em matéria de recusa de cumprimento de carta rogatória, aos motivos enunciados no preceito anterior (para as precatórias) acrescem razões mais específicas. Assim, quando a carta não tenha sido remetida por via diplomática ou consular, mas por via judicial ou particular (art. 177º, nºs 2 e 3), impõe-se a respetiva legalização nos termos do art. 440º, sob pena de recusa, salvo havendo tratado, convenção ou acordo que dispense tal formalidade.

2. A previsão de recusa de cumprimento de carta rogatória contida na al. b) reporta-se à ordem pública internacional do Estado português, tal como a da al. c) se refere à soberania ou à segurança (sobre a densificação da ordem pública internacional do Estado Português, cf. anot. ao art. 980º).

3. Quanto à al. d), conjuga-se com o regime segundo o qual a execução em Portugal de decisões estrangeiras implica a sua prévia revisão e confirmação mediante processo especial para o efeito, sem prejuízo do estabelecido em tratados, convenções, regulamentos comunitários e leis especiais (arts. 978º e ss. e art. 706º, nº 1). Se tal exigência é feita para a execução da sentença estrangeira, também o será para a prática de atos executivos relativos a processo pendente em tribunal estrangeiro.

ARTIGO 181º
Recebimento e decisão sobre o cumprimento da carta rogatória

1 – As cartas rogatórias emanadas de autoridades estrangeiras são recebidas por qualquer via, salvo tratado, convenção ou acordo em contrário, competindo ao Ministério Público promover os termos das que tenham sido recebidas por via diplomática.

2 – Recebida a carta rogatória, dá-se vista ao Ministério Público para opor ao cumprimento da carta o que julgue de interesse público, decidindo-se, em seguida, se deve ser cumprida.

3 – O Ministério Público pode interpor recurso de apelação com efeito suspensivo do despacho de cumprimento, seja qual for o valor da causa.

Remissões: art. 11º da Conv. da Haia em 1-3-54, relativa ao processo civil; arts. 9º a 11º da Conv. da Haia em 18-3-70, sobre a obtenção de provas no estrangeiro em matéria civil ou comercial; art. 10º do Regulamento nº 1206/01, de 28-5-2001, relativo à cooperação entre os tribunais dos Estados-Membros no domínio da obtenção de provas em matéria civil ou comercial.

1. Consagra-se um regime segundo o qual as cartas rogatórias remetidas para Portugal são aqui recebidas, qualquer que seja o meio utilizado para a sua expedição (via direta, via diplomática ou consular, via particular), sempre com ressalva do estipulado em convenção ou acordo.

2. A intervenção do Ministério Público é definida em dois planos. Quanto às cartas recebidas por via diplomática, cumpre-lhe promover os respetivos termos de modo oficioso. Quanto às outras cartas rogatórias, é conferida vista ao Ministério Público para que, em defesa do interesse público, possa opor-se ao respetivo cumprimento, após o que será apreciado judicialmente o pedido de cumprimento.

3. O despacho proferido acerca do cumprimento da carta rogatória é recorrível nos termos gerais, seja pelo Ministério Público, seja pelos interessados.

4. Para uma análise desenvolvida ao Regulamento nº 1206/2001, cf. Joana C. de Abreu, *Tribunais Nacionais e Tutela Jurisdicional Efetiva*, 2019, pp. 199-231.

ARTIGO 182º
Cumprimento da carta

1 – É ao tribunal deprecado ou rogado que compete regular, de harmonia com a lei, o cumprimento da carta.

2 – Se na carta rogatória se pedir a observância de determinadas formalidades que não repugnem à lei portuguesa, dá-se satisfação ao pedido.

3 – Quando, para a execução do ato deprecado, não seja necessária a intervenção do juiz do tribunal solicitado, por não se tratar de ato que deva ser por si praticado, é a deprecada cumprida sem a intervenção deste.

4 – Para os efeitos previstos no número anterior, o tribunal deprecante emite os necessários mandados.

1. No cumprimento da carta precatória ou rogatória, o tribunal destinatário da solicitação deverá fazê-lo tendo em conta a lei aplicável, que é a lei processual portuguesa (significando que a carta rogatória aqui referida é a proveniente de autoridades estrangeiras, e não a expedida para o estrangeiro). Na prática do ato processual, o tribunal deve dar cumprimento ao que lhe é solicitado, mas não pode deixar de observar e cumprir a nossa lei de processo, pelo que a diligência deve decorrer no estrito cumprimento das formalidades e trâmites legalmente definidos. Nessa conformidade, quando daí não resulte ofensa relevante à lei adjetiva portuguesa, pode satisfazer-se o solicitado na carta rogatória quanto à observância de determinadas formalidades.

2. Daqui resultam algumas consequências importantes. Por um lado, não cabe ao tribunal exercer competências que vão para além da prática do ato solicitado (por exemplo, não pode fazer uso do disposto no art. 526º para inquirir testemunha não indicada na carta). Por outro lado, considerando que a lei de processo alberga previsões de direito substantivo, o cumprimento da carta pelo tribunal deverá fazer-se independentemente de tais previsões, salvo quando a situação em concreto possa configurar um motivo de recusa legítima do cumprimento da carta (art. 180º).

3. Assim acontece com o disposto nos arts. 453º a 455º (para o depoimento de parte) e 495º a 497º (na prova testemunhal). Se a diligência solicitada foi a de ouvir como testemunha o autor, a carta não poderá deixar de ser cumprida, apesar do disposto no art. 496º. Tratando-se já de depoimento de parte, o disposto nos arts. 454º, nº 2 e 180º, al. b), conduz a que o tribunal deva impedir que o depoimento recaia sobre factos criminosos ou torpes, de que a parte seja arguida. Para mais desenvolvimentos, cf. Alberto dos Reis, *Comentário ao CPC*, vol. II, pp. 290-295 e Lebre de Freitas e Isabel Alexandre, *CPC anot.*, vol. I, 4ª ed., p. 371.

4. De modo a agilizar o cumprimento das cartas precatórias e a limitar a intervenção do juiz do tribunal aos casos em que o ato a praticar assim o exija, prevê-se que a deprecada seja cumprida por funcionário de justiça a coberto, se necessário, de mandados emitidos pelo próprio tribunal deprecante.

ARTIGO 183º
Destino da carta depois de cumprida

Devolvida a carta, é a sua junção ao processo notificada às partes, contando-se dessa notificação os prazos que dependam do respetivo cumprimento.

Remissões: art. 3º (princípio do contraditório)

1. O retorno da carta aos autos deve sempre notificado às partes, não apenas para lhes assegurar o necessário conhecimento acerca da evolução processual, mas também para que, em tempo útil, adotem as iniciativas que tiverem por bem. Daí que tal notificação assinale o início do prazo previsto para qualquer reação. Assim será para efeito de arguição de qualquer nulidade na prática do ato (art. 199º, nº 1). Similarmente, para efeito de reclamar contra o relatório pericial (art. 485º, nº 2) ou para requerer segunda perícia (art. 489º, nº 1).

ARTIGO 184º
Assinatura dos mandados

Os mandados são passados em nome do juiz ou relator e a sua autoria pelo competente funcionário da secretaria é certificada nos termos do nº 1 do artigo 160º.

(Alterado pelo DL nº 97/19, de 26-7)

Remissões: art. 172º, nº 2 (mandado); art. 174º (assinatura da carta).

ARTIGO 185º
Conteúdo do mandado

O mandado só contém, além da ordem do juiz, as indicações que sejam indispensáveis para o seu cumprimento.

Remissões: art. 172º, nº 2 (mandado); art. 174º (conteúdo da carta).

1. Funda-se no princípio da limitação dos atos (art. 130º) a imposição de circunscrever o conteúdo do mandado ao que for realmente necessário para o ato processual a realizar.

SECÇÃO VII
Nulidades dos atos

ARTIGO 186º
Ineptidão da petição inicial

1 – É nulo todo o processo quando for inepta a petição inicial.

2 – Diz-se inepta a petição:

a) Quando falte ou seja ininteligível a indicação do pedido ou da causa de pedir;

b) Quando o pedido esteja em contradição com a causa de pedir;

c) Quando se cumulem causas de pedir ou pedidos substancialmente incompatíveis.

3 – Se o réu contestar, apesar de arguir a ineptidão com fundamento na alínea a) do número anterior, a arguição não é julgada procedente quando, ouvido o autor, se verificar que o réu interpretou convenientemente a petição inicial.

4 – No caso da alínea c) do nº 2, a nulidade subsiste, ainda que um dos pedidos fique sem efeito por incompetência do tribunal ou por erro na forma do processo.

Remissões: art. 5º (ónus de alegação das partes e poderes de cognição do tribunal); art. 196º (conhecimento oficioso); art. 198º, nº 1 (até quando pode ser arguida a nulidade); art. 200º, nº 2 (quando deve o tribunal conhecer das nulidades); art. 278º, nº 1, al. b) (anulação de todo o processo); art. 552º (requisitos da petição inicial); art. 577º, al. b) (nulidade de todo o processo); art. 581º (pedido e causa de pedir); art. 590º, nº 4 (despacho de aperfeiçoamento).

1. A instância inicia-se com a proposição da ação que coincide, em regra, com a receção, pela secretaria, da petição inicial (art. 259º, nº 1). Em termos de conteúdo, a petição deve observar determinados requisitos quanto ao pedido e à causa de pedir, a fim de ser considerada apta (cf. anot. aos arts. 5º e 552º, Paulo Pimenta, *Processo Civil Declarativo*, 2ª ed., pp. 124 e ss. e Abrantes Geraldes, *Temas da Reforma do Processo Civil*, vol. I, 2ª ed. pp. 118 e ss.).

2. A ineptidão da petição inicial constitui um vício de tal modo grave que, acarretando a nulidade de todo o processo, origina a exceção dilatória prevista no art. 577º, al. b) e conduz à absolvição da instância (art. 278º, nº 1, al. b)).

3. Sem prejuízo de outras características, podemos afirmar genericamente que o pedido reunirá os seguintes requisitos: deve ser expressamente referido na petição inicial (existência); ser apresentado de forma clara e inteligível (inteligibilidade); ter um conteúdo determinado ou determinável em fase de liquidação de sentença (determinação); ser coerente relativamente à causa de pedir ou pedidos cumulados (compatibilidade)(cf. nota 22 ao art. 552º).

4. Só a manifestação inequívoca do autor da sua vontade de submeter ao poder jurisdicional a resolução de um litígio e de, relativamente ao mesmo, obter um determinado resultado, permitirá ao tribunal pronunciar-se em termos de proferir uma decisão soberana, revestida da força emergente do caso julgado e passível de ser imposta à outra parte. Daí que a petição seja inepta quando não possa assumir-se que existe algum pedido, sem embargo do relevo que, em determinadas circunstâncias, pode ser atribuído a pedidos implícitos inerentes a outros pedidos que tenham sido explicitamente formulados, como ocorre na ação de despejo com o pedido de entrega do locado, em função da formalização expressa do pedido de declaração de resolução do contrato, ou na ação de reivindicação com o pedido de reconhecimento da titularidade do bem cuja entrega é pedida (cf. Abrantes Geraldes, *ob. cit.*, p. 123, nota 164 e STJ 8-11-18, 48/15).

5. Ao impor que o autor formule o pedido de modo expresso, a lei não só assegura à contraparte o exercício do direito de defesa, como coloca o próprio autor a coberto de decisões judiciais com um alcance ou sentido diferente do pretendido. Sendo o pedido um elemento fundamental da instância processual, a petição será inepta quando, por meio dela, não for possível descortinar que tipo de providência o autor se propõe obter ou qual o efeito jurídico que pretende alcançar. No sentido da mesma clareza, a lei impõe que a pretensão jurisdicional seja demarcada dos factos que a sustentam (art. 552º, nº 1, al. e)), não bastando, por isso, que surja acidentalmente na parte narrativa da petição, o que apenas poderá servir de elemento de interpretação.

6. O pedido deve ter uma formulação que possa ser compreendida pelo réu e pelo juiz, dado que só assim é passível de sustentar um processo em que se pretende uma decisão judicial definidora de um conflito de interesses, não se admitindo a apresentação de petições que integrem pedidos ininteligíveis, ambíguos, vagos ou obscuros. Pode constar da petição, com maior ou menor relevo, determinada providência requerida, mas se o autor se exprimiu de tal modo que se torne inviável compreender o alcance do pretendido, a petição deve considerar-se inepta.

7. A razão desta solução não deixa de ser semelhante à referida para a hipótese anterior. Se, além, a ineptidão assentava na inexistência de pedido, aqui, a solução justifica-se pela circunstância de não poder colocar-se o réu ou juiz em posição de ter de "adivinhar" a real vontade do autor. Quanto ao réu, só pode exercer efetivamente o contraditório quando for confrontado com uma pretensão cujos contornos e alcance resultem em termos imediatos da petição inicial, sem necessidade de conjeturar acerca do verdadeiro objetivo do autor; no que ao juiz concerne, a clareza e a inteligibilidade da tutela que lhe é solicitada visam evitar, em todas as fases processuais, mas fundamentalmente na sentença final, incertezas quanto ao objeto da ação no que respeita à forma de tutela pretendida.

8. Se o pedido constitui um elemento objetivo da instância com repercussão interna (como elemento integrador da instância e com reflexos a nível da decisão final) e com eficácia externa (relacionada com o caso julgado), não podem subsistir dúvidas ou incertezas quanto ao conteúdo da solicitação do autor e quanto ao objeto da atividade jurisdicional subsequente.

9. As dúvidas quanto à definição do direito invocado e quanto à identificação do meio de tutela adequado devem ser superadas por quem aciona a máquina judiciária, sendo esta, aliás, uma das razões pelas quais se torna obrigatória, na generalidade das ações, a intervenção de advogado (art. 40º), profissional forense habilitado a traduzir em linguagem técnico-jurídica a vontade do seu constituinte, ou a expressar, de forma correta, o efeito jurídico que aquele pretende obter.

10. Pedido ininteligível será o que se apresente "confuso, incompreensível, indecifrável, obscuro" (STJ 9-5-95, CJ, t. II, p. 68). A indeterminabilidade ou a ambiguidade do objeto do processo constituem uma falha tão grave quanto o é a falta de pedido, recaindo sobre o autor o ónus de expressar a sua vontade de forma que possa ser facilmente apreendida por terceiros e de modo a permitir a definição dos contornos do direito no caso concreto, quando for proferida a sentença (cf. Abrantes Geraldes, *ob. cit.*, pp. 123 e ss.).

11. As características quanto ao pedido devem ser ainda respeitadas relativamente à causa de pedir, isto é, à enunciação dos factos, com relevo jurídico, de que emerge o direito à tutela jurisdicional solicitada, nos moldes que já se expuseram na anot. ao art. 5º (cf. ainda anot. ao art. 552º). Assim, a causa de pedir, além de existir e de ser inteligível, deve estar em conformidade com o pedido, formando com a qualificação jurídica as premissas que constituem o corolário da pretensão formulada. Não se confunde (ainda que obviamente não lhe seja estranha) com a qualificação jurídica que também deve ser exposta pelo autor, sendo integrada pelos factos que, submetidos à apreciação judicial, servirão para delimitar, juntamente com o pedido, o caso julgado material (art. 621º).

12. Há ineptidão da petição inicial nos casos seguintes:

a) Quando falte a indicação do pedido: a exata formulação de um pedido é determinante, pois o tribunal só conhece daquilo que se lhe pede e na medida em que se lhe pede (art. 609º, nº 1); sem pedido, o juiz não tem condições de saber o que pretende o autor e o réu não pode defender-se;

b) Quando o pedido indicado seja ininteligível: nesta hipótese, até haverá pedido formulado, o qual, todavia, se apresenta de tal forma obscuro que não se vislumbra, de todo, o seu alcance;

c) Quando falte a indicação da causa de pedir: representando o fundamento fáctico da pretensão de tutela jurisdicional formulada, a causa de pedir tem de ser indicada na petição, sem o que faltará a base, isto é, o suporte da própria ação (cf. notas 10 e 11 ao art. 552º e nota 10 ao art. 5º);

d) Quando a causa de pedir indicada seja ininteligível: a impossibilidade de compreensão da causa de pedir, isto é, dos fundamentos de facto da ação, leva a que não se perceba onde radica, afinal, a pretensão formulada;

e) Quando o pedido esteja em contradição com a causa de pedir: se o pedido deve ser a consequência ou o corolário lógico da causa de pedir, numa ideia de silogismo, a contradição entre esses dois elementos implica a impossibilidade de a petição cumprir a sua função; em rigor, este motivo de ineptidão resulta de um verdadeiro antagonismo entre o pedido e a causa de pedir, e não de uma mera desadequação entre uma coisa e outra (Castro Mendes, *Direito Processual Civil*, vol. III, p. 49). A petição inicial, assim como a sentença final, deve apresentar-se sob a forma de um silogismo, ao menos implicitamente enunciado, que estabeleça um nexo lógico entre as premissas e a conclusão; em tal silogismo, a premissa maior é constituída pelas razões de direito invocadas, a premissa menor é integrada pelas razões de facto e o pedido corresponderá à conclusão. Por isso mesmo, a causa de pedir não deve estar em contradição com o pedido, o que não se confunde com a simples desarmonia entre pedido e causa de pedir. Um caso de evidente contradição será o de o autor arguir a nulidade do contrato e concluir pela condenação do réu no pagamento de uma prestação emergente desse mesmo contrato. Assim também quando se alega a nulidade de determinada compra e venda (*v.g.* com base em simulação absoluta) e se conclui pedindo o reconhecimento do direito de preferência do autor relativamente ao bem objeto do negócio;

f) Quando se cumulem causas de pedir substancialmente incompatíveis: sendo a causa de pedir o fundamento da pretensão deduzida em juízo, se o autor invoca em simultâneo dois ou mais fundamentos incompatíveis entre si, eles acabam por se excluir reciprocamente (assim sucede quando é pedido o reconhecimento do direito de propriedade sobre uma coisa, afirmando-se que tal direito tem origem numa compra e venda e numa disposição testamentária); tal como ocorre com a incompatibilidade de pedidos, se as causas de pedir incompatíveis forem invocadas, não cumulativamente, mas a título subsidiário, isto é, apenas para a hipótese de o primeiro fundamento não vingar, já não haverá risco de ineptidão;

g) Quando se cumulem pedidos substancialmente incompatíveis: se é certo que o autor pode visar obter, numa única demanda, a satisfação de mais do que uma pretensão, formulando tantos pedidos quantos os efeitos desejados, o art. 555º, nº 1, faz depender tal cumulação da compatibilidade substancial entre os pedidos formulados; caso haja incompatibilidade substancial dos pedidos, isso significa que os mesmos se excluem reciprocamente, levando a que, no limite, inexista pedido algum (haverá ineptidão se, perante o incumprimento de um contrato-promessa pelo promitente vendedor, for pedida a execução específica do contrato e a restituição do sinal em dobro; outrossim quando o autor, com base nos mesmos factos, peça a declaração de nulidade do contrato e o cumprimento de uma cláusula do mesmo; ou ainda quando se cumula o pedido de reconhecimento do direito de preferência com o de anulação da compra e venda a que se refere a preferência). De notar, porém, que a incompatibilidade entre pedidos não impede que sejam formulados num mesmo processo, desde que a título subsidiário (art. 554º, nº 2), caso em que o próprio autor exprime a sua vontade de obter determinado efeito jurídico apenas se o pedido principal for julgado improcedente (cf. nota 3 ao art. 555º). Referindo-se a norma à incompatibilidade substancial como fonte de ineptidão, daí resulta que tal vício não abarca o caso em que se verifique o mero desrespeito da compatibilidade processual ou formal exigida pelo art. 555º.

13. Não encerra um juízo de ineptidão da petição a afirmação de que, perante os fundamentos fácticos invocados e a pretensão deduzida, o autor não pode obter ganho de causa. Aí, a ponderação é feita ao nível do fundo da questão, isto é, das condições da ação, sendo um caso de inconcludência ou de inviabilidade da ação, determinante da sua improcedência.

14. Esta circunstância tem importantes reflexos no processo: a ineptidão, sendo uma exceção dilatória (art. 577º, al. b)), gera a absolvição da instância (art. 278º, nº 1, al. b)), isto é, um julgamento formal da lide, não vedando a instauração de outra ação sobre o mesmo objeto (art. 279º, nº 1); já o juízo de inconcludência ou de manifesta improcedência precipita uma decisão sobre o mérito da causa, determinando a absolvição do pedido e a formação de caso julgado material dentro dos factos que constituem a causa de pedir (arts. 5º, nº 1, 580º, 581º, 619º e 620º) (cf. Abrantes Geraldes, *ob. cit.*, pp. 207 e ss.).

15. Por princípio, atenta a gravidade do vício, a ineptidão da petição inicial não é suscetível de sanação. Esta regra conhece duas exceções: uma legal e outra de cariz jurisprudencial (cf. Paulo Pimenta, *ob. cit.*, p. 142). Quanto à primeira, o nº 3, prescreve que, sendo oferecida contestação, a arguição pelo réu da falta ou da ininteligibilidade do pedido ou da causa de pedir não será procedente quando, ouvido o autor, se verificar que o demandado entendeu convenientemente a petição (RE 28-9-17, 1608/16). Quanto à segunda, o ***Assento nº 12/94*** fixou que "*a nulidade* *resultante de simples ininteligibilidade da causa de pedir ... é sanável através de ampliação fáctica em réplica, se o processo admitir este articulado e respeitado que seja o princípio contraditório ...*", solução cuja aplicabilidade é hoje bem menor, em virtude de ter sido fortemente restringida a possibilidade de alteração ou de ampliação da causa de pedir, nos termos dos arts. 264º e 265º, estando o articulado de réplica previsto apenas para os casos em que haja reconvenção ou nas ações de simples apreciação negativa (art. 584º). Quer a letra do nº 3, quer a doutrina do Assento continuam, no entanto, a assinalar o relevo que também no processo civil deve ser dado à interpretação dos atos processuais, máxime dos chamados atos postulativos (cf. sobre esta matéria Paula Costa e Silva, *Acto e Processo*).

16. Havendo cumulação de pedidos, exige-se que o tribunal tenha competência internacional, material e hierárquica para todos eles, e que não lhes correspondam diferentes formas de processo (arts. 551º, nº 1 e 37º, nº 1). Se os pedidos forem substancialmente incompatíveis, gerando ineptidão, este vício manter-se-á ainda que um dos pedidos fique sem efeito em virtude de incompetência do tribunal ou em virtude de a forma do processo que lhe corresponda ser diferente e não ser assegurada compatibilidade nos termos do art. 37º, nº 2: os pedidos substancialmente incompatíveis excluem-se reciprocamente, de modo que, pretendendo o autor obter em simultâneo resultados contraditórios, sem que ao tribunal caiba substituir-se na opção por algum dos pedidos, a solução é a de decretar a ineptidão.

17. Quanto ao regime a que está submetida, a ineptidão da petição inicial é de conhecimento oficioso (art. 196º), deve ser arguida até à contestação ou nesta peça (art. 198º, nº 1), deve ser conhecida no despacho saneador (aí precludindo essa possibilidade – RL 11-2-03, 188/2003) ou até à sentença final, quando não houver despacho saneador (art. 200º, nº 2).

18. Impõe-se distinguir as situações em que o teor da petição inicial é de tal modo deficitário que se reconduz à falta ou ininteligibilidade de pedido ou de causa de pedir, gerando a ineptidão da petição e a correspondente absolvição da instância, dos casos em que, estando embora presentes esses elementos objetivos da instância, há insuficiências ou imprecisões na formulação do pedido ou na exposição ou concretização da matéria de facto, as quais devem ser remediadas mediante a prolação de despacho de convite ao aperfeiçoamento, nos termos do art. 590º, nº4 (Paulo Pimenta, *ob. cit.*, pp. 24 e 155 e Abrantes Geraldes, *Temas* cit., vol. I, pp. 117 e ss. e vol. II, pp. 68 e ss.) (cf. notas 29 a 31 ao art. 590º).

ARTIGO 187º

Anulação do processado posterior à petição

É nulo tudo o que se processe depois da petição inicial, salvando-se apenas esta:

a) Quando o réu não tenha sido citado;

b) Quando não tenha sido citado, logo no início do processo, o Ministério Público, nos casos em que deva intervir como parte principal.

Remissões: art. 196º (conhecimento oficioso); art. 198º, nº 2 (até quando pode ser arguida a nulidade); art. 696º, al. e) (fundamento de revisão); art. 851º (falta de citação do executado).

1. Nos termos do disposto no art. 259º, nº 2, salvo disposição em contrário, os efeitos da instauração da ação relativamente ao réu só se produzem com a respetiva citação. O ato da citação é de primordial importância, sendo por via dele que o réu tem notícia da ação que pende contra si (art. 219º), com isso se assegurando o efetivo contraditório (art. 3º, nº 1). Acresce que é a partir da citação que corre o prazo para o oferecimento da defesa (art. 227º). Dado o relevo deste ato processual, a falta de citação do réu tem por efeito inquinar todo o processo, anulando-se tudo o que tiver sido praticado, ficando apenas incólume a petição inicial.

2. Na mesma ordem de ideias, tem igual efeito a falta de citação do Ministério Público, quando haja de intervir na ação como parte principal, isto é, em representação do demandado. Nos termos do art. 9º, nº 1, do respetivo Estatuto (Lei nº 68/19, de 27-8), o Ministério Público intervém em processo como parte principal nos casos seguintes: representação do Estado, das Regiões Autónomas e das autarquias locais; representação de incapazes, incertos ou ausentes em parte incerta; patrocínio oficioso dos trabalhadores e suas famílias na defesa dos seus direitos de carácter social; representação de interesses coletivos ou difusos; demais casos previstos na lei. Como se compreende, o âmbito de tal preceito é mais amplo do que o marcado na al. b) do art. 187º, pois neste último apenas releva a posição do Ministério Público em representação de quem for réu, pela simples razão de que a questão da citação não se coloca no lado ativo da relação processual, isto é, na representação ou patrocínio de quem propõe a ação.

3. Quanto ao regime a que está submetida, a nulidade da falta de citação é de conhecimento oficioso (art. 196º), pode ser arguida em qualquer estado do processo, enquanto não deva considerar-se sanada (art. 198º, nº 2), deve ser conhecida pelo juiz em qualquer estado do processo, enquanto não deva considerar-se sanada (art. 200º, nº 1). Mas esta nulidade, apesar da sua gravidade, ter-se-á por sanada sempre que o réu ou o Ministério Público intervenha no processo sem arguir logo a falta da citação (art. 189º). Esta sanação radica na ideia de que o vício, embora existindo, não obstou a que quem deveria ter sido citado acabasse por intervir na ação, assim se mostrando assegurado o objetivo primordial da citação: o chamamento do réu ou do Ministério Público para proporcionar a apresentação da defesa.

ARTIGO 188º
Quando se verifica a falta de citação

1 – Há falta de citação:

a) Quando o ato tenha sido completamente omitido;

b) Quando tenha havido erro de identidade do citado;

c) Quando se tenha empregado indevidamente a citação edital;

d) Quando se mostre que foi efetuada depois do falecimento do citando ou da extinção deste, tratando-se de pessoa coletiva ou sociedade;

e) Quando se demonstre que o destinatário da citação pessoal não chegou a ter conhecimento do ato, por facto que não lhe seja imputável.

2 – Quando a carta para citação haja sido enviada para o domicílio convencionado, a prova da falta de conhecimento do ato deve ser acompanhada da prova da mudança de domicílio em data posterior àquela em que o destinatário alegue terem-se extinto as relações emergentes do contrato; a nulidade da citação decretada fica sem efeito se, no final, não se provar o facto extintivo invocado.

Remissões: art. 189º (suprimento da nulidade de falta de citação); arts. 225º e ss. (citação); art. 229º (domicílio convencionado); art. 240º (citação edital); art. 451º, nº 4 (falsidade de ato judicial respeitante à citação); art. 566º (verificação oficiosa da falta de citação após revelia absoluta); art. 696º, al. e) (fundamento de revisão); art. 729º, al. d) (embargos de executado com fundamento em falta de citação); art 851º, nº 1 (anulação da execução por falta de citação do executado).

1. O conceito de falta de citação integra diversas situações, tendo uma amplitude que vai para além da omissão completa do ato. Pode ocorrer que o ato seja pura e simplesmente omitido sem que alguém (autor, secretaria ou juiz) suscite a questão, porventura iludido por determinadas diligências efetuadas e que, na aparência, tenham induzido em erro quanto à existência do ato, o que pode ocorrer quando sejam demandadas diversas pessoas em litisconsórcio ou coligação ou quando, falecido um dos réus na pendência da ação, antes de ser citado, se tem de proceder à habilitação dos respetivos sucessores, algum dos quais, apesar de identificado nos autos, não seja citado.

2. Também há falta de citação quando é citado alguém na pressuposição de que se está citando o réu, o que pode suceder quando a carta para citação (arts. 227º, nº 1 e 228º, nº 1) é remetida a uma pessoa diversa do réu ou quando, embora remetida ao réu, tal carta é entregue a outra pessoa (neste último caso, fora do circunstancialismo marcado no art. 228º, nº 2). Também assim será no caso de citação com hora certa, se a citação for feita noutra pessoa, fora das condições definidas no art. 232º, nº 1, al. b).

3. O mesmo se diga quando uma mesma pessoa intervém em mais do que uma qualidade, de réu e de representante legal de outro réu (pessoa coletiva, sociedade ou pessoa singular incapaz), caso em que o cumprimento do ato implica que a mesma pessoa seja citada na dupla qualidade.

4. O erro de identidade mais frequente funda-se em situações de homonímia, mas a deficiente identificação do réu na petição inicial (nome incompleto ou errado, morada diversa, etc.) pode conduzir a resultados substancialmente semelhantes de interpelação da pessoa diferente daquela que o autor pretendia efetivamente demandar.

5. Consequência tão grave como a falta absoluta de citação é a citação edital indevida, tendo em conta que "a citação edital é um meio precário e contingente de chamar o réu a juízo para se defender" (Alberto dos Reis, *Comentário ao CPC*, vol. II, p. 422). A citação de ausentes ou de incertos exige um complexo circunstancialismo factual e legal e, por isso, quando tenha sido determinada fora do referido condicionalismo, a lei equipara a situação gerada à completa omissão do ato.

6. Sendo a citação edital (arts. 225º, nº 6, 236º, 240º e 243º) um meio de interpelação judicial menos garantístico do que a citação pessoal (art. 225º, nº 2), o legislador procura reduzir o mais possível a sua utilização, o que se compreende pela elevada probabilidade de o réu não vir a ter conhecimento da citação ou, pelo menos, não ter dela conhecimento em tempo útil, acabando por não intervir na causa. Revelador dessa cautela é o disposto no art. 236º, particularmente o seu nº 3. As apontadas cautelas justificam-se pela circunstância de, decorrido o prazo da dilação (art. 245º, nº 3) e o prazo da contestação (art. 569º, nº 1), o réu incorrer em revelia, posto que inoperante (art. 568º, al. b)).

7. Neste contexto, deve notar-se que o decurso daqueles prazos tem um intenso efeito preclusivo, pois o réu não é admitido a alegar que não teve conhecimento da citação dentro de tais prazos, sendo irreversível o estado de revelia (e embora isso não obste a que o réu intervenha no processo quando entender, o certo é que jamais poderá praticar os atos omitidos até essa intervenção). Permitindo confirmar o dito efeito preclusivo, veja-se que a demonstração a que alude a al. e) do nº 1 do art. 188º é limitada ao campo da citação pessoal.

8. O carácter excecional desta forma de citação explica que se reconduza à falta de citação a utilização da via edital para a citação fora dos estritos casos em que tal pode ocorrer (a propósito das formalidades a cumprir antes de levar a cabo a citação edital, cf. RP 10-3-03, 0250415).

9. Algumas das situações a que corresponde o uso indevido de citação edital:

a) Citação, como incertos, de pessoas certas, ou seja, de pessoas que eram do efetivo conhecimento do autor, omitindo este a sua identificação ou estando esta ao seu alcance;

b) Citação, como ausentes em parte incerta, de pessoas cujo paradeiro foi ocultado pelo autor ou em relação às quais não foram feitas, por si ou pelo tribunal, as averiguações exigíveis em face da lei e das concretas circunstâncias;

c) Citação motivada pelo facto de o autor apresentar uma falsa morada ou local de trabalho, com o fito de evitar a citação pessoal do réu;

d) Citação determinada sem que tenham sido efetuadas as diligências previstas no art. 236º.

10. Já quando a citação edital tenha sido determinada pela verificação judicial de uma situação formal de ausência ou de incerteza justificada a partir dos elementos que foram recolhidos, não parece que possa considerar-se que tenha sido indevidamente seguida a citação edital. Quando o autor tenha prestado todas as informações por si detidas e quando o tribunal tenha cumprido todos os preceitos formais exigíveis perante o circunstancialismo concreto e, apesar disso, seja induzido a adquirir a errada convicção sobre a efetiva ausência ou incerteza dos citandos, não deve afirmar-se a nulidade correspondente à falta de citação.

11. A lei rodeia a citação edital de uma série de formalidades e concede-lhe um especial estatuto jurídico (*v.g.* em matéria de intervenção obrigatória do Ministério Público ou de inoperância da revelia) precisamente para atenuar os riscos derivados do efetivo desconhecimento da pendência da ação.

12. Por razões óbvias, decorrentes, desde logo, do sentido e da função do pressuposto processual da personalidade judiciária (art. 11º), não pode ter-se como existente a citação efetuada depois da morte (no caso de pessoa singular) ou depois da extinção (no caso de pessoa coletiva ou sociedade) de quem haveria de ser citado (al. d) do nº 1).

13. O último caso de falta de citação definido neste preceito funda-se na circunstância de, no campo da citação pessoal, o réu não ter chegado a ter conhecimento do ato por motivo que não lhe seja imputável. Constitui o contraponto da opção legislativa consignada nos arts. 225º, nº 4 e 230º, nº 1, de, em certos casos, presumir o efetivo e oportuno conhecimento, por parte do réu, da existência da citação.

14. Algumas situações que podem recair na previsão legal:

a) O distribuidor postal entregou a carta a pessoa diversa do citando (art. 228º, nº 2), a qual, apesar de ficar ciente do dever legal que sobre si impendia, não quis ou não pôde entregá-la ao destinatário o qual, por isso, não teve efetivamente conhecimento do ato, nem sequer da segunda carta registada remetida pela secretaria (art. 233º); outra alternativa é a de uma destas cartas ter-lhe sido entregue em momento que já não permitia o exercício do direito de defesa;

b) O agente de execução ou o funcionário procedeu à citação com hora certa (art. 232º, nº 1), por se ter certificado que o citando residia ou trabalhava no local, mas, por facto não imputável ao citando, a carta que foi entregue a terceira pessoa não chegou efetivamente às suas mãos nem teve conhecimento da segunda carta registada que posteriormente foi remetida;

c) O citando recebeu a carta ou foi diretamente contactado pelo funcionário, mas encontrava-se em situação de incapacidade de facto que o impedia de compreender a natureza e objetivo do ato, quer aquela fosse notória ou não;

d) A carta ou o duplicado da petição foi entregue a um funcionário da pessoa coletiva, mas este omitiu o dever de a entregar à administração, sem que possa imputar-se qualquer género de responsabilidade à respetiva organização interna.

15. Para que nestas ou noutras situações possa concluir-se pela verificação da omissão de citação é insuficiente a simples invocação e prova do efetivo desconhecimento; exige-se ainda que este não seja imputável ao citando (RC 9-1-18, 808/09, RP 14-12-17, 513/15 e RP 11-4-17, 6418/12). Se a parte mudou de residência sem ter alterado a morada constante de todos os seus documentos oficiais, não se pode concluir, em termos de causalidade objetiva, que a sua conduta em nada tenha contribuído, em termos adjetivos, para que o ato de citação ou notificação pessoal não tenha chegado oportunamente ao seu conhecimento (RE 13-9-18, 845/17). Considerando a referida presunção de conhecimento, é sobre o réu que recai o ónus de alegar e de provar os pressupostos legais referidos. Com efeito, em qualquer daquelas situações, pode ter-se verificado o efetivo desconhecimento do ato de citação e, ainda assim, afirmar-se ser isso imputável ao citando, caso em que a citação se deve considerar regularmente efetuada, independentemente das suas consequências.

16. Assim acontece, por exemplo:

a) Quando o citando, apesar de saber que fora procurado pelo funcionário na sua residência ou no seu local de trabalho, não diligenciou pela comparência na data aprazada ou não encarregou alguém de, em seu nome, receber o expediente;

b) Quando, apesar de ter sido remetida ao citando a carta registada posteriormente à efetivação da citação com hora certa, o mesmo não procedeu ao seu levantamento na estação de correios, mesmo sabendo que se tratava de uma carta remetida pelo tribunal;

c) A situação de ausência do administrador de uma empresa para local incerto sem deixar instruções quanto ao destino da correspondência oficial, ou a desorganização interna da empresa, sem um tratamento específico e mais rigoroso da correspondência oficial como aquela que advém dos tribunais;

d) A desatualização dos elementos que, a respeito das sociedades, devem constar do registo comercial, tais como a sede e a identificação dos representantes legais, justificando-se esta solução como decorrência da autorresponsabilidade dos entes coletivos quanto ao cumprimento dos preceitos legais que impõem a publicitação dos atos que interessam a terceiros (veja-se a norma mais rigorosa do art. 246º).

17. Nos casos em que exista domicílio convencionado, nos termos e para efeitos do art. 229º, a arguição da nulidade da citação, por falta de efetivo conhecimento do ato é mais exigente, dependendo da demonstração de que, na ocasião em que a citação foi efetuada, já estava extinta a relação contratual no âmbito da qual foi estabelecido o domicílio.

ARTIGO 189º

Suprimento da nulidade de falta de citação

Se o réu ou o Ministério Público intervier no processo sem arguir logo a falta da sua citação, considera-se sanada a nulidade.

Remissões: art. 188º (falta de citação); art. 696º, al. e) (recurso de revisão); art. 729º, al. d) (oposição à execução).

1. A função primordial da citação é de carácter informativo, visando dar a conhecer ao réu a pendência da causa e proporcionar-lhe a oportunidade de defesa (art. 219º). Se, apesar de ocorrerem circunstâncias passíveis de configurar nulidade por falta de citação, o réu ou o Ministério Público (quando intervenha como parte principal – art. 187º, al. b)) tiver intervenção no processo sem invocar imediatamente o vício, a nulidade considera-se suprida. Para este efeito, "*arguir logo a falta*" significa fazê-lo na primeira intervenção processual.

2. A solução aqui consagrada radica no seguinte entendimento: se, não obstante o vício, quem deveria ter sido citado está no processo, o intuito informativo típico da citação está, afinal, assegurado. Mas para o efeito, "intervir no processo" pressupõe que o réu ou o Ministério Público esteja em condições que permitem concluir que está superada uma situação de revelia absoluta (RP 25-11-13, 192/12 e RG 5-4-11, 172/10).

3. Na jurisprudência, existe uma orientação que defende que a junção da procuração a advogado constitui uma intervenção relevante que faz pressupor o conhecimento do processo que a mesma permite, de modo a presumir-se que o réu prescindiu conscientemente de arguir a falta de citação (RE 20-12-18, 4901/16, RL 20-4-15, 564/14 e RE 16-4-15, 401/10), à qual se opõe outra corrente, segundo a qual a forma de compatibilizar o direito constitucional de acesso ao direito, no caso das ações tramitadas eletronicamente, é fazer uma interpretação atualista quanto aos efeitos relacionados com a apresentação de uma procuração forense, de modo a evitar que a simples junção de instrumento de mandato forense não implique, direta e necessariamente, a preclusão de possibilidade de invocação da nulidade por falta de citação (RP 9-1-20, 2087/17, RC 24-4-18, 608/10, RL 6-7-17, 21296/12 e RE 3-11-16, 1573/10).

ARTIGO 190º
Falta de citação no caso de pluralidade de réus

Havendo vários réus, a falta de citação de um deles tem as consequências seguintes:

a) No caso de litisconsórcio necessário, anula-se tudo o que se tenha processado depois das citações;

b) No caso de litisconsórcio voluntário, nada se anula; mas se o processo ainda não estiver na altura de ser designado dia para a audiência final, pode o autor requerer que o réu seja citado; neste caso, não se realiza a discussão sem que o citado seja admitido a exercer, no processo, a atividade de que foi privado pela falta de citação oportuna.

Remissões: art. 32º (litisconsórcio voluntário); art. 33º (litisconsórcio necessário); art. 34º (litisconsórcio conjugal); art. 35º (litisconsórcio e ação); art. 44º, nº 1, da LOSJ (alçadas em matéria cível).

1. Sendo a ação proposta contra vários réus, cada um deles tem de ser objeto de citação, sob pena da nulidade prevista no art. 186º.

2. Se a falta de qualquer dos interessados, no caso de litisconsórcio necessário, é motivo de ilegitimidade (art. 33º, nº 1, *in fine*), compreende-se que a falta de citação de um dos réus inquine todo o processo, salvando-se somente as citações entretanto efetuadas (cf. o proémio do art. 187º), razão pela qual sempre terá de fazer-se a citação em falta, como condição de o processo retomar a sua marcha a partir desse ponto.

3. Tratando-se de litisconsórcio voluntário, visto que cada litigante conserva uma posição de independência face aos demais compartes, a falta de citação de um dos interessados não condiciona o andamento do processo quanto aos restantes, havendo a sentença de apreciar somente a situação jurídica daqueles que foram citados. Não obstante, para a hipótese de o autor ter interesse em envolver esse outro réu na lide, a lei admite que seja requerida a respetiva citação, o que implica assegurar quanto a este toda a tramitação e, por inerência, retardar o prosseguimento dos autos quanto aos demais réus, até que todos se encontrem na mesma etapa processual.

4. De modo a evitar delongas significativas, a lei estabelece que o requerimento com vista à realização da citação em falta só pode ser apresentado enquanto não estiver designada data para a audiência final, o que implica, conforme os casos, que ainda não tenha sido dado cumprimento ao disposto no art. 591º, nº 1, al. g) (quando haja audiência prévia), no art. 593º, nº 2, al. c), por si ou *ex vi* art. 592º, nº 2 (quando, respetivamente, seja dispensada a audiência prévia ou esta não seja de realizar) ou no art. 597º, als. f) e g) (em ações de valor não superior a metade da alçada do Trib. da Relação).

ARTIGO 191º
Nulidade da citação

1 – Sem prejuízo do disposto no artigo 188º, é nula a citação quando não hajam sido, na sua realização, observadas as formalidades prescritas na lei.

2 – O prazo para a arguição da nulidade é o que tiver sido indicado para a contestação; sendo, porém, a citação edital, ou não tendo sido indicado prazo para a defesa, a nulidade pode ser arguida quando da primeira intervenção do citado no processo.

3 – Se a irregularidade consistir em se ter indicado para a defesa prazo superior ao que a lei concede, deve a defesa ser admitida dentro do prazo indicado, a não ser que o autor tenha feito citar novamente o réu em termos regulares.

4 – A arguição só é atendida se a falta cometida puder prejudicar a defesa do citado.

Remissões: art. 196º (conhecimento oficioso da nulidade da 2ª parte do nº 2 do art. 191º); art. 227º (elementos a transmitir ao citando); art. 228º (citação de pessoa singular por via postal); art. 228º (domicílio convencionado); art. 231º (citação por agente de execução ou funcionário judicial); art. 232º (citação como hora certa); art. 238º (citação por mandatário judicial); art. 239º (citação do residente no estrangeiro); arts. 240º e 241º (citação edital por incerteza do lugar); art. 243º (citação edital por incerteza das pessoas); art. 565º (efeitos da anulação da citação); art. 696º, al. e) (recurso de revisão); art. 729º, al. d) (oposição à execução); art. 851º (nulidade da citação do executado); Regulamento nº 1393/2007, de 13-11-2007, relativo à citação e à notificação dos atos judiciais e extrajudiciais em matérias civil e comercial nos Estados-Membros.

1. A realização da citação deve fazer-se observando as formalidades previstas para cada modalidades do ato, o que implica não apenas certos procedimentos, mas também a transmissão de determinada informação. Nas situações mais graves, o desrespeito por tais formalidades pode conduzir à figura da falta de citação, nos termos definidos no art. 188º. Nas demais situações, o vício gera a nulidade da citação, sendo que em situações de revelia absoluta até ganham relevo as irregularidades (art. 566º).

2. Sobre as formalidades da citação nos casos em que seja de aplicar o Regulamento nº 1393/2007, relativo à citação e à notificação dos atos judiciais e extrajudiciais em matérias civil e comercial nos Estados-Membros, cf. a anot. ao art. 239º.

3. Considerando que a citação se destina a dar ao réu conhecimento da ação contra si proposta e conceder-lhe oportunidade de defesa (art. 219º, nº 1), só serão tidos como geradores de nulidade os vícios que prejudiquem realmente a defesa. O que aqui temos é a salvaguarda, em termos substanciais e não meramente formais, do princípio do contraditório. Reconhecida a nulidade, deverá ser realizado novamente o ato, revelando-se importante o que no art. 565º se dispõe sobre o aproveitamento dos efeitos da citação anulada.

4. Os termos em que o réu deve arguir a nulidade da citação são os seguintes: se lhe foi assinalado prazo para contestar, dispõe desse prazo para suscitar a nulidade; não lhe tendo sido indicado qualquer prazo ou tratando-se de citação edital, o réu pode arguir a nulidade no momento em que intervier pela primeira vez no processo. A nulidade da citação é de conhecimento oficioso (art. 196º) e apreciada a todo o tempo enquanto não estiver sanada (art. 200º, nº 1).

5. Como o réu nunca pode ser prejudicado por lapsos imputáveis a quem praticou o ato (art. 157º, nº 6), se o vício consistiu em assinalar ao réu um prazo para contestar superior ao resultante da lei, a contestação deve ser recebida dentro do prazo indicado. Só não será assim no caso de o autor, apercebendo-se da situação, requerer que a citação se repita em termos regulares, ficando então o réu sujeito ao prazo legal da contestação (cf. nota 1, al. c), ao art. 227º).

6. No Ac. 719/2004, o Trib. Const. não julgou inconstitucional a norma constante do nº 3 do art. 198º do CPC de 1961 (atual art. 191º, nº 3), na interpretação segundo a qual deve ser admitida a defesa do citado para a ação judicial dentro do prazo que lhe foi indicado no caso de irregularidade da sua citação consubstanciada em a secretaria, por erro não corrigido posteriormente, induzido pela circunstância de esta haver tomado a assinatura da pessoa do citado pela assinatura de terceira pessoa, lhe assinalar prazo superior, em 5 dias, ao que a lei concede para essa defesa.

7. A nulidade da citação é fundamento de recurso extraordinário de revisão contra sentença proferida em ação declarativa em que o réu não tenha tido qualquer intervenção (art. 696º, al. e)). A nulidade da citação pode ainda ser invocada em embargos de executado, quando a execução se funde em sentença declarativa e a respetiva ação haja corrido à revelia (art. 729º, al. d)).

8. O despacho que defira ou indefira a nulidade da citação não admite recurso imediato, podendo ser impugnado no âmbito do recurso que eventualmente venha a ser interposto da decisão final (art. 644º, nº 3, RE 13-2-12, 2292/09 e RG 2-6-11, 462/10). Cf., ainda, nota 13 ao art. 644º.

9. Cf. anot. ao art. 198º, quanto à tempestividade da arguição, e anot. ao art. 233º, quanto à relevância de tal formalidade para efeitos deste art 191º.

ARTIGO 192º
Dispensa de citação

Quando a falta ou a nulidade da citação tenha sido arguida pelo citando, a notificação do despacho que a atenda dispensa a renovação da citação desde que seja acompanhada de todos os elementos referidos no artigo 227º.

Remissões: art. 187º (falta de citação); art. 191º (nulidade da citação).

1. Sempre que o réu invoque com sucesso a falta ou a nulidade da citação, a natural consequência é a repetição do ato ou a sua prática pela primeira vez, no caso de falta absoluta, como condição de um efetivo e adequado contraditório.

2. Visto que, ao fazer tal arguição, o réu revela ter conhecimento do processo, a realização da citação enquanto tal, isto é, com função informativa, é algo dispensável. Num critério conforme ao princípio da limitação dos atos (art. 130º), a lei estabelece que o ato formal da citação pode não ser efetivado, desde que a notificação do despacho que reconhece o vício inclua o envio de todos os elementos a transmitir obrigatoriamente ao citando nos termos do 227º.

3. Se a arguição do vício pelo réu foi feita através de mandatário constituído, é na pessoa deste que se concretiza a notificação do despacho que reconhece a falta ou a nulidade da citação, bem assim o envio dos elementos referidos no art. 227º (art. 247º, nº 1). Se o réu agiu por si, será o destinatário da notificação do despacho e dos demais elementos (art. 249º, nº 1).

ARTIGO 193º
Erro na forma do processo ou no meio processual

1 – O erro na forma do processo importa unicamente a anulação dos atos que não possam ser aproveitados, devendo praticar-se os que forem estritamente necessários para que o processo se aproxime, quanto possível, da forma estabelecida pela lei.

2 – Não devem, porém, aproveitar-se os atos já praticados, se do facto resultar uma diminuição de garantias do réu.

3 – O erro na qualificação do meio processual utilizado pela parte é corrigido oficiosamente pelo juiz, determinando que se sigam os termos processuais adequados.

Remissões: art. 146º, nº 2 (suprimento de deficiências formais); art. 196º (conhecimento oficioso); art. 198º, nº 1 (até quando pode ser arguida a nulidade); art. 200º, nº 2 (quando deve o tribunal conhecer das nulidades); art. 547º (adequação formal); art. 630º, nº 2 (recorribilidade restrita das decisões de adequação formal).

1. A idoneidade da forma de processo, que deve ser indicada na petição inicial (art. 552º, nº 1, al. c)), afere-se em função do tipo de pretensão formulada pelo autor e não em referência à pretensão que devia ser por ele deduzida (aqui trata-se, não de uma inadequação da forma do processo, mas de uma situação de eventual improcedência da ação), ocorrendo o erro e a correspondente nulidade quando o autor usa uma via processual inadequada para fazer valer a sua pretensão. Ocorre erro na forma do processo quando o pedido formulado pela parte corresponde ao objeto específico de uma ação com processo especial e o autor deduz o seu pedido através de uma ação com processo comum (RP 8-3-19, 7829/17).

2. Como se decidiu em STJ 6-4-17, 23567/15, "pretendendo um dos ex-cônjuges o reconhecimento do direito de propriedade exclusivo sobre um imóvel e do direito de exclusividade sobre uma quantia depositada em instituição bancária é adequada a tais pretensões a ação declarativa com processo comum e não o processo de inventário". O que caracteriza o erro na forma do processo é que ao pedido formulado corresponda forma de processo diversa da empregue e não se mostre possível, através da adequação formal, fazer com que, pela forma de processo efetivamente adotada, se consiga o efeito jurídico pretendido pelo autor.

3. Em STJ 3-10-19, 1517/13, decidiu-se que "numa situação em que não existem bens comuns do casal, o processo de inventário não é adequado a que um dos cônjuges exija do outro um crédito correspondente ao pagamento de metade das prestações emergentes de um contrato de mútuo que ambos celebraram antes do casamento para aquisição do bem em regime de compropriedade. O princípio da legalidade das formas processuais não permite que o processo de inventário instaurado na sequência de divórcio sirva para proceder à divisão de um imóvel relativamente ao qual cada cônjuge é titular exclusivo de uma quota-parte, tal como impede que seja apreciado o pedido de condenação do outro no pagamento de uma dívida própria. E, perante a diversidade da natureza, dos objetivos e da tramitação quer do processo especial de inventário, quer do processo especial de divisão de coisa comum, o princípio da legalidade das formas processuais prevalece sobre os princípios da adequação formal ou da economia processual".

4. O erro na forma do processo importa somente a inatendibilidade dos atos que não possam ser aproveitados, praticando-se os necessários a que, tanto quanto possível, o processo se aproxime da forma prevista na lei. O limite a observar é sempre o das garantias da defesa, não podendo aquele aproveitamento traduzir-se numa diminuição dessas garantias.

5. Quanto ao seu regime, esta nulidade é de conhecimento oficioso (art. 196º), só pode arguida até à contestação ou nesta peça (art. 198º, nº 1) e, caso não tenha sido apreciada antes, deverá sê-lo no despacho saneador, ou até à sentença final, se não houver aquele despacho (art. 200º, nº 2).

6. Nos processos em que haja lugar a despacho saneador, a prolação do mesmo tem efeitos preclusivos quanto ao conhecimento da nulidade por erro na forma do processo (arts. 198º, nº 1 e 200º, nº 2), mostrando-se contrário à lógica processual admitir o conhecimento da nulidade por erro na forma do processo numa fase mais adiantada.

7. O nº 3 do preceito, introduzido no atual CPC, já não respeita ao erro na forma de processo, antes ao relacionado com o meio processual utilizado pela parte para a prática de determinado ato. Em tais circunstâncias, em lugar do decretamento puro e simples da nulidade do ato, impõe-se ao juiz o dever de proceder à sua correção oficiosa, determinando que sejam seguidos os termos processuais adequados. O sentido desta previsão é claro: evitar que, por meras razões de índole formal, deixe de ser apreciada uma pretensão deduzida em juízo. Deve ainda ser conjugado com o nº 2 do art. 146º que admite. em certas circunstâncias, o suprimento ou correção de vícios ou omissões formais.

8. A título exemplificativo, justificarão a aplicação deste regime: a dedução de incidente de intervenção acessória provocada (art. 321º) para suprir preterição de litisconsórcio necessário (quando deveria ser intervenção principal provocada - art. 316º); a interposição de recurso da decisão que aprecie a competência relativa (quando o meio é a reclamação - art. 105º, nº 4); a interposição de recurso para o STJ (art. 671º) perante decisão singular proferida na Relação (quando deveria ser formulada reclamação para a conferência - art. 652º, nº 3); a reclamação para a conferência de despacho de não admissão de recurso de revista quando se ajustava a reclamação para o Supremo (STJ 22-2-16, 490/11); a dedução de embargos de executado quando ao caso se mostrava a arguição da nulidade da citação (RG 7-3-19, 2305/17 e RP 18-12-18, 736/18); a apresentação de requerimento junto à execução cujo conteúdo corresponda ao de embargos de executado (RP 10-10-19, 3575/17).

9. Podem encontrar-se mais exemplos em Lebre de Freitas e Isabel Alexandre, *CPC anot.*, vol. I, 4ª ed., pp. 397 e 398 e em Ramos de Faria e Ana Luísa Loureiro, *Primeiras Notas ao NCPC*, vol. I, pp. 187-188. A solução legal acolheu, aliás, a doutrina firmada no ***AUJ nº 2/10***, segundo o qual: "*Fora dos casos previstos no art. 688º (na redação anterior ao DL nº 303/07, de 24-8), apresentado requerimento de interposição de recurso de decisão do relator, que não seja de mero expediente, este deverá ser admitido como requerimento para a conferência prevista no art. 700º, nº 3, daquele Código*".

10. A convolação imposta pelo preceito tem, contudo, limites naturais, sendo necessário que não existam obstáculos de outro género, sendo o mais evidente o do esgotamento do prazo que porventura esteja previsto para o ato convolado. É o que acontece, por exemplo, com a reclamação para a conferência (art. 652º, nº 3), que deve ser apresentada no prazo de 10 dias (art. 149º), em contraponto com a interposição de recurso de revista que, em regra, está sujeito ao prazo mais alargado de 30 dias (art. 638º, nº 1). Assim, se a parte, em lugar daquela reclamação, tiver interposto recurso de revista num prazo superior ao legalmente fixado para o ato devido (10 dias), torna-se inviável operar a referida convolação (STJ 8-2-18, 4140/16). Outra situação pode verificar-se quando o ato que foi praticado não reúna certos requisitos específicos do ato para o qual seria convolado (STJ 22-2-16, 490/11) e sem os quais o mesmo não poderia deixar de ser imediatamente rejeitado, como ocorre com a (falta de) apresentação de conclusões nas alegações de recurso (art. 641º, nº 2, al. b)).

11. Sobre a matéria, cf. Paulo Pimenta, *Processo Civil Declarativo*, 2ª ed., pp. 275-277.

ARTIGO 194º

Falta de vista ou exame ao Ministério Público como parte acessória

1 – A falta de vista ou exame ao Ministério Público, quando a lei exija a sua intervenção como parte acessória, considera-se sanada desde que a entidade a que devia prestar assistência tenha feito valer os seus direitos no processo por intermédio do seu representante.

2 – Se a causa tiver corrido à revelia da parte que devia ser assistida pelo Ministério Público, o processo é anulado a partir do momento em que devia ser dada vista ou facultado o exame.

Remissões: art. 196º (conhecimento oficioso); art. 198º, nº 2 (até quando pode ser arguida a nulidade); art. 325º (intervenção acessória do Ministério Público).

1. Nos termos do art. 10º, nº 1, do EMP, o Ministério Público intervém como parte acessória quando, "*não se verificando nenhum dos casos do nº 1, sejam interessados* *na causa as Regiões Autónomas, as autarquias locais, outras pessoas coletivas públicas, pessoas coletivas de utilidade pública, incapazes ou ausentes, ou a ação vise a realização de interesses coletivos ou difusos*" (al. a)) e "*nos demais casos previstos na lei*" (al. b)).

2. No que respeita ao respetivo regime, o vício considera-se sanado desde que o assistido tenha feito valer os seus direitos no processo através do seu representante.

3. Trata-se de uma nulidade de conhecimento oficioso (art. 196º), que pode ser arguida em qualquer estado do processo, enquanto não deva considerar-se sanada (art. 198º, nº 2); o tribunal deve conhecer desta nulidade logo que dela se aperceba, podendo suscitá-la em qualquer estado do processo, enquanto não deva considerar-se sanada (art. 200º, nº 1).

4. Se o assistido se mantiver em revelia, a verificação do vício implica que fiquem sem efeito todos os atos praticados desde a altura em que o Ministério Público deveria ter sido notificado.

ARTIGO 195º
Regras gerais sobre a nulidade dos atos

1 – Fora dos casos previstos nos artigos anteriores, a prática de um ato que a lei não admita, bem como a omissão de um ato ou de uma formalidade que a lei prescreva, só produzem nulidade quando a lei o declare ou quando a irregularidade cometida possa influir no exame ou na decisão da causa.

2 – Quando um ato tenha de ser anulado, anulam-se também os termos subsequentes que dele dependam absolutamente; a nulidade de uma parte do ato não prejudica as outras partes que dela sejam independentes.

3 – Se o vício de que o ato sofre impedir a produção de determinado efeito, não se têm como necessariamente prejudicados os efeitos para cuja produção o ato se mostre idóneo.

Remissões: art. 630º, nº 2 (recorribilidade restrita das decisões proferidas sobre nulidades).

1. As nulidades previstas nos arts. 186º, 187º, 191º, 193º e 194º são habitualmente referidas como principais, nominadas ou típicas, na medida em que a lei as refere autónoma e expressamente (cf. Paulo Pimenta, *Processo Civil Declarativo*, 2ª ed., p. 274).

2. Fora dos casos assim regulados na lei (*v.g.* art. 566º, acerca de irregularidades da citação em situações de revelia absoluta), quaisquer irregularidades detetadas na tramitação processual só constituirão nulidade se a lei assim o determinar ou quando o vício possa influir no exame ou decisão da causa, ou seja, quando se repercutam na sua instrução, discussão ou julgamento ou, em processo executivo, na realização da penhora, venda ou pagamento (cf. Lebre de Freitas e Isabel Alexandre, *CPC anot.*, vol. I, 4ª ed., p. 401). Teremos então as chamadas nulidades secundárias, inominadas ou atípicas, que poderão ter por base a prática de um ato que lei não admite, a omissão de um ato que a lei prescreve (sobre a dispensa da audiência prévia, cf. nota 1 e 2 ao art. 591º) ou a prática de um ato legalmente admitido ou prescrito mas sem a observância das formalidades respetivas. Deve ter-se também como irregularidade suscetível de constituir nulidade processual a prática de um ato ou a sua omissão em violação da sequência processual fixada pelo juiz ao abrigo do art. 547º (cf. Paulo Pimenta, *ob. cit.*, p. 278).

3. Este sistema remete o juiz para uma análise casuística, suscetível de só invalidar o ato que não possa, de todo, ser aproveitado, sendo certo que a nulidade de um ato acarreta a invalidação dos atos da sequência processual que daquele dependam absolutamente.

4. Quanto ao regime destas nulidades, a regra é a de que o juiz só conhecerá delas mediante arguição (arts. 196º, *in fine* e 197º), salvo se for notada durante a prática de ato a que o juiz presida, devendo este providenciar pelo cumprimento da lei (art. 199º, nº 2).

5. Relativamente à arguição do vício passível de configurar esta categoria de nulidades, se a parte estiver presente (por si ou por mandatário) no momento em que a falta é cometida, a arguição será feita enquanto o ato (audiência ou diligência) não terminar (art. 199º, nº 1).

6. Quando a parte não estiver presente, o prazo de arguição (que é o geral: 10 dias – art. 149º) conta-se a partir do momento em que, depois de cometida a irregularidade, a parte intervier no processo ou em que for notificada para qualquer efeito posterior, desde que, no último caso, possa presumir-se que tomou conhecimento do vício ou podia ter tomado, se agisse com diligência (art. 199º, nº 1, *in fine*). Arguida a nulidade, o juiz deve logo apreciá-la (art. 200º, nº 3).

7. Entre muito outros, são exemplos de nulidades secundárias: a apresentação do articulado réplica fora do condicionalismo do art. 584º; o desrespeito pelo princípio da audiência contraditória em sede de instrução (art. 415º); a falta de juramento e interrogatório preliminar na prova testemunhal (art. 513º); a falta de advertência pelo juiz acerca da possibilidade de recusa a depor como testemunha (art. 497º, nºs 1 e 2); a falta de notificação à parte da data audiência final em que aquela deva prestar depoimento; a falta de notificação do relatório pericial às partes (art. 485º).

8. Mantém-se a atualidade e pertinência do brocardo segundo o qual "dos despachos recorre-se, contra as nulidades reclama-se". A reclamação e o recurso não são meios de impugnação concorrentes, cabendo à parte reclamar previamente para suscitar a prolação de despacho sobre a arguida nulidade. Mas se houver um despacho a ordenar ou autorizar a prática de um ato ou se determinada decisão (máxime a sentença) for precedida de nulidade de conhecimento oficioso ou tiver faltado alguma formalidade de cumprimento obrigatório, ajustar-se-á a imediata interposição de recurso (cf. argumentos, jurisprudência e doutrina enunciados em Abrantes Geraldes, *Recursos no NCPC*, 5ª ed., pp. 26 e ss).

9. Importa, no entanto, notar que, inserido no reforço dos poderes do juiz na condução do processo, o art. 630º, nº 2, estabelece como regra a irrecorribilidade do despacho que aprecie as nulidades atípicas, a não ser que existam motivos para assacar à decisão judicial a violação dos princípios da igualdade, do contraditório, da aquisição processual de factos ou admissibilidade de meios probatórios (cf. Abrantes Geraldes, *Recursos cit.*, pp. 81-83). Deste modo, a sindicabilidade do despacho proferido sobre a arguição de uma nulidade secundária está condicionada pela alegação da concreta violação de algum dos princípios ou regras enunciados no art. 630º, nº 2, sob cominação de indeferimento do requerimento de interposição de recurso, por a decisão não o admitir (art. 641º, nº 2, al. a)).

10. Sobre a questão de saber se a omissão de despacho de aperfeiçoamento integra uma nulidade, cf. notas 42 a 51 ao art. 590º.

ARTIGO 196º

Nulidades de que o tribunal conhece oficiosamente

Das nulidades mencionadas nos artigos 186º e 187º, na segunda parte do nº 2 do artigo 191º e nos artigos 193º e 194º pode o tribunal conhecer oficiosamente, a não ser que devam considerar-se sanadas; das restantes só pode conhecer sobre reclamação dos interessados, salvos os casos especiais em que a lei permite o conhecimento oficioso.

1. Regula-se aqui o regime da oficiosidade do conhecimento das nulidades, sendo patente a diferença entre as nulidades principais (tratadas nos arts. 186º, 187º, 191º, 193º e 194º) e as nulidades secundárias (genericamente previstas no art. 195º), já que as primeiras, pela sua importância, são sempre de conhecimento oficioso.

2. A oficiosidade do conhecimento supõe, obviamente, que a nulidade não se mostre, entretanto, sanada, o que pode suceder, no caso da falta de citação, quando o réu ou o Ministério Público intervier no processo sem invocar logo o vício (art. 189º), bem assim na hipótese de nulidade da citação, quando esta tenha sido edital ou quando não tenha sido indicado prazo para a defesa, cujo vício haverá de ser invocado na primeira intervenção processual do citado, sob pena de sanação (art. 191º, nº 2).

3. Quanto às nulidades secundárias, apesar de a regra ser a da sua inoficiosidade, a lei ressalva a hipótese de o juiz delas conhecer *ex officio*, quando ocorridas no decurso de ato a que o juiz presida (art. 199º, nº 2). Outra importante exceção resulta do art. 566º, abarcando qualquer irregularidade cometida relativamente a citação do réu que se mantenha em situação de revelia absoluta.

ARTIGO 197º

Quem pode invocar e a quem é vedada a arguição da nulidade

1 – Fora dos casos previstos no artigo anterior, a nulidade só pode ser invocada pelo interessado na observância da formalidade ou na repetição ou eliminação do ato.

2 – Não pode arguir a nulidade a parte que lhe deu causa ou que, expressa ou tacitamente, renunciou à arguição.

1. Este preceito reporta-se às nulidades não passíveis de conhecimento oficioso, isto é, àquelas cuja apreciação pelo juiz supõe a arguição pelo interessado na observância da formalidade ou na repetição ou eliminação do ato. O conceito de interessado é mais amplo do que o de parte principal, incluindo também a parte acessória e mesmo o interveniente acidental (Lebre de Freitas e Isabel Alexandre, *CPC anot.*, vol. I, 4ª ed., p. 407).

2. O princípio da autorresponsabilidade das partes obsta a que possa arguir a nulidade a parte que lhe deu causa ou a que, de modo expresso ou tácito, renunciou à respetiva arguição. A renúncia expressa supõe que, de modo verbal ou escrito, a parte manifeste intenção de não fazer a arguição. A renúncia tácita radica numa atitude ou na prática de ato cujos termos são incompatíveis com o propósito de arguir o vício.

ARTIGO 198º

Até quando podem ser arguidas as nulidades principais

1 – As nulidades a que se referem o artigo 186º e o nº 1 do artigo 193º só podem ser arguidas até à contestação ou neste articulado.

2 – As nulidades previstas nos artigos 187º e 194º podem ser arguidas em qualquer estado do processo, enquanto não devam considerar-se sanadas.

Remissões: art. 200º (quando deve o juiz conhecer das nulidades).

1. O preceito trata apenas da oportunidade da arguição de nulidades, não prejudicando a aplicação de outras normas que prescrevem, para certas situações, o conhecimento oficioso (art. 196º).

2. Apesar da natureza oficiosa das nulidades principais, não é unívoco o regime da sua arguição. Há nulidades que apenas podem ser suscitadas até à contestação ou neste articulado, mais precisamente a ineptidão da petição inicial (art. 186º) e o erro na forma do processo (art. 193º, nº 1); há outras que podem ser arguidas em qualquer estado do processo, desde que não devam considerar-se sanadas, referindo o preceito a falta de citação (art. 187º) e a falta de vista ou exame ao Ministério Público como parte acessória (art. 194º).

3. A hipótese de a nulidade se considerar sanada, que inviabiliza a respetiva arguição, tem particular atinência com o disposto no art. 189º (a nulidade da falta de citação deve ser arguida na primeira intervenção processual) e no art. 194º, nº 1 (se o assistido tiver feito valer os seus direitos no processo através do seu representante).

4. Note-se que o preceito não alude à nulidade da citação (art. 191º), a qual, encerrando diversas manifestações, tem um regime variado. Por um lado, e em regra, a arguição do vício deverá ocorrer no prazo da contestação, o que supõe que tal prazo tenha sido assinalado (art. 191º, nº 2, 1ª parte). Por outro lado, se a citação foi edital ou não foi indicado prazo para a defesa, a nulidade pode ser arguida a todo o tempo, na condição de coincidir com a primeira intervenção no processo, sob pena de ter-se o vício como sanado (art. 191º, nº 2, 2ª parte).

ARTIGO 199º
Regra geral sobre o prazo da arguição

1 – Quanto às outras nulidades, se a parte estiver presente, por si ou por mandatário, no momento em que forem cometidas, podem ser arguidas enquanto o ato não terminar; se não estiver, o prazo para a arguição conta-se do dia em que, depois de cometida a nulidade, a parte interveio em algum ato praticado no processo ou foi notificada para qualquer termo dele, mas neste último caso só quando deva presumir-se que então tomou conhecimento da nulidade ou quando dela pudesse conhecer, agindo com a devida diligência.

2 – Arguida ou notada a irregularidade durante a prática de ato a que o juiz presida, deve este tomar as providências necessárias para que a lei seja cumprida.

3 – Se o processo for expedido em recurso antes de findar o prazo referido neste artigo, pode a arguição ser feita perante o tribunal superior, contando-se o prazo desde a distribuição.

Remissões: arts. 213º e ss. (distribuição nos tribunais superiores).

1. Com ressalva das nulidades para as quais é fixado um regime específico de arguição (art. 198º), o sistema de arguição das demais nulidades está estruturado em função da presença ou não da parte ou do seu mandatário no momento em que são cometidas. Se a parte está presente (por si ou por mandatário), é-lhe exigível aperceber-se da nulidade, pelo que tem o ónus de fazer a respetiva arguição enquanto o ato não terminar. O ato pode ser uma audiência (prévia ou final) ou outra diligência avulsa (presidida ou não pelo juiz). Tratando-se de audiência com mais do que uma sessão, o limite da arguição é o da própria sessão em que a nulidade ocorra (Lebre de Freitas e Isabel Alexandre, *CPC anot.*, vol. I, 4ª ed., p. 409). Esta solução não determina, porém, que a falta de gravação ou a deficiência de gravação da audiência final deva ser imediatamente suscitada, valendo, em regra, o regime que consta do art. 155º, nº 4.

2. Quando não esteja presente no ato em que a nulidade foi cometida, a parte dispõe do prazo de 10 dias (art. 149º, nº 1) para a respetiva invocação, contando-se tal prazo de uma das circunstâncias seguintes: da sua intervenção em qualquer ato processual subsequente ou da notificação para qualquer termo do processo. No primeiro caso, a mera intervenção processual marca o início do prazo da arguição, o que significa que a parte tem o ónus de, por via da consulta dos autos, detetar o vício, sob pena de preclusão. No segundo caso, não basta a simples notificação para marcar o início do prazo, impondo-se ainda que seja de presumir que a parte, em face da notificação, tomou conhecimento da nulidade ou se pôde aperceber da mesma.

3. Do que se trata aqui é de um juízo acerca daquilo que, num quadro de normalidade e de diligência, é suposto a parte apreender em face de uma concreta notificação. Servindo-se o legislador de conceitos indeterminados, tal permite um melhor ajustamento às concretas circunstâncias, sendo de afastar, no entanto, quer um juízo demasiado rigorista (retirando de cada notificação um efeito preclusivo mais lato), quer demasiado laxista (como se tal apenas devesse ocorrer quando seja dado o específico conhecimento da ocorrência da nulidade).

4. O nº 2 revela que o juiz deve conhecer sempre de quaisquer nulidades que resultem de irregularidades cometidas no decurso de ato a que presida, independente da sua natureza, isto é, independentemente de outros preceitos distinguirem entre conhecimento oficioso e inoficioso, o que se justifica pelo princípio de que o juiz deve zelar pelo cumprimento da lei em todas as circunstâncias, a começar pelas diligências a que presida, não fazendo, pois, sentido limitar a sua intervenção a pretexto de outros critérios.

5. Quanto ao regime das nulidades, por ação ou omissão, de agente de execução, cf. anot. ao art. 723º.

ARTIGO 200º
Quando deve o tribunal conhecer das nulidades

1 – O juiz conhece das nulidades previstas no artigo 187º, na segunda parte do nº 2 do artigo 191º e no artigo 194º logo que delas se aperceba, podendo suscitá-las em qualquer estado do processo, enquanto não devam considerar-se sanadas.

2 – As nulidades a que se referem o artigo 186º e o nº 1 do artigo 193º são apreciadas no despacho saneador, se antes o juiz as não houver apreciado; se não houver despacho saneador, pode conhecer-se delas até à sentença final.

3 – As outras nulidades devem ser apreciadas logo que sejam reclamadas.

Remissões: art. 189º (sanação da falta de citação); art. 191º, nº 2 (sanação da nulidade da citação em virtude de falta de arguição na primeira intervenção no processo); art. 194º, nº 1 (sanação da falta de vista ou exame em virtude de o assistido ter feito valer os seus direitos no processo); art. 198º (até quando podem ser arguidas as nulidades principais); art. 595º, nº 1, al. a) (conhecimento das nulidades no despacho saneador).

1. O regime da oportunidade do conhecimento das nulidades principais, posto que todas de conhecimento oficioso, não é unívoco. Os vícios relativos à falta da citação (art. 187º), à nulidade da citação, se esta foi edital ou se não foi indicado prazo para a defesa (art. 191º, nº 2, 2ª parte) e à falta de vista ou exame ao Ministério Público como parte acessória (art. 194º) devem ser suscitados pelo juiz assim que deles se aperceba, o que pode ocorrer em qualquer estado do processo, a não ser que devam considerar sanados.

2. Já quanto aos vícios decorrentes da ineptidão da petição inicial (art. 186º) e do erro na forma do processo (art. 193º, nº 1), é apontado o despacho saneador como o momento adequado à sua apreciação, o que não obsta a que tal aconteça em momento prévio, em virtude de o processo ser feito concluso ao juiz no âmbito de uma questão incidental ou, em geral, quando o juiz tiver contacto com o processo e daí resulte a deteção do vício.

3. Neste contexto, a prolação do despacho saneador tem efeitos preclusivos quanto ao conhecimento das nulidades previstas nos arts. 186º e 193º, nº 1, significando isso que, proferido o despacho saneador, fica encerrada a hipótese de o juiz suscitar aquelas nulidades. Se o processo não comportar ou não tiver despacho saneador, o juiz pode conhecer destes dois vícios até à sentença final.

4. Resulta do nº 3 que as nulidades secundárias ("*outras nulidades*"), isto é, aquelas cujo conhecimento depende de arguição (art. 196º, 2ª parte), devem ser apreciadas em seguida à respetiva reclamação. Embora o texto legal não o sugira, deve entender-se como boa prática processual observar o mesmo critério para as nulidades principais (pelo menos, para as previstas nos arts. 187º, 191º, nº 2, 2ª parte, 193º e 194º), à luz da ideia de que, suscitada a questão, quanto mais tarde a mesma for apreciada, mais atos terão sido praticados e mais atos poderão ter de ser anulados, caso a arguição venha a proceder (Alberto dos Reis, *Comentário ao CPC*, vol. II, p. 516). Poderá não ser assim quanto à ineptidão da petição inicial (art. 186º), considerando que esta tem simultaneamente a natureza de exceção dilatória e o regime de conhecimento desta categoria aponta para o despacho saneador (art. 595º, nº 1, al. a)).

5. Com limitação às nulidades reportadas a atos anteriores ao despacho saneador, deve anotar-se o seguinte:

a) Em princípio, as nulidades processuais devem ser conhecidas logo que sejam reclamadas por qualquer das partes, cumprindo ao juiz fazê-lo em despacho avulso, qualquer que seja o sentido da decisão. Esta resposta imediata justifica-se sobremaneira em situações em que a decisão do incidente possa determinar a anulação de algum ou de alguns dos atos já praticados e a eventual repetição do processado. De facto, pelo menos nestes casos, nada justifica o arrastamento da decisão para momento ulterior. A audição da parte contrária constituirá formalidade obrigatória ou facultativa consoante a verificação das circunstâncias referidas no art. 201º: a lei dispensa-a quando o juiz entenda que deve ser indeferida a reclamação ou quando seja manifestamente desnecessária. Já quando estas circunstâncias se não verifiquem, o princípio do contraditório implica a obrigatoriedade de audiência da contraparte.

b) Apesar de nenhuma das partes suscitar qualquer nulidade, deve o juiz estar atento ao cumprimento das formalidades processuais, intervindo diretamente na regularização do processado quando as nulidades ou irregularidades ocorram em ato judicial a que presida (art. 199º, nº 2), ou conhecendo das nulidades relativamente às quais a lei determina ou impõe o conhecimento oficioso. Assim, logo que o juiz se aperceba da nulidade absoluta (ainda não sanada por outra forma) derivada da falta de citação do réu ou do Ministério Público, quando este deva intervir como parte principal (art. 187º), ou quando verifique a nulidade, também absoluta, prevista no art. 191º, nº 2, 2ª parte, ou ainda a resultante da falta de intervenção do Ministério Público, no caso previsto no art. 194º, deve proferir de imediato a decisão anulatória dos atos que tenham sido afetados por esses vícios. A estas situações devem equiparar-se as que derivem da constatação da falta de cumprimento de formalidades na citação do réu que se tenha mantido em revelia absoluta, nos termos do art. 566º.

ARTIGO 201º
Regras gerais sobre o julgamento

A arguição de qualquer nulidade pode ser indeferida, mas não pode ser deferida sem prévia audiência da parte contrária, salvo caso de manifesta desnecessidade.

Remissões: art. 3º, nº 3 (observância do princípio do contraditório).

1. O princípio do contraditório (art. 3º) impõe não apenas que qualquer iniciativa de uma das partes seja conhecida da contraparte, em termos de lhe permitir tomada de posição prévia à decisão do juiz, mas ainda que o juiz, quando pretenda conhecer *ex officio* qualquer matéria, proporcione às partes condições para se pronunciarem sobre tal matéria.

2. Tratando-se de nulidade processual arguida por uma das partes, o juiz só pode deixar de ouvir a contraparte quando venha a indeferir a arguição, a não ser em caso de manifesta desnecessidade, critério que deve ser aplicado com particular moderação, sob pena de, por via indireta, se desvirtuar um princípio basilar do sistema processual civil.

ARTIGO 202º
Não renovação do ato nulo

O ato nulo não pode ser renovado se já expirou o prazo dentro do qual devia ser praticado; excetua-se o caso de a renovação aproveitar a quem não tenha responsabilidade na nulidade cometida.

1. Tendo sido praticado indevidamente um ato, o reconhecimento da nulidade atinge não somente o próprio ato, mas todos os que dele dependam absolutamente (art. 195º, nº 1). Se a nulidade se traduzir na falta de prática de um ato ou no desrespeito das formalidades exigidas para o ato em causa, a verificação da nulidade impõe a prática do ato omitido ou a sua prática com o respeito pelas inerentes formalidades.

2. Este regime não será observado, porém, se estiver já esgotado o prazo (o mesmo é dizer, se tiver sido já ultrapassado o momento) para a prática do ato, a não ser que a prática do ato aproveite à parte não responsável pela nulidade verificada.

CAPÍTULO II
Atos especiais

SECÇÃO I
Distribuição

SUBSECÇÃO I
Disposições gerais

ARTIGO 203º
Fim da distribuição

É pela distribuição que, a fim de repartir com igualdade o serviço judicial, se designa a secção, a instância e o tribunal em que o processo há de correr ou o juiz que há de exercer as funções de relator.

Remissões: art. 89º da LOSJ (juiz preside à distribuição).

1. A distribuição respeita à repartição dos processos dentro de cada tribunal (competência interna de cada tribunal), cumprindo dois objetivos essenciais: assegurar a aleatoriedade do juiz (princípio do juiz natural) e a igualação quantitativa e qualitativa do volume de serviço entre os juízes do mesmo tribunal (art. 204º, nº 1).

ARTIGO 204º
Distribuição por meios eletrónicos

1 – As operações de distribuição e registo previstas nos artigos subsequentes são integralmente realizadas por meios eletrónicos, os quais devem garantir aleatoriedade no resultado e igualdade na distribuição do serviço, nos termos definidos na portaria prevista no nº 2 do artigo 132º.

2 – As listagens produzidas eletronicamente têm o mesmo valor que os livros, pautas e listas.

3 – Os mandatários judiciais podem obter informação acerca do resultado da distribuição dos processos referentes às partes que patrocinam mediante acesso a página informática de acesso público do Ministério da Justiça, nos termos definidos na portaria prevista no nº 2 do artigo 132º.

(Alterado pelo DL nº 97/19, de 26-7)

Remissões: art. 132º (tramitação eletrónica); art. 1º, nº 6, al. f) (tramitação eletrónica), 16º e 18º da Port. nº 280/13, de 26-8, alterado pela Port. nº 267/18, de 20-9) (distribuição eletrónica).

1. A publicação dos resultados da distribuição diária por meio de pauta é efetuada no endereço eletrónico *http://tribunais.org.pt,* às 17 h (art. 18º da Port. nº 280/13, de 26-8, alterado pela Port. nº 267/18, de 20-9).

ARTIGO 205º
Falta ou irregularidade da distribuição

1 – A falta ou irregularidade da distribuição não produz nulidade de nenhum ato do processo, mas pode ser reclamada por qualquer interessado ou suprida oficiosamente até à decisão final.

2 – As divergências resultantes da distribuição que se suscitem entre juízes da mesma comarca sobre a designação do juízo em que o processo há de correr são resolvidas pelo presidente do tribunal de comarca, observando-se processo semelhante ao estabelecido nos artigos 111º e seguintes.

Remissões: art. 92º da LOSJ (competências do Presidente do Tribunal de Comarca).

1. O nº 1 afasta a aplicação da regra geral das nulidades contida no art. 195º, nº 2.

2. Caso a irregularidade ocorrida na distribuição não interfira com a designação do juiz, deve ser suprida com a modificação da espécie da distribuição (arts. 210º, al. b) e 213º, nº 3).

3. A articulação do nº 2 com os arts. 111º a 113º institui um procedimento célere de resolução de conflitos de competência entre os juízes que exerçam funções no mesmo tribunal.

SUBSECÇÃO II
Disposições relativas à 1ª instância

ARTIGO 206º
Atos processuais sujeitos a distribuição na 1ª instância

1 – Estão sujeitos a distribuição na 1ª instância:

a) Os atos processuais que importem começo de causa, salvo se esta depender de outra já distribuída;

b) Os atos processuais que venham de outro tribunal, com exceção das cartas precatórias, mandados, ofícios ou telegramas, para simples citação, notificação ou afixação de editais.

2 – As causas que por lei ou por despacho devam considerar-se dependentes de outras são apensadas àquelas de que dependam.

1. Constituem exemplos da apensação a efetuar nos termos do nº 2 os seguintes: ações de honorários (art. 73º, nº 1), procedimentos cautelares intentados antes da ação principal (art. 364º, nº 3), justificação de ausência (art. 881º, nº 3), certos processos de prestação de contas (art. 947º), e ainda nos processos de inventário na decorrência de divórcio declarado pelo tribunal (art. 1083º, nº 1, al. b)).

ARTIGO 207º
Condições necessárias para a distribuição

1 – Nenhum ato processual é admitido à distribuição sem que contenha todos os requisitos externos exigidos por lei.

2 – A verificação do disposto no número anterior é efetuada através de meios eletrónicos, nos termos definidos na portaria prevista no nº 2 do artigo 132º.

(Alterado pelo DL nº 97/19, de 26-7)

Remissões: art. 558º (recusa da petição pela secretaria); art. 12º, nº 3, da Port. nº 280/13, de 26-8 (anulação da distribuição no caso de não adesão de um dos mandatários); art. 17º da Port. nº 280/13, de 26-8, alterado pela Port. nº 170/17, de 25-5 (tramitação da recusa de atos processuais eletrónicos).

1. Os requisitos externos exigidos por lei são os constantes do art. 558º, no que concerne à petição inicial ou ato equivalente. A deteção superveniente da falta desses requisitos deve determinar a prolação de um despacho de convite ao aperfeiçoamento, nos termos do art. 590º, nº 3, variando a consequência do seu incumprimento em função da natureza e da gravidade da falha verificada (cf. mais desenvolvidamente Abrantes Geraldes, *Temas da Reforma do Processo Civil*, vol. I, 2ª ed., pp. 213 e ss. e também Paulo Pimenta, *Processo Civil Declarativo*, 2ª ed., pp. 235-236).

ARTIGO 208º
Periodicidade da distribuição

A distribuição é efetuada duas vezes por dia, de forma automática.

(Alterado pelo DL nº 97/19, de 26-7)

Remissões: art. 204º; art. 1º, nº 6, al. f), da Port. nº 280/13, de 26-8 (tramitação eletrónica dos processos judiciais); art. 16º da Port. nº 280/13, alterado pela Port. nº 267/18, de 20-9 (distribuição por meios eletrónicos)

1. A publicação dos resultados da distribuição diária por meio de pauta é efetuada no endereço eletrónico *http://tribunais.org.pt* (art. 18º da Port. nº 280/13, alterado pela Port. nº 267/18, de 20-9).

ARTIGO 209º
Publicação

1 – Distribuídos os atos processuais de uma espécie, procede-se semelhantemente à distribuição das espécies seguintes.

2 – Terminada a distribuição em todas as espécies, procede-se à publicação do resultado por meio de pauta disponibilizada automaticamente e por meios eletrónicos em página informática de acesso público do Ministério da Justiça, nos termos definidos na portaria prevista no nº 2 do artigo 132º.

(Alterado pelo DL nº 97/19, de 26-7)

Remissões: art. 18º da Port. nº 280/13, de 26-8, alterado pela Port. nº 267/18, de 20-9 (publicação do resultado da distribuição); art. 34º da mesma Port. (exceciona os juízos de execução de penas).

1. A publicação dos resultados da distribuição diária por meio de pauta é efetuada no endereço eletrónico *http://tribunais.org.pt*, às 17 h (art. 18º da Port. nº 280/13, alterado pela Port. nº 267/18, de 20-9).

ARTIGO 210º
Erro na distribuição

O erro da distribuição é corrigido pela forma seguinte:

a) Quando afete a designação do juiz, nas comarcas em que haja mais do que um, faz-se nova distribuição e dá-se baixa da anterior;

b) Nos outros casos, o processo continua a correr na mesma secção, carregando-se na espécie competente e descarregando-se da espécie em que estava.

1. Nos termos do art. 205º, a falta ou irregularidade da distribuição não produz a nulidade de nenhum ato, embora possa ser reclamada por qualquer interessado ou conhecida oficiosamente em qualquer altura.

ARTIGO 211º
Retificação da distribuição

O disposto no artigo anterior é igualmente aplicável ao caso de sobrevirem circunstâncias que determinem alteração da espécie do papel distribuído.

1. Entre as situações precavidas nesta disposição constam as seguintes: o afastamento do juiz por impedimento (arts. 84º, nº 2 e 116º, nº 3) e a subida do valor da causa, face ao atribuído pelo autor inicialmente, passando o processo a competir a outro tribunal (art. 310º, nº 3).

ARTIGO 212º
Espécies na distribuição

Na distribuição há as seguintes espécies:

1ª Ações de processo comum;

2ª Ações especiais para cumprimento de obrigações pecuniárias emergentes de contratos e ações no âmbito do procedimento especial de despejo;

3ª Ações de processo especial;

4ª Divórcio e separação sem consentimento do outro cônjuge;

5ª Execuções;

6ª Execuções por custas, multas ou outras quantias contadas;

7ª Inventários;

8ª Processos especiais de insolvência;

9ª Cartas precatórias ou rogatórias, recursos de conservadores, notários e outros funcionários, reclamações sobre a reforma de livros das conservatórias e quaisquer outros papéis não classificados;

10ª Notificações avulsas, atos preparatórios, procedimentos cautelares e quaisquer diligências urgentes.

SUBSECÇÃO III
Disposições relativas aos tribunais superiores

ARTIGO 213º
Periodicidade e correções de erros de distribuição

1 – Nas Relações e no Supremo Tribunal de Justiça, a distribuição é efetuada duas vezes por dia, de forma automática.

2 – O presidente designa, por turno, em cada mês, o juiz que há de intervir na distribuição e resolver verbalmente as dúvidas que o secretário tenha na classificação de algum ato processual, quando esta tenha de ser feita pelo funcionário, nos termos definidos na portaria prevista no nº 2 do artigo 132º.

3 – Quando tiver havido erro na distribuição, o processo é distribuído novamente, aproveitando-se, porém, os vistos que já tiver; mas se o erro derivar da classificação do processo, é este carregado ao mesmo relator na espécie devida, descarregando-se daquela em que estava indevidamente.

(Alterado pelo DL nº 97/19, de 26-7)

1. O coletivo que há de realizar o julgamento é formado segundo as regras que decorrem dos arts. 652º, nº 2 e 657º, nº 2.

ARTIGO 214º
Espécies nas Relações

Nas Relações há as seguintes espécies:
1ª Apelações em processo comum e especial;
2ª Recursos em processo penal;
3ª Conflitos e revisão de sentenças de tribunais estrangeiros;
4ª Causas de que a Relação conhece em 1ª instância;
5ª Reclamação.

Remissões: art. 73º da LOSJ (competência das secções); art. 978º (revisão de sentença de estrangeira); art. 643º (reclamação do despacho que não admite recurso).

1. A Relação aprecia em 1ª instância, designadamente, as ações de impugnação de decisão arbitral.

ARTIGO 215º
Espécies no Supremo Tribunal de Justiça

No Supremo Tribunal de Justiça há as seguintes espécies:
1ª Revistas;
2ª Recursos em processo penal;

3ª Conflitos;
4ª Apelações;
5ª Causas de que o tribunal conhece em única instância;
6ª Recursos extraordinários para uniformização de jurisprudência.

Remissões: art. 55º da LOSJ (competência das Secções).

1. A alusão às apelações tem em vista os recursos de acórdãos em processos em que a Relação intervém em primeira instância, como ocorre com a ação de indemnização contra magistrados (art. 974º).

2. Os recursos extraordinários para uniformização de jurisprudência apenas são distribuídos depois de o primitivo relator proferir o respetivo despacho de admissão (art. 692º, nº 5), diversamente do que está previsto no processo penal.

ARTIGO 216º
Como se faz a distribuição

1 – A distribuição é integralmente efetuada por meios eletrónicos, nos termos previstos no artigo 204º.

2 – Na distribuição atende-se à ordem de precedência dos juízes, como se houvesse uma só secção.

ARTIGO 217º
Segunda distribuição

1 – Se no ato da distribuição constar que está impedido o juiz a quem o processo foi distribuído, é logo feita segunda distribuição na mesma escala; o mesmo se observa caso, mais tarde, o relator fique impedido ou deixe de pertencer ao tribunal.

2 – Se o impedimento for temporário e cessar antes do julgamento, dá-se baixa da segunda distribuição, voltando a ser relator do processo o primeiro designado e ficando o segundo para ser preenchido em primeira distribuição; se o impedimento se tornar definitivo, subsiste a segunda distribuição.

Remissões: art. 661º (falta ou impedimento do juiz relator e do juiz-adjunto).

1. O impedimento a que alude o nº 1 pode derivar, designadamente, do art. 116º, nº 4 (impedimento do juiz nos tribunais superiores), bem como de comissão de serviço, suspensão, doença prolongada com baixa médica.

ARTIGO 218º
Manutenção do relator, no caso de novo recurso

Se, em consequência de anulação ou revogação da decisão recorrida ou do exercício pelo Supremo Tribunal de Justiça dos poderes conferidos pelo nº 3 do artigo 682º, tiver de ser proferida nova decisão no tribunal recorrido e dela for interposta e admitida nova apelação ou revista, o recurso é, sempre que possível, distribuído ao mesmo relator.

Remissões: art. 662º, nº 2 (poderes oficiosos da Relação); art. 665º, nº 2 (questões prejudicadas); art. 682º, nº 3 (ampliação da decisão de facto).

1. Esta norma, introduzida no CPC de 2013, rege estritamente sobre matéria recursória, constituindo expressão do princípio da plenitude da assistência do juiz (art. 605º). À mesma subjaz um intuito profilático de obviar à proliferação de decisões meramente formais nas instâncias superiores e prossegue também objetivos atinentes à eficiência dos mecanismos processuais, na medida em que a apreciação do novo recurso que venha a ser interposto incumbe ao mesmo relator (com intervenção, se possível, dos mesmos adjuntos).

2. Nada disto contende com a possibilidade e, mais do que isso, com a necessidade de, em certos casos, ser decretada a anulação da sentença da 1ª instância ou do acórdão da Relação e, quando for essa a solução, se determinar a remessa do processo ao tribunal *a quo*, designadamente para que seja suprida a nulidade fora do alcance do tribunal *ad quem* ou para ampliar a matéria de facto que se revele necessária à correta decisão da lide. O que o novo regime pretende evitar é que a remessa do processo seja determinada a coberto de uma justificação meramente formal, funcionando, assim, a atribuição do processo ao mesmo relator como mecanismo dissuasor.

3. Estão explicitamente abarcados os casos em que o tribunal superior, anulando ou revogando a decisão ou o acórdão recorrido, determina a remessa do processo ao tribunal *a quo*. Outrossim a situação em que o Supremo determina a remessa dos autos para efeitos de ampliação da matéria de facto ou superação de contradições, nos termos do nº 3 do art. 682º.

4. Na mesma previsão inscrevem-se, por paralelismo, os casos em que o tribunal de recurso determina a remessa do processo ao tribunal *a quo* a fim de apreciar questões que tenham ficado prejudicadas e que não possam ou não devam ser apreciadas por aquele, como ocorre, na apelação, com certos casos ressalvados pelo art. 665º, nº 2 e como deverá ocorrer sempre que tal se verifique no âmbito do recurso de revista (cf. Abrantes Geraldes, *Recursos no NCPC*, 5ª ed., pp. 425-427).

SECÇÃO II
Citação e notificações

SUBSECÇÃO I
Disposições comuns

ARTIGO 219º
Funções da citação e da notificação

1 – A citação é o ato pelo qual se dá conhecimento ao réu de que foi proposta contra ele determinada ação e se chama ao processo para se defender; emprega-se ainda para chamar, pela primeira vez, ao processo alguma pessoa interessada na causa.

2 – A notificação serve para, em quaisquer outros casos, chamar alguém a juízo ou dar conhecimento de um facto.

3 – A citação e as notificações são sempre acompanhadas de todos os elementos e de cópias legíveis dos documentos e peças do processo necessários à plena compreensão do seu objeto.

4 – Quando as citações e as notificações forem realizadas por via eletrónica:

a) Podem ser efetuadas através do envio de informação estruturada respeitante à identificação do processo e da interoperabilidade entre o sistema de informação de suporte à atividade dos tribunais e o sistema de informação do citando ou notificando;

b) Os elementos e cópias referidos no número anterior podem constar de outro suporte eletrónico acessível ao citando ou notificando.

5 – As citações e as notificações dirigidas a pessoas coletivas podem ser efetuadas por via eletrónica nos termos do número anterior, quando:

a) Tratando-se de entidade pública da Administração direta ou indireta do Estado, tal se encontre previsto em portaria dos membros do Governo responsáveis pela área da justiça e pela entidade pública em causa;

b) Tratando-se de outras pessoas coletivas, tal se encontre previsto em protocolo celebrado entre a pessoa coletiva e o Instituto de Gestão Financeira e Equipamentos da Justiça, I. P., e homologado pelo membro do Governo responsável pela área da justiça.

6 – As citações e as notificações realizadas nos termos do número anterior presumem-se efetuadas no 3º dia posterior ao do seu envio para o sistema informático do citando ou notificando.

(Alterado pelo DL nº 97/19, de 26-7)

Remissões: art. 188º (falta de citação); art. 191º (nulidade da citação); art. 227º (elementos a transmitir obrigatoriamente ao citando); art. 196º (conhecimento da falta ou nulidade da citação); art. 246º, nº 5 (inexistência de dilação quando a citação da pessoa coletiva for efetuada por via eletrónica); art. 247º, nº 2 (notificação eletrónica a parte); art. 249º, nº 1 (notificação da parte que não tiver constituído mandatário); art. 251º (notificação de testemunhas, peritos e outros intervenientes acidentais); art. 552º, nºs 2 a 5 (identificação das pessoas coletivas na petição inicial); art. 566º (controlo judicial da regularidade da citação); Regulamento nº 1393/2007, de 13-11-2007, relativo à citação e à notificação dos atos judicias e extrajudiciais em matérias civil e comercial nos Estados-Membros; Port. nº 347/19, de 4-10 (regulamenta as comunicações eletrónicas entre os Trib. Judiciais e o FGADM); Port. nº 348/19, de 4-10 (regulamenta as comunicações eletrónicas entre os Trib. Judiciais e a Seg. Social no âmbito dos processos tutelares cíveis e de promoção e proteção); Port. nº 357/19, de 8-10 (regulamenta as comunicações eletrónicas entre os Trib. Judiciais e as escolas da rede pública); Port. nº 358/19, de 8-10 (regulamenta as comunicações eletrónicas entre o sistema de informação e suporte à atividade dos Tribunais, o sistema informático de suporte à atividade dos agentes de execução e os sistemas da Seg. Social, do Fundo de Garantia Salarial e da CNA no âmbito da realização de penhoras de prestações sociais e pensões).

1. A matéria da citação e das notificações encontra-se extensamente tratada em Abrantes Geraldes, *Temas Judiciários* (1998). Ainda que a análise tenha por referência regime que não é totalmente coincidente com o que está em vigor, muitos dos aspetos mantêm-se atuais, assim como as referências jurisprudenciais e doutrinárias.

2. Quer pela forma, quer pelo seu conteúdo e finalidade, a citação constitui o meio privilegiado para a concretização de um dos princípios basilares do processo civil: o contraditório. Num processo de natureza dialética, como é o processo civil, é a citação do réu que determina o início da discussão necessária a iluminar a resolução do conflito de interesses, com vista à justa composição do litígio. É pelo ato de citação que se dá conhecimento ao réu da petição ou do requerimento inicial, propiciando-lhe a faculdade de deduzir oposição.

3. Já a notificação constitui o ato através do qual se chama alguém a juízo (convocação) ou se dá conhecimento de um facto, normalmente para marcar o início de um prazo para o exercício de um direito, de um ónus ou para cumprimento de uma obrigação (cf. Abrantes Geraldes, *Temas Judiciários*, p. 139). Este ato processual assume natureza residual face à citação, aplicando-se ainda para determinar a comparência de intervenientes acidentais (art. 251º), para solicitar a colaboração de terceiros (*v.g.* art. 417º) ou para proporcionar o exercício de um direito de terceiro (*v.g.* art. 819º, nº 1).

4. O especial relevo do ato de citação e os efeitos suscetíveis de desencadear na esfera jurídica do visado servem de justificação para a sua pormenorizada regulamentação. O rigor que é imposto na sua realização e na verificação posterior da sua regularidade (arts. 196º e 566º) torna o réu ciente de que a posterior evolução processual e os efeitos que possam produzir-se dependerão, em larga medida, da sua reação processual, mediante a constituição de mandatário ou, nos casos em que tal não seja obrigatório, indicando o local para onde lhe devem ser remetidas as comunicações.

5. Concretizada uma forma válida de citação, todas as comunicações posteriores que advenham do processo em que a citação foi efetuada assumirão a natureza e as formalidades da notificação, ato muito menos solene e muito mais pragmático (arts. 247º e ss.).

6. A instância inicia-se pela proposição da ação, considerando-se esta proposta ou pendente logo que a petição inicial se considere apresentada (art. 259º, nº 1). Porém, os efeitos relativamente ao réu apenas se produzem com a efetivação da citação (nº 2 do art. 259º), com uma exceção: nos casos em que o réu tenha sido citado no âmbito de procedimento cautelar (art. 366º, nº 7), tais efeitos retroagem à data da apresentação da petição inicial, designadamente em termos de se considerarem estabilizados os elementos objetivo e subjetivo da instância (art. 260º).

7. Com a efetivação da citação, o réu fica inibido de intentar contra o autor nova ação destinada a discutir a mesma questão jurídica (art. 564º, al. c)), solução que visa prevenir a verificação da exceção de litispendência. Esta norma tem ainda a virtualidade de clarificar que a ocorrência dessa exceção não depende da coincidência de posições processuais em ambos os processos, bastando a constatação de que, independentemente da posição relativa das partes, se discuta em ambos a mesma questão jurídica (cf. Alberto dos Reis, *CPC anot.*, vol. III, p. 116 e Antunes Varela, *Manual de Processo Civil*, 2ª ed., p. 28).

8. A citação opera efeitos de ordem substantiva, designadamente nas seguintes situações:

a) Faz cessar a boa-fé do possuidor, com repercussão em diversos campos, de que se destaca a prescrição aquisitiva (usucapião), dado que o prazo para a constituição do direito real de gozo depende, além do mais, da natureza da posse (art. 1294º, al. a), do CC); importa ainda para efeitos de acessão (arts. 1333º e 1340º do CC), cujo regime é condicionado, em boa parte, pelo conhecimento ou não da violação do direito de propriedade ou pelas características da posse;

b) A citação é suscetível de constituir o devedor em mora no que respeita a obrigações puras (art. 805º, nº 1, do CC); relativamente a obrigações ilíquidas emergentes de factos ilícitos, a mora não fica necessariamente dependente da efetiva liquidação, podendo retroagir à data da citação, nos termos do nº 3 do art. 805º do CC;

c) Segundo o disposto no art. 610º, nº 2, al. b), a citação provoca o vencimento da dívida cuja inexigibilidade resulte da falta de interpelação ou do facto de o pagamento não ter sido exigido no domicílio do devedor;

d) Quer se trate de prescrição extintiva ou aquisitiva, a citação para a ação cujo objeto seja, respetivamente, o direito de crédito ou o direito real, interrompe o prazo que estiver em curso (arts. 323º, nº 1 e 1292º do CC), sem embargo da eventual antecipação desse efeito, de acordo com o art. 323º, nº 2, do CC, para o 5º dia posterior ao da apresentação da petição; note-se ainda que o efeito interruptivo opera mesmo nos casos de anulação da citação (art. 323º, nº 3, do CC, ressalvado pelo art. 565º do CPC);

e) No âmbito do procedimento cautelar de suspensão de deliberações sociais, a citação da pessoa coletiva requerida impede-a de executar a deliberação impugnada (art. 381º, nº 3).

9. O nº 3 institui o princípio da transparência da citação e da notificação, impondo a completude e legibilidade dos elementos necessários à compreensão do ato recetício em causa (art. 131º, nº 3). A sua inobservância é suscetível de gerar nulidade processual, nos termos do art. 195º, nº 1 (RP 15-4-13, 1036/12).

10. Sobre a matéria, cf. STJ 3-3-17, 6617/07, de cujo sumário consta, além do mais, que "os atos processuais que hajam de ser reduzidos a escrito devem ser redigidos de modo que o seu teor se mostre inequívoco, o que é especialmente relevante quando se trata da citação do réu (art. 131º, nº 3)". No caso apreciado neste aresto, a nota de citação era equívoca quanto à data em que fora elaborada e entregue ao citado, ou seja, quanto ao momento a partir da qual se contava o prazo para a apresentação da contestação.

11. O nº 5 veio inovar, prevendo que se proceda à citação e notificação de pessoas coletivas desde que, previamente, tal se encontre previsto em portaria e se trate de entidade pública da administração direta ou indireta do Estado (al. a)) ou, tratando-se de outra pessoa coletiva, tal se encontre protocolado com o IGFEJ, IP. Deste modo, os casos de citação eletrónica são restritos, constituindo exemplo a citação prevista no art. 786º, nº 2 (cf. arts. 9º a 11º da Port. nº 331-A/09, de 30-3).

ARTIGO 220º
Notificações oficiosas da secretaria

1 – A notificação relativa a processo pendente deve considerar-se consequência necessária do despacho que designa dia para qualquer ato em que devam comparecer determinadas pessoas ou a que as partes tenham o direito de assistir; devem também ser notificados, sem necessidade de ordem expressa, as sentenças e os despachos que a lei mande notificar e todos os que possam causar prejuízo às partes.

2 – Cumpre ainda à secretaria notificar oficiosamente as partes quando, por virtude da disposição legal, possam responder a requerimentos, oferecer provas ou, de um modo geral, exercer algum direito processual que não dependa de prazo a fixar pelo juiz nem de prévia citação.

3 – As notificações podem ser efetuadas de forma automática, pelo sistema de informação de suporte à atividade dos tribunais, nos termos definidos na portaria prevista no nº 2 do artigo 132º

4 - Nas notificações efetuadas por via postal, a assinatura do funcionário responsável pela elaboração da notificação pode ser substituída por indicação do código identificador da notificação, bem como do endereço do sítio eletrónico do Ministério da Justiça no qual, através da inserção do código, é possível confirmar a autenticidade da notificação.

(Os nºs 3 e 4 foram aditados pelo DL nº 97/19, de 26-7)

Remissões: arts. 247º e ss. (notificações).

1. Em matéria de notificações, domina a oficiosidade a cargo da secretaria, seja para efeitos do exercício do contraditório, seja para a comparência em tribunal ou para exercer o direito de resposta ou outro direito processual, nos casos em que o juiz não tenha de fixar qualquer prazo.

2. Subsumem-se à previsão do nº 1 designadamente os despachos que indefiram pretensões das partes ou privem as partes do exercício de poderes processuais de que se tenham previamente arrogado e aqueles que se pronunciem sobre pressupostos processuais ou sobre ónus ou direitos das partes. Porém, tratando-se de notificações que operem após a notificação da contestação do réu ao autor, são feitas diretamente entre os mandatários das partes, através do processo eletrónico (art. 221º), como ocorre nos casos abarcados pelo art. 427º (notificação do documento à parte contrária) ou 439º (obtenção de documentos requisitados).

ARTIGO 221º
Notificações entre os mandatários das partes

1 - Nos processos em que as partes tenham constituído mandatário judicial, os atos processuais que devam ser praticados por escrito pelas partes após a notificação da contestação do réu ao autor são notificados pelo mandatário judicial do apresentante ao mandatário judicial da contraparte através do sistema de informação de suporte à atividade dos tribunais, nos termos previstos no artigo 255º.

2 - Sem prejuízo da informação sobre a alteração do patrocínio constante do sistema de informação de suporte à atividade dos tribunais, o mandatário judicial que assuma o patrocínio na pendência do processo comunica o seu domicílio profissional e endereço de correio eletrónico ao mandatário judicial da contraparte.

(Alterado pelo DL nº 97/19, de 26-7)

1. As notificações entre mandatários das partes são efetuadas eletronicamente (art. 255º), nos termos definidos no art. 26º da Port. nº 280/13, de 26-8.

2. Caso o mandatário não comprove a notificação dos demais mandatários, deve ser proferido despacho convidando-o a, no prazo de 10 dias, juntar tal comprovativo, sob cominação de a sua inércia ser suprida pela secretaria com a concomitante condenação nas custas do procedimento anómalo suscitado (art. 7º, nº 8, do RCP e arts. 6º, nº 1, 149º, nº 1).

3. A previsão contida neste preceito está especialmente talhada para processos (e procedimentos ou incidentes) de estrutura declarativa, em que a intervenção processual de uma das partes deve ser conhecida pela outra parte e eventualmente objeto de pronúncia, antes da apreciação do juiz.

ARTIGO 222º
Citação ou notificação dos agentes diplomáticos

Com os agentes diplomáticos observa-se o que estiver estipulado nos tratados e, na falta de estipulação, o princípio da reciprocidade.

Remissões: art. 3º, nº 1, do DL nº 40-A/98, de 27-2 (categorias da carreira diplomática); DL nº 71/09, de 31-3 (Regulamento Consular).

1. Este regime não se aplica aos agentes consulares, os quais são órgãos administrativos e não representantes do Estado.

ARTIGO 223º
Citação ou notificação de incapazes e pessoas coletivas

1 – Os incapazes, os incertos, as pessoas coletivas, as sociedades, os patrimónios autónomos e o condomínio são citados ou notificados na pessoa dos seus legais representantes, sem prejuízo do disposto no artigo 19º.

2 – Quando a representação pertença a mais de uma pessoa, ainda que cumulativamente, basta que seja citada ou notificada uma delas, sem prejuízo do disposto nos nºs 2 e 3 do artigo 16º.

3 – As pessoas coletivas e as sociedades consideram-se ainda pessoalmente citadas ou notificadas na pessoa de qualquer empregado que se encontre na sede ou local onde funciona normalmente a administração.

Remissões: art. 16º, nº 3 (citação de menor); art. 17º (representação por curador especial ou provisório); art. 19º, nº1 (citação de maior acompanhado); art. 25º (representação das pessoas coletivas e das sociedades); art. 26º (representação das entidades que careçam de personalidade jurídica); art. 246º (citação de pessoas coletivas); art. 552º, nºs 2 a 5 (identificação das pessoas coletivas na petição).

1. Caso estejam preenchidos os requisitos do art. 219º, nº 5, als. a) e b), a citação das pessoas coletivas será feita por via eletrónica.

2. Não sendo esse o caso, as sociedades e outras pessoas coletivas são citadas prioritariamente com recurso aos serviços postais, através da remessa da correspondente carta registada com aviso de receção para a sede da citanda inscrita no ficheiro central do Registo Nacional de Pessoas Coletivas (art. 246º, nº 2), endereçada à própria pessoa coletiva, a qual pode ser entregue ao respetivo representante legal ou a qualquer empregado ao seu serviço.

3. Com a entrega da carta será recolhida a assinatura e identificada a pessoa que a recebe, através dos elementos referidos no art. 228º, nº 3, em termos idênticos às pessoas singulares. A citação vale como citação pessoal da pessoa coletiva ou sociedade, desde que tenha sido efetuada na pessoa do empregado que se encontrava na respetiva sede (art. 191º, nº 1; RC 8-5-07, 1486/04), sendo que o conceito de "*empregado*" a que se reporta o nº 3 abrange qualquer pessoa relacionada com a pessoa coletiva, mesmo como mero prestador de serviços de segurança.

4. Sobre a tramitação a seguir em caso de frustração da citação postal, cf. a anot. ao art. 246º.

ARTIGO 224º
Lugar da citação ou da notificação

1 - A citação e as notificações podem efetuar-se em qualquer lugar onde seja encontrado o destinatário do ato, designadamente, quando se trate de pessoas singulares, na sua residência ou local de trabalho.

2 - Ninguém pode ser citado ou notificado dentro dos templos ou enquanto estiver ocupado em ato de serviço público que não deva ser interrompido.

1. Esta norma aplica-se apenas à citação efetuada na própria pessoa singular ou no representante da pessoa coletiva. Tem aplicação nos casos de citação promovida por agente de execução ou funcionário judicial (art. 231º) bem como nos casos de citação promovida por mandatário judicial (art. 237º).

SUBSECÇÃO II
Citação de pessoas singulares

ARTIGO 225º
Modalidades da citação

1 - A citação de pessoas singulares é pessoal ou edital.

2 - A citação pessoal é feita mediante:

a) Via eletrónica, nos termos definidos na portaria prevista no nº 2 do artigo 132º;

b) Entrega ao citando de carta registada com aviso de receção, seu depósito, nos termos do nº 5 do artigo 229º, ou certificação da recusa de recebimento, nos termos do nº 3 do mesmo artigo;

c) Contacto pessoal do agente de execução ou do funcionário judicial com o citando.

3 – É ainda admitida a citação promovida por mandatário judicial, nos termos dos artigos 237º e 238º.

4 – Nos casos expressamente previstos na lei, é equiparada à citação pessoal a efetuada em pessoa diversa do citando, encarregada de lhe transmitir o conteúdo do ato, presumindo-se, salvo prova em contrário, que o citando dela teve oportuno conhecimento.

5 – Pode ainda efetuar-se a citação na pessoa do mandatário constituído pelo citando, com poderes especiais para a receber, mediante procuração passada há menos de quatro anos.

6 – A citação edital tem lugar quando o citando se encontre ausente em parte incerta, nos termos dos artigos 236º e 240º ou, quando sejam incertas as pessoas a citar, ao abrigo do artigo 243º.

(Alterado pelo DL nº 97/19, de 26-7)

Remissões: arts. 9º a 11º da Port. nº 331-A/09, de 30-3 (citação por transmissão eletrónica de dados); art. 188º, nº 1, al. e) (falta de citação); arts. 228º e 229º (citação postal); art. 231º (citação por agente de execução ou funcionário judicial); art. 232º (citação com hora certa); arts. 236º e 240º (citação edital).

1. A matéria da citação encontra-se extensamente tratada em Abrantes Geraldes, *Temas Judiciários* (1998). Ainda que a análise tenha por referência regime que não é totalmente coincidente com o que está em vigor, muitos dos aspetos mantêm-se atuais, assim como as referências jurisprudenciais e doutrinárias.

2. O nº 2 rege sobre a citação pessoal, entendida como a efetuada, por via pessoal ou postal, na própria pessoa do réu ou no seu representante, quer este seja legal (art. 223º), judicial (arts. 17º, 18º, nº 3, 20º e 234º) ou voluntário (art. 225º, nº 5). Contrapõe-se-lhe a citação edital, quer pelo carácter residual que deve ter, quer pelos efeitos que determina.

3. Atualmente, a citação por transmissão eletrónica de dados abarca a Fazenda Pública, o Instituto da Segurança Social, IP e o Instituto de Gestão Financeira da Segurança Social, IP (arts. 9º a 11º da Port. nº 331-A/09, de 30-3), sem prejuízo de se prever futuramente a citação de outras pessoas coletivas (cf. nº 5 do art. 219º).

4. O nº 4 equipara à citação pessoal a que seja feita em pessoa diversa do réu, com o dever de lhe transmitir o seu conteúdo. Assim acontece nas situações previstas no art. 228º, nºs 2 a 4 (entrega da carta de citação de pessoa singular ou de representante de pessoa coletiva a qualquer pessoa que se encontre na residência ou local de trabalho do citando) e no art. 232º, nº 2, al. b) (citação feita por agente de execução ou funcionário judicial, com entrega dos elementos da citação a pessoa diversa do citando). Nestas situações, a secretaria deve remeter posteriormente carta registada de advertência prevista no art. 233º. A citação em pessoa diversa do réu dá azo a uma dilação de 5 dias no prazo de defesa (art. 245º, nº 1, al. a)).

5. O momento em que o citando adquire o conhecimento da citação corresponde àquele em que chega à sua posse a carta registada recebida pelo terceiro com os elementos enunciados no art. 227º. A partir da entrada destes elementos na posse do citando, é irrelevante que este não tome deles efetivo conhecimento, pois estão já na sua esfera de controlo (cf. Lebre de Freitas e Isabel Alexandre, *CPC anot.*, vol. I, 4ª ed., p. 445). Mas para que opere a presunção do nº 4 é essencial que o terceiro se encontre na residência ou no local de trabalho do citando (art. 228º, nº 2); só nessa hipótese é aceitável admitir que, com a necessária probabilidade, o terceiro está em condições de assumir o compromisso de entregar a carta ao citando (RL 11-10-11, 2718/08).

6. A elisão desta presunção deve ser feita logo na primeira intervenção que o réu tiver nos autos, arrolando os meios de prova suscetíveis de demonstrar que, por facto que não lhe é imputável (art. 188, nº 1, al. e)), não teve conhecimento da carta de citação, designadamente por não lhe ter sido entregue pela pessoa que assinou o aviso de receção, ou que teve conhecimento da mesma passados mais de 5 dias sobre aquele em que foi efetuada a entrega (art. 245º, nº 1, al. a)). Observado o contraditório, cumpre ao juiz apreciar a questão, que é crucial para a evolução e resolução do litígio, avaliando criticamente as provas em face das circunstâncias, com base num critério de livre apreciação e orientado pelo disposto no art. 566º.

7. O nº 5 permite a citação do réu na pessoa do mandatário que esteja dotado de procuração com poderes especiais para o efeito passada há menos de 4 anos. Estamos, neste caso, perante uma modalidade equiparada à citação pessoal, devendo cumprir-se todas as formalidades na pessoa do procurador com poderes especiais para o ato, embora este seja citado nessa qualidade e não em nome próprio.

ARTIGO 226º

Regra da oficiosidade das diligências destinadas à citação

1 – Incumbe à secretaria promover oficiosamente, sem necessidade de despacho prévio, as diligências que se mostrem adequadas à efetivação da regular citação pessoal do réu e à rápida remoção das dificuldades que obstem à realização do ato, sem prejuízo do disposto no nº 4 e da citação por agente de execução ou promovida por mandatário judicial.

2 – Passados 30 dias sem que a citação se mostre efetuada, é o autor informado das diligências efetuadas e dos motivos da não realização do ato.

3 – Decorridos 30 dias sobre o termo do prazo a que alude o número anterior sem que a citação se mostre efetuada, é o processo imediatamente concluso ao juiz, com informação das diligências efetuadas e das razões da não realização atempada do ato.

4 – A citação depende, porém, de prévio despacho judicial:

a) Nos casos especialmente previstos na lei;
b) Nos procedimentos cautelares e em todos os casos em que incumba ao juiz decidir da prévia audiência do requerido;
c) Nos casos em que a propositura da ação deva ser anunciada, nos termos da lei;
d) Quando se trate de citar terceiros chamados a intervir em causa pendente;
e) No processo executivo, nos termos dos nºs 6 e 7 do artigo 726º;
f) Quando se trate de citação urgente.

5 – Não cabe recurso do despacho que mande citar os réus ou requeridos, não se considerando precludidas as questões que podiam ter sido motivo de indeferimento liminar.

6 – Não tendo o autor designado o agente de execução que deva efetuar a citação nem feito a declaração prevista no nº 8 do artigo 231º, ou ficando a designação sem efeito, aplica-se o disposto no nº 2 do artigo 720º.

Remissões: art. 228º, nº 1 (citação postal); art. 231º, nº 2 (citação por agente de execução ou funcionário judicial); art. 232º, nº 4 (citação com hora certa); art. 236º, nº 1 (diligências da secretaria estando o citando ausente em parte incerta); art. 238º, nº 1 (citação por mandatário judicial); art. 561º (citação urgente); art. 562º (diligências destinadas à realização da citação).

1. Este artigo comete à secretaria uma competência autónoma oficiosa no sentido de diligenciar pela efetivação da citação, segundo as diversas modalidades, sem ter de aguardar despacho judicial ou requerimento da parte. Reforçados os poderes e as responsabilidades correspondentes da secretaria, exige-se uma atuação expedita, diligente e criativa, a qual, dispensando a sucessiva apresentação de requerimentos ou a prolação de despachos judiciais de mero expediente, se deve encaminhar para a realização célere e segura da diligência de citação, evitando o incompreensível bloqueio do processo na sua fase inicial, com graves lesões para o autor e para a imagem de eficácia dos tribunais.

2. Dessa competência funcional oficiosa excetuam-se os casos em que a citação depende de prévio despacho judicial (nº 4), bem como os requerimentos formulados pelo autor quer *ab initio* (art. 231º, nºs 8 e 9), quer na sequência da notificação a que se reporta o nº 2 deste art. 226º.

3. O nº 4 regula as situações em que a apresentação dos autos ao juiz é obrigatória, visando a determinação da citação ou, se for o caso, o indeferimento liminar da petição (art. 590º, nº 1) ou, porventura, uma outra decisão ajustada ao específico circunstancialismo. Nos termos em que se apresenta, o preceito inclui não só os casos em que o despacho de citação deve ter lugar liminarmente, mas também aqueles em que, no decurso da causa, haja que promover a citação de terceiros. Para além de outras situações que possam ser detetadas, a determinação judicial de citação existe nos seguintes casos:

a) Nos procedimentos cautelares: considerando que, em alguns dos procedimentos, o contraditório está (ou pode ser) postergado, ao que acresce o carácter sumário destes instrumentos processuais, impõe-se a intervenção do juiz, não só para aferir da viabilidade da pretensão e/ou do preenchimento dos pressupostos processuais cuja falta seja insuprível, mas também para apreciar a necessidade, a conveniência ou a proibição da citação do requerido;

b) Nos restantes processos em que o juiz esteja incumbido de decidir sobre a audiência prévia do réu, de que constitui exemplo o processo de insolvência, quando seja invocada e suficientemente comprovada a situação de perigo emergente da respetiva audição;

c) Nos casos em que a propositura da ação deva ser anunciada publicamente, como sucede com os processos de acompanhamento de maiores (art. 893º);

d) Quando na petição seja requerida a intervenção de terceiros, isto é, quando o autor pretenda logo suprir a preterição de litisconsórcio necessário ativo e quando, no decurso da causa, seja suscitado o incidente da intervenção principal provocada (art. 316º, nº 1).

e) Quando a citação deva preceder a distribuição, nos termos do art. 561º, designadamente perante situações de prescrição iminente, de verificação do risco de ausência do réu para o estrangeiro, ou para local de difícil deteção, ou em que se verifique qualquer outro fator que faça prever dificuldades na efetivação do ato (Antunes Varela, *RLJ*, ano 130º, p. 194, nota 77);

f) No processo executivo, nos casos previstos no art. 726º, nºs 6 e 7;

g) Noutros casos previstos na lei: *v.g.* processo de tutela da personalidade (art. 879º, nº 1); ação de divórcio sem consentimento (art. 931º); citação dos interessados no inventário (art. 1100º); citação de titulares inscritos, para efeitos de transformação em definitivo do registo provisório de penhora, arresto ou apreensão em insolvência (art. 119º, nº 1, do Cód. de Reg. Predial); ação declarativa de impugnação de escritura de justificação notarial, nos termos do art. 101º do Cód. de Notariado.

4. Quando esta intervenção judicial não resulte da lei ou quando não haja outra razão que aconselhe a imediata apresentação dos autos ao juiz, designadamente para ultrapassar algum impasse (*v.g.* manifesta falta de personalidade judiciária do sujeito identificado como réu) ou evitar a prática de atos que antecipadamente se revelem inúteis (*v.g.* inadequação absoluta da forma de processo, cumulação de pedidos processualmente inconciliáveis, coligação que importe a cumulação de ações sujeitas a tramitações manifestamente incompatíveis, deteção de falhas manifestas no respeitante aos pressupostos processuais da personalidade, do patrocínio ou da capacidade judiciária, etc.), segue-se a regra geral, ou seja, a secretaria deve proceder à efetivação oficiosa da citação.

5. O legislador não deixou de criar mecanismos de controlo que atenuem os efeitos da abolição generalizada do despacho de citação. Ciente dos riscos inerentes a tal opção, impõe à secretaria que, decorridos 30 dias sem a citação estar efetuada, disso informe o autor, o que permitirá a este contribuir no sentido da superação dos obstáculos verificados, indicar novos elementos (morada, local de trabalho ou sede do citando) ou até solicitar outra modalidade de citação. A segunda cautela consta do nº 3 e implica a apresentação do processo ao juiz decorridos mais 30 dias sem que a citação se tenha concretizado. O legislador entendeu que o decurso deste último prazo indicia uma situação patológica a impor a intervenção do juiz, por ser de supor que este se encontra em melhores condições para apurar as causas da demora, detetar responsabilidades ou determinar novas diligências que levem à concretização da citação.

6. Certo é que a citação, malgrado o seu relevo processual e material, e apesar dos avanços que já foram consagrados no sentido de acelerar a sua execução, continua a constituir um dos "pontos negros" da tramitação processual, especialmente naqueles casos em que o réu visa dificultar o exercício do direito de ação e dilatar a resolução do litígio.

7. O despacho de citação é irrecorrível, mas, por outro lado, não forma caso julgado formal sobre as questões que podem justificar o indeferimento liminar, o que se compreende numa fase liminar unilateral em que ainda não foi observado o contraditório.

ARTIGO 227º
Elementos a transmitir obrigatoriamente ao citando

1 – O ato de citação implica a remessa ou entrega ao citando do duplicado da petição inicial e da cópia dos documentos que a acompanhem, comunicando-se-lhe que fica citado para a ação a que o duplicado se refere, e indicando-se o tribunal, juízo e secção por onde corre o processo, se já tiver havido distribuição.

2 – No ato de citação, indica-se ainda ao destinatário o prazo dentro do qual pode oferecer a defesa, a necessidade de patrocínio judiciário e as cominações em que incorre no caso de revelia.

Remissões: art. 9º-A (princípio de utilização de linguagem simples e clara); art. 144º, nº 6 (extração do duplicado da petição e dos documentos pela secretaria); art. 188º, nº 1, al. e) (indicação de prazo inferior); art. 191º, nº 3 (indicação de prazo superior).

1. Seja qual for a modalidade de citação pessoal, existem requisitos comuns que devem ser cumpridos:

a) Entrega ao réu do duplicado da petição inicial e dos respetivos documentos, os quais devem mostrar-se legíveis (arts. 131º, nº 3, 157º, nº 6 e 219º, nº 3) (sobre a legibilidade da nota de citação, no que concerne à data em que a mesma foi efetuada, cf. STJ 3-3-17, 6617/07, de cujo sumário consta, além do mais, que "os atos processuais que hajam de ser reduzidos a escrito devem ser redigidos de modo que o seu teor se mostre inequívoco, o que é especialmente relevante quando se trata da citação do réu)";

b) Entrega ao réu de nota de citação da qual conste a comunicação de que fica citado para a ação a que se refere o duplicado, com indicação do tribunal e, sendo caso disso, da secção onde pende o processo, se já tiver havido distribuição (parece óbvio que é indispensável a indicação do número de processo, o que mais facilmente permitirá a sua consulta ou a identificação a colocar nos atos processuais a praticar);

c) Indicação do prazo para contestar, com ou sem dilação (a indicação de um prazo inferior ao legal constituirá uma nulidade invocável pelo réu, sem prejuízo da aceitação da contestação dentro do prazo legalmente prescrito; no caso em que a secretaria, por lapso, indique um prazo de defesa superior ao legal, deve prevalecer o prazo maior indicado, sem prejuízo do disposto no art. 191º, nº 3, *in fine*, sendo certo que as partes não podem ser prejudicadas por erros da secretaria (art. 157º, nº 6; STJ 21-4-16, 13/14));

d) Indicação das consequências legais emergentes da falta de contestação;

e) Indicação da obrigatoriedade de constituição de advogado, se for o caso.

ARTIGO 228º
Citação de pessoa singular por via postal

1 – A citação de pessoa singular por via postal faz-se por meio de carta registada com aviso de receção, de modelo oficialmente aprovado, dirigida ao citando e endereçada para a sua residência ou local de trabalho, incluindo todos os elementos a que se refere o artigo anterior e ainda a advertência, dirigida ao terceiro que a receba, de que a não entrega ao citando, logo que possível, o faz incorrer em responsabilidade, em termos equiparados aos da litigância de má-fé.

2 – A carta pode ser entregue, após assinatura do aviso de receção, ao citando ou a qualquer pessoa que se encontre na sua residência ou local de trabalho e que declare encontrar-se em condições de a entregar prontamente ao citando.

3 – Antes da assinatura do aviso de receção, o distribuidor do serviço postal procede à identificação do citando ou do terceiro a quem a carta seja entregue, anotando os elementos constantes do cartão do cidadão, bilhete de identidade ou de outro documento oficial que permita a identificação.

4 – Quando a carta seja entregue a terceiro, cabe ao distribuidor do serviço postal adverti-lo expressamente do dever de pronta entrega ao citando.

5 – Não sendo possível a entrega da carta, será deixado aviso ao destinatário, identificando-se o tribunal de onde provém e o processo a que respeita,

averbando-se os motivos da impossibilidade de entrega e permanecendo a carta durante oito dias à sua disposição em estabelecimento postal devidamente identificado.

6 – Se o citando ou qualquer das pessoas a que alude o nº 2 recusar a assinatura do aviso de receção ou o recebimento da carta, o distribuidor do serviço postal lavra nota do incidente, antes de a devolver.

7 – Não sendo possível deixar aviso ao destinatário, o distribuidor do serviço postal lavra nota da ocorrência e devolve o expediente ao tribunal.

8 – No caso previsto no número anterior, se a impossibilidade se dever a ausência do citando e se, na ocasião, for indicado ao distribuidor do serviço postal novo endereço do citando, devolvido o expediente, a secretaria repete a citação, enviando nova carta registada com aviso de receção para tal endereço.

9 – No caso previsto no nº 7, se a impossibilidade se dever a ausência do citando em parte incerta, devolvido o expediente, a secretaria dá cumprimento ao disposto no nº 1 do artigo 236º e, se for apurado novo endereço, repete a citação, enviando nova carta registada com aviso de receção para tal endereço.

10 – A assinatura do funcionário judicial responsável pela elaboração da citação pode ser substituída por indicação do código identificador da citação, bem como do endereço do sítio eletrónico do Ministério da Justiça no qual, através da inserção do código, é possível confirmar a autenticidade da citação.

(O nº 10 foi aditado pelo DL nº 97/19, de 26-7)

Remissões: art. 230º, nº 1 (data e valor da citação por via postal); art. 231º, nº 8 (prevalência da citação por agente de execução ou funcionário judicial); art. 237º, nº 2 (prevalência da citação promovida por mandatário judicial).

1. A crescente litigiosidade, aliada a mutações de ordem socioeconómica, impulsionou o legislador a equilibrar o princípio da segurança jurídica com o da celeridade processual, o que se manifestou, além do mais, na aceitação de mecanismos alternativos ao do necessário contacto pessoal entre o citando e o funcionário de justiça. Numa época em que as comunicações estão em franco desenvolvimento, os tribunais não poderiam ficar à margem da colaboração prestada por outros prestadores de serviços que, de acordo com as regras da experiência, dão suficientes garantias de execução da tarefa de comunicar ao réu a pendência de um processo judicial contra si.

2. Embora sejam maiores os riscos de serem tramitadas ações cuja pendência seja desconhecida do réu, os mesmos consideram-se razoavelmente superados, desde que na execução da citação postal sejam cumpridas as formalidades legais. Ademais existe a possibilidade de ser ilidida a presunção legal da receção dos elementos por parte do citando, nos termos do art. 230º, nº 1, norma que deve ser conjugada com o art. 188º, nº 1, al. e), segundo o qual existe falta de citação "*quando se demonstre que* *o destinatário da citação pessoal não chegou a ter conhecimento do ato, por facto que não lhe seja imputável*". Acresce ainda que o art. 566º contém um derradeiro mecanismo de controlo para os casos em que o réu se mantenha em situação de revelia absoluta, ou seja, quando, além de não contestar, não tem qualquer intervenção no processo, nem constitui mandatário, circunstâncias que implicam uma especial verificação da regularidade da citação por parte do juiz, que determinará a sua repetição caso encontre alguma falha, mesmo que esta, noutras circunstâncias, não determinasse a nulidade (é, assim, visível uma tripla categoria de situações: falta da citação, nulidade da citação e irregularidade da citação).

3. Tratando-se de citação de pessoa singular, a carta postal será remetida, em alternativa, para a respetiva residência ou para o local de trabalho, cabendo à secretaria optar entre um e outro, ponderando a maior ou menor facilidade ou rapidez na concretização do ato. O facto de o réu trabalhar fora da área do seu domicílio pode ser um bom elemento no sentido de se optar pela citação no local de trabalho, com benefícios para este e para a celeridade processual. Se o distribuidor postal encontrar o citando em qualquer daqueles locais deve preferir a entrega pessoal do expediente remetido pelo tribunal. Na sua ausência, desde que confirme ser a residência ou o local de trabalho do citando, nada obsta a que a carta seja entregue a outra pessoa presente e que declare estar em condições de prontamente a entregar ao destinatário, advertida que seja do necessário cumprimento do dever de entrega (nºs 2 e 4).

4. Para além do que vem disposto no Reg. dos Serviços Postais (DL nº 176/88, de 18-5, mantido em vigor pelo art. 58º da Lei nº 17/12, de 26-4), o distribuidor postal identificará o citando ou o terceiro a quem entregue a carta, anotando os elementos extraídos dos documentos de identificação (nº 3). É esta formalidade que permitirá à secretaria conhecer quem foi o recetor dos elementos, a fim de apurar da necessidade ou não de remessa de nova carta registada, nos termos e para efeitos do art. 233º. Na falta do citando ou de qualquer outra pessoa em condições de receber a carta e de a entregar ao réu, o distribuidor deixará aviso, nos termos do nº 5.

5. Recebido na secretaria o aviso de receção, cumpre averiguar quem rececionou a carta. Se a carta de citação tiver sido entregue ao citando, o procedimento é o assinalado nos nºs 1 a 3, considerando-se a citação efetuada no dia da assinatura daquele aviso (art. 230º, nº 1). Se foi entregue a terceiro (citação quase-pessoal), o procedimento é o enunciado sob os nºs 3 e 4 e passa pela remessa de carta registada, nos termos do art. 233º (note-se que o cumprimento deste preceito não exige o efetivo recebimento da segunda carta registada remetida para a efetiva morada ou local de trabalho do citando, produzindo esta efeitos ainda que venha devolvida, como se decidiu, com muito boa fundamentação, em STJ 7-11-95, BMJ 451º/325).

6. Caso o citando ou o terceiro se recusem a assinar o aviso ou a receber a carta, o procedimento a adotar é o descrito sob o nº 6, seguindo-se a tentativa de citação nos termos do art. 231º se outra modalidade não for mais ajustada. Não ocorrendo nenhuma das situações já descritas e sendo impossível a entrega da carta por motivo diverso, a tramitação a seguir é a descrita nos nºs 5 e 7 a 9.

ARTIGO 229º
Domicílio convencionado

1 – Nas ações para cumprimento de obrigações pecuniárias emergentes de contrato reduzido a escrito em que as partes tenham convencionado o local onde se têm por domiciliadas para o efeito da citação em caso de litígio, a citação por via postal efetua-se, nos termos dos artigos anteriores, no domicílio convencionado, desde que o valor da ação não exceda a alçada do tribunal da Relação ou, excedendo, a obrigação respeite a fornecimento continuado de bens ou serviços.

2 – Enquanto não se extinguirem as relações emergentes do contrato, é inoponível a quem na causa figure como autor qualquer alteração do domicílio convencionado, salvo se a contraparte o tiver notificado dessa alteração, mediante carta registada com aviso de receção, em data anterior à propositura da ação ou nos 30 dias subsequentes à respetiva ocorrência, não produzindo efeito a citação que, apesar da notificação feita, tenha sido realizada no domicílio anterior em pessoa diversa do citando ou nos termos do nº 5.

3 – Quando o citando recuse a assinatura do aviso de receção ou o recebimento da carta, o distribuidor postal lavra nota do incidente antes de a devolver e a citação considera-se efetuada face à certificação da ocorrência.

4 – Sendo o expediente devolvido por o destinatário não ter procedido, no prazo legal, ao levantamento da carta no estabelecimento postal ou por ter sido recusada a assinatura do aviso de receção ou o recebimento da carta por pessoa diversa do citando, nos termos do nº 2 do artigo anterior, é repetida a citação, enviando-se nova carta registada com aviso de receção ao citando e advertindo-o da cominação constante do nº 2 do artigo seguinte.

5 – No caso previsto no número anterior, é deixada a própria carta, de modelo oficial, contendo cópia de todos os elementos referidos no artigo 227º, bem como a advertência referida na parte final do número anterior, devendo o distribuidor do serviço postal certificar a data e o local exato em que depositou o expediente e remeter de imediato a certidão ao tribunal; não sendo possível o depósito da carta na caixa do correio do citando, o distribuidor deixa um aviso nos termos do nº 5 do artigo 228º.

Remissões: art. 188º, nº 2 (falta de citação); art. 245º, nº 3 (dilação de 30 dias).

1. Nos termos do art. 1º da Port. nº 953/03, de 9-9 (na redação da Port. nº 275/13, de 21-8):

"1 – Se o citando recusar a assinatura do aviso de receção ou o recebimento da carta nos termos do nº 3 do art. 229º ou do nº 3 do art. 246º, o distribuidor do serviço postal lavra nota do incidente na carta ou aviso de receção e devolve-a ao tribunal remetente.

2 – Sendo repetida a citação nos termos do nº 4 do art. 229º ou do nº 4 do art. 246º é enviada nova carta registada com aviso de receção.

3 – O distribuidor postal procede à entrega da carta referida no número anterior, nos termos dos nºs 1 a 4 do art. 228º do CPC, mas, não sendo possível a entrega, o distribuidor do serviço postal deve proceder ao depósito da carta na caixa do correio do citando e ainda:

a) Preencher a declaração no verso do sobrescrito e apor a sua assinatura de forma legível;

b) Preencher a declaração no aviso de receção, certificando a data e o local exato em que depositou o expediente;

c) Remeter de imediato ao tribunal remetente o aviso de receção, devidamente preenchido.

4 – Não sendo possível o depósito da carta na caixa de correio do citando por as dimensões da carta serem superiores às do recetáculo, o distribuidor deixa aviso nos termos do nº 5 do art. 228º do CPC."

2. Rege este artigo sobre uma modalidade especial de citação postal que tem como requisitos os enunciados no nº 1 (domicílio convencionado em contrato reduzido a escrito, visando a ação o cumprimento de obrigações pecuniárias). Como resulta do nº 2, este regime apenas é de aplicar nos casos em que o contrato ainda se mantém em vigor, seguindo-se o regime geral nas demais situações.

3. Segundo Lebre de Freitas e Isabel Alexandre, *CPC anot.*, vol. I, 4ª ed., p. 460, a eficácia da estipulação do domicílio mantém-se no caso de o réu invocar a invalidade da obrigação: "o réu só deixa de estar onerado a manter, para efeito de citação, o domicílio convencionado – ou a comunicar a mudança de domicílio, nos termos do nº 2 – quando, em consequência do facto extintivo, confie em que não tem já que notificar o autor da mudança do seu domicílio".

4. Na eventualidade descrita sob o nº 5, a citação considera-se efetuada na data certificada pelo distribuidor do serviço postal ou, no caso de ter sido deixado aviso, no oitavo dia posterior a essa data, presumindo-se que o destinatário teve oportuno conhecimento dos elementos que lhe foram deixados (art. 230º, nº 2).

ARTIGO 230º

Data e valor da citação por via postal

1 – A citação postal efetuada ao abrigo do artigo 228º considera-se feita no dia em que se mostre assinado o aviso de receção e tem-se por efetuada na própria pessoa do citando, mesmo quando o aviso de receção haja sido assinado por terceiro, presumindo-se, salvo demonstração em contrário, que a carta foi oportunamente entregue ao destinatário.

2 – No caso previsto no nº 5 do artigo anterior, a citação considera-se efetuada na data certificada pelo distribuidor do serviço postal ou, no caso de ter sido deixado o aviso, no 8º dia posterior a essa data, presumindo-se que o destinatário teve oportuno conhecimento dos elementos que lhe foram deixados.

Remissões: art. 228º (citação postal).

1. No que tange à elisão da presunção do nº 1, veja-se o que já ficou dito na anot. ao art. 225º.

2. Caso o aviso de receção seja devolvido com omissão da data em que é assinado, deve considerar-se que a citação foi efetuada no dia da reexpedição do aviso para o tribunal ou, na ausência desta, no dia em que o aviso de receção deu entrada no tribunal. Esta é a solução adequada a evitar a alternativa de, perante tal circunstancialismo, considerar nula a citação, por omissão de uma formalidade, apesar de estar segura a entrega da carta registada ao citando ou a qualquer outra pessoa legitimada a recebê-la.

3. Com esta solução integradora, está ultrapassado o risco para o exercício do direito de defesa do réu, o qual não sofre qualquer limitação, além de resultarem benefícios acrescidos noutros campos do processo civil, como os da economia de meios ou da celeridade processual (cf. Abrantes Geraldes, *Temas Judiciários*, p. 51 e Lebre de Freitas e Isabel Alexandre, *CPC anot.*, vol. I, 4ª ed., p. 463).

ARTIGO 231º

Citação por agente de execução ou funcionário judicial

1 – Frustrando-se a via postal, a citação é efetuada mediante contacto pessoal do agente de execução com o citando.

2 – Os elementos a comunicar ao citando, nos termos do artigo 227º, são especificados pelo próprio agente de execução, que elabora nota com essas indicações para ser entregue ao citando.

3 – No ato da citação, o agente de execução entrega ao citando a nota referida no número anterior, bem como o duplicado da petição inicial, recebido da secretaria e por esta carimbado, e a cópia dos documentos que a acompanhem, e lavra certidão, que o citado assina.

4 – Recusando-se o citando a assinar a certidão ou a receber o duplicado, o agente de execução dá-lhe conhecimento de que o mesmo fica à sua disposição na secretaria judicial, mencionando tais ocorrências na certidão do ato.

5 – No caso previsto no número anterior, a secretaria notifica ainda o citando, enviando-lhe carta registada com a indicação de que o duplicado nela se encontra à sua disposição.

6 – O agente de execução designado pode, sob sua responsabilidade, promover a citação por outro agente de execução, ou por um seu empregado credenciado pela entidade com competência para tal nos termos da lei.

7 - Nos casos em que a citação é promovida por um empregado do agente de execução, nos termos do número anterior, a citação só é válida se o citado assinar a certidão, que o agente de execução posteriormente também deve assinar.

8 - A citação por agente de execução tem também lugar, não se usando previamente o meio da citação por via postal, quando o autor assim declare pretender na petição inicial.

9 - A citação é feita por funcionário judicial, nos termos dos números anteriores, devidamente adaptados, quando o autor declare, na petição inicial, que assim pretende, pagando para o efeito a taxa fixada no Regulamento das Custas Processuais, bem como quando não haja agente de execução inscrito ou registado em qualquer das comarcas pertencentes à área de competência do respetivo tribunal da Relação.

10 - Quando a diligência se configure útil, pode o citando ser previamente convocado por aviso postal registado, para comparecer na secretaria judicial, a fim de aí se proceder à citação.

11 - Aplica-se à citação por agente de execução o disposto no nº 2 do artigo 226º.

Remissões: art. 552º, nºs 1, al. g) e 11 (indicação do agente de execução na petição inicial); art. 720º nºs 1 e 2 (designação do agente de execução); art. 9º, nº 1, do RCP (taxa devida pela citação feita por oficial de justiça).

1. Havendo lugar a citação por contacto pessoal, por intermédio de agente de execução ou funcionário judicial, quem praticar o ato deve, aquando da sua realização, nos termos dos arts. 227º e 231º:

a) Certificar-se da identidade da pessoa que se apresta a receber a citação;
b) Emitir a declaração de citação dirigida ao citando ou à pessoa que em seu lugar receber a citação;
c) Entregar o duplicado da petição e dos documentos;
d) Indicar o objetivo da citação;
e) Informar o citado do tribunal, juízo ou secção onde corre o processo;
f) Indicar o prazo para o oferecimento da defesa ou para a prática de qualquer outro ato que, de acordo com a tramitação processual, seja decorrente da citação;
g) Informar sobre a necessidade de patrocínio judiciário, se for caso disso;
h) Informar das consequências da revelia (cf. anot. ao art. 9º-A);
i) Elaborar a nota de citação com a generalidade dos elementos anteriores, entregando-a ao citado;
j) Consignar o ato e eventuais incidentes relevantes na certidão de citação, da qual deve constar a data em que foi praticado e a assinatura da pessoa que recebeu a citação.

2. Na certidão de citação, a juntar ao processo, devem exarar-se os factos mais relevantes que tenham ocorrido aquando da sua efetivação. Tratando-se de um documento autêntico, legalmente revestido de força probatória plena, não devem suscitar-se dúvidas quanto às ocorrências, nem deve ser omitida a referência a factos cujo conhecimento possa ter interesse. De entre as circunstâncias que especialmente devem ser focadas na certidão de citação cumpre destacar:

a) A recusa de assinatura ou de recebimento do duplicado da petição ou dos documentos, a que deve seguir-se a indicação de que tais elementos ficam à disposição do citando na secretaria do tribunal (nº 4);

b) A eventual intervenção de testemunhas dessa recusa e a atuação subsequente daquele que praticou o ato, a fim de acautelar futura e eventual invocação de vícios do ato de citação (art. 160º, nº 2);

c) A intervenção das testemunhas em situações em que o citado não sabe ou não pode assinar (art. 160º, nº 2);

d) Quando a citação seja feita com marcação de hora certa, deve constar ainda da certidão a especial advertência feita à pessoa encontrada da obrigação de pronta transmissão ao citando e das implicações de natureza criminal que a desobediência pode originar (art. 232º, nºs 2, al. b) e 5).

3. Vicissitudes da citação por contacto pessoal:

a) O citando (pessoa singular ou representante de pessoa coletiva ou de sociedade) é encontrado, recebe o expediente e a nota de citação com as indicações referidas no art. 227º: aquele que praticou o ato lavra certidão de citação, a qual é assinada pelo citado; como documento autêntico, a certidão faz prova plena quanto aos factos atestados com base nas perceções do responsável, a qual, por isso mesmo, só pode ser ilidida mediante prova da falsidade (STJ 12-11-96, BMJ 461º, p. 352); daí o rigor que deve ser usado na sua elaboração, de modo a garantir a fiabilidade presumida pelo legislador (STJ 14-5-96, CJ, t. II, p. 74).

b) O citando recusa-se a receber os elementos ou a assinar a certidão: é-lhe dado conhecimento de que o duplicado da petição fica à sua disposição na secretaria, do que se deixará menção na certidão que for elaborada; de seguida, é remetida carta registada, reafirmando a existência do duplicado à sua disposição na secretaria (nºs 4 e 5).

c) O citando reside ou trabalha efetivamente no local mencionado, mas não é imediatamente encontrado por aquele que pratica o ato, em virtude de se encontrar temporariamente ausente (ou se recusar ao contacto): deixar-se-á nota com indicação de hora certa em pessoa que for encontrada e que esteja em condições de transmitir, com prontidão, a mensagem ao citando (art. 232º, nº 1); em caso de impossibilidade (por ausência de qualquer pessoa ou por outro circunstancialismo) ou de recusa de recebimento da mensagem, o funcionário afixa aviso no local mais indicado (porta da residência, porta principal do prédio) com indicação de hora certa para a diligência; no dia e hora pré-definidos, o agente de execução ou o funcionário judicial comparecerá no local para executar a citação pessoal, diretamente no citando; não se encontrando presente o citando, o ato será executado em pessoa capaz que se encontrar em melhores condições de transmitir os elementos ao citando, a qual ficará incumbida especialmente do dever de entrega do expediente, sob pena de crime de desobediência, o que ficará mencionado na certidão de citação assinada pela pessoa que a receber (art. 232º, nº 2, al. b) e nº 5); na falta de colaboração de terceiros, o ato será efetuado mediante a afixação de nota de citação, com indicação dos elementos necessários e menção de que o duplicado fica à disposição do citando na secretaria do tribunal (art. 232º, nº 4); em qualquer das duas situações anteriores, a citação deverá ser complementada com o envio de uma carta registada ao réu, nos termos do art. 233º, acrescendo mais 5 dias ao prazo para contestar (art. 245º, nº 1, al. a)).

d) O citando encontra-se temporariamente ausente em parte certa: se não for possível atuar o mecanismo de citação com hora certa, por se verificar difícil o contacto entre a pessoa que receberia a mensagem e o citando, ou por se revelar incomportável a deslocação deste para receber pessoalmente a citação, colocam-se diversas alternativas que deverão ser casuisticamente ponderadas, designadamente aguardar pelo prazo que for julgado oportuno, se isto não provocar um arrastamento excessivo do andamento do processo, ou promover a citação no outro local onde o réu se encontrar.

e) O citando encontra-se ausente em parte certa, tendo deixado de residir ou de trabalhar no local mencionado: neste caso, não é viável a citação com hora certa, pelo que, averiguada a veracidade das informações, e desde que não se trate de um simples expediente dilatório, deve procurar-se a citação no local correspondente à morada ou ao local de trabalho indicados.

f) Constata-se que o réu se encontra ausente em parte incerta (art. 236º, nº 1): antes de se avançar para a modalidade da citação edital, cuja eficácia é de reduzido alcance, deve procurar-se obter das diversas entidades ou serviços que com o tribunal podem cooperar elementos tendentes a determinar o paradeiro do citando (Cons. do Reg. Comercial, Serviços de Identificação Civil e Criminal, Juntas de Freguesia, entidade patronal, serviços da Segurança Social, etc.).

ARTIGO 232º
Citação com hora certa

1 – No caso referido no artigo anterior, se o agente de execução ou o funcionário judicial apurar que o citando reside ou trabalha efetivamente no local indicado, não podendo proceder à citação por não o encontrar, deve deixar nota com indicação de hora certa para a diligência na pessoa encontrada que

estiver em melhores condições de a transmitir ao citando ou, quando tal for impossível, afixar o respetivo aviso no local mais indicado.

2 – No dia e hora designados:

a) O agente de execução ou o funcionário faz a citação na pessoa do citando, se o encontrar;

b) Não o encontrando, a citação é feita na pessoa capaz que esteja em melhores condições de a transmitir ao citando, incumbindo-a o agente de execução ou o funcionário de transmitir o ato ao destinatário e sendo a certidão assinada por quem recebeu a citação.

3 – Nos casos referidos na alínea b) do número anterior, a citação pode ser feita nos termos dos nºs 6 e 7 do artigo anterior.

4 – Não sendo possível obter a colaboração de terceiros, a citação é feita mediante afixação, no local mais adequado e na presença de duas testemunhas, da nota de citação, com indicação dos elementos referidos no artigo 227º, declarando-se que o duplicado e os documentos anexos ficam à disposição do citando na secretaria judicial.

5 – Constitui crime de desobediência a conduta de quem, tendo recebido a citação, não entregue logo que possível ao citando os elementos deixados pelo funcionário, do que será previamente advertido; tendo a citação sido efetuada em pessoa que não viva em economia comum com o citando, cessa a responsabilidade se entregar tais elementos a pessoa da casa, que deve transmiti-los ao citando.

6 – Considera-se pessoal a citação efetuada nos termos dos nºs 2 e 4.

Remissões: art. 233º (carta registada).

1. Sobre o regime deste preceito, veja-se o que já ficou dito na anot. ao art. 231º.

2. A certidão emitida pelo agente de execução, baseando-se na perceção pessoal dos factos em apreço, constitui um documento autêntico nos termos e para os efeitos do art. 371º do CC, cuja força probatória só pode ser ilidida com base na sua falsidade (art. 372º do CC), cabendo ao agente de execução exarar no ato o que de essencial ocorreu (RL 26-4-07, 408/2007).

ARTIGO 233º

Advertência ao citando, quando a citação não haja sido na própria pessoa deste

Sempre que a citação se mostre efetuada em pessoa diversa do citando, em consequência do disposto no nº 2 do artigo 228º e na alínea b) do nº 2 do artigo anterior, ou haja consistido na afixação da nota de citação nos termos do nº 4 do artigo anterior, é ainda enviada, pelo agente de execução ou pela secretaria, no prazo de dois dias úteis, carta registada ao citando, comunicando-lhe:

a) A data e o modo por que o ato se considera realizado;

b) O prazo para o oferecimento da defesa e as cominações aplicáveis à falta desta;
c) O destino dado ao duplicado; e
d) A identidade da pessoa em quem a citação foi realizada.

Remissões: art. 191º (nulidade da citação); arts. 228º, nº 2, al. b) e 232º, nº 2 (citação feita em pessoa diversa do citando).

1. Efetuada a citação em pessoa diversa do réu ou com hora certa, o envio de uma carta registada (sem aviso de receção), no prazo de dois dias úteis, constitui uma formalidade complementar que visa reforçar os mecanismos de conhecimento da pendência da ação. Contudo, a citação considera-se realizada no momento anterior, sendo a partir daí que se conta o prazo para apresentação da defesa, e não com a receção desta segunda carta (RE 21-1-16, 4744/14).

2. O envio extemporâneo da carta a que alude este preceito integra uma nulidade nos termos do mesmo art. 191º, nº 1, mas deve ser apreciado casuisticamente se tal nulidade afetou ou não a defesa do réu (art. 191º, nº 4; RC 25-9-12, 1522/05).

3. No caso de a carta remetida vir devolvida com a menção de "não reclamada" ou "não atendeu", o réu dever-se-á considerar citado. Com efeito, o cumprimento deste preceito não exige o efetivo recebimento desta segunda carta registada remetida para a efetiva morada ou local de trabalho do citando, produzindo a mesma efeitos ainda que venha devolvida, como se decidiu, com muito boa fundamentação, em STJ 7-11-95, BMJ 451º/325 (cf. nota 5 ao art. 228º).

ARTIGO 234º
Incapacidade de facto do citando

1 – Se a citação não puder realizar-se por estar o citando impossibilitado de a receber, em consequência de notória anomalia psíquica ou de outra incapacidade de facto, o agente de execução ou o funcionário judicial dá conta da ocorrência, dela se notificando o autor.

2 – De seguida, é o processo concluso ao juiz que decide da existência da incapacidade, depois de colhidas as informações e produzidas as provas necessárias.

3 – Reconhecida a incapacidade, temporária ou duradoura, é nomeado curador provisório ao citando, no qual é feita a citação.

4 – Quando o curador não conteste, observa-se o disposto no artigo 21º.

Remissões: art. 21º (Min. Público e curador *ad litem*); art. 895º, nº 2 (impossibilidade do beneficiário receber a citação).

1. A verificação de anomalia psíquica ou de uma qualquer outra incapacidade de facto apenas deve conduzir ao mecanismo alternativo à citação direta do demandado quando se apresente com gravidade suficiente de molde a comprometer o exercício dos seus direitos processuais. Para maiores desenvolvimentos, cf. Abrantes Geraldes, *Temas Judiciários*, pp. 72-76.

2. Os atributos do ato de citação dispensam desenvolvidas considerações acerca da necessidade de o sistema processual civil assegurar a todos os demandados que, por si ou por interposta pessoa, tenham efetiva consciência da natureza do ato que lhes é comunicado ou estejam em condições físicas de apreenderem o seu sentido e de acionarem os respetivos meios de defesa. Mas se as situações de incapacidade jurídica resultante da lei (menoridade) ou judicialmente declaradas (maior acompanhado) são facilmente despistadas, já quando a incapacidade não goza daquele estatuto e da correspondente notoriedade são maiores os riscos de ficar vedado ao tribunal o conhecimento do verdadeiro estado de saúde do réu. Com efeito, demandando-se pessoa de maioridade que padeça de anomalia psíquica ou de outra doença ou estado físico impeditivos da gestão consciente ou eficaz dos seus interesses, são maiores as probabilidades de o processo ser decidido sem que, efetivamente, essa pessoa se apresente a defender-se. Basta que a anomalia não seja evidente ou exteriorizável ou que corresponda a uma doença que não deixa sinais aparentes, como sucede com algumas do foro mental.

3. Este risco encontrava-se atenuado no âmbito de um regime processual em que a citação de pessoas singulares era feita necessariamente através de contacto pessoal com funcionário judicial, normalmente capaz de se aperceber de situações críticas e de prestar no processo a informação que, depois de comunicada ao autor e conhecida do juiz, poderia desencadear o mecanismo de suprimento. Com a generalização da citação por via postal, são maiores as probabilidades de passarem despercebidas ao juiz (e mesmo ao autor) algumas situações de inequívoca incapacidade de facto para entender o ato de citação ou para gerir os interesses que devem ser assegurados através de uma efetiva participação no processo pendente, já que nem sempre o distribuidor postal terá a possibilidade (ou constatará a necessidade) de adotar, em tais circunstâncias, uma atitude diversa da que lhe é solicitada, ou seja, a entrega da carta ao citando. Existe, assim, o perigo sério de a carta ser entregue a uma pessoa que não se encontre em condições de perceber a natureza, a importância e o alcance de tal ato, sem que isso venha ao conhecimento do tribunal.

4. Daqui decorre que, sempre que houver conhecimento de um caso passível de se enquadrar nos pressupostos de aplicação do art. 234º, deve ser dispensada a citação postal, procedendo-se à citação por intermédio de agente de execução ou de funcionário judicial, mais habilitado a analisar o estado em que se encontra o citando e, eventualmente, a sustar a execução do ato e a informar o juiz sempre que se coloquem justificadas reservas quanto ao discernimento ou capacidade física do citando. Em tais circunstâncias, respeitado o contraditório sumário, o juiz aprecia os elementos probatórios emergentes dos autos e determina as diligências que julgar necessárias.

5. Verificada uma situação de incapacidade de facto para receber a citação, o juiz nomeia curador provisório, com a exclusiva incumbência de representar o réu no processo, o qual exercerá as suas funções se e enquanto se mostrar necessário, ou seja, enquanto perdurar a situação de incapacidade de facto ou enquanto não for judicialmente nomeado representante, nos termos do art. 20º, nºs 1 e 2. Se, ainda assim, não for apresentada contestação, será citado o Ministério Público (cf. nota 2 ao art. 20º e nota 2 ao art. 21º).

ARTIGO 235º
Ausência do citando em parte certa

Não sendo possível efetuar a citação nos termos dos artigos anteriores, em consequência de o citando estar ausente em parte certa e por tempo limitado, e não haver quem esteja em condições de lhe transmitir prontamente a citação, procede-se conforme pareça mais conveniente às circunstâncias do caso, designadamente citando-se por via postal no local onde se encontra ou aguardando-se o seu regresso.

1. Sobre o âmbito deste preceito, cf. o que já ficou dito na 2ª parte da anot. ao art. 231º sobre as vicissitudes da citação.

2. A opção a que se reporta o preceito deve ser formulada pela secretaria (art. 226º, nº 1) ou pelo agente de execução, quando lhe esteja cometida a citação, sem prejuízo do exercício dos poderes de controlo judicial.

3. Case se opte por aguardar o regresso do citando e este não ocorra no período expectável, há que prosseguir com a citação nos termos do art. 232º, designadamente nos termos do seu nº 4.

ARTIGO 236º
Ausência do citando em parte incerta

1 – Quando seja impossível a realização da citação por o citando estar ausente em parte incerta, a secretaria diligencia obter informação sobre o último paradeiro ou residência conhecida junto de quaisquer entidades ou serviços, designadamente, mediante prévio despacho judicial, nas bases de dados dos serviços de identificação civil, da segurança social, da Autoridade Tributária e Aduaneira e do Instituto da Mobilidade e dos Transportes Terrestres e, quando o juiz o considere absolutamente indispensável para decidir da realização da citação edital, junto das autoridades policiais.

2 – Estão obrigados a fornecer prontamente ao tribunal os elementos de que dispuserem sobre a residência, o local de trabalho ou a sede dos citandos quaisquer serviços que tenham averbado tais dados.

3 – O disposto nos números anteriores é aplicável aos casos em que o autor tenha indicado o réu como ausente em parte incerta.

Remissões: art. 228º, nº 9 (novo endereço do citando).

1. Na falta de outras soluções que conjugadamente possam satisfazer os restantes interesses, a citação edital constitui o último recurso destinado a assegurar aos incertos ou aos ausentes em parte incerta o efetivo direito de defesa, com sujeição a um circunstancialismo especial, ampla forma de publicidade e alargamento dos prazos para contestar.

2. Todo o sistema está construído de modo a limitar os efeitos negativos que podem derivar do prosseguimento de um processo judicial relativo a direitos privados sem que todos os interessados sejam conhecidos ou efetivamente informados da pendência do processo. Ainda que a lei adjetiva tenha procurado colmatar, por diversas formas, esses efeitos, designadamente incumbindo o Ministério Público da defesa dos interesses dos incertos ou dos ausentes, ou prevendo o afastamento dos efeitos cominatórios da revelia, a realidade vem demonstrando que muito raramente, na decorrência de citação edital, é assumida uma efetiva defesa do ausente ou do incerto, quer por falta de elementos, quer por adoção de uma postura de intervenção puramente formal, o que é passível de se refletir numa decisão final desfavorável ao revel. É esta experiência que subjaz à declaração de Alberto dos Reis, segundo o qual "a lei tem horror à citação edital. Porque considera muito precária e contingente esta forma de citação, porque não tem confiança nela como meio eficaz de dar conhecimento ao réu de que contra ele foi proposta determinada ação, só em última extremidade admite o seu emprego" (*Comentário ao CPC*, vol. II, p. 680).

3. Se for efetuada citação edital sem a prévia obtenção das informações do nº 1, 1ª parte, ocorre falta de citação nos termos do art. 188º, nº 1, al. c) (STJ 29-4-2004, 04B944).

4. Sobre a citação edital e seu uso indevido, cf. também notas 5 e 8 a 11 ao art. 188º (cf. ainda as notas 5 a 8 ao art. 240º).

ARTIGO 237º

Citação promovida pelo mandatário judicial

1 – A citação efetuada nos termos do nº 3 do artigo 225º segue o regime do artigo 231º, com as necessárias adaptações.

2 – O mandatário judicial deve, na petição inicial, declarar o propósito de promover a citação por si, por outro mandatário judicial, por via de solicitador ou de pessoa identificada nos termos do nº 4 do artigo 157º, podendo requerer a assunção de tal diligência em momento ulterior sempre que qualquer outra forma de citação se tenha frustrado.

3 – A pessoa encarregada da diligência é identificada pelo mandatário, na petição ou no requerimento, com expressa menção de que foi advertida dos seus deveres.

Remissões: art. 225º, nº 3 (quando ocorre a citação por mandatário judicial); art. 552º, nº 1, al. g) (indicação do mandatário na petição).

1. Esta modalidade, recolhida de outras ordens jurídicas, foi introduzida ainda na vigência do CPC de 1961 com a justificação de que se trataria de um poderoso instrumento de celeridade inerente a um estatuto democratizado e cristalino da própria lide processual. Pese embora o entusiasmo programático do legislador revelado pela adjetivação excessiva de uma modalidade de citação até então desconhecida entre nós, a verdade é que praticamente não é utilizada.

2. A citação promovida por mandatário judicial pode ser inicial (declaração formulada na petição inicial) ou sucessiva, caso em que corresponde a uma opção da parte no sentido de agilizar a citação, ocorrendo a sua prévia frustração pela via postal ou outra. Sendo sucessiva, não deve interromper os procedimentos da citação em curso, salvo tratando-se de citação edital (Lebre de Freitas e Isabel Alexandre, *CPC anot.*, vol. I, 4ª ed., p. 478).

ARTIGO 238º
Regime e formalidades da citação promovida pelo mandatário judicial

1 – Os elementos a comunicar ao citando, nos termos do artigo 227º, são especificados obrigatoriamente pelo próprio mandatário judicial, sendo a documentação do ato datada e assinada pela pessoa encarregada da citação.

2 – Sempre que, por qualquer motivo, a citação não se mostre efetuada no prazo de 30 dias contados da solicitação a que alude o nº 2 do artigo anterior, o mandatário judicial dá conta do facto, procedendo-se à citação nos termos gerais.

3 – O mandatário judicial é civilmente responsável pelas ações ou omissões culposamente praticadas pela pessoa encarregada de proceder à citação, sem prejuízo da responsabilidade disciplinar e criminal que ao caso couber.

Remissões: art. 90º, nº 2, al. a) da Lei nº 145/15, de 9-9 (responsabilidade disciplinar do advogado).

1. Deve o autor identificar a pessoa que se encarregará da diligência e afirmar a expressa advertência feita quanto aos seus deveres (art. 237º, nº 3). Na efetivação da citação, a pessoa indicada agirá de acordo com o que vem regulado no art. 231º para a citação mediante contacto pessoal do agente de execução ou do funcionário judicial. É sobre o mandatário que recai o dever especificar os elementos que devem ser comunicados ao citando e que vêm referidos no art. 227º.

2. A citação segue de perto o formalismo previsto para aquela que é executada por agente de execução ou por funcionário judicial e, apesar da falta de uma norma expressa nesse sentido, terá idêntico valor. Na execução da citação, os incidentes que se suscitarem serão resolvidos de modo semelhante ao que se encontra previsto no art. 231º, devendo lavrar-se certidão e proceder-se à recolha das assinaturas exigidas, que mais tarde poderão servir de prova à realização do ato.

3. Sem prejuízo da responsabilidade civil ou criminal, o mandatário responde objetivamente pelos atos ou omissões culposamente praticados pela pessoa que encarregar da citação (art. 238º, nº 3).

4. O duplicado e documentos a entregar ao citando, nos termos do nº 1, são extraídos pela secretaria nos termos do art. 144º, nº 6.

5. Perante a frustração da citação no prazo de 30 dias, o mandatário deve comunicar tal situação à secretaria, a fim de esta prosseguir a citação, nomeadamente com a tramitação dos arts. 235º e 236º (no caso da citação inicial), ou retomar as diligências que estavam em curso (no caso de citação sucessiva pelo mandatário).

ARTIGO 239º
Citação do residente no estrangeiro

1 – Quando o réu resida no estrangeiro, observa-se o que estiver estipulado nos tratados e convenções internacionais.

2 – Na falta de tratado ou convenção, a citação é feita por via postal, em carta registada com aviso de receção, aplicando-se as determinações do regulamento local dos serviços postais.

3 – Se não for possível ou se frustrar a citação por via postal, procede-se à citação por intermédio do consulado português mais próximo, se o réu for português; sendo estrangeiro, ou não sendo viável o recurso ao consulado, realiza-se a citação por carta rogatória, ouvido o autor.

4 – Estando o citando ausente em parte incerta, procede-se à sua citação edital, averiguando-se previamente a última residência daquele em território português e procedendo-se às diligências a que se refere o artigo 236º.

Remissões: art. 227º (elementos a transmitir); Regulamento nº 1393/2007, de 13-11-2007, relativo à citação e à notificação dos atos judicias e extrajudiciais em matérias civil e comercial nos Estados-Membros.

1. Residindo o réu noutro país da UE, há que aplicar o Regulamento nº 1393/2007, de 13-11-2007, relativo à citação e à notificação dos atos judicias e extrajudiciais em matérias civil e comercial nos Estados-Membros. Segundo o art. 14º do Regulamento, os Estados-Membros podem proceder diretamente, pelos serviços postais, à citação ou notificação de atos judicias a pessoas que residam noutro Estado-Membro, por carta registada com aviso de receção ou equivalente.

2. Mesmo na citação postal, é essencial que o destinatário seja avisado de que pode recusar a receção do ato, quer no momento da citação, quer devolvendo o ato à entidade requerida no prazo de uma semana, se a citação não estiver redigida ou não for acompanhada de tradução numa língua que o destinatário compreenda ou numa língua oficial do local onde deva ser efetuada a citação (arts. 5º e 8º do Regulamento).

3. A citação realizada com preterição de tal formalidade é nula (art. 191º, nº 2 e STJ 5-3-13, 1869/11). Todavia, deverá improceder a arguição da nulidade se for possível inferir dos autos que o citando estava em condições de entender o ato e que a sua defesa não ficou prejudicada (STJ 20-9-16, 439/14). Se o citando recusar a citação devido a inadequação linguística, deverá proceder-se à tradução da documentação expedida, repetindo-se a citação.

4. Se o citando não residir na EU há que averiguar se reside num dos países signatários da Conv. da Haia de 15-11-65, relativa à citação e à notificação no estrangeiro dos atos judiciais e extrajudiciais em matéria civil e comercial, cujo texto e países signatários estão acessíveis em *http://www.cji-dgaj.mj.pt.*

5. Não ocorrendo qualquer das situações referidas, procede-se a citação por via postal nos termos do nº 2. A secretaria poderá, assim, proceder ao envio da carta registada, contendo os elementos e indicações referidas no art. 227º, com especial realce para a indicação do prazo de contestação, acrescido da dilação de 30 dias referida no art. 245º, nº 3. A entrega da carta ao destinatário obedece às regras que localmente estiverem em vigor.

6. Uma vez devolvido o aviso de receção, deverá ser averiguada a regularidade formal e a data da citação. Não sendo devolvido, deve ser feita a necessária reclamação, uma vez que a junção do documento aos autos é condição necessária para que se possa concluir pela efetivação regular do ato de citação, não podendo ser substituído por outro género de prova. Se do aviso de receção não constar a data da efetivação da entrega ao citando, nada obsta à validade do ato, embora a contagem do prazo para contestar se deva iniciar a partir da reexpedição ou do recebimento do aviso no tribunal, tal como constava da versão inicial do art. 244º, nº 4, do CPC de 1961.

7. A citação postal no estrangeiro terá, para todos os efeitos, o valor de citação pessoal, incluindo o da colocação do réu em situação de revelia e da consequente confissão tácita ou ficta dos factos alegados.

8. Impedida a citação por via postal ou frustrada a tentativa de citar o réu por essa via, o avanço do processo exige que se encontrem alternativas antes de se optar pela citação edital. Tratando-se de réu de nacionalidade portuguesa, a citação pode ser solicitada ao consulado português mais próximo, nos termos do art. 8º da Conv. da Haia e do nº 3 do art. 239º, a não ser que o Estado se tenha oposto a esta forma de comunicação, de acordo com o previsto nos arts. 8º e 21º, 2ª parte, al. a). Admitido o recurso às entidades consulares, deve ser remetida carta precatória, assinada pelo juiz (arts. 172º, nº 1 e 174º), com as indicações estritamente necessárias a satisfazer o formalismo legal da citação, sem descurar a indicação do prazo de contestação, acrescido do prazo dilatório.

9. Vedado o acesso à via postal, por oposição do Estado onde o réu reside, ou verificada a inviabilidade da citação por essa via ou através dos serviços consulares, resta o recurso à via diplomática. Então, ouvido o autor, procede-se à passagem da competente carta rogatória (art. 172º, nº 1), canalizada através dos meios referidos no art. 177º: remetida diretamente pela secretaria para a autoridade a que se refere o art. 2º da Convenção, se não houver qualquer obstáculo resultante de Convenção ou de Tratado; entregue ao Ministério Público, se for usada a via diplomática ou consular; entregue ao interessado nos restantes casos. Em regra, exige-se a tradução, nos termos do art. 5º da Convenção, sem prejuízo do disposto no art. 20º, al. b).

10. O regime do nº 4, está vocacionado para réus portugueses, embora nada exclua a sua aplicação a réus estrangeiros residentes fora de Portugal, pelo que deve ser efetuada a citação edital de réu estrangeiro não residente em Portugal quando não seja possível a sua citação por via postal e por carta rogatória (RP 29-4-19, 18180/16 e RC 17-1-06, 3824/05).

11. De relevar ainda que o TJUE, no seu acórdão C-292/10, decidiu que: "o direito da União deve ser interpretado no sentido de que não se opõe a que seja proferida uma decisão à revelia contra um demandado que, na impossibilidade de ser localizado, foi citado para o ato que determinou o início da instância por via edital nos termos do direito nacional, desde que o órgão jurisdicional ao qual foi submetido o processo se assegure previamente de que foram efetuadas todas as averiguações exigidas pelos princípios da diligência e da boa fé para encontrar esse demandado."

13. Para uma análise desenvolvida do Regulamento nº 1393/2007 relativo à citação e à notificação dos atos judiciais, com jurisprudência europeia e nacional, cf. Joana C. de Abreu, *Tribunais Nacionais e Tutela Jurisdicional Efetiva*, 2019, pp. 330-360.

ARTIGO 240º
Formalidades da citação edital por incerteza do lugar

1 – A citação edital determinada pela incerteza do lugar em que o citando se encontra é feita por afixação de edital, seguida da publicação de anúncio em página informática de acesso público, em termos a regulamentar por portaria do membro do Governo responsável pela área da justiça.

2 – O edital é afixado na porta da casa da última residência ou sede que o citando teve no País.

Remissões: art. 242º, nº 1 (contagem do prazo para a defesa); art. 245º, nº 3 (dilação de 30 dias); art. 24º da Port. nº 280/13, de 26-8, alterado pela Port. nº 267/18, de 20-9 (o anúncio é publicado em *http://tribunais.org.pt*).

1. O desconhecimento do lugar onde o réu possa ser encontrado constitui a situação mais frequente da necessidade de se proceder à citação edital. Tal desconhecimento pode ser revelado logo na petição ou decorrer da frustração de alguma das formas de citação pessoal. Em qualquer das situações, a lei rodeia a citação edital dos necessários cuidados, assimilada que foi a lição experimental de que nem sempre a revelia do citando corresponde a uma atitude de deliberada fuga à citação, ou, ao menos, garantindo através de meios razoáveis que ao interessado passivo é dada a oportunidade de se defender (STJ 5-3-13, 32896/04).

2. Apesar de as situações mais frequentes de citação edital se reportarem a pessoas singulares, nada obsta a que também sejam citadas por essa forma determinadas pessoas coletivas referidas no nº 5 do art. 246º.

3. Todo o sistema está construído de modo a limitar os efeitos negativos que podem derivar do prosseguimento de um processo judicial relativo a direitos privados sem que todos os interessados na definição do litígio sejam conhecidos ou efetivamente informados da pendência do processo. É esta experiência que subjaz à declaração de Alberto dos Reis, segundo o qual "a lei tem horror à citação edital. Porque considera muito precária e contingente esta forma de citação, porque não tem confiança nela como meio eficaz de dar conhecimento ao réu de que contra ele foi proposta determinada ação, só em última extremidade admite o seu emprego" (*Comentário do CPC*, vol. II, p. 680).

4. Na falta de outras soluções que conjugadamente possam satisfazer os restantes interesses, *máxime* os do autor, que pode achar-se em situação carecida de efetiva tutela, a citação edital constitui o último recurso destinado a assegurar aos incertos ou aos ausentes em parte incerta o efetivo direito de defesa, com sujeição a um circunstancialismo especial, ampla forma de publicidade e alargamento dos prazos para contestar.

5. Quer quando o autor revela o imediato desconhecimento do paradeiro do réu, quer quando a situação de ausência em parte incerta é constatada posteriormente, determina o art. 236º que, antes de proceder à citação edital, a secretaria deve procurar informações sobre o paradeiro ou residência do citando, recorrendo aos serviços ou entidades públicas ou privadas que possuam alguma informação interessante para a localização do réu.

6. A atitude a tomar nesse quadro deverá partir da análise conjugada das informações prestadas pelo autor quanto à última morada ou local de trabalho conhecidos, dos restantes elementos que constem do processo, designadamente dos que tiverem sido obtidos nas frustradas diligências de citação postal, dos resultantes das tentativas feitas pelo agente de execução ou pelo funcionário judicial, bem assim dos fornecidos por entidades que tenham sido consultadas, nomeadamente Juntas de Freguesia, serviços da Segurança Social (porventura possuidores de elementos sobre o local de trabalho ou residência) ou pela anterior entidade patronal, às quais a secretaria tenha solicitado colaboração, nos termos e sob a forma prevista no art. 172º, nº 4.

7. A lei não refere com clareza se a determinação da citação edital deve ser apoiada em decisão judicial ou se, à semelhança do que ocorre com as demais modalidades de citação, é exclusivamente da secretaria a iniciativa e a averiguação da situação de ausência efetiva. Parece-nos, contudo, que não deve ser prescindida a intervenção do juiz, na medida em que é este que se encontra em melhores condições para ponderar os elementos fornecidos pelo processo, avaliar a necessidade de efetivação de outras tentativas de citação ou aquilatar os riscos que podem derivar da situação de revelia efetiva.

8. A necessidade de intervenção judicial resulta do disposto no art. 236º, segundo o qual, depois de recolhidos elementos sobre o paradeiro do citando, pode o juiz solicitar informações às autoridades policiais "*quando considere absolutamente indispensável para decidir da realização da citação edital.*" Embora seja atribuído à secretaria o dever de diligenciar oficiosamente pela obtenção de informações que visem descobrir o paradeiro do réu, tal atuação é meramente preparatória da posterior intervenção do juiz, o qual, aliás, bem pode optar por outra modalidade de citação que julgue mais apropriada, tendo em conta o circunstancialismo dos autos. Assim, a citação edital apenas pode efetivar-se depois de ser ordenada pelo juiz, intervenção esta que permite prevenir melhor as situações de revelia absoluta ou a ocorrência da nulidade processual geradora de falta de citação.

9. Por conseguinte, esquematizando o processo da citação edital:

a) A secretaria procurará a efetiva a citação pessoal, por via postal ou por contacto direto;

b) Frustrada qualquer das modalidades de citação pessoal do réu, em território nacional ou no estrangeiro e persistindo a situação de ausência em parte incerta, a secretaria efetuará oficiosamente as diligências que forem julgadas pertinentes, nos termos do art. 236º, dirigindo-se, em princípio, diretamente a essas entidades, por ofício ou qualquer outro meio de comunicação (art. 172º, nº 4);

c) Mantendo-se ainda a incerteza quanto ao paradeiro, a secretaria fará o processo concluso ao juiz;

d) Confrontado com os elementos, pode o juiz, consoante as circunstâncias, determinar nova tentativa de citação pessoal, solicitar outros elementos ou, em casos indispensáveis, requisitar informações às autoridades policiais;

e) Com todos os elementos disponíveis, se não for resolvida positivamente a situação de incerteza do paradeiro, deve o juiz ordenar a citação edital;

f) A citação edital é realizada nos termos do disposto nos arts 241º e 242º e considera-se feita no dia em que se publique o anúncio;

g) Atento o disposto nos arts. 567º, nº 1 e 568º, al. b), uma vez que não se trata de uma citação pessoal, decorrido o prazo para contestar e mantendo-se o réu em revelia absoluta, a falta de contestação não produz efeitos cominatórios, ainda que deva ser citado o Ministério Público (art. 21º).

10. Sobre a citação edital e seu uso indevido, cf. notas 5 e 8 a 11 ao art. 188º.

ARTIGO 241º
Conteúdo do edital e anúncio

1 - O edital especifica:

a) A ação para que o ausente é citado, o autor e, em substância, o pedido deste;

b) O tribunal em que o processo corre;

c) O prazo para a defesa, a dilação e a cominação, explicando que o prazo para a defesa só começa a correr depois de finda a dilação e que esta se conta da data de publicação do anúncio;

d) A data da respetiva afixação.

2 - O anúncio reproduz o teor do edital e menciona o local da respetiva afixação.

ARTIGO 242º
Contagem do prazo para a defesa

1 - A citação considera-se feita no dia da publicação do anúncio.

2 - A partir da data da citação conta-se o prazo da dilação; finda esta, começa a correr o prazo para o oferecimento da defesa.

Remissões: art. 245º, nº 3 (prazo da dilação).

1. Sobre a contagem do prazo, cf. anot. ao art. 245º.

ARTIGO 243º
Formalidades da citação edital por incerteza das pessoas

A citação edital determinada pela incerteza das pessoas a citar é feita nos termos dos artigos 240º a 242º.

Remissões: art. 22º (representação dos incertos).

1. Só aos leigos pode parecer estranho que um processo contencioso, naturalmente emergente de um conflito de interesses, possa ser instaurado sem indicação do elemento que integra o lado passivo da relação material litigada. Mas, como a experiência o tem demonstrado e a lei o acautelou, nem sempre é possível ao interessado na definição de uma determinada situação jurídica identificar aquele que deve figurar como sujeito passivo da relação processual, ou seja, aquele que será prejudicado pela procedência da ação, porque ocupa uma posição que conflitua com os direitos do autor. Verificada uma determinada situação de facto que justifique ou imponha a intervenção do tribunal, desde que não seja possível ao autor identificar, no todo ou em parte, o oponente ou aquele que sairá prejudicado em caso de procedência da ação, mais não resta do que aceitar a sua instauração contra pessoas de número ou de identidade incerta.

2. Para além da norma instrumental do art. 243º, reguladora das formalidades a que deve obedecer a concretização da citação de incertos, o art. 22º regula os casos em que pode ser instaurada uma ação nestes termos, sujeitando-a à verificação de uma situação de "*impossibilidade de identificar os interessados diretos em contradizer*". Assim sucede, por exemplo, quando alguém, arrogando-se a qualidade de possuidor durante o período de tempo necessário à aquisição originária do direito de propriedade por usucapião, vem propor a respetiva ação declarativa. Não querendo ou não podendo recorrer a outros mecanismos (*v.g.* justificação judicial ou justificação notarial), não se antolham quaisquer razões que obstem à viabilidade da propositura da ação contra incertos se, efetivamente, o autor desconhecer e não lhe for possível identificar os sujeitos que acabarão por ficar prejudicados com aquela aquisição originária, a que corresponde a extinção do direito respetivo na esfera jurídica de quem, em tal momento, tiver formalmente a qualidade de proprietário do mesmo bem.

3. Na petição inicial, o autor deve justificar a incerteza quanto à identidade do sujeito passivo, cabendo ao juiz apreciar, dentro do seu prudente critério, se os elementos fornecidos integram ou não o pressuposto legal da demanda de incertos, nos termos do art. 22º. A representação dos incertos será imediatamente assegurada pelo Ministério Público, que será citado para o efeito, sem prejuízo da prática dos atos destinados a dar publicidade à ação proposta.

4. A representação dos incertos por parte do Ministério Público ou do defensor cessa quando aqueles se apresentem a intervir como réus e a sua legitimidade se encontre devidamente assegurada (art. 22º, nº 3).

5. O prazo para a defesa contar-se-á a partir do termo da dilação. Tratando-se de uma citação não pessoal, a falta de contestação, num quadro de revelia absoluta, não implicará a confissão dos factos articulados na petição (arts. 567º, nº 1 e 568º, al. a)), sem prejuízo de o Ministério Público dever ser citado (art. 21º).

ARTIGO 244º

Registo da afixação do edital e publicação do anúncio

No processo deve constar informação relativa ao teor do anúncio e do edital, sendo registada no sistema de informação de suporte à atividade dos tribunais a identidade de quem efetuou a afixação do edital e os elementos relativos à sua afixação.

(Alterado pelo DL nº 97/19, de 26-7)

ARTIGO 245º
Dilação

1 – Ao prazo de defesa do citando acresce uma dilação de cinco dias quando:

a) A citação tenha sido realizada em pessoa diversa do réu, nos termos dos nºs 2 do artigo 228º e 2 e 4 do artigo 232º;

b) O réu tenha sido citado fora da área da comarca sede do tribunal onde pende a ação, sem prejuízo do disposto no número seguinte.

2 – Quando o réu haja sido citado para a causa no território das Regiões Autónomas, correndo a ação no continente ou em outra ilha, ou vice-versa, a dilação é de 15 dias.

3 – Quando o réu haja sido citado para a causa no estrangeiro, a citação haja sido edital ou se verifique o caso do nº 5 do artigo 229º, a dilação é de 30 dias.

4 – A dilação resultante do disposto na alínea a) do nº 1 acresce à que eventualmente resulte do estabelecido na alínea b) e nos nºs 2 e 3.

Remissões: art. 139º, nº 2 (prazo dilatório).

1. No que tange à contagem do prazo após a citação, há que atentar que não se conta o dia em que a citação ocorreu (art. 279º, al. b), do CC), começando o prazo dilatório a correr no dia seguinte à realização da citação, mesmo que esta tenha sido feita na pessoa de terceiro (art. 230º, nº 1). Findo o prazo dilatório, começa a correr o prazo perentório, contando-se os dois prazos como um só (art. 142º), pelo que é irrelevante que o prazo dilatório termine em dia não útil.

2. Segundo o nº 6 do art. 246º, não é aplicável qualquer dilação quando a citação seja efetuada por via eletrónica.

SUBSECÇÃO III
Citação de pessoas coletivas

ARTIGO 246º
Citação de pessoas coletivas

1 – Em tudo o que não estiver especialmente regulado na presente subsecção, à citação de pessoas coletivas aplica-se o disposto nas subsecções anteriores, com as necessárias adaptações.

2 – A carta referida no nº 1 do artigo 228º é endereçada para a sede da citanda inscrita no ficheiro central de pessoas coletivas do Registo Nacional de Pessoas Coletivas.

3 – Se for recusada a assinatura do aviso de receção ou o recebimento da carta por representante legal ou funcionário da citanda, o distribuidor postal

lavra nota do incidente antes de a devolver e a citação considera-se efetuada face à certificação da ocorrência.

4 – Nos restantes casos de devolução do expediente, é repetida a citação, enviando-se nova carta registada com aviso de receção à citanda e advertindo-a da cominação constante do nº 2 do artigo 230º, observando-se o disposto no nº 5 do artigo 229º.

5 – O disposto nos nºs 3 e 4 não se aplica às citandas cuja inscrição no ficheiro central de pessoas coletivas do Registo Nacional de Pessoas Coletivas não seja obrigatória.

6 – Quando a citação for efetuada por via eletrónica, nos termos do nº 5 do artigo 219º, não é aplicável a dilação a que se refere o artigo anterior.

(Alterado pelo DL nº 97/19, de 26-7)

Remissões: art. 231º, nº 8 (citação por agente de execução); art. 231º, nº 9 (citação por oficial de justiça); art. 237º (citação promovida por mandatário judicial); art. 229º (admissibilidade de domicílio convencionado); art. 552º, nºs 2 a 5 (identificação das pessoas coletivas na petição inicial); art. 4º do DL nº 129/98, de 13-5 (âmbito pessoal do ficheiro central de pessoas coletivas).

1. Tendo em vista a realização da citação de pessoa coletiva, deve a secretaria começar por averiguar se a citanda pode ser citada eletronicamente, nos termos do disposto nas als. a) e b) do nº 5 do art. 219º. Na afirmativa, deve proceder à citação eletrónica.

2. Na negativa e nos termos do nº 2, incumbe à secretaria aceder à base de dados e averiguar qual a sede estatutária da pessoa coletiva para onde será remetida a citação postal, observando-se o disposto nos arts. 227º e 228º, nº 1 (RC 12-12-17, 565/12). Se a citação for recebida pelo representante legal, há que observar o disposto no art. 228º, nºs 2 e 3 e, sendo recebida por empregado (art. 223º, nº 3), não há que proceder à advertência do art. 228º, nº 4.

3. Caso ocorra a recusa da assinatura do aviso de receção ou do recebimento da carta pelo representante legal ou pelo funcionário da citanda, é feita a certificação da ocorrência, considerando-se efetuada a citação (nº 3), em solução idêntica à consignada no art. 229º, nº 3.

4. Devolvida a carta por outro motivo (que não o indicado no nº 3), é remetida nova carta com a cominação de que a citação se considera efetuada na data certificada pelo distribuidor postal ou, no caso de ter sido deixado o aviso, no 8º dia posterior a essa data, presumindo-se que o destinatário teve oportuno conhecimento dos elementos que lhe foram deixados (art. 230º, nº 2). Frustrando-se novamente a entrega da carta de citação por motivo diverso do enunciado no nº 3, é depositada a carta em local certificado pelo distribuidor, ou sendo impossível o depósito, o distribuidor deixa aviso nos termos do art. 228º, nº 5 (art. 229º, nº 5), considerando-se feita a citação no 8º dia após o aviso (art. 230º, nº 2). Nesta eventualidade, há uma dilação de 30 dias (art. 245º, nº 3).

5. Se o réu for um património autónomo ou um condomínio (art. 223º, nº 1), não se aplica o disposto nos nºs 3 e 4, *ex vi* nº 5 deste preceito. A citação destes réus rege-se pelo art. 223º e pelas regras aplicáveis à citação de pessoas singulares.

6. Frustrando-se a citação por todas as vias indicadas, deverá ser tentada a citação do legal representante nos termos do art. 231º, nº 1 (arts. 246º, nº 1 e 223º, nº 1).

SUBSECÇÃO IV
Notificações em processos pendentes

DIVISÃO I
Notificações da secretaria

ARTIGO 247º
Notificação às partes que constituíram mandatário

1 – As notificações às partes em processos pendentes são feitas na pessoa dos seus mandatários judiciais.

2 – Quando a notificação se destine a chamar a parte para a prática de ato pessoal, além de ser notificado o mandatário, é também notificada a parte, pela via prevista no nº 5 do artigo 219º, quando aplicável, ou pela expedição pelo correio de um aviso registado à própria parte, indicando a data, o local e o fim da comparência.

3 – Sempre que a parte esteja simultaneamente representada por advogado ou advogado estagiário e por solicitador, as notificações que devam ser feitas na pessoa do mandatário judicial são feitas sempre na do solicitador.

4 – Considerando o número elevado de partes, a dimensão do despacho ou da decisão a notificar ou o volume dos documentos a transmitir, a notificação pode realizar-se através do envio por carta registada de um código de acesso a endereço eletrónico onde os elementos a notificar ou a transmitir se encontrem disponíveis.

5 – O disposto no número anterior não prejudica a possibilidade de obtenção de cópias, pelo notificado, junto de qualquer tribunal judicial, de forma gratuita, mediante a apresentação do respetivo código de acesso.

6 – A notificação efetuada nos termos do nº 4 presume-se feita no décimo dia posterior ao do registo ou no primeiro dia útil seguinte a esse, quando o não seja.

7 – A notificação à parte considera-se ainda efetuada, em qualquer circunstância, quando o notificando proceda à consulta eletrónica do processo, nos termos previstos na portaria prevista no nº 2 do artigo 132º

(Alterado pelo DL nº 97/19, de 26-7)

Remissões: arts. 221º e 255º (notificações entre mandatários); art. 248º (notificação eletrónica); art. 27º-A da Port. nº 280/13, de 26-8, introduzido pela Port. nº 170/17, de 25-5 e alterado pela Port. nº 267/18, de 20-9 (consulta de processos pelas partes).

1. A matéria das notificações encontra-se extensamente tratada em Abrantes Geraldes, *Temas Judiciários* (1998). Ainda que a análise tenha por referência regime que não é totalmente coincidente com o que está em vigor, muitos dos aspetos mantêm-se atuais, assim como as referências jurisprudenciais e doutrinárias.

2. Havendo mandatário judicial constituído, as partes são notificadas na pessoa do seu mandatário: é esta a regra consignada na lei de processo (nº 1). A própria parte só é diretamente notificada, sem prejuízo de o ser sempre o mandatário, quando se trate de a chamar para a prática de ato pessoal (nº 2).

3. Incumbe ao mandatário informar o tribunal de qualquer mudança no seu domicílio profissional, tomando as devidas precauções para receber as notificações que hajam de lhe ser dirigidas por via postal (cf. art. 25º, nº 2, da Port. nº 280/13, de 26-8), de modo que produzirão os efeitos normais as que deixar de receber por culpa sua (Ac. do Trib. Const. nº 13/1999).

4. Se a parte constituir novo mandatário, tal constituição não revoga automaticamente a anterior procuração outorgada em termos similares a outro advogado. Para que ocorra revogação do mandato judicial, é necessário que o mandante requeira a sua notificação ao mandatário e à parte contrária (art. 47º, nº 1). Nesta medida, perante a coexistência de dois mandatos, a secretaria pode proceder à notificação dos despachos na pessoa de qualquer dos mandatários (RC 28-10-80, CJ t. IV, p. 41 e RL 6-7-95, CJ t. IV, p. 73).

5. Caso a procuração seja conferida conjuntamente a vários mandatários mas apenas um subscreva os articulados/requerimentos, a secretaria deve proceder às notificações na pessoa desse mandatário, sob pena de nulidade, nos termos do art. 195º, nº 1 (arts. 5º e 12º, nº 2, da Port. 280/13, alterado pela Port. nº 170/17, de 25-5; RL 24-3-15, 315/14 e RL 18-9-18, 32033/17). Mas se, a partir de determinada fase processual, for outro mandatário (constituído conjuntamente) a praticar todos os atos, podem as notificações ser feitas neste mandatário (cf. art. 1160º do CC; RL 28-3-17, 54020/15). No que concerne às notificações quando ocorre substabelecimento com reserva, cf. nota 3 ao art. 44.º.

6. A omissão da notificação ou a prática de alguma irregularidade na sua execução integram-se no regime geral das nulidades previsto no art. 195º, nº 1.

7. Para efeitos do nº 2, a parte é chamada a praticar ato pessoal designadamente nas situações previstas nos arts. 47º, nº 2 (renúncia do mandatário), 48º, nº 2 (ratificação do processado), art. 291º, nº 3 (ratificação de desistência, confissão ou transação), 452º, nº 1 (depoimento de parte) e 594º, nº 2 (tentativa de conciliação). Este nº 2 não se aplica ao incidente de despejo imediato, vigorando a regra do nº 1 (STJ 13-7-17, 783/16).

8. Os nºs 4 a 6 são novos, visando agilizar a realização de notificações em processos em que existe elevado número de interessados se mandatário constituído, como ocorre nas reclamações de créditos em processos de insolvência, ou em que a amplitude da decisão ou dos documentos torne conveniente a realização das notificações por uma via alternativa.

9. Novo é também o nº 7, conjugando-se com possibilidade de as próprias partes consultarem os processos em que tenham intervenção (cf. art. 27º-A do Port. nº 280/13, introduzido pela Port. nº 170/17, de 25-5 e alterado pela Port. nº 267/18, de 20-9). Tal implica que se estiver em vias de ser realizada uma notificação pessoal à própria parte, o ato já não terá de ser praticado se acaso essa parte realizar entretanto a consulta do processo. Esta disposição não tem aplicação em sede de notificação de mandatários ou entre mandatários, cujo regime específico se encontra regulado nos arts. 248º e 255º, em conjugação com o art. 25º da Port. nº 280/13, alterado pela Port. nº 267/18.

ARTIGO 248º
Formalidades

1 – Os mandatários são notificados por via eletrónica nos termos definidos na portaria prevista no nº 2 do artigo 132º, devendo o sistema de informação de suporte à atividade dos tribunais certificar a data da elaboração da notificação, presumindo-se esta feita no terceiro dia posterior ao do seu envio, ou no primeiro dia útil seguinte a esse, quando o não seja.

2 – Sempre que por justo impedimento, determinado nos termos do artigo 140º, não for possível ao mandatário aceder à área reservada do portal eletrónico onde são disponibilizadas as notificações, a notificação considera-se apenas efetuada quando for ultrapassado o justo impedimento.

(Alterado pelo DL nº 97/19, de 26-7)

Remissões: art. 140º (justo impedimento); arts. 221º e 255º (notificações entre mandatários).

1. As notificações da secretaria aos mandatários devem processar-se eletronicamente nos termos dos arts. 21º e 25º da Port. nº 280/13, de 26-8 (Port. nº 267/18, de 20-9).

2. A presunção da notificação só pode ser ilidida provando-se que, por razões não imputáveis ao mandatário, a mesma não foi efetuada ou ocorreu em data posterior à presumida (RG 22-6-17, 1308/15, RE 23-5-16, 571/11, RE 11-9-14, 3449/13 e RC 17-6-14, 405/09). Tal questão deve ser suscitada no momento em que a parte pratica o ato fora do prazo fixado em função da data da notificação presumida (RC 12-7-17, 32/17 e RL 9-6-14, 2085/13). Naturalmente que sobrelevam as situações que constituam efetivamente justo impedimento, nos termos do art. 140º.

3. Em STJ 19-1-12, 86/05, RE 8-2-18, 2002/15, RC 19-9-17, 196/15, RE 11-9-14, 3449/13 e RE 23-2-10, 1479/09, decidiu-se que a presunção era estabelecida a favor do destinatário, de modo que o facto de, porventura (como é natural, aliás, através da via eletrónica), a notificação ser efetivamente rececionada em data anterior não antecipa o início da contagem do prazo o qual, em tais circunstâncias, se conta apenas a partir do dia em que a presunção funciona, ou seja, no 3º dia seguinte ao do envio ou no 1º dia útil quando não o seja.

ARTIGO 249º
Notificações às partes que não constituam mandatário

1 – Se a parte não tiver constituído mandatário, as notificações são efetuadas nos termos previstos no nº 5 do artigo 219º, quando aplicável, ou por carta registada, dirigida para a sua residência ou sede ou para o domicílio escolhido para o efeito de as receber, presumindo-se, nestes casos, feita no terceiro dia posterior ao do registo da carta ou no primeiro dia útil seguinte a esse, quando o não seja.

2 – A notificação efetuada por carta registada não deixa de produzir efeito pelo facto de o expediente ser devolvido, desde que a remessa tenha sido feita para a residência ou a sede da parte ou para o domicílio escolhido para o efeito de a receber; nesse caso, ou no de a carta não ter sido entregue por ausência do destinatário, juntar-se-á ao processo o sobrescrito, presumindo-se a notificação feita no dia a que se refere a parte final do número anterior.

3 – Excetua-se o réu que se haja constituído em situação de revelia absoluta, que apenas passa a ser notificado após ter praticado qualquer ato de intervenção no processo, sem prejuízo do disposto no nº 5.

4 – Na hipótese prevista na primeira parte do número anterior, as decisões têm-se por notificadas no dia seguinte àquele em que os autos tiverem dado entrada na secretaria ou em que ocorrer o facto determinante da notificação oficiosa.

5 – As decisões finais são sempre notificadas desde que a residência ou sede da parte seja conhecida no processo.

6 – Sem prejuízo do disposto nos nºs 3 e 4, a notificação considera-se ainda efetuada, em qualquer circunstância, quando o notificando proceda à consulta eletrónica do processo, nos termos previstos na portaria prevista no nº 2 do artigo 132º.

(Alterado pelo DL nº 97/19, de 26-7)

Remissões: art. 753º, nº 2 (notificação da penhora); art. 812º, nº 6 (notificação da decisão da venda); art. 849º, nº 2 (notificação da extinção da execução).

1. À semelhança do que ocorre com os advogados (cf. anot. ao art. 247º), incumbe às partes informar o tribunal da mudança do seu domicílio. Destarte, caso a parte não receba uma notificação por não ter comunicado a mudança de domicílio, presume-se (*juris et de jure*) feita a notificação nos termos do nº 2, tratando-se de facto imputável à própria parte. O mesmo ocorre no caso de ser devolvida a carta registada que tenha sido remetida para o domicílio constante dos autos.

2. Se o réu estiver em situação de revelia absoluta (não contestou, não constituiu mandatário nem interveio de qualquer modo no processo) opera a ficção imposta no nº 4, sem prejuízo de a decisão final dever ser sempre notificada, desde que a residência ou sede da parte seja conhecida (nº 5).

3. O nº 6 institui uma presunção inilidível de que a notificação de considera efetuada quando o notificando proceda à consulta eletrónica do processo, em termos similares aos definidos no nº 7 do art. 247º, mas com uma amplitude bem maior, pois aqui, litigando as partes por si, são-lhes dirigidas todas as notificações que hajam de ser feitas ao longo do processo.

ARTIGO 250º
Notificação pessoal às partes ou seus representantes

Para além dos casos especialmente previstos, aplicam-se as disposições relativas à realização da citação pessoal às notificações a que aludem os nºs 4 do artigo 18º, 3 do artigo 27º e 2 do artigo 28º.

1. A notificação pessoal impõe-se quando exista uma norma que, de forma expressa ou implícita, a preveja, em função da natureza do ato comunicado e das consequências que resultam da inação do notificado. Está em causa a tutela da garantia do direito de defesa do notificado em situações em que da inércia do mesmo possam advir efeitos gravosos em termos pessoais e/ou patrimoniais.

2. Constituem exemplos da necessidade de notificação pessoal: art. 47º, nº 2 (notificação ao mandante da renúncia do mandatário); art. 49º, nº 3 (ratificação da gestão de negócios); art. 291º, nº 3 (notificação em caso de nulidade de confissão, desistência ou transação judicialmente homologada); art. 366º, nº 6 (notificação da decisão cautelar proferida sem contraditório); art. 420º, nº 2 (notificação pessoal para efeitos de produção antecipada de prova); art. 699º, nº 2 (notificação do requerido em recurso de revisão); art. 819º (notificação do preferente em processo de execução); art. 993º, nº 3 (notificação do cônjuge quando seja requerida a conversão em divórcio da separação judicial de pessoas e bens); art. 12º, nº 1, do DL nº 269/98, de 1-9 (notificação do requerido no âmbito do procedimento de injunção).

3. A data da notificação que siga a via postal corresponde ao dia de recebimento da carta, não se aplicando a presunção do art. 249º, nº 1.

4. A omissão da notificação gera nulidade com o regime previsto nos arts. 195º, 196º, 2ª parte, 197º, 199º e 200º, nº 3.

5. Frustrando-se a notificação pessoal, haverá que proceder à notificação edital, consubstanciando esta uma formalidade minimamente idónea para facultar o conhecimento do ato e subsequente exercício do respetivo direito ou faculdade.

ARTIGO 251º
Notificações a intervenientes acidentais

1 – As notificações que tenham por fim chamar ao tribunal testemunhas, peritos e outras pessoas com intervenção acidental na causa são efetuadas nos termos previstos no nº 5 do artigo 219º, quando aplicável, ou por meio de aviso expedido pelo correio, sob registo, indicando-se a data, o local e o fim da comparência.

2 – A secretaria entrega à parte os avisos relativos às pessoas que ela se haja comprometido a apresentar, quando a entrega for solicitada, mesmo verbalmente.

3 – A notificação considera-se efetuada mesmo que o destinatário se recuse a receber o expediente, devendo o distribuidor do serviço postal lavrar nota da ocorrência.

4 – O agente administrativo ou funcionário público que, dependendo de superior hierárquico, tiver sido notificado para comparecer em juízo, não carece de autorização, mas deve informar imediatamente da notificação o superior e apresentar-lhe documento comprovativo da comparência.

(Alterado pelo DL nº 97/19, de 26-7)

Remissões: art. 507º, nº 2 (testemunhas a apresentar); art. 508º, nº 4 (comparência sob custódia da testemunha faltosa); art. 525º (abono das despesas da testemunha).

1. Frustrando-se a notificação da testemunha, deve a secretaria notificar a parte para informar o que tiver por conveniente, no prazo geral de 10 dias (art. 149º, nº 1). Caso a parte nada requeira, a testemunha passa a ter o estatuto de testemunha a apresentar.

ARTIGO 252º
Notificações ao Ministério Público

1 – Para além das decisões finais proferidas em quaisquer causas, são sempre oficiosamente notificadas ao Ministério Público quaisquer decisões, ainda que interlocutórias, que possam suscitar a interposição de recursos obrigatórios por força da lei.

2 – As notificações ao Ministério Público são efetuadas por via eletrónica, através do sistema de informação de suporte à atividade dos tribunais e pre-

sumem-se efetuadas no terceiro dia posterior ao do envio da notificação, ou no primeiro dia útil seguinte a esse, quando o não seja.

(O nº 2 foi aditado pelo DL nº 97/19, de 26-7)

Remissões: art. 4º, nº 1, als. j) e q), do EMP (competência para recorrer em matéria de constitucionalidade e sempre que a decisão seja efeito de conluio das partes no sentido de fraudar a lei ou tenha sido proferida com violação de lei expressa); art. 72º, nº 3, da Lei do Trib. Const. (recurso obrigatório para o Ministério Público de decisões que tenham recusado aplicar norma por inconstitucionalidade ou ilegalidade).

1. Tal como ocorre com as notificações aos mandatários das partes, a presunção de efetivação da notificação feita ao Ministério Público funciona a seu favor para efeitos de início de contagem do prazo para a prática de algum ato processual.

ARTIGO 253º
Notificação de decisões judiciais

Quando se notifiquem despachos, sentenças ou acórdãos, deve enviar-se, entregar-se ou disponibilizar-se ao notificado cópia ou fotocópia legível da decisão e dos fundamentos.

Remissões: art. 9º-A (princípio da utilização de linguagem simples e clara).

1. Por legível deve entender-se o que, pela clareza e nitidez caligráfica ou tipográfica, se pode ler com facilidade (RL 19-4-07, 9481/2006).

2. No seu Ac. nº 141/2006, o Trib. Const. considerou inconstitucional esta norma na interpretação segundo a qual cabe ao juiz decidir sobre a legibilidade da cópia.

3. No que tange à utilização de linguagem simples e clara na decisão, remete-se para a anot. ao art. 9º-A.

ARTIGO 254º
Notificações feitas em ato judicial

Valem como notificações as convocatórias e comunicações feitas aos interessados presentes em ato processual, por determinação da entidade que a ele preside, desde que documentadas no respetivo auto ou ata.

Remissões: art. 155º, nº 7 (documentação dos atos presididos pelo juiz); art. 159º (composição de autos e termos).

1. Por força desta norma, as decisões proferidas e documentadas em ata/auto consideram-se notificadas ao mandatário, sendo desnecessária a expressa referência ao ato de notificação (RC 21-2-20, 1387/17, RP 7-6-94, BMJ 438º, p. 553 e Ac. do Trib. Const. nº 183/1998).

DIVISÃO II
Notificações entre os mandatários das partes

ARTIGO 255º
Notificações entre os mandatários

As notificações entre os mandatários judiciais das partes são realizadas por via eletrónica nos termos definidos na portaria prevista no nº 2 do artigo 132º, devendo o sistema de informação de suporte à atividade dos tribunais certificar a data da elaboração da notificação, presumindo-se esta feita no terceiro dia posterior ao do seu envio, ou no primeiro dia útil seguinte a esse, quando o não seja.

(Alterado pelo DL nº 97/19, de 26-7)

Remissões: art. 132º (tramitação eletrónica).

1. As notificações entre mandatários devem ser efetuadas eletronicamente nos termos definidos no art. 26º da Port. nº 280/13, de 26-8. A presunção de recebimento destina-se a favorecer o notificado, não relevando para efeito de início de algum prazo o facto de a notificação ter chegado ao conhecimento do mandatário em data anterior ou estar disponível na plataforma eletrónica.

2. Sobre o procedimento a adotar caso o mandatário não comprove a notificação dos demais mandatários, cf. a anot. ao art. 221º.

SUBSECÇÃO V
Notificações avulsas

ARTIGO 256º
Como se realizam

1 – As notificações avulsas dependem de despacho prévio que as ordene e são feitas pelo agente de execução, designado para o efeito pelo requerente ou pela secretaria, ou por funcionário de justiça, nos termos do nº 9 do artigo 231º, na própria pessoa do notificando, à vista do requerimento, entregando-se ao notificado o duplicado e cópia dos documentos que o acompanhem.

2 – O agente de execução ou funcionário de justiça lavra certidão do ato, que é assinada pelo notificado.

3 – O requerimento e a certidão são entregues a quem tiver requerido a diligência.

4 – Quando apresentados por uma das formas previstas nas alíneas a) e b) do nº 7 do artigo 144º, os requerimentos e documentos para as notificações avulsas são apresentados em duplicado e, tendo de ser notificada mais de uma pessoa, apresentam-se tantos duplicados quantos os necessários para a realização, pela secretaria, de notificações por via que não seja eletrónica.

5 – *(Revogado)*

(Alterado pelo DL nº 97/19, de 26-7)

Remissões: art. 323º, nº 1, do CC (interrupção da prescrição); art. 79º (competência); art. 231º, nº 9 (taxa de justiça); art. 539º, nº 4 (responsabilidade pelo pagamento da taxa de justiça); art. 9º, nº 1, do RCP (taxa de justiça por ato avulso).

1. A competência territorial está definida no art. 79º (sobre a competência em razão da matéria, cf. RL 3-4-14, 5/14). A decisão judicial determinativa da sua realização depende do pagamento da taxa de justiça (art. 9º do RCP).

2. A notificação avulsa requer despacho prévio, no âmbito do qual o juiz aprecia a regularidade formal do requerimento e se existe, em abstrato, o direito a que a parte se arroga, não lhe cabendo formular um juízo de mérito sobre o concreto direito invocado, o qual só tem cabimento na ação subsequente (RP 10-10-16, 4854/15, RP 16-12-15, 72/13 e RL 19-9-07, 7678/2007).

3. A existência de um interesse processual é decorrência de uma opção do legislador de facultar a qualquer interessado o recurso a este instrumento processual, mesmo que porventura a transmissão da comunicação ao requerido pudesse ser alcançada com o uso de meios extraprocessuais que, de todo o modo, não assumem a natureza nem a segurança que rodeia a notificação avulsa.

4. Conforme enfatiza a doutrina, trata-se de um ato-fim e independente (toda a atividade que nela se exerce é conducente à notificação), diferenciando-se das notificações relativas a processos pendentes, sendo estas atos-meio e dependentes, na medida em que servem de instrumento ou de meio num processo em curso. A notificação avulsa veicula uma declaração de vontade, designadamente no sentido de que o destinatário pratique um ato, exerça um direito ou cumpra uma obrigação, podendo também transmitir uma declaração de ciência, no sentido de fazer o notificando ciente de algo.

5. O recurso a tal diligência processual justifica-se especialmente naqueles casos em que o interessado pretende confrontar diretamente algum sujeito, a fim de que, com toda a segurança, possam ser extraídos efeitos da sua reação ou da sua inércia ou possa ficar definido, com rigor, o momento a partir do qual se conta o prazo para o exercício de algum direito (*v.g.* direito de preferência), para o cumprimento de alguma obrigação (*v.g.* constituição do devedor em mora ou transformação da mora em incumprimento definitivo), para o exercício de um direito potestativo (*v.g.* comunicação da denúncia do contrato de arrendamento) ou mesmo para interromper o prazo de prescrição (art. 323º, nº 4, do CC). O facto de a notificação avulsa ser realizada com todo o rigor por agente de execução ou por funcionário judicial, lavrando-se certidão do ato, tornará mais difícil o posterior recurso a expedientes dilatórios.

6. A notificação tem de ser estritamente pessoal, o que, para além de afastar a utilização da via postal, impede a sua concretização em pessoa diversa do requerido ou através de afixação de nota de notificação ou, por razões ainda mais evidentes, por notificação edital (RP 4-12-03, 0336023). É realizada, em regra, pelo agente de execução, sem prejuízo de ser requerida a intervenção de funcionário judicial mediante o pagamento da taxa de justiça referida no nº 9 do art. 231º.

7. No caso de o notificando se recusar a receber e assinar a certidão do ato, cabe ao agente de execução ou ao funcionário lavrar certidão da ocorrência, considerando-se a notificação efetuada, por aplicação analógica do art. 231º, nº 4 (Lebre de Freitas e Isabel Alexandre, *CPC anot.*, vol. I, 4ª ed., p. 515).

8. O Regulamento nº 1393/2007, de 13-11-2007, relativo à citação e à notificação dos atos judiciais e extrajudiciais em matéria civil e comercial nos Estados-Membros e a Conv. da Haia relativa à citação e à notificação no estrangeiro de atos judiciais e extrajudiciais em matérias civil e comercial são aplicáveis às notificações judiciais avulsas (RL 20-12-16, 19815/16 e RL 15-12-16, 19859/16).

9. Nos termos do ***AUJ nº 3/98***: "*A notificação judicial avulsa pela qual se manifesta a intenção do exercício de um direito é meio adequado à interrupção da prescrição desse direito, nos termos do nº 1 do artigo 323º do CC*". Ainda que da regulamentação da diligência no CPC tenha sido eliminada a adjetivação "*judicial*", é de manter a aludida jurisprudência, na medida em que a notificação avulsa tenha como finalidade a dc comunicar ao devedor a intenção de exercer o direito de crédito (RP 13-4-15, 1335/13).

ARTIGO 257º

Inadmissibilidade de oposição às notificações avulsas

1 – As notificações avulsas não admitem oposição, devendo os direitos respetivos ser exercidos nas ações próprias.

2 – Do despacho de indeferimento da notificação cabe recurso até à Relação.

Remissões: art. 644º, nº 2, al. i) (recurso de apelação).

1. Da circunstância de a notificação judicial avulsa constituir um ato-fim decorre a inadmissibilidade da oposição. Esse impedimento abarca necessariamente a interposição de recurso no caso de deferimento do requerimento, tal como ocorre com o despacho que ordena a citação (art. 226º, nº 5). Já no caso de indeferimento cabe sempre recurso para a Relação, por equiparação ao regime do indeferimento liminar (art. 629º, nº 3, al. c)).

2. O que aqui se refere acerca da inadmissibilidade de oposição ou reação respeita à notificação que se esgota por si. Quando notificações similares surgem integradas num processo próprio, aplicar-se-á o respetivo regime, sendo o notificando admitido a fazer determinadas declarações, como sucede no caso do art. 1028º, nº 2 (preferência) e do art. 1039º, nº 3 (aceitação ou repúdio da herança).

3. Integrando a notificação avulsa um ato processual, pode ser questionada – enquanto tal – a respetiva regularidade, nos termos gerais do art. 195º, nº 1.

ARTIGO 258º
Notificação para revogação de mandato ou procuração

1 – Se a notificação tiver por fim a revogação de mandato ou procuração, é feita ao mandatário ou procurador, e também à pessoa com quem ele devia contratar, caso o mandato tenha sido conferido para tratar com certa pessoa.

2 – Não se tratando de mandato ou procuração para negociar com certa pessoa, a revogação deve ser anunciada num jornal da localidade onde reside o mandatário ou o procurador ou, se aí não houver jornal, publicando-se o anúncio num dos jornais mais lidos nessa localidade.

Remissões: art. 265º (renúncia e revogação da procuração); art. 266º (proteção de terceiros); art. 1170º, todos do CC (revogação do mandato).

1. A notificação a que se reporta este artigo é estritamente pessoal, não constituindo a publicação enunciada no nº 2 uma tramitação sucedânea à notificação pessoal. Deste modo, frustrando-se a notificação pessoal, cabe ao requerente intentar ação para tal efeito, sem prejuízo da admissibilidade da notificação extrajudicial (art. 224º do CC).

2. Sobre os efeitos da revogação da procuração relativamente a terceiros, cf. RL 10-5-11, 168/2002, com o seguinte sumário: "em regra, a procuração é livremente revogável mediante declaração dirigida ao procurador, sendo esta eficaz desde que chegue ao poder do procurador ou dele seja conhecida ou suscetível de ser conhecida, agindo sem culpa. A revogação da procuração apenas será oponível a terceiros quando seja levada ao seu conhecimento por meios idóneos. Em relação aos adquirentes de prédio vendido por intermédio do procurador e à instituição bancária que financiou a aquisição é inidónea a mera publicação de anúncios da declaração de revogação em jornal de circulação nacional e em jornais de circulação regional".

TÍTULO II
Da instância

CAPÍTULO I
Começo e desenvolvimento da instância

ARTIGO 259º
Momento em que a ação se considera proposta

1 – A instância inicia-se pela proposição da ação e esta considera-se proposta, intentada ou pendente logo que a respetiva petição se considere apresentada nos termos dos nºs 1 e 7 do artigo 144º

2 – Porém, o ato da proposição não produz efeitos em relação ao réu senão a partir do momento da citação, salvo disposição legal em contrário.

(Alterado pelo DL nº 97/19, de 26-7)

Remissões: art. 564º (efeitos da citação); art. 724º, nº 6 (data da apresentação do requerimento executivo); art. 805º, nº 3, do CC (constituição em mora).

1. A instância, como relação jurídico-processual, é dinâmica, sendo importante que se defina rigorosamente tanto o momento em que se inicia, como aquele em que finda, sem desprezar as respetivas vicissitudes (*v.g.* alteração, suspensão). Ademais, é uma relação complexa em que aos elementos subjetivos (sujeitos processuais) se juntam os de ordem objetiva (causa de pedir e pedido).

2. A nova redação do nº 1, que tem origem no DL nº 97/19, de 26-7, apelando à ideia de a petição se considerar "*apresentada*", em vez de "*recebida*", pretende claramente enfatizar a via eletrónica como modo de praticar atos por escrito em juízo, com ressalva dos casos em que não é obrigatório o patrocínio judiciário e a parte litiga por si, ou num cenário de justo impedimento (art. 144º, nºs 7 e 8). Com efeito, naqueles casos que constituem a larga maioria, a petição não é objeto de recebimento por parte da secretaria judicial, antes é apresentada pela via eletrónica que a aceitará ou rejeitará em função dos requisitos externos que sejam cumpridos, nos termos do art. 558º.

3. A apresentação da petição que traduz a proposição da ação correspondente é o principal meio de obstar à caducidade do direito substantivo que porventura estiver em causa (art. 331º, nº 1, do CC), servindo ainda para demarcar o início do prazo de 5 dias para interrupção do prazo de prescrição que eventualmente estiver em curso (arts. 323º, nº 2 e 1292º do CC).

4. Outros preceitos ficcionam o início da instância ou reportam-no a um momento anterior ao da apresentação da petição inicial: o art. 144º, nº 7, al. b) (data da efetivação do registo postal), o art. 560º, alterado pelo DL nº 97/19, de 26-7 (em casos limitados, quando tenha sido rejeitada a anterior petição), o art. 590º, nº 1, com referência ao art. 560º (em casos, também limitados, de apresentação de nova petição depois de a primeira ter sido liminarmente indeferida), o art. 33º, nº 4, da Lei nº 34/04 (que considera a ação proposta na data em que autor formula o pedido de nomeação de patrono, no âmbito do apoio judiciário) ou o art. 1037º, nº 2 (nas ações de preferência em que haja necessidade de determinação do preferente). Noutros casos, os efeitos da abertura de nova instância retroagem ao início da instância anterior que entretanto foi declarada extinta (*v.g.* arts. 37º, nº 5 e 266º, nº 5, para a coligação e para a reconvenção, respetivamente; arts. 327º, nº 3 e 332º, nº 1, do CC, quanto à prescrição e caducidade; art. 279º, nº 2, quanto aos demais efeitos civis derivados da instauração da ação). Já o art. 1789º, nº 1, faz retroagir os efeitos patrimoniais do divórcio à data da instauração da ação. O nº 6 do art. 724º não pode ser interpretado em termos puramente literais, dizendo respeito apenas à vinculação do agente de execução à concreta ação executiva (cf. STJ 24-1-19, 524/13).

5. Para além dos efeitos substantivos decorrentes da instauração da ação, é com este ato que se fixa a competência do tribunal (art. 38º da LOSJ) e que se define a forma do processo (art. 136º), sem prejuízo de eventuais modificações decorrentes da alteração do valor (art. 310º, nº 2). É também a esse momento que se atende para efeitos de fixação do valor da causa (art. 299º, nº 2), sem prejuízo das modificações posteriores que a lei considere relevantes (art. 299º, nºs 2 a 4). A proposição da ação impede também a extinção do procedimento cautelar ou a caducidade da providência que nele tenha sido decretada (art. 373º, nº 1, al. a)).

6. Posto que a propositura da ação apenas produza efeitos em relação ao réu com a citação, nos termos previstos no art. 564º (cessação da má-fé, estabilidade da instância, inibição da propositura da mesma ação contra o autor ou, noutro plano, constituição do devedor em mora, nos termos do art. 805º, nº 1, do CC), tais efeitos são antecipados para a data de início da instância no caso previsto no art. 366º, nº 7 (anterior citação do réu para procedimento cautelar).

7. Para mais desenvolvimentos, cf. Abrantes Geraldes, *Temas da Reforma do Processo Civil*, vol. I, 2ª ed., pp. 238 e ss.

ARTIGO 260º
Princípio da estabilidade da instância

Citado o réu, a instância deve manter-se a mesma quanto às pessoas, ao pedido e à causa de pedir, salvas as possibilidades de modificação consignadas na lei.

Remissões: art. 146º, nº 1 (retificação de erros de cálculo e de escrita); arts. 264º e 265º (alterações da causa de pedir e do pedido); art. 311º e ss. (incidentes de intervenção de terceiros); art. 564º (efeitos da citação).

1. Não deve confundir-se o início da instância com a produção de efeitos em relação ao réu (cf. anot. aos arts. 219º e 564º). Estes efeitos dependem da sua citação no que concerne à cessação da boa-fé do possuidor (art. 564º, al. a)), à inibição da instauração de ação idêntica contra o autor, sob pena de litispendência (arts. 564º, al. c) e 582º) ou à constituição em mora (art. 805º, nº 1, do CC), sendo uma exceção a norma do art. 366º, nº 7.

2. A citação do réu tem como efeito adjetivo essencial a estabilização da instância no que concerne aos seus elementos subjetivo e objetivo, ainda que sejam diversos os desvios que resultam dos incidentes de intervenção de terceiros, do incidente de habilitação de sucessores e do regime de alteração do objeto do processo, nos termos assinaladas nos arts. 261º e ss.

3. Estas exceções confirmam a regra de que o autor, antes de apresentar a ação, deve desenhar a estratégia que prossegue, identificar os sujeitos da relação processual e tomar uma posição clara sobre a solução que pretende para o litígio e sobre os fundamentos que a sustentam, se necessário usando dos mecanismos processuais que admitem a cumulação de pedidos e de causas de pedir ou até a formulação de causas de pedir e/ou de pedidos em relação de subsidiariedade, tendo em conta os fortes obstáculos que são colocados à alterações dos elementos que integram a instância pelos arts. subsequentes.

ARTIGO 261º

Modificação subjetiva pela intervenção de novas partes

1 – Até ao trânsito em julgado da decisão que julgue ilegítima alguma das partes por não estar em juízo determinada pessoa, pode o autor ou reconvinte chamar essa pessoa a intervir nos termos dos artigos 316º e seguintes.

2 – Quando a decisão prevista no número anterior tiver posto termo ao processo, o chamamento pode ter lugar nos 30 dias subsequentes ao trânsito em julgado; admitido o chamamento, a instância extinta considera-se renovada, recaindo sobre o autor ou reconvinte o encargo do pagamento das custas em que tiver sido condenado.

Remissões: arts. 316º e ss. (incidente de intervenção principal provocada); art. 628º (trânsito em julgado).

1. Preterido o litisconsórcio necessário ativo ou passivo (art. 33º), admite-se a superação dessa exceção por iniciativa de qualquer das partes, nos termos dos arts. 311º e ss., através do incidente de intervenção principal provocada. Ainda que esse mecanismo não seja ativado espontaneamente pelas partes, deve o juiz providenciar pelo suprimento da ilegitimidade, formulando o respetivo convite (arts. 6º, nº 2 e 590º, nº 2, al. a)). Só depois disso poderá o juiz extrair da persistência da situação o efeito de absolvição da instância (art. 577º, al. e)), ainda assim, sem embargo do disposto no nº 3 do art. 278º (cf. nota 17 ao art. 278º).

2. Mas os esforços no sentido de evitar que aquela preterição impeça uma decisão de mérito não se ficam por aqui. Com efeito, até ao trânsito em julgado da decisão de absolvição da instância total ou parcial (definido nos termos do art. 628º), o autor (ou o reconvinte) pode deduzir o incidente de intervenção principal provocada do sujeito ou sujeitos em falta, numa derradeira tentativa de evitar que essa instância acabe por traduzir apenas um resultado formal, longe da decisão de mérito que a justifica (cf. nota 9 ao art. 316º). Ademais, mesmo nos casos em que, com ou sem interposição de recurso, a decisão que absolveu o réu da instância e pôs termo ao processo tenha transitado em julgado, a instância pode ser renovada mediante iniciativa da parte interessada nos 30 dias subsequentes, sofrendo como única sanção a responsabilização pelas custas em que já tiver sido condenada.

3. O facto de o preceito restringir o seu campo de aplicação aos casos em que a ilegitimidade deriva do facto de "*não estar em juízo determinada pessoa*" (litisconsórcio necessário) sugere que o mecanismo que permite a modificação subjetiva da instância não vale para os casos que poderiam ser solucionados (mas não foram) mediante a figura da pluralidade subjetiva subsidiária (art. 39º). Nestas situações, a causa da absolvição da instância radica na verificação da exceção de ilegitimidade singular e não, como prescreve a lei, na circunstância de "*não estar em juízo determinada pessoa*" cuja demanda fosse necessária para assegurar o litisconsórcio.

4. O recurso ao incidente de intervenção principal provocada, com função preventiva, nos termos do art. 316º, nº 2, para assegurar a pluralidade subjetiva subsidiária, em face de dúvida objetiva sobre sujeito da relação controvertida (art. 39º), prevenindo a eventual declaração de ilegitimidade passiva singular, depende da iniciativa do autor ou da resposta a um despacho de convite formulado pelo juiz, mas apenas pode ser ativado antes de ser declarada a absolvição da instância.

ARTIGO 262º
Outras modificações subjetivas

A instância pode modificar-se, quanto às pessoas:
a) Em consequência da substituição de alguma das partes, quer por sucessão, quer por ato entre vivos, na relação substantiva em litígio;
b) Em virtude dos incidentes da intervenção de terceiros.

Remissões: arts. 311º e ss. (incidentes de intervenção de terceiros); arts. 351º e ss. (habilitação).

1. Em caso de morte ou de extinção de alguma das partes, suspensa a instância (art. 270º, nº 1), esta apenas prosseguirá com os respetivos sucessores, uma vez habilitados (arts. 276º, nº 1, al. a) e 351º e ss.). No caso de cessão da coisa ou do direito litigioso, o cessionário pode ser habilitado no lugar do cedente, mas tal habilitação não condiciona o prosseguimento da ação (arts. 263º e 356º).

2. Deve notar-se, porém, que nem todas as ações admitem a substituição dos sujeitos. Atenta a natureza da relação jurídica em causa ou do pedido formulado, pode ocorrer que aqueles eventos determinem a extinção da instância por impossibilidade ou por inutilidade superveniente da lide (art. 277º, al. e)).

3. Pode ocorrer a intervenção de terceiros como parte principal, nos termos dos arts. 311º e ss., nomeadamente quando tal intervenção seja necessária para assegurar o litisconsórcio necessário ativo ou passivo (art. 261º). Tal intervenção pode ser requerida simultaneamente com a dedução de pedido reconvencional e com o objetivo de assegurar a legitimidade processual quanto a tal pretensão (art. 266º, nº 4). Pode ainda surgir a título acessório, nos termos dos arts. 321º e ss., ou em sede de oposição, englobando os embargos de terceiro (arts. 333º e ss.).

ARTIGO 263º
Legitimidade do transmitente – Substituição deste pelo adquirente

1 – No caso de transmissão, por ato entre vivos, da coisa ou direito litigioso, o transmitente continua a ter legitimidade para a causa enquanto o adquirente não for, por meio de habilitação, admitido a substituí-lo.

2 – A substituição é admitida quando a parte contrária esteja de acordo e, na falta de acordo, só deve recusar-se a substituição quando se entenda que a transmissão foi efetuada para tornar mais difícil, no processo, a posição da parte contrária.

3 – A sentença produz efeitos em relação ao adquirente, ainda que este não intervenha no processo, exceto no caso de a ação estar sujeita a registo e o adquirente registar a transmissão antes de feito o registo da ação.

Remissões: art. 3º do Cód. de Reg. Predial e art. 9º do Cód. de Reg. Comercial (ações sujeitas a registo); art. 55º (exequibilidade de sentença contra terceiro); art. 356º (habilitação do adquirente ou cessionário); art. 619º (âmbito subjetivo do caso julgado).

1. O preceito confronta-nos com uma exceção à regra da coincidência entre a legitimidade processual e a substantiva, prescrevendo que, apesar da transmissão para terceiro, por ato *inter vivos*, da coisa ou do direito em litígio, a legitimidade processual continua a pertencer ao transmitente, enquanto o adquirente ou o cessionário não for habilitado, nos termos do art. 356º. Embora em prossecução de um interesse que só indiretamente é seu, o transmitente litigará, nesse caso, em nome próprio (STJ 1-3-05, 05B2374). Aliás, a habilitação pode ser rejeitada se acaso se demonstrar que a transmissão da coisa ou direito litigioso foi feita para tornar mais difícil a posição da contraparte no processo.

2. Demonstrada, no âmbito do correspondente incidente de habilitação (art. 356º), a existência de facto gerador de alteração subjetiva na titularidade da relação jurídica sobre que versa a ação, a alteração da legitimidade processual, por via de substituição, será decorrência do acordo das partes nesse sentido. Mesmo na falta de acordo, a substituição só deverá ser recusada quando os autos deixarem transparecer que a transmissão operada teve em vista dificultar a posição da parte contrária.

3. Esta norma cria uma situação de legitimidade extraordinária porque a mesma não decorre já da titularidade da relação material litigada. Na medida em que da ilegitimidade do alienante poderiam resultar graves prejuízos para a outra parte, o legislador atribuiu uma legitimidade extraordinária àquele, permitindo que a instância decorra regularmente até final, situação que só cessará quando se efetivar a habilitação do transmissário (cf. Paula Costa e Silva, *A Transmissão da Coisa ou Direito em Litígio*, pp. 165-166 e RP 2-3-15, 5513/10).

4. Mas o preceito diz mais. Nas ações não sujeitas a registo, a transmissão da coisa ou do direito litigioso não interfere na eficácia do caso julgado formado pela sentença que vier a ser proferida, a qual, assim, é vinculativa para o adquirente, independentemente da sua habilitação. Mesmo nas situações em que a ação esteja sujeita a registo, a sentença não deixará de produzir efeitos em relação ao adquirente, independentemente da sua habilitação, exigindo-se, contudo, uma cautela adicional: a de que o registo da ação seja anterior ao registo da aquisição (cf. nota 2 ao art. 55º). Com este regime pretendeu-se evitar que, mediante a transmissão do bem ou do direito na pendência da ação, houvesse a necessidade de instaurar nova ação contra o respetivo adquirente, o qual, em função da regra geral do art. 619º, nº 1, não estaria vinculada pela sentença.

5. Evidencia este preceito a importância que reveste o registo da ação, quando este seja obrigatório (art. 3º CRP), formalidade que permite colocar o autor a salvo de atuações maliciosas do réu, com o objetivo de dificultar ou impedir o exercício efetivo do direito litigado e a eficácia da sentença. Assim, se, por exemplo, após a proposição e registo de ação de impugnação pauliana, o bem sobre que incide for transmitido, a decisão que vier a ser proferida produz efeitos em relação ao subadquirente, nos termos do nº 3, podendo o credor executar o bem no património deste último (RP 16-3-15, 999/99). O mesmo ocorre com outras ações que, atento o seu objeto, são legalmente sujeitas a registo (para mais desenvolvimentos, cf. Paula Costa e Silva, *ob. cit.*).

ARTIGO 264º
Alteração do pedido e da causa de pedir por acordo

Havendo acordo das partes, o pedido e a causa de pedir podem ser alterados ou ampliados em qualquer altura, em 1ª ou 2ª instância, salvo se a alteração ou ampliação perturbar inconvenientemente a instrução, discussão e julgamento do pleito.

Remissões: art. 265º (falta de acordo); art. 581º, nº 4 (causa de pedir).

1. Em caso de acordo entre autor e réu, quer o pedido quer a causa de pedir podem ser livremente modificados (por alteração ou ampliação) em qualquer altura (mesmo em sede de recurso de apelação, mas já não de revista), a não ser que haja perturbação inconveniente para a instrução, discussão ou o julgamento da causa. Sendo admitida a modificação de ambos os elementos objetivos, deve, contudo, manter-se a relação jurídica controvertida (art. 265º, nº 6). É claro que, relativamente à redução, não se verifica qualquer limitação, como decorre do nº 2 do art. 265º.

2. O poder do juiz de obstar à alteração ou ampliação não é discricionário, como também referem Lebre de Freitas e Isabel Alexandre (*CPC anot.*, I vol., 4ª ed., p. 525), devendo obedecer a critérios objetivos sustentados na análise do caso.

ARTIGO 265º
Alteração do pedido e da causa de pedir na falta de acordo

1 – Na falta de acordo, a causa de pedir só pode ser alterada ou ampliada em consequência de confissão feita pelo réu e aceita pelo autor, devendo a alteração ou ampliação ser feita no prazo de 10 dias a contar da aceitação.

2 – O autor pode, em qualquer altura, reduzir o pedido e pode ampliá-lo até ao encerramento da discussão em 1ª instância se a ampliação for o desenvolvimento ou a consequência do pedido primitivo.

3 – Se a modificação do pedido for feita na audiência final, fica a constar da ata respetiva.

4 – O pedido de aplicação de sanção pecuniária compulsória, ao abrigo do nº 1 do artigo 829º-A do Código Civil, pode ser deduzido nos termos do nº 2.

5 – Nas ações de indemnização fundadas em responsabilidade civil, pode o autor requerer, até ao encerramento da audiência final em 1ª instância, a condenação do réu nos termos previstos no artigo 567º do Código Civil, mesmo que inicialmente tenha pedido a condenação daquele em quantia certa.

6 – É permitida a modificação simultânea do pedido e da causa de pedir desde que tal não implique convolação para relação jurídica diversa da controvertida.

Remissões: arts. 46º e 465º, nº 2 (aceitação da confissão); art. 155º (ata da audiência); art. 588º (articulados supervenientes); arts. 604º, nº 5 e 607º, nº 1 (encerramento da audiência).

1. A restrição da réplica aos casos previstos no art. 584º (reconvenção e ações de simples apreciação negativa), em conjugação com as fortes limitações impostas à modificação do objeto da instância (causa de pedir e pedido), torna mais exigente para o autor a tarefa de elaboração da petição inicial, inviabiliza estratégias erráticas e obriga a uma definição séria dos contornos do litígio centrada na alegação dos factos essenciais que constituem a causa de pedir (art. 5º, nº 1), sendo certo que a resposta a um eventual convite ao aperfeiçoamento deve deixar intacta a causa de pedir que foi invocada (art. 590º, nº 6).

2. Os condicionalismos impostos pela lei atual obrigam ou aconselham o autor a ponderar a possibilidade ou a necessidade de deduzir pedidos subsidiários ou alegar factos que integrem causas de pedir subsidiárias, antecipando uma eventual estratégia defensiva que venha a ser adotada pelo réu. Com efeito, como reflexo da redução dos articulados, aquelas modificações estão agora condicionadas pela verificação de confissão assumida pelo réu e aceita pelo autor (arts. 46º e 465º), dispondo este do prazo perentório de 10 dias para requerer alguma dessas modificações.

3. A redução do pedido é livre (tal como o é a desistência parcial do pedido), em qualquer altura do processo. Integra um caso de redução do pedido a situação em que, inicialmente, foi formulado o pedido de reconhecimento do direito de propriedade de um imóvel e, posteriormente, tal pedido foi convolado para pedido de reconhecimento da contitularidade do mesmo direito (STJ 10-12-15, 164/10).

4. A ampliação do pedido, isto é, a alteração que corresponda ao desenvolvimento ou seja consequência do pedido primitivo pode ser requerida até ao encerramento da discussão na audiência final (*v.g.* numa ação possessória, pedido de indemnização relativo aos atos ofensivos da posse ou da propriedade; numa ação creditícia, pedido de juros de mora relativos ao capital em dívida; numa ação de indemnização, pedido relativo a danos que se revelaram no decurso da ação, nos termos do art. 569º do CC; pedido de aplicação de sanção pecuniária compulsória). Já a alteração do pedido ou outras formas de ampliação do pedido que extravasem os apertados limites do nº 2 apenas serão viáveis mediante acordo das partes, nos termos do art. 264º, sem prejuízo da exceção referida no nº 5.

5. O nº 6 continua a prever a possibilidade de modificação simultânea do pedido e da causa de pedir, a qual, sendo coerente com a última redação do art. 273º do CPC de 1961, enfrenta agora graves dificuldades em face do novo regime, que é mais restritivo, de modo que a sua aplicação se circunscreve naturalmente aos casos em que exista acordo das partes, nos termos do art. 264º.

6. Segundo Lebre de Freitas e Isabel Alexandre, *CPC anot.*, I vol., 4ª ed., p. 529, o nº 6 deve ser interpretado no sentido de possibilitar a modificação simultânea do pedido e da causa de pedir, não só quando algum dos factos que integram a nova causa de pedir coincidam com factos que integram a causa de pedir reconvencional ou fundem exceções deduzidas, mas também quando, pelo menos, o novo pedido se reporte a uma relação material dependente ou sucedânea da primeira.

7. A alteração, a ampliação ou a redução do pedido não interferem no valor processual, que, de acordo com a regra geral, se fixa no momento em que a ação é proposta (art. 299º, nº 1), sem interferência de ocorrências posteriores, a não ser as previstas na lei (art. 299º, nºs 2 a 4).

ARTIGO 266º
Admissibilidade da reconvenção

1 – O réu pode, em reconvenção, deduzir pedidos contra o autor.

2 – A reconvenção é admissível nos seguintes casos:

a) Quando o pedido do réu emerge do facto jurídico que serve de fundamento à ação ou à defesa;

b) Quando o réu se propõe tornar efetivo o direito a benfeitorias ou despesas relativas à coisa cuja entrega lhe é pedida;

c) Quando o réu pretende o reconhecimento de um crédito, seja para obter a compensação seja para obter o pagamento do valor em que o crédito invocado excede o do autor;

d) Quando o pedido do réu tende a conseguir, em seu benefício, o mesmo efeito jurídico que o autor se propõe obter.

3 – Não é admissível a reconvenção, quando ao pedido do réu corresponda uma forma de processo diferente da que corresponde ao pedido do autor, salvo se o juiz a autorizar, nos termos previstos nos nºs 2 e 3 do artigo 37º, com as necessárias adaptações.

4 – Se o pedido reconvencional envolver outros sujeitos que, de acordo com os critérios gerais aplicáveis à pluralidade de partes, possam associar-se ao reconvinte ou ao reconvindo, pode o réu suscitar a respetiva intervenção.

5 – No caso previsto no número anterior e não se tratando de litisconsórcio necessário, se o tribunal entender que, não obstante a verificação dos requisitos da reconvenção, há inconveniente grave na instrução, discussão e julgamento conjuntos, determina em despacho fundamentado a absolvição da instância quanto ao pedido reconvencional de quem não seja parte primitiva na causa, aplicando-se o disposto no nº 5 do artigo 37º.

6 – A improcedência da ação e a absolvição do réu da instância não obstam à apreciação do pedido reconvencional regularmente deduzido, salvo quando este seja dependente do formulado pelo autor.

Remissões: art. 847º do CC (declaração de compensação); art. 93º (competência absoluta); art. 299º, nº 1 (valor da reconvenção); art. 583º (dedução da reconvenção); art. 584º, nº 1 (réplica); art. 729º, al. h) (compensação de créditos como fundamento de oposição à execução baseada em sentença); DL nº 150/19, de 10-10 (Sistema Eletrónico de Compensação).

1. A reconvenção constitui uma ação cruzada contra o autor, servindo para o réu formular pretensão ou pretensões correspondentes a uma ou diversas ações autónomas. Sendo essencial a sua apresentação formal (art. 583º, nº 1), a qualificação como reconvenção não está tanto dependente da classificação que seja dada pelo réu, antes da apreciação do teor do pedido formulado.

2. A dedução da reconvenção não é, contudo, livre, estando submetida a requisitos materiais e formais que visam compatibilizar o princípio da economia processual com o da celeridade. Os de ordem material figuram no nº 2, pressupondo uma determinada conexão com a relação jurídica invocada pelo autor.

3. Tal acontece quando o pedido do réu emerge do facto jurídico que serve de fundamento à ação ou à defesa, quando pretende tornar efetivo o direito a benfeitorias ou despesas relativas à coisa cuja entrega é pedida pelo autor, quando procura obter o mesmo efeito jurídico pretendido pelo autor ou ainda, de forma menos evidente, quando o réu invoca um contra-crédito, de cuja verificação pode resultar a compensação de créditos ou até a condenação do autor no pagamento do valor remanescente do crédito do réu.

4. O facto jurídico que serve de fundamento à ação (al. a)) constitui o ato ou relação jurídica cuja invocação sustenta o pedido formulado, como ocorre com a invocação de um direito emergente de um contrato, o qual também pode ser invocado pelo réu para sustentar uma diversa pretensão dirigida contra o autor. O facto jurídico que serve de sustentação à defesa envolve essencialmente a matéria de exceção, mas poderá igualmente assentar em factos que integrem a impugnação especificada dos fundamentos da ação. Nestes casos, o réu aproveita a defesa não apenas para se defender da pretensão do autor, mas ainda para sustentar nos mesmos factos uma pretensão autónoma contra aquele. Mariana França Gouveia, *A Causa de Pedir na Ação Declarativa*, p. 270, afirma que "... a causa de pedir, para efeitos de admissibilidade de reconvenção, deve ser definida através do facto principal comum a ambas as contra pretensões", ou seja, que "os factos alegados devem ser selecionados através das normas jurídicas alegadas, assim se determinando quais são os principais. Estabelecidos estes, se um deles for principal para a ação e para a reconvenção, haverá identidade de causa de pedir e, logo, estará preenchido o requisito do art. 274º, nº 2, al. a)". Assim, se autor e réu alegam o mesmo contrato como facto constitutivo das suas pretensões, verificada esta coincidência, entende-se que a causa de pedir da ação e da reconvenção é a mesma (p. 269).

5. Não suscita qualquer dificuldade a al. b), quando seja caso de reclamar do autor crédito por despesas ou benfeitorias conexas com a coisa que é objeto da pretensão do autor, como pode suceder em ação de reivindicação, quando o réu pretende o reembolso de obras de conservação feita na coisa reivindicada, e bem assim numa ação em que se pede a restituição de coisa depositada e o réu depositário pretende ser pago pelas despesas de conservação da coisa. Em certos casos, esta iniciativa deve ser expressa por via subsidiária, isto é, unicamente para a eventualidade de vir a proceder a pretensão deduzida pelo autor (o que pode justificar-se, por exemplo, em ações de despejo).

6. Com a atual redação da al. c), pretendeu o legislador tomar posição numa polémica jurisprudencial e doutrinal acerca do instrumento processual adequado para efeitos de invocação de contra-crédito pelo réu. Sendo anteriormente discutido se tal invocação deveria ser sempre operada através de reconvenção ou se esta apenas era dedutível na parte em que o montante do contra-crédito excedesse o valor do crédito do autor e o réu visasse a condenação daquele no pagamento do remanescente (tese que prevalecia na jurisprudência e também na doutrina), parece ter ficado claro que, com a nova redação, se pretendeu adotar a primeira solução (sobre a referida polémica até à vigência do CPC de 2013, cf. Paulo Pimenta, "Reconvenção", no *BFDUC*, vol. LXX, pp. 469 e ss).

7. Em abono da verdade, deve reconhecer-se que o nosso sistema continha já, e há bastante tempo, várias indicações no sentido que agora ficou mais explícito. Com efeito, temos diversos preceitos, em diferentes diplomas, cuja solução pressupõe sempre um quadro reconvencional para a invocação de contra-crédito pelo réu:

a) No CPC de 1961, a conjugação dos arts. 308º, nº 2 e 447º-A, nº 3, mostrava que o legislador assumia processualmente a compensação como tendo natureza reconvencional (cenário que se mantém nos correspondentes arts. 299º, nº 2 e 530º, nº 3, do atual CPC);

b) As sucessivas leis de organização judiciária, ao regularem a competência material do tribunal do trabalho, referiam-se à compensação no domínio da reconvenção; assim no art. 85º, al. p), da Lei nº 3/99, de 13-1 e no art. 118º, al. p) da Lei nº 52/08, de 28-8 (cenário que se mantém no art. 127º, al. o), da atual LOSJ);

c) Na Lei dos Julgados de Paz (Lei nº 78/01, de 13-7), o art. 48º estabelece que não é admissível reconvenção, salvo quando o demando se propõe obter a compensação.

8. Mas se a opção do legislador resolveu qualquer dúvida a respeito da forma de invocação de contra-crédito por via judicial, implicando a dedução de reconvenção (com as limitações que decorrem desta opção conexas quer com a competência absoluta do tribunal, quer com a forma de processo em que se insere), outras parecem agora levantar-se em torno da identificação do mecanismo processual ajustado a fazer valer a compensação nos casos em que esta já tenha sido declarada extrajudicialmente, ao abrigo do art. 848º, nº 1, do CC. Tais dúvidas são lançadas por diversos autores (Lebre de Freitas, Teixeira de Sousa, Rui Pinto, Paulo Pimenta) e também afloram em múltiplos acórdãos dos Tribunais da Relação, nuns casos a afirmar a imprescindibilidade da reconvenção em todas as situações, noutros a defender que a compensação que já tenha sido declarada anteriormente pode ser deduzida por via de exceção, reservando para a via reconvencional os casos em que a compensação ainda não foi declarada, ou seja, quando a invocação da compensação, como forma de extinção da obrigação do autor, apenas ocorre no âmbito da ação.

9. Trata-se de uma fratura de que emergem consequências, a principal das quais se manifesta através da limitação que pode emergir da competência do tribunal onde a ação se encontra pendente, em conjugação com a competência para a apreciação da questão em torno do crédito invocado pelo réu. Como se sabe, sempre que a argumentação do réu se situe no plano da defesa por exceção (como poderia ocorrer no passado com o contra-crédito, em que se entendia maioritariamente configurar exceção o caso de o réu, invocando um crédito, pretender apenas a improcedência da ação, por via do encontro de contas típico da compensação), não se colocam impedimentos derivados da incompetência em razão da nacionalidade, matéria e hierarquia, atento o disposto no art. 91º, nº 1. Mas quando se mostre necessário seguir a via da reconvenção (como já antes ocorria, quando o réu pretendesse obter a condenação do autor no remanescente do contra-crédito), a apreciação do respetivo mérito está limitada aos casos em que o tribunal detém aquela competência absoluta para apreciação do crédito invocado, como o prescreve o art. 93º, nº 1. Existe ainda outra consequência: em caso de reconvenção, é sempre admissível a réplica (art. 584º), ao passo que, perante a defesa por exceção, o contraditório será, em regra, exercido avulsamente, nos termos do art. 3º, nº 4.

10. As pronúncias jurisprudenciais e doutrinais conhecidas mostram que a polémica não se queda pela mera interpretação do art. 266º, nº 2, al. c), pois também há discussão a respeito do art. 729º, al. h) (em torno da dedução de embargos na execução para pagamento de quantia certa) e do regime processual previsto no DL nº 269/98, de 1-9 (cuja última alteração foi introduzida pela Lei nº 117/19, de 13-9), quando o requerido no procedimento de injunção pretende opor um crédito ao requerente.

11. Cf., a respeito de toda a problemática, Lebre de Freitas e Isabel Alexandre, *CPC anot.*, vol. I, 4ª ed., pp. 531 e ss., Lebre de Freitas, *Ação Declarativa Comum*, 4ª ed., pp. 145 e ss., Paulo Pimenta, *Processo Civil Declarativo*, 2ª ed., pp. 199 e ss. e, em *https://blogippc.blogspot.com*, diversos escritos de Teixeira de Sousa e Rui Pinto. Cf. ainda Bianchi Sampaio, "A compensação nas formas de processo em que não é admissível reconvenção", *Julgar Online.*

12. Na jurisprudência (das Relações) parece estar a vingar a tese de que, mesmo nos casos em que a compensação já tenha sido declarada extrajudicialmente, como o permite o art. 848º do CC, a sua discussão deve ser sempre veiculada mediante dedução de reconvenção (neste sentido RG 23-3-17, 37447/15, RP 30-1-17, 976/15 e RP 8-7-15, 19412/14).

13. Por outro lado, em RP 7-10-19, 4843/19, RE 30-5-19, 81643/18, RP 30-5-17, 28549/16, RC 7-6-16, 139381/13 e RP 12-5-15, 143043/14, decidiu-se pela inadmissibilidade da reconvenção em sede dos processos especiais regulados pelo DL nº 269/98, de 1-9, solução que foi rejeitada em STJ 6-6-17, 147667/15 (e também em RP 3-6-18, 26380/17), com base na violação do princípio da igualdade, num caso em que se operara uma distinção entre o procedimento que corria entre comerciantes, com um determinado valor, e o procedimento com valor inferior a metade da alçada da Relação. A solução negativa tem sido fortemente rejeitada por Teixeira de Sousa em *https://blogippc.blogspot.com*, designadamente à margem de RE 30-5-19, 81643/18. Em RG 31-1-19, 53691/18, apela-se aos princípios da adequação formal e ao poder de gestão processual para permitir ao demandado invocar a compensação (cf. ainda RG 13-6-19, 107776/18, RP 4-6-19, 58534/18 e RC 16-1-18, 12373/17).

14. Por agora, o que podemos afirmar é que, sem embargo da pertinência de alguns dos argumentos que ainda se podem extrair do elemento literal (a partir de uma interpretação estrita do segmento "*obter a compensação*", por forma a justificar uma distinção entre os casos em que a compensação já operou anteriormente e aqueles em que o autor apenas é confrontado no âmbito da ação pendente), os precedentes históricos (em face do CPC de 1961) e a manifesta vontade do legislador de alterar o anterior paradigma parecem induzir a conclusão de que, sempre que o réu pretenda invocar um contra-crédito com vista a obter a improcedência da ação (por extinção do crédito do autor) ou a obter a condenação do autor no pagamento do valor remanescente, deve agir através da dedução de reconvenção.

15. Nesta medida, o segmento normativo "*obter a compensação*" que, aliás, já vem do anterior CPC, terá o significado correspondente à pretensão no sentido da extinção do direito invocado pelo autor em consequência do reconhecimento do contra-crédito do réu, independentemente de a compensação já ter sido anteriormente declarada, nos termos do art. 848º do CC, ou seja oposta apenas através da contestação/reconvenção. Tal entendimento encontra a sua justificação na circunstância de o fenómeno da compensação implicar sempre a invocação de uma (outra) relação jurídica da qual emerge o crédito invocado pelo réu, a qual é paralela à relação jurídica que sustenta o pedido do autor.

16. Ampliando-se, deste modo, o objeto do processo, pode percecionar-se, por detrás da alteração do preceito, a vontade de que tal seja veiculado através de uma forma mais solene – a reconvenção – que, atenta a posterior tramitação processual, assegure o adequado contraditório, por via da defesa a deduzir no articulado de réplica (art. 584º, nº 1).

17. A al. d) não suscita dificuldades, ficando acauteladas as situações em que o réu aproveita a ação para conseguir o mesmo efeito jurídico que o autor pretende, como ocorre em ações de divórcio, em que o réu formula igualmente tal pretensão, ou em ações de reivindicação, em que o réu, além de impugnar o direito de propriedade invocado pelo autor, pede que esse direito seja reconhecido a si próprio (*v.g.* invocando a usucapião).

18. Em todos os casos de reconvenção são impostos requisitos formais. A competência absoluta do tribunal para ambas as pretensões (art. 93º, nº 1) constitui uma exigência, embora já seja indiferente o critério respeitante ao apuramento da competência relativa quanto ao pedido reconvencional. No que respeita à forma de processo, em princípio, é necessário que ao pedido reconvencional corresponda a forma de processo que se observa na ação ou, então, que as formas de processo, embora diversas, não sejam manifestamente incompatíveis, nos termos previstos para a coligação no art. 37º, nº 2, ponto que o juiz apreciará.

19. A dedução de reconvenção sem verificação de algum dos pressupostos materiais ou formais constitui uma exceção dilatória (atípica) determinativa da absolvição da instância reconvencional (art. 576º, nº 2). Não prevendo a lei despacho liminar sobre a admissibilidade da reconvenção, tal exceção será apreciada, em regra, no despacho saneador. Já se a inadmissibilidade da pretensão provier da incompetência absoluta, pode esta exceção ser apreciada imediatamente (art. 98º).

20. A decisão que absolva o autor da instância reconvencional é suscetível de recurso de apelação, nos termos do art. 644º, nº 1, al. b) (interpretando a alusão ao réu como referida ao autor/reconvindo). Por seu lado, o acórdão da Relação que, incidindo sobre decisão da 1ª instância, se traduza na absolvição da instância reconvencional (ou que, por qualquer outra via, declare a inadmissibilidade da reconvenção, como se decidiu em STJ 30-3-17, 6617/07) também admite recurso de revista, verificados os demais pressupostos de recorribilidade (art. 671º, nº 1).

21. A reconvenção, como pretensão autónoma que é, obedece a todos os requisitos da petição inicial, designadamente no que concerne à necessidade de alegação dos factos essenciais que constituem a respetiva causa de pedir (art. 5º, nº 1) e à compatibilidade entre o pedido e a causa de pedir, sob pena de ineptidão determinativa da absolvição da instância reconvencional (art. 186º). O simples facto de ser deduzida reconvenção, ainda que esta não seja permitida, determina a admissibilidade da réplica (art. 584º).

22. A reconvenção deve ser deduzida em separado na contestação (art. 583º, nº 1). O reconvinte indica o valor atribuído (nº 2), o qual se adiciona ao valor da ação se os pedidos forem distintos (art. 299º, nº 2); quando a reconvenção assente na invocação de contra-crédito, o valor da pretensão reconvencional só é considerado para efeitos de soma relativamente ao remanescente do contra-crédito que porventura seja exigido do autor reconvindo (art. 530º, nº 3); também não haverá soma nos casos em que a reconvenção vise a obtenção do mesmo efeito jurídico procurado pelo autor. Se não indicar o valor da reconvenção, o reconvinte é convidado a fazê-lo, sob pena de inatendibilidade da mesma (art. 583º, nº 2).

23. Como a alteração do valor da ação pode interferir com a competência do tribunal (art. 117º, nºs 1, al. a) e 3 da LOSJ, para as ações declarativas comuns de valor superior a € 50.000,00), deduzida reconvenção que aumente o valor da causa (efeito imediato, como se decidiu em STJ 6-6-17, 147667/15), daí pode resultar a necessidade de remessa do processo para o juízo central cível que seja competente (arts. 93º, nº 2 e 310º, nº 1).

24. Este efeito de remessa nem sequer é prejudicado pela eventual decisão posterior que se traduza na absolvição da instância reconvencional, por falta dos requisitos formais ou materiais, na medida em que a alteração do valor é resultado da mera dedução da reconvenção (art. 299º, nº 2), não prevendo a lei que possa ser recuperado o valor inicial ou que o processo seja devolvido ao tribunal primitivo.

25. A previsão contida no art. 572º, al d), inclui obviamente a vertente reconvencional da contestação, tendo o réu o ónus de indicar os respetivos meios de prova, sendo que, por força da reconvenção, o número de testemunhas é incrementado para o dobro (art. 511º, nº 2), podendo o requerimento probatório ser alterado pelo réu caso o autor apresente réplica (art. 572º, al. d), *in fine*).

26. Se acaso a dedução do pedido reconvencional implicar litisconsórcio necessário ativo ou passivo, envolvendo sujeitos que não se encontrem na lide, cabe ao reconvinte formular simultaneamente o incidente de intervenção principal provocada de quem deva intervir para assegurar a legitimidade (arts. 266º, nº 4 e 316º), sendo certo que, não deduzindo tal incidente, o réu haverá de ser interpelado para o efeito pelo juiz (arts. 6º, nº 2 e 590º, nº 2, al. a)).

27. O incidente da intervenção provocada também pode ser suscitado a propósito de litisconsórcio voluntário (situação frequente em sede de ações de indemnização com base em responsabilidade civil automóvel, quando o réu possa deduzir pretensão não apenas contra o autor mas essencialmente contra a respetiva seguradora, de acordo com a lei do seguro obrigatório), ainda que neste caso possa haver absolvição da instância reconvencional, quando se verificar que a instrução, discussão e julgamento conjuntos determina grave inconveniente (nº 5).

28. Em virtude da autonomia da reconvenção, se o pedido do autor desembocar porventura na absolvição da instância, isso não afeta a manutenção da instância reconvencional, a não ser que esta seja dependente da apreciação do pedido do autor. A mesma autonomia determina que a pretensão reconvencional não seja prejudicada pela eventual desistência do pedido do autor, salvo caso de dependência (art. 286º, nº 2). Em especial, deve observar-se o disposto no art. 583º, nº 3, de modo que, se o prosseguimento da reconvenção depender de algum ato da iniciativa do reconvinte, tal poderá redundar na absolvição da instância reconvencional.

29. Em relação ao pedido reconvencional poderão verificar-se todas as vicissitudes que afetam o pedido do autor, podendo assumir igualmente todas as modalidades deste mesmo pedido (cumulação real, pedidos subsidiários, pedido genérico, etc.).

30. A apresentação de reconvenção determina a possibilidade de apresentação de réplica, nos termos do art. 584º. Apesar de esta norma apenas prever explicitamente a possibilidade de o autor deduzir a defesa relativamente ao pedido reconvencional, é defensável que se admita a resposta imediata também quanto à matéria da exceção, solução que pode extrair-se do art. 3º, nº 4, nos termos do qual o diferimento da resposta para a audiência prévia ou para o início da audiência final está previsto apenas para os casos em que as exceções tenham sido deduzidas no "último articulado admissível".

31. Cremos que, nos casos em que a dedução da reconvenção não resulte explícita da contestação, como o exige o art. 583º, nº 1, sem embargo da prolação de despacho de convite ao aperfeiçoamento, em virtude da irregularidade do articulado (art. 590º, nº 3), não deve extrair-se da falta de réplica qualquer efeito cominatório, por paralelismo com o regime que o art. 572º, al. c), prescreve quanto à defesa por exceção. Trata-se, em último caso, de recusar para o réu reconvinte um benefício que, afinal, encontraria a sua base no incumprimento de um ónus processual.

32. A dedução de reconvenção é sempre facultativa, dependendo da iniciativa do réu. Mas este não pode ignorar a eventualidade de a sentença se projetar noutra ação, por força da autoridade de caso julgado associada aos efeitos preclusivos da defesa previstos no art. 573º. Miguel Mesquita, em *Reconvenção e Exce*ção em Processo Civil, observa que "o réu que se absteve de alegar direitos acaba por ver precludida a possibilidade de vir a obter uma futura decisão que afete, na prática, o resultado anteriormente alcançado pelo adversário". Por isso, ainda que a reconvenção seja facultativa, considera que o réu deverá reconvir "para se livrar de um prejuízo futuro e eventual (não certo): o prejuízo de preclusão do seu direito" (p. 441), ficando, por isso, "inibido de propor uma contra-acção independente, baseando-se em factos anteriores deduzidos sem êxito ou que, podendo ter sido deduzidos em sua defesa, o não foram" (pág. 429). Conclui que o réu tem "sempre de jogar, no momento em que contesta, com a possibilidade de vir a ser proferida uma sentença favorável ao autor. Porque sobre esta se forma caso julgado material, o réu não pode, através de uma ação, com base em factos anteriores, vir a afetar o teor da sentença neste proferida" (p. 453) (cf. ainda STJ 30-11-17, 3074/16).

33. Esta doutrina também foi assumida em STJ de 10-10-12, 1999/11, em cujo sumário se consignou que "a autoridade de caso julgado inerente a uma decisão que reconheceu ao autor o direito de propriedade sobre uma parcela de terreno e condenou o réu na sua restituição e na demolição da construção que na mesma foi erigida impede que este, em nova ação, peça o reconhecimento do direito de propriedade sobre a mesma parcela, ainda que com fundamento na acessão industrial imobiliária". Outra situação em que a lei explicitamente extrai efeitos da não dedução de reconvenção decorre do art. 860º, nº 3, quando esteja em causa o direito de benfeitorias que não foi exercido na ação em que foi proferida a sentença. No mesmo sentido, aludindo ao efeito preclusivo dos meios de defesa, cf. STJ 29-5-14, 1722/12.

34. Em STJ 6-6-13, 1436/09, foi decidido que "nos embargos de terceiro, para que possa ser declarada a prevalência do direito de propriedade do executado sobre a posse formal do embargante, não se mostra necessária a dedução de pedido reconvencional, nos termos do nº 2 do art. 357º, do CPC, bastando que aquele direito seja alegado e provado em sede de defesa por exceção".

35. Sobre a matéria da reconvenção, cf. Paulo Pimenta, *Processo Civil Declarativo*, 2ª ed., pp. 196 e ss., Lebre de Freitas, *A Acão Declarativa Comum*, 4ª ed., pp. 143 e ss. e Miguel Mesquita, *Reconvenção e Exceção no Processo Civil*, pp. 99 a 210.

ARTIGO 267º
Apensação de ações

1 – Se forem propostas separadamente ações que, por se verificarem os pressupostos de admissibilidade do litisconsórcio, da coligação, da oposição ou da reconvenção, pudessem ser reunidas num único processo, é ordenada a

junção delas, a requerimento de qualquer das partes com interesse atendível na junção, ainda que pendam em tribunais diferentes, a não ser que o estado do processo ou outra razão especial torne inconveniente a apensação.

2 – Os processos são apensados ao que tiver sido instaurado em primeiro lugar, salvo se os pedidos forem dependentes uns dos outros, caso em que a apensação é feita na ordem da dependência, ou se alguma das causas pender em instância central, a ela se apensando as que corram em instância local.

3 – A junção deve ser requerida ao tribunal perante o qual penda o processo a que os outros tenham de ser apensados.

4 – Quando se trate de processos que pendam perante o mesmo juiz, pode este determinar, mesmo oficiosamente, ouvidas as partes, a apensação.

5 – Tendo sido penhorados, em execuções distintas, quinhões no mesmo património autónomo ou direitos relativos ao mesmo bem indiviso, pode o juiz, oficiosamente ou a requerimento da parte, ordenar a apensação ao processo em que tenha sido feita a primeira penhora desde que não ocorra nenhuma das circunstâncias previstas no nº 1 do artigo 709º.

Remissões: art. 32º (litisconsórcio voluntário), art. 36º (coligação), art. 333º (oposição), art. 266º (reconvenção), 743º, nº 2 (venda executiva); art. 752º, nº 2 (penhora sobre bem indiviso); art. 1094º (cumulação de inventários).

1. A este instituto subjazem razões de economia processual bem como de uniformidade de julgados. A apensação depende da verificação dos seguintes pressupostos formais ou substanciais: entre as diversas ações instauradas e pendentes devem verificar-se as circunstâncias de que depende o litisconsórcio, a coligação, a oposição ou a reconvenção; a apensação deve ser requerida pelos interessados e só pode ser oficiosamente determinada quando incida sobre processo ou processos adstritos ao mesmo juiz (excluindo-se, deste modo, as situações em que o processo está pendente no mesmo tribunal ou juízo, mas na titularidade de juiz diferente); deve verificar-se um interesse atendível na junção dos processos; o requerimento deve ser apresentado no processo que deva suportar a apensação; a pretensão apenas deve ser deferida depois de respeitado o contraditório e desde que o estado do processo ou outras razões especiais não impeçam a apensação.

2. Não sendo a apensação de ações de iniciativa oficiosa, salvo no caso do nº 4, incumbe ao requerente da mesma fornecer e demonstrar os elementos que permitem aferir da sua admissibilidade (RP 21-11-02, 0230969). O final da fase dos articulados será o momento adequado para ordenar a apensação, a qual deve ser deferida quando entre as ações exista a conexão referida no nº 1 e não haja razões especiais que tornem inconveniente a junção, prosseguindo o objetivo essencial de evitar decisões logicamente incompatíveis.

3. A partir da apensação, as ações são tratadas processualmente como uma única, com instrução e julgamento conjunto, embora não percam a sua autonomia (RC

29-10-13, 737/08 e RC 21-5-13, 4044/07), de modo que subsiste a individualidade dos pedidos formulados, dos valores processuais (nota 4 ao art. 299º) e das respetivas sucumbências para efeitos de recurso (STJ 9-3-10, 94/2001).

ARTIGO 268º
Apensação de processos em fase de recurso

1 – É aplicável aos processos em fase de recurso o disposto nos nºs 1 e 4 do artigo anterior, com as especialidades previstas nos números seguintes.

2 – Apenas pode haver lugar a apensação de processos que estejam pendentes nos tribunais da Relação ou no Supremo Tribunal de Justiça.

3 – Os processos são apensados ao que tiver sido interposto em primeiro lugar.

4 – A apensação pode ser oficiosamente ordenada pelos presidentes da Relação ou pelo Presidente do Supremo Tribunal de Justiça.

1. Verificados os requisitos do art. 267º, qualquer das partes com interesse atendível pode requerer a apensação de processos em fase de recurso, só podendo ser recusada se o estado do processo ou outros motivos a tornarem inconveniente. Não é o mero facto de se encontrarem pendentes dois ou mais recursos, ainda que extraídos do mesmo processo, que legitima a referida apensação. Mais do que a conexão formal, subjaz à medida a ideia de evitar, tanto quanto possível, que, relativamente a questões que poderiam ter corrido a par, dentro do mesmo processo, surjam decisões contraditórias ou escusadamente repetitivas, visando-se tutelar fundamentalmente os interesses da segurança jurídica e da eficiência dos mecanismos jurisdicionais.

2. Na economia do preceito apenas faz sentido a apensação quando, relativamente a qualquer dos recursos, ainda não tenha sido proferida decisão ou acórdão sobre o respetivo mérito. Só assim se pode afirmar que ainda se encontram "*pendentes*" nos termos e para efeitos do nº 2. Já, por outro lado, nada obsta a que a pendência se verifique em Trib. de Relação diferentes que individualmente tenham competência para cada um dos processos.

3. Tal apensação pode ser oficiosamente ordenada pelos Presidentes dos tribunais superiores (Relação ou Supremo), nos termos do nº 4, e pode ser determinada também oficiosamente pelo relator quanto aos processos que lhe tenham sido distribuídos, ouvindo as partes a esse respeito. A apensação será feita ao recurso que tiver sido interposto em primeiro lugar (nº 3).

CAPÍTULO II
Suspensão da instância

ARTIGO 269º
Causas

1 – A instância suspende-se nos casos seguintes:

a) Quando falecer ou se extinguir alguma das partes, sem prejuízo do disposto no artigo 162º do Código das Sociedades Comerciais;

b) Nos processos em que é obrigatória a constituição de advogado, quando este falecer ou ficar absolutamente impossibilitado de exercer o mandato. Nos outros processos, quando falecer ou se impossibilitar o representante legal do incapaz, salvo se houver mandatário judicial constituído;

c) Quando o tribunal ordenar a suspensão ou houver acordo das partes;

d) Nos outros casos em que a lei o determinar especialmente.

2 – No caso de transformação ou fusão de pessoa coletiva ou sociedade, parte na causa, a instância não se suspende, apenas se efetuando, se for necessário, a substituição dos representantes.

3 – A morte ou extinção de alguma das partes não dá lugar à suspensão, mas à extinção da instância, quando torne impossível ou inútil a continuação da lide.

Remissões: art. 112º do CSC (fusão de sociedades); arts. 118º e 120º do CSC (cisão de sociedades); art. 162º do CSC (liquidação de sociedades); art. 271º (suspensão por falecimento ou impedimento do mandatário); art. 275º (efeitos da suspensão); art. 276º (cessação da suspensão).

1. A suspensão da instância tem como efeito a paralisação da tramitação processual, na medida em que, enquanto perdurar, apenas podem ser praticados os atos urgentes destinados a evitar dano irreparável, nos termos do art. 275º, nº Quanto a prazos, os mesmos não correm durante a suspensão, retomando-se a sua contagem logo que aquela cesse. Porém, se a suspensão tiver por base o disposto nas als. a) e b) do nº 1 do art. 269º, tais eventos determinam a inutilização da parte do prazo já decorrido (art. 275º, nº 2). Os fundamentos que a podem determinar são típicos ou atípicos, mas a decisão de suspensão da instância é daquelas que é imediatamente recorrível, nos termos do art. 644º, nº 2, al. c).

2. O falecimento (pessoa singular) ou a extinção (pessoa coletiva) de alguma das partes determina, em regra, a suspensão da instância, até que seja decidida, com trânsito em julgado, a habilitação dos sucessores, nos termos dos arts. 351º e ss. (art. 276º, nº 1, al. a)). A determinadas situações, quando o seu prosseguimento se revele inútil ou impossível, ajusta-se a extinção da instância.

3. Tratando-se de sociedade comercial, o art. 162º do CSC prevê que a ação prossiga com a generalidade dos sócios representados pelo liquidatário. Dissolvida uma sociedade comercial demandada, a personalidade judiciária subsiste como "*sociedade em liquidação*" (art. 146º, nºs 2 e 3, do CSC), já que a extinção daquele pressuposto apenas ocorre com o registo do encerramento da liquidação (art. 160º, nº 2, do CSC). Com exceção das situações em que a extinção da sociedade determine a inutilidade ou a impossibilidade superveniente da lide, opera-se a substituição da sociedade liquidada por uma outra "entidade" legalmente qualificada como "generalidade dos sócios, também dotada de personalidade judiciária (cf. Raúl Ventura, *Dissolução e Liquidação de Sociedades*, pp. 467 e 487), a qual é representada pelos liquidatários que, em princípio, já estarão incumbidos de semelhantes funções relativamente à sociedade "*em liquida*ção" (arts. 151º e 152º, nº 1, do CSC). Cremos que a referida substituição é automática e, embora os sócios apenas respondam na medida do que receberam, não é necessária a demonstração da partilha dos bens, contra o que se decidiu em STJ 7-2-13, 9787/03 e STJ 26-6-08, 08B1184.

4. A suspensão da instância pode ser motivada pelo falecimento ou incapacitação do advogado, quando seja obrigatório o patrocínio judiciário, e destina-se a assegurar a designação de outro advogado (art. 271º). Já nos casos restantes, a suspensão apenas poderá ser motivada pelo falecimento ou impossibilidade do representante legal do incapaz, e desde que não haja mandatário judicial constituído.

5. À suspensão por acordo das partes ou por decisão judicial refere-se o art. 272º, sem embargo de a suspensão emergir de outras normas dispersas ou de legislação avulsa.

6. O reenvio prejudicial previsto no art. 267º do TFUE constitui uma causa atípica de suspensão da instância por ordem do tribunal, cabendo a iniciativa ao tribunal ou às próprias partes. Verificados os seus pressupostos, o reenvio é obrigatório caso seja suscitado em processo pendente perante tribunal nacional de cujas decisões não caiba recurso de direito interno, nos termos do § 3 do art. 267º do TFUE (cf. Abrantes Geraldes, *Recursos no NCPC*, 5ª ed., pp. 253 e 254).

7. Sobre a admissibilidade de recurso do despacho que indefere a suspensão, cf. nota 17 ao art. 644º.

ARTIGO 270º
Suspensão por falecimento ou extinção da parte

1 – Junto ao processo documento que prove o falecimento ou a extinção de qualquer das partes, suspende-se imediatamente a instância, salvo se já tiver começado a audiência de discussão oral ou se o processo já estiver inscrito em tabela para julgamento. Neste caso a instância só se suspende depois de proferida a sentença ou o acórdão.

2 – A parte deve tornar conhecido no processo o facto da morte ou da extinção do seu comparte ou da parte contrária, providenciando pela junção do documento comprovativo.

3 – São nulos os atos praticados no processo posteriormente à data em que ocorreu o falecimento ou extinção que, nos termos do nº 1, devia determinar a suspensão da instância, em relação aos quais fosse admissível o exercício do contraditório pela parte que faleceu ou se extinguiu.

4 – A nulidade prevista no número anterior fica, porém, suprida se os atos praticados vierem a ser ratificados pelos sucessores da parte falecida ou extinta.

5 – A informação relativa ao falecimento ou à extinção de qualquer das partes pode igualmente ser transmitida ao processo, de forma automática e eletrónica, pelas bases de dados dos registos civil e comercial.

(Alterado pelo DL nº 97/19, de 26-7)

1. Comprovado documentalmente o falecimento ou a extinção da parte, a instância deve ser suspensa, a não ser que outra solução decorra da lei ou que ao caso se ajuste a extinção da instância. Com Lebre de Freitas e Isabel Alexandre, *CPC anot.*, vol. I, 4ª ed., p. 547, cremos que o nº 1 deve ser interpretado restritivamente, por forma a abarcar apenas as situações em que a prova já tenha sido produzida e se passa para a fase das alegações orais (art. 604º, nº 3, al. e)), isto é, a instância deve suspender-se sempre que a prova do falecimento ocorre em momento anterior ao início das alegações orais.

2. No que concerne à ação de despejo respeitante a arrendamento habitacional, discute-se se o falecimento do arrendatário determina a extinção da instância, por inutilidade superveniente da lide, considerando que a sua posição não se transmite automaticamente aos sucessores normais, ou se, apesar disso, e no interesse do próprio locador, a ação deve prosseguir, habilitando-se como sucessores do locatário aqueles que, de facto, se comportem como tal ou se arrogam a qualidade de transmissários do direito ao arrendamento. Cremos ser esta a melhor solução.

3. Casos há, porém, em que a lei estabelece a possibilidade de a instância prosseguir, apesar de se discutirem fundamentalmente direitos de natureza pessoal mas com reflexos de ordem patrimonial na massa da herança. É o que ocorre com as situações previstas nos arts. 1818º, 1844º, 1862º e 1873º (ações de filiação) e no art. 1785º, nº 3 (ação de divórcio), todos do CC.

4. Quando os direitos e obrigações se transmitam nos termos gerais, uma vez suspensa a instância, a habilitação pode ser promovida por qualquer das partes sobrevivas ou pelos próprios sucessores, nos termos do art. 351º. Quem deverá ser habilitado serão os sucessores conhecidos ou, no caso de desconhecimento dos sucessores ou dos sucessíveis, os incertos ou ainda, como se prevê no art. 355º, nº 4, a herança jacente. A suspensão só cessará quando for notificada a sentença de habilitação (art. 276º, nº 1, al. a)).

5. Qualquer das partes tem o dever de dar notícia nos autos do facto que determina a suspensão da instância. Mais do que um dever, a parte tem interesse nessa demonstração, uma vez que a lei comina com a nulidade os atos processuais praticados depois de ocorrido o facto, ainda que não fosse conhecido de nenhuma das partes, desde que relativamente ao mesmo fosse admissível o contraditório, sem embargo de posterior ratificação, nos termos do nº 4.

ARTIGO 271º
Suspensão por falecimento ou impedimento do mandatário

1 – No caso da alínea b) do nº 1 do artigo 269º, uma vez feita no processo a prova do facto, suspende-se imediatamente a instância; mas se o processo estiver concluso para a sentença ou em condições de o ser, a suspensão só se verifica depois da sentença.

2 – A prova do facto pode ser efetuada por transmissão de informação, de forma automática e eletrónica, pelas associações públicas profissionais, nos termos a estabelecer por protocolo entre o Ministério da Justiça e a associação pública profissional, ou pelas bases de dados do registo civil.

(Alterado pelo DL nº 97/19, de 26-7)

1. A suspensão deve ser declarada logo que se demonstre nos autos o óbito ou a impossibilidade do mandatário ou do representante legal do incapaz, a não ser que o processo esteja a aguardar a prolação da sentença, caso em que a suspensão apenas é determinada depois de ser proferida.

ARTIGO 272º
Suspensão por determinação do juiz ou por acordo das partes

1 – O tribunal pode ordenar a suspensão quando a decisão da causa estiver dependente do julgamento de outra já proposta ou quando ocorrer outro motivo justificado.

2 – Não obstante a pendência de causa prejudicial, não deve ser ordenada a suspensão se houver fundadas razões para crer que aquela foi intentada unicamente para se obter a suspensão ou se a causa dependente estiver tão adiantada que os prejuízos da suspensão superem as vantagens.

3 – Quando a suspensão não tenha por fundamento a pendência de causa prejudicial, fixa-se no despacho o prazo durante o qual estará suspensa a instância.

4 – As partes podem acordar na suspensão da instância por períodos que, na sua totalidade, não excedam três meses, desde que dela não resulte o adiamento da audiência final.

Remissões: art. 92º (questões prejudiciais); art. 151º (marcação da audiência final); art. 603º (realização da audiência final).

1. A suspensão da instância fora dos casos referidos nos preceitos anteriores constitui uma vicissitude que, face aos efeitos que projeta, deve ser interpretada com moderação. Assim acontece quando o motivo para a suspensão for centrado na pendência de uma causa prejudicial.

2. Apenas podem motivar a suspensão com esse motivo ações que tenham sido instauradas anteriormente à ação em causa, a não ser que se verifique uma relação de prejudicialidade relativamente a um processo da competência dos tribunais criminais ou dos tribunais administrativos e fiscais (art. 92º), situação em que o juiz pode decretar a suspensão até que o tribunal competente se pronuncie. Por outro lado, deve comprovar-se uma efetiva relação de dependência, de tal modo que a apreciação do litígio esteja efetivamente condicionada pelo que venha a decidir-se na ação prejudicial, a qual constitui um pressuposto da outra decisão (*v.g.* ação para cumprimento de um contrato e ação em que se invoque a nulidade desse contrato).

3. O nexo de prejudicialidade define-se assim: estão pendentes duas ações e dá-se o caso de a decisão de uma poder afetar o julgamento a proferir noutra; a razão de ser da suspensão, por pendência de causa prejudicial, é a economia e a coerência de julgamentos; uma causa é prejudicial em relação à outra quando a decisão da primeira possa destruir o fundamento ou a razão de ser da segunda (cf. Alberto dos Reis, *Comentário ao CPC*, vol. III, pp. 268 a 285; num exemplo que integra a ação de anulação de deliberação de amortização de quota e processo especial de inquérito judicial cf. RL 12-4-11, 1207/10).

4. Ainda que esses dois requisitos se verifiquem, o juiz deve negar a suspensão fundada na prejudicialidade quando se demonstrar que a ação foi intentada precisamente para se obter a suspensão da outra ou, independentemente disso, quando o estado da causa tornar gravemente inconveniente a suspensão. É que não pode ignorar-se que a suspensão obsta a que a instância prossiga naturalmente, o que pode revelar-se gravoso para os interesses que o autor procurou acautelar. Daí que, nessas situações, cumpra apreciar na ação todas as questões que tenham sido suscitadas.

5. A suspensão não está necessariamente dependente da iniciativa da parte, podendo ser oficiosamente determinada se acaso o juiz for confrontado com uma situação que mereça esse tratamento. De outra banda, não é o facto de estar pendente uma ação que deve determinar automaticamente a suspensão, sendo esta avaliada pelo juiz em função das circunstâncias que se verificarem. Lebre de Freitas e Isabel Alexandre, *CPC anot.*, vol. I, 4ª ed., p. 551, sustentam que o despacho que, ao abrigo do nº 2, rejeite a suspensão integra o exercício de um poder discricionário, insindicável em recurso, questão diversa da formulação do juízo estrito sobre a existência de prejudicialidade, o qual admite recurso (STJ 11-10-94, 081359).

6. Mantém-se a jurisprudência fixada em ***Assento de 24-5-60***, que considerou não ser aplicável na ação executiva a suspensão da instância com fundamento na pendência de causa prejudicial (cf. RL 2-2-10, 2621/08). Na verdade, continua a não fazer sentido a invocação de uma causa prejudicial no confronto com o exercício do direito sustentado num título com força executiva, tanto mais que o art. 733º prescreve agora a suspensão potestativa mediante a prestação de caução e legitima que noutros casos seja decretado o mesmo efeito.

7. Agora, como dantes, não existe, no entanto, obstáculo formal a que a suspensão da execução seja decretada pelo juiz por outros motivos (quaisquer motivos) que considere suficientemente justificados. Por outro lado, aquela restrição apenas vale para a atividade tendente à execução coerciva da obrigação exequenda, não sendo de aplicar aos embargos de executado ou a outros procedimentos declarativos enxertados na ação executiva, cujos objetivos são diferenciados.

8. A suspensão da instância em geral pode encontrar outros motivos cuja justificação é sujeita ao escrutínio do juiz, o qual, neste campo, goza de uma larga margem de discricionariedade, devendo aquilatar se efetivamente se justifica tal medida. Nesses casos, o juiz deve sempre fixar o prazo de suspensão, o que, no entanto, não obsta a que o mesmo seja renovado se acaso as circunstâncias continuarem a revelar a necessidade da suspensão.

9. O nº 4 pretendeu pôr cobro a uma situação de insustentável abuso da suspensão da instância potestativa, por mero acordo das partes, que antes era permitida. Tal regime descurava os efeitos que isso determinava na tramitação da ação e no sistema de administração da justiça, essencialmente quando o "*acordo das partes*" não era mais do que um artifício utilizado para conseguir um adiamento do início da audiência final para a qual estavam convocados outros sujeitos. É bom não olvidar – e foi esse o juízo do legislador que presidiu a esta solução – que o direito processual é de natureza pública e que tudo o que se relacione com a duração da resposta judiciária acaba por interferir no interesse público relacionado com a administração da justiça cível.

10. Neste contexto, a solução passa agora pela concessão de liberdade às partes para acordarem na suspensão da instância pelo período global máximo de 3 meses, na condição de tal suspensão não implicar com a realização da audiência final ou com a sua continuação. Com esta medida pragmática, alcançou-se um ponto de equilíbrio entre a disponibilidade do processo, com vista a facilitar, porventura, a resolução consensual de litígios, e o interesse na boa administração da justiça que também passa pela eficiência dos agendamentos de audiências, pela necessidade de resolução dos litígios em tempo razoável e, *the last but not the least*, pelo respeito que é devido à programação da audiência (arts. 155º e 591º, nº 4, al. g)) e também à convocação de terceiros que, como as testemunhas, são chamadas a prestar depoimentos.

11. Aliás, a suspensão que seja fundada no acordo das partes não prejudica a prática dos atos de instrução e as diligências que sejam preparatórias da audiência final (art. 275º, nº 4), nomeadamente a convocação de quem deva comparecer na audiência final (cf. J. Correia, P. Pimenta e S. Castanheira, *Introdução ao Estudo e à Aplicação do CPC de 2013*, pp. 37-38).

12. É claro que também esta restrição não afastará a possibilidade de a suspensão da instância (com reflexos na audiência final) ser decretada com fundamento em "*motivo justificado*" (nº 1). Só que agora tal já não depende unicamente da vontade das partes, como dantes acontecia, antes da apreciação que o juiz faça dos motivos que invocarem. E, assim, se o juiz se convencer de que, por exemplo, as partes estão em vias de estabelecer um acordo que ponha termo ao processo, nada obsta a que a suspensão seja decretada com essa justificação, devendo recusá-la quando a justificação não passe de um pretexto para a não realização da audiência marcada.

13. Ou seja, se as partes demonstrarem seriamente a possibilidade de ser encontrada uma solução consensual, pode justificar-se a suspensão da instância por determinação do juiz, uma vez que, como a experiência o demonstra, com mais dificuldades se conseguirá uma tal solução depois de o processo ter avançado para a audiência final. Mas, insista-se, esta possibilidade deve ser usada com moderação e, além disso, deve ser reservada para casos em que haja um sério compromisso das partes ou dos seus mandatários, fazendo jus aos princípios da boa-fé e da cooperação. Por isso, se acaso se revelar a violação injustificada desse compromisso, é um bom motivo para o acionamento de outros mecanismos que visam penalizar comportamentos processuais abusivos (*v.g.* litigância de má-fé).

14. Decidiu-se em RL 29-10-15, 1229/14 que, sendo requerida por ambas as partes, a suspensão da instância ao abrigo do disposto no nº 4 do art. 272º, a mesma verifica-se automaticamente e sem necessidade de despacho judicial, produzindo efeitos a partir do momento em que foi junto ao processo o acordo, o que se compreende, já que, dentro dos estritos limites que agora estão previstos, esta modalidade de suspensão da instância tem natureza potestativa, impondo-se, sem mais, nos autos.

ARTIGO 273º
Mediação e suspensão da instância

1 – Em qualquer estado da causa, e sempre que o entenda conveniente, o juiz pode determinar a remessa do processo para mediação, suspendendo a instância, salvo quando alguma das partes expressamente se opuser a tal remessa.

2 – Sem prejuízo do disposto no número anterior, as partes podem, em conjunto, optar por resolver o litígio por mediação, acordando na suspensão da instância nos termos e pelo prazo máximo previsto no nº 4 do artigo anterior.

3 – A suspensão da instância referida no número anterior verifica-se, automaticamente e sem necessidade de despacho judicial, com a comunicação por qualquer das partes do recurso a sistemas de mediação.

4 – Verificando-se na mediação a impossibilidade de acordo, o mediador dá conhecimento ao tribunal desse facto, preferencialmente por via eletrónica,

cessando automaticamente e sem necessidade de qualquer ato do juiz ou da secretaria a suspensão da instância.

5 – Alcançando-se acordo na mediação, o mesmo é remetido a tribunal, preferencialmente por via eletrónica, seguindo os termos definidos na lei para a homologação dos acordos de mediação.

Remissões: Lei nº 29/13, de 19-4 (Lei da Mediação).

1. Pretende o legislador fomentar o recurso à mediação como forma de resolução de litígios, posto que um tal desiderato se defronte com graves dificuldades de assimilação ou de execução.

2. Tal alternativa tanto pode ser suscitada oficiosamente pelo juiz, desde que não haja oposição, como pode resultar de acordo das partes, o qual, no entanto, não pode ser abusivamente invocado para superar as dificuldades que outras normas colocam à suspensão da instância.

3. Sobre a matéria, cf. Ana Carolina Cardoso, "Mediação (civil e comercial) e celeridade processual – propostas para a dinamização da mediação e da sua integração nos tribunais como meio de redução de pendências", em *Julgar*, nº 34, pp. 35-60.

ARTIGO 274º
Incumprimento de obrigações tributárias

1 – Não obsta ao recebimento ou prosseguimento das ações, incidentes ou procedimentos cautelares que pendam perante os tribunais judiciais a falta de demonstração pelo interessado do cumprimento de quaisquer obrigações de natureza tributária que lhe incumbam, salvo nos casos em que se trate de transmissão de direitos operada no próprio processo e dependente do pagamento do imposto de transmissão.

2 – A falta de cumprimento de quaisquer obrigações tributárias não obsta a que os documentos a elas sujeitos sejam valorados como meio de prova nas ações que pendam nos tribunais judiciais, sem prejuízo da participação das infrações que o tribunal constate.

3 – Quando se trate de ações fundadas em atos provenientes do exercício de atividades sujeitas a tributação e o interessado não haja demonstrado o cumprimento de qualquer dever fiscal que lhe incumba, a secretaria ou o agente de execução deve comunicar a pendência da causa e o seu objeto à administração fiscal, preferencialmente por via eletrónica, sem que o andamento regular do processo seja suspenso.

Remissões: art. 827º, nº 1 (obrigações fiscais em caso de venda executiva), art. 52º do CIMT (inatendibilidade em juízo de documentos ou títulos respeitantes a transmissões ocorridas no processo e que deem azo ao pagamento de IMT).

1. O preceito procura compatibilizar o exercício do direito de ação ou de defesa com o cumprimento de obrigações de natureza tributária, não se justificando efetivamente que na relação jurídico-processual interfira uma relação de natureza tributária. Por isso, a falta de cumprimento de obrigações tributárias apenas colide com prosseguimento da instância quando esteja em causa a transmissão de um bem ou direito dependente do pagamento de imposto de transmissão, como ocorre com o IMT.

2. O regime é semelhante quando se trate da apresentação de documentos que revelem o incumprimento de obrigações fiscais, cuja valoração probatória não é impedida por esse facto, sem embargo da participação da infração que eventualmente tenha sido cometida. Outrossim nos casos em que o litígio incida sobre atos inseridos numa atividade sujeita a tributação. Verificado o incumprimento de alguma obrigação fiscal, basta-se a lei com a comunicação oportuna à administração fiscal, para os efeitos que esta apreciará, sem que isso determine a suspensão da instância.

ARTIGO 275º
Regime da suspensão

1 – Enquanto durar a suspensão só podem praticar-se validamente os atos urgentes destinados a evitar dano irreparável; a parte que esteja impedida de assistir a estes atos é representada pelo Ministério Público ou por advogado nomeado pelo juiz.

2 – Os prazos judiciais não correm enquanto durar a suspensão; nos casos das alíneas a) e b) do nº 1 do artigo 269º a suspensão inutiliza a parte do prazo que tiver decorrido anteriormente.

3 – A simples suspensão não obsta a que a instância se extinga por desistência, confissão ou transação, contanto que estas não contrariem a razão justificativa da suspensão.

4 – No caso previsto no nº 4 do artigo 272º, a suspensão não prejudica os atos de instrução e as demais diligências preparatórios da audiência final.

1. A suspensão da instância implica naturalmente a inviabilidade de serem praticados os atos processuais que se seguiriam ao evento suspensivo, a não ser quando esteja em causa evitar a ocorrência de dano irreparável, como sucede nos casos em que se justifique a produção antecipada de prova (art. 420º) ou haja necessidade de recorrer à tutela cautelar (art. 362º, nº 1). Coerentemente, também não ocorre a contagem dos prazos que estiverem em curso, retomando-se a contagem depois do reinício da instância. Nos casos em que a suspensão seja determinada pelo falecimento ou extinção de alguma das partes ou pelo falecimento ou incapacitação do mandatário judicial ou do representante da parte, inutilizar-se-á o prazo já transcorrido.

2. Em regra, a suspensão não afeta a possibilidade de extinção da instância por desistência, confissão ou transação. E nos casos em que a suspensão decorra de acordo das partes, nos termos do nº 4 do art. 272º, a suspensão não obsta à prática dos atos de instrução e outros preparatórios da audiência final, nomeadamente a convocação de quem deva comparecer na audiência final.

ARTIGO 276º
Como e quando cessa a suspensão

1 – A suspensão por uma das causas previstas no nº 1 do artigo 269º cessa:

a) No caso da alínea a), quando for notificada a decisão que considere habilitado o sucessor da pessoa falecida ou extinta;

b) No caso da alínea b), quando a parte contrária tiver conhecimento judicial de que está constituído novo advogado, ou de que a parte já tem outro representante, ou de que cessou a impossibilidade que fizera suspender a instância;

c) No caso da alínea c), quando estiver definitivamente julgada a causa prejudicial ou quando tiver decorrido o prazo fixado;

d) No caso da alínea d), quando findar o incidente ou cessar a circunstância a que a lei atribui o efeito suspensivo.

2 – Se a decisão da causa prejudicial fizer desaparecer o fundamento ou a razão de ser da causa que estivera suspensa, é esta julgada improcedente.

3 – Se a parte demorar a constituição de novo advogado, pode qualquer outra parte requerer que seja notificada para o constituir dentro do prazo que for fixado; a falta de constituição dentro deste prazo tem os mesmos efeitos que a falta de constituição inicial.

4 – Pode também qualquer das partes requerer que seja notificado o Ministério Público para promover, dentro do prazo que for designado, a nomeação de novo representante ao incapaz, quando tenha falecido o primitivo ou a sua impossibilidade se prolongue por mais de 30 dias; se ainda não houver representante nomeado quando o prazo findar, cessa a suspensão, sendo o incapaz representado pelo Ministério Público.

1. O reinício da instância varia em função do fenómeno suspensivo. Assim, quando implique a habilitação de sucessores, ocorre com a notificação da decisão do incidente (ou melhor, com o trânsito em julgado dessa decisão); quando decorra de falecimento ou incapacitação de mandatário judicial ou representante legal do incapaz, logo que essa situação seja resolvida, sem embargo da aceleração prevista nos nºs 3 e 4; nos casos em que for autorizada pelo juiz, quando decorrer o prazo fixado ou a prorrogação que tenha existido; nos casos de pendência de causa prejudicial, quando transitar em julgado a decisão proferida nessa ação; nos demais casos, quando cessar a circunstância que legalmente implica a suspensão.

2. Pode acontecer que a decisão da causa prejudicial determine a extinção da instância na ação cuja instância foi suspensa, por inutilidade ou por impossibilidade superveniente da lide.

CAPÍTULO III
Extinção da instância

ARTIGO 277º
Causas de extinção da instância

A instância extingue-se com:

a) O julgamento;

b) O compromisso arbitral;

c) A deserção;

d) A desistência, confissão ou transação;

e) A impossibilidade ou inutilidade superveniente da lide.

Remissões: art. 280º (compromisso arbitral); art. 281º (deserção); arts. 283º e ss. (confissão, desistência e transação); art. 536º (custas nos casos de extinção por impossibilidade ou inutilidade da lide); art. 537º (custas nos casos de confissão, desistência ou transação); art. 607º (sentença).

1. O julgamento (cuja decisão transite em julgado) é a forma mais nobre de provocar a extinção da instância, mas não a única, merecendo especial destaque a extinção decorrente do indeferimento liminar ou a que se traduz na absolvição da instância ou numa figura com efeitos equivalentes (*v.g.* extinção da instância decorrente do desentranhamento da petição inicial ou, no que respeita à reconvenção, por verificação da intempestividade da contestação).

2. Ao compromisso arbitral se reporta o art. 280º. A deserção da instância vem regulada no art. 281º. A desistência do pedido ou da instância, a confissão do pedido ou a transação também podem determinar a extinção total ou parcial da instância.

3. A impossibilidade superveniente da lide pode derivar de três ordens de razões: impossibilidade subjetiva nos casos de relações jurídicas pessoais que se extinguem com a morte do titular da relação, não ocorrendo sucessão nessa titularidade; impossibilidade objetiva nos casos de relações jurídicas infungíveis em que a coisa não possa ser substituída por outra ou o facto prestado por terceiro; impossibilidade causal quando ocorre a extinção de um dos interesses em litígio (*v.g.* por confusão).

4. A inutilidade superveniente decorre em geral dos casos em que o efeito pretendido já foi alcançado por via diversa, sendo o caso mais típico o do pagamento da quantia peticionada ou, em geral, o cumprimento espontâneo da obrigação em causa ou a entrega do bem reivindicado.

5. Importa tomar em atenção o ***AUJ nº 1/14***, segundo o qual: "*Transitada em julgado a sentença que declara a insolvência, fica impossibilitada de alcançar o seu efeito útil normal a ação declarativa proposta pelo credor contra o devedor, destinada a obter o reconhecimento do crédito peticionado, pelo que cumpre decretar a extinção da instância, por inutilidade superveniente da lide, nos termos da al. e) do art. 287º do CPC (de 1961)*".

6. Já no ***AUJ nº 5/18*** (*Secções Penais*) decidiu-se que: "*A insolvência do lesante não determina a inutilidade superveniente da lide do pedido de indemnização cível deduzido em processo penal*".

ARTIGO 278º
Casos de absolvição da instância

1 – O juiz deve abster-se de conhecer do pedido e absolver o réu da instância:

a) Quando julgue procedente a exceção de incompetência absoluta do tribunal;

b) Quando anule todo o processo;

c) Quando entenda que alguma das partes é destituída de personalidade judiciária ou que, sendo incapaz, não está devidamente representada ou autorizada;

d) Quando considere ilegítima alguma das partes;

e) Quando julgue procedente alguma outra exceção dilatória.

2 – Cessa o disposto no número anterior quando o processo haja de ser remetido para outro tribunal e quando a falta ou a irregularidade tenha sido sanada.

3 – As exceções dilatórias só subsistem enquanto a respetiva falta ou irregularidade não for sanada, nos termos do nº 2 do artigo 6º; ainda que subsistam, não tem lugar a absolvição da instância quando, destinando-se a tutelar o interesse de uma das partes, nenhum outro motivo obste, no momento da apreciação da exceção, a que se conheça do mérito da causa e a decisão deva ser integralmente favorável a essa parte.

Remissões: art. 6º, nº 2 (suprimento); art. 576º, nº 2 (exceções dilatórias); art. 578º (conhecimento); art. 591º (despacho saneador); art. 608º (sentença); arts. 15º a 17º da Lei nº 91/19, de 4-9 (consulta prejudicial do Trib. dos Conflitos em matéria de jurisdição)

1. O normal e expectável é que o processo culmine numa decisão de mérito que ponha cobro à questão submetida à apreciação do tribunal. Nessa conformidade, devem ser adotadas medidas que, tanto quanto possível, valorizem aquele desiderato, em detrimento de aspetos de natureza puramente formal. Porém, nem sempre isso se revela possível ou adequado. Determinadas falhas processuais atingem tal gravidade que determinam inelutavelmente um resultado formal, que nem sequer pode ser evitado por intervenção do juiz. É o que decorre da verificação de determinadas exceções dilatórias que, além de se revelarem insupríveis, não permitem tão pouco o efeito paliativo que emerge do nº 3 (cf. nota 6 ao art. 6º).

2. Longínquos vão os tempos em que proliferavam nos tribunais decisões que hipervalorizavam os aspetos de ordem formal, em certos casos, até um ponto absurdo, com reflexos numa inconsequente atividade que deixava por resolver verdadeiramente os litígios e com efeitos bem marcados na imagem da justiça, na multiplicação de processos ou de recursos e na ineficácia dos mecanismos processuais.

3. Os tempos mudaram e mudaram para melhor, fruto, por um lado, de iniciativas legislativas que foram deixando bem clara a necessidade de modificação do paradigma e, por outro, é necessário dizê-lo, de uma modificação de mentalidades, que progressivamente se revela através do acionamento de mecanismos que tendem a privilegiar as soluções de mérito, no confronto com aspetos de ordem adjetiva, dentro da margem deixada pelo legislador de modo expresso ou implícito. Afinal, as modificações legislativas não se manifestam apenas através das alterações de disposições legais, mas também relevam da revalorização dos princípios que enformam o processo civil (cf., mais desenvolvidamente, em face do anterior CPC, Abrantes Geraldes, *Temas da Reforma do Processo Civil*, vol. I, 2ª ed., pp. 26 a 116, sobre os princípios gerais, vol. II, 4ª ed., pp. 51 a 77, sobre os despacho pré-saneador e saneador, e *Recursos no NCPC*, 5ª ed., a respeito do regime dos recursos e dos deveres dos tribunais superiores).

4. Falta ainda – e espera-se que também aí ocorra uma mudança – uma modificação no modo como deve ser encarada a defesa dos interesses das partes, de maneira que, fazendo jus ao princípio da cooperação e da boa-fé, se consiga efetivamente a agilização e a simplificação processual e se valorize a justiça material dos casos, o que pode traduzir-se na redução de arguições de ordem formal sem efetiva consistência, na colaboração com vista à descoberta da verdade e na valorização dos objetivos da celeridade e da eficácia dos mecanismos processuais. Seguramente que, entre esta "utopia" e o atual estado da situação, haverá margem de manobra suficiente para uma modificação de mentalidades também noutros agentes judiciários, de modo que, sem beliscar a garantia da defesa dos interesses legítimos dos particulares, sejam efetivamente aplicados os deveres legais e de ordem deontológica de cada uma das profissões forenses.

5. A incompetência em razão da nacionalidade, da hierarquia e da matéria é sempre causa de absolvição da instância, tendo natureza insuprível. Sem embargo da sua apreciação na eventual intervenção liminar do juiz, deve ser conhecida logo que suscitada ou detetada e, em qualquer circunstância, no despacho saneador ou mesmo em momento posterior, nos termos dos arts. 97º e 98º. Se estiver em causa uma situação que contenda com a jurisdição (máxime entre a jurisdição do tribunal judicial e do tribunal administrativo ou fiscal), o juiz, oficiosamente ou por iniciativa das partes, pode suscitar a consulta prejudicial agora prevista nos arts. 15º a 17º da Lei nº 91/19, de 4-9, diploma que modificou o regime de resolução de conflitos de jurisdição e ampliou a competência do Trib. dos Conflitos.

6. Já relativamente à violação de pacto privativo de jurisdição, o efeito depende de arguição das partes (art. 578º), de modo que, na sua ausência, ficará consolidada a competência em razão da nacionalidade que, à partida, se não verificava.

7. No que concerne à preterição de tribunal arbitral, a absolvição da instância verificar-se-á, em quaisquer circunstâncias, quando se trate de tribunal arbitral necessário, dada a oficiosidade do seu conhecimento; já se for voluntário, o conhecimento da sua preterição pelo tribunal depende de arguição (art. 578º).

8. A nulidade de todo o processado advém da ineptidão da petição inicial (art. 186º), importando para o efeito distinguir – e distinguir bem – os casos em que nos defrontamos com uma petição inepta, daqueles em que a ineptidão se pode considerar superada (cf. anot. ao art. 186º) e ainda daqueles, bem mais frequentes, em que o problema não assume tal gravidade, colocando-se somente no plano da deficiência da petição, sendo suscetível de correção mediante despacho de convite ao aperfeiçoamento, nos termos do art. 590º, nº 4 (a este respeito, cf. Abrantes Geraldes, *Temas da Reforma do Processo Civil*, vol. II, 2ª ed., pp. 266 a 279 e Paulo Pimenta, *Processo Civil Declarativo*, 2ª ed., pp. 24 e 155).

9. No que concerne à falta de personalidade judiciária (que não se confunde com situações marcadas pela errada identificação da parte), a absolvição da instância é evitada nos casos referidos no art. 14º que, porém, não esgotam as situações em que deve prevalecer o mérito sobre a forma, nos termos oportunamente descritos à margem das normas relacionadas com tal pressuposto.

10. Já quando esteja em causa a incapacidade judiciária em sentido amplo (incapacidade judiciária *stricto sensu*, falta de representação, representação indevida ou falta de autorização necessária), a absolvição da instância apenas pode ser decretada depois de serem acionados os mecanismos tendentes ao seu suprimento (art. 28º).

11. A ilegitimidade das partes pode advir da falta de intervenção ativa ou passiva do sujeito processual a quem é reconhecido o interesse direto na ação ou na defesa, da falta das condições necessárias para a legitimidade extraordinária ou indireta ou da preterição de litisconsórcio necessário ativo ou passivo. Neste último caso, a exceção não pode ser declarada antes de formulado o convite para que seja requerida a intervenção do sujeito ou dos sujeitos em falta (arts. 6º, nº 2 e 590º, nº 2, al. a)).

12. O art. 577º enuncia as exceções dilatórias, mas de modo não exaustivo, sendo possível identificar outras que, de forma expressa ou implícita, implicam o mesmo efeito. O primeiro caso aflora, por exemplo, no art. 37º, nº 4, a respeito da coligação inconveniente. Outro é o da absolvição da instância reconvencional por inadmissibilidade da reconvenção ou por desentranhamento da contestação em que a reconvenção foi inserida: obviamente que o efeito projetado é o da absolvição da instância reconvencional, na medida em que, por qualquer dos motivos, fica inviabilizada a apreciação do mérito da reconvenção.

13. Uma vez confrontado com uma determinada exceção dilatória, importa distinguir se, em face das normas legais expressas ou implícitas, a mesma é sanável ou não. No primeiro caso, o juiz deve convidar a parte a suprir a falha ou, em determinadas situações, deve mesmo acionar oficiosamente os mecanismos de suprimento (arts. 6º, nº 2 e 590º, nº 2, al. a)). Sendo insanável (ou se a diligência encetada não trouxer qualquer utilidade para a apreciação do mérito da causa), absolve o réu da instância, a não ser que, atento o disposto no nº 3, prevaleça a apreciação do mérito da causa, o que deve suceder quando, destinando-se o requisito formal a tutelar exclusivamente o interesse de uma parte, a decisão de mérito lhe seja integralmente favorável e não haja qualquer outro obstáculo à apreciação do mérito (cf. Abrantes Geraldes, *Temas da Reforma do Processo Civil*, vol. I, 2ª ed., pp. 37 e ss. e Paulo Pimenta, *ob. cit.*, pp. 127 e ss.).

14. Este nº 3 consagra, pois, o princípio da prevalência da decisão de mérito, pressupondo uma distinção entre pressupostos processuais dispensáveis (*v.g.* falta de capacidade judiciária, falta de interesse processual, exceção de litispendência) e indispensáveis (*v.g.* falta de competência absoluta, caso julgado), de modo que se "não se encontra preenchido um pressuposto processual destinado a proteger interesses das partes, importa verificar se o conhecimento de mérito pode ser favorável à parte que seria beneficiada com a proteção que resultaria do preenchimento do pressuposto" (Teixeira de Sousa, *Estudos Sobre o Novo Processo Civil*, 2ª ed., p. 85).

15. O nº 3 constitui expressão evidente da prevalência do direito material, preconizando que a persistência de uma exceção dilatória não obsta à prolação de uma decisão de mérito desde que: a função desse pressuposto processual seja apenas a de tutela dos interesses da parte e não a defesa do interesse público na boa administração da justiça; o juiz esteja em condições de proferir decisão de mérito de imediato, sendo desnecessária a realização de outros atos processuais; a decisão de mérito a proferir seja integralmente favorável à parte que seria beneficiada com o preenchimento do pressuposto em falta (cf. Abrantes Geraldes, *ob. cit.*, pp. 37-40 e Paulo Pimenta, *ob. cit.*, pp. 142-145; com análise do regime do nº 3 e exemplificação, cf. STJ 14-1-15, 870/08; quanto ao pressuposto da personalidade judiciária cf. STJ 24-1-19, 1250/12).

16. Assim, se, malgrado a incapacidade judiciária ativa ou a falta de constituição obrigatória de patrocínio judiciário por parte do autor, a questão de fundo puder ser decidida de modo que lhe seja inteiramente favorável (porque o réu não contestou ou porque, contestando, confessou os factos), deve optar-se por esta última decisão, em vez da extinção formal da instância, já que, em tais circunstâncias, as referidas exceções dilatórias visam fundamentalmente proteger o autor contra atuações inábeis ou prejudiciais que afinal se mostraram, em concreto, irrelevantes. Solução que também deve ser aplicada quando, por exemplo, a par da ilegitimidade passiva do réu, se verifique a exceção perentória de prescrição ou de caducidade: a referida exceção dilatória visa, fundamentalmente, tutelar os interesses do réu que, no entanto, sairá mais beneficiado com uma decisão de absolvição do pedido, na medida em que impedirá a repetição da causa por força do caso julgado (cf. RP 21-2-18, 604/17).

17. Lebre de Freitas, *Introdução ao Processo Civil*, 3ª ed., p. 49, afirma que é discutível a aplicação do nº 3 aos casos de litisconsórcio necessário, incluindo entre cônjuges, quando a parte não tenha lançado mão do meio do art. 261º: "estando em causa o interesse de terceiro que, a intervir no processo, integraria uma só parte processual juntamento com o autor ou réu dele desacompanhado (art. 35º), a consideração da paridade desse interesse com o deste pode, ao menos em certos casos, levar a defender a admissibilidade do proferimento da decisão de mérito favorável."

18. Teixeira de Sousa enfatiza a aplicação do regime do nº 3, em sede de recursos, afirmando que "o tribunal superior pode confirmar a decisão recorrida e considerar o recurso improcedente, ainda que não esteja verificado o preenchimento dos seus pressupostos específicos (a saber, recorribilidade da decisão e legitimidade para recorrer). Se, por exemplo, o autor recorreu da decisão de absolvição do réu do pedido, o tribunal *ad quem* pode confirmá-la ainda que tenha dúvidas sobre a sua recorribilidade (...) Pode concluir-se, por isso, que a improcedência do recurso pode prevalecer sempre sobre a averiguação dos seus pressupostos processuais específicos" (*ob. cit.*, p. 474).

19. No que tange à aplicação deste nº 3, cf., ainda, as notas nºs 6 ao art. 11º e nº 6 ao art. 30º, nº 5 ao art. 15º e nº 2 ao art. 41º.

20. Relativamente a determinadas situações, em vez de operar a absolvição do réu da instância, é projetada a remessa do processo para outro tribunal, o que ocorre nos casos de verificação da exceção dilatória de incompetência relativa (arts. 105º, nº 3 e 576º, nº 2). Já na situação prevista no art. 99º, nº 2, a regra não é alterada: a declaração de incompetência absoluta em razão da matéria ou da hierarquia determina inelutavelmente o efeito de absolvição da instância, ainda que a lei preveja a possibilidade de aproveitamento dos articulados mediante remessa para o tribunal que for competente, no qual se iniciará, com o recebimento, nova instância processual.

21. Nos termos da Lei nº 91/19, de 4-9:

Artigo 15º (Pressupostos)

1 – Sempre que, na pendência de uma ação, incidente, providência ou recurso, se suscitem fundadas dúvidas sobre a questão da jurisdição competente, qualquer tribunal pode, oficiosamente ou a requerimento de uma das partes, submeter a sua apreciação ao Tribunal dos Conflitos.

2 – A consulta prevista no número anterior não tem lugar em processos urgentes.

3 – A decisão de submeter ou de não submeter a questão da jurisdição competente à apreciação do Tribunal dos Conflitos é irrecorrível.

Artigo 16º (Tramitação)

1 – A consulta é dirigida ao presidente do Supremo Tribunal a quem caiba, nos termos do nº 2 do art. 2º, a presidência do Tribunal dos Conflitos, que a pode recusar liminarmente quando considere que não se encontram preenchidos os respetivos pressupostos.

2 – Admitida a consulta, o presidente ordena à secretaria a autuação do processo como consulta de jurisdição e a convocação dos demais juízes que, nos termos do nº 3 do art. 2º, devam integrar o Tribunal dos Conflitos.

3 – É aplicável à resolução da consulta o disposto nos nºs 3 e 4 do art. 11º e nos arts. 12º a 14º, podendo a pronúncia das partes ser dispensada no caso de estas já terem tido a oportunidade de, no processo, se pronunciarem sobre a questão da jurisdição competente.

Artigo 17º (Efeitos)

A pronúncia do Tribunal dos Conflitos, assim como as decisões liminares e as decisões sumárias proferidas, respetivamente, ao abrigo do nº 1 do artigo anterior ou do nº 2 do art. 12º, são vinculativas para o tribunal que lhe tenha submetido a consulta e para os demais tribunais que venham a intervir na causa, mas não vinculam o Tribunal dos Conflitos relativamente a novas decisões ou pronúncias que sobre a mesma questão venha a emitir no futuro noutros processos.

ARTIGO 279º

Alcance e efeitos da absolvição da instância

1 – A absolvição da instância não obsta a que se proponha outra ação sobre o mesmo objeto.

2 – Sem prejuízo do disposto na lei civil relativamente à prescrição e à caducidade dos direitos, os efeitos civis derivados da proposição da primeira causa e da citação do réu mantêm-se, quando seja possível, se a nova ação for intentada ou o réu for citado para ela dentro de 30 dias a contar do trânsito em julgado da sentença de absolvição da instância.

3 – Se o réu tiver sido absolvido por qualquer dos fundamentos compreendidos na alínea e) do nº 1 do artigo anterior, na nova ação que corra entre as mesmas partes podem ser aproveitadas as provas produzidas no primeiro processo e têm valor as decisões aí proferidas.

Remissões: arts. 327º e 331º do CC (prescrição e caducidade); art. 805º, nº 1, do CC (fim da mora); art. 564º (efeitos da citação); art. 620º (caso julgado formal).

1. A absolvição da instância constitui uma das formas de extinção da instância que decorre da verificação de exceção dilatória a que a lei atribua esse efeito (art. 576º, nº 2), sem embargo do disposto no nº 3 do art. 278º. Distingue-se da absolvição do pedido, na medida em que esta implica uma apreciação do mérito da causa. Tal diferença determina que aquela decisão apenas constitui caso julgado formal, nos termos do art. 620º, sem impedir a repetição da ação.

2. Com o início da instância produzem-se efeitos de natureza substantiva, de que se destaca o impedimento da caducidade (art. 331º, nº 1, do CC) e a contagem do prazo de 5 dias para a interrupção da prescrição (art. 323º, nº 2, do CC). Quanto aos efeitos de natureza processual, a instauração da ação fixa o pressuposto da competência, a forma (art. 136º, nº 2) e o valor do processo (art. 299º, nº 1).

3. A lei também extrai da citação efeitos de natureza substantiva e processual. Em termos substantivos, determina a interrupção da prescrição que esteja em curso (art. 323º, nº 1, do CC), constitui o devedor em mora (art. 805º, nº 1, do CC), faz cessar a boa-fé do possuidor (art. 564º, al. a), do CPC).

4. Em termos processuais, estabiliza os elementos objetivos e subjetivos da instância (arts. 564º, al. b) e 260º) e inibe o réu de intentar ação contra o autor, sob pena de se verificar a litispendência (arts. 564º, al. c)). O art. 279º evita que da absolvição da instância decorra necessariamente o desaproveitamento daqueles efeitos civis.

5. É aceite pacificamente pela jurisprudência (não assim pela doutrina, divergindo Lebre de Freitas e Isabel Alexandre, *CPC anot.*, vol. I, 4ª ed., p. 567, de Pires de Lima e Antunes Varela, *CC anot.*, vol. I, 4ª ed., p. 293) que a intersecção entre a absolvição da instância, por um lado, e a prescrição e a caducidade, pelo outro, não permite a sobreposição dos regimes contidos no CPC e nos arts. 327º, nº 3 e 332º, nº 1, do CC (STJ 16-6-15, 1010/06, STJ 16-2-12, 566/09 e STJ 6-5-03, 03A229).

6. Ou seja, o regime do aproveitamento dos efeitos da propositura da ação e da citação do réu para efeitos de caducidade e de prescrição, respetivamente, devem ser encontrados exclusivamente a partir dos arts. 327º, nº 3 e 332º, nº 1, do CC, sendo por isso necessário que o motivo da absolvição da instância não seja imputável ao autor (pressuposto que deve ser casuisticamente apreciado, sem dogmatismos). Este goza, assim, de uma prorrogação de dois meses, a contar do trânsito em julgado da decisão, para a instauração da nova ação (sobre a aplicação deste preceito, cf. STJ 7-12-16, 366/13, numa situação cujas particularidades, envolvendo outras normas, conduziram a uma solução diversa daquela que, noutros casos, tem sido assumida: tratava-se de um caso em que se justificava não penalizar o autor pelo facto de a decisão de absolvição da instância na anterior ação ter sido decidida ao fim de um período manifestamente excessivo).

7. Já o regime previsto no nº 2 do art. 279º do CPC, menos exigente, por um lado, mas mais restritivo em termos temporais, pelo outro, é de aplicar aos demais efeitos de natureza substantiva ou processual decorrentes da instauração da ação ou da citação do réu (cf. anot. aos arts. 259º e 564º). Neste regime, é indiferente a imputabilidade do motivo de absolvição da instância, mas o alongamento do prazo, para além de se quedar pelos 30 dias (em lugar dos dois meses acima referidos), apenas ocorre quando, atento o caso concreto, ainda "*seja possível*" o aproveitamento dos efeitos civis que aqueles atos determinaram.

8. Ou seja, a aplicação do preceito está condicionada pela verificação da "possibilidade" da persistência dos efeitos civis e ainda pela instauração da nova ação dentro de 30 dias a contar do trânsito em julgado da decisão de absolvição da instância, importando distinguir, por exemplo, os casos em que a instauração de nova ação ainda revela suficiente conexão com os elementos subjetivos e objetivos presentes na primeira (cf. as situações enunciadas por Lebre de Freitas e Isabel Alexandre, *loc. cit.*).

9. O nº 3 permite que na segunda ação, verificando-se identidade das partes, se aproveitem as provas produzidas e as decisões proferidas, embora tal possibilidade esteja reservada para os casos de absolvição, menos graves, que se contêm na norma genérica da al. e) do nº 1 do art. 278º.

ARTIGO 280º
Compromisso arbitral

1 – Em qualquer estado da causa podem as partes acordar em que a decisão de toda ou parte dela seja cometida a um ou mais árbitros da sua escolha.

2 – Lavrado no processo o termo de compromisso arbitral ou junto o respetivo documento, examina-se se o compromisso é válido em atenção ao seu objeto e à qualidade das pessoas; no caso afirmativo, a instância finda e as partes são remetidas para o tribunal arbitral, sendo cada uma delas condenada em metade das custas, salvo acordo expresso em contrário.

3 – No tribunal arbitral não podem as partes invocar atos praticados no processo findo, a não ser aqueles de que tenham feito reserva expressa.

Remissões: art. 2º da Lei nº 63/11, de 14-12 (requisitos da convenção de arbitragem).

1. Enquanto o recurso à mediação previsto no art. 273º gera apenas efeitos suspensivos da instância, o compromisso arbitral, envolvendo o uso alternativo dos tribunais arbitrais, conduz à extinção da instância, tanto mais que a decisão arbitral que venha a ser proferida acaba por produzir os mesmos efeitos da sentença judicial. Ponto é que o compromisso seja válido, atenta a arbitrabilidade do litígio e a qualidade dos sujeitos.

ARTIGO 281º
Deserção da instância e dos recursos

1 – Sem prejuízo do disposto no nº 5, considera-se deserta a instância quando, por negligência das partes, o processo se encontre a aguardar impulso processual há mais de seis meses.

2 – O recurso considera-se deserto quando, por negligência do recorrente, esteja a aguardar impulso processual há mais de seis meses.

3 – Tendo surgido algum incidente com efeito suspensivo, a instância ou o recurso consideram-se desertos quando, por negligência das partes, o incidente se encontre a aguardar impulso processual há mais de seis meses.

4 – A deserção é julgada no tribunal onde se verifique a falta, por simples despacho do juiz ou do relator.

5 – No processo de execução, considera-se deserta a instância, independentemente de qualquer decisão judicial, quando, por negligência das partes, o processo se encontre a aguardar impulso processual há mais de seis meses.

Remissões: art. 138º, nº 1 (contagem do prazo); art. 652º, nº 1, al. h) (deserção do recurso).

1. A deserção constitui uma das formas de extinção da instância (ou do recurso), não ficando agora dependente da sua prévia interrupção, como antes sucedia. Opera quando a instância (ou o incidente com efeito suspensivo da instância, como é o de habilitação de sucessores da parte falecida na pendência da causa) fique paralisada por mais de 6 meses, por negligência da parte. Ao mesmo prazo e condicionalismo obedece a deserção do recurso.

2. A conduta negligente conducente à deserção da instância consubstancia-se numa situação de inércia imputável à parte, ou seja, em que esteja em causa um ato ou atividade unicamente dependente da sua iniciativa, sendo o caso mais flagrante o da suspensão da instância por óbito de alguma das partes, a aguardar a habilitação dos sucessores. Como se refere em STJ 14-5-19, 3422/15, "a deserção da instância radica no princípio da autoresponsabilidade das partes, encontrando a sua razão de ser no facto de não ser desejável, numa justiça que se pretende célere e cooperada, que os processos se eternizem em tribunal, quando a parte se desinteressa da lide ou negligencia a sua atuação, não promovendo o andamento do processo quando lhe compete fazê-lo".

3. Atenta a diversidade dos factos que colidem com o regular andamento da causa, na apreciação do condicionalismo da deserção da instância é importante que se ponderem globalmente as diversas circunstâncias, quer as de ordem legal, quer as que se ligam ao comportamento da parte onerada com a iniciativa de dinamizar a instância.

4. Daqui pode resultar que, antes de declarar o efeito extintivo da instância decorrente da deserção, se mostre necessário que o juiz sinalize, por despacho, ser aquela a consequência da omissão de algum ato processual, como defendem Lebre de Freitas e Isabel Alexandre, *CPC anot.*, vol. I, 4ª ed., pp. 571 a 574 e Lebre de Freitas, "Da nulidade da declaração de deserção da instância sem precedência de advertência à parte", *ROA*, ano 78º, tt. I-II, pp. 194 e ss.. Cf. ainda STJ 14-12-16, 105/14 e RL 20-12-16, 3422/15, fazendo valer os princípios da gestão e da cooperação processual e o dever de prevenção deles emergente.

5. O simples facto de, por exemplo, o juiz solicitar ao autor a junção de determinado documento, sem apontar qualquer consequência, não legitima que, através de um encadeamento de juízos, se extraia o efeito de deserção da instância, decorrido que seja o prazo de 6 meses (cf. STJ 3-10-19, 1980/14, STJ 14-5-19, 3422/15 e STJ 3-5-18, 217/12); só a ordenada junção de documento essencial para o prosseguimento da ação (não de documento meramente probatório) poderá determinar a deserção (RP 4-2-19, 1082/10), outro exemplo: se as partes dão notícia de que buscam uma solução consensual e pedem que se suspenda a instância por dois meses, não é lícito concluir que, a partir do fim desse prazo, se inicia a contagem do prazo de 6 meses para a deserção, até porque, em tais circunstâncias, o que se impõe é que o juiz, no fim do prazo solicitado, retome oficiosamente a marcha processual, ante o fracasso do acordo (STJ 5-7-18, 105415/12 e RC 6-3-18, 349/14); o mesmo se diga da falta de indicação de objeto da perícia que seja requerida (RP 21-2-18, 1805/15) ou da falta de suprimento de exceção dilatória (RE 8-3-18, 867/12).

6. O resultado já poderá ser diverso quando se mostrem evidentes quer a necessidade de impulso processual a cargo da parte, quer o efeito extintivo da instância decorrente da inércia prolongada. É o que ocorre nos casos em que a suspensão da instância é motivada pelo falecimento de alguma das partes (RP 2-9-18, 21005/15). Como resulta claro do art. 269º, nº 1, al. a), a partir de então, passa a recair sobre a parte o ónus de promover a habilitação dos sucessores, como o revelam os arts. 276º, nº 1, al. a) e 351º (sobre a aplicação em caso de óbito de um autor coligado, cf. Ac. do Trib Const. nº 604/2018). Ora, a não ser que a parte revele dificuldades na identificação daqueles ou na obtenção da necessária documentação, dentro do referido prazo de 6 meses ou de outro prazo que resulte de alguma prorrogação, verificar-se-á uma situação de inércia a si imputável, nos termos do nº 3, com efeitos na deserção da instância (STJ 22-2-18, 473/14 e STJ 20-9-16, 1742/09).

7. Resposta semelhante se ajusta aos casos de renúncia ao mandato conferido pelo autor. Sendo obrigatória a constituição de advogado, o mandato estende-se por mais 20 dias, mas, a partir de então, a instância fica suspensa e apenas se reinicia com a constituição de novo advogado, nos termos do art. 47º, nº 3, al. a) (STA 6-7-16, 01439/15).

8. Solução que também se adapta à falta de comprovação do registo da ação, quando este constitua ónus do autor, como se decidiu em STJ 8-3-18, 225/15, em cujo sumário se refere que "tendo sido notificado às partes ... o despacho de suspensão da instância para efeitos de o autor proceder ao registo da ação, não impende sobre o tribunal o dever de fazer constar desse despacho a advertência de que a inércia do autor, por mais de 6 meses, determinaria a deserção da instância, porquanto não só se tornou bem claro ser exclusivo ónus do autor providenciar pela feitura desse registo como o mesmo não podia deixar de saber ... que, em face da decretada suspensão da instância com o dito fundamento, teria que demonstrar a realização do referido registo dentro do prazo de 6 meses estabelecido no art. 281º, nº 1, do CPC, a fim de impulsionar o andamento dos autos antes de decorrido este mesmo prazo, sem prejuízo de justificadamente alegar e provar que não foi possível fazê-lo sem culpa/negligência".

9. A apreciação da negligência ou do grau de diligência revelado pela parte deve ser feita em face dos dados conferidos pelo processo (STJ 5-7-18, 5314/05). Assim, sempre que o impulso processual dependa da parte, esta tem o ónus e o interesse em informar o tribunal acerca da existência de algum obstáculo e, se for o caso, solicitar a concessão de alguma dilação. Não cabe ao tribunal promover a audição da parte sobre a negligência, tendo em vista a formulação de um juízo sobre as razões da inércia; esta será avaliada em função do que resultar objetivamente no processo (STJ 8-3-18, 225/15, STJ 14-12-16, 105/14 e STJ 20-9-16, 1742/09).

10. Em sede de recursos, a verificação da deserção é da competência do relator (art. 652º, nº 1, al. h), com eventual reclamação para a conferência (nº 3).

11. Em suma, diremos que, quando não se suscitem dúvidas sobre a necessidade de impulso processual ou sobre as consequências da inércia da parte, a deserção da instância deve ser declarada a partir da mera observação dos elementos conferidos pelos autos. Mais cuidado há que ter na situações em que a identificação, a incidência ou a exigência do impulso processual não sejam evidentes ou quando sejam equívocas as consequências decorrentes da inércia, a justificar um sinal mais solene da existência do ónus e/ou dos efeitos que serão extraídos do seu incumprimento. Não devem, de todo o modo, ser adotados comportamentos contraditórios violadores das regras de confiança, como se decidiu em STJ 14-5-19, 3422/15.

12. Suscitam-se outras dúvidas a respeito da natureza da decisão que declara a deserção da instância, ou seja, se se trata de uma decisão de natureza constitutiva, dependente da emissão de despacho judicial (como advogam Lebre de Freitas e Isabel Alexandre, *ob. cit.*, p. 556 e Lebre de Freitas, ob. cit., p. 194), ou meramente declarativa (como defende Ramos de Faria, "O Julgamento da Deserção da Instância Declarativa", *http://julgar.pt* e RL 20-12-16, 3422/15).

13. A decisão que declara a extinção da instância por via da deserção põe fim ao processo e, nesta medida, é recorrível nos termos gerais do art. 644º, nº 1, al. a). Se a deserção da instância ou a deserção do recurso de apelação for decretada pela Relação, do respetivo acórdão também é admissível recurso de revista, nos termos do art. 671º, nº 1 (cf. anot. ao art. 671º).

14. O regime da deserção na instância executiva encontrará fortes motivos nos casos em que o exequente negligencie a prática dos atos necessários ao seu prosseguimento, com a única especialidade de que a contagem do prazo não depende de qualquer decisão judicial alusiva ao impulso processual. Em sede da ação executiva, a competência para declarar a extinção por deserção está cometida ao agente de execução, cabendo reclamação de tal decisão para o juiz, sendo que a decisão judicial assim proferida comporta recurso, desde que se verifiquem os pressupostos gerais (arts. 719º, nº 1, 723º, nº 1, al. c) e 629º; cf. Delgado de Carvalho, *Jurisdição e Caso Estabilizado*, p. 194; cf. anot. ao art. 723º).

15. Note-se que as eventuais omissões do agente de execução não se repercutem na posição processual do exequente, sendo a inércia deste que deve ser valorada para efeitos de declaração de deserção (sobre esta questão, bem como sobre a competência para declarar a deserção na instância executiva, cf. RG 30-5-18, 438/08, RE de 23-3-17, 3133/07; Delgado de Carvalho, *ob. cit.*, pp. 204-205).

ARTIGO 282º
Renovação da instância

1 – Quando haja lugar a cessação ou alteração da obrigação alimentar judicialmente fixada, é o respetivo pedido deduzido como dependência da causa principal, seguindo-se, com as adaptações necessárias, os termos desta, e considerando-se renovada a instância.

2 – O disposto no número anterior é aplicável aos casos análogos, em que a decisão proferida acerca de uma obrigação duradoura possa ser alterada em função de circunstâncias supervenientes ao trânsito em julgado que careçam de ser judicialmente apreciadas.

1. À alteração ou cessação da obrigação de alimentos reportam-se os arts. 2012º e 2013º do CC. Quando a alteração ou a cessação ocorra na pendência de ação executiva, importa aplicar o disposto no art. 936º, correndo por apenso ao processo de execução. O regime da renovação da instância encontra-se conexionado com a limitação ao caso julgado material prevista no art. 619º, nº 2.

ARTIGO 283º
Liberdade de desistência, confissão e transação

1 – O autor pode, em qualquer altura, desistir de todo o pedido ou de parte dele, como o réu pode confessar todo ou parte do pedido.

2 – É lícito também às partes, em qualquer estado da instância, transigir sobre o objeto da causa.

Remissões: art. 1248º do CC (transação); art. 290º (confissão, desistência e transação).

1. A desistência do pedido, envolvendo a extinção total ou parcial do direito, pode ser declarada em qualquer momento, até ao trânsito em julgado da decisão. O mesmo se diga da transação, não fazendo sentido que, para negar a sua homologação, se invoque a extinção do poder jurisdicional com a mera prolação da sentença. Ademais, constituindo a transação uma forma de composição consensualizada do litígio, nenhum interesse se observa na atribuição de prevalência ao resultado declarado em sentença judicial sobre o que ressalta da transação.

ARTIGO 284º
Efeito da confissão e da transação

A confissão e a transação modificam o pedido ou fazem cessar a causa nos precisos termos em que se efetuem.

Remissões: art. 1249º do CC (matérias insuscetíveis de transação).

1. A confissão total ou parcial do pedido ou pedidos representa o reconhecimento do direito invocado pelo autor, nos seus precisos termos. Quando homologada judicialmente, produz os mesmos efeitos que produziria uma sentença que, incidindo sobre o mérito da causa, desse procedência à ação. Para as custas, rege o art. 537º, nº 1.

2. A transação é multiforme, dependendo tanto do seu teor como do objeto da ação. Mediante transação, as partes podem dispor sobre matérias diversas das diretamente discutidas na causa, com as limitações impostas pelos arts. 1249º do CC e 289º, nº 1, podendo haver um alargamento quer objetivo, quer subjetivo do pleito (cf. anot. ao art. 290º; RP de 17-6-97, BMJ 468º, p. 481). Para as custas, rege o art. 537º, nº 2.

3. As figuras a que a norma alude não se confundem com a desistência do recurso, nos termos do art. 632º, nº 5. A desistência do recurso gera simplesmente o trânsito em julgado da decisão que tenha sido impugnada, pelo que apenas de modo reflexo se pode extrair de tal iniciativa (que pode ser veiculada por simples requerimento subscrito pelo mandatário do recorrente) algum daqueles efeitos.

ARTIGO 285º
Efeito da desistência

1 – A desistência do pedido extingue o direito que se pretendia fazer valer.

2 – A desistência da instância apenas faz cessar o processo que se instaurara.

1. A desistência do pedido tem o mesmo efeito que teria uma sentença desfavorável ao autor, formando a sentença homologatória caso julgado material impeditivo da invocação do mesmo direito noutra ação entre os mesmos sujeitos. Continua válida a jurisprudência que foi fixada pelo ***Assento nº 6/88***: "*O desistente do pedido de simples apreciação prescinde do conhecimento do respetivo direito e, por isso, o caso julgado impedi-lo-á de estruturar nele um pedido de condenação.*" Para as custas, rege o art. 537º, nº 1.

2. A desistência da instância produz apenas efeitos relativos, ao nível da extinção da instância, sem obstar a que o autor intente nova ação com o mesmo objeto e contra o mesmo sujeito, embora não lhe possam aproveitar os efeitos produzidos pela instauração da primeira ação ou pela citação do réu no campo da caducidade e da prescrição, atento o disposto no art. 327º, nº 2 do CC. O mesmo se diga quanto aos demais efeitos civis a que se reporta o art. 279º, nº 2, do CPC.

ARTIGO 286º
Tutela dos direitos do réu

1 – A desistência da instância depende da aceitação do réu desde que seja requerida depois do oferecimento da contestação.

2 – A desistência do pedido é livre mas não prejudica a reconvenção, a não ser que o pedido reconvencional seja dependente do formulado pelo autor.

Remissões: art. 266º, nº 6 (reconvenção subsidiária).

1. A lei distingue a desistência da instância e a desistência do pedido. A primeira apenas determina a extinção da instância, mediante uma decisão de pendor formal que não interfere, por si, no mérito da pretensão (sem embargo do que emerge do art. 327º, nº 2, do CC), ao passo que a segunda tem como efeito a extinção do direito invocado. Por isso mesmo, a desistência da instância, quando formulada depois da contestação, depende da aceitação do réu, aceitação que deve ser expressa, não bastando a mera omissão de pronúncia. Já até à contestação, a desistência da instância é livre.

2. Quanto ao pedido, a desistência é livre, podendo ser total ou parcial, não interferindo na demanda reconvencional, que prosseguirá normalmente, a não ser que o reconhecimento do direito deduzido por esta via resulte naturalmente dependente da apreciação (favorável) do pedido do autor, como sucede, com frequência, nas ações de despejo em que o arrendatário deduza o pedido de indemnização por despesas ou benfeitorias que apenas possam ser exigidas com a entrega do locado. Noutros casos, essa dependência é reflexo da posição assumida pelo próprio réu quando manifesta a vontade de que a apreciação da reconvenção apenas seja feita para a eventualidade de a ação proceder.

ARTIGO 287º

Desistência, confissão ou transação das pessoas coletivas, sociedades, incapazes ou ausentes

Os representantes das pessoas coletivas, sociedades, incapazes ou ausentes só podem desistir, confessar ou transigir nos precisos limites das suas atribuições ou precedendo autorização especial.

Remissões: art. 1889º do CC (atos cuja validade depende de autorização do tribunal), art. 1938º do CC (atos do tutor dependentes de autorização do tribunal); art. 1014º (autorização judicial); art. 246º do CSC (competência dos sócios); art. 261º do CSC (funcionamento da gerência plural); art. 453º, nº 2 (de quem pode ser exigido o depoimento de parte).

1. A apreciação da regularidade da atuação dos representantes legais de pessoas coletivas e sociedades depende da análise do respetivo estatuto ou pacto social, em conexão com as normas de direito civil ou comercial.

2. Quanto aos incapazes, importa distinguir a menoridade e o regime do maior acompanhado, com reflexos na amplitude dos poderes dos legais representantes, assim como a necessidade ou não de obtenção de prévia autorização para a prática de ato.

ARTIGO 288º
Confissão, desistência e transação no caso de litisconsórcio

1 – No caso de litisconsórcio voluntário, é livre a confissão, a desistência e a transação individual, limitada ao interesse de cada um na causa.

2 – No caso de litisconsórcio necessário, a confissão, a desistência ou a transação de algum dos litisconsortes só produz efeitos quanto a custas, seguindo-se o disposto no nº 2 do artigo 528º.

Remissões: art. 32º (litisconsórcio voluntário); art. 33º (litisconsórcio necessário).

1. No litisconsórcio necessário, há uma única ação com pluralidade de sujeitos; já no litisconsórcio voluntário, há uma simples cumulação de ações (art. 35º). Assim se explica o regime diverso quanto à extinção da instância, uma vez que no litisconsórcio voluntário há liberdade total de confissão, desistência ou transação, embora limitada pelo interesse da parte declarante. Já quando se trata de desistência do recurso, em casos em que outro litisconsorte tenha declarado a sua adesão (art. 634º, nº 2, al. a)), a mesma é livre para o recorrente, mas deve ser notificado o litisconsorte aderente para que, querendo, possa seguir com o recurso como recorrente principal (nº 4).

2. Nenhuma daquelas atuações produz efeito em situações de litisconsórcio necessário, prosseguindo a ação os seus termos normais se e enquanto não houver posição comum adotada por todos os litisconsortes, limitando-se os efeitos à matéria de custas, nos termos do art. 528º, nº 2.

ARTIGO 289º
Limites objetivos da confissão, desistência e transação

1 – Não é permitida confissão, desistência ou transação que importe a afirmação da vontade das partes relativamente a direitos indisponíveis.

2 – É livre, porém, a desistência nas ações de divórcio e de separação de pessoas e bens.

Remissões: art. 354º do CC (inadmissibilidade da confissão).

1. A indisponibilidade do direito constitui um limite formal à validade da confissão, desistência ou transação, sem embargo do regime especial previsto para as ações de divórcio e separação de pessoas e bens, em que é admissível a desistência quer do pedido, quer da instância. Vontade que pode estender-se a outros aspetos que normalmente surgem cumulados com a pretensão de divórcio ou de separação, como ocorre em matéria de alimentos, destino da casa de morada da família ou responsabilidades parentais.

ARTIGO 290º
Como se realiza a confissão, desistência ou transação

1 – A confissão, a desistência ou a transação podem fazer-se por documento autêntico ou particular, sem prejuízo das exigências de forma da lei substantiva, ou por termo no processo.

2 – O termo é tomado pela secretaria a simples pedido verbal dos interessados.

3 – Lavrado o termo ou junto o documento, examina-se se, pelo seu objeto e pela qualidade das pessoas que nela intervieram, a confissão, a desistência ou a transação é válida, e, no caso afirmativo, assim é declarado por sentença, condenando-se ou absolvendo-se nos seus precisos termos.

4 – A transação pode também fazer-se em ata, quando resulte de conciliação obtida pelo juiz; em tal caso, limita-se este a homologá-la por sentença ditada para a ata, condenando nos respetivos termos.

Remissões: art. 358º do CC (força probatória da confissão); art. 537º (custas no caso de confissão, desistência ou transação).

1. A confissão ou a desistência total ou parcial do pedido e a transação podem ser formalizadas através de documento autêntico ou particular, de acordo com as regras do direito substantivo. Podem ainda integrar termo exarado no processo, bastando para tal que os interessados se desloquem à secretaria judicial para o efeito. Também podem ser exaradas em ata, no âmbito de ato judicial presidido pelo juiz. Ainda que esta possibilidade apenas esteja formalmente prevista para a transação resultante de conciliação obtida pelo juiz (designadamente em sede de audiência prévia ou audiência final), nada obsta a que assumam a mesma forma expedita e pragmática outras transações ou qualquer desistência ou confissão.

2. Manifestada a vontade das partes no sentido da extinção total ou parcial da instância, cumpre ao juiz analisar a sua natureza disponível ou indisponível e a licitude do seu objeto, assim como os poderes dos declarantes. Se não encontrar qualquer obstáculo (ou se o único obstáculo for o que decorre do nº 3 do art. 291º), o juiz profere sentença de homologação cujo teor corresponderá ao do ato homologado: condenação, se a confissão ou a transação envolverem o cumprimento de obrigação; constitutiva, se estiver em causa um direito potestativo de natureza constitutiva, extintiva ou modificativa; simples apreciação, se envolverem a simples declaração da existência ou da inexistência de um direito ou de um facto; um misto de qualquer destes resultados, nos casos em que a confissão, a desistência ou a transação envolvam efeitos diversos. É verdade que o preceito apenas se refere à condenação, nada dizendo quanto a outros efeitos, mas tal não deve ser entendido com demasiado rigor, encontrando justificação no facto de a ação de condenação, pela sua maior frequência, ser usada como paradigma da ação declarativa.

3. Discute-se se o ato de transação, mediante os quais as partes põem termo ao litígio, deve circunscrever-se apenas ao objeto da ação integrado pelo pedido e pela causa de pedir. Discute-se ainda se em tal ato, a par dos sujeitos processuais, podem intervir terceiros com interesse direto na resolução global do litígio. Malgrado o que parece derivar dos preceitos de direito adjetivo, nada obsta a que haja intervenção de terceiros na transação ou que esta abarque outros objetos (cf. STJ 7-6-18, 2749/16 e nota 2 ao art. 284º).

4. Nem sequer se mostra necessário formalizar a intervenção de terceiros através do correspondente incidente ou recorrer às normas que admitem ou condicionam a alteração do pedido. Na verdade, a necessidade de obter uma composição global dos interesses exige, por vezes, que a transação extravase o objeto direto da ação ou envolva outros sujeitos, passos que se podem mostrar necessários para alcançar a pacificação das relações e resolver globalmente o conflitos de interesses. Ponto é que exista uma conexão objetiva ou subjetiva que justifique a ampliação dos efeitos que se obtêm através da homologação judicial da transação. Aliás, nos termos do art. 1248º, nº 2, do CC, as concessões recíprocas em que se traduz a transação "*podem envolver a constituição, modificação ou extinção de direitos diversos do direito controvertido*".

ARTIGO 291º
Nulidade e anulabilidade da confissão, desistência ou transação

1 - A confissão, a desistência e a transação podem ser declaradas nulas ou anuladas como os outros atos da mesma natureza, sendo aplicável à confissão o disposto no nº 2 do artigo 359º do Código Civil.

2 - O trânsito em julgado da sentença proferida sobre a confissão, a desistência ou a transação não obsta a que se intente a ação destinada à declaração de nulidade ou à anulação de qualquer delas, ou se peça a revisão da sentença com esse fundamento, sem prejuízo da caducidade do direito à anulação.

3 - Quando a nulidade provenha unicamente da falta de poderes do mandatário judicial ou da irregularidade do mandato, a sentença homologatória é notificada pessoalmente ao mandante, com a cominação de, nada dizendo, o ato ser havido por ratificado e a nulidade suprida; se declarar que não ratifica o ato do mandatário, este não produz quanto a si qualquer efeito.

Remissões: art. 359º do CC (nulidade e anulabilidade da confissão); art. 696º, al d) (recurso de revisão).

1. Perante uma decisão homologatória de confissão, desistência ou transação é legítimo, desde logo, reagir através de interposição de recurso, embora este expediente esteja reservado para a parte que for vencida ou para as pessoas direta e efetivamente prejudicadas pela decisão (sem embargo da apreciação do seu comportamento processual).

2. Transitada em julgado a sentença homologatória, é legítimo aceder ao recurso extraordinário de revisão (art. 696º, al. d)), invocando o vício gerador da nulidade ou da anulabilidade. Fica ainda salvaguardada a instauração de ação autónoma em que os vícios geradores da invalidade sejam alegados. Os vícios suscetíveis de interferir na validade são variados, tantos quantos os que emergem da legislação substantiva aplicável à concreta relação jurídica, sendo que o art. 359º do CC reporta-se à nulidade e anulabilidade da confissão. Importa ainda notar que a transação é, acima de tudo, um contrato regulado nos arts. 1248º a 1250º do CC (sobre a impugnação do ato da confissão, cf., desenvolvidamente, Lebre de Freitas, *A Confissão no Direito Probatório*, pp. 30 a 35).

3. A procuração forense, sem atribuição de poderes especiais, confere ao mandatário poderes de representação da parte para a generalidade dos atos processuais. Podendo cobrir, *inclusive*, declarações confessórias feitas nos articulados (art. 356º, nº 1, do CC), já é insuficiente para validar a confissão, a transação ou a desistência do pedido ou da instância (art. 45º, nº 2).

4. Já a falta (ou a insuficiência) de poderes ou a irregularidade do mandato que se manifeste em relação a atos de desistência, confissão ou transação referidos nos arts. 285º e ss. e que sejam praticados pelo mandatário no âmbito de processo judicial é cominada com a respetiva nulidade, que a lei sujeita a um regime específico de convalidação: apesar da invalidade, o juiz não deixará de proferir sentença homologatória, a qual será pessoalmente notificada ao mandante com a cominação de que, se nada disser (no prazo geral de 10 dias), o ato se considera ratificado e suprida a invalidade.

5. Trata-se de uma via pouco ortodoxa, mas que procura responder de modo pragmático a necessidades do sistema, tendo como pressuposto, que a experiência largamente demonstra, que, em regra, aquele que se apresta a desistir, confessar ou transigir em representação de uma parte no processo (em geral, o mandatário judicial que não demonstra a atribuição de poderes específico para o ato) tem, na realidade, poderes para tal, ainda que na ocasião não estejam devidamente formalizados ou demonstrados.

TÍTULO III
Dos incidentes da instância

CAPÍTULO I
Disposições gerais

ARTIGO 292º
Regra geral

Em quaisquer incidentes inseridos na tramitação de uma causa observa-se, na falta de regulamentação especial, o que vai disposto neste capítulo.

Remissões: arts. 296º e ss. (verificação do valor da causa); arts. 311º e ss. (intervenção de terceiros); arts. 342º e ss. (embargos de terceiro); arts. 351º e ss. (habilitação); arts. 358º e ss. (liquidação); art. 1091º (incidentes no inventário).

1. Os incidentes da instância são ocorrências que, em maior ou menor escala, perturbam o desenvolvimento da lide, quer declarativa, quer executiva, e exigem do juiz e das partes determinada atuação, de modo a ser retomada a tramitação normal (STJ 29-6-17, 2487/07). Posto que relacionados com algum dos elementos subjetivos ou objetivos da instância, a qualificação como "*incidente da instância*" pressupõe uma tramitação anómala, ainda que de natureza simplificada, no confronto com a tramitação normal, envolvendo a prolação de uma decisão apendicular em relação ao objeto do processo.

2. Por expressa indicação legal, são qualificados como tal os incidentes de verificação do valor da causa, de intervenção de terceiros, de habilitação e de liquidação. Mas, disseminados pelo CPC ou por legislação avulsa, encontram-se outros incidentes que podem entrar naquela classificação, sendo de destacar os incidentes de incompetência relativa (arts. 102º e ss.), de impedimento e suspeição (arts. 115º e ss.), de prestação de caução (art. 915º) ou de consignação em depósito (art. 924º).

3. Também constitui incidente a atribuição provisória da casa de morada de família (STJ 27-4-17, 273/14). Outrossim a impugnação da genuinidade, a ilisão da autenticidade ou da força probatória de documento e a arguição da falsidade de ato judicial, cuja regulamentação praticamente se esgota nos arts. 444º, 446º e 451º (estabelecendo o art. 450º, nº 1, que a instrução e o julgamento seguem o regime geral dos incidentes, quando a arguição surja em ação executiva, em processo especial cuja tramitação inviabilize o julgamento conjunto ou em processo pendente de recurso).

4. Devem distinguir-se de certas incidências que naturalmente se inscrevem na tramitação processual e designadamente em sede de produção de prova testemunhal (impugnação, acareação e contradita), assim como de outros incidentes que, sendo anómalos, são tributados autonomamente, nos termos do art. 7º, nº 8, do RCP e Tabela II Anexa, sem que, no entanto, ganhem autonomia na tramitação processual. A distinção tem reflexos designadamente para efeitos de integração ou não no preceituado no art. 644º, nº 1, sobre a admissibilidade de recurso de apelação (cf. STJ 16-6-15, CJ, t. III, p. 123, RC 1-4-14, 230/11 e RC 10-12-13, 123/13).

5. Os incidentes da instância configuram procedimentos de natureza declarativa cujo esquema comporta três momentos: o inicial, destinado à apresentação do requerimento e da oposição, o da audiência, que comporta produção de prova e alegações orais, e o da decisão. As linhas estruturantes são definidas nos arts. 293º, 294º e 295º, disposições a observar em quaisquer incidentes que surjam na pendência de uma causa, salvo havendo regulamentação especial que deva prevalecer. Por outro lado, as hipóteses não reguladas diretamente em cada concreto incidente e não contidas na previsão dos arts. 293º a 295º deverão ser resolvidas pelas disposições gerais e comuns e, subsidiariamente, pelas disposições que regulam o processo declarativo comum, por extensão da norma do art. 549º, nº 1 (Lebre de Freitas e Isabel Alexandre, *CPC anot.*, vol. I, 4ª ed., p. 597).

6. As normas gerais sobre incidentes da instância servem ainda supletivamente determinados processos especiais ou procedimentos: processos de jurisdição voluntária (art. 986º, nº 1), prestação de contas (art. 942º, nº 3) consignação em depósito (art. 918º, nº 2) ou procedimentos cautelares (art. 365º, nº 3).

7. Quanto ao valor processual dos incidentes da instância, cf. o art. 307º. E quanto à taxa de justiça, importa ter presente o disposto no art. 539º, nº 1, sendo paga pelo requerente e, havendo oposição, também pelo requerido.

ARTIGO 293º
Indicação das provas e oposição

1 – No requerimento em que se suscite o incidente e na oposição que lhe for deduzida, devem as partes oferecer o rol de testemunhas e requerer os outros meios de prova.

2 – A oposição é deduzida no prazo de 10 dias.

3 – A falta de oposição no prazo legal determina, quanto à matéria do incidente, a produção do efeito cominatório que vigore na causa em que o incidente se insere.

Remissões: art. 294º (número de testemunhas); arts. 567º e 568º (efeitos da revelia).

1. O requerimento inicial do incidente, que expressará a pretensão do requerente e os respetivos fundamentos, deve incluir logo o requerimento probatório, em termos similares ao que acontece com a petição inicial da ação declarativa (art. 552º, nº 6).

2. Também a peça de oposição ao incidente, a apresentar no prazo de 10 dias a contar da interpelação, deverá incluir o requerimento probatório, tal como sucede com a contestação da ação declarativa (art. 572º, al. d)).

3. Face ao disposto no art. 147º, nº 2, a narração dos factos vertidos no requerimento e na oposição deve assumir a forma articulada.

4. A estrutura declarativa dos incidentes implica o ónus de contestação e uma cominação para o caso de revelia. Dada a amplitude dos incidentes que podem surgir em diversos tipos de causas, a lei sujeita o requerido revel ao efeito cominatório previsto para a ação em cujo âmbito surja o incidente. Deste modo, se o incidente respeitar a ação que siga os termos do processo declarativo comum, é de aplicar o regime dos arts. 567º e 568º. Se a ação for de processo especial, aplica-se o respetivo regime de revelia, quando tiver disposição própria; caso contrário, observam-se os ditos arts. 567º e 568º, por força do disposto no art. 549º, nº 1.

5. No caso de incidentes que surjam em ações cuja estrutura não comporte um regime de revelia, a solução do art. 293º, nº 3, não pode funcionar diretamente. É o que sucede com o incidente da oposição à penhora, na ação executiva: daí a previsão do nº 2 do art. 785º, remetendo para o nº 3 do art. 732º.

6. A tramitação dos incidentes comporta somente dois articulados, pelo que o exercício do contraditório quanto a eventuais exceções (ou outras questões) suscitadas pelo requerido segue o disposto no art. 3º, nº 4, sem prejuízo da possibilidade de o juiz fazer uso do regime do art. 547º em momento anterior à audiência final.

ARTIGO 294º
Limite do número de testemunhas e registo dos depoimentos

1 – A parte não pode produzir mais de cinco testemunhas.

2 – Os depoimentos prestados antecipadamente ou por carta são gravados nos termos do artigo 422º.

Remissões: art. 155º (gravação da audiência final); arts. 495º e ss. (prova testemunhal).

1. Existe uma limitação quantitativa em relação à prova testemunhal. Quanto a outros meios probatórios, serão admitidos aqueles que a matéria de facto justificar, com realce para os documentos.

2. Nem todos os incidentes da instância reclamam uma fase específica para a produção de prova, cabendo então ao juiz proferir a decisão depois de ponderar as alegações produzidas pelas partes.

3. Cada parte pode oferecer apenas 5 testemunhas, mas, tal como sucede no processo declarativo, não há limites de outra ordem, pela que todas as testemunhas podem virtualmente depor sobre todos os factos.

4. A limitação legal quanto ao número de testemunhas não obsta a que, por aplicação do disposto no art. 511º, nº 4, o juiz admita a inquirição de testemunhas para além desse limite.

ARTIGO 295º
Alegações orais e decisão

Finda a produção da prova, pode cada um dos advogados fazer uma breve alegação oral, sendo imediatamente proferida decisão por escrito, aplicando-se, com as necessárias adaptações, o disposto no artigo 607º.

Remissões: art. 152º, nº 2 (decisão final); art. 607º (sentença); art. 644º, nº 1, al. a)(recurso do despacho que põe termo a incidente); art. 647º, nº 3, al. c) (efeito suspensivo do recurso do despacho de indeferimento de incidente processado por apenso).

1. A audiência final do incidente, destinada à produção de prova e às alegações orais, é sempre gravada (art. 155º, nº 1).

2. Os termos em que decorre esta audiência são, por princípio, os definidos para a audiência final do processo declarativo, valendo as regras contidas nos arts. 602º a 606º, com as necessárias adaptações.

3. Apenas se prevê que cada advogado faça uma "*breve alegação oral*", o que se justifica pela natureza tendencialmente restrita e limitada do incidente, não dispensando uma adequada ponderação do juiz perante concretos procedimentos incidentais (art. 547º).

4. Em harmonia com o que sucede na ação declarativa, na qual deixou de haver a cisão entre julgamento de facto e julgamento de direito, o procedimento incidental culmina com uma única decisão, que julga, a um só tempo, a matéria de facto e a respetiva integração jurídica. Tal decisão, que é de qualificar como "*sentença*" (art. 152º, nº 2), deve ser proferida imediatamente, podendo assumir a forma oral, ficando registada em ata (art. 155º, nº 5).

5. Excecionalmente, quando as circunstâncias o justifiquem, a decisão poderá ser proferida fora da audiência final, num prazo compatível com a urgência que resulta implícita da fórmula legal utilizada ("*imediatamente proferida*"), nos termos do art. 156º, nº 3, o que encontra justificação clara nos procedimentos cautelares, que revestem sempre carácter urgente (art. 363º, nº 1). Lebre de Freitas e Isabel Alexandre, concluem que, nestes casos, vigora o prazo de 2 dias do art. 156º, nº 3 (*CPC anot.*, vol. I, 4ª ed., p. 599).

6. O juiz pronuncia-se sobre os factos que julga provados e não provados, procedendo à apreciação crítica dos meios de prova e à especificação dos que se mostrem decisivos para a formação da convicção, em termos semelhantes aos previstos para a decisão principal (art. 607º), seguindo-se a decisão de direito que ao caso convier. Importará ainda ter em atenção as regras sobre a responsabilidade tributária, nos termos dos arts. 527º, nº 1 e 539º e, quanto ao regime dos recursos, o disposto no art. 644º, nº 1, al. a).

CAPÍTULO II
Verificação do valor da causa

ARTIGO 296º
Atribuição de valor à causa e sua influência

1 – A toda a causa deve ser atribuído um valor certo, expresso em moeda legal, o qual representa a utilidade económica imediata do pedido.

2 – Atende-se a este valor para determinar a competência do tribunal, a forma do processo de execução comum e a relação da causa com a alçada do tribunal.

3 – Para efeito de custas judiciais, o valor da causa é fixado segundo as regras previstas no presente diploma e no Regulamento das Custas Processuais.

Remissões: art. 40º (patrocínio judiciário); art. 102º (competência fundada no valor); art. 550º, nº 2, al. d) (processo executivo comum sumário); art. 552º, nº 1, al. f) (declaração do valor na petição); art. 558º, al. e) (rejeição da petição); art. 583º, nº 2 (valor da reconvenção); art. 629º, nº 1 (recorribilidade em função da alçada); art. 44º, nº 1, da LOSJ (alçadas); art. 12º do RCP (valor tributário em casos especiais).

1. A determinação do valor da causa obedece ao critério fundamental da utilidade económica imediata do pedido, a qual, na maior parte das situações, resulta do confronto entre o pedido ou pedidos formulados e a sua representação económica (*v.g.* arts. 297º, nº 1, 1ª parte, 301º, nº 1 e 302º, nº 1), embora também haja situações em que o valor é ficcionado pela própria lei (*v.g.* arts. 298º, nºs 1 e 3 e 303º, nº 1).

2. Quando não se aplique o critério geral fixado no art. 297º, nº 1, 1ª parte, ou os critérios expressamente previstos na lei, é duvidosa a ponderação a fazer quanto ao valor da causa, dificuldades que são sucessivamente sentidas pelo autor (a quem cabe indicar o valor na peça inicial da ação, do procedimento cautelar ou do incidente), pelo réu (quando pretende impugnar o valor indicado pelo autor, já que tem de indicar um valor substitutivo – art. 305º, nº 1) e pelo juiz (que sempre tem de fixar esse valor – art. 306º, nº 1).

3. O valor da causa releva para diversos efeitos:

a) Para efeitos tributários, nos termos das disposições conjugadas do art. 296º, nº 3 e do art. 11º do RCP, sem prejuízo dos casos especiais previstos no art. 12º deste diploma;

b) Para determinar a competência do tribunal para as ações de processo declarativo comum, mais precisamente no confronto entre o juízo central cível e o juízo de competência genérica ou o juízo local cível (art. 66º e arts. 117º, nº 1, al. a) e 130º, nº 1, da LOSJ);

c) Pode influir na obrigatoriedade do patrocínio judiciário na ação declarativa (arts. 40º, nº 1, al. a) e 629º, nº 1) e na ação executiva (art. 58º), na eficácia do domicílio convencionado para efeitos de citação (art. 229º, nº 1), no número de peritos (art. 468º, nº 5), no número de testemunhas (art. 511º, nº 1), na obrigatoriedade ou não da audiência prévia (art. 597º), na duração das alegações orais (art. 604º, nº 5) e também, em certos casos, na definição da forma ordinária ou sumária do processo executivo comum (art. 550º, nº 2, al. d));

d) Em matéria de recorribilidade: a admissibilidade de recurso ordinário é aferida em função do valor da causa, no confronto com a alçada do tribunal (art. 629º, nº 1), a qual, desde 1-1-08, está fixada em € 5.000,00 para a 1ª instância e em € 30.000,00 para a Relação (cf. o art. 5º do DL nº 303/07, de 24-8). A importância do valor da causa em sede de admissibilidade de recurso ordinário justifica a solução contida no nº 2 do art. 629º, designadamente na sua al. b), nos termos da qual é sempre admissível recurso, independentemente do valor da causa e da sucumbência, das decisões respeitantes ao valor da causa ou dos incidentes, com o fundamento de que o seu valor excede a alçada do tribunal de que se recorre;

e) O valor do pedido e, por inerência, o valor da causa, é elemento decisivo para delimitar o âmbito de aplicação do regime dos procedimentos destinados a exigir o cumprimento de obrigações pecuniárias, emergentes de contratos, de valor não superior a € 15.000,00 (art. 1º do DL nº 269/98, de 1-9).

ARTIGO 297º
Critérios gerais para a fixação do valor

1 – Se pela ação se pretende obter qualquer quantia certa em dinheiro, é esse o valor da causa, não sendo atendível impugnação nem acordo em contrário; se pela ação se pretende obter um benefício diverso, o valor da causa é a quantia em dinheiro equivalente a esse benefício.

2 – Cumulando-se na mesma ação vários pedidos, o valor é a quantia correspondente à soma dos valores de todos eles; mas quando, como acessório do pedido principal, se pedirem juros, rendas e rendimentos já vencidos e os que se vencerem durante a pendência da causa, na fixação do valor atende-se somente aos interesses já vencidos.

3 – No caso de pedidos alternativos, atende-se unicamente ao pedido de maior valor e, no caso de pedidos subsidiários, ao pedido formulado em primeiro lugar.

Remissões: art. 36º (coligação); art. 553º (pedidos alternativos); art. 554º (pedidos subsidiários); art. 555º (cumulação real de pedidos).

1. À luz da ideia de que o pedido representa a utilidade económica imediata do pedido (art. 296º, nº 1, *in fine*), é óbvio o critério segundo o qual o valor da causa corresponde à quantia certa em dinheiro peticionada em juízo, a ponto de não ser admitida impugnação nem acordo em contrário (art. 297º, nº 1), o que também limita a intervenção do juiz nesta sede (art. 306º).

2. Na ação de condenação no pagamento de quantia certa (ou naquela em que se pretenda reconhecer o direito de crédito correspondente) o valor da causa é equivalente à quantia pedida, acrescida dos juros, rendas e rendimentos vencidos, sendo desconsiderados os vincendos, cuja contabilização poderia determinar alteração dos efeitos processuais (*v.g.* forma de processo, recorribilidade, patrocínio judiciário). "Quando o autor formula um pedido de indemnização e alega que o valor a receber do réu poderá se reduzido em função de um evento futuro e incerto relacionado com o resultado que venha a ser obtido noutro processo judicial, com outros sujeitos, o valor do processo não se determina em função do nº 4 do art. 299º do CPC, mas segundo o critério previsto no art. 297º" (STJ 7-3-19, 21112/16).

3. Quando não esteja em jogo a obtenção de uma quantia certa em dinheiro, isto é, quando pela ação se pretenda obter um benefício diverso, o valor da causa definir-se-á pela tradução pecuniária desse benefício. Para o efeito, serão aplicados critérios especiais antecipadamente enunciados pelo legislador (arts. 298º e 300º a 303º) ou, então, para hipóteses não cobertas por tais critérios, a tradução pecuniária do benefício (e, assim, o valor da ação) resultará da posição assumida pelas partes (art. 305º) e do entendimento do juiz (art. 306º).

4. Se o pedido visar a obtenção de um benefício diverso de quantia certa, o autor deverá procurar encontrar, com o maior rigor possível, o equivalente monetário, tarefa que não se afigura fácil, designadamente, em situações em que se vise uma prestação de facto positivo ou negativo, sendo que, quando estejam em causa interesses imateriais ou interesses difusos, vale o disposto no art. 303º. De todo o modo, depois de ser cumprido o contraditório, o tribunal pronunciar-se-á sobre a concretização desse critério (art. 306º, nº 1).

5. Coerentemente com a ideia da utilidade económica imediata do pedido, no caso de cumulação de pedidos (art. 555º), em que que o autor formula, em simultâneo, diversas pretensões, o valor da causa corresponderá à soma de todas as parcelas. Se as pretensões se articularem numa relação pedido principal/pedido acessório e, a título deste último, forem reclamados juros, rendas e rendimentos, quer vencidos quer vincendos, o valor da causa deverá expressar apenas a quantia relativa aos valores já vencidos à data da instauração da ação.

6. Havendo pedidos alternativos (art. 553º), que se devem ter por juridicamente equivalentes, em termos de o direito do autor ficar satisfeito sendo efetuada uma só das prestações, o valor da causa será o do pedido de maior valor.

7. Havendo pedidos subsidiários (art. 554º), em que as pretensões são apresentadas segundo a ordem do interesse que têm para o autor, o valor da causa é o do pedido deduzido em primeiro lugar.

8. O pedido de condenação da contraparte em indemnização por litigância de má-fé não releva para a fixação do valor da causa (RC 16-3-11, CJ, t. II, p. 13).

ARTIGO 298º
Critérios especiais

1 – Nas ações de despejo, o valor é o da renda de dois anos e meio, acrescido do valor das rendas em dívida ou do valor da indemnização requerida, consoante o que for superior.

2 – Nos processos referentes a contratos de locação financeira, o valor é o equivalente ao da soma das prestações em dívida até ao fim do contrato acrescido dos juros moratórios vencidos.

3 – Nas ações de alimentos definitivos e nas de contribuição para despesas domésticas o valor é o quíntuplo da anuidade correspondente ao pedido.

4 – Nas ações de prestação de contas, o valor é o da receita bruta ou o da despesa apresentada, se lhe for superior.

Remissões: arts. 941º e ss. (processo especial de prestação de contas); art. 992º (processo especial de contribuição para despesas domésticas); art. 26º do DL nº 1/13, de 7-1 (valor do procedimento especial de despejo); art. 301º do CIRE (valor da causa para efeitos de custas); DL nº 149/95, de 24-6 (regime jurídico do contrato de locação financeira).

1. Encontram-se aqui os primeiros casos em que o legislador, para certas categorias de ações, optou por fixar critérios especiais acerca do valor da causa, sendo visível que algumas das soluções contidas neste preceito ponderam o fator da duração de certas relações jurídicas.

2. Nas ações de despejo (o que deve entender-se como ações destinadas à extinção do contrato de arrendamento, seja por via da resolução, seja por via da denúncia), o legislador joga com o valor da renda como critério primordial, acrescentando um de dois fatores, nem sempre verificáveis. Quer isto significar que uma ação de despejo tem sempre um valor base correspondente a 30 meses de renda. Se tal ação visar ainda a condenação do réu nas rendas em dívida (sinal de que um dos fundamentos do despejo é a falta de pagamento de rendas), o valor das rendas em falta acresce ao dos ditos 30 meses de renda. Se, por outro lado, além da pretensão de despejo, o senhorio peticionar a condenação do inquilino no pagamento de uma indemnização, teremos mais um pedido cumulado, caso em que o valor da ação resulta da soma da quantia relativa a 30 meses de renda e da quantia relativa à indemnização pedida. Por fim, pedindo-se o despejo e a condenação do réu no pagamento de rendas em dívida e ainda no pagamento de uma indemnização, o valor da ação será obtido pela soma de apenas duas das parcelas em presença: ao dito valor base (30 meses de renda) acresce uma das outras parcelas (rendas em dívida ou indemnização), mais precisamente a que for mais elevada.

3. Em ações que tenham por objeto contratos de locação financeira, atende-se ao tempo que falta para a extinção do contrato, pelo que a causa tem valor correspondente ao da soma das prestações devidas até ao fim do contrato, acrescendo o valor dos juros moratórios vencidos. Este mesmo valor servirá para o específico procedimento cautelar de apreensão de coisa entregue em locação financeira, já que nada se refere a esse respeito no art. 304º, nº 3, ou em legislação especial.

4. Nas ações para reconhecimento do direito de alimentos definitivos, assim como nas ações de contribuição para despesas domésticas (art. 992º), o valor é o correspondente a 5 anuidades do pedido formulado. Já para o procedimento cautelar de alimentos provisórios, vale o disposto no art. 304º, nº 3, al. a).

5. Quanto às ações de prestação de contas, que constituem um processo especial (arts. 941º e ss.), a lei estabelece que o seu valor é o da receita bruta ou o da despesa apresentada, caso esta seja superior àquela. Note-se que neste tipo de ações, mais concretamente no caso da prestação provocada de contas (art. 941º), o normal é o autor não saber qual a receita bruta ou a despesa, pois isso depende precisamente das contas a prestar pelo réu. Assim sendo, dado que toda a ação deve ter um valor (art. 296º), o valor inicialmente indicado pelo autor na petição será corrigido em função dos elementos que venham a resultar do processo (art. 299º, nº 3).

ARTIGO 299º
Momento a que se atende para a determinação do valor

1 – Na determinação do valor da causa, deve atender-se ao momento em que a ação é proposta, exceto quando haja reconvenção ou intervenção principal.

2 – O valor do pedido formulado pelo réu ou pelo interveniente só é somado ao valor do pedido formulado pelo autor quando os pedidos sejam distintos, nos termos do disposto no nº 3 do artigo 530º.

3 – O aumento referido no número anterior só produz efeitos quanto aos atos e termos posteriores à reconvenção ou intervenção.

4 – Nos processos de liquidação ou noutros em que, analogamente, a utilidade económica do pedido só se define na sequência da ação, o valor inicialmente aceite é corrigido logo que o processo forneça os elementos necessários.

Remissões: art. 259º (propositura da ação); art. 266º (reconvenção); arts. 311º e ss. (intervenção principal); arts. 358º e ss. (incidente de liquidação); art. 530º, nº 3 (taxa de justiça suplementar); art. 12º, nº 1, al. e), do RCP (alteração do valor tributário); art. 15º do CIRE (valor do processo de insolvência).

1. De modo a dar sentido e conteúdo às implicações decorrentes do valor da causa (art. 296º, nº 2), a lei define o momento a considerar para determinar esse valor: é aquele em que a ação é proposta (art. 259º, nº 1), sendo irrelevantes as modificações posteriores, tais como a redução, a ampliação ou a alteração do pedido (STJ 11-5-11, 1071/08), o indeferimento liminar parcial ou a absolvição da instância ou a desistência quanto a algum dos pedidos formulados. O próprio decurso do prazo a partir da propositura da ação também é irrelevante, devendo o valor processual corresponder ao que resultar da aplicação do critério legal na data em que a ação é instaurada, o que tem a vantagem de evitar perturbações na dinâmica processual que resultariam de uma solução inversa.

2. Esta regra conhece duas exceções estabelecidas em casos que configuram uma modificação da instância, quer objetiva (havendo reconvenção – art. 266º), quer subjetiva (havendo intervenção principal – arts. 311º a 320º), podendo daí resultar o aumento do valor que a causa tinha em face da petição, com reflexos no pagamento de taxa de justiça suplementar.

3. A soma de valores apenas tem lugar quando o pedido reconvencional ou o pedido do interveniente se distingam do pedido formulado pelo autor (art. 530º, nº 3), o que, afinal, não ocorre quando a parte (reconvinte ou interveniente) pretenda conseguir, em seu benefício, o mesmo efeito jurídico que o autor visa alcançar (*v.g.* divórcio, declaração de nulidade de negócio ou reconhecimento da propriedade sobre certa coisa) ou quando o reconvinte pretenda obter a mera compensação de créditos (art. 266º, nº 2, al. c)).

4. Já nos casos de apensação de ações cada ação mantém o seu valor autónomo (STJ 9-3-10, 94/2001 e RL 21-6-18, CJ, t. III, p. 132).

5. Como o valor da ação se determina apenas em função do pedido ou dos pedidos formulados, ficando imune à generalidade das vicissitudes processuais, também a simples dedução da reconvenção ou do incidente de intervenção principal podem determinar um efeito processual imediato que não será prejudicado pelas posteriores vicissitudes processuais.

6. Se de algum destes atos decorrer aumento do valor processual, este estabilizar-se-á nessa ocasião e não será prejudicado ainda que, *a posteriori*, seja declarada a extinção da instância reconvencional, por motivos formais ou materiais, ou rejeitada a intervenção principal. É a mesma lógica que preside à fixação inicial do valor do processo considerando o teor da petição inicial, sem interferência de eventos posteriores.

7. Nos casos excecionais em que o valor processual sofra alterações na pendência da ação, tal pode implicar a obrigatoriedade do patrocínio judiciário (sendo excedida a alçada da 1ª instância – art. 40º, nº 1, al. a)), a alteração da competência do tribunal (na ação declarativa comum, se o valor se tornar superior a € 50.000,00 – arts. 66º e 93º, nº 2, do CPC e art. 117º, nºs 1, al. a) e 3, da LOSJ) ou a admissibilidade de recurso ordinário (sendo excedida a alçada da 1ª instância – art. 629º, nº 1, al. a)).

8. Como certas normas específicas também usam critérios que radicam no valor da causa, o respetivo aumento poderá ter repercussões a esse nível, como acontece nos casos previstos nos arts. 468º, nº 5 (número de peritos), 511º, nº 1 (número de testemunhas), 597º (termos posteriores aos articulados) e 604º, nº 5 (duração das alegações orais). Mas em qualquer dos casos, o aumento do valor do processo só produz efeitos para futuro, não prejudicando a anterior tramitação processual (nº 3).

9. Considerando a existência de processos cujas características ou especificidades dificultam ou impedem a assunção de um valor firme na ocasião em que é apresentada a petição inicial, a lei apresenta alguma flexibilidade e permite que o valor inicialmente indicado (e aceite) tenha natureza provisória, sendo corrigido logo que o processo revele os elementos necessários para tal. Neste quadro, a lei alude aos processos de liquidação e a outros cuja utilidade económica do pedido só se defina na sequência da ação. Como exemplo da primeira categoria, temos o processo especial de liquidação da herança vaga em benefício do Estado (arts. 938º e ss.) e o processo especial de insolvência (art. 15º do CIRE; STJ 2-6-15, 189/13); integram a segunda categoria o processo especial de prestação de contas (arts. 941º e ss.; STJ 22-2-17, 586/14), o processo especial de inventário (art. 302º, nº 3) ou a ação de indemnização em que seja formulado pedido genérico sujeito a posterior liquidação (art. 556º).

10. Ainda que seja formulada pretensão genérica (art. 556º), a lei não dispensa o autor de indicar na petição o valor económico provável que atribui à ação (*v.g.* o valor da indemnização que previsivelmente será arbitrada na ação de indemnização ou o das receitas ou das despesas que provavelmente serão apresentadas pelo réu na prestação de contas). Trata-se de um valor provisório, suscetível de atualização, para mais ou para menos, em função da posterior liquidação, designadamente quando esta ocorra no âmbito do incidente previsto nos arts. 358º e ss. O mesmo sucede nos casos em que o valor económico do pedido apenas se revela em momento posterior, o que é comum em processos de insolvência, de liquidação judicial de sociedades ou de prestação de contas.

11. "Nos casos em que é admissível a formulação de pedidos genéricos, designadamente em ações de responsabilidade civil, o valor do processo indicado pelo autor ou fixado pelo juiz tem cariz provisório, podendo ser modificado em função de novos elementos que venham a ser adquiridos. Porém, mesmo nesses casos, a sua determinação não segue em nenhum momento um critério arbitrário ou de mera conveniência das partes, devendo ser o reflexo dos elementos objetivos que o processo forneça na ocasião em que é indicado pela parte ou em que, em termos provisórios ou definitivos, é fixado pelo juiz (art. 299º, nº 3, do CPC)" (STJ 7-3-19, 21112/16).

12. A modificação do valor inicialmente apresentado pelo autor ou decorrente de incidências processuais posteriores poderá resultar ainda da decisão do correspondente incidente, ao abrigo do art. 306º.

ARTIGO 300º

Valor da ação no caso de prestações vincendas e periódicas

1 – Se na ação se pedirem, nos termos do artigo 557º, prestações vencidas e prestações vincendas, toma-se em consideração o valor de umas e outras.

2 – Nos processos cuja decisão envolva uma prestação periódica, salvo nas ações de alimentos ou contribuição para despesas domésticas, tem-se em consideração o valor das prestações relativas a um ano multiplicado por 20 ou pelo número de anos que a decisão abranger, se for inferior; caso seja impossível determinar o número de anos, o valor é o da alçada da Relação e mais € 0,01.

Remissões: art. 557º (pedido de prestações vincendas).

1. Este preceito apresenta mais critérios especiais acerca do valor da causa, tendo o primeiro deles conexão com o chamado pedido de prestações vincendas ou pedido de condenação *in futurum*, de que trata o art. 557º. Aqui, o pedido formulado contempla, a título principal (e não meramente acessório – cf. o art. 297º, nº 2, 2ª parte), prestações vencidas e vincendas.

2. O preceito destina-se a cobrir situações em que o autor, visando satisfazer o seu direito sobre prestações já vencidas, pretende acautelar, desde logo, a condenação no pagamento de prestações futuras, bem assim casos em que a demora própria da ação que viesse a ser instaurada somente quando se verificassem os requisitos da exigibilidade fosse suscetível de afetar gravemente o credor. Quando assim for, o valor da ação abarcará, não apenas as prestações já vencidas, mas também as vincendas.

3. Se estiver em causa pedido que envolva prestação periódica (com exceção das ações de alimentos ou de contribuição para despesas domésticas, reguladas em norma própria – art. 298º, nº 2), o critério para definir o valor é variável: será o valor das prestações relativas a um ano, multiplicado por 20; será o valor das prestações relativas a um ano, multiplicado pelo número de anos, quando estes forem em número inferior a 20; será o da alçada da Relação e mais € 0,01, se for impossível determinar o número de anos (a alçada da Relação é de € 30.000,00 – art. 44º, nº 1, da LOSJ).

ARTIGO 301º

Valor da ação determinado pelo valor do ato jurídico

1 – Quando a ação tiver por objeto a apreciação da existência, validade, cumprimento, modificação ou resolução de um ato jurídico, atende-se ao valor do ato determinado pelo preço ou estipulado pelas partes.

2 – Se não houver preço nem valor estipulado, o valor do ato determina-se em harmonia com as regras gerais.

3 – Se a ação tiver por objeto a anulação do contrato fundada na simulação do preço, o valor da causa é o maior dos dois valores em discussão entre as partes.

1. Este preceito cobre todos os casos em que a decisão se deva pronunciar sobre a existência, a validade, o cumprimento, a modificação ou a resolução de um negócio jurídico, sendo o valor da ação determinado por referência ao valor do ato.

2. Reportando-se a lei aos casos em que está em causa um "*ato jurídico*", abarcará naturalmente os contratos e outros atos jurídicos, tais como as deliberações sociais ou a confissão de dívida. Uma tal amplitude objetiva corresponde à amplitude dos fundamentos que levam à sua discussão em ação judicial, abarcando toda e qualquer ação, *máxime* a de natureza constitutiva ou de simples apreciação que, sob iniciativa do autor, tenha por objeto a apreciação da existência, da validade, do cumprimento, da modificação ou da resolução de ato jurídico. A formulação legal permite abarcar outras figuras, tal como a caducidade, a impugnação pauliana, a ação para exercício do direito de preferência ou a ação de execução específica.

3. O valor do ato (e, assim, o valor da ação) apura-se por uma de duas vias: pelo preço fixado ou pelo próprio valor que as partes deram aos bens sobre que versa o negócio (RC 3-2-04, 3696/03). Quanto ao preço, este não deve ser tomado nos estritos termos referidos na lei substantiva para a compra e venda (art. 874º do CC) e para a empreitada (art. 1207º do CC), mas no sentido abrangente de contrapartida devida no âmbito do concreto negócio submetido à consideração do tribunal. Quanto ao valor estipulado, mais restritamente, respeita a casos em que, importando embora a disposição de bens, não há uma contrapartida (doação) ou a contrapartida é igualmente em bens (permuta), pelo que o valor do negócio (e, assim, da ação) decorre do valor atribuído pelas partes aos bens envolvidos.

4. Nos casos em que ao ato jurídico corresponder um valor certo e determinado (*v.g.* o preço no contrato de compra e venda, o valor do crédito assumido na confissão de dívida), torna-se fácil determinar o valor processual. Quando as partes não tenham estipulado um valor, importará recorrer às normas substantivas, tal como o art. 883º (determinação do preço na compra e venda), o art. 1158º, nº 2 (valor da remuneração no mandato) ou o art. 1211º (determinação do preço na empreitada), todos do CC.

5. Em contraponto, estão excluídas do preceito as ações cujo valor seja definido especificamente por outros normativos, como sucede com as ações de despejo (art. 298º, nº 1) ou com as ações em que a pretensão formulada, ainda que reportada a um preço ou a um valor e visando o cumprimento da respetiva obrigação, se reconduz ao pedido de pagamento de parte ou da totalidade do preço ou valor, isto é, de uma quantia certa em dinheiro (art. 297º, nº 1).

6. Especialíssimo é o critério determinativo do valor da causa quando a ação de declaração de nulidade de contrato tenha por fundamento a simulação do preço. Sem embargo dos casos em que a simulação do preço seja invocada pelo próprio réu, valerá para o efeito o maior dos dois valores em jogo (*v.g.* no contrato sobre que versa a ação consta a quantia de € 10.000,00 como preço, mas o autor preferente sustenta que o preço real foi de € 5.000,00).

ARTIGO 302º
Valor da ação determinado pelo valor da coisa

1 – Se a ação tiver por fim fazer valer o direito de propriedade sobre uma coisa, o valor desta determina o valor da causa.

2 – Se a ação tiver por fim a divisão de coisa comum, atende-se ao valor da coisa que se pretende dividir.

3 – Nos processos de inventário, atende-se à soma do valor dos bens a partilhar; quando não seja determinado o valor dos bens, atende-se ao valor constante da relação apresentada no serviço de finanças.

4 – Tratando-se de outro direito real, atende-se ao seu conteúdo e duração provável.

Remissões: art. 309º (arbitramento); arts. 925º e ss. (ação de divisão de coisa comum)

1. Nas ações reais (e também nas ações possessórias), isto é, naquelas em que se pretende fazer valer um direito real de gozo sobre uma coisa, o valor da ação é definido pelo objeto do próprio direito real. Tratando-se de fazer valer o direito real pleno (direito de propriedade), o valor da coisa sobre que incide o direito determina o valor da ação (nº 1). Tratando-se de um direito real limitado (usufruto, uso e habitação, superfície, direito real de habitação periódica, servidão predial), o valor da ação depende do conteúdo e da duração provável do direito feito valer (nº 4).

2. O critério terá de ser ainda ajustado aos casos em que o litígio gira apenas em torno de uma parcela do prédio, o que ocorre, por exemplo, em ações de demarcação ou em ações de reivindicação de uma parcela de terreno. Na ação especial de divisão de coisa comum (arts. 925º e ss.), o valor da coisa a dividir determina o valor da causa (nº 2).

3. Atenta a desatualização das matrizes prediais, são pouco fiáveis os valores delas constantes, o que pode justificar a realização do arbitramento referido no art. 309º.

4. No processo especial de inventário, o respetivo valor encontra-se pela soma do valor dos bens a partilhar ou, não estando este determinado, pelo valor constante da relação de bens apresentada no serviço de finanças, sem prejuízo das posteriores modificações (art. 299º, nº 4; cf. anot. ao art. 1123º).

5. Não cabem neste normativo as ações que, embora de pendor real, não respeitam a direitos reais de gozo, como são as relativas a direitos reais de aquisição e direitos reais de garantia, pelo que o respetivo valor será determinado por outros critérios. Quanto aos primeiros, de que são exemplo a ação de preferência e a ação de execução específica de contrato-promessa com eficácia real, o valor da causa será, respetivamente, o do preço praticado no negócio objeto da preferência e o do preço do negócio prometido, nos termos do art. 301º, nº 1. Relativamente aos segundos, tratando-se de fazer valer um crédito que beneficia de garantia, o valor do crédito define o valor da ação, por aplicação do critério geral do art. 297º, nº 1.

ARTIGO 303º

Valor das ações sobre o estado das pessoas ou sobre interesses imateriais ou difusos

1 – As ações sobre o estado das pessoas ou sobre interesses imateriais consideram-se sempre de valor equivalente à alçada da Relação e mais € 0,01.

2 – A mesma regra é aplicável às ações para atribuição da casa de morada de família, constituição ou transmissão do direito de arrendamento.

3 – Nos processos para tutela de interesses difusos, o valor da ação corresponde ao do dano invocado, com o limite máximo do dobro da alçada do Tribunal da Relação.

Remissões: art. 990º (ação de atribuição de casa de morada de família); Lei nº 83/95, de 31-8 (ação popular).

1. Há certos tipos de causas em que, além de ser objetivamente difícil fixar o respetivo valor, impera a preocupação de assegurar a hipótese de recurso até ao Supremo. São disso exemplos as ações sobre o estado das pessoas ou sobre interesses imateriais (nº 1) e as ações para atribuição da casa de morada de família, constituição ou transmissão do direito de arrendamento (nº 2).

2. A fórmula encontrada foi a de atribuir a tais ações o valor correspondente à alçada da Relação e mais € 0,01 (a alçada da Relação é de € 30.000,00 – art. 44º, nº 1, da LOSJ). Deste modo, face ao disposto no art. 629º, nº 1, as decisões proferidas em tais ações são virtualmente passíveis de recurso até ao Supremo, deste modo assegurando, em princípio, o terceiro grau de jurisdição justificado pelo relevo dos interesses presentes.

3. Como exemplos de ação sobre o estado das pessoas, temos as de acompanhamento de maiores (arts. 891º e ss.), de reconhecimento de maternidade (art. 1814º do CC) ou de paternidade (art. 1847º do CC), de impugnação da maternidade (art. 1807º do CC) ou da paternidade (art. 1838º do CC), de justificação da ausência (arts. 881º e ss.), de divórcio ou separação sem consentimento do outro cônjuge (arts. 931º e 932º), de divórcio por mútuo consentimento (arts. 994º e ss.), de adoção (cf. o Reg. Jurídico da Adoção – Lei nº 143/15, de 8-9), de regulação do exercício das responsabilidades parentais (arts. 34º a 44º do Reg. Geral do Proc. Tutelar Cível – Lei nº 141/15, de 8-9) e de instauração da tutela (art. 3º, al. a), do mesmo diploma).

4. Semelhante critério foi aplicado a casos paralelos em que, malgrado incidirem sobre direitos de conteúdo patrimonial, estão em causa interesses imateriais ligados à atribuição da casa de morada de família (art. 990º). Respeitam também a interesses imateriais, por exemplo, as ações para tutela da personalidade (arts. 878º a 880º), ações motivadas pela violação do direito ao sossego, ações para autorização de uso dos apelidos do ex-cônjuge (art. 1677º-B do CC) e para privação do direito ao uso do nome do outro cônjuge (art. 1677º-C do CC), bem assim as providências relativas aos filhos e aos cônjuges (arts. 989º e ss.).

5. Noutro plano, a propósito das ações para tutela de interesses difusos (em matéria de direito de ambiente e qualidade de vida, defesa do consumidor, defesa do património cultural, etc.), o respetivo valor é o do dano invocado, dependendo, assim, da sua natureza patrimonial ou imaterial, fixando-se, todavia, o limite máximo correspondente ao dobro da alçada da Relação (nº 3), pelo que tais ações nunca terão valor superior a € 60.000,00, medida que tem em mente desagravar a responsabilidade de natureza tributária, sem prejudicar a recorribilidade em diversos graus de jurisdição.

ARTIGO 304º
Valor dos incidentes e dos procedimentos cautelares

1 – O valor dos incidentes é o da causa a que respeitam, salvo se o incidente tiver realmente valor diverso do da causa, porque neste caso o valor é determinado em conformidade com os artigos anteriores.

2 – O valor do processo ou incidente de caução é determinado pela importância a caucionar.

3 – O valor dos procedimentos cautelares é determinado nos termos seguintes:

a) Nos alimentos provisórios e no arbitramento de reparação provisória, pela mensalidade pedida, multiplicada por 12;
b) Na restituição provisória de posse, pelo valor da coisa esbulhada;
c) Na suspensão de deliberações sociais, pela importância do dano;
d) No embargo de obra nova e nas providências cautelares não especificadas, pelo prejuízo que se quer evitar;
e) No arresto, pelo montante do crédito que se pretende garantir;
f) No arrolamento, pelo valor dos bens arrolados.

Remissões: arts. 292º e ss. (incidentes da instância); arts. 362º e ss. (procedimentos cautelares); arts. 906º e ss. (processo para prestação de caução); art. 915º (incidente de prestação de caução); art. 7º do RCP (incidentes).

1. Além das ações, também os incidentes e os procedimentos cautelares têm valor, o que releva, desde logo, para efeitos tributários (art. 7º, nº 4, do RCP). A menção relativa aos "*incidentes*" apenas visa aqueles que sejam dotados de autonomia processual (arts. 292º e ss.) ou tributária (valendo para estes a definição que consta do art. 7º, nº 8, do RCP: "*ocorrências estranhas ao desenvolvimento normal da lide que devam ser tributados segundo os princípios que regem a condenação em custas*").

2. Quanto aos incidentes, dado que estes surgem no contexto de uma causa, o valor corresponderá, em regra, ao valor dessa causa, a não ser que seja encontrado um valor diverso, ponderando se a utilidade económica da pretensão subjacente ao incidente é sobreposta ou não à da ação (RL 2-10-08, 6821/2008).

3. No caso da prestação de caução, seja tramitando-se como processo próprio (arts. 906º e ss.), seja como incidente (art. 915º), o respetivo valor é o da importância a caucionar.

4. Relativamente aos procedimentos cautelares (arts. 362º e ss.), estes têm sempre valor próprio, independentemente de a sua dedução ocorrer a título preliminar ou incidental (art. 364º, nº 1). Na restituição provisória da posse (arts. 377º a 379º), o valor da coisa esbulhada define o valor do procedimento; nos alimentos provisórios (arts. 384º a 387º) e no arbitramento de reparação provisória (arts. 388º a 390º), é o da mensalidade pedida, multiplicada por doze; no arresto (arts. 391º a 396º), o montante do crédito acautelado dá o valor ao procedimento; no embargo de obra nova (arts. 397º a 402º), o valor afere-se pelo prejuízo que se pretende evitar; no arrolamento (arts. 403º a 409º), o procedimento tem o valor dos bens a arrolar; e nas providências cautelares não especificadas (art. 362º), o valor é determinado pelo prejuízo que se procura evitar, considerando a sua natureza patrimonial ou imaterial e ajustando o valor em função dos critérios específicos extraídos das normas anteriores.

5. Nos demais procedimentos cautelares previstos em legislação avulsa, na falta de norma específica, deve recorrer-se aos critérios gerais. Assim sendo, na apreensão cautelar de veículo automóvel, o valor do bem define o valor do procedimento, enquanto na apreensão de bem cedido em locação financeira, deve atender-se ao critério específico do art. 298º, nº 2.

6. No requerimento em que deduz o incidente, a parte deve indicar o respetivo valor, sob pena de se considerar que adere ao valor da causa (art. 307º, nº 1), sem embargo da sua impugnação pela contraparte e da intervenção do juiz na sua verificação, em face dos critérios legais (art. 306º).

7. O Trib. Const., no Ac. nº 280/2015, julgou inconstitucional, por violação do direito ao recurso de decisões judiciais que diretamente afetam direitos, liberdades e garantias, decorrente do direito de acesso aos tribunais, consagrado no art. 20º, nº 1, da CRP, a norma extraída das disposições conjugadas do art. 15º do CIRE e arts. 304º, 1ª parte e 629º, nº 1, interpretadas no sentido de que não cabe recurso de decisões proferidas no incidente de qualificação da insolvência cujo valor, determinado pelo ativo do devedor, seja inferior ao da alçada do tribunal de primeira instância.

ARTIGO 305º

Poderes das partes quanto à indicação do valor

1 – No articulado em que deduza a sua defesa, pode o réu impugnar o valor da causa indicado na petição inicial, contanto que ofereça outro em substituição; nos articulados seguintes podem as partes acordar em qualquer valor.

2 – Se o processo admitir unicamente dois articulados, tem o autor a faculdade de vir declarar que aceita o valor oferecido pelo réu.

3 – Quando a petição inicial não contenha a indicação do valor e, apesar disso, haja sido recebida, deve o autor ser convidado, logo que a falta seja notada e sob cominação de a instância se extinguir, a declarar o valor; neste caso, dá-se conhecimento ao réu da declaração feita pelo autor e, se já tiverem findado os articulados, pode o réu impugnar o valor declarado pelo autor.

4 – A falta de impugnação por parte do réu significa que aceita o valor atribuído à causa pelo autor.

Remissões: art. 558º, al. e) (recusa da petição por omissão do valor); art. 569º (contestação); art. 584º (réplica).

1. A determinação do exato valor do processo constitui uma questão marginal no quadro do objeto do processo definido pelas partes. Ainda assim, tendo em conta os diversos efeitos associados ao valor da causa, e sem prejuízo da sua impugnação por banda do réu, prescreve-se, de forma sistemática, uma intervenção oficiosa do juiz no sentido de assegurar a correção em face dos critérios legais aplicáveis ao caso. Com isso se pretende evitar a manipulação do valor processual, nuns casos (aumento), para potenciar a recorribilidade das decisões em diversos graus, noutros casos (redução), para evitar o pagamento das taxas de justiça legalmente devidas. Ora, acima dos interesses das partes foi colocado o interesse do sistema de administração da justiça, que passa por assegurar o pagamento das taxas de justiça que correspondam efetivamente à aplicação dos critérios legais, mas que se estende também a outros campos, onde domina a racionalização dos recursos cuja admissibilidade dependa do (correto) valor processual ou da sucumbência (art. 629º, nº 1).

2. Embora caiba ao juiz a fixação do valor da causa, isso não dispensa a intervenção das partes nesta matéria (art. 306º, nº 1). A indicação do valor atribuído ao processo constitui um dos requisitos da petição inicial (art. 552º, nº 1, al. f)) cuja falta justifica a recusa de recebimento (art. 558º, al. e)). Se acaso a petição for recebida sem que tal requisito esteja satisfeito, o juiz deverá convidar o autor a indicar o valor, sob pena de extinção da instância. O que acaba de ser dito vale igualmente para o pedido reconvencional, embora aí a falta de indicação do valor da reconvenção na contestação não obste ao recebimento da peça (art. 583º, nº 2).

3. Relativamente aos incidentes, face ao disposto no art. 304º, nº 1, a falta da indicação do valor terá por efeito entender-se que o incidente tem valor coincidente com o da causa em que se insere. No campo dos recursos, o requerimento de interposição do recurso deverá conter a indicação do respetivo valor, por atenção à sucumbência, quando esta for determinável. Nos restantes casos, prevalece o valor da ação (art. 12º, nº 2, do RCP).

4. Quando o réu considere que o valor indicado pelo autor não respeita os critérios legais, pode impugná-lo, apresentando um valor alternativo. Deduzido o incidente de verificação do valor (incidente que naturalmente está sujeito a taxa de justiça – art. 7º, nº 4, do RCP e Tabela II), o autor é admitido, no articulado seguinte, se o houver, ou em peça avulsa, a declarar se aceita ou não o valor proposto pelo réu. Caso o réu não impugne o valor constante da petição (ou, ainda que impugne, não indique valor em substituição), entende-se que aceita o valor da causa nos termos definidos pelo autor.

5. Do confronto entre as posições assumidas pelas partes no processo podem derivar as seguintes situações: falta de impugnação do valor atribuído pelo autor, considerando-se que o réu aceita tal valor (nº 4); apresentação pelo réu de um novo valor, que é aceite pelo autor (nº 1); manutenção da divergência entre as partes relativamente ao valor da ação. Certo é que, independentemente das posições assumidas pelas partes, o juiz sempre terá de se debruçar sobre o assunto e fixar o valor da causa, sem estar vinculado a qualquer dos valores indicados ou aceites por aquelas (art. 306º, nº 1).

6. Se o juiz, no despacho saneador, atribuir à causa o valor indicado pelo autor e aceite pelo réu, não poderá este último pôr em causa esse valor em momento processual posterior, nomeadamente com o objetivo de tornar admissível recurso por si interposto da sentença (RE 16-5-19, 1731/17).

ARTIGO 306º
Fixação do valor

1 – Compete ao juiz fixar o valor da causa, sem prejuízo do dever de indicação que impende sobre as partes.

2 – O valor da causa é fixado no despacho saneador, salvo nos processos a que se refere o nº 4 do artigo 299º e naqueles em que não haja lugar a despacho saneador, sendo então fixado na sentença.

3 – Se for interposto recurso antes da fixação do valor da causa pelo juiz, deve este fixá-lo no despacho referido no artigo 641º.

Remissões: art. 629º, nº 2, al. b) (recorribilidade da decisão respeitante ao valor da causa); art. 641º (despacho sobre a admissibilidade do recurso).

1. Sendo incumbência do juiz fixar o valor da causa, o momento processualmente adequado para tal é aquele em que for proferido o despacho saneador (art. 595º). Ao invés do sistema anterior, em que a intervenção oficiosa do juiz a respeito do valor do processo apenas era obrigatória nos casos em que houvesse uma manifesta discrepância com a realidade, a lei atual prescreve a intervenção generalizada do juiz.

2. Todavia, nem sempre as coisas se passam desse modo. Por um lado, há diversos processos especiais cuja tramitação não comporta a prolação de despacho saneador. Assim sucede, por exemplo, nos processos de tutela da personalidade (arts. 878º e ss.), de justificação da ausência (arts. 881º e ss.) e de prestação de caução (arts. 906º e ss.), bem como na ação especial regulada nos arts. 1º a 5º do Anexo ao DL nº 269/98, de 1-9. Por outro lado, mesmo na ação declarativa comum, havendo revelia operante, o processo segue uma tramitação que exclui a prolação de despacho saneador (art. 567º). Depois, os procedimentos cautelares têm uma estrutura que igualmente exclui a oportunidade para ser proferido despacho saneador (arts. 366º, nº 3 e 293º a 295º). Além disso, nos processos referidos no nº 4 do art. 299º, ainda que haja despacho saneador, não é previsível que já então haja condições para ser corrigido o valor inicialmente indicado pelo autor. Em todos estes casos, fica postergada para a sentença a decisão do juiz relativa à fixação do valor da causa.

3. Apesar de ser este o sentido literal da lei, afigura-se que, em muitas situações, principalmente quando se anteveja que o valor a fixar à causa possa ter implicações ao nível da forma do processo ou da competência do tribunal, será conveniente que o juiz, à luz do princípio da adequação formal (art. 547º), profira decisão acerca do valor da causa assim que findem os articulados, desde logo para assegurar efeito útil à previsão contida no art. 310º acerca das consequências da decisão do incidente.

4. Embora seja apontado o despacho saneador como o momento em que o juiz deve apreciar a questão do valor, não pode olvidar-se que, em determinadas situações, a fixação judicial de um valor diverso do inicialmente indicado pelo autor pode ter implicações processuais relevantes. Nomeadamente, pode determinar alterações na tramitação processual (art. 597º), a modificação da competência do tribunal (art. 310º, nº 1) ou a necessidade de constituição de advogado no processo, sob pena de absolvição do réu da instância ou de ineficácia da defesa (arts. 40º, nº 1, al. a)).

5. Por isso, nesses casos e noutros similares, é da maior conveniência que a intervenção do juiz para fixar o valor da causa ocorra antes mesmo do despacho saneador, ficando reservadas para tal despacho as intervenções em que não se vislumbre o risco de a decisão a proferir contender com aqueles fatores. Trata-se, de todo o modo, de um aspeto que só poderá ser ponderado em termos casuísticos.

6. Pode também acontecer que seja interposto recurso em momento anterior àquele em que o juiz deve fixar o valor da causa. Hipótese em que, uma vez interposto recurso, o juiz fixará o valor da causa no mesmo despacho em que aprecie o requerimento de interposição de recurso (art. 641º), o que pode relevar, desde logo, para determinar a admissibilidade do próprio recurso, à luz do art. 629º, nº 1. Se o juiz assim não fizer, o Tribunal da Relação deve devolver o processo para o efeito, ao menos nos casos em que a admissibilidade do recurso dependa do valor da causa (STJ 17-10-19, 255/10).

7. A ausência de pronúncia judicial sobre o valor do processo não tem efeitos preclusivos, nem implica a estabilização do valor indicado pelo autor ou acordado pelas partes. Por isso, se o juiz proferiu o despacho saneador sem ter fixado o valor da causa, não está inibido de o fazer em momento ulterior, designadamente quando tiver de se pronunciar sobre a admissibilidade de recurso interposto (STJ 22-2-17, 586/14).

8. Seguro é que se o processo subir em recurso sem que tenha sido proferida decisão sobre o valor processual, o tribunal *ad quem* deverá devolvê-lo para o efeito, na medida em que desse elemento processual dependa admissibilidade de recurso, sendo que o despacho de admissão proferido no tribunal *a quo* não é vinculativo (art. 641º, nº 5).

9. Da decisão incidental podem emergir diversos efeitos (cf. anot. ao art. 296º). Em função do incremento ou da redução do valor inicialmente atribuído pelo autor, assim se aplicarão designadamente as regras sobre a obrigatoriedade ou não de patrocínio judiciário (art. 40º) ou sobre a recorribilidade ou não das demais decisões proferidas ou a proferir (art. 629º, nº 1). O aumento do valor do processo e, por arrastamento, o aumento do valor tributário, poder-se-á repercutir ainda na necessidade de reforço da taxa de justiça paga por cada uma das partes em função do valor inicial (art. 12º, nº 1, al. e), do RCP).

10. Em qualquer dos casos, a prolação de decisão incidental sobre a verificação do valor da causa importará na fixação da responsabilidade pelas respetivas custas, de acordo com as regras gerais (arts. 527º e 539º, nº 1), sem exclusão da sua repartição por ambas as partes em casos de sucumbência meramente parcial.

11. A decisão sobre a verificação do valor da causa é suscetível de recurso autónomo (art. 644º, nº 1, al. a)), o que supõe o confronto do valor da causa com a alçada do tribunal (art. 629º, nº 1). Será sempre admissível recurso com o fundamento de que o valor da causa (que a parte pretende ver fixado) excede a alçada do tribunal que proferiu a decisão incidental (art. 629º, nº 2, al. b)).

12. Assim, por exemplo, numa ação a que o juiz tenha atribuído o valor de € 2.500,00, defendendo alguma das partes que o valor deve ser fixado em valor superior a € 5.000,00 (alçada da 1ª instância), há sempre recurso dessa decisão incidental para a Relação. Num outro caso em que, por exemplo, o valor seja fixado pelo Tribunal da Relação em € 25.000,00, considerando alguma das partes que deve ser estabelecido em valor superior a € 30.000,00 (alçada da Relação), do acórdão proferido sobre essa questão incidental é sempre admissível recurso de revista. Nos demais casos, aplicam-se as regras gerais.

ARTIGO 307º
Valor dos incidentes

1 – Se a parte que deduzir qualquer incidente não indicar o respetivo valor, entende-se que aceita o valor dado à causa; a parte contrária pode, porém, impugnar o valor com fundamento em que o incidente tem valor diverso do da causa, observando-se, com as necessárias adaptações, o disposto nos artigos 306º, 308º e 309º.

2 – A impugnação é igualmente admitida quando se haja indicado para o incidente valor diverso do da causa e a parte contrária se não conforme com esse valor.

Remissões: art. 304º (valor dos incidentes).

1. Embora inseridos numa ação, os incidentes têm autonomia, desde logo tributária (art. 7º, nº 4, do RCP), razão pela qual lhes deve ser atribuído valor. A parte que deduz o incidente tem o ónus de indicar o respetivo valor, com a cominação de que, não o fazendo, o incidente terá o valor da própria causa. Deste modo, sempre que entenda que ao incidente suscitado é de atribuir um valor distinto daquele que tem a causa, o requerente deverá proceder à respetiva indicação.

2. A garantia do contraditório assegura que a parte contrária possa impugnar quer o valor expressamente atribuído ao incidente, quer o valor que resulta dessa falta de indicação, tudo culminando, em qualquer caso, numa decisão pela qual o juiz fixa tal valor, o que deve acontecer no despacho que julga o próprio incidente.

ARTIGO 308º

Determinação do valor quando não sejam suficientes a vontade das partes e o poder do juiz

Quando as partes não tenham chegado a acordo ou o juiz o não aceite, a determinação do valor da causa faz-se em face dos elementos do processo ou, sendo estes insuficientes, mediante as diligências indispensáveis, que as partes requererem ou o juiz ordenar.

Remissões: art. 305º, nº 1 (acordo das partes quanto ao valor); art. 306º (fixação do valor).

1. Sempre que não haja acordo das partes quanto ao valor ou, independentemente desse acordo, desde que o juiz tenha motivo para não aceitar o valor apresentado, deve incidir decisão sobre essa questão marginal. Para tal, ou os autos dispõem de elementos que habilitem o juiz a decidir, ou este providenciará pela obtenção desses elementos, tendo em consideração o requerido pelas partes ou o que tiver por pertinente (art. 411º).

ARTIGO 309º

Fixação do valor por meio de arbitramento

Se for necessário proceder a arbitramento, é este feito por um único perito nomeado pelo juiz, não havendo neste caso segundo arbitramento.

Remissões: arts. 467º e ss. (prova pericial).

1. Embora o valor da causa seja relevante para diversos aspetos, não deixamos de estar na presença de um mero incidente da instância – o da verificação do valor da causa –, pelo que se compreende a limitação quanto à intervenção de um único perito a nomear pelo juiz e quanto à proibição de segundo arbitramento. De resto, mesmo na ação declarativa comum, há casos em que, face ao valor da causa, só intervém um perito (art. 468º, nº 5), embora possa haver segunda perícia, igualmente singular (art. 488º, al. b)).

2. A realização do arbitramento, que apenas será ordenada quando se revele necessária (RP 31-5-07, 0732912), estará, em geral, destinada a avaliar bens cujo valor interfira no valor processual, como ocorre em ações reais, tendo em conta a divergência entre o valor efetivo e o constante das matrizes prediais.

ARTIGO 310º
Consequências da decisão do incidente do valor

1 – Quando se apure, pela decisão definitiva do incidente de verificação do valor da causa, que o tribunal é incompetente, são os autos oficiosamente remetidos ao tribunal competente, sem prejuízo do disposto no nº 3.

2 – Se da fixação definitiva do valor resultar ser outra a forma de processo correspondente à ação, mantendo-se a competência do tribunal, é mandada seguir a forma apropriada, sem se anular o processado anterior e corrigindo-se, se for caso disso, a distribuição efetuada.

3 – O tribunal mantém a sua competência quando seja oficiosamente fixado à causa um valor inferior ao indicado pelo autor.

Remissões: art. 93º, nº 2 (remessa do processo em caso de reconvenção); art. 102º (competência em razão do valor); art. 468º, nº 5 (perícia colegial e singular); art. 511º, nº 1 (limite do número de testemunhas); art. 597º (ações de valor não superior a metade da alçada do Tribunal da Relação); art. 604º, nº 5 (duração das alegações orais); art. 44º, nº 1, da LOSJ (alçadas).

1. Para além de outros efeitos jurídico-processuais que decorram da fixação do valor do processo (cf. anot. aos arts. 296º e 306º), esta pode levar à constatação de que a ação foi instaurada em tribunal incompetente em razão do valor (art. 66º do CPC e arts. 41º, 117º, nº 1, al. a) e 130º, nº 1, da LOSJ). Neste caso, determinar-se-á a remessa dos autos para o tribunal que for competente (o que configura uma solução semelhante à prevista para a própria incompetência relativa em razão do valor – art. 105º, nº 3).

2. O regime previsto no art. 310º, nº 1, aplicável aos casos em que seja deduzido o incidente de verificação do valor, funciona tanto nos casos em que o valor indicado pelo autor é inferior ao que vem a ser decretado pelo juiz, como nos casos em que é superior. Em ambos a decisão do incidente pode redundar na remessa do processo para o tribunal que for competente, isto é, do juízo local cível (ou do juízo de competência genérica) para o juízo central cível ou vice-versa, conforme a ação exceda ou não o valor de € 50.000,00.

3. No entanto, se a ação tiver sido instaurada num juízo central cível, por ser este o competente face ao valor indicado pelo autor, ou seja, por esse valor ser superior a € 50.000,00, a redução oficiosa do valor já não determina a remessa para o juízo local cível (ou para o juízo de competência genérica). Note-se que esta limitação contida no nº 3 já não terá aplicação na hipótese inversa, isto é, quando o juiz, oficiosamente, fixar à causa um valor que exceda € 50.000,00, caso em que funcionará o regime do art. 310º, nº 1.

4. No processo declarativo comum, como há forma única de processo (art. 548º), a questão da mudança de forma não se coloca, embora o valor não seja indiferente para a definição de certos trâmites (cf. os arts. 468º, nº 5, 511º, nº 1, 2ª parte, 597º e 604º, nº 5, *in fine*). Já no processo executivo comum, que apresenta forma ordinária e forma sumária (art. 550º), tendo em conta o teor da al. d) do nº 2 do art. 550º, o valor do pedido releva para determinar se a execução pode ser sumária ou terá de ser ordinária, conforme não exceda ou ultrapasse o dobro da alçada do tribunal da 1ª instância.

5. Assim, visto que, neste caso, o valor da causa também pode condicionar a forma do processo, ainda que sem implicações ao nível da competência do tribunal, a lei acautela que seja mandada seguir a forma apropriada, com eventual correção da distribuição efetuada. Trata-se de uma solução na linha da regra geral do art. 193º, apesar de a formulação ser algo diferente: pelo art. 310º, nº 2, isso será feito sem se anular o processado anterior; pelo art. 193º, nº 1, a anulação de atos anteriores não é excluída. De todo o modo, afigura-se evidente que a aplicação do art. 310º, nº 2, não poderá pôr em causa as garantias das partes quanto aos trâmites aplicáveis. Além disso, o juiz não deverá deixar de fazer uso da possibilidade que o art. 547º lhe confere em sede de adequação formal, sempre assegurando um processo equitativo.

6. Noutro plano, importa referir o regime instituído pelo DL nº 269/98, de 1-9, que regula os procedimentos destinados a exigir o cumprimento de obrigações pecuniárias, emergentes de contratos, de valor não superior a € 15.000,00. Na hipótese de ser proposta uma ação declarativa especial ao abrigo do disposto nos arts. 1º a 5º do Anexo a este diploma, cujo limite de valor é precisamente € 15.000,00, caso o juiz venha a fixar a tal ação valor superior a esse limite, daqui resultará o abandono da forma especial e a aplicação do processo comum. E pode suceder a situação inversa, isto é, ser instaurada uma ação declarativa comum para cobrança de dívida fundada numa relação contratual, atribuindo-lhe o autor valor superior a € 15.000,00, mas o juiz vir a fixar valor não excedente a tal limite, o que implicará que o processo passe a submeter-se à forma especial regulada nos arts. 1º a 5º do referido Anexo.

7. Os efeitos decorrentes da decisão de verificação do valor do processo apenas se produzem depois do trânsito em julgado dessa decisão, como condição essencial para evitar a perturbação que uma outra solução poderia provocar na tramitação da causa ou na afetação do processo a outro tribunal.

CAPÍTULO III
Intervenção de terceiros

SECÇÃO I
Intervenção principal

SUBSECÇÃO I
Intervenção espontânea

ARTIGO 311º
Intervenção de litisconsorte

Estando pendente causa entre duas ou mais pessoas, pode nela intervir como parte principal aquele que, em relação ao seu objeto, tiver um interesse igual ao do autor ou do réu, nos termos dos artigos 32º, 33º e 34º.

Remissões: arts. 32º e ss. (litisconsórcio); art. 193º, nº 3 (erro de qualificação do meio processual); art. 262º, b) (modificação subjetiva da instância); art. 313º (intervenção por mera adesão); art. 314º (intervenção mediante articulado próprio).

1. A matéria dos incidentes de intervenção de terceiros encontra-se regulada de forma mais simples. Ainda assim, se porventura subsistir alguma divergência relativamente ao instrumento jurídico apropriado, é agora mais claro que não deverão ser extraídas consequências do erro de qualificação na medida em que seja possível, como é em geral, a correção do vício. Em RL 20-10-16, 5000/15 e RL 19-2-13, 1875/11, decidiu-se precisamente que se a parte tiver requerido, indevidamente, incidente de intervenção principal, quando se ajustava o incidente de intervenção acessória, o juiz deve proceder à correção, como agora expressamente se prevê no art. 193º, nº 3.

2. A intervenção de terceiros aqui prevista consubstancia uma modificação subjetiva da instância (art. 262º, al. b)), traduzindo-se num incidente que leva à integração na lide de alguém que aí deveria ou poderia (conforme os casos) estar desde o início, em regime de litisconsórcio necessário ou conjugal (arts. 33º e 34º) ou litisconsórcio voluntário (art. 32º). Na medida em que o terceiro interveniente é titular de um interesse igual ao do autor ou ao do réu, relativamente ao objeto da causa, o seu estatuto é o de parte principal (art. 312º).

3. A intervenção designa-se por espontânea precisamente porque o terceiro intervém *sponte sua*, antecipando-se a um chamamento para intervir (arts. 316º e 319º) ou impondo às partes originais a sua participação na lide.

4. Resulta deste preceito a supressão da figura da intervenção principal a título de coligação (art. 36º) que era admitida pelo CPC de 1961. Não obstante, é de registar que o disposto no art. 17º, nº 5, da Lei nº 98/09, de 4-9, embora num quadro relativamente circunscrito, aponta para uma hipótese de intervenção que tem natureza principal, sem que lhe esteja subjacente uma situação de litisconsórcio, mas de coligação (Salvador da Costa, *Os Incidentes da Instância*, 9ª ed., p. 73; RG 8-11-11, 358/10).

ARTIGO 312º
Posição do interveniente

O interveniente principal faz valer um direito próprio, paralelo ao do autor ou do réu, apresentando o seu próprio articulado ou aderindo aos apresentados pela parte com quem se associa.

Remissões: arts. 32º a 34º (litisconsórcio).

1. Dado que, por um lado, a intervenção espontânea supõe a pendência de uma causa e que, por outro, o terceiro interveniente assume a condição de parte principal, pode dizer-se que este faz valer (mais do que um direito) um interesse paralelo ao do autor ou ao do réu (é que, por princípio, o réu, enquanto demandado, não faz valer qualquer direito, sendo apenas alvo do exercício de um direito pelo autor).

2. Como o estatuto de interveniente principal lhe assegura autonomia, quer enquanto demandante (ao lado do demandante original), quer enquanto demandado (ao lado do demandado original), o terceiro tanto pode limitar-se a aderir, fazendo seu o articulado apresentado pela parte a que se associa, como pode oferecer o seu próprio articulado, aduzindo argumentos que lhe sejam convenientes ou lhe digam mais especificamente respeito, ou mesmo, no caso de litisconsórcio voluntário ativo, deduzindo pretensão específica.

ARTIGO 313º
Intervenção por mera adesão

1 – A intervenção do litisconsorte, realizada mediante adesão aos articulados da parte com quem se associa, é admissível a todo o tempo, enquanto não estiver definitivamente julgada a causa.

2 – A intervenção por mera adesão é deduzida em simples requerimento, fazendo o interveniente seus os articulados do autor ou do réu.

3 – O interveniente sujeita-se a aceitar a causa no estado em que se encontrar, sendo considerado revel quanto aos atos e termos anteriores, gozando, porém, do estatuto de parte principal a partir do momento da sua intervenção.

4 – A intervenção não é admissível quando a parte contrária alegar fundadamente que o estado do processo já não lhe permite fazer valer defesa pessoal que tenha contra o interveniente.

Remissões: era. 634º, nº 3 (adesão ao recurso).

1. A intervenção por mera adesão tem um carácter mais limitado do que a expressa pela apresentação de articulado próprio, pela simples razão de que, no caso da adesão, o objeto da causa está balizado pela atuação anterior da parte a que o interveniente se associa. Por exemplo, tratando-se de um crédito conjunto com dois titulares, caso o autor primitivo tenha feito valer apenas sua quota-parte, a intervenção por mera adesão do outro credor será pouco mais do que inócua, pois a sentença vai apreciar a quota-parte a que respeita o pedido, e não mais do que isso, pelo que a eventual condenação do réu terá como beneficiário o demandante original e não também o terceiro que se lhe associou. Diferentes serão as coisas no caso de se tratar de um crédito solidário tendo o que propôs a ação invocado o crédito na totalidade: aqui, o terceiro que intervenha por mera adesão beneficiará da sentença que, reconhecendo tal crédito, condene o réu no pagamento do valor respetivo.

2. É este carácter limitado da adesão que justifica que tal forma de intervenção seja possível a todo o tempo, inclusive em fase de recurso, isto é, enquanto não houver decisão definitiva sobre a causa (art. 628º). Este tipo de intervenção, exatamente porque o interveniente nenhum argumento aduz, é feito por simples requerimento, limitando-se o terceiro a fazer seus os articulados já constantes dos autos e apresentados pela parte à qual se associa. É também por isso que o interveniente por mera adesão fica vinculado a tudo quanto se processou nos autos até ao momento em que intervém, tendo de aceitar a causa no estado em que a mesma se encontrar, gozando já de autonomia e capacidade de atuação quanto ao que se processar daí em diante.

3. Não obstante o assinalado carácter limitado da intervenção por adesão, pode suceder que esta ocorra numa altura ou em termos que impossibilitem a contraparte de opor ao interveniente meios de defesa que só a este seriam oponíveis e que, por isso, não foram invocados anteriormente, mostrando-se agora precludida tal possibilidade (art. 573º). Verificada esta circunstância (a alegar fundadamente pela parte contrária), a intervenção, ainda que por mera adesão, não é admissível.

4. Por exemplo, numa situação de solidariedade entre credores, se o devedor renunciou à prescrição relativamente a um dos credores, caso o beneficiário da renúncia o demande em juízo, é natural que o devedor não invoque a prescrição na contestação. Sucede que, face ao disposto no nº 2 do art. 530º do CC, tal renúncia não aproveita aos restantes credores. Se um desses credores pretender associar-se ao autor, intervindo no processo por mera adesão e depois de apresentada a contestação, o réu estará então impossibilitado de invocar a prescrição concretamente oponível a esse interveniente. Eis um motivo para o réu pugnar pela não admissão desta forma de intervenção.

ARTIGO 314º
Intervenção mediante articulado próprio

A intervenção mediante articulado só é admissível até ao termo da fase dos articulados, formulando o interveniente a sua própria petição, se a intervenção for ativa, ou contestando a pretensão do autor, se a intervenção for passiva.

Remissões: art. 299º, nº 1 (indicação do valor do incidente).

1. Na intervenção mediante apresentação de articulado próprio, o interveniente assume por inteiro a posição de autor, ao lado do primitivo demandante (intervenção ativa), ou de réu, ao lado do primitivo demandado (intervenção passiva), pelo que, no primeiro caso, o articulado está sujeito ao regime e aos requisitos da petição inicial e, no segundo, ao regime e aos requisitos da contestação.

2. No que respeita à intervenção ativa, o terceiro deve indicar no seu articulado o valor da pretensão que deduz. Na intervenção passiva, a necessidade de indicação do valor apenas se coloca no caso de o terceiro deduzir pedido reconvencional contra o autor. Em ambos os casos, a falta de indicação do valor implica que o interveniente seja convidado a suprir a omissão. O valor da pretensão assim deduzida pelo interveniente, sendo diferente do pedido originariamente deduzido pelo autor, soma-se ao deste, embora tal soma apenas produza efeitos nos termos posteriores à intervenção (arts. 299º, nºs 2 e 3 e 530º, nº 3).

3. Exatamente porque a peça assim apresentada desempenha a função das peças oferecidas pelas partes primitivas, este tipo de intervenção tem como limite processual o fim do período dos articulados, isto é, da fase inicial do processo. O sentido prático a atribuir à fórmula legal é o de que esta modalidade de intervenção principal pode ocorrer enquanto não for praticado qualquer ato próprio da fase seguinte, tendo esse ato eficácia preclusiva quanto à intervenção mediante articulado próprio (Lebre de Freitas e Isabel Alexandre, *CPC anot.*, vol. I, 4ª ed., p. 627).

4. Em função das circunstâncias, o ato em causa poderá ser o despacho pré-saneador (art. 590º, nº 2), o despacho convocatório da audiência prévia (art. 591º, nº 1), o despacho que dispensa a audiência prévia, acompanhado dos despachos que então devem ser proferidos (art. 593º, nºs 1 e 2) ou, nas ações comuns cujo valor não exceda metade da alçada do Tribunal da Relação, algum dos despachos referidos no art. 597º.

ARTIGO 315º
Processamento subsequente

1 – Requerida a intervenção, o juiz, se não houver motivo para a rejeitar liminarmente, ordena a notificação das partes primitivas para lhe responderem, decidindo logo da admissibilidade do incidente.

2 – No caso de a intervenção mediante articulado próprio ser admitida, seguem-se os demais articulados, contando-se o prazo para a sua apresentação da notificação do despacho que a tenha aceite.

Remissões: art. 226º, nº 4, al. d) (despacho liminar); art. 314º (articulado próprio); art. 641º, nº 1, al. a) (recurso de apelação).

1. A intervenção principal espontânea, em qualquer das vertentes que pode assumir, está sujeita a controlo liminar, por via do qual o juiz admite ou rejeita o requerimento respetivo (art. 226º, nº 4, al. d)). A rejeição pode fundar-se na violação do art. 311º (por não verificação dos respetivos requisitos), na extemporaneidade (art. 314º) ou na previsão do art. 590º, nº 1 (pedido manifestamente improcedente ou ocorrência, de forma evidente, de exceções dilatórias oficiosas e insupríveis).

2. A admissão liminar do requerimento implica a notificação das partes primitivas para lhe responderem, no prazo de 10 dias (art. 293º, nº 2). Além dos fundamentos de oposição reportados à não verificação dos requisitos do art. 311º, pode ainda ser alegado, no caso da intervenção por mera adesão, que o estado do processo já não permite à parte contrária a dedução de defesa pessoal contra o interveniente (art. 313º, nº 4).

3. Cumprido que seja o contraditório, será proferida decisão quanto à admissibilidade do incidente (art. 315º, nº 1), a qual incluirá pronúncia sobre a responsabilidade pelas custas incidentais, de acordo com as regras gerais (art. 527º, nº 1). A decisão é recorrível, nos termos gerais que emergem do art. 644º, nº 1, al. a).

4. No caso de o incidente ser admitido, tratando-se da intervenção por mera adesão, a ação segue os seus termos normais (art. 313º, nº 3). Na intervenção mediante articulado próprio, importa distinguir se é ativa ou passiva. Se for ativa, o réu primitivo é admitido a contestar a petição apresentada pelo interveniente, aplicando-se as disposições relativas à contestação, nomeadamente as dos arts. 573º e 574º (contestação-defesa) e do art. 583º (contestação-reconvenção). O prazo para a contestação é de 30 dias (art. 569º, nº 1) e conta-se da notificação do despacho que admitiu a intervenção (art. 315º, nº 2). Após a contestação do primitivo réu, seguem-se os trâmites normais.

5. Se for passiva, significando isso que o terceiro apresentou uma contestação própria, há ainda que atentar no conteúdo desta peça para definir a possível reação do autor primitivo. Se o terceiro se defendeu apenas por impugnação ou por exceção, não há mais articulados e o processo segue os seus trâmites, ficando reservado para a audiência prévia o contraditório do autor primitivo quanto à matéria de exceção (art. 3º, nº 4), sem prejuízo da possibilidade de o juiz fazer uso do regime do art. 547º, assegurando o contraditório em momento anterior à audiência prévia. Já se o terceiro interveniente enxertou pedido reconvencional na sua contestação, sem prejuízo de envolver nessa pretensão ainda outros sujeitos (do lado ativo ou passivo), nos termos do art. 266º, nº 4, o autor primitivo, quando notificado do despacho que admita a intervenção (art. 315º, nº 2), disporá da possibilidade de apresentar articulado de réplica (art. 584º), no prazo de 30 dias (art. 585º). Teremos este mesmo esquema se a ação for de simples apreciação negativa e o interveniente, associando-se ao réu, apresentar articulado próprio.

SUBSECÇÃO II
Intervenção provocada

ARTIGO 316º
Âmbito

1 – Ocorrendo preterição de litisconsórcio necessário, qualquer das partes pode chamar a juízo o interessado com legitimidade para intervir na causa, seja como seu associado, seja como associado da parte contrária.

2 – Nos casos de litisconsórcio voluntário, pode o autor provocar a intervenção de algum litisconsorte do réu que não haja demandado inicialmente ou de terceiro contra quem pretenda dirigir o pedido nos termos do artigo 39º.

3 – O chamamento pode ainda ser deduzido por iniciativa do réu quando este:

a) Mostre interesse atendível em chamar a intervir outros litisconsortes voluntários, sujeitos passivos da relação material controvertida;

b) Pretenda provocar a intervenção de possíveis contitulares do direito invocado pelo autor.

Remissões: art. 33º (litisconsórcio necessário); art. 34º (litisconsórcio conjugal); art. 39º (pluralidade subjetiva subsidiária); art. 262º, al. b) (modificação subjetiva da instância); art. 318º, nº 1, als. b) e c) (oportunidade do chamamento).

1. Tal como no caso da intervenção espontânea, a intervenção provocada é circunscrita à figura do litisconsórcio, valendo aqui o já referido acerca do estatuto do interveniente que, como parte principal, faz valer um interesse próprio paralelo ao do autor ou ao do réu. Mas do confronto com o regime precedente resulta claro que deixou de ser possível ao autor promover a intervenção principal ativa fundada em litisconsórcio voluntário.

2. O primeiro caso previsto para a intervenção principal provocada cobre a situação de ilegitimidade por preterição de litisconsórcio necessário ativo ou passivo (arts. 33º e 34º), caso em que qualquer das partes primitivas pode requerer o chamamento de terceiro que se associe a si ou à parte contrária, para assegurar a legitimidade (316º, nº 1).

3. De seguida, temos duas situações de intervenção principal provocada pelo autor (art. 316º, nº 2). De um lado, promovendo o chamamento de um terceiro litisconsorte do réu inicialmente demandado, isto é, de alguém que é titular passivo da mesma relação jurídica que está na base da demanda do primitivo réu e que, por isso mesmo, poderia ter sido desde logo demandado juntamente com aquele, em regime de litisconsórcio voluntário (art. 32º). De outro lado, visando constituir pluralidade subjetiva subsidiária passiva, nos termos do art. 39º.

4. Embora esta figura seja acionável logo na petição inicial, bem pode suceder – e sucede com mais frequência – que a "*dúvida fundamentada sobre o sujeito da relação* controvertida" apenas se coloque em face do teor da contestação apresentada pelo réu inicialmente demandado. Surgindo tal dúvida, este incidente evita o risco de a ação prosseguir em exclusivo contra alguém que, afinal, poderá não ser o titular da relação controvertida. Deste modo, além de se contornarem os riscos decorrentes da verificação de uma ilegitimidade singular, aproveita-se a ação pendente para fazer valer a mesma pretensão, ainda que subsidiariamente, contra novo demandado.

5. Para além dos casos de litisconsórcio necessário, o próprio réu pode promover o chamamento de terceiros para a lide, em duas situações. A primeira ocorre quando haja outros sujeitos passivos da relação material controvertida objeto dos autos e pretenda fazer intervir, em regime de litisconsórcio voluntário e a si associados, os demais sujeitos. Para tal, exige-se que o réu revele "*interesse atendível*" na intervenção (art. 316º, nº 3, al. a)).

6. O interesse justificativo deste chamamento terá diversas expressões, desde logo para fazer valer o benefício da excussão prévia (art. 641º, nº 2, do CC): chamando-se o devedor afiançado, em caso de demanda inicial do fiador (art. 638º, nº 1, do CC); chamando-se a sociedade civil ou a sociedade em nome coletivo, quando é demandado o sócio (art. 997º, nº 2, do CC e art. 175º, nº 1, do CSC, respetivamente); quando o réu avalista pretenda requerer a intervenção daquele por quem deu o aval (arts. 32º e 77º da LULL), em termos de o vincular à decisão que vier a ser proferida no processo e de, havendo condenação e pagamento subsequente, obter o reembolso do que tenha despendido; quando o fiador demandado isoladamente, e ainda que não goze do benefício da excussão prévia (art. 640º, al. a), do CC), requer o chamamento do devedor principal, proporcionando a defesa conjunta (art. 641º, nº 1, do CC) e assegurando a possibilidade de sub-rogação do fiador, caso venha a cumprir a obrigação (art. 644º do CC); quando é requerido o chamamento dos demais condevedores solidários, se inicialmente foi demandado apenas um deles (arts. 518º e 519º do CC), com isso sendo acautelado o direito de regresso (art. 317º do CPC e art. 524º do CC).

7. A segunda situação em que o réu pode requerer a intervenção de terceiros tem lugar quando o autor primitivo não seja o único titular da pretensão deduzida em juízo e o réu queira que estejam nos autos os demais contitulares que deverão associar-se ao autor (art. 316º, nº 3, al. b)). Assim sucederá nos casos suscetíveis de configurar litisconsórcio voluntário ativo, mas em que a lei permite que um só dos titulares faça valer o direito comum (*v.g.* arts. 512º, nº 1, 1405º, nº 2 e 2078º, nº 1, do CC).

8. Num quadro destes, a eventual improcedência da ação e a consequente absolvição do réu do pedido não coloca este a salvo de futuras demandas, que poderão, no limite, ser tantas quantos forem os demais contitulares do pretenso direito. É que a primeira decisão de improcedência não é oponível aos outros contitulares, e assim sucessivamente (art. 618º). De modo a evitar esse risco e para poder beneficiar em definitivo da eventual absolvição do pedido, o réu pode promover a intervenção de todos os restantes contitulares os quais, assim, ficarão vinculados à decisão a proferir (art. 328º).

9. Note-se que a figura da intervenção provocada contida no nº 1 do art. 316º, reportada ao suprimento da ilegitimidade fundada na preterição de litisconsórcio necessário e acionável pelo autor ou pelo réu, não é a única via capaz de pôr fim a tal ilegitimidade. Na verdade, isso pode também ser desencadeado pela prolação de despacho pré-saneador, nos termos das disposições conjugadas dos arts. 590º, nº 2, al. a) e 6º, nº 2, em que o juiz, sinalizando essa exceção dilatória (art. 577º, al. e)), convida a parte responsável pela mesma (o autor, em regra; o réu, no caso de reconvenção) a diligenciar no sentido do suprimento, o que implica um requerimento com o alcance previsto no art. 316º, nº 1 (mas sem a limitação temporal marcada no art. 318º, nº 1, al. a)). Além disso, mesmo depois de judicialmente declarada a ilegitimidade por preterição de litisconsórcio necessário ativo ou passivo, é ainda possível colmatar a situação através do expediente regulado no art. 261º, o que sucede num momento ainda mais adiantado, subsequente à declaração de ilegitimidade e até ao trânsito em julgado de tal decisão ou mesmo nos 30 dias posteriores ao trânsito em julgado (isso explica, aliás, a ressalva contida no art. 318º, nº 1, al. a), *in fine*).

10. Embora o incidente da intervenção principal provocada se encontre nas disposições gerais, as quais são potencialmente aplicáveis em vários tipos de processo, continua válido o entendimento de que, na ação executiva, o executado não é admitido a desencadear este incidente, o que tem que ver, desde logo, com a definição da legitimidade das partes no processo executivo, prevalecendo um critério formal e documental (art. 53º).

11. No âmbito do CPC de 1961, fixou o ***Assento nº 3/81***: "*Em ação cambiária proposta contra o sacador da letra, pode este chamar à demanda, nos termos do art. 330º, al. c), do CPC, o respetivo aceitante.*"

ARTIGO 317º
Efetivação do direito de regresso

1 – Sendo a prestação exigida a algum dos condevedores solidários, o chamamento pode ter por fim o reconhecimento e a condenação na satisfação do

direito de regresso que lhe possa vir a assistir, se tiver de realizar a totalidade da prestação.

2 – No caso previsto no número anterior, se apenas for impugnada a solidariedade da dívida e a pretensão do autor puder de imediato ser julgada procedente, é o primitivo réu logo condenado no pedido no despacho saneador, prosseguindo a causa entre o autor do chamamento e o chamado, circunscrita à questão do direito de regresso.

Remissões: art. 320º (caso julgado).

1. No campo da responsabilidade solidária, o devedor demandado sozinho está sujeito a ser condenado no pagamento da totalidade da prestação (arts. 512º e 518º do CC), mas goza do direito de regresso sobre cada um dos condevedores (arts. 497º, nº 2, 521º, nº 1 e 524º do CC).

2. Por via do incidente da intervenção principal passiva dos demais condevedores, o réu primitivo, no próprio processo em que é demandado, pode obter o reconhecimento desse direito de regresso sobre cada chamado e a respetiva condenação em conformidade, para a hipótese de ter de cumprir por inteiro perante o credor demandante.

3. Esta situação não se confunde com a que pode suscitar o incidente de intervenção acessória provocada, nos termos do art. 321º, o qual foi gizado para casos em que exista uma relação de dependência entre a condenação do réu ao abrigo de uma determinada relação jurídica e o exercício do direito de regresso sustentado noutra relação jurídica.

4. Quando o direito invocado pelo autor possa ser reconhecido já no despacho saneador, mas tenha sido discutida a solidariedade da dívida, o réu primitivo é logo condenado a satisfazer o pedido do autor, seguindo a causa entre o réu e quem este tiver chamado para dirimir a questão do direito de regresso.

ARTIGO 318º
Oportunidade do chamamento

1 – O chamamento para intervenção só pode ser requerido:

a) No caso de ocorrer preterição do litisconsórcio necessário, até ao termo da fase dos articulados, sem prejuízo do disposto no artigo 261º;

b) Nas situações previstas no nº 2 do artigo 316º, até ao termo da fase dos articulados;

c) Nos casos previstos no nº 3 do artigo 316º e no artigo anterior, na contestação ou, não pretendendo o réu contestar, em requerimento apresentado no prazo de que dispõe para o efeito.

2 – Ouvida a parte contrária, decide-se da admissibilidade do chamamento.

Remissões: art. 32º (litisconsórcio voluntário); art. 33º (litisconsórcio necessário); art. 34º (litisconsórcio conjugal); art. 261º (modificação subjetiva pela intervenção de novas partes).

1. A lei define limites diferentes para a dedução do incidente da intervenção principal provocada.

2. Quanto às situações previstas nos nºs 1 e 2 do art. 316º, similarmente ao que se vê na intervenção espontânea mediante articulado próprio (art. 314º), o limite para requerer o chamamento é o termo da fase dos articulados (art. 318º, nº 1, als. a) e b)), sem prejuízo do disposto no art. 261º, tratando-se de litisconsórcio necessário. Tal como se referiu a propósito do art. 314º, o sentido prático a atribuir à fórmula legal ("*termo da fase dos articulados*") é o de que, nestas situações, o requerimento para a intervenção provocada pode ser apresentado enquanto não for praticado qualquer ato próprio da fase seguinte, tendo esse ato eficácia preclusiva quanto a esta forma de intervenção.

3. Consoante os casos, esse ato poderá ser o despacho pré-saneador (art. 590º, nº 2), o despacho convocatório da audiência prévia (art. 591º, nº 1), o despacho que dispensa a audiência prévia, acompanhado dos despachos que então devem ser proferidos (art. 593º, nºs 1 e 2) ou, nas ações comuns cujo valor não exceda metade da alçada da Relação, algum dos despachos referidos no art. 597º.

4. Relativamente aos casos regulados no nº 3 do art. 316º e no art. 317º, o chamamento que o réu queira promover deve ser deduzido na contestação ou no prazo desta, caso o réu não conteste (art. 318º, nº 1, al. c)).

5. Em qualquer dos casos em que seja requerida a intervenção provocada, deverá ser ouvida a parte contrária, que dispõe do prazo de 10 dias para se opor (art. 293º, nº 2), sob a cominação do art. 293º, nº 3, seguindo-se decisão a admitir ou rejeitar o incidente, envolvendo também o segmento relacionado com a responsabilidade pelas custas (art. 539º, nº 1).

6. Se a parte tiver requerido indevidamente o incidente de intervenção principal, numa situação a que se ajustaria a intervenção acessória, o juiz deve, ao abrigo do princípio da adequação formal, convolar o incidente, como determina o art. 193º, nº 3 (cf. RL 20-10-16, 5000/15 e RL 19-2-13, 1875/11).

ARTIGO 319º
Termos em que se processa

1 – Admitida a intervenção, o interessado é chamado por meio de citação.

2 – No ato de citação, recebem os interessados cópias dos articulados já oferecidos, apresentados pelo requerente do chamamento.

3 – O citado pode oferecer o seu articulado ou declarar que faz seus os articulados do autor ou do réu, dentro de prazo igual ao facultado para a contestação, seguindo-se entre as partes os demais articulados admissíveis.

4 – Se intervier no processo passado o prazo a que se refere o número anterior, tem de aceitar os articulados da parte a que se associa e todos os atos e termos já processados.

Remissões: art. 219º, nº 1 (funções da citação); art. 226º, nº 2, al. d) (despacho de citação); art. 644º, nº 1, al. a) (recorribilidade).

1. O incidente de intervenção principal deve ser objeto de decisão que o admita ou rejeite, sendo tal decisão recorrível nos termos gerais do art. 644º, nº 1, al. a). Ademais, está sujeito a tributação (art. 539º, nº 1). Sendo admitida a intervenção, deverá ter lugar, mediante despacho (art. 226º, nº 4, al. d)), a citação do chamado, que passará a ocupar a posição de parte principal, ao lado do autor ou do réu, conforme os casos.

2. O ato da citação implica o conhecimento do processado até então, pelo que devem ser entregues ao chamado cópias dos articulados e respetivos documentos constantes dos autos (por princípio, havendo mandatário constituído, a aplicação do art. 144º, em especial dos seus nºs 1, 2 e 6, retira sentido à parte final do nº 2 do art. 319º, cabendo à secretaria tirar as cópias necessárias). Pela citação, que deve ser feita nos termos gerais, o chamado deve também ser informado das atitudes que pode tomar e do prazo de que dispõe para tal, que é de 30 dias (arts. 227º, 319º, nº 3 e 569º, nº 1).

3. No prazo que lhe é assinalado, o chamado pode apresentar o seu próprio articulado, que pode ser petição ou contestação, conforme a situação. Se apresentar petição, a parte contrária pode contestar nos termos gerais, seguindo-se eventualmente réplica ainda nos termos gerais. Se apresentar contestação, a parte contrária só pode replicar nos termos gerais. Em ambos os casos, vale aqui o que foi dito a propósito do art. 315º, nº 2.

4. Em alternativa, o chamado pode limitar-se a declarar que faz seus os articulados da parte a que se associa, sem que daí resulte alteração na tramitação. Mesmo para além do referido prazo de 30 dias, o chamado ainda poderá intervir no processo, mas aí apenas em regime de adesão aos articulados da parte a que se associa e vinculado a todo o processado anterior.

ARTIGO 320º

Valor da sentença quanto ao chamado

A sentença que vier a ser proferida sobre o mérito da causa aprecia a relação jurídica de que seja titular o chamado a intervir, constituindo, quanto a ele, caso julgado.

Remissões: art. 619º (valor da sentença transitada em julgado).

1. Com uma diferença marcante face ao regime anterior, justificada pela reconfiguração do incidente da intervenção provocada, que tem como matriz a figura do litisconsórcio (e não já a coligação, excluindo-se ainda o chamamento promovido pelo autor quanto a eventuais litisconsortes ativos), o regime ora instituído acerca do valor da sentença mostra que, uma vez citado para o processo, é indiferente se o chamado intervém realmente nos autos. Com efeito, intervindo ou não, a sentença que julgar materialmente a causa apreciará a relação jurídica em cujo âmbito ocorreu o chamamento e valerá como caso julgado quanto ao chamado, o que se justifica, desde logo, porque o mesmo, uma vez citado, passa a ter o estatuto de parte.

SECÇÃO II
Intervenção acessória

SUBSECÇÃO I
Intervenção provocada

ARTIGO 321º
Campo de aplicação

1 – O réu que tenha ação de regresso contra terceiro para ser indemnizado do prejuízo que lhe cause a perda da demanda pode chamá-lo a intervir como auxiliar na defesa, sempre que o terceiro careça de legitimidade para intervir como parte principal.

2 – A intervenção do chamado circunscreve-se à discussão das questões que tenham repercussão na ação de regresso invocada como fundamento do chamamento.

Remissões: art. 325º (intervenção acessória do Ministério Público); art. 326º (assistência).

1. Na base da intervenção acessória provocada está o seguinte quadro: o réu afirma que, caso venha a decair na ação, lhe assiste o direito de formular contra terceiro um pedido de indemnização em ação própria, que a lei designa por ação de regresso. Só pode ser chamado a título de interveniente acessório quem não goze de condições para intervir na ação como parte principal, isto é, quem careça de legitimidade para tal, nos termos fixados no art. 316º.

2. Esta figura implica a coexistência de duas relações jurídicas (a relação entre o autor e o réu e a relação entre o réu e o terceiro chamado) que, embora distintas, apresentam determinada conexão, traduzida na circunstância de a perda da demanda inicial pelo réu lhe conferir um direito de crédito (indemnizatório) no âmbito da relação que tem com o terceiro. A conexão entre as duas relações jurídicas revela uma dependência da relação estabelecida entre o réu e o terceiro face à relação entre o autor e o réu, na medida em que a consistência do direito do réu sobre o terceiro (direito de regresso) depende do reconhecimento do direito do autor sobre o réu.

3. Caso se concretize o chamamento do terceiro, o estatuto processual deste é o de auxiliar do réu requerente. Dado que o chamado não é titular da relação jurídica existente entre o autor e o réu, toda a sua intervenção na ação, enquanto auxiliar da defesa, é balizada pelas questões aí discutidas que tenham relevo ou repercussão na putativa ação de regresso (RE 21-1-18, 3760/14 e RL 19-5-16, 1848/15). Assim, se a ação tiver uma amplitude maior do que a futura ação de regresso, o chamado não pode envolver na discussão o que vá para além da causa de pedir e do pedido sobre que será estruturada a ação de regresso.

4. A ação de regresso que justifica este chamamento não se confunde com a hipótese prevista no art. 317º, preceito que contém uma regulamentação específica no campo da intervenção principal provocada pelo réu para os efeitos do art. 316º, nº 3, al. a), mais precisamente na responsabilidade solidária, em que um dos devedores faz intervir os demais (também titulares passivos da relação jurídica e, por isso, com legitimidade para intervirem como partes principais) com o intuito de ver reconhecido o seu direito de regresso sobre os chamados e a condenação destes em conformidade, caso venha a realizar a prestação por inteiro. O eventual lapso na qualificação do incidente deve ser suprido nos termos do art. 193º, nº 3 (cf. RL 20-10-16, 5000/15 e RL 19-2-13, 1875/11).

5. Para os efeitos do art. 321º, a ação de regresso deverá ser configurada caso a caso, apurando-se em que medida um juízo desfavorável ao réu no processo em causa poderá dar azo a que este se arrogue credor de outrem, estribando o seu crédito indemnizatório naquilo que fundou a condenação decretada. Assim sucederá, por exemplo, quando o empreiteiro, demandado pelo dono da obra, pretenda acionar subsequentemente o subempreiteiro, ou quando o concessionário, demandado por um cliente, pretenda acionar depois o concedente. Também assim quando o lesante haja transferido a sua responsabilidade civil para uma companhia de seguros, não havendo qualquer disposição que permita a demanda direta da seguradora: como a condenação do réu lesante autoriza o direito de regresso sobre a seguradora, pode ser requerida a intervenção acessória desta. Ao fazer intervir na ação o terceiro contra quem poderá dirigir posteriormente uma pretensão, o réu assegura o efeito de caso julgado que se produzirá também relativamente ao terceiro, nos termos do art. 323º, nº 4 e que constituirá um pressuposto definitivo a considerar na futura ação de regresso.

ARTIGO 322º
Dedução do chamamento

1 – O chamamento é deduzido pelo réu na contestação ou, não pretendendo contestar, em requerimento apresentado no prazo de que dispõe para o efeito, justificando o interesse que legitima o incidente.

2 – O juiz, ouvida a parte contrária, aprecia, em decisão irrecorrível, a relevância do interesse que está na base do chamamento, deferindo-o quando a intervenção não perturbe indevidamente o normal andamento do processo e, face às razões invocadas, se convença da viabilidade da ação de regresso e da sua efetiva dependência das questões a decidir na causa principal.

Remissões: art. 226º, nº 2, al. d) (intervenção liminar do juiz); art. 569º (prazo da contestação).

1. Tratando-se de um chamamento exclusivamente acionável pelo réu, deverá ser promovido na contestação ou, pelo menos, em requerimento autónomo apresentado no prazo da contestação, se o réu não quiser contestar.

2. O réu deverá justificar o chamamento, o que passa por explicitar a conexão entre a relação jurídica invocada pelo autor e a relação jurídica que o liga ao terceiro, a ponto de ser possível concluir que a sua eventual condenação nesta lide é, em maior ou menor grau, oponível ao terceiro, assistindo-lhe o direito de exigir daquele indemnização em conformidade. Não basta, pois, a invocação de um putativo direito de regresso, devendo este configurar-se a partir dos factos que forem invocados respeitantes à relação jurídica conexa.

3. Requerido o chamamento, deverá ser ouvido o autor, que se pode opor com três ordens de argumentos: a inexistência de conexão entre esta ação e a ação de regresso; a inviabilidade da ação de regresso; a perturbação indevida do normal andamento do processo. Para este efeito, apenas deve ter-se como indevida a perturbação que for grave ou considerável, em termos de, na ponderação do (natural) interesse do autor no andamento da lide e do interesse do réu em vincular o chamado à sentença a proferir na ação (art. 323º, nº 4), dever prevalecer o interesse do autor.

4. O juiz deverá deferir o pedido de chamamento sempre que se convença do seguinte: há conexão entre a ação pendente e a ação de regresso; esta tem hipóteses de procedência (é viável); o incidente não perturba indevidamente o normal desenvolvimento da lide. Qualquer que seja o entendimento do juiz, deferindo ou indeferindo o chamamento, a sua decisão é irrecorrível, estando sujeita a tributação (art. 527º, nº 1).

ARTIGO 323º
Termos subsequentes

1 – O chamado é citado, correndo novamente a seu favor o prazo para contestar e passando a beneficiar do estatuto de assistente, aplicando-se, com as necessárias adaptações, o disposto nos artigos 328º e seguintes.

2 – Não se procede à citação edital, devendo o juiz considerar findo o incidente quando se convença da inviabilidade da citação pessoal do chamado.

3 – Sem prejuízo do disposto no artigo seguinte, os chamados podem suscitar sucessivamente o chamamento de terceiros que considerem seus devedores em via de regresso, aplicando-se, com as necessárias adaptações, o disposto nos artigos anteriores.

4 – A sentença proferida constitui caso julgado quanto ao chamado, nos termos previstos no artigo 332º, relativamente às questões de que dependa o direito de regresso do autor do chamamento, por este invocável em ulterior ação de indemnização.

Remissões: art. 225º (modalidades da citação); art. 324º (tutela dos direitos do autor).

1. Admitido o chamamento, procede-se à interpelação do terceiro, por meio de citação pessoal (por alguma das modalidades indicadas no nº 2 do art. 225º, sem prejuízo ainda da via referida no nº 3 do mesmo preceito). A frustração deste modo de citação porá termo ao incidente, porquanto é excluída a citação edital.

2. Feita a citação, começa a correr o prazo de 30 dias (art. 569º, nº 1) para a contestação do chamado, que assume o estatuto de assistente (arts. 328º a 332º), ainda que não chegue a intervir na causa.

3. Tendo em conta a motivação e o alcance deste incidente, a contestação do chamado deverá limitar-se às questões que tenham repercussão na ação de regresso invocada pelo réu (art. 321º, nº 2).

4. Apresentada a contestação, dela deverá ser notificado o autor, não se vislumbrando que este possa replicar, considerando quer o conteúdo virtual da contestação do chamado, quer o disposto no art. 584º.

5. Visto que este incidente deve ser deduzido na contestação (art. 322º, nº 1) e que, antes de admitido o chamamento pelo juiz, deve ser ouvida a contraparte (art. 322º, nº 2), o autor já foi previamente notificado da contestação do réu, dessa notificação correndo dois prazos: um para responder à matéria do incidente (art. 293º, nº 2); outro para, sendo caso disso, deduzir réplica (art. 584º). Se o réu tiver optado por não contestar, suscitando o incidente em requerimento autónomo (art. 322º, nº 1, 2ª parte), apenas haverá prazo para o autor responder ao pedido de chamamento.

6. Continuando a ter presente a motivação e o alcance deste incidente, a sentença a proferir nesta ação não se dirige ao chamado, isto é, não haverá quanto ao terceiro um juízo de condenação ou de absolvição. Apenas sucede – é esse, de resto, o cerne da figura – que o chamado fica vinculado ao que aí se decidir acerca das questões de que depende o direito de regresso invocado, havendo efeito de caso julgado nessa parte. Na medida em que o direito de regresso do réu depende do (prévio) reconhecimento do direito do autor da ação, os pressupostos do direito deste autor valem também como pressupostos do próprio direito de regresso. Logo, na futura ação de regresso, o réu (interveniente acessório na primeira) estará vinculado ao preteritamente decidido quanto aos pressupostos do direito de indemnização feito valer pelo autor. Por exclusão, tudo o mais que contenda com esse direito de regresso não está coberto pelo caso julgado, havendo de ser invocado e demonstrado pelo autor, nos termos gerais.

7. Nas situações suscetíveis de justificar a intervenção acessória provocada, não pode dizer-se que haja obrigatoriedade de a requerer, mas é da conveniência do réu fazê-lo. Caso contrário, a consequência é a seguinte: na ação de regresso que venha a instaurar, não lhe bastará invocar a sua prévia condenação, exigindo-se ainda que demonstre ter atuado de modo diligente no sentido de evitar a condenação, nomeadamente fazendo uso dos meios processuais adequados a tal – demonstração que, obviamente, onera ou dificulta a ação de regresso (recorde-se que, acerca desta figura, então designada "*chamamento à autoria*", o nº 2 do art. 325º do CPC de 1961, na versão anterior à Reforma de 1995/96, estipulava que o autor tinha de provar que "*na demanda anterior empregou todos os esforços para evitar a condenação*").

8. Embora com a restrição temporal imposta pelo art. 324º, é admitida a intervenção acessória provocada sucessiva ou sequencial, traduzida na circunstância de o chamado requerer, ele próprio, o chamamento de um (outro) terceiro, e assim sucessivamente. Por exemplo: em ação de reivindicação, perante a possibilidade de ter adquirido a coisa reivindicada de quem não era seu titular, o réu requer a intervenção acessória do transmitente que, por sua vez, também requer o chamamento daquele de quem adquiriu a coisa. Cada novo chamamento, que está sujeito aos requisitos do chamamento inicial (art. 321º), deverá ser deduzido na contestação que o próprio requerente apresente ou, não contestando, em peça própria, dentro do prazo em que podia contestar (arts. 322º, nº 1 e 323º).

9. Estabelecendo a lei que o chamado passa a beneficiar do estatuto de assistente, nos termos dos arts. 328º e ss., importa ter presente o seguinte: qualquer que tenha sido a atitude do réu, isto é, quer este tenha contestado, quer não, o chamado pode sempre apresentar a sua própria contestação, como resulta expressamente do nº 1 do art. 323º.

10. Deste modo, se o réu estiver em revelia (que sempre será apenas relativa, já que interveio nos autos para suscitar o incidente – art. 566º, *a contrario*), o chamado assume a posição de substituto processual (art. 329º) e pode usar todos os argumentos de defesa que seriam invocáveis pelo réu, embora limitadamente às questões com repercussão na ação de regresso (não será aqui aplicável a restrição contida na segunda parte do art. 329º, sob pena de ser vedada a contestação prevista no nº 1 do art. 323º; é que, havendo revelia do réu, o normal é a citação do chamado ocorrer depois de esgotado o prazo da contestação original; de resto, a não ser assim, na futura ação, o chamado por certo tiraria partido da ressalva contida no art. 332º, al. a), reduzindo este incidente à inutilidade). Ainda no contexto de revelia do réu, o chamado, como substituto processual, pode recorrer da sentença final (cf. RP 19-6-17, 1353/15).

11. Em contrapartida, se o réu tiver apresentado a sua própria contestação, o chamado, embora contestando também, não pode deduzir exceções não invocadas pelo réu, nem pode impugnar factos essenciais não impugnados pelo réu – é o que resulta do art. 328º, nº 2. E em sede de recurso, o chamado pode alegar para completar (enquanto auxiliar) a alegação do réu, mas não pode recorrer autonomamente (sem embargo de se verificar a situação prevista no art. 631º, nº 2). No mais, em qualquer dos casos, será de observar o disposto nos arts. 330º e 331º.

ARTIGO 324º
Tutela dos direitos do autor

Passados 60 dias sobre a data em que foi inicialmente deduzido o incidente sem que se mostrem realizadas todas as citações a que este haja dado lugar, pode o autor requerer o prosseguimento da causa principal após o termo do prazo de que os réus já efetivamente citados beneficiaram para contestar.

1. O incidente da intervenção acessória provocada implica, por si só, um arrastamento no prosseguimento da lide, a começar pelo prazo para o autor responder ao requerimento, passando pelas diligências para a citação (que será sempre pessoal) do chamado e culminando no prazo de que este dispõe para contestar. A situação agravar-se-á no caso de haver novo(s) requerimento(s) de intervenção acessória.

2. Para obviar que este arrastamento se prolongue em demasia, a lei confere ao autor a seguinte prerrogativa: decorridos 60 dias sobre o momento em que foi inicialmente suscitado o incidente sem estarem consumadas todas as citações daí advenientes, pode requerer o prosseguimento da causa.

3. Feito tal requerimento, que fará cessar o(s) incidente(s) em que a citação esteja por realizar, a instância retoma a sua marcha imediatamente, sem prejuízo de, havendo citações já efetuadas, se aguardar pelo termo dos prazos em curso para quem já tenha sido citado.

SUBSECÇÃO II
Intervenção acessória do Ministério Público

ARTIGO 325º
Como se processa

1 – Sempre que, nos termos da respetiva Lei Orgânica, o Ministério Público deva intervir acessoriamente na causa, é-lhe oficiosamente notificada a pendência da ação, logo que a instância se considere iniciada.

2 – Compete ao Ministério Público, como interveniente acessório, zelar pelos interesses que lhe estão confiados, exercendo os poderes que a lei processual confere à parte acessória e promovendo o que tiver por conveniente à defesa dos interesses da parte assistida.

3 – O Ministério Público é notificado para todos os atos e diligências, bem como de todas as decisões proferidas no processo, nos mesmos termos em que o devam ser as partes na causa, tendo legitimidade para recorrer quando o considere necessário à defesa do interesse público ou dos interesses da parte assistida.

4 – Até à decisão final e sem prejuízo das preclusões previstas na lei de processo, pode o Ministério Público, oralmente ou por escrito, alegar o que se lhe oferecer em defesa dos interesses da pessoa ou entidade assistida.

Remissões: art. 10º do EMP, aprovado pela Lei nº 68/19, de 27-8.

1. Nos termos dos arts. 9º e 10º do EMP, o Ministério Público intervém em processo a dois títulos: principal e acessório.

2. A intervenção acessória tem lugar quando, não se verificando nenhum dos casos do nº 1 daquele art. 9º, "*sejam interessados na causa as regiões autónomas, as autarquias locais, outras pessoas coletivas públicas, pessoas coletivas de utilidade pública, incapazes ou ausentes, ou a ação vise a realização de interesses coletivos ou difusos*" e ainda "*nos demais casos previstos na lei*".

3. Sempre que se verifiquem os pressupostos da intervenção acessória do Ministério Público, a secretaria procede oficiosamente à sua notificação, logo que se inicie a instância (art. 259º, nº 1). Na pendência do processo, o Ministério Público é notificado para todos os atos e diligências, bem assim de todas as decisões proferidas, em termos similares aos aplicáveis às partes.

4. No contexto dos poderes de que dispõe como parte acessória (art. 328º, nº 2) e com sujeição aos prazos e preclusões marcados na lei, o Ministério Público deve zelar pelos interesses que lhe estão confiados, promovendo o que for conveniente à defesa dos interesses da parte assistida e alegando, oralmente ou por escrito, o que tiver por bem para a defesa desses interesses. Em matéria de recursos, sujeitando-se embora ao regime geral da sua admissibilidade, o Ministério Público pode recorrer quando o considere necessário para a defesa do interesse público (o que joga com os casos de assistência a pessoas coletivas públicas) ou para a defesa dos interesses da parte assistida.

5. A omissão da notificação do Ministério Público, quando deva intervir como parte acessória, constitui nulidade processual, que se terá por sanada desde que a entidade a que respeitava a assistência tenha feito valer os seus direitos no processo através do seu representante (art. 194º, nº 1). No caso, porém, de a entidade a que deveria ser prestada assistência ser revel, o processo é anulado a partir do momento em que deveria ocorrer a notificação do Ministério Público (art. 194º, nº 2).

6. Esta nulidade, que pode ser arguida em qualquer estado do processo, enquanto não se tiver por sanada (art. 198º, nº 2), é de conhecimento oficioso (196º), devendo ser conhecida logo que o juiz dela se aperceba, enquanto não deva considerar-se sanada (art. 200º, nº 1).

SUBSECÇÃO III
Assistência

ARTIGO 326º
Conceito e legitimidade da assistência

1 – Estando pendente uma causa entre duas ou mais pessoas, pode intervir nela como assistente, para auxiliar qualquer das partes, quem tiver interesse jurídico em que a decisão do pleito seja favorável a essa parte.

2 – Para que haja interesse jurídico, capaz de legitimar a intervenção, basta que o assistente seja titular de uma relação jurídica cuja consistência prática ou económica dependa da pretensão do assistido.

1. A assistência, que é uma modalidade da intervenção acessória, tem carácter espontâneo e consiste no facto de, estando pendente uma causa, aí intervir um terceiro com o intuito de auxiliar qualquer das partes, a pretexto de ter interesse jurídico em que a decisão seja favorável a essa parte.

2. Aquilo que justifica a intervenção acessória assistencial é a circunstância, a explicitar no requerimento do incidente, de o terceiro ser titular de uma relação jurídica cuja consistência prática ou económica dependa do desfecho da ação. Dado que lhe convém ou interessa que a decisão a proferir na causa seja favorável a uma das partes, o terceiro dispõe-se a auxiliar precisamente essa parte. Nesse contexto e dentro de certos limites, o terceiro pode praticar atos e ter intervenções processuais visando contribuir para o desfecho da lide num certo sentido, o que permitirá a manutenção da sua própria situação jurídica.

3. O terceiro não faz valer qualquer pretensão própria, até porque não é titular da relação jurídica sobre que versa a ação. O seu interesse é primordialmente indireto ou reflexo, por contraposição ao "*interesse direto*" que deve existir na intervenção principal (art. 311º) ou mesmo ao "*interesse atendível*" que releva para efeitos do art. 316º, nº 3, al. a).

4. São outras as situações a que se dirige o incidente de assistência: assim sucede quando o sublocatário intervém para auxiliar o sublocador demandado numa ação de despejo que tenha por objeto o bem sublocado, porquanto a extinção da locação arrastará consigo a sublocação; situação similar ocorre quando o credor intervém para auxiliar aquele que tenha sido demandado como adquirente numa ação de impugnação pauliana, pois a procedência da ação diminuirá a garantia patrimonial do seu crédito; outrossim o promitente-comprador numa ação de reivindicação intentada contra o promitente-vendedor.

5. Também os casos suscetíveis de justificar a intervenção acessória provocada pelo réu (art. 321º) podem motivar esta intervenção acessória espontânea (não tendo o réu suscitado o chamamento do terceiro, este apresenta-se no processo com uma função assistencial; caso consiga auxiliar o réu a ser absolvido, o interveniente logo fica a salvo da ação de regresso).

6. Tem de existir, no entanto, em todos os casos, um interesse juridicamente relevante, que não se confunde com o mero interesse de ordem moral, social ou académico, emergindo aquele interesse de uma relação jurídica cuja consistência prática ou económica receba algum impulso emergente da pretensão ou defesa do assistido.

ARTIGO 327º
Intervenção e exclusão do assistente

1 – O assistente pode intervir a todo o tempo, mas tem de aceitar o processo no estado em que se encontrar.

2 – O pedido de assistência pode ser deduzido em requerimento especial ou em articulado ou alegação que o assistido estivesse a tempo de oferecer.

3 – Não havendo motivo para indeferir liminarmente o pedido de intervenção, ordena-se a notificação da parte contrária à que o assistente se propõe auxiliar; haja ou não oposição do notificado, decide-se imediatamente, ou logo que seja possível, se a assistência é legítima.

Remissões: art. 226º, nº 2, al. d) (despacho liminar do juiz).

1. Dada a função deste incidente, visto que a assistência se constitui, afinal, no interesse do próprio terceiro, este pode intervir na causa em qualquer momento da pendência, incluindo em fase de recurso. O que sucede é que, seja qual for o momento da intervenção, tem que aceitar o processo no estado em que se encontrar, sendo-lhe vedado praticar atos ou ter intervenções cuja oportunidade processual se encontre já ultrapassada.

2. A dedução do incidente pode ser formalizada por duas vias: pela apresentação de requerimento próprio ou pela apresentação de peça processual (articulado ou alegação) que a parte assistida pudesse oferecer na ocasião em que o incidente se inicia. No primeiro caso, teremos um "*requerimento especial*", na expressão legal; no segundo, a peça processual terá uma dupla vertente: a relativa ao pedido de intervenção propriamente dito e a do conteúdo conferido à peça processual em causa (sendo certo que a atendibilidade desse conteúdo depende, antes de mais, do deferimento do pedido de intervenção).

3. Uma vez apresentado o requerimento com o pedido de intervenção, deve ser submetido a despacho judicial. Não havendo razão para indeferimento liminar, é notificada para se pronunciar (em 10 dias – art. 293º, nº 2) a parte contrária àquela que o terceiro se propõe auxiliar, sendo de notar que a parte a que o terceiro pretende dar assistência não é ouvida, nem poder opor-se à intervenção.

4. Independentemente da reação da parte que foi notificada, segue-se a decisão sobre a admissibilidade da intervenção assistencial requerida, sendo tal decisão proferida imediatamente ou logo que possível, em função, por exemplo, da necessidade de eventuais diligências probatórias prévias à decisão. Tal decisão envolve pronúncia sobre custas (art. 527º, nº 1).

ARTIGO 328º

Posição do assistente – Poderes e deveres gerais

1 – Os assistentes têm no processo a posição de auxiliares de uma das partes principais.

2 – Os assistentes gozam dos mesmos direitos e estão sujeitos aos mesmos deveres que a parte assistida, mas a sua atividade está subordinada à da parte principal, não podendo praticar atos que esta tenha perdido o direito de praticar nem assumir atitude que esteja em oposição com a do assistido; havendo divergência insanável entre a parte principal e o assistente, prevalece a vontade daquela.

3 – Pode requerer-se o depoimento do assistente como parte.

Remissões: art. 455º (depoimento do assistente).

1. O terceiro interveniente não pode ter a qualidade de parte principal na causa, seja porque não é titular da relação jurídica objeto da lide, seja porque não faz valer aí qualquer pretensão própria. O seu estatuto é o de parte acessória, tendo a posição de auxiliar de qualquer das partes principais. Embora o assistente tenha interesse em que o desfecho da causa seja favorável a uma das partes (à qual até presta auxílio com esse fito), o certo é que o titular do interesse direto é a própria parte, sendo por aí que se define a posição do assistente na causa e perante o assistido.

2. Por um lado, o assistente tem os mesmos direitos e está vinculado aos mesmos deveres da parte assistida, significando isso que, à partida, o interveniente pode apresentar as peças cuja apresentação caiba ao assistido (uma contestação, uma réplica), pode fazer as afirmações ou alegações permitidas ao assistido (alegação de recurso ou contra-alegação), bem como pode requerer diligências probatórias, tal como o assistido. Acresce que tudo isso deverá ter lugar nos termos, condições e prazos a observar pelo assistido.

3. Por outro lado, a atuação do assistente está subordinada à da parte assistida, significando isso que, embora seja admitido a complementar a atividade do assistido, não pode assumir atitude contrária à daquele, nem sequer pode substituir-se-lhe, em termos de praticar atos que a parte tinha o ónus de praticar e, no entanto, omitiu. Por exemplo, o assistente não pode impugnar factos, deduzir exceções ou invocar causa de pedir que o assistido não haja impugnado, deduzido ou invocado, mas pode apresentar peça que complemente a alegação ou a impugnação de factos feita pelo assistido; não pode interpor recurso (salvo nos casos dos arts. 329º e 631º, nº 2), embora possa apresentar alegação complementar da alegação do recorrente; ainda que a parte assistida o não faça, pode produzir alegações orais na audiência final e contra-alegar em recurso (tratando-se aqui de faculdades, e não de ónus da parte, a inércia desta não inibe o assistente).

4. Em matéria probatória, o assistente pode requerer prova nos mesmos termos que o assistido e independentemente deste, embora, quanto à prova testemunhal, apenas possa arrolar testemunhas na medida em que o assistido não haja esgotado o limite legal (art. 330º). Além disso, pode ser requerido o depoimento de parte do assistente (art. 328º, nº 3), o qual fica sujeito à livre apreciação do tribunal (art. 455º), sendo excluída força probatória plena à eventual confissão que venha a prestar, já que carece de poderes de disposição, na medida em que não é titular da relação jurídica litigiosa.

5. Acresce que qualquer divergência entre a conduta do assistente e a do assistido é resolvida em função da vontade da parte assistida. Na mesma linha, precisamente pelo facto de a titularidade e a disponibilidade da relação material controvertida caberem às partes principais, estas são sempre livres de confessar, desistir ou transigir, com o que cessa a intervenção (art. 331º).

6. Registe-se, por fim, que a posição do assistente plasmada neste art. 328º supõe que o assistido não se encontre em revelia absoluta, como se verifica no confronto com o art. 329º.

ARTIGO 329º
Posição especial do assistente

Se o assistido for revel, o assistente é considerado como seu substituto processual, mas sem lhe ser permitida a realização de atos que aquele tenha perdido o direito de praticar.

Remissões: art. 566º (revelia absoluta).

1. Quando o assistido é revel e não intervém de modo algum no processo, encontrando-se em revelia absoluta, o assistente assume uma posição especial, querendo isto significar uma ampliação dos seus poderes de atuação, sendo então considerado como substituto processual, atuando como se fosse parte principal.

2. Como o assistido não praticou qualquer ato nem interveio no processo (revelia absoluta), a subordinação a que alude o nº 2 do art. 328º fica sem conteúdo, na medida em que inexiste algo que sirva de referência para apreciar a conduta do assistente. A única restrição, expressa na segunda parte do art. 329º, é a de que o assistente não pode praticar atos que o assistido tenha perdido o direito de praticar.

3. Visto que, em rigor, o cenário da revelia absoluta apenas se coloca do lado passivo, não tendo o réu contestado, o assistente deverá intervir em tempo útil, isto é, em termos de ainda praticar o ato (oferecer contestação) antes de esgotado o prazo de que dispunha o próprio réu, sob pena de preclusão. Daí para diante, intervirá no processo e praticará todos os atos nos termos que entender adequados ao objetivo da assistência, incluindo em sede de recurso, nos termos gerais. No caso de o assistente intervir no processo depois de findo o prazo para contestar, apesar de já não poder fazê-lo, sempre pode praticar os atos relativos aos trâmites subsequentes à consumação da revelia, embora a amplitude da sua atuação fique condicionada à natureza operante (art. 567º) ou inoperante (art. 568º) da revelia.

4. O regime exposto vale somente, como se adiantou, para a revelia absoluta, com o que isso significa de alheamento do réu face ao processo. Note-se, porém, que esta posição especial do assistente cessa se e quando o réu revel intervier no processo, passando então a vigorar o regime do art. 328º, nºs 1 e 2.

5. Nos casos em que o réu se encontra em revelia relativa, isto é, se interveio de qualquer modo no processo, acabando por não contestar, a situação é outra: esta forma de revelia expressa uma atitude do réu perante o processo que se impõe ao assistente, não podendo este contrariá-la, pelo que lhe é vedado deduzir contestação (art. 328º, nº 2).

6. Recorde-se que é diferente o regime no domínio da intervenção acessória provocada (arts. 321º): o chamado é sempre admitido a contestar, qualquer que seja a situação do réu (revel ou não; em revelia absoluta ou relativa), já que o teor o nº 1 do art. 322º, além de prever irrestritamente a contestação, manda aplicar o disposto nos arts. 328º e ss., neles se incluindo o art. 329º.

ARTIGO 330º
Provas utilizáveis pelo assistente

Os assistentes podem fazer uso de quaisquer meios de prova, mas quanto à prova testemunhal somente para completar o número de testemunhas facultado à parte principal.

Remissões: arts. 410º e ss. (meios de prova); art. 511º (limite de testemunhas).

1. Destinando-se as provas à demonstração da realidade dos factos (art. 341º do CC), o assistente pode lançar mão dos meios de prova que tenha por adequados ao seu propósito de auxiliar uma das partes principais.

2. Quanto à prova testemunhal, havendo um limite legal ao número de testemunhas (art. 511º), a ideia de que o assistente está balizado pela atuação do assistente (art. 328º, nº 2), não podendo contrariá-la nem extravasá-la, mas sendo admitido a complementá-la, determina que o assistente somente pode indicar testemunhas se o assistido não o fez ou, tendo-o feito, não esgotou esse limite.

3. Como há mais do que um momento processual para as partes definirem as testemunhas a inquirir, seja arrolando-as (na petição, na réplica ou em prazo contado da notificação da contestação – art. 552º, nº 6; na contestação ou em prazo contado da notificação da réplica – art. 572º, al. d)), seja alterando o rol (na audiência prévia – art. 598º, nº 1), seja aditando ou alterando o rol (até 20 dias antes da data da audiência final – art. 598º, nº 2), o número de testemunhas que o assistente pode realmente indicar depende do que, em cada momento, for a opção da parte assistida. Por exemplo, se a parte assistida arrolou 6 testemunhas, o assistente poderia arrolar mais 4, assim se atingindo o limite legal (art. 511º, nº 1). No entanto, se a parte assistida vier a aditar 3 testemunhas, o assistente verá reduzido a 1 o número de testemunhas de que pode fazer uso.

ARTIGO 331º
A assistência e a confissão, desistência ou transação

A assistência não afeta os direitos das partes principais, que podem livremente confessar, desistir ou transigir, findando em qualquer destes casos a intervenção.

Remissões: art. 283º (liberdade de desistência, confissão e transação); art. 284º (efeitos da confissão e da transação); art. 285º (efeitos da desistência).

1. A configuração da assistência e o estatuto do assistente supõem o integral respeito pela esfera jurídica da parte principal, de que o assistente é mero auxiliar (art. 328º, nº 1) ou, no limite, substituto processual (art. 329º). Por consequência e nos termos gerais, mantêm-se incólumes os poderes de disposição das partes principais sobre a relação material controvertida, continuando estas livres de desistir, confessar ou transigir sobre o objeto da causa.

2. Caso tal aconteça, estaremos perante atos que, além de determinarem a extinção da instância (art. 277º, al. d)), fazem cessar a própria intervenção, que deixa, aliás, de ter objeto.

ARTIGO 332º
Valor da sentença quanto ao assistente

A sentença proferida na causa constitui caso julgado em relação ao assistente, que é obrigado a aceitar, em qualquer causa posterior, os factos e o direito que a decisão judicial tenha estabelecido, exceto:

a) Se alegar e provar, na causa posterior, que o estado do processo no momento da sua intervenção ou a atitude da parte principal o impediram de fazer uso de alegações ou meios de prova que poderiam influir na decisão final;

b) Se mostrar que desconhecia a existência de alegações ou meios de prova suscetíveis de influir na decisão final e que o assistido não se socorreu deles intencionalmente ou por negligência grave.

Remissões: art. 618º (caso julgado).

1. O terceiro que intervém em regime assistencial não é titular da relação jurídica controvertida, nem aí faz valer qualquer pretensão própria. Por inerência, a decisão a proferir na causa haverá de vincular aqueles que aí têm a posição de partes principais, constituindo-se, quanto a eles, mas não quanto ao assistente, caso julgado. Quer isto significar, além do mais, que a sentença proferida na causa em que se dá a intervenção não define a situação jurídica do assistente, não sendo formulado qualquer juízo de absolvição ou de condenação do assistente e não se constituindo título executivo quanto a si.

2. De todo o modo, considerando aquilo que subjaz à figura da intervenção, e tendo presente que, em maior ou menor grau, a situação jurídica do assistente pode ter conexão (em regime de prejudicialidade ou dependência) com a questão decidenda ou que a consistência prática ou económica da situação jurídica do assistente pode depender da situação jurídica da parte assistida, aquilo que vier a ser decretado na sentença a proferir nesta ação vincula o assistente para causas futuras.

3. Só em duas circunstâncias, no futuro confronto com o assistido, o assistente poderá furtar-se a essa vinculação: por um lado, com o fundamento de que, na causa anterior, não pôde alegar factos ou produzir prova com virtualidade de influir na decisão aí proferida, ora por o estado do processo, no momento da sua intervenção, já não o permitir, ora por a atitude processual da parte assistida o ter impedido; por outro lado, com o fundamento de que não tinha conhecimento de factos ou de meios de prova passíveis de influir na decisão proferida, acrescendo que a parte assistida, embora tivesse tal conhecimento, não fez uso disso, intencionalmente ou por negligência grave.

SECÇÃO III
Oposição

SUBSECÇÃO I
Oposição espontânea

ARTIGO 333º
Conceito de oposição – Até quando pode admitir-se

1 – Estando pendente uma causa entre duas ou mais pessoas, pode um terceiro intervir nela como opoente para fazer valer, no confronto de ambas as partes, um direito próprio, total ou parcialmente incompatível com a pretensão deduzida pelo autor ou pelo reconvinte.

2 – A intervenção do opoente só é admitida enquanto não estiver designado dia para a audiência final em 1ª instância ou, não havendo lugar a audiência final, enquanto não estiver proferida sentença.

Remissões: art. 338º (oposição provocada); art. 342º (oposição mediante embargos de terceiro).

1. Nesta modalidade de incidente, o terceiro interveniente toma a iniciativa de se apresentar numa ação em curso, aí invocando a titularidade de um direito próprio (o que o distingue do interveniente acessório) incompatível, total ou parcialmente, com o direito do autor ou do réu reconvinte (o que o distingue do interveniente principal).

2. Dada a postura do terceiro, arrogando-se titular de um direito, estamos perante uma pretensão que este poderia deduzir em ação autónoma. No entanto, a sua intervenção na ação é vantajosa em termos de economia processual, permitindo dirimir, num só processo, tanto a questão entre o autor e réu como a questão entre o terceiro e o autor ou o reconvinte.

3. Considerando que a natureza espontânea desta figura permite ao terceiro optar livremente entre intervir na lide e intentar a sua própria ação, e tendo presente que a segunda opção implica a duplicação de causas, a lei é algo generosa quanto ao limite temporal da intervenção: esta é possível enquanto não estiver designado dia para a audiência final em 1ª instância ou, nos casos em que não haja audiência final, enquanto não estiver proferida sentença.

4. Relativamente à audiência final e à sua designação, o limite deve ser determinado pela audiência efetivamente realizada, isto é, a intervenção pode ocorrer até à designação dessa audiência final. Quanto ao limite da prolação da sentença, se é certo que em curso normal o processo declarativo comum comporta audiência final, obstando a que a intervenção possa ter lugar por referência ao momento em que virá a ser proferida sentença, casos há em que a tramitação conhece outros circuitos, ora porque a questão é decidida no despacho saneador (art. 595º, nº 1, al. b)), ora porque a revelia é operante, gerando um encurtamento dos trâmites e passando-se quase imediatamente para o julgamento da causa conforme for de direito (art. 567º, nº 2). Já no domínio dos processos especiais, sempre que estes não comportem audiência final, o momento limite para a intervenção espontânea é encontrado pela ocasião em que a sentença vier a ser proferida.

ARTIGO 334º
Dedução da oposição espontânea

O opoente deduz a sua pretensão por meio de petição, à qual são aplicáveis, com as necessárias adaptações, as disposições relativas à petição inicial, inclusivamente no que respeita às custas processuais.

Remissões: art. 552º (requisitos da petição inicial).

1. Se um sujeito intervém em processo pendente para invocar um direito próprio, que poderia fazer valer em ação autónoma, com a particularidade de esse direito se mostrar incompatível com o direito do autor ou do reconvinte, é natural que o terceiro formalize a sua pretensão em peça similar à petição inicial que apresentaria em tal ação (de resto, a incompatibilidade entre o direito invocado pelo terceiro e o direito alegado pelo autor ou pelo reconvinte sempre impediria a intervenção por mera adesão, técnica somente permitida na intervenção principal espontânea - art. 313º).

2. Como é natural, ao mandar observar as disposições relativas à petição inicial, a lei sempre doseia isso com o apelo às necessárias adaptações, desde logo, porque a petição do terceiro interveniente não vai marcar o início do processo, havendo certos elementos identificativos das partes originais que não é preciso repetir e havendo indicações que serão supérfluas, tais como a indicação da forma do processo, mas deverá apresentar requerimento probatório.

3. Nessa petição, aquilo que se exige ao interveniente, e aí em moldes similares aos da petição inicial em geral, é que exponha os factos essenciais que sustentam o seu alegado direito, que também deverá concretizar. Por outro lado, já naquilo que é mais específico da intervenção por oposição, deverá o terceiro evidenciar a incompatibilidade entre o direito que se arroga e o direito do autor ou do reconvinte.

ARTIGO 335º

Posição do opoente - Marcha do processo

1 - Se a oposição não for liminarmente rejeitada, o opoente fica tendo na instância a posição de parte principal, com os direitos e as responsabilidades inerentes, e é ordenada a notificação das partes primitivas para que contestem o seu pedido, em prazo igual ao concedido ao réu na ação principal.

2 - Podem seguir-se os articulados correspondentes à forma de processo aplicável à causa principal.

Remissões: art. 590º, nº 1 (intervenção liminar do juiz).

1. A petição com que se inicia o incidente de oposição espontânea está sujeita a despacho liminar, sendo indeferida quer por ser extemporânea (art. 333º, nº 2), quer por não se mostrarem verificados os pressupostos da oposição (art. 333º, nº 1), quer ainda pela ocorrência manifesta de exceções dilatórias insupríveis de conhecimento oficioso (art. 590º, nº 1). É de admitir que, nessa intervenção liminar, o juiz profira despacho com vista ao suprimento de exceções dilatórias sanáveis, ao suprimento de irregularidades dos articulados ou ao aperfeiçoamento da exposição da matéria de facto alegada, aplicando-se o disposto no art. 590º, nºs 2, al. a), 3 e 4.

2. Estando a petição em condições de ser recebida, o terceiro passa a ter o estatuto de parte principal na causa, prosseguindo o incidente com a notificação do autor e do réu (partes primitivas) para contestarem o pedido formulado pelo interveniente. Embora o terceiro deduza uma pretensão incompatível com a do autor ou do reconvinte, a quem deve ser assegurado contraditório, o certo é que tal pretensão é dirigida também contra o réu ou o reconvindo, devendo ser-lhes assegurado o contraditório.

3. Deste modo, ambos os litigantes originais passam a ser contrapartes do interveniente, compreendendo-se que o prazo para contestarem seja de 30 dias, por ser esse o prazo de que dispõe o réu na ação declarativa comum (art. 569º, nº 1). Ao contestarem neste âmbito, as partes primitivas podem discutir tanto a questão da admissibilidade do incidente (que não ficou precludida pelo recebimento liminar – art. 226º, nº 5) como a questão da viabilidade do direito invocado pelo terceiro opoente, isto é, podem discutir a matéria do incidente e a matéria da ação, sucedendo que a oposição ao incidente (art. 293º, nº 2) é incorporada na contestação a que alude o art. 335º, nº 1.

5. Reportando-se este preceito apenas à matéria da ação incorporada nos autos pelo terceiro opoente (e não já ao incidente em si), o nº 2 do art. 335º estabelece que podem ainda seguir-se os articulados correspondentes à forma da ação em curso. Aqui, o mais que poderá haver será a réplica, a apresentar pelo interveniente nos termos do art. 584º, isto é, no caso de a parte primitiva contra quem o terceiro formulou o seu pedido (o réu ou o reconvindo) deduzir reconvenção. Fala-se apenas em reconvenção por se ter por praticamente inverificável a hipótese de a ação ser de simples apreciação negativa e o terceiro vir a juízo invocar um direito incompatível com o do réu. No mais, tal como acontece na ação declarativa comum, o exercício do contraditório perante exceções invocadas pelas partes primitivas não justifica a apresentação da réplica (art. 584º), devendo isso ser assegurado nos termos do disposto no art. 3º, nº 4.

6. A eventual falta de contestação de qualquer das partes primitivas implica um regime de revelia (que será apenas relativa), aplicando-se o disposto nos arts. 567º e 568º.

ARTIGO 336º

Marcha do processo após os articulados da oposição

Findos os articulados da oposição, procede-se ao saneamento e condensação, quanto à matéria do incidente, nos termos da forma de processo aplicável à causa principal.

1. Cumprida a etapa dos articulados, e como estamos perante matéria que sempre poderia fundar uma ação própria, deverão nestes autos seguir-se os trâmites que se seguiriam em processo autónomo.

2. A questão que aqui se coloca é a da conjugação dos trâmites relativos à matéria do pedido formulado pelo interveniente com os trâmites que vinham sendo observados na ação original (que a lei tanto designa por "*causa principal*" como por "*ação principal*"). Se, considerando o ponto em que se encontra a ação original, for possível tramitar em simultâneo ambas as matérias, assim deverá suceder. Nesse cenário, o eventual despacho pré-saneador (art. 590º, nº 2), a audiência prévia (art. 591º), o despacho saneador (art. 595º), o despacho de identificação do objeto do litígio e de enunciação dos temas da prova (art. 596º), a audiência final (art. 604º) e a sentença (art. 607º) serão comuns às duas vertentes. Se houver um desfasamento que nem sequer a adequação formal (art. 547º) atenue ou iluda, impõe-se que a audiência final e a sentença da ação original aguardem a prática dos atos processuais relativos ao pedido do interveniente, de maneira a haver uma só audiência final e uma só sentença.

3. Por princípio, a previsão deste art. 336º não é aplicável aos trâmites do incidente propriamente dito. Na verdade, deduzido o incidente (os respetivos fundamentos surgem na peça em que o terceiro deduz a sua pretensão – art. 334º) e cumprido o contraditório (que ocorre na contestação destinada à defesa das partes primitivas face ao pedido do terceiro – art. 335º), deverá ser proferida decisão sobre o incidente, nos termos previstos nas disposições gerais dos incidentes da instância.

4. Como, em regra, a prova não será mais do que documental, tendo sido cumprido por escrito o contraditório, o juiz poderá decidir o incidente, também por escrito e de imediato, assim admitindo ou não a oposição deduzida. Caso seja preciso realizar audiência para produzir prova, finda esta, os advogados alegarão oralmente, sendo imediatamente proferida decisão por escrito (art. 295º).

5. Considerando que a eventual rejeição do incidente tornará inútil toda a tramitação versando a matéria do pedido formulado pelo terceiro, é de toda a conveniência que a decisão sobre a admissão ou rejeição da oposição seja tomada o quanto antes. Se possível, deverá ser tomada por ocasião do despacho saneador da ação original. E caso haja necessidade de realizar audiência prévia no âmbito do incidente, poderá ser aproveitada para tal a audiência prévia convocada na ação original.

ARTIGO 337º

Atitude das partes quanto à oposição e seu reflexo na estrutura do processo

1 – Se alguma das partes da causa principal reconhecer o direito do opoente, o processo segue apenas entre a outra parte e o opoente, tomando este a posição de autor ou de réu, conforme o seu adversário for o réu ou o autor da causa principal.

2 – Se ambas as partes impugnarem o direito do opoente, a instância segue entre as três partes, havendo neste caso duas causas conexas, uma entre as partes primitivas e a outra entre o opoente e aquelas.

1. Dado que o opoente, invocando um direito incompatível com o autor ou com o reconvinte, deduz a respetiva pretensão contra o réu ou o reconvindo, a lei regula os termos em que os autos devem prosseguir, em função da atitude que as partes originais adotarem, sendo que podem manter-se em aberto até final duas causas (uma entre o autor ou reconvinte e o réu ou reconvindo; outra entre o terceiro e as partes primitivas), como pode tudo reduzir-se a uma causa (entre o terceiro e o autor ou reconvinte, ou entre o terceiro e o réu ou reconvindo).

2. Assim, se ambas as partes primitivas impugnarem o direito invocado pelo terceiro, abre-se uma nova frente de litígio na lide, passando a ação a correr entre as três partes e havendo duas causas conexas: uma entre as partes primitivas; outra entre o terceiro e as partes primitivas. Nessa situação, se o réu ou reconvindo vier a ser condenado, a sentença deverá decidir também a questão (prévia) de saber se o direito em apreço é reconhecido ao autor ou reconvinte original ou ao terceiro.

3. Se o autor original ou reconvinte, numa atitude similar a uma desistência do pedido (art. 283º, nº 1), reconhecer o direito alegado pelo terceiro, este ocupará doravante a posição de autor ou reconvinte, seguindo a ação contra o réu ou reconvindo primitivo.

4. Ao invés, se o réu ou reconvindo original reconhecer o direito invocado pelo terceiro, em termos equivalentes a uma confissão do pedido (art. 283º, nº 1, *in fine*), a questão que fica por dirimir é a do confronto entre o pedido do autor ou reconvinte original e o pedido (incompatível) do terceiro. Por isso, a ação seguirá os seus termos apenas entre aquele autor ou reconvinte e o terceiro, passando este a ter a posição de réu ou reconvindo.

5. Como se verifica, quando uma das partes primitivas reconhece o direito invocado pelo terceiro, a solução legal traduz-se em substituir essa parte primitiva pelo terceiro, o qual fica na posição de autor (ou reconvinte) ou de réu (ou reconvindo) em função da parte que reconheceu o direito. Quando o terceiro substitui o autor ou reconvinte, o que ocorre é apenas isso, já que, excluído da respetiva instância o primitivo autor ou reconvinte, a ação continua a correr entre um demandante e um demandado, sendo este último absolvido ou condenado em conformidade.

6. O quadro é algo diferente quando o terceiro substitui o réu ou reconvindo. Quando reconhece o direito, o réu ou reconvindo prenuncia a sua condenação no pedido. Nesse caso, a questão seguirá entre o autor ou reconvinte original e o terceiro (como réu ou reconvindo) e culminará, para o que aqui releva, numa decisão que declare a qual deles é reconhecida a titularidade do direito, sendo esse que poderá tirar partido da sentença.

7. Pode questionar-se qual será, nesse quadro, a situação do réu ou reconvindo original. Se é certo que a sua posição é ocupada pelo terceiro, não é menos verdade que, uma vez reconhecido o direito em disputa (seja em benefício do autor ou reconvinte, seja em benefício do terceiro), quem estaria na correspondente posição passiva, e assim obrigado, seria o primitivo réu ou reconvindo, sobre ele se repercutindo o prejuízo decorrente desse reconhecimento.

8. Na vigência do CPC de 1961 (art. 346º), havia quem defendesse que "o réu é substituído pelo opoente, mas não inteiramente: a demanda passa a correr entre o primitivo autor e o opoente mas o réu continua dentro dela, apenas para vir a ser condenado na satisfação da prestação àquele que afinal seja vencedor" (Lopes Cardoso, *Manual dos Incidentes da Instância em Processo Civil*, 3ª ed., p. 196). Dir-se-ia que, nessa perspetiva, o réu ou reconvindo original ficava como mero observador do desenvolvimento da lide, aguardando pela determinação do vencedor, perante quem passaria a estar obrigado por sentença condenatória.

9. Face às inovações introduzidas pelo CPC de 2013 na figura da oposição provocada, em especial nos arts. 338º e 341º (remetendo este para o nº 3 do art. 922º), e tendo presente que, agora, se exige sempre ao réu o depósito da quantia ou coisa devida, sendo o mesmo excluído da instância, será de reequacionar a posição do réu ou reconvindo original que reconheça o direito do opoente espontâneo, precisamente em função de haver ou não consignação em depósito.

10. Assim, se o réu, ao mesmo tempo que reconhece o direito do terceiro, proceder ao depósito da quantia ou coisa peticionada, ter-se-á por extinta a sua obrigação e ele será excluído da instância, seguindo esta entre o autor e o terceiro, para decisão sobre a titularidade do direito. Se não houver lugar ao depósito, seja porque o réu não se dispõe a tal, seja porque a pretensão do terceiro não pode ser satisfeita sem mais por essa via, então sim, o réu deverá permanecer na lide apenas para, no final, ser condenado em benefício daquele a quem venha a ser reconhecida a titularidade do direito. Trata-se de aproveitar para aqui a solução que o CPC de 1961 (art. 350º, nº 2) tinha para a oposição provocada (como se dirá na respetiva anotação, a oposição provocada tem, relativamente ao conteúdo ou natureza da pretensão do terceiro, menor amplitude do que a oposição espontânea).

SUBSECÇÃO II
Oposição provocada

ARTIGO 338º
Oposição provocada

Quando esteja disposto a satisfazer a prestação que lhe é exigida mas tenha conhecimento de que um terceiro se arroga ou pode arrogar-se de direito incompatível com o do autor, pode o réu, dentro do prazo para contestar, requerer que o terceiro seja citado para deduzir, querendo, a sua pretensão, desde que aquele demandado proceda simultaneamente à consignação em depósito da quantia ou coisa devida.

Remissões: art. 916º (petição da consignação em depósito); art. 841º do CC (consignação em depósito).

1. O incidente de oposição provocada está concebido para ser acionado por quem, tendo sido demandado e reconhecendo embora o direito invocado em juízo, saiba que um terceiro se arroga ou pode arrogar direito incompatível com o do autor.

2. Ao suscitar o incidente, o réu declara que está disposto a dar cumprimento à pretensão do autor, mas dá notícia da existência do terceiro e da sua possível atitude, em face do que requer o chamamento daquele para os autos, a fim de que possa aí deduzir a sua pretensão. Desta forma, o réu assegura que fique judicialmente resolvida a questão (prévia) de saber se aquele direito pertence ao autor ou ao terceiro, vinculando este último à decisão a proferir e evitando uma futura demanda.

3. De modo a garantir que o incidente seja suscitado com fundamento sério e não apenas para onerar os trâmites da ação, a lei passou a impor ao réu que, em simultâneo, proceda à consignação em depósito da quantia ou da coisa devida, daqui resultando também o recorte deste incidente: o direito feito valer na ação há de ter por objeto uma quantia em dinheiro ou uma coisa, sendo essa a prestação exigida ao réu. Aliás, só neste tipo de prestações se pode falar em consignação em depósito.

4. Quer isto significar, pois, que o incidente da oposição provocada é mais restrito do que o da oposição espontânea (nesta, o terceiro invoca um direito incompatível com o do autor, sem que a lei discrimine o conteúdo ou a natureza do direito).

5. O modo como o incidente está configurado revela que a única questão suscitada pelo réu é a dúvida sobre a titularidade do direito, mas não já sobre o seu conteúdo, significando isso que o réu reconhece o direito invocado nos seus precisos termos, nada tendo a opor-lhe, o mesmo é dizer, que o réu não pode deduzir defesa, seja por impugnação, seja por exceção – é muito por isso que a lei diz que o incidente deve ser deduzido "*dentro do prazo da contestação*", já que, por princípio, o réu não contestará a ação. Na verdade, se a função primordial da contestação é a de permitir ao réu a sua defesa (art. 219º, nº 1), tal defesa é incompatível com o sentido deste incidente.

6. Apesar disso, não será de excluir a hipótese de, em certos casos, o réu deduzir o incidente e, do mesmo passo, contestar formulando pedido reconvencional. Imaginemos que, numa ação cujo pedido é o da condenação do réu na entrega de uma coisa, este nada tem a opor ao pedido, mas pretende fazer valer o seu direito a benfeitorias realizadas na coisa. Numa situação normal, o réu apresentaria contestação limitada à vertente reconvencional (art. 266º, nº 2, al. c)), omitindo a impugnação dos factos alegados na petição e não excecionando (ou até confessando logo o pedido). Mas se, no mesmo cenário, o réu soubesse que um terceiro se arrogava ou podia arrogar direito incompatível com o do autor, não se vê como negar-lhe a possibilidade de, em simultâneo, deduzir o incidente da oposição provocada, assim fazendo intervir o terceiro, e de formular pedido reconvencional – nesse caso, até por economia processual, o incidente deveria ser incluído na contestação. E a reconvenção seria deduzida contra quem? Contra o réu, contra o terceiro ou contra ambos? Como o valor das benfeitorias será devido por aquele a quem for reconhecido o direito de obter a entrega da coisa (o autor ou o terceiro) e isso ainda não está definido, a técnica adequada será formular o pedido reconvencional em regime de pluralidade subjetiva subsidiária (no caso, litisconsórcio subsidiário), exatamente por haver dúvida fundada sobre quem é o devedor do valor das benfeitorias, tudo pela aplicação conjugada dos arts. 39º, 266º, nº 4 e 316º, nº 2. Se assim suceder, e independentemente dos desenvolvimentos relativos à oposição provocada, o processo vai passar a incluir a instância reconvencional respeitante às benfeitorias.

ARTIGO 339º
Citação do opoente

O terceiro é citado para deduzir a sua pretensão em prazo igual ao concedido ao réu para a sua defesa, com a cominação de que, se o não fizer, é logo proferida sentença a reconhecer o direito do autor e a declarar extinta a obrigação em consequência do depósito.

1. Apresentado o requerimento do incidente pelo réu, deverá o mesmo ser submetido ao juiz, na medida em que a citação de terceiros para intervir em causa pendente exige prévio despacho judicial (art. 226º, nº 4, al. d)), sendo de notar que o autor não tem de ser ouvido sobre este pedido de citação. Caso não haja motivo para indeferir o pedido, ou por extemporaneidade ou pela falta de verificação dos respetivos requisitos, será ordenado o chamamento do terceiro.

2. A citação do terceiro, a processar-se nos termos gerais, implica que lhe seja facultada cópia da petição inicial e do requerimento do réu e que lhe seja assinalado o prazo de 30 dias para deduzir a sua pretensão, com a advertência de que a sua inércia terá por efeito a imediata prolação de sentença reconhecendo o direito do autor e declarando extinta a obrigação em virtude do depósito realizado pelo réu.

ARTIGO 340º
Consequência da inércia do citado

1 – Se o terceiro não deduzir a sua pretensão, tendo sido ou devendo considerar-se citado na sua própria pessoa e não se verificando qualquer das exceções ao efeito cominatório da revelia, é logo proferida sentença a declarar extinta a obrigação em consequência do depósito.

2 – A sentença proferida tem, no caso previsto no número anterior, força de caso julgado relativamente ao terceiro.

3 – Se o terceiro não deduzir a sua pretensão sem que se verifiquem as condições a que se refere o nº 1, a ação prossegue os seus termos, para que se decida sobre a titularidade do direito.

4 – No caso previsto no número anterior, a sentença proferida não obsta, nem a que o terceiro exija do autor o que este haja recebido indevidamente, nem a que reclame do réu a prestação devida, se mostrar que este omitiu, intencionalmente ou com culpa grave, factos essenciais à boa decisão da causa.

Remissões: art. 567º (revelia operante); art. 568º (exceções à revelia); art. 619º (valor da sentença transitada em julgado).

1. Uma vez citado, e tendo presente a cominação assinalada, o terceiro tem o ónus de se apresentar no processo e deduzir a sua pretensão, de modo a que, no seguimento da instância, venha a resolver-se a questão de saber se o direito invocado em juízo (e já reconhecido pelo réu) é da titularidade do autor ou do terceiro.

2. No entanto, nos termos gerais, o efeito cominatório só funciona verificadas as respetivas condições: é suposto que o terceiro tenha sido ou deva considerar-se citado na sua própria pessoa; não deve ocorrer nenhum dos casos que impedem que opere a revelia.

3. Podendo funcionar aquele efeito cominatório, é logo proferida sentença a reconhecer o direito do autor e a declarar extinta a obrigação por efeito do depósito. Tal como anteriormente assinalado, quando suscita este incidente, o réu adota uma atitude equivalente à confissão do pedido (art. 283º), porquanto se declara disposto a satisfazer a prestação (e satisfaz mesmo, realizando logo o depósito). Só não é por inteiro uma confissão do pedido porque esse reconhecimento é somente do direito e não já da sua titularidade na pessoa do autor – aliás, o incidente radica na dúvida sobre quem é o titular. Assim sendo, se o terceiro não intervém e a cominação pode operar, resta proferir sentença, que será, no essencial, semelhante à decisão homologatória prevista no art. 290º, nº 3.

4. Esta sentença vincula o terceiro ao decidido nos autos quanto à titularidade do direito, ficando aquele impedido de invocar futuramente o direito, quer perante o autor, quer perante o réu. Temos aqui um regime de efeito cominatório pleno: a não intervenção do terceiro e a não dedução da sua pretensão conduz à preclusão do direito, que é definitivamente reconhecido ao autor.

5. Este efeito cominatório já não terá lugar se o terceiro foi citado por via edital (citação não pessoal) ou se, ainda que citado pessoalmente, ocorrer algumas das circunstâncias que tornam inoperante a revelia, nos termos do art. 568º (note-se que nunca tem aplicação a al. a), pois não há contestação alguma, ao menos com conteúdo de impugnação). Quando assim for, a lei estabelece que a causa prossegue "*para que se decida sobre a titularidade do direito*".

6. Quer isto significar que apenas estará em aberto, e assim sujeita a prova, a factualidade alegada pelo autor para justificar a sua titularidade quanto ao direito invocado. Com efeito, face à atitude do réu (declarando-se disposto a satisfazer a prestação), a existência do direito em si é um dado adquirido. Porém, tendo o réu suscitado a dúvida sobre a titularidade do direito e não podendo operar quanto ao terceiro o efeito cominatório, o autor só obterá sentença favorável se demonstrar que é efetivo titular do direito, pelo que os factos a provar são os atinentes a esse ponto.

7. No cenário de inoperância do efeito cominatório relativamente ao terceiro, ainda que o autor obtenha sentença favorável, tal decisão não vincula por inteiro o terceiro. Por um lado, o terceiro pode futuramente obter do autor a repetição do indevido, através de ação em que demonstre ser ele, afinal, o titular do direito. Por outro, também poderá obter do próprio réu a prestação devida, mas apenas na condição de demonstrar que, na ação original, o réu omitiu, intencionalmente ou com culpa grave, factos essenciais à boa decisão da causa. Na segunda situação, que é mais exigente, tratar-se-á de provar que o réu, optando por não contestar e requerendo o incidente, acabou por beneficiar o autor, sabendo ou devendo saber que este não era titular do direito e que poderia defender-se com sucesso logo naquela ação (Salvador da Costa, *Os Incidentes da Instância*, 9ª ed., pp. 155-156).

ARTIGO 341º

Dedução do pedido por parte do opoente - Marcha ulterior do processo

Quando o terceiro deduza a sua pretensão, aplica-se, com as necessárias adaptações, o disposto no nº 3 do artigo 922º.

Remissões: arts. 916º e ss. (consignação em depósito).

1. Com uma alteração de regulamentação (anteriormente, a lei mandava seguir o regime da oposição espontânea), são aqui definidos os termos posteriores da lide quando o terceiro vier deduzir a sua pretensão.

2. Tal pretensão deve ser deduzida no prazo de 30 dias (arts. 339º e 569º, nº 1) e implica a apresentação de uma petição, cujos termos serão os do art. 552º, na qual o terceiro deverá alegar os factos constitutivos do direito que se arroga (que terá correspondência com a prestação já satisfeita pelo réu por via da consignação em depósito) e concluir com a formulação do pedido.

3. Remetendo o art. 341º para o nº 3 do art. 922º, com as necessárias adaptações, teremos o seguinte: o réu (que já fez o depósito) é logo exonerado da obrigação e será excluído da lide; a ação segue entre o terceiro e o autor (que tem a posição de réu para este efeito); aplicam-se os termos do processo comum de declaração; o autor pode contestar a pretensão do terceiro em 30 dias; caso não conteste, submete-se ao regime da revelia, operante ou inoperante, conforme os casos (arts. 567º e 568º); se o autor contestar, é pouco viável, face aos termos do art. 584º, haver réplica; cumprida a demais tramitação, será proferida sentença declarando qual dos litigantes (o autor ou o terceiro) é reconhecido como titular do direito, assim podendo aceder àquilo que foi depositado pelo réu.

SUBSECÇÃO III
Oposição mediante embargos de terceiro

ARTIGO 342º
Fundamento dos embargos de terceiro

1 – Se a penhora, ou qualquer ato judicialmente ordenado de apreensão ou entrega de bens, ofender a posse ou qualquer direito incompatível com a realização ou o âmbito da diligência, de que seja titular quem não é parte na causa, pode o lesado fazê-lo valer, deduzindo embargos de terceiro.

2 – Não é admitida a dedução de embargos de terceiro relativamente à apreensão de bens realizada no processo de insolvência.

Remissões: 1285º do CC (embargos de terceiro); art. 304º, nº 1 (valor do incidente); art. 735º, nº 2 (penhora de bens de terceiro); art. 747º (apreensão de bens em poder de terceiro); art. 863º, nºs 2, 4 e 5 (suspensão da execução do despejo); arts. 141º a 145º do CIRE (restituição e separação de bens).

1. Os embargos de terceiro, que constituem uma subespécie da oposição espontânea, servem para um sujeito, que não é parte na causa, reagir contra a penhora ou outro ato de apreensão ou entrega de bens, alegando a ofensa da sua posse ou a titularidade de outro direito incompatível com a diligência realizada ou com o seu âmbito. Os embargos aqui previstos são de cariz repressivo e, posto que assumam formalmente o figurino de um incidente, consubstanciam, na realidade, uma ação declarativa autónoma apensa à ação ou execução em cujo âmbito o ato é praticado (art. 344º, nº 1). Obedecendo, na parte introdutória, ao regime prescrito para os incidentes da instância, depois do despacho de recebimento os embargos seguem os termos do processo comum (art. 348º).

2. Para poder fundar a procedência dos embargos fundados na posse, esta será em nome próprio, constituindo presunção da titularidade de um direito incompatível com a diligência (art. 1268º do CC). Tratando-se de posse em nome de outrem (diverso do executado), deve decorrer de um direito pessoal de gozo ou de aquisição sobre o bem penhorado (Lebre de Freitas e Isabel Alexandre, *CPC anot.*, vol. I, 4ª ed., p. 675 e Andrade Mesquita, *Direitos Pessoais de Gozo*, pp. 205-208). Essencial é que o embargante se encontre numa situação que seja materialmente oponível à diligência efetuada (Rui Pinto, *A Ação Executiva*, p. 716).

3. A incompatibilidade do direito "deverá ser aferida tendo em conta a função e a finalidade concreta que se pretende obter com a diligência ou o ato judicial, pelo que, quando esteja em causa a penhora de um bem, um direito será incompatível com essa diligência se esse direito prevalecer ou não dever caducar com a venda executiva", nos termos do art. 824º, nº 2, do CC (Marco Gonçalves, *Embargos de Terceiro na Ação Executiva*, pp. 108-109).

4. Em conformidade e, em regra, não permitem a dedução de embargos:

a) Os direitos reais de garantia (*v.g.* direito de retenção) constituídos antes ou depois da penhora, porquanto caducam com a venda do bem, transferindo-se para o produto da venda, devendo ser objeto de reclamação e de graduação (art. 824º, nºs 2 e 3, do CC; STJ 8-10-13, 10262/06);

b) A titularidade de um direito real de aquisição que encontre a sua satisfação no esquema da execução (*v.g.* art. 831º, quanto ao promitente-comprador em contrato-promessa com eficácia real, e art. 800º, nº 2, quanto ao titular de direito de preferência, legal ou convencional com eficácia real);

c) A titularidade de um direito real de gozo (propriedade, usufruto, uso e habitação, direito real de habitação periódica, direito de superfície e servidão predial) que tenha sido constituído ou registado após o arresto ou a penhora, na medida em que tal direito é ineficaz em relação à execução (art. 819º do CC), ressalvando-se os direitos reais de gozo que, constituídos em data anterior à penhora, produzam efeitos contra terceiros independentemente do seu registo;

d) O arrendamento outorgado depois da penhora, porquanto caduca com a venda executiva, não sendo sequer oponível ao exequente, como resulta do art. 819º do CC (cf. STJ 22-10-15, 896/07, STJ 9-7-15, 430/11, STJ 27-5-10, 5425/03 e STJ 5-2-09, 08B4087); o mesmo ocorre com o contrato de comodato: uma vez que apenas atribui ao comodatário um direito pessoal de gozo, é inoponível a quem adquire o bem da esfera do comodante, atenta a eficácia relativa do contrato (STJ 30-3-17, 149/09).

5. Com alguma frequência, são deduzidos embargos contra a penhora pelo promitente-comprador do bem pertencente ao executado, invocando a titularidade de um direito pessoal de gozo decorrente da tradição da coisa. Trata-se de uma situação que não é oponível ao exequente, sendo também inoponível a invocação da titularidade de um direito de crédito sustentado no incumprimento de contrato-promessa dotado de garantia real conferida pelo direito de retenção, caso a que se ajusta a oportuna reclamação na ação executiva e não a defesa por embargos de terceiro. Trata-se, aliás, de jurisprudência corrente.

6. Coloca-se frequentemente a questão da admissibilidade da dedução dos embargos de terceiro em situações em que o bem é penhorado (por ainda se encontrar registado a favor do executado), depois de ter sido adquirido por um terceiro que não registou a aquisição a seu favor. Ora, atenta a prolação do ***AUJ nº 3/99*** e a subsequente alteração do art. 5º, nº 4, do Cód. de Reg. Predial, a aquisição anterior não registada prevalece sobre a penhora, na medida em que o credor exequente e o proprietário/embargante não são considerados terceiros para efeitos de registo (STJ 6-11-12, 786/07, RP 11-7-18, 5246/04 e RP 17-12-04, 7000/09).

7. O embargante deve concentrar nos embargos de terceiro os meios de defesa, não podendo invocar, num processo subsequente, fundamentos que além omitiu, contrariando o efeito preclusivo, o princípio da concentração da defesa e a estabilidade do caso julgado (STJ 6-12-16, 1129/09 e STJ 12-3-15, 592/13).

8. Para maiores desenvolvimentos, cf. Rui Pinto, *A Ação Executiva*, pp. 695-744, Marco Gonçalves, *ob. cit.*, pp. 70-265, Miguel Mesquita, *Apreensão de Bens em Processo Executivo e Oposição de Terceiro* e Augusta Ferreira Palma, *Embargos de Terceiro*.

ARTIGO 343º
Embargos de terceiro por parte dos cônjuges

O cônjuge que tenha a posição de terceiro pode, sem autorização do outro, defender por meio de embargos os direitos relativamente aos bens próprios e aos bens comuns que hajam sido indevidamente atingidos pela diligência prevista no artigo anterior.

Remissões: art. 1695º do CC (bens que respondem pelas dívidas de ambos os cônjuges); art. 1696º do CC (bens que respondem por dívidas de um só dos cônjuges); art. 740º (penhora de bens comuns); art. 741º (incidente de comunicabilidade); art. 786º, nº 1, al. a) (citação do cônjuge do executado).

1. O cônjuge do executado que seja citado nos termos do art. 786º, nº 1, al. a), isto é, por terem sido penhorados bens imóveis ou estabelecimento comercial que o executado não possa alienar livremente ou por, em execução movida contra um só dos cônjuges, terem sido penhorados bens comuns do casal (art. 740º, nº 1), bem assim nos termos do art. 741º (incidente de comunicabilidade suscitado pelo exequente) ou do 742º (incidente de comunicabilidade suscitado pelo executado), adquire um estatuto processual equiparável ao do executado, razão pela qual não pode deduzir embargos de terceiro (cf. RG 7-2-19, 1740/10). Nessas eventualidades, os meios de defesa facultados ao cônjuge citado são os especificamente previstos nesses preceitos, nomeadamente a possibilidade de requerer a partilha do património comum do casal (art. 740º) (cf. Teixeira de Sousa, "A execução das dívidas de cônjuges: perspetivas de evolução", em *https://blogippc.blogspot.com*).

2. Vigorando o regime de bens supletivo de comunhão de adquiridos entre o executado e o seu cônjuge, este último pode embargar de terceiro para defender:

a) Os seus direitos relativamente aos bens próprios que foram indevidamente atingidos por aquelas diligências (em desconformidade com o art. 735º, nº 2);

b) Os seus direitos sobre bens comuns do casal quando, tendo a penhora incidido sobre tais bens, não haja sido realizada a sua citação, em observância dos arts. 740º, nº 1 e 786º, nº 1, al. a).

3. Ou seja, o cônjuge do executado pode opor-se à penhora dos seus bens próprios na precisa medida em que estes não respondem por uma dívida da exclusiva responsabilidade do executado. Já se a diligência ofensiva atingir os bens comuns do casal, o cônjuge do executado, visto que não é parte na lide, pode deduzir embargos de terceiro quando não tenha sido citado nos termos dos preceitos acima referidos. Todavia, caso a penhora incida sobre alguma das categorias de bens comuns enunciadas no art. 1696º, nº 2, do CC, o cônjuge do executado não pode deduzir de embargos de terceiro, uma vez que tais bens, embora comuns, respondem ao mesmo tempo que os bens próprios do executado.

4. Vigorando entre o executado e o seu cônjuge o regime da separação de bens, este pode embargar de terceiro quando forem penhorados bens próprios seus ou quando forem penhorados bens detidos em regime de compropriedade por ambos os cônjuges, a propósito de dívida da exclusiva responsabilidade do executado (Marco Gonçalves, *Embargos de Terceiro na Ação Executiva,* p. 300).

5. Para maiores desenvolvimentos, cf. Marco Gonçalves, *ob. cit.*, pp. 293-302 e Rui Pinto, *A Ação Executiva*, pp. 744-768.

ARTIGO 344º
Dedução dos embargos

1 – Os embargos são processados por apenso à causa em que haja sido ordenado o ato ofensivo do direito do embargante.

2 – O embargante deduz a sua pretensão, mediante petição, nos 30 dias subsequentes àquele em que a diligência foi efetuada ou em que o embargante teve conhecimento da ofensa, mas nunca depois de os respetivos bens terem sido judicialmente vendidos ou adjudicados, oferecendo logo as provas.

Remissões: art. 138º (contagem do prazo); art. 590º, nº 1 (indeferimento liminar).

1. A petição de embargos de terceiro obedece aos requisitos gerais prescritos para os incidentes da instância (art. 293º), ajustando-se a alegação dos factos à maior ou menor complexidade da situação.

2. Deve ser indicado o valor processual, tendo por referência o valor do bem ou do direito sobre que incide, e não o valor da ação ou da execução principal, atento o disposto no art. 304º, nº 1, reportado ao momento em que é apresentada a petição (STJ 23-6-16, 4083/14).

3. Versando os embargos de terceiro sobre bens imóveis, deve ser realizado o seu registo, nos termos do art. 3º, al. a), do Cód. de Reg. Predial, porquanto se trata de uma ação acessória quanto à existência do direito (Rui Pinto, *CPC anot.*, vol. I, p. 519).

4. Como decorre do art. 345º, na fase liminar é admissível a rejeição oficiosa dos embargos por intempestividade, desde que tal resulte evidente do teor da petição e dos demais elementos (STJ 28-1-16, 1129/09, RG 16-2-17, 1464/16, RG 24-9-15, 1129/09 e RL 14-5-15, 18365/10; contra: RC 1-4-08, 5166/06). Apesar disso, não se mostra necessária a demonstração da tempestividade dos embargos por parte do embargante, constituindo a respetiva caducidade uma exceção perentória a deduzir pelo embargado, depois de ser notificado para contestar (STJ 7-5-15, 5122/07, STJ 18-11-10, 332-D/1999 e STJ 1-4-08, 5166/06; contra: STJ 25-5-02, 02A1107).

5. O conhecimento da ofensa, que constitui o termo inicial do prazo para dedução dos embargos, reporta-se a um conhecimento efetivo e não à mera cognoscibilidade da ofensa decorrente designadamente da inscrição da penhora no registo, da publicidade da penhora em editais ou anúncios ou da apreensão do veículo penhorado.

6. Ao prazo para a dedução dos embargos aplica-se o disposto no art. 138º (*ex vi* nº 4 do art. 138º), de modo que o prazo se suspende durante as férias judiciais, não sendo um ato urgente mesmo quando apenso a uma providência cautelar (RG 16-2-17, 1464/16).

ARTIGO 345º
Fase introdutória dos embargos

Sendo apresentada em tempo e não havendo outras razões para o imediato indeferimento da petição de embargos, realizam-se as diligências probatórias necessárias, sendo os embargos recebidos ou rejeitados conforme haja ou não probabilidade séria da existência do direito invocado pelo embargante.

Remissões: arts. 6º, nº 2 e 590º, nºs 3 e 4 (despacho de aperfeiçoamento).

1. Os fundamentos mais comuns do indeferimento liminar são o decurso do prazo para a dedução dos embargos, a ilegitimidade do embargante e a manifesta improcedência do pedido. Embora se trate de matéria de direitos disponíveis, o preceito legitima a apreciação oficiosa do decurso do prazo no despacho liminar, desde que para tal existam elementos suficientes (cf. anot. ao art. 344º).

2. Nesta fase liminar e com base na prova informatória que seja produzida, o juiz formula um juízo valorativo sumário, de simples probabilidade ou verosimilhança, sobre a existência do direito invocado pelo embargante. Na formulação desse juízo, há que atender à presunção da titularidade do direito de fundo quando o embargante se arrogue a posse (art. 1268º do CC). Constituindo o mesmo condição de prosseguimento do processo, pode ser infirmado após a dedução da contestação.

3. Os embargos de terceiro devem ser deduzidos contra as partes primitivas da causa, sob pena de preterição de litisconsórcio necessário passivo, vício que pode ser objeto de sanação (arts. 6º, nº 2 e 590º, nº 2, al. a)).

ARTIGO 346º
Efeitos da rejeição dos embargos

A rejeição dos embargos, nos termos do disposto no artigo anterior, não obsta a que o embargante proponha ação em que peça a declaração da titulari-

dade do direito que obsta à realização ou ao âmbito da diligência, ou reivindique a coisa apreendida.

Remissões: art. 644º, nº 1, al. a) (apelação autónoma do despacho de rejeição dos embargos).

1. O despacho de rejeição dos embargos não gera caso julgado formal, não ficando precludida a possibilidade de o interessado instaurar ação de reivindicação ou de declaração da titularidade do direito de fundo. Em caso de procedência dessa ação autónoma, pode vir a ser anulada a venda executiva (art. 839º, nº 1, al. d)).

ARTIGO 347º
Efeitos do recebimento dos embargos

O despacho que receba os embargos determina a suspensão dos termos do processo em que se inserem, quanto aos bens a que dizem respeito, bem como a restituição provisória da posse, se o embargante a houver requerido, podendo, todavia, o juiz condicioná-la à prestação de caução pelo requerente.

Remissões: art. 751º, nº 4, al. d) (reforço ou substituição da penhora); art. 915º (prestação de caução).

1. O recebimento dos embargos não determina o levantamento da penhora ou do ato pretensamente lesivo, mas apenas a suspensão dos termos do processo relativamente ao bem em causa. A cessação dos efeitos da diligência apenas ocorrerá com o trânsito da decisão que julgue procedente o pedido. O despacho de recebimento dos embargos não forma caso julgado nem a respeito da existência da posse ou direito incompatível, nem sobre a qualidade de terceiro. Assume um carácter provisório, não vinculando o tribunal na decisão a proferir após o encerramento da fase contraditória.

2. A concessão da restituição provisória da posse, embora não dependa da verificação do requisito da "*violência*" a que alude o art. 377º, pressupõe que o embargante tinha a posse anteriormente à diligência, não podendo ser requerida se o embargante estribar os embargos num direito que não confere a posse (*v.g.* invocando apenas a nua propriedade). Pode o juiz fazer depender a restituição da posse da prestação de caução por parte do embargante, solução paralela à que o art. 374º, nº 2, prescreve para a concessão da tutela cautelar comum e de algumas das providências específicas (art. 376º, nº 2).

ARTIGO 348º
Processamento subsequente ao recebimento dos embargos

1 – Recebidos os embargos, as partes primitivas são notificadas para contestar, seguindo-se os termos do processo comum.

2 – Quando os embargos apenas se fundem na invocação da posse, pode qualquer das partes primitivas, na contestação, pedir o reconhecimento, quer do seu direito de propriedade sobre os bens quer de que tal direito pertence à pessoa contra quem a diligência foi promovida.

Remissões: art. 266º, nº 2, al. a) (reconvenção); art. 349º (efeitos da sentença); art. 595º, nº 5 (decisão provisória quanto à posse); art. 609º, nº 3 (sentença).

1. A notificação prevista no nº 1 é uma notificação pessoal, nos termos do art. 250º, considerando os efeitos materiais que se podem projetar através da sentença final (Lebre de Freitas e Isabel Alexandre, *CPC anot.*, vol. I, 4ª ed., p. 687).

2. O nº 2 consagra a denominada *exceptio dominii*, nos termos da qual o embargado, na contestação, além de impugnar a posse invocada pelo embargante, pode afirmar que tem direito de propriedade sobre o bem e pedir o reconhecimento desse direito ou alegar que a propriedade do bem pertence ao executado ou àquele contra o qual a diligência foi promovida. Quando assim suceda, e face à prevalência do domínio sobre a posse, o objeto dos embargos volve-se na questão da titularidade do direito de fundo sobre o bem.

3. Existe dissenso quanto ao meio adequado para a invocação da *exceptio dominii*. Uma posição admite que não é necessária a dedução de pedido reconvencional, bastando que aquele direito seja invocado em sede de defesa por exceção (Lebre de Freitas, *A Ação Executiva, à luz do CPC de 2013*, 6ª ed., p. 340; STJ 6-6-13, 1436/09). Outros afirmam, contudo, que o embargado tem de formular o correspondente pedido reconvencional, uma vez que se pretende uma decisão com força de caso julgado (cf. Rui Pinto, *CPC anot.*, vol. I, p. 533, Teixeira de Sousa, *Ação Executiva Singular*, p. 304 e Marco Gonçalves, *Embargos de Terceiro na Ação Executiva*, p. 363).

4. Seguro é que, em termos de tramitação, não é indiferente uma ou outra solução, na medida em que, perante reconvenção, é admissível réplica (art. 584º, nº 1), ao passo que, pela outra via, o contraditório a respeito da pretensão deduzida pelo embargado apenas pode ser exercido avulsamente (art. 547º) ou na audiência prévia que for designada (art. 3º, nº 4).

5. Seja como for, a *exceptio dominii* só pode ser apreciada se o embargado "*pedir o reconhecimento*" do direito (próprio ou da pessoa contra quem a diligência foi promovida). Concluiu-se em STJ 7-11-19 363/14 e STJ 7-2-13, 2412/06, que o embargado pode igualmente deduzir pedido reconvencional de impugnação pauliana.

6. Se o embargante fundar os embargos apenas na posse e os embargados invocarem a titularidade do direito de fundo sem que concomitantemente impugnem a posse do embargante, poderão daqui emergir duas consequências: se não puder ser logo apreciada a questão da titularidade do direito de fundo, o juiz ordena a imediata manutenção ou restituição da posse, sem prejuízo do que venha a decidir-se a final quanto à titularidade do direito (art. 595º, nº 5); julgada procedente a *exceptio* *dominii*, os embargos de terceiro improcedem, cedendo a posse face à titularidade do direito de fundo; sucumbindo a prova da titularidade do direito de fundo, devem os embargos ser decididos pelas regras da posse (art. 1278º, nº 3, do CC).

7. Nesta fase contraditória, o encargo probatório recai sobre o embargante, nos termos gerais, na medida em que deduz uma pretensão assente na ofensa da posse ou de outro direito incompatível com a diligência realizada ou o respetivo âmbito (STJ 18-9-12, 30-C/1998).

ARTIGO 349º
Caso julgado material

A sentença de mérito proferida nos embargos constitui, nos termos gerais, caso julgado quanto à existência e titularidade do direito invocado pelo embargante ou por algum dos embargados, nos termos do nº 2 do artigo anterior.

Remissões: art. 619º (limites do caso julgado); art. 644º, nº 1, al. a) (recurso da decisão final).

1. O efeito de caso julgado material incide sobre a posse ou direito de fundo apreciados, sendo que, nesta última situação, só ocorrerá quando tenha sido discutida a titularidade do direito. Se apenas tiver sido discutida e apreciada a posse, o caso julgado atinente reporta-se apenas à existência ou não da posse do terceiro reportada à data da ofensa.

ARTIGO 350º
Embargos de terceiro com função preventiva

1 – Os embargos de terceiro podem ser deduzidos, a título preventivo, antes de realizada, mas depois de ordenada, a diligência a que se refere o artigo 342º, observando-se o disposto nos artigos anteriores, com as necessárias adaptações.

2 – A diligência não será efetuada antes de proferida decisão na fase introdutória dos embargos e, sendo estes recebidos, continuará suspensa até à decisão final, podendo o juiz determinar que o embargante preste caução.

Remissões: art. 342º (diligências judiciais); art. 915º (caução incidental).

1. Mediante a invocação da posse ou de algum direito incompatível com a realização da diligência, o interessado pode evitar a sua concretização, impedindo o início da execução ou o prosseguimento de diligência que se prolongue no tempo (RL 6-12-17, 23387/10 e RP 10-10-13, 5615/09). Se acaso a diligência se concretizar após a dedução deste instrumento processual, mas antes da sua apreciação, nada obsta a que se opere a convolação para a modalidade de embargos com função repressiva, ao abrigo do princípio da adequação formal (STJ 5-11-15, 1129/09).

2. Decorre do nº 2 que, após a dedução dos embargos preventivos, o juiz deve proferir despacho na causa principal a determinar a suspensão da realização da diligência, ponderando, de acordo com as circunstâncias, se o embargante deve ou não prestar caução. Se a decisão final for favorável ao embargante, a diligência nem sequer se realizará; se for desfavorável, dar-se-á início à sua realização a partir do momento em que a decisão seja suscetível de ser executada, ponderando designadamente o efeito que seja atribuído ao recurso que eventualmente seja interposto (art. 647º).

3. Segundo STJ 30-3-17, 149/09, "o disposto no art. 350º, sobre a oportunidade dos embargos de terceiro, não é aplicável à diligência de entrega efetiva do bem que, depois de ter sido objeto de penhora no âmbito de ação executiva, é vendido ou adjudicado. O contrato de comodato atribui ao comodatário um direito pessoal de gozo, mas, atenta a eficácia relativa do contrato, esse direito é inoponível ao que adquire o bem da esfera do comodante. No âmbito da ação executiva para pagamento de quantia certa são inadmissíveis os embargos de terceiro apresentados pelo comodatário para impedir a entrega do bem ao adquirente a quem foi transmitido".

CAPÍTULO IV
Habilitação

ARTIGO 351º
Quando tem lugar a habilitação – Quem a pode promover

1 – A habilitação dos sucessores da parte falecida na pendência da causa, para com eles prosseguirem os termos da demanda, pode ser promovida tanto por qualquer das partes que sobreviverem como por qualquer dos sucessores e deve ser promovida contra as partes sobrevivas e contra os sucessores do falecido que não forem requerentes.

2 – Se, em consequência das diligências para citação do réu, resultar certificado o falecimento deste, pode requerer-se a habilitação dos seus sucessores, em conformidade com o que neste capítulo se dispõe, ainda que o óbito seja anterior à proposição da ação.

3 – Se o autor falecer depois de ter conferido mandato para a proposição da ação e antes de esta ter sido instaurada, pode promover-se a habilitação dos seus sucessores quando se verifique algum dos casos excecionais em que o mandato é suscetível de ser exercido depois da morte do constituinte.

Remissões: art. 188º, nº 1, al. d) (falta de citação quando efetuada depois do falecimento do citando ou da extinção da pessoa coletiva); art. 270º, nº 2 (dever de comunicar o óbito ou a extinção da parte); art. 1089º (habilitação de interessados no inventário); art. 1175º do CC (repercussão da morte do mandante no mandato); art. 163º do CSC (passivo superveniente); art. 164º do CSC (ativo superveniente).

1. O falecimento de uma parte determina a suspensão da instância (arts. 269º, nº 1 e 270º), a não ser que, atento o objeto da ação, seja causa de impossibilidade ou de inutilidade superveniente da lide (art. 277º, al. e)). Suspensa a instância mediante a demonstração do óbito da parte, apenas se reinicia depois de habilitado o respetivo sucessor (276º, nº 1), incidente que tanto pode ser suscitado por este, como pelas partes sobrevivas (comparte ou parte contrária), mas nunca de forma oficiosa (STJ 20-9-16, 1742/09). Do lado passivo de tal incidente estarão, segundo as circunstâncias, a outra parte, os compartes e sucessores da parte falecida.

2. No rigor dos princípios, a verificação do óbito do réu antes de ser proposta a ação, na medida em que é causa de extinção da sua personalidade jurídica e da personalidade judiciária, justificaria que fosse julgada finda a instância por falta deste pressuposto processual.

3. O legislador, porém, seguiu outra via mais pragmática e determinou que em tal situação se aproveite o início da instância, abrindo a possibilidade de serem habilitados os sucessores do falecido. Esta solução tanto vale para os casos em que o óbito do réu ocorreu já depois de ter sido intentada a ação e antes da citação, como para os casos em que o óbito precedeu a instauração da ação. Cremos até que a lei abstrai do eventual conhecimento por parte do autor do óbito do réu, tendo em conta a dificuldade que por vezes existe de comprovação desse óbito e de identificação dos respetivos sucessores.

4. Os sujeitos habilitados serão, regra geral, os sucessores identificados (herdeiros e/ou legatários), mas não está afastada a possibilidade de a habilitação ser da própria herança, como herança jacente, nos casos em que a mesma ainda não foi aceita (art. 355º, nº 4), ou de, em lugar de herdeiros certos, se requerer a habilitação de herdeiros incertos (art. 355º, nº 1).

5. Razões de ordem pragmática levaram ainda a que se admitisse a inserção da habilitação preliminar dos sucessores do autor que tenha conferido mandato a terceiro, nos casos em que este mandato mantenha a sua eficácia mesmo depois da morte do mandante (nº 3 e art. 1175º do CC).

6. Em qualquer caso, os requerentes deverão alegar os factos demonstrativos da sua legitimidade e da legitimidade dos sucessores da parte falecida, o que ocorre no âmbito de um verdadeiro incidente de intervenção de terceiros a que aproveitam as normas gerais dos arts. 293º a 295º.

7. Da habilitação incidental distingue-se a habilitação-legitimidade, em que os sucessores do autor, a título de justificação do seu interesse na demanda, alegam os factos de que decorre aquela qualidade, ou em que o autor justifica por que razão demanda os sucessores do sujeito passivo da relação material.

8. Incumbe ao requerente da habilitação alegar que os habilitandos são titulares prioritários da vocação sucessória (art. 342º, nº 1, do CC), cabendo a estes alegar os factos impeditivos ou extintivos da sua legitimidade, *v.g.* repúdio (art. 342º, nº 2, do CC). Não cabe ao requerente provar que inexistem outros herdeiros, uma vez que se trata de um facto negativo e indeterminado, cuja prova seria na prática inviável (RP 28-10-10, CJ t. IV, p. 204).

9. O incidente de habilitação deve ser deduzido contra as partes sobrevivas e contra os sucessores da parte falecida ou extinta, sendo que a preterição deste litisconsórcio necessário passivo deve dar azo a um despacho de aperfeiçoamento (arts. 6º, nº 2 e 590º, nº 2, al. a)). A falta de contestação produz o efeito cominatório que vigore para a causa em que o incidente se insere (art. 293º, nº 3).

10. Ao abrigo do princípio da cooperação, pode uma parte requerer a notificação de um dos sucessores da parte falecida para prestar informações sobre a existência de outros sucessíveis, mas não quanto à existência de bens, já que o que interessa apurar são os sucessíveis, sendo irrelevante o facto de o falecido ter ou não deixado bens (RL 23-5-06, CJ, t. III, p. 101).

11. É controvertida a questão de saber se a falta de contestação dos sucessíveis ao incidente de habilitação constitui um sinal de aceitação tácita da herança ou se, pelo contrário, a habilitação não exige nem faz depreender a aceitação da herança por parte do habilitando e o facto de este ser habilitado como herdeiro não impede que, mais tarde, venha a repudiar a herança. De acordo com esta última posição, através do incidente de habilitação, o que se averigua é se o habilitado tem legitimidade como substituto da parte falecida (art. 30º), não se exigindo na habilitação a aceitação da herança (RG 4-10-17, 1336/15 e RP 2-2-15, 102048/12).

12. Se, na pendência do incidente, falecer um dos habilitandos, deverá o requerente aduzir os factos constitutivos da nova sucessão por articulado superveniente, cumulando-se a segunda habilitação com a primeira por razões de economia processual (Lebre de Freitas e Isabel Alexandre, *CPC anot.*, vol. I, 4ª ed., p. 694).

ARTIGO 352º
Regras comuns de processamento do incidente

1 – Deduzido o incidente, ordena-se a citação dos requeridos que ainda não tenham sido citados para a causa e a notificação dos restantes, para contestarem a habilitação.

2 – O incidente é autuado por apenso, sem prejuízo do disposto no nº 1 do artigo seguinte.

3 – A improcedência da habilitação não obsta a que o requerente deduza outra, com fundamento em factos diferentes ou em provas diversas relativas ao mesmo facto; a nova habilitação, quando fundada nos mesmos factos, pode ser deduzida no processo da primeira, pelo simples oferecimento de outras provas, mantendo-se, contudo, o dever de pagamento dos encargos relativos à primeira habilitação.

Remissões: art. 293º (indicação das provas e oposição); art. 294º (limite do número de testemunhas); 226º, nº 5 (inadmissibilidade de recurso do despacho de citação); art. 569º, nº 2 (existência de diversos prazos para a contestação); art. 7º, nº 4, do RCP (taxa de justiça).

1. O incidente de habilitação é daqueles que exigem a intervenção liminar do juiz (art. 226º, nº 4, al. d)) para ordenar a citação ou determinar as diligências que considere apropriadas. Na ausência de alguma falha de alegação ou de prova, o juiz determina a citação dos requeridos para contestarem a habilitação, aplicando-se à revelia o disposto no art. 293º, nº 3.

2. Salvo nos casos previstos no art. 353º, nº 1 (e ainda nos casos de habilitação-legitimidade ativa ou passiva), o incidente é tramitado por apenso ao processo principal.

3. O facto de anteriormente ter sido deduzida habilitação julgada improcedente não obsta a que seja requerida de novo por outro interessado. Mas a lei foi ainda mais longe, admitindo não só que a habilitação seja suscitada com base em factos diversos, como também que sejam apresentados outros meios de prova quanto a factos anteriormente invocados. Obviamente que nenhum obstáculo existe quando, em lugar da improcedência da habilitação, tenha sido declarada a absolvição da instância incidental, ficando autorizado o requerimento de nova habilitação, corrigidos que sejam os aspetos formais que motivaram aquela decisão.

4. Quando fundada nos mesmos factos, a segunda habilitação pode ser deduzida no processado da primeira. Já quando sejam alegados factos total ou parcialmente diversos, deverá o requerimento iniciar um incidente formalmente autónomo.

5. Em relação aos incidentes de habilitação que tenham redundado em absolvição da instância ou na improcedência do pedido, as custas são da responsabilidade do requerente (art. 527º, nºs 1 e 2). A responsabilidade pelo pagamento da taxa de justiça é do requerente, não ocorrendo oposição, e também do requerido se este deduzir oposição (art. 539º, nº 1, do CPC e arts. 6º, nº 6 e 7º, nºs 3 a 5, do RCP).

ARTIGO 353º

Processo a seguir no caso de a legitimidade já estar reconhecida em documento ou noutro processo

1 - Se a qualidade de herdeiro ou aquela que legitimar o habilitando para substituir a parte falecida já estiver declarada noutro processo, por decisão transitada em julgado, ou reconhecida em habilitação notarial, a habilitação tem por base certidão da sentença ou da escritura, sendo requerida e processada nos próprios autos da causa principal.

2 - Os interessados para quem a decisão constitua caso julgado ou que intervieram na escritura não podem impugnar a qualidade que lhes é atribuída no título de habilitação, salvo se alegarem que o título não preenche as condições exigidas por este artigo ou enferma de vício que o invalida.

3 - Na falta de contestação, verifica-se se o documento prova a qualidade de que depende a habilitação, decidindo-se em conformidade; se algum dos chamados contestar, segue-se a produção da prova oferecida e depois decide-se.

4 – Apresentada certidão do inventário, pela qual se provem os factos indicados, observa-se o que fica disposto neste artigo.

Remissões: art. 354º, nº 3 (inaplicabilidade às pessoas coletivas); arts. 82º a 88º do Cód. do Notariado (habilitação notarial).

1. Prevêem-se duas modalidades de habilitação simplificada em função da natureza do título invocado. Assim, se a qualidade de herdeiro ou de legatário já tiver sido apreciada noutra ação, por decisão transitada em julgado, ou se tiver sido reconhecida em habilitação notarial, os interessados relativamente aos quais a decisão constituir caso julgado, ou que tenham intervindo na escritura de habilitação, apenas podem impugnar a qualidade que lhe foi atribuída invocando que o título não constitui caso julgado ou que a escritura de habilitação está eivada de vícios formais ou substanciais determinantes da nulidade ou da anulabilidade do ato. Em tais circunstâncias, se não houver contestação, a intervenção do juiz reduzir-se-á a apreciar o teor dos documentos apresentados; havendo contestação, com as referidas limitações, produzir-se-á a prova pertinente.

2. Mais simples é ainda a habilitação que tenha por base certidão extraída do processo de inventário confirmando que os habilitandos foram nele indicados como sucessores do *de cujus*, sem que tivesse sido impugnada a legitimidade de uns e de outros ou tendo sido julgada improcedente a referida impugnação. Perante tal certidão, o juiz limitar-se-á a conferir a correspondência entre os habilitandos e os referidos sucessores.

3. A falta de contestação não tem efeito cominatório (nº 3), cabendo ao juiz aquilatar da regularidade dos documentos enunciados nos nºs 1 e 4. Havendo contestação, haverá que aferir se as provas produzidas são idóneas a infirmar o que consta dos títulos apresentados. No sentido de que provada, por documento autêntico, a qualidade de sucessores dos requeridos, o facto alegado de que os mesmos requeridos são os únicos herdeiros do falecido é suscetível de prova testemunhal e tem-se como confessado, em resultado da falta de contestação do incidente de habilitação, cf. STJ 15-5-07, 07A1002 e STJ 21-9-95, 087445.

ARTIGO 354º

Habilitação no caso de a legitimidade ainda não estar reconhecida

1 – Não se verificando qualquer dos casos previstos no artigo anterior, o juiz decide o incidente logo que, findo o prazo da contestação, se faça a produção de prova que no caso couber.

2 – Quando a qualidade de herdeiro esteja dependente da decisão de alguma causa ou de questões que devam ser resolvidas noutro processo, a habilitação é requerida contra todos os que disputam a herança e todos são citados, mas o tribunal só julga habilitadas as pessoas que, no momento em que a habilitação

seja decidida, devam considerar-se como herdeiras; os outros interessados, a quem a decisão é notificada, são admitidos a intervir na causa como litisconsortes dos habilitados, observando-se o disposto nos artigos 313º e seguintes.

3 – Se for parte na causa uma pessoa coletiva ou sociedade que se extinga, a habilitação dos sucessores faz-se em conformidade do disposto neste artigo, com as necessárias adaptações e sem prejuízo do disposto no artigo 162º do Código das Sociedades Comerciais.

Remissões: art. 269º, nº 2 (transformação ou fusão de pessoa coletiva).

1. Não se tratando de habilitação simplificada, nos termos do art. 353º, produzir-se-ão as provas que forem apresentadas ao abrigo dos arts. 293º e 294º, em geral prova documental, embora não estejam vedadas outras provas como a testemunhal ou o depoimento de parte.

2. A menção da parte final do nº 1 à "*produção de prova que no caso couber*" justifica-se porquanto poderá ser dispensada a prova, designadamente em decorrência do efeito cominatório da falta de contestação (arts. 293º, nº 3, 567º, nº 1 e 568º).

3. Pode acontecer, porém, que a qualidade de sucessor esteja em discussão noutro processo ou dependa de decisão que aí seja proferida. Nestes casos, a fim de obstar à paralisação da instância, o juiz deve decidir a habilitação com base nos elementos de que dispuser, sem embargo das modificações que decorram do que vier a ser decidido noutro processo.

4. O regime do nº 2 colhe a sua razão de ser na circunstância de, ao tempo da decisão do incidente de habilitação, estar pendente causa prejudicial de cuja decisão final depende a qualidade de herdeiro (*v.g.* anulação de testamento, investigação de paternidade), razão pela qual a decisão a proferir no incidente de habilitação será provisória até ao desfecho da causa prejudicial. Para acautelar os interessados sobre os quais persistirem dúvidas quanto à qualidade de herdeiros não superadas no incidente, a lei prevê a sua intervenção na ação principal como litisconsortes dos herdeiros habilitados. Mesmo que os interessados notificados não intervenham, deverá aplicar-se, por igualdade de razão, o disposto no art. 320º, no que tange à produção de efeitos de caso julgado (Salvador da Costa, *Os Incidentes da Instância*, 9ª ed., p. 210).

5. Em caso de procedência da habilitação, o habilitado ocupa a posição processual do falecido com os respetivos direitos e obrigações, estando sujeito à anterior atuação processual do mesmo e apenas impulsionando o processo para o futuro, tendo a habilitação apenas efeitos *ex nunc*.

6. A habilitação pode decorrer ainda da extinção de pessoa coletiva, caso em que se fará de acordo com o direito material que for aplicável. Quanto às sociedades, vale a regra especial constante do art. 162º do CSC: prosseguimento da ação com os sócios, que serão representados pelo liquidatário. Nos termos do nº 3, após a extinção da sociedade, prosseguem as ações em que a sociedade é parte, a qual é substituída pela generalidade dos sócios, representados pelos liquidatários, sendo dispensada a suspensão da instância ou habilitação (art. 162º, nº 2, do CSC).

ARTIGO 355º

Habilitação no caso de incerteza de pessoas

1 – Se forem incertos, são citados editalmente os sucessores da parte falecida.

2 – Findo o prazo dos éditos sem que os citados compareçam, a causa segue com o Ministério Público, nos termos aplicáveis do artigo 22º.

3 – Os sucessores que comparecerem quer durante quer após o prazo dos éditos deduzem a sua habilitação nos termos dos artigos anteriores.

4 – Nos casos em que à herança é atribuída personalidade judiciária, é lícito requerer a respetiva habilitação.

Remissões: art. 241º (conteúdo do edital); art. 12º, al. a) (personalidade judiciária da herança jacente); art. 2046º do CC (herança jacente).

1. A dedução de habilitação contra herdeiros incertos constitui um procedimento de última *ratio*, devendo o interessado diligenciar previamente pela sua identificação, se necessário for, com a colaboração do tribunal (art. 7º, nº 4). Atualmente, as secretarias judiciais têm acesso ao Sistema Integrado de Registo e Identificação Civil, através do qual, mediante o nome e data de nascimento, será possível apurar quais os ascendentes e descendentes de qualquer cidadão nacional falecido, de modo que a habilitação de sucessores incertos será sempre excecional.

2. A lei não admite que seja habilitada a herança indivisa, devendo antes sê-lo os herdeiros. Porém, estes podem ser incertos, casos em que serão como tal habilitados, depois de serem editalmente citados, com eventual intervenção do Ministério Público, nos termos do art. 22º. Se acaso comparecerem, deduzirão a sua habilitação (ou contra os mesmos poderá ser deduzida a respetiva habilitação) como herdeiros certos.

3. Quando os herdeiros sejam certos, mas ainda não tenham aceitado a herança, ou noutros casos de herança vaga, em lugar da habilitação de herdeiros incertos ou de uma opção pela habilitação de herança indivisa, a lei prevê a habilitação da própria herança, como herança jacente, nos termos dos arts. 2046º do CC, podendo ser nomeado curador.

ARTIGO 356º

Habilitação do adquirente ou cessionário

1 – A habilitação do adquirente ou cessionário da coisa ou direito em litígio, para com ele seguir a causa, faz-se nos termos seguintes:

a) Lavrado no processo o termo da cessão ou junto ao requerimento de habilitação, que é autuado por apenso, o título da aquisição ou da cessão, é

notificada a parte contrária para contestar; na contestação pode o notificado impugnar a validade do ato ou alegar que a transmissão foi feita para tornar mais difícil a sua posição no processo;

b) Se houver contestação, o requerente pode responder-lhe e em seguida, produzidas as provas necessárias, é proferida decisão; na falta de contestação, verifica-se se o documento prova a aquisição ou a cessão e, no caso afirmativo, declara-se habilitado o adquirente ou cessionário.

2 – A habilitação pode ser promovida pelo transmitente ou cedente, pelo adquirente ou cessionário, ou pela parte contrária; neste caso, aplica-se o disposto no número anterior, com as adaptações necessárias.

Remissões: art. 262º, al. a) (modificação subjetiva da instância por ato entre vivos); art. 263º (legitimidade do transmitente); art. 54º, nº 1 (desvios à regra geral de determinação da legitimidade na execução); art. 290º, nº 2 (termo); art. 293º (indicação das provas); art. 294º (limite de testemunhas); art. 1089º, nº 5, al. c) (habilitação do cessionário de quota hereditária); art. 7º, nº 4, do RCP (taxa de justiça).

1. Para além das situações de falecimento de pessoa singular ou de extinção de pessoa coletiva, admite-se ainda a habilitação *inter vivos*, abarcando quer o adquirente da coisa ou do direito litigado, quer o cessionário. Mas, enquanto nos casos de falecimento da pessoa singular ou de extinção da pessoa coletiva (com exceção das sociedades comerciais, nos termos do art. 162º do CSC), o tribunal deve determinar a suspensão da instância para efeitos de habilitação dos sucessores, já nos casos de cessão da coisa ou direito ou de outras formas de transmissão, o conhecimento desses factos não exerce direta influência na tramitação processual.

2. Aliás, nos termos do art. 263º, a transmissão da coisa ou direito em litígio não afeta a legitimidade do transmitente. Por outro lado, a sentença que vier a ser proferida pode produzir efeitos na esfera do transmissário da coisa ou do direito, sem embargo dos casos em que a ação esteja sujeita a registo e o adquirente registe a aquisição antes do registo da ação.

3. Atenta a norma especial de legitimidade *ad causam* do art. 263º, a dedução deste incidente é facultativa: o cessionário fica vinculado à sentença com a ressalva da parte final do seu nº 3. Assim sendo, por via do incidente de habilitação do cessionário, permite-se que o cedente seja substituído no processo pelo cessionário, o qual adquire a posição processual que o cedente tinha no pleito, não sendo admissível que continuem ambos na lide.

4. Cabe ao requerente o ónus da prova dos factos tendentes a demonstrar a existência do contrato de cessão e o seu objeto relevante. A prova do contrato de cessão é documental – um título escrito que prove a cessão (seja o contrato escrito de cessão, seja outro título/declaração de aquisição ou cessão, seja termo de cessão lavrado no processo) – não tendo de expressar o exato montante da obrigação ao tempo da transmissão, mas devendo identificar o crédito de molde a permitir saber qual o objeto da cessão (RC 3-10-17, 13/09). Caso o título comprovativo da cessão junto com o requerimento inicial não demonstre com segurança a alegada cessão, o juiz deve proferir despacho de aperfeiçoamento (arts. 6º, nº 2 e 590º, nº 3; RL 9-2-17, 2359-15).

5. A admissibilidade da habilitação do adquirente depende da verificação dos seguintes pressupostos: pendência de uma ação; existência de uma coisa ou de um direito litigioso; transmissão da coisa ou direito litigioso na pendência da ação, por ato entre vivos e conhecimento da transmissão durante a ação (RL 2-12-15, 691/11).

6. Visando o incidente de habilitação de adquirente ou cessionário produzir apenas modificação nos sujeitos da lide (efeitos de natureza meramente processual), o mesmo não interfere nem dá azo à discussão do direito que constitui o objeto da causa, tal como é configurado pelo pedido e pela causa de pedir (RP 26-2-08, 0726574).

7. A arguição, em sede de contestação, da situação enunciada na parte final da al. a) do nº 1, não se basta com a argumentação de que em consequência da substituição se agrava a posição da parte contrária, sendo necessário que se alegue e prove que a transmissão foi feita para atingir esse resultado (RE 23-5-13, 520/11), não sendo admissível o conhecimento oficioso desta questão.

8. Mesmo que o requerido não conteste, compete ao juiz verificar se a transmissão ou cessão é válida, apreciando se foi feita a prova legalmente exigida do ato fundante da cessão (al. b) do nº 1).

9. Querendo o exequente atuar a garantia real (hipoteca) e fazer intervir, a par do devedor originário (executado), o terceiro que, após a instauração da execução, mas antes da efetivação da penhora, adquiriu o bem hipotecado objeto da execução (art. 819º do CC), o incidente adequado é a habilitação (STJ 18-5-06, 06B1155). Ainda em sede de ação executiva, será de admitir este incidente em caso de transmissão do direito de crédito exequendo (art. 551º, nº 1; Salvador da Costa, *Os Incidentes da Instância*, 9ª ed., p. 222).

ARTIGO 357º
Habilitação perante os tribunais superiores

1 – O disposto neste capítulo é aplicável à habilitação deduzida perante os tribunais superiores, incumbindo o julgamento do incidente ao relator.

2 – Se houver lugar a prova testemunhal, pode o relator determinar que o processo baixe com o apenso à 1ª instância, para aí ser julgado o incidente.

3 – Se falecer ou se extinguir alguma das partes enquanto a habilitação estiver pendente na 1ª instância, aí é deduzida a nova habilitação.

4 – Se estiver parado na 1ª instância por mais de seis meses, por inércia do habilitante, o processo do incidente é devolvido ao tribunal superior para os efeitos do artigo 281º.

5 – Os recursos interpostos para o tribunal onde o incidente foi suscitado são julgados pelos juízes da causa principal.

Remissões: art. 270º, nº 1 (suspensão por falecimento da parte só após o acórdão); art. 652º, nº 1, al f) (competência do relator).

1. Este artigo rege sobre as habilitações requeridas na pendência do recurso, competindo ao relator instruir e julgar o incidente de habilitação de acordo com as normas gerais, sem embargo da baixa do processo, quando necessário, ao tribunal de 1ª instância.

CAPÍTULO V
Liquidação

ARTIGO 358º
Ónus de liquidação

1 – Antes de começar a discussão da causa, o autor deduz, sendo possível, o incidente de liquidação para tornar líquido o pedido genérico, quando este se refira a uma universalidade ou às consequências de um facto ilícito.

2 – O incidente de liquidação pode ser deduzido depois de proferida sentença de condenação genérica, nos termos do nº 2 do artigo 609º, e, caso seja admitido, a instância extinta considera-se renovada.

Remissões: art. 361º (liquidação por árbitros); art. 556º (pedidos genéricos); art. 600º (designação da audiência nas ações de indemnização); art. 609º, nº 2 (condenação genérica); art. 704º, nº 6 (requisitos da exequibilidade da sentença); art. 716º, nºs 4 e 5 (liquidação na ação executiva com base em título extrajudicial, em decisão judicial ou equiparada ou em decisão arbitral).

1. Sobre a dedução do pedido genérico na ação declarativa, cf. Abrantes Geraldes, *Temas da Reforma do Processo Civil*, vol. I, 2ª ed., pp. 163-170 e Paulo Pimenta, *Processo Civil Declarativo*, 2ª ed., pp. 162-165.

2. A formulação de pedido genérico está limitada aos casos previstos no art. 556º, sendo conferida ao autor a faculdade de deduzir o incidente de liquidação. Podendo discutir-se o momento até ao qual, antes de proferida a sentença, pode ser suscitado o incidente, Lebre de Freitas e Isabel Alexandre, *CPC anot.*, vol. I, 4ª ed., p. 708, defendem que esse limite corresponde ao início dos debates entre advogados, ou seja, até ao início das alegações orais previstas no art. 604º, nº 3, al. c), o que parece adequado, na medida que a "*discussão da causa*" corresponde ao período desses debates.

3. Ocorrendo uma condenação genérica, nos termos do art. 609º, nº 2, a liquidação deve ser requerida obrigatoriamente na ação declarativa, num incidente pós-sentença (nº 2). Certo é que a liquidação de sentença não pode servir para reabrir a discussão sobre se existe ou não obrigação (STJ 30-4-14, 593/09).

4. Nos termos do art. 704º, nº 6, a liquidação é condição necessária para a formação do título executivo judicial, pelo que o incidente é obrigatório quando se pretenda executar a sentença de condenação genérica. A liquidação de obrigação ilíquida reconhecida em sentença proferida em processo declarativo não depende de simples cálculo aritmético sempre que o exequente tenha que acrescentar/introduzir/alegar factos que não constam do título executivo (RC 25-6-13, 367/07). A circunstância de a condenação genérica se reportar à indemnização de danos futuros provados mas não contabilizados na ação declarativa não obsta a que o credor os possa liquidar, mesmo que ao tempo da propositura do incidente ainda subsista a sua natureza futura (RL 19-10-10, 2019/09).

ARTIGO 359º
Dedução da liquidação

1 – A liquidação é deduzida mediante requerimento no qual o autor, conforme os casos, relaciona os objetos compreendidos na universalidade, com as indicações necessárias para se identificarem, ou especifica os danos derivados do facto ilícito e conclui pedindo quantia certa.

2 – Sendo a liquidação deduzida mediante requerimento apresentado por uma das vias previstas nas alíneas a) e b) do nº 7 do artigo 144º, deve o requerimento referido no número anterior ser apresentado em duplicado.

(Alterado pelo DL nº 97/19, de 26-7)

Remissões: art. 226º, nº 5 (inexistência de recurso do despacho de citação); art. 293º (provas); art. 294º (limite de testemunhas); art. 7º, nº 4, do RCP (taxa de justiça).

1. Se optar por efetuar a liquidação em ação autónoma, em vez de proceder à liquidação, nos termos do art. 358º, nº 2, o autor/requerente utiliza uma forma de processo inadequada, verificando-se existir o erro na forma de processo a submeter ao regime do art. 193º, nº 2.

2. A pretensão formulada neste incidente circunscreve-se à vertente da liquidação (relacionando os objetos compreendidos na universalidade ou indicando os valores dos danos), não envolvendo um cariz condenatório, mais a mais porque tal aspeto está coberto pelo pedido formulado na petição inicial, não sendo expectável, aliás, que a decisão da liquidação envolva qualquer juízo condenatório.

3. Isso é particularmente nítido na liquidação pós-sentença (art. 360º, nº 3), caso em que a respetiva decisão funciona como um complemento da anterior sentença declarativa (essa, sim, de conteúdo condenatório), na certeza de que o resultado a alcançar sempre estará balizado pelos limites do pedido formulado na ação declarativa, nos precisos termos em que tal pedido foi acolhido pelo tribunal (art. 609º, nº 1). Já quando o incidente de liquidação for deduzido em termos de poder ser ainda integrado na instrução e no julgamento da ação declarativa em curso (art. 360º, nº 2), a respetiva matéria acresce à da ação e da defesa, diluindo-se na sentença.

ARTIGO 360º
Termos posteriores do incidente

1 – Nos casos em que a oposição à liquidação seja apresentada por uma das vias previstas nas alíneas a) e b) do nº 7 do artigo 144º, é a mesma formulada em duplicado.

2 – Se o incidente for deduzido antes de começar a discussão da causa, a matéria da liquidação é considerada nos temas da prova enunciados ou a enunciar nos termos do nº 1 do artigo 596º, as provas são oferecidas e produzidas, sendo possível, com as da restante matéria da ação e da defesa e a liquidação é discutida e julgada com a causa principal.

3 – Quando o incidente seja deduzido depois de proferida a sentença e o réu conteste, ou, não contestando, a revelia deva considerar-se inoperante, seguem-se os termos subsequentes do processo comum declarativo.

4 – Quando a prova produzida pelos litigantes for insuficiente para fixar a quantia devida, incumbe ao juiz completá-la mediante indagação oficiosa, ordenando, designadamente, a produção de prova pericial.

(Alterado pelo DL nº 97/19, de 26-7)

Remissões: art. 293º (provas e prazo de oposição); art. 294º (limite de testemunhas); art. 589º (liquidação requerida depois de designado dia para a audiência de julgamento).

1. A sentença proferida no incidente de liquidação pós-sentença não pode alterar o que ficou decidido na sentença de condenação (STJ 30-9-10, 1554/04). Nesta medida, o incidente de liquidação não pode findar com sentença de improcedência, a pretexto de que o requerente não fez prova, na medida em que tal equivaleria a um *non liquet* e violaria o caso julgado formado com a decisão definitiva anterior, que reconheceu à parte um crédito apenas dependente de liquidação (cf. STJ 4-7-19, 5071/12). Seria, de resto, um paradoxo o incidente de liquidação culminar na negação de um direito anteriormente firmado por sentença. Neste domínio, a única questão em aberto é a da medida da liquidação e nunca a existência do direito respetivo.

2. Nos termos do nº 4, o juiz deve completar oficiosamente a prova produzida (art. 411º), designadamente determinando a realização de prova pericial, se esta for viável. A omissão da produção oficiosa de prova suplementar, designadamente pericial, integra uma nulidade sujeita ao regime dos arts. 195º, nº 1, 196º, 2ª parte, e 199º, nº 1.

3. Se, mesmo após a iniciativa oficiosa, a prova produzida for insuficiente para fixar a quantia devida, compete ao juiz proceder à respetiva fixação, recorrendo, como última *ratio*, à equidade (art. 566º, nº 3, do CC; STJ 29-6-17, 4081/14, STJ 29-5-14, 130/09, RP 28-3-12, 55/2000 e RL 1-10-14, 2656/04).

ARTIGO 361º
Liquidação por árbitros

1 – A liquidação a que se refere o nº 2 do artigo 358º é feita por um ou mais árbitros, nos casos em que a lei especialmente o determine ou as partes o convencionem.

2 – À nomeação dos árbitros é aplicável o disposto quanto à nomeação de peritos.

3 – O terceiro árbitro só intervém na falta de acordo entre os outros dois, mas não é obrigado a conformar-se com o voto de qualquer deles.

4 – Não se formando maioria, prevalece o laudo do terceiro.

Remissões: arts. 467º, 468º e 470º a 474º (nomeação de peritos); art. 47º, nº 2, da LAV (liquidação de condenação genérica arbitral).

1. A modalidade de liquidação, fora dos casos determinados por lei, ocorre apenas na sequência de convenção das partes prévia à ação declarativa ou de acordo das partes decorrente da posição expressa no requerimento de liquidação e na subsequente oposição.

TÍTULO IV
Dos procedimentos cautelares

CAPÍTULO I
Procedimento cautelar comum

ARTIGO 362º
Âmbito das providências cautelares não especificadas

1 – Sempre que alguém mostre fundado receio de que outrem cause lesão grave e dificilmente reparável ao seu direito, pode requerer a providência conservatória ou antecipatória concretamente adequada a assegurar a efetividade do direito ameaçado.

2 - O interesse do requerente pode fundar-se num direito já existente ou em direito emergente de decisão a proferir em ação constitutiva, já proposta ou a propor.

3 - Não são aplicáveis as providências referidas no nº 1 quando se pretenda acautelar o risco de lesão especialmente prevenido por alguma das providências tipificadas no capítulo seguinte.

4 - Não é admissível, na dependência da mesma causa, a repetição de providência que haja sido julgada injustificada ou tenha caducado.

Remissões: art. 2º, nº 2 (direito de ação); art. 10º (espécies de ações); art. 78º, nº 1, al. c) (competência territorial); art. 304º, nº 3, al. d) (valor processual); art. 368º (requisitos de procedência); art. 373º (caducidade da providência); arts. 380º e ss. (providências especificadas).

1. A matéria do procedimento cautelar comum encontra-se detalhada em Abrantes Geraldes, *Temas da Reforma do Processo Civil*, vol. III, 4ª ed., 2010, com larga ilustração jurisprudencial e doutrinária que, na maior parte dos casos, se mantém atual.

2. Os procedimentos cautelares representam uma antecipação ou garantia de eficácia relativamente ao resultado do processo principal e assentam numa análise sumária (*summaria cognitio*) da situação de facto que permita afirmar a provável existência do direito (*fumus boni juris*) e o receio justificado de que o mesmo seja seriamente afetado ou inutilizado se não for decretada uma determinada medida cautelar (*periculum in mora*). Constituem meios jurisdicionalizados, expeditos e eficazes que permitem assegurar os resultados práticos da ação, evitar prejuízos graves ou antecipar a realização do direito (instrumentalidade hipotética), conciliando de forma razoável os interesses da celeridade e da segurança jurídica.

3. O procedimento cautelar comum é o instrumento apropriado à dedução e apreciação de pretensões de natureza cautelar que extravasam outros procedimentos, só podendo solicitar-se uma providência não especificada quando se pretenda debelar um risco de lesão que esteja excluído dos limites de algum dos procedimentos especificados previstos nos arts. 377º e ss., noutras normas do CPC ou em diplomas avulsos. Detetado, no entanto, erro na forma de procedimento, por desajustamento face à situação configurada pelo requerente, deve o juiz operar a requalificação, nos termos do art. 193º, nº 3 (RL 10-1-19, 315/18).

4. São requisitos da concessão da tutela cautelar comum a probabilidade séria da existência do direito invocado, o receio fundado (em termos objetivos) de lesão grave e irreparável ou de difícil reparação, a adequação da providência à situação de lesão iminente e a inviabilidade de encontrar essa tutela através de procedimentos cautelares especificados.

5. O recurso à tutela cautelar é compatível com a invocação de qualquer direito, independentemente da sua natureza, incluindo direitos de natureza potestativa, embora não se confunda com a tutela definitiva que se pretende obter através da ação ou da execução. Pode abarcar também interesses juridicamente relevantes, designadamente quando estejam em causa interesses difusos. Tanto importa para o efeito da admissibilidade das providências que estejam em causa consequências de ordem patrimonial como não patrimonial.

6. Em qualquer situação, a tutela cautelar encontra limites naturais, já que apenas pode evitar ou antecipar o que seja necessário para assegurar a efetividade do direito em causa e, além disso, pressupõe uma situação de perigo relativamente à ocorrência de lesões graves irreparáveis ou de difícil reparação (cf. Abrantes Geraldes, *ob. cit.*, pp. 89-99). Não se substitui à ação principal, sem embargo dos casos em que se admita e seja decretada a inversão do contencioso.

7. Devem os tribunais estar atentos ao eventual uso abusivo de instrumentos provisórios para resolução de litígios, na medida em que seja de intuir que aquilo que o requerente pretende é beneficiar de uma medida que, ainda que provisória, sirva para "alavancar" exigências irrazoáveis contra a parte contrária, provocando um desequilíbrio que prejudique, a final, a justa composição da lide.

8. Para o efeito, existem diversas medidas que estão na disponibilidade do tribunal e que podem passar pelo indeferimento puro e simples da providência (art. 368º), pela limitação dos efeitos pretendidos (art. 376º, nº 3) ou pela sujeição do requerente à prestação de caução (art. 374º, nº 2). O respeito pelo contraditório, como regra geral que decorre do art. 366º, constitui um bom mecanismo destinado a impedir ou atenuar as situações de abuso. O quotidiano judiciário ilustra bem as situações em que estas são mais evidentes, justificando redobrados cuidados por parte dos tribunais, já que tanto é merecedor de tutela o requerente que a solicita, como o requerido que pela mesma é visado.

9. Ainda que não devam excluir-se da tutela cautelar as situações em que a situação de *periculum in mora* se reflete na provável ocorrência de danos patrimoniais (cf. Rita Lynce de Faria, *A Tutela Cautelar Antecipatória no Processo Civil Português*, pp. 155 e 156), o critério a usar nestes casos deve ser mais restrito do que o aplicado quando estejam em causa danos não patrimoniais, ponderando para o efeito designadamente as condições económicas do requerente e do requerido, a par da maior ou menor capacidade de uma efetiva reconstituição do *statu quo ante* (cf. Abrantes Geraldes, *ob. cit.*, pp. 100-104).

10. A situação de perigo contra a qual se pretende defender o lesado deve ser atual, exigência que leva a excluir da proteção cautelar comum as lesões de direitos já inteiramente consumadas, mas que não exclui a tutela cautelar face a situações de lesões ainda não inteiramente consumadas, continuadas ou repetidas (cf. Abrantes Geraldes, *ob. cit.*, pp. 104-107).

11. As providências podem ser de natureza conservatória ou antecipatória. Aquelas visam acautelar o efeito útil da ação principal, assegurando a permanência da situação existente. As demais, designadamente quando lhes subjaz a invocação de direitos potestativos, são ajustadas à tutela antecipada desses direitos, que se efetivarão *ope judicis* com a decisão definitiva na ação principal (cf. Abrantes Geraldes, *ob. cit.*, pp. 112-119).

12. O recurso à tutela cautelar não prescinde da formulação de uma pretensão concreta. Ainda que o juiz não se considere adstrito à providência requerida, devendo ajustar a decisão à concreta situação de perigo (art. 376º, nº 3), cabe ao requerente explicitar qual a providência que pretende, sem exclusão da possibilidade de usar o mecanismo do pedido subsidiário ou mesmo de cumulação real, nos termos do art. 376º, nº 3 (cf. Abrantes Geraldes, *ob. cit.*, pp. 8 e 88).

13. Decretada a caducidade da providência ou julgada a mesma injustificada, o requerente fica impedido de, no âmbito do mesmo processo, solicitar medida de conteúdo idêntico. Tal não impede que seja solicitada providência de conteúdo diferente ou destinada a tutelar interesses diferentes daqueles que se visaram com a providência anterior. (cf. Abrantes Geraldes, *ob. cit.*, pp. 127-131 e Teixeira de Sousa, *https://blogippc.blogspot.com*, 24-1-15). Também fica a salvo a possibilidade de apresentação de novo procedimento desde que sustentado noutros factos (STJ 8-1-15, 3589/08).

14. Para maiores desenvolvimentos destas e de outras questões, cf. Abrantes Geraldes, *ob. cit.*, pp. 67 a 131, Lebre de Freitas e Isabel Alexandre, *CPC anot.*, vol. II, 3ª ed., pp. 5-15, Marco Gonçalves, *Providências Cautelares*, pp. 168-219 e Rui Pinto, *A Questão de Mérito na Tutela Cautelar*, *máxime* a pp. 523-535 e 587-600, quanto ao *periculum in mora*. Cf. ainda Rita Lynce Faria, "A tutela cautelar antecipatória no processo civil português", na *Revista do CEJ*, 2018, I, pp. 39 e ss.

ARTIGO 363º
Urgência do procedimento cautelar

1 – Os procedimentos cautelares revestem sempre carácter urgente, precedendo os respetivos atos qualquer outro serviço judicial não urgente.

2 – Os procedimentos instaurados perante o tribunal competente devem ser decididos, em 1ª instância, no prazo máximo de dois meses ou, se o requerido não tiver sido citado, de 15 dias.

Remissões: art. 138º, nº 1 (contagem dos prazos); art. 638º, nº 1 (prazo para interposição de recurso).

1. Para além da fixação de um prazo máximo para a prolação da decisão em 1ª instância, a celeridade imposta aos procedimentos cautelares implica que a prática dos atos ou a contagem dos prazos processuais não sejam afetadas pelo período de férias judiciais, nos termos dos arts. 137º e 138º, nº 1, regime que é de aplicar em todas as fases do procedimento cautelar, abarcando não apenas os atos que antecedem a prolação da decisão cautelar, como aqueles que se destinem a executar, substituir, modificar ou fazer cessar a providência decretada. Ademais, no ***AUJ nº 9/09*** fixou-se que: "*Os procedimentos cautelares revestem sempre carácter urgente mesmo na fase de recurso*".

2. Em termos substanciais, a celeridade e a urgência são ainda impostas pela própria natureza dos interesses em causa, sendo potenciadas pelo facto de a decisão do tribunal se basear, em regra, num juízo de verosimilhança. O juiz deve procurar o ponto de equilíbrio entre uma decisão demasiado apressada, mas injusta, e uma decisão mais segura, mas ineficaz para acautelar os interesses carecidos de proteção. Por um lado, devem ser evitadas decisões precipitadas; por outro, não é legítimo nem razoável transformar o procedimento numa antecipação do processo principal, aspetos que devem ser ponderados designadamente quando se trate de decidir sobre a audiência do requerido (art. 366º, nºs 1 e 4) ou sobre as diligências probatórias a realizar (art. 367º, nº 1).

3. A atribuição de natureza urgente aos procedimentos cautelares, para além dos efeitos que se projetam na prática dos atos processuais, nos termos do nº 1, implica a redução do prazo de interposição de recurso (e de contra-alegações) para 15 dias, em lugar de 30 dias (art. 638º, nº 1), sem prejuízo do prazo suplementar de 10 dias nos casos em que seja impugnada a decisão da matéria de facto com base em prova gravada (art. 638º, nº 7).

4. Para maiores desenvolvimentos, cf. Abrantes Geraldes, *Temas da Reforma do Processo Civil*, vol. III, 4ª ed., pp. 132-147.

ARTIGO 364º

Relação entre o procedimento cautelar e a ação principal

1 – Exceto se for decretada a inversão do contencioso, o procedimento cautelar é dependência de uma causa que tenha por fundamento o direito acautelado e pode ser instaurado como preliminar ou como incidente de ação declarativa ou executiva.

2 – Requerido antes de proposta a ação, é o procedimento apensado aos autos desta, logo que a ação seja instaurada e se a ação vier a correr noutro tribunal, para aí é remetido o apenso, ficando o juiz da ação com exclusiva competência para os termos subsequentes à remessa.

3 – Requerido no decurso da ação, deve o procedimento ser instaurado no tribunal onde esta corre e processado por apenso, a não ser que a ação esteja pendente de recurso; neste caso a apensação só se faz quando o procedimento estiver findo ou quando os autos da ação principal baixem à 1ª instância.

4 – Nem o julgamento da matéria de facto, nem a decisão final proferida no procedimento cautelar, têm qualquer influência no julgamento da ação principal.

5 – Nos casos em que, nos termos de convenções internacionais em que seja parte o Estado Português, o procedimento cautelar seja dependência de uma

causa que já foi ou haja de ser intentada em tribunal estrangeiro, o requerente deve fazer prova nos autos do procedimento cautelar da pendência da causa principal, através de certidão passada pelo respetivo tribunal.

Remissões: arts. 62º e 63º (competência internacional); art. 78º (competência territorial); art. 259º (propositura da ação); art. 369º (inversão do contencioso).

1. Quando preceda a ação, o procedimento deve ser requerido junto do tribunal cuja competência é definida pelo art. 78º, nº 1, sendo posteriormente apensado à ação que vier a ser instaurada, sem prejuízo da prática dos atos que estiverem em curso e que se mostrem inconciliáveis com a remessa imediata. Já se for acionado na pendência da ação, o procedimento cautelar é necessariamente instaurado por apenso, salvo se o processo principal tiver subido em recurso (cf. Abrantes Geraldes, *Temas da Reforma do Processo Civil*, vol. III, 4ª ed., pp. 157-159).

2. Sem embargo das especificidades resultantes dos casos em que seja decretada a inversão do contencioso (art. 369º), é matricial ao procedimento cautelar a relação de dependência e de instrumentalidade relativamente a alguma ação ou execução que vise o reconhecimento ou a satisfação do direito em causa. Não bastará que o procedimento e a ação se baseiem no mesmo direito substantivo abstratamente considerado; a relação de instrumentalidade impõe que o procedimento vise a tutela antecipada ou a conservação do concreto direito cuja efetividade se pretende por via da ação principal. Por isso, o objeto da providência há de ponderar não apenas o direito em causa, mas especialmente a pretensão envolvida na causa principal. Embora não se exija uma perfeita identidade, a providência deve apresentar-se com uma função instrumental relativamente à medida definitiva (cf. Abrantes Geraldes, *ob. cit.*, pp. 150-157).

3. A falta de um adequado nexo de instrumentalidade levará à improcedência da pretensão cautelar. Se a ação que for instaurada depois de decretada a providência não respeitar a mesma instrumentalidade, tal poderá determinar a caducidade daquela, atento o disposto no art. 373º, nº 1, al. a).

4. Quer a decisão seja favorável, quer seja desfavorável ao requerente, é vedado extrair da mesma efeitos de caso julgado extensivos ao processo principal. Tão pouco a convicção formada acerca dos factos considerados provados ou não provados ou quanto ao direito invocado pode influir na ação principal, cujo resultado deve ser o corolário da alegação e prova dos factos que nela venham a ser apreciados. Enfim, o que for decidido no procedimento cautelar não exercerá qualquer efeito sobre a ação principal, quer esta esteja pendente, quer seja posteriormente instaurada (cf. Abrantes Geraldes, *ob. cit.*, pp. 159-162).

5. Tal proibição já não é tão rígida quando se trata de apreciar o relevo dos meios de prova que foram produzidos, importando estabelecer uma distinção em função da sua natureza: no que concerne aos documentos, a regra é a da sua atendibilidade pelo tribunal que julga a ação, de acordo com o princípio da aquisição processual (art. 413º), desde que seja dada a oportunidade de contraditório (arts. 415º e 423º e ss.); a confissão de factos feita no procedimento cautelar vale na ação correspondente (art. 355º, nº 3, do CC); quanto aos demais meios probatórios, deve observar-se o que dispõe o art. 421º: os depoimentos e arbitramentos produzidos num procedimento com audiência contraditória podem ser invocados no processo principal contra a mesma parte, salvo se o regime de produção de prova oferecer menores garantias, caso em que valerão apenas como princípio de prova (cf. Abrantes Geraldes, *ob. cit.*, pp. 163-166).

6. Decretada pelos tribunais nacionais uma medida cautelar (pressuposta a competência internacional para esse efeito) que seja dependente de uma ação instaurada ou a instaurar em tribunal de outro Estado, a mesma manter-se-á eficaz se e enquanto se mantiver pendente a ação principal, exigindo-se, contudo, que o requerente comprove a pendência dessa ação (cf. Abrantes Geraldes, *ob. cit.*, pp. 166-168). Importa em especial que se atente no que resulta dos diversos Regulamentos da UE, os quais, integrando o direito interno, contêm em geral regras específicas a este respeito (cf. arts. 2º, al. a), 35º, 40º, 42º, nº 2 e 44º, nº 1, al. a) do Regulamento nº 1215/2012).

7. Sobre a instrumentalidade do procedimento cautelar, cf. Lebre de Freitas e Isabel Alexandre, *CPC anot.*, vol. II, 3ª ed., pp. 18-23 e Marco Gonçalves, *Providências Cautelares*, pp. 121-127.

ARTIGO 365º
Processamento

1 – Com a petição, o requerente oferece prova sumária do direito ameaçado e justifica o receio da lesão.

2 – É sempre admissível a fixação, nos termos da lei civil, da sanção pecuniária compulsória que se mostre adequada a assegurar a efetividade da providência decretada.

3 – É subsidiariamente aplicável aos procedimentos cautelares o disposto nos artigos 293º a 295º.

Remissões: art. 829º-A do CC (sanção pecuniária compulsória); arts. 293º a 295º (incidentes da instância); arts. 362º, nº 1 e 368º, nº 1 (requisitos da providência).

1. A petição inicial deve conter a alegação dos factos constitutivos da pretensão cautelar deduzida, *máxime* os factos essenciais de cuja prova dependa a afirmação do direito (*fumus boni juris*), do fundado receio de lesão grave e da dificuldade de reparação ou da sua irreparabilidade (*periculum in mora*) (cf. Abrantes Geraldes, *Temas da Reforma do Processo Civil*, vol. III, 4ª ed., pp. 169 e ss.).

2. O valor processual a indicar deve corresponder ao prejuízo que se pretende evitar (art. 304º, nº 3, al. d)).

3. A remissão para os arts. 293º a 295º deixa claro que: os meios de prova devem ser oferecidos com a petição e com a oposição; a oposição deve ser deduzida no prazo de 10 dias (havendo revelia, o regime é o do art. 366º, nº 6 e não o do art. 293º, nº 3); o limite máximo de testemunhas é de cinco; os depoimentos serão gravados, nos termos gerais (art. 155º, nº 1).

4. A apresentação da petição inicial obsta à caducidade do direito à tutela cautelar nos casos em que esta esteja sujeita a algum prazo preclusivo (*v.g.* suspensão de deliberações sociais, nos termos do art. 380º, nº 1). Já será, porém, insuficiente para impedir a caducidade do direito material que dependa da propositura da ação, efeito que apenas é impedido pela instauração da própria ação principal (art. 331º do CC), como ocorre relativamente às ações de anulação de deliberações sociais e às que visam a defesa da posse (cf. Abrantes Geraldes, *ob. cit.*, pp. 177 e 178).

5. O requerente deve concretizar a providência pretendida, ainda que o juiz não esteja necessariamente vinculado a tal pretensão (art. 376º, nº 3). Nada obsta a que seja utilizada uma formulação de natureza subsidiária (art. 554º) ou mesmo a cumulação real de providências (art. 555º), ainda que lhe caibam formas procedimentais diversas, deste que sejam compatíveis, nos termos dos arts. 376º, nº 3 e 37º, nºs 2 e 3.

6. Pode ser acoplado ao pedido principal o pedido acessório de fixação de sanção pecuniária compulsória, designadamente nos casos previstos no art. 829º-A, nº 1, do CC (cumprimento de obrigação de facto infungível, positivo ou negativo, não ligado a especiais qualidades científicas ou artísticas do requerido). Tal pedido consiste na condenação do requerido no pagamento de uma quantia pecuniária variável por cada dia de atraso ou infração; depende sempre da iniciativa do interessado; deve ser inserido na petição inicial; é independente da efetiva ocorrência de danos patrimoniais ou não patrimoniais; o quantitativo que lhe vier a corresponder será destinado, em partes iguais, ao interessado e ao Estado (cf. Abrantes Geraldes, *ob. cit.*, pp. 178-183).

7. Sobre a *summario cognitio*, cf. ainda Rita Lynce de Faria, *A Tutela Cautelar Antecipatória no Processo Civil Português*, pp. 184-206.

ARTIGO 366º
Contraditório do requerido

1 – O tribunal ouve o requerido, exceto quando a audiência puser em risco sério o fim ou a eficácia da providência.

2 – Quando seja ouvido antes do decretamento da providência, o requerido é citado para deduzir oposição, sendo a citação substituída por notificação quando já tenha sido citado para a causa principal.

3 – A dilação, quando a ela haja lugar nos termos do artigo 245º, nunca pode exceder a duração de 10 dias.

4 – Não tem lugar a citação edital, devendo o juiz dispensar a audiência do requerido, quando se certificar que a citação pessoal deste não é viável.

5 – A revelia do requerido que haja sido citado tem os efeitos previstos no processo comum de declaração.

6 – Quando o requerido não for ouvido e a providência vier a ser decretada, só após a sua realização é notificado da decisão que a ordenou, aplicando-se à notificação o preceituado quanto à citação.

7 – Se a ação for proposta depois de o réu ter sido citado no procedimento cautelar, a proposição produz efeitos contra ele desde a apresentação da petição inicial.

Remissões: art. 3º, nº 3 (contraditório); arts. 225º e ss. (citação); art. 240º (citação edital); art. 564º (efeitos da citação); art. 567º (efeitos da revelia).

1. O procedimento é apresentado liminarmente ao juiz, podendo este proferir decisão com diversos sentidos (cf. Abrantes Geraldes, *Temas da Reforma do Processo Civil*, vol. III, 4ª ed., pp. 186-193), designadamente:

a) Despacho de indeferimento liminar, por razões de forma ou de mérito (art. 590º, nº 1);

b) Despacho tendente ao suprimento de vícios (arts. 590º, nº 2, al. a) e 6º, nº 2);

c) Despacho de citação do requerido (art. 226º, nº 4, al. b));

d) Despacho apreciando outros aspetos que as concretas circunstâncias revelarem (*v.g.* manifesta incompetência relativa de conhecimento oficioso, falta de indicação do valor do procedimento, erro na forma do procedimento);

e) Despacho determinativo da quebra do contraditório, acompanhado de designação de dia para produção da prova;

f) Decisão imediata com base nos elementos disponíveis (art. 367º, nº 1).

2. Em regra, o requerido deve ser sempre ouvido, a não ser que exista risco sério para o fim ou a eficácia da providência (cf. nota 11 ao art. 3º). Quando a providência se destine a evitar uma lesão e a apreciação objetiva do circunstancialismo determine a inadmissibilidade de qualquer dilação, o juiz deve dispensar a audiência do requerido, valorando o "*fim*" da providência (razões objetivas). O fator de "*eficácia*" poderá ligar-se preferencialmente a razões de ordem subjetiva inerentes à pessoa do requerido, à semelhança do que ocorre com o arresto. Por outras palavras, há que aferir se a audiência prévia do requerido, eliminando o efeito surpresa da medida cautelar, permitirá àquele, nesse ínterim, agir por forma a inutilizar todo o interesse da medida cautelar.

3. Apenas releva o "*risco sério*" de o contraditório provocar maiores danos que benefícios, avaliado no contexto do procedimento e dos interesses que nele coabitam. Ademais, deve o juiz ponderar os maiores riscos que advenham do decretamento de uma medida cautelar sem os contributos clarificadores que possam emergir da audição do requerido, sopesando ainda uma eventual situação de desequilíbrio negocial que poderá ter a sua origem na concessão de uma tutela que, posto que seja provisória, produz efeitos que podem ser irrecuperáveis (cf. Abrantes Geraldes, *ob. cit.*, pp. 190-201).

4. De todo o modo, a decisão sobre a dispensa ou não do contraditório não constitui um reflexo de um poder discricionário (art. 152º, nº 4), antes corresponde ao exercício de um poder vinculado, pelo que deve ser fundamentada (art. 154º, nº 1). Por isso, a decisão que indefira a dispensa de contraditório é recorrível nos termos gerais do art. 644º, nº 2, al. e) (por inutilidade absoluta do diferimento da impugnação). Quando se certifique de que a citação pessoal não é viável, o juiz deve ordenar o prosseguimento dos autos, estando excluída a citação edital, atenta a morosidade que introduziria no procedimento.

5. A falta de oposição por parte do requerido que tenha sido citado produz os efeitos cominatórios previstos para o processo declarativo comum, significando que, em termos genéricos, se consideram confessados os factos articulados pelo requerente (art. 567º, nº 1), devendo o juiz, no entanto, certificar-se da regularidade da citação, em casos de revelia absoluta, e ordenar a sua repetição quando encontre alguma irregularidade (art. 566º), ressalvando-se sempre as hipóteses de inoperância da revelia (art. 568º).

6. O requerido tem 10 dias para deduzir oposição (art. 293º, nº 2) na qual deve concentrar toda a defesa, quer por impugnação, quer por exceção, e oferecer os meios de prova. Se for deduzida matéria de exceção, a eventual resposta do requerente é diferida para o início da audiência final (art. 3º, nº 4).

7. Quando houver dispensa de contraditório prévio, apenas depois de ser realizada ou executada a providência decretada é notificado o requerido, ato que segue os termos previstos para a citação, a partir do qual se conta o prazo para o exercício do contraditório (art. 372º).

8. Nos casos em que o réu tenha sido citado no procedimento cautelar, os efeitos civis decorrentes da instauração da ação principal que estejam dependentes da citação do réu (art. 564º) são antecipados para a data da propositura da ação.

9. Sobre o contraditório no procedimento cautelar comum, cf. Lucinda Dias da Silva, *Processo Cautelar Comum, Princípio do Contraditório e Dispensa da Audiência Prévia do Requerido*, pp. 151-232. Para maiores desenvolvimentos, cf. Abrantes Geraldes, *ob. cit.*, pp. 186-209 e Lebre de Freitas e Isabel Alexandre, *CPC anot.*, vol. II, 3ª ed., pp. 28-35.

ARTIGO 367º
Audiência final

1 – Findo o prazo da oposição, quando o requerido haja sido ouvido, procede-se, quando necessário, à produção das provas requeridas ou oficiosamente determinadas pelo juiz.

2 – A falta de alguma pessoa convocada e de cujo depoimento se não prescinda, bem como a necessidade de realizar qualquer diligência probatória no decurso da audiência, apenas determinam a suspensão desta na altura conveniente, designando-se logo data para a sua continuação.

Remissões: art. 151º (marcação da audiência); arts. 410º e ss. (meios de prova); art. 602º (poderes do juiz); art. 603º (audiência final).

1. O preceito não afasta a possibilidade de serem proferidos despachos avulsos, designadamente quando se justificar a superação de vícios processuais, nos termos dos arts. 590º, nº 2, al. a) e 6º, nº 2, o saneamento dos autos, a resolução de alguns incidentes, como o de incompetência relativa ou de verificação do valor do processo, bem assim a apreciação de nulidades processuais (cf. Abrantes Geraldes, *Temas da Reforma do Processo Civil*, vol. III, 4ª ed., pp. 212-220).

2. A audiência destinada à produção de meios de prova apenas será agendada caso se justifique, devendo o juiz ponderar se os elementos já existentes nos autos permitem, sem mais, uma pronúncia segura sobre a procedência ou improcedência da providência. Em princípio, não será adequado decidir apenas com base nos elementos documentais apresentados quando, não produzindo estes resultados inequívocos, o requerente ou o requerido tiverem indicado outros meios de prova que possam servir para integrar os fundamentos do procedimento ou da oposição.

3. A audiência final que tenha sido designada com respeito pelo regime que consta do art. 151º torna insuscetível o seu adiamento, a não ser por razões atinentes ao tribunal (art. 603º). A urgência do procedimento assim o impõe (art. 363º). Ademais, tanto o agendamento como a realização da audiência final devem ser devidamente conjugados com o princípio da celeridade e com a necessidade de efetiva tutela dos interesses em causa, designadamente quando se coloque a possibilidade de suspensão para audição de pessoa que tenha faltado ou para a realização de diligências de prova. Como critério indicativo, deve ter-se sempre presente que o procedimento cautelar (mesmo nos casos em que seja pedida a inversão do contencioso) não se confunde com a ação de que depende e na qual, com mais solenidade, poderão ser feitas as averiguações necessárias à resolução definitiva do litígio.

4. A produção de prova far-se-á dentro das seguintes balizas: admissibilidade de todos os meios de prova legítimos; limitação das provas às necessidades do caso concreto e ao objetivo da celeridade; liberdade de investigação por parte do juiz em face dos meios de prova apresentados ou de outros que se revelem pertinentes, tendo sempre presentes os fatores da celeridade e da eficácia da providência.

5. Para maiores desenvolvimentos, cf. Abrantes Geraldes, *ob. cit.*, pp. 212-231.

ARTIGO 368º
Deferimento e substituição da providência

1 – A providência é decretada desde que haja probabilidade séria da existência do direito e se mostre suficientemente fundado o receio da sua lesão.

2 – A providência pode, não obstante, ser recusada pelo tribunal quando o prejuízo dela resultante para o requerido exceda consideravelmente o dano que com ela o requerente pretende evitar.

3 – A providência decretada pode ser substituída por caução adequada, a pedido do requerido, sempre que a caução oferecida, ouvido o requerente, se mostre suficiente para prevenir a lesão ou repará-la integralmente.

4 – A substituição por caução não prejudica o direito de recorrer do despacho que haja ordenado a providência substituída, nem a faculdade de contra esta deduzir oposição, nos termos do artigo 372º (*e não 370º como consta do texto legal*).

Remissões: art. 362º (requisitos da providência); arts. 372º e 644º (recurso de apelação); art. 376º, nº 1 (caução na generalidade das providências cautelares especificadas); art. 915º (caução incidental).

1. A remissão que o nº 4 faz para o art 370º deve entender-se dirigida ao art. 372º, precisamente o preceito que regula a dedução da oposição à providência decretada, como alternativa à interposição do recurso de apelação. Aliás, o art. 372º, nº 1, al. b), remete precisamente para o art. 368º (também neste sentido cf. Lebre de Freitas e Isabel Alexandre, *CPC anot.*, vol. II, 3ª ed., p. 44).

2. Finda a produção da prova, seguem-se breves alegações orais, após o que tribunal profere a decisão na qual surgem associados os factos julgados provados (e não provados) e a respetiva integração jurídica, em termos semelhantes aos previstos para a sentença (art. 607º), com moderada fundamentação (art. 295º).

3. Não está afastada a possibilidade de prolação da sentença em momento ulterior e por escrito (ainda que em curto prazo – art. 156º, nº 3), quando as circunstâncias do caso não habilitarem o juiz a decidir de imediato (ressalvada a situação dos alimentos provisórios e do arbitramento de reparação provisória, nos termos dos arts. 385º, nº 3, e 389º, nº 1).

4. Para o decretamento das providências basta que sumariamente (*summaria cognitio*) se conclua pela probabilidade séria da existência do direito (*fumus boni juris*) e pelo receio justificado de que a demora cause prejuízo irreparável ou de difícil reparação (*periculum in mora*). O pressuposto da probabilidade séria supera os meros indícios, mas fica aquém do nível de convicção necessário para decretar a inversão do contencioso (art. 369º, nº 1) e ainda mais longe do que se revela necessário para o reconhecimento do direito na ação principal.

5. Quanto às consequências negativas que se visam evitar, não bastarão obviamente a eventuais conjeturas do requerente, devendo o justo receio resultar objetivamente da matéria de facto apurada, em conjugação com as regras de experiência. Mas tanto podem valer os efeitos negativos de ordem patrimonial como não patrimonial, desde que a sua gravidade, projetada pelo que já ocorreu ou possa vir a ocorrer, o justifique (cf. Abrantes Geraldes, *Temas da Reforma do Processo Civil*, vol. III, 4ª ed., pp. 237 e ss.).

6. Ainda que verificados os respetivos pressupostos legais, a providência cautelar será recusada se o tribunal adquirir a convicção de que o seu decretamento é suscetível de causar ao requerido um prejuízo que excede consideravelmente o dano que se pretende evitar, em aplicação do princípio da adequação ou da proporcionalidade. Mas, em regra, as desvantagens de ordem patrimonial do lado do requerido devem ceder perante interesses de natureza não patrimonial prosseguidos pelo requerente e que sejam considerados relevantes para o deferimento da medida cautelar. Só uma considerável desproporção relativamente às consequências para o requerido será capaz de justificar a recusa da providência (cf. Abrantes Geraldes, *ob. cit.*, pp. 245-251).

7. Em qualquer dos casos, deve prevenir-se o risco inerente a uma utilização abusiva de medidas de natureza cautelar cujo decretamento, fora do quadro de razoabilidade que a lei supõe, é suscetível de determinar um desequilíbrio entre as partes, levando o requerente a obter benefícios injustificados na medida equivalente à cedência a que a contraparte é forçada. Os instrumentos processuais devem estar ao serviço do direito de ação, mesmo na sua vertente provisória, mas não mais do que isso, sob pena de reverterem contra o outro sujeito, determinando-lhe perdas que nem sequer possam ser posteriormente compensadas.

8. Não faltam mecanismos moderadores que o sistema coloca à disponibilidade do juiz e que até ultrapassam o que seja requerido pela contraparte: avaliação da seriedade da situação retratada pelo requerente (nº 1), ponderação dos efeitos previstos no nº 2, alteração da medida solicitada por aquela que for tida por mais ajustada (art. 376º, nº 3) ou condicionamento da medida pretendida ao prévio caucionamento da responsabilidade que possa ser assacada ao requerente (art. 374º, nº 2).

9. Pode inserir-se na decisão final a condenação do requerido no pagamento de sanção pecuniária compulsória decorrente do eventual incumprimento da medida, nos termos do art. 365º, nº 2. Inversamente, o juiz pode condicionar o decretamento da providência à prestação de caução por parte do requerente, cautela que não depende sequer da iniciativa do requerido e que se destina a salvaguardá-lo dos prejuízos decorrentes de providência que venha a revelar-se injustificada ou a caducar (art. 374º, nº 2).

10. Está aberta a possibilidade de interposição de recurso por iniciativa de qualquer das partes, preenchidos os pressupostos gerais, *v.g.* valor do procedimento, no confronto com a alçada do tribunal (art. 629º, nº 1), legitimidade (art. 631º), prazo (art. 638º, nº 1). Em regra, do acórdão da Relação não é admissível recurso para o STJ (art. 370º, nº 2), salvo se se verificar alguma das situações previstas no art. 629º, nº 2.

11. Independentemente da interposição de recurso (ou da dedução de oposição superveniente, nos casos em que não tenha existido contraditório prévio), o requerido pode requerer, por via incidental (art. 915º), a substituição da providência por caução, com alegação dos fundamentos, indicação do valor a caucionar e modo de prestação. Cumprido o contraditório, o tribunal decide depois de avaliar quer a suficiência da caução, quer a sua idoneidade para prevenir a lesão (ou a sua continuação) ou repará-la integralmente (cf. Abrantes Geraldes, *ob. cit.*, pp. 253-262).

12. No que respeita a custas processuais, julgado procedente o procedimento, sem oposição do requerido, a responsabilidade pelas custas recai, em primeira linha, sobre o requerente (art. 539º, nº 1). Quando haja procedência do procedimento cautelar, tendo havido oposição do requerido, será este a suportar as custas (nº 1, *in fine*). Mas se o procedimento for julgado improcedente, as custas correm por conta do requerente, independentemente de ter havido oposição do requerido (art. 527º). Não está afastada a aplicação do regime da litigância de má-fé ou a condenação em taxa sancionatória excecional (arts. 531º e 542º e Abrantes Geraldes, *ob. cit.*, pp. 252 e 253).

13. Para maiores desenvolvimentos, cf. Abrantes Geraldes, *ob. cit.*, pp. 234-265 e Lebre de Freitas e Isabel Alexandre, *ob. cit.*, pp. 39-44. Sobre a ponderação das consequências negativas da concessão ou negação da providência, para os efeitos do nº 2, cf. ainda Rui Pinto, *A Questão de Mérito na Tutela Cautelar*, pp. 237-241 e 651-659. Especificamente sobre a substituição da providência por caução, cf. Marco Gonçalves, *Providências Cautelares*, pp. 377-383.

ARTIGO 369º
Inversão do contencioso

1 – Mediante requerimento, o juiz, na decisão que decrete a providência, pode dispensar o requerente do ónus de propositura da ação principal se a matéria adquirida no procedimento lhe permitir formar convicção segura acerca da existência do direito acautelado e se a natureza da providência decretada for adequada a realizar a composição definitiva do litígio.

2 – A dispensa prevista no número anterior pode ser requerida até ao encerramento da audiência final; tratando-se de procedimento sem contraditório prévio, pode o requerido opor-se à inversão do contencioso conjuntamente com a impugnação da providência decretada.

3 – Se o direito acautelado estiver sujeito a caducidade, esta interrompe-se com o pedido de inversão do contencioso, reiniciando-se a contagem do prazo a partir do trânsito em julgado da decisão que negue o pedido.

Remissões: art. 371º (instauração da ação); art. 376º, nº 4 (extensão do regime da inversão do contencioso).

1. A inversão do contencioso constitui uma novidade que foi inserida no CPC de 2013. Através desta medida, em lugar de obter apenas uma antecipação provisória da tutela definitiva, fica o requerente dispensado de instaurar a ação principal destinada a reconhecer ou a realizar o direito em causa. Nuns casos, essa medida pode encontrar sustentação na ausência de uma efetiva divergência entre o requerente e o requerido acerca do direito, existindo apenas uma situação de violação desse direito ou de incumprimento obrigacional (*v.g.* no âmbito de contrato de comodato, em que o proprietário alegue a não restituição da coisa objeto do negócio). Noutros casos, é justificada pelo facto de a atividade desenvolvida no âmbito do procedimento tornar dispensável a sua repetição na ação principal (*v.g.* em determinados procedimentos relacionados com direitos da propriedade industrial ou deliberações sociais). Casos haverá ainda em que o decretamento da medida cautelar *qua tale* satisfaz plenamente o direito do requerente, como ocorre quando se pretende impedir a realização de um evento temporalmente localizado, designadamente algum evento agendado que será causador de graves danos na esfera do requerente (cf. Abrantes Geraldes, *Temas da Reforma do Processo Civil*, vol. III, 4ª ed., pp. 155 e 156). Em cada uma destas situações, justifica-se a opção pela inversão do contencioso, assim dispensando o requerente do ónus de intentar qualquer outra ação (cf. Lebre de Freitas e Isabel Alexandre, *CPC anot.*, vol. II, 3ª ed., pp. 20 e 45).

2. Considerando que o intuito da inversão do contencioso é dispensar o requerente da propositura da ação principal, este regime só pode ser acionado em procedimentos cautelares de natureza preliminar (art. 364º, nºs 1 e 2), não já nos casos em que o procedimento surja como incidente de uma ação pendente (art. 364º, nº 3).

3. O decretamento da inversão do contencioso supõe a iniciativa do requerente, a aquisição de convicção segura acerca da existência do direito e a adequação da providência cautelar à resolução definitiva do litígio. A tutela concedida pelo decretamento da medida cautelar que seja acompanhada do deferimento da inversão do contencioso consolida-se nos termos seguintes:

a) No momento em que estiver decorrido o prazo concedido ao requerido para instaurar a ação principal (art. 371º, nº 1);

b) Na situação prevista no nº 2 do art. 371º;

c) Quando, proposta a ação principal pelo requerido, transitar em julgado a decisão que a julgue improcedente.

4. A intenção do requerente no sentido de obter a inversão do contencioso pode ser expressa logo no requerimento inicial ou em momento posterior, até ao final das alegações orais. Apesar de a lei referir o "*encerramento da audiência final*", tal limite deve situar-se necessariamente em momento anterior. Com efeito, se o deferimento da inversão do contencioso, a ocorrer, deve constar da própria decisão que decreta a providência e se esta decisão pode ser proferida na audiência final (art. 295º), o respetivo requerimento tem de ser deduzido antes dessa decisão. Por outro lado, se tiver havido contraditório prévio no procedimento, sempre se impõe assegurar ao requerido pronúncia sobre o requerimento de inversão do contencioso (art. 3º, nº 3), cujo termo final será a sua própria alegação oral.

5. A necessidade de adequação da providência à composição definitiva do litígio significa a limitação da inversão do contencioso a situações em que uma e outra prosseguem os mesmos objetivos, sem necessidade de qualquer outro desenvolvimento, o que se verifica relativamente à generalidade das medidas cautelares de natureza antecipatória (RC 12-9-17, 157/16 e RP 19-5-14, 2727/13).

6. É necessário, pois, que a providência, pela sua própria natureza, seja adequada a realizar a composição definitiva do litígio, o que, por exemplo, ocorre com providências que têm um cunho semelhante ao da restituição provisória da posse, mas já não com aquelas que, como o arresto ou o arrolamento de bens, visam apenas a conservação da situação. A ponderação sobre a viabilidade de a providência decretada assegurar a composição definitiva do litígio deve fazer-se por referência àquilo que o requerente pretende ou declara pretender, ainda que tal pretensão pudesse ter outra amplitude.

7. A exigência de uma convicção segura acerca do direito ultrapassa os limites do *fumus boni iuris* do art. 368º, nº 1, representando, na prática, um nível de segurança próximo daquele que se mostraria necessário para a apreciação e reconhecimento do mesmo direito na ação principal, caso esta tivesse de ser instaurada. Consequentemente a solicitação da inversão do contencioso exige um maior esforço de alegação e de prova dos elementos de que depende.

8. A pronúncia sobre a inversão do contencioso tem de ocorrer em simultâneo com a decisão que julgue o procedimento cautelar, mesmo nos casos em que não haja contraditório prévio, conforme resulta expressamente da lei (art. 369º, nº 1: "*na decisão que decrete a providência*"; art. 372º, nº 2: reação contra a inversão do contencioso decretada no contexto de providência concedida sem prévia audição do requerido). Como é evidente, a pronúncia sobre a inversão do contencioso supõe que a decisão proferida no procedimento seja no sentido do decretamento de uma providência cautelar.

9. Nos casos em que a providência (com inversão do contencioso) tenha sido decretada sem audiência prévia, o requerido, uma vez notificado (art. 366º, nº 6) para o exercício do contraditório quanto à providência, seja por via de recurso, seja por via de oposição (art. 372º, nº 1), deve cumular aí os argumentos contra a inversão do contencioso (art. 372º, nº 2).

10. A decisão que indefira a inversão do contencioso é irrecorrível (art. 370º, nº 1, 2ª parte). A que a defira é impugnável com o recurso que eventualmente venha a ser interposto da decisão sobre a providência, verificados os pressupostos gerais (1ª parte).

11. A inversão do contencioso mantém autonomia em relação à tutela cautelar. Se é verdade que não pode ser conferida sem que se reconheçam os pressupostos desta (pressupostos reforçados no que respeita à existência do direito invocado), pode ser negada, *ab initio* ou após o contraditório exercido pelo requerido, quando o requisito específico não se confirme.

12. Nos direitos cujo exercício esteja sujeito a caducidade (*v.g.* ação de anulabilidade ou para exercício do direito de preferência), esta apenas é impedida, em regra, com a instauração da ação destinada ao seu reconhecimento ou efetivação (art. 331º do CC), não bastando, por isso, a apresentação de requerimento para concessão de tutela cautelar. No entanto, caso seja decretada a inversão do contencioso, o titular do direito já não terá o encargo de propor tal ação.

13. Naturalmente, isso só será assim se a decisão de inversão do contencioso se consolidar. Por isso, de modo a evitar os efeitos preclusivos que poderiam advir do decurso do prazo, em casos em que a inversão do contencioso viesse a ser revogada em via de recurso ou de oposição, o nº 3 prevê uma outra causa impeditiva da caducidade que é integrada pela formulação do pedido de declaração da inversão do contencioso. Interrompido, assim, o prazo de caducidade, o direito em causa não será afetado pela eventual revogação da decisão de inversão de contencioso, já que a partir do trânsito em julgado de tal decisão revogatória reiniciar-se-á o prazo de caducidade para a propositura da ação (em RC 8-5-18, CJ, t. III, p. 8, assume-se que se conta a partir de então novo prazo por inteiro).

14. Teixeira de Sousa, defende que a "inversão do contencioso pelo juiz exige que este forme a convicção segura da existência do direito acautelado, o que significa que nada impede que a inversão do contencioso seja decretada apenas relativamente ao *quantum* sobre o qual o juiz forme uma convicção segura", de modo que a inversão do contencioso pode ser decretada pelo juiz ainda que o procedimento cautelar seja parcialmente procedente, conduzindo ao decretamento de uma providência que ficará aquém do pretendido pelo requerente ("Duas notas sobre a inversão do contencioso nos procedimentos cautelares", em *https://blogippc.blogspot.com*). Quando assim suceder, o requerido sempre terá o ónus de propor a ação principal, sob pena de a providência decretada se consolidar como composição definitiva do litígio. Independentemente disso, também o próprio requerente, quando pretenda obter uma composição definitiva com maior amplitude (isto é, com amplitude correspondente à providência por si peticionada), poderá propor uma ação destinada a esse fim.

15. Em RL 13-10-16, 2015/13 defendeu-se que este novo regime revogou a norma do art. 21º, nº 7, do DL nº 149/95, de 24-6 (regime jurídico do contrato de locação financeira). Discorda-se desse entendimento porquanto são distintos os pressupostos de uma figura e de outra: no caso daquele art. 21º, nº 7, para além de o desfecho ser imposto por lei, o mesmo é dizer que a intervenção do juiz tem natureza oficiosa, a decisão judicial proferida, mais do que uma mera inversão do contencioso, constitui uma verdadeira antecipação da resolução definitiva do litígio; já quanto ao art. 369º, além de a inversão do contencioso estar sempre dependente de impulso do requerente do procedimento cautelar, dispensando-o de instaurar a ação principal, tal inversão apenas aspira a valer como resolução definitiva do litígio, já que tudo depende da atitude do requerido, o qual sempre pode propor a ação principal (note-se que, em face do art. 21º, nº 7, proferida decisão que valha como resolução antecipada do litígio, o requerido está impedido de propor qualquer ação similar à prevista no art. 371º, podendo somente recorrer, nos termos gerais) (cf. RL 30-11-17, 7582/13).

16. Sobre a inversão do contencioso em geral, cf., desenvolvidamente, Lebre de Freitas e Isabel Alexandre, *CPC anot.*, vol. II, 3ª ed., pp. 45-48, Marco Gonçalves, *Providências Cautelares*, pp. 156-166, Rita Lynce Faria, *A Tutela Cautelar Antecipatória no Processo Civil Português*, pp. 240-252 e Teixeira de Sousa, "As Providências Cautelares e a Inversão do Contencioso" e "Inversão do Contencioso e Competência Internacional", em *http://www.fd.unl.pt/docentes.*

ARTIGO 370º
Recursos

1 – A decisão que decrete a inversão do contencioso só é recorrível em conjunto com o recurso da decisão sobre a providência requerida; a decisão que indefira a inversão é irrecorrível.

2 – Das decisões proferidas nos procedimentos cautelares, incluindo a que determine a inversão do contencioso, não cabe recurso para o Supremo Tribunal de Justiça, sem prejuízo dos casos em que o recurso é sempre admissível.

Remissões: art. 629º (admissibilidade do recurso); art. 638º, nº 1 (prazo de recurso); arts. 644º e ss. (recurso de apelação); art. 671º (recurso de revista).

1. Da decisão que aprecie a providência cautelar é admissível recurso de apelação, nos termos gerais, por parte do requerente ou do requerido, ou de ambos (art. 644º, nº 1, al. a)). Tendo havido inversão do contencioso, a impugnação da respetiva decisão por via de recurso inscreve-se no recurso da decisão que decretou a providência cautelar, ganhando relevo acrescido o valor processual que foi atribuído ou que foi fixado, nos termos do art. 304º, nº 3. Já a decisão que tenha negado a inversão do contencioso não é passível de recurso. Visto que a inversão do contencioso só se equaciona num quadro de decretamento da providência cautelar, a decisão de improcedência do procedimento cautelar afasta qualquer juízo acerca da inversão do contencioso.

2. O prazo para a interposição de recurso da decisão que ponha termo ao procedimento cautelar (art. 644º, nº 1, al. a)) é reduzido para 15 dias, atenta a urgência prevista no art. 363º, nº 1, em conexão com o art. 638º, nº 1, sem embargo do prazo suplementar de 10 dias previsto para o recurso de apelação no qual seja impugnada a decisão da matéria de facto com base em prova gravada (art. 638º, nº 7). De igual prazo beneficia o recorrido (art. 638º, nº 5).

3. Quando incida sobre despacho de indeferimento liminar ou sobre decisão de improcedência, o recurso de apelação sobe nos próprios autos e com efeito suspensivo (arts. 645º, nº 1, al. d) e 647º, nº 3, al. d)). Sobe em separado e, em regra, com efeito meramente devolutivo nos demais casos (arts. 645º, nº 2 e 647º, nº 1). No caso de recurso do despacho de indeferimento liminar, o requerido será citado para os termos do recurso e para os termos do procedimento, salvo no caso de procedimento cautelar em que não deva ser ouvido previamente (art. 641º, nº 7).

4. O âmbito do recurso de revista encontra-se definido no art. 671º, nº 1, que não abarca os acórdãos proferidos pela Relação no âmbito de procedimentos cautelares. O acesso ao STJ apenas poderá verificar-se nos casos excecionais do art. 629º, nº 2, sendo de notar, a este respeito, que a frequente invocação de uma contradição de julgados, ao abrigo da al. d), para além das suas características de essencialidade para ambas as decisões em confronto, não prescinde da verificação dos requisitos gerais relacionados com o valor do procedimento, em conexão com a alçada da Relação (cf. Abrantes Geraldes, *Recursos no NCPC*, 5ª ed., pp. 56-62 e, entre muitos arestos do Supremo, onde a solução tem sido frequentemente adotada, o datado de 24-11-16, 1655/13). Sendo verdade que não existe plena coerência entre o proémio do nº 2 e o teor da al. d), a alusão ao impedimento "*estranho à alçada do tribunal*" (da Relação) tem aquele significado que, aliás, se compreende no contexto de um instrumento de natureza provisória como é o procedimento cautelar.

5. O Trib. Const. vem entendendo que não cabe recurso de constitucionalidade suscitado a respeito de decisões proferidas em procedimentos cautelares, atenta a natureza provisória do julgamento efetuado (cf. Acs. nºs 442/2000, 664/1997, 400/1997 e 151/1985).

6. Para maiores desenvolvimentos, cf. Abrantes Geraldes, *Temas da Reforma do Processo Civil*, vol. III, 4ª ed., pp. 267-271 e *Recursos* cit., anot. aos arts. 629º, 638º e 644º.

ARTIGO 371º
Propositura da ação principal pelo requerido

1 – Sem prejuízo das regras sobre a distribuição do ónus da prova, logo que transite em julgado a decisão que haja decretado a providência cautelar e invertido o contencioso, é o requerido notificado, com a advertência de que, querendo, deve intentar a ação destinada a impugnar a existência do direito acautelado nos 30 dias subsequentes à notificação, sob pena de a providência decretada se consolidar como composição definitiva do litígio.

2 – O efeito previsto na parte final do número anterior verifica-se igualmente quando, proposta a ação, o processo estiver parado mais de 30 dias por

negligência do autor ou o réu for absolvido da instância e o autor não propuser nova ação em tempo de aproveitar os efeitos da propositura da anterior.

3 – A procedência, por decisão transitada em julgado, da ação proposta pelo requerido determina a caducidade da providência decretada.

Remissões: art. 138º (contagem do prazo); arts. 369º e 376º, nº 4 (inversão do contencioso).

1. A inversão do contencioso tem por efeito libertar o titular do direito e requerente da providência cautelar do encargo de instaurar a ação principal, fazendo recair sobre o requerido o ónus de impedir que tal providência seja erigida em composição definitiva do litígio, para o que deverá propor ação destinada a impugnar a existência do direito acautelado.

2. O prazo para essa ação é de 30 dias contados da notificação do trânsito em julgado da decisão que decretou a providência cautelar e inverteu o contencioso. Sob pena de nulidade, a notificação deverá conter a advertência de que a falta de instauração da ação terá como efeito a consolidação da providência como composição definitiva do litígio.

3. Nessa ação, não fará sentido questionar a decisão cautelar em si mesma, tão pouco a inversão do contencioso, pelo singelo motivo de que o prazo para a instauração da ação apenas se inicia depois de transitar em julgado a decisão que decretou a providência e inverteu o contencioso, o que obsta à posterior discussão desse mesmo assunto. Tratar-se-á apenas de discutir o próprio direito subjacente à decisão cautelar.

4. A ação principal cuja instauração passa a constituir um ónus do requerido visa impugnar a existência do direito acautelado, o que tanto pode traduzir-se na formulação de um pedido de declaração de que não existe o direito que foi objeto de tutela cautelar, como de um pedido de reconhecimento de um direito materialmente incompatível com os efeitos que decorrem da inversão do contencioso, isto é, com a consolidação da providência como composição definitiva do litígio. Quando assim for, o requerido fará valer uma pretensão própria, assente na invocação da titularidade de um direito. Ou, então, deduzirá arguição com natureza impeditiva, modificativa ou extintiva do direito acautelado. Exemplo do primeiro caso: tendo havido restituição provisória da posse com inversão do contencioso, o requerido, na ação principal, pede o reconhecimento do seu direito de propriedade (art. 342º, nº 1, do CC). Do segundo caso: a pretexto de direito contratual à entrega de uma coisa, o requerente obtém providência nesse sentido, com inversão do contencioso; na ação principal, o requerido invoca a invalidade do contrato (art. 342º, nº 2, do CC).

5. Na apreciação do mérito da referida ação subsequente à inversão do contencioso, o juiz não está vinculado pelo juízo formado aquando da decisão cautelar e de inversão do contencioso (art. 364º, nº 4). Mesmo que esta tenha sido sustentada numa convicção segura sobre a existência do direito, tal não afeta a possibilidade de inverter esse juízo através dos factos e meios de prova que venham a ser alegados e apresentados na ação proposta pelo requerido. Aliás, a ação que seja instaurada pelo requerido suportará qualquer resultado que se inscreva nos limites objetivos do pedido formulado, podendo conduzir à improcedência total ou parcial ou a uma decisão intermédia que fixe definitivamente a amplitude do direito que é reconhecido.

6. Independentemente do conteúdo da decisão que seja proferida na ação principal, a partir do respetivo trânsito em julgado, verifica-se a caducidade da providência decretada, que é prejudicada ou substituída pela sentença proferida, conforme tal ação seja julgada, respetivamente, procedente ou improcedente.

7. Sobre a matéria, cf. João Correia, Paulo Pimenta e Sérgio Castanheira, *Introdução ao Estudo e à Aplicação do CPC de 2013*, pp. 49-52, Lebre de Freitas e Isabel Alexandre, *CPC anot.*, vol. II, 3ª ed., pp. 51-53 e Teixeira de Sousa, "As Providências Cautelares e a Inversão do Contencioso", em *http://www.fd.unl.pt/docentes.*

8. O confronto revela uma divergência acerca da distribuição do ónus da prova na ação instaurada pelo requerido cuja resolução foi procurada através da alteração do preceito que passaria a ter a seguinte redação: "*Logo que transite em julgado a decisão que haja decretado a providência cautelar e invertido o contencioso, é o requerido notificado com a advertência de que nos 30 dias subsequentes à notificação, querendo, deve intentar a ação destinada a impugnar a existência do direito acautelado sob pena de a providência decretada se consolidar como tutela definitiva do direito e ainda de que nesta ação tem o ónus de provar a inexistência do direito*". Ocorre, porém, que a Lei nº 117/19, de 13-9, não acolheu a sugestão do Grupo de Trabalho, persistindo, assim, os motivos para a manutenção da polémica acerca dessa questão.

ARTIGO 372º
Contraditório subsequente ao decretamento da providência

1 – Quando o requerido não tiver sido ouvido antes do decretamento da providência, é-lhe lícito, em alternativa, na sequência da notificação prevista no nº 6 do artigo 366º:

a) Recorrer, nos termos gerais, do despacho que a decretou, quando entenda que, face aos elementos apurados, ela não devia ter sido deferida;

b) Deduzir oposição, quando pretenda alegar factos ou produzir meios de prova não tidos em conta pelo tribunal e que possam afastar os fundamentos da providência ou determinem a sua redução, aplicando-se, com as adaptações necessárias, o disposto nos artigos 367º e 368º.

2 – O requerido pode impugnar, por qualquer dos meios referidos no número anterior, a decisão que tenha invertido o contencioso.

3 – No caso a que se refere a alínea b) do nº 1, o juiz decide da manutenção, redução ou revogação da providência anteriormente decretada, cabendo

recurso desta decisão, e, se for o caso, da manutenção ou revogação da inversão do contencioso; qualquer das decisões constitui complemento e parte integrante da inicialmente proferida.

Remissões: art. 366º (contraditório); art. 369º (inversão do contencioso); art. 629º (recorribilidade); art. 639º (impugnação da matéria de direito); art. 640º (impugnação da matéria de facto); arts. 644º e ss. (recurso de apelação).

1. Decretada providência cautelar sem prévio contraditório, e uma vez executada ou materializada a providência, o requerido é notificado para se defender, nos termos definidos pelo art. 366º, nº 6 (cf. Abrantes Geraldes, *Temas da Reforma do Processo Civil*, vol. III, 4ª ed., pp. 273-289)).

2. A partir dessa ocasião, recai sobre si o ónus de se defender, usando, em alternativa, os seguintes instrumentos:

a) Recurso de apelação, nos termos gerais (prazo reduzido pela natureza urgente, valor do procedimento, legitimidade, requerimento de interposição de recurso, alegações, etc.), se pretender impugnar a decisão da matéria de facto (art. 640º) ou se a sua discordância se fundar em razões puramente jurídicas (art. 639º);

b) Dedução de oposição, no prazo geral de 10 dias (art. 293º, nº 2, *ex vi* art. 365º, nº 3), se pretender alegar outros factos ou produzir outros meios de prova suscetíveis de infirmar os fundamentos da anterior decisão ou de levar à redução dos seus limites, recaindo sobre o requerido o ónus da prova respetivo.

3. Em qualquer dos mecanismos, o requerido pode impugnar também a decisão de inversão do contencioso que tenha acompanhado a decisão cautelar, devolvendo-se à Relação o poder para confirmar, revogar, alterar ou anular a decisão recorrida em função do objeto do recurso e da convicção que for formada sobre os elementos que constam dos autos.

4. No âmbito da oposição, o juiz deve expressar na decisão que venha a proferir a nova convicção que puder formar a partir de uma discussão mais alargada proporcionada pelo exercício do contraditório, com resultados na revogação da medida ou na sua redução aos justos limites, de acordo com o que, ainda que em termos também provisórios, resultar apurado nesta fase do procedimento.

5. Não estando de modo algum vinculado pelo teor da anterior decisão que foi decretada sem audiência contraditória, o juiz deve sentir-se livre para revê-la se acaso concluir que a versão dos factos inicialmente trazida pelo requerente não corresponde à verdade ou que este acentuou em demasia os aspetos que lhe convinham, omitindo aqueles que o prejudicavam.

6. Proferida, no âmbito do recurso, decisão favorável ao requerido, com a consequente revogação ou redução da providência, deverá ser reconstituída a situação, variando os atos a praticar de acordo com a natureza e os efeitos práticos e jurídicos decorrentes da medida cautelar que foi executada. Se o provimento do recurso se limitar à revogação da inversão do contencioso, daí resultará a vinculação do requerente ao disposto no art. 373º, nº 1, al. a), ou seja, à propositura da ação principal, sob pena de caducidade da providência cautelar.

7. No caso da oposição, a decisão que venha a ser proferida em face dos novos factos ou dos novos meios de prova complementa e integra a decisão inicial, podendo redundar na manutenção da providência, na sua revogação (se os novos elementos determinarem a formação de convicção oposta à anterior ou se o juiz adquirir a convicção de que o prejuízo emergente do decretamento da providência é consideravelmente superior ao dano que ela visava acautelar – art. 368º, nº 2) ou, ainda, na redução aos limites necessários e suficientes para afastar a situação de *periculum in mora*. Pode ainda consistir na revogação da decisão de inversão do contencioso. Perante a nova decisão, as partes podem exercer o direito de impugnação, nos termos gerais (cf. Abrantes Geraldes, *ob. cit.*, pp. 273 e ss).

8. Em matéria de custas, se a oposição improceder, as custas respetivas serão suportadas pelo requerido. Se proceder, serão de imputar ao requerente da providência. Não é, pois, a esta oposição que se reporta o art. 539º, nº 1 (para mais desenvolvimentos cf. Abrantes Geraldes, *Temas da Reforma do Processo Civil*, vol. III, 4ª ed., pp. 252 e 253 e *Temas Judiciários*, pp. 245 e ss.).

9. Sobre o exercício diferido do contraditório na fase bilateral, cf. Lucinda Dias da Silva, *Processo Cautelar Comum, Princípio do Contraditório e Dispensa da Audiência Prévia do Requerido*, pp. 232-290. Para maiores desenvolvimentos, cf. Abrantes Geraldes, *ob. cit.*, pp. 273-289 e Lebre de Freitas e Isabel Alexandre, *CPC anot.*, vol. II, 3ª ed., pp. 54-61.

ARTIGO 373º
Caducidade da providência

1 – Sem prejuízo do disposto no artigo 369º, o procedimento cautelar extingue-se e, quando decretada, a providência caduca:

a) Se o requerente não propuser a ação da qual a providência depende dentro de 30 dias contados da data em que lhe tiver sido notificado o trânsito em julgado da decisão que a haja ordenado;

b) Se, proposta a ação, o processo estiver parado mais de 30 dias, por negligência do requerente;

c) Se a ação vier a ser julgada improcedente, por decisão transitada em julgado;

d) Se o réu for absolvido da instância e o requerente não propuser nova ação em tempo de aproveitar os efeitos da proposição da anterior;

e) Se o direito que o requerente pretende acautelar se tiver extinguido.

2 – Quando a providência cautelar tenha sido substituída por caução, fica esta sem efeito nos mesmos termos em que o ficaria a providência substituída, ordenando-se o levantamento daquela.

3 – A extinção do procedimento ou o levantamento da providência são determinados pelo juiz, com prévia audiência do requerente, logo que se mostre demonstrada nos autos a ocorrência do facto extintivo.

Remissões: art. 138º (contagem dos prazos); art. 279º, nº 2 (efeitos da instauração de nova ação); art. 368º, nº 4 (substituição da providência por caução); art. 628º (data do trânsito em julgado).

1. A não ser que tenha sido decretada a inversão do contencioso, o requerente tem o prazo de 30 dias para instaurar a ação ou execução de que o procedimento é instrumental, sob pena de se verificar a caducidade da providência e a extinção do procedimento cautelar. Aquele prazo é contado da notificação que lhe deve ser dirigida acerca do trânsito em julgado da decisão que decretou a providência.

2. O mesmo efeito extintivo pode derivar da paralisação do processo principal durante mais de 30 dias, desde que se possa formular um juízo de imputação subjetiva ao requerente (cf. Abrantes Geraldes, *Temas da Reforma do Processo Civil*, vol. III, 4ª ed., pp. 293-300).

3. Para os efeitos da al. c), a caducidade não resulta da simples prolação de sentença que julgue improcedente a ação principal, mas do seu trânsito em julgado. O mesmo se verifica nos casos em que, por ter havido inversão de contencioso, venha ser julgada procedente a ação interposta pelo requerido (art. 371º, nº 3). Devem equiparar-se aos casos de improcedência da ação a que se refere a al. c) as situações de inutilidade ou de impossibilidade superveniente da lide principal.

4. Apesar da absolvição da instância de que trata a al. d), o requerente pode continuar a beneficiar da tutela cautelar, desde que proponha nova ação dentro de 30 dias a contar do trânsito em julgado dessa decisão, nos termos do art. 279º, nº 2 (cf. Abrantes Geraldes, *ob. cit.*, pp. 300 a 302).

5. Se as circunstâncias de que a lei faz depender a extinção do procedimento ou a caducidade da providência resultarem imediata e objetivamente dos autos, sem necessidade de recurso a elementos externos ou à averiguação de fatores de índole subjetiva, o juiz deve decretar oficiosamente os efeitos extintivos; caso contrário, a intervenção do juiz terá de ser requerida. É o que sucederá, com maior probabilidade, no caso da al. e). Em qualquer dos casos, deve ser ouvido o requerente, isto é, o sujeito processual que será prejudicado pela decisão que determine a caducidade da providência (cf. Abrantes Geraldes, *ob. cit.*, pp. 308 e ss.).

6. Os efeitos projetados relativamente à providência cautelar são aplicáveis aos casos em que a mesma tenha sido substituída por caução (art. 368º, nº 3), devendo ser ordenado o seu levantamento.

7. Para maiores desenvolvimentos, cf. Abrantes Geraldes, *ob. cit.*, pp. 292-317, Marco Gonçalves, *Providências Cautelares,* pp. 396-410 e Lebre de Freitas e Isabel Alexandre, *CPC anot.*, vol. II, 3ª ed., pp. 62-73.

ARTIGO 374º
Responsabilidade do requerente

1 – Se a providência for considerada injustificada ou vier a caducar por facto imputável ao requerente, responde este pelos danos culposamente causados ao requerido, quando não tenha agido com a prudência normal.

2 – Sempre que o julgue conveniente em face das circunstâncias, pode o juiz, mesmo sem audiência do requerido, tornar a concessão da providência dependente da prestação de caução adequada pelo requerente.

Remissões: arts. 362º e 368º (requisitos da sentença que decreta a providência); art. 373º (caducidade da providência).

1. A existência de comportamentos dolosos ou pautados pelo incumprimento dos deveres de diligência determina a responsabilização do requerente pelos danos causalmente provocados. Mas a correspondente pretensão não cabe no procedimento cautelar ou mesmo no incidente de oposição, devendo ser exercida em ação autónoma (STJ 7-3-19, 5744/15). Exige-se a conjugação de uma série de pressupostos: o evento, o dolo ou a culpa, a ilicitude, o dano e o nexo de causalidade (STJ 26-2-19, 618/12).

2. O caucionamento da providência pode ser solicitado pelo requerido quando deduza oposição antes de ser decretada a providência (art. 368º, nº 3). Mas, quando tal se justifique, o juiz, *ex officio*, pode fazer depender o decretamento da providência da prestação de caução em montante adequado a suportar os possíveis prejuízos que possam ser imputados ao requerente.

3. Para maiores desenvolvimentos, cf. Abrantes Geraldes, *Temas da Reforma do Processo Civil*, vol. III, 4ª ed., pp. 319-325, Marco Gonçalves, *Providências Cautelares*, pp. 330-354 e Paula Costa e Silva, *A Litigância de Má Fé*, pp. 494-502.

ARTIGO 375º
Garantia penal da providência

Incorre na pena do crime de desobediência qualificada todo aquele que infrinja a providência cautelar decretada, sem prejuízo das medidas adequadas à sua execução coerciva.

Remissões: art. 348º do Código Penal (crime de desobediência).

1. À prática do crime de desobediência pela violação da medida cautelar decretada é indiferente a natureza e o conteúdo desta. Tão pouco a consumação do crime depende do trânsito em julgado da decisão, desde que o recurso interposto seja admitido com efeito meramente devolutivo. E também é independente do acionamento dos mecanismos de execução coerciva.

2. A prática do crime de desobediência qualificada tanto pode corresponder a comportamentos ativos como a omissões. De resto, não é necessário que a ordem constante da sentença que decreta a providência inclua a advertência ao requerido de que o seu não acatamento é cominado com crime de desobediência (RE 29-11-16, 1627/09 e RP 16-1-13, 373/10).

3. Segundo o ***AUJ nº 10/10***: "*Em processo por crime de desobediência qualificada decorrente de violação de providência cautelar, previsto e punido pelos arts. 391º do CPC e 348º, nº 2, do Cód. Penal, o requerente da providência tem legitimidade para se constituir assistente.*"

4. Para maiores desenvolvimentos, cf. Abrantes Geraldes, *Temas da Reforma do Processo Civil*, vol. III, 4ª ed., pp. 327-330.

ARTIGO 376º

Aplicação subsidiária aos procedimentos nominados

1 – Com exceção do preceituado no nº 2 do artigo 368º, as disposições constantes deste capítulo são aplicáveis aos procedimentos cautelares regulados no capítulo subsequente, em tudo quanto nele se não encontre especialmente prevenido.

2 – O disposto no nº 2 do artigo 374º apenas é aplicável ao arresto e ao embargo de obra nova.

3 – O tribunal não está adstrito à providência concretamente requerida, sendo aplicável à cumulação de providências cautelares a que caibam formas de procedimento diversas o preceituado nos nºs 2 e 3 do artigo 37º.

4 – O regime de inversão do contencioso é aplicável, com as devidas adaptações, à restituição provisória da posse, à suspensão de deliberações sociais, aos alimentos provisórios, ao embargo de obra nova, bem como às demais providências previstas em legislação avulsa cuja natureza permita realizar a composição definitiva do litígio.

Remissões: art. 362º, nº 1 (pedido de providência); arts. 369º e 371º (regime da inversão de contencioso); art 374º, nº 2 (caução condicional).

1. Relativamente aos requisitos e tramitação dos procedimentos cautelares especificados regulados nos arts. 377º e ss., devem seguir-se as seguintes regras: prioridade concedida às normas especiais; exclusão das normas que não se adaptem a cada um desses procedimentos nominados; nenhuma providência específica (sem prejuízo do que se prescreve quanto à suspensão de deliberações, no art. 381º, nº 2) pode ser recusada com base no único motivo de o dano dela resultante superar consideravelmente aquele que se pretenda evitar com o decretamento da medida cautelar (art. 368º, nº 2); a norma do art. 374º, nº 2 (caução prévia a cargo do requerente), aplica-se apenas ao arresto e ao embargo de obra nova.

2. Não existem razões formais para recusar liminarmente a extensão aos procedimentos específicos da norma do art. 368º, nº 3, que admite a substituição da providência por caução, embora se exija a ponderação da natureza da providência específica e da suficiência ou idoneidade da caução para suportar os riscos que com a providência se pretendam prevenir (cf. Abrantes Geraldes, *Temas da Reforma do Processo Civil*, vol. III, 4ª ed., pp. 331-334).

3. Quanto ao regime de inversão do contencioso, atenta a sua natureza, apenas poderá ser ponderado relativamente aos procedimentos identificados no nº 4, excluindo, assim, o arresto e o arrolamento, dada a sua função meramente conservatória, a par do arbitramento de reparação provisória, tendo em conta a precariedade da situação que visa superar.

4. Apesar da remissão contida no nº 4 do art. 376º, poderá haver dúvidas sobre a aplicabilidade do regime em algumas das providências ali referidas, por não ser evidente a sua natureza antecipatória. Se imaginarmos o caso de uma construção já iniciada em terreno alheio, o proprietário do terreno pode requerer a providência de embargo de obra nova (art. 397º). Decretado o embargo, o requerido fica inibido de continuar a obra. Na subsequente ação principal, o autor irá peticionar a condenação do réu a abster-se, em definitivo, de prosseguir a obra, mas também pode pedir a condenação daquele na demolição da obra já feita. Num cenário desses, dir-se-ia não haver convergência entre a composição resultante da medida cautelar (suspensão da obra) e a composição resultante da ação principal (suspensão definitiva da obra e sua demolição). Sucede que, conforme resulta do princípio do dispositivo, a vertente relativa à demolição apenas será considerada pelo tribunal na ação principal se o autor formular pedido nesse sentido (art. 609º, nº 1). Quer isto dizer que será possível decretar a inversão do contencioso na providência de embargo de obra nova, já que, dentro do seu estrito âmbito, a providência é apta a realizar a composição definitiva do litígio. Assim, se o requerido não propuser a ação principal (art. 371º) ou se tal ação vier a ser julgada improcedente, a composição do litígio ficará limitada à vertente da suspensão definitiva da obra. Esse quadro não obsta a que o titular do direito venha pedir, em ação ulterior, a condenação da contraparte na demolição da obra.

5. O requerente deve concretizar a providência pretendida, nada obstando a que seja utilizada uma formulação de natureza subsidiária (art. 554º) ou mesmo a cumulação real de providências (art. 555º), ainda que lhe caibam formas procedimentais diversas, deste que sejam compatíveis, nos termos dos arts. 376º, nº 3 e 37º, nºs 2 e 3.

6. A cumulação de pretensões cautelares pressupõe requisitos de ordem material (conexão objetiva) e de natureza formal (arts. 555º, 36º e 37º), cumprindo realçar a unicidade da causa de pedir ou uma relação de prejudicialidade entre as causas de pedir, o respeito pelas regras de competência internacional, material e hierárquica e a correspondência das formas do processo ou a sua compatibilização (art. 37º, nºs 1 e 2). Afinal, importa não olvidar a dependência e a instrumentalidade do procedimento cautelar relativamente à ação principal, não podendo a amplitude daquele extravasar as regras que serão aplicáveis a esta (cf. Abrantes Geraldes, *ob. cit.*, pp. 340-343).

7. O nº 3 consagra uma derrogação ao princípio dispositivo, na vertente relativa à conformação do objeto da instância, atribuindo-se um poder judicial de adequação material. O tribunal não está vinculado à concessão da medida cautelar individualizada pelo requerente, tendo liberdade para adotar aquela que entender mais adequada a tutelar a concreta situação que for verificada e determinar aquilo que melhor favoreça a conservação do direito do requerente ou a antecipação dos efeitos que através da ação definitiva se procuram atingir, desde que se mantenha nos limites do objeto da ação principal e seja compatível com a vontade manifestada na petição (cf. Abrantes Geraldes, *ob. cit.*, pp. 334-339). O exercício do poder de adequação deve ser precedido do exercício do contraditório (art. 3º, nº 3), sendo que, mesmo que o requerente não concorde com a pretensão propugnada pelo juiz, nada impede que este a decrete, sem prejuízo da eventual reação por via de recurso, nos termos gerais.

8. Lebre de Freitas e Isabel Alexandre, *CPC anot.*, vol. II, 3ª ed., p. 85, entendem que este poder de adequação material só pode ser exercido quando a inadequação da providência concretamente requerida seja total, em termos de, não fora a adequação judicial, levar à improcedência do pedido cautelar. Cremos que esta interpretação restritiva não se justifica face aos termos amplos em que é conferida tal faculdade, cabendo ao juiz efetuar a convolação para a providência que repute mais adequada e eficaz face ao *periculum in mora* concretamente apurado.

9. Para mais desenvolvimentos, cf. Abrantes Geraldes, *ob. cit.*, pp. 331-334 e Lebre de Freitas e Isabel Alexandre, *ob. cit.*, pp. 83-88.

CAPÍTULO II
Procedimentos cautelares especificados

SECÇÃO I
Restituição provisória de posse

ARTIGO 377º
Em que casos tem lugar a restituição provisória de posse

No caso de esbulho violento, pode o possuidor pedir que seja restituído provisoriamente à sua posse, alegando os factos que constituem a posse, o esbulho e a violência.

Remissões: arts. 1251º e ss. (regime da posse); arts. 255º e 1251º (violência); art. 1278º (ação de restituição da posse); art. 1279º (esbulho violento); art. 1282º (caducidade), todos do CC; art. 365º (petição inicial).

1. A matéria da restituição provisória da posse encontra-se detalhada em Abrantes Geraldes, *Temas da Reforma do Processo Civil*, vol. IV, 4ª ed., 2010, com larga ilustração jurisprudencial e doutrinária.

2. Atenta a relação de instrumentalidade, a restituição provisória da posse antecipa, em regra, a decisão a proferir na ação de restituição de posse, em situações de esbulho violento (podendo também surgir por referência a ações de reivindicação, nos casos em que o esbulhado, com violência, tenha posse causal). Também pode ser decretada no âmbito dos embargos de terceiro com função repressiva, nos termos do art. 347º (ainda que neste caso não se exija o requisito da violência). Já o procedimento cautelar comum que envolva litígios de natureza possessória (art. 379º) é instrumental em relação a ações de prevenção ou de manutenção da posse, cobrindo ainda ações de restituição da posse integradas pelas situações em que o esbulho não seja violento.

3. A qualidade de possuidor tem por referência típica os direitos reais de gozo, mas admite-se a extensão da respetiva tutela a alguns direitos reais de garantia (consignação de rendimentos – art. 661º, al. b); penhor – art. 679º, al. a); direito de retenção – arts. 758º e 759º, nº 3) e mesmo certos direitos pessoais de gozo (arrendamento – art. 1037º, nº 2; comodato – art. 1133º, nº 2; depósito – art. 1188º, nº 2, todos do CC; contrato-promessa com tradição da coisa – por *analogia juris*) (cf. Abrantes Geraldes, *ob. cit.*, pp. 31-45 e Andrade Mesquita, *Direitos Pessoais de Gozo*, pp. 205 e ss.).

4. O esbulho abarca os atos que implicam a perda da posse, por contraste com atos de mera turbação. Sendo o esbulho uma das formas através das quais se pode adquirir a posse, a sua qualificação como violento deve ser o resultado da aplicação dos arts. 1261º e 255º do CC. É relativamente fácil a caracterização das situações em face da exigência da qualidade de possuidor ou mesmo da existência de esbulho, sendo mais difícil a demarcação dos casos de esbulho violento, no confronto com outras atuações esbulhadoras ou perturbadoras da posse.

5. Trata-se de uma questão que encontra eco em múltiplas decisões judiciais que, em regra, seguem o rumo que é mais ajustado à efetiva tutela dos direitos, incluindo no conceito de "*violência*" não apenas a que é exercida contra a própria coisa mas também, e de uma forma que nos parece inteiramente justificada, a que é exercida contra o possuidor, sem exclusão sequer dos atos intimidatórios que se repercutam na manutenção da paz pública que a providência visa finalisticamente assegurar (em STJ 19-10-16, 487/14 e RC 24-1-17, 1350/16, decidiu-se precisamente que a violência pode decorrer, por via reflexa, da intimidação do possuidor na sequência da prática de atos materiais sobre a coisa; *idem* em RC 20-5-14, 84/14, RP 3-11-11, 69/11 e RP 7-2-06, 4151/05).

6. A restituição provisória da posse deve ser encarada em todos os seus elementos como um instrumento de tutela efetiva de direitos subjetivos, privilegiando os aspetos de ordem material a partir da ponderação séria da necessidade de uma intervenção judicial destinada a repor o *statu quo ante* atingido por uma atuação ilícita do esbulhador, sendo de notar que, na maior parte dos casos, a ilicitude civil é traduzida por atos que, em simultâneo, integram os tipos legais de crimes contra pessoas ou património (cf., com ilustração de jurisprudência, Abrantes Geraldes, *ob. cit.*, pp. 46-51).

7. O facto de não se apurar uma situação qualificada como de esbulho violento não determina necessariamente o indeferimento da pretensão cautelar. Em face do que está expressamente previsto no art. 379º, é caso para ponderar a opção pelo decretamento de uma providência cautelar comum correspondente à necessidade de tutela que em concreto seja verificada, desde que se demonstrem os pressupostos comuns, ou seja, desde que, a par de uma situação de posse (ou equiparada) em que tenha havido esbulho ou perturbação, se verifique um risco sério de lesão grave irreparável ou de difícil reparação, nos termos dos arts. 362º, nº 1 e 376º, nº 3 (cf. Abrantes Geraldes, *ob. cit.*, pp. 59-61 e Lebre de Freitas e Isabel Alexandre, *CPC anot.*, vol. II, 3ª ed., pp. 102-103).

8. O art. 1282º do CC prevê um prazo de caducidade para o acionamento dos meios definitivos de tutela da posse, o qual é extensivo ao procedimento cautelar. Tal como ocorre com a ação possessória, a restituição provisória da posse também deve ser requerida dentro daquele prazo. Embora esta caducidade não seja de conhecimento oficioso (art. 333º, nº 2, do CC), não é de excluir a hipótese de se reconhecer que o decurso do prazo de um ano previsto no art. 1267º, nº 1, al. d), do CC, determinou, entretanto, a perda da qualidade de possuidor (RL 19-3-13, 584/12).

9. Importa ter em atenção que a instauração oportuna do procedimento cautelar não obsta, por si, à caducidade do direito a apreciar na ação principal. Atento o disposto no art. 328º do CC, o impedimento da caducidade só ocorre, em regra, com a instauração da ação que vise o reconhecimento do direito, não bastando, pois, a iniciativa cautelar. Ademais, o cumprimento do ónus de instauração da ação principal no prazo de 30 dias previsto no art. 373º, nº 1, al. a), apenas releva para evitar a caducidade da providência cautelar decretada, sem interferir na questão da tempestividade da ação de restituição da posse, submetida sempre à caducidade prevista no art. 1282º do CC (cf. Abrantes Geraldes, *ob. cit.*, pp. 51, 68 e 69). No entanto, como esta providência é compatível com a formulação de pedido de inversão do contencioso (art. 376º, nº 4), a dedução desse pedido tem o efeito interruptivo previsto no art. 369º, nº 3.

10. Outros aspetos de natureza formal: requerimento inicial (art. 293º); alegação dos factos constitutivos, ainda que presuntivos (art. 5º); meios de prova (arts. 293º, 294º e 365º, nº 1); competência territorial (art. 78º, nº 1, al. c), em conexão com art. 70º, nº 1 (imóveis) e com o art. 80º (móveis)); legitimidade ativa (arts.

1281º, nº 2 e 1286º do CC); legitimidade passiva (art. 1281º, nº 2, do CC); valor do procedimento (art. 303º, nº 3, al. b)) (cf. Abrantes Geraldes, *ob. cit.*, pp. 52-54).

11. Toda a tramitação deve ser orientada de modo a permitir que a decisão final do procedimento seja proferida no prazo máximo de 15 dias (art. 363º, nº 2).

12. Para maiores desenvolvimentos, cf. Abrantes Geraldes, *ob. cit.*, pp. 26-57 e Lebre de Freitas e Isabel Alexandre, *ob. cit.*, pp. 88-98.

ARTIGO 378º
Termos em que a restituição é ordenada

Se o juiz reconhecer, pelo exame das provas, que o requerente tinha a posse e foi esbulhado dela violentamente, ordena a restituição, sem citação nem audiência do esbulhador.

Remissões: arts. 3º, nº 2 e 366º, nº 6 (contraditório posterior); art. 368º (probabilidade de existência do direito); art. 376º, nº 4 (inversão do contencioso).

1. A decisão final é proferida sem audiência do requerido (no que pode ver-se uma penalização dirigida ao esbulhador e, em simultâneo, o interesse na rápida emissão de uma decisão judicial, mas também um maior risco), sendo admissíveis todas as provas. É sobre o requerente que incide o ónus da prova dos factos constitutivos, embora o juiz se deva empenhar na averiguação dos factos, tendo em vista evitar o decretamento injustificado da restituição (art. 411º), risco tanto maior quanto é certo que o requerido não é previamente ouvido. É bastante um juízo de verosimilhança sobre os factos, gradativamente superior, no entanto, quando deva ser decretada a inversão do contencioso.

2. A decisão final (sumária) não pode ser condicionada pelos eventuais prejuízos que o deferimento da providência determine na esfera do requerido, atenta a inaplicabilidade do art. 368º, nº 2 (art. 376º, nº 1). Também não pode ficar dependente da prestação de caução por parte do requerente (art. 374º, nº 2), considerada a restrição que consta do art. 376º, nº 2. Já poderá ser ponderada a posterior substituição da providência que tenha sido decretada por caução, nos termos do art. 368º, nº 3, possibilidade que não está liminarmente afastada do procedimento de restituição provisória da posse (art. 376º), embora deva ser sujeita a um rigoroso condicionalismo em face da natureza da situação e do risco que se pretende evitar.

3. O procedimento cautelar decompõe-se em duas fases: a declarativa e a executiva, traduzida esta na entrega material da coisa esbulhada. A decisão que decreta a providência restitutória será materialmente cumprida e só depois é notificado o requerido para deduzir oposição ou interpor recurso. Salvo se tiver sido decretada a inversão do contencioso, o requerente tem o ónus de instaurar a ação possessória (ou petitória), no prazo de 30 dias, sob pena de caducidade da providência (art. 373º, nº 1, al. a)), sem embargo do prazo previsto no art. 1282º do CC, relativamente à tutela possessória definitiva, que corre em paralelo, cujo efeito apenas é impedido pela instauração da ação e não pela apresentação da petição inicial do procedimento cautelar ou sequer pelo decretamento da providência (arts. 328º, nº 1 e 331º, nº 1, do CC) (cf. Abrantes Geraldes, *Tema das Reforma do Processo Civil*, vol. IV, 4ª ed., pp. 57-63). O pedido de inversão do contencioso interrompe, no entanto, o decurso do prazo de caducidade (art. 369º, nº 3).

4. A inversão de contencioso (art. 376º, nº 4) constitui um reforço da tutela dos interesses do possuidor esbulhado, considerando que, uma vez decretada, transfere para o requerido (esbulhador com violência) o ónus de instaurar e de promover o andamento da ação principal. A restituição provisória da posse é um dos exemplos paradigmáticos em que, adquirida pelo juiz a convicção segura acerca da existência do direito do requerente (art. 369º, nº 1), pode justificar-se a inversão do contencioso com o significado de dispensar o possuidor da instauração de uma ação de restituição da posse. Apesar da inversão do contencioso, o requerente poderá, contudo, manter interesse na instauração de ação autónoma se designadamente pretender ver satisfeito o direito de indemnização previsto no art. 1284º do CC, uma vez que a inversão de contencioso se reporta unicamente à questão possessória, deixando de lado outras eventuais pretensões materiais.

5. Decretada a inversão do contencioso, o requerido pode impugnar a decisão em simultâneo com a impugnação da decisão cautelar, o que tanto pode manifestar-se através da oposição como do recurso que seja admissível (arts. 370º, nº 1 e 372º). Transitada em julgado a decisão que decretou a providência e concedeu a inversão do contencioso, recai sobre o requerido o ónus de instaurar a ação que vise a impugnação da existência do direito acautelado (art. 371º, nº 1), sob pena de se consolidar definitivamente a composição do litígio possessório.

6. A providência cautelar manter-se-á enquanto não for revogada ou enquanto não for substituída por caução, nas situações em que esta seja de admitir - art. 368º, nº 4. Os efeitos provisórios converter-se-ão em definitivos através da decisão que, na ação principal, reconheça o direito acautelado ou, tendo havido inversão do contencioso, quando a impugnação for julgada improcedente. Extinguir-se-ão esses efeitos em caso improcedência da ação principal instaurada pelo requerente (art. 373º, nº 1, al. c)) ou, tendo havido inversão do contencioso, quando transite em julgado a sentença favorável ao requerido na ação de impugnação (art. 371º, nº 3).

7. Para maiores desenvolvimentos em face do regime previsto no CPC de 1961, cf. Abrantes Geraldes, *ob. cit.*, pp. 57-69.

ARTIGO 379º

Defesa da posse mediante providência não especificada

Ao possuidor que seja esbulhado ou perturbado no exercício do seu direito, sem que ocorram as circunstâncias previstas no artigo 377º, é facultado, nos termos gerais, o procedimento cautelar comum.

Remissões: arts. 362º e ss. (procedimento cautelar comum).

1. A prática de atos de esbulho sem violência ou a prática de quaisquer atos de perturbação da posse (ou situação equiparada) legitimam o interessado a recorrer à tutela cautelar comum para assegurar a manutenção da situação ou para prevenir a violação da posse ou do direito (ações de manutenção e de prevenção da posse – arts. 1276º e 1278º do CC), verificados os requisitos gerais: probabilidade séria da existência da posse ou direito equiparado; fundado perigo de ocorrência de lesão grave e dificilmente reparável. Pode também ser requerida, nessa situação, a inversão do contencioso, cujo decretamento ficará submetido aos requisitos do art. 369º, nº 1.

2. Cumprir-se-á, em princípio, o contraditório prévio, de acordo com a regra geral, devendo o juiz, a final, optar pela medida cautelar que se revele mais ajustada à concreta situação de perigo, com ponderação, além do mais, dos danos prováveis e dos efeitos que a medida provocará na esfera do requerido. Seguindo os termos previstos para o procedimento cautelar comum, o juiz pode condicionar o decretamento da providência à prestação de caução, nos termos do que está previsto no art. 374º, nº 2.

3. Não está sequer afastada a possibilidade de a opção pela concessão de uma providência cautelar comum ocorrer no âmbito da restituição provisória da posse quando porventura não se provarem todos os requisitos legais mas, em contrapartida, existirem elementos de que depende a concessão da tutela cautelar comum (art. 368º).

4. Para maiores desenvolvimentos, cf. Abrantes Geraldes, *Temas da Reforma do Processo Civil*, vol. IV, 4ª ed., pp. 71-74.

SECÇÃO II
Suspensão de deliberações sociais

ARTIGO 380º
Pressupostos e formalidades

1 – Se alguma associação ou sociedade, seja qual for a sua espécie, tomar deliberações contrárias à lei, aos estatutos ou ao contrato, qualquer sócio pode requerer, no prazo de 10 dias, que a execução dessas deliberações seja suspensa, justificando a qualidade de sócio e mostrando que essa execução pode causar dano apreciável.

2 – O sócio instrui o requerimento com cópia da ata em que as deliberações foram tomadas e que a direção deve fornecer ao requerente dentro de vinte e quatro horas; quando a lei dispense reunião de assembleia, a cópia da ata é substituída por documento comprovativo da deliberação.

3 – O prazo fixado para o requerimento da suspensão conta-se da data da assembleia em que as deliberações foram tomadas ou, se o requerente não tiver sido regularmente convocado para a assembleia, da data em que ele teve conhecimento das deliberações.

Remissões: art. 138º (contagem do prazo); arts. 53º e ss. do CSC (deliberações dos sócios); art. 56º do CSC (deliberações nulas); art. 58º do CSC (deliberações anuláveis); art. 59º do CSC (caducidade da ação de anulação); art. 63º do CSC (ata), todos do CSC.

1. A matéria da suspensão de deliberações sociais encontra-se detalhada em Abrantes Geraldes, *Temas da Reforma do Processo Civil*, vol. IV, 4ª ed., 2010, com larga ilustração jurisprudencial e doutrinária que, na maior parte dos casos, se mantém atual.

2. A suspensão de deliberações sociais permite antecipar certos efeitos derivados da sentença declarativa da nulidade ou da anulabilidade (e mesmo da ineficácia) desses atos e obsta à execução de deliberações formal ou substancialmente inválidas, mas que, apesar disso, podem ter repercussões negativas na esfera do sócio ou da pessoa coletiva (sobre o âmbito subjetivo e objetivo da medida, cf. Abrantes Geraldes, *ob. cit.*, pp. 77-83, com ilustração da polémica, quer em torno do conceito de deliberações sociais – envolvendo ou não deliberações de órgãos sociais diversos da assembleia –, quer a respeito da delimitação do vício, quando se trata de deliberações ineficazes ou juridicamente inexistentes).

3. A denominação específica da providência ("*suspensão*") impõe naturalmente a restrição às deliberações ainda não executadas ou ainda não totalmente executadas, abarcando tanto as deliberações cuja execução exige a prática de diversos atos, como aquelas que são de execução continuada ou de efeitos persistentes. Quanto às inteiramente executadas antes da instauração do procedimento, faltará uma condição de procedência da medida cautelar; para as executadas entre a propositura do procedimento e a citação da requerida, verifica-se uma situação de inutilidade superveniente da lide cautelar.

4. Da própria designação da providência decorre que apenas abarca deliberações já tomadas e não as que se apresentem como meramente eventuais, a que porventura se ajustarão outras medidas: o procedimento cautelar específico não se destina a impedir a tomada de deliberações sociais, antes a prevenir a execução de deliberações já existentes mas ainda não consumadas total ou parcialmente, sem embargo do eventual recurso à tutela cautelar comum ajustada a impedir a aprovação de deliberação social (cf. Abrantes Geraldes, *ob. cit.*, pp. 83-86 e RP 18-3-14, 922/11).

5. A providência deve ser requerida no prazo de 10 dias a partir da data da realização da assembleia, se o sócio tiver sido regularmente convocado, ou a contar do conhecimento da deliberação. Trata-se de um prazo de caducidade dirigido especificamente ao direito de ação na sua vertente cautelar que, por isso, não se confunde com o prazo de caducidade do direito (quando esteja previsto, como ocorre com a anulação) a exercitar através da ação principal. Em qualquer dos casos, a caducidade não é de conhecimento oficioso, já que não incide sobre direito indisponível (cf. Abrantes Geraldes, *ob. cit.*, pp. 86-89).

6. A causa de pedir integra os factos de cujo apuramento sumário o tribunal possa concluir, com o grau de probabilidade necessário (juízo de verosimilhança), pela verificação dos requisitos legais da providência. Para além da justificação da qualidade de sócio, cumpre ao requerente alegar o conteúdo da deliberação (com cópia da ata ou alegação de que não lhe foi fornecida – art. 381º, nº 1), as razões da sua invalidade e os factos de que resulte o perigo de ocorrência de dano apreciável em caso de execução da deliberação.

7. Relativamente a qualquer dos requisitos deve o juiz ter em atenção o risco que pode derivar para a vida societária (e para todos os que na mesma estão implicados e que não são apenas os sócios, mas também os trabalhadores e outros agentes económicos) do deferimento injustificado de uma providência de suspensão de deliberação social e até, em certa medida, do mero prosseguimento do procedimento em face dos efeitos que a lei extrai da citação da sociedade (art. 381º, nº 3). O uso do indeferimento liminar, designadamente para casos de manifesta improcedência (art. 590º, nº 1), serve precisamente para prevenir os efeitos negativos que podem emergir do uso, aparentemente inocente, de certos mecanismos processuais como o procedimento cautelar.

8. O requisito que se reporta ao "*dano apreciável*" configura um conceito indeterminado, decorrendo de factos dos quais possa extrair-se a conclusão de que a execução da deliberação acarretará um prejuízo significativo, de importância relevante, muito longe, por um lado, dos danos irrisórios ou insignificantes, mas sem atingir, por outro lado, o ponto da irrecuperabilidade ou da grave danosidade. Tal conceito abarca os danos patrimoniais e/ou não patrimoniais que se repercutam na sociedade ou no sócio (cf. Abrantes Geraldes, *ob. cit.*, pp. 99-105 e RC 8-11-11, 158/10; em RC 10-7-18, CJ. t. III, p. 44, abordou-se o dano apreciável na perspetiva do sócio de cooperativa e em RC 2-4-19, 8510/18, na perspetiva da exclusão de sócio).

9. O pedido traduz-se na suspensão dos efeitos da deliberação que não tenha sido totalmente executada ou esteja ainda em execução. A infungibilidade da prestação de facto negativo em que, na prática, se traduzirá a notificação da sociedade do teor da decisão cautelar pode justificar a formulação de pedido acessório de condenação em sanção pecuniária compulsória, nos termos do art. 365º, nº 2. No requerimento inicial ou em momento posterior (com o limite do final das alegações orais – cf. anot. ao art. 369º), pode ser requerida a inversão do contencioso, verificados os requisitos gerais do art. 369º, nº 1, *ex vi* art. 376º, nº 4.

10. Legitimidade ativa: é exigida a qualidade de sócio, sendo que, relativamente a sociedades de capital aberto (art. 13º do Cód. de Valores Mobiliários, aprovado pelo DL nº 486/99, de 13-11), se exige ainda que o sócio ou grupo de sócios detenha ações correspondentes, pelo menos, a 0,5% do capital social (art. 24º, nº 1). Legitimidade passiva: sociedade (art. 60º, nº 1, do CSC) (cf. Abrantes Geraldes, *ob. cit.*, pp. 89-90).

11. Competência: cabe exclusivamente aos tribunais nacionais a apreciação da validade das deliberações sociais de pessoas coletivas ou sociedades sedeadas em território nacional (art. 63º, al. b)); a competência territorial resulta da aplicação do art. 78º, nº 1, al. c); a competência material para a suspensão de deliberações sociais cabe ao juízo de comércio (art. 128º, nº 1, al. d), da LOSJ); nas comarcas onde não haja tal juízo, a competência é deferida ao juízo central cível, quando à ação de que dependa o procedimento corresponda forma comum de processo e o seu valor exceda € 50.000,00 (art. 117º, nº 1, al. c) e nº 2, da LOSJ); e será deferida ao juízo local cível ou ao juízo de competência genérica, nas demais situações (art. 130º da LOSJ) (cf. Paulo Pimenta, *Processo Civil Declarativo*, 2ª ed., p. 104, nota 218 e pp. 108-112).

12. Valor do procedimento: art. 304º, nº 3, al. c), correspondente ao valor do dano. Se o dano invocado não se mostrar quantificável, designadamente por se traduzir na violação de interesses de natureza não patrimonial, haverá que recorrer a outro critério, *máxime* ao resultante do art. 303º, nº 1.

13. Para maiores desenvolvimentos, cf. Abrantes Geraldes, *ob. cit.*, pp. 76-91, Lebre de Freitas e Isabel Alexandre, *CPC anot.*, vol. II, 3ª ed., pp. 114-117, Pinto Duarte, "O procedimento cautelar de suspensão de deliberações sociais (e não só sociais) e o NCPC", em *Direito das Sociedades em Revista*, ano V, nº 10, pp. 13 e ss., Soveral Martins, "Suspensão de deliberações sociais de sociedades comerciais", na *ROA*, ano 63º, vols. I/II e Paulo Olavo Cunha, *Impugnação de deliberações sociais*, pp. 203-212.

ARTIGO 381º
Contestação e decisão

1 – Se o requerente alegar que lhe não foi fornecida cópia da ata ou o documento correspondente, dentro do prazo fixado no artigo anterior, a citação da associação ou sociedade é feita com a cominação de que a contestação não é recebida sem entrar acompanhada da cópia ou do documento em falta.

2 – Ainda que a deliberação seja contrária à lei, aos estatutos ou ao contrato, o juiz pode deixar de suspendê-la, desde que o prejuízo resultante da suspensão seja superior ao que pode derivar da execução.

3 – A partir da citação, e enquanto não for julgado em 1ª instância o pedido de suspensão, não é lícito à associação ou sociedade executar a deliberação impugnada.

Remissões: art. 61º (eficácia do caso julgado); art. 63º (ata), ambos do CSC.

1. Efetuada a citação, não é "*lícito*" à sociedade executar a deliberação (ou a parte que ainda careça de ser executada) enquanto não for julgado, em primeira instância, o procedimento cautelar. A real tradução daquela "ilicitude" gera duas teses interpretativas colidentes, encontrando-se a polémica espelhada em Abrantes Geraldes, *Temas da Reforma do Processo Civil*, vol. IV, 4ª ed., pp. 93-94.

2. Para a primeira tese, após a citação, a sociedade requerida fica impedida de executar a deliberação, o que equivale a antecipar o efeito útil da providência (Pinto Furtado, *Deliberações dos Sócios*, p. 503, STJ 11-10-95, CJ, t. III, p. 60 e RP 18-3-14, 922/11). Mais recentemente, também assim se pronunciou Marco Gonçalves, *Providências Cautelares*, p. 280, ao concluir que "com a citação da requerida, torna-se ineficaz qualquer ato de execução da deliberação impugnada, sob pena de ficar definitivamente comprometido o efeito útil que se visava garantir com o recurso à providência cautelar", sendo que os interesses da requerida ficariam acautelados com o regime do art. 374º.

3. Para a segunda tese, subscrita por Lobo Xavier, Lebre de Freitas ou Pinto Duarte, a execução da deliberação após a citação implica apenas a responsabilidade civil da sociedade e/ou dos seus representantes pelas consequências danosas daí resultantes, orientação que acompanhamos porque, além de encontrar maior correspondência no elemento literal alusivo à ilicitude, e não à ineficácia, se ajusta mais aos frequentes casos em que a execução da deliberação por parte dos órgãos da sociedade (posto que ilícita) produz efeitos em relação a terceiros, *máxime* quando estes se encontrem de boa fé, por ignorarem a pendência do procedimento cautelar (veja-se o caso do procedimento tendente a suspender a deliberação de venda de património da sociedade, sendo realizada a venda).

4. A resolução do dilema não passa sem que entre na equação a problemática da utilização abusiva da suspensão de deliberações sociais. A vingar a primeira perspetiva, potenciaria a obtenção de efeitos imediatos da suspensão preliminar da deliberação, com repercussões diretas na atividade da sociedade, provocando um desequilíbrio no conflito (risco a que alude Pinto Duarte, "O procedimento cautelar de suspensão de deliberações sociais (e não só sociais) e o NCPC", em *Direito das Sociedades em Revista*, ano V, vol. X, pp. 13 e ss. e "A ilicitude da execução de deliberação ...", em *Cad. de Direito Privado*, nº 5).

5. Neste contexto, a sujeição às regras da responsabilidade civil (dependente da ilicitude, mas também da culpa e do dano) e a ponderação da norma do art. 61º do CSC sobre a eficácia do caso julgado que se formar com a sentença proferida na ação principal parecem suficientes para uma correta composição do litígio (cf. Abrantes Geraldes, *ob. cit.*, pp. 93-95, Lebre de Freitas e Isabel Alexandre, *CPC anot.*, vol. II, 3ª ed., p. 117 e Vasco Costa, "O objeto da suspensão cautelar de deliberações", na *Rev. do Direito das Sociedades*, nº 4, pp. 955 e ss.).

6. Diversa dessa situação é aquela em que a deliberação acaba por ser integralmente executada depois de ter sido requerida a suspensão, mas antes de a sociedade ter sido citada, o que se reconduzirá à inutilidade superveniente da lide cautelar, atenta a inviabilidade de fazer avançar um procedimento destinado a conservar uma situação que, no entanto, já foi realmente modificada.

7. Impõe-se a adoção de critérios de razoabilidade e de proporcionalidade quanto ao nível quantitativo e qualitativo das diligências probatórias, por forma a não arrastar excessivamente a tramitação de um procedimento que deve pautar-se pela celeridade. Mesmo quando seja pedida a inversão do contencioso, não deve correr-se o risco de converter a instrução do procedimento em instrução própria de uma ação declarativa, bastando que se produzam os meios de prova que permitam adquirir a convicção segura quanto à existência dos requisitos legais (art. 369º, nº 1). Apesar disso, não existe qualquer restrição formal quanto aos meios probatórios, com especial relevo para a prova documental, conforme resulta da regra geral dos arts. 293º, 294º e 365º, nº 1.

8. A ata (ou o documento comprovativo da deliberação) constitui um elemento probatório fundamental, sendo atribuído ao sócio o direito de obter uma cópia dela para instruir o procedimento. Perante eventual recusa, a sociedade é citada com a cominação do nº 1, sendo que, independentemente da aplicação do art. 417º, nº 2, a recusa que determine uma situação de impossibilidade de prova da deliberação pode desembocar na inversão do ónus da prova (art. 344º, nº 2, do CC), o que permitirá ao tribunal assumir a existência da deliberação social nos termos configurados pelo requerente.

9. Quanto ao *periculum in mora*, a lei supõe a verificação, em termos de probabilidade, do perigo de ocorrência de dano apreciável decorrente da execução da deliberação em causa. Exige-se a atualidade do perigo, excluindo-se as deliberações executadas ou que já esgotaram todos os seus efeitos. Os danos serão normalmente de natureza patrimonial, mas não está excluída a suspensão de deliberações para evitar danos de outra natureza que possam ser provocados na esfera jurídica do requerente ou da sociedade.

10. Não obstante, o nº 2 estabelece que o juiz deve recusar a suspensão quando verificar que o prejuízo decorrente da suspensão da deliberação supera o que possa derivar da sua execução, sendo de notar que esta formulação é distinta, por menos exigente, da prevista para o procedimento cautelar comum no art. 368º, nº 2. Não está afastada a necessidade de serem ponderados os efeitos da comprovação de uma eventual segunda deliberação (art. 62º do CSC) da qual tenha resultado a renovação da anterior e a sanação dos vícios de que aquela padecesse.

11. Notificado do trânsito em julgado da decisão que decretou a providência cautelar, o requerente tem o ónus de instaurar e de fazer seguir a ação principal, sob pena de caducidade da providência, nos termos do art. 373º, nº 1, als. a) e b). Mas o requerente não pode deixar de atentar no prazo legalmente previsto para a propositura da própria ação de anulação da deliberação (30 dias, tratando-se de sociedade comercial ou civil sob forma comercial – art. 59º, nº 2, do CSC; 6 meses, tratando-se de associação – art. 178º do CC), prazo de caducidade que não sofre qualquer interferência por via da mera instauração, pendência e até procedência do procedimento cautelar (Abrantes Geraldes, *Temas da Reforma do Processo Civil*, vol. IV, 4ª ed., pp.

105-106 e RC 10-9-13, 776/10), a não ser nos casos em que seja requerida a inversão do contencioso, caso em que, além de ficar desonerado da instauração da ação principal, beneficia do efeito interruptivo da caducidade fixado no art. 369º, nº 3.

12. Importa notar que, estando pendente a ação principal proposta pela requerida, a eventual revogação da inversão do contencioso em recurso não determina que o requerente tenha de propor a sua ação de anulação em prazo contado do trânsito da decisão recursória, pois a isso se opõe o disposto no art. 564º, al. c), situação que se alterará caso a requerida desista da instância, cenário em que o requerente, uma vez notificado disso, deverá instaurar a ação de anulação dentro do legal prazo, sob pena de caducidade do direito (cf. Lebre de Freitas e Isabel Alexandre, *CPC anot.*, vol. II, 3ª ed., p. 121).

13. Para maiores desenvolvimentos em face do CPC de 1961, cf. Abrantes Geraldes, *ob. cit.*, pp. 91-106. Cf. também Lebre de Freitas e Isabel Alexandre, *ob. cit.*, pp. 114-117, Pinto Duarte, *ob. e loc. cit.* e Soveral Martins, "Suspensão de deliberações sociais de sociedades comerciais", na *ROA*, ano 63º, vols. I/II.

ARTIGO 382º
Inversão do contencioso

1 – Se tiver sido decretada a inversão do contencioso, o prazo para a propositura da ação a que alude o nº 1 do artigo 371º só se inicia:

a) Com a notificação da decisão judicial que haja suspendido a deliberação;

b) Com o registo, quando obrigatório, de decisão judicial.

2 – Para propor ou intervir na ação referida no número anterior têm legitimidade, além do requerido, aqueles que teriam legitimidade para a ação de nulidade ou anulação das deliberações sociais.

Remissões: art. 3º do Cód. de Reg. Comercial (factos relativos às sociedades sujeitos a registo); arts. 57º, 59º e 60º do CSC (legitimidade ativa e passiva); art. 369º (inversão do contencioso).

1. Consagra-se um regime específico quanto ao início da contagem do prazo para a instauração da ação principal, quando tenha havido inversão do contencioso, regime que prevalece sobre o previsto no art. 371º. Também se procede à adaptação do regime sobre a legitimidade ou a intervenção nessa ação principal que decorre dos arts. 57º, 59º e 60º do CSC.

2. O prazo de 30 dias para propor a ação principal destinada a impugnar a existência do direito acautelado corre, não da notificação do trânsito em julgado da decisão que decretou a providência e inverteu o contencioso (como seria se funcionasse o art. 371º, nº 1), mas da notificação da decisão que decretou a suspensão da deliberação social. No entanto, se a decisão judicial que decretou a providência estiver sujeita a registo, o prazo corre a partir desse registo. Quer isto dizer que, havendo obrigatoriedade de registo da decisão cautelar, a aplicação da al. b) difere o início da contagem do prazo a que se refere a al. a).

3. Esta dualidade tem origem na circunstância de, além da entidade requerida, terem legitimidade para propor esta ação ou nela intervir sujeitos que não foram parte no procedimento cautelar e que, por isso, não são notificados da decisão que decretou a suspensão da deliberação social. Neste contexto, é particularmente significativo o regime da eficácia do caso julgado fixado no art. 61º do CSC, atingindo todos os sócios e órgãos da sociedade tenham sido ou não parte ou tenham intervindo ou não na ação principal.

4. Tal como ocorreria se acaso não houvesse inversão do contencioso, a legitimidade ativa ou passiva para a ação de impugnação segue as regras previstas no CSC para a instauração da ação de declaração de nulidade ou de anulação, a que se adicionou, do lado ativo, a sociedade ou outra pessoa coletiva que tenha a posição de requerida no procedimento cautelar; *idem* quanto à regra especial sobre a eficácia do caso julgado (cf. Lebre de Freitas e Isabel Alexandre, *CPC anot.*, vol. II, 3ª ed., p. 121).

5. Para maiores desenvolvimentos, Rita Lobo Xavier, "Suspensão de deliberações sociais e inversão do contencioso", em *Direito das Sociedades em Revista*, ano VI, vol. X.

ARTIGO 383º
Suspensão das deliberações da assembleia de condóminos

1 – O disposto nesta secção é aplicável, com as necessárias adaptações, à suspensão de deliberações anuláveis da assembleia de condóminos de prédio sujeito ao regime de propriedade horizontal.

2 – É citada para contestar a pessoa a quem compete a representação judiciária dos condóminos na ação de anulação.

Remissões: art. 1433º do CC (impugnação das deliberações).

1. A suspensão de deliberações da assembleia de condóminos é instrumental em relação ao direito potestativo de anulação previsto no art. 1433º do CC, seguindo o regime prescrito para a suspensão de deliberações sociais, com as necessárias adaptações, pelo que valem aqui as considerações feitas acerca daquela figura, incluindo a questão da inversão do contencioso. Valem ainda as considerações relativas ao regime da caducidade do direito à anulação da deliberação.

2. A legitimidade ativa pertence aos condóminos que não tenham aprovado, expressa ou tacitamente, a deliberação (art. 1433º, nº 1, do CC). A legitimidade passiva é dos condóminos que a tenham aprovado, sendo judiciariamente representados pelo administrador ou por quem for designado pela assembleia (art. 1433º, nº 6, do CC). O prazo para requerer a suspensão é de 10 dias (art. 380º, nº 1), por contraposição ao prazo para a instauração da ação, que é de 20 ou 60 dias (art. 1433º, nº 4, do CC).

3. O deferimento da providência depende da demonstração da existência de uma deliberação inválida, de cuja execução possa resultar um prejuízo apreciável. Como fator impeditivo do deferimento da providência, é relevante a constatação de que os prejuízos derivados da suspensão são superiores aos que se pretendem evitar, nos termos do art. 381º, nº 2.

4. Para maiores desenvolvimentos, cf. Abrantes Geraldes, *Temas da Reforma do Processo Civil*, vol. IV, 4ª ed., pp. 107-110.

SECÇÃO III
Alimentos provisórios

ARTIGO 384º
Fundamento

O titular de direito a alimentos pode requerer a fixação da quantia mensal que deva receber, a título de alimentos provisórios, enquanto não houver pagamento da primeira prestação definitiva.

Remissões: arts. 2003º e ss. do CC (alimentos); art. 992º (contribuição do cônjuge para as despesas domésticas).

1. A matéria dos alimentos provisórios encontra-se detalhada em Abrantes Geraldes, *Temas da Reforma do Processo Civil*, vol. IV, 4ª ed., 2010, com larga ilustração jurisprudencial e doutrinária que, na maior parte dos casos, se mantém atual.

2. A obrigação de alimentos vem regulada fundamentalmente nos arts. 2003º e ss., assim como nos arts. 1675º, 1821º, 1884º e 1978º, todos do CC, abarcando aquilo que se encontra ligado ao sustento, habitação e vestuário, sem exclusão das necessidades relacionadas com tratamentos médicos ou medicamentosos e ainda, quanto a filhos menores ou a filhos maiores em processo de formação, despesas com a instrução e educação, nos termos dos arts. 2003º e 1880º do CC.

3. Sendo uma providência tipicamente antecipatória, a fixação de alimentos provisórios está, em regra, na dependência direta de uma ação em que, a título principal ou acessório, se pretende o reconhecimento do direito a uma prestação alimentícia e a condenação do devedor no seu pagamento. O pedido corresponderá a uma quantia certa, de periodicidade mensal, representando a antecipação do que provavelmente será reconhecido na ação principal, podendo envolver também a inversão do contencioso.

4. Competência territorial: art. 78º, nº 1, al. c); valor do procedimento: art. 304º, nº 3, al. a).

5. Segundo RL 21-4-16, 1390/15, não se tendo reproduzido neste art. 384º a norma do art. 399º, nº 2, do anterior CPC, em matéria de prestação alimentícia provisória, valem agora apenas os critérios definidos na lei substantiva.

6. Para maiores desenvolvimentos, cf. Abrantes Geraldes, *ob. cit.*, pp. 113-122 e Lebre de Freitas e Isabel Alexandre, *CPC anot.*, vol. II, 3ª ed., pp. 123-126.

ARTIGO 385º
Procedimento

1 – Recebida em juízo a petição de alimentos provisórios, é logo designado dia para o julgamento, sendo as partes advertidas de que devem comparecer pessoalmente na audiência ou nela se fazer representar por procurador com poderes especiais para transigir.

2 – A contestação é apresentada na própria audiência e nesta o juiz procura obter a fixação de alimentos por acordo, que logo homologa por sentença.

3 – Na falta de alguma das partes ou se a tentativa de conciliação se frustrar, o juiz ordena a produção da prova e, de seguida, decide, por sentença oral, sucintamente fundamentada.

Remissões: art. 368º, nº 3 (caução); art. 376º, nº 4 (inversão do contencioso).

1. Não havendo motivo para indeferimento liminar ou qualquer outra decisão apropriada, o juiz convoca a audiência final, sendo o requerido citado para nela comparecer e para apresentar na própria diligência a contestação com os meios de prova. Frustrada a conciliação, é produzida a prova que for considerada necessária, seguindo-se breves alegações orais, após o que é proferida sentença com fundamentação sucinta de facto e de direito.

2. Na decisão deve ser quantificada a prestação, extraindo dos factos o valor da prestação que se reputar ajustado, nos termos do art. 2007º, nº 1, do CC, com ponderação quer das possibilidades do devedor, quer das necessidades atendíveis do credor.

3. Os alimentos provisórios rejeitam, frontal e liminarmente, a possibilidade de a prestação ser substituída por caução (art. 368º, nº 3). A tutela dos interesses em situação de *periculum in mora* apenas pode conseguir-se através da efetiva atribuição de uma prestação capaz de suprir as necessidades, o que de modo algum seria salvaguardado por tal mecanismo substitutivo.

4. O requerente pode solicitar a inversão do contencioso (arts. 369º, nº 2 e 376º, nº 4), pressupondo uma relação de equivalência entre o quantitativo pretendido a título de alimentos provisórios e a título definitivo. Se for deferida a inversão do contencioso, uma vez transitada em julgado tal decisão, o requerido é notificado para, querendo, no prazo de 30 dias, instaurar a ação tendente a impugnar o reconhecimento do direito acautelado, a qual pode redundar num resultado que se traduza na confirmação ou na revogação da decisão cautelar ou, em termos intermédios, na fixação de um quantitativo inferior ao que foi concedido a título de alimentos.

5. Para maiores desenvolvimentos, cf. Abrantes Geraldes, *Temas da Reforma do Processo Civil*, vol. IV, 4ª ed., pp. 125-131.

ARTIGO 386º
Alcance da decisão

1 – Os alimentos são devidos a partir do 1º dia do mês subsequente à data da dedução do respetivo pedido.

2 – Se houver fundamento para alterar ou fazer cessar a prestação fixada, o pedido é deduzido no mesmo processo, observando-se os termos prescritos nos artigos anteriores.

Remissões: art. 619º, nº 2 (modificação do caso julgado); art. 933º (execução especial por alimentos).

1. Em sede de alimentos, a especial natureza do direito e da correspetiva obrigação, a variação temporal dos factos que importam para a fixação da justa medida e a necessidade de fomentar a justiça material, por forma a compatibilizar as carências efetivas de um sujeito com as reais possibilidades do outro, conduziram o legislador a passar para segundo plano os objetivos de segurança e de certeza jurídica que rodeiam a figura do caso julgado, privilegiando antes os valores da justiça e da equidade. Por isso se admite a modificação da decisão que, com ou sem inversão do contencioso, fixar a prestação de alimentos (art. 619º, nº 2). O incidente que seja deduzido pode determinar, de acordo com as circunstâncias, a manutenção, a redução, o aumento ou a cessação da prestação alimentícia.

2. Para maiores desenvolvimentos, cf. Abrantes Geraldes, *Temas da Reforma do Processo Civil*, vol. IV, 4ª ed., pp. 131-134.

ARTIGO 387º
Regime especial da responsabilidade do requerente

O requerente dos alimentos provisórios só responde pelos danos causados com a improcedência ou caducidade da providência se tiver atuado de má-fé, devendo a indemnização ser fixada equitativamente e sem prejuízo do disposto no nº 2 do artigo 2007º do Código Civil.

Remissões: art. 2007º do CC (não restituição dos alimentos).

1. Atento o teor do art. 2007º, nº 2, do CC, os alimentos provisórios recebidos nunca são restituídos. Porém, quando se demonstre que o beneficiário atuou de má-fé, a lei prescreve a possibilidade de arbitramento de uma indemnização a favor do requerido. Ainda assim, em lugar da reconstituição natural da situação, através da condenação do requerente na restituição de tudo quanto tenha recebido, vale o critério da equidade, ponderando o juiz todas as circunstâncias de ordem objetiva e subjetiva que rodearam o caso.

2. Deste modo, tanto poderemos ter situações em que a indemnização é afastada, como outras em que a mesma corresponda ao integral reembolso do requerido. Mais frequentes serão as situações em que o tribunal acabe por fixar um valor intermédio, depois de ponderar as circunstâncias presentes, com especial realce para as reais motivações que presidiram à iniciativa de recorrer à tutela cautelar e para o estatuto económico das partes. A lei não prevê a atribuição oficiosa da indemnização, diferentemente do que ocorre com a restituição do recebido no arbitramento de reparação provisória (art. 390º, nº 2).

3. Para maiores desenvolvimentos, cf. Abrantes Geraldes, *Temas da Reforma do Processo Civil*, vol. IV, 4ª ed., pp. 134-135 e Lebre de Freitas e Isabel Alexandre, *CPC anot.*, vol. II, 3ª ed., pp. 131-133.

SECÇÃO IV
Arbitramento de reparação provisória

ARTIGO 388º
Fundamento

1 – Como dependência da ação de indemnização fundada em morte ou lesão corporal, podem os lesados, bem como os titulares do direito a que se refere o nº 3 do artigo 495º do Código Civil, requerer o arbitramento de quantia certa, sob a forma de renda mensal, como reparação provisória do dano.

2 – O juiz defere a providência requerida desde que se verifique uma situação de necessidade em consequência dos danos sofridos e esteja indiciada a existência de obrigação de indemnizar a cargo do requerido.

3 – A liquidação provisória, a imputar na liquidação definitiva do dano, é fixada equitativamente pelo tribunal.

4 – O disposto nos números anteriores é também aplicável aos casos em que a pretensão indemnizatória se funde em dano suscetível de pôr seriamente em causa o sustento ou habitação do lesado.

Remissões: arts. 495º e 496º do CC (direito à indemnização); art. 600º (designação da audiência nas ações de indemnização).

1. A matéria do arbitramento de reparação provisória encontra-se detalhada em Abrantes Geraldes, *Temas da Reforma do Processo Civil*, vol. IV, 4ª ed., 2010, com larga ilustração jurisprudencial e doutrinária que, na sua maior parte, se mantém atual.

2. Com a providência de arbitramento de reparação provisória tutelam-se antecipadamente os danos que, além de afetarem a vida ou a integridade física, determinam para o lesado direto ou para certos familiares uma situação de carência de meios económicos a colmatar imediatamente pelo requerido, enquanto responsável pela obrigação indemnizatória.

3. Pode ainda estar subjacente uma pretensão fundada noutro evento que tenha posto seriamente em causa o sustento ou a habitação do lesado, sem exclusão sequer da responsabilidade contratual. Em qualquer dos casos, exige-se um nexo de causalidade entre a situação do interessado e o evento lesivo (cf. Abrantes Geraldes, *ob. cit.*, pp. 145-150 e 154-164).

4. Relativamente a terceiros, há que contar agora com o impulso adicional dado pelo ***AUJ nº 6/14***: "*Os arts. 483º, nº 1, e 496º, nº 1, do CC, devem ser interpretados no sentido de abrangerem os danos não patrimoniais, particularmente graves, sofridos por cônjuge de vítima sobrevivente, atingida de modo particularmente grave*".

5. A quantificação da renda mensal será feita pelo juiz com base em critérios de equidade, sem deixar de ponderar obviamente o valor provável da indemnização que será determinado na sentença definitiva (cf. Abrantes Geraldes, *ob. cit.*, pp. 166-171, RL 16-2-16, 482/14, RP 8-11-16, 1250/16 e RP 1-4-14, 707/11).

6. A reparação provisória é justificada por uma situação de necessidade causada ou agravada pelo evento, levando a que, para a tutela do direito, os valores da celeridade e da eficácia se sobreponham aos da segurança e certeza jurídicas. Os efeitos que decorrem de acidentes de viação, com afetação das capacidades do lesado e com reflexos na sua capacidade de ganho, tornam fácil a indução da existência de reflexos negativos que devem ser atenuados de imediato, sem aguardar pela decisão final. As entidades, como as seguradoras, que suportam os riscos derivados da circulação automóvel devem servir (também) para dar satisfação antecipada ao direito de indemnização, desde que, no mínimo, esteja indiciada a obrigação de indemnizar, seja a título de culpa, seja com base no risco inerente à condução ou detenção efetiva de veículos automóveis. As mesmas razões que justificaram a fixação da renda mensal podem fundamentar a sua alteração para um quantitativo superior ou inferior, consoante a modificação das circunstâncias (art. 386º, nº 2).

7. Para maiores desenvolvimentos, cf. Abrantes Geraldes, *ob. cit.*, pp. 138-165, Célia Sousa Pereira, *Arbitramento de Reparação Provisória* e Cura Mariano, *A Providência Cautelar de Arbitramento de Reparação Provisória*.

ARTIGO 389º
Processamento

1 – É aplicável ao processamento da providência referida no artigo anterior o disposto acerca dos alimentos provisórios, com as necessárias adaptações.

2 – Na falta de pagamento voluntário da reparação provisoriamente arbitrada, a decisão é imediatamente exequível, seguindo-se os termos da execução especial por alimentos.

Remissões: arts. 384º e ss. (alimentos provisórios); art. 933º (execução especial por alimentos).

1. O requerimento inicial pode ser apresentado antes da propositura da ação de indemnização ou surgir como incidente de ação já instaurada, embora sempre subordinado ao respetivo objeto que, no todo ou em parte, deve englobar uma pretensão indemnizatória. A causa de pedir é complexa, incluindo, além da alegação dos factos relacionados com o evento gerador da responsabilidade, aqueles que integram a previsão das normas substantivas que conferem e quantificam o direito de indemnização, a par dos requisitos específicos da providência.

2. O arbitramento de reparação provisória não é compatível com a inversão do contencioso (art. 376º, nº 4).

3. O valor do incidente corresponderá à mensalidade pedida, multiplicada por doze (art. 304º, nº 3, al. a)); competência territorial: art. 78º, nº 1, al. c).

4. Recebido liminarmente o requerimento, é designado dia para a audiência final, convocando-se as partes para a mesma. A contestação do requerido é apresentada na própria audiência. Frustrada a conciliação, é produzida prova, seguida de breves alegações orais, culminando numa decisão oral, exarada em ata, sucintamente fundamentada, nos termos prescritos para os alimentos provisórios.

5. Para maiores desenvolvimentos, cf. Abrantes Geraldes, *Temas da Reforma do Processo Civil*, vol. IV, 4ª ed., pp. 165-173.

ARTIGO 390º
Caducidade da providência e repetição das quantias pagas

1 – Se a providência decretada vier a caducar, deve o requerente restituir todas as prestações recebidas, nos termos previstos para o enriquecimento sem causa.

2 – A decisão final, proferida na ação de indemnização, quando não arbitrar qualquer reparação ou atribuir reparação inferior à provisoriamente estabelecida, condena sempre o lesado a restituir o que for devido.

Remissões: arts. 473º e ss. do CC (enriquecimento sem causa); art. 373º (caducidade da providência).

1. Esta providência é instrumental relativamente à ação principal, a qual deve ser instaurada ou impulsionada nos termos do art. 373º, nº 1, als. a) e b). Mesmo em caso de decaimento na ação principal, a obrigação de pagamento da prestação arbitrada apenas cessa, de modo automático, com o trânsito em julgado da sentença absolutória (art. 373º, nº 1, al. c)).

2. Se a ação principal for julgada improcedente ou resultar da sentença condenatória um montante inferior ao que tenha sido atribuído ao interessado, o juiz deve condenar imediatamente o lesado a restituir o que for devido (STJ 2-12-13, 1110/07). A obrigação de restituição vigora ainda para os restantes casos de caducidade da providência, segundo as regras do enriquecimento sem causa, pretensão que deve ser objeto de ação específica quando estiver verificada definitivamente a situação de caducidade ou comprovada a não justificação da providência.

3. Para maiores desenvolvimentos, cf. Abrantes Geraldes, *Temas da Reforma do Processo Civil*, vol. IV, 4ª ed., pp. 173-174.

SECÇÃO V
Arresto

ARTIGO 391º
Fundamentos

1 – O credor que tenha justificado receio de perder a garantia patrimonial do seu crédito pode requerer o arresto de bens do devedor.

2 – O arresto consiste numa apreensão judicial de bens, à qual são aplicáveis as disposições relativas à penhora, em tudo o que não contrariar o preceituado nesta secção.

Remissões: art. 622º (efeitos do arresto); 819º (efeitos da disposição, oneração ou arrendamento dos bens arrestados); art. 822º, todos do CC (preferência resultante do arresto); art. 78º, nº 1, al. a)(competência territorial); 304º, nº 3, al. e)(valor); art. 140º, nº 3, do CIRE (inatendibilidade da preferência do arresto); art. 346º do Cód. da Prop. Industrial (arresto); art. 210º-H do Cód. do Direito de Autor (arresto); art. 396º, nº 3 (dispensa da prova do justo receio); Regulamento nº 655/2014 que estabelece um procedimento de decisão europeia de arresto de contas bancárias.

1. A matéria do arresto encontra-se detalhada em Abrantes Geraldes, *Temas da Reforma do Processo Civil*, vol. IV, 4ª ed., 2010, com larga ilustração jurisprudencial e doutrinária.

2. O arresto constitui um importante meio de tutela de direitos de crédito, atentas as potencialidades que revela no tocante à conservação da garantia patrimonial do credor. Em sistemas onde a responsabilidade do devedor se cinge à execução do seu património, a conservação da garantia patrimonial, através da apreensão oportuna de bens suscetíveis de responder pelas suas dívidas, constitui a arma mais eficaz que a lei coloca à disposição do credor que tenha razões objetivas para recear pela solvabilidade do devedor (cf. Abrantes Geraldes, *ob. cit.*, pp. 189-202).

3. O arresto de bens do devedor constitui, assim, a garantia da garantia patrimonial: assegura que os bens apreendidos se manterão na esfera jurídica do devedor (por via da ineficácia dos atos de alienação ou de oneração) até que haja condições para, em sede de processo executivo, se operar a conversão em penhora, seguida da ulterior tramitação conducente à satisfação do crédito. Daí que não seja despicienda a utilização de um critério de aferição do risco que extraia do quotidiano judiciário os necessários contributos e que erija as regras da experiência em importante fator a utilizar na formação da convicção especialmente sobre a verificação do *periculum in mora*.

4. O arresto tanto pode ser requerido por dependência de uma ação declarativa destinada a obter a condenação no cumprimento de obrigação, como de ação executiva cujo objeto seja o cumprimento coercivo de obrigação imposta por sentença ou resultante de qualquer outro título executivo. Consiste numa apreensão judicial de bens do devedor capaz de antecipar os efeitos derivados da penhora, com vista a garantir o efeito útil da sentença condenatória que o credor procurará obter ou dos meios de cumprimento coercivo de obrigações (art. 619º do CC). Para o efeito, uma vez efetuado o arresto, os atos de disposição são ineficazes em relação ao credor e sem prejuízo das regras do registo (art. 622º do CC).

5. O princípio da especialidade das formas processuais determina que só em relação a direitos de crédito é possível deduzir esta providência, já que ela visa precisamente a garantia do seu cumprimento. As situações caracterizadas pelo perigo de insatisfação de direitos de outra natureza (*v.g.* direitos reais) ou as que, apesar de assentarem em direitos de crédito, não comunguem do específico receio de perda da garantia patrimonial (*v.g.* risco de alienação de bem que foi objeto de contrato-promessa de compra e venda) deverão encontrar guarida noutros instrumentos (*v.g.* apreensão do bem objeto de locação financeira, apreensão de veículo automóvel, arrolamento, procedimento cautelar comum).

6. Para maiores desenvolvimentos, cf. Abrantes Geraldes, *ob. cit.*, pp. 176-202, Rita Barbosa da Cruz, "O arresto", em *O Direito*, 132º, nºs 1 e 2, pp. 107-196 e Silva Campos, "O arresto como meio de garantia patrimonial: uma perspetiva substantiva e processual", na *Rev. de Direito das Sociedades*, ano VIII, nº 3 (2016), pp. 747-776.

7. O TJUE, no seu acórdão C-555/18, decidiu o seguinte: o art. 4º, ponto 10, do Regulamento nº 655/2014, de 15-5-2014, que estabelece um procedimento de decisão europeia de arresto de contas para facilitar a cobrança transfronteiriça de créditos em matéria civil e comercial, deve ser interpretado no sentido de que uma injunção de pagamento, como a que está em causa no processo principal, que não tem força executória, não cabe no conceito de "*instrumento autêntico*", na aceção dessa disposição; o art. 5º do mesmo Regulamento deve ser interpretado no sentido de que um procedimento de injunção de pagamento em curso, como o que está em causa no processo principal, pode ser qualificado de "*processo relativo ao mérito da causa*", na aceção dessa disposição; e o art. 45º do mesmo Regulamento deve ser interpretado no sentido que as férias judiciais não estão abrangidas pelo conceito de "*circunstâncias excecionais*", na aceção dessa disposição.

8. Para uma análise desenvolvida do Regulamento nº 655/2014 (arresto de contas bancárias), cf. Joana C. de Abreu, *Tribunais Nacionais e Tutela Jurisdicional Efetiva*, 2019, pp. 360-381, Patrícia Costa, "A tutela provisória e cautelar no contexto do Regulamento Bruxelas I Bis", na *Revista do CEJ*, 2017, I, pp. 83 e ss. e RL 28-11-17, 22649/17.

ARTIGO 392º
Processamento

1 – O requerente do arresto deduz os factos que tornam provável a existência do crédito e justificam o receio invocado, relacionando os bens que devem ser apreendidos, com todas as indicações necessárias à realização da diligência.

2 – Sendo o arresto requerido contra o adquirente de bens do devedor, o requerente, se não mostrar ter sido judicialmente impugnada a aquisição, deduz ainda os factos que tornem provável a procedência da impugnação.

Remissões: arts. 610º e ss. do CC (impugnação pauliana); arts. 735º e ss. (bens que podem ser penhorados).

1. Com ressalva das situações previstas no art. 396º, o decretamento do arresto pressupõe a alegação e prova do justo receio da perda de garantia patrimonial a que alude o art. 619º do CC. Cabe ao requerente trazer aos autos, para posterior apreciação judicial, os factos ou eventos, visíveis ou aparentes, externos ou psicológicos, que justifiquem a apreensão cautelar de bens do devedor.

2. Porém, a avaliação deste requisito não deve assentar em critérios puramente subjetivos do juiz ou do credor, antes em factos ou em circunstâncias que, de acordo com as regras de experiência e com base num juízo de mera verosimilhança, aconselhem uma decisão cautelar de apreensão imediata, como fator potenciador da eficácia da ação declarativa ou executiva de que o procedimento é instrumental.

3. Tal pode decorrer designadamente de um quadro em que se manifestem os seguintes sinais: pré-insolvência, superação grave do passivo em relação ao ativo, alienação ou tentativa de alienação de património com objetivo de evitar a sua execução, encerramento de estabelecimento comercial, transferência para o estrangeiro, atos de simulação, situações de desconsideração da personalidade jurídica de pessoa coletiva, etc. Em caso de dúvida quanto à suficiência dos factos invocados para sustentar a existência do justo receio, o juiz deve convidar o requerente a aperfeiçoar/completar/concretizar o alegado (RC 6-3-18, 1833/17).

4. Seguro é que, na ponderação dos diversos interesses, deve privilegiar-se o credor a quem não foi satisfeito o crédito, em detrimento do devedor em situação de inadimplência. Sendo tantos os pontos de fuga dos devedores às suas responsabilidades (dissipação de bens, simulação de negócios, constituição de sociedades de conveniência, transferência de bens para sociedades *off shore*, etc.), devem os tribunais privilegiar a tutela de quem, aparentemente, dela careça, assegurando, quando tal se justificar, a apreensão dos bens enquanto é tempo (cf. Abrantes Geraldes, *Temas da Reforma do Processo Civil*, vol. IV, 4ª ed., pp. 196-202).

5. O requerente deve indicar os bens que pretende ver apreendidos e fornecer as demais informações necessárias. A necessidade dessa indicação advém, desde logo, da circunstância de, aplicando-se ao arresto as disposições relativas à penhora (art. 391º, nº 2), ter de haver um juízo sobre a viabilidade do arresto de cada concreto bem (note-se que não podem ser arrestados bens insuscetíveis de penhora, sendo aqui aplicáveis, entre outras, as disposições sobre penhorabilidade de bens na ação executiva). Acresce que só a indicação expressa dos bens a arrestar permite ao juiz ponderar sobre a proporcionalidade e adequação do arresto, no confronto com o valor presumível do crédito (art. 393º, nº 2). Mas também não deve exagerar-se nesta exigência, tendo em consideração que nem sempre será fácil obter em prazo curto todos elementos informativos, devendo ser empregue um critério que não redunde, afinal, na desproteção do credor.

6. O arresto pode incidir sobre bens de terceiro, quando seja requerido na dependência da ação de impugnação pauliana (art. 619º, nº 2, do CC). Se esta ação já tiver sido instaurada, bastará a alegação e prova dos factos relativos à probabilidade do crédito e ao justo receio de perda da garantia, destinando-se o arresto a prevenir a eficácia da decisão favorável que venha a ser proferida (art. 616º do CC). Sendo preliminar dessa ação, exige-se complementarmente a alegação e prova sumária dos pressupostos da própria impugnação pauliana, como fator de credibilidade e de seriedade da pretensão. A tais casos acrescem aqueles em que os bens pertençam aparentemente a uma terceira entidade, tratando-se de situação que implique a desconsideração da personalidade jurídica de pessoa coletiva.

7. Não se admite a inversão do contencioso, atenta a natureza meramente antecipatória do arresto relativamente à penhora (art. 376º, nº 4), ao que acresce a não coincidência entre o objeto do procedimento e o da ação principal.

8. Para maiores desenvolvimentos, cf. Abrantes Geraldes, *ob. cit.*, pp. 196-202 e 218-221.

ARTIGO 393º
Termos subsequentes

1 – Examinadas as provas produzidas, o arresto é decretado, sem audiência da parte contrária, desde que se mostrem preenchidos os requisitos legais.

2 – Se o arresto houver sido requerido em mais bens que os suficientes para segurança normal do crédito, reduz-se a garantia aos justos limites.

3 – O arrestado não pode ser privado dos rendimentos estritamente indispensáveis aos seus alimentos e da sua família, que lhe são fixados nos termos previstos para os alimentos provisórios.

Remissões: arts. 3º, nº 2 e 366º, nº 6 (diferimento do contraditório).

1. Por razões de eficácia e de celeridade na resposta, o arrestado não é ouvido antes do decretamento da providência, sendo o contraditório diferido para depois de consumada a apreensão. Uma vez notificado, o requerido pode reagir por uma de duas vias:

a) Recurso de apelação, nos termos gerais, questionando o acerto da decisão, tanto no que respeita aos factos considerados provados como à verificação dos pressupostos legais do arresto;

b) Oposição, com alegação de factos ou apresentação de meios de prova tendentes a afastar os fundamentos da providência (cf. Abrantes Geraldes, *Temas da Reforma do Processo Civil*, vol. IV, 4ª ed., pp. 221-224).

2. Como na generalidade dos procedimentos cautelares, os padrões por que deve orientar-se o tribunal na formação da sua convicção e na decisão não coincidem com os exigidos para formas de tutela mais solenes, sendo fundamental a valoração da prova indiciária que permita a formulação de juízos de mera probabilidade, quer quanto à existência do crédito, quer quanto ao receio de perda da garantia patrimonial (cf. Abrantes Geraldes, *ob. cit.*, pp. 209-224).

3. Se o julgar conveniente face às circunstâncias do caso, o juiz pode tornar o arresto dependente da prestação de caução, cujo objetivo será o de garantir o pagamento da indemnização pelos prejuízos que eventualmente possam advir para o requerido e que sejam de imputar à conduta imprudente do requerente (art. 620º do CC e arts. 374º, nº 2 e 376º, nº 2, do CPC).

4. Decretado o arresto, deve ser feita a apreensão dos bens elencados na decisão, aplicando-se correspetivamente as normas que regulam a efetivação da penhora (art. 391º, nº 2). Desde que os autos o revelem, compete ao juiz limitar a apreensão cautelar aos bens que se mostrem necessários a garantir o pagamento do crédito, embora o critério a usar não deva ser demasiado restrito, importando contar designadamente com a possibilidade de, em sede de convocação de credores na ação executiva, surgirem créditos privilegiados reclamados por terceiros.

5. Tratando-se de bens imóveis ou de móveis ou de direitos sujeitos a registo, tanto a ineficácia dos atos de disposição ou de oneração (art. 819º do CC) como o efeito retroativo da penhora (art. 822º, nº 2 do CC) pressupõem o cumprimento das regras do registo (predial, automóvel, comercial). Nestes casos, o arresto deve ser inscrito no registo, e só depois se considera realizada a diligência para ser assegurado o contraditório (art. 366º, nº 6).

6. O nº 3 prevê um mecanismo de defesa específico do procedimento de arresto e que constitui mais um dos afloramentos do princípio da proporcionalidade que serve de suporte às medidas cautelares.

7. Para maiores desenvolvimentos, cf. Abrantes Geraldes, *ob. cit.*, pp. 209-224.

ARTIGO 394º
Arresto de navios e sua carga

1 - Tratando-se de arresto em navio ou na sua carga, incumbe ao requerente demonstrar, para além do preenchimento dos requisitos gerais, que a penhora é admissível, atenta a natureza do crédito.

2 - No caso previsto no número anterior, a apreensão não se realiza se o devedor oferecer logo caução que o credor aceite ou que o juiz, dentro de dois dias, julgue idónea, ficando sustada a saída do navio até à prestação da caução.

Remissões: Conv. de Bruxelas de 1952 sobre o Arresto de Navios de Mar, ratificado pelo DL nº 41.007, de 16-2-57 (arresto de navios); art. 12º da Lei nº 35/86, de 4-9 (arresto); art. 9º do DL nº 201/98, de 10-7 (estatuto legal do navio).

1. Há que considerar que o nº 1 corresponde ao nº 1 do art. 409º do CPC de 1961, o qual foi tacitamente modificado pelo art. 9º do DL nº 201/98, de 10-7, nos termos do qual "*o navio pode ser arrestado ou penhorado mesmo que se encontre despachado para viagem.*". Embora na aprovação do atual CPC não tenha sido efetuada a adaptação do preceito, isso não deve prejudicar o efeito produzido pela anterior modificação (neste sentido cf. também Lebre de Freitas e Isabel Alexandre, *CPC anot.*, vol. II, 3ª ed., p. 156).

2. A existência de diplomas ou normas que regulam especificamente o arresto de navios está diretamente relacionada com as características desses bens e com a diversidade de interessados. A especial natureza e as circunstâncias que rodeiam a atividade de navegação determinaram a previsão de um regime diversificado de apreensões, havendo que distinguir, em primeiro lugar, qual o regime jurídico aplicável, se a Conv. de Bruxelas de 10-5-1952 sobre arresto de navios, se exclusivamente as normas de direito interno.

3. Sendo aplicável a referida Convenção (que apenas abarca o arresto de navios), há que atentar especialmente no seguinte: sem prejuízo do disposto no art. 8º, nº 4, se os navios tiverem bandeira de algum dos Estados contratantes, apenas podem ser arrestados para garantia de créditos marítimos definidos como tal pelo art. 1º; já se tiverem bandeira de Estado não contratante, podem ser arrestados independentemente da natureza dos créditos, nos termos do referido art. 8º, nº 2. Mas, ao invés do que sucede com o arresto a que seja aplicada exclusivamente a lei interna, não se exige a alegação ou a prova do justo receio de perda da garantia patrimonial.

4. Sendo aplicável exclusivamente a legislação interna, o arresto segue o regime constante do art. 12º da Lei nº 35/86, de 4-9, que criou os Trib. Marítimos (por enquanto apenas o Trib. Marítimo de Lisboa).

5. O arresto de navios ou de carga (quando a apreensão desta seja possível) constitui uma medida cautelar especialmente eficaz, quer devido à articulação entre o tribunal e as capitanias, quer devido aos efeitos que, para o armador, decorrem tanto do impedimento liminar de saída do navio como da apreensão do mesmo ou da sua carga. A conjugação de interesses leva frequentemente a que situação acabe por ser ultrapassada por via consensual (transação) ou mediante o oferecimento de caução idónea pelo armador, nos termos do art. 368º, nº 3, ou mesmo antes de ser decretado o arresto (art. 394º, nº 2). É esta a experiência que se retira da atividade exercida pelo Tribunal Marítimo de Lisboa.

6. Sobre esta matéria, cf. Abrantes Geraldes, *Temas da Reforma do Processo Civil*, vol. IV, 4ª ed., pp. 231-244, Mário Raposo, "Arresto de navios", em *II Jornadas de Lisboa de direito marítimo: o navio*, pp. 47-83 e na *ROA* 70º, pp. 153-191 e João Geraldes, "O arresto do navio não devedor do crédito marítimo", em *O Direito*, 142º, t. IV, pp. 761 e ss.

ARTIGO 395º
Caso especial de caducidade

O arresto fica sem efeito não só nas situações previstas no artigo 373º mas também no caso de, obtida na ação de cumprimento sentença com trânsito em julgado, o credor insatisfeito não promover execução dentro dos dois meses subsequentes, ou se, promovida a execução, o processo ficar sem andamento durante mais de 30 dias, por negligência do exequente.

Remissões: art. 373º (caducidade da providência).

1. Visto que o arresto se traduz numa apreensão de bens que antecipa a penhora (tanto que, em fase executiva, a penhora começará pelo bens previamente arrestados – art. 752º, nº 1), operando-se a conversão do arresto em penhora (art. 762º), impunha-se uma regulamentação especial acerca da caducidade. Assim sendo, começamos por ter o regime geral do art. 373º, nº 1, als. a) e b): obtido o arresto como preliminar de ação declarativa, esta deve ser instaurada no prazo de 30 dias, sob pena de caducidade da providência, devendo ainda impulsionar o andamento da instância. Porém, tratando-se o arresto de uma providência conservatória que antecipa os efeitos da penhora, o ónus do credor não se esgota daquele modo.

2. Transitada em julgado a sentença condenatória, o requerente deve promover-se a sua execução dentro dos 2 meses seguintes, sob pena de o arresto ficar "*sem efeito*", quando a inércia lhe for imputável. Quando o arresto seja preliminar de ação executiva, o credor tem o ónus de a instaurar no prazo de 30 dias a contar da notificação do trânsito em julgado da decisão que decretou o arresto (art. 373º, nº 1, al. a)). Em qualquer dos casos, estando pendente a execução, ocorrerá caducidade da providência se o processo estiver sem andamento por mais de 30 dias.

3. A caducidade do arresto determina a responsabilização do requerente, desde que seja possível concluir que o comportamento foi contrário aos padrões normais de prudência (art. 374º, nº 1).

4. Para maiores desenvolvimentos, cf. Abrantes Geraldes, *Temas da Reforma do Processo Civil*, vol. IV, 4ª ed., pp. 245-246.

ARTIGO 396º
Arresto especial com dispensa do justo receio de perda da garantia patrimonial

1 – O Ministério Público pode requerer arresto contra tesoureiros ou quaisquer funcionários ou agentes do Estado ou de outras pessoas coletivas públicas quando forem encontrados em alcance, sem necessidade de provar o justo receio de perda da garantia patrimonial.

2 – Não é aplicável o previsto nas alíneas a) e b) do nº 1 do artigo 373º quando a liquidação da responsabilidade financeira do agente for da competência do Tribunal de Contas.

3 – O credor pode obter, sem necessidade de provar o justo receio de perda da garantia patrimonial, o arresto do bem que foi transmitido mediante negócio jurídico quando estiver em dívida, no todo ou em parte, o preço da respetiva aquisição.

Remissões: art. 59º da Lei nº 98/97, de 26-8 (reposições por alcances, desvios e pagamentos indevidos, Lei Orgânica e Processo do Tribunal de Contas).

1. O legislador prescinde da prova do justo receio de perda da garantia patrimonial nos casos previstos nos nºs 1 e 2, em que estão em causa situações de desfalque, desvio ou desaparecimento de dinheiro ou valores do Estado, dos corpos administrativos ou de outras pessoas coletivas de utilidade pública, cometido por funcionário público ou equiparado, ou a violação das regras sobre a contabilidade pública.

2. O nº 3, que foi introduzido com o CPC de 2013, visa facilitar o recurso à providência de arresto em situações em que o crédito emerge do próprio contrato de que resultou a transferência do direito de propriedade para o devedor (*v.g.* contrato de compra e venda de veículo automóvel). Não era razoável exigir a prova do justo receio de perda da garantia patrimonial se o credor pretende exatamente o arresto do bem transmitido para sobre o mesmo exercer tal garantia.

3. Noutras situações em que a falta de pagamento da totalidade ou de parte do preço sirva de justificação para a resolução do contrato, com os efeitos restitutórios legais, a providência aplicável já não será o arresto, mas o arrolamento do bem.

4. Para maiores desenvolvimentos, cf. Abrantes Geraldes, *Temas da Reforma do Processo Civil*, vol. IV, 4ª ed., pp. 247-248. Cf. também J. Correia, P. Pimenta e S. Castanheira, *Introdução ao Estudo e à Aplicação do CPC de 2013*, p. 53.

SECÇÃO VI
Embargo de obra nova

ARTIGO 397º
Fundamento do embargo – Embargo extrajudicial

1 – Aquele que se julgue ofendido no seu direito de propriedade, singular ou comum, em qualquer outro direito real ou pessoal de gozo ou na sua posse, em consequência de obra, trabalho ou serviço novo que lhe cause ou ameace causar prejuízo, pode requerer, dentro de 30 dias a contar do conhecimento do facto, que a obra, trabalho ou serviço seja mandado suspender imediatamente.

2 – O interessado pode também fazer diretamente o embargo por via extrajudicial, notificando verbalmente, perante duas testemunhas, o dono da obra, ou, na sua falta, o encarregado ou quem o substituir para a não continuar.

3 – O embargo previsto no número anterior fica, porém, sem efeito se, dentro de cinco dias, não for requerida a ratificação judicial.

Remissões: art. 78º, nº 1, al. c) (competência); art. 138º (contagem dos prazos); art. 304º, nº 3, al. d) (valor processual); art. 376º, nº 4 (inversão do contencioso).

1. A matéria do embargo de obra nova encontra-se detalhada em Abrantes Geraldes, *Temas da Reforma do Processo Civil*, vol. IV, 4ª ed., 2010, com larga ilustração jurisprudencial e doutrinária.

2. O embargo de obra nova é uma providência cautelar com função preventiva ou conservatória destinada a tutelar especificamente o conteúdo material de direitos reais ou de direitos equiparados (posse ou direitos pessoais de gozo), isto é, direitos com origem obrigacional que conferem ao seu titular a possibilidade de fruir determinado bem, embora sem os atributos dos direitos reais de gozo (*v.g.* arrendamento, comodato, contrato-promessa de compra e venda com *traditio*).

3. A lei dirige-se a atos (obras, trabalhos ou serviços) que causem ou ameacem causar prejuízos nos bens a que tais direitos se reportam, abarcando designadamente as obras de construção, de demolição e de escavação ou a plantação e o corte de árvores. A referência à suspensão, como objetivo da providência, tem o claro significado de limitar o embargo às obras ou trabalhos já iniciados mas ainda por concluir, sem prejuízo do recurso ao procedimento cautelar comum noutras situações de perigo iminente e grave. Pode ainda afirmar-se que apenas interessa para o efeito o que possa decorrer de obras relevantes, excluindo as meramente secundárias, os acabamentos ou o aproveitamento de obras anteriores (cf. Abrantes Geraldes, *ob. cit.*, pp. 253-255).

4. É indiferente que a obra tenha sido autorizada por qualquer entidade pública, considerando que o cumprimento de exigências administrativas é insuficiente para garantir a defesa dos direitos de terceiros que o embargo de obra nova visa acautelar.

5. A lei prescindiu da quantificação e da qualificação dos prejuízos, de modo que, demonstrada a ofensa de direitos de natureza patrimonial, é indiferente para a procedência dos embargos a gravidade dos danos, diversamente do que ocorre quanto ao procedimento cautelar comum (art. 368º, nº 2), sem prejuízo da eventual autorização da continuação da obra, nos termos do art. 401º.

6. Tanto o embargo judicial como o embargo extrajudicial devem ser acionados no prazo de 30 dias (prazo de caducidade) a contar do conhecimento do facto. No embargo extrajudicial, o aviso verbal para a paragem da obra, caso não se encontre o dono da obra ou o encarregado da mesma, pode ser dirigido aos operários do encarregado ali presentes, que terão de se considerar substitutos do mesmo (RC 24-4-12, 4696/11). A intimação, para ser válida e eficaz, não carece de ser reduzida a documento escrito que a descreva (RL 14-1-11, 2235/10). Nesta modalidade, o interessado tem ainda o ónus de requerer a sua ratificação no prazo de 5 dias (cf. Abrantes Geraldes, *ob. cit.*, pp. 258-260).

7. Em regra, o requerido deve ser sempre ouvido, a não ser que a urgência do embargo, determinada pelo fim ou pela eficácia da medida cautelar, não se compadeça com as delongas associadas ao contraditório prévio (art. 366º, nº 1). Em qualquer dos casos, produzir-se-ão as provas julgadas necessárias para a formação de um juízo de verosimilhança sobre a existência do direito e a situação de *periculum in mora*, de acordo com as regras gerais.

8. O juiz pode sujeitar a realização ou ratificação do embargo à prévia prestação de caução por parte do requerente destinada a suportar a sua eventual responsabilidade pelos prejuízos que a medida provoque na esfera do requerido (arts. 374º, nº 2 e 376º, nº 2).

9. No âmbito da providência de embargo de obra nova pode ser decretada a inversão do contencioso (art. 376º, nº 4), desde que seja possível formar a convicção segura quanto à existência do direito e desde que a suspensão da obra, trabalho ou serviço seja suscetível de resolver de forma definitiva o litígio (art. 369º, nº 1). Tudo dependerá, em princípio, do estado em que se encontrar a situação, pois se acaso a tutela do direito do requerente exigir acrescidamente a demolição de alguma obra já realizada a mera inversão do contencioso não bastará (cf. a anot. ao art. 376º).

10. Para maiores desenvolvimentos, cf. Abrantes Geraldes, *ob. cit.*, pp. 250-263, Lebre de Freitas e Isabel Alexandre, *CPC anot.*, vol. II, 3ª ed., pp. 162-172 e Cláudio Monteiro, "O embargo de obras no regime jurídico da urbanização e da edificação", *Em Homenagem ao Professor Doutor Diogo Freitas do Amaral*, pp. 1143-1179.

ARTIGO 398º

Embargo por parte de pessoas coletivas públicas

1 – Quando careçam de competência para decretar embargo administrativo, podem o Estado e as demais pessoas coletivas públicas embargar, nos

termos desta secção, as obras, construções ou edificações iniciadas em contravenção da lei ou dos regulamentos.

2 – O embargo previsto no número anterior não está sujeito ao prazo fixado no nº 1 do artigo anterior.

Remissões: art. 9º, nº 2 (legitimidade ativa das autarquias e do Ministério Público); art. 37º, nº 3, (ação administrativa comum); art. 112º, nº 2, al. f), todos do CPTA (providências cautelares); art. 102º-B do Regime Jurídico da Urbanização e Edificação (embargo).

1. As entidades públicas não podem recorrer aos tribunais judiciais quando tenham competência para decretar o embargo administrativo na esfera das suas atribuições. Por ser penosa a determinação ou a execução de embargo administrativo, tal não legitima que se transfira para os tribunais judiciais a responsabilidade pela decisão, esvaziando, na prática, a competência que é atribuída por leis especiais a autoridades públicas relativamente à suspensão de obras.

2. Nos casos em que estejam destituídas de *jus imperii*, tais entidades encontram-se sujeitas ao regime geral, com a especificidade de estarem desoneradas do prazo de caducidade de 30 dias.

3. Para maiores desenvolvimentos, cf. Abrantes Geraldes, *Temas da Reforma do Processo Civil*, vol. IV, 4ª ed., pp. 265-268.

ARTIGO 399º
Obras que não podem ser embargadas

Não podem ser embargadas, nos termos desta secção, as obras do Estado, das demais pessoas coletivas públicas e das entidades concessionárias de obras ou serviços públicos quando, por o litígio se reportar a uma relação jurídico-administrativa, a defesa dos direitos ou interesses lesados se deva efetivar através dos meios previstos na lei de processo administrativo contencioso.

Remissões: art. 4º, nº 1, al. g) do ETAF (competência); arts. 112º e 120º do CPTA (providências cautelares na jurisdição administrativa).

1. É feita uma distinção entre os litígios cuja resolução compete às entidades e tribunais administrativos e os que cabem aos tribunais judiciais. Quando o litígio deva ser dirimido pelos tribunais administrativos (cf. a respetiva legislação, *máxime* o CPTA), os particulares estão inibidos de recorrer ao embargo comum de obra nova, devendo servir-se dos instrumentos de tutela previstos no direito administrativo.

2. Já nada obstará, porém, a que se aceda ao embargo comum quando a atuação da entidade pública seja equiparada à de qualquer entidade de direito privado, designadamente quando a ofensa ao direito de propriedade (*v.g.* expropriação de facto) não seja precedida dos necessários procedimentos administrativos ou quando a entidade pública atue fora do âmbito da sua competência específica.

3. Para maiores desenvolvimentos, cf. Abrantes Geraldes, *Temas da Reforma do Processo Civil*, vol. IV, 4ª ed., pp. 268-269 e Carla Amado Gomes, *Contributo para o estudo das operações materiais da administração pública e do seu controlo jurisdicional.*

ARTIGO 400º
Como se faz ou ratifica o embargo

1 – O embargo é feito ou ratificado por meio de auto, no qual se descreve, minuciosamente, o estado da obra e a sua medição, quando seja possível; notifica-se o dono da obra ou, na sua falta, o encarregado ou quem o substitua, para a não continuar.

2 – O auto é assinado pelo funcionário que o lavre e pelo dono da obra ou por quem a dirigir, se o dono não estiver presente; quando o dono da obra não possa ou não queira assinar, intervêm duas testemunhas.

3 – O embargante e o embargado podem, no ato do embargo, mandar tirar fotografias da obra, para serem juntas ao processo; neste caso, é o facto consignado no auto, com a indicação do nome do fotógrafo.

Remissões: arts. 159º e 160º (autos); art. 397º, nº 2 (embargo extrajudicial).

1. Decretado o embargo ou deferida a sua ratificação (no embargo extrajudicial), insere-se na própria tramitação do procedimento a efetivação do direito judicialmente reconhecido, cumprindo à secretaria executar o decidido, lavrando auto descritivo do estado em que a obra se encontrar. O auto é assinado pelo funcionário e pelo dono da obra ou, se este não se encontrar presente, por quem tiver a sua direção, sendo a recusa de assinatura substituída pela intervenção de duas testemunhas. Simultaneamente, será feita a notificação do dono ou de quem o substitua para não continuar a obra.

2. A segunda parte do nº 1 não se aplica em caso de embargo extrajudicial, uma vez que a notificação já ocorreu, nos termos do nº 2 do art. 397º, havendo apenas que notificar a decisão de ratificação do embargo extrajudicial.

3. Para maiores desenvolvimentos, cf. Abrantes Geraldes, *Temas da Reforma do Processo Civil*, vol. IV, 4ª ed., pp. 274-275.

ARTIGO 401º
Autorização da continuação da obra

Embargada a obra, pode ser autorizada a sua continuação, a requerimento do embargado, quando se reconheça que a demolição restitui o embargante ao estado anterior à continuação ou quando se apure que o prejuízo resul-

tante da paralisação da obra é consideravelmente superior ao que pode advir da sua continuação e em ambos os casos mediante caução prévia às despesas de demolição total.

Remissões: art. 3º, nº 3 (audição do embargante); art. 915º (caução incidental).

1. Na norma, aflora o princípio da proporcionalidade entre as vantagens emergentes da providência e os prejuízos que dela podem resultar para a esfera do requerido. Na verdade, a suspensão radical dos trabalhos, obras ou serviços pode ser causa de prejuízos diretos e indiretos desproporcionados em relação aos interesses diretamente afetados. Assim, realizado ou ratificado o embargo, independentemente do uso de outros meios de defesa contra a decisão, o requerido pode solicitar autorização para continuar a obra. Tal autorização depende de uma de duas condições:

a) O reconhecimento de que a futura demolição, caso seja acolhida a pretensão do embargante na ação principal, restituirá a situação ao estado anterior à continuação;

b) O apuramento de que o prejuízo resultante da paralisação é consideravelmente superior ao que advém da sua continuação.

2. Em qualquer dos casos, a autorização ficará condicionada à prévia prestação de caução de valor suficiente para garantir as despesas com a demolição da obra na parte em que a mesma é ilegal.

3. Para maiores desenvolvimentos, cf. Abrantes Geraldes, *Temas da Reforma do Processo Civil*, vol. IV, 4ª ed., pp. 275-276.

ARTIGO 402º

Como se reage contra a inovação abusiva

1 – Se o embargado continuar a obra, sem autorização, depois da notificação e enquanto o embargo subsistir, pode o embargante requerer que seja destruída a parte inovada.

2 – Averiguada a existência de inovação, é o embargado condenado a destruí-la; se não o fizer dentro do prazo fixado, promove-se, nos próprios autos, a execução para a prestação de facto devida.

Remissões: art. 3º, nº 3 (audição do requerido); art. 877º (execução para prestação de facto).

1. Enquanto se mantiver o embargo, o requerido fica impedido de prosseguir a obra, na parte em que afete o direito cuja violação se pretende prevenir. O não acatamento da intimação feita ao dono da obra ou a quem o substitua pode determinar consequências de ordem diversa. Por um lado, o cometimento do crime de desobediência qualificada, nos termos do art. 375º; por outro, a destruição das inovações introduzidas e que devam considerar-se violadoras do embargo. A decisão de condenação na destruição das inovações supõe a prévia audição do requerido (art. 3º, nº 3). Sempre que o embargado impugne os factos atinentes à continuação da obra, abre-se um incidente ao qual se aplicam as regras dos arts. 292º a 295º.

2. Para maiores desenvolvimentos, cf. Abrantes Geraldes, *Temas da Reforma do Processo Civil*, vol. IV, 4ª ed., p. 277.

SECÇÃO VII
Arrolamento

ARTIGO 403º
Fundamento

1 – Havendo justo receio de extravio, ocultação ou dissipação de bens, móveis ou imóveis, ou de documentos, pode requerer-se o arrolamento deles.

2 – O arrolamento é dependência da ação à qual interessa a especificação dos bens ou a prova da titularidade dos direitos relativos às coisas arroladas.

Remissões: art. 78º, nº 1, al. a) (competência); art. 304º, nº 3, al. f) (valor); art. 433º (documentos em poder de terceiro).

1. A matéria do arrolamento encontra-se detalhada em Abrantes Geraldes, *Temas da Reforma do Processo Civil*, vol. IV, 4ª ed., 2010, com larga ilustração jurisprudencial e doutrinária.

2. O arrolamento é uma medida de carácter conservatório que pode apresentar-se sob duas vertentes: como medida destinada a assegurar a manutenção de certos bens litigiosos, enquanto a questão da titularidade do direito sobre eles não for decidida na ação principal; como medida destinada a garantir a persistência de documentos necessários para provar a titularidade do direito a discutir na ação principal. É instrumental em relação a todas as ações em que esteja presente a discussão da titularidade de certos bens (*v.g.* inventário sucessório ou para partilha do património comum dos cônjuges, prestação de contas, entrega de universalidade de facto ou de direito). Sobre a admissibilidade do arrolamento de depósitos bancários, cf. RL 2-7-15, 4899/14.

3. Por opção expressa do legislador, é inviável a obtenção de uma decisão de inversão do contencioso no âmbito do procedimento de arrolamento (art. 376º, nº 4).

4. Para maiores desenvolvimentos, cf. Abrantes Geraldes, *ob. cit.*, pp. 280-284.

ARTIGO 404º
Legitimidade

1 – O arrolamento pode ser requerido por qualquer pessoa que tenha interesse na conservação dos bens ou dos documentos.

2 – Aos credores só é permitido requerer arrolamento nos casos em que haja lugar à arrecadação da herança.

Remissões: art. 2046º do CC (herança jacente); art. 12º, al. a) (herança jacente); art. 409º, nº 2 (arrecadação de herança).

1. O nº 1 acaba por assumir o critério geral determinativo da legitimidade processual, segundo a qual a legitimidade pertence a quem se afirme titular de um interesse na conservação dos bens ou documentos, interesse que, como sucede em geral, terá de ser direto, mas que não exclui a legitimidade indireta ou extraordinária, como a que é atribuída ao cabeça de casal.

2. O requisito do justo receio deve ser avaliado em termos objetivos, tal como ocorre no arresto ou no procedimento cautelar comum, valorando os factos que forem alegados e provados, de acordo com as regras de experiência.

3. O arrolamento tanto pode ser requerido antes de ser proposta a ação como na pendência desta, o que apenas releva para efeitos de determinação da competência territorial (art. 78º, nº 1, al. a)) ou da competência por conexão (art. 364º, nº 3).

4. Para maiores desenvolvimentos, cf. Abrantes Geraldes, *Temas da Reforma do Processo Civil*, vol. IV, 4ª ed., pp. 285-286.

ARTIGO 405º
Processo para o decretamento da providência

1 – O requerente faz prova sumária do direito relativo aos bens e dos factos em que fundamenta o receio do seu extravio ou dissipação; se o direito relativo aos bens depender de ação proposta ou a propor, tem o requerente de convencer o tribunal da provável procedência do pedido correspondente.

2 – Produzidas as provas que forem julgadas necessárias, o juiz ordena as providências se adquirir a convicção de que, sem o arrolamento, o interesse do requerente corre risco sério.

3 – No respetivo despacho, procede-se logo a nomeação de um depositário e ainda de um avaliador, que é dispensado do juramento.

Remissões: art. 403º (justo receio).

1. A respeito da petição inicial e dos ónus que recaem sobre o requerente, não existem regras especialmente diversas das que vigoram para a generalidade dos procedimentos. O maior ou menor labor na alegação de factos em que se funda a providência será o correspondente à especificidade de cada situação. Tratando-se de bens que já pertencem, no todo ou em parte, ao requerente, devem ser alegados factos que permitam concluir pela probabilidade da existência desse direito. Mas se o arrolamento for dependente de ação constitutiva do próprio direito sobre os bens (*v.g.* exercício do direito de preferência, execução específica de contrato-promessa), cumpre alegar os factos que, uma vez apurados, possibilitem a afirmação da probabilidade da procedência dessa ação.

2. Cabe ao juiz pronunciar-se sobre o cumprimento ou não do contraditório, de acordo com as circunstâncias do caso e a avaliação que faça sobre o receio quanto à eficácia ou utilidade da providência (art. 366º, nº 1). Produzidas as provas que forem reputadas necessárias, será proferida decisão de facto e de direito, bastando para o deferimento da medida a formulação de um juízo de verosimilhança quanto à existência atual ou futura de um direito de conteúdo patrimonial sobre bens em situação de perigo objetivo, associada a uma situação de justo receio de extravio do bem ou documento.

3. A aplicação remissiva do art. 368º, nº 3, resultante do art. 376º, nº 1, permite a substituição do arrolamento por caução, desde que esta seja julgada adequada para a concreta situação de perigo. Não é aplicável o regime da inversão do contencioso (art. 376º, nº 4).

4. Para maiores desenvolvimentos, cf. Abrantes Geraldes, *Temas da Reforma do Processo Civil*, vol. IV, 4ª ed., pp. 287-293.

ARTIGO 406º
Como se faz o arrolamento

1 – O arrolamento consiste na descrição, avaliação e depósito dos bens.

2 – É lavrado auto em que se descrevem os bens, em verbas numeradas, como em inventário, se declara o valor fixado pelo louvado e se certifica a entrega ao depositário ou o diverso destino que tiveram; o auto menciona ainda todas as ocorrências com interesse e é assinado pelo funcionário que o lavre, pelo depositário e pelo possuidor dos bens, se assistir, devendo intervir duas testemunhas quando não for assinado por este último.

3 – Ao ato do arrolamento assiste o possuidor ou detentor dos bens, sempre que esteja no local ou seja possível chamá-lo e queira assistir; pode este interessado fazer-se representar por mandatário judicial.

4 – O arrolamento de documentos faz-se em termos semelhantes, mas sem necessidade de avaliação.

5 – São aplicáveis ao arrolamento as disposições relativas à penhora, em tudo quanto não contrarie o estabelecido nesta secção ou a diversa natureza das providências.

Remissões: art. 780º (penhora de depósitos bancários); art. 760º (administração dos bens depositados).

1. A execução do arrolamento decompõe-se na descrição, avaliação e depósito dos bens, sendo dispensada a avaliação no arrolamento documental. O auto de arrolamento consubstancia um documento autêntico (cf. arts. 371º e 372º do CC). Naquilo que não estiver especialmente regulamentado, seguir-se-ão as regras prescritas para a realização da penhora.

2. No que concerne a certos bens, é fundamental a efetivação do registo, como formalidade relevante para a tutela dos direitos do requerente. Assim acontece com os imóveis, nos termos do art. 2º, nº 1, al. o), do Cód. de Reg. Predial, ou com as quotas de sociedades comerciais (art. 3º, al. f), do Cód. de Reg. Comercial). É o registo que condiciona a oponibilidade do arrolamento face a terceiros, respetivamente, nos termos dos arts. 5º e 14º de tais diplomas.

3. Para maiores desenvolvimentos, cf. Abrantes Geraldes, *Temas da Reforma do Processo Civil*, vol. IV, 4ª ed., pp. 296-300.

ARTIGO 407º
Casos de imposição de selos

1 – Quando haja urgência no arrolamento e não seja possível efetuá-lo imediatamente ou quando se não possa concluí-lo no dia em que foi iniciado, impõem-se selos nas portas das casas ou nos móveis em que estejam os objetos sujeitos a extravio, adotando-se as providências necessárias para a sua segurança e continuando-se a diligência no dia que for designado.

2 – Os objetos, papéis ou valores de que não seja necessário fazer uso e que não sofram deterioração por estarem fechados são, depois de arrolados, encerrados em caixas lacradas com selo, que devem ser depositados na Caixa Geral de Depósitos.

Remissões: art. 764º, nº 5 (depósito em instituição de crédito); art. 766º, nº 3 (imposição de selos).

1. Existindo especial urgência na efetivação do arrolamento e revelando-se impossível a sua concretização imediata ou a finalização do arrolamento já iniciado, serão apostos selos nas portas das casas ou nos móveis onde se situem os objetos, devendo adotar-se as medidas de segurança necessárias.

2. Para maiores desenvolvimentos, cf. Abrantes Geraldes, *Temas da Reforma do Processo Civil*, vol. IV, 4ª ed., pp. 296-300.

ARTIGO 408º
Quem deve ser o depositário

1 – O depositário é o próprio possuidor ou detentor dos bens, salvo se houver manifesto inconveniente em que lhe sejam entregues.

2 – O auto de arrolamento serve de descrição no inventário a que haja de proceder-se.

1. Quanto à designação de depositário, devem ser consideradas diversas circunstâncias. No arrolamento incidental do processo de inventário, o depósito será confiado àquele a quem a lei reconhecer legitimidade para exercer as funções de cabeça de casal, regra que está em plena consonância com o regime do direito substantivo que lhe atribui a exclusividade da administração dos bens (arts. 2079º e 2088º do CC).

2. Nos outros casos, ou seja, quando o arrolamento for incidental de outros processos, as funções serão, em princípio, desempenhadas pelo detentor ou possuidor dos bens, salvo se houver manifesto inconveniente em que isso suceda, nomeadamente quando existam razões para recear pela efetiva dissipação dos bens na pendência da ação principal.

3. Para maiores desenvolvimentos, cf. Abrantes Geraldes, *Temas da Reforma do Processo Civil*, vol. IV, 4ª ed., pp. 296-300.

ARTIGO 409º
Arrolamentos especiais

1 – Como preliminar ou incidente da ação de separação judicial de pessoas e bens, divórcio, declaração de nulidade ou anulação de casamento, qualquer dos cônjuges pode requerer o arrolamento de bens comuns, ou de bens próprios que estejam sob a administração do outro.

2 – Se houver bens abandonados, por estar ausente o seu titular, por estar jacente a herança, ou por outro motivo, e tornando-se necessário acautelar a perda ou deterioração, são arrecadados judicialmente, mediante arrolamento.

3 – Não é aplicável aos arrolamentos previstos nos números anteriores o disposto no nº 1 do artigo 403º.

Remissões: art. 12º, al. a) (herança jacente); art. 409º, nº 2 (arrecadação de herança); art. 938º, nº 1 (providências a tomar no processo de liquidação da herança vaga em benefício do Estado); art. 1133º (inventário na sequência de separação, divórcio, declaração de nulidade ou anulação de casamento); art. 2046º do CC (herança jacente).

1. O arrolamento, nas situações consignadas no preceito, visa garantir a justa partilha dos bens em consequência de divórcio ou de separação judicial, sendo dispensada a alegação e prova de uma situação que configure justo receio de dissipação ou ocultação (cf. Lebre de Freitas e Isabel Alexandre, *CPC anot.*, vol. II, 3ª ed., p. 198).

2. A designação do depositário dependerá do especial circunstancialismo que rodear o arrolamento. Sendo dependente da ação de divórcio, a que se seguirá o processo de inventário, deve preferir-se a aplicação da regra prevista do nº 1 do art. 408º.

3. Na falta de um preceito semelhante ao art. 395º (quanto ao arresto), a falta de instauração de inventário para partilha dos bens comuns não determina a caducidade do arrolamento, tanto mais que qualquer dos cônjuges tem legitimidade para requerer esse inventário.

4. Em RE 12-10-06, 368/06, entendeu-se que o arrolamento dos bens comuns do casal não cria uma situação de indisponibilidade absoluta dos bens, pois que, de outro modo, os cônjuges ficariam privados da sua utilização normal. Num caso de arrolamento dos depósitos bancários entendeu-se que deveriam nomear-se como depositários dos saldos ambos os interessados, na proporção de metade do respetivo valor, tratando-se de bens comuns, a fim de não inviabilizar a sua utilização normal e evitar que um dos cônjuges administre os mesmos de forma a comprometer definitivamente os interesses patrimoniais do outro.

5. Para maiores desenvolvimentos, cf. Abrantes Geraldes, *Temas da Reforma do Processo Civil*, vol. IV, 4ª ed., pp. 301-306.

TÍTULO V
Da instrução do processo

CAPÍTULO I
Disposições gerais

ARTIGO 410º
Objeto da instrução

A instrução tem por objeto os temas da prova enunciados ou, quando não tenha de haver lugar a esta enunciação, os factos necessitados de prova.

Remissões: art. 5º (factos essenciais e factos instrumentais); art. 516º, nº 1 (objeto do depoimento); art. 596º (temas da prova); art. 607º, nºs 3 e 4 (sentença); art. 341º do CC (função das provas).

1. A produção de prova é a atividade desenvolvida em juízo no sentido do convencimento do julgador acerca da realidade de um facto. Tal atividade instrutória passa pela utilização de meios de prova. Versando a prova sobre factos, a instrução pode desenvolver-se por referência a factos atinentes aos temas da prova enunciados ou, na falta dessa enunciação, por referência a factos carecidos de prova.

2. A enunciação dos temas da prova (art. 596º, nº 1) constitui uma operação de geometria variável, em função da natureza e da complexidade do litígio e também condicionada pela posição assumida pelas partes nos articulados. Podendo assumir um cariz mais genérico ou mais concreto, os temas da prova delimitam o âmbito da atividade instrutória que terá como objeto mediato os factos em que se traduzem ou desdobram e sobre os quais incidirá o juízo probatório, nos termos do art. 607º, nºs 3 e 4.

3. Se algum dos temas da prova corresponder efetivamente a um facto (*máxime*, a um facto que seja constitutivo, impeditivo ou modificativo) será o alvo direto da instrução, posto que, para o efeito, as partes não estejam inibidas de produzir prova sobre factos instrumentais ou circunstanciais que indiciem ou revelem aquele. Se acaso assumir uma formulação mais genérica, há de ser objeto de instrução toda a factualidade pertinente para a sua concretização, tendo em conta a previsão normativa de que depende o resultado da ação, aí se incluindo a livre discussão de factos em relação de instrumentalidade. No final, o juiz discriminará na sentença os factos (expressões representativas da realidade) que considerou provados e não provados, seguindo a orientação geral que consta do art. 607º, nºs 3 e 4.

4. Seguro é que, com o modelo atual, que pretendeu acabar de vez com os vícios inerentes ao anterior questionário ou com os que, numa visão imobilista, acabaram por afetar a base instrutória instituída na reforma processual de 1995/96, não há mais lugar a obstáculos sustentados na rigidez de uma peça processual que, além de não formar caso julgado positivo ou negativo, desempenha uma função meramente instrumental, permitindo que seja objeto de instrução tudo quanto de algum modo possa interessar à prova dos factos relevantes para a decisão da causa. Solução que igualmente deve ser adotada nos casos em que não haja sequer enunciação dos temas da prova (como ocorre quando tal seja dispensado ao abrigo do art. 597º) ou quando estes ainda não tenham sido enunciados, estando em causa a produção antecipada de prova (art. 420º, nº 1).

5. Cabe em especial destacar a liberdade amplamente garantida em sede de instrução no sentido de permitir que na produção de meios de prova (*máxime*, prova testemunhal, pericial ou por depoimento de parte) sejam averiguados os factos circunstanciais ou instrumentais, designadamente aqueles que possam servir de base à posterior formulação de presunções judiciais. A redação do art. 516º sobre o regime do depoimento testemunhal é paradigmática desta ideia de libertar as partes e o próprio juiz do "colete de forças" em que, tantas vezes, ainda que de forma injustificada, se transformara o questionário ou mesmo, depois, a base instrutória.

A instrução da causa, designadamente aquela que se processa na audiência final, deve ter como critério delimitador o que seja determinado pelos temas da prova erigidos e deve ter como objetivo final habilitar o juiz a expor na sentença os factos que relevarem para a decisão da causa, de acordo com as diversas soluções plausíveis da questão de direito (cf. mais desenvolvidamente Abrantes Geraldes, *Recursos no NCPC*, 5ª ed., Apêndice "Sentença Cível", pp. 591 e ss. e Paulo Pimenta, *Processo Civil Declarativo*, 2ª ed., pp. 310 e ss. e 366-369).

ARTIGO 411º
Princípio do inquisitório

Incumbe ao juiz realizar ou ordenar, mesmo oficiosamente, todas as diligências necessárias ao apuramento da verdade e à justa composição do litígio, quanto aos factos de que lhe é lícito conhecer.

Remissões: art. 6º (dever de gestão processual); art. 7º (princípio da cooperação); art. 429º (documentos em poder da parte contrária); art. 432º (documentos em poder de terceiro); art. 436º (requisição de documentos); art. 452º (depoimento de parte); art. 477º (realização de perícia); art. 490º (inspeção judicial); 494º (verificação não judicial qualificada); art. 526º (inquirição de testemunhas); art. 604º, nº 3, c) (esclarecimento de peritos); art. 630º, nº 2 (recorribilidade); art. 644º, nº 2, al. d) (apelação interlocutória).

1. No preceito aflora o princípio do inquisitório em termos idênticos aos que emergiam do art. 265º, nº 3, do CPC de 1961, o qual, porém, coexiste com os princípios do dispositivo, da preclusão e da autorresponsabilidade das partes, de modo que não poderá ser invocado para, de forma automática, superar eventuais falhas de instrução que sejam de imputar a alguma das partes, designadamente quando esteja precludida a apresentação de meios de prova (cf. RC 12-3-19, 141/16).

2. O princípio do dispositivo funciona de um modo geral no que concerne à alegação dos factos, mas concede-se ao juiz a faculdade e, simultaneamente, o dever de, tanto quanto possível, aferir a veracidade desses factos. Continua a impender sobre as partes o ónus de indicação dos meios de prova, a observar, em regra, nos articulados (arts. 552º, nº 6 e 572º, al. d)), mantendo-se o normativo do art. 139º, nº 3, segundo a qual o decurso de um prazo perentório extingue o direito de praticar o ato. Mas, por outro lado, o preceito faz apelo à realização de diligências que importem à justa composição do litígio, enquanto o art. 526º impõe ao juiz um verdadeiro dever jurídico que deve exercer sempre que no decurso da ação se revele a existência de testemunhas não arroladas. Da confluência destas e de outras normas e daquele princípio somos levados a admitir que, pelo menos nos casos em que não haja razões para afirmar a existência de comportamentos processuais abusivos, cumpre ao juiz exercitar a inquisitoriedade, preservando o necessário equilíbrio de interesses, critérios de objetividade e uma relação de equidistância e de imparcialidade.

3. Deste modo, se acaso uma das partes não apresentar qualquer requerimento probatório, prescindindo a parte contrária da inquirição das testemunhas arroladas, nos termos do art. 498º, nº 2, não encontrará justificação a inquirição oficiosa dessas testemunhas. Já nas situações em que cada uma das partes promoveu as diligências probatórias ajustadas à situação litigiosa, cumprindo com diligência o ónus que lhe competia, nada impedirá o juiz de aceder, por sua iniciativa, a outros meios de prova (*v.g.* documentos na posse de qualquer das partes ou de terceiros, perícia que o caso justifique ou inquirições adicionais que repute indispensáveis para a descoberta da verdade), utilizando um critério objetivo para aferir da necessidade ou da conveniência das diligências probatórias suplementares com vista ao apuramento da verdade.

4. A compatibilização do princípio do inquisitório com outras regras e princípios pode gerar controvérsia, o que justifica, por um lado, a regime de recorribilidade que consta do art. 630º, nº 2 e, por outro, a admissibilidade de recurso de apelação interlocutório, nos termos do art. 644º, nº 2, al. d), mecanismos que conjugadamente potenciam a resolução da discórdia em tempo oportuno, por forma a não afetar (ou reduzir a afetação) do julgamento que entretanto seja realizado (cf. Abrantes Geraldes, *Recursos no NCPC*, 5ª ed., pp. 81-83).

5. Sobre a matéria, cf. Paulo Pimenta, *Processo Civil Declarativo*, 2ª ed., pp. 31-33 e 369-373.

ARTIGO 412º
Factos que não carecem de alegação ou de prova

1 – Não carecem de prova nem de alegação os factos notórios, devendo considerar-se como tais os factos que são do conhecimento geral.

2 – Também não carecem de alegação os factos de que o tribunal tem conhecimento por virtude do exercício das suas funções; quando o tribunal se socorra destes factos, deve fazer juntar ao processo documento que os comprove.

Remissões: art. 5º, nº 2, al. c) (factos notórios e factos de conhecimento oficioso).

1. Não carecem de prova os factos notórios, isto é, os que sejam de conhecimento e de experiência comum, de acordo com os padrões médios da coletividade de um determinado tempo e lugar. A exigência do conhecimento geral atua em vários âmbitos: na esfera pessoal, o facto notório tem de constar como certo ou falso para a generalidade de pessoas de cultura média, entre as quais se encontra o juiz; na esfera cognoscitiva, no sentido de que tal conhecimento deve integrar a cultura média, não integrando apenas um saber especializado; na esfera espacial, no sentido de que tal facto deve ser conhecido no território a que respeita.

2. No que tange aos factos que o juiz conheça em virtude do exercício das suas funções, constitui condição da sua utilização no concreto processo a demonstração por via documental, o que na prática significa que o juiz deve ordenar oficiosamente a junção da certidão atinente. Na medida em que se revelem importantes para a decisão da matéria de facto ou da matéria de direito, tais factos devem ser considerados na sentença, como o determina o art. 5º, nº 2, al. c).

3. Sobre o conceito de factos notórios, cf. STJ 15-4-97, CJ t. II, p. 42, STJ 26-9-95, BMJ 449º, p. 293, STA 5-12-89, BMJ 392º, p. 486 e RC 31-3-87, CJ, t. II, p. 85. Cf. ainda Paulo Pimenta, *Processo Civil Declarativo*, 2ª ed., pp. 361-362, Manuel de Andrade, *Noções Elementares de Processo Civil*, p. 195 e Maria José Capelo, "Os factos notórios e a prova dos danos não patrimoniais", *RLJ*, ano 143º, pp. 286-304.

ARTIGO 413º
Provas atendíveis

O tribunal deve tomar em consideração todas as provas produzidas, tenham ou não emanado da parte que devia produzi-las, sem prejuízo das disposições que declarem irrelevante a alegação de um facto, quando não seja feita por certo interessado.

Remissões: art. 474º (desistência da prova pericial); art. 498º, nº 2 (desistência da inquirição da testemunha); art. 342º do CC (ónus da prova); art. 346º do CC (ónus de contraprova).

1. Como um dos seus objetivos principais, o nosso sistema processual civil procura que a solução judicial seja a que melhor se ajuste à real situação que é objeto de disputa. Por isso, as regras sobre o ónus da prova dos factos contidas no art. 342º do CC têm uma feição marcadamente objetiva, significando que ao exercício da atividade jurisdicional interessa acima de tudo saber se determinado facto, está ou não demonstrado, uma vez concluída a instrução, e não tanto averiguar qual das partes estava onerada com o respetivo ónus da prova (Antunes Varela, *Manual de Processo Civil*, 2ª ed., p. 450). Consequentemente, no julgamento da matéria de facto o tribunal deve tomar em consideração todas as provas produzidas, independentemente da parte que alegou o facto ou da que apresentou o meio de prova: nisto consiste o princípio da aquisição processual.

2. O princípio da aquisição processual é absoluto relativamente aos meios de prova. Já quanto à matéria de facto, há que atentar na ressalva da parte final do preceito, quanto aos casos em que apenas se atribui relevo à alegação proveniente da parte que dela beneficia: *v.g.* anulabilidade (art. 287º), prescrição (art. 303º), caducidade reportada a direitos disponíveis (art. 333º), exceção do não cumprimento (art. 428º), resolução (art. 436º) ou compensação (art. 848º, todos do CC). Em rigor, esta ressalva contende mais com a conjugação entre o ónus de alegação das partes e os poderes de cognição do tribunal (art. 5º), já que o problema não está tanto na origem da prova, mas na circunstância de a mesma revelar matéria que o juiz só pode considerar mediante alegação da parte a quem aproveita (cf. Paulo Pimenta, *Processo Civil Declarativo*, 2ª ed., p. 371, nota 865).

3. Em princípio, é a parte onerada com o ónus probatório que deve carrear para os autos os meios de prova necessários a convencer o tribunal das suas razões. Porém, o referido princípio do dispositivo é mitigado através da concessão ao juiz de ampla possibilidade de investigar os factos que tenham sido articulados (art. 411º). Neste contexto, assinalando três planos distintos: ónus de alegação, conveniência da iniciativa da prova e ónus da prova, cf. Paulo Pimenta, *ob. cit.*, pp. 369-373. Sobre a redundância da prova, cf. a anot. ao art. 490º.

ARTIGO 414º
Princípio a observar em casos de dúvida

A dúvida sobre a realidade de um facto e sobre a repartição do ónus da prova resolve-se contra a parte a quem o facto aproveita.

Remissões: art. 411º (princípio do inquisitório); art. 662º, nº 2, al. b) (produção de novos meios de prova na apelação); art. 342º, nº 3, do CC (dúvida sobre a natureza do facto); art. 344º do CC (inversão do ónus da prova); art. 346º do CC (ónus de contraprova).

1. O conteúdo do preceito é de natureza substantiva, encontrando eco tanto no art. 342º, nº 3, do CC, segundo o qual, em caso de dúvida, deve considerar-se que os factos são de natureza constitutiva, como no art. 346º do CC, quando a situação duvidosa decorre da apresentação de contraprova por uma das partes relativamente à prova apresentada pela outra.

2. Num processo de natureza litigiosa (e mesmo em certos processos de jurisdição voluntária, em que a contraditoriedade não é tão evidente), cada parte apresenta a sua versão dos factos e promove as diligências de prova no intuito de convencer o julgador acerca da realidade da sua versão. Um *standard* de prova consiste numa regra de decisão que indica o nível mínimo de corroboração de uma hipótese de facto para que tal hipótese possa considerar-se provada, ou seja, para que possa ser aceite como verdadeira. Em regra, no processo civil, esse *standard* é o da probabilidade prevalecente (*more-likely-than-not*). Se, após a valoração da prova, não for atingido tal patamar ou se as provas produzidas pelas partes forem equivalentes, no sentido de que inexistem parâmetros concretos que justifiquem a prevalência da credibilidade de umas sobre as da contraparte, entra em campo a solução prescrita nesta norma (cf., mais desenvolvidamente, Luís Filipe Sousa, *Prova por Presunção no Direito Civil*, 3ª ed., pp. 165-180; cf. ainda Paulo Pimenta, *Processo Civil Declarativo*, 2ª ed., pp. 371-373; STJ 6-12-11, 1675/06).

3. O preceito não se destina a resolver eventuais dúvidas quanto à distribuição do ónus da prova. Tais dúvidas, quando existam, implicam um esforço interpretativo prévio no sentido da sua superação e apenas quando daí não se extrair um resultado inequívoco se poderá asseverar que o ónus da prova pertence à parte a quem o facto aproveita (art. 342º, nº 3, do CC). A regra do art. 414º apenas opera, se necessário, em momento posterior à valoração da prova, não bastando para a sua aplicação a apresentação de contraprova nos termos do art. 346º do CC.

4. Defendendo que a jurisprudência não pode, sem lei expressa, inverter o ónus da prova por razões de dificuldade/facilidade probatórias, cf. Maria dos Prazeres Beleza, "O ativismo judiciário em matéria probatória e a teoria dinâmica da distribuição do ónus da prova", em *https://blogippc.blogspot.com.*

ARTIGO 415º
Princípio da audiência contraditória

1 – Salvo disposição em contrário, não são admitidas nem produzidas provas sem audiência contraditória da parte a quem hajam de ser opostas.

2 – Quanto às provas constituendas, a parte é notificada, quando não for revel, para todos os atos de preparação e produção da prova, e é admitida a intervir nesses atos nos termos da lei; relativamente às provas pré-constituídas, deve facultar-se à parte a impugnação, tanto da respetiva admissão como da sua força probatória.

Remissões: art. 3º, nº 3 (princípio do contraditório); art. 416º (apresentação de coisas como meio de prova); arts. 427º, 439º e 444º (prova documental); arts. 461º e 462º (depoimento de parte); arts. 467º, nº 2 e 468º (prova pericial); art. 491º (inspeção judicial); arts. 516º, 521º e 523º (prova testemunhal).

1. A contraditoriedade impõe-se com excecional vigor no capítulo fulcral do processo que tem a ver com a demonstração ou prova dos factos. Por isso mesmo, o preceito determina que as provas não são admitidas ou produzidas sem audiência contraditória, o que se aplica não apenas quando já se encontra pendente um processo, como ainda nos casos em que é requerida a produção antecipada de prova (arts. 419º e 420º). As exceções resultarão necessariamente da lei, o que ocorre em sede de determinados processos especiais ou procedimentos cautelares em que não seja admissível (arts. 378º e 393º, nº 1) ou não tenha sido concretamente admitido o contraditório prévio (art. 366º, nº 1).

2. No âmbito de processos pendentes, aquela regra é reiterada a propósito de cada um dos meios de prova admissíveis. Tal seria desnecessário, mas os subsequentes afloramentos do mesmo princípio visam eliminar quaisquer dúvidas e marcar o relevo que lhe é atribuído, como ocorre quanto à prova documental (arts. 427º, 439º e 444º), pericial (arts. 467º, nº 2, e 468º), por depoimento de parte (arts. 461º e 462º), testemunhal (arts. 516º, 521º e 523º), por inspeção judicial (art. 491º) ou por apresentação de coisas (art. 416º).

3. O exercício do contraditório varia em função da natureza dos meios de prova. Tratando-se de provas constituendas (*v.g.* prova testemunhal ou pericial), deve ser observado relativamente à sua admissão, preparação e produção. Tratando-se de provas já constituídas (*v.g.* documentos), deve ser observado quanto à sua admissão e apreciação. É claro que, quando a lei admite a atuação oficiosa do juiz (art. 411º), ao abrigo da inquisitoriedade, tal não pressupõe a audição prévia das partes sobre a realização das diligências. Todavia, para além de ser garantida a impugnação dessa decisão nos termos gerais (arts. 630º, nº 2 e 644º, nº 2, al. d)) e a intervenção de ambas as partes na produção da prova (*v.g.* na perícia), a apreciação dos elementos recolhidos deve ser precedida do contraditório, como se prescreve designadamente no art. 439º, para os documentos que sejam oficiosamente requisitados.

4. Caso o juiz não faculte à parte a possibilidade de se pronunciar quanto às provas oferecidas pela contraparte (*v.g.* admitindo a junção de documentos por uma das partes sem ouvir a outra), a prova é invalidamente constituída, podendo tal situação gerar uma nulidade nos termos do art. 195º, nº 1. Já nos casos em que o resultado esteja coberto por decisão judicial (*v.g.* afirmando explícita ou implicitamente a recusa do contraditório), justificar-se-á a impugnação oportuna da respetiva decisão por via da interposição de recurso, nos termos gerais (cf. Abrantes Geraldes, *Recursos no NCPC*, 5ª ed., pp. 25-30).

ARTIGO 416º
Apresentação de coisas móveis ou imóveis

1 – Quando a parte pretenda utilizar, como meio de prova, uma coisa móvel que possa, sem inconveniente, ser posta à disposição do tribunal, entrega-a na secretaria dentro do prazo fixado para a apresentação de documentos; a parte contrária pode examinar a coisa na secretaria e colher a fotografia dela.

2 – Se a parte pretender utilizar imóveis, ou móveis que não possam ser depositados na secretaria, fará notificar a parte contrária para exercer as faculdades a que se refere o número anterior, devendo a notificação ser requerida dentro do prazo em que pode ser oferecido o rol de testemunhas.

3 – A prova por apresentação das coisas não afeta a possibilidade de prova pericial ou por inspeção em relação a elas.

1. Quanto à oportunidade para a apresentação de coisas móveis no tribunal é de aplicar o disposto no art. 423º: apresentada a coisa, é notificada a parte contrária para que a possa examinar. Tratando-se de coisas imóveis ou de coisas móveis insuscetíveis de serem depositadas, a iniciativa da parte deve ser expressa nos termos previstos para a prova testemunhal: nos articulados (arts. 552º, nº 6 e 572º, nº 2) ou na audiência prévia (art. 598º, nº 1), requerendo a notificação da contraparte para eventual exame.

2. Em qualquer das situações, a coisa apresentada ou que se pretenda utilizar como meio de prova pode também ser alvo de prova pericial (arts. 467º e ss.) ou, se for o caso, de inspeção judicial (art. 490º) ou de verificação não judicial qualificada (art. 494º), o que pode ocorrer por iniciativa de qualquer das partes ou do tribunal, nos termos gerais.

ARTIGO 417º
Dever de cooperação para a descoberta da verdade

1 – Todas as pessoas, sejam ou não partes na causa, têm o dever de prestar a sua colaboração para a descoberta da verdade, respondendo ao que lhes for perguntado, submetendo-se às inspeções necessárias, facultando o que for requisitado e praticando os atos que forem determinados.

2 – Aqueles que recusem a colaboração devida são condenados em multa, sem prejuízo dos meios coercitivos que forem possíveis; se o recusante for parte, o tribunal aprecia livremente o valor da recusa para efeitos probatórios, sem prejuízo da inversão do ónus da prova decorrente do preceituado no nº 2 do artigo 344º do Código Civil.

3 – A recusa é, porém, legítima se a obediência importar:

a) Violação da integridade física ou moral das pessoas;

b) Intromissão na vida privada ou familiar, no domicílio, na correspondência ou nas telecomunicações;

c) Violação do sigilo profissional ou de funcionários públicos, ou do segredo de Estado, sem prejuízo do disposto no nº 4.

4 – Deduzida escusa com fundamento na alínea c) do número anterior, é aplicável, com as adaptações impostas pela natureza dos interesses em causa, o disposto no processo penal acerca da verificação da legitimidade da escusa e da dispensa do dever de sigilo invocado.

Remissões: art. 7º (princípio da cooperação); art. 357º, nº 2 (recusa de depoimento de parte); arts. 431º a 434º e 437º (documentos); art. 481º (perícia); art. 490º (inspeção judicial); art. 497º, nº 3 (recusa de depoimento testemunhal); art. 508º, nº 4 (comparência de testemunha sob custódia); art. 607º, nº 5 (livre apreciação das provas); art. 344º do CC (inversão do ónus da prova).

Quanto ao dever de sigilo: advogados (art. 92º do EOA); bancário (art. 78º do DL nº 298/92, de 31-12); médico (arts. 29º a 32º do Reg. de Deontologia Médica nº 707/16, DR, II Série, 21-7-16, arts. 17º, nº 2, e 19º, nº 3, do Cód. do Trabalho); jornalistas (art. 11º da Lei nº 1/99, de 1-1); revisores oficiais de contas (art. 84º da Lei nº 140/15, de 7-9); contabilistas certificados (arts. 28º, nº 3, al. d), e 72º, nº 1, al. d) do DL nº 452/99, de 5-11); religioso (art. 5º da Concordata de 18-5-04 e art. 16º, nº 2, da Lei nº 16/01, de 22-6); segredo de Estado (art. 2º da Lei Orgânica nº 2/14, de 6-8).

1. O dever de cooperação previsto no art. 7º não é exclusivo das partes e do tribunal, sendo extensivo a terceiros, designadamente quando a sua colaboração se revele necessária para averiguar factos relevantes para a apreciação do litígio. O incumprimento desse dever implica a sujeição a uma sanção civil de natureza pecuniária (multa fixada entre 0,5 e 5 UC – art. 27º, nº 1, do RCP), sem prejuízo do uso dos meios coercitivos que se ajustarem ao caso concreto, como seja a apreensão de determinados documentos de que o sujeito não abra mão de forma voluntária (art. 433º) ou a comparência da testemunha sob custódia (art. 508º, nº 4).

2. Se acaso o incumprimento advier da própria parte, outros efeitos mais gravosos podem ocorrer. Para além da condenação como litigante de má-fé, quando haja omissão grave do dever de cooperação (art. 542º, nº 2, al. c)), a conduta da parte pode ser livremente apreciada para efeitos probatórios. A conduta da parte pode ativar um indício endoprocessual probatório desde que: a parte tenha conhecimento de determinado facto; esse facto apresente relevo processual segundo as várias soluções plausíveis de direito; a prova desse facto seja desfavorável à parte em causa; no intuito de evitar esse resultado desfavorável, a parte proceda (por ação ou omissão) no sentido de frustrar (total ou parcialmente) a prova desse facto ou de desviar a atenção sobre o mesmo (cf., desenvolvidamente, Luís Filipe Sousa, *Prova por Presunção no Direito Civil*, 3ª ed., pp. 34 a 50). O campo de eventual atuação desse indício corresponde às situações intermédias entre a conduta inócua e a conduta culposa da parte (dolo ou negligência) que impossibilita a prova do facto ao onerado, situação sancionada com a inversão do ónus da prova (art. 344º, nº 2, do CC).

3. Naturalmente que, vigorando o princípio da livre apreciação das provas, não está vedado, antes se justifica com toda a pertinência, que se extraiam dos comportamentos processuais das partes elementos que interfiram na formação da convicção. Tal princípio não vigora apenas para efeitos de apreciação crítica dos meios de prova, devendo estender-se à apreciação da conduta processual, designadamente à que respeita à instrução da causa. Daí que, mesmo sem inversão do ónus da prova, mecanismo que deve ser resguardado para casos de maior gravidade, o juiz poderá sustentar a decisão sobre a matéria de facto provada e não provada também na ponderação do modo como as partes se posicionaram no que concerne ao exercício do ónus de prova e de contraprova e ao acatamento do princípio da cooperação em matéria probatória.

4. Efeito mais grave pode traduzir-se na inversão do ónus da prova quando a atitude dolosa ou culposa da parte tiver inviabilizado a prova de um facto a cargo da contraparte, por não ser possível fazer tal prova com recurso a outros meios, quer por impedimento legal (*v.g.* arts. 313º, nº 1 e 364º do CC), quer por insuficiência dos meios de prova produzidos, inexistindo meios de prova complementares ou alternativos disponíveis (cf. STJ 9-4-19, 4759/07 e STJ 12-4-18, 744/12; em STJ 7-3-19, 5744/15 valorizou-se para este efeito a recusa de entrega de documentos perante uma situação de grande dificuldade na obtenção de prova).

5. À impossibilidade de prova por atuação culposa da parte não colaborante (STJ 10-9-19, 1410/17) deve equiparar-se uma colaboração reticente ou parcialmente inviabilizadora da prova, desde que dessa falta de colaboração resulte, comprovadamente, fragilidade probatória causada pelo recusante (STJ 31-3-09, 09A197). No caso específico das ações de investigação de paternidade, a conduta do investigado progenitor de recusa injustificada de realização de exame de sangue pode dar azo à inversão do ónus da prova, nos termos do art. 344º, nº 2, do CC, como se decidiu em STJ 17-5-16, 8928/11, STJ 16-10-12, 194/08 e STJ 23-2-12, 994/06.

6. A lei impõe certos limites ao dever de colaboração. Desde logo, quando o acatamento do dever de colaboração represente violação da integridade física (previsão que, obviamente, não pode ser levada ao extremo de justificar a recusa de submissão a exame hematológico para apuramento da paternidade) ou moral do visado. Também é legítima a recusa quando a colaboração implicar intromissão na vida privada ou familiar, no domicílio, na correspondência ou nas telecomunicações, casos em que os interesses em causa se sobrepõem à colaboração solicitada, tutelando a lei direitos fundamentais que expressam valores tidos por intangíveis (cf. o Ac. do Trib. Const. nº 464/2019 sobre a intromissão nas telecomunicações e o princípio da proporcionalidade no acesso aos dados de tráfego). Outro motivo de recusa verifica-se quando o acatamento da colaboração importar violação do sigilo profissional ou de funcionário público ou do segredo de Estado.

7. Casuisticamente há que determinar se prevalece o direito à prova ou as razões que justificam a invocação do sigilo, sendo que tal ponderação se rege necessariamente pelo princípio da proibição do excesso ou da proporcionalidade (art. 18º, nº 2, da CRP), o qual se desdobra nos subprincípios da adequação ou da idoneidade, da exigibilidade ou da necessidade e da justa medida ou da proporcionalidade em sentido estrito. Face à existência de um interesse probatório legítimo, deve fazer-se um reequilíbrio dos valores em conflito, rejeitando uma conceção intangível das normas sobre o sigilo (RC 28-4-15, 46/14).

8. Da conjugação do nº 4 com o art. 135º do CPP resulta que o incidente de escusa se divide em duas fases: a referente à questão da sua legitimidade, que é decidida pelo tribunal de 1ª instância; a atinente à justificação da escusa, que é deferida à Relação, sendo relevante o ***AUJ nº 2/08*** (Secções Criminais) com o seguinte teor:

> "1. *Requisitada a instituição bancária, no âmbito de inquérito criminal, informação referente a conta de depósito, a instituição interpelada só poderá legitimamente escusar-se a prestá-la com fundamento em segredo bancário.*
>
> 2. *Sendo ilegítima a escusa, por a informação não estar abrangida pelo segredo, ou por existir consentimento do titular da conta, o próprio tribunal em que a escusa for invocada, depois de ultrapassadas eventuais dúvidas sobre a ilegitimidade da escusa, ordena a prestação da informação, nos termos do nº 2 do art. 135º do CPP.*
>
> 3. *Caso a escusa seja legítima, cabe ao tribunal imediatamente superior àquele em que o incidente se tiver suscitado ou, no caso de o incidente se suscitar perante o Supremo*

Tribunal de Justiça, ao pleno das secções criminais, decidir sobre a quebra do segredo, nos termos do nº 3 do mesmo artigo".

9. O incidente de quebra de sigilo profissional (art. 135º, nº 3, do CPP) pressupõe uma escusa legítima para depor, fundada em sigilo efetivamente existente. Nesse contexto, cabe ao tribunal superior decidir se poderá justificar-se a quebra de sigilo, face ao princípio da prevalência do interesse preponderante, parametrizado pela imprescindibilidade do depoimento/informação para a descoberta da verdade e pela necessidade de proteção de bens jurídicos. Do acórdão da Relação não cabe recurso de revista ao abrigo do art. 671º, nº 1; apenas será admissível mediante a inserção em alguma das als. do nº 2 (STJ 22-11-18, 174/14, STJ 5-7-18, 842/11, STJ 12-7-05, 05B1901 e STJ 17-6-10, CJ, t. II, p. 113 e nota 5 ao art. 671º; sobre a tramitação deste incidente, cf. notas 4 a 6 ao art. 497º).

10. Em sede de prova ilícita, há que diferenciar entre provas ilícitas absolutas e relativas. Constituem provas ilícitas absolutas as obtidas mediante a violação da integridade física ou moral das pessoas (al. a) do nº 3 e arts. 25º e 32º, nº 8, da CRP), sendo tais provas inadmissíveis em juízo por estar em jogo o princípio da dignidade humana. Provas ilícitas relativas são aquelas cuja obtenção é suscetível de fazer colidir o direito à prova com outros direitos fundamentais, designadamente os enumerados no art. 26º, nº 1 e 34º da CRP e na al. b) do nº 3 deste art. 417º.

11. A admissibilidade da prova ilícita relativa afere-se em função da ponderação judicial dos interesses envolvidos e das circunstâncias do caso concreto, sujeitando-se tais interesses e circunstâncias ao crivo do princípio da proporcionalidade e aos seus três subprincípios (art. 18º, nº 2, da CRP). Segundo o princípio da adequação, o meio de prova ilícito deve ter a capacidade de demonstrar a veracidade do facto necessitado de prova. De acordo com o princípio da necessidade ou exigibilidade, deve admitir-se a prova ilícita quanto a parte não tenha acesso a outro meio lícito de prova eficaz para demonstrar o facto, sendo, por isso, equacionável a utilização da prova ilícita quando a parte disponha de outra prova lícita cuja força probatória não garanta o resultado pretendido. Segundo o princípio da necessidade em sentido estrito, há que sopesar as vantagens da utilização da prova ilícita por contraposição às desvantagens causadas ao direito violado, aquilatando qual o interesse cuja ponderação merece maiores cuidados, nomeadamente se a violação dos direitos fundamentais em causa não é relevante a ponto de prevalecer sobre o interesse processual na descoberta da verdade (Trigo Morgado, *Admissibilidade da Prova Ilícita em Processo Civil*, p. 141).

12. É de excluir a ilicitude da prova obtida com intromissão na vida privada, no domicílio, na correspondência ou nas telecomunicações quando haja consentimento, colaboração ou cooperação do ofendido para a fixação dos factos que a contraparte se propõe provar, bem como quando a recolha e a fixação dos factos em suportes físicos ou digitais foi acidental (cf. art. 126º, nº 3, do CPP e Carlos Castelo Branco, *A Prova Ilícita*, p. 299).

13. No que tange à prova ilícita por derivação ou "efeito-à-distância", nos termos do art. 195º, nº 2, do CPP, a invalidade do ato só se transmite aos termos subsequentes que dele dependam absolutamente, mantendo-se a validade dos demais, pelo que só releva a dependência absoluta (nexo de causalidade e de imputação objetiva) entre os atos que sigam procedimentos probatórios distintos. Nesta sede, há que ponderar se ocorre uma alta probabilidade de obtenção da prova secundária por via legítima e se ocorreu a interferência de uma nova fonte legítima de conhecimento que quebre o nexo de causalidade entre a prova ilícita e a prova derivada subsequente (cf. Carlos Castelo Branco, *ob. cit.*, p. 333).

14. Sobre o sigilo profissional, em particular do advogado e bancário, cf. Luís Filipe Sousa, *Prova Testemunhal*, pp. 234 a 262. Sobre a jurisprudência do Tribunal Constitucional versando o sigilo bancário, cf. os Acs. nºs 145/2014 e 602/2005.

15. Sobre o segredo médico, cf. Lobato Ferreira, "Do segredo médico aos segredos do médico", na *Revista do CEJ*, nº 3, pp. 227-268.

16. Sobre a admissibilidade de provas ilícitas, cf. Isabel Alexandre, *Provas Ilícitas em Processo Civil*, 1998, Salazar Casanova, "Provas Ilícitas em Processo Civil: Sobre a Admissibilidade e Valoração de Meios de Prova Obtidos por Particulares", em *Direito e Justiça*, 2004, pp. 93-130, Trigo Morgado, *Admissibilidade da Prova Ilícita em Processo Civil* e Carlos Castelo Branco, *A Prova Ilícita, Verdade ou Lealdade?*, 2018.

ARTIGO 418º
Dispensa de confidencialidade pelo juiz da causa

1 – A simples confidencialidade de dados que se encontrem na disponibilidade de serviços administrativos, em suporte manual ou informático, e que se refiram à identificação, à residência, à profissão e entidade empregadora ou que permitam o apuramento da situação patrimonial de alguma das partes em causa pendente, não obsta a que o juiz da causa, oficiosamente ou a requerimento de alguma das partes, possa, em despacho fundamentado, determinar a prestação de informações ao tribunal, quando as considere essenciais ao regular andamento do processo ou à justa composição do litígio.

2 – As informações obtidas nos termos do número anterior são estritamente utilizadas na medida indispensável à realização dos fins que determinaram a sua requisição, não podendo ser injustificadamente divulgadas nem constituir objeto de ficheiro de informações nominativas.

Remissões: 417º (dever de cooperação); proteção de dados pessoais (Lei nº 58/19, de 8-8); proteção de dados pessoais e privacidade nas telecomunicações (Lei nº 41/04, de 18-8); Regulamento 2016/679, de 27-4-2016.

1. O preceito abarca os serviços administrativos de qualquer entidade pública ou privada detentores de elementos que traduzam dados pessoais. Não podendo estes ser libertados indiscriminadamente, cumpre ao tribunal quebrar a confidencialidade dos mesmos quando se revelar a sua essencialidade quer para a prossecução da lide, quer para a resolução do conflito ou tutela do interesse juridicamente protegido. Tal pressupõe, naturalmente, a ponderação não apenas do princípio da cooperação que pela norma é especialmente visado, mas também de outras normas ou princípios, como o do dispositivo, no que concerne à recolha de meios de prova, ou o da proporcionalidade dos meios relativamente ao objetivo pretendido. Este poder judicial tem natureza supletiva, no sentido em que não deve ser acionado se e quando for viável à parte a obtenção dos elementos por outra via.

2. A confidencialidade dos dados na disponibilidade de serviços administrativos não é absoluta, podendo ser superada nos casos em que o juiz determine a prestação de informações essenciais para o regular andamento do processo ou a justa composição do litígio, abarcando os elementos atinentes à identificação, residência ou profissão, entidade empregadora e situação patrimonial de alguma das partes. As informações assim obtidas apenas podem ser utilizadas para o fim que as determinou.

3. Tem-se entendido que os dados de tráfego, em que se inclui a mera identificação do titular de um número de telefone fixo ou móvel, mesmo quando confidencial, surgem com autonomia e instrumentalidade relativamente às eventuais comunicações e, por isso, não pertencem ao sigilo das telecomunicações (STJ 3-3-10, 886/07 e Ac. Trib. Const. nº 486/1999). Nessa medida, será ilegítima a recusa das operadoras de telecomunicações em identificar o domicílio do executado.

ARTIGO 419º
Produção antecipada de prova

Havendo justo receio de vir a tornar-se impossível ou muito difícil o depoimento de certas pessoas ou a verificação de certos factos por meio de perícia ou inspeção, pode o depoimento, a perícia ou a inspeção realizar-se antecipadamente e até antes de ser proposta a ação.

Remissões: art. 420º (processamento).

1. A produção antecipada de provas, que Calamandrei inseria na categoria geral de procedimentos cautelares, constitui um incidente processual inserido nas disposições gerais sobre a instrução do processo, tendo por função prevenir a eventual impossibilidade ou dificuldade de produção da prova no momento processual oportuno. Tem de comum com os procedimentos a falta de autonomia, a natureza incidental e o *periculum in mora*, diferenciando-se, todavia, destes pela ausência de provisoriedade, uma vez que a prova antecipadamente recolhida tem o mesmo valor que a produzida na fase processual apropriada (cf. Abrantes Geraldes, *Temas da Reforma do Processo Civil*, vol. III, 4ª ed., pp. 74-87).

2. A produção antecipada de prova é a medida adequada a evitar que o decurso do tempo impossibilite ou dificulte gravemente a produção de determinados meios de prova capazes de influir na decisão do tribunal. A antecipação total ou parcial das diligências de inquirição de testemunhas ou de depoimento de parte justifica-se em situações em que a idade dos depoentes, o seu estado de saúde, a ausência iminente para o estrangeiro ou qualquer outra circunstância séria permita antever, com forte probabilidade, a impossibilidade ou grave dificuldade na obtenção do depoimento na fase apropriada, ou seja, na audiência final (arts. 456º, nº 1, 500º e 604º, nº 3, als. a) e d)).

3. No que concerne à prova pericial (art. 467º), que pressupõe a realização de um exame ou de uma vistoria antes da formulação de um juízo técnico, a sua realização antecipada também pode constituir a única via para lhe conferir utilidade, tendo em conta o risco de desaparecimento ou de erosão dos elementos materiais suscetíveis de sustentar o relatório pericial, risco também presente quando se trate de inspeção judicial (art. 490º) ou, por analogia, de verificação não judicial qualificada (art. 494º).

4. O incidente de produção antecipada de meios de prova tanto pode realizar-se na pendência da ação como antes da sua propositura, desde que se verifique o risco que se pretende acautelar em sede de exercício do ónus probatório (art. 420º).

ARTIGO 420º
Forma da antecipação da prova

1 – O requerente da prova antecipada justifica sumariamente a necessidade da antecipação, menciona com precisão os factos sobre que há de recair e identifica as pessoas que hão de ser ouvidas, quando se trate de depoimento de parte ou de testemunhas.

2 – Quando se requeira a diligência antes de a ação ser proposta, indica-se sucintamente o pedido e os fundamentos da demanda e identifica-se a pessoa contra quem se pretende fazer uso da prova, a fim de ela ser notificada pessoalmente para os efeitos do artigo 415º; se esta não puder ser notificada, é notificado o Ministério Público, quando se trate de incertos ou de ausentes, ou um advogado nomeado pelo juiz, quando se trate de ausentes em parte certa.

Remissões: art. 78º, nº 1, al. d) (tribunal competente); art. 415º (contraditório); art. 419º (amplitude); art. 539º, nº 3 (taxa de justiça).

1. Trata-se de um incidente processual de natureza probatória, cumprindo ao requerente justificar a necessidade da antecipação, com menção dos factos sobre que há de recair e, tratando-se de depoimento, com identificação da pessoa ou pessoas que deverão ser chamadas a depor. Sendo o incidente deduzido antes da instauração da ação, é ainda necessário indicar o pedido que na mesma será formulado e os respetivos fundamentos, assim como identificar a contraparte, para assegurar o contraditório.

2. O incidente tem natureza cautelar, ainda que o *periculum in mora* não seja reportado diretamente ao direito que se pretende discutir na ação de que é instrumental, antes à iniciativa da prova de factos relevantes para a sua apreciação. Ao invés do que ocorre quanto a determinados procedimentos cautelares, não é exigível a demonstração da probabilidade da existência do direito em causa (cf. Abrantes Geraldes, *Temas da Reforma do Processo Civil*, vol. III, 4ª ed., pp. 74-87).

3. Atenta a regulamentação do incidente de produção de prova *ad perpetuam rei memoriam*, é sempre necessário o respeito pelo contraditório. Este é facilmente respeitado quando o incidente é suscitado na pendência da causa, mas deve também ser observado nas demais situações, para o que se exige a notificação pessoal da contraparte. Se a notificação não se concretizar num prazo razoável que seja compatível com a produção antecipada da prova, a parte é notificada na pessoa de advogado que seja designado *ad hoc*; já se for incerta ou estiver ausente em parte incerta, a contraparte será representada pelo Ministério Público.

4. O exercício do contraditório não visa simplesmente assegurar a participação da parte nos atos de preparação (*v.g.* perícia) e de produção de prova (*v.g.* depoimento testemunhal), cumprindo ainda a função, não menos relevante, de lhe possibilitar a dedução de oposição ao incidente, quando considere que não se verificam as condições para a antecipação probatória ou quando tiver alguma objeção à sua admissibilidade, como decorre da remissão para o disposto no art. 415º.

5. O rigoroso regime de contraditório pode colidir com a necessidade imposta pelas circunstâncias de assegurar a produção de prova sem prejudicar a eficácia do direito em causa. Em tais circunstâncias, julgamos ser legítimo o recurso ao procedimento cautelar comum, à semelhança do que já está previsto para a apreensão de documentos através do arrolamento, nos termos do art. 403º, nº 1 (para mais desenvolvimentos, cf. Abrantes Geraldes, *ob. cit.*, pp. 74-87).

6. Similarmente com a generalidade dos procedimentos cautelares, a produção antecipada de prova é necessariamente dependente de uma ação já pendente ou a instaurar, ainda que nesta eventualidade a eficácia da prova produzida não esteja submetida à caducidade prevista no art. 373º. Assim como os procedimentos cautelares são qualificados como urgentes e devem ser tramitados em período de férias judiciais (arts. 363º, nº 1), o mesmo sucede com a figura da produção antecipada de prova (art. 137º, nº 2).

7. A competência territorial é aferida através do art. 78º, nº 1, al. d): estando pendente a ação, o incidente é suscitado nos próprios autos; sendo preliminar, a competência cabe ao tribunal do lugar onde a produção da prova deva efetuar-se, antecedida da correspondente distribuição (art. 212º, 10ª). O incidente está sujeito a taxa de justiça a cargo do requerente, cujo pagamento será atendido na ação principal (art. 539º, nº 3). A taxa de justiça é de 1 UC (Tabela II do RCP).

ARTIGO 421º
Valor extraprocessual das provas

1 – Os depoimentos e perícias produzidos num processo com audiência contraditória da parte podem ser invocados noutro processo contra a mesma parte, sem prejuízo do disposto no nº 3 do artigo 355º do Código Civil; se, porém, o regime de produção da prova do primeiro processo oferecer às partes garantias inferiores às do segundo, os depoimentos e perícias produzidos no primeiro só valem no segundo como princípio de prova.

2 – O disposto no número anterior não tem aplicação quando o primeiro processo tiver sido anulado, na parte relativa à produção da prova que se pretende invocar.

Remissões: art. 355º, nº 3, do CC (confissão judicial), art. 371º do CC (força probatória do documento autêntico), art. 376º do CC (força probatória do documento particular).

1. Este preceito rege sobre a eficácia extraprocessual da prova (ou "prova emprestada") e não sobre a eficácia extraprocessual dos factos tidos como provados.

2. O preceito reporta-se apenas a algumas provas constituendas: depoimentos e declarações de parte, depoimentos testemunhais e perícias. Em regra, os efeitos de tais meios de prova restringem-se ao processo em que foram produzidas, mas são extensivos a outros processos quando exista identidade da parte contra a qual é invocada a prova.

3. Este preceito não abrange a confissão ficta por revelia, nem a admissão de factos por acordo. A confissão judicial, sendo escrita, tem força probatória plena (art. 358º, nº 1, do CC). Todavia, apenas vale como tal no processo em que se concretizou ou, tratando-se de procedimento cautelar, no respetivo processo principal (art. 355º, nº 3, do CC); nos demais casos o seu valor é degradado, nos termos do art. 358º, nº 4, do CC, sendo livremente apreciada (cf. nota 5 ao art. 364º).

4. Qualquer dos referidos meios de prova apenas vale como princípio de prova se acaso o processo em que foi produzido proporcionar garantias inferiores, como sucede na ação de averiguação oficiosa da paternidade. Ademais, nenhum efeito poderá ser extraído das provas produzidas se o processo entretanto tiver sido anulado na parte da instrução. Igualmente sucede nos casos em que a prova tenha sido produzida sem contraditório, como ocorre em determinados procedimentos cautelares.

5. Outra é a solução a adotar relativamente a provas pré-constituídas, com especial destaque para a documental, cujo valor probatório é apurado de acordo com o que decorrer das normas de direito substantivo aplicáveis (cf. Rui Pinto, "Valor extraprocessual da prova penal na demanda cível. Algumas linhas gerais de solução", na *Coletânea de Estudos de Processo Civil*, pp. 69 a 104).

ARTIGO 422º
Registo dos depoimentos prestados antecipadamente ou por carta

1 – Os depoimentos das partes, testemunhas ou quaisquer outras pessoas que devam prestá-los no processo são sempre gravados, quando prestados antecipadamente ou por carta.

2 – Revelando-se impossível a gravação, o depoimento é reduzido a escrito, com a redação ditada pelo juiz, podendo as partes ou os seus mandatários fazer as reclamações que entendam oportunas e cabendo ao depoente, depois de lido o texto do seu depoimento, confirmá-lo ou pedir as retificações necessárias.

Remissões: art. 172º, nº 1 (carta precatória e rogatória); 419º (produção antecipada de prova); art. 500º (lugar da inquirição).

1. Estão em causa essencialmente os depoimentos antecipados e os que correspondam ao cumprimento de cartas precatórias (pedidas ou recebidas por tribunal nacional) e de cartas rogatórias solicitadas por tribunais de outros países. Em tais situações, os depoimentos devem ser gravados, e só perante a impossibilidade dessa gravação se prescreve a redução a escrito.

2. Efetuada a gravação, a mesma é disponibilizada às partes, nos termos e para efeitos do art. 155º, nºs 3 e 4, dispondo aquelas de 10 dias para arguir eventuais deficiências ou faltas de gravação, ficando precludida a possibilidade de eventuais vícios serem arguidos ou oficiosamente apreciados em sede de recurso (cf. RP 17-12-14, 927/12 e Abrantes Geraldes, *Recursos no NCPC*, 5ª ed., p. 178).

CAPÍTULO II
Prova por documentos

ARTIGO 423º
Momento da apresentação

1 – Os documentos destinados a fazer prova dos fundamentos da ação ou da defesa devem ser apresentados com o articulado em que se aleguem os factos correspondentes.

2 – Se não forem juntos com o articulado respetivo, os documentos podem ser apresentados até 20 dias antes da data em que se realize a audiência final, mas a parte é condenada em multa, exceto se provar que os não pôde oferecer com o articulado.

3 – Após o limite temporal previsto no número anterior, só são admitidos os documentos cuja apresentação não tenha sido possível até àquele momento, bem como aqueles cuja apresentação se tenha tornado necessária em virtude de ocorrência posterior.

Remissões: art. 151º (agendamento da audiência final); art. 552º, nº 6 (petição inicial); art. 572º, al. d) (contestação); art. 583º, nº 1 (reconvenção); art. 584º (réplica); art. 588º, nº 5 (articulado superveniente); art. 607º, nº 4 (sentença); arts. 651, nº 1 e 662º, nº 2, al. c) (apelação); art. 680º, nº 1 (revista).

1. Os documentos não são factos, antes meios de prova de factos. Por isso se justifica que a sua apresentação coincida com a alegação dos factos que a parte se propõe demonstrar, solução que, em certa medida, foi agora estendida aos demais meios de prova, os quais também devem ser apresentados ou requeridos com os articulados (arts. 552º, nº 6, 572º, al. d), 588º, nº 1 e 588º, nº 5), ainda que seja admitida alteração posterior do requerimento probatório (art. 598º). Na realidade, a alegação dos factos não deve jamais desligar-se da indicação dos meios de prova disponíveis para a sua demonstração, fazendo, assim, todo o sentido a regra que faz coincidir a ocasião em que são alegados os factos com a constituição do ónus de indicação dos meios de prova, sem prejuízo dos casos de posterior modificação, designadamente na audiência prévia ou, como sucede na prova documental ou na prova testemunhal, até 20 dias antes da data designada para a audiência final (em STJ 12-9-19, 587/17, foi apreciado o modo de contagem do prazo, quando existe interferência de férias judiciais, com discordância de Teixeira de Sousa, *https://blogippc.blogspot.com*).

2. O CPC de 2013 introduziu alterações relevantes em sede de apresentação de prova documental, visando contrariar uma certa tendência, que se constituíra em verdadeira estratégia processual, traduzida em protelar a junção de documentos para o decurso da audiência final. Os efeitos negativos que isso determinava, com o arrastamento das audiências e perturbação do decurso dos depoimentos, levaram o legislador a adotar uma solução mais rígida, sem que daí resulte, todavia, prejuízo para descoberta da verdade. Vigorando, embora, o ónus de apresentação da prova documental com o articulado em que são alegados os factos correspondentes, foi definido um termo *ad quem* no vigésimo dia anterior à data designada para a realização da audiência final, significando isso que as partes podem apresentar documentos até àquele momento, sujeitando-se ao pagamento de multa, a fixar entre 0,5 UC e 5 UC (art. 27º, nº 1, do RCP), salvo se a apresentação extemporânea for considerada justificada.

3. A teleologia do preceito, que visa evitar a perturbação resultante da apresentação extemporânea de documentos, leva-nos a considerar que o limite para a sua apresentação (e também para a alteração do rol de testemunhas, ao abrigo do art. 598º, nº 2, com semelhante redação) tem como referência a data designada para a audiência final ou para a primeira sessão, independentemente de qualquer adiamento ou continuação (neste sentido, reportando-se à alteração do rol de testemunhas admitida pela norma do art. 598º, nº 2, cf. Paulo Pimenta, *Processo Civil Declarativo*, 2ª ed., p. 327, nota 750 e RP 12-5-15, 7724/10). No entanto, alguma jurisprudência (assim também Lebre de Freitas e Isabel Alexandre, *CPC anot.*, vol. II, 3ª ed., pp. 675-676) vem entendendo que a antecedência de 20 dias se reporta à realização efetiva da audiência final e não à sua simples abertura, aplicando o preceito mesmo que haja adiamento ou continuação da audiência noutra sessão (RP 7-1-19, 3741/17, RP 11-11-18, 11465/17, RG 17-12-15, 3070/09, RC 14-12-16, 3669/14 e RC 8-9-15, 2035/09) ou mesmo a repetição da audiência para ampliação da matéria de facto (RP 17-12-14, 436/13; contra: RC 6-6-17, 2890/13).

4. Ultrapassado esse limite, apenas são admitidos documentos cuja junção não tenha sido possível, atenta a verificação de um impedimento que não pôde ser ultrapassado em devido tempo, ou quando se trate de documentos objetiva ou subjetivamente supervenientes, isto é, que apenas foram produzidos ou vieram ao conhecimento da parte depois daquele momento.

5. Também é admissível a junção de documentos cuja apresentação se tenha revelado necessária em virtude de ocorrência posterior, cuja natureza deve ser casuisticamente averiguada. Podem constituir exemplos: a transmissão do direito litigioso, determinante da habilitação da parte (art. 357º) ou a sentença que haja decidido com base em facto novo oficiosamente cognoscível (art. 412º).

6. O conceito de *"ocorrência posterior"* que legitima a entrada de documentos no processo não respeitará, por certo, a factos que constituam fundamento da ação ou da defesa (factos essenciais, na letra do art. 5º), pois tais factos já hão de ter sido alegados nos articulados oportunamente apresentados ou, pelo menos, por ocasião da dedução de articulado de aperfeiçoamento (art. 590º, nº 4). Tão pouco respeita a factos supervenientes, pois a alegação desses factos deve ser acompanhada dos respetivos documentos, sendo esse o meio da sua entrada nos autos (art. 588º, nº 5). Portanto, no plano dos factos, a ocorrência posterior dirá somente respeito a factos instrumentais ou a factos relativos a pressupostos processuais (neste sentido, Lebre de Freitas e Isabel Alexandre, *ob. cit.*, p. 241).

7. Por outro lado, não deve confundir-se esta figura com regimes específicos de junção de documentos, nomeadamente para instruir a impugnação de testemunhas (art. 515º) ou a contradita (art. 521º), bem assim a impugnação da genuinidade de documento (art. 445º, nºs 1 e 2) ou a ilisão da autenticidade ou da força probatória de documento. O sentido destas e doutras disposições é o de evitar que, por meios artificiosos, sejam introduzidos no processo documentos para além do momento fixado pelo legislador ou segundo critérios diversos dos definidos para tal.

8. Ou seja, não podem criar-se artificialmente eventos ou incidentes cujo objetivo substancial seja tão só o de inserir nos autos documentos que poderiam e deveriam ser apresentados em momento anterior, sob pena de frustração do objetivo disciplinador fixado pelo legislador e, assim, da persistência de uma prática que se quis assumidamente abolir.

9. Estas questões foram apreciadas em RL 6-12-17, 3410/12 (também em RL 8-2-18, 207/14), cujo sumário, pela sua pertinência, se reproduz:

"O incidente da contradita visa questionar a credibilidade da própria testemunha, pondo em causa a sua isenção e a fé que possa merecer, ou seja a fonte do seu conhecimento e não diretamente a veracidade do seu depoimento.

A pretensão do A. de junção de documentos, finda uma sessão de audiência de julgamento, alegando, como fundamento dessa junção, a contraprova do invocado na sequência do depoimento de testemunha que depusera nessa sessão, não se integra no incidente de contradita, ainda que este fosse temporalmente admissível.

A junção de documentos é admissível nos prazos previstos no art. 423º do CPC, que permite a junção em três momentos distintos: *a)* com o articulado respetivo, sem cominação de qualquer sanção; *b)* até 20 dias antes da data em que se realize a audiência final, mas com cominação de multa, exceto se a parte alegar e provar que os não pode oferecer antes; *c)* até ao encerramento da discussão em 1ª instância, mas apenas daqueles documentos cuja apresentação não tenha sido possível até aquele momento ou se tornem necessários por virtude de ocorrência posterior.

Cabe à parte que pretende a junção de documento alegar e demonstrar que a sua apresentação não foi possível até àquele momento, ou que a sua apresentação só se tornou possível em virtude de ocorrência posterior.

Os meios de prova, qualquer que seja a sua natureza, destinam-se à instrução da causa, a qual tem por objeto os temas da prova enunciados ou, quando não tenha de haver lugar a esta enunciação, os factos necessitados de prova.

O depoimento de testemunhas arroladas nos autos não constitui ocorrência posterior para efeitos de apresentação de documentos não juntos aos autos, com fundamento na parte final do nº 3 do art. 423º do CPC".

10. Apesar da rigidez para que o preceito parece apontar, em parte associada ao princípio da autorresponsabilidade das partes, o mesmo não pode deixar de ser compatibilizado com outros preceitos ou com outros princípios que justificam a iniciativa oficiosa do tribunal na determinação da junção ou requisição de documentos que, estando embora fora daquelas condições, sejam tidos como relevantes para a justa composição do litígio, à luz, pois, de um critério de justiça material, cabendo realçar em especial o princípio do inquisitório consagrado no art. 411º e concretizado ainda no art. 436º (acerca do necessário equilíbrio entre a autorresponsabilidades das partes e a oficiosidade do inquisitório, cf. Paulo Pimenta, *ob. cit.*, pp. 372-373 e RL 25-9-18, 744/11).

ARTIGO 424º

Efeitos da apresentação posterior de documentos

A apresentação de documentos nos termos do disposto no nº 3 do artigo anterior não obsta à realização das diligências de produção de prova, salvo se, não podendo a parte contrária examiná-los no próprio ato, mesmo com

suspensão dos trabalhos pelo tempo necessário, o tribunal considerar o documento relevante e declarar que existe grave inconveniente no prosseguimento da audiência.

Remissões: art. 603º (realização da audiência).

1. Foi fortemente restringida a possibilidade de apresentação de prova documental no decurso da audiência final. Mesmo que tal suceda, isso não deve obstar, em regra, ao prosseguimento da audiência, a não ser que confluam três circunstâncias: impossibilidade de se proceder ao exame documental no próprio ato, relevância do documento declarada pelo tribunal e existência de grave inconveniente a que prossiga a audiência. De todo o modo, ainda que a junção de determinado documento justifique que não seja inquirida de imediato certa testemunha, isso não colide com a necessidade de a audiência prosseguir com a produção de outros meios de prova relativamente aos quais não se verifique aquela condicionante, dando, assim, utilidade à precedente marcação da audiência mediante compatibilização de agendas e à convocação de outras pessoas que estejam presentes.

2. Fica, deste modo, claro que a prioridade deve ser conferida aos princípios da celeridade e da continuidade da audiência, a fim de evitar a perturbação dos trabalhos e os demais inconvenientes que o adiamento ou a suspensão da audiência implicam para as pessoas convocadas e presentes. Por outro lado, é acentuada ainda mais a regra da inadiabilidade da audiência que já decorre do art. 603º.

ARTIGO 425º
Apresentação em momento posterior

Depois do encerramento da discussão só são admitidos, no caso de recurso, os documentos cuja apresentação não tenha sido possível até àquele momento.

Remissões: art. 604º, nº 3, al. e) (encerramento da discussão); art. 651º (apelação); art. 680º, nº 1 (revista).

1. Visando a prova documental a demonstração de factos relevantes para a resolução do litígio, é natural que a sua pertinência cesse, em regra, com o encerramento da discussão da causa, que corresponde ao momento em que terminam as alegações orais dos advogados das partes (art. 604º, nº 3, al. e)).

2. Depois desse momento, apenas se pode congeminar a junção excecional de documentos nos termos previstos no art. 651º, nº 1, em sede de recurso de apelação: para além dos documentos que sejam objetiva e subjetivamente supervenientes (tendo em conta o encerramento da discussão na audiência final), são admissíveis aqueles cuja necessidade se revelar em função da sentença proferida, o que pode justificar-se pela imprevisibilidade do resultado (*v.g.* quando a sentença se baseie em meio probatório não oferecido pelas partes ou quando se funde em regra de direito cuja aplicação ou interpretação as partes não previram). Não é admissível a junção com a alegação de recurso de um documento que, *ab initio*, já era potencialmente útil à apreciação da causa. Tal não colide, porém, com a possibilidade de a Relação ordenar a junção de documentos, nos termos e para efeitos do art. 662º, nº 2, al. b).

3. No âmbito do recurso de revista, as restrições são ainda maiores (art. 680º, nº 1), já que apenas se admitem documentos supervenientes, ainda assim com as limitações que decorrem dos arts. 674º, nº 3, tendo em conta os reduzidos poderes que são conferidos ao Supremo no que concerne ao julgamento da matéria de facto (cf. Abrantes Geraldes, *Recursos no NCPC*, 5ª ed., anot. ao art. 680º).

ARTIGO 426º
Junção de pareceres

Os pareceres de advogados, professores ou técnicos podem ser juntos, nos tribunais de 1ª instância, em qualquer estado do processo.

1. Os pareceres podem ser apresentados, na 1ª instância, em qualquer estado do processo. Naturalmente que tal faculdade tem como limite a prolação da sentença, a não ser, quanto aos pareceres de jurisconsultos, que seja interposto recurso, caso em que a junção poderá ser feita dentro do limite fixado no art. 651º, nº 2 (para o qual remete o art. 680º, nº 2, referente ao recurso de revista).

2. Um parecer técnico sobre a matéria de facto exprime o testemunho de pessoa que, solicitada extrajudicialmente para verificar determinados factos, narra o que viu e observou. Estamos, em rigor, perante prova testemunhal. A sua eficácia probatória não pode ser superior à da prova pericial ou testemunhal, por mais qualificado que seja o técnico emitente (STJ 19-2-03, 03B3074). A reconstituição científica de um acidente, apresentada por uma das partes, é um parecer técnico, não constituindo prova pericial (RP 9-1-14, 820/11). Os pareceres técnicos, não constituindo prova documental com força probatória plena, não permitem, por si só, alterar a decisão de facto da 1ª instância, nos termos do art. 662º, nº 1 (RP 7-4-16, 197/14).

3. No Ac. nº 934/1996, o Trib. Const. julgou inconstitucional a norma do art. 525º do CPC de 1961, na interpretação de que cabe ao juiz a definição do critério do que deva considerar-se "*parecer*" e, consequentemente, o poder de avaliar e decidir sobre a junção dos pareceres que as partes pretendem juntar aos autos.

ARTIGO 427º
Notificação à parte contrária

Quando o documento seja oferecido com o último articulado ou depois dele, a sua apresentação é notificada à parte contrária, salvo se esta estiver presente ou o documento for oferecido com alegações que admitam resposta.

Remissões: art. 3º, nº 3 (princípio do contraditório); art. 444º (impugnação da genuinidade do documento); art. 446º (ilisão da autenticidade ou da força probatória de documento).

1. A notificação da junção de qualquer documento, como pressuposto do exercício do contraditório, é inerente à notificação de qualquer articulado ou de qualquer requerimento que admita resposta, *máxime* quando as partes estejam patrocinadas (art. 221º) ou quando a contraparte esteja presente no momento em que a junção é requerida.

2. A notificação da contraparte visa facultar-lhe a pronúncia sobre a proveniência e integridade do documento na sua materialidade de continente/significante (eficácia formal do documento) e sobre a veracidade e vinculação ao seu conteúdo/significado (eficácia material do documento). Sendo o documento imputado à contraparte, pode esta reconhecer, expressa ou tacitamente, como verdadeira a letra e assinatura, ou só a assinatura, ou impugnar a sua veracidade por meio de simples impugnação ou pela arguição da falsidade. No que tange à eficácia material, a declaração vertida no documento vincula o seu autor se os factos lhe forem prejudiciais, aplicando-se-lhe o princípio da indivisibilidade (art. 376º, nº 2, do CC). Quanto aos factos favoráveis ao declarante, por força do princípio da indivisibilidade, ocorre uma inversão do ónus da prova, incumbindo à contraparte o ónus de produzir prova no sentido de demonstrar que tais factos são inexatos.

3. Sendo este o sentido da notificação, não é suposto a parte ir além daquele objeto, pelo que não lhe deve ser permitido aproveitar o ensejo para produzir verdadeiros articulados ou alegações sobre a matéria da ação, naquilo que é uma prática errada e bastante frequente. Seria contrário à disciplina processual que a parte pudesse reabrir a fase dos articulados pelo simples facto de serem apresentados novos documentos (cf. Rodrigues Bastos, *Notas ao CPC*, vol. III, 3ª ed., pp. 89-90). Aliás, a apreciação do documento na vertente das suas implicações, enquanto meio de prova, isto é, para efeito do julgamento da matéria de facto, deverá ficar reservada para as alegações orais dos advogados, na audiência final (art. 604º, nº 3, al. e)), na certeza de que, havendo o processo de findar no despacho saneador (art. 595º), sempre haverá oportunidade para produzir tais alegações na audiência prévia, que não deixará de ser convocada, ao menos para esse fim (cf. a anot. aos arts. 591º, 592º e 593º).

ARTIGO 428º
Exibição de reproduções cinematográficas e de registos fonográficos

À parte que apresente como prova qualquer reprodução cinematográfica ou registo fonográfico incumbe facultar ao tribunal os meios técnicos de o exibir, sempre que seja necessário, sem prejuízo do disposto no artigo 411º.

Remissões: art. 444º (impugnação da genuinidade do documento).

1. Os documentos a que se reporta este preceito são referidos no art. 368º do CC (cf. análise desenvolvida em Luís Filipe Sousa, *O Valor Probatório do Documento Eletrónico no Processo Civil*, 2ª ed., pp. 87-94).

2. Esta norma aplica-se, por analogia, aos casos em que a parte apresenta um documento eletrónico, bem como naqueles em que a parte requer a realização de cibernavegação, que constitui uma modalidade de inspeção judicial (art. 490º).

ARTIGO 429º
Documentos em poder da parte contrária

1 – Quando se pretenda fazer uso de documento em poder da parte contrária, o interessado requer que ela seja notificada para apresentar o documento dentro do prazo que for designado; no requerimento, a parte identifica quanto possível o documento e especifica os factos que com ele quer provar.

2 – Se os factos que a parte pretende provar tiverem interesse para a decisão da causa, é ordenada a notificação.

Remissões: art. 417º (dever de cooperação); arts. 430º e 437º (consequências da não apresentação do documento).

1. Tratando-se de documento pertinente, isto é, com interesse para a decisão da causa (cf. nota 2 ao art. 443º), mas que não esteja em poder de quem dele pretende fazer uso, se acaso a sua disponibilização pela parte que o detém não ocorrer espontaneamente, ficará a mesma obrigada a proceder à junção quando tal lhe for determinado, mediante requerimento da parte interessada, a qual deve indicar os factos que pretende demonstrar por essa via probatória. A notificação à parte detentora do documento é feita sob a cominação constante do art. 417º.

2. O mecanismo previsto neste preceito poderá ser utilizado tanto por quem tem o ónus da prova de determinado facto, como por quem pretenda infirmar a prova de factos cujo ónus recai sobre o detentor do documento (RP 21-4-15, 124/14). Já não pode ser utilizado com o objetivo de obter, de forma enviesada, declarações da parte contrária (RL 16-6-15, 488/13).

ARTIGO 430º
Não apresentação do documento

Se o notificado não apresentar o documento, é-lhe aplicável o disposto no nº 2 do artigo 417º.

1. O preceito concretiza, em matéria de prova documental, o princípio ínsito no art. 417º, que envolve o dever de cooperação para a descoberta da verdade.

ARTIGO 431º
Escusa do notificado

1 - Se o notificado declarar que não possui o documento, o requerente é admitido a provar, por qualquer meio, que a declaração não corresponde à verdade.

2 - Incumbe ao notificado que haja possuído o documento e que pretenda eximir-se ao efeito previsto no nº 2 do artigo 344º do Código Civil demonstrar que, sem culpa sua, ele desapareceu ou foi destruído.

1. O notificado pode alegar que não possui o documento, assim como pode invocar circunstâncias que, sem culpa sua, tenham determinado o desaparecimento ou a destruição do documento. No primeiro caso, a contraparte pode recorrer a qualquer meio de prova para provar a falsidade da alegação. No segundo caso, recai sobre o próprio notificado o encargo de demonstrar a ausência de culpa sua em tal desfecho.

2. Há que atentar no regime específico do art. 40º, nº 1, do Cód. Com., que impõe a obrigação de conservar os documentos pelo prazo de 10 anos. Escudando-se o notificado no esgotamento de tal prazo como fundamento para a não detenção dos documentos, daí não se segue que ocorra necessariamente uma inversão do ónus da prova pela impossibilidade de produção de prova (RP 1-2-16, 60079/14). Sobre a questão atinente ao período de guarda e conservação de documentação bancária, cf. STJ 4-10-11, 3200/04.

ARTIGO 432º
Documentos em poder de terceiro

Se o documento estiver em poder de terceiro, a parte requer que o possuidor seja notificado para o entregar na secretaria, dentro do prazo que for fixado, sendo aplicável a este caso o disposto no artigo 429º.

Remissões: arts. 433º e 437º (consequências da não apresentação do documento).

1. O preceito concretiza, em sede de prova documental, o dever de colaboração para a descoberta da verdade, o qual, valendo relativamente a qualquer das partes, também é extensivo a terceiros. Para além do que se dispõe no art. 417º, nº 2, o notificado fica sujeito à reação prevista no art. 433º.

ARTIGO 433º
Sanções aplicáveis ao notificado

O tribunal pode ordenar a apreensão do documento e condenar o notificado em multa, quando ele não efetuar a entrega, nem fizer nenhuma decla-

ração, ou quando declarar que não possui o documento e o requerente provar que a declaração é falsa.

Remissões: art. 27º, nº 1, do RCP (multa)

1. Remete-se para as anotações aos arts. 432º e 417º.

ARTIGO 434º
Recusa de entrega justificada

Se o possuidor, apesar de não se verificar nenhum dos casos previstos no nº 3 do artigo 417º, alegar justa causa para não efetuar a entrega, é obrigado, sob pena de lhe serem aplicáveis as sanções prescritas no artigo anterior, a facultar o documento para o efeito de ser fotografado, examinado judicialmente, ou se extraírem dele as cópias ou reproduções necessárias.

1. Remete-se para a anot. ao art. 432º.

ARTIGO 435º
Ressalva da escrituração comercial

A exibição judicial, por inteiro, dos livros de escrituração comercial e dos documentos a ela relativos rege-se pelo disposto na legislação comercial.

Remissões: arts. 1048º e 1049º (inquérito judicial à sociedade); arts. 41º a 43º do Cód. Com.

1. Este artigo ressalva o disposto na legislação comercial no que tange à exibição judicial, "*por inteiro*", dos livros de escrituração comercial, em que se incluem designadamente as compras, vendas, balanço e inventário. Quando se trate de uma parte da escrituração comercial (art. 43º do Cód. Com.), há que aplicar o regime do art. 417º, confrontando a *ratio* do sigilo comercial (preservação da segurança e confiança no funcionamento do comércio) com o interesse da realização da justiça (STJ 8-3-18, 5408/10).

2. No confronto dos valores ínsitos à proteção do sigilo comercial, do direito à prova/contraprova e do dever de colaboração para a descoberta da verdade, haverá que decidir qual dos interesses deve prevalecer. Na formulação desse juízo, há que ponderar a indispensabilidade ou não dos documentos em causa para a apreciação do pedido, o princípio da proporcionalidade e a possibilidade de realização, pela forma minimamente invasora, dos direitos da parte contrária (RL 28-9-16, 1267/15 e RL 17-4-08, 9558/2007).

3. Importa ter presente que se mantém atual a jurisprudência que foi adotada no ***AUJ nº 2/98***: "*O art. 43º do Cód. Com. não foi revogado pelo art. 519º, nº 1, do CPC de*

1961, na versão de 1967, de modo que só poderá proceder-se a exame dos livros e documentos dos comerciantes quando a pessoa a quem pertençam tenha interesse ou responsabilidade na questão em que tal apresentação foi exigida". Nos termos do art. 43º, nº 2, do Cód. Com., os peritos ou o tribunal, na hipótese de inspeção judicial, não devem reproduzir as partes da escrita comercial, inspecionadas ou examinadas, limitando-se a analisar os dados e a extrair as notas que entenderem convenientes, mas sempre no escritório do comerciante, evitando que a escrita, ou parte dela, esteja à disposição do tribunal, fora do controlo daquele (RC 29-1-08, 2087/03).

ARTIGO 436º
Requisição de documentos

1 – Incumbe ao tribunal, por sua iniciativa ou a requerimento de qualquer das partes, requisitar informações, pareceres técnicos, plantas, fotografias, desenhos, objetos ou outros documentos necessários ao esclarecimento da verdade.

2 – A requisição pode ser feita aos organismos oficiais, às partes ou a terceiros.

Remissões: art. 411º (princípio do inquisitório).

1. Apesar das condicionantes colocadas às partes relativamente à oportunidade da prática dos atos afetada pelas regras preclusivas, a latitude dos poderes inquisitórios do tribunal permite que este tome iniciativas em sede probatória, as quais serão justificadas desde que não impliquem a total desconsideração do princípio da autorresponsabilidade das partes ou do dispositivo, merecendo especial destaque as situações em que a atividade inquisitória se apresenta com natureza complementar relativamente à que foi empreendida pelas partes. Assim também em sede de recurso de apelação, nos termos do art. 662º, nº 2, al. b).

2. Neste contexto, apesar dos poderes oficiosos de que dispõe, a intervenção do tribunal deve ser entendida em termos subsidiários relativamente à iniciativa das partes, tornando-se já exigível tal intervenção quando a parte demonstre que fez as diligências ao seu alcance para conseguir as informações e/ou documentos, mas não os logrou obter, por facto que não lhe é imputável (cf. art. 7º, nº 4; STJ 1-6-04, 04A993).

3. Como é evidente, o princípio do inquisitório não é pretexto para as partes delegarem ou confiarem, sem mais, no tribunal a realização de diligências probatórias, recaindo, pois, sobre elas o ónus da iniciativa da prova. As competências instrutórias outorgadas ao juiz estão longe de constituir mera faculdade legitimadora de inércia (acerca do necessário equilíbrio entre a autorresponsabilidades das partes e a oficiosidade do inquisitório, cf. Paulo Pimenta, *Processo Civil Declarativo*, 2ª ed., pp. 372-373).

ARTIGO 437º
Sanções aplicáveis às partes e a terceiros

As partes e terceiros que não cumpram a requisição incorrem em multa, salvo se justificarem o seu procedimento, sem prejuízo dos meios coercitivos destinados ao cumprimento da requisição.

Remissões: art. 417º, nº 2 (multa e meios coercitivos); art. 433º (sanções aplicáveis); art. 434º (recusa justificada).

1. Concretiza a solução genérica que consta do art. 417º.

ARTIGO 438º
Despesas provocadas pela requisição

1 – As despesas a que der lugar a requisição entram em regra de custas, a título de encargos, sendo logo abonadas aos organismos oficiais e a terceiros pela parte que tiver sugerido a diligência ou por aquela a quem a diligência aproveitar.

2 – Quando o juiz verifique que os documentos requisitados se revelam manifestamente impertinentes ou desnecessários e caso a parte requerente não tenha atuado com a prudência devida, é a mesma condenada ao pagamento de multa nos termos do Regulamento das Custas Processuais.

Remissões: arts. 16º, nº 1, als. d) e f) do RCP (encargos); art. 20º do RCP (pagamento dos encargos); art. 27º, nº 1, do RCP (multas).

1. O preceito garante a compensação, a cargo da parte interessada, pelas despesas conexas com a requisição de documentos na posse de terceiros, que tanto pode ser a parte que sugeriu a diligência como aquela a quem a mesma objetivamente aproveita.

2. Verificando-se, *a posteriori*, a impertinência da requisição, a lei comina a parte requerente com sanção pecuniária, quando tenha atuado sem a prudência devida.

ARTIGO 439º
Notificação às partes

A obtenção dos documentos requisitados é notificada às partes.

Remissões: art. 427º (notificação à parte contrária).

1. Constitui um afloramento do princípio geral consagrado no art. 415º.

ARTIGO 440º
Legalização dos documentos passados em país estrangeiro

1 – Sem prejuízo do que se encontra estabelecido em regulamentos europeus e em outros instrumentos internacionais, os documentos autênticos passados em país estrangeiro, na conformidade da lei desse país, consideram-se legalizados desde que a assinatura do funcionário público esteja reconhecida por agente diplomático ou consular português no Estado respetivo e a assinatura deste agente esteja autenticada com o selo branco consular respetivo.

2 – Se os documentos particulares lavrados fora de Portugal estiverem legalizados por funcionário público estrangeiro, a legalização carece de valor enquanto se não obtiverem os reconhecimentos exigidos no número anterior.

Remissões: art. 365º do CC (documentos passados em país estrangeiro).

1. Perante a junção de um documento autêntico passado em país estrangeiro, a nível de regulamentos europeus, importa ter em consideração, entre outros, os arts. 57º a 61º do Regulamento nº 1215/2012 (reconhecimento e execução de decisões em matéria civil e comercial), os arts. 24º e 25º do Regulamento nº 805/2004, de 21-4-2004 (título executivo europeu para créditos não contestados), o art. 46º do Regulamento nº 2201/2003, de 27-11-2003 (matéria matrimonial e de responsabilidade parental) e o art. 48º do Regulamento nº 4/2009, de 18-12-2008 (obrigações alimentares).

2. Fora desse quadro, importa verificar se o país é aderente da Conv. da Haia de 5-10-1961 (lista completa dos países em *https://www.hcch.net/pt*). Provindo o documento autêntico de um país aderente da Convenção, a legalização será feita por apostilha, nos termos do art. 3º. Cada país signatário tem uma entidade competente designada para a aposição da apostilha, sendo em Portugal a PGR (Reg. do Serviço de Apostila, aprovado pelo despacho nº 18897/09, no D.R., 2ª série, de 14-9). Cf. ainda a Conv. Europeia de 7-6-1968 sobre a supressão da legalização dos atos exarados pelos agentes diplomáticos e consulares.

3. A legalização não é indispensável para que um documento passado em país estrangeiro faça prova em Portugal. Desde que seja elaborado em conformidade com a *lex loci*, o documento reveste a mesma força probatória que têm os documentos da mesma natureza elaborados em Portugal, só sendo de exigir a respetiva legalização se houver fundadas dúvidas acerca da sua autenticidade ou da autenticidade do seu reconhecimento (RL 1-2-11, 987/10 e Lebre de Freitas e Isabel Alexandre, *CPC anot.*, vol. II, 3ª ed., p. 259).

ARTIGO 441º
Cópia de documentos de leitura difícil

1 – Se a letra do documento for de difícil leitura, a parte é obrigada a apresentar uma cópia legível.
2 – Se a parte não cumprir, incorre em multa e junta-se cópia à custa dela.

1. O preceito abarca diversas situações, designadamente os documentos cuja legibilidade ou inteligibilidade seja difícil, tornando necessária a apresentação de uma cópia que supere tais obstáculos.

ARTIGO 442º
Junção e restituição de documentos e pareceres

1 – Independentemente de despacho, a secretaria junta ao processo todos os documentos e pareceres apresentados para esse efeito, a não ser que eles sejam manifestamente extemporâneos; nesse caso, a secretaria faz os autos conclusos, com a sua informação, e o juiz decide sobre a junção.
2 – Os documentos incorporam-se no processo, salvo se, por sua natureza, não puderem ser incorporados ou houver inconveniente na incorporação; neste caso, ficam depositados na secretaria, por forma que as partes os possam examinar.
3 – Os documentos não podem ser retirados senão depois de passar em julgado a decisão que põe termo à causa, salvo se o respetivo possuidor justificar a necessidade de restituição antecipada; neste caso, fica no processo cópia integral, obrigando-se a pessoa a quem foram restituídos a exibir o original, sempre que isso lhe seja exigido.
4 – Transitada a decisão, os documentos pertencentes aos organismos oficiais ou a terceiros são entregues imediatamente, enquanto os pertencentes às partes só são restituídos mediante requerimento, deixando-se no processo fotocópia do documento entregue.

Remissões: art. 426º (junção de pareceres); 427º (notificação à parte contrária).

1. A junção de documentos está sujeita a regras quanto à sua oportunidade e pertinência. Apenas na primeira situação se admite que a secretaria recuse a junção aos autos e submeta a iniciativa da parte a uma prévia decisão judicial.
2. Em regra, a documentação junta manter-se-á nos autos, salvo se pertencer a organismos oficiais ou a terceiros, caso em que a devolução opera imediatamente, depois do trânsito em julgado da decisão final. Se os documentos pertencerem às partes, a sua restituição, mesmo transitada a decisão, depende de requerimento nesse sentido, ficando cópia nos autos.

ARTIGO 443º
Documentos indevidamente recebidos ou tardiamente apresentados

1 – Juntos os documentos e cumprido pela secretaria o disposto no artigo 427º, o juiz, logo que o processo lhe seja concluso, se não tiver ordenado a junção e verificar que os documentos são impertinentes ou desnecessários, manda retirá-los do processo e restitui-os ao apresentante, condenando este ao pagamento de multa nos termos do Regulamento das Custas Processuais.

2 – Caso seja aplicável o disposto no nº 2 do artigo 423º, a parte é condenada no pagamento de uma única multa.

1. Este artigo constitui expressão do princípio da relevância da prova genericamente consagrado no art. 6º, nº 1, quando se consigna que cumpre ao juiz recusar o que for impertinente ou meramente dilatório.

2. Documento impertinente é o que diz respeito a factos estranhos à matéria da causa, a factos cuja prova seja irrelevante para a sorte da ação. De um modo abrangente, pode afirmar-se que um meio de prova será pertinente desde que se pretenda provar com o mesmo um facto relevante para a resolução do litígio, seja de um modo direto, por se tratar de um facto constitutivo, impeditivo, modificativo ou extintivo, seja de um modo indireto, por se tratar de um facto que permite acionar ou impugnar presunções das quais se extraiam factos essenciais ou ainda por se tratar de facto importante para apreciar a fiabilidade de outro meio de prova.

3. São desnecessários os documentos que, atento o estado da causa, sejam insuscetíveis de acrescentar um elemento probatório que se repercuta no desfecho da lide, ou por dizerem respeito a factos que já se mostram devidamente comprovados, ou por respeitarem a factos que não constam do elenco a apurar na causa, ou ainda por já constar do processo documento de igual ou superior relevo.

ARTIGO 444º
Impugnação da genuinidade de documento

1 – A impugnação da letra ou assinatura do documento particular ou da exatidão da reprodução mecânica, a negação das instruções a que se refere o nº 1 do artigo 381º do Código Civil e a declaração de que não se sabe se a letra ou a assinatura do documento particular é verdadeira devem ser feitas no prazo de 10 dias contados da apresentação do documento, se a parte a ela estiver presente, ou da notificação da junção, no caso contrário.

2 – Se, porém, respeitarem a documento junto com articulado que não seja o último, devem ser feitas no articulado seguinte e, se se referirem a documento junto com a alegação do recorrente, são feitas dentro do prazo facultado para a alegação do recorrido.

3 – No mesmo prazo deve ser feito o pedido de confronto da certidão ou da cópia com o original ou com a certidão de que foi extraída.

Remissões: art. 138º, nº 1 (contagem do prazo); arts. 248º e 249º, nº 1 (notificações à contraparte); arts. 383º a 387º do CC (certidões, públicas-formas e fotocópias).

1. A parte que junta ao processo um documento cuja assinatura e/ou letra imputa à parte contrária afirma implicitamente a genuinidade de tal assinatura e/ou letra (coincidência entre o autor aparente e o autor real). Aquele a quem é imputado o documento fica investido no ónus de impugnar a letra e/ou a assinatura, sob cominação de as mesmas passarem a ser tidas como verdadeiras (arts. 374º, nº 1 e 376º, nº 1, do CC).

2. De forma equivalente, compete à contraparte impugnar a exatidão da reprodução mecânica (*v.g.* invocação da alteração do aparelho mecânico/não genuinidade da reprodução ou alteração do seu resultado/infidelidade da imagem representada) ou negar as instruções a que se reporta o art. 381º do CC, sob pena de a reprodução fazer prova plena dos factos e coisas que represente ou de se ter como provado o facto anotado, caso esta favoreça a exoneração do devedor (arts. 368º e 381º, nº 1, do CC).

3. Tratando-se de reprodução mecânica, caso a respetiva exatidão seja impugnada pela parte contra quem é apresentada, incumbe ao impugnante provar a infidelidade do documento em contraposição ao regime geral do art. 374º, nº 2, do CC, porquanto a reprodução não se encontra assinada (arts. 368º e 342º, nº 2, do CC e Teixeira de Sousa, "O Valor Probatório dos Documentos Eletrónicos", em *Direito da Sociedade da Informação*, vol. II, p. 187).

4. Ocorrendo as demais impugnações, a prova da veracidade compete ao apresentante do documento (art. 374º, nº 2, do CC). O apresentante do documento tem, assim, um ónus que opera em dois momentos sucessivos: o da produção do documento e o da demonstração da sua autenticidade (coincidência entre o autor real e o autor aparente), sendo que este segundo está sujeito à condição suspensiva da exceção (em sentido estrito) do desconhecimento por parte do presumível subscritor.

5. Caso o apresentante do documento não logre fazer prova da genuinidade do documento, o mesmo fica destituído da força probatória consignada no art. 376º, nº 1, do CC, mas poderá, não obstante, contribuir para a livre convicção do juiz sobre os factos controvertidos com base na sua maior ou menor credibilidade (STJ 14-2-17, 2294/12 e STJ 15-4-04, 04B795).

6. Teixeira de Sousa (*https://blogippc.blogspot.com*) discorda desta posição, prevalecente na jurisprudência, afirmando que "a falta de prova da genuinidade da assinatura não transforma um documento assinado num documento não assinado; o que sucede é que se está perante um documento assinado com uma assinatura que não é genuína". Desta forma, "se não está provado que a assinatura que consta do documento é genuína, cabe perguntar o que pode justificar que se parta do princípio de que o seu conteúdo possa ser verdadeiro por provir da pessoa cuja assinatura não foi provada. Dir-se-á que as regras de experiência indiciam precisamente o contrário, já que, se não está provado que a assinatura é genuína, então há que concluir, segundo aquelas regras, que o seu conteúdo também não provém da pessoa cuja assinatura não é genuína".

7. No caso de documento eletrónico provido de assinatura eletrónica qualificada, ao presumido subscritor está vedada a impugnação por desconhecimento, uma vez que tal assinatura é insuscetível de falsidade material. Ao apresentante de tal documento incumbe juntá-lo e demonstrar a identidade do titular do dispositivo de assinatura eletrónica qualificada, acionando a presunção de proveniência da assinatura (art. 7º, nº 1, al. a), do Reg. Jur. do Documento Eletrónico e da Assinatura Digital). O presumido autor da assinatura só logrará ilidir a presunção se alegar e demonstrar que a assinatura eletrónica foi objeto de uso abusivo por parte de terceiro ou que a indicação da titularidade do certificado do prestador de serviços de confiança está incorreta (cf., desenvolvidamente, Luís Filipe Sousa, *O Valor Probatório do Documento Eletrónico no Processo Civil*, 2ª ed., pp. 73-79 e, sobre o valor probatório de documento eletrónico provido de assinatura eletrónica simples, pp. 81-86).

8. O ónus de impugnação deve ser exercido no articulado subsequente ou, não havendo lugar a esse articulado, no prazo de 10 dias. Já se for junto com as alegações de recurso, ajustar-se-ão as contra-alegações do recorrido.

ARTIGO 445º
Prova

1 – Com a prática de qualquer dos atos referidos no nº 1 do artigo anterior, o impugnante pode requerer a produção de prova.

2 – Notificada a impugnação, a parte que produziu o documento pode requerer a produção de prova destinada a convencer da sua genuinidade, no prazo de 10 dias, limitado, porém, em 1ª instância, ao termo das alegações orais.

3 – A produção de prova oferecida depois de designado dia para a audiência final não suspende as diligências para ela nem determina o seu adiamento; se não houver tempo para notificar as testemunhas oferecidas, ficam as partes obrigadas a apresentá-las.

Remissões: arts. 293º e 294º (indicação das provas e limite de testemunhas).

1. Este artigo rege sobretudo para os casos em que a junção dos documentos e subsequente impugnação ocorre fora dos articulados normais.

ARTIGO 446º
Ilisão da autenticidade ou da força probatória de documento

1 – No prazo estabelecido no artigo 444º, devem também ser arguidas a falta de autenticidade de documento presumido por lei como autêntico, a falsidade

do documento, a subscrição de documento particular por pessoa que não sabia ou não podia ler sem a intervenção notarial a que se refere o artigo 373º do Código Civil, a subtração de documento particular assinado em branco e a inserção nele de declarações divergentes do ajustado com o signatário.

2 – Se a parte só depois desse prazo tiver conhecimento do facto que fundamenta a arguição, pode esta ter lugar dentro de 10 dias a contar da data do conhecimento.

3 – A parte que haja reconhecido o documento como isento de vícios só pode arguir vícios supervenientes, nos termos do número anterior, sem prejuízo do conhecimento oficioso nos termos da lei civil.

Remissões: art. 370º do CC (autenticidade); art. 373º, nº 2, do CC (reprodução mecânica da assinatura); art. 378º do CC (assinatura em branco).

1. A falsidade "é a qualidade dum documento escrito genuíno consistente na desconformidade entre o facto representativo nele contido e a realidade de todos ou alguns dos factos pelo primeiro direta ou indiretamente presumidos, da qual resulta a ilisão dessa presunção" (Lebre de Freitas, *A Falsidade no Direito Probatório*, p. 172). A questão da falsidade do documento só se coloca depois de estabelecida a respetiva autoria, a sua genuinidade, só prevendo a lei a falsidade como meio de ilidir a força probatória plena de documentos (art. 347º do CC; Lebre de Freitas, *ob. cit.*, p. 128).

2. No caso dos documentos autênticos, presume-se tal genuinidade (art. 370º, nº 1, do CC), sendo a consequência da ilisão da presunção de autenticidade do documento autêntico a sua degradação à qualidade de documento particular. Nos documentos particulares, a autoria dos mesmos decorre do seu reconhecimento expresso ou tácito (arts. 374º, nº 1 e 376º, nº 1, do CC), constituindo tal reconhecimento um mecanismo integrativo e sucessivo de apropriação do documento ou do seu reconhecimento notarial (art. 375º, nº 1, do CC).

3. As causas da falsidade documental podem ser três:

a) O autor do documento atesta nele, como verificados na sua presença ou por ele praticados, factos que na realidade não se verificaram (falsidade ideológica). Reporta-se esta ao momento da formação do documento e só é possível nos documentos autênticos narrativos ou em parte narrativa de documento dispositivo, quanto aos seus pressupostos;

b) Em documento particular assinado em branco e preenchido por terceiro é inserida, também no momento da sua formação, uma declaração desconforme com a que o signatário realmente fez ao terceiro para que a inserisse no documento ou uma qualquer declaração se o documento tiver sido subtraído, depois de parcialmente preenchido pelo signatário (falsidade material);

c) Em qualquer tipo de documento, quando o seu conteúdo é alterado, ainda que por supressão ou acrescentamento, depois de definitivamente formado, ainda que pelo seu próprio autor (falsidade material; cf. Lebre de Freitas, *ob. cit.*, pp. 155-156).

4. Em todas as situações previstas nesta norma, incumbe ao impugnante a prova dos fundamentos da impugnação, tratando-se de exceções probatórias (art. 342º, nº 2, do CC).

5. No que tange à ressalva do nº 3, cf. os arts. 370º, nº 2, 372º, nº 3, 371º, nº 2 e 376º, nº 3, do CC.

ARTIGO 447º
Arguição pelo apresentante

1 – A arguição da falsidade parcial de documento, bem como da inserção, em documento particular assinado em branco, de declarações só parcialmente divergentes do ajustado com o signatário, podem ser feitas pelo próprio apresentante que se queira valer da parte não viciada do documento.

2 – O apresentante do documento pode também arguir a falsidade superveniente deste, nos termos e no prazo do nº 2 do artigo anterior.

Remissões: art. 378º do CC (assinatura em branco).

1. Os vícios enumerados neste preceito podem também ser invocados pela própria parte que apresenta o documento, o que se justifica pelo princípio da igualdade, sendo que o apresentante ainda pode prevalecer-se do documento, na parte não viciada.

ARTIGO 448º
Resposta

1 – A parte contrária é notificada para responder, salvo se a arguição houver sido feita em articulado que não seja o último; neste caso, pode responder no articulado seguinte.

2 – Se a parte contrária não responder ou declarar que não quer fazer uso do documento, não pode este ser atendido na causa para efeito algum.

3 – Apresentada a resposta, é negado seguimento à arguição se esta for manifestamente improcedente ou meramente dilatória, ou se o documento não puder ter influência na decisão da causa.

Remissões: arts. 220º, nº 2 (notificação oficiosa da secretaria), 293º, nº 2 (prazo da oposição) e 443º (documentos indevidamente recebidos ou tardiamente apresentados).

1. A parte contrária é admitida a exercer o contraditório relativamente à arguição, ora no articulado subsequente do processo, ora em ato avulso, se a arguição foi feita no último articulado admissível ou já depois de findos os articulados. A falta de resposta ou a declaração do apresentante no sentido da não utilização do documento impugnado conduzem à ineficácia do documento apresentado.

ARTIGO 449º
Instrução e julgamento

1 – Com a arguição e com a resposta, podem as partes requerer a produção de prova.

2 – A matéria do incidente é considerada nos temas da prova enunciados ou a enunciar nos termos do nº 1 do artigo 596º.

3 – A produção de prova, bem como a decisão, têm lugar juntamente com a da causa, cujos termos se suspendem para o efeito, quando necessário.

4 – A decisão proferida sobre a arguição é notificada ao Ministério Público.

Remissões: art. 596º (temas da prova); art. 607º (sentença).

1. Se a questão tiver sido suscitada antes da enunciação dos temas da prova, estes envolverão também a matéria pertinente. Se posteriormente, aditar-se-ão os pontos que se ajustarem à matéria controvertida. Em qualquer caso, a tramitação subsequente, seja a produção de prova, seja a decisão, integra-se nos termos da própria ação, que podem ser suspensos na medida do necessário para assegurar tal integração.

ARTIGO 450º
Processamento como incidente

1 – Se a arguição tiver lugar em ação executiva, em processo especial cuja tramitação inviabilize o julgamento conjunto ou em processo pendente de recurso, a instrução e o julgamento fazem-se nos termos gerais estabelecidos para os incidentes da instância.

2 – Quando a arguição tenha lugar em ação executiva, nem o exequente nem outro credor pode ser pago, na pendência do incidente, sem prestar caução.

3 – Se a arguição tiver lugar em processo pendente de recurso, são suspensos os termos deste e, admitida a arguição, o processo baixa à 1ª instância para instrução e julgamento, a menos que, pela sua simplicidade, a questão possa ser resolvida no tribunal em que o processo se encontra, nos termos aplicáveis dos nºs 1 e 2 do artigo 357º; os recursos interpostos no incidente para o tribunal que o mandou seguir são julgados com aquele em que a arguição foi feita.

4 – O incidente é declarado sem efeito se o respetivo processo estiver parado durante mais de 30 dias, por negligência do arguente em promover os seus termos.

Remissões: arts. 293º a 295º (instrução e decisão do incidente); art. 304º, nº 1 (valor do incidente).

1. A dedução deste incidente dá azo ao pagamento de taxa de justiça (art. 7º, nº 4, do RCP).

2. Nos casos indicados no nº 1, a questão é tratada com autonomia relativamente aos termos da causa em que surja, seja na produção de prova, seja na decisão, observando-se as disposições gerais dos incidentes da instância (arts. 293º a 295º). Tratando-se embora de uma ação executiva, se a arguição ocorrer no âmbito da fase de liquidação, dos embargos de executado ou do concurso de credores, será de aplicar simplesmente o art. 449º, nºs 2 e 3.

3. O nº 2 do preceito expressa uma cautela semelhante às que, por outras razões, se encontram nos arts. 704º, nº 3, 733º, nº 4 e 785º, nº 5.

4. O nº 4 prevê um fundamento específico de ineficácia do incidente, a qual é de conhecimento oficioso, devendo ser declarada por despacho (cf. art. 154º, nº 1).

ARTIGO 451º
Falsidade de ato judicial

1 – A falsidade da citação deve ser arguida dentro de 10 dias, a contar da intervenção do réu no processo.

2 – A falsidade de qualquer outro ato judicial deve ser arguida no prazo de 10 dias, a contar daquele em que deva entender-se que a parte teve conhecimento do ato.

3 – Ao incidente de falsidade de ato judicial é aplicável, com as necessárias adaptações, o disposto nos artigos 446º a 450º.

4 – Quando a falsidade respeitar ao ato de citação e puder prejudicar a defesa do citando, a causa suspende-se logo que seja admitida a arguição, até decisão definitiva desta, observando-se o disposto no nº 1 do artigo 450º; mas o incidente não tem seguimento se o autor, notificado da arguição, requerer a repetição do ato da citação.

Remissões: arts. 228º e ss. (citação).

1. Em sede de atos judiciais, há que distinguir entre os que assumem a natureza de documentos autênticos e os que são apenas documentos particulares. Os autos assinados pelo juiz e as atas de audiência (consubstanciando a realização e conteúdo de ato presidido pelo juiz) constituem documentos autênticos que fazem prova plena do que neles consta (art. 371º do CC, art. 159º, nº 1, do CPC; STJ 20-2-14, 4622/08).

2. Constituem igualmente documentos autênticos os exarados pelos funcionários judiciais no âmbito da realização da citação (arts. 363º, nº 2 e 369º, nº 1 do CC; cf. nota 3, al. a) ao art. 231º e nota 2 ao art. 232º), aqui se englobando as cotas exaradas pelos mesmos nos autos. Assume idêntica natureza o auto de apreensão em processo de insolvência (RL 22-5-07, 1469/2007). Diversamente, assumem a natureza de documentos particulares as menções feitas pelo distribuidor postal ou pelo mandatário judicial no que tange à citação, sendo-lhes aplicável o disposto nos arts. 346º e 376º, nº 1, do CC.

3. A menção numa certidão emitida por oficial de justiça de uma certa data como sendo a do trânsito em julgado da decisão não faz prova plena de tal facto, designadamente para efeitos de contagem do prazo legal para o exercício de um direito processual, porquanto o juízo sobre o trânsito em julgado implica a interpretação e aplicação de normas, tarefas para as quais inexiste legitimidade e competência funcional do oficial de justiça (RP 5-2-15, 3724/12).

4. A falsidade judicial radica na desconformidade entre o que é atestado pelo juiz ou funcionário judicial e aquilo que ocorreu (falsidade ideológica) ou na alteração do conteúdo do auto, ata ou cota após a sua feitura (falsidade material).

5. No que tange à determinação do momento em que a parte teve conhecimento da falsidade, deve aplicar-se o disposto no art. 199º, nº 1.

CAPÍTULO III
Prova por confissão e por declarações das partes

SECÇÃO I
Prova por confissão das partes

ARTIGO 452º
Depoimento de parte

1 – O juiz pode, em qualquer estado do processo, determinar a comparência pessoal das partes para a prestação de depoimento, informações ou esclarecimentos sobre factos que interessem à decisão da causa.

2 – Quando o depoimento seja requerido por alguma das partes, devem indicar-se logo, de forma discriminada, os factos sobre que há de recair.

Remissões: art. 352º do CC (confissão).

1. O depoimento de parte constitui um meio processual cujo objetivo fundamental é o de provocar e obter de alguma das partes a confissão judicial, enquanto declaração de ciência através da qual se reconhece a realidade de um facto desfavorável ao declarante e favorável à parte contrária (art. 352º do CC). Nessa medida, o depoimento de parte só pode incidir sobre factos desfavoráveis ao depoente. A parte, que pretenda que a outra preste este tipo de depoimento, deve logo enunciar os factos sobre que o mesmo haverá de incidir, para permitir ao juiz aferir da viabilidade do seu objeto.

2. O depoimento de parte, enquanto tal, pode também ser determinado oficiosamente pelo juiz quando porventura o julgar conveniente para a descoberta da verdade, seguindo os parâmetros gerais previstos no art. 411º. Naturalmente que nesta situação não existem as condicionantes nem os requisitos formais anteriores, podendo o juiz determinar a prestação do depoimento em qualquer estado do processo e sobre quaisquer factos, independentemente de admitirem ou não confissão ou de se revelarem ou não prejudiciais à parte. Ponto é que se trate de factos que interessem à decisão da causa.

3. Na maior parte das vezes, o objetivo fundamental tendente à obtenção de declaração com valor confessório (prova plena) não se consuma, mas nem por isso as declarações deverão ser desvalorizadas. O depoimento de parte, naquilo que não apresente valor confessório, constitui um meio de prova sujeito à livre apreciação do tribunal (art. 361º do CC; STJ 4-6-15, 3852/09). Ou seja, embora configurado processualmente no sentido da obtenção da confissão, são reconhecidas ao depoimento de parte virtualidades probatórias irrecusáveis perante um sistema misto de valoração da prova em que, a par de prova tarifada, existem meios de prova sujeitos a livre apreciação.

4. O depoimento de parte, como tal, ou seja, como meio de obter uma confissão judicial, não pode ser requerido pela própria parte que o prestará, assim se distinguindo do mecanismo previsto no art. 466º (declarações de parte), assente noutros pressupostos e com objetivos diversos.

ARTIGO 453º
De quem pode ser exigido

1 – O depoimento de parte pode ser exigido de pessoas que tenham capacidade judiciária.

2 – Pode requerer-se o depoimento de maiores acompanhados, de acompanhantes e de representantes de incapazes, pessoas coletivas ou sociedades; porém, o depoimento só tem valor de confissão nos precisos termos em que aqueles possam obrigar-se e estes possam obrigar os seus representados.

3 – Cada uma das partes pode requerer não só o depoimento da parte contrária, mas também o dos seus compartes.

(*Redação da Lei nº 49/18, de 14-8*)

Remissões: arts. 153º do CC (suprimento da inabilidade); art. 160º do CC (capacidade das pessoas coletivas); art. 353º do CC (capacidade e legitimação para a confissão).

1. A capacidade para prestar o depoimento de parte decorre da capacidade judiciária (arts. 15º e ss.), em consonância com o art. 353º, nº 1, do CC.

2. O depoimento de parte pode ser prestado por representante voluntário, desde que a procuração confira poderes para confessar (art. 356º, nº 1, do CC e Lebre de Freitas, *A Confissão no Direito Probatório*, pp. 75-76).

3. Sendo requerido o depoimento de parte de uma sociedade comercial, compete a esta – e não ao requerente – indicar a pessoa que o deve prestar (STJ 12-9-07, 07S923).

4. O depoimento de parte só pode incidir sobre factos desfavoráveis ao depoente, factos esses alegados, em regra, pela contraparte. Daí que o réu só possa pedir o depoimento de parte do corréu quando este assuma na ação posição divergente da sua. Traduz-se num uso indevido deste meio de prova a pretensão de a parte depor sobre factos por si alegados, sem o objetivo de reconhecimento de qualquer facto desfavorável ou cujo encargo probatório recaia sobre a parte contrária, por falta de correspondência funcional e teleológica entre o meio processual e o objeto do meio de prova fixado na lei (STJ 27-1-04, CJ, t. I, p. 49).

5. O Trib. Const. no Ac. nº 396/2017, julgou inconstitucional a norma do art. 131º, nº 1, do CPP, na dimensão em que estabelece a incapacidade absoluta para testemunhar de pessoa que, tendo no processo a condição de vítima ou ofendida de um crime, está interdita por anomalia psíquica, por violação do princípio do processo equitativo (art. 20º, nº 4, da CRP), conjugado com o princípio da proibição do excesso (art. 18º, nº 2, da CRP).

ARTIGO 454º
Factos sobre que pode recair

1 – O depoimento só pode ter por objeto factos pessoais ou de que o depoente deva ter conhecimento.

2 – Não é, porém, admissível o depoimento sobre factos criminosos ou torpes, de que a parte seja arguida.

Remissões: art. 352º do CC (confissão); art. 354º do CC (casos em que é inadmissível a confissão).

1. O facto é pessoal quando é "conhecido pela parte, trate-se de ato por ela própria praticado, ou praticado com a sua intervenção, de ato de terceiro perante ela praticado (incluindo as declarações escritas de que tenha sido destinatária) ou de mero facto ocorrido na sua presença. Facto de que a parte deve ter conhecimento é aquele que é de presumir que ela tenha conhecido, pois o termo "*deve*" que consta do artigo tem o sentido de juízo de probabilidade psicológica e não de conduta ética" (Lebre de Freitas e Isabel Alexandre, *CPC anot.*, vol. II, 3ª ed., p. 290).

2. É controvertido o âmbito da restrição decorrente do nº 2. Para Isabel Alexandre, consubstancia uma proibição de demonstração de factos criminosos ou torpes, independentemente do meio de prova utilizado (*Provas Ilícitas em Processo Civil*, p. 53). Estrela Chaby entende que esta proibição não prescinde da circunstância de estar em causa material probatório a obter através de depoimento de parte, pelo que a parte poderá confessar factos de tal índole por termo no processo ou nos articulados (*O Depoimento de Parte em Processo Civil*, p. 103). Por sua vez, Lebre de Freitas propõe uma interpretação restritiva da norma, assente na sua *ratio*, no sentido de que a restrição não opera quando os factos em causa constituem fundamento da própria ação ou de uma exceção, aplicando-se a restrição apenas a factos probatórios de factos fundamentais da causa (*A Confissão no Direito Probatório*, pp. 156-157). No sentido de que o ilícito contraordenacional se encontra abrangido pelo nº 2, cf. RL 27-3-14, 519/10.

3. Visto que o depoimento de parte se destina a obter a confissão do depoente, é natural que o seu âmbito se restrinja aos factos que admitam confissão, estando, assim, excluídos aqueles a que se refere o art. 354º do CC, o que, todavia, não obsta a que o juiz, oficiosamente, solicite a qualquer das partes a prestação de declarações, mesmo no âmbito de ações que incidam sobre direitos indisponíveis (*v.g.* investigação de paternidade, divórcio sem consentimento), sendo legítimo extrair daí elementos que influam na formação da convicção sobre a matéria de facto controvertida. De igual modo, nada impede que o juiz forme a sua convicção sobre outros factos a partir da apreciação crítica de todo o depoimento de parte, no segmento em que não implique efeitos confessórios (cf. nota 3 ao art. 452º e nota 4 ao art. 461º).

ARTIGO 455º
Depoimento do assistente

O depoimento do interveniente acessório é apreciado livremente pelo tribunal, que deve considerar as circunstâncias e a posição na causa de quem o presta e de quem o requereu.

Remissões: art. 328º (posição do assistente); art. 353º, nº 1, do CC (legitimidade para confessar).

1. Atenta a posição de dependência do assistente em relação à parte principal, bem assim a sua falta de legitimidade (arts. 352º e 353º do CC), a confissão do assistente é desprovida do valor de prova plena, sendo degradada para meio de prova de livre apreciação.

ARTIGO 456º
Momento e lugar do depoimento

1 – O depoimento deve, em regra, ser prestado na audiência final, salvo se for urgente ou o depoente estiver impossibilitado de comparecer no tribunal.

2 – O regime de prestação de depoimentos através de teleconferência previsto no artigo 502º é aplicável às partes residentes fora da comarca, ou da respetiva ilha, no caso das Regiões Autónomas.

3 – Pode ainda o depoimento ser prestado na audiência prévia, aplicando-se, com as adaptações necessárias, o disposto no número anterior.

Remissões: 419º (produção antecipada de prova); 502º (teleconferência); 591º (audiência prévia); 604º, nº 3, al. a) (ordem dos atos na audiência final); Regulamento nº 1206/2001, de 28-5-2001 (obtenção de provas na UE).

1. No que tange à impossibilidade de comparência em tribunal por residência no estrangeiro, a parte poderá, em princípio, depor com recurso a teleconferência, se residir na UE (cf. art. 10º, nº 4, do Regulamento nº 1206/2001, de 28-5-2001). Caso a parte resida noutro país, não pode ser obrigado a comparecer em audiência para prestar depoimento (STJ 7-1-93, 83082).

ARTIGO 457º
Impossibilidade de comparência no tribunal

1 – Atestando-se que a parte está impossibilitada de comparecer no tribunal por motivo de doença, o juiz pode fazer verificar por médico de sua confiança a veracidade da alegação e, em caso afirmativo, a possibilidade de a parte depor.

2 – Havendo impossibilidade de comparência, mas não de prestação de depoimento, este realiza-se no dia, hora e local que o juiz designar, ouvido o médico assistente, se for necessário, sempre que não seja possível a sua prestação ao abrigo do disposto nos artigos 518º e 520º.

1. Caso o depoente resida em área em que exista delegação ou gabinete médico-legal do INML, o exame em causa deve ser realizado por um médico perito dessa instituição (art. 467º, nº 1, do CPC e arts. 2º, nº 1, e 21º, nº 1, da Lei nº 45/04, de 19-8).

2. Atestando o médico que o depoente não se pode locomover para o tribunal, mas reúne condições físicas e psíquicas que lhe permitem depor, pode o depoimento ocorrer em local a designar pelo juiz (*v.g.* residência do depoente), sem prejuízo de as partes acordarem em que o depoimento seja prestado por escrito ou através da utilização de telefone ou meio de comunicação direta do tribunal com o depoente (arts. 518º e 520º).

ARTIGO 458º
Ordem dos depoimentos

1 – Se ambas as partes tiverem de depor perante o tribunal da causa, depõe em primeiro lugar o réu e depois o autor.

2 – Se tiverem de depor mais de um autor ou de um réu, não podem assistir ao depoimento de qualquer deles os compartes que ainda não tenham deposto e, quando houverem de depor no mesmo dia, são recolhidos a uma sala, donde saem segundo a ordem por que devem depor.

Remissões: art. 604º, nº 3, al. a) (atos da audiência); art. 604º, nº 8 (alteração da ordem da produção de prova pelo juiz).

1. Trata-se de um preceito que se limita a enunciar as regras que deverão ser observadas em casos de multiplicidade de depoimentos de parte, com precedência do depoimento do réu sobre o do autor e com separação temporal dos depoimentos dos compartes. A sequência será invertida quando os depoimentos de parte versem somente sobre matéria de índole reconvencional.

ARTIGO 459º
Prestação do juramento

1 – Antes de começar o depoimento, o tribunal faz sentir ao depoente a importância moral do juramento que vai prestar e o dever de ser fiel à verdade, advertindo-o ainda das sanções aplicáveis às falsas declarações.

2 – Em seguida, o tribunal exige que o depoente preste o seguinte juramento: "Juro pela minha honra que hei de dizer toda a verdade e só a verdade."

3 – A recusa a prestar o juramento equivale à recusa a depor.

Remissões: art. 417º (dever de cooperação); art. 359º do Cód. Penal (falsidade de depoimento ou declaração); art. 314º do CC (recusa a depor nas prescrições presuntivas); art. 357º, nº 2, do CC (recusa a depor).

1. A atitude da parte, depois de ser confrontada com a determinação do seu depoimento de parte, é suscetível de produzir efeitos diversificados que resultam do art. 357º do CC. A recusa a depor ou a falta de comparência com idêntico significado determina a livre apreciação da conduta para efeitos probatórios. Os efeitos serão mais drásticos se acaso a recusa a depor ou a recusa de prestação de juramento ocorrerem em ação em que tenha sido invocada a prescrição presuntiva, nos termos do art. 314º do CC.

2. A conduta da parte é, assim, erigida a meio de prova, sendo que a possibilidade de se retirarem inferências negativas da recusa, do silêncio ou da conduta da parte não colide com o direito a um processo equitativo. Sobre a valoração da conduta da parte como meio probatório, cf. a anot. ao art. 417º.

3. Naturalmente, a parte não pode ser compelida a falar nem a prestar juramento; também não é incriminado o silêncio da parte; apenas podem extrair-se consequências penais da prestação de falsas declarações.

ARTIGO 460º

Interrogatório

Depois do interrogatório preliminar destinado a identificar o depoente, o juiz interroga-o sobre cada um dos factos que devem ser objeto do depoimento.

Remissões: art. 452º, nº 2 (factos sobre que incide o depoimento).

1. É ao juiz que cabe dirigir o depoimento de parte, passando do interrogatório inicial para as perguntas que forem pertinentes. Considerando a pré-existência de temas da prova que sintetizam os factos que importam à composição da lide, é natural que a formulação das perguntas varie consoante a matéria em causa. Sendo aconselhadas perguntas objetivas sobre factos concretos, tal não obsta a que se formulem também outras questões de âmbito mais genérico.

2. Seguro é que as perguntas mais pertinentes não devem deixar de ser formuladas em termos de permitir respostas precisas e claras (art. 461º, nº 1), pois só de respostas dessa natureza pode resultar a emissão de declarações confessórias, segundo o objeto do depoimento enunciado nos termos do art. 452º, nº 2.

ARTIGO 461º

Respostas do depoente

1 – O depoente responde, com precisão e clareza, às perguntas feitas, podendo a parte contrária requerer as instâncias necessárias para se esclarecerem ou completarem as respostas.

2 – A parte não pode trazer o depoimento escrito, mas pode socorrer-se de documentos ou apontamentos de datas ou de factos para responder às perguntas.

1. O objetivo fundamental do depoimento de parte é o de obter uma declaração confessória com força probatória plena. Daí a exigência de formulação de perguntas objetivas sobre factos concretos que determinem igualmente respostas objetivas, precisas e claras. Não se veja, contudo, neste regime uma insuperável rigidez. A direção da audiência final e do interrogatório da parte confere ao juiz uma ampla liberdade de atuação, tanto mais que das declarações da parte podem ser extraídos outros efeitos probatórios sujeitos a livre apreciação.

2. É concedida à parte que requereu ou a quem pode aproveitar o depoimento de parte a faculdade de requerer as instâncias pertinentes, sendo tais perguntas intermediadas pelo juiz que dirige a diligência.

3. A experiência revela que, através do depoimento de parte, muito raramente se alcança uma declaração confessória dotada de força probatória plena. Na maior parte dos casos a parte limita-se a reproduzir a versão (elaborada e interessada) vertida no respetivo articulado. Daí não decorre, porém, a total inutilidade da diligência, podendo, em qualquer caso, constituir elemento legitimador da convicção formada pelo tribunal no contexto processual e em conjugação com os demais elementos de prova.

4. Ainda que sem força probatória plena, as declarações prestadas (atento o comportamento da parte, a postura mais ou menos evasiva, a verosimilhança das respostas e mesmo os comportamentos não verbais) poderão ser aproveitadas para sustentar a convicção do juiz, sob a égide do princípio da livre apreciação, nos termos do art. 607º, nº 5, desde que a tal não se oponham outros obstáculos de ordem formal, designadamente quanto a factos cuja demonstração careça de prova documental (art. 364º do CC).

ARTIGO 462º
Intervenção dos advogados

1 – Os advogados das partes podem pedir esclarecimentos ao depoente.

2 – Se algum dos advogados entender que a pergunta é inadmissível, pela forma ou pela substância, pode deduzir a sua oposição, que é logo julgada definitivamente.

Remissões: art. 516º, nº 3 (inadmissibilidade de perguntas impertinentes, sugestivas, capciosas ou vexatórias).

1. Os pedidos de esclarecimento visam completar ou precisar o depoimento prestado, não podendo constituir uma forma enviesada de alargamento do objeto do depoimento de parte.

ARTIGO 463º
Redução a escrito do depoimento de parte

1 – O depoimento é sempre reduzido a escrito, na parte em que houver confissão do depoente, ou em que este narre factos ou circunstâncias que impliquem indivisibilidade da declaração confessória.

2 – A redação incumbe ao juiz, podendo as partes ou seus advogados fazer as reclamações que entendam.

3 – Concluída a assentada, é lida ao depoente, que a confirma ou faz as retificações necessárias.

Remissões: art. 358º, nºs 1 e 4 do CC (valor probatório da confissão judicial escrita e não escrita); art. 360º do CC (indivisibilidade da confissão).

1. É essencial que o depoimento de parte seja reduzido a escrito nos segmentos em que houver confissão do depoente, pois só assim produzirá prova plena contra o confitente (art. 358º, nº 1, do CC). O simples facto de a audiência ser gravada não dispensa a redução a escrito da declaração confessória, uma vez que só deste modo se assegura que sejam retirados da mesma efeitos probatórios plenos, nos termos do art. 358º, nºs 1 e 4, do CC.

2. A falta de redução a escrito do depoimento de parte, nos segmentos em que ocorra confissão, constitui nulidade que ficará sanada se não for oportunamente arguida (arts. 195º, nº 1 e 199º, nº 1), isto é, até ao momento em que termine o ato (sessão da audiência final ou da audiência prévia). Não sendo a nulidade tempestivamente arguida, o depoimento só pode ser livremente valorado pelo tribunal (STJ 30-5-13, 2531/05).

3. A confissão pode assumir três modalidades: simples, em que o facto é reconhecido sem qualquer reserva ou condição ou sem a invocação de qualquer circunstância suscetível de afetar o seu efeito; qualificada, quando o facto é reconhecido com outra qualificação ou eficácia jurídica ou quando o confitente adita à declaração confessória factos que alteram o significado jurídico dos factos reconhecidos; complexa, quando, conjuntamente com o reconhecimento do facto, a parte alega outro que destrói o efeito da confissão, porquanto o confitente adita ao facto reconhecido outros factos passíveis de consubstanciarem uma exceção ao direito (do autor ou reconvinte) ou uma contra-exceção, ou passíveis de sustentarem uma reconvenção.

4. A confissão qualificada e a complexa convocam a aplicação do regime da indivisibilidade da confissão, segundo o qual a parte que queira aproveitar-se da eficácia do facto confessado, como prova plena, tem de aceitar também como verdadeiros ou outros factos ou circunstâncias, salvo se provar a sua inexatidão (art. 360º do CC). Ou seja, a confissão só pode ser aceite ou rejeitada na íntegra: trata-se do princípio da indivisibilidade da confissão que radica na unidade da declaração confessória.

5. Para que a regra da indivisibilidade se aplique, é necessário que os factos declarados pelo confitente pertençam à mesma *fattispecie* (hipótese de facto prevista por determinada norma para a sua aplicação) e que haja uma relação entre os efeitos de uns e outros (os factos favoráveis devem ser impeditivos, modificativos ou extintivos dos factos desfavoráveis, Lebre de Freitas, *A Confissão no Direito Probatório*, pp. 221-229). Em segundo lugar, o princípio da indivisibilidade aplica-se apenas no âmbito da confissão com força probatória plena; não é observável no plano de confissão judicial espontânea em articulado, porquanto os factos narrados em articulado recebem tratamento individualizado (Lebre de Freitas, *ob. cit.*, p. 219).

6. Colocada perante uma confissão qualificada ou complexa, a contraparte pode assumir uma de três posições: rejeita a confissão na sua globalidade, não se aproveitando dela, caso em que a declaração confessória será livremente apreciada pelo julgador (art. 361º do CC); aceita a declaração confessória na sua totalidade, considerando-se plenamente provados os factos referidos pelo confitente, caso em que a declaração de aceitação funciona como condição legal da eficácia da confissão e corresponde também a uma segunda confissão, em sentido inverso; aceita a confissão sob reserva do direito de provar, por qualquer meio, a inexatidão dos factos que lhe são desfavoráveis e, consequentemente, favoráveis ao confitente, caso em que a confissão tem eficácia de prova plena mas a realidade dos factos desfavoráveis à contraparte apenas fica definitivamente estabelecida se esta não lograr fazer prova do contrário desses factos, o que sucede mesmo que o ónus da prova relativamente aos factos aditados à confissão recaia sobre o confitente pois, nessa eventualidade, a aceitação da confissão tem por efeito a inversão do ónus da prova quanto à parte favorável ao confitente. Este último regime também se aplica quando a contraparte nada disser.

ARTIGO 464º
Declaração de nulidade ou anulação da confissão

A ação de declaração de nulidade ou de anulação da confissão não impede o prosseguimento da causa em que a confissão se fez.

Remissões: art. 359º do CC (nulidade e anulabilidade da confissão).

1. Caso transite em julgado a sentença que declare a nulidade ou a anulação da confissão ainda na pendência do processo em que ocorreu a referida confissão, o vício pode ser arguido neste processo como exceção probatória, aplicando-se analogicamente os arts. 446º, 448º e 449º.

2. Se o trânsito em julgado da sentença que declare nula ou anulada a confissão ocorrer depois de finda a ação em que foi prestada tal confissão, deve a parte interessada interpor recurso de revisão, no prazo de 60 dias, nos termos dos arts. 696º, al. d) e 697º, nº 2, al. c).

3. Sobre o regime do art. 359º do CC e os vícios da confissão, cf. Lebre de Freitas, *A Confissão no Direito Probatório*, pp. 619-749.

ARTIGO 465º
Irretratabilidade da confissão

1 – A confissão é irretratável.

2 – Porém, as confissões expressas de factos, feitas nos articulados, podem ser retiradas, enquanto a parte contrária as não tiver aceitado especificadamente.

Remissões: art. 46º (confissão de factos feita pelo mandatário).

1. A irretratabilidade é um atributo tanto da confissão com força de prova livre como da confissão com força probatória plena. No caso desta última, a irretratabilidade significa a "inadmissibilidade duma nova declaração de ciência sobre o mesmo facto que possa pôr em causa os efeitos legais resultantes ou suscetíveis de resultar da anterior, sem prejuízo da possibilidade de impugnação desta", nos termos do art. 359º do CC (Lebre de Freitas, *A Confissão no Direito Probatório*, p. 344). Não pode, deste modo, a confissão ser retirada por acordo das partes.

2. Todavia, no caso da confissão emergente dos articulados, assiste à parte o direito de se retratar, isto é, de retirar a confissão, enquanto a mesma não for aceite especificadamente pela parte contrária (nº 2 do art. 465º e art. 46º). Daí a conveniência de uma reação que passe pela aceitação especificada dos factos expressamente confessados pela contraparte a inserir no articulado subsequente ou por qualquer outro meio. Esse direito à retratação tem como prazo final preclusivo o termo da discussão oral da causa (Lebre de Freitas, *A Acão Declarativa Comum, À Luz do CPC de 2013*, 4ª ed., p. 308, nota 28).

SECÇÃO II
Prova por declarações de parte

ARTIGO 466º
Declarações de parte

1 – As partes podem requerer, até ao início das alegações orais em 1ª instância, a prestação de declarações sobre factos em que tenham intervindo pessoalmente ou de que tenham conhecimento direto.

2 – Às declarações das partes aplica-se o disposto no artigo 417º e ainda, com as necessárias adaptações, o estabelecido na secção anterior.

3 – O tribunal aprecia livremente as declarações das partes, salvo se as mesmas constituírem confissão.

1. Ainda que sem previsão legal específica no CPC de 1961, era indiscutível a admissibilidade da inquirição de qualquer das partes por iniciativa do tribunal, no exercício do inquisitório, o que até poderia resultar de alguma sugestão apresentada pela parte contrária. Uma vez ordenada a inquirição, da mesma seriam extraídos os efeitos correspondentes à natureza das declarações emitidas: confissão, se acaso a declaração tivesse natureza confessória; livre apreciação nos demais casos, sendo as declarações apreciadas conjuntamente com os restantes meios de prova.

2. Não é disso que trata o preceito em análise. Ao invés de um mero poder/dever do tribunal, regula-se aqui um verdadeiro direito potestativo de natureza processual conferido à parte, permitindo-lhe oferecer-se para prestar declarações. Tal mecanismo visa diversos objetivos: possibilita que a própria parte seja admitida a depor em casos em que não existem outros meios de prova (*v.g.* certas ações de paternidade ou de divórcio sem consentimento, em que foram alegadas ocorrências não testemunhadas) ou em que, embora existindo, a parte se defronta com dificuldades designadamente ligadas com a identificação dos sujeitos que poderiam depor como testemunhas ou com a sua comparência no tribunal; noutros casos, tal iniciativa permite ultrapassar uma situação de desequilíbrio entre as partes no que concerne ao exercício do ónus probatório, o que era especialmente visível em ações de responsabilidade civil por acidente de viação (*máxime* em casos de colisão de veículos) em que à seguradora (ré) era possível indicar como testemunha o seu segurado (e condutor de um dos veículos), ao passo que o outro condutor (autor na ação) estava impedido de, por sua iniciativa, prestar declarações que desempenhassem uma verdadeira função contraditória das que fossem prestadas por aquele. Esta situação assimétrica também era visível nas ações entre um particular e uma sociedade comercial, podendo esta arrolar como testemunhas os sujeitos que verdadeiramente intervieram na relação jurídica, apesar de não serem os legais representantes (*v.g.* diretor geral, diretor comercial, diretor financeiro ou outros funcionários), o que estava vedado àquele particular (cf. Paulo Pimenta, *Processo Civil Declarativo*, 2ª ed., pp. 385-386).

3. Subjaz ainda ao preceito a ideia de que são as partes que verdadeiramente conhecem os contornos do litígio e detêm a razão de ciência mais direta, não havendo qualquer obstáculo de ordem material a que possam comparecer espontaneamente perante o tribunal para, sem intermediários, exporem a sua versão dos factos, submetendo-se ao imediato contraditório da parte contrária e ao inquisitório do tribunal, competindo ao juiz apreciar o valor probatório das declarações. Procura-se ainda evitar a tentação para apresentar testemunhas "de ocasião", em face da ausência de outros meios de prova ou da dificuldade de fazer com que deponham em tribunal as pessoas que verdadeiramente conhecem os factos.

4. Não se diga, de forma preconcebida, que a parte irá reproduzir a versão dos factos que o seu mandatário já terá exposto nos articulados. O poder da imediação não deve ser desconsiderado, do mesmo modo que não deve ser desprezado o relevo que pode ser atribuído a declarações mais ou menos espontâneas de alguém que não está condicionado necessariamente pelos efeitos jurídicos que podem ser extraídos das suas declarações. É que uma coisa é a versão da parte exposta pelo seu mandatário, naturalmente obedecendo a uma estratégia que pondera antecipadamente os efeitos jurídicos de determinadas afirmações ou omissões; outra, bem diversa, é a que pode emanar da própria parte quando depõe perante o juiz, tudo podendo decorrer de modo mais espontâneo e impressivo, permitindo porventura uma maior aproximação à realidade que subjaz ao litígio. Por outro lado, a circunstância de, por princípio, este meio de prova resultar da iniciativa da parte que se propõe depor não é bastante para negar a sua utilidade, pois tudo decorrerá com sujeição ao teste do interesse que a parte tem no desfecho da ação, acrescendo que as respetivas declarações, quando não tenham valor confessório, são livremente apreciadas pelo tribunal (art. 607º, nº 5). Consequentemente, relevando esse princípio da livre apreciação das provas, nada obstará a que factos que, de acordo com a lei substantiva, não estejam sujeitos a prova tarifada, sejam considerados provados com base nas declarações da parte, se acaso o tribunal se convencer da sua veracidade.

5. Ainda que estejam em causa direitos indisponíveis, não há impedimento a que seja deferida a tomada de declarações à parte. É certo que de tais declarações jamais poderá ser extraída uma declaração com valor confessório (com força probatória plena), por tal ser inadmissível, em face do art. 354º, al. b), do CC, mas as mesmas podem ser objeto de livre apreciação pelo tribunal, o que será tanto mais importante quanto mais difícil for o apuramento dos factos através de outras provas, como a testemunhal, designadamente quando estejam em causa conflitos de natureza pessoal, ações de divórcio ou ações de filiação (RL 10-4-14, 2022/07).

6. A remissão para o que se dispõe nas normas que regulam o depoimento de parte (arts. 456º a 465º) pode suscitar dificuldades que sempre deverão ser resolvidas ponderando a especificidade de cada um dos meios de prova. Ainda que possa haver controvérsia em saber se a parte que pretende prestar declarações deve indicar os factos sobre que irá depor, deve entender-se que é conveniente uma delimitação mínima do objeto do depoimento, até para permitir ao juiz imprimir determinada cadência e precisão na condução da inquirição, ao que acresce que as declarações nesta sede apenas poderão respeitar a factos em que a parte tenha intervindo pessoalmente ou de que tenha conhecimento direto (art. 466º, nº 1, 2ª parte). De todo o modo, a falta dessa indicação no respetivo requerimento deverá ser suprida mediante convite judicial (RG 12-11-15, 7178/11 e RP 18-12-13, 114/09), nunca podendo ser motivo de indeferimento imediato (cf. nota 8).

7. A expressa previsão das "*declarações de parte*" não põe em causa a possibilidade que sempre existiu, e que agora surge reforçada, de o juiz determinar a qualquer das partes a prestação de declarações ou de esclarecimentos. O sentido primordial desta previsão normativa foi o proporcionar às partes uma prerrogativa de intervenção que não lhes assistia no passado. Seja como for, por óbvias razões de responsabilidade na atuação das partes em juízo, a remissão para o art. 417º e o disposto no art. 466º, nº 3, têm o efeito de revelar, de forma inequívoca, que, uma vez desencadeado o mecanismo das declarações de parte, o depoente não está dispensado do dever de colaboração para a descoberta da verdade relativamente aos factos sobre que o depoimento versará e todos os demais que o tribunal considerar pertinentes, tendo em conta o conhecimento revelado, acrescendo a sujeição ao regime da confissão sempre que as declarações venham a ter essa natureza.

8. O direito da parte pode ser exercido até ao início das alegações orais (art. 604º, nº 3, al. e)), mas tal não significa que seja ela a determinar o momento preciso da sua audição. É da competência do juiz determinar o momento mais ajustado para a prestação de declarações (art. 602º, nº 2, al. a)), que tanto pode ser logo imediatamente a seguir ao respetivo requerimento, como em momento posterior. Se a parte não indicar os factos sobre os quais pretende prestar declarações de parte ou se o fizer de modo deficiente, deve o juiz convidar a parte a fazer tal indicação ou a suprir a deficiência (RP 21-11-19, 29903/15, RG 10-1-19, 2998/17 e RP 13-6-18, 143/14).

9. A manifestação de vontade de prestar declarações pode ser revelada tanto pela própria parte como pelo seu advogado. Porém, não estando a mesma presente no momento do requerimento, não é de admitir a suspensão da audiência final ou o seu adiamento para esse específico efeito, o que significa que a parte deverá estar no tribunal no momento em que aquela vontade for manifestada (neste sentido, RP 25-3-19, 13083/16; contra: RL 22-2-18, 15056/16 e RL 8-2-18, 1193/13). Se, porventura, especialmente em virtude da oportunidade tida por mais adequada para o depoimento, este tiver início em ocasião em que a parte já esteja presente, as suas declarações deverão ser então tomadas. O facto de a parte ter assistido, total ou parcialmente, à produção de prova não afasta a admissibilidade das declarações, cabendo ao juiz ter em conta tal circunstância para efeitos de apreciação do seu valor probatório.

10. No que tange à livre valoração das declarações de parte, a doutrina e a jurisprudência vêm assumindo três posições essenciais: tese do carácter supletivo e vinculado à esfera restrita de conhecimento dos factos; tese do princípio de prova; e tese da autossuficiência ou do valor autónomo das declarações de parte. Segundo a primeira, as declarações de parte têm uma natureza essencialmente supletiva, sendo insuficientes para fundamentar, por si só, um juízo de prova, salvo nos casos de prova única, em que inexiste outra prova. A tese do princípio de prova propugna que as declarações de parte não são suficientes, por si só, para estabelecer qualquer juízo de aceitabilidade final, sendo apenas coadjuvantes da prova de um facto desde que em conjugação com outros meios de prova, ou seja, as declarações de parte terão de ser corroboradas por outros meios de prova (RP 4-2-19, 999/15, RE 17-1-19, 800/17, RG 3-5-18, 4891/17, RP 23-4-18, 482/17 RL 1-3-18, 1770/16 e RP 20-11-14, 1878/11). Para a terceira tese, as declarações de parte, pese embora a sua especificidade, podem estribar a convicção do juiz de forma autossuficiente, assumindo um valor probatório autónomo (cf. STJ 7-2-19, 2200/18, RG 2-5-19, 2319/17, RG 4-4-19, 1012/15, RG 13-9-18, 159/17 e RL 26-4-17, 18591/15).

11. É esta a solução mais ajustada, para a qual são convocáveis vários argumentos:

a) Paridade face a outros meios de prova de livre apreciação com base nos quais pode ser considerado provado o facto (art. 607º, nº 5) e necessidade de o juiz expor os fundamentos que foram decisivos para a sua convicção (nº 4 do mesmo artigo);

b) O interesse da parte na sorte do litígio não é uma realidade substancialmente distinta da testemunha interessada, sendo a diferença apenas de grau;

c) A parte é quem, em regra, tem melhor razão de ciência; o nº 3 do art. 466º não degrada o valor probatório das declarações de parte;

d) Simetricamente, no processo penal, as declarações do assistente e das partes civis podem, por si só, sustentar a convicção do tribunal;

e) Há que valorar, em primeiro lugar, as declarações de parte e só depois a pessoa do depoente, porquanto a metodologia contrária implica prejulgar as declarações de parte e incorrer no viés confirmatório.

12. Sobre esta matéria e sobre os parâmetros preferenciais de valoração das declarações de parte, cf. Luís Filipe de Sousa, "Declarações de Parte. Uma Síntese", em *http://www.trl.mj.pt*. Neste mesmo texto são ainda analisadas as seguintes questões: se é admissível a acareação entre o declarante e as testemunhas (cf. nota 7 ao art. 523º); se as declarações de parte servem para a parte aduzir factos complementares novos; exclusões quanto à admissibilidade das declarações de parte; se o juiz pode rejeitar as declarações de parte com fundamento na sua desnecessidade (cf. RE 22-11-18, 1299/16 e RC 5-6-18, 1817/08 e Paulo Pimenta, *ob. cit.*, pp. 385-388).

CAPÍTULO IV
Prova pericial

SECÇÃO I
Designação dos peritos

ARTIGO 467º
Quem realiza a perícia

1 – A perícia, requerida por qualquer das partes ou determinada oficiosamente pelo juiz, é requisitada pelo tribunal a estabelecimento, laboratório ou serviço oficial apropriado ou, quando tal não seja possível ou conveniente, realizada por um único perito, nomeado pelo juiz de entre pessoas de reconhecida idoneidade e competência na matéria em causa, sem prejuízo do disposto no artigo seguinte.

2 – As partes são ouvidas sobre a nomeação do perito, podendo sugerir quem deve realizar a diligência; havendo acordo das partes sobre a identidade do perito a designar, deve o juiz nomeá-lo, salvo se fundadamente tiver razões para pôr em causa a sua idoneidade ou competência.

3 – As perícias médico-legais são realizadas pelos serviços médico-legais ou pelos peritos médicos contratados, nos termos previstos no diploma que as regulamenta.

4 – As restantes perícias podem ser realizadas por entidade contratada pelo estabelecimento, laboratório ou serviço oficial, desde que não tenha qualquer interesse em relação ao objeto da causa nem ligação com as partes.

Remissões: art. 600º (designação da audiência nas ações de indemnização); art. 388º do CC (objeto da prova pericial); arts. 55º a 77º do DL nº 11/98, de 24-1, DL nº 96/01, de 26-3, Lei nº 45/04, de 19-8, DL nº 3/06, de 1-3 e DL nº 166/12, de 31-7 (Lei Orgânica do INML); Resol. do Cons. de Ministros nº 36/02, DR, 21-2, I-B (qualifica diversas instituições como laboratórios do Estado).

1. O preceito instrumentaliza as normas dos arts. 388º e 389º do CC, destinando-se à perceção e apreciação de factos quando sejam necessários conhecimentos especiais ou quando não seja admissível inspeção judicial. A prova pericial pode ser requerida por qualquer das partes ou ser determinada oficiosamente pelo juiz, visando a produção de um relatório ou a resposta a questões direta ou indiretamente ligadas à matéria de facto controvertida para posterior apreciação pelo juiz segundo as regras da livre convicção (art. 389º do CC e art. 607º, nº 5, do CPC) que, no entanto, sofrerão uma importante restrição precisamente motivada pelo diferencial de conhecimentos técnicos. É costume dizer-se que o juiz é o "perito dos peritos", mas naturalmente que esta expressão tem que ser contextualizada, podendo gerar, no limite, a necessidade de uma obediência estrita ao que emergir da prova pericial, como ocorre nos casos de exames genéticos ou noutros cujos resultados sejam sustentados em conhecimentos de natureza científica que não suscitem quaisquer dúvidas.

2. O princípio da livre apreciação já produzirá mais efeitos em situações em que os dados revelados pelos peritos não permitam atingir o grau de elevadíssima probabilidade (a rondar a certeza absoluta), como ocorre em casos de exames à letra ou assinatura ou mesmo à qualidade ou propriedades de certos materiais, valor de determinados bens, apuramento de saldos contabilísticos, etc.

3. Constitui jurisprudência dominante a asserção de que, nos termos do art. 21º, nº 1, da Lei nº 45/04, de 19-8, e do art. 467º, nº 3, as perícias médico-legais são obrigatoriamente realizadas nas delegações e nos gabinetes médico-legais do INML, sendo, em regra, singulares, incumbindo a tal instituição a nomeação do perito (cf. RP 24-10-16, 30789/15, RG 27-2-14, 1156/13, RG 20-2-14, 3098/12 e RG 21-9-10, 2440/09).

4. As perícias médico-legais colegiais apenas terão lugar se forem determinadas pelo juiz, de forma fundamentada, não constituindo uma faculdade das partes (art. 21º, nº 4, da Lei nº 45/04, de 19-8, RP 24-10-16, 30789/15, RL 17-3-16, 713/15, RG 5-11-15, 1399/13, RP 28-10-15, 3234/13, RC 3-3-15, 450/12 e RG 20-3-14, 2016/12).

5. A obrigatoriedade da realização das perícias médico-legais no INML não constitui restrição dos direitos processuais das partes, porquanto esta instituição tem autonomia e independência técnico-científica, estando numa posição de equidistância perante as partes, sendo que os seus peritos garantem um padrão de elevada qualidade científica. Os direitos processuais das partes são assegurados na precisa medida em que os peritos estão obrigados a fundamentar as suas respostas e conclusões, podendo ser requerida a prestação de esclarecimentos pelas partes, sendo estes meios processuais idóneos a aquilatar o *iter* seguido pelo perito e a permitir o cabal exercício do contraditório, assistindo ainda à parte o direito de se fazer assistir de técnico, nos termos do art. 50º (RG 13-3-14, 203/12).

6. Quando ocorra uma perícia médico-legal colegial, os três peritos não são indicados ou nomeados nos termos do art. 468º, devendo integrar o quadro do IML, contratados por este ou ser docentes e investigadores do ensino superior no âmbito de protocolos celebrados para o efeito (RP 28-10-15, 3234/13, RG 5-1-15, 1399/13, RG 5-6-14, 400/12 e RG 20-3-14, 2016/12).

7. No que tange a perícias de engenharia civil e arquitetura, constitui boa prática recorrer à lista de peritos da respetiva Relação, acessível através de *http://www.dgaj.mj.pt*. Quanto a perícias de índole financeira e contabilística, deve o tribunal solicitar a indicação de perito às ordens profissionais dos contabilistas certificados e dos revisores oficiais de contas.

8. As limitações legais à remuneração de peritos constituem, amiúde, fator que desmotiva a colaboração de peritos externos. Todavia, a questão está debelada, atento o teor do Ac. do Trib. Const. nº 33/2017, o qual declarou, com força obrigatória geral, a inconstitucionalidade da norma que impede a fixação de remuneração de perito em montante superior ao limite de 10 UC, ao abrigo dos nºs 2 e 4 do art. 17º do RCP, em conjugação com a Tabela IV.

9. Verifica-se que, por vezes, em perícias colegiais, em que cada uma das partes designa um perito e o tribunal o terceiro, aqueles se assumem efetivamente como "perito de parte", refletindo tal postura no relatório pericial. Não bastando a frequência com que isso acontece relativamente às testemunhas (que agem tomando partido pela parte que as indica, a qual, por seu lado, se "apossa" das mesmas), é particularmente grave que tal ocorra relativamente a peritos, devendo ser combatida essa prática e controlados *a posteriori* os resultados, sob pena de, por uma via ou por outra, ou por ambas, se a falsear a verdade que os peritos são chamados especialmente a clarificar. A maior credibilidade que porventura seja atribuída ao relatório subscrito pelo perito designado pelo tribunal, podendo constituir um paliativo, não é suficiente, sendo importante, através de pedidos de esclarecimento ou da exigência de melhores justificações, confrontar-se a opinião emitida pelos demais peritos, quando porventura as suas respostas suscitem dúvidas a respeito do modo como percecionaram ou apreciaram os factos relevantes, em conexão com os atributos técnico-científicos que justificaram a sua intervenção (art. 388º do CC).

10. No que tange aos principais parâmetros de valoração da prova pericial, cf. a anot. ao art. 484º. Quanto ao testemunho pericial, cf. nota 2 ao art. 516º.

ARTIGO 468º
Perícia colegial e singular

1 – A perícia é realizada por mais de um perito, até ao número de três, funcionando em moldes colegiais ou interdisciplinares:

a) Quando o juiz oficiosamente o determine, por entender que a perícia reveste especial complexidade ou exige conhecimento de matérias distintas;

b) Quando alguma das partes, nos requerimentos previstos no artigo 475º e no nº 1 do artigo 476º, requerer a realização de perícia colegial.

2 – No caso previsto na alínea b) do número anterior, se as partes acordarem logo na nomeação dos peritos, é aplicável o disposto na segunda parte do nº 2 do artigo anterior; não havendo acordo, cada parte escolhe um dos peritos e o juiz nomeia o terceiro.

3 – As partes que pretendam usar a faculdade prevista na alínea b) do nº 1 devem indicar logo os respetivos peritos, salvo se, alegando dificuldade justificada, pedirem a prorrogação do prazo para a indicação.

4 – Se houver mais de um autor ou mais de um réu e ocorrer divergência entre eles na escolha do respetivo perito, prevalece a designação da maioria; não chegando a formar-se maioria, a nomeação devolve-se ao juiz.

5 – Nas ações de valor não superior a metade da alçada da Relação, a perícia é realizada por um único perito, aplicando-se o disposto no artigo 467º.

Remissões: arts. 20º, nº 1 e 23º, nº 1, do RCP (pagamentos de encargos e sanção pelo não pagamento).

1. Consoante ficou explicitado na anotação ao artigo anterior, do regime especial da Lei nº 45/04, de 19-8, decorre que a perícia colegial em sede médico-legal é excecional, exigindo a prolação de despacho fundamentado do juiz. Assim, do disposto na al. b) deste preceito, não emerge uma faculdade das partes em requerer tal perícia, o que só ocorrerá noutras áreas (*v.g.* engenharia ou contabilidade).

2. O despacho proferido nos termos do nº 1, al. a) constitui um despacho proferido no uso legal de um poder discricionário (cf. art. 630º, nº 1).

3. A lei não prevê a convocação das partes para diligência específica, tendo em vista a obtenção de acordo das mesmas quanto à designação de perito.

4. Caso uma das partes não indique o seu perito, é controvertido se a perícia prossegue só com dois peritos ou se, por analogia com o nº 4 deste preceito, o juiz deve nomear perito para a parte faltosa. Lebre de Freitas e Isabel Alexandre, *CPC anot.*, vol. II, 3ª ed., p. 316, admitem que o juiz nomeie dois peritos, designadamente numa situação em que a parte alegue dificuldade em escolher o perito. Tendo o perito de ser remunerado, por interpretação sistemática dos arts. 20º, nºs 1 e 2 e 23º, nº 1, do RCP, afigura-se-nos que o juiz só deverá nomear perito à parte faltosa se esta beneficiar de apoio judiciário na modalidade de dispensa de encargos com o processo. Seguiu-se solução diversa em RP 22-2-11, 392/10, no qual se entendeu que, se a parte que requereu a perícia colegial não indicar tempestivamente o respetivo perito, ficará precludido tão só o direito à realização da perícia por mais de um perito. Nesse contexto, a perícia deverá ser efetuada por um único perito, salvo se o juiz, ao abrigo do estatuído na al. a) do nº 1 do art. 468º, determinar oficiosamente a realização de perícia colegial, suprindo então a omissão da parte e designando, ele próprio, o perito que à parte caberia indicar.

5. Nas ações cujo valor não exceda metade da alçada da Relação (€ 15.000,00) intervém apenas um perito.

ARTIGO 469º
Desempenho da função de perito

1 – O perito é obrigado a desempenhar com diligência a função para que tiver sido nomeado, podendo o juiz condená-lo em multa quando infrinja os deveres de colaboração com o tribunal.

2 – O perito pode ser destituído pelo juiz se desempenhar de forma negligente o encargo que lhe foi cometido, designadamente quando não apresente ou impossibilite, pela sua inércia, a apresentação do relatório pericial no prazo fixado.

Remissões: art. 27º do RCP (multa).

ARTIGO 470º
Obstáculos à nomeação de peritos

1 – É aplicável aos peritos o regime de impedimentos e suspeições que vigora para os juízes, com as necessárias adaptações.

2 – Estão dispensados do exercício da função de perito os titulares dos órgãos de soberania ou dos órgãos equivalentes das Regiões Autónomas, bem como aqueles que, por lei, lhes estejam equiparados, os magistrados do Ministério Público em efetividade de funções e os agentes diplomáticos de países estrangeiros.

3 – Podem pedir escusa da intervenção como peritos todos aqueles a quem seja inexigível o desempenho da tarefa, atentos os motivos pessoais invocados.

Remissões: arts. 115º a 118º (regime dos impedimentos dos juízes); arts. 119º a 123º (regime das suspeições dos juízes).

1. Releva, em especial, o impedimento consignado no art. 115º, nº 1, al. h), nos termos do qual não pode exercer a função de perito quem tiver sido testemunha ou estiver arrolado como tal.

ARTIGO 471º
Verificação dos obstáculos à nomeação

1 - As causas de impedimento, suspeição e dispensa legal do exercício da função de perito podem ser alegadas pelas partes e pelo próprio perito designado, consoante as circunstâncias, dentro do prazo de 10 dias a contar do conhecimento da nomeação ou, sendo superveniente o conhecimento da causa, nos 10 dias subsequentes; e podem ser oficiosamente conhecidas até à realização da diligência.

2 - As escusas são requeridas pelo próprio perito, no prazo de cinco dias a contar do conhecimento da nomeação.

3 - Das decisões proferidas sobre impedimentos, suspeições ou escusas não cabe recurso.

ARTIGO 472º
Nova nomeação de peritos

Quando houver lugar à nomeação de novo perito, em consequência do reconhecimento dos obstáculos previstos no artigo anterior, da remoção do perito inicialmente designado ou da impossibilidade superveniente de este realizar a diligência, imputável ao perito proposto pela parte, pertence ao juiz a respetiva nomeação.

Remissões: art. 471º (obstáculos à nomeação); 469º, nº 2 (remoção do perito).

ARTIGO 473º
Peritos estranhos à comarca

1 - As partes têm o ónus de apresentar os peritos estranhos à comarca cuja nomeação hajam proposto.

2 - Tratando-se de perito escolhido pelo juiz, são-lhe satisfeitas antecipadamente as despesas de deslocação.

3 - Quando a diligência tiver de realizar-se por carta, a nomeação dos peritos pode ter lugar no juízo deprecado.

Remissões: 173º (cartas precatórias); art. 16º, nº 1, al. i) do RCP (encargos).

SECÇÃO II
Proposição e objeto da prova pericial

ARTIGO 474º
Desistência da diligência

A parte que requereu a diligência não pode desistir dela sem a anuência da parte contrária.

Remissões: art. 600º (designação da audiência nas ações de indemnização).

1. A anuência exigida por esta norma tem de ser expressa, não podendo derivar de mera notificação com a cominação de, nada dizendo a parte, se entender aceita a desistência da diligência.

ARTIGO 475º
Indicação do objeto da perícia

1 – Ao requerer a perícia, a parte indica logo, sob pena de rejeição, o respetivo objeto, enunciando as questões de facto que pretende ver esclarecidas através da diligência.

2 – A perícia pode reportar-se, quer aos factos articulados pelo requerente, quer aos alegados pela parte contrária.

Remissões: 410º (objeto da instrução); art. 552º, nº 1, al. d) (factos essenciais que constituem a causa de pedir); art. 572º, al. c) (factos essenciais em que se baseiam as exceções).

1. O objeto da perícia é constituído por questões de facto que sejam condicionantes (porque infirmadoras ou corroboradoras dos factos que sustentam a pretensão e/ou a exceção) da decisão final de mérito, segundo as várias soluções plausíveis de direito. Assim, a prova pericial tanto pode incidir sobre factos essenciais como sobre factos instrumentais, desde que estes últimos sejam idóneos a conduzir à prova daqueles.

2. Assim, não constitui por si fundamento de indeferimento da prova pericial a circunstância de o objeto da prova pericial proposto não se sobrepor aos temas da prova ou aos factos essenciais alegados nos articulados (RP 12-6-14, 1/10).

ARTIGO 476º
Fixação do objeto da perícia

1 – Se entender que a diligência não é impertinente nem dilatória, o juiz ouve a parte contrária sobre o objeto proposto, facultando-lhe aderir a este ou propor a sua ampliação ou restrição.

2 – Incumbe ao juiz, no despacho em que ordene a realização da diligência, determinar o respetivo objeto, indeferindo as questões suscitadas pelas partes que considere inadmissíveis ou irrelevantes ou ampliando-o a outras que considere necessárias ao apuramento da verdade.

1. A redação do preceito indica que o juiz deve fazer um juízo liminar sobre a pertinência da perícia requerida, ao qual se seguirá o exercício do contraditório, com audição da parte contrária sobre o objeto proposto. Todavia, na prática, é frequente que o juiz relegue a apreciação da pertinência e do carácter dilatório da diligência requerida para o momento subsequente ao exercício do contraditório. Assim, a omissão de um juízo liminar expresso sobre a pertinência da perícia, acompanhada da ordem de notificação da parte contrária para se pronunciar, não consubstancia um deferimento tácito da perícia, mas apenas o exercício diferido do controlo pressuposto pela norma (STJ 5-3-02, 3965/01).

2. A perícia é impertinente ou dilatória quando não respeita a factos condicionantes da decisão final ou porque, embora respeitando a tais factos, o respetivo apuramento não depende de prova pericial, por não estarem em causa conhecimentos especiais que a mesma pressupõe.

3. O poder do juiz de rejeitar a perícia com fundamento em inadmissibilidade ou irrelevância não integra um poder discricionário, sendo passível de recurso, o mesmo sucedendo com o despacho que rejeita parcialmente o objeto da perícia proposto (644º, nº 2, al. d); RE 19-11-15, 569/10).

ARTIGO 477º
Perícia oficiosamente determinada

Quando se trate de perícia oficiosamente ordenada, o juiz indica, no despacho em que determina a realização da diligência, o respetivo objeto, podendo as partes sugerir o alargamento a outra matéria.

Remissões: art. 467º (perícia oficiosa).

1. Atenta a literalidade do segmento final da norma, haverá que entender que o despacho de indeferimento do alargamento do objeto proposto pelas partes integra o exercício de um poder discricionário e, como tal, é irrecorrível (art. 630º, nº 1).

2. Caso as partes sugiram o alargamento do objeto da perícia, o critério da sua rejeição é o mesmo do art. 476º, nº 1: o carácter impertinente ou dilatório da diligência requerida (RC 15-12-15, 17/15). Teixeira de Sousa, em *https://blogippc.blogspot.com*, conclui que tal despacho "é um recurso relativo à legalidade do fundamento da decisão que rejeitou o alargamento da perícia oficiosa (e, portanto, ao uso que o tribunal recorrido fez do seu poder discricionário de rejeitar esse alargamento). Sendo assim, a única coisa que a Relação pode fazer é controlar a legalidade desse fundamento e anular ("cassar") a decisão recorrida (não podendo a Relação, como foi feito na decisão sumária, substituir-se à 1ª instância e admitir o alargamento da perícia)".

SECÇÃO III
Realização da perícia

ARTIGO 478º
Fixação do começo da diligência

1 – No próprio despacho em que ordene a realização da perícia e nomeie os peritos, o juiz designa a data e local para o começo da diligência, notificando--se as partes.

2 – Quando se trate de exames a efetuar em institutos ou estabelecimentos oficiais, o juiz requisita ao diretor daqueles a realização da perícia, indicando o seu objeto e o prazo de apresentação do relatório pericial.

3 – Quando por razões técnicas ou de serviço a perícia não puder ser realizada no prazo determinado pelo juiz, por si ou nos termos do nº 4 do artigo 467º, deve tal facto ser de imediato comunicado ao tribunal, para que este possa determinar a eventual designação de novo perito, nos termos do nº 1 do artigo 467º.

ARTIGO 479º
Prestação de compromisso pelos peritos

1 – Os peritos nomeados prestam compromisso de cumprimento consciencioso da função que lhes é cometida, salvo se forem funcionários públicos e intervierem no exercício das suas funções.

2 – O compromisso a que alude o número anterior é prestado no ato de início da diligência, quando o juiz a ela assista.

3 – Se o juiz não assistir à realização da diligência, o compromisso a que se refere o nº 1 pode ser prestado mediante declaração escrita e assinada pelo perito, podendo constar do relatório pericial.

1. Estão dispensados da prestação de compromisso os peritos médico-legais a que se reporta o nº 3 do art. 467º.

2. Embora a lei não exija atualmente a comparência dos peritos perante o juiz para prestarem o compromisso, constituirá boa prática a ocorrência de tal convocatória em processos de perícias previsivelmente complexas, a fim de o juiz elucidar os peritos do âmbito, expectável e exigível, da sua atuação e da diligência.

ARTIGO 480º
Atos de inspeção por parte dos peritos

1 – Definido o objeto da perícia, procedem os peritos à inspeção e averiguações necessárias à elaboração do relatório pericial.

2 – O juiz assiste à inspeção sempre que o considere necessário.

3 – As partes podem assistir à diligência e fazer-se assistir por assessor técnico, nos termos previstos no artigo 50º, salvo se a perícia for suscetível de ofender o pudor ou implicar quebra de qualquer sigilo que o tribunal entenda merecer proteção.

4 – As partes podem fazer ao perito as observações que entendam e devem prestar os esclarecimentos que o perito julgue necessários; se o juiz estiver presente, podem também requerer o que entendam conveniente em relação ao objeto da diligência.

1. Esta norma institui um direito das partes de fiscalizarem a diligência, assistindo e/ou fazendo-se assistir por assessor técnico, tendo tal direito como reverso o dever de colaboração, na medida em que o mesmo for acionado pelos peritos (art. 417º, nº 1).

2. O juiz não tem o poder de censurar o assessor designado pela parte, salvo se entender que a intervenção é desnecessária. Embora tenha os mesmos direitos e deveres dos advogados (art. 50º, nº 4), o assessor deve subordinar-se à direção do advogado da parte que visa assistir, na medida em que, mais do que um perito, atua como mandatário.

ARTIGO 481º
Meios à disposição dos peritos

1 – Os peritos podem socorrer-se de todos os meios necessários ao bom desempenho da sua função, podendo solicitar a realização de diligências ou a prestação de esclarecimentos, ou que lhes sejam facultados quaisquer elementos constantes do processo.

2 – Se os peritos, para procederem à diligência, necessitarem de destruir, alterar ou inutilizar qualquer objeto, devem pedir previamente autorização ao juiz.

3 – Concedida a autorização, fica nos autos a descrição exata do objeto e, sempre que possível, a sua fotografia, ou, tratando-se de documento, fotocópia devidamente conferida.

1. A função precípua dos peritos habilita-os a requerer diretamente, junto das partes e mesmo de terceiros, que lhes sejam facultados elementos para a realização da perícia, sem prejuízo do disposto no art. 417º, nº 3.

2. Em perícias complexas, quer em razão da natureza das matérias versadas, quer da sua extensão, é curial que a realização da perícia seja acompanhada pelo juiz através da marcação de diligências intercalares para as quais serão convocados os peritos e as partes. Nessas diligências, deve fazer-se um balanço do trabalho já desenvolvido e do que ainda cumpre realizar, propiciando-se uma atuação oficiosa do tribunal para suprir os elementos em falta e agilizar a conclusão da perícia (cf. art. 6º, nº 1). A não ser seguida esta metodologia, corre-se o risco de a perícia ser improfícua por insuficiência de elementos disponibilizados aos peritos.

ARTIGO 482º
Exame de reconhecimento de letra

1 – Quando o exame para o reconhecimento de letra não puder ter por base a comparação com letra constante de escrito já existente e que se saiba pertencer à pessoa a quem é atribuída, é esta notificada para comparecer perante o perito designado, devendo escrever, na sua presença, as palavras que ele indicar.

2 – Quando o interessado residir fora da área da comarca e a deslocação representar sacrifício desproporcionado, é expedida carta precatória, acompanhada de um papel lacrado, contendo a indicação das palavras que o notificado há de escrever na presença do juiz deprecado.

Remissões: art. 444º (impugnação da genuinidade do documento); art. 374º do CC (autoria da letra e assinatura).

1. Caso o resultado desta perícia seja inconclusivo, o mesmo não integra um verdadeiro juízo pericial, mas antes um estado dubitativo, pelo que se devolve plenamente ao tribunal a decisão sobre a matéria de facto com vista a superar, se possível, aquela dúvida (STJ 1-10-08, 08P2035 e STJ 11-7-07, 07P1416). Ou seja, quando os peritos não conseguirem um parecer livre de dúvidas, quando se conclui por um juízo de mera probabilidade ou somente opinativo, incumbe ao tribunal tomar posição, julgando segundo o princípio da livre apreciação da prova, sabendo-se que, no limite, em caso de persistência de dúvidas acerca da realidade do facto, deverá ser observado o disposto no art. 414º.

ARTIGO 483º
Fixação de prazo para a apresentação de relatório

1 – Quando a perícia não possa logo encerrar-se com a imediata apresentação do relatório pericial, o juiz fixa o prazo dentro do qual a diligência há de ficar concluída, que não pode exceder 30 dias.

2 – Os peritos indicam às partes o dia e hora em que vão prosseguir com os atos de inspeção, sempre que lhes seja lícito assistir à continuação da diligência.

3 – O prazo fixado pode ser prorrogado, por uma única vez, ocorrendo motivo justificado.

ARTIGO 484º
Relatório pericial

1 – O resultado da perícia é expresso em relatório, no qual o perito ou peritos se pronunciam fundamentadamente sobre o respetivo objeto.

2 – Tratando-se de perícia colegial, se não houver unanimidade, o discordante apresenta as suas razões.

3 – Se o juiz assistir à inspeção e o perito puder de imediato pronunciar-se, o relatório é ditado para a ata.

Remissões: art. 144º, nº 9 (forma de apresentação do relatório pericial); art. 144º, nº 11 (digitalização do relatório pericial e documentos anexos).

1. A prova pericial é livremente apreciada pelo tribunal (art. 389º do CC). A apreciação da prova pericial abrange: a profissão do perito, a análise dos requisitos internos do laudo pericial e a observância, na elaboração do mesmo, de parâmetros científicos de qualidade, bem como o uso de resultados estatísticos.

2. No que tange à profissão do perito, é curial começar por impor ao perito que apresente o seu *curriculum* na parte em que este possa evidenciar especial qualificação para a realização da perícia. Os conhecimentos, habilidades e experiência profissional do perito constituem fatores diferenciadores do mesmo. Releva, sobretudo, saber se já efetuou anteriormente perícias do mesmo teor. Relevará mais a trajetória científica do perito do que propriamente o cargo que ocupe.

3. Cabe ao juiz, em segunda linha, verificar se o laudo é inteligível e não apresenta contradições, ou seja, verificar se o mesmo é coerente. O perito deve ter presente que elabora o laudo para não especialistas, pelo que deve fazer um esforço suplementar no sentido de expor as suas conclusões de forma clara, precisa e congruente, sem deixar pontas soltas.

4. Quanto à observância de parâmetros científicos, o juiz deve analisar se o laudo cumpre os seguintes requisitos:

a) As técnicas e teorias científicas utilizadas para obter dados e conclusões foram já utilizadas previamente, são relevantes e estão geralmente aceites pela comunidade científica internacional. A indagação sobre a observância deste requisito pode ser assegurada pela menção das publicações científicas ou manuais onde estão expostas as técnicas e teorias que foram utilizadas; subsidiariamente, deverá ser explicitada a técnica utilizada e se a mesma é de uso comum na práxis científica ou profissional; a descrição pelo perito do procedimento de análise que realizou, bem como os instrumentos de que se socorreu na sua tarefa. Ou seja, é necessário explicar o *iter* técnico que o conduziu às suas conclusões, pois só assim se pode confrontar a metodologia do perito com a dos demais. Acresce que a não explicitação da metodologia faz com que os resultados fiquem a pairar no vazio, sucumbido arrimo ao juiz para apreciar criticamente o laudo.

b) As técnicas utilizadas foram aplicadas segundo os padrões e normas de qualidade vigentes. Apela-se aqui às normas internas de cada profissão, em que se incluem normas deontológicas ou os manuais de boas práticas.

c) O laudo contém informação sobre o nível de erro e sobre a graduação da variabilidade e incerteza dos dados obtidos através da técnica ou teoria científica utilizadas. O que se visa aqui é que o laudo contenha informação estatística contrastável sobre o acerto dos seus resultados. Esse contraste pode ser alcançado pelo recurso a publicações científicas sobre a matéria. Por exemplo, numa singela avaliação de um imóvel, o perito tem de investigar e demonstrar preços de vendas de imóveis similares. Em matérias de índole mais científica, pode mesmo chegar-se à conclusão de que inexiste investigação alargada sobre o assunto, eventualidade em que a prova pericial não terá a mesma força.

d) O laudo deve sustentar-se em suficientes factos e dados, não devendo o perito bastar-se com meras amostras ou elementos colhidos de forma incompleta ou precipitada.

5. Este conjunto de critérios objetivos permite ao juiz, na ausência de conhecimentos científicos equiparáveis aos do perito, formular um juízo sobre o mérito intrínseco e o grau de convencimento a atribuir ao laudo pericial.

6. No caso da coexistência de relatórios periciais contraditórios, o juiz deve recorrer aos critérios ora enunciados para graduar o valor dos laudos e escolher o que será mais convincente. Com efeito, o juiz não poderá formular essa graduação com base em conhecimentos científicos (que, de resto, não possui). Deverá, isso sim, proceder à análise de cada um dos laudos de acordo com os critérios objetivos enunciados de modo que o laudo prevalecente será o que obtiver melhor resultado nessa análise individual. Se essa análise não conduzir a resultados claros no sentido da prevalência de um laudo sobre os demais, resta ao juiz aplicar a regras de decisão decorrentes do ónus da prova, sem prejuízo, como é evidente, da hipótese de realização de segunda perícia (art. 487º, nº 2).

7. É comum na nossa jurisprudência o apelo ao critério da imparcialidade do perito do tribunal, em termos de, em caso de divergência, o juiz dever dar preferência àquele, pela sua presumida isenção, por contraposição à intervenção (alegadamente) mais parcial do perito da parte. Este critério deverá ser relativizado, não podendo partir-se do pressuposto que o perito da parte é menos profissional ou é parcial, tudo dependendo do caso concreto, ponderando acima de tudo a sustentação científica das conclusões (cf. nota 9 ao art. 467º).

8. Sobre a apreciação da prova pericial, mais desenvolvidamente, Luís Filipe Sousa, *Prova Testemunhal*, pp. 347-361.

ARTIGO 485º
Reclamações contra o relatório pericial

1 – A apresentação do relatório pericial é notificada às partes.

2 – Se as partes entenderem que há qualquer deficiência, obscuridade ou contradição no relatório pericial, ou que as conclusões não se mostram devidamente fundamentadas, podem formular as suas reclamações.

3 – Se as reclamações forem atendidas, o juiz ordena que o perito complete, esclareça ou fundamente, por escrito, o relatório apresentado.

4 – O juiz pode, mesmo na falta de reclamações, determinar oficiosamente a prestação dos esclarecimentos ou aditamentos previstos nos números anteriores.

1. Ocorre deficiência do relatório quando o mesmo não considera todos os pontos que devia ou não os considera tão completamente como devia; ocorre obscuridade quando não se vislumbra o sentido de alguma passagem ou esta pode ter mais de um sentido; ocorre contradição quando há colisão entre os vários pontos focados ou entre as posições tomadas pelos peritos, sendo a perícia colegial (Lebre de Freitas e Isabel Alexandre, *CPC anot.*, vol. II, 3ª ed., p. 339).

2. Deve o juiz indeferir o pedido de esclarecimentos se as questões colocadas na formulação do pedido forem inadmissíveis ou impertinentes para o apuramento da verdade, em função da matéria de facto relevante para a decisão da causa, segundo as várias soluções plausíveis da questão de direito. Não é exigível aos peritos que opinem sobre critérios de normalidade (*v.g.* se, num padrão de normalidade, um empreiteiro deveria considerar que a obra projetada padecia de erros técnicos), cabendo-lhes somente transmitir as suas observações e as suas impressões pessoais sobre os factos presenciados, para daí se retirarem conclusões objetivas dos factos observados e daqueles que se lhes ofereçam como existentes (RP 4-11-13, 3792/08).

3. Se o juiz "julgar fundada a reclamação, ordenará aos peritos, no caso de deficiência, que completem a resposta, no caso de obscuridade, que a esclareçam, no caso de contradição, que a façam cessar, harmonizando as respostas apontadas como contraditórias" (Alberto dos Reis, *CPC anot.*, vol. IV, p. 255).

ARTIGO 486º
Comparência dos peritos na audiência final

1 – Quando alguma das partes o requeira ou o juiz o ordene, os peritos comparecem na audiência final, a fim de prestarem, sob juramento, os esclarecimentos que lhes sejam pedidos.

2 – Os peritos de estabelecimentos, laboratórios ou serviços oficiais são ouvidos por teleconferência a partir do seu local de trabalho.

Remissões: art. 604º, nº 3, al. c) (ordem dos atos da audiência).

SECÇÃO IV
Segunda perícia

ARTIGO 487º
Realização de segunda perícia

1 – Qualquer das partes pode requerer que se proceda a segunda perícia, no prazo de 10 dias a contar do conhecimento do resultado da primeira, alegando fundadamente as razões da sua discordância relativamente ao relatório pericial apresentado.

2 – O tribunal pode ordenar oficiosamente e a todo o tempo a realização de segunda perícia, desde que a julgue necessária ao apuramento da verdade.

3 – A segunda perícia tem por objeto a averiguação dos mesmos factos sobre que incidiu a primeira e destina-se a corrigir a eventual inexatidão dos resultados desta.

1. A exigência de fundamentação das razões de discordância tem por objetivo evitar segundas perícias dilatórias, exigindo-se à parte que concretize os pontos de facto que não foram suficientemente esclarecidos na primeira perícia, enunciando as razões por que entende que o resultado da perícia deveria ser diferente.

2. A expressão "*fundadamente*" significa que as razões da dissonância têm de ser claramente explicitadas, não bastando a apresentação de um simples requerimento de segunda perícia (STJ 25-11-04, CJ t. III, p. 124). A parte tem de indicar os pontos de discordância (as inexatidões a corrigir) e justificar a possibilidade de uma distinta apreciação técnica. Não cabe ao tribunal aprofundar o bem ou mal fundado da argumentação apresentada, sendo que só a total ausência de fundamentação constitui razão para indeferimento do requerimento para a realização da segunda perícia (RL 20-2-18, 2163/06, RL 2-11-17, 34964/15, RC 1-12-15, 65/14, RP 10-7-13, 1357/12 e RE 18-9-12, 4162/09). Fundamentando o requerente as razões da sua discordância face ao resultado da primeira perícia, a lei não permite ao juiz uma avaliação do mérito da argumentação apresentada como suporte da divergência, devendo o juiz determinar a realização da segunda perícia, desde que conclua que a mesma não tem carácter impertinente ou dilatório (RP 11-1-16, 4135/14). Embora o requerente não tenha de demonstrar a procedência da argumentação, os motivos de discordância terão de ser aptos, do ponto de vista objetivo e atentas as circunstâncias do caso concreto, a criar um estado de dúvida no julgador médio sobre se a perícia efetuada não padecerá dos vícios que o requerente lhe assaca e que, caso venham a ser demonstrados, levam a que seja alcançado um resultado distinto do da primeira perícia (RG 4-10-18, 3621/17).

3. A segunda perícia não é uma instância de recurso, visando somente fornecer ao tribunal um novo elemento de prova quanto aos factos que foram objeto da primeira, depois de apreciados tecnicamente por outros peritos (Lebre de Freitas e Isabel Alexandre, *CPC anot.*, vol. II, 3ª ed., p. 342).

ARTIGO 488º
Regime da segunda perícia

A segunda perícia rege-se pelas disposições aplicáveis à primeira, com as ressalvas seguintes:

a) Não pode intervir na segunda perícia perito que tenha participado na primeira;

b) Quando a primeira o tenha sido, a segunda perícia será colegial, tendo o mesmo número de peritos daquela.

Remissões: arts. 467º (quem realiza a perícia); art. 468º (perícia colegial e singular).

1. Este artigo não impõe que a segunda perícia seja colegial; pelo contrário, a segunda perícia só será colegial se a primeira o tiver sido.

2. Aplicando-se as disposições relativas à primeira perícia, se esta for singular e realizada pelo INML, a segunda perícia também será singular, mas realizada por outro perito da mesma entidade (RG 5-11-15, 1399/13). A segunda perícia médico--legal só será colegial, nos termos do art. 21º, nº 4, da Lei nº 45/04, de 19-8, se faltar alternativa e o juiz o determinar fundamentadamente (RP 30-10-14, 682/10).

3. Todavia, ao abrigo do princípio da adequação formal (art. 547º) e perante os resultados insatisfatórios da primeira perícia, pode o juiz determinar a realização de segunda perícia colegial (art. 468º, nº 1, al. b); Ramos de Faria e Ana Luísa Loureiro, *Primeiras Notas ao NCPC*, vol. I, p. 378).

ARTIGO 489º
Valor da segunda perícia

A segunda perícia não invalida a primeira, sendo uma e outra livremente apreciadas pelo tribunal.

1. No que tange à valoração da prova pericial, remetemos para a anotação ao art. 484º.

CAPÍTULO V
Inspeção judicial

ARTIGO 490º
Fim da inspeção

1 – O tribunal, sempre que o julgue conveniente, pode, por sua iniciativa ou a requerimento das partes, e com ressalva da intimidade da vida privada e familiar e da dignidade humana, inspecionar coisas ou pessoas, a fim de se

esclarecer sobre qualquer facto que interesse à decisão da causa, podendo deslocar-se ao local da questão ou mandar proceder à reconstituição dos factos, quando a entender necessária.

2 – Incumbe à parte que requerer a diligência fornecer ao tribunal os meios adequados à sua realização, salvo se estiver isenta ou dispensada do pagamento de custas.

Remissões: art. 390º do CC (objeto da inspeção); art. 391º do CC (força probatória).

1. Na medida em que o preceito faz depender a inspeção judicial de um juízo de oportunidade formulado pelo juiz, estamos no domínio de um poder discricionário, diversamente do que ocorre quando se aprecia uma pretensão deduzida pela parte (cf. Abrantes Geraldes, *Recursos no NCPC*, 5ª ed., p. 80, STJ 19-4-95, CJ, t. II, p. 43, RE 3-11-16, 211/05 e RP 11-5-09, 0857899).

2. Note-se que decidir sob a égide de um poder legal discricionário não significa atuar fora ou para além da lei (cf. Rodrigues Bastos, *Notas ao CPC*, vol. III, 3ª ed., pp. 217-218). O uso de um poder legal discricionário é sempre sindicável quanto à verificação dos pressupostos definidos por lei para a prolação de tal tipo de despacho, a determinar se o julgador extravasou o quadro das possibilidades legais de atuação ou se ocorreu desvio de poder. Arguindo a parte alguns destes vícios, o despacho em causa é suscetível de recurso com este objeto precípuo. Assim, e a título exemplificativo, é recorrível o despacho que, sem fundamentação, recuse a inspeção judicial.

3. A norma em causa, no segmento "*sempre que o julgue conveniente*", integra uma das escassas situações em que a nossa lei processual releva, positivamente, a redundância da prova, erigindo-a como fundamento de dispensa de produção de um novo meio de prova, no caso, a inspeção judicial. Dito de outra forma, à medida que vão sendo produzidas as provas, pode ocorrer uma confluência das mesmas no sentido da confirmação ou refutação de um determinado enunciado fáctico essencial à decisão da causa.

4. Perante a corroboração ou infirmação sólida de uma determinada versão dos factos, será inócuo acrescer o meio de prova inspeção, porquanto há que relevar as exigências de economia processual num contexto dessa índole. Ou seja, a partir de um determinado grau de corroboração, a incorporação de novas provas no mesmo sentido implica um benefício muito pequeno, justificando-se a exclusão da inspeção judicial. Em suma, a partir do momento em que a inspeção judicial deixou se ser tendencialmente infungível e passou a ser totalmente fungível, pode o juiz dispensá-la.

5. A cibernavegação constitui uma modalidade de inspeção judicial, no âmbito da qual o juiz se pode inteirar, diretamente, do conteúdo de *sites* ou de correio eletrónico trocado entre as partes.

ARTIGO 491º
Intervenção das partes

As partes são notificadas do dia e hora da inspeção e podem, por si ou por seus advogados, prestar ao tribunal os esclarecimentos de que ele carecer, assim como chamar a sua atenção para os factos que reputem de interesse para a resolução da causa.

Remissões: art. 415º (princípio da audiência contraditória).

ARTIGO 492º
Intervenção de técnico

1 – É permitido ao tribunal fazer-se acompanhar de pessoa que tenha competência para o elucidar sobre a averiguação e interpretação dos factos que se propõe observar.
2 – O técnico é nomeado no despacho que ordenar a diligência e deve comparecer na audiência final.

Remissões: art. 50º (assistência técnica aos advogados).

ARTIGO 493º
Auto de inspeção

Da diligência é lavrado auto em que se registem todos os elementos úteis para o exame e decisão da causa, podendo o juiz determinar que se tirem fotografias para serem juntas ao processo.

1. As diligências efetuadas e os resultados das averiguações realizadas no âmbito da inspeção judicial devem ser reduzidos a auto, no qual devem ficar a constar os elementos percecionados pelo juiz, designadamente aqueles que respeitam a litígios sobre prédios rústicos, servidões prediais ou ações de demarcação. A omissão de tal auto ou a sua incompletude constituem nulidade secundária que deve ser arguida pela parte, sob pena de sanação (arts. 195º, nº 1 e 199º, nº 1; RP 18-2-19, 25/16 e RC 11-9-18, 5547/16). Sanada a nulidade, aquilo que o juiz declara ter observado *in locu*, na fundamentação da decisão de facto, valerá enquanto resultado da própria inspeção judicial (RP 2-12-08, 0826753).

2. Pode acontecer que o auto não documente os factos observados pelo juiz que procedeu à inspeção ou os resultados a que a inspeção o conduziu e, apesar disso, a inspeção seja erigida a prova decisiva em sede de fundamentação da decisão de facto. Uma vez que "a fonte de convicção da Relação é, neste caso, o auto da inspeção, a falta de documentação dos factos observados ou dos resultados a que a inspeção conduziu o juiz que a realizou, impede, naturalmente, a Relação de controlar o eventual erro daquele magistrado na apreciação ou valoração daquela prova". No circunstancialismo apontado, "dada a inadmissibilidade de renovação dessa prova, uma proposta de solução possível é a Relação ordenar se proceda a verificação não judicial qualificada (arts. 494º, nº 1 e 662º, nº 2, al. b)). Outra, é anular a decisão da matéria de facto, por nesse caso não dispor de todos os elementos que lhe permitem alterar a decisão da matéria de facto, objeto da impugnação (art. 662º, nº 2, al. c))" (cf. Henrique Antunes, "Recurso de Apelação e Controle da Decisão da Questão de Facto", em *https://docentes.fd.unl.pt*).

ARTIGO 494º
Verificações não judiciais qualificadas

1 – Sempre que seja legalmente admissível a inspeção judicial, mas o juiz entenda que se não justifica, face à natureza da matéria, a perceção direta dos factos pelo tribunal, pode ser incumbido técnico ou pessoa qualificada de proceder aos atos de inspeção de coisas ou locais ou de reconstituição de factos e de apresentar o seu relatório, aplicando-se, com as necessárias adaptações, o disposto nos artigos anteriores.

2 – Sem prejuízo das atestações realizadas por autoridade ou oficial público, as verificações não judiciais qualificadas são livremente apreciadas pelo tribunal.

1. A inspeção judicial constitui uma diligência probatória cujos resultados, em regra, não são proporcionais aos encargos que a sua realização determina. Daí que, sem embargo da realização dessa diligência quando as circunstâncias do caso o exijam, o juiz possa optar por uma outra diligência menos pesada, quando a natureza da matéria o justifique, encarregando um técnico ou outra pessoa qualificada da observação das coisas ou locais ou da reconstituição dos factos, cujo relatório, após o devido contraditório, será apreciado livremente pelo tribunal.

2. Como qualquer outro meio de prova, tanto a admissão como a produção deste meio de prova estão submetidos ao contraditório, podendo as partes tomar posição, não apenas sobre a admissibilidade da diligência, como ainda sobre o conteúdo do relatório elaborado, requerendo a prestação dos esclarecimentos que se mostrarem pertinentes. Em tudo o que estiver omisso, aplica-se o disposto sobre a prova pericial, o que superará as dificuldades de regulamentação.

3. De entre as possibilidades que ao juiz se colocam no que concerne à designação de quem realizará a diligência não devem ser excluídos os notários nem os agentes de execução, atenta a sua especial ligação a factos com pertinência para os processos judiciais, tal como pode ser útil o recurso à lista de peritos, consoante a respetiva especialidade, sem embargo de, em determinadas situações, bastar a designação de funcionário judicial ou de outra pessoa capaz de fazer o relato fidedigno da situação verificada.

4. O relatório conterá tudo o que seja relevante para a perceção da realidade sob controvérsia, sendo ajustada a junção de fotografias, de desenhos ou outros elementos que permitam uma mais correta intermediação entre a realidade e o juiz que sobre a mesma se irá pronunciar, sendo especialmente importantes os elementos relacionados com medidas, dimensões, distâncias ou estado das coisas analisadas, fatores que são comuns, por exemplo, em ações de natureza real, ações de despejo ou ações decorrentes de acidentes de viação.

5. O relatório é sujeito à livre apreciação do tribunal, que contará designadamente com a posição que as partes tiverem assumido sobre o seu teor e com a sua conjugação com os demais meios de prova.

6. O campo de aplicação da verificação não judicial qualificada é o que tipicamente corresponde à inspeção judicial, o que justifica que funcione como meio substitutivo daquela, quando o juiz assim determine, não fazendo já sentido que tal meio de prova seja equacionado como alternativa à perícia (cf. Paulo Pimenta, *Processo Civil Declarativo*, 2ª ed., pp. 392-392).

7. Sobre a matéria, cf. Maria José Capelo, "As verificações não judiciais qualificadas: reforço ou desvirtuamento da prova por inspeção judicial?", na *RLJ* ano 144º, pp. 330 e ss.

CAPÍTULO VI
Prova testemunhal

SECÇÃO I
Inabilidades para depor

ARTIGO 495º
Capacidade para depor como testemunha

1 – Têm capacidade para depor como testemunhas todos aqueles que tiverem aptidão mental para depor sobre os factos que constituam objeto da prova.

2 – Incumbe ao juiz verificar a capacidade natural das pessoas arroladas como testemunhas, com vista a avaliar da admissibilidade e da credibilidade do respetivo depoimento.

(Alterado pela Lei nº 49/18, de 14-8)

Remissões: art. 514º (fundamentos da impugnação da testemunha); art. 392º do CC (admissibilidade da prova testemunhal); art. 396º do CC (força probatória da prova testemunhal).

1. A prova testemunhal é admitida em todos os casos em que não seja direta ou indiretamente afastada, como se prescreve no art. 392º do CC, sendo os depoimentos livremente valorados pelo juiz, nos termos do art. 396º do CC e do art. 607º, nº 5, do CPC.

2. Seguramente que o juiz não deve admitir a prestação de depoimentos testemunhais sobre factos para os quais se exija prova documental insubstituível (art. 364º do CC), sobre outros que não consentem tal tipo de prova (arts. 393º a 395º do CC) ou relativamente a litígios relativamente aos quais se limita a intervenção de testemunhas, como ocorre com a simulação invocada pelos simuladores (art. 394º, nº 2), isto sem embargo das exceções que a jurisprudência e a doutrina ressalvam para casos em que existem documentos que constituam princípio de prova.

3. Não se prevendo uma incapacidade *ipso iure* para depor, cabe ao juiz aquilatar da capacidade natural da pessoa arrolada como testemunha para prestar o depoimento, como pressuposto da sua admissibilidade e como parâmetro da sua credibilidade, ponderando quer a idade do depoente, quer o seu estado de saúde ou as suas capacidades, quer também a matéria de facto sobre que recai o depoimento.

4. O dever de averiguação dos requisitos necessários para a admissibilidade do depoimento incumbe ao juiz, sendo ajustado para o efeito o interrogatório inicial, mas a parte contrária àquela que apresentou a testemunha tem ao seu dispor o incidente da impugnação, nos termos dos arts. 514º e 515º.

5. Para maiores desenvolvimentos, cf. Jorge Artur Costa, "Capacidade para depor como testemunha: as alterações ao art. 495º, nº1, do CPC pela Lei nº 49/2018, de 14 de agosto (regime jurídico do maior acompanhado)", na *Rev. de Direito Civil*, nº 2, 2019, pp. 339-375.

ARTIGO 496º
Impedimentos

Estão impedidos de depor como testemunhas os que na causa possam depor como partes.

Remissões: art. 552º, nº 1, al. a) (identificação das partes); arts. 393º a 395º do CC (casos de inadmissibilidade da prova testemunhal em função do objeto da prova).

1. Partes são as pessoas que deduzem ou contra quem é deduzida uma pretensão judicial, sendo, pois, titulares dos interesses em conflito. São apenas os efetivos litigantes e não também quem podia ocupar essa posição. Assim, e exemplificativamente: o condutor do veículo segurado que não seja parte pode depor como testemunha; o cônjuge de qualquer das partes não se encontra impedido de depor como testemunha, ainda que na mesma ação pudesse intervir como parte.

2. Estão impedidos de depor como testemunhas, por inabilidade legal, as partes, os seus representantes legais e quem dispuser de poderes para confessar na ação. A menção às partes abrange o autor e réu originários, bem como os que assumiram tal posição em consequência de incidente de habilitação (STJ 8-7-03, 03B2093) ou de intervenção de terceiros (arts. 452º, nº 1 e 453º, nº 3; STJ 10-2-98, 98A007), o representante de incapaz ou de pessoa coletiva (art. 453º, nº 2) e o interveniente acessório (art. 455º).

3. A inabilidade legal é apreciada no momento em que deve ser prestado o depoimento. Se, nesse momento, a pessoa indicada puder depor como parte não deverá ser admitida a prestar depoimento testemunhal. Assim, não pode ser inquirido como testemunha quem, à data da inquirição, for administrador de sociedade anónima (art. 408º, nº 1, do CSC) ou gerente da sociedade por quotas (art. 260º do CSC) que seja parte, assim como aquele que tenha procuração de pessoa singular ou coletiva para a representar em juízo, incluindo poderes para confessar. Caso o administrador da sociedade anónima renuncie à administração, há que atentar que o efeito da renúncia só opera no final do mês seguinte àquele em que tiver sido comunicada, salvo se, entretanto, for designado ou eleito o substituto (art. 404º, nº 2, do CSC). No caso do gerente, a renúncia torna-se efetiva 8 dias depois de recebida a comunicação (art. 258º, nº 1, do CSC). Volvido tal período, o ex-gerente ou ex-administrador pode depor como testemunha, a tal não obstando a falta de registo da deliberação de renúncia à gerência do sócio da sociedade por quotas. Naturalmente que tais circunstâncias (artificiais, por vezes) não deixarão de influir na apreciação da credibilidade dos depoimentos.

4. Em sentido inverso, poderá depor como testemunha: quem inicialmente foi demandado como réu, tendo sido absolvido da instância e deixado de figurar como parte; o sócio (não gerente) da sociedade, por não ser representante legal; a mãe do menor em ação de investigação oficiosa da paternidade instaurada pelo Ministério Público. Fatores que, no entanto, não deixarão também de ser valorados aquando da apreciação dos depoimentos respetivos.

5. A inquirição de testemunha inábil gera uma nulidade secundária, a subsumir ao regime geral dos arts. 195º, nº 1 e 199º, nº 1, ficando sanada se não for arguida tempestivamente (STJ 28-11-95, 84423), isto é, até terminar a diligência (sessão da audiência final) em que o vício ocorreu. Pese embora a sanação do vício, o interesse direto da testemunha que tem de ser sopesado na valoração do respetivo depoimento (Lebre de Freitas e Isabel Alexandre, *CPC anot.*, vol. II, 3ª ed., p. 358).

6. Sobre o regime específico dos arts. 393º a 395º do CC (casos de inadmissibilidade da prova testemunhal em função do objeto da prova), cf. desenvolvidamente, Luís Filipe Sousa, *Prova por Presunção no Direito Civil*, 3ª ed., pp. 201-232.

ARTIGO 497º
Recusa legítima a depor

1 – Podem recusar-se a depor como testemunhas, salvo nas ações que tenham como objeto verificar o nascimento ou o óbito dos filhos:

a) Os ascendentes nas causas dos descendentes e os adotantes nas dos adotados, e vice-versa;

b) O sogro ou a sogra nas causas do genro ou da nora, e vice-versa;
c) Qualquer dos cônjuges, ou ex-cônjuges, nas causas em que seja parte o outro cônjuge ou ex-cônjuge;
d) Quem conviver, ou tiver convivido, em união de facto em condições análogas às dos cônjuges com alguma das partes na causa.

2 – Incumbe ao juiz advertir as pessoas referidas no número anterior da faculdade que lhes assiste de se recusarem a depor.

3 – Devem escusar-se a depor os que estejam adstritos ao segredo profissional, ao segredo de funcionários públicos e ao segredo de Estado, relativamente aos factos abrangidos pelo sigilo, aplicando-se neste caso o disposto no nº 4 do artigo 417º.

Remissões: art. 417º, nºs 3 e 4 (dever de cooperação para a descoberta da verdade).

1. As relações de parentesco, afinidade e de união de facto podem constituir causa de parcialidade do depoimento, colocando a testemunha num dilema entre faltar à verdade e a eventualidade de prejudicar o familiar. Esta norma permite à testemunha colocada nessa situação recusar-se a depor. Conforme se refere no Ac. Trib Const. nº 154/2009, este tipo de normas protege a confiança e a espontaneidade inerentes à relação familiar, prevenindo que "sejam perturbadas pela possibilidade de o conhecimento de factos que essa relação facilita ou privilegia vir a ser aproveitado por um dos membros", tratando-se de uma forma de proteção dos escrúpulos de consciência e das vinculações sócio-afetivas respeitantes à vida familiar.

2. O interesse da testemunha no objeto do processo ou o tipo de relacionamento com as partes podem originar depoimentos caracterizados por serem demasiado coerentes e com detalhes oportunistas, características essas compagináveis com a predição da parcialidade. Contudo, a contextualização do relato e a existência de corroborações periféricas constituem critérios adicionais que, de forma válida, poderão sedimentar a credibilidade do testemunho prestado, neutralizando o argumento do interesse da testemunha. Sobre o modo como devem ser valorados os depoimentos de testemunhas com interesse na causa, designadamente familiares, cf., desenvolvidamente, Luís Filipe Sousa, *Prova Testemunhal*, pp. 289-297.

3. Caso o juiz omita a advertência imposta pelo nº 2, ocorre uma nulidade nos termos dos arts. 195º, nº 1 e 199º, nº 1, sanável se não for arguida tempestivamente, isto é, até terminar a diligência (sessão da audiência final) em que o vício ocorreu.

4. No caso de a testemunha se escusar a depor, invocando sigilo profissional, conjugando o art. 417º, nº 4, com o art. 135º do CPP, o regime do incidente de escusa divide-se em duas fases:

a) A referente à questão da legitimidade da escusa, que é decidida no tribunal da primeira instância;
b) A atinente à justificação da escusa, cuja apreciação está deferida à Relação.

Após a formulação do pedido de escusa pela testemunha em audiência, cabe ao juiz efetuar as averiguações necessárias sobre a questão da legitimidade da escusa, entre as quais se inclui a audição do organismo representativo da profissão, se o houver (art. 135º, nº 4, do CPP), mas que não vincula o tribunal (RP 6-5-19, 42896/18).

5. Findas essas diligências instrutórias específicas do incidente, o juiz profere uma de duas decisões:

a) Declara a ilegitimidade da escusa e ordena a prestação do depoimento, sendo este despacho recorrível pelo requerente da escusa; ou

b) Declara a legitimidade da escusa e ordena oficiosamente a subida do incidente ao tribunal de recurso para que aprecie a questão da justificação da escusa (despacho irrecorrível).

6. Nesta última eventualidade (subida do incidente), o tribunal de recurso pode:

a) Julgar injustificada a escusa e, em consequência, ordenar a prestação de depoimento;

b) Julgar justificada a escusa, caso em que a testemunha se pode recusar a depor sobre os factos submetidos a sigilo.

7. A testemunha pode estar constituída como arguido em processo penal pela alegada prática de factos sobre os quais seja peticionado o seu depoimento. Neste contexto, a questão que se coloca é a de saber se a mesma pode recusar prestar depoimento sobre tais factos, por eficácia radiante do direito ao silêncio e do privilégio contra a autoincriminação (*nemo tenetur se ipsum accusare*), definidores do direito processual penal. A pedra de toque para a solução da questão está na existência da formalização da acusação. Se já estiver deduzida acusação contra a testemunha, afigura-se-nos que a mesma poderá recusar depor sobre factos que confirmem ou infirmem os vertidos na acusação, ao abrigo dos mencionados princípios. Diversamente, não tendo ainda sido formalizada a acusação, não se divisam razões que sustentem a invocação prematura dos aludidos princípios, embora a questão esteja longe de ser líquida. Sobre esta questão, cf. Carlos Castelo Branco, *A Prova Ilícita*, pp. 344-353.

8. Sobre o regime específico do sigilo bancário e do sigilo profissional do advogado como fundamentos de escusa a depor, cf., desenvolvidamente, Luís Filipe Sousa, *Prova Testemunhal*, pp. 247-262.

SECÇÃO II
Produção da prova testemunhal

ARTIGO 498º
Rol de testemunhas – Desistência de inquirição

1 – As testemunhas são designadas no rol pelos seus nomes, profissões e moradas e por outras circunstâncias necessárias para as identificar.

2 – A parte pode desistir a todo o tempo da inquirição de testemunhas que tenha oferecido, sem prejuízo da possibilidade de inquirição oficiosa, nos termos do artigo 526º.

Remissões: art. 526º (inquirição oficiosa).

1. Existe uma tendência, que reputamos excessiva, para o uso da prova testemunhal que, aliás, é inversamente proporcional ao respetivo grau de fiabilidade. Com frequência, as partes recorrem a tal mecanismo probatório em situações a que mais se ajustariam meios de prova objetivos, suscetíveis de conduzir a um julgamento mais seguro. Muitas vezes esse impulso é resposta a uma certa praxe judiciária que parece supor a exigência de prova testemunhal complementar de outros meios de prova, incluindo a prova documental, quando esta está também sujeita ao princípio da livre apreciação. Se relativamente a determinados factos esse pode ser o único meio de prova, sucede que é utilizado com frequência mesmo em casos em que existem ou deveriam existir outros meios de prova de cariz objetivo. Trata-se de uma tendência que é potenciada por uma certa inércia revelada pelos tribunais no que concerne à extração dos efeitos probatórios de determinados documentos não dotados de força probatória plena, mas bastante mais idóneos para demonstrar a realidade se forem analisados segundo critérios de livre apreciação. Seja como for, demonstra a experiência o reduzido grau de fiabilidade dos depoimentos testemunhais, designadamente naqueles casos – e são muitos – em que as testemunhas se assumem como "testemunhas da parte" que as arrolou e esta as trata como tal. Acresce ainda a relativa inércia que se verifica perante casos de perjúrio, criando uma ideia de impunidade, mesmo quando os depoimentos testemunhais assumem dolosamente parcialidade.

2. O resultado é visível no arrastamento das audiências finais, com produção de prova testemunhal pouco fiável, a qual seria dispensável se fosse feito um uso adequado do princípio da livre apreciação relativamente a outros meios de prova dotados de maior objetividade. Afigura-se inquestionável que o sistema judicial muito teria a ganhar com a utilização mais contida e parcimoniosa da prova testemunhal, o que implicaria uma diferente atitude de juízes e advogados, passando uns e outros a dedicar mais atenção e a atribuir mais relevo ao que é possível retirar utilmente da prova documental para a formação da convicção do julgador.

3. Os elementos de identificação das testemunhas exercem a função de permitir à parte contrária fazer averiguações que permitam detetar o seu grau de credibilidade ou a razão da ciência que vierem a invocar. Caso a parte não indique os elementos de identificação da testemunha de forma cabal, deve ser notificada para completar a identificação das testemunhas ou, em alternativa, apresentá-las em julgamento (RL 23-3-95, CJ, t. II, p. 83).

4. É livre a desistência a todo o tempo da inquirição de testemunhas que tenham sido oferecidas, mas tal não afasta a possibilidade de ser ordenada a inquirição oficiosa, nos termos dos arts. 526º e 411º.

ARTIGO 499º
Designação do juiz como testemunha

O juiz da causa que seja indicado como testemunha deve declarar sob juramento no processo, logo que este lhe seja concluso ou lhe vá com vista, se tem conhecimento de factos que possam influir na decisão: no caso afirmativo, é declarado impedido, não podendo a parte prescindir do seu depoimento; no caso negativo, a indicação fica sem efeito.

Remissões: art. 122º, nº 1, als. c) e h) (casos de impedimento do juiz).

ARTIGO 500º
Lugar e momento da inquirição

As testemunhas depõem na audiência final, presencialmente ou através de teleconferência, exceto nos casos seguintes:

a) Inquirição antecipada, nos termos do artigo 419º;
b) Inquirição por carta rogatória, ou por carta precatória expedida para consulado português que não disponha de meios técnicos para a inquirição por teleconferência;
c) Inquirição na residência ou na sede dos serviços, nos termos do artigo 503º;
d) Impossibilidade de comparência no tribunal;
e) Inquirição reduzida a escrito, nos termos do artigo 517º;
f) Depoimento prestado por escrito, nos termos do artigo 518º;
g) Esclarecimentos prestados nos termos do artigo 520º.

Remissões: art. 506º (pessoas impossibilitadas de comparecer por doença).

1. Para efeitos legais, tanto se considera que depõe na audiência final a testemunha que está presencialmente perante o juiz da causa como a que depõe a partir de tribunal ou juízo da área da sua residência, isto é, por teleconferência ou por meio tecnológico (na terminologia do art. 502º).

2. No caso de inquirição por carta rogatória ou precatória, deve entender-se que se aplica analogicamente a regra do art. 503º, nº 3, devendo a parte especificar os factos sobre que incidirá o depoimento (Lebre de Freitas, *CPC anot.*, vol. II., 3ª ed., p. 369). A omissão dessa indicação dá azo a despacho a convidar a parte a proceder à indicação devida.

ARTIGO 501º
Inquirição no local da questão

As testemunhas são inquiridas no local da questão, quando o tribunal, por sua iniciativa ou a requerimento de alguma das partes, o julgue conveniente.

1. A exequibilidade desta norma é reduzida porquanto os depoimentos são obrigatoriamente gravados, nos termos do art. 155º, nº 1.

ARTIGO 502º
Inquirição por meio tecnológico

1 – As testemunhas residentes fora do concelho onde se encontra sediado o tribunal ou juízo são apresentadas pelas partes, nos termos do nº 2 do artigo 507º, quando estas assim o tenham declarado aquando do seu oferecimento, ou ouvidas por meio de equipamento tecnológico que permita a comunicação, por meio visual e sonoro, em tempo real, a partir do tribunal, do juízo, de instalação do município ou da freguesia, quando protocolado, ou de outro edifício público da área da sua residência.

2 – As instalações do município ou da freguesia onde seja possível a realização da inquirição por meio tecnológico são definidas em protocolo celebrado entre o Ministério da Justiça e a autarquia local em causa.

3 – O tribunal da causa designa a data da audiência, depois de ouvido o tribunal, juízo ou entidade responsável pelo edifício público onde a testemunha deve prestar depoimento, e notifica-a para comparecer.

4 – No dia da inquirição, a testemunha identifica-se perante o funcionário judicial do tribunal ou do juízo ou perante o funcionário do serviço público onde o depoimento é prestado, mas a partir desse momento a inquirição é efetuada perante o juiz da causa e os mandatários das partes, através de equipamento tecnológico que permita a comunicação, por meio visual e sonoro, em tempo real, sem necessidade de intervenção do juiz do local onde o depoimento é prestado.

5 – Sem prejuízo do disposto em instrumentos internacionais ou europeus, as testemunhas residentes no estrangeiro são inquiridas através de equipamento tecnológico que permita a comunicação, por meio visual e sonoro, em tempo real, sempre que no local da sua residência existam os meios tecnológicos necessários.

6 – Nas causas pendentes em tribunais ou juízos sediados nas Áreas Metropolitanas de Lisboa e do Porto não há lugar a inquirição por meio de equipamento tecnológico que permita a comunicação, por meio visual e sonoro, em tempo real, quando a testemunha a inquirir resida na respetiva área metropolitana, ressalvando-se os casos previstos no artigo 520º.

(Alterado pela Lei nº 40-A/16, de 22-12 e pelo DL nº 97/19, de 26-7)

Remissões: art. 10º, nº 4 do Regulamento nº 1206/2001, de 28-5-2001 (obtenção de provas na UE com realização teleconferência); Conv. da Haia de 18-3-1970, sobre a obtenção de provas no estrangeiro em matéria civil e comercial, com indicação dos países aderentes em *https://www.hcch.net*; art. 507º (convocação das testemunhas).

1. A atual redação torna admissível a inquirição da testemunha por qualquer meio tecnológico que permita a comunicação, por meio visual e sonoro, em tempo real, desde que a mesma resida fora do concelho onde se encontra sediado o tribunal ou juízo em que decorre a audiência, com ressalva da situação prevista no nº 6 (testemunhas residentes nas áreas metropolitanas de Lisboa e do Porto).

2. Este preceito regula o local onde a testemunha deve depor, enquanto o art. 507º regula o modo como se providencia pela comparência da testemunha (a notificação pelo tribunal ou a sua apresentação pela parte).

3. Atento o disposto no nº 6 (sem prejuízo do disposto no art. 520º), inexiste inquirição por meio tecnológico quando a ação corra em tribunal ou juízo sediado em município da área metropolitana de Lisboa ou do Porto e a testemunha resida em qualquer município da mesma área metropolitana.

4. Área metropolitana de Lisboa: municípios de Alcochete, Almada, Amadora, Azambuja, Barreiro, Cascais, Lisboa, Loures, Mafra, Moita, Montijo, Oeiras, Palmela, Sesimbra, Setúbal, Seixal, Sintra e Vila Franca de Xira (art. 2º, nº 1, da Lei nº 44/91, de 2-8); área metropolitana do Porto: municípios de Arouca, Espinho, Gondomar, Maia, Matosinhos, Oliveira de Azeméis, Paredes, Porto, Póvoa de Varzim, Santa Maria da Feira, Santo Tirso, São João da Madeira, Trofa, Vale de Cambra, Valongo, Vila do Conde e Vila Nova de Gaia (nº 2 do mesmo artigo).

5. No que tange à obtenção de prova noutro país da UE, rege o Regulamento nº 1206/2001, de 28-5-2001, relativo à cooperação entre os tribunais dos Estados-Membros no domínio da obtenção de provas em matéria civil ou comercial. O tribunal requerente pode peticionar a inquirição direta da testemunha por meio tecnológico, mas sem admissibilidade de medidas coercivas (nº 2 do art. 17º). Sendo complexa a obtenção de provas diretamente, o tribunal requerente pode pedir a obtenção assistida de prova nos termos dos arts. 10º e ss.

6. Numa era de globalização tecnológica e de mobilidade permanente de mão de obra, não faz sentido que a inquirição de testemunhas residentes no estrangeiro continue a constituir fator de acrescida morosidade na conclusão dos processos. Nessa medida, ao abrigo do disposto no art. 6º, nº 1, deverá o juiz diligenciar pela obtenção do assentimento das partes (arts. 3º, nº 3, 7º, nº 1 e 415º) tendo em vista a agilização da inquirição das testemunhas por meios tecnológicos fiáveis, designadamente por *Skype*. Esta agilização não interfere nos direitos das partes, que continuam a poder deduzir todos os incidentes e formular instâncias perante tal testemunha, para tal contribuindo a alteração da epígrafe passou a ser "*Inquirição por meio tecnológico*" (cf. RG 28-2-19, 2281/17).

7. Para maiores desenvolvimentos quanto à aplicação do Regulamento (CE) nº 1206/2001, com jurisprudência comunitária e nacional, cf. Joana C. de Abreu, *Tribunais Nacionais e Tutela Jurisdicional Efetiva*, Almedina, 2019, pp. 199-230.

ARTIGO 503º
Prerrogativas de inquirição

1 – Gozam da prerrogativa de ser inquiridos na sua residência ou na sede dos respetivos serviços:

a) O Presidente da República;

b) Os agentes diplomáticos estrangeiros que concedam idêntica regalia aos representantes de Portugal.

2 – Gozam de prerrogativa de depor primeiro por escrito, se preferirem, além das entidades previstas no número anterior:

a) Os membros do Conselho de Estado;

b) Os membros dos órgãos de soberania, com exclusão dos tribunais, e dos órgãos equivalentes das Regiões Autónomas;

c) Os juízes dos tribunais superiores;

d) O Provedor de Justiça;

e) O Procurador-Geral da República e o Vice-Procurador-Geral da República;

f) Os membros do Conselho Superior da Magistratura, do Conselho Superior dos Tribunais Administrativos e Fiscais e do Conselho Superior do Ministério Público;

g) Os oficiais generais das Forças Armadas;

h) Os altos dignitários de confissões religiosas;

i) O bastonário da Ordem dos Advogados e o presidente da Câmara dos Solicitadores.

3 – Ao indicar como testemunha uma das entidades designadas nos números anteriores, a parte deve especificar os factos sobre que pretende o depoimento.

Remissões: art. 505º (inquirição de outras entidades); art. 21º, nº 1, da Lei nº 7/93, de 1-3 (os deputados carecem de autorização da Assembleia para serem testemunhas).

ARTIGO 504º
Inquirição do Presidente da República

1 – Quando se ofereça como testemunha o Presidente da República, o juiz faz a respetiva comunicação ao Ministério da Justiça, que a transmite, por intermédio da Presidência do Conselho de Ministros, à Presidência da República.

2 – Se o Presidente da República declarar que não tem conhecimento dos factos sobre que foi pedido o seu depoimento, este não tem lugar.

3 – Se o Presidente da República preferir, relata por escrito o que souber sobre os factos; o tribunal ou qualquer das partes, com o consentimento do tribunal, podem formular, também por escrito e por uma só vez, os pedidos de esclarecimento que entenderem.

4 – Da recusa de consentimento prevista no número anterior não cabe recurso.

5 – Se o Presidente da República declarar que está pronto a depor, o juiz solicita à Secretaria-Geral da Presidência da República a indicação do dia, hora e local em que deve ser prestado o depoimento.

6 – O interrogatório é feito pelo juiz; as partes podem assistir à inquirição com os seus advogados, mas não podem fazer perguntas ou instâncias, devendo dirigir-se ao juiz quando julguem necessário algum esclarecimento ou aditamento.

ARTIGO 505º
Inquirição de outras entidades

1 – Quando se ofereça como testemunha alguma pessoa das compreendidas na alínea b) do nº 1 do artigo 503º, são observadas as normas de direito internacional; na falta destas, se a pessoa preferir depor por escrito, aplica-se o regime dos números seguintes; se não, é fixado, de acordo com essa pessoa, o dia, hora e local para a sua inquirição, prescindindo-se da notificação e observando-se quanto ao mais as disposições comuns.

2 – Quando se ofereça como testemunha alguma pessoa das compreendidas no nº 2 do artigo 503º, é-lhe dado conhecimento pelo tribunal do oferecimento, bem como dos factos sobre que deve recair o seu depoimento.

3 – Se alguma dessas pessoas preferir depor por escrito, remete ao tribunal da causa, no prazo de 10 dias a contar da data do conhecimento referido no número anterior, declaração, sob compromisso de honra, relatando o que sabe quanto aos factos indicados; o tribunal e qualquer das partes podem, uma única vez, solicitar esclarecimentos igualmente por escrito, para a prestação dos quais se estabelece um prazo de 10 dias.

4 – A parte que tiver indicado a testemunha pode solicitar a sua audiência em tribunal, justificando devidamente a necessidade dessa audiência para completo esclarecimento do caso; o juiz decide, sem recurso.

5 – Não tendo a testemunha remetido a declaração referida no nº 3, não tendo respeitado os prazos ali estabelecidos, ou decidindo o juiz que é necessária a sua presença, é a mesma testemunha notificada para depor.

Remissões: art. 31º do DL nº 48.295, de 18-4-1961 (Conv. sobre Relações Diplomáticas, imunidade do agente diplomático na jurisdição civil e exceções à mesma); art. 44º do DL nº 183/72, de 24-4-1963 (Conv. sobre Relações Consulares, obrigação de testemunhar dos membros do posto consular).

ARTIGO 506º
Pessoas impossibilitadas de comparecer por doença

Quando se mostre que a testemunha está impossibilitada de comparecer no tribunal por motivo de doença, observa-se o disposto no artigo 457º e o juiz faz o interrogatório, bem como as instâncias.

Remissões: art. 508º, nº 3, als. a) e b) (substituição da testemunha e adiamento da inquirição).

1. Esta disposição aplica-se não só no caso em que a testemunha tenha sido notificada para se apresentar no tribunal ou juízo onde decorrerá a audiência ou para depor por meio tecnológico (art. 502º, nº 1), como ainda no caso em que se trate de testemunha a apresentar pela parte (arts. 507º, nº 2 e 598º, nº 2). Deve ainda aplicar-se, analogicamente, a outros casos de impossibilidade de comparência da testemunha em tribunal (art. 500º, al. d); Lebre de Freitas e Isabel Alexandre, *CPC anot.*, vol. II, 3ª ed., p. 375).

ARTIGO 507º
Designação das testemunhas para inquirição e notificação

1 – O juiz designa, para cada dia de inquirição, o número de testemunhas que provavelmente possam ser inquiridas.

2 – As testemunhas são apresentadas pelas partes, salvo se a parte que as indicou requerer, com a apresentação do rol, a sua notificação para comparência ou se forem inquiridas por teleconferência.

(Alterado pelo DL nº 97/19, de 26-7)

Remissões: art. 251º, nº 1 (notificação das testemunhas).

1. O art. 502º regula o local onde a testemunha deve depor, enquanto este preceito regula o modo como se providencia pela comparência da testemunha (a notificação pelo tribunal ou a apresentar pela parte).

2. A parte que arrola testemunhas tem o encargo de as fazer apresentar na audiência em que irão depor, salvo se, aquando da apresentação do rol, requerer a sua notificação pelo tribunal. Esta notificação pelo tribunal tanto pode implicar que a testemunha compareça pessoalmente na audiência como pode levar a que a mesma se apresente em tribunal ou juízo da área da sua residência para depor por teleconferência (meio tecnológico, na terminologia do art. 502º, nº 1), sem prejuízo do disposto no art. 502º, nº 6, que exclui a teleconferência.

3. A frustração da notificação da testemunha deve ser notificada à parte, a qual, no prazo geral de 10 dias (art. 149º, nº 1), deve tomar posição em face de qualquer das circunstâncias suscetíveis de originar a falta de comparência de testemunha por si arrolada. Se a parte nada disser nesse prazo, à secretaria deixa de caber qualquer atividade relacionada com a notificação, competindo à parte, caso mantenha interesse na inquirição, providenciar pela apresentação da testemunha em audiência (RL 10-12-09, 825/2000).

ARTIGO 508º

Consequências do não comparecimento da testemunha

1 – Findo o prazo a que alude o nº 2 do artigo 598º, assiste ainda à parte a faculdade de substituir testemunhas nos casos previstos no nº 3; a substituição deve ser requerida logo que a parte tenha conhecimento do facto que a determina.

2 – A falta de testemunha não constitui motivo de adiamento dos outros atos de produção de prova, sendo as testemunhas presentes ouvidas, mesmo que tal implique alteração da ordem referida na primeira parte do nº 1 do artigo 512º.

3 – No caso de a parte não prescindir de alguma testemunha faltosa, observa-se o seguinte:

a) Se ocorrer impossibilidade definitiva para depor, posterior à sua indicação, a parte tem a faculdade de a substituir;

b) Se a impossibilidade for meramente temporária ou a testemunha tiver mudado de residência depois de oferecida, bem como se não tiver sido notificada, devendo tê-lo sido, ou se deixar de comparecer por outro impedimento legítimo, a parte pode substituí-la ou requerer o adiamento da inquirição pelo prazo que se afigure indispensável, nunca excedente a 30 dias;

c) Se faltar sem motivo justificado e não for encontrada para vir depor nos termos do número seguinte, pode ser substituída.

4 – O juiz ordena que a testemunha que sem justificação tenha faltado compareça sob custódia, sem prejuízo da multa aplicável, que é logo fixada em ata.

5 – A sanção referida no número anterior não é aplicada à testemunha faltosa quando o julgamento seja adiado por razão diversa da respetiva falta, desde que a parte se comprometa a apresentá-la no dia designado para a realização da audiência.

1. Em conformidade com o princípio da celeridade processual, a falta de testemunha não dá azo ao adiamento da audiência ou dos atos de produção de prova.

2. A parte que arrolou a testemunha faltosa deve tomar posição logo que tenha conhecimento do facto que determina a substituição e, num prazo limite de 10 dias, sobre se peticiona a substituição da testemunha em causa (arts. 149º, nº 1 e 508º, nº 1, 2ª parte). Caso esse prazo esteja ainda a decorrer aquando da data agendada para a inquirição da testemunha faltosa e a parte não esteja habilitada a assumir posição, deverá o juiz facultar à parte o esgotamento do prazo para se pronunciar (cf., em sentido próximo, RL 22-4-10, 1671/07).

ARTIGO 509º
Adiamento da inquirição

Salvo acordo das partes, não pode haver segundo adiamento da inquirição de testemunha faltosa.

Remissões: art. 508º, nº 3, al. b) (primeiro adiamento parcial da inquirição da testemunha).

ARTIGO 510º
Substituição de testemunhas

1 – No caso de substituição de alguma das testemunhas, não é admissível a prestação do depoimento sem que hajam decorrido cinco dias sobre a data em que a substituição à parte contrária foi notificada, salvo se esta prescindir do prazo; se não for legalmente possível o adiamento da inquirição, de modo a respeitar aquele prazo, fica a substituição sem efeito, a requerimento da parte contrária.

2 – Não é admissível a inquirição por carta de testemunhas oferecidas em substituição das inicialmente indicadas.

3 – O disposto no nº 1 não prejudica a possibilidade de o juiz ordenar a inquirição, nos termos do artigo 526º.

Remissões: art. 514º (impugnação da testemunha); art. 521º (contradita da testemunha).

1. A ressalva da parte final do nº 1, bem como o nº 3 parece não ter, atualmente, aplicação porquanto visava os casos em que não podia haver segundo adiamento total da inquirição da testemunha. Atento o regime do art. 508º, nº 2, é legalmente possível o adiamento da inquirição da testemunha substituta (Lebre de Freitas e Isabel Alexandre, *CPC anot.*, vol. II, 3ª ed., p. 383).

2. Caso o juiz inquira a testemunha substituta sem aguardar o prazo de 5 dias imposto por este preceito, num contexto em que a parte contrária se opôs à substituição, gera-se a nulidade do depoimento produzido (RL 1-6-06, 10487/2005), a arguir nos termos gerais.

ARTIGO 511º
Limite do número de testemunhas

1 – Os autores não podem oferecer mais de 10 testemunhas, para prova dos fundamentos da ação; igual limitação se aplica aos réus que apresentem uma única contestação; nas ações de valor não superior à alçada do tribunal de 1ª instância, o limite do número de testemunhas é reduzido para metade.

2 – No caso de reconvenção, cada uma das partes pode oferecer também até 10 testemunhas, para prova dela e da respetiva defesa.

3 – Consideram-se não escritos os nomes das testemunhas que no rol ultrapassem o número legal.

4 – Atendendo à natureza e extensão dos temas da prova, pode o juiz, por decisão irrecorrível, admitir a inquirição de testemunhas para além do limite previsto no nº 1.

Remissões: art. 294º, nº 1 (limite testemunhas nos incidentes); art. 365º, nº 3 (limite de testemunhas nos procedimentos cautelares); art. 330º (provas utilizáveis pelo assistente).

1. Foram introduzidas alterações ao regime que constava do CPC de 1961, que se manifestaram essencialmente na redução do número global de testemunhas e abolição do limite de inquirições quanto a cada facto, aspeto que era frequentemente perturbador do decurso fluente das audiências finais. Tal solução, dificilmente se compatibilizaria, aliás, com a substituição da base instrutória pelos temas da prova. Naturalmente que o número de testemunhas a inquirir sobre cada bloco temático ou sobre cada facto concreto variará em função do seu conteúdo e sempre será orientado por critérios de razoabilidade que, devendo ser utilizados pelos mandatários das partes, não deixarão de ser assinalados pelo juiz quando tal se justifique.

2. Outra medida que foi adotada traduziu-se na redução para metade do limite do número de testemunhas nas ações de valor não superior à alçada da 1ª instância, solução que vem a par da abolição da multiplicidade de formas de processo comum, sem ignorar, porém, as necessidades e especificidades de cada caso.

3. Relativamente ao número de testemunhas, a limitação é definida para os autores e para os réus que apresentem uma única contestação. Havendo vários réus e várias contestações, o limite de testemunhas afere-se por cada contestação apresentada. Porém, para este efeito, exige-se uma pluralidade material de contestações. Se as diversas contestações tiverem o mesmo conteúdo, essa pluralidade será meramente formal, não havendo razão para o limite de testemunhas ser considerado em relação a cada contestante (cf. Alberto dos Reis, *CPC anot.*, vol. IV, pp. 407-408).

4. A redução do número global de testemunhas foi compensada por uma medida que permite ao juiz admitir outras testemunhas se acaso a complexidade da matéria de facto controvertida assim o exigir, decisão que compreensivelmente, no quadro de reforço dos poderes de gestão processual e de direção da audiência, nem sequer admite recurso. Esta irrecorribilidade respeita à decisão que defere o pedido para ser ultrapassado o limite de testemunhas, sendo já recorrível o despacho que indefira tal pretensão, porquanto, sendo embora uma decisão de gestão processual, contende com a admissibilidade de meios de prova, ficando submetida ao regime do art. 630º, nº 2 (cf. nota 4 ao art. 294º).

ARTIGO 512º
Ordem dos depoimentos

1 – Antes de começar a inquirição, as testemunhas são recolhidas a uma sala, donde saem para depor pela ordem em que estiverem mencionadas no rol, primeiro as do autor e depois as do réu, salvo se o juiz determinar que a ordem seja alterada ou as partes acordarem na alteração.

2 – Se, porém, figurar como testemunha algum funcionário da secretaria, é ele o primeiro a depor, ainda que tenha sido oferecido pelo réu.

1. A permanência das testemunhas no mesmo espaço, no período que precede a sua inquirição, pode potenciar o denominado efeito de conformidade ("*memory conformity*" ou "*social contagion of memory*"), segundo o qual a informação errada veiculada durante a discussão com uma testemunha é, frequentemente, incorporada na memória do evento pela outra, moldando o seu depoimento. Esta informação é resiliente às tentativas da sua erradicação: é muito difícil à testemunha recuperar a memória original na precisa medida em que acredita que a informação errada faz parte do evento original. Mesmo que a testemunha seja advertida para não reproduzir informação não presenciada, a mesma tenderá a reportar a informação errada por um erro de atribuição da fonte. Sobre esta matéria, cf., desenvolvidamente, Luís Filipe Sousa, *Prova Testemunhal*, pp. 39-42.

ARTIGO 513º
Juramento e interrogatório preliminar

1 – O juiz, depois de observar o disposto no artigo 459º, procura identificar a testemunha e pergunta-lhe se é parente, amigo ou inimigo de qualquer das partes, se está para com elas nalguma relação de dependência e se tem intresse, direto ou indireto, na causa.

2 – Quando verifique pelas respostas que o declarante é inábil para ser testemunha ou que não é a pessoa que fora oferecida, o juiz não a admite a depor.

Remissões: art. 498º, nº 1 (identificação das testemunhas), art. 495º, nº 2 (capacidade para depor da testemunha); art. 360º do Cód. Penal (falsidade de testemunho).

1. A recusa da testemunha em prestar juramento constitui causa de rejeição do depoimento e a omissão do juramento dá azo à nulidade do depoimento nos termos gerais dos arts. 195º, nº 1 e 199º, nº 1.

2. É suposto que as testemunhas prestem depoimentos que sejam verídicos, assim se compreendendo o juramento que visa tornar solene as consequências ao nível de perjúrio, ainda que o quotidiano nos revele um excessivo incumprimento daquele dever.

3. No que tange à valoração dos depoimentos das testemunhas com interesse na causa e à análise do crime de perjúrio, cf. a anot. ao art. 497º e Luís Filipe Sousa, *Prova Testemunhal*, pp. 289-297 e 397-411, respetivamente.

ARTIGO 514º
Fundamentos da impugnação

A parte contra a qual for produzida a testemunha pode impugnar a sua admissão com os mesmos fundamentos por que o juiz deve obstar ao depoimento.

1. O juiz deve obstar ao depoimento quando a testemunha não tiver aptidão física e mental para depor sobre os factos que constituam objeto de prova (art. 495º, nº 1), quando a pessoa indicada como testemunha possa depor como parte (art. 496º) e quando a pessoa que se apresente como testemunha não corresponda à que foi oportunamente arrolada como tal.

ARTIGO 515º
Incidente da impugnação

1 – A impugnação é deduzida quando terminar o interrogatório preliminar; se for de admitir, a testemunha é perguntada à matéria de facto e, se a não confessar, pode o impugnante comprová-la por documentos ou testemunhas que apresente nesse ato, não podendo produzir mais de três testemunhas.

2 – O tribunal decide imediatamente se a testemunha deve depor.

3 – Quando se procede ao registo ou gravação do depoimento, são objeto de registo, por igual modo, os fundamentos de impugnação, as respostas da testemunha e os depoimentos das que tiverem sido inquiridas sobre o incidente.

1. Existindo um dos indicados fundamentos para impugnação da testemunha, o respetivo incidente deve ser deduzido quando terminar o interrogatório preliminar (nº 1). Se não tiver sido suscitado o incidente nesse momento, não pode suscitar-se a questão da inabilidade da testemunha no recurso de apelação interposto da sentença final (RP de 9-11-93, 9350227).

2. A parte que suscita o incidente deve alegar os concretos factos que integram o fundamento de inabilidade, no caso de a testemunha os ter omitido no interrogatório preliminar. Pode também ocorrer que a testemunha, no âmbito do interrogatório preliminar, tenha já explicitado factualidade suscetível de constituir fundamento de inabilidade sem que o juiz tenha, desde logo, obstado ao respetivo depoimento (art. 513º, nº 2), caso em que a parte deverá também suscitar o incidente de impugnação.

3. O juiz deve ouvir a parte que indicou a testemunha sobre os fundamentos invocados no incidente de impugnação (art. 3º, nº 3), logo admitindo ou rejeitando o incidente conforme os fundamentos se ajustem ou não a uma situação de inabilidade da testemunha.

4. Após a admissão do incidente, o juiz deve instar a testemunha a pronunciar-se sobre os fundamentos da impugnação. Se os mesmos forem confirmados pela testemunha, sem impugnação da parte que a arrolou, não deve ser admitido o depoimento. No caso de não serem confirmados os fundamentos da impugnação, abre-se uma fase de produção de prova: proposição de prova documental ou testemunhal pela parte que suscitou o incidente, inquirição das testemunhas (com o limite de três) e decisão final sobre o incidente registada em ata (art. 153º, nº 3).

ARTIGO 516º
Regime do depoimento

1 – A testemunha depõe com precisão sobre a matéria dos temas da prova, indicando a razão da ciência e quaisquer circunstâncias que possam justificar o conhecimento; a razão da ciência invocada é, quando possível, especificada e fundamentada.

2 – O interrogatório é feito pelo advogado da parte que ofereceu a testemunha, podendo o advogado da outra parte fazer-lhe, quanto aos factos sobre que tiver deposto, as instâncias indispensáveis para se completar ou esclarecer o depoimento.

3 – O juiz deve obstar a que os advogados tratem desprimorosamente a testemunha e lhe façam perguntas ou considerações impertinentes, sugestivas, capciosas ou vexatórias.

4 – O interrogatório e as instâncias são feitos pelos mandatários das partes, sem prejuízo dos esclarecimentos pedidos pelo juiz ou de este poder fazer as perguntas que julgue convenientes para o apuramento da verdade.

5 – O juiz avoca o interrogatório quando tal se mostrar necessário para assegurar a tranquilidade da testemunha ou pôr termo a instâncias inconvenientes.

6 – A testemunha, antes de responder às perguntas que lhe sejam feitas, pode consultar o processo, exigir que lhe sejam mostrados determinados documentos que nele existam, ou apresentar documentos destinados a corroborar o seu depoimento; só são recebidos e juntos ao processo os documentos que a parte respetiva não pudesse ter oferecido.

7 – É aplicável ao depoimento das testemunhas o disposto no nº 2 do artigo 461º.

Remissões: art. 150º (manutenção da ordem dos atos processuais); art. 80º EOA (direito de protesto); art. 95º EOA (dever geral de urbanidade).

1. Em consonância com as alterações que ocorreram nos mecanismos delimitadores do âmbito da instrução, o preceito tem como objetivo atribuir um maior grau de espontaneidade e de naturalidade aos depoimentos testemunhais, sendo inequívoco que o seu âmbito abarca todos os factos que se encontrem no perímetro dos temas da prova, independentemente de estes assumirem um pendor mais ou menos concreto. Naturalmente que são passíveis de depoimento direto as perceções das testemunhas sobre factos concretos, do mesmo modo que releva tudo o que for circunstancial ou instrumental relativamente ao núcleo factual a que corresponde cada tema de prova (cf. notas 3 e 4 ao art. 596º).

2. Não está sequer afastada a possibilidade de serem admitidos "testemunhos periciais", especialmente em casos em que não se justifique nem seja viável a realização de perícias, o que pode ocorrer quando se mostre necessário, por exemplo, explicar o funcionamento de um determinado maquinismo ou o comportamento de um navio em alto mar em face da carga transportada ou de qualquer outro aspeto que seja relevante para a formação da convicção sobre o modo como ocorrerem os factos, suas causas ou efeitos. Por outro lado, o depoimento pode ter por objeto todos os factos independentemente de quem os alegou, conclusão que o anterior regime já sustentava de modo totalmente inequívoco.

3. Justificando-se o depoimento testemunhal nos casos em que exista um conhecimento direto ou próximo dos factos, para aquilatar o grau de credibilidade da testemunha ou o grau de verosimilhança do depoimento, é importante a indicação da razão da ciência ou de quaisquer outras circunstâncias que, submetidas ao contraditório, possam justificar aquele conhecimento. A razão da ciência que seja efetivamente apurada constitui o principal fator de acreditação ou não da testemunha, embora não possa desligar-se jamais do relacionamento que exista com alguma das partes e da real motivação que possa presidir à prestação do depoimento.

4. O nº 2 consagra o sistema da *cross examination*. Sobre os factos que forem perguntados pelo advogado da parte que ofereceu a testemunha pode o advogado da contraparte fazer incidir as instâncias, dando seguimento ao princípio do contraditório que permite sindicar a razão da ciência invocada e o grau de credibilidade do depoimento. As instâncias incidem, apenas, sobre o perímetro factual previamente estabelecido pelo interrogatório, não podendo servir de pretexto para a testemunha ser inquirida sobre factualidade nova não versada no interrogatório.

5. Está vedada a realização de perguntas impertinentes (que não relevam para o apuramento dos factos em discussão), sugestivas (formuladas de forma a que no seu teor já vai insinuada a resposta que o inquiridor pretende, bem como aquelas que pretendem uma resposta singela de *sim* ou *não*), capciosas (visam obter uma resposta com base em erro provocado na testemunha por quem faz a pergunta) ou vexatórias (aquelas que, pelo conteúdo ou pela forma, visam amesquinhar a testemunha).

6. Deve igualmente rejeitar-se a técnica de interrogatório consistente em o mandatário se reportar, aquando da formulação da pergunta, ao que já foi dito anteriormente por outra testemunha sobre a mesma matéria. Esta abordagem mais não visa do que criar pressão no sentido da conformidade, ou seja, ativar a conduta da testemunha no sentido de adaptar o seu depoimento de molde a que seja consistente com o das demais testemunhas (desejabilidade social). A testemunha não deve ser instrumentalizada, sendo que a eventual superação de contradições de depoimentos tem sede própria na acareação.

7. Resulta com clareza do preceito que o interrogatório e as instâncias competem aos advogados das partes, sem prejuízo da previsão excecional do nº 5 e dos esclarecimentos pedidos pelo juiz ou mesmo das perguntas que este julgue convenientes (nº 4, 2ª parte). O interrogatório das testemunhas feito diretamente pelo tribunal, deixando aos mandatários das partes apenas o pedido de esclarecimentos, em preterição do disposto no art. 516º, nºs 2 e 4, constitui irregularidade processual suscetível de influir no exame ou decisão da causa (art. 195º, nº 1). Todavia, aceitando as partes esse procedimento irregular, deve entender-se essa atitude como renúncia à respetiva arguição e sanada a concernente nulidade (art. 197º, nº 2; RL 24-5-11, 4548/03).

8. A fim de potenciar o volume de informação e a espontaneidade do depoimento, devem ser feitas inicialmente perguntas abertas, proporcionando à testemunha uma invocação livre dos acontecimentos. Após, de forma progressiva, devem ser colocadas perguntas mais fechadas, em cujos enunciados só devem inserir-se elementos anteriormente relatados pela própria testemunha de modo a evitar a insinuações por parte do inquiridor. De modo algum se justifica que sejam colocadas perguntas que insinuem a resposta, devendo o juiz obstar a que isso ocorra, tal como deve exercer o poder de direção da audiência no sentido de evitar o arrastamento dos depoimentos sem efetivo relevo para a apreciação do concreto litígio.

9. O respeito pela antecipada programação da audiência deve levar a que todos fiquem cientes de que o tempo é limitado e que deve ser aproveitado proficuamente para o que interessar à boa e célere decisão da causa. Assim sendo, o juiz não deve assumir um papel meramente passivo, antes atuando no sentido de obter o máximo proveito dos depoimentos prestados. Para o efeito, nem sequer está afastada a possibilidade (e até a necessidade) de intervir logo perante alguma pergunta que considere impertinente ou em face de alguma resposta que suscite dúvidas quanto ao seu teor ou quanto à sua veracidade.

10. De modo mais desenvolvido, sobre a técnica de interrogatório e vícios a evitar, e sobre a admissibilidade e valoração do depoimento indireto, cf. Luís Filipe Sousa, *Prova Testemunhal*, pp. 60-73 e pp. 192-198, respetivamente.

ARTIGO 517º
Inquirição por acordo das partes

1 – Havendo acordo das partes, a testemunha pode ser inquirida pelos mandatários judiciais no domicílio profissional de um deles, devendo tal inquirição constar de uma ata, datada e assinada pelo depoente e pelos mandatários das partes, da qual conste a relação discriminada dos factos a que a testemunha assistiu ou que verificou pessoalmente e das razões de ciência invocadas, aplicando-se-lhe ainda o disposto nos nºs 1, 2 e 4 do artigo 519º.

2 – A ata de inquirição de testemunha efetuada ao abrigo do disposto no número anterior pode ser apresentada até ao encerramento da discussão em 1ª instância.

Remissões: art. 519º, nº 1 e nº 2 (elementos que devem constar da ata).

1. Aqui está uma solução legal testada noutros ordenamentos e que entre nós – vá-se lá saber porquê! – corre o risco de desaparecer por falta de uso. Situação que encontra paralelo na citação por mandatário, prevista no art. 237º.

ARTIGO 518º
Depoimento apresentado por escrito

1 – Quando se verificar impossibilidade ou grave dificuldade de comparência no tribunal, pode o juiz autorizar, havendo acordo das partes, que o depoimento da testemunha seja prestado através de documento escrito, datado e assinado pelo seu autor, do qual conste relação discriminada dos factos a que assistiu ou que verificou pessoalmente e das razões de ciência invocadas.

2 – Incorre nas penas cominadas para o crime de falsidade de testemunho quem, pela forma constante do número anterior, prestar depoimento falso.

Remissões: art. 360º do Cód. Penal (falsidade de testemunho).

1. A validade do depoimento prestado por escrito não está dependente da rubrica, por parte do depoente, das folhas que constituem o suporte escrito do depoimento (RL 6-10-11, 1557/10).

ARTIGO 519º
Requisitos de forma

1 – O escrito a que se refere o artigo anterior menciona todos os elementos de identificação do depoente, indica se existe alguma relação de parentesco, afinidade, amizade ou dependência com as partes, ou qualquer interesse na ação.

2 – Deve ainda o depoente declarar expressamente que o escrito se destina a ser apresentado em juízo e que está consciente de que a falsidade das declarações dele constantes o faz incorrer em responsabilidade criminal.

3 – A assinatura deve mostrar-se reconhecida notarialmente, quando não for possível a exibição do respetivo documento de identificação.

4 – Quando o entenda necessário, pode o juiz, oficiosamente ou a requerimento das partes, determinar, sendo ainda possível, a renovação do depoimento na sua presença, caso em que a testemunha é notificada pelo tribunal, ou a prestação de quaisquer esclarecimentos que se revelem necessários, por escrito a que se aplica o disposto nos números anteriores.

ARTIGO 520º
Comunicação direta do tribunal com o depoente

1 – Quando ocorra impossibilidade ou grave dificuldade de atempada comparência de quem deva depor na audiência, pode o juiz determinar, com o acordo das partes, que sejam prestados, através da utilização de telefone ou outro meio de comunicação direta do tribunal com o depoente, quaisquer esclarecimentos indispensáveis à boa decisão da causa, desde que a natureza dos factos a averiguar ou esclarecer se mostre compatível com a diligência.

2 – O tribunal deve assegurar-se, pelos meios possíveis, da autenticidade e plena liberdade da prestação do depoimento, designadamente determinando que o depoente seja acompanhado por oficial de justiça durante a prestação daquele e devendo ficar a constar da ata o seu teor e as circunstâncias em que foi colhido.

3 – É aplicável ao caso previsto neste artigo o disposto no artigo 513º e na primeira parte do nº 4 do artigo anterior.

Remissões: art. 519º, nº 4 (renovação do depoimento na presença do juiz); art. 526º (inquirição por iniciativa do tribunal).

ARTIGO 521º
Contradita

A parte contra a qual for produzida a testemunha pode contraditá-la, alegando qualquer circunstância capaz de abalar a credibilidade do depoimento, quer por afetar a razão da ciência invocada pela testemunha, quer por diminuir a fé que ela possa merecer.

1. Pretende-se com este incidente fornecer ao julgador determinados factos acessórios, exteriores ao depoimento prestado, que o ponham de sobreaviso na apreciação da força probatória do depoimento. Este incidente visa questionar a credibilidade da própria testemunha e não a veracidade do depoimento, aspeto a que se ajusta a acareação (art. 523º), nem a capacidade para depor, que é avaliada no incidente de impugnação (art. 515º).

2. Pode invocar-se como fundamento da contradita qualquer circunstancialismo que prejudique a razão da ciência invocada pela testemunha ou que afete a sua credibilidade. Entre os fatores capazes de afetar a fé ou a credibilidade da testemunha encontram-se a vida e costumes da pessoa, o interesse no pleito, o parentesco ou o relacionamento com as partes que tenham sido omitidos durante a inquirição.

3. Assim, exemplificativamente, constitui fundamento de contradita o facto de a testemunha estar de relações cortadas com uma das partes, circunstancialismo suscetível de abalar a sua credibilidade, por contender com a isenção. A contradita há de assentar em factos não relatados pela testemunha, em relação aos quais é exigido, como único requisito, a suscetibilidade de abalarem a credibilidade, seja em função da razão da ciência invocada, seja quanto à fé que a mesma possa merecer.

4. A eventual demonstração do fundamento da contradita não obsta a que o julgador proceda à livre apreciação do depoimento testemunhal; a contradita não inutiliza o depoimento, captando apenas um elemento que é suscetível de influenciar a apreciação da respetiva força probatória.

5. O incidente de contradita não tem lugar no depoimento de parte (RE 27-4-2017, 161709/12).

ARTIGO 522º
Como se processa

1 – A contradita é deduzida quando o depoimento termina.

2 – Se a contradita dever ser recebida, é ouvida a testemunha sobre a matéria alegada; quando esta não seja confessada, a parte pode comprová-la por documentos ou testemunhas, não podendo produzir mais de três testemunhas.

3 – As testemunhas sobre a matéria da contradita têm de ser apresentadas e inquiridas imediatamente; os documentos podem ser oferecidos até ao momento em que deva ser proferida decisão sobre os factos da causa.

4 – É aplicável à contradita o disposto no nº 3 do artigo 515º.

1. Enquanto a impugnação da testemunha deve ser suscitada aquando do interrogatório inicial (arts. 495º e 515º), a contradita deve ser deduzida quando findar o depoimento. A parte que não arrolou a testemunha deve enunciar os factos concretos que, no seu entender, fundamentam o incidente dirigido às qualidades da testemunha ou à razão da ciência invocada.

2. O momento próprio para a dedução do incidente é o da conclusão do depoimento, de modo que a parte não deve relegar as reservas quanto à credibilidade da testemunha para o recurso da decisão sobre a matéria de facto. Sem embargo do que se dispõe no art. 662º, nº 2, al. a), é na ocasião em que finda o depoimento que deve ser deduzido o incidente, em termos de o abalo na credibilidade da testemunha poder ser considerado pelo juiz aquando da apreciação da prova.

3. Deduzido o incidente e cumprido o contraditório, será aquele admitido se os factos alegados forem de molde a afetar a razão da ciência ou a credibilidade da testemunha, sendo a testemunha interrogada sobre a factualidade aduzida. A mesma pode confessar os factos em causa, estando tal reconhecimento sujeito à livre apreciação do julgador. Não sendo admitidas as objeções apresentadas, segue-se a produção de prova instrumental em termos equivalentes aos que estão previstos para o incidente da impugnação (art. 515º), embora os documentos possam ser oferecidos até ao momento em que deva ser proferida decisão sobre os factos da causa, ou seja, até à prolação da sentença (art. 607º, nº 4). Cf. notas 7 a 9 ao art. 423º no que respeita à junção de documentos.

4. O incidente probatório de contradita está sujeito a decisão judicial no sentido do seu deferimento ou rejeição. Sendo a decisão impugnável, nos termos gerais, não admite, contudo, recurso interlocutório, por não se integrar na norma do art. 644º, nº 2, al. d).

5. Este incidente não finda com um despacho específico e autónomo que se pronuncie sobre a credibilidade da testemunha, reservando o juiz a sua apreciação para a ocasião em que profira e fundamente a decisão sobre a matéria de facto, expondo aí as ilações que se justificarem sobre a razão da ciência e/ou a credibilidade atribuída à testemunha. Não está sequer afastada a possibilidade de concluir que persistem razões suficientes para atribuir credibilidade ao depoimento, embora a dedução do incidente implique um dever acrescido de análise e motivação quanto à sua valoração.

ARTIGO 523º
Acareação

Se houver oposição direta, acerca de determinado facto, entre os depoimentos das testemunhas ou entre eles e o depoimento da parte, pode ter lugar, oficiosamente ou a requerimento de qualquer das partes, a acareação das pessoas em contradição.

1. A acareação (pôr cara-a-cara) constitui um incidente que visa atacar a força probatória do depoimento, tendo como pressupostos: a oposição direta acerca de determinado facto entre depoimentos de testemunhas ou entre um depoimento testemunhal e o depoimento de parte; iniciativa de uma parte ou intervenção oficiosa do juiz, no sentido de operar um confronto presencial cruzado.

2. É uma diligência processual que tem por objeto confrontar, na presença do juiz, duas ou mais pessoas que depuseram, a fim de resolver as discrepâncias evidenciadas pelas respetivas declarações ou, subsidiariamente, obter elementos probatórios sobre a credibilidade de cada depoente a partir do seu comportamento no decurso da acareação. A experiência revela, contudo, que são parcos os elementos que se extraem das acareações, havendo uma propensão para cada um dos depoentes manter a sua versão.

3. A oposição direta pressupõe que ambos os depoentes tenham narrado de modo diverso o mesmo facto, o que não se verifica entre um testemunho direto e um indireto. Diversamente, já haverá fundamento para acareação em face de uma contradição entre dois testemunhos indiretos, desde que seja indicada a mesma testemunha-fonte.

4. No requerimento em que pede a realização da diligência, a parte deve concretizar adequadamente os factos em causa e expor a contradição, sendo insuficiente uma genérica referência à existência de discrepâncias entre depoimentos. O requerimento pode ser formulado por qualquer das partes, mesmo pela parte que ofereceu a testemunha e inclusivamente em situações em que a contradição se estabeleça entre depoimentos de testemunhas da mesma parte. Será de excetuar a colisão entre o depoimento de parte e o depoimento de testemunha da mesma parte, pois, como defendem Lebre de Freitas e Isabel Alexandre, "se o depoimento testemunhal foi produzido contra sua expectativa, não é do confronto com a parte que pode resultar um resultado probatório que lhe seja mais favorável" (*CPC anot.*, vol. II, 3ª ed., p. 411).

5. Quanto ao modo como se processa a acareação, a lei só dá indicações genéricas no art. 523º. Em termos materiais, o juiz deverá começar por recordar às pessoas em causa que depõem sob juramento a sanção penal correspondente ao crime de falso testemunho, enunciar a contradição e pedir a cada pessoa que, a partir de uma contextualização espacial e temporal pormenorizada, deponha novamente sobre o facto em causa, confirmando a sua declaração anterior ou retificando-a, total ou parcialmente. A acareação só frutificará se ocorrer mediante um diálogo cruzado entre os depoentes, supervisionado pelo juiz. Os mandatários das partes apenas poderão sugerir ao juiz a formulação de questões, não interpelando diretamente os depoentes.

6. A diligência propiciará condutas verbais e não verbais suscetíveis de avaliação para aferir a credibilidade dos depoentes. Em sede de conduta verbal, haverá designadamente que ponderar a firmeza ou tibieza na ratificação da declaração anterior, uma postura indecisa, hesitante ou vacilante ou a não justificação de uma retificação. Em termos de valoração da conduta não verbal das testemunhas, cf., desenvolvidamente, Luís Filipe Sousa, *Prova Testemunhal*, pp. 89-114.

7. Cabe questionar se se justifica a aplicação por analogia (não pela remissão do art. 466º, nº 2) deste regime às declarações de parte, admitindo-se a acareação entre o declarante e as testemunhas. Aqui há que distinguir entre os segmentos das declarações de parte que integram ou não integrem confissão. Na parte em que as declarações de parte integrem confissão que tenha sido reduzida a escrito, *ex vi* art. 463º, nº 1, têm força probatória plena contra o declarante/confitente (art. 358º, nº 1, do CC), não podendo tal valor ser afastado por um meio de prova sujeito à livre apreciação como é a prova testemunhal (arts. 347º e 396º do CC). Nesta medida, a acareação constituiria um ato inútil. Diversamente, nos segmentos das declarações de parte em que não ocorra confissão, nada obsta a que se requeira a sua acareação com as testemunhas que depuseram de forma colidente (cf. Catarina Gomes Pedra, *A Prova por Declarações das Partes no NCPC. Em Busca da Verdade Material no Processo*, p. 143 e Lebre de Freitas e Isabel Alexandre, *CPC anot.*, vol. II, 3ª ed., p. 411).

8. O incidente probatório de acareação está naturalmente sujeito a decisão judicial, seja para deferir ou indeferir a iniciativa requerida por alguma das partes, seja para o decretar oficiosamente. A decisão respetiva é genericamente impugnável, mas não admite recurso interlocutório, por não se integrar na norma do art. 644º, nº 2, al. d).

ARTIGO 524º
Como se processa

1 – Estando as pessoas presentes, a acareação faz-se imediatamente; não estando, é designado dia para a diligência.

2 – Se as pessoas a acarear tiverem deposto por carta precatória no mesmo tribunal, é ao tribunal deprecado que incumbe realizar a diligência, salvo se o juiz da causa ordenar a comparência perante ele das pessoas que importa acarear, ponderado o sacrifício que a deslocação represente.

3 – Caso os depoimentos devam ser gravados ou registados, é registado, de igual modo, o resultado da acareação.

Remissões: art. 155º (gravação da audiência); art. 173º (carta precatória)

1. Acareação deve ser realizada, em regra, pelo tribunal onde decorre a audiência e preferencialmente na mesma ocasião em que é suscitado o incidente, propiciando melhores condições para uma efetiva aferição da credibilidade de cada um dos depoentes. Se os depoimentos contraditórios tiverem sido obtidos através de carta precatória, a acareação deve ser feita, em princípio, no tribunal deprecado.

2. Considerando que as audiências são sempre gravadas, gravar-se-á também o resultado da acareação.

ARTIGO 525º
Abono das despesas e indemnização

A testemunha que haja sido notificada para comparecer, resida ou não na sede do tribunal e tenha ou não prestado o depoimento, pode requerer, até ao encerramento da audiência, o pagamento das despesas de deslocação e a fixação de uma indemnização equitativa.

Remissões: art. 507º (notificação de testemunhas); art. 17º, nº 5, do RCP e Tabela IV (despesas de deslocação: 1/500 UC/km).

1. As testemunhas que se hajam apresentado na sequência de notificação têm direito a uma indemnização que cubra razoavelmente os prejuízos determinados pelo cumprimento de um dever cívico e as despesas de deslocação, sendo estas calculadas nos termos do art. 17º, nº 5, do RCP, e da Tabela IV anexa. O direito aqui reconhecido às testemunhas é independente de terem comparecido pessoalmente na audiência ou de terem sido inquiridas por teleconferência (art. 502º).

2. Tal direito deve ser exercitado até ao encerramento da audiência, mas não é comum que o seja, porventura porque, na maior parte dos casos, as testemunhas se assumem ou são consideradas como "testemunhas da parte" que as arrolou.

ARTIGO 526º

Inquirição por iniciativa do tribunal

1 – Quando, no decurso da ação, haja razões para presumir que determinada pessoa, não oferecida como testemunha, tem conhecimento de factos importantes para a boa decisão da causa, deve o juiz ordenar que seja notificada para depor.

2 – O depoimento só se realiza depois de decorridos cinco dias, se alguma das partes requerer a fixação de prazo para a inquirição.

Remissões: art. 411º (princípio do inquisitório).

1. O preceito constitui mais um afloramento do princípio do inquisitório em matéria de direito probatório, que se encontra expressa e generalizadamente consagrado no art. 411º, ainda que o ativismo judiciário deva ser moderado pela intervenção de outros princípios (como o do dispositivo ou o da autorresponsabilidade das partes) ou de outras regras que implicam o tratamento igualitário das partes e servem para assegurar a equidistância do tribunal.

2. A intervenção oficiosa do juiz deve assumir uma natureza complementar relativamente ao ónus da iniciativa da prova que impende sobre cada uma das partes, não podendo servir para superar, de forma automática, falhas processuais reveladas designadamente através da omissão de apresentação do requerimento probatório em devido tempo ou da alteração do rol de testemunhas até ao limite definido pelo art. 598º, nº 2 (acerca do necessário equilíbrio entre a autorresponsabilidades das partes e a oficiosidade do inquisitório, cf. Paulo Pimenta, *Processo Civil Declarativo*, 2ª ed., pp. 372-373).

3. Dentro deste condicionalismo, a aplicação do preceito não exige que a pertinência do depoimento de alguma pessoa advenha da inquirição de outra, bastando que a convicção acerca da importância do depoimento releve dos autos (*v.g.* de algum articulado ou documento apresentado). Já parece, em geral, insuficiente que a testemunha seja revelada pela própria parte a quem interessa a sua inquirição (muitas vezes, afirmando que a pessoa se encontra presente no tribunal), considerando as amplas possibilidades conferidas às partes no que concerne à apresentação e alteração ou aditamento do rol de testemunhas (arts. 552º, nº 6, 572º, al. d) e 598º, nºs 1 e 2). Solução ainda mais irrazoável nos casos em que a parte nem sequer apresentou o requerimento probatório ou o rol de testemunhas nos momentos oportunos. Nada obsta, no entanto, a que, noutras situações, seja formulada pela parte interessada alguma sugestão no sentido da inquirição adicional.

4. O regime do art. 526º não é de aplicar no caso de a parte pretender que uma terceira pessoa, não indicada como testemunha, venha confirmar ou infirmar a declaração de determinada testemunha em audiência que deponha diretamente sobre facto que integra o *thema probandum*. Tal pretensão, a ser deferida, redundaria sempre na abordagem da contradita (destina-se a abalar a credibilidade do depoimento feita pela testemunha) e/ou da acareação (avaliação do depoimento de testemunhas em contradição), figuras jurídico-processuais que os princípios provindos do art. 526º não abarcam nem consentem. O que este preceito pretende acautelar é a possibilidade de o juiz inquirir uma testemunha cuja relevância se alcançou durante o processo/audiência e, sobretudo, numa fase em que as partes já não podem arrolar tal testemunha.

5. Ainda que de exercício oficioso, não se trata de um poder discricionário (cf. Abrantes Geraldes, *Recursos no NCPC*, 5ª ed., p. 80). A decisão está sujeita a apelação interlocutória, nos termos do art. 644º, nº 2, al. d), o que permite confrontar imediatamente a Relação com a verificação dos requisitos de que a lei faz depender a iniciativa.

6. A não ser que alguma das partes pretenda que se fixe um prazo para a inquirição, a fim de proceder a averiguações sobre a capacidade ou sobre a credibilidade da testemunha, a mesma pode ser efetuada de imediato, estando a testemunha presente.

TÍTULO VI
Das custas, multas e indemnização

CAPÍTULO I
Custas – Princípios gerais

ARTIGO 527º
Regra geral em matéria de custas

1 – A decisão que julgue a ação ou algum dos seus incidentes ou recursos condena em custas a parte que a elas houver dado causa ou, não havendo vencimento da ação, quem do processo tirou proveito.

2 – Entende-se que dá causa às custas do processo a parte vencida, na proporção em que o for.

3 – No caso de condenação por obrigação solidária, a solidariedade estende-se às custas.

Remissões: art. 607º, nº 6 (condenação em custas); arts. 10º, nº 1, 13º, nºs 1 a 3, e 16º, nº 1, al. a), da Lei nº 34/04, de 29-7 (regime do acesso ao direito); art. 6º, nº 7, do RCP (dispensa de pagamento do remanescente da taxa de justiça).

1. Em Abrantes Geraldes, *Temas Judiciários,* foi abordada a matéria das custas judiciais em face do regime que estava previsto no CPC de 1961 e do Cód. de Custas Judiciais que precedeu o atual Regulamento das Custas Processuais (RCP). Alguns aspetos sofreram alterações, mas outros mantêm atualidade.

2. A regulamentação das custas processuais encontra-se subdividida essencialmente em dois sectores: no CPC estão as normas sobre a atribuição ou a distribuição da responsabilidade pelo seu pagamento; no RCP as que respeitam às isenções objetivas e subjetivas, composição das custas, quantificação das parcelas e formas de pagamento. Importa ter ainda em atenção as normas sobre o valor tributário definido pelo RCP (arts. 11º e 12º) ainda que com remissão para normas do CPC (arts. 296º e ss.). Trataremos essencialmente da matéria que está contida no CPC, sem excessiva interferência do que decorre do RCP.

3. O debate entre um sistema de justiça gratuita e outro que imponha a comparticipação dos interessados que ao mesmo recorrem foi exposto por Alberto dos Reis, *CPC anot.*, vol. II, p. 199, onde conclui que os litigantes não devem ficar dispensados da obrigação de suportar, pelo menos, uma parte da despesa global com a área da administração da justiça. A gratuitidade da justiça sempre foi recusada pela nossa ordem jurídica, a qual, apesar de garantir a todos os cidadãos o acesso ao direito e aos tribunais, não afasta, como regra geral, a existência de encargos que são repartidos tendo essencialmente em conta o princípio da causalidade, sem embargo do apoio judiciário quando uma situação de debilidade económica possa colocar em perigo o efetivo direito de ação ou de defesa. A necessidade de pagamento de custas judiciais encontra ainda justificação racional num princípio da justiça distributiva e, além disso, constitui um travão à excessiva litigiosidade. Tal como se refere em STJ 19-9-13, 738/08, a matéria obedece aos seguintes princípios fundamentais: onerosidade da atividade jurisdicional, responsabilização da parte causadora da demanda pelas custas do processo e proporcionalidade entre o montante global e a natureza, valor e tramitação da ação.

4. Salvo quando exista alguma isenção objetiva (art. 4º, nº 2, do RCP), todas as ações (incluindo incidentes ou recursos) implicam o pagamento de custas (art. 1º do RCP). Ademais, sem embargo de isenções subjetivas (art. 4º, nº 1, do RCP), as custas devem ser suportadas, em regra, pela parte que dá causa à ação, recurso ou incidente, isto é, pela parte vencida ou, não existindo vencimento, pela parte a quem a decisão aproveita (art. 527º).

5. Tal não afasta, porém, normas especiais como a que emerge do art. 633º, nº 3, para os casos em que a extinção do recurso subordinado é determinada pela desistência do recorrente principal ou por algum motivo que impeça a apreciação do recurso principal. Também assim os arts. 288º, nº 2, e 528º, nº 2, nos quais se pondera, para efeitos de distribuição da responsabilidade pelas custas, a transação em situação de litisconsórcio necessário.

6. As custas podem ser entendidas em sentido amplo, abrangendo a taxa de justiça, os encargos e as custas de parte (art. 529º, nº 1; art. 3º, nº 1, do RCP), ou em sentido estrito, excluindo a taxa de justiça. Dos atuais arts. 529º, nº 2 e 530º, nº 1, resulta que a responsabilidade das partes pelo pagamento da taxa de justiça não deriva do decaimento na causa mas do mero impulso processual, independentemente da sucumbência da parte. Deste modo, o conceito de custas empregue neste art. 527º só abarca os encargos e as custas de parte.

7. Suscita-se com frequência a dúvida acerca do conceito de "*incidente*" para efeitos de tributação. Não há dúvida em integrar nessa categoria processual os incidentes da instância que como tal são qualificados (arts. 292º e ss.), os procedimentos ou outras incidências que assumem uma clara autonomia na sua tramitação (*v.g.* incompetência relativa, incidente de verificação do valor), mas existe alguma margem de incerteza quanto à sua delimitação que, no entanto, é importante, na medida em que a lei exige o pagamento da taxa de justiça (art. 7º, nº 4, do RCP).

8. Para o efeito, interessa verificar se estamos perante um processado que ainda se integra na tramitação normal do processo ou se, ao invés, introduz uma questão lateral, de maior ou menor complexidade. Para além dos casos que sejam como tal tipificados, deve ser tratado como incidente aquilo que não se integre na tramitação normal, apresentando autonomia relativamente ao objeto do processo e que mereça ser tributado tendo em conta os princípios da causalidade e da proporcionalidade, nos termos do art. 7º, nº 8, do RCP (cf. Abrantes Geraldes, *ob. cit.*, pp. 248 a 272).

9. A lei não estabelece uma regra segura quanto à atribuição da responsabilidade pelas custas nos casos de condenação total ou parcialmente ilíquida. A solução deve ser encontrada através da ponderação dos referidos princípios. Assim, para as situações em que o autor, depois de deduzir pedido genérico, acaba por beneficiar de uma sentença de condenação igualmente genérica, as custas ficam naturalmente a cargo do réu. Já nos casos, mais frequentes, em que, malgrado a formulação de um pedido líquido, é proferida sentença de condenação genérica, a responsabilidade deve ser provisoriamente repartida entre ambas as partes, sendo sujeita aos acertos necessários resultantes da liquidação posterior. Se a sentença se decompuser em dois segmentos, um de condenação líquida e outro ilíquida (art. 609º, nº 2), há que estabelecer a divisão de acordo com esse resultado (cf. Abrantes Geraldes, *ob. cit.*, pp. 238 a 242).

10. A decisão em matéria de custas integra a sentença (art. 607º, nº 6), devendo o juiz, quando for o caso, assumir expressamente o modo como serão repartidas as custas. Esta decisão de natureza tributária é extensiva aos recursos de apelação e de revista, devendo nestes ser adotada a posição que resultar das regras comuns, na certeza de que o resultado pode não ser equivalente ao que foi assumido no acórdão ou na sentença precedente. Aliás, quando o acórdão do tribunal superior revogar total ou parcial da decisão recorrida, justificar-se-á que seja redefinida a responsabilidade global pelas custas nas diversas instâncias, de acordo com as regras gerais.

11. Se a decisão proferida na ação importar a responsabilidade solidária de diversos devedores, também essa característica se transmite automaticamente à obrigação de pagamento de custas.

12. Para mais desenvolvimentos, cf. Abrantes Geraldes, *ob. cit.*, pp. 163 e ss.

CAPÍTULO II
Regras especiais

ARTIGO 528º
Regras relativas ao litisconsórcio e coligação

1 - Tendo ficado vencidos, na totalidade, vários autores ou vários réus litisconsortes, estes respondem pelas custas em partes iguais.

2 - Nos casos de transação de algum dos litisconsortes, aqueles que transigirem beneficiam de uma redução de 50% no valor das custas.

3 - Quando o vencimento de algum dos litisconsortes for somente parcial, a responsabilidade por custas toma tal circunstância em consideração, nos termos fixados no Regulamento das Custas Processuais.

4 - Quando haja coligação de autores ou réus, a responsabilidade por custas é determinada individualmente nos termos gerais fixados no nº 2 do artigo anterior.

1. Em situações de litisconsórcio, a responsabilidade pelas custas assacada à parte vencida é distribuída pelos diversos litisconsortes em partes iguais, a não ser que exista alguma diferença nos resultados produzidos na esfera jurídica de cada um deles. Outra exceção está relacionada com os casos em que exista alguma transação subscrita por algum dos litisconsortes: tratando-se de litisconsórcio necessário, a transação operada por algum deles é insuscetível de extinguir a instância, mas produz, no entanto, efeito quanto a custas, nos termos do art. 288º, nº 2.

2. Já nos casos de coligação, em que existe uma acumulação de ações, aplica-se a regra geral da causalidade relativamente a cada parcela da instância, sendo a taxa de justiça paga individualmente por cada comparte (art. 530º, nº 5; art 13º, nº 7, al. a), do RCP).

ARTIGO 529º
Custas processuais

1 – As custas processuais abrangem a taxa de justiça, os encargos e as custas de parte.

2 – A taxa de justiça corresponde ao montante devido pelo impulso processual de cada interveniente e é fixado em função do valor e complexidade da causa, nos termos do Regulamento das Custas Processuais.

3 – São encargos do processo todas as despesas resultantes da condução do mesmo, requeridas pelas partes ou ordenadas pelo juiz da causa.

4 – As custas de parte compreendem o que cada parte haja despendido com o processo e tenha direito a ser compensada em virtude da condenação da parte contrária, nos termos do Regulamento das Custas Processuais.

Remissões: art. 6º do RCP (regras gerais sobre a taxa de justiça); art. 16º do RCP (tipos de encargos); art. 25º do RCP (custas de parte).

1. As custas processuais em sentido amplo abarcam, desde logo, a taxa de justiça que é paga por cada uma das partes e que corresponde a um quantitativo fixado a partir de um critério associado ao valor tributário, à natureza e à complexidade da ação (art. 6º, nº 1, do RCP).Ou seja, atualmente, a responsabilidade das partes pelo pagamento da taxa de justiça não deriva do decaimento na causa mas do mero impulso processual. Acrescem os encargos, como despesas específicas realizadas no âmbito de cada processo (arts. 16º e ss. do RCP). E, por fim, as custas de parte, como parcela de que a parte vencedora tem o direito a ser reembolsada diretamente pela parte contrária (arts. 25º e ss. do RCP).

ARTIGO 530º
Taxa de justiça

1 - A taxa de justiça é paga apenas pela parte que demande na qualidade de autor ou réu, exequente ou executado, requerente ou requerido, recorrente e recorrido, nos termos do disposto no Regulamento das Custas Processuais.

2 - No caso de reconvenção ou intervenção principal, só é devida taxa de justiça suplementar quando o reconvinte deduza um pedido distinto do autor.

3 - Não se considera distinto o pedido, designadamente, quando a parte pretenda conseguir, em seu benefício, o mesmo efeito jurídico que o autor se propõe obter ou quando a parte pretenda obter a mera compensação de créditos.

4 - Havendo litisconsórcio, o litisconsorte que figurar como parte primeira na petição inicial, reconvenção ou requerimento deve proceder ao pagamento da totalidade da taxa de justiça, salvaguardando-se o direito de regresso sobre os litisconsortes.

5 - Nos casos de coligação, cada autor, reconvinte, exequente ou requerente é responsável pelo pagamento da respetiva taxa de justiça, sendo o valor desta o fixado nos termos do Regulamento das Custas Processuais.

6 - Nas ações propostas por sociedades comerciais que tenham dado entrada em qualquer tribunal, no ano anterior, 200 ou mais ações, procedimentos ou execuções, a taxa de justiça é fixada nos termos do Regulamento das Custas Processuais.

7 - Para efeitos de condenação no pagamento de taxa de justiça, consideram-se de especial complexidade as ações e os procedimentos cautelares que:

a) Contenham articulados ou alegações prolixas;

b) Digam respeito a questões de elevada especialização jurídica, especificidade técnica ou importem a análise combinada de questões jurídicas de âmbito muito diverso; ou

c) Impliquem a audição de um elevado número de testemunhas, a análise de meios de prova complexos ou a realização de várias diligências de produção de prova morosas.

Remissões: arts. 32º e 33º (litisconsórcio); art. 36º (coligação); art. 266º (reconvenção); art. 299º (valor do processo); arts. 321º e ss. (intervenção principal); art. 6º, nº 5 do RCP (taxa gravada).

1. Em regra, as partes devem demonstrar o pagamento da taxa de justiça com a apresentação da petição (art. 552º, nº 3), com a contestação (art. 570º) ou com a prática de qualquer outro ato que esteja legalmente sujeito a esse pagamento (art. 14º do RCP), como ocorre com o requerimento de interposição de recurso ou com as contra-alegações. Regra que é de transpor para outros processos em que as partes ou interessados assumem outra posição (exequente, embargante, embargado, requerente, requerido, reclamante, interessado, etc.).

2. Se for deduzida reconvenção que determine o aumento do valor da causa (art. 299º, nº 2), a taxa de justiça a pagar pelo réu deve já expressar tal aumento, tendo o autor o ónus de reforçar a sua taxa de justiça ao apresentar réplica para se defender do pedido reconvencional. Porém, tal ocorre apenas quando o pedido reconvencional for distinto do pedido inicial, ou seja, quando o reconvinte pretenda obter um efeito jurídico diverso do autor; não assim se o efeito jurídico for idêntico (*v.g.* ação de divórcio, em que o réu igualmente pretenda obter esse efeito) ou se a reconvenção visar a mera compensação (art. 266º, nº 2, al. c), 1ª parte).

3. Nos casos de litisconsórcio necessário ou voluntário, a taxa de justiça, ainda que seja da responsabilidade de todos os compartes, deve ser paga pelo que figurar em primeiro lugar quer na petição, quer na contestação, sem embargo do direito de regresso. Se, apesar do litisconsórcio passivo, os réus apresentarem contestações separadas a cada um desses articulados corresponderá o pagamento da taxa de justiça. Nos casos de coligação, em que existe uma acumulação de ações com valor processual autónomo, a taxa de justiça é paga por cada consorte em coligação, sendo calculada nos termos da Tabela I-B anexa ao RCP, nos termos do seu art. 13º, nº 7, al. a).

4. Para além dos litigantes em massa (art. 13º, nºs 3 e 6, do RCP), o agravamento da taxa de justiça está previsto para ações em que as partes apresentem articulados ou alegações prolixas, em que se discutam questões de elevada complexidade ou em que a fase de instrução seja especialmente complexa ou morosa (art. 6º, nº 5, do RCP). As alegações e os articulados serão prolixos quando forem injustificadamente extensos, repetitivos e desprovidos de lógica (al. a) do nº 7).

5. Ocorrerá a situação prevista na al. b) em processos que envolvam intensa especificidade no âmbito da ciência jurídica, grande exigência de formação jurídica de quem tem de decidir ou questões que suscitem a aplicação aos factos de normas jurídicas de institutos particularmente diferenciados (Salvador da Costa, *As Custas Processuais*, 6ª ed., p. 22).

6. A solução legal não funciona automaticamente, carecendo de intermediação do juiz em face da avaliação de cada processo, o que apenas é feito na decisão final (art. 6º, nº 5, do RCP). Prossegue objetivos de simplificação processual que, no entanto, tardam em concretizar-se, designadamente no que concerne à dimensão dos articulados e das alegações de recurso.

7. No que tange à dispensa do pagamento do remanescente da taxa de justiça, cf. anot. ao art. 607º.

ARTIGO 531º
Taxa sancionatória excecional

Por decisão fundamentada do juiz, pode ser excecionalmente aplicada uma taxa sancionatória quando a ação, oposição, requerimento, recurso, recla-

mação ou incidente seja manifestamente improcedente e a parte não tenha agido com a prudência ou diligência devida.

Remissões: art. 10º do RCP (montante); art. 26º, nº 4, do RCP (exclusão das custas de parte); art. 27º, nº 6 do RCP (recorribilidade).

1. A parte responsável pelas custas pode ser condenada no pagamento de taxa sancionatória excecional (entre 2 UC a 15 UC, nos termos do art. 10º do RCP) nas situações em que, apesar de a sua atuação não atingir gravidade que justifique a condenação como litigante de má-fé, se reflita na dedução de pretensões, meios de defesa, incidentes ou recursos manifestamente improcedentes e que, além disso, revelem a violação das regras da prudência ou diligência devida (STJ 12-5-16, 982/10 e RL 3-4-14, 1818/12). O legislador sanciona comportamentos da parte praticados com negligência simples, considerando essas condutas contrárias ao sistema (Paula Costa e Silva, *A Litigância de Má Fé*, pp. 443 e 447), sendo que a improcedência não advém da mera existência de jurisprudência em sentido inverso à pretensão, significando que "a pretensão, só por si, deva ser qualificada como manifestamente improcedente" (p. 445).

2. A redação do preceito inculca a ideia de que os requisitos são cumulativos. Mas sendo evidente que a apresentação de uma iniciativa processual manifestamente improcedente revela, no mínimo, um desvio aos deveres de prudência e de diligência, este outro requisito seria dispensável, servindo, afinal, tão só para dificultar a aplicação do preceito, atenta a necessidade de formular um juízo de valor sobre a atuação da parte. Ademais, a aplicação da sanção deve ser precedida de audição da parte (Ac. do Trib. Const. nº 652/2017).

3. Em RL 25-9-18, 744/11, entendeu-se que é passível de taxa sancionatória excecional a conduta do recorrente que imputa à mesma decisão impugnada de forma manifestamente infundada plúrimos vícios – nulidade, falta de fundamentação, inconstitucionalidade – dando azo a um desnecessário acréscimo de complexidade do recurso, com o consequente desperdício dos meios alocados ao tribunal. Em RG 10-7-18, 1566/13, foi decidido que se justifica a aplicação de uma taxa sancionatória excecional a uma exequente que instaurou uma execução apresentando apenas uma fotocópia simples de documento particular assinado pelo devedor e que, quando notificada para juntar o original, declarou que o mesmo se tinha transviado, vindo os embargos de executado a ser julgados procedentes. Sobre o critério aferidor, cf. RP 9-10-19, 3850/15.

4. Sobre a recorribilidade da decisão proferida ao abrigo desta norma, cf. STJ 23-6-16, 1927/11, STJ 16-6-15, 1008/07 e STJ 26-3-15, 2992/13.

ARTIGO 532º
Encargos

1 – Salvo o disposto na lei que regula o acesso ao direito, cada parte paga os encargos a que tenha dado origem e que se forem produzindo no processo.

2 – Os encargos são da responsabilidade da parte que requereu a diligência ou, quando tenha sido realizada oficiosamente, da parte que aproveita da mesma.

3 – Quando todas as partes tenham o mesmo interesse na diligência ou realização da despesa, tirem igual proveito da diligência ou despesa ou não se consiga determinar quem é a parte interessada, são os encargos repartidos de modo igual entre as partes.

4 – São exclusivamente suportados pela parte requerente, independentemente do vencimento ou da condenação em custas, os encargos com a realização de diligências manifestamente desnecessárias e de carácter dilatório.

5 – A aplicação da norma referida no número anterior depende sempre de determinação do juiz.

Remissões: art. 16º do RCP (tipo de encargos); art. 19º do RCP (adiantamento de encargos), art. 20º do RCP (pagamento de encargos).

1. Os encargos (arts. 16º e ss. do RCP) são inicialmente suportados pela parte que lhes deu origem ou que tenha tirado proveito da diligência oficiosamente determinada, embora possam ser reembolsados pela parte contrária de acordo com a decisão que for proferida quanto à responsabilidade pelas custas.

2. No que tange à perícia ordenada oficiosamente, o nº 2 parece impor um juízo de prognose relativamente a quem aproveitará da mesma (cf. Salvador da Costa, *As Custas Processuais*, 6ª ed. p. 27). Dada a dificuldade da formulação de tal juízo, propendemos a aplicar, em primeira linha, a regra do nº 3, relegando a regra do nº 2 para aplicação subsidiária em casos em que a identificação do beneficiário da diligência seja inquestionável (*v.g.* exame hematológico em ação de paternidade).

ARTIGO 533º
Custas de parte

1 – Sem prejuízo do disposto no nº 4, as custas da parte vencedora são suportadas pela parte vencida, na proporção do seu decaimento e nos termos previstos no Regulamento das Custas Processuais.

2 – Compreendem-se nas custas de parte, designadamente, as seguintes despesas:

a) As taxas de justiça pagas;

b) Os encargos efetivamente suportados pela parte;

c) As remunerações pagas ao agente de execução e as despesas por este efetuadas;

d) Os honorários do mandatário e as despesas por este efetuadas.

3 - As quantias referidas no número anterior são objeto de nota discriminativa e justificativa, na qual devem constar também todos os elementos essenciais relativos ao processo e às partes.

4 - O autor que, podendo recorrer a estruturas de resolução alternativa de litígios, opte pelo recurso ao processo judicial, suporta as suas custas de parte independentemente do resultado da ação, salvo quando a parte contrária tenha inviabilizado a utilização desse meio de resolução alternativa do litígio.

5 - As estruturas de resolução alternativa de litígios referidos no número anterior constam de portaria do membro do Governo responsável pela área da justiça.

Remissões: art. 540º (pagamentos dos honorários pelas custas); art. 25º do RCP (nota justificativa); art. 26º do RCP (regime das custas de parte); art. 33º da Port. nº 419-A/09, de 17-4 (reclamação da nota justificativa); art. 46º da Port. nº 419-A/09, de 17-4 (regime vigente até à publicação da Portaria a que se reporta o nº 5).

1. Em matéria de custas processuais, e como reverso do anterior princípio da causalidade, deveria valer o princípio da justiça gratuita para o vencedor, em termos que Manuel de Andrade, *Noções Elementares de Processo Civil*, p. 388, traduzia da forma seguinte: "a inevitável demora do processo, ou ainda a necessidade de recorrer a ele, não deve ocasionar dano à parte que tem razão". Na esfera da responsabilização pelo pagamento das custas deveria considerar-se natural a regra (embora com algumas exceções) que determinasse a responsabilização da parte vencida por todas as despesas que a parte vencedora efetivamente suportasse com a demanda e que com esta estivessem ligadas por nexo de causalidade adequada.

2. Os regimes pregressos ficaram bem longe deste objetivo e só agora se recolhe do preceito um avanço significativo nesse sentido, na medida em que permite ponderar, para efeitos de responsabilização da parte vencida, os valores pagos pela contraparte a título de honorários (arts. 25º, nº 2, al. d) e 26º, nº 3, al. c), do RCP) (sobre a crítica ao anterior regime cf. Abrantes Geraldes, *Temas Judiciários*, pp. 181 e ss.).

3. O Ac. do Trib. Const. nº 280/2017 declarou a inconstitucionalidade formal, com força obrigatória geral, da norma que determina que a "reclamação da nota justificativa está sujeita ao depósito da totalidade do valor da nota", constante do art. 33º, nº 2, da Port. nº 419-A/09, de 17-4, na redação da Port. nº 82/12, de 29-3. Posteriormente, o Ac. do Trib. Const. nº 73/2019 declarou inconstitucional, com força obrigatória geral, a norma constante do nº 2 do art. 33º da Port. nº 419-A/2009, de 17-4, na sua redação originária, que determina que "a reclamação da nota justificativa está sujeita ao depósito de 50% do valor da nota". No entanto, tratando-se de inconstitucionalidade formal, o ónus do depósito da totalidade do valor da nota foi reposto pela Lei nº 27/19, de 28-3, através do aditamento ao RCP do art. 26º-A (nº 2).

ARTIGO 534º
Atos e diligências que não entram na regra geral das custas

1 – A responsabilidade do vencido no tocante às custas não abrange os atos e incidentes supérfluos, nem as diligências e atos que houverem de repetir-se por culpa de algum funcionário judicial, nem as despesas a que der causa o adiamento de ato judicial por falta não justificada de pessoa que devia comparecer.

2 – Devem reputar-se supérfluos os atos e incidentes desnecessários para a declaração ou defesa do direito; as custas destes atos ficam à conta de quem os requereu, as custas dos outros atos a que se refere o nº 1 são pagas pelo funcionário ou pela pessoa respetiva.

3 – O funcionário ou agente de execução que der causa à anulação de atos do processo responde pelo prejuízo que resulte da anulação, nos termos fixados pelo regime da responsabilidade civil extracontratual do Estado.

Remissões: art. 8º da Lei nº 67/07, de 31-12 (responsabilidade solidária em caso de dolo ou culpa grave).

1. Como o preceito raramente é aplicado, os atos supérfluos ou que se repetem acabam, na prática, por ser incluídos na conta geral das custas, submetidos às regras gerais.

ARTIGO 535º
Responsabilidade do autor pelas custas

1 – Quando o réu não tenha dado causa à ação e a não conteste, são as custas pagas pelo autor.

2 – Entende-se que o réu não deu causa à ação:

a) Quando o autor se proponha exercer um mero direito potestativo, que não tenha origem em qualquer facto ilícito praticado pelo réu;

b) Quando a obrigação do réu só se vencer com a citação ou depois de proposta a ação;

c) Quando o autor, munido de um título com manifesta força executiva, recorra ao processo de declaração;

d) Quando o autor, podendo logo interpor recurso de revisão, faça uso sem necessidade do processo de declaração.

3 – Ainda que o autor se proponha exercer um mero direito potestativo, as custas são pagas pelo réu vencido, quando a finalidade da ação seja de proteção a este.

Remissões: art. 291º, nº 2 (ação de declaração de nulidade da confissão desistência ou transação); art. 610º (inexigibilidade da obrigação): art. 805º do CC (vencimento da obrigação).

1. Um dos princípios fundamentais em matéria de custas é o da causalidade, o qual implica que as custas dos litígios em matéria de direito privado devam ser suportadas pela parte que determinou a intervenção judicial. Tal princípio brota fundamentalmente do preceituado no art. 527º, segundo o qual as custas deverão ser imputadas à parte vencida, na proporção em que o for, sendo considerada parte vencida aquela em cuja esfera jurídica se repercutem negativamente os efeitos da decisão final.

2. A presente norma acentua o mesmo princípio, mas regula um determinado número de situações em que a aplicação daquela regra é substituída por uma outra: a do proveito ou benefício retirado da procedência da ação. Deste modo, o custo de um certo número de processos pode ser imputado à parte em cuja esfera jurídica se repercutem os efeitos positivos da sentença.

3. A causalidade não deixa de estar presente nas diversas situações prefiguradas pelo legislador, não sendo já encontrada através do binómio vencimento/decaimento, mas por via de outros fatores: a irresponsabilidade do réu pelos factos invocados pelo autor em apoio de um direito potestativo; a antecipação injustificada da propositura da ação; a desnecessidade da ação declarativa face ao caminho mais direto e mais eficaz da ação executiva ou do recurso de revisão.

4. Em tais circunstâncias, a imputação dos custos da demanda à parte favorecida pressupõe cumulativamente os seguintes requisitos: que o réu não tenha dado causa à ação (causalidade pré-processual) e que não a conteste (causalidade processual). Apesar da verificação destas condições, as custas ficarão, no entanto, a cargo do réu quando a intervenção jurisdicional tenha a sua justificação na necessidade de tutelar os seus interesses, face ao estado de sujeição perante a exercitação de um direito por parte do autor.

5. As situações previstas nas als. b), c) e d) do nº 2 expressam casos de falta de interesse em agir que, no entanto, o legislador sanciona ao nível da responsabilidade pelas custas (cf. Paulo Pimenta, *Processo Civil Declarativo*, 2ª ed., pp. 89-91).

6. Para mais desenvolvimentos, cf. Abrantes Geraldes, *Temas Judiciários*, pp. 217 e ss.

ARTIGO 536º
Repartição das custas

1 – Quando a demanda do autor ou requerente ou a oposição do réu ou requerido eram fundadas no momento em que foram intentadas ou deduzidas e

deixaram de o ser por circunstâncias supervenientes a estes não imputáveis, as custas são repartidas entre aqueles em partes iguais.

2 – Considera-se que ocorreu uma alteração das circunstâncias não imputável às partes quando:

a) A pretensão do autor ou requerido ou oposição do réu ou requerente se houverem fundado em disposição legal entretanto alterada ou revogada;

b) Quando ocorra uma reversão de jurisprudência constante em que se haja fundado a pretensão do autor ou requerente ou oposição do réu ou requerido;

c Quando ocorra, no decurso do processo, prescrição ou amnistia;

d) Quando, em processo de execução, o património que serviria de garantia aos credores se tiver dissipado por facto não imputável ao executado;

e) Quando se trate de ação tendente à satisfação de obrigações pecuniárias e venha a ocorrer a declaração de insolvência do réu ou executado, desde que, à data da propositura da ação, não fosse previsível para o autor a referida insolvência.

3 – Nos restantes casos de extinção da instância por impossibilidade ou inutilidade superveniente da lide, a responsabilidade pelas custas fica a cargo do autor ou requerente, salvo se tal impossibilidade ou inutilidade for imputável ao réu ou requerido, caso em que é este o responsável pela totalidade das custas.

4 – Considera-se, designadamente, que é imputável ao réu ou requerido a inutilidade superveniente da lide quando esta decorra da satisfação voluntária, por parte deste, da pretensão do autor ou requerente, fora dos casos previstos no nº 2 do artigo anterior e salvo se, em caso de acordo, as partes acordem a repartição das custas.

Remissões: art. 277º, al. e) (impossibilidade ou inutilidade superveniente da lide).

1. É ainda o princípio da causalidade que subjaz à adoção da solução legal prevista no preceito para casos que envolvem modificações de natureza legal ou jurisprudencial ou outros eventos estranhos à parte, mas que interferem na substância da pretensão que visava ver reconhecida, sendo que estes não decorrem simplesmente da prolação de acórdãos de uniformização, mas da eventual assunção de entendimentos diversos daqueles que constituíam jurisprudência constante aquando da instauração da ação ou da apresentação da contestação.

2. Lebre de Freitas e Isabel Alexandre, *CPC anot.*, vol. II, 3ª ed., p. 446, opinam no sentido de que "para que o nº 1 tenha algum sentido útil, a sua previsão há de ser preenchida abstraindo do elenco do nº 2, forçosamente exemplificativo, mediante o apelo a outras situações, como as que integravam o preceito anterior ao DL 34/08, embora não se possa hoje prescindir do requisito (porém, *de jure constituendo* muito discutível) da inimputabilidade à parte cuja situação processual se torne infundada com a circunstância superveniente ocorrida."

3. Em sentido diametralmente oposto, Salvador da Costa, *As Custas Processuais*, 2017, 6ª ed., p. 39, afirma que: «prevê o nº 2 o circunstancialismo de facto e de direito constante das suas cinco alíneas, e estatui, em termos de presunção *iure et de iure*, dever considerar-se ter ocorrido alteração das circunstâncias não imputável às partes. A lei optou pelo elenco dos casos de alteração das circunstâncias não imputáveis às partes, substituindo o que poderia e deveria ser tarefa do intérprete, inserindo uma causa redutora da necessária dinâmica interpretativa.»

4. Neste dissídio interpretativo, cremos que a razão assiste a esta última posição. Com efeito, a técnica legislativa utilizada no nº 2 do art. 536º ("*considera-se que ocorreu uma alteração das circunstâncias não imputável às partes quando:* (...)") é recorrentemente utilizada quando se pretendem efetuar enumerações taxativas, de que é exemplo acabado o art. 48º do CIRE ("*consideram-se subordinados, sendo graduados depois dos restantes créditos sobre a insolvência*: (...)". Ou seja, o nº 1 do art. 536º não constitui uma cláusula geral, exemplificada no nº 2; pelo contrário, no nº 2 enumeram-se, de forma fechada, os casos que se subsumem ao nº 1.

5. Perante situações de extinção da instância fundada na impossibilidade (*v.g.* morte do sujeito processual em lide subjetivamente infungível, extinção do objeto da ação, etc.) ou na inutilidade superveniente da lide (*v.g.* cumprimento da obrigação), importa distinguir os casos em que o evento é imputável ao sujeito processual das demais situações.

6. Segundo o ***Assento nº 4/77***, a respeito da inutilidade ou impossibilidade superveniente da lide que então estava regulada no art. 447º do CPC de 1961: "*O disposto no nº 1 do art. 447º do CPC é aplicável independentemente da natureza do facto que determine a impossibilidade ou inutilidade da lide.*"

ARTIGO 537º
Custas no caso de confissão, desistência ou transação

1 – Quando a causa termine por desistência ou confissão, as custas são pagas pela parte que desistir ou confessar; e, se a desistência ou confissão for parcial, a responsabilidade pelas custas é proporcional à parte de que se desistiu ou que se confessou.

2 – No caso de transação, as custas são pagas a meio, salvo acordo em contrário, mas quando a transação se faça entre uma parte isenta ou dispensada do pagamento de custas e outra não isenta nem dispensada, o juiz, ouvido o Ministério Público, determinará a proporção em que as custas devem ser pagas.

Remissões: arts. 283º e ss. (confissão, desistência e transação).

1. Não suscita dúvidas a imputação da responsabilidade em casos de desistência total ou parcial do pedido ou da instância, assim como as situações de confissão do pedido. Já quanto à transação, sendo as custas suportadas, em regra, por ambas as partes, admite-se estas regulem também essa matéria, resultado que, porém, estará condicionado pela audição do Ministério Público quando alguma das partes beneficie de isenção de custas ou de apoio judiciário, o que poderá justificar a recusa de homologação da transação nessa parte e a aplicação do que resultar do regime legal supletivo.

ARTIGO 538º
Custas devidas pela intervenção acessória e assistência

1 – Aquele cuja intervenção na causa seja aceite e assuma a qualidade de assistente é responsável, se o assistido decair, pelo pagamento de custas nos termos definidos no Regulamento das Custas Processuais.

2 – Nos casos de intervenção do Ministério Público, só são devidas custas quando este não beneficiar de isenção para uma eventual intervenção como parte principal em questão controvertida idêntica.

Remissões: arts. 326º e ss. (assistente); art. 4º, nº 1, al. a) do RCP (isenção de custas do Ministério Público); art. 38º do RCP (responsabilidade do Estado por custas).

1. A figura do assistente está regulada nos arts. 326º e ss., reportando-se o art. 13º, nº 7, al. c), do RCP, à taxa de justiça que lhe compete.

ARTIGO 539º
Custas dos procedimentos cautelares, dos incidentes e das notificações

1 – A taxa de justiça dos procedimentos cautelares e dos incidentes é paga pelo requerente e, havendo oposição, pelo requerido.

2 – Quando se trate de procedimentos cautelares, a taxa de justiça paga é atendida, a final, na ação respetiva.

3 – A taxa de justiça no processo de produção de prova antecipada é paga pelo requerente e atendida na ação que for entretanto proposta.

4 – A taxa de justiça das notificações avulsas é paga pelo requerente.

Remissões: art. 256º (notificação avulsa); art. 419º (produção antecipada de prova).

1. Nos termos do nº 1, a taxa de justiça devida pelo impulso processual é paga apenas pelo requerente, se não houver oposição, ou pelo requerente e pelo requerido, se este deduzir oposição.

2. Segundo o nº 2, a taxa de justiça paga nos procedimentos cautelares é atendida, a final, na ação respetiva. Esta norma reporta-se, apenas, à taxa de justiça e não já às custas em sentido amplo, dela derivando que a taxa de justiça paga pelo requerente e pelo requerido é atendida no âmbito das custas de parte nas conexas ações declarativas e executivas (cf. Salvador da Costa, *As Custas Processuais*, 6ª ed., pp. 48-49). O nº 2 foi tacitamente revogado pelo novo sistema de custas em virtude de incompatibilidade normativa, na medida em que, atualmente, a responsabilidade pelo pagamento da taxa de justiça é estruturada na base do impulso processual, ao contrário do regime de pretérito em que a obrigação do pagamento da taxa de justiça derivava do decaimento das partes na causa (cf. Salvador da Costa, "Questões sobres custas processuais (4)", in *https://blogippc.blogspot.com*).

3. A expressão "*oposição*" apenas abarca aquela que tenha sido deduzida antes de ser decretada a providência, e não o incidente autónomo de oposição contra providência decretada sem contraditório prévio. Nestes casos, se a oposição proceder, as respetivas custas serão imputadas ao requerente da providência (para mais desenvolvimentos, cf. Abrantes Geraldes, *Temas da Reforma do Processo Civil*, vol. III, 4ª ed., pp. 252 e 253 e *Temas Judiciários*, pp. 245 e ss.).

4. Considera Salvador da Costa, *As Custas Processuais*, 6ª ed., p. 48, que o indeferimento do pedido de inversão do contencioso não justifica, por falta de autonomia, a condenação do requerente no pagamento de custas.

ARTIGO 540º
Pagamento dos honorários pelas custas

Os mandatários judiciais e técnicos da parte vencedora podem requerer que o seu crédito por honorários, despesas e adiantamentos seja, total ou parcialmente, satisfeito pelas custas que o seu constituinte tem direito a receber da parte vencida, sendo sempre ouvida a parte vencedora.

Remissões: art. 533º, nº 2, al. d)(honorários do mandatário); art. 26º, nº 3, al. c), do RCP (honorários atendíveis em sede de custas de parte).

1. O preceito deve ser conjugado com o art. 26º, nº 2, do RCP, e permite que as custas de parte de que é beneficiária a parte vencedora sejam pagas diretamente ao respetivo mandatário ou técnico, por conta dos honorários e despesas que lhe sejam devidos.

ARTIGO 541º
Garantia de pagamento das custas

As custas da execução, incluindo os honorários e despesas devidos ao agente de execução, apensos e respetiva ação declarativa saem precípuas do produto dos bens penhorados.

Remissões: art. 721º, nº 1 (pagamento das quantias devidas ao agente de execução).

1. O valor resultante da venda dos bens penhorados reverte para o exequente ou, em situações de concurso de credores, para os credores segundo a ordem que for definida por sentença. Em qualquer caso, será preferencialmente aplicado no pagamento das custas da execução, nestas se incluindo as despesas e os honorários do agente de execução.

CAPÍTULO III
Multas e indemnização

ARTIGO 542º
Responsabilidade no caso de má-fé – Noção de má-fé

1 – Tendo litigado de má-fé, a parte é condenada em multa e numa indemnização à parte contrária, se esta a pedir.

2 – Diz-se litigante de má-fé quem, com dolo ou negligência grave:

a) Tiver deduzido pretensão ou oposição cuja falta de fundamento não devia ignorar;

b) Tiver alterado a verdade dos factos ou omitido factos relevantes para a decisão da causa;

c) Tiver praticado omissão grave do dever de cooperação;

d) Tiver feito do processo ou dos meios processuais um uso manifestamente reprovável, com o fim de conseguir um objetivo ilegal, impedir a descoberta da verdade, entorpecer a ação da justiça ou protelar, sem fundamento sério, o trânsito em julgado da decisão.

3 – Independentemente do valor da causa e da sucumbência, é sempre admitido recurso, em um grau, da decisão que condene por litigância de má-fé.

Remissões: art. 87º (competência para a execução das indemnizações); art. 27º, nº 3, do RCP (montante da multa).

1. A matéria da litigância de má-fé, com larga ilustração jurisprudencial e doutrinária, foi abordada por Abrantes Geraldes, em *Temas Judiciários*.

2. A lei não coloca entraves irrazoáveis à introdução em juízo de pretensões ou de meios de defesa, nem consente que se faça do direito de ação uma interpretação correspondente a uma verdadeira petição de princípio, segundo a qual o acesso aos tribunais estaria reservado apenas aos que tivessem razão. Se um dos objetivos do exercício do direito de ação é o reconhecimento de uma situação jurídica tutelável, o recurso legítimo aos tribunais não pode restringir-se àqueles que inequivocamente tenham a razão do seu lado. Ao invés, a lei confere uma vasta amplitude ao direito de ação ou de defesa, de maneira que, para além da repercussão no campo das custas judiciais, não retira do decaimento qualquer outra consequência, a não ser que alguma das partes aja violando as regras e princípios básicos por que devem pautar a sua atuação processual. Assim, não deve confundir-se a litigância de má-fé com:

a) A mera dedução de pretensão ou oposição cujo decaimento sobreveio por mera fragilidade da sua prova, por a parte não ter logrado convencer da realidade por si trazida a juízo;

b) A eventual dificuldade de apurar os factos e de os interpretar;

c) A discordância na interpretação e aplicação da lei aos factos, a diversidade de versões sobre certos factos ou a defesa convicta e séria de uma posição, sem, contudo, a lograr impor (RP 2-3-10, 6145/09).

3. A má-fé, quer dolosa, quer baseada em culpa grave, continua a poder apresentar-se sob as vestes da litigância substancial ou instrumental. Integrará a primeira a conduta da parte que infringir o dever de não formular pretensão ou oposição cuja falta de fundamento não ignorava ou não devia ignorar, a que alterar a verdade dos factos ou a que omitir factos relevantes para a decisão da causa.

4. No que tange à densificação da al. a), refere Paula Costa e Silva que basta que à parte seja exigível esse conhecimento, cabendo-lhe indagar se a sua pretensão era concretamente fundamentada, no plano de facto e do direito: "a parte pratica um ato desconforme e provocador de um dano num bem juridicamente protegido porque, antes de agir, devia ter observado os deveres de indagação que sobre ela impendiam; o desconhecimento quanto à falta de fundamentação é-lhe imputável, sendo censurável" (*A Litigância de Má Fé*, p. 394), tanto relevando a negligência consciente como a negligência inconsciente. A exigibilidade do conhecimento quanto à falta de fundamentação constitui realidade diversa do conhecimento efetivo, sendo que a exigência deste "equivaleria a inviabilizar praticamente o funcionamento da regra" (p. 393). Na síntese da mesma autora, o parâmetro de aferição do dever de diligência da parte consubstancia-se assim: "a generalidade das pessoas ou todas as pessoas, pertencentes à categoria social e intelectual da parte real, colocadas naquela situação em concreto, ter-se-iam abstido de litigar, uma vez que, cumprindo os seus deveres de indagação, teriam concluído não terem, quer a pretensão, quer a defesa, fundamento. Só um sujeito extraordinariamente desleixado age como agiu a parte" (p. 395). Assim, deve ser condenado como litigante de má-fé a parte que nega factos pessoais que vieram a ser declarados provados (STJ 18-10-18, 74300/16).

5. O tipo objetivo da al. b) pressupõe que a parte atue em seu benefício ao alterar a verdade dos factos ou omitir factos relevantes, comportando um tipo de ilícito doloso e negligente (cf. Paula Costa e Silva, *ob. cit.*, pp. 401-407).

6. Já a litigância instrumental resultará da violação grave do dever de cooperação ou da utilização dos meios processuais para os fins ilegítimos que constam do art. 542º, nº 2, al. d), como sucede com a sistemática interposição de recursos com vista ao protelamento do trânsito em julgado (STJ 26-9-13, 305/10 e STJ 12-1-17, 59970/12). São em menor número as situações em que a conduta maliciosa emerge da omissão de factos conhecidos pela parte e que se mostram relevantes para a decisão, podendo justificar-se em tais circunstâncias os pertinentes esclarecimentos ao abrigo do art. 7º, nº 2.

7. Através da litigância de má-fé, a lei sanciona a instrumentalização do direito processual em diversas vertentes, quer ela se apresente como uma forma de conseguir um objetivo considerado ilegítimo pelo direito substantivo, quer como um meio de impedir a descoberta da verdade, quer ainda como forma de emperrar ainda mais a máquina judiciária, com a colocação de obstáculos ou com a promoção de expedientes meramente dilatórios. Abarca ainda os casos em que se pretende impedir o trânsito em julgado da decisão e, deste modo, prejudicar a contraparte na tutela ou na realização do direito substantivo que através da decisão lhe seja reconhecido. O facto de as partes terem exarado transação não interfere na avaliação da sua conduta processual em termos de litigância de má-fé (STJ 12-1-17, 59970/12); outrossim em casos de inutilidade superveniente da lide (RG 10-5-18, 27/15). Em RG 30-5-18, 19/17, entendeu-se que é admissível, em ação autónoma, reclamar indemnização por danos causados por conduta integradora de litigância de má-fé em ação anterior finda (contra: Abrantes Geraldes, *Temas Judiciários*, p. 333).

8. A parte não pode ser condenada como litigante de má-fé sem que lhe tenha sido facultada a possibilidade do exercício do contraditório (art. 3º, nº 3, e Ac. do Trib. Const. nº 498/2011).

9. Da decisão condenatória nesta sede é sempre admissível a recurso em um grau, independentemente do valor da causa. Mas constitui jurisprudência corrente no Supremo que a recorribilidade apenas está assegurada num grau, independentemente do valor (STJ 16-1-14, 1279/08, STJ 27-5-10, 5387/05, STJ 19-2-08, 07A2669 e Abrantes Geraldes, *Recursos no NCPC*, 5ª ed., p. 65). Ou seja, a decisão proferida em 1ª instância admite sempre recurso de apelação relativamente à condenação em litigância de má-fé, assim como ocorre se a condenação for decidida pela Relação.

10. Ainda que o valor da ação supere a alçada da Relação, a parte que tenha sido penalizada não pode interpor recurso de revista que abarque essa questão, regime que compatibiliza a tutela do visado (carecida, nesta parte, de um duplo grau de jurisdição) com a natureza marginal da questão.

11. Para mais desenvolvimentos, cf. Abrantes Geraldes, *Temas Judiciários*, pp. 303 e ss., Paula Costa e Silva, *A Litigância de Má Fé*, pp. 379 a 455 e Menezes Cordeiro, *Litigância de Má Fé, Abuso do Direito de Acão e Culpa "In Agendo"*. Sobre a aplicação do regime da litigância de má-fé, cf. "Estudo de avaliação de impacto", 2010, em *www.dgpj.mj.pt*.

ARTIGO 543º
Conteúdo da indemnização

1 – A indemnização pode consistir:

a) No reembolso das despesas a que a má-fé do litigante tenha obrigado a parte contrária, incluindo os honorários dos mandatários ou técnicos;

b) No reembolso dessas despesas e na satisfação dos restantes prejuízos sofridos pela parte contrária como consequência direta ou indireta da má-fé.

2 – O juiz opta pela indemnização que julgue mais adequada à conduta do litigante de má-fé, fixando-a sempre em quantia certa.

3 – Se não houver elementos para se fixar logo na sentença a importância da indemnização, são ouvidas as partes e fixa-se depois, com prudente arbítrio, o que parecer razoável, podendo reduzir-se aos justos limites as verbas de despesas e de honorários apresentadas pela parte.

4 – Os honorários são pagos diretamente ao mandatário, salvo se a parte mostrar que o seu patrono já está embolsado.

Remissões: art. 87º (competência para a execução das indemnizações).

1. Sendo decretada oficiosamente, a litigância de má-fé apenas pode dar origem à aplicação de uma multa em montante a fixar pelo juiz dentro da moldura legal (entre 2 UC a 100 UC – art. 27º, nº 3, do RCP). Já se for suscitada pela contraparte, com dedução de pedido de indemnização, o juiz pode ainda arbitrar um quantitativo que pondere os dispêndios feitos com mandatário judicial e as restantes despesas não cobertas pelas custas de parte (em RG 30-5-18, 19/17, admitiu-se a fixação de indemnização por litigância de má fé em ação autónoma).

2. A situação prevista na al. a) constitui uma modalidade de indemnização simples, que abarca apenas as despesas diretamente relacionadas com a conduta maliciosa do litigante. A al. b) prevê uma modalidade de indemnização agravada, abrangendo prejuízos correspondentes a danos emergentes e lucros cessantes que tenham, direta ou indiretamente, por fonte o comportamento doloso ou gravemente negligente, sem exclusão dos danos de natureza não patrimonial, desde que com a litigância tenham o nexo de causalidade exigido por lei (RP 13-2-17, 3006/05).

3. Em qualquer caso, o juiz deve ponderar a gravidade da conduta, não relevando a capacidade económica e financeira do condenado nem tão pouco o valor da ação. Se a condenação respeitar apenas a uma fase processual, a indemnização à parte contrária deve corresponder apenas às despesas feitas nessa fase. Nesta linha de raciocínio, na parte atinente aos honorários do mandatário da parte contrária, a indemnização apenas abrange os honorários que tiverem sido determinados pela má-fé e não, em regra, a totalidade daqueles honorários.

4. Para mais desenvolvimentos, cf. Abrantes Geraldes, *Temas Judiciários*, pp. 334 e ss.

ARTIGO 544º

Responsabilidade do representante de incapazes

Quando a parte for um incapaz, a responsabilidade das custas, da multa e da indemnização recai sobre o seu representante que esteja de má-fé na causa.

1. A responsabilidade recai sobre o representante do incapaz que esteja de má-fé. Já quando se trata de pessoa coletiva ou sociedade a responsabilidade, é agora assacada à própria parte e não ao seu representante, como se previa no art. 458º do CPC de 1961 (STJ 26-9-13, 305/10).

ARTIGO 545º
Responsabilidade do mandatário

Quando se reconheça que o mandatário da parte teve responsabilidade pessoal e direta nos atos pelos quais se revelou a má-fé na causa, dar-se-á conhecimento do facto à respetiva associação pública profissional, para que esta possa aplicar sanções e condenar o mandatário na quota-parte das custas, multa e indemnização que lhe parecer justa.

1. A violação dos princípios da cooperação ou a prática de qualquer ato objetivamente integrador dos pressupostos da litigância de má-fé, cuja responsabilidade recaia direta e pessoalmente sobre o mandatário, dá azo a comunicação à Ordem dos Advogados. Será, no entanto, no campo da má-fé instrumental que mais se verificará a conduta dolosa ou gravemente negligente do mandatário.

2. Uma vez que o mandatário judicial é quem no processo exerce as funções de aconselhamento técnico e quem domina a estratégia processual, tudo quanto diga respeito à má-fé instrumental acaba por ser imputável também à atuação do próprio mandatário. No caso de o mandato ser exercido por solicitador, a comunicação deverá ser dirigida à respetiva Ordem.

3. Trata-se de uma norma cuja aplicação foi deixada à associação pública profissional em que se integra o mandatário da parte (RL 4-6-09, 1590/06 e RP 31-3-04, 0430727).

TÍTULO VII
Das formas de processo

CAPÍTULO I
Disposições gerais

ARTIGO 546º
Processo comum e processos especiais

1 – O processo pode ser comum ou especial.

2 – O processo especial aplica-se aos casos expressamente designados na lei; o processo comum é aplicável a todos os casos a que não corresponda processo especial.

Remissões: art. 136º, nº 2 (forma de processo determina-se pela lei vigente à data da propositura da ação); art. 552º, nº 1, al. c) (indicação da forma de processo na petição); arts. 878º e ss. (processos especiais).

1. Consagrado o princípio da legalidade da forma processual, a delimitação do âmbito do processo comum é feita através de um critério residual, abarcando todos os litígios a que não corresponda expressamente alguma das formas de processo especial previstas no CPC ou em diplomas avulsos.

2. A forma de processo afere-se em função do tipo de pretensão formulada pela autor e não com referência à pretensão que porventura deveria ter sido deduzida.

3. O erro na forma de processo constitui uma nulidade sujeita ao regime especial do art. 193º, norma que privilegia a adaptação do processado à forma processual adequada, fazendo uso, se necessário, do dever de gestão processual (art. 6º) ou do princípio da adequação formal (art. 547º), mas sempre com respeito pelas garantias das partes.

4. Sobre a matéria, cf. Paulo Pimenta, *Processo Civil Declarativo*, 2ª ed., pp. 57-59.

ARTIGO 547º
Adequação formal

O juiz deve adotar a tramitação processual adequada às especificidades da causa e adaptar o conteúdo e a forma dos atos processuais ao fim que visam atingir, assegurando um processo equitativo.

Remissões: art. 6º, nº 1 (gestão processual); 591º, nº 1, al. e) (audiência prévia); 593º, nº 2, al. b) (dispensa de audiência prévia); 597º, al. d) (termos posteriores aos articulados em ações de valor não superior a metade da alçada da Relação); art. 630º, nº 2 (admissibilidade restrita de recurso).

1. O dever de adequação formal inscreve-se no dever de gestão processual previsto no art. 6º. Podendo ser exercido logo na intervenção liminar (quando esta se verifique) e ao longo de todo o processo, deve ser especialmente ponderado aquando da realização da audiência prévia (art. 591º, nº 1, al. e)) ou, não se realizando esta, nos termos previstos nos arts. 592º, nº 2, 593º, nº 2, al. b) e 597º, al. d).

2. A oportunidade do exercício deste poder/dever apenas surge, em regra, depois dos articulados, mas não está afastada a possibilidade de antecipação quando o juiz se confronte (ou seja confrontado) com a necessidade de intervenção ou quando seja promovida a sua intervenção, tendo por critério a inadequação da tramitação processual tipificada ou da forma do ato processual às exigências do caso. Certo é que a experiência vem revelando uma generalizada falta de uso deste mecanismo.

3. A adequação formal revelar-se-á especialmente importante quando se trate de litígios que, pelas suas próprias características, encontrem dificuldades de integração na tramitação genérica prevista para o processo comum ou em litígios particularmente complexos, em que haja vantagens na cisão e autonomização de matérias relevantes, designadamente a que esteja relacionada com uma exceção dilatória (STJ 19-11-15, 2864/12). Outras situações podem derivar da coligação ou da cumulação de pedidos a que correspondam formas de processo diversas, desde que não sejam manifestamente incompatíveis (art. 37º, nºs 2 e 3 e 555º, nº 1).

4. A necessidade pode verificar-se, designadamente, naqueles casos a que já correspondeu alguma forma de processo especial entretanto abolida (*v.g.* ações de demarcação ou para constituição de servidões prediais). A integração dos correspondentes litígios na forma de processo comum suscita dificuldades cuja resolução pode justificar um esforço no sentido de ajustar toda a tramitação processual às necessidades que resultam da aplicação do regime substantivo. Em certos casos, a adequação formal não se reportará a toda a tramitação processual mas apenas a algum segmento da mesma ou ao conteúdo ou forma de determinado ato ou atos processuais.

5. O exercício do poder/dever de adequação formal permite quer a construção, em bloco, de uma tramitação alternativa, quer a adaptação de aspetos parcelares e pontuais da tramitação legal, aqui se incluindo a dispensa da prática de atos que se revelem concretamente desnecessários ou a sua substituição por outros tidos por mais adequados às especificidades da causa.

6. O acionamento do princípio da adequação formal pressupõe, na sua vertente da tramitação processual, a deteção da ineficiência e/ou da ineficácia da forma processual predisposta segundo o princípio da legalidade, cabendo ao juiz decidir qual a resposta mais ajustada em face da natureza do ato, do circunstancialismo do processo ou da necessidade de ajustamento a duas ou mais pretensões que, separadamente, seguiriam formas processuais distintas.

7. O critério que deve orientar a adequação formal é o da proporcionalidade em relação à complexidade da causa (cf. Teixeira de Sousa, "Apontamento sobre o princípio da gestão processual no novo Código de Processo Civil", em *www.academia.edu*), sempre no sentido de assegurar um processo equitativo, nos termos do conceito que emana da CEDH.

8. Segundo Rui Pinto, *CPC anot.*, vol. II, pp. 15-18, o princípio da adequação formal comporta limites, desde logo, os enunciados no art. 630º, nº 2:

a) A tramitação alternativa tem que ser equitativa, o que implica a observância da igualdade das partes (art. 4º), da proibição da indefesa, do contraditório (art. 3º), da imparcialidade, da fundamentação das decisões, da publicidade do processo, da proibição de decisões-surpresa, bem como a obtenção de decisão dentro de prazo razoável;

b) Deve respeitar a segurança jurídica quanto aos atos processuais consumados e quanto ao plano de tramitação sucedânea previamente definido (sob cominação de nulidade, cf. nota 2 ao art. 195º), tal como deve respeitar as regras da aquisição processual de factos e da admissibilidade de meios probatórios e o princípio dispositivo, não podendo reportar-se a factos não admissíveis nos termos do art. 5º;

c) Tem de respeitar regras processuais imperativas, tais como as que fixam prazos perentórios para o exercício de direitos ou as atinentes aos pressupostos processuais;

d) Na aplicação do princípio da adequação formal, o juiz não pode interferir na estratégia processual livremente delineada pelos litigantes, suprindo eventuais omissões destes, e deverá observar o princípio do contraditório, nos termos gerais do art. 3º (RC 20-12-11, 545/09).

9. Constituem exemplos de atuação da adequação formal:

a) A antecipação da apreciação de uma questão prejudicial de modo a evitar a inutilidade de outros atos;

b) A realização da prova de um facto que condiciona a procedência da causa, de modo a permitir que, na hipótese de falta de prova desse facto, possa ser pronunciada de imediato decisão de improcedência;

c) A marcação da audiência final sem aguardar o resultado de uma prova pericial, como especificamente se prevê para ações de indemnização no art. 600º, nº 1;

d) Cindir e autonomizar a matéria relevante para a apreciação de exceção dilatória em litígio complexo (STJ 19-11-15, 2864/12);

e) Em STJ 26-8-18, 10118/16, decidiu-se que se a tramitação prevista na lei não se adequar ao fim do processo, se justifica a adaptação da sequência processual às especificidades da causa com vista a obter uma solução global e justa do litígio, tendo-se decidido, então, permitir a intervenção de terceiros num processo de impugnação de despedimento laboral.

10. Outros exemplos são dados por Lebre de Freitas e Isabel Alexandre, *CPC anot.*, vol. II, 3ª ed., pp. 471 e 472, sendo de realçar a possibilidade de ser assegurada a resposta avulsa à matéria de exceções invocadas na contestação, superando a opção do legislador que decorre do art. 584º de relegar esse direito, em regra, para o início da audiência prévia ou da audiência final (art. 3º, nº 4). Nada obsta a que a adequação formal, se necessária, seja determinada pelo tribunal superior, quando tal se integre na solução do litígio (neste sentido, STJ 22-3-18, 349/13).

CAPÍTULO II
Processo de declaração

ARTIGO 548º
Forma do processo comum

O processo comum de declaração segue forma única.

1. Apesar da unicidade formal que agora caracteriza o processo comum, não é totalmente indiferente o valor da causa, como o revelam o art. 468º, nº 5, impondo a perícia singular nas ações cujo valor não ultrapasse metade da alçada da Relação (€ 15.000,00), o art. 511º, nº 1, *in fine*, reduzindo o número de testemunhas a metade nas ações de valor não superior à alçada da 1ª instancia (€ 5.000,00), o art. 597º, no que respeita à tramitação posterior aos articulados em ações cujo valor não supere metade da alçada da Relação, o art. 604º, nº 4, reduzindo o tempo das alegações orais nas ações de valor não superior à alçada da 1ª instancia, ou o art. 117º, nº 1, da LOSJ, que comete aos juízos centrais cíveis a competência para a preparação e julgamento das ações declarativas cíveis de processo comum de valor superior a € 50.000,00.

2. Sobre a matéria, cf. Paulo Pimenta, *Processo Civil Declarativo*, 2ª ed., pp. 59-61.

ARTIGO 549º
Disposições reguladoras do processo especial

1 – Os processos especiais regulam-se pelas disposições que lhes são próprias e pelas disposições gerais e comuns; em tudo o quanto não estiver prevenido numas e noutras, observa-se o que se acha estabelecido para o processo comum.

2 – Quando haja lugar a venda de bens, esta é feita pelas formas estabelecidas para o processo de execução e precedida das citações ordenadas no artigo 786º, observando-se quanto à reclamação e verificação dos créditos as disposições dos artigos 788º e seguintes, com as necessárias adaptações, incumbindo ao oficial de justiça a prática dos atos que, no âmbito do processo executivo, são da competência do agente de execução.

1. Sem prejuízo da adequação formal, quando necessária ou conveniente, o princípio da especialidade e da legalidade das formas processuais implica que a tramitação dos processos especiais obedeça sucessivamente à regulamentação específica, às normas gerais e às normas do processo declarativo comum.

2. Em determinadas formas de processo, admite-se a possibilidade de se proceder à venda de bens, como ocorre no processo especial para divisão de coisa comum (art. 929º, nº 8). Nesta parte, aplica-se o regime da ação executiva para a realização da venda e efetivação das citações para efeitos de eventual reclamação de créditos, sem embargo de as funções serem exercidas por oficial de justiça, e não por agente de execução.

CAPÍTULO III
Processo de execução

ARTIGO 550º
Forma do processo comum

1 – O processo comum para pagamento de quantia certa é ordinário ou sumário.

2 – Emprega-se o processo sumário nas execuções baseadas:

a) Em decisão arbitral ou judicial nos casos em que esta não deva ser executada no próprio processo;

b) Em requerimento de injunção ao qual tenha sido aposta fórmula executória;

c) Em título extrajudicial de obrigação pecuniária vencida, garantida por hipoteca ou penhor;

d) Em título extrajudicial de obrigação pecuniária vencida cujo valor não exceda o dobro da alçada do tribunal de 1ª instância.

3 – Não é, porém, aplicável a forma sumária:

a) Nos casos previstos nos artigos 714º e 715º;

b) Quando a obrigação exequenda careça de ser liquidada na fase executiva e a liquidação não dependa de simples cálculo aritmético;

c) Quando, havendo título executivo diverso de sentença apenas contra um dos cônjuges, o exequente alegue a comunicabilidade da dívida no requerimento executivo;

d) Nas execuções movidas apenas contra o devedor subsidiário que não haja renunciado ao benefício da excussão prévia.

4 – O processo comum para entrega de coisa certa e para prestação de facto segue forma única.

Remissões: arts. 724º a 854º (processo comum ordinário de execução); arts. 855º a 858º (processo comum sumário de execução); art. 855º, nº 5 (momento da penhora nas execuções instauradas ao abrigo da al. d) do nº 2).

1. Inversamente do que ocorre no processo declarativo comum, o processo executivo para pagamento de quantia certa está subdividido em duas formas estabelecidas essencialmente com base na solenidade e segurança que rodeia o título executivo, no valor da quantia exequenda e na maior ou menor complexidade da fase introdutória. Além disso, importa considerar que as execuções fundadas em decisão judicial seguem a regulamentação prescrita pelo art. 626º (cf. art. 85º).

2. No processo executivo comum para pagamento de quantia certa, a forma ordinária tem natureza residual, aplicando-se sempre que não deva observar-se a forma sumária, cujo campo de aplicação é indicado expressamente no nº 2, sendo que, não obstante, há casos que acabam por submeter-se à forma ordinária, considerando a necessidade de salvaguardar circunstâncias específicas, assinaladas no nº 3.

3. Sobre o emprego da forma sumária no processo comum para pagamento de quantia certa, cf. a anot. do art. 855º.

4. Sobre a matéria, cf. Paulo Pimenta, *Processo Civil Declarativo*, 2ª ed., pp. 61-63.

ARTIGO 551º
Disposições reguladoras

1 – São subsidiariamente aplicáveis ao processo de execução, com as necessárias adaptações, as disposições reguladoras do processo de declaração que se mostrem compatíveis com a natureza da ação executiva.

2 – À execução para entrega de coisa certa e para prestação de facto são aplicáveis, na parte em que o puderem ser, as disposições relativas à execução para pagamento de quantia certa.

3 – À execução sumária aplicam-se subsidiariamente as disposições do processo ordinário.

4 – Às execuções especiais aplicam-se subsidiariamente as disposições do processo ordinário.

5 – O processo de execução corre em tribunal quando seja requerida ou decorra da lei a prática de ato da competência da secretaria ou do juiz e até à prática do mesmo.

Remissões: art. 10º, nº 4 (espécies de ações executivas); arts. 724º a 854º (processo comum ordinário de execução); arts. 855º a 858º (processo comum sumário de execução); arts. 859º a 867º (ação executiva para entrega de coisa certa); arts. 868º a 877º (ação executiva para prestação de facto).

1. A ação executiva é tributária da regulamentação da ação declarativa, naquilo que se mostre necessário e compatível. Por seu lado, sendo a execução para pagamento de quantia certa sob a forma ordinária paradigmática da ação executiva, quer a execução sob a forma sumária, quer as execuções para entrega de coisa certa ou para prestação de facto também seguem, na falta de regulamentação própria, o que for previsto para a primeira.

LIVRO III
DO PROCESSO DE DECLARAÇÃO

TÍTULO I
Dos articulados

CAPÍTULO I
Petição inicial

ARTIGO 552º
Requisitos da petição inicial

1 – Na petição, com que propõe a ação, deve o autor:

a) Designar o tribunal e respetivo juízo em que a ação é proposta e identificar as partes, indicando os seus nomes, domicílios ou sedes e, obrigatoriamente, no que respeita ao autor, e sempre que possível, relativamente às demais partes, números de identificação civil e de identificação fiscal, profissões e locais de trabalho;

b) Indicar o domicílio profissional do mandatário judicial;

c) Indicar a forma do processo;

d) Expor os factos essenciais que constituem a causa de pedir e as razões de direito que servem de fundamento à ação;

e) Formular o pedido;

f) Declarar o valor da causa;

g) Designar o agente de execução incumbido de efetuar a citação ou o mandatário judicial responsável pela sua promoção.

2 – Para o efeito da identificação das partes que sejam pessoa coletiva nos termos da alínea a) do número anterior, o mandatário judicial constituído pelo autor que apresente a petição por via eletrónica indica o respetivo número de identificação de pessoa coletiva ou, relativamente às entidades não abrangidas pelo regime jurídico do Registo Nacional de Pessoas Coletivas, o seu número de identificação fiscal, ficando esta identificação sujeita a confirmação no sistema informático de suporte à atividade dos tribunais, o qual devolve, para validação, os dados constantes das bases de dados do ficheiro central de pessoas coletivas do Registo Nacional de Pessoas Coletivas ou da Autoridade Tributária e Aduaneira, consoante os casos.

3 – Para efeito do disposto no número anterior, e visando garantir a identificação unívoca da parte, o mandatário judicial pode efetuar, através do sistema de informação de suporte à atividade dos tribunais, pesquisas nas bases

de dados do ficheiro central de pessoas coletivas do Registo Nacional de Pessoas Coletivas ou da Autoridade Tributária e Aduaneira.

4 – Sendo a identificação da parte efetuada nos termos dos nºs 2 e 3, a informação prevista na alínea a) do nº 1 é transmitida ao sistema informático de suporte à atividade dos tribunais pelas bases de dados do ficheiro central de pessoas coletivas do Registo Nacional de Pessoas Coletivas ou da Autoridade Tributária e Aduaneira, podendo a mesma ser atualizada, de forma automática, durante o processo, sempre que ocorrer alteração nas referidas bases de dados.

5 – Caso a parte a identificar seja pessoa coletiva cuja informação não conste das bases de dados do ficheiro central de pessoas coletivas do Registo Nacional de Pessoas Coletivas ou da Autoridade Tributária e Aduaneira, ou caso por motivos técnicos não seja possível a identificação nos termos dos números anteriores, a identificação é efetuada através do preenchimento do formulário disponibilizado no sistema informático de suporte à atividade dos tribunais, nos termos a definir na portaria prevista no nº 2 do artigo 132º, a qual regulamenta, igualmente, o disposto nos números anteriores.

6 – No final da petição, o autor deve apresentar o rol de testemunhas e requerer outros meios de prova; caso o réu conteste, o autor é admitido a alterar o requerimento probatório inicialmente apresentado, podendo fazê-lo na réplica, caso haja lugar a esta, ou no prazo de 10 dias a contar da notificação da contestação.

7 – O autor deve, com a apresentação da petição inicial, comprovar o prévio pagamento da taxa de justiça devida ou a concessão do benefício de apoio judiciário, na modalidade de dispensa do mesmo, nos termos definidos na portaria prevista no nº 2 do artigo 132º.

8 – Quando, ao abrigo do disposto no nº 7 do artigo 144º, a petição inicial seja apresentada por mandatário judiciário por uma das formas previstas nas alíneas a) a c) do nº 7 do mesmo artigo, o autor deve juntar à petição inicial o documento comprovativo do prévio pagamento da taxa de justiça devida ou da concessão do benefício de apoio judiciário, na modalidade de dispensa do mesmo.

9 – Sendo requerida a citação nos termos do artigo 561º, e faltando, à data da apresentação da petição em juízo, menos de cinco dias para o termo do prazo de caducidade ou ocorrendo outra razão de urgência, deve o autor comprovar que requereu o pedido de apoio judiciário mas este ainda não foi concedido, nos termos definidos na portaria prevista no nº 2 do artigo 132º ou, sendo a petição inicial apresentada por uma das formas previstas nas alíneas a) a c) do nº 7 do artigo 144º, através da junção do respetivo documento comprovativo.

10 – No caso previsto no número anterior, o autor deve efetuar o pagamento da taxa de justiça no prazo de 10 dias a contar da data da notificação da decisão

definitiva que indefira o pedido de apoio judiciário, sob pena de desentranhamento da petição inicial apresentada, salvo se o indeferimento do pedido de apoio judiciário só for notificado depois de efetuada a citação do réu.

11 – Para o efeito da alínea g) do nº 1, o autor designa agente de execução inscrito ou registado na comarca ou em comarca limítrofe ou, na sua falta, em outra comarca pertencente à mesma área de competência do respetivo tribunal da Relação, sem prejuízo do disposto no nº 9 do artigo 231º.

12 – A designação do agente de execução fica sem efeito se ele declarar que não a aceita, nos termos a definir por portaria do membro do Governo responsável pela área da justiça.

13 – O disposto nos nºs 2 a 5 é aplicável, com as necessárias adaptações, quando haja que proceder à identificação de qualquer outra parte processual que seja pessoa coletiva em qualquer peça a apresentar por mandatário judicial por via eletrónica.

14 – A alteração do domicílio profissional do mandatário judicial pode ser comunicada ao processo, automaticamente, pelas bases de dados das respetivas associações públicas profissionais.

(Alterado pelo DL nº 97/19, de 26-7)

Remissões: art. 3º (impulso processual); art. 5º, nº 1 (ónus de alegação); arts. 64º e ss. (competência interna); arts. 70º e ss. (competência territorial); art. 132º (tramitação eletrónica); art. 186º (ineptidão); art. 231º, nº 9 (citação por funcionário judicial); art. 259º, nº 1 (início da instância); arts. 296º e ss. (valor processual); arts. 546º e ss. (formas de processo); art. 558º (recusa da petição); art. 570º (taxa de justiça); art. 590º, nºs 2 a 4 (despacho de aperfeiçoamento); art. 609º (princípio do pedido).

1. A estrutura da petição inicial é a seguinte: endereço, introito, narração e conclusão. O "endereço" contém a designação do tribunal e do juízo onde a ação é proposta, o que supõe a prévia determinação do foro competente (em razão da matéria, da hierarquia, do território e do valor do processo, numa conjugação entre as regras constantes da LOSJ e dos arts. 64º e ss. do CPC). A petição inicial é recusada (em regra, pelo próprio sistema de informação) quando a petição não tenha endereço ou esteja endereçada a outro tribunal (art. 558º, al. a)).

2. No "introito", o autor deve identificar as partes, indicando os seus nomes, domicílios ou sedes; é ainda obrigatória, quanto ao autor, a indicação dos números de identificação civil e fiscal, profissões e locais de trabalho, também sob pena de recusa da petição (art. 558º, al. b)), elementos que, sendo possível, abarcarão também o sujeito passivo. Na identificação das partes importará atentar no seu estado civil, dada a sua relevância, nomeadamente para as ações a que se refere o art. 34º. Os nºs 2 a 5, que mais recentemente foram introduzidos pelo DL nº 97/19, de 26-7, vêm concretizar o modo de identificação de partes que sejam pessoa coletiva.

3. Outra indicação diz respeito à forma do processo, devendo o autor indicar se a ação segue a forma de processo comum ou alguma forma de processo especial, também sob pena de recusa da petição (art. 558º, al. d)), ainda que a indicação não seja vinculativa, já que a nulidade decorrente do erro na forma de processo deve ser oficiosamente corrigida pelo juiz, até ao despacho saneador (arts. 193º, nº 1 e 200º, nº 2).

4. A "narração" constitui a parte nuclear da petição inicial, na qual o autor deve "*expor os factos essenciais que constituem a causa de pedir e as razões de direito que servem de fundamento à ação*", previsão que tem conexão direta com o art. 5º. A petição inicial deve dar cumprimento ao ónus de alegação dos factos essenciais que constituem a causa de pedir, isto é, de todos os factos de cuja verificação dependa a procedência da pretensão deduzida, em conformidade com a previsão normativa aplicável (cf. as anot. desenvolvidas aos arts. 5º e 186º).

5. A causa de pedir tem um substrato fáctico, aí radicando a fundamentação da pretensão formulada em juízo. Daí que se fale em narração: o autor deverá expor (narrar) o quadro factual atinente ao tipo legal de que pretende prevalecer-se na ação instaurada. Tal narração envolverá a alegação e a descrição, por exemplo: dos concretos factos relativos à celebração do negócio de compra e venda de um bem por via do qual o autor ficou credor do preço (não tendo já de aludir à circunstância de o mesmo não se encontrar pago, pois tal circunstância não é constitutiva do direito; o eventual pagamento, pela sua natureza extintiva, deverá ser alegado pelo réu); dos factos relativos à ocorrência de um acidente de viação e respetivas consequências e à responsabilidade civil daí decorrente; dos factos relativos à celebração de um contrato de arrendamento e à conduta do réu violadora dos seus deveres de inquilino; dos factos relativos à celebração de um contrato-promessa de compra e venda e à falta de cumprimento do promitente-vendedor; dos factos relativos à posse de determinado bem imóvel pelo autor e ao seu esbulho pelo réu; dos factos relativos à invalidade formal de certo negócio ou a outra nulidade ou anulabilidade específica; enfim, nas ações reais, os factos de que emerge o direito real, em função do modo de aquisição que está em causa.

6. O nosso sistema processual civil é marcado pela teoria da substanciação, tornando exigível a indicação específica ou concreta dos factos constitutivos do direito feito valer. Será pela demonstração desses factos em juízo que o autor alcançará a tutela jurisdicional desejada. É da correspondência entre o quadro factual apurado nos autos e o quadro fáctico previsto numa ou mais normas substantivas que resultará o reconhecimento do direito invocado. O cumprimento daquele ónus de alegação não se basta, pois, com a mera alegação do direito em causa ou com a reprodução da norma ou normas jurídicas de que aquele emana.

7. Apesar de o atual regime processual apontar claramente no sentido de alegações mais concisas, menos prolixas e de articulados menos extensos, sempre será necessário que a realidade que projeta o direito em causa seja exposta numa linguagem que se identifique, em concreto, como matéria de facto e que não corresponda simplesmente a conceitos de natureza estritamente jurídica. Por outro lado, mesmo não sendo fácil a delimitação daquilo que constitui matéria de facto e matéria de direito, daí não resulta que todo e qualquer conceito jurídico tenha de ser artificialmente substituído por outras expressões de (pretenso) conteúdo fáctico, impondo-se, isso sim, um modo de alegação que permita traduzir em linguagem natural e apreensível os fundamentos da pretensão. Em resumo, é necessário que a alegação permita compreender qual a concreta situação de que emerge a pretensão que é deduzida em face do quadro jurídico aplicável (cf. anot. aos arts. 5º, 186º e 607º sobre o modo de integração da causa de pedir).

8. Da conjugação entre o art. 552º, nº 1, al. d) e os arts. 5º, nº 2, al. b) e 590º, nº 4, resulta que não há preclusão quanto a factos que sejam complementares ou concretizadores de outros inicialmente alegados. Tais factos, embora essenciais, por serem necessários à procedência da pretensão (e sujeitos, por isso, ao ónus de alegação), não têm uma função individualizadora do tipo legal, podendo por isso ser posteriormente adquiridos para os autos, ora por via de convite ao aperfeiçoamento (art. 590º, nº 4), ora por via da instrução (art. 5º, nº 2, al. b)), sendo que, neste último caso, a consideração desses factos tem natureza oficiosa (RP 5-6-14, 11586/10, RP 15-9-14, 3596/12 e Paulo Pimenta, *Processo Civil Declarativo*, 2ª ed., pp. 21 e 155).

9. Neste quadro, é evidente que a inexistência de preclusão não significa dispensa de alegação daqueles factos. A boa técnica processual impõe mesmo que também sejam inscritos na petição, com a vantagem de tornar dispensável a posterior intervenção do juiz em sede de convite ao aperfeiçoamento e de sujeitar a aquisição de tais factos para a sentença à álea da instrução (acerca da conjugação do regime do art. 5º, nº 2, al. b), com o do art. 590º, nº 4; Paulo Pimenta, *ob. cit.*, pp. 252-255).

10. Nos casos em que a narração fáctica vertida na petição não cumpra cabalmente o ónus que impende sobre o autor, teremos o seguinte quadro:

a) Ou a alegação contida na petição inicial é de tal modo deficiente que não permite identificar o tipo legal, caso em que ocorrerá ineptidão, por falta de causa de pedir (cf. anot. ao art. 186º);

b) Ou a alegação, embora deficiente, permite essa identificação, caso em que se imporá, na altura própria, a prolação de despacho de convite ao aperfeiçoamento fáctico do articulado (cf. anot. ao art. 590º).

11. No primeiro caso, dir-se-á que foi omitida a alegação de factos essenciais nucleares, ou seja, factos que integram o núcleo primordial da causa de pedir e desempenham função individualizadora dessa causa de pedir: daí a ineptidão da petição. Já no segundo caso, apesar de assegurada a individualização da causa de pedir, foi omitida a alegação de factos complementares ou concretizadores que, embora sem aquela função individualizadora, importam para a procedência da ação (cf. Abrantes Geraldes, *Temas da Reforma do Processo Civil*, vol. I, 2ª ed., pp. 188-206 e Paulo Pimenta, *ob. cit.*, 2ª ed., pp. 154-155).

12. Diverso é o regime processual introduzido pelo CPC no que concerne aos factos instrumentais, isto é, aos factos que não integram a previsão normativa e apenas permitem a prova indiciária (por via de presunções judiciais) dos factos essenciais nucleares, complementares ou concretizadores. Pretendendo contrariar uma tendência que a práxis judiciária revela no sentido da alegação de todo e qualquer facto que tenha alguma relação, posto que indireta, com o concreto litígio, não se encontra no atual CPC qualquer norma que preveja a necessidade da sua alegação. Pelo contrário, o relevo de tal factualidade surge apenas em sede do juízo probatório que o tribunal formará sobre a restante factualidade, como bem o revelam quer o art. 5º, nº 2, al. a), quer o art. 607º, nº 4.

13. Pretendeu, deste modo, o legislador contrariar aquela tendência excessiva para articulados extensos ou prolixos, desenhando um sistema que, apesar disso, não impeça a livre discussão dessa factualidade na audiência final se e na medida em que for pertinente para a demonstração dos factos relevantes e para a motivação da decisão sobre os factos que se considerem provados e não provados. A experiência demonstra que a alteração ou a clarificação dos regimes legais não são suficientes para a modificação dos hábitos dos intervenientes processuais, mas não deixa de constituir um passo importante para que paulatinamente se modifiquem certas práticas que se traduzem, como a realidade o revela, na apresentação de extensíssimos articulados que dificultam a perceção do que é realmente importante e que acabam por dispersar a atenção e as energias dos intervenientes processuais para aspetos que verdadeiramente não relevam.

14. Em termos práticos, no quotidiano forense, esta solução legal potencia o abandono de uma técnica que ainda teima em persistir (num dos exemplos em que a práxis acaba por se sobrepor à lei), devendo o autor concentrar a alegação em factos suscetíveis de preencher o tipo legal de que pretende prevalecer-se, dispensando-se uma alegação pormenorizada e atomística, pejada de referências laterais, circunstanciais ou meramente instrumentais (cf. Paulo Pimenta, *ob. cit.*, pp. 21 e 154).

15. Assim, em face do atual modelo, não é expectável (menos ainda exigível, obviamente) que o autor alegue tais factos na petição inicial. Se a função desses factos é meramente probatória dos factos essenciais (esses, sim, sujeitos ao ónus de alegação), o seu significado reporta-se à vertente instrutória (probatória) da causa. Acresce que não há qualquer preclusão relativamente a factos instrumentais, estabelecendo o art. 5º, nº 2, al. a), que o juiz deverá considerar (e considerar *ex officio*, designadamente para fundamentar presunções judiciais) os factos instrumentais que resultem da instrução da causa, o que ocorrerá na sentença, ao nível da motivação da convicção do julgamento da matéria de facto (art. 607º, nº 4).

16. Esses factos sempre poderão ser discutidos em sede de audiência final, na medida em que tenham alguma conexão com os factos controvertidos ou com os temas da prova que os condensam, e deverão, por regra, ser expostos pelo juiz na motivação da decisão da matéria de facto (art. 607º, nº 4). É essa exposição que permite apreender o caminho que foi trilhado pelo juiz para formar a sua convicção quanto aos factos de que depende o reconhecimento do direito (ou da exceção), assim se garantindo às partes uma efetiva hipótese de, em caso de discordância, impugnarem a decisão da matéria de facto (art. 640º), conferindo à Relação a possibilidade de reapreciar essa decisão (art. 662º) (cf. Abrantes Geraldes, *Recursos no NCPC*, 5ª ed., *Apêndice* "Sentença cível", pp. 599 e ss.).

17. Já não será assim quanto aos factos que servem de base a presunções legais (art. 350º do CC). É que, uma vez demonstrados em juízo, tais factos conduzem diretamente ao efeito jurídico previsto na lei, o qual se impõe ao próprio julgador. Deste modo, os factos que suportam presunções legais são factos essenciais, sujeitos ao inerente ónus de alegação na petição inicial e submetidos a um juízo probatório específico (com inclusão, se provados, na fundamentação de facto da sentença: art. 607º, nº 3).

18. Assim acontece com os factos que revelam as diversas presunções em matéria de responsabilidade civil extracontratual, de posse ou de investigação da paternidade: apenas podem ser estabelecidas tais presunções se os factos de que emergem tiverem sido alegados ou se, tendo natureza eminentemente complementar ou concretizadora, forem assumidos pelo juiz na sentença. Depois de terem sido objeto de alegação ou, ao menos, objeto de instrução, sobre eles recairá uma pronúncia específica, decorrendo da sua demonstração a afirmação da presunção legal e, por isso, o efeito que da mesma emerge (cf. Abrantes Geraldes, *Recursos* cit., pp. 601 e 602 e Paulo Pimenta, *ob. cit.*, p. 360).

19. Como consta ainda da al. d) do nº 1 do art. 552º, o autor deve indicar as razões de direito que servem de fundamento à ação, o que respeita ao enquadramento jurídico da pretensão deduzida, de modo a justificar, em face dos factos alegados, o pedido que formula. Apesar de, nos termos do art. 5º, nº 3, o tribunal não estar sujeito às alegações das partes no tocante à indagação, interpretação e aplicação das regras de direito, nem por isso deixa de constituir um ónus a que o autor deve dar satisfação, mais não seja para assegurar que o tribunal, caso venha a adotar diferente enquadramento jurídico, ouça as partes antes de decidir (art. 3º, nº 3) (cf. Paulo Pimenta, *ob. cit.*, p. 156). Lebre de Freitas e Isabel Alexandre, *CPC anot.*, vol. II, 3ª ed., p. 492, concluem, aliás, que, nos casos em que o autor tenha omitido qualquer referência legal para sustentar a sua pretensão, fica impedido de invocar posteriormente a nulidade da sentença que, sem audição das partes, tenha enveredado por uma determinada qualificação jurídica.

20. A "conclusão" é a parte da petição em que o autor indica a concreta tutela jurisdicional pretendida com a ação, devendo formular expressamente o pedido correspondente. Recordando as hipóteses acima colocadas: o autor pedirá a condenação do réu no pagamento da quantia relativa ao preço em dívida; a condenação da seguradora no pagamento de certo valor a título de indemnização; a resolução do contrato de arrendamento e a consequente condenação do réu a abandonar o locado; a execução específica do contrato-promessa pela prolação de sentença que produza os efeitos da declaração negocial do promitente-vendedor; a condenação do réu na restituição do imóvel; a declaração de nulidade do negócio em causa e, se for o caso, a restituição do que tenha sido prestado; a declaração de nulidade ou anulação do negócio jurídico ou o reconhecimento do direito real.

21. O pedido representa o corolário lógico dos factos descritos na narração, os quais são precisamente o fundamento do pedido, sob pena de ineptidão da petição inicial (art. 186º, nº 2, al. b)). É também o pedido que estabelece os limites da sentença, no caso de a ação vir a ser julgada procedente (art. 609º, nº 1) (cf. Paulo Pimenta, *ob. cit.*, pp. 156 e 157 e Abrantes Geraldes, *Temas* cit., pp. 119 e ss., e anot. ao art. 186º).

22. Sem prejuízo de outras características, podemos afirmar genericamente que o pedido deve reunir os seguintes requisitos (cf. mais desenvolvidamente Abrantes Geraldes, *Temas* cit., pp. 122 e ss.):

a) Ser expressamente referido na petição inicial (existência), embora não seja afastada de todo a admissibilidade de pedidos implícitos (cf., em matéria de ação de reivindicação, STJ 24-1-95, CJ, t. I, p. 38 e RL 18-1-96, CJ, t. I, p. 92);

b) Ser apresentado de forma clara e inteligível (ininteligível é o pedido que se apresenta "confuso, incompreensível, indecifrável, obscuro" – STJ 9-5-95, CJ, t. II, p. 68); só um pedido cujo alcance possa ser compreendido pelo juiz e pelo réu é passível de sustentar um processo em que se pretende uma decisão judicial definidora de um conflito de interesses, assegurar o efetivo exercício do contraditório, circunscrever com rigor os limites da sentença (art. 609º, nº 1) e delimitar o caso julgado material (art. 621º);

c) Ter um conteúdo determinado ou determinável em fase de liquidação ou de execução de sentença, de forma que possa ser facilmente apreendido por terceiros e permita a definição dos contornos do direito no caso concreto (constituindo um exemplo negativo o que foi apreciado em RE 14-6-78, CJ, t. IV, p. 1284, num caso em que era pedida a "declaração de que o autor não tem para com o réu qualquer dívida ou qualquer obrigação de pagar ou indemnizar");

d) Ser coerente relativamente à causa de pedir ou pedidos cumulados, evitando quer a incompatibilidade substancial que determina a ineptidão da petição (art. 186º, nº 2, al. b)), quer a incongruência que pode desembocar na improcedência do pedido;

e) Ser lícito, ou seja, representar uma forma de tutela de direitos ou de interesses protegidos e admitidos pela ordem jurídica, vício que, em tempo oportuno, pode determinar a aplicação do mecanismo previsto no art. 612º e a condenação do autor como litigante de má-fé (art. 542º, nº 2, al. d));

f) Representar uma forma de tutela de um direito ou de um interesse juridicamente relevante (juridicidade).

23. A petição deve conter ainda alguns elementos complementares, sendo de destacar a indicação do valor da causa, sob pena de recusa pela secretaria (arts. 558º, al. e) e 305º, nº 3). Para o efeito, cumpre ao autor verificar qual o critério legal para a fixação do valor e, caso seja necessário, fazer as operações respetivas com vista à sua determinação, bem longe de "ajeitar" o valor de modo a que lhe seja permitido aceder a instâncias superiores (por excesso) ou obter uma redução do valor da taxa de justiça (por defeito).

24. Trata-se, aliás, de um aspeto formal relevante (daí estar sujeita a posterior impugnação por parte do réu e a uma intervenção oficiosa do juiz – arts. 305º e 306º). Por um lado, o valor processual é aquele que resultar da aplicação dos critérios legais e não da vontade do autor. Por outro, tem implicações diversas, designadamente ao nível da competência do tribunal (art. 102º e LOSJ), da necessidade ou não de patrocínio judiciário (art. 40º, nº 1, al. a)), da recorribilidade das decisões (art. 629º, nº 1) e da taxa de justiça (art. 6º, nº 1, do RCP), sem embargo ainda de outras implicações relacionadas com diversos atos processuais: perícia singular (art. 468º, nº 5); número de testemunhas (art. 511º, nº 1); audiência prévia (art. 597º, nº 1); duração das alegações orais (art. 604º, nº 5).

25. A petição também deve conter a indicação do domicílio profissional do mandatário judicial (arts. 552º, nº 1, al. b) e 558º, al. c)). Quando for o caso, deve conter a designação do agente de execução que efetuará a citação ou do mandatário judicial que a promoverá (arts. 225º, nº 2, al. c), 225º, nº 3, 231º, 237º e 238º).

26. O autor tem o ónus de integrar na petição inicial o requerimento probatório, ainda que, no caso de o réu contestar, seja admitido a alterá-lo na réplica, se esta existir, ou no prazo de 10 dias a contar da notificação da contestação (art. 552º, nº 6), alteração que também pode ocorrer na audiência prévia, nos termos do art. 598º, nº 1. Relativamente ao rol de testemunhas, poderá ser aditado ou alterado (mas já não introduzido *ex novo*) até 20 dias antes da audiência final (art. 598º, nº 2).

27. Quanto aos documentos, o regime continua a ser mais liberal, regendo-se especificamente pelo disposto no art. 423º, nº 2: devem ser apresentados, em regra, com a petição, embora se admita a sua junção posterior, até 20 dias antes da audiência final, com sujeição a multa se não for justificada essa apresentação tardia; fica sempre salva a apresentação de documentos objetiva e subjetivamente supervenientes e de outros cuja junção se justificar por desenvolvimentos posteriores, designadamente para sustentar a defesa contra matéria de exceção ou pedido reconvencional ou em resposta à junção de documentos pela contraparte.

28. Com a petição deve ser demonstrado o pagamento da taxa de justiça ou da concessão do benefício de apoio judiciário, sob pena de recusa da petição inicial (art. 558º, al. f)).

29. Sobre a matéria, cf. anot. aos arts. 5º (matéria de facto) e 186º (causa de pedir e pedido), 590º (despacho de aperfeiçoamento) e 607º (sentença), Abrantes Geraldes, *Temas* cit., pp. 213-227, Paulo Pimenta, *ob. cit.*, pp. 151-157 e "Ónus de alegação e de impugnação das partes e poderes de cognição do tribunal", em *II Colóquio de Proc. Civil de Santo Tirso*, pp. 98-101, 104-110 e 119-123, Lebre de Freitas e Isabel Alexandre, *CPC anot.*, vol. II, 3ª ed., pp. 487 e ss. e Teixeira de Sousa, "Algumas questões sobre o ónus de alegação e de impugnação em processo civil", em *Scientia Iuridica*, t. LXII, nº 332, pp. 395 e ss.

ARTIGO 553º
Pedidos alternativos

1 – É permitido fazer pedidos alternativos, com relação a direitos que por sua natureza ou origem sejam alternativos, ou que possam resolver-se em alternativa.

2 – Quando a escolha da prestação pertença ao devedor, a circunstância de não ser alternativo o pedido não obsta a que se profira uma condenação em alternativa.

Remissões: arts. 543º e ss. do CC (obrigações alternativas); art. 297º, nº 3 (valor da causa); 714º (obrigação alternativa e ação executiva).

1. Na base do pedido alternativo está uma obrigação alternativa, de tal forma que o direito do autor fica satisfeito efetuando-se uma só das prestações, podendo afirmar-se que estas são juridicamente equivalentes. O art. 553º refere dois tipos de direitos alternativos: os que o são originariamente ou por natureza e os que, embora não o sejam inicialmente, se podem resolver em alternativa. A primeira espécie, prevista nos arts. 543º e ss. do CC, é aquela em que a obrigação nasce ou se constitui de modo alternativo. O conteúdo das obrigações alternativas é integrado por duas ou mais prestações que se equivalem, senão em termos económicos, pelo menos juridicamente, significando tal equivalência que a obrigação se extingue pela satisfação de uma só das prestações.

2. Por seu turno, os direitos que se podem resolver em alternativa respeitam a casos em que o credor, perante o incumprimento do devedor, tem a hipótese de optar por uma das várias soluções que a lei lhe concede. Assim acontece no caso de impossibilidade parcial do cumprimento, prevista no art. 802º do CC, em que o credor tem a faculdade de resolver o negócio ou exigir o cumprimento da parte que for possível. O mesmo se passa no caso do art. 808º do CC em que, apesar de ultrapassado o "*prazo razoável*", será admissível que o credor possa, em alternativa, optar entre rescindir o contrato, nos termos do art. 801º, ou insistir ainda pelo cumprimento. A questão das obrigações que se resolvem em alternativa tem sido apreciada nos tribunais com certa frequência em casos derivados do incumprimento de contratos de empreitada (e também de contrato de compra e venda com defeitos), constituindo entendimento corrente que os direitos fundados no art. 1221º do CC podem ser exercidos na mesma ação, mas em regime de subsidiariedade e não como pedidos alternativos.

3. A circunstância de haver direitos e obrigações que se apresentam em alternativa implica, necessariamente, uma escolha com vista a determinar qual dos direitos se exerce ou qual das prestações há de ser realizada. Competindo a escolha ao credor, ou este a faz antes de instaurar a ação e apresenta já um pedido fixo, ou não faz tal escolha e formula um pedido alternativo. Nesta última hipótese, poderá vir a caber ao réu a escolha da prestação quando o credor o não fizer, dentro do prazo contratualmente fixado, ou, na falta de estipulação, dentro do prazo que para o efeito lhe for fixado pelo devedor (arts. 549º e 542º, nº 2, do CC).

4. A escolha pelo réu tanto pode ser feita na pendência da causa (caso em que, sendo procedente a ação, a condenação será já na prestação escolhida), como depois de finda a ação (caso em que a procedência da ação implica a condenação em alternativa, pelo que a subsequente execução observará o disposto nos arts. 626º, nº 2, 550º, nº 3, al. a) e 714º). O mesmo regime se verifica quando o direito de escolha pertença inicialmente ao devedor: o facto de o autor formular um pedido fixo não obsta a que haja condenação em alternativa.

5. A lei não esclarece quais as consequências que derivam da formulação de pedidos alternativos quando não se verifique qualquer das situações previstas no art. 553º. A formulação de pedidos alternativos fora do condicionalismo legal levará o juiz a providenciar pela sanação desse vício, nos termos do art. 590º, nº 2, al. a). Na ocasião em que decidir do mérito da causa, deverá considerar, de entre os pedidos formulados, aquele que tiver acolhimento à luz do direito substantivo (cf. Abrantes Geraldes, *Temas da Reforma do Processo Civil*, vol. I, 2ª ed., pp. 162 e 163).

6. A lei não regula expressamente, quanto aos pedidos alternativos, os requisitos de ordem formal que são exigidos para os pedidos subsidiários ou para a cumulação real de pedidos (arts. 554º e 555º). A razão deve estar no facto de não ser provável que, quanto aos pedidos alternativos, possam ser divergentes as formas de processo ou diferentes os tribunais com competência para deles conhecer. Mas se isso eventualmente acontecer, deve aplicar-se, por analogia, o regime estipulado para os restantes casos de cumulação de pedidos (art. 555º).

7. No caso da formulação de pedidos alternativos, o valor da causa afere-se pelo pedido de maior valor (art. 297º, nº 3).

8. Sobre a matéria, cf. Abrantes Geraldes, *ob. cit.*, pp. 158-163 e Paulo Pimenta, *Processo Civil Declarativo*, 2ª ed, pp. 158-160.

ARTIGO 554º
Pedidos subsidiários

1 – Podem formular-se pedidos subsidiários. Diz-se subsidiário o pedido que é apresentado ao tribunal para ser tomado em consideração somente no caso de não proceder um pedido anterior.

2 – A oposição entre os pedidos não impede que sejam deduzidos nos termos do número anterior; mas obstam a isso as circunstâncias que impedem a coligação de autores e réus.

Remissões: arts. 36º e 37º (requisitos da coligação); art. 82º, nº 2 (competência territorial); art. 297º, nº 3 (valor da causa); art. 607º (sentença); art. 608º (pedido).

1. O pedido subsidiário é o que se apresenta ao tribunal para ser tomado em consideração no caso de não proceder um pedido anterior (alternativa aparente). Quando propõe a ação, o autor tem em vista um determinado propósito, que exara na petição, mas pode suceder que tenha dúvidas objetivas quanto à viabilidade de determinada pretensão formulada ou não esteja inteiramente convencido da possibilidade de conseguir provar em tribunal os factos de que depende o reconhecimento do direito que pretende ver prioritariamente atendido.

2. Neste caso, em vez de correr o risco da improcedência e da necessidade de instaurar nova ação em que deduza outra pretensão, pode logo deduzir na petição inicial os dois ou mais pedidos (sem embargo da eventual dedução do pedido subsidiário na pendência da causa, embora com as limitações que decorrem dos arts. 264º e 265º). Mas, porque tem preferência por um deles, formula-o em primeiro lugar, sendo esse pedido que o tribunal vai analisar e decidir prioritariamente, só se debruçando sobre o pedido subsidiário se concluir pela improcedência do primeiro ou se, por qualquer outro motivo, houver desistência do pedido principal (STJ 7-4-88, BMJ 376º/563) ou absolvição da instância nessa parte.

3. Para além de razões de economia processual, o recurso à dedução de pedidos subsidiários (e também de causas de pedir subsidiárias do pedido formulado) tem a vantagem de evitar a preclusão do direito cujo exercício esteja sujeito a prazo de caducidade ou mesmo de prescrição. Por outro lado, como o art. 265º, nº 2, limita as condições em que pode haver alteração do pedido (no art. 273º, nº 2, do CPC de 1961, o regime era menos restritivo), uma estratégia cautelosa do autor levará a que possa ter interesse em antecipar diversos cenários quanto ao possível desfecho da lide, independentemente do teor da contestação do réu.

4. Tal situação é recorrente em litígios relacionados com contratos-promessa de compra e venda, em que pode ser conveniente que o promitente-comprador, por exemplo, formule o pedido de execução específica do contrato e, subsidiariamente, deduza o pedido de condenação da contraparte no pagamento de determinada quantia correspondente ao dobro do sinal ou ao valor da coisa prometida vender, com o objetivo de se precaver contra a dificuldade de provar os factos constitutivos do pedido principal ou de prevenir a hipótese de se revelar objetivamente impossível a substituição da vontade do promitente faltoso (RL 5-11-87, CJ, t. V, p. 95).

5. A utilidade desta fórmula adjetiva mais se evidencia quando se permite ao autor deduzir pedidos substancialmente incompatíveis sem correr o risco de indeferimento liminar ou de absolvição da instância com base em ineptidão da petição inicial (cf. anot. ao art. 186º), como pode ocorrer, mantendo-nos no mesmo plano, entre o pedido de condenação do promitente-vendedor no pagamento do dobro do sinal, com base no incumprimento do contrato-promessa e, subsidiariamente, na restituição do sinal prestado com fundamento na nulidade do mesmo contrato.

6. Embora haja certos pontos de contacto entre os pedidos subsidiários e os alternativos, as diferenças são nítidas: no caso da alternatividade as pretensões equivalem-se juridicamente; na subsidiariedade há uma graduação das pretensões do autor, admitindo que esse pedido possa não ser acolhido, caso em que prevalecerá o pedido secundário.

7. Quanto aos requisitos para a formulação de pedidos subsidiários, o art. 554º, nº 2, remete para as circunstâncias que impedem a coligação de autores e de réus, nos termos do art. 37º. Assim, a admissibilidade da formulação subsidiária de pedidos pressupõe que entre um e outro se verifique uma determinada conexão substancial (*v.g.* identidade da relação material litigada), não se concebendo a apresentação de pedidos sem qualquer nexo entre si. Além disso, o tribunal deve ter competência em razão da nacionalidade, da matéria e da hierarquia para todos os pedidos deduzidos, não lhes podendo corresponder formas de processo diferentes (sem prejuízo da hipótese prevista no art. 37º, nº 2). No que concerne às regras de competência territorial, vale o preceituado no art. 82º, nº 3, ou seja, a ação deve ser proposta no tribunal competente para a apreciação do pedido principal.

8. Ainda que a lei o não preveja especificamente, é de admitir também a figura da subsidiariedade imprópria, resultante da formulação de um segundo pedido para o caso de procedência do primeiro, de que será exemplo o pedido de condenação no pagamento de sanção pecuniária compulsória (Teixeira de Sousa, *As Partes, o Objecto e a Prova,* p. 151). Trata-se, em boa verdade, de uma situação de cumulação real de pedidos, embora a apreciação do segundo fique condicionada pelo resultado que for alcançado quanto ao primeiro.

9. O valor do processo, quando se formulem pedidos subsidiários, resulta da aplicação do disposto no art. 297º, nº 3 (corresponde ao valor do pedido deduzido em primeiro lugar).

10. Sobre a matéria, cf. Abrantes Geraldes, *Temas da Reforma do Processo Civil,* vol. I, 2ª ed., pp. 156-158 e Paulo Pimenta, *Processo Civil Declarativo,* 2ª ed, pp. 160-161.

ARTIGO 555º
Cumulação de pedidos

1 – Pode o autor deduzir cumulativamente contra o mesmo réu, num só processo, vários pedidos que sejam compatíveis, se não se verificarem as circunstâncias que impedem a coligação.

2 – Nos processos de divórcio ou de separação sem consentimento do outro cônjuge é admissível a dedução de pedido tendente à fixação do direito a alimentos.

Remissões: arts. 36º e 37º (requisitos da coligação); art. 82º, nºs 2 e 3 (competência territorial); art. 186º, nº 2, al. c) (incompatibilidade substancial); art. 297º, nº 3 (valor da causa).

1. Na cumulação real de pedidos há uma pluralidade ou multiplicidade de pretensões, com a particularidade de que, neste quadro, o autor pretende vê-las reconhecidas na sua globalidade.

2. A cumulação depende da verificação de certos requisitos. Por remissão para o regime da coligação, é de exigir, em regra, a conexão material das pretensões, nos termos do art. 36º. No que respeita a aspetos de ordem formal, não é admissível que o autor formule, no mesmo processo, pedidos incompatíveis entre si, isto é, pedidos cujos efeitos jurídicos sejam contrários ou opostos, sob pena de ineptidão da petição inicial (art. 186º, nº 2, al. c)).

3. Note-se que a incompatibilidade substancial dos pedidos só releva no âmbito da cumulação real, já que, tratando-se de pedidos subsidiários (cumulação aparente), o problema não se coloca, como refere a 1ª parte do nº 2 do art. 554º. É que, neste caso, os pedidos não se destinam a ser considerados em simultâneo, pelo que a incompatibilidade é apenas latente. O mesmo se diga quanto aos pedidos alternativos, na medida em que apenas uma das pretensões será concretizada, sendo irrelevante ponderar sobre a eventual incompatibilidade.

4. A cumulação de pedidos supõe a identidade do foro competente para deles conhecer (art. 37º, nº 1), de modo que a cumulação apenas é admitida se o tribunal tiver competência internacional, material e hierárquica para todos os pedidos, ainda que a não tenha em razão do valor ou do território. A falta de competência absoluta para algum dos pedidos corresponderá a uma exceção que implica a absolvição da instância relativamente ao pedido ou pedidos que não se inscrevam na esfera de competência absoluta do tribunal.

5. É exigida a identidade das formas do processo correspondente a todos os pedidos (art. 37º, nº 2), embora se abra a possibilidade de o juiz, em função de uma apreciação casuística, admitir a cumulação de pedidos noutras circunstâncias (cf. STJ 22-3-18, 349/13). A regra especial do nº 2 do art. 555º permite que com a ação especial de divórcio ou de separação sem o consentimento do outro cônjuge (art. 931º) seja formulado também o pedido de fixação de alimentos, o qual, isoladamente, seguiria a forma de processo comum. Do mesmo modo se mantém a possibilidade de cumulação do pedido de divórcio com o de condenação em indemnização por danos morais, nos termos do art. 1792º, nº 2, do CC.

6. Com exceção dos casos em que os pedidos são materialmente incompatíveis, gerando a ineptidão da petição inicial (art. 186º, nº 2, al. c)), a cumulação ilegal, à semelhança da coligação ilegal, para onde é feita a remissão (arts. 36º e 577º, al. f)), corresponde a uma exceção dilatória sanável com posterior aproveitamento do pedido que se enquadre nos requisitos materiais e formais dos arts. 36º e 37º, não determinando de imediato uma decisão de absolvição total da instância.

7. Havendo cumulação de pedidos, o valor da causa deverá expressar isso mesmo, razão pela qual o art. 297º, nº 2, estabelece que corresponde à soma dos valores de todos os pedidos. Ainda segundo o mesmo preceito, quando, como acessório do pedido principal, se pedirem juros, rendas e rendimentos já vencidos e os que se vencerem na pendência da causa, na fixação do valor atende-se somente aos interesses já vencidos.

8. Para efeito de determinação do tribunal onde a ação será instaurada (competência relativa, nas suas diversas modalidades, já que está liminarmente afastada a possibilidade de cumular pedidos cuja competência seja diversa em função da nacionalidade, matéria ou hierarquia) vale a regra do art. 82º, nº 2: se a determinação da competência para apreciação de algum dos pedidos corresponder a algum elemento de conexão que seja de apreciação oficiosa, nos termos do art. 104º, nºs 1 e 2, é esse o critério que deve ser determinante para a fixação da competência do tribunal; nos demais casos, a escolha cabe ao autor.

9. Sobre a matéria, cf. Abrantes Geraldes, *Temas da Reforma do Processo Civil*, vol. I, 2ª ed., pp. 134-156 e Paulo Pimenta, *Processo Civil Declarativo*, 2ª ed, pp. 161-162.

ARTIGO 556º
Pedidos genéricos

1 – É permitido formular pedidos genéricos nos casos seguintes:

a) Quando o objeto mediato da ação seja uma universalidade, de facto ou de direito;

b) Quando não seja ainda possível determinar, de modo definitivo, as consequências do facto ilícito, ou o lesado pretenda usar da faculdade que lhe confere o artigo 569º do Código Civil;

c) Quando a fixação do quantitativo esteja dependente de prestação de contas ou de outro ato que deva ser praticado pelo réu.

2 – Nos casos das alíneas a) e b) do número anterior, o pedido é concretizado através de liquidação, nos termos do disposto no artigo 358º, salvo, no caso da alínea a), quando o autor não tenha elementos que permitam a concretização, observando-se então o disposto no nº 7 do artigo 716º.

Remissões: art. 569º do CC (indicação do montante dos danos); art. 299º, nº 4 (valor da causa); arts. 358º a 360º (incidente de liquidação); art. 609º, nº 2 (condenação ilíquida); art. 716º (liquidação na ação executiva).

1. Por regra, os pedidos formulados na petição inicial devem ser determinados no seu quantitativo ou conteúdo. Há, porém, situações em que o autor, no momento da propositura da ação, não tem condições para concretizar aquilo que pretende. Quando assim for, é excecionalmente admitido a formular um pedido genérico que não se confunde naturalmente com pedidos de conteúdo indeterminado ou vago, reveladores de ineptidão da petição (art. 186º, nº 2, al. a)).

2. O primeiro caso em que é permitido ao autor formular um pedido genérico surge quando a ação tenha por objeto mediato uma universalidade de facto ou de direito. Em vez de um pedido determinado, em que mencione todos os elementos integradores da universalidade, o autor limita-se a indicar a universalidade de facto ou de direito a que pertencem tais elementos. Admitamos, por exemplo, que o autor pretende a condenação do réu na entrega de uma biblioteca, de uma determinada coleção ou de um rebanho. Se o demandante não estiver em condições de indicar, com rigor e precisão, todos os elementos que integram essas realidades, pode apresentar o seu pedido em termos genéricos, requerendo a condenação do réu a entregar essa universalidade.

3. O mesmo sucederá a propósito de uma universalidade de direito, como é a herança indivisa. Se, por testamento, um indivíduo foi instituído herdeiro universal do autor da sucessão e pretende que um terceiro, que está na posse de todos os bens dessa herança, lhos entregue (art. 2075º do CC), não sabendo quais os bens que pertencem à herança, justifica-se que o seu pedido seja formulado em termos genéricos, pedindo simplesmente a entrega da herança, sem especificar os bens a entregar. De todo o modo, esta faculdade de mencionar apenas a universalidade, sem especificar os seus elementos, não dispensa o autor de identificar corretamente a própria universalidade.

4. É também permitida a formulação de pedido genérico quando, no momento da propositura da ação, não é ainda possível fixar de modo definitivo as consequências do facto ilícito, por não se poder determinar ainda a extensão dos danos. As ações destinadas à efetivação da responsabilidade civil emergente de acidentes de viação são aquelas em que, com mais frequência, se assiste à formulação de pedidos genéricos, precisamente porque aí, tantas e tantas vezes, não há, no momento da instauração da ação, elementos que permitam determinar, com rigor e segurança, as consequências danosas.

5. Em face disso, o autor pode pedir que o réu seja condenado em indemnização cujo montante se liquidará posteriormente. Hipótese similar se verifica quando o lesado ficou impedido de continuar certa atividade económica e pretende ser ressarcido a título de lucros cessantes, sem dispor ainda de condições para quantificar a perda de ganho.

6. O preceito também prevê a formulação de pedido genérico nestes termos quando o lesado pretenda fazer uso da previsão do art. 569º do CC (preceito com maior amplitude do que a decorre da 1ª parte da al. b) do nº 1 do art. 556º do CPC), com o que pode designadamente evitar o decurso do prazo de prescrição previsto no art. 498º do CC e os correspetivos efeitos extintivos do direito de indemnização (cf. Abrantes Geraldes, *Temas da Reforma do Processo Civil*, vol. I, 2ª ed., pp. 166-171).

7. Por fim, é permitido formular pedido genérico quando a fixação do quantitativo estiver dependente de prestação de contas ou de outro ato que deva ser praticado pelo réu. É o que acontecerá quando o demandado, em virtude de funções que tenha desempenhado (*v.g.* depositário ou cabeça de casal) ou da prática de certos atos, estiver obrigado a prestar contas da sua atividade e a pagar ao autor o saldo que vier a apurar-se, realidade a que se ajusta o pedido genérico, que se traduz na pretensão de pagamento da quantia que se liquidar como saldo a favor do autor.

8. Quando o autor, nos termos em que tal lhe é permitido, invocar a necessidade de formular o pedido em termos genéricos e a ação prosseguir, em que momento e por que meio se procede à respetiva concretização ou liquidação? Nos termos do nº 2 do art. 556º, se a liquidação puder ser feita até ao início da discussão da causa, o autor deduzirá o incidente da liquidação nos termos dos arts. 358º a 360º.

9. Quando não for possível fazer a liquidação na ação declarativa mas a decisão a proferir seja no sentido da condenação, o tribunal, sem prejuízo da condenação imediata na parte que já seja líquida, condenará no que vier a ser liquidado (art. 609º, nº 2), o que equivale a remeter para momento posterior a determinação do objeto ou da quantidade, observando-se então o disposto no nº 2 do art. 358º e nos nºs 3 e 4 do art. 360º (cf. ainda o art. 716º, nº 7, para as universalidades). Semelhante condenação pode, aliás, ocorrer mesmo em situações em que tenha sido formulado pedido líquido, mas não tenha sido possível quantificar o valor da condenação (a jurisprudência do Supremo é pacífica a este respeito).

10. A dedução de pedido genérico fora do condicionalismo legal reconduz-se a uma exceção dilatória inominada. Tratando-se de vício suscetível de sanação, o efeito de absolvição da instância (art. 278º, nº 1, al. e)) deve ficar reservado para os casos em que o autor não proceda à reformulação do pedido, na sequência de convite para tal (arts. 6º, nº 2, 278º, nº 2 e 590º, nº 2, al. a)).

11. A dedução de um pedido genérico cria dificuldades na definição de um critério seguro quanto ao valor da causa, razão pela qual o nº 4 do art. 299º estabelece que o valor inicialmente aceite é corrigido logo que o processo forneça os elementos necessários.

12. Sobre a matéria, cf. Abrantes Geraldes, *ob. cit.*, pp. 163-186 e Paulo Pimenta, *Processo Civil Declarativo*, 2ª ed., pp. 162-164.

ARTIGO 557º
Pedido de prestações vincendas

1 – Tratando-se de prestações periódicas, se o devedor deixar de pagar, podem compreender-se no pedido e na condenação tanto as prestações já vencidas como as que se vencerem enquanto subsistir a obrigação.

2 – Pode ainda pedir-se a condenação em prestações futuras quando se pretenda obter o despejo de um prédio no momento em que findar o arrendamento e nos casos semelhantes em que a falta de título executivo na data do vencimento da prestação possa causar grave prejuízo ao credor.

Remissões: art. 610º (condenação *in futurum*); art. 715º (execução de obrigação condicional); art. 850º, nº 1 (título executivo com trato sucessivo); art. 1053º do CC (despejo do prédio em caso de caducidade do arrendamento) e art. 1081º do CC (efeitos da cessação do arrendamento).

1. O preceito permite que o autor, em certas circunstâncias, peça a condenação do réu no cumprimento de prestações futuras, isto é, de prestações ainda não vencidas e, portanto, em princípio, inexigíveis. São os pedidos de prestações vincendas que originam as chamadas condenações *in futurum*, o que não se confunde com os casos de prestações periódicas ou reiteradas, em que a falta de pagamento de uma delas dá ao credor a imediata possibilidade de exigir o cumprimento de todas as restantes (art. 781º do CC). Nesta sede, ainda que em matéria de direito substantivo, releva o ***AUJ nº 7/09***: *"No contrato de mútuo oneroso liquidável em prestações, o vencimento imediato destas ao abrigo de cláusula de redação conforme ao art. 781º do CC não implica a obrigação de pagamento dos juros remuneratórios nelas incorporados"*.

2. A primeira situação em que é lícito o pedido de condenação em prestações futuras ocorre no caso de, estando o devedor obrigado a efetuar prestações periódicas, deixar de cumprir alguma delas. Nesta hipótese, o autor pode requerer a condenação do réu não só na prestação vencida como nas que se vencerem enquanto persistir a obrigação. Assim sucederá, por exemplo, num contrato de arrendamento, em que o inquilino está obrigado ao pagamento da renda mensal (prestação periódica), de forma que, deixando de pagar uma renda, o senhorio pode pedir, não apenas a sua condenação no pagamento dessa renda, como das que se vencerem enquanto se mantiver o arrendamento.

3. A condenação no pagamento das rendas vincendas é uma condenação para futuro, a qual não prejudica o réu, pois ele apenas é obrigado a pagar cada uma das futuras rendas quando se atingir o respetivo vencimento. Em contrapartida, evita que o autor tenha de propor uma ação de condenação por cada nova renda que o inquilino deixe de pagar, pois este já está antecipadamente condenado, podendo então passar-se logo à via executiva para obter o efetivo pagamento. Quer dizer, estaremos nesse caso perante uma sentença com trato sucessivo que, só por si, pode fundar a execução coerciva de tantas rendas quantas as que deixarem de ser pagas atempadamente (cf., a propósito, o art. 850º, nº 1).

4. O segundo caso de pedido de prestações futuras é aquele em que a falta de título executivo na data do vencimento da obrigação possa causar grave prejuízo ao credor. A lei exemplifica com o caso em que se pretende o despejo de um prédio para o termo do arrendamento. Trata-se de fazer face ao receio de que, na data fixada para o cumprimento da obrigação, o réu não cumpra ou retarde o cumprimento, justificando-se então a obtenção antecipada de um título executivo (sentença) suscetível de proporcionar a oportuna realização coerciva da obrigação.

5. Outro exemplo: o devedor está obrigado a restituir em certa data um prédio que o credor lhe entregou a título de comodato (cf. os arts. 1129º e ss. do CC); contando com a entrega na data convencionada, o credor prometeu arrendar esse prédio a uma terceira pessoa; porém, antes de atingida aquela data, o credor tem conhecimento de que o comodatário se prepara para recusar ou retardar a restituição; se esperasse por essa data para, só então, perante o incumprimento, propor a ação respetiva pedindo a condenação do réu comodatário a restituir o prédio, o autor, certamente, sofreria grave prejuízo, pois teria de aguardar o tempo próprio da tramitação processual, vendo-se, entretanto, impossibilitado de cumprir a promessa assumida e incorrendo em responsabilidade perante o outro contraente.

6. Para efeitos do art. 557º, nº 2, constituirá caso semelhante aquele em que, no âmbito de um contrato de cessão de exploração de estabelecimento comercial, haja uma data prevista para a restituição do estabelecimento e o cedente se aperceba de que o cessionário não irá proceder à restituição no momento fixado. Também assim quando se trate de uma obrigação sujeita a condição suspensiva, perspetivando-se que o devedor não cumprirá.

7. É a situações deste tipo que se dirige o preceito, permitindo a obtenção de uma sentença que condene de imediato o réu na restituição do estabelecimento na data devida (que será a do termo do comodato ou da cessão de exploração) ou no cumprimento da obrigação logo que esta seja exigível (isto é, logo que verificada a condição), sentença essa suscetível de ser imediatamente executada se a entrega não for feita ou a obrigação não for cumprida voluntariamente, evitando maiores prejuízos para o credor.

8. Do art. 557º resulta claro que o regime dos pedidos de prestações futuras ou vincendas corresponde a hipóteses limitadas, pelo que são de rejeitar pedidos dessa natureza fora desse âmbito. Para melhor delimitar o âmbito do preceito, importa considerar o regime fixado no art. 610º, onde se prevê o caso da instauração de uma ação pedindo o cumprimento de uma obrigação ainda não vencida e se estabelece que essa circunstância não obsta a que o réu venha a ser condenado a realizar a prestação no momento próprio, quer dizer, quando ela se tornar exigível.

9. As referidas normas são aparentemente contraditórias, já que o art. 557º apontaria no sentido de o pedido de prestações futuras só caber em situações limitadas, enquanto o art. 610º cobriria todas as situações de pedido de cumprimento de obrigações inexigíveis à data da propositura da respetiva ação. Ocorre, porém, que estes dois preceitos têm campos de aplicação diferentes.

10. O art. 557º fixa e define o regime-regra, segundo o qual só é possível formular pedidos de condenação relativamente a obrigações já exigíveis, com as exceções acima analisadas, o que significa que, fora dessas situações, um pedido de condenação em prestações futuras deve ser rejeitado, por prematuro. Já o art. 610º abarca casos em que o autor propõe a ação pedindo o cumprimento de uma obrigação, apresentando esta como exigível, mas o juiz vem a concluir que tal obrigação era, afinal, inexigível quando a ação foi instaurada. Se a inexigibilidade da obrigação for apurada até ao despacho saneador (art. 595º), deve aí ser proferida decisão de absolvição do réu da instância, com fundamento na falta de interesse em agir por banda do autor. Mas se a inexigibilidade apenas for reconhecida depois do despacho saneador, já entrará em funcionamento o regime do art. 610º, preceito que admite que, embora a obrigação não fosse exigível no momento em que a ação foi proposta, a sentença venha a condenar o réu a realizar a prestação quando esta se vencer (cf. Alberto dos Reis, *CPC anot.*, vol. V, p. 76). Quer dizer, o réu fica desde logo condenado, ainda que só tenha de cumprir quando a obrigação se vencer (sendo o autor condenado nas custas e a satisfazer os honorários do advogado do réu, no caso de o demandado não impugnar a obrigação: art. 610º, nº 3).

11. Sobre a matéria, cf. Abrantes Geraldes, *Temas da Reforma do Processo Civil*, vol. I, 2ª ed., pp. 186-188 e Paulo Pimenta, *Processo Civil Declarativo*, 2ª ed., pp. 165-168.

ARTIGO 558º
Recusa da petição pela secretaria

1 – São fundamentos de rejeição da petição inicial os seguintes factos:

a) Não tenha endereço ou esteja endereçada a outro tribunal, juízo do mesmo tribunal ou autoridade;

b) Omita a identificação das partes e dos elementos a que alude a alínea a) do nº 1 do artigo 552º que dela devam obrigatoriamente constar;

c) Não indique o domicílio profissional do mandatário judicial;

d) Não indique a forma do processo;

e) Omita a indicação do valor da causa;

f) Não tenha sido comprovado o prévio pagamento da taxa de justiça devida ou a concessão de apoio judiciário, exceto no caso previsto no nº 9 do artigo 552º;

g) Não esteja assinada;

h) Não esteja redigida em língua portuguesa;

i) O papel utilizado não obedeça aos requisitos regulamentares.

2 – A verificação dos fundamentos de rejeição elencados no número anterior é efetuada pelo sistema de informação de suporte à atividade dos tribunais, ou, quando tal não seja tecnicamente possível, pela secretaria, nos termos definidos na portaria prevista no nº 2 do artigo 132º.

3 – Sendo a petição inicial apresentada por uma das formas previstas nas alíneas a) a c) do nº 7 do artigo 144º, compete à secretaria recusar o recebimento da petição inicial, indicando por escrito o fundamento da rejeição.

(Alterado pelo DL nº 97/19, de 26-7)

Remissões: art. 157º (funções e deveres da secretaria judicial); art. 207º (condições necessárias para a distribuição); art. 552º (requisitos da petição inicial); art. 590º, nº 3 (convite ao aperfeiçoamento); Port. nº 280/13, de 26-8, alterado pelas Port. nº 170/17, de 25-5 e nº 267/18, de 20-9 (tramitação eletrónica dos processos judiciais).

1. Uma vez que a petição deve observar determinados requisitos, a lei define as consequências do seu desrespeito que são acionadas imediatamente pelo sistema de informação. A rejeição da petição inicial é, em regra, automática, apenas exigindo justificação por escrito quando a verificação dos requisitos formais de recusa seja feita pela secretaria, nos termos do nº 3.

2. Tal não impede, porém, que em certos casos, seja suscitada pela secretaria a intervenção do juiz (art. 162º, nº 2), designadamente quando se trate de obstar a que prossiga a tramitação processual (designadamente com citação do réu) ante a verificação de falhas processuais cuja gravidade não o permita (*v.g.* manifesta e absoluta inadequação da forma de processo, incompetência material evidente, formulação de pedido manifestamente ilegal, etc.).

3. Considerando o regime fixado no art. 144º acerca do modo de apresentação a juízo dos atos que devam ser praticados por escrito pelas partes, em conjugação com o disposto no art. 132º e na Port. nº 280/13, de 26-8, dado que o sistema eletrónico em uso assegura sempre a indicação do domicílio profissional do mandatário e a assinatura (eletrónica) da peça processual, está praticamente eliminada a hipótese prevista na al. c) do art. 558º.

4. A propósito da al. i) do art. 558º, cf. o DL nº 135/99, de 22-4 (medidas de modernização administrativa), em particular o seu art. 24º (comunicações com os serviços públicos).

5. O nº 2 prejudica e substitui o que se encontrava previsto no art. 17º, nº 1, da citada Port. nº 280/13, de 26-8. Todos os fundamentos de rejeição são verificados pelo próprio sistema eletrónico, sem embargo dos casos excecionais em que seja admitida a prática dos atos por forma diversa (art. 144º, nºs 7 e 8).

6. Sobre a matéria, cf. Paulo Pimenta, *Processo Civil Declarativo*, 2ª ed., pp. 169-170 e, tendo em conta o regime anterior, Abrantes Geraldes, *Temas da Reforma do Processo Civil*, vol. I, 2ª ed., pp. 213 e ss.

ARTIGO 559º
Reclamação e recurso do não recebimento

1 – Do ato de recusa de recebimento cabe reclamação para o juiz.

2 – Do despacho que confirme o não recebimento cabe sempre recurso até à Relação, aplicando-se, com as necessárias adaptações, o disposto na alínea c) do nº 3 do artigo 629º e no nº 7 do artigo 641º.

Remissões: art. 157º, nº 6 (reclamação); art. 629º (recurso ordinário).

1. Havendo rejeição ou recusa de recebimento da petição inicial, tudo se passa como se esta não tivesse sido sequer apresentada, ou seja, como se a ação não tivesse sido instaurada (é que, nos termos do art. 259º, nº 1, o início da instância supõe que a petição se considere apresentada). Daí a necessidade de um regime específico de reação contra tal ato.

2. Quando o autor não se conforme com a recusa, é admitido a deduzir reclamação perante o juiz. Tal reclamação, que é uma concretização da solução geral prevista no art. 157º, nº 6, deve ser apresentada no prazo de 10 dias (art. 149º, nº 1). Se o juiz julgar procedente a reclamação, a petição considera-se recebida e ação segue os seus termos. Se o juiz confirmar a recusa, o autor pode ainda recorrer para Relação, mesmo que o valor da causa não exceda a alçada da 1ª instância, aplicando-se o disposto no art. 629º, nº 3, al. c). No despacho que admita o recurso assim interposto, o juiz ordenará, em regra, a citação do réu, quer para os termos do recurso, quer para os da causa (art. 641º, nº 7).

3. O regime especificamente consagrado neste art. 559º é aplicável somente à petição inicial de ação ou execução (ou a requerimento inicial de procedimento), com exclusão os demais articulados. Quanto a estes, a eventual recusa de recebimento pela secretaria pode ser objeto de reclamação para o juiz, mas nos termos da norma geral do art. 157º, nº 5, enquanto o recurso da decisão judicial que confirme tal recusa só é admissível nos termos gerais do art. 629º, nº 1.

4. Caso o autor acate a recusa pela secretaria (não reclamando para o juiz) ou acate a confirmação dessa recusa pelo juiz (não recorrendo para a Relação), ou ainda se a recusa da petição for confirmada em recurso, é-lhe possível, em qualquer um dos casos, fazer uso do regime (hoje mais limitado) do art. 560º, nos termos do qual é permitida a apresentação de nova petição corrigida quanto aos aspetos que motivaram a recusa, o que tem a vantagem de os efeitos da segunda petição retroagirem ao momento da apresentação da primeira, obstando, por exemplo, à caducidade do direito substantivo que derivaria da simples aplicação do art. 331º do CC.

ARTIGO 560º
Benefício concedido ao autor

Quando se trate de causa que não importe a constituição de mandatário, a parte não esteja patrocinada e a petição inicial seja apresentada por uma das formas previstas nas alíneas a) a c) do nº 7 do artigo 144º, o autor pode apresentar outra petição ou juntar o documento a que se refere a primeira parte do disposto na alínea f) do artigo 558º, dentro dos 10 dias subsequentes à recusa de recebimento ou de distribuição da petição, ou à notificação da decisão judicial que a haja confirmado, considerando-se a ação proposta na data em que a primeira petição foi apresentada em juízo.

(Alterado pelo DL nº 97/19, de 26-7)

Remissões: art. 259º, nº 1 (início da instância); art. 590º, nº 1 (gestão inicial do processo).

1. Tradicionalmente, perante a recusa da petição inicial pela secretaria, havendo ou não reclamação contra a recusa ou havendo mesmo recurso a esse propósito, o autor dispunha sempre a da possibilidade de, em 10 dias contados da recusa ou da confirmação judicial da mesma, apresentar nova petição que corrigisse ou suprisse aquilo que fundara a recusa, com a vantagem de a data de entrada da nova petição retroagir ao momento da apresentação da primitiva petição, solução que tinha enorme relevo nas situações de iminente caducidade.

2. Face à atual redação do preceito, mantendo-se embora a hipótese de apresentação de nova petição, tal possibilidade foi restringida às ações em que, não sendo obrigatória a constituição de advogado, o autor não está patrocinado e apresenta a petição por uma das vias referidas nas als. a), b) e c) do nº 7 do art. 144º.

3. Esta opção suscita as maiores reservas, pois não se compreende a modificação do preceito, atentos os efeitos negativos que daí podem resultar, especialmente nos casos em que estejam em causa direitos sujeitos a prazo de prescrição preste a findar e, ainda mais, nos casos sujeitos a prazo de caducidade, também a esgotar-se, em que a inviabilidade de apresentação de nova petição corrigida pode implicar pura e simplesmente a extinção do direito. A circunstância de, na larguíssima maioria dos casos (petições subscritas por mandatário judicial e apresentadas por via eletrónica), o controlo ser feito pelo próprio sistema, obviando ao próprio "envio" da petição, raríssimos sendo os casos de verdadeira "recusa", não deveria inviabilizar a apresentação oportuna de nova petição com os efeitos retroativos que o regime anterior assegurava. A situação ganha maior gravidade se considerarmos que, em termos porventura não ponderados sequer pelo legislador, perde grande do seu significado a remissão contida na parte final do nº 1 do art. 590º, a propósito do indeferimento liminar da petição e da hipótese de apresentação de nova peça em 10 dias, algo que, doravante, apenas parecerá valer no caso de indeferimento de petição subscrita pelo próprio autor.

4. Como refere Teixeira de Sousa, "A (muito estranha) nova redação do art. 560º do CPC", em *https://blogippc.blogspot.com*, não se descortina qualquer motivo razoável para discriminar o autor que age por si, sem mandatário judicial, daquele que é patrocinado, do mesmo modo que nenhum motivo se deteta para diferenciar os casos em que o autor (não patrocinado) apresenta a petição inicial por uma ou outra das vias previstas no nº 7 do art. 144º.

5. Circunscritos ao preceito, nos casos em que ainda possa ser ficcionada a apresentação da petição inicial, a "confirmação" tanto é a que tem lugar em 1ª instância, quando o autor opte por não recorrer, como a que resulta da confirmação, por parte da Relação, da decisão da 1ª instância. A segunda petição deve corresponder aos parâmetros da primeira, corrigida nos aspetos que justificaram a recusa do recebimento ou da distribuição, o que é especialmente relevante quando seja invocado direito em causa que esteja submetido a prazo de caducidade, atento o disposto no art. 331º, nº 1, do CC.

ARTIGO 561º
Citação urgente

1 – O juiz pode, a requerimento do autor, e caso o considere justificado, determinar que a citação seja urgente.

2 – A citação declarada urgente tem prioridade sobre as restantes, nomeadamente no que respeita à realização de diligências realizadas pela secretaria nos termos do artigo seguinte.

Remissões: art. 137º, nº 2 (atos urgentes); art. 226º, nº 4, al. f) (prévio despacho judicial); art. 552º, nº 9 (comprovação do pedido de apoio judiciário), art. 323º do CC (interrupção da prescrição).

1. A figura da citação urgente traduz-se na circunstância de a mesma ter prioridade sobre as restantes, nomeadamente quanto às diligências a realizar pela secretaria, nos termos do art. 562º. Trata-se de uma solução diferente do regime anterior, em que a urgência implicava que a citação fosse feita antes da distribuição (art. 478º, nº 1, do CPC de 1961).

2. Visto que, agora, a distribuição é feita diariamente e de forma automática (art. 16º da Port. nº 280/13, de 26-8, e art. 208º), a urgência da citação expressa-se na prioridade desta face às demais diligências que a secretaria tenha de realizar. O pedido de citação urgente deverá ser formulado pelo autor na petição inicial, implicando que tal peça seja logo apresentada a despacho, cabendo ao juiz determinar a urgência da citação quando considere justificado o requerimento do autor.

3. Este é um dos casos em que, contrariamente à regra da oficiosidade da citação pela secretaria (arts. 226º, nº 1 e 562º), a mesma depende de despacho judicial (art. 226º, nº 4, al. f)), configurando uma situação em que a petição inicial é submetida a despacho liminar.

4. As razões que mais usam justificar a citação urgente são a iminência da prescrição ou o receio de ausência do réu. Quanto à prescrição, resulta do direito substantivo (art. 323º, nº 1, do CC) que esta só se interrompe, em regra, com a citação do réu, pelo que, estando iminente, é compreensível que a citação se faça com a maior brevidade, especialmente nos casos em que a ação seja proposta menos de 5 dias antes de se completar o prazo de prescrição (art. 323º, nº 2, do CC). Em face do risco de o réu se ausentar para o estrangeiro ou para parte incerta, a sua citação será mais demorada ou seguirá a via edital (art. 240º), caso em que o autor nem sequer pode beneficiar do efeito cominatório derivado da falta de contestação (art. 568º, al. b)).

ARTIGO 562º

Diligências destinadas à realização da citação

Incumbe à secretaria proceder às diligências necessárias à citação do réu, nos termos previstos nos nºs 1 a 3 do artigo 226º.

Remissões: art. 226º, nº 4 (casos em que a citação depende de prévio despacho).

1. Em harmonia com a solução de que, em regra, a petição inicial não é submetida a despacho liminar, logo que seja recebida e que sejam cumpridas as formalidades introdutórias da instância, nomeadamente as relativas à distribuição e autuação, o processo estará em condições de prosseguir.

2. Neste quadro, o primeiro ato processual a praticar é o da citação do réu, dando-se-lhe conhecimento da pendência da causa e chamando-o ao processo para se defender (art. 219º, nº 1). Para o efeito, compete à secretaria encetar, de modo oficioso, as diligências tendentes à citação (art. 226º, nºs 1 a 3).

ARTIGO 563º
Citação do réu

O réu é citado para contestar, sendo advertido no ato da citação da consequência da falta de contestação.

Remissões: art. 9º-A (princípio da utilização de linguagem simples e clara); art. 157º, nº 6 (erros e omissões da secretaria); art. 227º, nº 2 (elementos a transmitir); art. 567º (revelia operante).

1. A citação é uma das mais relevantes manifestações do princípio do contraditório, assegurando ao demandado o direito de defesa (art. 3º, nº 1). Uma vez citado o réu, tanto pode contestar como não, embora não seja indiferente a sua opção. O ato de contestar, mais do que expressar o exercício do direito de defesa, configura a observância de um ónus, já que a lei estabelece cominações para a revelia do réu. Por isso, as informações a transmitir ao réu aquando da citação devem incluir as consequências da falta de contestação (art. 227º).

ARTIGO 564º
Efeitos da citação

Além de outros, especialmente prescritos na lei, a citação produz os seguintes efeitos:

a) Faz cessar a boa-fé do possuidor;

b) Torna estáveis os elementos essenciais da causa, nos termos do artigo 260º;

c) Inibe o réu de propor contra o autor ação destinada à apreciação da mesma questão jurídica.

Remissões: art. 260º (estabilidade da instância); art. 535º, nº 2, al. b) (responsabilidade do autor pelas custas); art. 580º, nº 2 (litispendência); arts. 323º e ss. do CC (interrupção da prescrição); arts. 1258º e ss. do CC (caracteres da posse); arts. 1287º e ss. do CC (usucapião).

1. Os efeitos da citação não são apenas os aqui referidos, acrescendo outros. Podemos falar em efeitos substantivos ou materiais e em efeitos adjetivos ou processuais da citação.

2. Quanto aos efeitos substantivos:

a) A citação faz cessar a boa-fé do possuidor contra quem tenha sido proposta a ação tendente, por exemplo, a reivindicar a coisa possuída (art. 1260º, nº 1, do CC); tal efeito repercute-se em diversos campos, *v.g.* nos pressupostos da prescrição aquisitiva (usucapião), cujo prazo depende da natureza da posse (art. 1294º, al. a), do CC), e em matéria de acessão (arts. 1333º e 1340º do CC), frutos ou benfeitorias (arts 1270º a 1275º do CC), cujos resultados dependem, em boa parte, do conhecimento ou não da violação do direito de propriedade ou da caracterização da posse;

b) Quer se trate prescrição extintiva, quer de usucapião, a citação para a ação cujo objeto seja, respetivamente, o direito de crédito ou o direito real, interrompe o prazo que estiver em curso (arts. 323º, nº 1 e 1292º do CC); na prática, tal interrupção efetiva-se, normalmente, em momento anterior, ou seja, logo que decorridos 5 dias desde a data da propositura da ação, salvo se a citação fora de tal prazo puder ser imputável ao credor (art. 323º, nº 2, do CC; STJ 29-11-16, 448/11); ademais, nos termos do art. 323º, nº 3, do CC, a nulidade da citação não afeta o efeito interruptivo da prescrição;

c) Independentemente da existência de interpelação judicial (*v.g.* notificação da decisão relativa ao arresto), a citação para uma ação é suscetível de constituir o devedor em mora no que respeita a obrigações puras (art. 805º, nº 1, do CC); deve ter-se ainda em consideração o disposto no art. 610º, nº 2, al. b), segundo o qual a citação provoca o vencimento da dívida cuja inexigibilidade resulte da falta de interpelação ou de o pagamento não ter sido exigido no domicílio do devedor; do mesmo modo, relativamente a obrigações ilíquidas emergentes de factos ilícitos, a mora não fica necessariamente dependente da efetiva liquidação, podendo remontar à data da citação, nos termos do nº 3 do art. 805º, do CC; apesar da ausência de uma norma como a do art. 323º, nº 3, do CC, a citação nula não prejudica o efeito substantivo da constituição em mora, na medida em que, apesar daquele vício, traduza uma efetiva interpelação do devedor;

d) No âmbito do procedimento cautelar de suspensão de deliberações sociais, a citação da requerida impede a pessoa coletiva ou a sociedade de executar a deliberação impugnada (art. 381º, nº 3).

3. Quanto a efeitos de natureza processual:

a) A citação torna estáveis os elementos essenciais da causa os quais são, nos termos do disposto no art. 260º, aqueles que lhe dão identidade: os sujeitos (autor e réu), a causa de pedir (o facto jurídico concreto que fundamenta a pretensão) e o pedido (a pretensão formulada em juízo pelo autor); tal estabilidade não significa imutabilidade, como a própria lei reconhece, encontrando-se modificações subjetivas e objetivas da instância nos arts. 261º (renovação da instância), 262º e 263º (substituição na relação substantiva em litígio, por sucessão ou por ato entre vivos, e intervenção de terceiros) e nos arts. 264º e 265º (alterações do pedido e da causa de pedir), para além da admissibilidade de articulados supervenientes, nos termos dos arts. 588º e 589º;

b) Outro efeito processual da citação consiste na inibição do réu de propor contra o autor ação destinada a apreciar a mesma questão jurídica (al. c) (cf. RC 18-1-19, 7497/17, relativamente ao qual Teixeira de Sousa, em *https// blogippc.blogspot.com*, rejeita a alusão ao efeito de litispendência, preferindo acentuar a violação da preclusão legal).

4. Sobre a matéria, cf. Paulo Pimenta, *Processo Civil Declarativo*, 2ª ed., pp. 179-180, e Abrantes Geraldes, *Temas Judiciários*, pp. 118-122.

ARTIGO 565º
Regime no caso de anulação da citação

Sem prejuízo do disposto no nº 3 do artigo 323º do Código Civil, os efeitos da citação anulada só subsistem se o réu for novamente citado em termos regulares dentro de 30 dias, a contar do trânsito em julgado do despacho de anulação.

Remissões: arts. 227º e ss. (formalidades da citação).

1. A inobservância das formalidades prescritas para a realização da citação determina a respetiva nulidade (art. 191º), a qual, porém, não impede o efeito interruptivo do prazo prescricional, nos termos do art. 323º, nº 3, do CC (e art. 1292º do CC, quanto à prescrição aquisitiva). A mesma doutrina deve ser aplicada à constituição do devedor em mora, apesar da ausência de uma norma equivalente à do nº 3 do art. 323º do CC, desde que, por via do ato praticado, seja revelada uma interpelação para cumprir. Na verdade, se a constituição em mora pode resultar de qualquer interpelação extrajudicial que vise o cumprimento da obrigação (art. 805º, nº 1, do CC), o mesmo efeito deverá ser atribuído a uma citação judicial que, apesar da ausência de alguma formalidade, traduza os elementos mínimos de uma interpelação.

2. No que concerne à cessação da boa-fé do possuidor ou aos efeitos processuais da citação (estabilização da instância e inibição do réu de intentar contra o autor ação para discussão da mesma questão jurídica), a sua manutenção fica dependente da efetivação de nova citação no prazo de 30 dias depois de transitada em julgado a decisão de anulação.

CAPÍTULO II
Revelia do réu

ARTIGO 566º
Revelia absoluta do réu

Se o réu, além de não deduzir qualquer oposição, não constituir mandatário nem intervier de qualquer forma no processo, o tribunal verifica se a citação foi feita com as formalidades legais e ordena a sua repetição quando encontre irregularidades.

Remissões: art. 188º (quando se verifica a falta de citação); art. 191º (nulidade da citação); art. 567º (revelia operante); art. 568º (revelia inoperante).

1. A revelia é a situação em que se encontra o réu que não contesta a ação, podendo ser absoluta ou relativa, operante ou inoperante. A natureza (absoluta ou relativa) da revelia não determina, sem mais, o regime da sua (in)operância, isto é, dos efeitos da revelia. Quer dizer, podemos ter uma revelia absoluta e o seu efeito ser operante, assim como podemos uma revelia relativa e o seu efeito ser inoperante. Na verdade, apenas na hipótese prevista na segunda parte da al. b) do art. 568º a natureza (absoluta) da revelia é critério para fixar o efeito (inoperante) da revelia.

2. A revelia diz-se absoluta quando, além de o réu não deduzir oposição, não constitui mandatário nem intervém de qualquer forma no processo. Perante este total alheamento do réu, e por se recear que o mesmo radique em qualquer irregularidade no ato da citação, a lei acautela que o juiz, antes de fazer funcionar qualquer cominação para a revelia, apure se a citação respeitou todas as formalidades legais e, detetando alguma irregularidade, promova a sua repetição, aguardando-se o decurso de novo prazo para a contestação. Se nem assim houver contestação, permanecendo o réu em revelia, restará fixar os respetivos efeitos.

3. A revelia é relativa quando o réu, embora não deduzindo contestação, constitui mandatário no processo ou intervém, de algum modo, na ação (*v.g.* escolhendo domicílio para notificações ou requerendo a prorrogação do prazo para contestar). Nesta hipótese, apesar da falta de contestação, a atuação do réu permite assumir que ele tem conhecimento da ação que pende contra si, pelo que a fixação do efeito da revelia levará em conta essa circunstância. Sobre a matéria, cf. Paulo Pimenta, *Processo Civil Declarativo*, 2ª ed., pp. 214-215.

4. A propósito deste art. 566º, cf. ainda a nota 5 ao art. 200º e a nota 2 ao art. 228º.

ARTIGO 567º
Efeitos da revelia

1 – Se o réu não contestar, tendo sido ou devendo considerar-se citado regularmente na sua própria pessoa ou tendo juntado procuração a mandatário

judicial no prazo da contestação, consideram-se confessados os factos articulados pelo autor.

2 – É concedido o prazo de 10 dias, primeiro ao mandatário do autor e depois ao mandatário do réu, para alegarem por escrito, com exame do suporte físico do processo, se necessário, e em seguida é proferida sentença, julgando-se a causa conforme for de direito.

3 – Se a resolução da causa revestir manifesta simplicidade, a sentença pode limitar-se à parte decisória, precedida da necessária identificação das partes e da fundamentação sumária do julgado.

(Alterado pelo DL nº 97/19, de 26-7)

Remissões: art. 227º, nº 2 (indicação da cominação para a revelia); art. 590º, nº 2 a 4 (despacho pré-saneador).

1. O réu, mais do que ter o direito, tem o ónus de contestar a ação, na medida em que a revelia (quando operante) produz efeitos que lhe são desfavoráveis. Por isso é que uma das informações a transmitir ao réu aquando da sua citação respeita às cominações em que incorre em caso de revelia (arts. 227º, nº 2, *in fine* e 563º).

2. Por princípio, a revelia é operante, isto é, a falta de contestação do réu leva a que se considerem confessados os factos articulados pelo autor, sendo que este regime tem lugar quando o réu, apesar de não contestar, tenha sido ou deva considerar-se citado regularmente na sua própria pessoa, mesmo que não tenha intervenção no processo, permanecendo em revelia absoluta. Também se aplica este regime quando, dentro do prazo da contestação, o réu haja juntado procuração a mandatário judicial ou tenha intervindo de qualquer forma no processo (*v.g.* pedindo prorrogação do prazo para contestar – art. 569º, nº 5), casos que em teremos uma revelia relativa e em que é possível ter por seguro que o réu tem conhecimento da ação que pende contra si.

3. O efeito deste comportamento omissivo do réu é a chamada confissão tácita ou ficta, a qual se distingue da confissão judicial expressa, traduzida numa declaração de ciência, em que o confitente reconhece a realidade de um facto que lhe é desfavorável e favorece a parte contrária (arts. 355º e ss. do CC). Já a confissão a que conduz a revelia operante não depende de qualquer declaração nesse sentido, bastando a mera inércia do demandado.

4. Nos termos legais, e sem prejuízo das exceções referidas no art. 568º, não tendo o réu contestado e considerando-se confessados os factos alegados pelo autor, restará apenas decidir a causa "*conforme for de direito*" (nº 2, *in fine*). Com efeito, confessados que passam a ter-se os factos articulados na petição (não assim quanto aos que designadamente exijam prova documental), deixa de haver controvérsia nessa sede, limitando-se a questão à valoração jurídica desses mesmos factos. É de notar que o estado de revelia operante em que se encontra o réu, embora seja susceptível de potenciar tal desfecho, não conduz, sem mais, à procedência da ação.

5. É isto mesmo que mostra a parte final do nº 2. Propondo a ação, o autor formulou determinada pretensão de tutela jurisdicional e fê-lo por referência ao quadro factual que verteu na petição inicial. A situação de revelia leva a que nos autos seja assumido esse quadro factual, mas não mais do que isso. Quer dizer, continuando o juiz a ter de julgar a causa "*conforme for de direito*", tal julgamento tanto pode conduzir à procedência da ação como não, tudo porque, na revelia operante, há confissão dos factos mas não do direito. Daí que se fale no efeito cominatório semipleno associado à revelia operante.

6. Na verdade, apesar de os factos alegados pelo autor se considerarem confessados, sempre caberá ao juiz proceder ao respetivo enquadramento jurídico (art. 5º, nº 3), em termos de julgar a ação materialmente procedente, abster-se de conhecer do mérito da causa e absolver o réu da instância (com fundamento em questões processuais – art. 608º, nº 1), julgar a ação apenas parcialmente procedente, ou mesmo julgar a ação improcedente, sempre em função do resultado da aplicação das normas de direito material.

7. A situação de revelia gera o encurtamento da tramitação. Confessados os factos por ausência de contestação, não há mais articulados. Além disso, ocorre a supressão de todas as etapas ou atos processuais cuja existência radica na controvérsia acerca dos factos da causa e à necessidade de produzir prova quanto aos mesmos. Assim sendo, assumida nos autos a situação de revelia, o processo passa imediatamente para um momento de alegações escritas sobre a matéria de direito (única vertente ainda em aberto, pois a matéria de facto está assente).

8. Estas alegações são apresentadas primeiro pelo mandatário do autor e depois pelo mandatário do réu, dispondo cada um de 10 dias. Como tais alegações de direito têm de ser redigidas e subscritas pelos advogados das partes (art. 40º, nº 2), o réu não contestante só pode produzir alegações se tiver constituído mandatário. Se assim não acontecer, apenas o autor pode alegar. Apresentadas as alegações de direito (ou esgotado o prazo para tal), será então proferida sentença, nos termos já referidos. Tratando-se embora de uma sentença que deve observar o regime do art. 607º, a lei admite que, neste caso, o conteúdo da sentença seja simplificado (nº 3).

9. Apesar de o réu se encontrar numa situação potenciadora de um quadro de revelia operante, a intervenção do juiz pode divergir noutro sentido. É que o juiz deve começar por verificar a regularidade da instância e apreciar o conteúdo fáctico da petição, o que pode conduzir à necessidade de prolação de despacho pré-saneador (cf. nota 40 ao art. 590º).

10. Por exemplo, detetada uma exceção dilatória sanável, impõe-se o cumprimento do disposto nos arts. 590º, nº 2, al. a) e 6º, nº 2. Se daí resultar a suprimento da exceção dilatória, deixando de haver obstáculos ao conhecimento do mérito da causa (art. 278º, nº 1), pode cumprir-se, então, o disposto no art. 567º quanto aos efeitos da revelia operante. Mas se a exceção persistir, o juiz deve proferir decisão de absolvição do réu da instância (art. 278º, nº 1), assim findando o processo com um julgamento meramente formal (art. 277º, nº 1, al. a)). Só não será assim se, apesar de tudo, o juiz puder fazer uso do regime particular previsto na 2ª parte do nº 3 do art. 278º, acabando por proferir uma decisão de mérito.

11. Por outro lado, pode suceder que a exceção dilatória detetada seja a da ilegitimidade decorrente da violação de litisconsórcio necessário passivo (arts. 33º, nº 1 e 278º, nº 1, al. d)), caso em que o convite dirigido pelo juiz (art. 6º, nº 2, *in fine*) pode conduzir a que seja requerido pelo autor (art. 316º) e decretado (arts. 226º, nº 4, al. d) e 319º, nº 1) o chamamento de um terceiro. Uma vez citado, esse terceiro pode vir a contestar (art. 319º, nº 3), caso em que a tramitação jamais será a prevista no art. 567º, pois passa a haver uma contestação no processo. Acresce que certos segmentos dessa contestação podem até aproveitar ao réu inicialmente revel (art. 568º, al. a)).

12. Se a petição inicial se revelar imperfeita no que concerne à alegação da matéria de facto, a situação de revelia não impede a prolação de despacho de aperfeiçoamento, na medida em que a manutenção do seu conteúdo original ponha em causa a procedência da ação. Quererá isso significar que os factos alegados na petição, embora considerados confessados por força da revelia, não são suficientes ou adequados à produção do efeito jurídico visado pelo autor.

13. Num caso desses, deverá o juiz começar por convidar o autor a aperfeiçoar a petição (cf. nota 40 ao art. 590º). Caso o autor não corresponda ao convite, o quadro factual dos autos mantém-se inalterado, restando a discussão escrita sobre o aspeto jurídico da causa, seguida da prolação da sentença. Na situação inversa, deverá ser assegurado ao réu o contraditório (arts. 3º e 590º, nº 5). Se o réu persistir no silêncio, manter-se-á a revelia operante, com o subsequente encurtamento da ação e a aplicação do regime previsto no nº 2, *in fine*, e no nº 3. Já se o réu apresentar contestação, daí resultará a imediata cessação da revelia, seguindo o processo a sua normal tramitação.

14. Também não está afastada a hipótese de convidar o autor a proceder à junção de documento necessário para demonstrar os factos (art. 590º, nº 2, al. c)).

15. Para mais desenvolvimentos, cf. Paulo Pimenta, *Processo Civil Declarativo*, 2ª ed., pp. 215-217, 232-233, 237 e 246-249 e *A Fase do Saneamento do Processo antes e após a vigência do Novo CPC*, pp. 143, 152 e 168-171.

ARTIGO 568º
Exceções

Não se aplica o disposto no artigo anterior:

a) Quando, havendo vários réus, algum deles contestar, relativamente aos factos que o contestante impugnar;

b) Quando o réu ou algum dos réus for incapaz, situando-se a causa no âmbito da incapacidade, ou houver sido citado editalmente e permaneça na situação de revelia absoluta;

c) Quando a vontade das partes for ineficaz para produzir o efeito jurídico que pela ação se pretende obter;
d) Quando se trate de factos para cuja prova se exija documento escrito.

Remissões: arts. arts. 225º, nº 6, 236º, 240º e 243º (citação edital); art. 571º, nº 2 (defesa por impugnação); arts. 123º, 124º, 139º, 152º e 153º do CC (incapacidade); art. 354º do CC (inadmissibilidade da confissão); art. 364º do CC (exigência legal de documento escrito).

1. A cominação fixada na lei para a revelia do réu conhece algumas exceções, o que significa que, em determinadas circunstâncias, apesar de o réu não ter contestado, nem por isso se consideram confessados os factos articulados pelo autor. Trata-se da revelia inoperante. Nesta situação, como não se consideram confessados os factos articulados na petição inicial, o autor só obterá ganho de causa se forem demonstrados os fundamentos fácticos da ação.

2. A revelia não opera quando, havendo vários réus, algum deles contestar, relativamente aos factos que o contestante impugnar (al. a)). Aqui, basta que um dos réus conteste a ação para que os factos por ele impugnados não possam ser considerados confessados em relação aos seus corréus revéis. Desta forma, evita-se uma eventual discrepância no julgamento da matéria de facto, obstando-se a que os factos articulados pelo autor sejam, no mesmo processo, considerados confessados quanto a uns réus e impugnados (podendo até não ser provados mais adiante) quanto a outros (cf., no entanto, a situação dos réus em regime de coligação subsidiária que foi apreciada em STJ 24-1-19, 1668/15).

3. Importa notar que este benefício concedido aos réus revéis se circunscreve à matéria impugnada pelo réu contestante. Por isso, os factos da petição inicial que não hajam sido efetivamente impugnados consideram-se confessados em relação a todos os réus (al. a) e art. 574º, nº 2). Por outro lado, exceções eventualmente deduzidas pelo réu contestante, sobremaneira as de carácter inoficioso, apenas a este aproveitam.

4. A revelia é inoperante quando o réu ou algum dos réus seja incapaz ou sujeito a medidas de acompanhamento a causa esteja no âmbito da incapacidade ou de tais medidas, justificando-se a proteção quando permaneça em revelia (cf. anot. aos arts. 16º e 19º quanto à demanda do maior acompanhado). Simultaneamente, para evitar uma eventual discrepância no julgamento da matéria de facto, estende-se tal benefício aos corréus que sejam igualmente revéis.

5. Deve notar-se que a falta de contestação (por via da inércia do legal representante ou do acompanhante – art. 16º) não implica, desde logo, a afirmação de que o mesmo se encontra em revelia, embora inoperante, por força da al. b) deste art. 568º. É que, nesse caso, há ainda que dar cumprimento ao disposto no art. 21º, nº 1, citando-se o Ministério Público e correndo novo prazo para a contestação. Só na hipótese de o Ministério Público também não oferecer contestação se assume que o réu incapaz ou sujeito a medidas de acompanhamento entra em revelia, apesar de inoperante, nos termos referidos. Consideramos que o regime deve ser aplicado aos casos de incapacidade de facto, como se defende na anot. ao art. 21º. Em STJ 11-9-18, 10729/15, entendeu-se que a circunstância da revelia ser inoperante, em razão da incapacidade por menoridade de um dos réus, não faz inverter o ónus de alegação e prova dos factos que aos réus cabia alegar e provar, nos termos do art. 611º do CC.

6. Há também inoperância da revelia quando o réu ou algum dos réus tenha sido citado editalmente e permaneça em revelia absoluta. Dado o carácter não pessoal desta forma de citação (art. 225º, nº 1), e não havendo a certeza de que o réu teve efetivo conhecimento da ação, a lei opta por não sujeitar o réu revel assim citado ao regime da revelia operante. Em toda a regulamentação da revelia, este é o único caso em que a natureza da revelia (absoluta, no caso) determina o regime da (in)operância de tal revelia.

7. A cautela subjacente a esta previsão (que radica no carácter não pessoal da citação) perde razão de ser quando for possível assumir que o réu tem realmente conhecimento da ação. Assim sucede quando a revelia é apenas relativa (*v.g.* quando o réu citado editalmente intervém no processo ou pratica aí algum ato, dentro do prazo da contestação). Sendo seguro que o réu tem consciência de que foi demandado em juízo, perde justificação qualquer proteção acrescida. Por outro lado, a mera falta de contestação do réu citado editalmente que permaneça em situação de revelia absoluta não implica, sem mais, a aplicação do regime da al. b) do art. 568º. Na verdade, verificada a falta de contestação, há que começar por cumprir o disposto no art. 21º, nº 1, citando-se o Ministério Público para defender o réu e correndo novo prazo para a contestação. Se também o Ministério Público não apresentar contestação, então, sim, assume-se que o réu fica submetido ao regime da revelia inoperante, nos termos indicados. Por fim, tal como na hipótese anterior e para obviar ao já mencionado risco de discrepância no julgamento da matéria de facto, o benefício concedido ao réu citado editalmente e que se encontre em revelia absoluta é alargado aos corréus revéis.

8. A revelia é ainda inoperante quando a ação tenha por objeto relações jurídicas subtraídas ao domínio da vontade das partes. Nas ações que envolvem matéria de natureza indisponível, a previsão da inoperância da revelia obsta a que as partes consigam, pela falta de contestação, um efeito jurídico que não poderiam alcançar, quer por via de confissão em juízo, quer por via extrajudicial (art. 289º, nº 1, do CPC e art. 354º do CC). Este regime aplica-se, por exemplo, nas chamadas ações de estado, tais como as de filiação, de divórcio sem consentimento ou de anulação de casamento (cf. o paralelismo entre os arts. 568º, al. d), e 574º, nº 2). Tratando casos de inoperância da revelia no contexto deste normativo, cf. RC 17-3-09, 1090/08 e RG 10-4-08, 52/08.

9. Finalmente, a revelia não produz efeitos quando se trate de factos para prova dos quais se exija documento escrito. Se por lei (art. 364º do CC) ou por convenção das partes (art. 223º do CC) for imposta determinada forma para a validade (requisito *ad substantiam*) ou prova (requisito *ad probationem*) de declarações negociais, a lei de processo não pode permitir que a eventual falta de contestação conduza a um resultado contrário ao exigido pela lei substantiva ou pela convenção. Neste caso, todavia, a inoperância da revelia é mais restrita do que nos anteriores, já que, por princípio, a falta de contestação implica a confissão de todos os factos articulados pelo autor, salvo daqueles que, efetivamente, careçam de prova documental para a sua demonstração.

10. Quais as alterações que a inoperância da revelia provoca na tramitação processual? Aqui, temos de distinguir a al. a) do art. 568º das restantes alíneas deste preceito. No primeiro caso, em que o réu revel beneficia da contestação apresentada pelo seu corréu (melhor dito, da impugnação deduzida por esse corréu), a tramitação processual não sofre alterações, podendo haver réplica, nas hipóteses em que esta peça seja de admitir (art. 584º), seguindo-se todas as etapas processuais posteriores.

11. Nas hipóteses das als. b) e c) do art. 568º, a situação é diferente. Na verdade, como não há contestação também não haverá lugar a réplica. Na fase seguinte, isto é, na fase intermédia do processo, não se realizará a audiência prévia (art. 592º, nº 1, al. a)). Mas, porque os factos articulados pelo autor não se têm por confessados, sempre será necessário produzir prova sobre eles, para que o juiz possa, em função disso, decidir o pleito. Assim, ainda na fase intermédia, deverá ser cumprido o disposto no nº 2 do art. 593º, tal como impõe o nº 2 do art. 592º, sendo proferidos os despachos aí indicados. Depois, na fase final do processo, haverá lugar à audiência final (art. 603º), seguindo-se a prolação da sentença (art. 607º).

12. O caso previsto na al. d) do art. 568º tem um âmbito mais circunscrito. Como a inoperância da revelia é determinada pela falta de determinado documento, pode suceder que o juiz, logo após a verificação da falta de contestação e por referência ao disposto na al. b) do nº 2 e no nº 3 do art. 590º, notifique o autor para proceder à respetiva junção. Se o autor juntar o documento em falta, o juiz estará em condições de julgar o mérito da causa.

13. O tratamento favorável de que usufrui o réu revel – seja porque o seu corréu contestou, é um incapaz ou foi citado editalmente e permanece em revelia absoluta – manter-se-á ainda que esse corréu venha, entretanto, a confessar o pedido, a transigir ou a ser absolvido da instância, ou a beneficiar de uma desistência da instância ou do pedido (RG 5-2-12, 534/10 e RP 21-9-10, 474/04).

14. A situação processual do réu revel só é condicionada naquilo que estiver diretamente associado à falta de contestação, mantendo-se, quanto ao mais, todos os poderes processuais que não dependam da circunstância de o réu ter contestado. Quanto à revelia operante, o réu tem a faculdade de alegar por escrito sobre a matéria de direito, desde que tenha advogado constituído (art. 567º, nº 2). Quanto à revelia inoperante, importa saber se esta é absoluta ou relativa. No primeiro caso, o réu não é notificado para nenhum ato ou diligência processual, sem prejuízo da notificação da decisão final (art. 249º, nºs 3 a 5). No segundo caso, é notificado para os atos processuais: se tiver constituído mandatário, as notificações são, em regra, feitas na pessoa deste (art. 247º); caso contrário, as notificações são dirigidas ao próprio réu (art. 249º, nº 1).

15. Em ambas as situações, no que respeita às diligências de instrução, visto que não apresentou requerimento probatório, o qual deve ser vertido na contestação (art. 572º, al. d)), o réu poderá, ainda assim, intervir nos atos em que se produza prova (art. 415º, nº 2), designadamente inquirindo as testemunhas arroladas pelo autor ou marcando presença em inspeção judicial.

16. Quanto a iniciativas probatórias do próprio réu, estas ficam limitadas à hipótese da "*prova por declarações de parte*" (art. 466º). No que toca a alegações, o réu revel é admitido a produzir alegações orais na audiência final (art. 604º, nºs 3 e 5). Note-se que, salvo nas declarações de parte, que constituem um ato pessoal, toda a demais atuação processual do réu revel há de fazer-se através de mandatário judicial (isto na pressuposição de que é obrigatória a constituição de advogado ou, não sendo, foi constituído mandatário judicial; mesmo que o patrocínio judiciário seja obrigatório, o art. 40º, nº 2 permite a prática de certos atos pela própria parte; para os casos em que, por não ser obrigatório, não tenha sido constituído advogado, cf. o art. 40º, nº 3).

17. Sobre a matéria, cf. Paulo Pimenta, *Processo Civil Declarativo*, 2ª ed., pp. 217-222.

CAPÍTULO III
Contestação

SECÇÃO I
Disposições gerais

ARTIGO 569º
Prazo para a contestação

1 – O réu pode contestar no prazo de 30 dias a contar da citação, começando o prazo a correr desde o termo da dilação, quando a esta houver lugar; no caso de revogação de despacho de indeferimento liminar da petição, o prazo para a contestação inicia-se com a notificação em 1ª instância daquela decisão.

2 – Quando termine em dias diferentes o prazo para a defesa por parte dos vários réus, a contestação de todos ou de cada um deles pode ser oferecida até ao termo do prazo que começou a correr em último lugar.

3 – Se o autor desistir da instância ou do pedido relativamente a algum dos réus não citados, são os réus que ainda não contestaram notificados da

desistência, contando-se a partir da data da notificação o prazo para a sua contestação.

4 – Ao Ministério Público é concedida prorrogação do prazo quando careça de informações que não possa obter dentro dele ou quando tenha de aguardar resposta a consulta feita a instância superior; o pedido deve ser fundamentado e a prorrogação não pode, em caso algum, ir além de 30 dias.

5 – Quando o juiz considere que ocorre motivo ponderoso que impeça ou dificulte anormalmente ao réu ou ao seu mandatário judicial a organização da defesa, pode, a requerimento deste e sem prévia audição da parte contrária, prorrogar o prazo da contestação, até ao limite máximo de 30 dias.

6 – A apresentação do requerimento de prorrogação não suspende o prazo em curso; o juiz decide, sem possibilidade de recurso, no prazo de vinte e quatro horas e a secretaria notifica imediatamente ao requerente o despacho proferido, nos termos da segunda parte do nº 5 e do nº 6 do artigo 172º.

Remissões: art. 245º (dilação); art. 283º (desistência do pedido); art. 286º (desistência da instância).

1. A partir da data da citação ou, havendo dilação, depois de esta findar (art. 139º, nº 2), inicia-se o prazo para a apresentação da contestação, que é de 30 dias. Essa regra é afastada nos casos em que seja revogado o despacho de indeferimento liminar. A razão é a seguinte: interposto recurso do despacho de indeferimento liminar (art. 629º, nº 3, al. c)), os autos são conclusos ao juiz para apreciação do respetivo requerimento (art. 641º, nº 1); sendo admitido o recurso, é determinada a citação do réu para os termos do recurso e da causa (art. 641º, nº 7); nessa sequência, poderá então o réu responder à alegação do recorrente (art. 638º, nº 5), mas a eventual apresentação de contestação apenas se justificará se e quando a Relação revogar aquele despacho; deste modo, quando os autos forem recebidos no tribunal de 1ª instância, o réu será notificado (e não citado, uma vez que a citação já ocorreu em momento anterior) para apresentação da contestação.

2. Tal regra acerca da contagem do prazo também não se aplica nos casos em que o réu tenha requerido o apoio judiciário na modalidade de nomeação de patrono. Uma vez demonstrado nos autos que foi formulado pelo réu o pedido de apoio judiciário nessa modalidade, interrompe-se o prazo para a apresentação da defesa que estiver em curso, nos termos do art. 24º, nºs 4 e 5, da Lei nº 34/04, de 29-7, o qual só se inicia de novo após a notificação ao patrono nomeado da sua designação ou a partir do indeferimento do pedido de nomeação de patrono.

3. A demanda de diversos réus pode levar a que as citações sejam realizadas em momentos diversos ou que não haja coincidência quanto ao momento em terminam os respetivos prazos para contestar (basta que em relação a algum deles corra em primeiro lugar um prazo dilatório, nos termos do art. 245º). Em tais circunstâncias, a contestação de cada um deles ou a contestação conjunta poderá ser apresentada até ao termo do prazo que finde em último lugar (nº 2). Mas porque tal benefício poderia ser afetado pela eventual desistência da instância ou do pedido em relação a algum dos réus, é assegurada a notificação dos demais réus que ainda não hajam contestado, contando-se novo prazo dessa notificação (nº 3).

4. A especial posição em que se encontra o Ministério Público - bem diversa daquela em que se apresenta o mandatário judicial - levou o legislador a abrir mão da rigidez processual quanto ao prazo para contestar, sendo admitida uma prorrogação do prazo até ao máximo de 30 dias (nº 4). A fundamentação radicará habitualmente na necessidade de obter informações que não puderem ser obtidas dentro do prazo inicial ou de aguardar resposta a alguma consulta que tenha sido feita a superior hierárquico. Esta solução é de aplicar não só quando o Ministério Público atue como representante do Estado, mas ainda nas situações em que a tal órgão é cometida a representação de réu ausente ou de incapaz cujo representante legal não haja deduzido contestação.

5. O prazo da contestação pode ser prorrogado, até ao limite máximo de 30 dias, quando o réu o requeira e o juiz considere relevante ("*ponderoso*") o motivo invocado, em termos de se entender que há um impedimento ou uma dificuldade anormal para a apresentação da defesa, sendo tal apreciação feita sem audiência do autor (nº 5). Assim sucederá quando for excecionalmente vasto o número de questões suscitadas, quando for de antecipar que se tornam necessários à elaboração da defesa elementos ou documentos cuja obtenção é habitualmente morosa (*v.g.* buscas em conservatórias do registo, cartórios notariais ou serviços de finanças) ou quando, de uma maneira geral, se puder concluir que o prazo originário não é, de facto, compatível com a elaboração de uma profícua defesa.

6. Como é evidente, o pedido de prorrogação deverá ser formulado antes de terminar o prazo inicialmente fixado e, é claro, com antecedência que previna a eventualidade de vir a ser rejeitado. Aliás, para além de o prazo em curso não se suspender por via da apresentação do requerimento, a decisão do juiz, seja qual for o seu sentido, não admite recurso. Deve, contudo, ser proferida em prazo mínimo (24 horas), prevendo a lei especialmente uma forma célere de notificação (nº 6).

7. Havendo pluralidade de réus, concedida a um deles a prorrogação do prazo para contestar, nos termos do nº 5, os demais beneficiam indiretamente dessa dilação, por força do disposto no nº 2 (neste sentido RC 12-9-17, 4632/16; contra: Lebre de Freitas e Isabel Alexandre, *CPC anot.*, vol. II, 3ª ed., p. 549 e RP 11-7-18, CJ, t. III, p. 224).

8. Sobre a matéria, cf. Paulo Pimenta, *Processo Civil Declarativo*, 2ª ed., pp. 212-213.

ARTIGO 570º
Documento comprovativo do pagamento da taxa de justiça

1 – É aplicável à contestação, com as necessárias adaptações, o disposto nos nºs 7 e 8 do artigo 552º, podendo o réu, se estiver a aguardar decisão sobre a concessão do benefício de apoio judiciário, comprovar apenas a apresentação do respetivo requerimento.

2 – No caso previsto na parte final do número anterior, o réu deve comprovar o prévio pagamento da taxa de justiça ou juntar ao processo o respetivo documento comprovativo no prazo de 10 dias a contar da notificação da decisão que indefira o pedido de apoio judiciário.

3 – Na falta de junção do documento comprovativo do pagamento da taxa de justiça devida ou de comprovação desse pagamento, no prazo de 10 dias a contar da apresentação da contestação, a secretaria notifica o interessado para, em 10 dias, efetuar o pagamento omitido com acréscimo de multa de igual montante, mas não inferior a 1 UC nem superior a 5 UC.

4 – Após a verificação, por qualquer meio, do decurso do prazo referido no nº 2, sem que o réu tenha comprovado o prévio pagamento da taxa de justiça, a secretaria notifica-o para os efeitos previstos no número anterior.

5 – Findos os articulados e sem prejuízo do prazo concedido no nº 3, se não tiver sido junto o documento comprovativo do pagamento da taxa de justiça devida e da multa por parte do réu, ou não tiver sido efetuada a comprovação desse pagamento, o juiz profere despacho nos termos da alínea c) do nº 2 do artigo 590º, convidando o réu a proceder, no prazo de 10 dias, ao pagamento da taxa de justiça e da multa em falta, acrescida de multa de valor igual ao da taxa de justiça inicial, com o limite mínimo de 5 UC e máximo de 15 UC.

6 – Se, no termo do prazo concedido no número anterior, o réu persistir na omissão, o tribunal determina o desentranhamento da contestação.

7 – Não sendo efetuado o pagamento omitido, não é devida qualquer multa.

(Alterado pelo DL nº 97/19, de 26-7)

Remissões: art. 14º do RCP (oportunidade do pagamento da taxa de justiça); art. 530º (taxa de justiça); art. 24º, nº 4, da Lei nº 34/04, de 29-7 (pedido de apoio judiciário na pendência da ação).

1. O réu deve juntar à contestação o documento demonstrativo do pagamento da taxa de justiça ou de que lhe foi concedido o apoio judiciário na modalidade de dispensa dessa taxa, em termos semelhantes aos previstos para o autor no art. 552º, nºs 7 e 8. Porém, nos casos mais frequentes em que o réu não seja ainda beneficiário desse apoio judiciário, bastará que demonstre que se encontra a aguardar a respetiva decisão administrativa, nos termos do art. 24º, nº 4, da Lei nº 34/04, de 29-7.

2. A posterior atuação do réu depende do que for decidido: se lhe for recusado (por decisão tornada definitiva) o apoio judiciário na modalidade de dispensa de pagamento da taxa de justiça, tem o prazo de 10 dias para demonstrar o seu pagamento; não o fazendo, a secretaria procede à sua notificação para o pagamento da taxa de justiça e da multa prevista no nº 3 num prazo suplementar de 10 dias.

3. Se, apesar disso, o réu se mantiver em falta quanto ao cumprimento desse ónus, o legislador, numa opção que visa a todo o custo evitar que opere a revelia, com todo o acervo de consequências que isso implica para a tutela dos interesses do réu, ainda prevê a intervenção do juiz traduzida na formulação de um convite ao réu para proceder, em 10 dias, ao pagamento daquela taxa e de uma multa agravada. Se, apesar de tudo, persistir a situação, é determinado o desentranhamento da contestação, com o significado de que o articulado que foi apresentado é ineficaz para evitar os efeitos da revelia referidos no art. 567º.

ARTIGO 571º
Defesa por impugnação e defesa por exceção

1 – Na contestação cabe tanto a defesa por impugnação como por exceção.

2 – O réu defende-se por impugnação quando contradiz os factos articulados na petição ou quando afirma que esses factos não podem produzir o efeito jurídico pretendido pelo autor; defende-se por exceção quando alega factos que obstam à apreciação do mérito da ação ou que, servindo de causa impeditiva, modificativa ou extintiva do direito invocado pelo autor, determinam a improcedência total ou parcial do pedido.

Remissões: art. 3º, nº 1 (contraditório); art. 576º (noção de exceções dilatórias e perentórias).

1. A citação visa garantir o contraditório e permitir ao réu a apresentação da sua defesa (art. 219º), a qual, por princípio, deve inscrever-se na contestação, aí se distinguindo, em função da natureza dos argumentos usados pelo réu, entre defesa por impugnação e defesa por exceção. Uma e outra podem assumir natureza subsidiária, isto é, para o caso de não prevalecerem os argumentos de defesa usados a título principal.

2. A defesa por impugnação é uma defesa frontal ou direta. Tanto consiste em contrariar, refutar ou contradizer os factos alegados pelo autor como em afirmar que tais factos têm um significado jurídico diferente do pretendido pelo demandante. Esta oposição, típica da impugnação, pode ser de facto ou de direito. Na oposição de facto, o réu não aceita (total ou parcialmente) os factos articulados pelo autor. Tal oposição pode fazer-se de dois modos: negando rotunda e genericamente os factos visados (negação direta); negando-os indiretamente, isto é, apresentando uma outra versão dos mesmos (negação indireta). Estes dois modos de impugnar factos, apesar de material e tecnicamente distintos, têm um denominador comum, qual seja o de, por via deles, o réu não aceitar como verdadeiros os factos aduzidos pelo autor, ora porque não ocorreram, ora porque se terão passado da forma diversa da alegada (cf. nota 8 ao art. 576º).

3. Na oposição de direito, o que está em causa é a qualificação ou significação jurídica que o autor atribui aos factos narrados. Neste caso, aceitando embora os factos alegados na petição, o réu sustenta que deles não emergem os efeitos jurídicos pretendidos (o que equivale a afirmar a inconcludência da pretensão).

4. Na defesa por exceção (que pode ser deduzida em termos subsidiários), o réu aceita a narração fáctica apresentada pelo autor, alegando, porém, novos factos suscetíveis de obstar à apreciação do mérito da causa (gerando a absolvição da instância ou a remessa do processo para outro tribunal) ou de impedir, modificar ou extinguir o direito que o autor pretende fazer valer ao intentar a ação (assim gerando a improcedência total ou parcial daquela). Trata-se de uma defesa lateral ou indireta, pois o réu não discute os factos alegados pelo autor nem o seu efeito jurídico, aportando ao processo outros factos a partir dos quais pretende obter certo resultado. Em função do significado e alcance desta via de defesa, há duas categorias de exceções: dilatórias e perentórias (art. 576º).

5. Sobre a matéria, cf. Paulo Pimenta, *Processo Civil Declarativo*, 2ª ed., pp. 183-185.

ARTIGO 572º
Elementos da contestação

Na contestação deve o réu:

a) Individualizar a ação;

b) Expor as razões de facto e de direito por que se opõe à pretensão do autor;

c) Expor os factos essenciais em que se baseiam as exceções deduzidas, especificando-as separadamente, sob pena de os respetivos factos não se considerarem admitidos por acordo por falta de impugnação; e

d) Apresentar o rol de testemunhas e requerer outros meios de prova; tendo havido reconvenção, caso o autor replique, o réu é admitido a alterar o requerimento probatório inicialmente apresentado, no prazo de 10 dias a contar da notificação da réplica.

Remissões: art. 5º, nº 1 (ónus de alegação); art. 266º (reconvenção); art. 574º (ónus de impugnação); art. 583º (reconvenção).

1. Apesar de a contestação ser funcionalmente distinta da petição inicial, é possível dizer que esta peça inclui o introito, a narração e a conclusão, em termos similares aos referidos acerca da petição inicial.

2. Como, por regra, toda a defesa deve ser apresentada na contestação (art. 573º, nº 1), coloca-se a necessidade de optar com frequência pela dedução de meios de defesa em regime de subsidiariedade, ou seja, em termos de cada argumento ser apresentado para a eventualidade de não ser acolhido o anterior. Metodologia que, além disso, deve levar a que também sejam inseridas na contestação eventuais questões prévias pertinentes, isto é, questões que relevam dos autos e cujo acolhimento possa determinar um certo resultado prejudicial ao prosseguimento da ação.

3. O mesmo se diga também de eventuais nulidades processuais ou de certos incidentes que devam ser suscitados dentro de certo prazo, como ocorre com a nulidade da citação (art. 191º, nº 2) ou com o incidente de intervenção provocada do lado passivo, a requerimento do réu (art. 318º, nº 1, al. a)), ou de intervenção acessória provocada (art. 322º, nº 1). Ou ainda com os incidentes de incompetência relativa (art. 103º, nº 1) ou de impugnação do valor da causa (art. 305º, nº 1).

4. No "introito", o réu deve dirigir a contestação ao processo a que respeita, individualizando a ação pelo respetivo número e tendo em consideração aquilo que resultou da distribuição, referindo o juízo ou o tribunal em que pende a causa e os nomes das partes, até porque os restantes elementos constam já da petição inicial. Não é de afastar a admissibilidade de contestação que erradamente tenha sido dirigida a outro processo, designadamente quando tal se deva a erro de escrita revelado no contexto da contestação, de acordo com a regra do art. 146º.

5. A "narração" inclui três possíveis vertentes: a parte em que o réu expõe as razões de facto e de direito pelas quais se opõe à pretensão do autor, o que corresponde à defesa por impugnação; ao nível da defesa por exceção, a exposição dos factos essenciais em que se baseiam as exceções deduzidas; por fim, a parte relativa aos fundamentos da reconvenção que o réu eventualmente deduza contra o autor.

6. Quanto aos factos que sustentam as exceções deduzidas, cabem aqui todas as considerações que oportunamente foram feitas acerca do ónus de alegação a cargo do autor na petição inicial (cf. anot. ao arts. 5º, 186º e 552º), de modo que, atento o disposto no art. 5º:

a) Impende sobre o réu o ónus de alegação dos factos essenciais em que se baseiam as exceções invocadas;

b) Não há preclusões quanto a factos complementares ou concretizadores dos factos (essenciais) inicialmente alegados, devendo o juiz conhecer desses factos quando os mesmos resultarem da instrução, na condição de assegurar às partes a possibilidade de sobre eles se pronunciarem;

c) Não há ónus de alegação, menos ainda preclusões, quanto a factos instrumentais, devendo o juiz considerar, a final, todos os factos instrumentais que resultem da instrução da causa.

7. Ainda acerca da defesa por exceção, é de destacar a exigência contida na al. c) do art. 572º, que se traduz no ónus de o réu especificar separadamente as exceções deduzidas, com a cominação de os respetivos factos não se considerarem admitidos por acordo em caso de falta de impugnação pelo autor. Do que se trata é de evitar que o réu dissemine pela contestação (não separando, portanto) defesa por impugnação e defesa por exceção, com o risco de o autor não se aperceber de eventuais exceções deduzidas. É que, face à remissão do nº 1 do art. 587º para o art. 574º, o autor tem o ónus de impugnar os factos integradores de exceções (factos novos, pois), sob pena de se terem como admitidos por acordo aqueles que não forem impugnados.

8. Para que este ónus e esta cominação possam funcionar com efetividade, a boa-fé processual impõe que o réu especifique separadamente as exceções que deduza, para ser então possível ao autor ficar ciente das mesmas e optar conscientemente entre impugnar os respetivos factos e deixar de o fazer. Não seria aceitável que o réu pudesse beneficiar da falta de impugnação dos factos integradores de exceção por si deduzida, em virtude de o autor não se ter apercebido de alguma exceção oculta. Tratar-se-ia de um verdadeiro caso de benefício do infrator que o sistema repudia, tanto mais que nem sempre é fácil identificar, de entre os factos que são invocados, aqueles que se apresentam com natureza impeditiva, modificativa ou extintiva do direito do autor, em função da diversidade ou da complexidade das normas de direito material aplicáveis (cf. nota 5 ao art. 579º).

9. O sistema ainda não foi ao ponto de cominar com a ineficácia pura e simples a alegação feita na contestação que traduza exceções ocultas, numa estratégia que tenha em mente surpreender a contraparte e atingi-la com a produção de efeitos cominatórios decorrentes da falta de resposta a tal matéria. A solução que foi introduzida vem, no entanto, melhorar a posição do autor, na medida em que impede, em tais circunstâncias, que opere o efeito cominatório correspondente à admissão dos factos novos que, a coberto de tais exceções, sejam invocados pelo réu. Independentemente disso, a invocação de exceções sem a adequada especificação implicará a irregularidade da contestação, devendo ser proferido despacho pré-saneador de convite ao aperfeiçoamento da peça, nos termos do art. 590º, nº 3.

10. Na parte que respeita à reconvenção, a contestação corresponde a uma autêntica petição inicial, já que veicula uma ação cruzada dirigida contra o autor. Nessa medida, o art. 583º, nº 1, para além de estabelecer que deve ser expressamente identificada e deduzida na contestação, estatui que o reconvinte deve expor os respetivos fundamentos, nos termos da al. d) do nº 1 do art. 552º, o mesmo é dizer, o reconvinte deve expor os factos essenciais que constituem a causa de pedir reconvencional e as razões de direito que lhe servem de fundamento, em termos semelhantes aos previstos para o autor (cf. anot. aos art. 5º, 186º e 552º). Tal como deve formular o pedido reconvencional com respeito pelas mesmas regras que estão previstas para a petição, sob pena de suportar as mesmas consequências atribuídas à petição que sofra de ineptidão (art. 186º) ou que careca de aperfeiçoamentos (art. 590º, nºs 2 e 3).

11. Importa definir os termos em que o réu deve organizar todas as matérias que pretenda expor, tanto as relativas à defesa, como as respeitantes à reconvenção.

Recorde-se que, nos termos do art. 572º, al. c), as exceções devem ser especificadamente separadas e que, nos termos do art. 583º, nº 1, a reconvenção deve ser expressamente identificada e deduzida na contestação. Além dos preceitos referidos, o código nada mais estabelece, cabendo ao réu alinhar os meios de defesa segundo a ordem que melhor se ajustar à sua estratégia processual.

12. Dentro da defesa, se o réu pretender alegar exceções (dilatórias e perentórias) e impugnar, qual a ordem por que hão de ser invocados os diversos meios de defesa? Afigura-se que a defesa deve começar pela alegação das exceções dilatórias, uma vez que a sua procedência inibe o juiz de conhecer do mérito da causa. Depois, já no âmbito da defesa que respeita ao mérito da causa, onde figuram as exceções perentórias e a impugnação, o que se recomenda é que o réu comece por fazer frente à ação, contradizendo (ou apresentando outra versão) os factos alegados pelo autor ou o efeito jurídico que pretende deles retirar. Em seguida, deve invocar as exceções perentórias que possa opor à pretensão do autor. Na verdade, se o réu está em condições de impugnar e de excecionar perentoriamente, é mais lógico que comece pela impugnação, porque, ao impugnar, o réu contraria a tese do autor, não a aceitando, no todo ou em parte, o que significa que repudia os factos com base nos quais o autor formula o seu pedido ou, pelo menos, a respetiva qualificação jurídica. Em contrapartida, a defesa por exceção perentória tem outro conteúdo. Embora possa admitir os factos apresentados pelo autor, o réu lança mão de outros (novos) factos que têm por consequência impedir, modificar ou extinguir o efeito jurídico daqueles. Assim sendo, antes de averiguar se o direito do autor se modificou ou extinguiu, é conveniente apurar se ele se chegou a constituir e em que termos. O mesmo é dizer que, no âmbito das exceções perentórias, devem ser alegadas, primeiramente, as impeditivas, depois as modificativas e, por fim, as extintivas. Só depois de toda a defesa será de articular a matéria relativa à reconvenção.

13. A "conclusão" da contestação representa o corolário lógico das alegações feitas na narração, isto é, o réu deve aí retirar as consequências daqueles argumentos. E como essas consequências não são as mesmas para todos os argumentos (quer dizer, o efeito da procedência de uma exceção dilatória é diferente do da procedência de uma exceção perentória, da impugnação ou da reconvenção), o réu deve destrinçar cada um desses efeitos na conclusão da contestação.

14. Ainda que a falta de um segmento conclusivo (quando a contestação apenas contenha matéria de impugnação ou de exceção) não determine os efeitos de ineptidão que estão previstos para a petição inicial e mesmo que cumpra ao juiz em momento posterior apreciar se procedem ou improcedem as questões suscitadas tanto pelo autor como pelo réu, é de toda a conveniência que o réu assuma uma posição clara quanto às diversas questões ou pretensões suscitadas pelo autor, assim expressando o exercício do contraditório e contribuindo para a clara definição dos termos do litígio.

15. Os pedidos do réu, na conclusão da contestação, devem ser formulados segundo a ordem da exposição dos respetivos argumentos na narração. Assim, supondo que a contestação alberga todas as matérias, deve pedir-se:

a) O que pretende em face dos incidentes ou questões processuais cuja arguição se concentrou na contestação;

b) A procedência das exceções dilatórias e a consequente absolvição do réu da instância (ou a remessa do processo para outro tribunal);

c) Que seja atendida a impugnação e, por isso, o réu absolvido do pedido (pela improcedência total ou parcial da ação);

d) A procedência das exceções perentórias e, consequentemente, a absolvição do réu do pedido, total ou parcialmente, em função da amplitude da exceção perentória;

e) A procedência da reconvenção e, na sequência disso, a condenação do autor reconvindo ou a declaração do efeito correspondente ao pedido reconvencional;

f) Se a reconvenção tiver por base um crédito invocado pelo réu sobre o autor e o respetivo montante não exceder o do crédito deste, o pedido a formular pelo réu deverá ser no sentido de operar a compensação e de, em função da medida desta, ser absolvido do pedido, total ou parcialmente; mas se o crédito assim invocado pelo réu exceder o do autor, o réu pedirá ainda a condenação do autor reconvindo no pagamento do crédito remanescente (art. 266º, nº 2, al. c)).

16. O requerimento probatório do réu deve ser incluído logo na contestação, em termos semelhantes aos que vigoram para a petição inicial. Se formular pedido reconvencional e o autor apresentar réplica, o réu pode alterar o seu requerimento probatório, dispondo de 10 dias a contar da notificação da réplica, alteração que também pode ocorrer nos termos do art. 598º. Quanto à prova por documentos, rege especificamente o art. 423º, nº 2.

17. O réu não tem de indicar qualquer valor na contestação, salvo se não concordar com o valor atribuído pelo autor à ação, podendo então impugná-lo, desde que ofereça outro valor em substituição daquele (art. 305º, nº 1). Já se formular pedido reconvencional, deve declarar o valor da reconvenção (art. 583º, nº 2) o qual, quando o pedido seja distinto do original, se somará ao valor da ação (art. 299º, nº 2), com todo o rol de efeitos que isso pode determinar ao nível da competência do tribunal, da recorribilidade das decisões, da obrigatoriedade de constituição de advogado, etc.

18. Sobre a matéria, cf. Paulo Pimenta, *Processo Civil Declarativo*, 2ª ed., pp. 207-212, e "Ónus de alegação e de impugnação das partes e poderes de cognição do tribunal", em *II Colóquio de Proc. Civil de Santo Tirso*, pp. 92-98 e 103-104, Lebre de Freitas e Isabel Alexandre, *CPC anot.*, vol. II, 3ª ed., pp. 561 e ss. e Teixeira de Sousa "Algumas questões sobre o ónus de alegação e de impugnação em processo civil", em *Scientia Iuridica*, t. LXII, nº 332, pp. 395 e ss.

ARTIGO 573º
Oportunidade de dedução da defesa

1 – Toda a defesa deve ser deduzida na contestação, excetuados os incidentes que a lei mande deduzir em separado.

2 – Depois da contestação só podem ser deduzidas as exceções, incidentes e meios de defesa que sejam supervenientes, ou que a lei expressamente admita passado esse momento, ou de que se deva conhecer oficiosamente.

Remissões: art. 103º (arguição da incompetência relativa); art. 305º, nº 1 (incidente de verificação do valor); art. 588º (factos supervenientes).

1. Este preceito consagra o princípio da concentração da defesa na contestação Associados ao princípio da concentração da defesa na contestação, e como sua consequência, encontramos os princípios da eventualidade e da preclusão. Daqui resulta que o réu deve incluir na sua peça processual todos os meios de defesa de que disponha, seja a defesa direta (impugnação), seja a defesa indireta (exceções dilatórias e perentórias), em vez de reservar para momento ulterior do processo certos meios de defesa, que utilizaria apenas no caso de improcedência dos primeiramente invocados (cf., ainda, nota 11 ao art. 619º).

2. Do princípio da preclusão resulta que todos os meios de defesa não invocados pelo réu na contestação ficam prejudicados, não podendo ser alegados mais tarde (cf. a este propósito, nota 619º). O princípio da eventualidade significa que, dado o risco de preclusão, o réu há de dispor todos os seus argumentos de maneira a que cada um deles seja atendido no caso (ou na eventualidade) de qualquer dos anteriores improceder. Por exemplo, o réu começará por invocar a incompetência absoluta do tribunal (exceção dilatória); seguidamente, para a eventualidade de o tribunal se julgar competente, afirmará que os factos se passaram de forma diversa (impugnação); por fim, alegará que, apesar de tudo, já prescreveu o direito à indemnização feito valer pelo autor (exceção perentória).

3. O réu terá de considerar ainda matérias que, sob pena de preclusão, devem ser incluídas na contestação ou suscitadas dentro do prazo prescrito para a sua apresentação, como sucede com o incidente de incompetência relativa (art. 103º, nº 1), a arguição da nulidade da citação (art. 191º, nº 2), a arguição de outras nulidades processuais (arts. 195º e 199º, nº 1), o incidente de verificação do valor processual (art. 305º, nº 1), o requerimento de intervenção principal provocada (art. 318º, nº 1, al. a)), a resposta ao incidente de intervenção principal provocada suscitado pelo autor na petição (art. 315º, nº 1) ou a apresentação de requerimento de intervenção acessória provocada (art. 322º, nº 1).

4. A regra da concentração da defesa na contestação conhece algumas limitações que o próprio preceito refere e se reconduzem a duas espécies: defesa separada e defesa posterior. A defesa separada é aquela que, por imposição legal, deve ser deduzida no prazo da contestação, mas fora desta, isto é, em separado. Como exemplo de defesa separada é costume referir a invocação da suspeição do juiz (arts. 121º, nº 1, *in fine* e 122º, nº 1). Embora se trate de um argumento que o próprio autor pode invocar, na medida em que é inerente à garantia da imparcialidade do juiz, o certo é que, quanto ao réu, deve surgir autonomamente face à contestação. Trata-se, de todo o modo, de uma figura residual, pois hoje a regra é mesmo não haver defesa separada. Tempos houve (até à Reforma de 1985) em que a incompetência relativa era deduzida em separado e por via incidental.

5. A defesa posterior, prevista no art. 573º, nº 2, é a que pode ser deduzida após a apresentação da contestação e tem três modalidades:

a) A defesa superveniente, isto é, defesa fundada em factos objetiva ou subjetivamente supervenientes (arts. 588º e 589º);

b) A defesa autorizada por lei, dela fazendo parte aqueles meios de defesa cuja dedução após a contestação a lei expressamente admite, tais como a incompetência absoluta (art. 97º), o impedimento do juiz (art. 116º, nº 1), a falta de citação do réu ou do Ministério Público como parte principal (arts. 187º e 198º, nº 2) e a falta de vista ou exame ao Ministério Público como parte acessória (arts. 194º e 198º, nº 2);

c) A defesa oficiosa, na qual se integram todos aqueles meios de defesa de que o tribunal pode conhecer oficiosamente, como sucede com quase todas as exceções dilatórias (art. 578º) e com grande parte das exceções perentórias (art. 579º), embora já não seja conferida ao réu a possibilidade de articular novos factos que as sustentem, direito que, em regra, preclude com a apresentação da contestação.

6. Sobre a matéria, cf. Paulo Pimenta, *Processo Civil Declarativo*, 2ª ed., pp. 191-193.

ARTIGO 574º
Ónus de impugnação

1 – Ao contestar, deve o réu tomar posição definida perante os factos que constituem a causa de pedir invocada pelo autor.

2 – Consideram-se admitidos por acordo os factos que não forem impugnados, salvo se estiverem em oposição com a defesa considerada no seu conjunto, se não for admissível confissão sobre eles ou se só puderem ser provados por documento escrito; a admissão de factos instrumentais pode ser afastada por prova posterior.

3 – Se o réu declarar que não sabe se determinado facto é real, a declaração equivale a confissão quando se trate de facto pessoal ou de que o réu deva ter conhecimento e equivale a impugnação no caso contrário.

4 – Não é aplicável aos incapazes, ausentes e incertos, quando representados pelo Ministério Público ou por advogado oficioso, o ónus de impugnação, nem o preceituado no número anterior.

Remissões: art. 354º do CC (inadmissibilidade da confissão); art. 364º do CC (exigência legal de documento escrito); art. 5º, nº 2, al. a) (atendibilidade dos factos instrumentais).

1. Regra basilar no campo da defesa é o ónus de impugnação que impende sobre o réu, querendo isso significar que este há de "*tomar posição definida perante os factos que constituem a causa de pedir invocada pelo autor*". Assim, ao ónus de contestação (art. 567º) acresce o ónus de impugnação. O réu não pode remeter-se a uma atitude passiva, não se pronunciando sobre os factos articulados pelo autor, devendo impugnar os factos que não reconheça ou não aceite como verdadeiros. Tal impugnação não carece, porém, de ser motivada, através de uma contraversão dos factos articulados pelo autor, bastando a mera negação expressa de factos alegados na petição (cf. nota 2 ao art. 571º).

2. Nos termos da 1ª parte do nº 2, se o réu não tomar posição definida sobre os factos alegados pelo autor, entende-se que os admite como exatos. Como se vê, o ónus de impugnação tem associada a seguinte cominação: a falta de impugnação implica a admissão desses factos por acordo (confissão tácita ou ficta), o que conduzirá a que, em regra, os mesmos sejam tidos como assentes e provados nos autos. No que concerne à distinção entre a confissão ficta e a confissão de factos pelo mandatário, cf. nota 4 ao art. 46º.

3. O ónus de impugnação está, contudo, sujeito a algumas exceções. Assim, apesar de não impugnados, não se têm como admitidos por acordo os factos que se encontrem em manifesta oposição com a defesa considerada no seu conjunto (cf. nota 18 ao art. 3º), os factos sobre os quais não seja admissível confissão e, ainda, os factos que só possam ser provados por documento escrito. Realmente, há situações em que a falta de impugnação de um facto não pode implicar a confissão tácita dele, quando o mesmo esteja em inequívoca contradição com o que resulta da defesa globalmente considerada. Apenas um juízo estritamente formalista defenderia solução diferente. É lógico que não se pode considerar como admitido um facto só porque não foi concretamente impugnado, quando a análise da contestação permita concluir, com segurança, que o réu não aceita esse facto como exato.

4. Também não implica admissão por acordo a falta de impugnação de um facto quando sobre ele não for admitida confissão. É o que sucede com os chamados factos inconfessáveis previstos no art. 354º do CC. É fácil compreender o sentido desta exceção. Se há casos em que a lei proíbe a confissão expressa, impondo restrições ao princípio da autonomia da vontade, é evidente que a confissão tácita, resultante da falta de impugnação, também não pode relevar, sob pena de ser alcançado indiretamente algo que é legalmente vedado. Assim foi decidido pelo ***Assento nº 7/84***: "*Por respeitarem a direitos indisponíveis, os factos confessados pelo pretenso pai em ação de investigação de paternidade contra ele proposta devem ser levados ao questionário e não à especificação.*"

5. Por fim, não opera o ónus de impugnação quanto aos factos que careçam de ser provados por documento escrito. Apesar de, em matéria de declaração negocial, vigorar o princípio da consensualidade ou da liberdade de forma (art. 219º do CC), há diversas situações em que a lei exige, sob pena de nulidade (art. 220º do CC), documento escrito ou uma formalidade ainda mais solene para a celebração de certos negócios, o que constitui um requisito *ad substanciam* (cf., entre outros, os arts. 875º, 947º, 1143º e 1250º do CC). Noutros casos, o documento é exigido para prova da declaração (requisito *ad probationem*). Assim, se o autor invocar, como fundamento do pedido, um contrato para a celebração do qual a lei exija a observância de forma especial ou que apenas possa provar-se por documento, ainda que o réu não impugne esse facto, nem por isso se dará como assente tal negócio (art. 364º, nº 1, do CC).

6. O art. 574º, nº 3, consagra um regime específico para os casos em que o réu, apesar de não impugnar, afirma que não sabe se determinado facto é real, estabelecendo o seguinte critério: tratando-se de facto pessoal ou de que o réu deva ter conhecimento, tal afirmação conduz à confissão do facto, valendo já como impugnação no caso contrário. A aplicação deste critério implica uma ponderação casuística acerca da natureza (pessoal ou não) do facto e acerca da situação relativa do réu perante o facto em causa. Caso não existisse esta previsão, o réu ver-se-ia tentado a impugnar quaisquer factos, sempre que não estivesse seguro de corresponderem à verdade, só para evitar que fossem dados logo como assentes.

7. Importa salientar o significado da solução consagrada na 2ª parte do nº 2. Já se sabe que, face aos arts. 5º, nº 1 e 552º, nº 1, al. d), o ónus de alegação do autor na petição inicial apenas é absolutamente exigido quanto aos "*factos essenciais que constituem a causa de pedir*" e que, nos termos do art. 5º, nº 2, al. b), a eventual falta de alegação de factos que sejam complementares ou concretizadores dos inicialmente alegados não implica a respetiva preclusão.

8. Por outro lado, resulta do art. 5º, nºs 1 e 2, al. a), que não há ónus de alegação nem, tão pouco, preclusão quanto a factos instrumentais. É na base disto que o art. 574º reconduz o ónus de impugnação do réu aos "*factos que constituem a causa de pedir*". Como se compreende, a circunstância de não haver ónus quanto à alegação de certos factos não equivale à proibição de tal alegação. Consequentemente, no caso de, embora sem necessidade, o autor ter alegado factos instrumentais na petição inicial, o réu não ficará impedido de tomar posição sobre tais factos e de os impugnar. Mas, inexistindo quanto a tais factos um ónus de impugnação, se o réu não impugnar esses factos instrumentais (admitindo-os implicitamente), daí não resultará mais do que uma admissão provisória dos mesmos, porquanto tal admissão sempre pode ser afastada por prova posterior.

9. O regime excecional fixado no nº 4, afastando a aplicação dos nºs 1 e 3 deste preceito no campo da representação de incapazes, ausentes e incertos pelo Ministério Público ou por advogado oficioso, justifica-se pelo carácter impessoal deste tipo de representação.

10. Sobre a matéria, cf. Paulo Pimenta, *Processo Civil Declarativo*, 2ª ed., pp. 194-196, e "Ónus de alegação e de impugnação das partes e poderes de cognição do tribunal", em *II Colóquio de Processo Civil de Santo Tirso*, p. 102, Lebre de Freitas e Isabel Alexandre, *CPC anot.*, vol. II, 3ª ed., pp. 568 e ss. e Teixeira de Sousa "Algumas questões sobre o ónus de alegação e de impugnação em processo civil", em *Scientia Iuridica*, t. LXII, nº 332, pp. 395 e ss..

ARTIGO 575º

Notificação do oferecimento da contestação

1 – A apresentação da contestação é notificada ao autor.

2 – Havendo lugar a várias contestações, a notificação só se faz depois de apresentada a última ou de haver decorrido o prazo do seu oferecimento.

Remissões: art. 3º (contraditório); art. 248º (formalidades da notificação ao mandatário).

1. É uma decorrência do princípio do contraditório (art. 3º) ser notificada ao autor a contestação deduzida pelo réu, não só para que o demandante fique conhecedor dos argumentos usados pelo demandado, mas ainda porque, em certos casos, assiste ao autor o direito de se pronunciar sobre o teor da contestação – replicando, quando seja deduzida reconvenção ou quando a ação seja de simples apreciação negativa (art. 584º), ou apresentando articulado próprio, quando tenha sido suscitado o incidente de incompetência relativa (art. 103º, nº 2) – e, ao menos, o direito de tomar posição sobre documentos que acompanhem aquela peça processual (arts. 444º, nº 1 e 446º, nº 1).

2. Esta notificação é realizada pela secretaria e faz-se na pessoa do mandatário constituído pelo autor (arts. 247º, nº 1 e 248º) ou é dirigida ao próprio autor, não havendo mandatário constituído (art. 249º).

3. Quando a ação é instaurada contra vários réus, cada um deles pode apresentar a sua própria contestação. De modo a assegurar uma única notificação ao autor, a secretaria deve proceder do seguinte modo: se todos os réus deduzirem uma única contestação, tal peça é notificada ao autor logo que seja apresentada; quando assim não for, a secretaria aguarda pela apresentação da última contestação ou pelo decurso do prazo para a respetiva entrada nos autos, após o que notifica o autor da ou das contestações oferecidas.

SECÇÃO II

Exceções

ARTIGO 576º

Exceções dilatórias e perentórias – Noção

1 – As exceções são dilatórias ou perentórias.

2 – As exceções dilatórias obstam a que o tribunal conheça do mérito da causa e dão lugar à absolvição da instância ou à remessa do processo para outro tribunal.

3 – As exceções perentórias importam a absolvição total ou parcial do pedido e consistem na invocação de factos que impedem, modificam ou extinguem o efeito jurídico dos factos articulados pelo autor.

Remissões: art. 5º, nº 1 (alegação dos factos essenciais); art. 91º (competência para a apreciação das exceções); art. 266º (reconvenção); art. 278º (absolvição da instância); art. 572º, al. c) (alegação da matéria de exceção); arts. 577º e 578º (exceções dilatórias); art. 579º (exceções perentórias).

1. As exceções dilatórias decorrem da falta de cumprimento de determinados requisitos ou pressupostos processuais cuja verificação se mostra necessária para que o tribunal aprecie o mérito da causa e determinam a absolvição do réu da instância ou a remessa dos autos para outro tribunal. Na expressão de Castro Mendes, as exceções dilatórias e os pressupostos processuais são "o verso e o reverso da mesma realidade". Afetando a relação processual, sem beliscarem a relação jurídica material, podem ser designadas por exceções processuais.

2. A absolvição da instância é a normal decorrência da verificação de exceções dilatórias (arts. 277º, al. a) e 278º, nº 1). Só não será assim quando a exceção, sendo sanável, se mostre sanada (art. 278º, nº 2, *in fine*). Se a exceção dilatória for sanável, o juiz, antes de tirar consequências da sua verificação, deve providenciar pela respetiva sanação (arts. 278º, nº 3, 6º, nº 2 e 590º, nº 2, al. a)).

3. Em vez da absolvição da instância, a exceção dilatória de incompetência relativa do tribunal (art. 105º, nº 3) determina a remessa do processo para o tribunal competente. Remessa que também pode ocorrer quando a absolvição da instância fundada em incompetência absoluta (em função da hierarquia ou da matéria) seja decretada depois de findos os articulados, desde que o autor a requeira, no prazo de 10 dias a contar do trânsito em julgado da decisão, e o réu não ofereça oposição justificada (art. 99º, nº 2).

4. A defesa por exceção perentória consiste na alegação de factos impeditivos, modificativos ou extintivos do efeito jurídico visado pelo autor e tem como consequência a absolvição, total ou parcial, do pedido (art. 571º, nº 2, *in fine* e art. 576º, nº 3). Neste tipo de defesa, a atitude do réu não se traduz em refutar os factos articulados pelo autor, mas em alegar factos novos que, em face da norma ou normas jurídicas aplicáveis ao caso, se revelam impeditivos da válida e eficaz constituição do direito invocado pelo autor, ou que, admitindo tal constituição, implicam a modificação ou a extinção desse direito. Em qualquer dos casos, o réu alega uma circunstância fáctica nova que visa a inutilização, em maior ou menor grau, do pedido formulado pelo autor.

5. Ao contrário do que acontece com as exceções dilatórias, a propósito das quais a lei processual faz uma extensa enumeração (art. 577º), apesar de exemplificativa, o legislador nada estabelece quanto às exceções perentórias. Afinal, as exceções dilatórias são argumentos de natureza processual, sendo natural que a lei de processo proceda à respetiva enunciação (ainda que não taxativa), enquanto as exceções perentórias são argumentos de direito material, desmultiplicando-se em função do quadro normativo mais ou menos complexo de cada caso. Podemos dizer que:

a) São factos impeditivos da constituição do direito do autor os que geram a invalidade dos negócios jurídicos, como é o caso dos que consubstanciem o erro, o dolo, a coação, a simulação, a ilicitude ou a ilegalidade do objeto – exceções perentórias impeditivas;

b) Factos modificativos são, por exemplo, a concessão de uma moratória ao réu devedor, a exceção de não cumprimento, a *datio pro solvendo*, a sub-rogação, a mudança do percurso ou lugar de uma servidão, a concentração (pela escolha) do objeto da obrigação – exceções perentórias modificativas ou, em alguns casos, exceções dilatórias de direito material;

c) Factos extintivos do direito alegado pelo autor são, por exemplo, o pagamento, a dação em cumprimento, a caducidade, a prescrição, a usucapião, o perdão, a renúncia, a novação, a condição resolutiva, o termo perentório – exceções perentórias extintivas.

6. Quanto à compensação, que é também uma forma de extinção das obrigações à luz do direito substantivo (art. 847º do CC) e que radica na invocação de um contra-crédito tendente ao encontro de contas (total ou parcial), importa referir que tal invocação pelo réu está sujeita ao regime processual da reconvenção, por força do disposto no art. 266º, nº 2, al. c), aplicando-se igualmente o regime reconvencional quando o contra-crédito do réu exceder o do autor e aquele, opondo o seu crédito a este, pretender não apenas a compensação (com o inerente efeito extintivo e a sua absolvição do pedido), mas ainda a condenação do autor no pagamento do remanescente (para mais desenvolvimentos, cf. a anot. ao art. 266º).

7. As exceções perentórias, como meio de defesa material, respeitam ao mérito da causa, pois contendem com o fundo da questão, com a existência ou não, e em que termos, do direito do autor. Por isso é que a sua procedência dá lugar à absolvição, total ou parcial, do pedido. Neste aspeto, ou seja, quanto àquilo que o réu visa ao impugnar ou ao excecionar, há uma proximidade entre a defesa por exceção perentória e a defesa por impugnação, pois o propósito do réu, em ambos os casos, é ser absolvido do pedido.

8. A diferença é a seguinte: a impugnação do réu assenta no entendimento de que não assiste razão ao autor, seja de facto, seja de direito, pelo que a respetiva pretensão deverá improceder; na defesa por exceção perentória, o réu, por via principal ou subsidiária, parte do quadro factual ou jurídico apresentado pelo autor mas opõe-lhe outros factos que têm por efeito impedir, modificar ou extinguir o efeito jurídico a que tenderiam os factos alegados pelo autor, os quais, em tese e não fora a exceção deduzida, permitiriam o reconhecimento do direito invocado na petição inicial. Dito de outro modo: no caso da impugnação, as afirmações fácticas produzidas pelo réu são incompatíveis com as vertidas pelo autor na petição; no caso da defesa por exceção perentória, os factos (novos) assim alegados pelo réu são intelectualmente compatíveis com os invocados pelo autor. Nessa conformidade, é perfeitamente possível o tribunal dar simultaneamente como provados os factos articulados pelo autor e os factos articulados pelo réu em sede de exceção perentória, caso em que a questão será resolvida à luz da prevalência do efeito impeditivo, modificativo ou extintivo dos factos invocados pelo réu (art. 576º, nº 3).

9. A absolvição do pedido a que conduz a procedência das exceções perentórias pode ser total ou parcial, em função do alcance com que a exceção atinge o direito do autor. Por exemplo, quando, numa ação para cobrança de um crédito, o réu se limitar a alegar que já pagou um terço da dívida (ou que o credor lhe perdoou essa parte), é evidente que, a ser procedente, esta exceção conduzirá apenas à absolvição parcial do pedido. Já se a exceção atinge aquele direito em toda a sua dimensão, a absolvição do pedido será total. É o que acontecerá com a alegação da prescrição ou do pagamento total da dívida, da caducidade do direito e dos motivos de invalidade do negócio jurídico, enfim, da maior parte das exceções perentórias.

10. Tanto as exceções dilatórias como as perentórias devem ser alegadas separadamente na contestação, distinguindo-as quer da defesa por impugnação, quer da eventual reconvenção (art. 572º, al. c)). A lei não foi (ainda) ao ponto de considerar ineficazes as exceções que não sejam como tal identificadas e separadas da restante defesa, mas com toda a pertinência prevê-se agora – com especial relevo para as exceções perentórias – que, quando estejam em causa exceções cuja alegação tenha desrespeitado aquelas regras, a falta de resposta à matéria de facto que as integra não conduz à sua admissão.

11. Mais importante do que a qualificação jurídica daquilo que possa integrar matéria de exceção é a alegação dos factos em que as mesmas se baseiam (art. 572º, al. c)). No entanto, considerando que, relativamente a determinadas exceções dilatórias ou perentórias, a apreciação pelo tribunal está dependente da sua invocação pelo interessado, não bastará nesses casos a mera alegação dos factos, devendo transparecer da contestação a vontade de o réu deles se aproveitar com o efeito impeditivo, modificativo ou extintivo que as normas substantivas projetam. É o que ocorre designadamente com a alegação de vícios que se reconduzam à anulabilidade dos negócios jurídicos (art. 287º, nº 1, do CC), com a invocação da exceção de não cumprimento do contrato (art. 428º, nº 1, do CC) ou com a exceção de prescrição (art. 303º do CC).

12. Parece manifestamente insuficiente que da mera afirmação do réu de que os factos ocorreram em determinada ocasião ou de que o autor deles teve conhecimento numa certa data possa extrair-se a conclusão, por mera indução, de que foi suscitada a exceção de prescrição do direito, do mesmo modo que uma vaga alegação de que o réu não se apercebeu do teor de uma determinada declaração que subscreveu não poderá, sem mais, corresponder à invocação da anulabilidade do negócio fundado em erro na declaração ou em erro sobre o objeto negocial. Se é verdade que, como se disse a propósito do art. 572º, o sistema ainda não foi ao ponto de sancionar com a pura ineficácia exceções perentórias que não sejam como tal identificadas pelo réu na contestação, não se pode legitimar que, por via de juízos indutivos surpreendentes, acabem por ser recolhidas do arrazoado da contestação exceções implícitas. O contraditório que a outra parte merece e os efeitos cominatórios inerentes à falta de resposta quanto a matéria de índole excecional não permitem atenuar o ónus de alegação a cargo do réu a ponto de fazer recair sobre a esfera do autor os correspondentes efeitos negativos.

13. Em suma, as exceções que, porventura, contra o que a lei exige (art. 572º, al. c)), não sejam como tal identificadas, devem, ao menos, resultar claramente evidenciadas a partir de um manancial de factos ou de normas jurídicas que permitam estabelecer uma conexão direta com o efeito impeditivo, modificativo ou extintivo que decorre dos preceitos de direito substantivo aplicáveis (cf. Abrantes Geraldes, *Temas da Reforma do Processo Civil*, vol. I, 2ª ed., p. 56, nota 68).

14. Sobre a matéria, cf. Paulo Pimenta, *Processo Civil Declarativo*, 2ª ed., pp. 185-186 e 188-190.

ARTIGO 577º
Exceções dilatórias

São dilatórias, entre outras, as exceções seguintes:

a) A incompetência, quer absoluta, quer relativa, do tribunal;
b) A nulidade de todo o processo;
c) A falta de personalidade ou de capacidade judiciária de alguma das partes;
d) A falta de autorização ou deliberação que o autor devesse obter;
e) A ilegitimidade de alguma das partes;
f) A coligação de autores ou réus, quando entre os pedidos não exista a conexão exigida no artigo 36º;
g) A pluralidade subjetiva subsidiária, fora dos casos previstos no artigo 39º;
h) A falta de constituição de advogado por parte do autor, nos processos a que se refere o nº 1 do artigo 40º, e a falta, insuficiência ou irregularidade de mandato judicial por parte do mandatário que propôs a ação;
i) A litispendência ou o caso julgado.

Remissões: arts. 6º, nº 2 e 278º, nº 2 (sanabilidade das exceções dilatórias e diligências tendentes à sanação).

1. Embora a enunciação feita no preceito não seja exaustiva, abarca a maior parte das exceções dilatórias que importa ter em consideração em qualquer processo judicial.

2. A primeira exceção dilatória respeita à incompetência absoluta ou relativa do tribunal. A incompetência do tribunal, gerando sempre uma exceção dilatória, conduz a efeitos distintos, conforme seja absoluta ou relativa. No que concerne à exceção de incompetência absoluta em razão da matéria (e também da nacionalidade) as dificuldades surgem normalmente em torno do critério que deve ser utilizado para a sua aferição, sendo corrente o entendimento de que a apreciação desse pressuposto não se confunde com a apreciação do mérito da pretensão, a tal ponto que a afirmação da competência do tribunal deve partir essencialmente do quadro de factos que são invocados pelo autor, em confronto com as normas que delimitam a competência em razão da matéria.

3. Em RC 28-6-17, 259/16, conclui-se precisamente que "a competência do tribunal em razão da matéria afere-se de harmonia com a relação jurídica controvertida, tal como definida pelo autor no que se refere aos termos em que propõe a resolução do litígio, a natureza dos sujeitos processuais, a causa de pedir e o pedido". Assim, se o autor instaura uma ação no juízo cível pedindo a condenação do réu no pagamento de uma determinada quantia correspondente à remuneração devida pela prestação de serviços, sem qualquer referência a uma eventual relação de subordinação que é própria de um contrato de trabalho, não existirão motivos para negar a competência material do tribunal, a pretexto de que, no entendimento do tribunal, se está perante um contrato de trabalho e que o litígio é da competência do foro laboral. O mesmo sucede quando é exposto um litígio emergente de uma relação jurídico-administrativa, sendo a partir dessa causa de pedir e do pedido formulado que se afere a competência que, nesse quadro, será de atribuir aos tribunais administrativos, independentemente da realidade que venha a ser apurada no momento oportuno, em face da prova produzida na audiência final.

4. Este é, aliás, o critério seguido no Tribunal dos Conflitos (*v.g.* Acs. de 18-2-16, 28/15, 14-1-16, 02/16, 25-3-15, 02/14, 25-6-15, 08/15, 9-7-15, 07/15), apontando para o pedido concatenado com a causa de pedir, ou seja, com a natureza da relação material configurada pelo autor, em termos semelhantes aos que estão explicitamente consagrados para a aferição do pressuposto processual da legitimidade no art. 30º, nº 3.

5. A incompetência absoluta gera o indeferimento liminar, quando houver despacho liminar (art. 99º, nº 1), ou a absolvição da instância (art. 278º, nº 1, al. a)); a incompetência relativa determina a remessa do processo para o tribunal que for declarado competente (art. 105º, nº 3). Verificadas as condições do art. 105º, nº 2, pode suceder que, embora sendo absoluta a incompetência (em razão da hierarquia ou da matéria), ocorra a remessa do processo para o tribunal competente.

6. A segunda exceção dilatória é a nulidade de todo o processo. Se o processo for nulo, não faz sentido que o juiz profira uma decisão de mérito sobre a questão apresentada ao tribunal. Esta nulidade surge quando a petição inicial é inepta. Sendo esta peça a base de qualquer processo, mas padecendo de algum dos vícios constantes do art. 186º, nº 2, todo o processo ficará inquinado, sendo, por isso, nulo (cf. desenvolvimentos na anot. ao art. 186º). Importa, no entanto, contar com a possibilidade de se considerar sanada tal nulidade sustentada na falta ou ininteligibilidade do pedido ou da causa de pedir, a partir da apreciação da posição assumida pelo réu na contestação, nos termos do art. 186º, nº 3.

7. São também exceções dilatórias a falta de personalidade judiciária e a falta de capacidade judiciária de alguma das partes (cf. anot. aos artigos que regulam tais pressupostos). De todo o modo, estas duas figuras (com destaque para a incapacidade judiciária) só implicam os efeitos típicos das exceções dilatórias se não forem, entretanto, sanadas (art. 14º e arts. 27º e 28º, respetivamente).

8. Outra exceção dilatória é a falta de autorização ou deliberação que o autor devesse obter. Há situações em que o representante da parte necessita de autorização ou deliberação prévia para poder praticar certos atos. Quando se trata do representante do autor, se ele não a tiver obtido, os respetivos atos não podem ser praticados, pelo que a sua atuação em juízo não estará legitimada (*v.g.* o art. 1938º, nºs 1 e 2, do CC). Daí que a ação não deva prosseguir, salvo se, entretanto, a falta vier a ser sanada (art. 29º). Note-se que esta exceção só ocorre do lado ativo. Com efeito, se a falta respeitar ao réu, não temos exceção dilatória, havendo somente o efeito previsto no art. 29º, nº 2, *in fine*.

9. É exceção dilatória a ilegitimidade das partes, incluindo a preterição de litisconsórcio necessário ativo ou passivo. Se com a exigência da legitimidade se pretende garantir que estejam em juízo os titulares da relação material litigiosa, de modo a que a decisão a proferir possa efetivamente resolver o conflito, bem se compreende que, não figurando na lide ou faltando algum interessado cuja presença seja necessária, se justifique a absolvição da instância. Porém, tratando-se de preterição de litisconsórcio necessário, tal efeito não pode ser decretado sem que antes seja acionado pelo juiz o mecanismo tendente à sanação do vício (arts. 590º, nº 2, al. a) e 6º, nº 2), o que pode culminar na intervenção provocada dos interessados em falta (art. 316º, nº 1).

10. Constitui exceção dilatória a coligação ilegal de autores ou de réus, quando entre os pedidos não se verifique a conexão exigida pelo art. 36º ou as exigências formais do art. 37º, devendo observar-se, antes da extração do efeito formal, a possibilidade de sanação mediante a escolha da ação que deverá prosseguir (art. 38º) ou a adequação formal que se justificar (art. 37º, nº 4).

11. É exceção dilatória a pluralidade subjetiva subsidiária em infração ao disposto no art. 39º. Para o caso de haver dúvida fundamentada sobre o sujeito da relação material controvertida, admite-se a dedução subsidiária do mesmo pedido, ou a dedução de pedido subsidiário por autor ou contra réu diverso do que demanda ou é demandado a título principal. Fora desse domínio, tal pluralidade não é admitida, havendo exceção dilatória.

12. Sendo obrigatório o patrocínio judiciário (art. 40º), a falta de constituição de advogado por parte do autor gera exceção dilatória, mas este efeito só se consuma quando, depois de advertido o autor para os efeitos do art. 41º (cf. também o art. 6º, nº 2), se mantenha a falta detetada. Outrossim nos casos em que, estando o autor representado por mandatário, há falta, insuficiência ou irregularidade não sanada do mandato (arts. 48º e 6º, nº 2). Note-se que, nos casos referidos, a questão da exceção dilatória apenas se coloca relativamente ao autor. Já quando esteja em causa o patrocínio do réu, a persistência das irregularidades detetadas gera somente a ineficácia da defesa (arts. 41º e 48º).

13. À luz do princípio de que não pode haver repetição de causas (sendo que a repetição ocorre quando é proposta uma ação idêntica a outra quanto aos sujeitos, ao pedido e à causa de pedir – art. 581º, nº 1), a verificação dessa repetição conduz à exceção dilatória da litispendência (se as causas estão simultaneamente pendentes) ou do caso julgado (se a repetição surge depois de a primeira causa ter sido decidida por sentença transitada em julgado), cujos conceitos constam do art. 580º, nº 1.

14. Dado o carácter não taxativo deste art. 577º, são de considerar ainda outras exceções inominadas, isto é, não referidas expressamente como tal na lei. Assim sucede com a falta de interesse em agir, exceção dilatória que decorre da violação do (inominado) pressuposto processual do interesse em agir, que consiste na indispensabilidade de o autor recorrer a juízo para a satisfação da sua pretensão, podendo dizer-se que o autor só tem interesse em agir quando não dispõe de outros meios (extrajudiciais) que permitam realizar, com semelhantes garantias, aquela pretensão (para mais desenvolvimentos, cf. Paulo Pimenta, *Processo Civil Declarativo*, 2ª ed., pp. 89-92).

15. Geram também exceções dilatórias as situações que configurem uma cumulação ilegal de pedidos (arts. 554º e 555º) ou a dedução de reconvenção fora do quadro de requisitos materiais e adjetivos (art. 266º, nºs 2 e 3), sendo que, em tais circunstâncias, o efeito se repercute apenas no objeto do processo que não respeite os requisitos legais.

16. Com a enunciação das exceções dilatórias insanáveis, veja-se a nota 6 ao art. 6º.

17. Sobre a matéria, cf. Paulo Pimenta, *ob. cit.*, pp. 186-187.

ARTIGO 578º
Conhecimento das exceções dilatórias

O tribunal deve conhecer oficiosamente das exceções dilatórias, salvo da incompetência absoluta decorrente da violação de pacto privativo de jurisdição ou da preterição de tribunal arbitral voluntário e da incompetência relativa nos casos não abrangidos pelo disposto no artigo 104º.

Remissões: art. 94º (pacto privativo de jurisdição); art. 104º, nº 1, *a contrario* (incompetência relativa inoficiosa); art. 1º, nº 3, da Lei nº 63/11, de 14-12 (cláusula compromissória).

1. Resultando as exceções dilatórias da violação de regras relativas a pressupostos processuais ou a requisitos de ordem técnica, é lógico que seja cometido ao tribunal o controlo oficioso de tais violações – é este o sentido do art. 578º.

2. Apenas escapam a este regime de conhecimento a incompetência absoluta decorrente da violação de pacto privativo de jurisdição (arts. 96º, al. a), *in fine*, e 94º) ou da preterição de tribunal arbitral voluntário (art. 96º, al. b) e a incompetência relativa, nos casos não abrangidos pelo art. 104º, hipóteses em que a exceção tem de ser invocada pelo réu para que o tribunal a possa apreciar.

3. Quanto à violação de pacto privativo de jurisdição e à preterição de tribunal arbitral voluntário, o que está em causa é uma convenção celebrada pelas partes, que o autor desrespeitou. Dado o carácter de cada uma dessas convenções, entende o legislador que compete ao réu a iniciativa de invocar a correspondente exceção.

4. Relativamente à incompetência relativa, os casos não abrangidos pelo art. 104º limitam-se a algumas situações de (in)competência territorial, já que a incompetência relativa em razão do valor é sempre de conhecimento oficioso (art. 104º, nº 2).

5. A oficiosidade a respeito das exceções dilatórias respeita não apenas ao seu conhecimento como ainda à realização de diligências que se destinem a confirmar ou a infirmar a sua existência, em face dos indícios que os autos revelem. O tribunal pode e deve conhecer das exceções dilatórias, mas apenas a partir dos factos alegados pelas partes (ou do que objetivamente resultar do processo), não lhe cabendo, nesta específica sede, uma investigação oficiosa. Já nada obsta, contudo, a que, para efeitos de demonstração dos factos alegados ou daquilo que possa emergir dos autos, seja acionado o princípio da oficiosidade que se traduza na recolha dos meios de prova ou na formulação de convite dirigido a qualquer das partes no sentido de esclarecer a situação ou de apresentar meios de prova que estejam na sua disponibilidade ou ao seu alcance.

6. Nos casos em que exista intervenção do juiz logo no início da instância, este deve indeferir liminarmente a petição inicial, intervindo quando se deparar com exceções dilatórias insupríveis que, sendo de conhecimento oficioso, resultem dos autos de modo inequívoco e sem necessidade de qualquer outro elemento (art. 590º, nº 1). Já quando tais exceções sejam sanáveis, o juiz, considerando outras regras ou princípios, deverá ponderar sobre a necessidade ou conveniência de medidas imediatas em alternativa à regra do diferimento da apreciação da questão para a ocasião do despacho pré-saneador (art. 590º, nº 2, al. a) e nº 3).

7. Sobre a matéria, cf. Paulo Pimenta, *Processo Civil Declarativo*, 2ª ed., pp. 187-188.

ARTIGO 579º
Conhecimento de exceções perentórias

O tribunal conhece oficiosamente das exceções perentórias cuja invocação a lei não torne dependente da vontade do interessado.

Remissões: art. 286º do CC (nulidade); art. 287º do CC (anulabilidade); art. 303º do CC (prescrição); art. 333º, nº 1, do CC (caducidade); art. 428º, nº 1, do CC (exceção de não cumprimento); art. 436º, nº 1, do CC (resolução).

1. Dada a natureza das exceções perentórias, que constituem argumentos de direito material, além de não ser feita qualquer enunciação das mesmas, remete-se para o regime substantivo a questão do seu conhecimento pelo tribunal.

2. Desde que a matéria de facto a que o tribunal pode aceder o consinta, são de conhecimento oficioso, entre outras, as nulidades de negócios jurídicos (art. 286º do CC), a caducidade estabelecida em matéria excluída da disponibilidade das partes (art. 333º, nº 1, do CC), o pagamento, a novação e a dação em cumprimento. Quanto ao abuso de direito (art. 334º do CC), é pacífico o entendimento de que também é de conhecimento oficioso, a partir dos factos que estejam demonstrados (STJ 21-9-93, CJ, t. III, p. 9).

3. Repare-se que a oficiosidade na apreciação de certas exceções perentórias não contraria a regra segundo a qual os factos que as integram devem ser alegados pelas partes. A oficiosidade intervém num momento posterior, ou seja, na averiguação dos factos que tiverem sido alegados e na apreciação dos respetivos efeitos jurídicos.

4. Existem outras exceções perentórias que, por força do seu regime legal, apenas podem ser conhecidas pelo tribunal se tiverem sido oportunamente alegadas pelo interessado. Tal sucede designadamente com a anulabilidade de negócios jurídicos (art. 287º do CC), a prescrição (art. 303º do CC), a resolução (art. 436º, nº 1, do CC) ou a exceção de não cumprimento (art. 428º, nº 1, do CC, que alude à "*faculdade de recusar*"), sendo relevante para o efeito que a alegação dos correspondentes factos venha acompanhada da intenção de deles extrair o efeito projetado pelo direito material (cf. anot. ao art. 576º).

5. A matéria de exceção deve ser separadamente alegada na contestação (art. 572º, al. c), *in fine*). Tal, porém, não significa que apenas ganhe essa qualificação a alegação que seja acompanhada do *nomen juris* apropriado, relevando, isso sim, a alegação dos factos correspondentes (isto é, dos factos essenciais em que se baseiam as exceções – art. 5º, nº 1), desde que suficientemente explícitos no sentido de ser possível extrair deles o efeito impeditivo, modificativo ou extintivo que emerge dos preceitos de direito material aplicáveis, o que joga com princípio da livre qualificação jurídica pelo tribunal (art. 5º, nº 3). Importante ainda é que, sem embargo da eventual prolação de despacho de aperfeiçoamento (art. 590º, nº 4), seja acautelada a efetiva possibilidade de ser exercido o contraditório sobre a matéria qualificada como exceção (art. 590º, nº 5) (cf. Abrantes Geraldes, *Temas da Reforma do Processo Civil*, vol. I, 2ª ed., p. 56, nota 68).

6. Às exceções que sejam invocadas pelo réu podem ser opostas, por sua vez, outras exceções, na medida em que tal decorra da norma ou normas jurídicas que regulam o concreto litígio, sendo que, em tais casos, é o autor que tem o ónus de invocar os correspondentes factos na réplica (quando seja admissível) ou em momento posterior (art. 3º, nº 4).

7. Sobre a matéria, cf. Paulo Pimenta, *Processo Civil Declarativo*, 2ª ed., p. 190 e, para mais desenvolvimentos, Miguel Mesquita, *Reconvenção e Exceção no Processo Civil*, pp. 41-98.

ARTIGO 580º
Conceitos de litispendência e caso julgado

1 – As exceções da litispendência e do caso julgado pressupõem a repetição de uma causa; se a causa se repete estando a anterior ainda em curso, há lugar à litispendência; se a repetição se verifica depois de a primeira causa ter sido decidida por sentença que já não admite recurso ordinário, há lugar à exceção do caso julgado.

2 – Tanto a exceção da litispendência como a do caso julgado têm por fim evitar que o tribunal seja colocado na alternativa de contradizer ou de reproduzir uma decisão anterior.

3 – É irrelevante a pendência da causa perante jurisdição estrangeira, salvo se outra for a solução estabelecida em convenções internacionais.

Remissões: art. 581º (requisitos da litispendência e do caso julgado); art. 619º (caso julgado material); art. 625º (casos julgados contraditórios).

1. A litispendência e o caso julgado são pressupostos processuais de índole negativa, na medida em que a sua verificação gera uma exceção dilatória e conduz à absolvição da instância (arts. 278º, nº 1, al. e) e 577º, al. i)).

2. A litispendência e o caso julgado pressupõem a repetição de uma causa, divergindo quanto ao estado em que ambas se encontram: se numa delas foi proferida decisão final transitada em julgado, verifica-se a exceção de caso julgado; na situação oposta, há litispendência. Qualquer das exceções visa evitar que o tribunal reproduza ou a contradiga uma decisão anterior, tutelando, no essencial, o prestígio e a credibilidade da função judicial e os valores da segurança jurídica e da certeza do direito.

3. Já não é relevante a pendência de uma causa em tribunal estrangeiro, a não ser que tal resulte de disposição diversa constante de instrumento ou convenção internacional ou ocorra alguma situação como a prevista no art. 29º, nº 1, do Regulamento nº 1215/2012, de 12-12-2012 (competência judiciária, reconhecimento e execução de decisões em matéria civil e comercial), nos termos do qual, "*quando ações com a mesma causa de pedir e entre as mesmas partes forem submetidas à apreciação de tribunais de diferentes Estados-Membros, qualquer tribunal que não seja o tribunal demandado em primeiro lugar deve suspender oficiosamente a instância até que seja estabelecida a competência do tribunal demandado em primeiro lugar.*"

4. A pendência de causa em tribunal estrangeiro não é, contudo, absolutamente indiferente, uma vez que, nos termos do art. 980º, al. b), pode ser confirmada em Portugal decisão estrangeira transitada em julgado, salvo se o réu tiver sido citado em primeiro lugar na ação proposta nos tribunais portugueses (art. 980º, al. d)) (cf. Lebre de Freitas e Isabel Alexandre, *CPC anot.*, vol. II, 3ª ed., pp. 590 e 591).

5. Em RG 28-2-19, 291/17, afirmou-se que inexiste qualquer convenção internacional de direito internacional e/ou europeu que, de forma expressa e satisfazendo a exigência legal prevista no nº3, preveja a verificação de litispendência entre ações executivas pendentes na jurisdição nacional e estrangeira, sendo que o Regulamento nº 1215/2012 só se aplica a ações declarativas. Mais se decidiu que a interposição de execuções em mais do que uma jurisdição implica que qualquer pagamento, ocorrido num dos processos, terá de ser refletido na dívida em causa no outro.

6. Sobre a matéria, cf. Paulo Pimenta, *Processo Civil Declarativo*, 2ª ed., pp. 125-126.

ARTIGO 581º

Requisitos da litispendência e do caso julgado

1 – Repete-se a causa quando se propõe uma ação idêntica a outra quanto aos sujeitos, ao pedido e à causa de pedir.

2 – Há identidade de sujeitos quando as partes são as mesmas sob o ponto de vista da sua qualidade jurídica.

3 – Há identidade de pedido quando numa e noutra causa se pretende obter o mesmo efeito jurídico.

4 – Há identidade de causa de pedir quando a pretensão deduzida nas duas ações procede do mesmo facto jurídico. Nas ações reais a causa de pedir é o facto jurídico de que deriva o direito real; nas ações constitutivas e de anulação é o facto concreto ou a nulidade específica que se invoca para obter o efeito pretendido.

Remissões: art. 619º (caso julgado material); art. 620º (caso julgado formal); art. 625º (casos julgados contraditórios).

1. A repetição da causa ocorre quando é proposta uma ação idêntica a outra quanto aos sujeitos, ao pedido e à causa de pedir, sendo essa tripla identidade crucial para a verificação de alguma das exceções dilatórias de caso julgado e de litispendência. Contudo, apesar da aparente simplicidade do preceito, que foi ao ponto de definir cada um dos elementos (subjetivo e objetivo) da instância, a sua aplicação suscita enormes dificuldades que resultam bem transparentes da leitura de arestos jurisprudenciais e de elementos doutrinais (RC 12-12-17, 3435/16).

2. A identidade de sujeitos não supõe a mera identidade física ou nominal, verificando-se ainda quando as partes sejam as mesmas sob o ponto de vista da sua qualidade jurídica, ou seja, não apenas aquelas que intervieram formalmente no processo, mas ainda, designadamente, "aquelas que assumiram, *mortis causa* ou *inter vivos*, a posição jurídica de quem foi parte na causa depois de a sentença ter sido proferida e transitada em julgado" (Maria José Capelo, *A Sentença Entre a Autoridade e a Prova*, p. 324; cf. ainda, relativamente a herdeiros, STJ 6-6-19, 276/13).

3. Interessa ainda assinalar que, em determinadas situações excecionais, o efeito de caso julgado é extensivo a terceiros, constituindo exemplo a situação abarcada pelo art. 263º, nº 3, nos termos do qual, nos casos de venda de coisa ou direito litigioso, a sentença produz efeitos relativamente ao adquirente, ainda que não seja habilitado como tal, salvo se a ação estiver sujeita a registo e o adquirente registar a aquisição antes do registo da ação.

4. Também ocorre a identidade dos sujeitos quando os mesmos são portadores do mesmo interesse substancial quanto à relação jurídica em causa (STJ 9-7-15, 896/09), solução que também foi assumida em STJ 22-2-15, 915/09, onde se refere que "para averiguar o preenchimento do requisito da identidade de sujeitos, deve atender-se, não a critérios formais ou nominais, mas a um ponto de vista substancial, ou seja, ao interesse jurídico que a parte concretamente atuou e atua no processo". A identidade de sujeitos, com os limites assim definidos, constitui o pressuposto básico para a invocação quer da exceção de caso julgado (vertente negativa), quer para a afirmação dos limites do caso julgado (vertente positiva). Não é possível de modo algum extrair efeitos de uma decisão judicial relativamente a um sujeito que não possa considerar-se vinculado nos termos anteriormente referidos.

5. A identidade de pedidos afere-se pela circunstância de em ambas as ações se pretender obter o mesmo efeito prático-jurídico, não sendo de exigir uma adequação integral das pretensões (STJ 14-12-16, 219/14, STJ 24-2-15, 915/09 e STJ 6-6-00, 00A327; cf. nota 5 ao art. 3º). Assim, se a forma como o autor se expressou na petição inicial e o modo como tal se refletiu na sentença são importantes para a aferição da identidade do pedido que foi formulado e apreciado, não deixa de ser importante o que, numa perspetiva substancial, está contido explicitamente e, por vezes, até implicitamente nessas formulações, seguindo sempre um critério orientador segundo o qual, para além de ser dispensável a repetição da mesma causa entre os mesmos sujeitos, deve vedar-se a possibilidade de ocorrer, com a sentença que venha a ser proferida, uma contradição decisória.

6. A identidade de pedidos pode, aliás, ser apenas parcial e, ainda assim, ser bastante para que se considerem verificadas a exceção de litispendência ou de caso julgado. Por exemplo, em face de uma anterior sentença que julgou improcedente o pedido de reconhecimento do direito de propriedade sobre um determinado prédio, com base num determinado fundamento (ação de simples apreciação positiva), existe repetição da causa se for proposta uma ação de reivindicação na qual, com base no mesmo fundamento, se pretenda ainda a condenação do réu na restituição do bem (cf. sobre a delimitação e características do pedido, cf. anot. aos arts. 3º, 186º e 552º).

7. A identidade de causas de pedir verifica-se quando as pretensões deduzidas nas ações derivam do mesmo facto jurídico, analisado à luz da substanciação consagrada no nº 4 (cf. nota 2 ao art. 5º). No que tange à noção operativa de causa de pedir para efeitos de litispendência, Mariana França Gouveia, *A Causa de Pedir na Ação Declarativa*, defende que se identifica com o conjunto dos factos principais que permitem preencher determinada norma jurídica, de modo que apenas quando noutra ação se aleguem normas que impliquem, pelo menos, um facto principal diferente será diversa a causa de pedir (p. 508). Continua a mesma autora que só haverá exceção de litispendência quando, na segunda ação, não são alegados factos principais diferentes dos alegados na primeira (p. 512) e que, para efeitos de exceção de caso julgado, a causa de pedir será definida "através do conjunto de todos os factos constitutivos de todas as normas em concurso aparente que possam ser aplicadas ao conjunto de factos reconhecidos como provados na sentença transitada" (p. 497), daqui derivando que um mesmo acontecimento histórico possa ser reapreciado com base noutra norma jurídica quando algum dos factos que permitem a aplicação dessa norma não tenha sido apreciado pelo juiz. Sobre esta questão, cf. também Lebre de Freitas e Isabel Alexandre, *CPC anot.*, vol. II, 3ª ed., pp. 597-599, e as anot. aos arts. 186º e 552º sobre a definição e delimitação da causa de pedir.

8. Em STJ 14-12-16, 219/14, entendeu-se que a identidade e individualidade das causa de pedir tem de aferir-se em função de uma comparação entre o núcleo essencial, não sendo afetada tal identidade, nem por via da alteração da qualificação jurídica dos factos concretos em que se fundamenta a pretensão (neste sentido, cf. ainda STJ 1-10-19, 20427/16), nem por qualquer alteração ou ampliação factual que não afete o núcleo essencial da causa de pedir que suporta ambas as ações, nem pela invocação na primeira ação de determinada factualidade, perspetivada como meramente instrumental ou concretizadora dos factos essenciais (cf. ainda STJ 17-4-18, 1486/15, STJ 24-4-13, 7770/07 e RP 9-7-14, 16/13). Em STJ 18-9-18, 21852/15, entendeu-se que, para delimitar determinada causa de pedir, não basta a mera identidade naturalística da factualidade alegada, havendo sempre que considerar a sua relevância em face do quadro normativo aplicável e em função da espécie de tutela jurídica pretendida.

9. Exemplificativamente, se o proprietário de determinado objeto o tiver entregue a outrem na execução de um contrato de comodato e este último se recusar a restituí-lo, pode aquele pedir a condenação na restituição, seja com fundamento (obrigacional) no comodato, seja com fundamento (real) no direito de propriedade, de modo que, improcedendo a ação com fundamento obrigacional, inexiste identidade de causa de pedir se for intentada subsequente ação com o fundamento real. Julgada improcedente ação de reivindicação de imóvel intentada com fundamento num certo título (*v.g.* compra), não fica precludida a possibilidade de ser intentada nova ação com base em título diferente.

10. Também não há caso julgado se a segunda ação tiver por fundamento facto jurídico da mesma natureza que o invocado na primeira, mas ocorrido posteriormente à data em que a sentença foi proferida, ou reportado simplesmente a período temporal diferente (*v.g.* usucapião).

11. As ações indemnizatórias decorrentes de acidente de viação têm uma causa de pedir complexa integrada pela culpa/risco e pelos danos, pelo que inexiste identidade de causa de pedir e de pedido entre duas ações sobre o mesmo acidente em que os prejuízos alegados e peticionados não são coincidentes (STJ 1-10-03, 04B948).

12. Sobre o autor não incide nenhum ónus de concentração de todas as causas de pedir na ação que proponha. Diversamente, cabe ao réu concentrar todos os meios de defesa na contestação (art. 573º, nº 1), não podendo, por efeito da preclusão, invocar em nova ação exceções que deixou de deduzir na ação anterior (cf. nota 2 ao art. 573º).

13. Sobre a articulação da preclusão e do caso julgado, cf. Teixeira de Sousa, "Preclusão e Caso Julgado", em *https://blogippc.blogspot.com.*

14. Quanto à extensão do caso julgado aos fundamentos da decisão, cf. a anot. ao art. 91º.

ARTIGO 582º
Em que ação deve ser deduzida a litispendência

1 – A litispendência deve ser deduzida na ação proposta em segundo lugar.

2 – Considera-se proposta em segundo lugar a ação para a qual o réu foi citado posteriormente.

3 – Se em ambas as ações a citação tiver sido feita no mesmo dia, a ordem das ações é determinada pela ordem de entrada das respetivas petições iniciais.

Remissões: art. 259º (momento em que a ação se considera proposta).

1. Como a litispendência implica uma repetição de causas, havendo pendência simultânea de duas ações idênticas quanto aos sujeitos, ao pedido e à causa de pedir, visto que só uma delas pode seguir os seus trâmites, tem-se como repetida a ação proposta em segundo lugar.

2. Dado que a instauração da ação só produz efeitos relativamente ao réu a partir da citação (art. 259º, nº 2), a anterioridade da ação afere-se por este ato: a ação repetida é aquela em que o réu foi citado posteriormente. Quer dizer, o que releva mesmo é o ato da citação e não tanto o da apresentação da petição inicial em juízo que marca o início da instância (art. 259º, nº 1).

3. Apenas no caso de o réu ter sido citado para ambas as ações no mesmo dia se atende à ordem de entrada das petições, havendo litispendência na ação cuja petição inicial entrou em juízo depois.

4. Note-se que, nos termos do art. 366º, nº 7, tendo a ação sido precedida da instauração de procedimento cautelar no qual o réu haja sido citado, a proposição da ação principal produz efeitos em relação ao réu logo desde o momento da entrada da petição inicial (e não apenas com a citação, como é habitual: art. 259º, nº 2). Num caso destes, havendo repetição de causas, para saber se a litispendência ocorre na ação principal, deverá atender-se, não à data da citação do réu, mas à data em que tal ação foi intentada (art. 259º, nº 1).

5. Sobre a matéria, cf. Paulo Pimenta, *Processo Civil Declarativo*, 2ª ed., p. 127.

SECÇÃO III
Reconvenção

ARTIGO 583º
Dedução da reconvenção

1 – A reconvenção deve ser expressamente identificada e deduzida separadamente na contestação, expondo-se os fundamentos e concluindo-se pelo pedido, nos termos das alíneas d) e e) do nº 1 do artigo 552º.

2 – O reconvinte deve ainda declarar o valor da reconvenção; se o não fizer, a contestação não deixa de ser recebida, mas o reconvinte é convidado a indicar o valor, sob pena de a reconvenção não ser atendida.

3 – Quando o prosseguimento da reconvenção esteja dependente de qualquer ato a praticar pelo reconvinte, o reconvindo é absolvido da instância se, no prazo fixado, tal ato não se mostrar realizado.

Remissões: art. 93º (competência para as questões reconvencionais); art. 266º (admissibilidade da reconvenção); art. 299º, nº 2 (valor do pedido reconvencional); art. 3º do Cód. de Reg. Predial (ações sujeitas a registo).

1. Ao deduzir reconvenção, o réu (reconvinte) formula uma pretensão contra o autor (reconvindo). Nessa medida, desde logo para assegurar o adequado exercício do direito de defesa pelo reconvindo, é exigível que a reconvenção seja expressamente identificada e deduzida na contestação. Se assim não suceder, estaremos perante um articulado irregular, sujeito ao despacho de aperfeiçoamento previsto no art. 590º, nº 2, al. b), nº 3.

2. Na vertente reconvencional, a contestação vale como uma petição inicial, devendo, nessa parte, apresentar uma estrutura idêntica à da petição. Nessa conformidade, o reconvinte deve expor os factos essenciais que constituem a causa de pedir reconvencional e as razões de direito que servem de fundamento à reconvenção, mais devendo formular o pedido reconvencional (cf. anot. ao art. 552º).

3. Dado que a formulação da reconvenção gera um cruzamento de ações, valem neste contexto ponderações usuais na ação original, nomeadamente acerca da ineptidão da reconvenção (art. 186º) e da absolvição da instância reconvencional (art. 278º), limitando-se, naturalmente, os seus efeitos ao domínio da reconvenção (cf. anot. ao art. 552º).

4. Como a reconvenção é uma pretensão autónoma do réu sobre o autor que corresponde a uma ação própria (embora incorporada nos autos de outra ação) e como o art. 296º, nº 1, prescreve que a toda causa deve ser atribuído um valor certo, o reconvinte deve indicar o valor da reconvenção, segundo os critérios fixados nos arts. 297º e ss.

5. Ao contrário, porém, do estipulado para a petição inicial, em que a omissão da indicação do valor é motivo de recusa do recebimento da peça pela secretaria (art. 558º, al. e)), a falta de indicação do valor da reconvenção não justifica essa recusa, o que se compreende, pois que o habitual é a contestação incluir (além da reconvenção) a defesa do réu, segmento ao qual não podem alargar-se eventuais irregularidades relativas à reconvenção. De todo o modo, o reconvinte deverá ser, entretanto, notificado (art. 590º, nº 3) para vir indicar o valor da reconvenção, sob pena de esta não ser considerada pelo tribunal.

6. A questão do valor da reconvenção é importante para os efeitos do art. 299º, pois este valor pode acrescer ao da causa. Esta soma tem lugar desde que o pedido reconvencional seja diferente do pedido do autor, tal como estabelece o art. 299º, nº 2, em conjugação com o art. 530º, nº 3. Os efeitos do aumento do valor, com possíveis implicações quer processuais, quer tributárias, só se consideram para os atos posteriores à reconvenção (art. 299º, nº 3). Correndo a ação os termos da forma única de processo comum, é evidente que a soma de valores não terá efeitos ao nível da forma do processo, embora não seja indiferente saber se, operado o aumento, o valor da causa excede ou não a quantia de € 15.000,00 (art. 597º).

7. Este aumento pode ter efeitos no plano da competência do tribunal, particularmente no confronto entre o juízo local cível ou o juízo de competência genérica e o juízo central cível, podendo tal soma de valores (se exceder € 50.000,00) determinar a incompetência do tribunal e a inerente remessa do processo para o juízo central cível, nos termos do art. 93º, nº 2 (arts. 117º, nº 1, al. b) e 130º, nº 1, da LOSJ). O eventual aumento do valor do processo também pode determinar uma alteração no pressuposto da recorribilidade das decisões, atento o disposto no art. 629º, nº 1.

8. A eventual extinção da instância reconvencional não inutiliza os efeitos processuais já produzidos pela mera dedução da reconvenção, nomeadamente quanto ao valor da causa, atento o disposto no art. 299º, nº 2. Quer dizer, o valor que porventura tenha resultado da apresentação do pedido reconvencional não se altera, ainda que, porventura, no despacho saneador seja proferida absolvição da instância reconvencional, por falta dos requisitos do art. 266º, solução que aposta, acima de tudo, na estabilidade da instância, atentos os efeitos negativos que poderiam decorrer de uma sucessiva alteração daquele elemento formal.

9. Para maiores desenvolvimentos, cf. Paulo Pimenta, *Processo Civil Declarativo*, 2ª ed., pp. 196-206 e 208-209.

CAPÍTULO IV
Réplica

ARTIGO 584º
Função da réplica

1 – Só é admissível réplica para o autor deduzir toda a defesa quanto à matéria da reconvenção, não podendo a esta opor nova reconvenção.

2 – Nas ações de simples apreciação negativa, a réplica serve para o autor impugnar os factos constitutivos que o réu tenha alegado e para alegar os factos impeditivos ou extintivos do direito invocado pelo réu.

Remissões: art. 583º (dedução da reconvenção).

1. A réplica é um articulado que tem natureza eventual, pois a sua apresentação é limitada a dois casos: por um lado, para defesa do autor perante o pedido reconvencional; por outro, nas ações de simples apreciação negativa.

2. Se, no caso da reconvenção, a contestação funciona como uma petição inicial, então a réplica cumpre a função da contestação. Neste quadro, o reconvindo pode defender-se da reconvenção tanto por impugnação como por exceção (art. 571º), mas não pode opor nova reconvenção.

3. Nas ações de simples apreciação negativa, vistas as suas particularidades, o réu dispõe da contestação para alegar os factos constitutivos do direito por si alardeado. Por conseguinte, sempre como decorrência do princípio do contraditório, o autor dispõe da réplica para se defender perante tal alegação, seja impugnando tais factos, seja deduzindo exceções.

4. No confronto com o CPC de 1961, verifica-se que o atual CPC tornou a réplica uma peça ainda mais eventual, na medida em que restringiu as hipóteses da sua apresentação. Face ao teor do art. 584º, quando o réu se defenda por exceção, o autor não dispõe de articulado próprio para responder às exceções deduzidas. Não se esqueça, porém, o caso especial previsto no art. 103º, nº 2, em que a resposta à exceção de incompetência relativa ocorre logo após a sua dedução, seja na réplica (quando a esta houver lugar por qualquer das razões previstas no art. 584º), seja em articulado próprio. Fora desse caso, quando o réu se defende por exceção (tal como quando o réu se limita à defesa por impugnação), a etapa inicial do processo reduz-se a dois articulados (cf., no entanto, a possibilidade de responder que está explicitamente prevista para o incidente de impugnação do valor processual no art. 305º, nº 2) e para o incidente de impugnação de documentos (art. 444º).

5. Apesar de, nos termos da lei, a réplica não se destinar ao exercício do contraditório quanto a exceções, será que, nos casos em que possa apresentar réplica para os fins indicados no art. 584º, o autor tem o ónus de responder à matéria das exceções deduzidas na contestação? Parte significativa da doutrina entende que assim é, como se registou em RL 26-10-17, 807/16, que seguiu tal orientação (cf. Paulo Pimenta, *Processo Civil Declarativo*, 2ª ed., p. 223, Lebre de Freitas e Isabel Alexandre, *CPC anot.*, vol. II, 3ª ed., p. 605 e Ramos de Faria e Ana Luísa Loureiro, *Primeiras Notas ao NCPC*, vol. I, pp. 461-462).

6. Para defesa desta solução aduz-se que, se a réplica vai ser apresentada ao abrigo do art. 584º, a inclusão da resposta às exceções não altera ou perturba a cadência processual; por outro lado, a contestação, na qual surgem as exceções, não é o último articulado admissível, para os efeitos do art. 3º, nº 4, pois ainda haverá réplica (para os fins do art. 584º). A conclusão que se extrai deste entendimento é a de que, por referência aos arts. 572º, al. c) e 587º, nº 1, se o autor, dispondo de réplica, não tomar posição definida sobre os factos essenciais em que se baseiam as exceções dilatórias, consideram-se admitidos por acordo tais factos.

7. Não será, contudo, esta a única solução se se considerar a limitação que a letra do preceituado no art. 584º parece impor e o facto de ser exigível que as normas de direito adjetivo que traduzam alguma cominação indiquem com clareza às partes quais os procedimentos que devem seguir para evitá-la. Ora, nem a norma do art. 584º, nem a norma remissiva do art. 587º, nº 1, conferem a clareza necessária para extrair da falta de resposta às exceções invocadas na contestação o efeito cominatório previsto nos arts. 567º, nº 1 ou 574º, nº 2, o qual, nessa medida, pode revelar-se surpreendente para a parte.

8. Inexistindo articulado para responder às exceções, sempre fica assegurado ao autor o exercício do contraditório quanto a tal matéria, mais exatamente na audiência prévia (art. 3º, nº 4). Tratando-se, no entanto, de ações de valor não superior a metade da alçada da Relação, pode observar-se o disposto no art. 597º, al. a), assegurando-se o contraditório por ato avulso, fora da audiência prévia.

9. Não é de excluir ainda a possibilidade de o juiz decidir facultar ao autor o exercício do contraditório por escrito, caso em que determinará a sua notificação para esse fim. Esta opção do juiz, fundada no disposto nos arts. 6º, nº 2, e 547º, poderá ser particularmente útil nos casos em que, por referência ao estatuído no art. 592º, nº 1, al. b), o juiz projete não realizar a audiência prévia, o que implica que a exceção dilatória (nesta situação, só pode estar em causa uma exceção dilatória) tenha sido debatida nos articulados (cf. Paulo Pimenta, *ob. cit.*, p. 223). Quando for assim notificado, o autor fica inequivocamente sujeito ao regime do art. 587º, nº 1, isto é, ao ónus de impugnação dos factos em que se baseiem as exceções, com a cominação prevista no art. 574º.

10. Quanto à sua estrutura, a réplica é em tudo semelhante aos articulados anteriores, integrando o introito, a narração e a conclusão, valendo aqui tudo o que já se disse acerca daqueles. Se deste articulado constarem várias matérias, impõe-se que a sua exposição seja feita discriminadamente, o mesmo devendo suceder na conclusão da peça.

11. Sobre a matéria, cf. Paulo Pimenta, *ob. cit.*, pp. 222-223.

ARTIGO 585º
Prazo da réplica

A réplica é apresentada no prazo de 30 dias, a contar daquele em que for ou se considerar notificada a apresentação da contestação.

1. Verificadas as circunstâncias que autorizam a dedução da réplica, o autor dispõe do prazo de 30 dias, contados da notificação da contestação (cf. o art. 575º), para a sua apresentação em juízo.

2. Este prazo é igual ao fixado para a contestação (art. 569º, nº 1), o que se compreende pela circunstância de a função primordial da réplica ser a defesa face ao pedido reconvencional ou a defesa perante os factos constitutivos do direito alardeado pelo réu, nas ações de simples apreciação negativa.

ARTIGO 586º
Prorrogação do prazo

É aplicável à réplica a possibilidade de prorrogação prevista nos nºs 4 a 6 do artigo 569º, não podendo a prorrogação ir além do prazo previsto para a sua apresentação.

1. Dado o paralelismo funcional entre a contestação e a réplica, admite-se que, assim como pode ser decretada a prorrogação do prazo para contestar (art. 569º, nºs 4 a 6), também o prazo para replicar possa ser prorrogado até 30 dias.

ARTIGO 587º
Posição do autor quanto aos factos articulados pelo réu

1 – A falta de apresentação da réplica ou a falta de impugnação dos novos factos alegados pelo réu tem o efeito previsto no artigo 574º.

2 – Às exceções deduzidas na réplica aplica-se o disposto na alínea c) do artigo 572º.

Remissões: art. 574º (ónus de impugnação).

1. Considerando a função da réplica (defesa perante a reconvenção ou impugnação dos factos constitutivos alegados pelo réu em ação de simples apreciação negativa), a falta da sua apresentação ou a falta de impugnação dos factos novos alegados pelo réu gera o efeito fixado no art. 574º, isto é, tais factos consideram-se admitidos por acordo, a não ser que estejam em oposição com o conjunto das alegações feitas pelo autor (na própria réplica ou até na petição inicial), não seja admissível confissão sobre eles ou seja exigido documento escrito para prova dos mesmos.

2. Por outro lado, se deduzir exceções na réplica, o autor deve dar cumprimento ao fixado no art. 572º, al. c), com a cominação aí prevista, isto é, deve especificar separadamente as exceções que deduza, sob pena de, em caso de falta de impugnação, os respetivos factos não se considerarem admitidos por acordo (art. 587º, nº 2).

3. Sempre que o autor invoque exceções na réplica, como não há mais articulados, ficará assegurado ao réu o exercício do contraditório na audiência prévia, nos termos do art. 3º, nº 4. Se, porém, a ação for de valor não superior a metade da alçada da Relação, pode ter aplicação o previsto no art. 597º, al. a), assegurando-se o contraditório através de ato avulso, fora da audiência prévia.

4. Sobre a matéria, cf. Paulo Pimenta, *Processo Civil Declarativo*, 2ª ed., pp. 224-225.

CAPÍTULO V
Articulados supervenientes

ARTIGO 588º
Termos em que são admitidos

1 – Os factos constitutivos, modificativos ou extintivos do direito que forem supervenientes podem ser deduzidos em articulado posterior ou em novo articulado, pela parte a quem aproveitem, até ao encerramento da discussão.

2 – Dizem-se supervenientes tanto os factos ocorridos posteriormente ao termo dos prazos marcados nos artigos precedentes como os factos anteriores de que a parte só tenha conhecimento depois de findarem esses prazos, devendo neste caso produzir-se prova da superveniência.

3 – O novo articulado em que se aleguem factos supervenientes é oferecido:

a) Na audiência prévia, quando os factos hajam ocorrido ou sido conhecidos até ao respetivo encerramento;

b) Nos 10 dias posteriores à notificação da data designada para a realização da audiência final, quando não se tenha realizado a audiência prévia;

c) Na audiência final, se os factos ocorreram ou a parte deles teve conhecimento em data posterior às referidas nas alíneas anteriores.

4 – O juiz profere despacho liminar sobre a admissão do articulado superveniente, rejeitando-o quando, por culpa da parte, for apresentado fora de tempo, ou quando for manifesto que os factos não interessam à boa decisão da causa; ou ordenando a notificação da parte contrária para responder em 10 dias, observando-se, quanto à resposta, o disposto no artigo anterior.

5 – As provas são oferecidas com o articulado e com a resposta.

6 – Os factos articulados que interessem à decisão da causa constituem tema da prova nos termos do disposto no artigo 596º.

Remissões: art. 265º (alteração da causa de pedir na falta de acordo); art. 573º, nº 2 (defesa superveniente); art. 590º, nº 6 (limitação às alterações da matéria de facto); art. 611º (atendibilidade dos factos jurídicos supervenientes); art. 729º, al. g) (oposição à execução baseada em sentença).

1. O art. 611º, nº 1, prescreve que a sentença deve tomar em consideração os factos constitutivos, modificativos ou extintivos do direito que se produzam posteriormente à instauração da ação, de modo a que a decisão final corresponda à situação existente no momento do encerramento da discussão. O modo privilegiado de o tribunal aceder a tais factos é o de as partes os alegarem. O momento normal de alegação dos factos é o da apresentação dos articulados. Assim, por regra, é na petição que o autor alega os factos constitutivos do seu direito, competindo ao réu alegar, na contestação, os factos impeditivos, modificativos ou extintivos desse direito (até por força do princípio da concentração da defesa neste articulado).

2. Porém, pode suceder que determinados factos constitutivos do direito ocorram (ou cheguem ao conhecimento do autor) depois de apresentada a petição. É igualmente possível que ocorram (ou cheguem ao conhecimento do réu) factos impeditivos, modificativos ou extintivos daquele direito depois do oferecimento da contestação. Estes são os chamados factos (objetiva ou subjetivamente) supervenientes. Face ao prescrito no citado art. 611º, nº 1, impõe-se carrear para o processo tais factos, sendo essa a função dos articulados supervenientes, regulando a lei diversos momentos para a alegação dos factos supervenientes.

3. Se o processo admitir o articulado réplica e os factos constitutivos do direito ocorrerem ou chegarem ao conhecimento do autor depois de apresentada a petição inicial, mas ainda a tempo de poderem ser incluídos na réplica, é em tal peça que essa alegação deve surgir, valendo a réplica como o "*articulado posterior*" a que se refere o art. 588º, nº 1.

4. Quando o processo não admitir réplica ou, mesmo admitindo, esses factos constitutivos ocorrerem ou chegarem ao conhecimento da parte depois de oferecida a réplica, no caso do autor, ou se os factos impeditivos, modificativos ou extintivos do direito feito valer em juízo ocorrerem ou chegarem ao conhecimento do réu depois de apresentada a contestação (ou depois de esgotado o prazo da contestação, quando o réu se encontre em revelia – RL 30-11-10, 3895/05), a alegação dos factos supervenientes faz-se em "*novo articulado*", nos termos do art. 588º, nº 3:

a) Se houver lugar à audiência prévia e os factos ocorrerem ou chegarem ao conhecimento da parte até ao encerramento dela, será nesta diligência judicial que o novo articulado deve ser apresentado;

b) Se não houver lugar à audiência prévia, o novo articulado deve ser apresentado nos 10 dias contados da notificação da data designada para a realização da audiência final;

c) Se houver audiência prévia e os factos ocorrerem ou chegarem ao conhecimento da parte após o respetivo encerramento, será no início da audiência final que o novo articulado deve ser deduzido;

d) No caso previsto em *b)*, se os factos ocorrerem ou chegarem ao conhecimento da parte depois de decorrido o prazo ali indicado, será também no início da audiência final que o novo articulado deve ser deduzido;

e) No decurso da audiência final, se os factos ocorrerem ou chegarem ao conhecimento da parte depois de iniciada esta audiência.

5. Se é certo que a lei define como termo final para a dedução dos factos supervenientes o encerramento da discussão, isso não dispensa as partes de respeitarem, sob pena de preclusão, os limites temporais concretamente fixados na cadência do processo, seja quanto ao "*articulado posterior*", seja quanto ao "*novo articulado*".

6. Relativamente ao autor, os factos constitutivos cuja alegação superveniente aqui se prevê tanto podem destinar-se a completar a causa de pedir inicial, como podem implicar uma efetiva alteração ou modificação da causa de pedir, o que significa que a superveniência é critério bastante para afastar as restrições fixadas no art. 265º (cf. Teixeira de Sousa, *As Partes, o Objecto e a Prova na Acção Declarativa*, p. 1990 e *Estudos Sobre o Novo Processo Civil*, 2ª ed., pp. 299-300, Lebre de Freitas e Isabel Alexandre, *CPC anot.*, vol. II, 3ª ed., pp. 615-616 e 724 e RP 15-7-04, 0433943). Relativamente ao réu, a possibilidade de alegação de factos supervenientes, tanto de natureza modificativa, como de natureza extintiva ou impeditiva do direito invocado pelo autor, constitui um desvio ao princípio da concentração da defesa na contestação (art. 573º, nº 1) e configura a chamada defesa superveniente (art. 573º, nº 2).

7. O articulado superveniente, que deve conter as respetivas provas, está sujeito a despacho liminar, podendo ser rejeitado pelo juiz quando for extemporâneo por culpa da parte ou quando for manifesto que os factos alegados não interessam à boa decisão da causa (art. 588º, nº 4). Se o articulado superveniente for recebido, a parte contrária é notificada para lhe responder, com a cominação de que se consideram admitidos por acordo os factos não impugnados (arts. 588º, nº 4, *in fine*, e 587º), sendo que a resposta deve logo incluir as respetivas provas.

8. Relativamente à consideração dos factos supervenientemente articulados que interessem à decisão da causa, a lei estabelece que os mesmos constituem tema da prova, por referência ao disposto no art. 596º.

9. Sobre a matéria, cf. Paulo Pimenta, *Processo Civil Declarativo*, 2ª ed., pp. 225-226.

ARTIGO 589º

Apresentação do novo articulado depois da marcação da audiência final

1 – A apresentação do novo articulado depois de designado dia para a audiência final não suspende as diligências para ela nem determina o seu adiamento, ainda que o despacho respetivo tenha de ser proferido ou a notificação da parte contrária haja de ser feita ou a resposta desta tenha de ser formulada no decurso da audiência; se não houver tempo para notificar as testemunhas oferecidas, ficam as partes obrigadas a apresentá-las.

2 – São orais e ficam consignados na ata a dedução de factos supervenientes, o despacho de admissão ou rejeição, a resposta da parte contrária e o despacho que enuncie o tema da prova, quando qualquer dos atos tenha lugar depois de aberta a audiência final; a audiência só se interrompe se a parte contrária não prescindir do prazo de 10 dias para a resposta e apresentação das provas e houver inconveniente na imediata produção das provas relativas à outra matéria em discussão.

1. À luz do princípio da tendencial inadiabilidade da audiência final (art. 603º), a apresentação do novo articulado depois de designado dia para a audiência final não suspende as diligências ligadas à sua realização (*v.g.* convocação de testemunhas e peritos), nem implica o respetivo adiamento.

2. Isto será assim ainda que o despacho liminar sobre o novo articulado e a notificação da contraparte ou a resposta desta hajam de ter lugar no decurso da audiência. Quanto às testemunhas oferecidas acerca da matéria superveniente, não havendo tempo para as notificar, será encargo das partes a respetiva apresentação.

3. Sempre que o processamento relativo a factualidade superveniente tenha lugar depois de iniciada a audiência final, os respetivos atos (alegação, despacho liminar, resposta da contraparte e enunciação do tema da prova), deverão ser praticados oralmente, embora consignados em ata (previsão esta que prevalece sobre a regra contida no art. 155º).

4. Em princípio, este processamento não contenderá com os atos a praticar na própria audiência final, a não ser que a parte contrária não prescinda do prazo de 10 dias para responder e apresentar provas e o tribunal entenda que há grave inconveniente na imediata produção de prova relativamente à outra matéria em discussão, caso em que a audiência será interrompida.

5. Sobre a matéria, cf. Paulo Pimenta, *Processo Civil Declarativo*, 2ª ed., pp. 226-227.

TÍTULO II
Da gestão inicial do processo e da audiência prévia

ARTIGO 590º
Gestão inicial do processo

1 – Nos casos em que, por determinação legal ou do juiz, seja apresentada a despacho liminar, a petição é indeferida quando o pedido seja manifestamente improcedente ou ocorram, de forma evidente, exceções dilatórias insupríveis e de que o juiz deva conhecer oficiosamente, aplicando-se o disposto no artigo 560º.

2 – Findos os articulados, o juiz profere, sendo caso disso, despacho pré-saneador destinado a:

a) Providenciar pelo suprimento de exceções dilatórias, nos termos do nº 2 do artigo 6º;

b) Providenciar pelo aperfeiçoamento dos articulados, nos termos dos números seguintes;

c) Determinar a junção de documentos com vista a permitir a apreciação de exceções dilatórias ou o conhecimento, no todo ou em parte, do mérito da causa no despacho saneador.

3 – O juiz convida as partes a suprir as irregularidades dos articulados, fixando prazo para o suprimento ou correção do vício, designadamente quando careçam de requisitos legais ou a parte não haja apresentado documento essencial ou de que a lei faça depender o prosseguimento da causa.

4 – Incumbe ainda ao juiz convidar as partes ao suprimento das insuficiências ou imprecisões na exposição ou concretização da matéria de facto alegada, fixando prazo para a apresentação de articulado em que se complete ou corrija o inicialmente produzido.

5 – Os factos objeto de esclarecimento, aditamento ou correção ficam sujeitos às regras gerais sobre contraditoriedade e prova.

6 – As alterações à matéria de facto alegada, previstas nos nºs 4 e 5, devem conformar-se com os limites estabelecidos no artigo 265º, se forem introduzidas pelo autor, e nos artigos 573º e 574º, quando o sejam pelo réu.

7 – Não cabe recurso do despacho de convite ao suprimento de irregularidades, insuficiências ou imprecisões dos articulados.

Remissões: art 6º (dever de gestão processual); art. 226º, nº 4 (citação precedida de despacho); art. 578º (conhecimento das exceções dilatórias); art. 629º, nº 3, al. c) (recurso do indeferimento liminar); art. 641º, nº 7 (citação do réu em sede de recurso do despacho de indeferimento liminar).

1. O dever de gestão processual encontra-se genericamente previsto no art. 6º, regulando o preceito em análise a sua concretização em dois momentos: na intervenção liminar e no fim dos articulados, sem embargo de a sua necessidade surgir noutras fases do processo. A intervenção liminar pode ocorrer por duas vias: por expressa indicação da lei e por determinação concreta ou genérica do juiz, de acordo com o seu prudente critério.

2. A primeira situação está prevista no art. 226º, nº 4, nos casos em que seja requerida a citação prévia do réu (art. 561º, nº 2), nos procedimentos cautelares e nos processos em que haja que decidir sobre a prévia audiência do requerido (como no processo de insolvência), sempre que a ação deva ser publicitada (*v.g.* processo especial de acompanhamento de maiores – art. 893º) e noutras situações previstas na lei, designadamente nos processos especiais para tutela da personalidade (art. 879º) e de divórcio ou separação sem consentimento do outro cônjuge (art. 931º).

3. Mas a lei admite que o juiz, numa apreciação casuística ou tendo em conta as características de certo tipo de ações, por despacho avulso ou através de provimento geral, determine a apresentação liminar do processo ou de certas categorias de processos, situação a que deve equiparar-se aquela em que, por algum motivo, a ação lhe seja apresentada nessa mesma fase para decidir alguma questão incidental ou em face de alguma circunstância que seja exposta pela secretaria relativamente à posterior tramitação processual (*v.g.* total e absoluta inadequação da forma de processo ou manifesta incompetência absoluta do tribunal). Nessas ocasiões, se acaso o juiz se deparar com aspetos que imponham ou aconselhem a prolação de decisão liminar, poderá adotar os procedimentos que forem ajustados a cada vício com que seja defrontado

4. Os casos de indeferimento liminar correspondem a situações em que a petição apresenta vícios substanciais ou formais de tal modo graves que permitem antever, logo nesta fase, a improcedência inequívoca da pretensão apresentada pelo autor ou a verificação evidente de exceções dilatórias insupríveis, incluindo a ineptidão da petição.

5. Assim acontece quando seja manifesto que a ação nunca poderá proceder, qualquer que seja a interpretação que se faça dos preceitos legais aplicáveis à situação factual configurada pelo autor, ou quando seja inequívoca a caducidade reportada a direitos indisponíveis. Outrossim perante a constatação de alguma exceção dilatória de conhecimento oficioso que não possa ser suprida nem por convite ou iniciativa do juiz, nem por atuação do autor: *v.g.* incompetência absoluta (art. 97º, nº 1), falta de personalidade judiciária (fora dos poucos casos que admitem a sanação), ilegitimidade singular (art. 577º, al. e)), ineptidão da petição inicial (art. 186º, nº 1), caso julgado material (art. 577º, al. i)) ou inadequação absoluta da forma de processo que se revele insuscetível de ser corrigida, nos termos do art. 193º.

6. O despacho de indeferimento liminar admite sempre recurso para a Relaçao (art. 629º, nº 3, al. c)). Mas, a não ser quando se verifique a situação prevista no art. 560º (cujo âmbito foi limitado em consequência da nova redação introduzida pelo DL nº 97/19, de 26-7), já não é possível ao autor apresentar nova petição, com vista a aproveitar os efeitos produzidos pela instauração da primeira petição. Não se compreende a modificação que foi operada no texto do art. 560º, atentos efeitos negativos que pode determinar, especialmente nos casos em que estejam em causa direitos sujeitos a prazo de prescrição e, ainda mais, nos casos em que os direitos estão sujeitos a prazo de caducidade em que a inviabilidade de apresentação de nova petição corrigida quanto aos aspetos que motivaram o indeferimento liminar pode implicar pura e simplesmente a extinção do direito.

7. Mas mesmo quando, na intervenção liminar, o juiz se deparar com falhas de inferior gravidade, não está afastada a possibilidade de proferir despacho de aperfeiçoamento, solução que não resulta expressamente da norma em análise, mas está prevista para a incapacidade judiciária no art. 28º e resulta implícita do regime respeitante à falta ou irregularidade do patrocínio judiciário (arts. 41º e 48º). É por isso defensável que, em face das concretas circunstâncias, a mesma solução seja seguida relativamente a outras exceções dilatórias, como a ilegitimidade decorrente da preterição de litisconsórcio necessário (posição já anteriormente assumida por Abrantes Geraldes, *ob. cit.*, p. 279, e afirmada também em face do novo regime por Paulo Pimenta, *Processo Civil Declarativo*, 2ª ed., p. 172).

8. Para o efeito, ponderar-se-ão as consequências que uma ou outra das opções terá na evolução do processo, no confronto com princípios gerais, como o da celeridade, o da adequação formal (art. 547º), o da economia processual ou o do exercício pró-ativo do dever de gestão processual (art. 6º). Tratar-se-á sempre, contudo, de situações tendencialmente excecionais, em que se verifique grave inconveniente na manutenção da situação irregular até que se atinja a fase tipicamente destinada à prolação do despacho de convite ao aperfeiçoamento.

9. Nos termos das disposições conjugadas do art. 590º, nº 2, al. a) e do art. 6º, nº 2, o primeiro objetivo a cumprir através do despacho pré-saneador é o de "*providenciar pelo suprimento de exceções dilatórias*". A função aqui cometida ao juiz é a de verificar a regularidade da instância, não com mera função tabelar, mas com a incumbência de, caso ocorra alguma exceção e sendo a mesma sanável, diligenciar de imediato pela respetiva sanação. Note-se que os arts. 590º, nº 2, al. a) e 6º, nº 2, usam expressões não coincidentes, embora o sentido funcional seja idêntico.

10. Visto que, em regra, a violação de pressupostos processuais gera exceções dilatórias, poderia ser indiferente falar em "*falta de pressupostos suscetíveis de sanação*" e em "*exceções dilatórias sanáveis*". No entanto, há casos em que a violação de um pressuposto processual não implica, sem mais, uma exceção dilatória, como sucede quando, sendo obrigatória a constituição de advogado, o réu não constitui mandatário judicial. Neste caso, embora esteja violado o pressuposto do patrocínio judiciário obrigatório, a falta de sanação do vício repercute-se somente no plano da defesa, que ficará sem efeito (art. 41º). Por outro lado, há exceções dilatórias que não decorrem da violação de um concreto pressuposto processual, como acontece na situação prevista na al. f) do art. 577º (coligação ilegal) ou na cumulação ilegal de pedidos (art. 555º, nº 1) (a propósito, cf. Paulo Pimenta, *ob. cit.*, pp. 127-129 e 228).

11. Seguro é que, quanto às exceções dilatórias supríveis, é vedado ao juiz extrair qualquer consequência da sua verificação sem previamente agir no sentido da sanação ou através de uma atuação oficiosa ou da formulação do pertinente convite à parte interessada. Sucederá a primeira situação quando estiver em causa a sanação da falta de personalidade judiciária de sucursal ou delegação (art. 14º) ou o suprimento da incapacidade judiciária da parte mediante a interpelação (citação ou notificação, conforme a parte incapaz) do legal representante (arts. 27º e 28º).

12. Mas há inúmeras circunstâncias em que o juiz não se pode substituir às partes, ora por não lhe competir a conformação subjetiva ou objetiva da instância, ora por, em geral, ser preciso um ato ou uma opção que apenas compete à parte (art. 6º, nº 2), como sucede quando esteja em causa o suprimento de ilegitimidade decorrente de violação de litisconsórcio necessário (art. 33º), situação superável através da formulação de convite à parte para que requeira a intervenção principal de quem haja de ser parte em juízo (art. 316º, nº 1).

13. Também assim nos casos de falta de patrocínio judiciário, mediante convite à parte para constituir advogado (art. 41º), no suprimento da falta de autorização ou de deliberação que o representante da parte devesse obter (art. 29º, nº 1). Para o suprimento de coligação ilegal, o autor deve ser notificado para indicar o pedido que pretende ver apreciado (art. 38º, nº 1). Assim também quanto à coligação inconveniente (art. 37º, nº 4), cumulação ilegal de pedidos (art. 555º) ou a formulação de pedido genérico ilegal (art. 556º).

14. Proferido o despacho de convite ao aperfeiçoamento, pode suceder que o vício seja suprido ou que persista, diferindo-se neste caso para o despacho saneador a apreciação dos efeitos (art. 595º, nº 1, al. a)) (para mais desenvolvimentos, cf. Abrantes Geraldes, *Temas da Reforma* cit., vol. II, 4ª ed., pp. 57 e ss.).

15. Outra finalidade do despacho pré-saneador será a de "*providenciar pelo aperfeiçoamento dos articulados*" nos termos do nº 3, quando o juiz se confronte com "*articulados irregulares*" que "*careçam de requisitos legais*" ou que não venham instruídos com "*documento essencial ou de que a lei faça depender o prosseguimento da causa*". Neste contexto, pode dizer-se que os articulados irregulares encerram duas categorias: os irregulares propriamente ditos e os documentalmente insuficientes (cf. Paulo Pimenta, *ob. cit.*, p. 234).

16. Na primeira situação, estão os articulados carecidos de requisitos legais, desde logo aqueles cuja falta, sendo notada, implica a recusa do recebimento da petição inicial pela secretaria, designadamente a identificação das partes, a indicação do valor da causa e a indicação da forma do processo (art. 578º). São, igualmente, requisitos legais dos articulados, entre outros, a articulação da matéria de facto (art. 147º, nº 1), a especificação separada das exceções deduzidas (art. 572º, al. c)), a dedução discriminada da reconvenção (art. 583º, nº 1) e a indicação do valor da reconvenção (art. 583º, nº 2).

17. Detetada alguma das sobreditas irregularidades, o despacho pré-saneador será de convite à parte responsável para providenciar pela sanação da falha. Se o convite for satisfeito, a irregularidade ficará ultrapassada e a instância poderá prosseguir com normalidade. Já se a irregularidade persistir, a consequência variará em função da parte a quem haja sido dirigido o convite, da concreta irregularidade e do próprio articulado a que respeite. Não há, pois, uma consequência única e pré-definida, tudo dependendo da concreta situação, isto é, da natureza da irregularidade e do efeito que a mesma tenha na lide. De resto, considerando a diferente posição que as partes têm no processo, é natural que a persistência de irregularidades imputáveis ao autor tenha efeitos na instância e que as irregularidades imputáveis ao réu se repercutam somente na sua defesa ou na instância reconvencional.

18. Seja como for, é possível elencar aqui algumas das possíveis consequências resultantes da persistência de certas irregularidades dos articulados. Começando pela petição inicial, a inobservância dos requisitos legais (sobremaneira os verificáveis pela secretaria judicial – art. 558º) implicará a nulidade da peça, que não poderá ser atendida, acabando por inquinar (tornando nulo) todo o processo e levando a que a instância seja julgada extinta, devendo ser proferido despacho nesse sentido, nos termos do art. 277º, al. a) (cf. Abrantes Geraldes, *Temas da Reforma* cit., vol. II, 4ª ed., p. 124, nota 204).

19. Se a irregularidade derivar da falta de documento essencial para a prova de facto de que dependa o êxito da pretensão deduzida pelo autor, a consequência será a impossibilidade de o tribunal dar esse facto como provado, o que conduzirá ao insucesso da pretensão (cf. a advertência de Lebre de Freitas, *A Ação Declarativa Comum à luz do CPC de 2013*, 4ª ed. p. 193, nota 27, admitindo que, pontualmente, a solução possa vir a ser outra). Quando a irregularidade respeite à falta de documento que condicione o prosseguimento da causa, esta fica suspensa, nos termos do art. 276º, nº 1, al. d), com a possibilidade de, mais tarde, se extinguir por deserção (arts. 277º, al. d) e 281º, nº 1).

20. Tratando-se de uma contestação irregular, os efeitos tanto podem atingir toda a peça (o que acontecerá, em regra, com o desrespeito dos requisitos legais relativos a esse articulado), como podem limitar-se à matéria da defesa, deixando incólume a matéria reconvencional, ou vice-versa. Na primeira situação, a contestação (toda ela) não poderá ser atendida e, por via disso, o réu ter-se-á como revel, com os efeitos próprios, na certeza de que se tratará de uma revelia relativa, pois o réu interveio no processo.

21. Nos restantes casos, o vício produzirá efeitos mais restritos, designadamente desconsideração de eventuais exceções que não tenham sido deduzidas especificadamente (art. 572º, al. c)), absolvição da instância reconvencional (art. 583º, nº 3) ou inviabilidade de se ter como provado determinado facto, por falta de junção do respetivo documento (essencial), o que poderá impedir o reconhecimento de uma exceção deduzida ou conduzir à improcedência do pedido reconvencional.

22. Clarificando uma possibilidade que já anteriormente era defendida, permite-se que o juiz determine nesta fase a junção de documentos necessários para que seja apreciada, sem mais delongas, alguma exceção dilatória ou para que se conheça do mérito da causa (nº 2, al. c)). Na verdade, sendo detetada a falta de algum pressuposto processual que deva ser demonstrado por via documental, não faz sentido adiar a apreciação da correspondente exceção, antes deve ser notificada a parte interessada para que proceda à junção documento em falta; se a junção de determinado documento se mostra imprescindível para que possa ser exercido o direito em causa (*v.g.* certidão da escritura pública de compra e venda de bem imóvel, certidão de casamento em processo de divórcio ou certidão de nascimento em ação de investigação da paternidade), não se concebe que a instância prossiga sem que esse instrumento seja apresentado, daí decorrendo, consoante a reação da parte visada, a superação da falha ou a apreciação imediata da questão de mérito.

23. Na categoria dos documentos que a lei apelida de essenciais serão de incluir não só os documentos cuja junção é exigida expressamente pela lei, como ainda aqueles que são imprescindíveis à prova de um facto de que dependa o êxito da pretensão: *v.g.* certidão de casamento (numa ação de alimentos entre cônjuges ou numa ação de divórcio), certidão de nascimento ou o testamento (numa ação de petição de herança), contrato de arrendamento (numa ação de despejo), contrato-promessa (numa ação de execução específica), escritura pública (numa ação de preferência).

24. Tratando-se de documentos cuja junção é indispensável para a prova de factos em que, direta ou indiretamente, assentam (e de que dependem absolutamente) as pretensões deduzidas, não faria sentido deixar prosseguir a ação sem o juiz se assegurar de que tal documento existe e está junto aos autos. Se assim acontecer, a ação observará a tramitação normal e terá o desfecho que vier a impor-se. Caso contrário, a falta do documento equivalerá à impossibilidade de prova do facto em causa, com a eventual improcedência da pretensão respetiva, o que também será decidido no despacho saneador (art. 595º, nº 1, al. b)) (cf. Abrantes Geraldes, *Temas da Reforma* cit., vol. II, 4ª ed., pp. 69 e ss. e Paulo Pimenta, *ob. cit.*, pp. 233-235).

25. Mas a parte substancial da atividade do juiz nesta fase incidirá sobre o conteúdo material dos articulados, no que concerne à exposição ou concretização da matéria de facto (nº 4). Manifesta-se aqui um verdadeiro dever legal do juiz (despacho de aperfeiçoamento vinculado), no sentido de identificar os aspetos merecedores de correção. Não se trata, como é óbvio, de salvar petições afetadas por ineptidão resultante da falta ou da ininteligibilidade da causa de pedir (art. 186º), mas apenas de corrigir articulados que, cumprindo os requisitos mínimos, se revelem, contudo, insuficientes, deficientes ou imprecisos em termos de fundamentação da pretensão (*mutatis mutandis*, quando estiver em causa a contestação) (cf. Abrantes Geraldes, *Temas da Reforma* cit., vol. I, 2ª ed., pp. 207 e ss.).

26. O facto de estar prevista a possibilidade de as insuficiências ou imprecisões serem supridas na audiência prévia (art. 591º, nº 1, al. c)), ou mesmo a possibilidade de, na sentença, serem atendidos certos factos complementares ou concretizadores, por resultarem da instrução da causa (art. 5º, nº 2, al. b)), não contradiz a necessidade de proferir aquele despacho de convite que permita trazer de imediato para os autos os factos que, na perspetiva do juiz, se apresentem com relevo para a decisão do mérito (cf. Abrantes Geraldes, *Recursos no NCPC*, 5ª ed., *Apêndice*, pp. 591 e ss.).

27. A experiência evidencia que este despacho de aperfeiçoamento deve ser proferido sem delongas e desde que haja um fundamento mínimo, potenciando a clarificação da matéria factual e cerceando uma litigância precipitada nas conclusões e aligeirada nas asserções fácticas. Ainda que não se exija o esgotamento de todos os factos que apresentem alguma conexão com o litígio, deve evitar-se que a manutenção de um quadro factual difuso prejudique a produção da prova em audiência e o próprio exercício do contraditório.

28. Nestas situações em que se verifique imprecisão, vacuidade, ambiguidade ou incoerência de algum articulado, o juiz profere o despacho de convite ao aperfeiçoamento (cf. Montalvão Machado, *O Dispositivo e os Poderes do Tribunal à Luz do Novo CPC*, 2ª ed., pp. 256-268). O mesmo se dirá das peças cujo teor é conclusivo, quer porque se omitiram os concretos factos que sustentam as conclusões, quer porque a parte se limitou a reproduzir a fórmula legal invocada (cf. Abrantes Geraldes, *Temas da Reforma* cit., vol. I, 2ª ed., pp. 65-66 e vol. II, 4ª ed., pp. 72-77).

29. Neste âmbito, importa atentar que o convite ao aperfeiçoamento dos articulados supõe que estes contenham um limite fáctico mínimo, aquém do qual não é possível diligenciar no sentido desse aperfeiçoamento. Com efeito, e quanto ao autor, é imprescindível que o seu articulado revele (individualize) a causa de pedir em que se baseia a respetiva pretensão, nos termos já referidos nas anot. aos arts. 5º, 186º e 552º.

30. Se faltar a causa de pedir, a petição será inepta, o mesmo sucedendo se tal causa de pedir for ininteligível (art. 186º, nº 2, al. a)), gerando uma exceção dilatória e a consequente absolvição do réu da instância (arts. 186º, nº 1, 577º, al. b) e 278º, nº 1, al. b)). Num caso e noutro, não será possível colmatar o vício por via do convite (cf. Abrantes Geraldes, *Temas da Reforma* cit., vol. I, 2ª ed., pp. 207 e ss. e Paulo Pimenta, *ob. cit.*, p. 239).

31. O convite ao aperfeiçoamento procura completar o que é insuficiente ou corrigir o que é impreciso, na certeza de que a causa de pedir existe (na petição) e é percetível (inteligível); apenas sucede que não foram alegados todos os elementos fácticos que a integram, ou foram-no em termos pouco precisos. Daí o convite ao aperfeiçoamento, destinado a completar ou a corrigir um quadro fáctico já traçado nos autos. Coisa diversa, e afastada do âmbito do art. 590º, nº 4, seria permitir à parte, na sequência desse despacho, apresentar, *ex novo*, um quadro fáctico até então inexistente ou de todo impercetível (o que, aqui, equivale ao mesmo), restrição que, aliás, também decorre o art. 590º, nº 6.

32. Igual tratamento há de ser dispensado ao lado passivo, tendo em conta as exceções opostas pelo réu à ação contra si instaurada, pelo que, *mutatis mutandis*, aplicar-se-ão às exceções as considerações desenvolvidas a propósito da causa de pedir. Assim, sempre que, perante o articulado do réu, se possa concluir que foi alegada uma determinada exceção, a qual se encontra individualizada nos autos, por terem sido invocados, ao menos, alguns dos factos que a compõem, justifica-se que o réu seja convidado a completar a sua defesa, alegando os demais factos omitidos, com vista à subsunção na norma jurídica de que o réu pretende prevalecer-se.

33. Será, também, de proferir despacho de convite ao aperfeiçoamento do articulado da defesa quando se entenda que, embora individualizada a exceção, certos pontos de facto aí alegados carecem de concretização ou pormenorização.

34. Será, ainda, de proferir tal despacho quando as peças da defesa contenham afirmações de cariz meramente técnico-jurídico, acompanhadas de outras de real conteúdo fáctico, desde que estas últimas garantam a individualização da exceção. Fora das situações referidas, isto é, sempre que a exceção não esteja identificada, por carência absoluta de suporte fáctico, será impedida a sua valoração nos autos (cf. Paulo Pimenta, *ob. cit.*, pp. 241-242).

35. A intervenção do juiz, apontando defeitos na narração dos factos, deve pautar-se por grande rigor e sobriedade, não cabendo ao juiz imiscuir-se nas opções assumidas pelas partes, nem sugerir outras alternativas, ainda que, eventualmente, mais vantajosas. Neste âmbito, a estratégia da parte baliza a intervenção do juiz e será dentro desses limites que o juiz deve cuidar de verificar se a alegação fáctica apresenta insuficiências ou imprecisões, proferindo o despacho de convite ao aperfeiçoamento quando conclua haver imperfeições.

36. Os nºs 5 e 6 do art. 590º definem os parâmetros em que o aperfeiçoamento pode desenrolar-se. Assim, querendo corresponder ao convite que lhe foi dirigido, a parte é admitida a apresentar um articulado destinado a colmatar as imperfeições fácticas para as quais o juiz a alertou.

37. Tal articulado, que servirá para completar ou para corrigir o inicialmente produzido, pode ser designado por "articulado de aperfeiçoamento" (cf. Paulo Pimenta, *ob. cit.*, p. 149). A extensão de tal articulado variará em função do teor do despacho de aperfeiçoamento, na medida em que o juiz tenha convidado à apresentação de novo articulado ou apenas a aperfeiçoar certas alegações (RL 24-9-09, 803/08). Em qualquer dos casos, é evidente que a versão fáctica da parte constitui um todo, que se determina pela conjugação das duas peças apresentadas, a original e a subsequente ao convite (cf. Paulo Pimenta, *ob. cit.*, pp. 243-244).

38. Proferido o despacho pré-saneador de convite ao aperfeiçoamento fáctico dos articulados, e decorrido o prazo aí fixado, se a parte decide não aceder ao convite que lhe foi dirigido pelo juiz, nenhuma consequência desfavorável resultará para a parte em termos imediatos. Tudo o que possa vir a suceder ficará relegado para o despacho saneador, momento em que o juiz deverá determinar se as imperfeições em causa justificam (ou não) o julgamento antecipado do mérito da causa (art. 595º, nº 1, al. b)) (cf. Abrantes Geraldes, *Temas da Reforma* cit., vol. II, 4ª ed., p. 80).

39. Se a parte aceder ao convite e apresentar articulado de aperfeiçoamento, será proporcionada à contraparte o exercício do contraditório (art. 590º, nº 5) mediante a apresentação de uma peça de resposta aos ajustamentos fácticos operados. Por outro lado, as alterações à matéria de facto hão de observar os limites definidos pelo pedido e pela causa de pedir que foram invocados, nos termos do art. 265º, e pelo âmbito da defesa que foi apresentada (arts. 573º e 574º).

40. As diligências acabadas de referir serão também de observar mesmo nos casos em que o réu seja revel, e a sua revelia seja operante (cf. Paulo Pimenta, *ob. cit.*, pp. 246-249 e RC 19-6-13, 1132/11), na medida em que a falta de formulação de convite ao aperfeiçoamento seja suscetível de prejudicar o autor.

41. A formulação conferida ao nº 4 do art. 590º pôs termo à discussão que vinha existindo, por referência ao art. 508º, nº 3, do CPC de 1961, acerca da natureza do despacho destinado ao aperfeiçoamento dos articulados, ficando agora (mais) claro o seu carácter vinculado, arredando a possibilidade de o juiz optar entre proferir ou não tal despacho.

42. A falta de prolação do despacho pré-saneador nos termos e para os efeitos do art. 590º, nº 4, configura a omissão de um ato que lei prescreve. Essa situação é especialmente ostensiva quando o juiz, além de omitir a prolação do despacho pré-saneador de convite ao aperfeiçoamento, extrai das deficiências do articulado efeitos que se projetam de imediato na procedência ou na improcedência da ação ou da exceção perentória.

43. Já se disse que os casos mais graves de deficiência de alegação pelo autor conduzem à ineptidão da petição inicial, pelo que o efeito processual será a absolvição do réu da instância, nos termos das disposições conjugadas dos arts. 278º, nº 1, al. b) e 577º, al. b). Também já se demonstrou que, face ao regime vigente, os demais casos de deficiência de alegação não têm natureza preclusiva e são passíveis de sanação, mediante convite ao aperfeiçoamento expresso em despacho pré-saneador (art. 590º, nº 4). O que não pode jamais acontecer é o juiz aperceber-se de uma deficiência de alegação fáctica (que, por não gerar ineptidão, sempre será sanável) e omitir o despacho de convite ao aperfeiçoamento, para, logo de seguida, julgar a ação improcedente, a pretexto da tal deficiência de alegação. Ao proceder assim, o juiz viola a lei, na medida em que omite a prolação de um despacho que a lei impõe.

44. Não existe uma expressa previsão das consequências decorrentes da omissão de despacho de aperfeiçoamento em qualquer das situações previstas no art. 590º, nºs 2, 3 e 4, em casos em que seja proferida decisão (despacho saneador ou despacho saneador-sentença) refletindo o vício cuja correção não foi, contudo, encetada.

45. Paulo Pimenta convoca para o efeito o regime das nulidades processuais, por omissão de ato que influi na decisão da causa, nos termos dos arts. 195º e 199º, traçando um quadro completo no que concerne à arguição e efeitos de tal nulidade (*ob. cit.*, pp. 230-232 e 250-252). Defende que, quando a parte se aperceber da existência dessa nulidade antes da audiência prévia ou no decurso da mesma, deve suscitá-la para que a situação possa ser reparada antes de ser proferida alguma decisão sem prévia prolação de despacho de aperfeiçoamento. Advoga a mesma solução para os casos em que a parte interessada se defronte com o facto consumado, isto é, quando é notificada do despacho saneador ou do despacho saneador-sentença no qual tenham sido extraídos efeitos de alguma exceção dilatória ou de alguma falha dos articulados sem a prévia realização das diligências previstas no art. 590º, nºs 2 a 4. Mesmo para esta situação defende que a questão deve ser resolvida através da arguição da nulidade de processo, nos termos do art. 195º, a suscitar no prazo de 10 dias, de tal modo que, sendo deferida a nulidade, tal se projetará também na anulação do despacho que tenha sido proferido e na prolação do despacho de aperfeiçoamento anteriormente omitido.

46. Na jurisprudência a integração da situação no campo das nulidades processuais foi afirmada também em RP 6-5-10, 81/07 e RP 5-7-06, 0632391. Esta solução apresenta a vantagem de permitir que a nulidade seja superada pelo próprio juiz logo que seja arguida pela parte, fora das exigências (e dos encargos) inerentes à interposição de recurso de apelação, mas defronta-se com a norma do art. 613º que, em regra, declara que o poder jurisdicional se esgota com a prolação da decisão, impedindo que seja o juiz que a proferiu a reparar o erro cometido.

47. Já Teixeira de Sousa advoga que a omissão de despacho de aperfeiçoamento em qualquer das suas variantes, com extração de efeitos diversos daqueles que ocorreriam se acaso fosse determinada a correção do vício detetado ou fosse dada à parte a possibilidade de suprir a falha processual, se converte, afinal, numa nulidade da própria decisão que venha a ser proferida. Em *https://blogippc.blogspot.com*, à margem de RL 15-5-14, 26903/13 ("A consequência da omissão do convite ao aperfeiçoamento: um apontamento"), refere que "a nulidade resultante da omissão do despacho de aperfeiçoamento só se verifica se, na apreciação do pedido da parte, for dada relevância à deficiência do articulado, ou seja, se o pedido formulado pela parte for julgado improcedente precisamente com fundamento naquela deficiência" (no mesmo sentido, RP 10-9-19, 11226/16 e RP 8-1-18, 1676/16; o mesmo jurista reafirma a solução noutra nota aposta a RL 23-10-18, 1121/13). Esta solução tem a vantagem de não colidir com a norma do art. 613º sobre a extinção do poder jurisdicional, que cessa com a prolação da decisão, embora a situação gerada pela prolação da decisão não precedida do despacho de aperfeiçoamento a que o juiz estava legalmente vinculado apenas possa ser ultrapassada através da interposição de recurso, nos termos gerais (ou arguição da nulidade, nos termos do art. 615º, nos casos em que não seja admissível recurso).

48. Certo é que alguns arestos jurisprudenciais revelam que a apreciação da nulidade processual por omissão do despacho de aperfeiçoamento acaba por ser apreciada no âmbito de recurso que entretanto foi interposto, como aconteceu em RP 12-9-19, 2470/09, RE 26-10-17, 2929/15, RG 23-6-16, 713/14 e RL 15-5-14, 26903/13, dizendo-se especificamente neste último que "se a nulidade está coberta por decisão judicial (despacho) que ordenou, autorizou ou sancionou o respetivo ato ou omissão, em tal caso o meio próprio para a arguir não é a simples reclamação, mas o recurso competente, a deduzir (interpor) e tramitar como qualquer outro do mesmo tipo", o que essencialmente conduz à solução defendida por Teixeira de Sousa. Trata-se de uma solução para a qual a nulidade processual apenas ganha relevo quando tal se projeta negativamente na decisão que é proferida, sendo a questão apreciada em sede de interposição de recurso.

49. Semelhante problema se suscita em face de outras situações em que a prática de alguma nulidade processual de conhecimento oficioso ou a omissão de alguma formalidade de cumprimento obrigatório (como a que demanda o exercício do contraditório) se projeta na sentença.

50. Relativamente a tais situações, que encontram paralelismo nas que estão sob apreciação, Abrantes Geraldes, em *Recursos no NCPC*, 5ª ed., pp. 25-30, defende que a reação da parte interessada passa pela interposição de recurso em cujo âmbito se inscreva a arguição daquelas nulidades, solução também adotada em STJ 23-6-16, 1937/15, no qual se afirmou que "a omissão de ato destinado a proporcionar ao autor o contraditório relativamente à exceção de caducidade do exercício do direito de reconhecimento da paternidade ... determina a nulidade do despacho saneador onde tal exceção foi apreciada e julgada procedente".

51. Esta solução foi assumida também em STJ 22-2-17, 5384/15 e STJ 17-3-16, CJ, t. I, p. 176 ("a decisão surpresa alegada e verificada constitui um vício intrínseco da decisão e não do *iter* procedimental, acarretando a nulidade do acórdão que assentou a sua decisão em dois fundamentos que não foram previamente considerados pela recorrente, que foram decisivos para a decisão e sobre os quais, antes, deveriam ter sido ouvidos recorrente e recorridos").

52. Não cabe recurso do despacho pré-saneador proferido nos termos do art. 590º, nºs 3 e 4 (art. 590º, nº 7), solução que assenta na consideração de que este despacho tem natureza provisória e preparatória (cf. RG 15-11-18, 7144/16). Uma vez notificada a parte, o processo fica a aguardar a sua reação, reservando-se para momento posterior (para o despacho saneador, normalmente) a verificação da sanação do vício.

53. Quando o vício tenha sido sanado, o juiz declarará isso mesmo, estando o processo em condições de prosseguir. Nos casos em que persista, o juiz fixará por despacho as consequências respetivas, que dependerão da natureza do mesmo vício. É deste último despacho que caberá recurso nos termos gerais (*v.g.* arts. 629º e 644º).

54. Acerca da problemática do regime do despacho pré-saneador de convite ao aperfeiçoamento fáctico dos articulados no domínio do CPC de 1961, cf. Paulo Pimenta, *A Fase do Saneamento do Processo antes e após a vigência do NCPC*, pp. 182 e ss. e Montalvão Machado e Paulo Pimenta, *O Novo Processo Civil*, 12ª ed., p. 213, nota 485.

55. Sobre a articulação entre o art. 5º, nº 2, al. b) e o art. 590º, nº 4, cf. Paulo Pimenta, "Ónus de alegação e de impugnação das partes e poderes de cognição do tribunal", em *II Colóquio de Processo Civil de Santo Tirso*, pp. 110-114. Com ponderação semelhante, à luz dos arts. 264º, nº 3 e 508º, nº 3, do CPC de 1961, cf. Paulo Pimenta, *A Fase do Saneamento cit.*, pp. 187 e ss.

ARTIGO 591º
Audiência prévia

1 – Concluídas as diligências resultantes do preceituado no nº 2 do artigo anterior, se a elas houver lugar, é convocada audiência prévia, a realizar num dos 30 dias subsequentes, destinada a algum ou alguns dos fins seguintes:

a) Realizar tentativa de conciliação, nos termos do artigo 594º;

b) Facultar às partes a discussão de facto e de direito, nos casos em que ao juiz cumpra apreciar exceções dilatórias ou quando tencione conhecer imediatamente, no todo ou em parte, do mérito da causa;

c) Discutir as posições das partes, com vista à delimitação dos termos do litígio, e suprir as insuficiências ou imprecisões na exposição da matéria de facto que ainda subsistam ou se tornem patentes na sequência do debate;

d) Proferir despacho saneador, nos termos do nº 1 do artigo 595º;

e) Determinar, após debate, a adequação formal, a simplificação ou a agilização processual, nos termos previstos no nº 1 do artigo 6º e no artigo 547º;

f) Proferir, após debate, o despacho previsto no nº 1 do artigo 596º e decidir as reclamações deduzidas pelas partes;

g) Programar, após audição dos mandatários, os atos a realizar na audiência final, estabelecer o número de sessões e a sua provável duração e designar as respetivas datas.

2 – O despacho que marque a audiência prévia indica o seu objeto e finalidade, mas não constitui caso julgado sobre a possibilidade de apreciação imediata do mérito da causa.

3 – Não constitui motivo de adiamento a falta das partes ou dos seus mandatários.

4 – A audiência prévia é, sempre que possível, gravada, aplicando-se, com as necessárias adaptações, o disposto no artigo 155º.

Remissões: art. 3º (princípio do contraditório); art. 151º (marcação da audiência prévia); art. 155º, nº 7 (gravação da audiência prévia); art. 456º, nº 3 (depoimento de parte); art. 592º (não realização da audiência prévia); art. 593º (dispensa da audiência prévia); art. 597º, al. b) (audiência prévia em ações de valor não superior a metade da alçada da Relação); art. 598º, nº 1 (alteração do requerimento probatório).

1. Do confronto dos arts. 591º, nº 1, 592º, nº 1, 593º, nº 1, 593º, nº 3, e 597º resulta claro que a tramitação de uma ação declarativa comum de valor superior a metade da alçada da Relação (€ 15.000,00) incluirá, em curso normal, a realização de uma audiência prévia, regra que apenas comporta duas exceções tipificadas: quando a lei assim o estabeleça, o que sucede nos casos indicados no art. 592º, nº 1; quando o juiz dispense a realização da audiência, ao abrigo do art. 593º, nº 1. Com tais ressalvas, a audiência prévia é obrigatória, decorrendo da sua dispensa uma nulidade (regime diverso está previsto, no entanto, para as ações cujo valor não supere metade da alçada da Relação, ou seja, € 15.000,00, nos termos do art. 597º).

2. Se a arguição dessa nulidade segue as regras gerais ou se transforma em nulidade do despacho saneador ou despacho saneador-sentença que, sem essa diligência obrigatória, seja proferido é questão cuja resolução suscita as mesmas dúvidas que há perante a falta de despacho de aperfeiçoamento obrigatório (cf. anot. ao art. 590º; RL 11-7-19, 5774/17, RG 6-12-18, 45/17, RL 23-10-18, 1121/13, RL 11-10-18, 166/17, RG 1-3-18, 9217/15, RL 8-2-18, 3054/17, RP 27-9-17, 136/16 e RL 5-5-15, 1386/13).

3. A audiência prévia visa dois objetivos fundamentais: por um lado, materializar princípios gerais como o da cooperação e o da imediação; por outro, evitar a paralisação dos processos no culminar da fase dos articulados, na medida em que se estabelece um prazo de 30 dias para a sua realização, resolvidas que estejam as questões inseridas no despacho pré-saneador. Mesmo nos casos em que a diligência pode ser dispensada (art. 593º), por se destinar apenas aos fins constantes das als. d), e) e f) do nº 1 do art. 591º, o juiz não deixará de ponderar, ainda assim, as vantagens que possam advir da sua realização.

4. A razão é a seguinte: se optar pela dispensa da audiência prévia, qualquer das partes poderá fazer uso da faculdade prevista no art. 593º, nº 3, requerendo a sua realização para efeitos de apresentação de reclamação contra os despachos de adequação, de identificação do objeto do litígio e de enunciação dos temas da prova ou de programação da audiência final. Efetivamente, em tais circunstâncias, a reação da parte não passa pela apresentação de reclamação autónoma, sujeita a despacho do juiz, antes pela apresentação de requerimento solicitando a convocação de uma audiência prévia potestativa.

5. Por isso, nesses casos, cabe ao juiz avaliar as vantagens que podem emergir da convocação imediata da audiência prévia, antecipando-se, porventura, a uma posterior marcação da mesma diligência a pedido de alguma das partes (a situação é diversa nos casos do art. 597º, em que a audiência prévia corresponde a uma mera opção do juiz, consoante a necessidade e a adequação do ato ao fim do processo).

6. O despacho que convoca a audiência prévia não deve conter meras referências genéricas aos fins da audiência prévia ou limitar-se a remeter para as alíneas do nº 1 do art. 591º. Se o juiz pretender ouvir as partes acerca de uma exceção dilatória, deve identificar essa exceção; se a audiência tiver por fim esclarecer este ou aquele ponto de facto alegado nos articulados, deve ser dada nota disso, etc.

7. Ainda assim, o despacho do juiz não afasta a possibilidade de serem resolvidas outras questões, do mesmo modo que a indicação de que se procederá à imediata apreciação do mérito da causa não vincula o juiz (cf. Paulo Pimenta, *Processo Civil Declarativo*, 2ª ed., pp. 258 e ss.; sobre o anterior regime da audiência preliminar, Abrantes Geraldes, *Temas da Reforma do Processo Civil*, vol. II, 4ª ed., pp. 84 e ss.).

8. As partes não são obrigadas a comparecer na audiência prévia, embora precluda com a sua realização a possibilidade de discussão dos aspetos que nela foram discutidos e apreciados, não se concedendo um prazo suplementar para tal efeito.

9. A primeira finalidade da audiência prévia é a de realizar tentativa de conciliação das partes, nos termos definidos pelo art. 594º, a qual é dirigida pelo juiz que procurará, quando tal se mostrar viável, uma solução de equidade (art. 594º, nº 3), sem jamais abandonar uma posição de equidistância relativamente a ambas as partes.

10. Obtida a conciliação, ficarão em ata os respetivos termos (art. 155º, nº 7), que tanto podem traduzir uma verdadeira transação, como a desistência (do pedido ou da instância) ou a confissão, seguindo-se a respetiva homologação (art. 290º, nº 4). Se a mesma se frustrar, exaram-se os fundamentos que para cada uma das partes justificaram a persistência do litígio (art. 594º, nº 4). Naturalmente que a tentativa de conciliação só pode ocorrer nas causas que caibam no âmbito dos poderes de disposição das partes (arts. 594º, nº 1 e 289º, nº 1). Embora possa ser tentada em qualquer estado da causa, as partes não podem ser convocadas exclusivamente para o fim da conciliação mais do que uma vez (art. 594º, nº 1) (cf. Paulo Pimenta, *ob. cit.*, pp. 258-260).

11. Outra finalidade da audiência prévia é a de facultar às partes a discussão de facto e de direito, quer sobre exceções dilatórias de que o juiz deva conhecer, quer sobre o mérito da causa, quando o juiz tencione conhecer imediatamente, no todo ou em parte, do pedido ou de exceções perentórias. A audiência prévia deve ser convocada quando o juiz pretenda apreciar uma exceção dilatória de conhecimento oficioso (cf. o art. 578º) que não tenha sido suscitada e discutida pelas partes nos articulados, evitando uma decisão-surpresa (art. 3º, nº 3.) Outrossim para assegurar o contraditório quanto a exceção dilatória invocada no último articulado admitido no processo (art. 3º, nº 4) ou quando o juiz considerar útil o aprofundamento da discussão (cf. Paulo Pimenta, *ob. cit.*, p. 260).

12. O que acaba de dizer-se deve ser conjugado com o disposto no art. 597º, para as ações de valor não superior a metade da alçada da Relação (€ 15.000,00), preceito que confere alguma latitude decisória ao juiz. E mesmo nas ações que escapem ao âmbito do art. 597º, não é de excluir que o contraditório quanto a exceção dilatória invocada no último articulado admissível seja assegurado por meio alternativo à audiência prévia, nomeadamente se o juiz, ao abrigo do disposto no art. 547º, determinar a notificação da parte para responder por escrito à matéria da exceção. De resto, esse cenário é implicitamente admitido pela lei, mesmo para a hipótese de a exceção dilatória vir a proceder e conduzir à absolvição da instância, como resulta do disposto no art. 592º, nº 1, al. b) (cf. Paulo Pimenta, *ob. cit.*, pp. 320-321).

13. Quando o juiz entender que dispõe de condições para apreciar já o mérito da causa no despacho saneador (art. 595º, nº 1, al. b)), a diligência será destinada a facultar às partes uma discussão sobre as vertentes do mérito da causa que o juiz projeta decidir.

14. É de toda a conveniência que o juiz não decida, no todo ou em parte, aspetos materiais do litígio sem um debate prévio, no qual os advogados das partes tenham a oportunidade de produzir alegações orais acerca do mérito da causa. Estas alegações poderão servir também para as partes tomarem posição sobre eventuais exceções perentórias não discutidas nos articulados e que o juiz entenda poder conhecer oficiosamente, prevenindo decisões-surpresa. Além disso, deve ser concedida às partes a possibilidade de produzirem alegações quando o juiz se proponha decidir o mérito da causa num enquadramento jurídico diverso do assumido e discutido pelas partes nos articulados.

15. Em todas estas situações está em jogo o respeito pelo princípio do contraditório, garantindo às partes pronúncia sobre questões que o juiz irá decidir na fase intermédia do processo, de modo a evitar decisões-surpresa (art. 3º, nº 3) (cf. Paulo Pimenta, *ob. cit.*, pp. 261-262).

16. A audiência prévia pode ainda ter por fim, cumulativamente ou não, permitir a discussão das posições das partes com vista à delimitação dos termos do litígio ou a proporcionar o suprimento de insuficiências ou imprecisões na exposição da matéria de facto. Quanto à delimitação dos termos do litígio procura-se que se clarifique ou determine com rigor aquilo que cada um dos litigantes realmente pretende.

17. Relativamente ao aperfeiçoamento da exposição da matéria de facto, há que conjugar os arts. 591º, nº 1, al. c) e 590º, nº 4, no sentido de assumir que esta finalidade da audiência prévia tem natureza complementar e não substitutiva do despacho pré-saneador. Quer dizer, sempre que seja confrontado com imprecisões ou insuficiências na exposição da matéria de facto vertida nos articulados, o juiz deverá proferir o despacho de convite ao aperfeiçoamento, ficando a audiência prévia reservada para situações em que, apesar de formulado o convite e apesar da resposta das partes, ainda persistam aspetos carecidos de esclarecimento. Sempre que, no decurso da audiência prévia, venham a ser supridas insuficiências ou imprecisões fácticas, deverão ficar registadas na ata da audiência as concretas alegações produzidas com vista a tais aperfeiçoamentos, bem como as alegações proferidas em sede de resposta. Esta documentação revela-se imprescindível, já que as alegações então produzidas fazem parte de um todo (a versão fáctica das partes), acrescendo, pois, ao que ficou narrado nos articulados apresentados por estas (cf. Paulo Pimenta, *ob. cit.*, pp. 262-264).

18. Em conjugação com o disposto no art. 595º, nº 1, é ainda uma finalidade a cumprir na audiência prévia a prolação de despacho saneador, o qual desempenha uma dupla finalidade decisória. Por um lado, nos termos do art. 595º, nº 1, al. a), tal despacho destina-se a proferir decisão sobre questões técnico-processuais; por outro lado, conforme estabelece a al. b), dirige-se à prolação de decisão relativa ao mérito da causa.

19. O despacho saneador constitui uma figura autónoma face à audiência prévia, desde logo porque a decisão contida neste despacho (apreciando determinadas matérias) realiza uma função processual distinta da levada a cabo pela audiência prévia. Se houver audiência prévia, deve ser aí proferido, oralmente, sem prejuízo de se mostrar conveniente a sua prolação por escrito (arts. 591º, nº 1, al. d) e 595º, nº 2). Se não houver audiência prévia, será proferido por escrito e depois notificado às partes (arts. 592º, nº 2 e 593º, nºs 2 e 3) (cf. Paulo Pimenta, *ob. cit.*, p. 264).

20. Um dos objetivos centrais da audiência prévia liga-se à elaboração dos temas da prova. Sendo esta uma tarefa cuja responsabilidade compete ao juiz, pretende-se que não seja executada isoladamente, potenciando que a discussão a ter lugar na audiência final incida efetivamente sobre os aspetos relevantes. Suposta uma desejável modificação, a montante, da *praxis* judiciária no que concerne ao modo de alegação da matéria de facto, na elaboração dos temas da prova devem privilegiar-se, conforme as circunstâncias, fórmulas mais ou menos abrangentes, desde que permitam uma perceção clara dos pontos de divergência das partes, deixando para a sentença a sua concretização na medida que se revelar efetivamente necessária (cf. art. 596º). É ainda nessa mesma diligência que devem ser apresentadas eventuais reclamações contra os temas da prova enunciados, por deficiência, por excesso ou obscuridade.

21. A audiência prévia pode destinar-se também a determinar a adequação formal, a simplificação ou a agilização processual, nos termos previstos no art. 6º, nº 1 e no art. 547º, atentas as particularidades de cada processo.

22. Outro dos objetivos fundamentais da audiência prévia é a programação e o agendamento dos atos a realizar na audiência final, servindo para o juiz e os advogados das partes definirem os termos em que a audiência final deverá decorrer, o número de sessões, a sua duração e calendarização. Esta programação implica o chamado acordo de agendas (art. 151º), de modo a que a(s) data(s) designada(s) seja(m) da conveniência de todos e que todos fiquem vinculados, diminuindo drasticamente os casos em que a audiência final é adiável (art. 603º).

23. Do esforço conjunto do juiz e dos advogados dependerá o cumprimento da agenda, permitindo ganhos de produtividade e de eficácia tão necessários à administração da justiça cível. Cabe em especial ao juiz assegurar que os trabalhos da audiência final decorram de acordo com a programação previamente definida (art. 602º, nº 2, al. a)), o que significa que aquela não pode ser encarada por qualquer dos intervenientes como um ato meramente platónico.

24. Para facilitar as tarefas a cumprir na audiência prévia, não se vê qualquer inconveniente em que o juiz se muna de um guião ou de um qualquer projeto relativo às decisões que hajam de ser tomadas, tendo sempre presente que muitas das decisões ou estatuições a sair desta diligência devem ser antecedidas de "*discussão*" (nº 1, al. b)), "*debate*" (nº 1, als. e) e f)) ou "*audição dos mandatários*" (nº 1, al. g)). Por isso, sob pena de tudo não passar de um simulacro, impõe-se que o juiz tome em boa conta o contributo dos advogados das partes, tal como se impõe que estes tenham uma intervenção útil e empenhada nos atos que lhes competem.

25. Enfim, a audiência prévia pretende ser aquilo que anteriormente se projetou (mas que, em boa verdade, jamais se alcançou) para a audiência preliminar, como espaço estrategicamente colocado entre a fase dos articulados e fase da instrução e discussão da causa. Momento asado para tornar realidade a aplicação de grandes princípios gerais como os da cooperação, adequação formal ou gestão processual, ou de objetivos tão nobres como o da celeridade processual e o da justa composição do litígio. Desideratos que só serão cabalmente alcançados se o juiz e os mandatários das partes prepararem, com rigor e seriedade, a audiência prévia, projetando-a já na audiência final quando esta tenha de ocorrer, o que exige um estudo aprofundado dos articulados e das questões jurídicas que cumpre resolver.

26. Quando a audiência prévia seja gravada, deve ser dada particular atenção ao cumprimento do disposto no art. 155º, nº 7, em especial à documentação escrita de todos os atos decisórios orais, sob pena de a celeridade obtida com a gravação redundar em morosidade subsequente, sempre que alguém se queira inteirar do que foi decidido.

27. Complementarmente, a audiência prévia pode servir para a prestação de depoimento de parte (art. 456º, nº 3) e ainda para a alteração do requerimento probatório (art. 598º, nº 1).

ARTIGO 592º
Não realização da audiência prévia

1 – A audiência prévia não se realiza:

a) Nas ações não contestadas que tenham prosseguido em obediência ao disposto nas alíneas b) a d) do artigo 568º;

b) Quando, havendo o processo de findar no despacho saneador pela procedência de exceção dilatória, esta já tenha sido debatida nos articulados.

2 – Nos casos previstos na alínea a) do número anterior, aplica-se o disposto no nº 2 do artigo seguinte.

Remissões: art. 3º (princípio do contraditório); art. 568º, als. b), c) e d) (situações de revelia inoperante); art. 577º (exceções dilatórias); art. 578º (conhecimento das exceções dilatórias); art. 593º, nº 2 (despachos a proferir).

1. Embora as ações declarativas devam comportar audiência prévia e audiência final, a lei prevê duas situações em que a audiência prévia não se realiza. A primeira respeita às ações não contestadas submetidas ao regime da revelia inoperante, à luz do previsto nas alíneas b), c) e d) do art. 568º. Dada a inoperância da revelia, sempre terá de ser produzida prova quanto aos fundamentos da ação, razão pela qual esta tem de prosseguir os seus termos, o que implica a prolação dos despachos previstos no art. 593º, nº 2 (incluindo a enunciação dos temas da prova, cf. nº 2 deste art. 592º), mas sem necessidade de haver audiência prévia.

2. Também não terá lugar a audiência prévia quando o juiz entenda proferir despacho saneador a julgar procedente uma exceção dilatória. Se o processo vai terminar no despacho saneador com um juízo desta natureza (arts. 278º, nº 1 e 595º, nº 1, al. a)), a lei opta pela não realização da audiência prévia, mas na condição de a exceção em causa já ter sido debatida nos articulados, o que é uma exigência do princípio do contraditório.

3. Considerando a estrutura da ação declarativa comum e as funções conferidas à réplica (art. 584º), a forma mais eficiente de assegurar a aplicação do art. 592º, nº 1, al. b), será o juiz, num ato típico de adequação formal (art. 547º), proferir despacho a determinar a notificação da parte ou das partes para se pronunciarem por escrito sobre a matéria da exceção, assim ficando assegurado o contraditório.

4. A partir daí, o juiz já terá condições para não realizar a audiência prévia e passar logo à prolação de despacho saneador em que, reconhecendo a exceção dilatória, ponha termo ao processo com um juízo de absolvição da instância. Como é evidente, se audição das partes levar o juiz à conclusão de que, afinal, não se confirma a dita exceção dilatória, o processo deverá seguir o seu rumo normal, ficando prejudicada a previsão do art. 592º, nº 1, al. b).

5. Sobre a matéria, cf. Paulo Pimenta, *ob. cit.*, pp. 319-321.

ARTIGO 593º
Dispensa da audiência prévia

1 – Nas ações que hajam de prosseguir, o juiz pode dispensar a realização da audiência prévia quando esta se destine apenas aos fins indicados nas alíneas d), e) e f) no nº 1 do artigo 591º.

2 – No caso previsto no número anterior, nos 20 dias subsequentes ao termo dos articulados, o juiz profere:

a) Despacho saneador, nos termos do nº 1 do artigo 595º;

b) Despacho a determinar a adequação formal, a simplificação ou a agilização processual, nos termos previstos no nº 1 do artigo 6º e no artigo 547º;

c) O despacho previsto no nº 1 do artigo 596º;

d) Despacho destinado a programar os atos a realizar na audiência final, a estabelecer o número de sessões e a sua provável duração e a designar as respetivas datas.

3 – Notificadas as partes, se alguma delas pretender reclamar dos despachos previstos nas alíneas b) a d) do número anterior, pode requerer, em 10 dias, a realização de audiência prévia; neste caso, a audiência deve realizar-se num dos 20 dias seguintes e destina-se a apreciar as questões suscitadas e, acessoriamente, a fazer uso do disposto na alínea c) do nº 1 do artigo 591º.

Remissões: art. 547º (adequação formal); art. 591º (audiência prévia); art. 592º (não realização da audiência prévia); art. 597º (tramitação nas ações de valor não superior a metade da alçada da Relação); art. 602º, nº 2, al. a) (observância da programação definida); art. 644º, nº 1 (recurso do despacho saneador).

1. A lei confia ao juiz a possibilidade de dispensar a audiência prévia quando esta se destine apenas aos fins indicados nas als. d), e) e f) do nº 1 do art. 591º, sempre num cenário em que, seguramente, a ação prosseguirá para além do momento do despacho saneador.

2. O cotejo dos arts. 591º, nº 1, al. b), 592º, nº 1, al. b) ("*havendo o processo de findar no despacho saneador pela procedência de exceção dilatória*") e 593º, nº 1 ("*nas ações que hajam de prosseguir*") mostra bem o relevo que o legislador atribui à audiência prévia enquanto espaço privilegiado para a garantia das partes, em função da natureza (formal ou material) das decisões a tomar no despacho saneador e do impacto dessas decisões na própria causa.

3. Se o juiz projetar conhecer apenas de uma exceção dilatória no despacho saneador, julgando-a procedente e absolvendo o réu da instância, poderá dispensar a audiência prévia, desde que tal exceção tenha sido debatida nos articulados, aplicando-se o art. 592º, nº 1, al. b).

4. Sempre que projete conhecer do mérito da causa no despacho saneador, seja quanto a algum pedido, seja quanto a alguma exceção perentória, e independentemente do possível sentido da decisão, deverá convocar audiência prévia para os efeitos do art. 591º, nº 1, al. b).

5. Daqui resulta com total clareza o propósito legislativo no sentido de que as ações declarativas não incluídas na previsão do art. 597º não podem terminar com decisão de mérito no despacho saneador sem que o mesmo seja proferido no contexto da realização de uma audiência prévia (cf. Paulo Pimenta, *ob. cit.*, pp. 319-320, nota 728, RP 24-9-15, 128/14, RL 5-5-15, 1396/13, RL 13-11-14, 673/03 e RL 9-10-14, 2164/12).

6. Se optar por dispensar a audiência prévia (quando tal seja admissível) o juiz deverá, nos 20 dias seguintes ao termo dos articulados, proferir diversos despachos (art. 593º, nº 2): despacho saneador; se o processo implicar medidas dessa natureza, despacho determinando a adequação formal, a simplificação ou a agilização processual; na certeza de que ação não termina nesta fase, o despacho previsto no art. 596º, nº 1; finalmente, despacho destinado a programar os atos a realizar na audiência final, estabelecendo o número de sessões e a sua duração provável e designando as respetivas datas.

7. Como tudo isto acontece fora da audiência prévia, as partes têm de ser notificadas dos despachos proferidos pelo juiz nesse contexto. Assim notificadas, as partes são admitidas a reclamar dos despachos proferidos nos termos das als. b), c) e d) do nº 2 do art. 593º, mas tal reclamação tem de ser apresentada na audiência prévia, cuja realização as partes deverão requerer em 10 dias a contar da notificação daqueles despachos, devendo o juiz convocá-la para um dos 20 dias seguintes.

8. O art. 593º, nº 3, confere às partes (embora baste que uma se manifeste) a possibilidade de determinar a realização da audiência prévia que o juiz começou por dispensar – trata-se, pois, de uma audiência potestativa (cf. Paulo Pimenta, *ob. cit.*, p. 324) –, sendo essa a única via que as partes têm para reagir àquelas três espécies de despachos que o juiz proferiu unilateralmente. Significa isto que, no quotidiano forense, o juiz deve ponderar as vantagens que podem resultar da imediata convocação da audiência prévia, já que a celeridade potencialmente alcançada por via da sua dispensa pode ser prejudicada pela futura reação de alguma das partes, requerendo a realização da audiência. Lebre de Freitas e Isabel Alexandre, *CPC anot.*, vol. II, 3ª ed., p. 652, sustentam que a reclamação dos despachos previstos nas als. b) a d) do nº 2, pode ser feita por escrito no prazo geral de 10 dias (art. 149º, nº 1), entendimento que não subscrevemos, não só por falta de apoio mínimo no texto legal, mas também porque contraria o sentido do esquema processual instituído, que aposta nas virtualidades da audiência prévia e no que esta assegura em termos de concentração processual, de oralidade e de projeção no andamento subsequente do processo.

9. A inércia das partes, não requerendo a realização da audiência prévia, significa que se conformam com o decidido pelo juiz quanto à dispensa da audiência prévia e quanto ao teor dos mencionados despachos, sendo certo que, como decorre da lei, a eventual reação contra o despacho saneador apenas poderá fazer-se por via recursória, nos termos gerais do art. 644º, nº 1.

10. Face aos termos inequívocos do nº 3 do art. 593º, em conjugação com o nº 1 do art. 598º, quando a audiência prévia seja dispensada pelo juiz, as partes não podem requerer a sua realização só com o propósito de proceder a alterações nos requerimentos probatórios. E também não podem introduzir sem mais alterações a tais requerimentos. A alteração do requerimento probatório fora do contexto da audiência prévia, além de não estar prevista na lei, implicaria que ficasse prejudicado tudo quanto tivesse sido definido para a tramitação subsequente do processo, em especial quanto à programação e ao agendamento da audiência final, nos termos do art. 593º, nº 2, al. d) (cf. Paulo Pimenta, *ob. cit.*, p. 327, nota 748; contra: RC 15-1-19, 1178/16).

11. Sobre a matéria, cf. Paulo Pimenta, *A Fase do Saneamento do Processo antes e após a Vigência do Novo CPC*, pp. 322-325.

ARTIGO 594º

Tentativa de conciliação

1 – Quando a causa couber no âmbito dos poderes de disposição das partes, pode ter lugar, em qualquer estado do processo, tentativa de conciliação, desde que as partes conjuntamente o requeiram ou o juiz a considere oportuna, mas

as partes não podem ser convocadas exclusivamente para esse fim mais que uma vez.

2 – As partes são notificadas para comparecer pessoalmente ou se fazerem representar por mandatário judicial com poderes especiais, quando residam na área da comarca, ou na respetiva ilha, tratando-se das Regiões Autónomas, ou quando, aí não residindo, a comparência não represente sacrifício considerável, atenta a natureza e o valor da causa e a distância da deslocação.

3 – A tentativa de conciliação é presidida pelo juiz, devendo este empenhar-se ativamente na obtenção da solução de equidade mais adequada aos termos do litígio.

4 – Frustrando-se, total ou parcialmente, a conciliação, ficam consignadas em ata as concretas soluções sugeridas pelo juiz, bem como os fundamentos que, no entendimento das partes, justificam a persistência do litígio.

Remissões: art. 250º (notificação pessoal); art. 283º (liberdade de desistência, confissão e transação); art. 289º (limites objetivos da confissão, desistência e transação); art. 604º, nº 2 (tentativa de conciliação na audiência final); art. 1249º do CC (matérias insuscetíveis de transação).

1. A conciliação constitui uma via alternativa para a resolução dos litígios, não estando o respetivo âmbito sequer limitado pelo objeto do processo. Pode envolver outras pretensões e não está afastada a possibilidade de envolver outros sujeitos, se tal for ajustado aos interesses das partes. Tais possibilidades que não resultam expressamente de qualquer norma processual, mas encontram suficiente justificação na consumação da resolução consensual de litígios pendentes nos tribunais (STJ 7-6-18, 2749/16).

2. Quando se procure a conciliação, as partes devem ser convocadas nos termos do art. 594º, nº 2, embora não se preveja qualquer sanção para a sua falta. A tentativa de conciliação é dirigida pelo juiz, o qual não está obrigado a apontar para soluções que resultem do estrito quadro legal, devendo privilegiar-se uma "*solução de equidade*". Ou seja, as propostas de acordo deverão ter em devida conta os interesses legítimos de ambas as partes, numa ponderação equilibrada das posições e necessidades recíprocas, de molde a que possam ser aceites pelos litigantes, sendo evidente, no entanto, que o juiz jamais poderá abandonar uma posição de equidistância relativamente a ambas as partes. O legislador relembra ao juiz que a justa resolução do caso é a meta desejável da atividade judicial. Todavia, essa pauta de atuação judicial decorre do sistema jurídico em geral e sempre teria de ser observada, não necessitando de autonomização expressa a propósito da tentativa de conciliação.

3. Obtida a conciliação, ficarão em ata os respetivos termos (art. 155º, nº 7), que tanto podem traduzir uma verdadeira transação, como uma desistência (do pedido ou da instância) ou uma confissão (art. 283º), seguindo-se a respetiva homologação (art. 290º, nº 4).

4. O disposto no art. 594º, nº 4, tem uma função que não é meramente simbólica. Relativamente às partes, terá em vista prevenir casos em que a não conciliação radique apenas em motivos pouco relevantes, no sentido em que a frustração da conciliação deverá decorrer de razões plausíveis (ainda que apenas subjetivamente plausíveis). Quanto ao juiz, pretenderá marcar o relevo da sua intervenção com intuito conciliatório, o que supõe uma atitude simultaneamente empenhada (se nada ficar em ata, parecerá que o juiz nenhuma concreta solução sugeriu) e cuidada (serão de evitar sugestões que não se afigurem objetivamente equitativas ou que de algum modo possam ser tomadas como constrangedoras para qualquer das partes). Por outras palavras, o sentido útil desta imposição é o de compelir o juiz a intervir, em termos reais e efetivos, na construção de uma solução negociada para o litígio.

5. Sobre a matéria, cf. Luís Filipe Sousa, "O empenho ativo do juiz na obtenção da solução de equidade em sede de tentativa de conciliação", em *Julgar*, nº 23, pp. 317-337 e Paulo Pimenta, *A Fase do Saneamento antes e após a vigência do NCPC*, pp. 220-225.

ARTIGO 595º
Despacho saneador

1 – O despacho saneador destina-se a:

a) Conhecer das exceções dilatórias e nulidades processuais que hajam sido suscitadas pelas partes, ou que, face aos elementos constantes dos autos, deva apreciar oficiosamente;

b) Conhecer imediatamente do mérito da causa, sempre que o estado do processo permitir, sem necessidade de mais provas, a apreciação, total ou parcial, do ou dos pedidos deduzidos ou de alguma exceção perentória.

2 – O despacho saneador é logo ditado para a ata; quando, porém, a complexidade das questões a resolver o exija, o juiz pode excecionalmente proferi-lo por escrito, suspendendo-se a audiência prévia e fixando-se logo data para a sua continuação, se for caso disso.

3 – No caso previsto na alínea a) do nº 1, o despacho constitui, logo que transite, caso julgado formal quanto às questões concretamente apreciadas; na hipótese prevista na alínea b), fica tendo, para todos os efeitos, o valor de sentença.

4 – Não cabe recurso da decisão do juiz que, por falta de elementos, relegue para final a decisão de matéria que lhe cumpra conhecer.

5 – Nas ações destinadas à defesa da posse, se o réu apenas tiver invocado a titularidade do direito de propriedade, sem impugnar a posse do autor, e não puder apreciar-se logo aquela questão, o juiz ordena a imediata manutenção ou restituição da posse, sem prejuízo do que venha a decidir-se a final quanto à questão da titularidade do direito.

Remissões: art. 200º, nº 2 (conhecimento de nulidades); art. 278º, nº 3 (prevalência da decisão de mérito); art. 578º (conhecimento das exceções dilatórias); art. 579º (conhecimento de exceções perentórias); art. 610º (julgamento no caso de inexigibilidade da obrigação); art. 644º, nº 1, als. a) e b) e nº 2, al. a) (recorribilidade do despacho saneador); art. 1276º do CC (ação de prevenção); art. 1277º do CC (ação direta e defesa judicial); art. 1278º do CC (manutenção e restituição da posse).

1. Exarado na ata da audiência prévia ou proferido por escrito pelo juiz, nos casos em que a lei o permite, o despacho saneador obedece a uma determinada ordem lógica que procuraremos enunciar, ressalvando, embora, situações excecionais que possam conduzir a resultados diferentes (cf. Abrantes Geraldes, *Temas da Reforma do Processo Civil*, vol. II, 4ª ed., pp. 122 e ss., Paulo Pimenta, *Processo Civil Declarativo*, 2ª ed., pp. 267 e ss. e Lebre de Freitas, *A Ação Declarativa Comum*, 4ª ed., pp. 209 e ss.).

2. No despacho saneador cabe a apreciação das exceções dilatórias que, por serem insupríveis ou por não terem sido oportunamente sanadas, determinem a absolvição da instância (art. 278º): incompetência absoluta; ineptidão da petição inicial; falta de personalidade judiciária; incapacidade judiciária; ilegitimidade singular ou plural; falta, insuficiência ou irregularidade do patrocínio judiciário; coligação substancial ou formalmente ilegal; pluralidade subjetiva subsidiária ilegal; caso julgado; litispendência; preterição de tribunal arbitral necessário ou violação de convenção de arbitragem; pedido genérico ilegal; cumulação ilegal de pedidos; inadmissibilidade da reconvenção; etc. Em todo o caso, o juiz deve ter presente o nº 3 do art. 278º, quando se trate de situação em que deva privilegiar-se a decisão de mérito sobre uma decisão de pendor formal.

3. Apenas residualmente as exceções dilatórias deixarão de ser decididas no despacho saneador. Tratando-se de uma peça processual que se destina a filtrar as questões que impedem o conhecimento de mérito, é de toda a conveniência que os obstáculos a tal conhecimento fiquem definitivamente afastados nesse momento, sob pena de se correr o risco de toda atividade posterior se revelar inútil. Para o efeito, o juiz deve contar com os factos e com os meios de prova apresentados espontaneamente pelas partes, embora nada obste a que, através da utilização dos poderes inquisitórios que a lei lhe confere (art. 411º), faça carrear para o processo os elementos que considere indispensáveis (art. 590º, nº 2, al. c)).

4. Importa ter em atenção que o caso julgado apenas se forma relativamente a questões ou exceções dilatórias que tenham sido concretamente apreciadas e nos limites dessa apreciação, não valendo como tal a mera declaração genérica sobre a ausência de alguma ou da generalidade das exceções dilatórias (nº 2) (*v.g.* "o tribunal é competente em razão da nacionalidade, da matéria e da hierarquia; as partes são dotadas de personalidade e de capacidade judiciárias e são legítimas; nada obsta à apreciação do mérito da causa ...").

5. Caducou, pois, a jurisprudência que foi fixada pelo ***Assento nº 2/63***: "*É definitiva a declaração em termos genéricos no despacho saneador transitado relativamente à legitimidade, salvo a superveniência de factos que nesta se repercutam.*" O regime vigente acabou por consagrar a jurisprudência que foi fixada no ***Assento de 27-11-91***: "*O despacho a conhecer de determinada questão relativa à competência em razão da matéria do Tribunal, não sendo objeto de recurso, constitui caso julgado em relação à questão concreta de competência que nele tenha sido decidida.*"

6. Devem também ser apreciadas as nulidades processuais que subsistam ou em relação às quais o juiz não se tenha ainda pronunciado (art. 200º, nº 2), especialmente quando devam ser indeferidas, pois que, na situação oposta, é conveniente que sejam apreciadas anteriormente, na medida em que a decisão seja suscetível de se repercutir na tramitação processual.

7. O despacho saneador serve para apreciar ainda as exceções perentórias (que se integram na apreciação do mérito da causa), desde que não exista a esse respeito matéria de facto controvertida ou que, tratando-se de prova documental necessária, tenha sido formulado convite à parte para a sua junção, nos termos do art. 590º, nº 2, al. c).

8. Tais exceções devem, em princípio, ser conhecidas oficiosamente, a partir dos factos que tenham sido alegados (art. 579º), a não ser quando a lei faça depender o respetivo efeito jurídico material da invocação pelo interessado, como ocorre com a anulabilidade (art. 287º, nº 1, do CC), a prescrição (art. 303º do CC) ou a caducidade inerente a direitos disponíveis (art. 333º, nº 2, do CC).

9. O juiz deve ainda conhecer do pedido ou dos pedidos formulados, sempre que não exista matéria controvertida suscetível de justificar a elaboração de temas da prova e a realização da audiência final. A antecipação do conhecimento de mérito pressupõe que, independentemente de estar em jogo matéria de direito ou de facto, o estado do processo possibilite tal decisão, sem necessidade de mais provas, e independentemente de a mesma favorecer uma ou outra das partes. Assim acontecerá quando:

a) Toda a matéria de facto relevante esteja provada por confissão expressa ou tácita, por acordo ou por documento: nestas circunstâncias, é inviável a elaboração de temas da prova e, por isso mesmo, mostra-se dispensável a audiência final, nada obstando a que o juiz proceda à imediata subsunção jurídica;

b) Quando seja indiferente para qualquer das soluções plausíveis a prova dos factos que permaneçam controvertidos: se, de acordo com as soluções plausíveis da questão de direito, a decisão final de modo algum puder ser afetada com a prova dos factos controvertidos, não existe qualquer interesse na enunciação dos temas da prova e, por isso, nada impede que o juiz profira logo decisão de mérito; se o conjunto dos factos alegados pelo autor (factos constitutivos) não preenche de modo algum as condições de procedência da ação, torna-se indiferente a sua prova e, por conseguinte, inútil o prosseguimento da ação para audiência final; *mutatis mutandis* quando se trate de apreciar de que forma os factos alegados pelo réu poderão interferir na decisão final, pois se tais factos, enquadrados na defesa por exceção, ainda que provados, se revelam insuficientes ou inócuos para evitar a procedência da ação, inexiste qualquer razão justificativa para o adiamento da decisão;

c) Quando todos os factos controvertidos careçam de prova documental, caso em que o juiz proferirá despacho saneador-sentença, depois de ter convidado as partes a juntar a prova documental necessária, nos termos do art. 590º, nº 2, al. c). Com efeito, a audiência final, em torno dos factos abarcados pelos temas da prova, não se destina no essencial à apresentação de documentos, antes à produção de outros meios de prova, sujeitos a livre apreciação, pelo que se impõe a antecipação da decisão sobre o mérito da causa;

d) Nem sequer está afastada a possibilidade de apreciação do mérito, apesar da existência de outras soluções plausíveis sustentadas em matéria de facto ainda controvertida, desde que o juiz esteja ciente da segurança da sua decisão, embora neste caso deva avaliar os riscos de uma posterior anulação pela Relação, com fundamento na necessidade de ampliação da matéria de facto (art. 662º, nº 2, al. c), *in fine*); na verdade, a sua eventual revogação (no âmbito do recurso de apelação interposto nos termos do art. 644º, nº 1, al. b)) pode prejudicar o efeito de aceleração emergente da antecipação parcial da apreciação do mérito da causa; é aqui que a utilização do prudente critério do juiz pode servir para selecionar os casos em que, apesar das divergências, se justifica o julgamento antecipado, no confronto com aqueles em que será preferível a enunciação dos temas da prova e a posterior atividade instrutória, com vista ao apuramento dos factos que interessem à correta e completa integração jurídica; como critério geral de atuação, deve o juiz optar entre proferir a decisão do mérito da causa ou relegá-la para depois da audiência final, depois de fazer um juízo de prognose acerca da relevância ou não dos factos ainda controvertidos (sobre esta questão, cf. Ramos de Faria, "Relevância das (outras) soluções plausíveis de direito", in *Julgar online*);

e) Tratando-se de pedido único, conquanto a lei admita a decisão parcial, julgamos que, em regra, o juiz deve abster-se de tal decisão e deixá-la para final, opção que reflete o equilíbrio entre a celeridade do processo e a coerência das decisões; tratando-se já de um pedido principal (*v.g.* capital mutuado ou reivindicação de prédio) e de pedido acessório (*v.g.* juros de mora ou avaliação dos prejuízos decorrentes da ocupação ilegal), parece ser mais vantajoso o conhecimento antecipado daquela pretensão; o mesmo ocorrerá quando tenham sido cumulados diversos pedidos principais ou quando tenha sido formulado um pedido principal e um pedido subsidiário e existam fundamentos para conhecer do primeiro.

10. Realizando-se a audiência prévia, a regra é o despacho saneador ser proferido oralmente, ficando registado em ata (nº 2 e art. 155º, nº 7). Quando as questões a resolver nesse despacho tenham uma complexidade que não se coadune com a decisão oral, o juiz pode lavrar por escrito o despacho saneador, no prazo de 20 dias. Nesses casos, a audiência prévia suspende-se, fixando-se logo data para a sua continuação, se disso for caso.

11. Importa ter em conta os possíveis sentidos da decisão a proferir no despacho saneador. Quando o despacho saneador põe termo ao processo, a decisão será notificada, nos termos gerais, tal como seria se não tivesse havido sequer audiência prévia. Quando o despacho saneador não põe termo ao processo, deverá proceder-se à sua leitura em nova sessão da audiência prévia, seguindo-se a prática dos demais atos que tenham justificado a sua convocação, designadamente os relativos às als. f) e g) do nº 1 do art. 591º.

ARTIGO 596º
Identificação do objeto do litígio e enunciação dos temas da prova

1 – Proferido despacho saneador, quando a ação houver de prosseguir, o juiz profere despacho destinado a identificar o objeto do litígio e a enunciar os temas da prova.

2 – As partes podem reclamar do despacho previsto no número anterior.

3 – O despacho proferido sobre as reclamações apenas pode ser impugnado no recurso interposto da decisão final.

4 – Quando ocorram na audiência prévia e esta seja gravada, os despachos e as reclamações previstas nos números anteriores podem ter lugar oralmente.

Remissões: art. 5º, nº 2, al. b) (cognição de factos essenciais); art. 410º (objeto da instrução); art. 516º (regime do depoimento testemunhal); art. 607º, nº 2 (objeto do litígio na sentença).

1. A seguir ao despacho saneador inscreve-se a peça em que o juiz identifica o objeto do litígio, através de uma formulação genérica, de pendor jurídico, à semelhança do que ocorre na sentença. Formulação que, por outro lado, serve de baliza aos temas da prova, levando a que se exclua toda a matéria que não revele concreto interesse para a decisão do caso. O objeto do litígio é definido em face dos pedidos deduzidos (das pretensões formuladas) e corresponde ao *thema decidendum*.

2. Relativamente aos temas da prova a enunciar, não se trata mais da quesitação atomística e sincopada de pontos de facto que caracterizou o nosso processo civil durante muitas décadas. Numa clara mudança de paradigma, procura-se agora que a instrução, dentro dos limites definidos pela causa de pedir e pelas exceções deduzidas, decorra sem barreiras artificiais e sem quaisquer constrangimentos, assegurando a livre investigação e consideração de toda a matéria com atinência para a decisão da causa. Quando, mais adiante, o juiz vier a decidir a vertente fáctica da lide, importará que tal decisão expresse o mais fielmente possível a realidade histórica tal como esta, pela prova produzida, se revelou nos autos, em termos de assegurar a adequação da sentença à realidade extraprocessual.

3. Este novo paradigma conjuga-se com a eliminação de preclusões quanto à alegação de certos factos (art. 5º, nº 2), com a inexistência de um nexo direto entre os depoimentos testemunhais e as concretas questões de facto pré-definidas (como sucedia no vetusto questionário ou nos pontos da base instrutória) e com a inexistência de uma decisão judicial que, versando exclusivamente sobre a matéria de facto dos autos, se limite a responder a perguntas que, agora, não é suposto serem sequer formuladas.

4. O legislador foi parco na regulamentação dos temas da prova e, na verdade, não existiria vantagem noutra formulação, bastando para o efeito ponderar que o seu teor deve ser moldado de forma a corresponder ao objeto do litígio anteriormente definido e a poder integrar os factos essenciais alegados pelas partes, o que significa que a enunciação dos temas da prova deverá ser balizada somente pelos limites que decorrem da causa de pedir e das exceções invocadas, tendo sempre presente normas como a do art. 410º (segundo o qual a instrução terá por objeto os temas da prova), do art. 516º (em que se definiu claramente que os depoimentos testemunhais e outras provas devem incidir sobre a matéria dos temas da prova, sem as limitações que possam encontrar-se na natureza circunstancial ou instrumental de alguns dos factos) ou do art. 607º, nº 4 (nos termos do qual é na sentença que o juiz deve declarar, dentro da matéria controvertida definida pelos factos que constituem a causa de pedir e que integram as exceções, aqueles que julga provados ou não provados).

5. A enunciação dos temas da prova pode fazer-se em diversos graus de abstração ou concretização, ora mais vaga, ora mais precisa, tudo dependendo daquilo que seja realmente adequado às necessidades de uma instrução apta a propiciar a justa composição do litígio, tendo em conta circunstâncias variadas, desde o modo como as partes articularam os fundamentos da ação e da defesa, até ao tipo de prova (*v.g.* perícia) a utilizar para determinados segmentos da matéria de facto.

6. Haverá ações em que os temas da prova surgirão com maior concretização, embora não seja necessário (nem sequer aconselhável, na maior parte dos casos) que cada tema corresponda a um facto puro e simples, e haverá ações em que os temas da prova se apresentarão numa formulação de pendor mais genérico ou até mesmo conclusivo (STJ 13-11-14, 444/12 e RL 23-4-15, 185/14).

7. Em litígios com factualidade complexa ou muito extensa, será porventura aconselhável ou útil que a uma enunciação genérica dos temas da prova (*v.g.* "incumprimento do contrato X"), se siga uma remissão para os artigos das peças escritas apresentadas pelas partes, sinalizando concretos factos cuja prova está pendente.

8. Esta metodologia tem as seguintes vantagens: as partes interiorizam mais facilmente o que devem provar, propicia uma produção de prova mais célere e diminui os riscos de subsequente anulação da sentença para ampliação da matéria de facto (art. 662º, nº 2, al. c)). Também numa ação que tenha por objeto vícios de construção numa empreitada será de antever como desaconselhável que o tema da prova que se reporte só aos "defeitos" que a obra apresenta, fazendo mais sentido segmentar tais defeitos (*v.g.* infiltrações, fissuras, soalho, pintura, portas, janelas, sistema elétrico, sistema de exaustão).

9. Tudo dependerá, afinal, daquilo que convier ao próprio processo. Seja como for, estando em causa vícios de construção em certa empreitada perfeitamente definida nos autos, o regime vigente é absolutamente incompatível com o entendimento de que um certo e concreto defeito fica excluído da decisão só porque não foi expressa e precisamente referido nos articulados.

10. O que é realmente importante é que, em cada ação, uma vez enunciados os temas da prova, fique claro aquilo que é suposto ser provado nos autos, como condição da procedência das pretensões deduzidas, na certeza de que não encontram suporte entendimentos que se traduzam, por exemplo, numa predefinição das questões a colocar às testemunhas ou que, por qualquer outro expediente, cerceiem o direito à prova dos factos essenciais da causa.

11. De resto, a inexistência de questões fácticas atomisticamente formuladas assegura que a produção de prova decorra de modo muito fluido e flexível, o que significa que, nesta sede, é relevante ou pertinente tudo quanto contribua para o tribunal formar a sua convicção acerca da verificação (ou não) dos elementos integradores dos tipos legais correspondentes às pretensões deduzidas, seja no plano da causa de pedir, seja no das exceções perentórias. Ponto fundamental é que não haja obstáculos a que na instrução seja abordado tudo quanto tenha atinência com o que se discute nos autos (cf. alguns exemplos de "temas da prova" em Paulo Pimenta, *Processo Civil Declarativo*, 2ª ed., pp. 313-314).

12. A inexistência de uma peça processual como o velho questionário ou a anterior base instrutória tem tanto maior significado quanto é agora evidente e indiscutível que não há qualquer cristalização da matéria de facto na fase intermédia do processo, ficando relegada para a sentença, isto é, para depois de concluída a instrução, a definição do quadro fáctico da lide, o que é, aliás, uma decorrência do dever de o juiz considerar na decisão os factos complementares ou concretizadores que resultem da instrução (art. 5º, nº 2, al. b)).

13. Importa referir que a maleabilidade ou plasticidade que a enunciação dos temas da prova confere à instrução não dispensa o juiz de, no momento em que proceder ao julgamento da matéria de facto, indicar com precisão os factos provados e não provados.

14. Nessa conformidade, a título meramente exemplificativo, o julgamento da matéria de facto implicará uma decisão concreta e precisa sobre a velocidade a que circulava certa viatura (*v.g.* 70, 90 ou 140 kms/h), sobre a sinalização existente no local do acidente (*v.g.* traço contínuo, sinal de *stop*, sinal luminoso vermelho para certa viatura), sobre o limite de velocidade no local (*v.g.* 50, 90 ou 120 kms/h), sobre os estragos sofridos pela viatura sinistrada (*v.g.* amolgadela em toda a parte lateral direita, vidro dianteiro partido), sobre lesões corporais da vítima (*v.g.* fratura da perna esquerda, traumatismo craniano), sobre a perda de ganho (*v.g.* deixou de auferir vencimento durante três meses, à razão de x euros líquidos por mês).

15. O que interessa mesmo é que a decisão de direito a proferir tenha por base a realidade tal como esta se revelou nos autos por via da instrução. Esta realidade é constituída por factos concretos que o juiz deu como provados, assim os expressando no segmento da sentença relativo ao julgamento de facto. Tais factos serão objeto de valoração jurídica, feita de seguida pelo mesmo juiz e na mesma peça processual (a sentença).

16. Este regime, no confronto com o precedente, tem ainda outra vantagem, na medida em que a enunciação dos temas da prova não implica qualquer compromisso quanto às regras da distribuição do ónus da prova. Quer dizer, na fase intermédia do processo, trata-se somente de balizar a instrução e só mais adiante, na sentença, o juiz irá tirar consequências da falta de prova deste ou daquele facto e, em função das circunstâncias, declarar a procedência ou improcedência da ação ou da exceção.

17. A enunciação dos temas da prova só deve contemplar a hipótese de a instrução recair sobre factos que ainda não possam ter-se como demonstrados na fase intermédia do processo (excluídos estão os factos admitidos por acordo, em virtude de falta de impugnação, os confessados e os provados por documentos). Assim, salvo em casos de imprecisão na respetiva enunciação, aquilo que não for coberto pelos temas da prova enunciados estará excluído da instrução.

18. Daí a importância do debate que deve anteceder a enunciação dos temas da prova, nos termos da al. f) do nº 1 do art. 591º. Tal debate permitirá ao juiz e aos advogados ganharem consciência precisa do que deve ser ou não objeto da instrução, nada obstando a que isso fique especificamente assinalado na ata. Com efeito, ainda que a lei o não preveja expressamente, não é de excluir a possibilidade de se enunciarem em traços largos os factos essenciais sobre os quais já não existe controvérsia (ainda que por remissão para determinados segmentos dos articulados), introduzindo um elemento que, podendo contribuir para abreviar e facilitar a realização da audiência final, confere a cada uma das partes a segurança necessária para se dedicar aos demais factos que permaneçam controvertidos.

19. A acontecer tal enunciação, a mesma deverá ser justificada pela sua utilidade em cada concreto processo, à luz de um critério de adequação formal (art. 547º), não se vendo que possa ter lugar em todos os processos, de modo tabelar e acrítico. Primeiro, porque não está prevista na lei; segundo, porque a sua função será meramente utilitária, destituída, pois, de qualquer significado processualmente vinculativo.

20. A reclamação prevista no nº 2 pode ter como fundamentos: a omissão de enunciação de pontos relevantes no que tange ao objeto do litígio e aos temas da prova (deficiência); o vício inverso de inclusão de matéria espúria que ultrapassa o objeto do processo ou a factualidade aduzida pelas partes (excesso); a ininteligibilidade ou o carácter dúbio do objeto do litígio ou de um tema da prova (obscuridade). A decisão que, após contraditório, aprecie a reclamação apenas é impugnável no recurso que vier a ser interposto da decisão final (nº 3).

21. Com as devidas adaptações, permanece válida a jurisprudência que foi fixada pelo ***Assento nº 14/94***: "*No domínio da vigência dos CPC de 1939 e 1961 (considerado este último antes e depois da reforma nele introduzida pelo DL nº 242/85, de 9-7), a especificação, tenha ou não havido reclamação, tenha ou não havido impugnação do despacho que as decidiu, pode sempre ser alterada, mesmo na ausência de causas supervenientes, até ao trânsito em julgado da decisão final do litígio.*"

22. Sobre a matéria, cf. Paulo Pimenta, *ob. cit.*, pp. 310 e ss. e Abrantes Geraldes, *Recursos no NCPC*, 5ª ed., *Apêndice* "Sentença Cível", pp. 591 e ss. Para uma panorâmica do regime anterior ao CPC de 2013, cf. Paulo Pimenta, *ob. cit.*, pp. 292 e ss.

ARTIGO 597º

Termos posteriores aos articulados nas ações de valor não superior a metade da alçada da Relação

Nas ações de valor não superior a metade da alçada da Relação, findos os articulados, sem prejuízo do disposto no nº 2 do artigo 590º, o juiz, consoante a necessidade e a adequação do ato ao fim do processo:

a) Assegura o exercício do contraditório quanto a exceções não debatidas nos articulados;

b) Convoca audiência prévia;

c) Profere despacho saneador, nos termos do no nº 1 do artigo 595º;

d) Determina, após audição das partes, a adequação formal, a simplificação ou a agilização processual, nos termos previstos no nº 1 do artigo 6º e no artigo 547º;

e) Profere o despacho previsto no nº 1 do artigo 596º;

f) Profere despacho destinado a programar os atos a realizar na audiência final, a estabelecer o número de sessões e a sua provável duração e a designar as respetivas datas;

g) Designa logo dia para a audiência final, observando o disposto no artigo 151º.

Remissões: art. 6º, nº 1 (gestão processual); art. 547º (adequação formal); art. 44º, nº 1, da LOSJ (fixa alçada da Relação em € 30.000,00).

1. Posto que tenha sido abolida a diversidade de formas de processo em função do valor da causa, este não é de todo irrelevante. Com efeito, nas ações cujo valor não supere metade da alçada da Relação (€ 15.000,00) é ao juiz que cabe definir quais os trâmites processuais que devem ser seguidos, tendo em conta a natureza e a complexidade da ação e a necessidade e adequação dos atos ao seu julgamento.

2. Se haverá ações em que, apesar de o seu valor não exceder o referido limite, a questão a decidir aconselha e justifica a observância de uma tramitação similar à definida para o processo comum, também haverá outras em que, concluída a apresentação dos articulados, será possível avançar diretamente para a audiência final (art. 597º, al. g)).

3. Entre estes dois limites, o juiz poderá deparar-se com as mais variadas situações, ou seja, em que será preciso assegurar o contraditório quanto a exceções não debatidas nos articulados, em que será útil convocar audiência prévia, em que se imporá proferir despacho saneador, em que se justificarão outras medidas de adequação formal, de simplificação ou de agilização processual, em que se mostrará conveniente proferir despacho destinado a identificar o objeto do litígio e a enunciar os temas da prova ou ainda casos em que será aconselhável proferir despacho destinado a programar os atos a praticar na audiência final, a estabelecer o número de sessões e a sua provável duração e a designar as respetivas datas. As hipóteses previstas nas diversas alíneas do art. 597º não são alternativas, isto é, não se excluem reciprocamente, podendo o juiz conjugá-las entre si (cf. Paulo Pimenta, *Processo Civil Declarativo*, 2ª ed., p. 329, nota 755).

4. Se o juiz tiver convocado a audiência prévia, as partes podem aproveitar o ensejo para alterarem os seus requerimentos probatórios nessa diligência (art. 598º, nº 1). Já se tal audiência não tiver sido convocada, optando o juiz logo por algumas das hipóteses previstas nas als. f) ou g), as partes não só não podem requerer potestativamente a audiência prévia a que alude o art. 593º, nº 3, como também não podem proceder a alterações nos requerimentos probatórios que tenham apresentado (sem prejuízo do aditamento ou alteração do rol de testemunhas previsto no nº 2 do art. 598º, com o ónus imposto pelo respetivo nº 3, ou do art. 423º, nº 2, quanto aos documentos) (cf. Paulo Pimenta, *ob. cit.*, p. 330, nota 758).

5. As reações admissíveis das partes variam em função das decisões tomadas pelo juiz. Assim, a parte pode: recorrer do despacho saneador, verificado que seja o condicionalismo do art. 644º, nº 1, al. b); reclamar por escrito do despacho que identifique o objeto do litígio e enuncie os temas da prova (arts. 149º, nº 2 e 596º, nº 2); reclamar por escrito do despacho de programação da audiência final. As reclamações serão, após contraditório, decididas também por escrito (cf. Paulo Pimenta, *ob. cit.*, pp. 330-331).

ARTIGO 598º

Alteração do requerimento probatório e aditamento ou alteração ao rol de testemunhas

1 – O requerimento probatório apresentado pode ser alterado na audiência prévia quando a esta haja lugar nos termos do disposto no artigo 591º ou nos termos do disposto no nº 3 do artigo 593º.

2 – O rol de testemunhas pode ser aditado ou alterado até 20 dias antes da data em que se realize a audiência final, sendo a parte contrária notificada para usar, querendo, de igual faculdade, no prazo de cinco dias.

3 – Incumbe às partes a apresentação das testemunhas indicadas em consequência do aditamento ou da alteração ao rol previsto no número anterior.

Remissões: art. 552º, nº 6 (prova indicada na petição); art. 572º, al. d) (prova indicada na contestação); art. 507º, nº 3 (não notificação das testemunhas a apresentar).

1. As provas devem ser apresentadas, em regra, na petição inicial (art. 552º, nº 6) e na contestação (art. 572º, al. d)). Não obstante, admite-se a alteração do requerimento probatório apresentado pelo autor, na sequência da contestação (art. 552º, nº 6), do mesmo modo que o reconvinte o pode fazer, caso o autor apresente réplica (art. 572º, al. d)).

2. O requisito mínimo é que tenha sido anteriormente apresentado algum requerimento probatório, podendo a alteração traduzir-se, se necessário, na indicação de outros meios de prova que não tenham sido indicados ou apenas na alteração dos meios de prova já enunciados (RP 7-11-19, 3338/17).

3. Atenta a indefinição dos termos do litígio ou o desenho dos temas da prova até esse momento, as partes podem ainda aproveitar a audiência prévia, seja a convocada pelo juiz, seja a realizada mediante requerimento, para procederem a alterações no requerimento probatório. Possibilidade que, contudo, já não está prevista para as ações de valor até € 15.000,00.

4. Em relação a todas as ações existe ainda uma possibilidade adicional: para além do caso de substituição de testemunhas que está previsto no art. 508º, nº 1, para as situações previstas no seu nº 3, o rol de testemunhas (pressupondo a inserção de algum rol de testemunhas no requerimento probatório que tenha sido apresentado ou posteriormente alterado, nos termos referidos) pode ser aditado ou alterado até 20 dias antes da audiência final (em STJ 12-9-19, 587/17, foi apreciado o modo de contagem deste prazo regressivo, com discordância de Teixeira de Sousa, *https://blogippc.blogspot.com*), sendo assegurada à parte contrária a possibilidade de fazer uso da mesma faculdade no prazo de 5 dias. É verdade que estas alterações, que podem ocorrer depois de terem sido fixados os temas da prova, correm o risco de entrar em conflito com a anterior programação da audiência. Mas a perturbação não será extrema, na medida em que as partes se encontram genericamente comprometidas com os agendamentos anteriormente feitos, devendo ser usado o necessário rigor para afastar atuações dilatórias ou que perturbem gravemente os valores que se pretendem assegurar com a programação da audiência. Seguro é que as testemunhas que sejam de novo inseridas serão apresentadas pela própria parte, afastando-se a sua notificação pelo tribunal.

5. A teleologia do preceituado no nº 2, que visa estabilizar o rol de testemunhas, leva a considerar que o limite temporal para a sua alteração (e também para a apresentação de documentos, nos termos da norma equivalente do art. 423º, nº 2) deve reportar-se à data designada pelo juiz para a audiência final ou para a primeira sessão, independentemente de qualquer adiamento (neste sentido Paulo Pimenta, *Processo Civil Declarativo*, 2ª ed., p. 327, nota 750 e RP 12-5-15, 7724/10).

6. No entanto, alguma jurisprudência (assim também Lebre de Freitas e Isabel Alexandre, *CPC anot.*, vol. II, 3ª ed., pp. 675 e 676) vem entendendo que a antecedência de 20 dias se reporta à realização efetiva da audiência final e não à sua simples abertura, aplicando o preceito mesmo que haja adiamento ou continuação da audiência noutra sessão (RP 21-2-19, 464/17, RG 11-7-18, 624/12, RC 14-12-16, 3669/14, RG 17-12-15, 3070/09 e RC 8-9-15, 2035/09; contra: RC 20-2-19, 7535/15) ou repetição da audiência para ampliação da matéria de facto (RP 17-12-14, 436/13).

7. O regime restritivo no que concerne à apresentação de meios de prova deve compatibilizar-se com a norma do art. 423º, nº 2 (quanto à prova documental) e com a prestação de declarações de parte, que pode ser requerida até ao início das alegações na audiência final (art. 466º, nº 1).

8. Quanto à admissibilidade da alteração do requerimento probatório, cf. nota 10 ao art. 593º.

9. Para maiores desenvolvimentos, cf. Paulo Pimenta, *ob. cit.*, pp. 325-328.

TÍTULO III
Da audiência final

ARTIGO 599º
Juiz da audiência final

A audiência final decorre perante juiz singular, determinado de acordo com as leis de organização judiciária.

Remissões: art. 117º, nº 1, da LOSJ (competência do juízo central cível); art. 130º, nº 1, da LOSJ (competência do juízo local cível e de competência genérica); art. 132º, nº 1, da LOSJ (composição e competência do tribunal singular).

1. Depois de anteriores medidas que restringiram gradualmente a intervenção do tribunal coletivo, optou-se agora pela sua abolição pura e simples no âmbito do

CPC. Ao mesmo tempo, estabeleceu-se a gravação de todas as audiências finais, independentemente do valor do processo ou da forma processual (art. 155º, nº 1).

2. Não são, contudo, medidas de valor equivalente, tanto mais que, mesmo nos casos em que, sendo admissível recurso de apelação, haja a possibilidade de impugnar a decisão da matéria de facto com base em prova gravada (arts. 155º e 640º), a segunda instância debater-se-á com outras dificuldades no que concerne à correção de erros de julgamento (art. 662º).

3. A abolição do tribunal coletivo consagrou a redução dos meios humanos afetos ao julgamento da matéria de facto em primeira instância, afastando, no entanto, as vantagens da colegialidade e os frutos que poderiam ser recolhidos pelos demais membros do coletivo no que concerne à experiência de avaliação dos meios de prova oralmente produzidos.

ARTIGO 600º
Designação da audiência nas ações de indemnização

1 – Nas ações de indemnização fundadas em responsabilidade civil, se a duração do exame para a determinação dos danos se prolongar por mais de três meses, pode o juiz, a requerimento do autor, determinar a realização da audiência, sem prejuízo do disposto no nº 2 do artigo 609º.

2 – A designação da audiência, nos termos do número anterior, não prejudica a realização do exame, a cujo relatório se atende na liquidação.

Remissões: art. 358º (incidente de liquidação).

1. A solução, que já vem do CPC de 1961, raramente é utilizada, uma vez que depende da iniciativa do autor. Como referem Lebre de Freitas e Isabel Alexandre, *CPC anot.*, vol. II, 3ª ed., p. 681, é dificilmente compaginável com o atual regime de designação e programação da audiência final (art. 591º, nº 1, al. g)), a não ser que se entenda que, na pendência da realização de exames periciais, fica prejudicada a aplicação desse regime.

2. A solução prevista procura obviar às delongas excessivas nos processos em que a definição do direito de indemnização está, ao menos em parte, dependente da realização de exame pericial, *máxime* de exames médico-legais, permitindo a realização da audiência final para apuramento dos demais elementos. Ainda que não se consigam reunir todos os dados necessários para a quantificação da indemnização, o apuramento dos demais pressupostos da responsabilidade possibilitará a prolação de uma sentença de condenação genérica. Noutros casos, a falta de certos pressupostos da responsabilidade civil pode conduzir a uma sentença absolutória, tornando inútil a realização da perícia.

3. De todo o modo, a antecipação da audiência final, sem necessidade de aguardar a conclusão da perícia, encontra agora guarida no princípio da adequação formal (arts. 6º e 547º), razão pela qual a solução do preceito poderá ser aplicada em qualquer outro processo, sempre que se verifiquem circunstâncias que a aconselhem.

ARTIGO 601º
Requisição ou designação de técnico

1 – Quando a matéria de facto suscite dificuldades de natureza técnica cuja solução dependa de conhecimentos especiais que o tribunal não possua, pode o juiz designar pessoa competente que assista à audiência final e aí preste os esclarecimentos necessários, bem como, em qualquer estado da causa, requisitar os pareceres técnicos indispensáveis ao apuramento da verdade dos factos.

2 – Ao técnico podem ser opostos os impedimentos e recusas que é possível opor aos peritos; a designação é feita, em regra, no despacho que marcar o dia para a audiência.

3 – Ao técnico são pagas adiantadamente as despesas de deslocação.

Remissões: art. 50º (assistência técnica aos advogados); art. 426º (junção de pareceres); art. 604º, nº 7 (audição do técnico designado); art. 85º, nº 6, da LOSJ (colaboração de técnicos qualificados).

1. A lei prevê intervenção de técnicos em diversas circunstâncias: como assistentes dos advogados das partes (art. 50º); como auxiliares do tribunal na diligência de inspeção judicial (art. 492º); como peritos cuja comparência na audiência final é destinada à prestação de esclarecimentos (art. 486º); como auxiliares do tribunal, quando a apreciação da causa exija conhecimentos especiais que o juiz não possua, admitindo-se, neste caso, a intervenção na audiência final (ou em parte desta) ou a colaboração através da emissão de pareceres técnicos, solicitados em qualquer altura (601º). Trata-se de uma possibilidade que deveria ser utilizada com mais frequência, à maneira do que está previsto para os tribunais marítimos no art. 2º, nº 2, da Lei nº 35/86, de 4-9.

2. O parecer do técnico destina-se a esclarecer e a elucidar o tribunal a respeito da interpretação de determinados factos alegados pelas partes e que são objeto do litígio, assumindo habitualmente a forma verbal na audiência final, o que não significa que o mesmo tenha a natureza ou o valor de meio de prova (RL 23-4-15, 163/15).

3. Sobre a figura, cf. Maria José Capelo, "A enigmática figura do técnico no CPC", em *Estudos em Homenagem ao Prof. Doutor José Lebre de Freitas*, vol. I, pp. 1045 e ss.

ARTIGO 602º
Poderes do juiz

1 – O juiz goza de todos os poderes necessários para tornar útil e breve a discussão e para assegurar a justa decisão da causa.

2 – Ao juiz compete em especial:

a) Dirigir os trabalhos e assegurar que estes decorram de acordo com a programação definida;

b) Manter a ordem e fazer respeitar as instituições vigentes, as leis e o tribunal;

c) Tomar as providências necessárias para que a causa se discuta com elevação e serenidade;

d) Exortar os advogados e o Ministério Público a abreviarem os seus requerimentos, inquirições, instâncias e alegações, quando sejam manifestamente excessivos ou impertinentes, e a cingirem-se à matéria relevante para o julgamento da causa, e retirar-lhes a palavra quando não sejam atendidas as suas exortações;

e) Significar aos advogados e ao Ministério Público a necessidade de esclarecerem pontos obscuros ou duvidosos.

Remissões: art. 9º (dever de recíproca correção); art. 150º (manutenção da ordem nos atos processuais); art. 516º, nº 5 (avocação do interrogatório da testemunhas); art. 80º da Lei nº 145/15, de 9-9 (direito de protesto do advogado).

1. O nº 1 confere ao juiz amplos poderes na condução da audiência final e que este deve exercer por forma a tornar compatível a justa decisão da causa com os valores da celeridade e da eficácia, concretizando o dever de gestão processual previsto no art. 6º. Compete-lhe, em especial, dirigir os trabalhos, o que exige não apenas conhecimentos de ordem técnica, mas ainda a sensatez necessária para conseguir que, com elevação, cada uma das partes exerça os seus direitos, sem prejudicar o fim último do processo e do julgamento: a justa composição da lide.

2. Esse poder de direção foi agora reforçado com o dever de assegurar que seja cumprida a programação definida na audiência prévia ou no despacho que o juiz proferiu (arts. 591º, nº 1, al. g), 593º, nº 2, al. d) e 597º, al. g)). Posto que tal programação não assuma uma absoluta rigidez, não pode deixar de servir de orientação tendencialmente vinculativa quer para o juiz, quer para os mandatários das partes, no que concerne à duração da audiência final (cf. nota 23 ao art. 591º). As limitações de tempo e de agenda e a necessidade de que seja proferida decisão final em tempo razoável não podem deixar de se refletir também na duração da audiência final e na condução dos respetivos trabalhos.

3. Atenta a admissibilidade da enunciação genérica dos temas da prova e depondo as testemunhas virtualmente sobre toda a factualidade controvertida (arts. 410º, 511º e 516º, nº 1), é essencial que o juiz conduza a audiência de modo a cercear a formulação de perguntas sobre matéria espúria e não essencial, focando a inquirição nos factos que sejam relevantes para a decisão de mérito e evitando o arrastamento da audiência sem qualquer acréscimo de eficácia.

4. Longe, muito longe, aliás, de uma postura passiva, todo o regime processual traduzido quer em normas, quer em princípios gerais, coloca o juiz numa posição em que, sem sobreposição aos ónus de cada uma das partes e com o necessário distanciamento, equilíbrio e razoabilidade, deve zelar por que se atinjam os objetivos finais com aproveitamento do tempo e da energia para aquilo que é verdadeiramente essencial.

5. Em face do novo modelo que optou por sintetizar os factos relevantes nos temas da prova, o dinamismo necessário na condução da audiência final passa pela concentração naquilo que é essencial, secundarizando os elementos acessórios. Tal deve manifestar-se especialmente nos interrogatórios das testemunhas, seja para impedir o tratamento desprimoroso, seja para evitar a formulação de perguntas capciosas ou que já induzem a resposta, seja ainda para evitar que o interrogatório prossiga sobre factos sem efetivo relevo para a causa (cf. notas 5 a 8 ao art. 516º).

6. O juiz, no modelo processual que nos rege – e que encontra raízes profundas no anterior CPC –, não é de modo algum um sujeito passivo, antes deve ter uma intervenção ativa que leve a exercer a inquisitoriedade a fim de que a matéria de facto que, a final, considere provada componha o retrato mais fidedigno possível da realidade.

7. Podem ainda respigar-se de outras normas algumas incumbências do juiz: observar sempre o contraditório (arts. 3º e 415º); assegurar a igualdade das partes (art. 4º); exercitar o dever de gestão processual (art. 6º, nº 1); atuar o princípio da cooperação (arts. 7º e 417º); cumprir e assegurar o cumprimento do dever de correção (art. 9º); providenciar pela manutenção da ordem nos atos processuais (art. 150º); acionar a inquisitoriedade (art. 411º); admitir ou rejeitar a junção de documentos (art. 423º, nº 3); dirigir o depoimento de parte (art. 460º); admitir e determinar a produção de prova por declarações de parte (art. 466º); determinar a realização de inspeção judicial (art. 490º); admitir ou rejeitar articulados supervenientes (art. 589º); impedir que as testemunhas sejam desprimorosamente tratadas (art. 516º, nºs 3 e 5); tentar a conciliação das partes (art. 604º, nº 2); determinar a alteração da ordem de produção da prova (art. 604º, nº 8); autorizar que alguma pessoa inquirida se ausente (art. 606º, nº 5).

ARTIGO 603º
Realização da audiência

1 – Verificada a presença das pessoas que tenham sido convocadas, realiza-se a audiência, salvo se houver impedimento do tribunal, faltar algum dos advogados sem que o juiz tenha providenciado pela marcação mediante acordo prévio ou ocorrer motivo que constitua justo impedimento.

2 – Se a audiência for adiada por impedimento do tribunal, deve ficar consignado nos autos o respetivo fundamento; quando o adiamento se dever à realização de outra diligência, deve ainda ser identificado o processo a que respeita.

3 – A falta de qualquer pessoa que deva comparecer é justificada na própria audiência ou nos cinco dias imediatos, salvo tratando-se de pessoa de cuja audição prescinda a parte que a indicou.

Remissões: art. 140º (justo impedimento); art. 151º, nº 5 (mandatário deve comunicar prontamente qualquer circunstância impeditiva da sua presença); art. 151º, nº 6 (dever de o tribunal comunicar as razões do atraso volvidos trinta minutos da hora designada para o início da diligência); art. 424º (efeitos da apresentação de documentos em audiência); art. 508º (consequências da falta de comparecimento da testemunha); DL nº 131/09, de 1-6, alterado pelo DL nº 50/18, de 25-6 e pelo DL nº 172/19, de 12-12 (direito dos advogados e solicitadores ao adiamento).

1. A designação da audiência deve respeitar o disposto no art. 151º, norma que obriga a que seja procurada a compatibilização de agendas e respeitada a programação que tenha sido determinada (art. 591º, nº 1, al. g) e art. 602º, nº 2, al. a)). É isso que justifica que, uma vez designada a audiência mediante o acordo de agendas, a mesma não possa ser adiada por motivo estranho ao tribunal, a não ser que ocorra uma situação de efetivo e comprovado justo impedimento.

2. Se a audiência tiver sido designada sem aquele acordo, a falta de advogado (que deve ser comunicada nos termos do art. 151º, nº 5) determina o adiamento. O regime dos adiamentos deve ainda ser integrado pelo DL nº 131/09, de 1-6 (revisto pelo DL nº 50/18, de 25-6), que consagra o direito dos advogados ou solicitadores ao adiamento de atos processuais em caso de maternidade, paternidade e luto.

3. A alteração do regime de marcação e de adiamentos da audiência final procurou compatibilizar os diversos interesses, isto é, os que se relacionam com a agenda do juiz e dos advogados, mas também aqueles que atinam com as testemunhas, os peritos e outros intervenientes que são chamados a depor. Procurou-se racionalizar o sistema, evitando os efeitos negativos para a marcha do processo e para a imagem da administração da justiça que emergiam de uma sistemática tendência para tornar realidade a mera possibilidade de adiamento.

4. Com efeito, a experiência de diversas décadas de aplicação do modelo anterior permite afirmar que uma grande parte dos adiamentos ocorria simplesmente porque a lei o permitia, mesmo quando existiam outras alternativas, como eram a substituição do advogado faltoso ou o início da audiência, apesar da junção de documentos ou da ausência de alguma testemunha. O cumprimento das formalidades previstas no art. 151º para a marcação da audiência final, a seriedade com que deve ser encarada a designação e a programação da audiência final concretizada na audiência prévia não podem redundar num efeito meramente platónico, devendo ter como resultado a forte redução dos adiamentos da audiência final, tanto mais que, nos casos em que seja antecipadamente conhecida a circunstância que conflitue com a sua realização, sempre cumprirá ao juiz determinar a desconvocação dos intervenientes.

5. Como é evidente, os adiamentos por razões atinentes ao tribunal deverão ter natureza excecional e claramente residual, unicamente nos casos em que existam motivos de natureza ponderosa que não encontrem resolução por outras vias, designadamente quando se interponha serviço de natureza urgente e inesperado que se mostre incompatível com a manutenção da diligência designada e sempre (mas sempre) com o cuidado de antecipar os eventos e desconvocar as pessoas que deviam comparecer. Aliás, para memória futura e também para controlo externo da seriedade dos motivos – necessariamente ponderosos e não antecipáveis – as razões que motivaram o adiamento deverão ser explicitados na ata da audiência, sujeitas a posterior sindicância.

6. As situações de justo impedimento merecem uma especial atenção, de modo que apenas sejam atendidas as justificações que, na realidade, conflituem com o cumprimento por parte do advogado faltoso do dever de comunicação antecipada. A experiência revela uma tendência para o uso abusivo de direitos ou de faculdades processuais, o que seria especialmente visível se acaso a figura do justo impedimento fosse tratada com maior lassidão pelos tribunais. O efeito negativo que isso determinaria nos adiamentos de audiências finais seria evidente, assim se compreendendo o rigor que rodeia a figura prevista no art. 140º, que deve ser reservada para motivos que verdadeiramente sejam impeditivos do início e da sequência da audiência final, evitando o abuso que tende a ser feito de instrumentos legais de natureza extraordinária.

7. Quando seja apropriado, o justo impedimento que impeça a comparência na audiência final deve ser suscitado logo que seja conhecido o evento, em termos semelhantes aos que estão previstos para a prática de atos (STJ 8-7-03, 03A1994, RP 24-9-19, 2083/18 e RG 7-1-16, 136696/14).

8. Quando a gravidade da situação ou a proximidade relativamente ao início da audiência tenha obstado à dedução atempada desse incidente, a sua verificação posterior poderá determinar a anulação dos atos que foram praticados, única forma de valorizar os eventos que efetivamente integrem uma situação de justo impedimento.

9. Segundo RL 22-6-17, 285/14 (citando diversa jurisprudência), as doenças dos mandatários judiciais só podem ser constitutivas de justo impedimento em casos limite: quando sejam manifesta e absolutamente impeditivas da prática de determinado ato ou quando tenham sobrevindo de surpresa, de forma súbita e tão grave que inviabilize qualquer possibilidade de tomar prontas e necessárias providências para que o ato seja praticado. De todo o modo, no caso de outorga de procuração a vários advogados, a jurisprudência tem vindo a entender que haverá que atender apenas ao justo impedimento do mandatário que subscreveu as peças e que foi sucessivamente notificado para os atos processuais, sendo irrelevante a circunstância de existir procuração conjunta (RL 20-1-11, 2325/07, RL 24-4-06, 991/2006; cf. nota 5 ao art. 44º).

10. No que concerne à justificação de faltas, pode revelar-se importante a solução que foi uniformizada pelo ***Assento de 3-4-91*** (Secções Criminais): *"O atestado médico, para justificar a falta de comparecimento perante os serviços de justiça de pessoa regularmente convocada ou notificada, referido no art. 117º, nº 3, do CPP, não tem que indicar o motivo concreto que impossibilita essa comparência ou a torna gravemente inconveniente, mas apenas atestar que o faltoso se encontra doente e impossibilitado ou em situação de grave inconveniência, por doença, de comparecer."*

11. Sobre a matéria, cf. Paulo Pimenta, *Processo Civil Declarativo*, 2ª ed., pp. 332-334.

ARTIGO 604º
Tentativa de conciliação e demais atos a praticar na audiência final

1 – Não havendo razões de adiamento, realiza-se a audiência final.

2 – O juiz procura conciliar as partes, se a causa estiver no âmbito do seu poder de disposição.

3 – Em seguida, realizam-se os seguintes atos, se a eles houver lugar:

a) Prestação dos depoimentos de parte;

b) Exibição de reproduções cinematográficas ou de registos fonográficos, podendo o juiz determinar que ela se faça apenas com assistência das partes, dos seus advogados e das pessoas cuja presença se mostre conveniente;

c) Esclarecimentos verbais dos peritos cuja comparência tenha sido determinada oficiosamente ou a requerimento das partes;

d) Inquirição das testemunhas;

e) Alegações orais, nas quais os advogados exponham as conclusões, de facto e de direito, que hajam extraído da prova produzida, podendo cada advogado replicar uma vez.

4 – Se houver de ser prestado algum depoimento fora do tribunal, a audiência é interrompida antes das alegações orais, e o juiz e advogados deslocam-se para o tomar, imediatamente ou no dia e hora que o juiz designar; prestado o depoimento, a audiência continua no tribunal.

5 – As alegações orais não podem exceder, para cada um dos advogados, uma hora e as réplicas trinta minutos; o juiz pode, porém, permitir que continue no uso da palavra o advogado que, esgotado o máximo do tempo legalmente previsto, fundadamente o requerer com base na complexidade da causa; nas ações de valor não superior à alçada do tribunal de 1ª instância, os períodos de tempo previstos para as alegações e as réplicas são reduzidos para metade.

6 – O advogado pode ser interrompido pelo juiz ou pelo advogado da parte contrária, mas, neste caso, só com o seu consentimento e o do juiz, devendo a interrupção ter sempre por fim o esclarecimento ou retificação de qualquer afirmação.

7 – O juiz pode, em qualquer momento, antes das alegações orais, durante as mesmas ou depois de findas, ouvir o técnico designado.

8 – O juiz pode, nos casos em que tal se justifique, alterar a ordem de produção de prova referida no nº 3; pode ainda o juiz, quando o considere conveniente para a descoberta da verdade, determinar a audição em simultâneo, sobre determinados factos, de testemunhas de ambas as partes.

Remissões: art. 456º (depoimento de parte); art. 457º, nº 2 (inquirição da testemunha no caso de impossibilidade da comparência desta); art. 428º (exibição de reproduções cinematográficas e de registos fonográficos); art. 486º (esclarecimentos orais dos peritos); art. 500º (lugar e momento da inquirição das testemunhas); arts. 588º, nº 1, 611º, nº 1 e 729º, al. g) (encerramento da discussão).

1. A audiência inicia-se com a tentativa de conciliação quando o objeto do processo for disponível, daí podendo derivar a transação, a confissão ou a desistência do pedido. Tal como sucede na audiência prévia (art. 594º, nº 3), também aqui o juiz deve procurar, tanto quanto possível, uma solução equitativa.

2. Segue-se a produção da prova, a qual deve observar a ordem prevista na lei, embora o juiz tenha poderes para determinar a sua alteração *ex officio* ou mediante solicitação de alguma das partes, com invocação de motivos atendíveis. Com efeito, é de acordo com as especificidades dos temas da prova que devem ser produzidos os meios de prova.

3. A prova por declarações de parte não vem indicada no preceito, mas o art. 466º admite que seja requerida até ao início das alegações, cumprindo ao juiz determinar a melhor oportunidade para a produção desse meio de prova.

4. As alegações são de facto e de direito. Em princípio, não terão duração superior a uma hora para cada parte, com eventuais réplicas de 30 minutos, duração que é reduzida a metade nas ações com valor não superior à alçada do tribunal de 1ª instância (€ 5.000,00). Não sendo comum, a lei não afasta a possibilidade de no decurso das alegações serem pedidos esclarecimentos ao mandatário que as está a proferir, o que também decorre do art. 7º, nº 2.

5. É o termo das alegações que define o encerramento da discussão, momento processual de referência para diversos efeitos, designadamente para efeitos de ampliação do pedido (art. 265º, nº 2), apresentação de documentos (art. 425º), alegação de factos supervenientes (art. 588º, nº 1), atendibilidade de factos supervenientes (art. 611º, nº 1) e demarcação da possibilidade de invocação de facto extintivo ou modificativo em embargos de executado (art. 729º, al. g)).

6. A audição em simultâneo de várias testemunhas ou de testemunhas de ambas as partes (nº 8) pode ser oportuna e eficaz em determinados processos em que existam testemunhas com razão de ciência próxima ou sobreponível (*v.g.* acidentes de viação observados e/ou protagonizados por várias testemunhas). Contudo, a atuação de tal faculdade exigirá, em regra, que se questionem as partes sobre quais são as testemunhas presenciais do acidente.

7. Sobre a matéria, cf. Paulo Pimenta, *Processo Civil Declarativo*, 2ª ed., pp. 336-339.

ARTIGO 605º
Princípio da plenitude da assistência do juiz

1 – Se durante a audiência final falecer ou se impossibilitar permanentemente o juiz, repetem-se os atos já praticados; sendo temporária a impossibilidade, interrompe-se a audiência pelo tempo indispensável, a não ser que as circunstâncias aconselhem a repetição dos atos já praticados, o que é decidido sem recurso, mas em despacho fundamentado, pelo juiz substituto.

2 – O juiz substituto continua a intervir, não obstante o regresso ao serviço do juiz efetivo.

3 – O juiz que for transferido, promovido ou aposentado conclui o julgamento, exceto se a aposentação tiver por fundamento a incapacidade física, moral ou profissional para o exercício do cargo ou se for preferível a repetição dos atos já praticados em julgamento.

4 – Nos casos de transferência ou promoção, o juiz elabora também a sentença.

Remissões: art. 70º, nº 2, do EMJ (Lei nº 67/19, de 27-8).

1. O princípio da plenitude da audiência final é o que se mostra compatível com a oralidade, surgindo agora reforçado com a concentração da decisão da matéria de facto e da matéria de direito. Daí que o nº 4 já não se encontra ajustado à metodologia imposta pelo art. 607º, sendo de aplicar apenas a alguma situação patológica ou a alguma situação excecional em que, por razões de adequação formal, tenha sido estabelecida a cisão entre o julgamento da matéria de facto e da respetiva integração jurídica.

2. Por força do princípio da plenitude da assistência do juiz, no caso de anulação da decisão da primeira instância ao abrigo do art. 662º, nº 2, al. c), o novo julgamento constitui continuação do primeiro (que ficou incompleto ou inacabado), devendo ser efetuado, em princípio, pelo juiz que o iniciou, ainda que, entretanto, tenha sido transferido ou promovido (RG 19-5-16, 1454/06). Por semelhantes motivos, o recurso que eventualmente seja interposto da nova sentença será distribuído, sempre que possível, ao mesmo relator (art. 218º).

3. O STA no ***AUJ nº 3/19***, uniformizou a seguinte jurisprudência: "*O princípio da plenitude da assistência dos juízes, corolário dos princípios da oralidade e da imediação na apreciação da prova, não é um princípio absoluto. Com a alteração ao CPC introduzida pela Lei nº 41/13, de 26-6, este princípio passou a aplicar-se também à fase da audiência final, pois que o julgamento da matéria de facto passou a conter-se nesta. Esta alteração, embora aplicável* *aos processos pendentes, não tem eficácia retroativa, por isso não influencia o julgamento em sede de impugnação judicial se, como no caso dos autos, a inquirição de testemunhas ocorreu antes de 2013 e antes da entrada em vigor daquela alteração ao CPC. Tendo a recolha da prova em sede tributária sido efetuada antes da referida alteração da lei processual civil é admissível, ponderadas as circunstâncias do caso concreto, que o juiz que elaborou a sentença não seja o mesmo que procedeu à inquirição de testemunhas, não ocorrendo, como tal, nulidade que possa influir no exame ou na decisão da causa".*

ARTIGO 606º
Publicidade e continuidade da audiência

1 – A audiência é pública, salvo quando o juiz decidir o contrário, em despacho fundamentado, para salvaguarda da dignidade das pessoas e da moral pública, ou para garantir o seu normal funcionamento.

2 – A audiência é contínua, só podendo ser interrompida por motivos de força maior ou absoluta necessidade ou nos casos previstos no nº 1 do artigo anterior.

3 – Se não for possível concluir a audiência num dia, esta é suspensa e o juiz, mediante acordo das partes, marca a continuação para a data mais próxima; se a continuação não ocorrer dentro dos 30 dias imediatos, por impedimento do tribunal ou por impedimento dos mandatários em consequência de outro serviço judicial já marcado, deve o respetivo motivo ficar consignado em ata, identificando-se expressamente a diligência e o processo a que respeita.

4 – Para efeitos do disposto no número anterior, não é considerado o período das férias judiciais, nem o período em que, por motivo estranho ao tribunal, os autos aguardem a realização de diligências de prova.

5 – As pessoas que tenham sido ouvidas não podem ausentar-se sem autorização do juiz, que a não concede quando haja oposição de qualquer das partes.

Remissões: art. 206º da CRP (publicidade das audiências); art. 163º (publicidade do processo); art. 164º (limitações à publicidade do processo).

1. Esta disposição expressa dois princípios, um absoluto e outro programático. Aquele obriga à publicidade da audiência (quanto à publicidade do processo, cf. o art. 163º), com as exceções que se justificarem; este tende a assegurar a continuidade da audiência, o que, contudo, nem sempre é suscetível de concretização. Numa tentativa de maior responsabilização e comprometimento de todos os sujeitos, procura-se que as dilações sejam reduzidas, prevendo a lei a inserção na ata dos motivos reais que levam a que a continuação exceda o prazo de 30 dias.

2. Conforme se refere em STJ 12-1-10, 1310/04, a violação da regra da continuidade da audiência não parece estar sancionada processualmente, não gerando qualquer nulidade, o que se compreende, uma vez que o seu cumprimento exato e preciso dificilmente pode ser efetivado, sobretudo nos casos de processos demorados e complexos e perante a necessidade de tramitar igualmente outros processos.

TÍTULO IV
Da sentença

CAPÍTULO I
Elaboração da sentença

ARTIGO 607º
Sentença

1 – Encerrada a audiência final, o processo é concluso ao juiz, para ser proferida sentença no prazo de 30 dias; se não se julgar suficientemente esclarecido, o juiz pode ordenar a reabertura da audiência, ouvindo as pessoas que entender e ordenando as demais diligências necessárias.

2 – A sentença começa por identificar as partes e o objeto do litígio, enunciando, de seguida, as questões que ao tribunal cumpre solucionar.

3 – Seguem-se os fundamentos, devendo o juiz discriminar os factos que considera provados e indicar, interpretar e aplicar as normas jurídicas correspondentes, concluindo pela decisão final.

4 – Na fundamentação da sentença, o juiz declara quais os factos que julga provados e quais os que julga não provados, analisando criticamente as provas, indicando as ilações tiradas dos factos instrumentais e especificando os demais fundamentos que foram decisivos para a sua convicção; o juiz toma ainda em consideração os factos que estão admitidos por acordo, provados por documentos ou por confissão reduzida a escrito, compatibilizando toda a matéria de facto adquirida e extraindo dos factos apurados as presunções impostas pela lei ou por regras de experiência.

5 – O juiz aprecia livremente as provas segundo a sua prudente convicção acerca de cada facto; a livre apreciação não abrange os factos para cuja prova a lei exija formalidade especial, nem aqueles que só possam ser provados por documentos ou que estejam plenamente provados, quer por documentos, quer por acordo ou confissão das partes.

6 – No final da sentença, deve o juiz condenar os responsáveis pelas custas processuais, indicando a proporção da respetiva responsabilidade.

Remissões: art. 9º-A (linguagem clara); art. 152º (conceito de sentença); art. 154º (dever de fundamentar a decisão); art. 411º (princípio do inquisitório).

1. Concluída a audiência final, a sentença (que envolve tanto a matéria de facto como a matéria de direito) deve ser elaborada no prazo de 30 dias, sem prejuízo de ser reaberta a audiência, quando tal se justifique no sentido do esclarecimento de algum aspeto mais obscuro que não possa encontrar solução nem sequer com a audição da respetiva gravação. Como se compreende, essa possibilidade deve ser usada com moderação, do mesmo modo que deve ser assegurado o cumprimento daquele prazo.

2. A solução prevista no art. 156º, nºs 4 e 5, que se traduz na consignação dos motivos de inobservância do prazo (acima de 3 meses) e na comunicação ao presidente do tribunal, deve ser encarada como excecional, na medida em que faz todo o sentido que à conclusão da audiência final se siga, sem delongas, a publicação do seu resultado.

3. Sob o signo da simplificação que marca todo o processo civil, o relatório da sentença deve ser abreviado, de modo a integrar apenas os elementos verdadeiramente importantes. Desde logo, no que concerne à identificação das partes e, depois, ao objeto do litígio, o qual deve ser enunciado em traços gerais, com identificação clara do pedido e a síntese dos respetivos fundamentos e da defesa apresentada pelo réu. Em geral, deve o juiz atentar especialmente no que agora se dispõe no art. 7º-A (aditado pelo DL nº 97/19, de 26-7), nos termos do qual "*o tribunal deve, em todos os seus atos, e em particular nas citações, notificações e outras comunicações dirigidas diretamente às partes e a outras pessoas singulares e coletivas, utilizar preferencialmente linguagem simples e clara*".

4. Segue-se a enunciação das questões jurídicas a apreciar e que, por norma, corresponderão aos termos do litígio enunciados aquando da realização da audiência prévia (cf. Abrantes Geraldes, *Recursos no NCPC*, 5ª ed., *Apêndice*, "Sentença cível", pp. 591 e ss., Paulo Pimenta, *Processo Civil Declarativo*, 2ª ed. pp. 342 e ss. e Lebre de Freitas, *A Acão Declarativa Comum*, 4ª ed., pp. 361 e ss.). É, pois, sem apoio legal que inúmeros relatórios de sentenças e de acórdãos dos tribunais superiores continuam a reproduzir elementos sem qualquer relevo para a compreensão do caso.

5. Verdadeiramente inovadora foi a opção do legislador de concentrar na sentença também a decisão da matéria de facto, não apenas a que resulta da apreciação de meios de prova plena constantes dos autos, como ainda a que é refletida pelos demais meios de prova que foram produzidos ou apreciados na audiência final. Determinados meios de prova não consentem qualquer margem de apreciação, gozando de força probatória plena: confissão (arts. 354º e 358º do CC), documentos autênticos, autenticados e mesmo particulares, nos termos que estão regulados nos arts. 371º, nº 1 e 376º, nº 1, do CC, e acordo expresso ou tácito das partes (arts. 574º, nºs 2 e 3 e 587º, nº 1). Também é vedado ao juiz declarar provados determinados factos para os quais a lei exija determinada formalidade especial ou documentos sem que essa exigência legal se mostre satisfeita. No mais, o juiz deve refletir na sentença o resultado da sua convicção relativamente a meios de prova sujeitos a livre apreciação.

6. A matéria de facto provada deve ser descrita pelo juiz de forma fluente e harmoniosa, técnica bem diversa de uma que continue a apostar na mera transcrição de respostas afirmativas, positivas, restritivas ou explicativas a factos sincopados, como os que usualmente preenchiam os diversos pontos da base instrutória (e do anterior questionário). Se, por opção, por conveniência ou por necessidade, se inscreveram nos temas da prova factos simples, a decisão será o reflexo da convicção formada sobre tais factos, a qual deve ser convertida num relato natural da realidade apurada (STJ 26-2-19, 1316/14). Já quando se tenha optado por proposições de carácter mais abrangente ou de pendor mais genérico ou conclusivo (posto que não estritamente jurídico), mas que permitam delimitar e compreender a matéria de facto relevante para a resolução do concreto litígio, poderá justificar-se um maior labor na sua concretização, seguindo um critério funcional que atenda às necessidades do concreto litígio, desde que, como é evidente, seja respeitada a correspondência com a prova que foi produzida e os limites materiais da ação e da defesa.

7. O importante é que, na enunciação dos factos provados e não provados, o juiz use uma metodologia que permita perceber facilmente a realidade que considerou demonstrada, de forma linear, lógica e cronológica, a qual, uma vez submetida às normas jurídicas aplicáveis, determinará o resultado da ação. Objetivo que encontra agora na formulação do preceito um apoio suplementar, já que o nº 4, 2ª parte, impõe ao juiz a tarefa de compatibilizar toda a matéria de facto adquirida, o que necessariamente implica uma descrição inteligível da realidade litigada, em lugar de uma sequência desordenada de factos atomísticos que, lamentavelmente, ainda marca muitas sentenças e mesmo acórdãos dos tribunais superiores.

8. Tanto na enunciação dos factos provados como dos não provados, dentro dos limites dos temas da prova que foram enunciados ou que porventura foram adicionados posteriormente, o juiz deve sinalizar cada um dos factos essenciais que foram alegados no processo por cada uma das partes, de forma a cobrir todas as soluções plausíveis da questão ou questões de direito e evitar que, em sede de recurso de apelação, seja sentida a necessidade de anulação da audiência final para ampliação da matéria de facto (art. 662º, nº 2, al. c), *in fine*). Ampliação que, mais adiante, pode ainda ser determinada pelo Supremo, nos termos do art. 682º, nº 3.

9. O sistema anterior, através da elaboração de quesitos (do questionário) ou mesmo de pontos da base instrutória, esgotava praticamente todos os factos (essenciais ou instrumentais) que resultavam controvertidos da sobreposição das versões de cada uma das partes no processo. Consequentemente, as respostas positivas, negativas, restritivas ou explicativas a tais pontos de facto preenchiam toda a factualidade potencialmente relevante, reduzindo a margem de anulações advindas dos tribunais superiores. Esse risco é agora maior, em face de um método que assenta na enunciação de temas da prova mais abrangentes, o qual deve ser prevenido pelo juiz através de um aprofundado estudo do processo que não deixe sem pronúncia algum facto que possa ser considerado relevante para a integração jurídica do caso.

10. Em tal enunciação cabe necessariamente uma pronúncia (positiva, negativa, restritiva ou explicativa) sobre os factos essenciais (nucleares) que foram alegados para sustentar a causa de pedir ou para fundar as exceções, e de outros factos, também essenciais, ainda que de natureza complementar que, de acordo com o tipo legal, se revelem necessários para que a ação ou a exceção proceda.

11. Sendo necessária, far-se-á ainda a enunciação dos factos concretizadores da factualidade que se apresente mais difusa. A enunciação dos factos complementares e concretizadores far-se-á desde que se revelem imprescindíveis para a procedência da ação ou da defesa, tendo em conta os diversos segmentos normativos relevantes para o caso.

12. Quanto aos factos instrumentais, para além de não carecerem de alegação (aliás, o ónus de alegação respeita somente aos factos essenciais, isto é, àqueles de cuja prova depende a procedência ou improcedência da ação ou da defesa), podem ser livremente discutidos e apreciados na audiência final (cf. anot. aos arts. 5º, 186º e 552º). Consequentemente, atenta a função secundária que desempenham no processo, tendente a justificar simplesmente a prova dos factos essenciais, para além de, em regra, não integrarem os temas da prova, nem sequer deverão ser objeto de um juízo probatório específico.

13. Em termos gerais, o seu relevo estará limitado à motivação da decisão sobre os restantes factos, designadamente quando a convicção sobre a sua prova resulte da assunção de presunções judiciais. Constituindo as presunções judiciais ilações que o julgador extrai de um facto conhecido para firmar um facto desconhecido, as mesmas podem assentar em factos essenciais que tenham sido considerados provados ou que resultem plenamente provados dos autos, embora derivem normalmente da convicção formada sobre factos de natureza puramente instrumental que resultem da instrução da causa, tenham ou não tenham sido alegados pelas partes.

14. Portanto, relativamente aos factos que apenas sirvam de suporte à afirmação de outros factos por via de presunções judiciais, bastará que sejam revelados ou expostos na motivação da decisão, no segmento em que o juiz, analisando criticamente as provas produzidas, exterioriza o percurso lógico que o conduziu à formulação do juízo probatório sobre os factos essenciais.

15. Tanto na exposição dos factos que julgue provados como daqueles que considere não provados, o juiz não deve orientar-se por uma preconcebida solução jurídica do caso, antes deve assegurar a recolha de todos os factos que se mostrem relevantes em função das diversas soluções plausíveis da questão de direito. Na verdade, não é de excluir que, apesar de o concreto juiz entender que basta um determinado enunciado de factos provados ou não provados para que a ação proceda ou improceda, o tribunal superior, em sede de recurso, divirja daquela perspetiva e considere outras soluções dependentes do apuramento de outros factos. Em tais circunstâncias, melhor será que o juiz, de forma previdente, use um critério mais amplo, inscrevendo na matéria de facto provada e não provada todos os elementos que possam ter relevo jurídico, evitando ou reduzindo as anulações de julgamento decretadas ao abrigo do art. 662º, nº 2, al. c), *in fine*.

16. A opção pela elaboração dos "*temas da prova*", em lugar de atomísticos pontos da "*base instrutória*" ou de "*quesitos*", comporta ainda outra consequência muito importante ao nível da sentença. Na ocasião em que o juiz se pronuncia sobre a matéria de facto provada e não provada não deve estar condicionado pelas regras de distribuição do ónus da prova, devendo verter na decisão o resultado objetivo da apreciação dos meios de prova que foram produzidos, apenas limitado pelo objeto do processo, circunscrito pela causa de pedir e pelas exceções que foram invocadas.

17. Mantém-se a necessidade de serem inseridos na fundamentação da sentença os factos provados por acordo das partes, por confissão extrajudicial ou judicial reduzida a escrito ou por prova documental dotada de força plena. Não existindo uma peça processual que concentre e antecipe (ainda que com efeitos não definitivos) a matéria assente, nos termos que se previam no art. 511º, nº 2, do CPC de 1961 ("*especificação*" ou "*factos assentes*"), é fundamental que, aquando da preparação da audiência final, seja feita a análise detalhada dos articulados e do restante processado, recolhendo os elementos de facto que se mostrem relevantes para a integração dos pressupostos normativos de que depende o resultado da ação.

18. O juiz deve, pois, expor a análise crítica das provas que foram produzidas, quer quando se trate de prova vinculada, em que a margem de liberdade é inexistente, quer quando de trate de provas submetidas à sua livre apreciação, envolvendo os motivos que o determinaram a formular o juízo probatório relativamente aos factos considerados provados e não provados.

19. Em lugar de a sentença ser, qual navio graneleiro, o mero repositório dos factos tidos por assentes e dos factos emergentes das respostas aos pontos da base instrutória, é agora mais evidente que tal peça processual deve ser elaborada com base em princípios de racionalidade, em que a matéria de facto apurada revele, de forma escorreita e segundo uma enunciação lógica ou cronológica, a realidade que será juridicamente integrada no segmento posterior.

20. No esforço de enunciação e de integração insere-se ainda a harmonização da matéria de facto considerada provada (e não provada), desde que, em respeito pelos deveres legais e deontológicos do julgador, tal corresponda ao resultado da formação da convicção sobre os meios de prova que foram produzidos, dentro do círculo de factos essenciais que tenham sido alegados (art. 5º, nº 1) ou que, em resultado da instrução, devam ser considerados (art. 5º, nº 2, al. b)). Nessa tarefa se inscreve também a superação de eventuais contradições mediante uma análise mais aprofundada dos autos.

21. Devem ser relatados os factos que o juiz considerou provados (e não provados), numa enunciação adequada às circunstâncias e exigências do caso, tendo em conta designadamente as virtualidades que decorram de uma maior concentração da factualidade apurada ou de uma maior discriminação ou pormenorização que, além de antecipar a resolução de problemas de integração jurídica, possa ainda obviar a eventuais impugnações sustentadas em argumentos de pendor formal em redor da delimitação do que constitui matéria de facto ou matéria de direito.

22. Não se encontra no CPC de 2013 uma norma como a do nº 4 do art. 646º do CPC de 1961, que considerava "*não escritas as respostas do tribunal coletivo sobre questões de direito*".

23. Esta opção não significa, obviamente, que seja admissível doravante a assimilação entre o julgamento da matéria de facto e o da matéria de direito ou que seja possível, através de uma afirmação de pendor estritamente jurídico, superar os aspetos que dependem da decisão da matéria de facto. A opção legislativa tem subjacente a admissibilidade de uma metodologia em que, com mais maleabilidade, se faça o cruzamento entre a matéria de facto e a matéria de direito, tanto mais que a circunstância de ambos os segmentos surgirem agregados na mesma peça processual facilita e simplifica a decisão do litígio (veja-se o que foi decidido em STJ 22-3-18, 1568-09, numa ação em se tratava de relevar se um determinado bem integrava o "património" de uma longínqua antecessora, numa ação em que se invocava a aquisição derivada por via sucessória). Sobre a cisão entre matéria de facto e matéria de direito, cf. as notas nºs 4 a 8 ao art. 5º.

24. Por conseguinte, revela-se importante que o juiz reflita no segmento da matéria de facto os efeitos decorrentes da aplicação de normas imperativas em matéria de direito probatório e os que decorrem da convicção formada sobre outros meios de prova sujeitos a livre apreciação, optando por uma descrição mais ou menos pormenorizada ou concretizada, de acordo com as necessidades do pleito, desde que seja assegurada uma descrição natural e inteligível da realidade que, para além de revelar o contexto jurídico em que se integra, permita a qualquer das partes a sua impugnação.

25. Avançando para terrenos que ainda não foram explorados pela jurisprudência, Teixeira de Sousa, em comentário crítico ao acórdão do STJ de 28-9-17, 809/10, em *https//blogippc.blogspot.com*, conclui que, "sob pena de se cair num inaceitável formalismo, não pode constituir motivo de censura que o tribunal, depois de considerar provados determinados factos que consubstanciam a violação de deveres de cuidado, conclua que está demonstrada a negligência da parte. Estranho seria, aliás, que, constando dos temas da prova a atuação negligente da parte e, por isso, carecendo esta atuação de prova, o tribunal, ao analisar a prova produzida sobre esse tema, pudesse dizer tudo o que achasse adequado ao julgamento dessa matéria, exceto que está provada a negligência da parte". Estranhando a invocação que aquele aresto fez do nº 4 do art. 646º do CPC de 1961, que se encontra revogado, o mesmo processualista observa ainda que, "realizando-se a prova da negligência através de factos probatórios ou instrumentais (cf. art. 5º, nº 2, al. a)), o tribunal não pode deixar de inferir a negligência do facto probatório, ou seja, não pode deixar de utilizar esse facto probatório como base de uma presunção judicial e verificar se desse facto decorre aquela negligência". Defende também que "a chamada «proibição dos factos conclusivos» não tem hoje nenhuma justificação no plano da legislação processual civil (não importando agora discutir se alguma vez teve). Se o tribunal considerar provados os factos que preenchem uma determinada previsão legal, é absolutamente irrelevante que os apresente com a qualificação que lhes é atribuída por essa previsão. Por exemplo: se o tribunal disser que a parte atuou com dolo, porque, de acordo com o depoimento de várias testemunhas, ficou provado que essa parte gizou um plano para enganar a parte contrária, não se percebe por que motivo isso há de afetar a prova deste plano ardiloso (nem também por que razão a qualificação do plano como ardiloso há de afetar a sua prova)". E culmina com a seguinte proposição que, no mínimo, deve levar a que se proceda a uma séria reflexão sobre a metodologia tradicional de elaboração de sentenças (e de acórdãos dos Tribunais superiores), assente numa divisão – muitas vezes forçada e sem qualquer utilidade prática – entre a decisão da matéria de facto e a respetiva integração jurídica: "a referida «proibição dos factos conclusivos» também não corresponde às modernas correntes metodológicas na Ciência do Direito, que não se cansam de referir que a distinção entre a matéria de facto e a matéria de direito é totalmente artificial, dado que, para o direito, apenas são relevantes os factos que o direito qualificar como factos jurídicos. Para o direito, não há factos, mas apenas factos jurídicos, tal como, para a física ou a biologia, não há factos, mas somente factos físicos ou biológicos. Os factos são sempre um *Konstrukt*, pelo que os factos jurídicos são aqueles factos que são construídos pelo direito. Em conclusão: o objeto da prova não pode deixar de ser um facto jurídico, com todas as características descritivas, qualitativas, quantitativas ou valorativas desse facto".

26. Seja como for, o regime consagrado no CPC de 2013 propugna uma verdadeira concentração naquilo que é essencial, depreciando o acessório, sendo importante que o juiz consiga traduzir em linguagem normal a realidade apreendida, explicitando, depois, os motivos que o determinaram, com destaque para a explanação dos factos instrumentais que o levaram a extrair as ilações ou presunções judiciais (cf. STJ 22-3-18, 1568/09).

27. A circunstância de ser o juiz que dirigiu a audiência final a integrar o caso nas normas jurídicas aplicáveis e extrair as respetivas consequências constitui um novo e decisivo ingrediente no sentido de impulsionar, ainda que de forma gradual, sem ruturas repentistas, uma nova e adequada forma de retratar a realidade, o que também passará pela atenuação do espartilho tradicional, assente numa clássica e, por vezes, esotérica divisão entre o que constitui matéria de facto e matéria de direito, que já nem sequer encontrava justificação no modelo original do CPC de 1961.

28. Seguramente que numa qualquer ação (*v.g.* de reivindicação) não será adequado que, na sequência de um tema de prova focado na titularidade do direito de propriedade, se afirme simplesmente que o autor é o "proprietário do prédio", numa pura petição de princípio que assimile a causa de pedir e o pedido. Porém, de forma alguma pode continuar a negar-se ao juiz que presidiu ao julgamento a possibilidade de assumir essa qualificação acompanhada da invocação da existência de uma presunção registral (documentada) não ilidida ou, com mais utilidade ainda, sustentada na afirmação de que considera provada a prática pelo autor e seus antecessores, durante 20 ou 30 anos, de atos que normalmente caracterizam a posse reportada ao referido direito real, ou noutras afirmações fácticas que correspondam, sem qualquer espécie de dúvida, aos segmentos normativos através dos quais o legislador regulou esta forma de aquisição originária. Colocando na motivação da decisão (isto é, na mesma sentença em que, em simultâneo, se explanam quer a premissa, quer a conclusão do chamado silogismo judiciário) as razões que o motivaram a assumir tais afirmações que o terão levado a julgar a ação procedente, as considerações de toda a ordem poderão ser sindicadas pela Relação em sede do recurso de apelação extensivo quer à matéria de facto, quer à matéria de direito. Os exemplos poderiam multiplicar-se e ser contrastados com numerosos arestos que, apesar do novo contexto jurídico-processual, optaram por uma solução diversa, mas nem por isso mais ajustada quer aos impulsos modernizadores que se têm verificado no processo civil, quer àquela ideia que já deixámos expressa em diversas anotações, de que o sistema de justiça deve estar ao serviço de decisões de mérito.

29. O segmento da identificação, interpretação e aplicação do direito aos factos apurados não foi alvo de modificações legais, a não ser as que estão associadas à simultaneidade e à maior capacidade de o juiz proceder a uma mais completa integração, sem exclusão sequer do recurso a outras presunções judiciais que não tenham sido extraídas aquando da apreciação dos meios de prova ou que sejam desencadeadas a partir da análise conjugada dos factos apurados (nº 4).

30. Mantém-se intacta a regra segundo a qual o tribunal não está sujeito às alegações das partes em matéria de direito (art. 5º, nº 3), devendo proceder a uma indagação, interpretação e aplicação autónoma das regras de direito (STJ 22-11-18, 85159/13, sobre a exceção de não cumprimento; STJ 19-12-18, 543/05, enriquecimento sem causa/responsabilidade civil). Tal dever, no entanto, não pode deixar de ser compatibilizado com outro que obriga a que se proceda à audição das partes quando for suscitada pelo juiz uma questão ou exceção que nenhuma delas invocou ou quando, porventura, seja encontrado para a realidade discutida e apurada um enquadramento jurídico diverso daquele sobre o qual as partes produziram as suas alegações.

31. Trata-se, afinal, de respeitar, na fase final do processo, o contraditório que está previsto no art. 3º, nº 3, tendo como objetivo primordial o de evitar decisões que surpreendam uma ou outra das partes, ou ambas. Uma vez assinaladas tais questões, devem ser notificadas as partes para sobre as mesmas se pronunciarem, ponto de partida para que o juiz proceda à integração jurídica que considerar mais ajustada ao caso.

32. Sob pena de ser suscitada arguição de nulidade da sentença são, assim, de evitar soluções que, à revelia das partes, se traduzam na apreciação de exceções dilatórias que nenhuma das partes invocou (o que mais frequentemente se verifica em relação à declaração de incompetência material), na atribuição a uma determinada relação jurídica de uma qualificação diversa daquela que foi tida em consideração por cada uma das partes ou, porventura, na "descoberta" de alguma exceção perentória que não foi como tal exposta na contestação (art. 572º, al. c)) nem resulta sequer de forma inequívoca da alegação que foi feita.

33. É perante as exigências do caso concreto e do seu nível de complexidade que deve buscar-se o ponto de equilíbrio entre a deficiente e a excessiva fundamentação, apreciando a necessidade ou conveniência de corroborar as soluções propugnadas com argumentos doutrinários ou jurisprudenciais (com a devida menção das fontes informativas, por razões de transparência e de deontologia profissional), sem que se invertam os termos do ato judicativo.

34. A sentença, na parte da motivação jurídica, deve exercer a função de convencer as partes quanto ao trajeto percorrido e de habilitar a parte vencida a deduzir, querendo, a sua impugnação. Em situações particularmente discutíveis, considera-se até que devem ser expostos os diversos argumentos jurídicos, favoráveis e desfavoráveis à tese adotada.

35. Por outro lado, ainda que a procedência ou improcedência da ação seja sustentada num determinado fundamento, nada obsta a que o mesmo resultado seja reforçado com o recurso a outros fundamentos. Já quando tenham sido formulados pedidos subsidiários, a procedência do pedido principal impede que o tribunal se debruce sobre o pedido secundário.

36. No âmbito da sentença, deve ser destacado o segmento decisório, não só porque a lei o determina, como ainda pelo facto de o mesmo evidenciar com mais clareza o resultado da lide e os limites do caso julgado. Deve ser especialmente ponderada a necessidade de respeitar a natureza ou o valor do pedido formulado, sob pena de nulidade, nos termos do art. 615º, nº 1, al. e), tal como se impõe que o juiz aprecie todas as questões que foram suscitadas (com exceção das que se encontrarem prejudicadas) e aquelas que forem de conhecimento oficioso, sob pena de omissão de pronúncia (arts. 608º, nº 2 e 615º, nº 1, al. d)). Também deve atentar na necessidade de respeitar a amplitude do objeto do processo, respeitando os factos essenciais que foram alegados e o efeito prático-jurídico associado ao pedido que foi formulado.

37. Segue-se a decisão sobre custas processuais, de acordo com as regras gerais, mas sem olvidar que o nº 6 obriga a que seja fixada a proporção da responsabilidade em situações em que esta seja repartida entre o autor e o réu ou seja distribuída entre dois ou mais sujeitos que ocupem a mesma posição processual.

38. Neste campo, existe uma situação que exige uma particular atenção em redor da aplicação do regime previsto no nº 7 do art. 6º do RCP (preceito que foi introduzido pela Lei nº 7/12, de 13-2, depois de ao regime pregresso ter sido apontada a violação do princípio da proporcionalidade constitucionalmente protegido - Ac. do Trib. Const. nº 421/2013). A parte pode ser judicialmente dispensada do pagamento da taxa de justiça remanescente (nas ações com valor superior a € 275.000,00), ponderada designadamente a complexidade da causa e a conduta processual das partes (num caso em que a questão foi suscitada a respeito da taxa remanescente devida pelo recurso, cf. STJ 19-9-13, 738/08). Não havendo dispensa, a taxa de justiça remanescente é integrado na conta final a cargo da parte vencida; já a contraparte, se não beneficiar da mesma dispensa, é notificada nos termos do art. 14º, nº 9 (alterado pela Lei nº 27/19, de 28-3), para efetuar o pagamento, mas apenas se também tiver sido condenada. Nos demais casos, o pagamento do remanescente é imputado à parte vencida. É de notar, no entanto, que a alteração da redação do art. 14º, nº 9, do RCP, visou dar resposta à declaração de inconstitucionalidade do precedente normativo (Ac. do Trib. Const. nº 615/2018), na medida em que obrigava a parte vencedora (*in casu*, o réu que fora totalmente absolvido) a efetuar o pagamento do remanescente, sendo agora seguro que fica dispensado dessa obrigação "*o responsável pelo impulso processual que não seja condenado a final*", ou seja, a parte totalmente vencedora.

39. Têm surgido diversas questões em redor da aplicação deste regime, uma das quais atina com a possibilidade de aplicação oficiosa que foi afirmada em STJ 31-1-19, 478/08, STJ 12-10-17, 3863/12 e RL 19-5-16, 670/14. Outra relaciona-se com a oportunidade da decisão. Sem dúvida que a questão deve ser apreciada na sentença final ou no acórdão, ainda que a jurisprudência venha admitindo, com larga maioria, que a questão pode ser suscitada em sede de recurso da sentença ou de incidente de reforma quanto a custas (Salvador da Costa, *ob. cit.*, p. 135, STJ 26-2-19, 3791/14 e CJ, t. I, p. 84, STJ 31-1-19, 478/08, STJ 8-11-18, 567/11, STJ 8-11-18, 4867/08, 478/08, STJ 24-5-18, 1194/14, STJ 13-7-17, 669/10 e RC 14-3-17, 3943/15).

40. São, assim, de afastar outras soluções, como a que admite que a questão seja introduzida depois de transitar em julgado a decisão, até à elaboração da conta (STJ 11-12-18, 1286/14, STJ 3-10-17, 473/12 e RP 26-4-18, 3791/14), depois de a parte ser notificada, ao abrigo do art. 14º, nº 9, do RCP, para efetuar o pagamento da taxa remanescente (RC 3-12-13, 1394/09) ou mesmo depois da elaboração da conta (STJ 12-10-17, 3863/12, com menção de outros arestos, e RL 14-1-16, 7973/08). Estas interpretações contrariam o que, na linha maioritária, foi decidido em STJ 4-7-19, 314/07, STJ 26-2-19, 3791/14, STJ 8-11-18, 4867/08 e STJ 11-10-18, 103/13.

41. Seja como for, a simples enunciação de tantas vias de resolução para uma questão tão singela demonstra a insuficiência da previsão legal e justifica a necessidade de clarificação que ultrapasse tamanha margem de incerteza e de insegurança.

42. Mais fácil de resolver é a delimitação da amplitude da decisão, sendo possível concluir, com ponderação dos princípios da causalidade e da proporcionalidade, que, para além de se tratar de uma questão que deve ser oficiosamente apreciada na sentença final ou no acórdão, a decisão, em função dos critérios legais, pode redundar, para a parte que não seja totalmente vencedora, na obrigatoriedade de pagamento integral da taxa de justiça remanescente, na dispensa dessa taxa ou, num plano intermédio, na sua redução, de acordo com as especificidades do caso (STJ 3-7-18, 1008/14, STJ 12-12-13, 1319/12, RP 4-5-17, 1962/09, RC 27-4-17, 399/15 e RP 22-11-16, 7327/06).

43. Deve ainda ser dada a devida atenção a situações que possam implicar a aplicação de taxa de justiça agravada, nos termos do art. 530º, nº 7, do CPC, e do art. 6º, nº 5, do RCP, e bem assim, respeitado o contraditório, a eventual aplicação de taxa sancionatória excecional a que se refere o art. 531º (entre 2 UC's e 15 UC's, nos termos do art. 10º do RCP) ou às sanções correspondentes à litigância de má-fé instrumental ou substancial de alguma das partes, nos termos dos arts. 542º a 545º (com condenação na multa entre 2 UC's e 100 UC's, nos termos do art. 27º, nº 3, do RCP, e eventual indemnização à parte contrária, se esta a solicitar).

44. A interpretação das sentenças não se queda pelo elemento literal, importando atender ao seu elemento sistemático, bem como ao elemento teleológico e funcional (STJ 8-5-19, 3167/17).

45. Para uma análise desenvolvida deste art. 607º: sob o prisma das presunções judiciais, cf. Luís Filipe Sousa, *Prova por Presunção no Direito Civil*, pp. 143-149; sobre a valoração da prova segundo a probabilidade lógica e estudando o significado e regime do *standard* de prova no processo civil, cf. Luís Filipe Sousa, *Prova por Presunção no Direito Civil*, pp. 165-175; sobre a apreensão dos principais parâmetros de valoração da prova testemunhal e da prova pericial, Luís Filipe Sousa, *Prova Testemunhal*, pp. 284-319 e pp. 347-361. Cf. ainda Abrantes Geraldes, *Recursos no NCPC*, 5ª ed., Apêndice, pp. 591 e ss. e Paulo Pimenta, *Processo Civil Declarativo*, 2ª ed., pp. 341-342 e 350-364 e "Ónus de alegação e de impugnação das partes e poderes de cognição do tribunal", em *II Colóquio de Processo Civil de Santo Tirso*, pp. 114-123.

ARTIGO 608º
Questões a resolver – Ordem do julgamento

1 – Sem prejuízo do disposto no nº 3 do artigo 278º, a sentença conhece, em primeiro lugar, das questões processuais que possam determinar a absolvição da instância, segundo a ordem imposta pela sua precedência lógica.

2 – O juiz deve resolver todas as questões que as partes tenham submetido à sua apreciação, excetuadas aquelas cuja decisão esteja prejudicada pela solução dada a outras; não pode ocupar-se senão das questões suscitadas pelas partes, salvo se a lei lhe permitir ou impuser o conhecimento oficioso de outras.

Remissões: art. 278º, nº 3, 2ª parte (prevalência da decisão de mérito); art. 578º (conhecimento das exceções dilatórias); art. 595º, nº 4 (protraimento do conhecimento de exceções para final).

1. Cumpre ao juiz apreciar as questões jurídicas ainda carecidas de resolução, obedecendo à ordem lógica que concretamente se revele mais eficiente. Tal depende tanto do modo como foi conformada a ação como dos meios de defesa que foram apresentados. A não ser que a apreciação de alguma questão esteja prejudicada pela resposta dada a outra, o juiz deverá conhecer de todas elas, evitando, assim, a nulidade por omissão de pronúncia prevista no art. 615º, nº 1, al. d), 1ª parte.

2. Determina o art. 608º que deve ser dada prioridade às questões de natureza processual que ainda estejam por resolver (nulidades, exceções dilatórias ainda por apreciar ou outras questões de natureza processual que interfiram no resultado), sem embargo do que se dispõe no art. 278º, nº 3, 2ª parte, relativamente a determinadas exceções dilatórias que visem tutelar o interesse da parte vencedora relativamente ao mérito da causa (quebra do dogma da prioridade do conhecimento das exceções dilatórias).

3. Importa notar a este respeito que, por regra, as questões de natureza adjetiva que implicam com o mérito da causa devem ser preferencialmente apreciadas no despacho saneador, apenas podendo ser relegadas para a sentença quando a sua apreciação careça de elementos a recolher em sede de audiência final (art. 595º, nº 1, al. a)). Mas a decisão que tenha sido proferida acerca dessas questões apenas constituirá caso julgado quando se traduzir numa apreciação concreta, o que exclui as decisões de carácter genérico que incidam sobre determinados pressupostos processuais cuja apreciação posterior não precluda por força de algum outro preceito (como acontece com a incompetência material prevista no art. 97º, nº 2, ou com as nulidades referidas no art. 200º, nº 2, com referência aos arts. 186º e 193º, nº 1).

4. É já no mérito da causa que se inscrevem as exceções perentórias que não tenham sido apreciadas no despacho saneador, se e na medida em que o caso concreto o justifique ou como reforço da decisão proferida relativamente a outras questões. Naturalmente que se a matéria de facto não permitir reconhecer a existência do direito que foi invocado pelo autor, tornar-se-á dispensável, por exemplo, a apreciação da exceção de prescrição suscitada pelo réu, a não ser que porventura se justifique um reforço decisório que conte também com esse argumento complementar.

5. Sem embargo da apreciação das questões que sejam de conhecimento oficioso, o juiz deve limitar-se às questões que tenham sido invocadas, evitando, deste modo, a nulidade da sentença por excesso de pronúncia, nos temos do art. 615º, nº 1, al. d), *in fine*. A qualificação jurídica dos factos é de conhecimento oficioso (art. 5º, nº 3), mas esse poder não pode deixar de ser conjugado com outras limitações, designadamente aquelas que obstam a que seja modificado o objeto do processo (integrado tanto pelo pedido como pela causa de pedir) ou as que fazem depender um determinado efeito da sua invocação pelo interessado como ocorre com a anulabilidade (sujeita, por seu lado, a um prazo de caducidade que corresponde a uma exceção também carecida de arguição), a prescrição ou a caducidade em matéria de direitos disponíveis.

6. Assim, numa ação sustentada num vício que se reconduza à nulidade de um contrato que serviu de base para a apresentação da defesa, não pode ser apreciada a eventual anulabilidade do mesmo contrato com base em erro sobre o objeto, o que, além de corresponder a um pedido e a uma causa de pedir diversas, a carecer de invocação por parte do interessado, deve assegurar a possibilidade de o réu se defender, designadamente com invocação da caducidade, nos termos do art. 287º, nº 1, do CC (cf. STJ 5-4-18, 1223/10).

7. As questões previstas no nº 2 reportam-se aos pontos fáctico-jurídicos estruturantes da posição das partes, nomeadamente os que se prendem com a causa de pedir, pedido e exceções, não se reconduzindo à argumentação utilizada pelas partes em defesa dos seus pontos de vista fáctico-jurídicos, mas sim às concretas controvérsias centrais a dirimir. Deste modo, não constitui nulidade da sentença, por omissão de pronúncia, a circunstância de não se apreciar ou fazer referência a cada um dos argumentos de facto e de direito que as partes invocaram tendo em vista obter a (im)procedência da ação. Questões e argumentos não se confundem, sendo que o dever de decisão é circunscrito à apreciação daquelas, tanto mais que, com muita frequência, as partes são prolíficas num argumentário cuja medida é inversamente proporcional à pertinência das questões.

8. Por outro lado, não deve ser descurado, relativamente a tais questões, o respeito pelo princípio do contraditório, o que, nas concretas circunstâncias, pode determinar a audição das partes para se pronunciarem, nos termos do art. 3º, nº 3, formalidade apenas dispensada quando se trate de casos de manifesta desnecessidade. Tal diligência deve ser acautelada também quando o juiz, no uso do poder/dever de indagação, interpretação e aplicação das regras de direito (art. 5º, nº 3), configure uma solução ou um efeito jurídico que se revele surpreendente para as partes.

9. Sobre a matéria, cf. Paulo Pimenta, *Processo Civil Declarativo*, 2ª ed., pp. 343-344.

ARTIGO 609º
Limites da condenação

1 – A sentença não pode condenar em quantidade superior ou em objeto diverso do que se pedir.

2 – Se não houver elementos para fixar o objeto ou a quantidade, o tribunal condena no que vier a ser liquidado, sem prejuízo de condenação imediata na parte que já seja líquida.

3 – Se tiver sido requerida a manutenção em lugar da restituição da posse, ou esta em vez daquela, o juiz conhece do pedido correspondente à situação realmente verificada.

Remissões: arts. 358º a 361º (incidente de liquidação); art. 556º (pedidos genéricos); art. 600º (designação da audiência em ações de indemnização); art. 704º, nº 6 (sentença como título executivo); art. 1278º do CC (manutenção e restituição de posse).

1. As partes, através do pedido (art. 3º, nº 1), circunscrevem o *thema decidendum*, isto é, indicam a providência requerida, não tendo o juiz que cuidar de saber se à situação real conviria ou não providência diversa. Trata-se de uma esfera em que domina o princípio do dispositivo, o qual, em termos paralelos, também vigora em sede da sustentação fáctica da pretensão. Em ambos os casos prevalece a estratégia assumida pelo autor, sem que nela se deva imiscuir o juiz. Consequentemente, a sentença deve inserir-se no âmbito do pedido (e da causa de pedir), não podendo o juiz condenar (ou fazer a apreciação que corresponder ao tipo de ação em causa) em quantidade superior ou em objeto diverso do que se pedir.

2. A prática judiciária revelou situações cuja resolução implicou alguma atenuação da rigidez de tal regra, nos termos que foram objeto de uniformização:

a) No ***Assento nº 4/95***: "*Quando o tribunal conhecer oficiosamente da nulidade de negócio jurídico invocado no pressuposto da sua validade, e se na ação tiverem sido fixados os necessários factos materiais, deve a parte ser condenada na restituição do recebido, com fundamento no nº 1 do art. 289º do CC*";

b) No ***AUJ nº 3/01***: "*Tendo o autor, em ação de impugnação pauliana, pedido a declaração de nulidade ou anulação do ato jurídico impugnado, tratando-se de erro na qualificação jurídica do efeito pretendido, que é a ineficácia do ato em relação ao autor (nº 1 do art. 616º do CC), o juiz deve corrigir oficiosamente tal erro e declarar tal ineficácia, como permitido pelo art. 664º do CPC [de 1961]*" (cf. STJ 4-10-18, 588/12).

3. Mas essa rigidez já foi confirmada noutros arestos uniformizadores:

a) No ***AUJ nº 13/96***, depois de uma extensa e documentada conjugação entre o princípio do dispositivo e os limites do pedido, concluiu-se que: "*O tribunal não pode, nos termos do art. 661º, nº 1, do CPC [de 1961], quando condenar em dívida de valor, proceder oficiosamente à sua atualização em montante superior ao valor do pedido do autor*".

b) No ***AUJ nº 9/15***: "*Se o autor não formula na petição inicial, nem em ulterior ampliação, pedido de juros de mora, o tribunal não pode condenar o réu no pagamento desses juros*".

4. Tal não colide obviamente com a necessidade de proferir decisão que se insira nos limites quantitativos ou mesmo qualitativos da pretensão deduzida, assim tendo sido decidido, por exemplo, em STJ 11-2-15, 607/06, num caso em que foi formulado pedido de reconhecimento da titularidade de uma determinada parcela de terreno, acabando a sentença por reconhecer o direito à contitularidade da mesma. Em lugar de se considerar, como decorreria de uma perspetiva formal, que o reconhecimento da contitularidade representaria um objeto diverso do reconhecimento do direito exclusivo sobre a parcela de terreno, assumiu-se que se tratava, em boa verdade, de um *minus* relativamente ao pedido que o autor formulara, com isto resolvendo o litígio de forma definitiva que, de outro modo, demandaria a instauração de nova ação, agora sustentada na afirmada contitularidade da parcela.

5. Aquele princípio também não tem obstado a que, em ações de responsabilidade civil, perante pedidos parcelares de indemnização, se considere que o limite de cada parcela se reporta ao valor global peticionado. Trata-se, aliás, de jurisprudência corrente e pacífica.

6. Na ação em que se formule pedido genérico formulado ao abrigo do art. 556º é natural que, na falta de oportuna liquidação incidental (arts. 358º e ss.), a sentença culmine com uma condenação também genérica, sujeita a posterior liquidação. Mas não é esta a única situação que pode determinar esse resultado. Mesmo em casos em que o autor tenha quantificado a sua pretensão, a ação pode culminar com uma sentença de teor genérico ou ilíquido desde que, sendo apurada a existência do direito e da correspondente obrigação, os elementos de facto se revelem insuficientes para a quantificação, mesmo com recurso à equidade.

7. Esta é, aliás, uma posição que encontra na jurisprudência um larguíssimo consenso, rejeitando uma argumentação formal que valorizasse o facto de, assim, se conceder ao autor uma dupla oportunidade para o reconhecimento do mesmo direito. Tal não é verdade se considerarmos, como se impõe, que uma sentença de condenação ilíquida pressupõe a demonstração de que existe um direito que apenas carece de concretização suscetível de ser conseguida ainda através do subsequente incidente de liquidação.

8. A opção entre a fixação da indemnização com recurso à equidade e a liquidação subsequente deve dirimir-se a favor do meio que dê mais garantias de se ajustar à realidade. Por isso, se for previsível que o valor exato do dano será apurado com prova complementar, deve preferir-se a condenação genérica; já se, apesar de provado o dano, não for previsível que possa determinar-se o seu montante exato com recurso a prova complementar, deve fixar-se logo a indemnização com recurso à equidade (STJ 21-3-19, 4966/17 e STJ 3-2-09, 08A3942).

9. Em STJ 7-4-16, 842/10, entendeu-se que "é lícito ao tribunal, através de uma requalificação ou reconfiguração normativa do pedido, atribuir ao A., por uma via jurídica não coincidente com a que estava subjacente à pretensão material deduzida, o bem jurídico que ele pretendia obter; mas já não será processualmente admissível atribuir-lhe, sob a capa de tal reconfiguração da materialidade do pedido, bens ou direitos substancialmente diversos do que o A. procurava obter através da pretensão que efetivamente, na sua estratégia processual, curou de formular." No mesmo aresto, precisa-se que o grupo de situações em que vem sendo mais frequentemente admitida a reconfiguração jurídica do específico efeito peticionado pelo autor situa-se no campo dos valores negativos do ato jurídico (*v.g.* nulidade, anulabilidade, ineficácia e inoponibilidade).

10. Nos casos de condenação genérica, a decisão sobre custas deverá ter em conta as diversas circunstâncias envolventes. Assim, se a condenação genérica tiver subjacente a formulação de um pedido genérico, a responsabilidade recairá sobre o réu. Já se tiver sido formulado um pedido líquido e a sentença for ilíquida, a solução passa por condenar ambas as partes na proporção adequada, sem prejuízo dos acertos que forem justificados pelo resultado final, após a efetivação da liquidação.

Regras que serão de aplicar, *mutatis mutandis*, nos casos em que, tendo sido formulado pedido líquido, a sentença se dividir em duas partes, uma líquida e outra ilíquida (cf. Abrantes Geraldes, *Temas Judiciários*, pp. 240 e 241).

11. Sobre a matéria, cf. Paulo Pimenta, *Processo Civil Declarativo*, 2ª ed., pp. 344-345.

ARTIGO 610º

Julgamento no caso de inexigibilidade da obrigação

1 – O facto de não ser exigível, no momento em que a ação foi proposta, não impede que se conheça da existência da obrigação, desde que o réu a conteste, nem que este seja condenado a satisfazer a prestação no momento próprio.

2 – Se não houver litígio relativamente à existência da obrigação, observa-se o seguinte:

a) O réu é condenado a satisfazer a prestação ainda que a obrigação se vença no decurso da causa ou em data posterior à sentença, mas sem prejuízo do prazo neste último caso;

b) Quando a inexigibilidade derive da falta de interpelação ou do facto de não ter sido pedido o pagamento no domicílio do devedor, a dívida considera-se vencida desde a citação.

3 – Nos casos das alíneas a) e b) do número anterior, o autor é condenado nas custas e a satisfazer os honorários do advogado do réu.

Remissões: art. 557º (pedido de prestações vincendas); art. 270º do CC (obrigação sujeita a condição suspensiva); art. 777º, nº 1, do CC (determinação do prazo da prestação).

1. A falta de exigibilidade da obrigação não determina necessariamente a improcedência da ação, com a correspondente necessidade de renovação do litígio. Aparentemente existe uma contradição com o regime que consta do art. 557º, mas a verdade é que os preceitos são compatíveis. O art. 557º circunscreve a possibilidade de dedução de pedidos que incluam prestações vincendas, limitando a dedução de tal pretensão na petição inicial. Além disso, sendo formulado pedido fora desse condicionalismo, o vício da petição inicial deverá ser apreciado no despacho saneador, traduzindo-se na absolvição da instância com fundamento na falta de interesse em agir. Porém, ultrapassada esta fase, e situados já no momento em que é proferida a sentença, em lugar de uma decisão de pendor formal, o preceito aposta numa decisão de mérito que, sem prejudicar nenhuma das partes, acolha o que decorre do direito substantivo.

2. Assim, desde que a obrigação (ainda inexigível) tenha sido contestada, o juiz aprecia a sua existência e condena o réu a satisfazer a prestação no momento ou de acordo com o condicionalismo próprio. Nos casos em que a obrigação nem sequer seja posta em causa, mas tão só a sua exigibilidade, a ação termina também com uma sentença de condenação que pondere o circunstancialismo que a rodeia. A única diferença traduz-se, neste caso, na imputação das custas da ação, que são suportadas ou pelo autor, quando o réu não tenha contestado a existência da obrigação, discutindo tão-só a sua exigência imediata, ou pelo réu, se contestou, sem sucesso, a existência da obrigação.

3. A situação configurada no preceito não se confunde com uma outra em que se suscite a admissibilidade de uma sentença condicional. Segundo STJ 7-4-11, 419/06, por força do princípio da determinabilidade do conteúdo das decisões judiciais, a lei não admite, em regra, a condenação condicional, ou seja, "a sentença judicial em que o reconhecimento do direito fica dependente da hipotética verificação de um facto futuro e incerto, ainda não ocorrido à data do encerramento da discussão da causa – particularmente nos casos em que o facto condicionante sempre exigiria ulterior verificação judicial, prejudicando irremediavelmente a definitividade e certeza da composição de interesses realizada na ação e a efetividade da tutela alcançada pelo demandante." Rejeitando a sentença condicional, cf. ainda STJ 24-4-13, 2424/07. Sobre as sentenças condicionais, cf. Isabel Alexandre, *Modificação do Caso Julgado Material Civil por Alteração das Circunstâncias*, pp. 322-337.

4. Sobre a matéria, cf. Paulo Pimenta, *Processo Civil Declarativo*, 2ª ed., pp. 166-168 e 345-347 e notas 8 a 10 ao art. 557º.

ARTIGO 611º

Atendibilidade dos factos jurídicos supervenientes

1 – Sem prejuízo das restrições estabelecidas noutras disposições legais, nomeadamente quanto às condições em que pode ser alterada a causa de pedir, deve a sentença tomar em consideração os factos constitutivos, modificativos ou extintivos do direito que se produzam posteriormente à proposição da ação, de modo que a decisão corresponda à situação existente no momento do encerramento da discussão.

2 – Só são, porém, atendíveis os factos que, segundo o direito substantivo aplicável, tenham influência sobre a existência ou conteúdo da relação controvertida.

3 – A circunstância de o facto jurídico relevante ter nascido ou se haver extinguido no decurso do processo é levada em conta para o efeito da condenação em custas, de acordo com o disposto no artigo 536º.

Remissões: art. 264º (alteração do pedido e da causa de pedir por acordo); art. 265º (alteração do pedido e da causa de pedir na falta de acordo); art. 273º, nº 2 (defesa superveniente); arts. 588º e 589º (termos em que são admitidos os articulados supervenientes); art. 590º, nº 6 (limitação às alterações da matéria de facto); art. 729º, al. g) (factos extintivos e modificativos posteriores ao encerramento da discussão).

1. A alegação de factos jurídicos supervenientes está regulada nos arts. 588º e 589º, aí se limitando a apresentação de articulados supervenientes ao encerramento da discussão na audiência final, momento esse que corresponde ao termo das alegações orais dos advogados das partes (art. 604º, nº 3, al. e)). Estabelecendo-se que o conteúdo possível da sentença deve ser definido pelo estado dos autos no momento do encerramento da discussão, trata-se de levar o mais longe possível o intuito de assegurar a atualidade da sentença, no sentido da sua adequação à realidade existente na situação submetida a juízo, sem descurar, contudo, a necessidade de isso ser feito segundo um critério objetivo, previsível e controlável pelas partes (o encerramento da discussão), o que já não ocorreria se o critério fosse o da data da prolação da sentença.

2. Como foi referido a propósito do art. 588º, se é certo que a lei define como termo final para a dedução dos factos supervenientes o encerramento da discussão, isso não dispensa as partes de respeitarem, sob pena de preclusão, os limites temporais concretamente fixados, seja quanto ao "*articulado posterior*", seja quanto ao "*novo articulado*".

3. Recorde-se ainda que, quanto ao autor, os factos constitutivos cuja alegação superveniente é permitida tanto podem destinar-se a completar a causa de pedir inicial, como podem implicar uma efetiva alteração ou modificação da causa de pedir, na medida em que a remissão aqui feita para outras disposições legais tem em vista não apenas os arts. 265º e 266º (que restringem a alteração da causa de pedir), mas também os arts. 588º e 589º, os quais, relativamente a factos supervenientes, não colocam os entraves que resultam daquelas disposições. Recorde-se também, já relativamente ao réu, que a possibilidade de alegação de factos modificativos ou extintivos supervenientes constitui uma exceção ao princípio da concentração da defesa na contestação (cf. Lebre de Freitas e Isabel Alexandre, *CPC anot.* vol. II, 3ª ed., p. 724).

4. Quanto aos factos posteriores ao encerramento da discussão que aproveitem ao réu, apenas poderão ser apreciados em sede de oposição à execução (art. 729º, al. g)). Se aproveitarem ao autor e este quiser prevalecer-se dos mesmos, mais não lhe resta do que instaurar nova ação.

5. Com interesse para a aplicação do preceito veja-se o ***Assento nº 5/85***: "*A menoridade do adotando, referida no art. 1980º, nº 2, do CC, é condição de procedência da ação de adoção, devendo existir à data da respetiva sentença.*"

ARTIGO 612º
Uso anormal do processo

Quando a conduta das partes ou quaisquer circunstâncias da causa produzam a convicção segura de que o autor e o réu se serviram do processo para praticar um ato simulado ou para conseguir um fim proibido por lei, a decisão deve obstar ao objetivo anormal prosseguido pelas partes.

Remissões: art. 542º, nº 2, als. a) e d)(litigância de má-fé); art. 631º, nº 3 (legitimidade para o recurso de revisão); art. 696º, al. g) (fundamento de recurso de revisão); arts. 281º e 294º do CC (negócio contrário à lei).

1. A função instrumental do processo civil e a sua dependência relativamente ao direito material leva a que os meios processuais não possam ser usados nem para obter um resultado simulado, nem para a atingir efeitos que seriam vedados por outras vias. Por isso, apercebendo-se desse perigo, o juiz deve obstar a que se produzam os efeitos simuladamente pretendidos pelas partes, sem prejuízo de ulterior apreciação da situação em sede de recurso de revisão (art. 696º, al. g)).

2. A principal dificuldade está, porém, na deteção da situação que pode esconder-se por detrás de posições processuais aparentemente legítimas e verdadeiras, especialmente nos casos de simulação processual (RL 9-11-17, 3831/15). Mais fácil é a verificação do objetivo de se alcançar um fim proibido por lei, para o que, na prática, basta o confronto com normas que ferem de nulidade os negócios contra lei imperativa (art. 294º do CC) ou que incidem sobre objeto ou fim contrário à lei (arts. 280º e 281º do CC).

3. Cada vez mais se aposta na aplicação integrada das normas que compõem todo o sistema jurídico, devendo o juiz recorrer não apenas às normas processuais mas ainda às de direito substantivo. Em princípio, as normas processuais não devem servir para retirar ou atribuir direitos, mas apenas para resolver o conflito de interesses ou tutelar os interesses juridicamente relevantes. Por isso, a certeza acerca da ilicitude dos objetivos pretendidos pelo autor ou por ambas as partes deve obter do tribunal a resposta adequada, sem prejuízo da aplicação de sanções sustentadas na litigância de má-fé (art. 542º, nº 2, al. d)).

4. A doutrina diverge quanto à sanção correspondente ao uso anormal do processo: anulação do processo, para Alberto dos Reis, *CPC anot.*, vol. V, p. 103; anulação oficiosa, para Lebre de Freitas e Isabel Alexandre, *CPC anot.*, vol. II, 3ª ed., p. 727; ineficácia do processo, com abstenção de proferimento de decisão de mérito, para Manuel de Andrade, *Noções Elementares de Processo Civil*, p. 114.

CAPÍTULO II
Vícios e reforma da sentença

ARTIGO 613º
Extinção do poder jurisdicional e suas limitações

1 – Proferida a sentença, fica imediatamente esgotado o poder jurisdicional do juiz quanto à matéria da causa.

2 – É lícito, porém, ao juiz retificar erros materiais, suprir nulidades e reformar a sentença, nos termos dos artigos seguintes.

3 – O disposto nos números anteriores, bem como nos artigos subsequentes, aplica-se, com as necessárias adaptações aos despachos.

Remissões: art. 152º (conceito de sentença); art. 614º (retificação de erros materiais); art. 616º (reforma da sentença).

1. Proferida a sentença, esgota-se o poder jurisdicional do juiz, pelo que, em regra, apenas poderá ser modificada por via de recurso, quando este seja admissível, ou mediante incidente de reforma ou arguição de nulidade (arts. 615º, nº 4 e 616º). Tal regime é de aplicar também aos despachos, tenham cunho material ou formal, por implicarem apenas com o direito adjetivo, ainda que, neste caso, possam sofrer as restrições que decorrem do art. 620º, nº 2.

2. Da extinção do poder jurisdicional consequente ao proferimento da decisão decorrem dois efeitos: um positivo, que se traduz na vinculação do tribunal à decisão que proferiu; outro negativo, consistente na insusceptibilidade de o tribunal que proferiu a decisão tomar a iniciativa de a modificar ou revogar (RC 17-4-12, 116/11).

3. O rigor que decorre do preceito e que se justifica pela necessidade de evitar a insegurança e incerteza que, fora do quadro do regime dos recursos, derivaria da possibilidade de ser alterada a decisão, poderá encontrar alguma atenuação na confluência de situações excecionais como a que decorre do justo impedimento, nos termos do art. 140º (*v.g.* a sentença foi proferida no pressuposto da existência de revelia absoluta, sendo certo que o mandatário do réu esteve impedido por motivo sério de praticar o ato ou, então, a contestação foi oportunamente apresentada, mas por motivo não imputável à parte não foi inserida nos autos a fim de ser atendida pelo juiz). Lebre de Freitas e Isabel Alexandre, *CPC anot.*, vol. II, 3ª ed., p. 730, mencionam outras situações (sentenças prematuras) que, no entanto, deverão encontrar solução através do regime do recurso.

ARTIGO 614º
Retificação de erros materiais

1 – Se a sentença omitir o nome das partes, for omissa quanto a custas ou a algum dos elementos previstos no nº 6 do artigo 607º, ou contiver erros de escrita ou de cálculo ou quaisquer inexatidões devidas a outra omissão ou lapso manifesto, pode ser corrigida por simples despacho, a requerimento de qualquer das partes ou por iniciativa do juiz.

2 – Em caso de recurso, a retificação só pode ter lugar antes de ele subir, podendo as partes alegar perante o tribunal superior o que entendam de seu direito no tocante à retificação.

3 – Se nenhuma das partes recorrer, a retificação pode ter lugar a todo o tempo.

Remissões: art. 249º do CC (erro de cálculo ou de escrita); art. 644º, nº 2, al. g) (recurso do despacho de retificação).

1. O regime é justificadamente mais brando quando estão em causa meros erros materiais, erros de cálculo ou inexatidões que, em geral, são devidos a lapsos manifestos. O erro material só pode ser retificado se for ostensivo, evidente e devido a lapso manifesto: é preciso que, ao ler o texto, se veja que há erro e logo se entenda o que se queria dizer (RG 22-11-18, 56/18). A correção constitui complemento e parte integrante da sentença, por aplicação analógica do art. 617º, nº 2.

2. Lebre de Freitas e Isabel Alexandre, *CPC anot.*, II vol., 3ª ed., p. 732, entendem que não cabe recurso do despacho de indeferimento da retificação, por aplicação analógica do art. 617º, nº 1, *in fine*, e nº 6, 1ª parte, sem prejuízo do poder que a Relação tem de interpretar a sentença. A interpretação das sentenças não se queda pelo elemento literal, importando atender ao seu elemento sistemático, bem como ao elemento teleológico e funcional (STJ 8-5-19, 3167/17).

3. O Trib. Const., no Ac. nº 413/2015, decidiu não julgar inconstitucional a norma segundo a qual "o prazo de interposição de recurso de apelação pelo réu não se interrompe ou suspende por força do pedido de retificação de erro de cálculo constante da sentença recorrida formulado por um dos autores, contando-se a partir da data da notificação de tal decisão judicial e não a partir da data da proferição do despacho que posteriormente se pronuncie sobre a pretendida retificação", decorrente dos arts. 613º, 614º e 638º.

ARTIGO 615º
Causas de nulidade da sentença

1 – É nula a sentença quando:

a) Não contenha a assinatura do juiz;

b) Não especifique os fundamentos de facto e de direito que justificam a decisão;

c) Os fundamentos estejam em oposição com a decisão ou ocorra alguma ambiguidade ou obscuridade que torne a decisão ininteligível;

d) O juiz deixe de pronunciar-se sobre questões que devesse apreciar ou conheça de questões de que não podia tomar conhecimento;

e) O juiz condene em quantidade superior ou em objeto diverso do pedido.

2 – A omissão prevista na alínea a) do número anterior é suprida oficiosamente, ou a requerimento de qualquer das partes, enquanto for possível colher a assinatura do juiz que proferiu a sentença, devendo este declarar no processo a data em que apôs a assinatura.

3 – Quando a assinatura seja aposta por meios eletrónicos, não há lugar à declaração prevista no número anterior.

4 - As nulidades mencionadas nas alíneas b) a e) do nº 1 só podem ser arguidas perante o tribunal que proferiu a sentença se esta não admitir recurso ordinário, podendo o recurso, no caso contrário, ter como fundamento qualquer dessas nulidades.

Remissões: art. 608º (questões a resolver); art. 609º (limites da condenação); art. 627º (impugnação por recurso).

1. Importa que se estabeleça uma separação entre nulidades de processo (art. 195º) e nulidades de julgamento (art. 615º), sendo que o regime do preceito apenas a estas se aplica; as demais deverão ser arguidas pelas partes ou suscitadas oficiosamente pelo juiz, nos termos previstos noutros normativos.

2. Ocorre, porém, que nem sempre esta distinção é evidente, como sucede nos casos em que a omissão de determinada formalidade obrigatória (*v.g.* cumprimento do contraditório antes de apreciar *ex officio* uma determinada questão) acaba por se traduzir numa nulidade da própria decisão, ajustando-se, então, a interposição de recurso no âmbito do qual essa nulidade seja suscitada (sobre esta questão e com ilustração jurisprudencial e doutrinal, cf. Abrantes Geraldes, *ob. cit.*, pp. 25-26; cf. também STJ 22-2-17, 5384/15, STJ 23-6-16, 1937/15 e RL 15-3-18, 23267/17). Outra situação que suscita dúvidas respeita às consequências que emergem da prolação de decisão formal ou de mérito no despacho saneador sem que seja precedida das diligências impostas por lei, nos termos do art. 590º, nºs 2, 3 e 4, para cujas notas se remete (cf. RG 23-6-16, 713/14).

3. No que respeita às nulidades decisórias, as mesmas apenas podem ser suscitadas perante o tribunal que proferiu a decisão nos casos em que esta não admita recurso, já que, na situação inversa, deverão ser inseridas nas alegações do recurso de apelação (cf. Abrantes Geraldes, *Recursos no NCPC*, 5ª ed., p. 26-30, com mais desenvolvimento).

4. É verdadeiramente impressionante a frequência com que, em sede de recurso, são invocadas nulidades da sentença ou de acórdãos, denotando um número significativo de situações que o verdadeiro interesse da parte não é propriamente o de obter uma correta apreciação do mérito da causa, mas de "anular" a toda a força a sentença com que foi confrontada.

5. É claro que certas decisões poderão estar eivadas de nulidades, mas ainda assim seria bom que se interiorizasse que, atento o disposto no art. 665º, nº 1, que regula os poderes da Relação no âmbito do recurso de apelação, a sua verificação não determina necessariamente a remessa dos autos ao tribunal de 1ª instância, antes implica a substituição imediata por parte da Relação, a não ser que alguma questão tenha sido considerada prejudicada e haja necessidade de recolher outros elementos. Mesmo quando as nulidades respeitam a acórdãos da Relação, a intervenção do Supremo também se faz, em regra, em regime de substituição, a não ser nas situações excluídas do nº 1 do art. 684º.

6. Acresce ainda uma frequente confusão entre nulidade da decisão e discordância quanto ao resultado, entre a falta de fundamentação e uma fundamentação insuficiente ou divergente da pretendida ou mesmo entre a omissão de pronúncia (relativamente a alguma questão ou pretensão) e a falta de resposta a algum argumento dos muitos que florescem nas alegações de recurso.

7. Porventura esta tendência encontrará a sua raiz num modelo processual em que o decurso do prazo para a interposição de recurso apenas se iniciava depois de serem apreciadas pelo tribunal *a quo* eventuais nulidades decisórias que eram autonomamente arguidas. Porém, há muito que foi ultrapassado esse quadro normativo, de modo que o prazo para interposição de recurso e apresentação de alegações é contado a partir da notificação da sentença (art. 638º, nº 1), sem que haja a possibilidade de a parte dilatar (artificialmente) o exercício desse direito através da dedução de incidentes de arguição de nulidade ou de reforma da sentença, questões que, quando surjam, devem ser necessariamente integradas nas alegações de recurso, como claramente o prescreve o nº 4. Seguro é que os resultados que se observam através da leitura dos acórdãos são reveladores da generalizada falta de consistência das nulidades que são frequentemente arguidas, tendo como reflexo justificado a sua apreciação sumária que, na maior parte das vezes, é inteiramente merecida.

8. No que concerne à arguição das nulidades da sentença, importa distinguir os casos em que a mesma admite ou não recurso ordinário. Naquela primeira situação, as nulidades apenas podem ser suscitadas em sede do recurso de apelação (ou, depois, em sede recurso de revista), como fundamentos autónomos da sua impugnação.

9. Nos casos em que a sentença não admita recurso ordinário, as nulidades devem ser arguidas incidentalmente, sendo apreciadas pelo juiz, depois de cumprido o contraditório. A lei não deixa margem para tergiversações, sendo a solução legal sustentada no anterior uso abusivo do incidente de arguição de nulidades que, por esta via radical, se procurou sancionar.

10. Para além da falta de assinatura do juiz (suprível oficiosamente em qualquer altura), é nula a sentença que não especifique os fundamentos de facto e de direito ou que se caracterize pela sua ininteligibilidade, previsões que a jurisprudência tem vindo a interpretar de forma uniforme, de modo a incluir apenas a absoluta falta de fundamentação e não a fundamentação alegadamente insuficiente e ainda menos o putativo desacerto da decisão (STJ 2-6-16, 781/11).

11. A nulidade a que se reporta a 1ª parte da al. c) ocorre quando existe incompatibilidade entre os fundamentos e a decisão, ou seja, em que a fundamentação aponta num sentido que contradiz o resultado final. Situação que, sendo violadora do chamado silogismo judiciário, em que as premissas devem condizer com a conclusão, também não se confunde com um eventual erro de julgamento, que se verifica quando o juiz decide contrariamente aos factos apurados ou contra norma jurídica que lhe impõe uma solução jurídica diferente.

12. A decisão judicial é obscura quando contém algum passo cujo sentido seja ininteligível e é ambígua quando alguma passagem se preste a interpretações diferentes.

13. Mais frequentes são os casos de omissão de pronúncia, seja quanto às questões suscitadas, seja quanto à apreciação de alguma pretensão. A este respeito, também é pacífica a jurisprudência que o dever de decidir tem por referência as questões suscitadas e bem assim as questões de conhecimento oficioso, mas que não obriga a que se incida sobre todos os argumentos, pois que estes não se confundem com "*questões*" (STJ 27-3-14, 555/2002). Para determinar se existe omissão de pronúncia há que interpretar a sentença na sua totalidade, articulando fundamentação e decisão (STJ 23-1-19, 4568/13).

14. Se é grave a falta de apreciação de alguma questão relevante para o resultado da lide (omissão de pronúncia), não o é menos a apreciação de questões de facto ou de direito que não tenham sido invocadas e que não sejam de conhecimento oficioso (excesso de pronúncia). Já a condenação *ultra petitum* resultará na violação do disposto no art. 609º, nº 1.

ARTIGO 616º
Reforma da sentença

1 – A parte pode requerer, no tribunal que proferiu a sentença, a sua reforma quanto a custas e multa, sem prejuízo do disposto no nº 3.

2 – Não cabendo recurso da decisão, é ainda lícito a qualquer das partes requerer a reforma da sentença quando, por manifesto lapso do juiz:

a) Tenha ocorrido erro na determinação da norma aplicável ou na qualificação jurídica dos factos;

b) Constem do processo documentos ou outro meio de prova plena que, só por si, impliquem necessariamente decisão diversa da proferida.

3 – Cabendo recurso da decisão que condene em custas ou multa, o requerimento previsto no nº 1 é feito na alegação.

Remissões: arts. 527º a 541º (normas sobre condenação em custas); art. 6º, nº 7, do RCP (dispensa do pagamento do remanescente da taxa de justiça nas causas de valor superior a € 275.000,00); art. 31º do RCP (reforma e reclamação da conta).

1. A regra sobre o esgotamento do poder jurisdicional encontra um desvio nos casos em que exista erro decisório em matéria de custas e de multa e ainda quando se verifique um lapso manifesto relativamente a algum dos aspetos referidos no nº 2. O lapso a que se reporta o nº 2 tem de ser evidente e incontroverso, revelado por elementos que são exteriores ao despacho, não se reconduzindo à mera discordância quanto ao decidido.

2. São considerados pertinentes para efeitos de admissibilidade da reforma (especialmente nos casos em que não é admissível recurso da decisão) os lapsos manifestos do juiz na determinação da norma aplicável ou na sua interpretação, a par das situações, seguramente patológicas também, em que tenham sido desconsiderados documentos com força probatória plena ou outros meios de prova com semelhante efeito (confissão, acordo das partes), com influência direta e causal no resultado.

3. Em qualquer dos casos, sendo admitido recurso ordinário, a reforma da sentença deve ser requerida nas alegações de recurso, apenas se admitindo que seja suscitada perante o juiz *a quo* nos demais casos, regime com o qual se pretendeu obstar a que fossem deduzidos incidentes com o mero objetivo de dilatar o prazo para a interposição de recurso e apresentação das correspondentes alegações.

ARTIGO 617º
Processamento subsequente

1 – Se a questão da nulidade da sentença ou da sua reforma for suscitada no âmbito de recurso dela interposto, compete ao juiz apreciá-la no próprio despacho em que se pronuncia sobre a admissibilidade do recurso, não cabendo recurso da decisão de indeferimento.

2 – Se o juiz suprir a nulidade ou reformar a sentença, considera-se o despacho proferido como complemento e parte integrante desta, ficando o recurso interposto a ter como objeto a nova decisão.

3 – No caso previsto no número anterior, pode o recorrente, no prazo de 10 dias, desistir do recurso interposto, alargar ou restringir o respetivo âmbito, em conformidade com a alteração sofrida pela sentença, podendo o recorrido responder a tal alteração, no mesmo prazo.

4 – Se o recorrente, por ter obtido o suprimento pretendido, desistir do recurso, pode o recorrido, no mesmo prazo, requerer a subida dos autos para decidir da admissibilidade da alteração introduzida na sentença, assumindo, a partir desse momento, a posição de recorrente.

5 – Omitindo o juiz o despacho previsto no nº 1, pode o relator, se o entender indispensável, mandar baixar o processo para que seja proferido; se não puder ser apreciado o objeto do recurso e houver que conhecer da questão da nulidade ou da reforma, compete ao juiz, após a baixa dos autos, apreciar as nulidades invocadas ou o pedido de reforma formulado, aplicando-se, com as necessárias adaptações, o previsto no nº 6.

6 – Arguida perante o juiz que proferiu a sentença alguma nulidade, nos termos da primeira parte do nº 4 do artigo 615º, ou deduzido pedido de reforma da sentença, por dela não caber recurso ordinário, o juiz profere decisão definitiva sobre a questão suscitada; porém, no caso a que se refere o nº 2 do artigo anterior, a parte prejudicada com a alteração da decisão pode recorrer,

mesmo que a causa esteja compreendida na alçada do tribunal, não suspendendo o recurso a exequibilidade da sentença.

Remissões: art. 638º (prazo para recorrer); art. 641º, nº 1 (momento da pronúncia).

1. Os nºs 1 a 5 dirigem-se aos casos em que, tendo sido interposto recurso ordinário, a matéria da nulidade da sentença ou da sua reforma é suscitada no próprio recurso, como impõem os arts. 615º, nº 4 e 616º, nº 2. O nº 6 regula as situações em que, não sendo admissível recurso da sentença, a questão da nulidade ou da reforma da decisão é colocada ao próprio juiz, cabendo a esta respetiva apreciação.

2. Nos casos em que há recurso, sinal de que a sentença vai ser submetida a um tribunal superior, o juiz *a quo* deve, ainda assim, pronunciar-se sobre a nulidade arguida ou sobre o pedido de reforma, em ato prévio à subida do recurso, mais precisamente quanto profere o despacho previsto no art. 641º, nº 1, sendo que a omissão de tal apreciação pode determinar a baixa do processo para esse efeito (nº 5).

3. Se o juiz indeferir o incidente de nulidade ou de reforma, a respetiva decisão não admite recurso autónomo, seguindo o processo para o tribunal superior ao qual cabe apreciar a nulidade ou a reforma e todas as demais questões suscitadas.

4. Se o incidente for deferido, essa decisão não assume autonomia, valendo como complemento e parte integrante da sentença recorrida, cujo recurso subirá em termos de incluir no seu objeto o que resultou da decisão do incidente (nº 2). Só não será assim se o recorrente, em função daquela decisão incidental, entender que se alteraram os pressupostos do recurso por si interposto, sendo-lhe permitido, conforme as circunstâncias, e em 10 dias, optar pela desistência, pelo alargamento ou pela restrição do objeto do recurso, sempre se assegurando ao recorrido responder, no mesmo prazo, ao alargamento ou à restrição (nº 3). Se o recorrente, em função do teor da decisão incidental, optar pela desistência do recurso, cabe então ao recorrido, no prazo de 10 dias, tomar a iniciativa de ativar a subida do recurso, de modo a assegurar que seja apreciada a alteração introduzida na sentença, passando a assumir a posição de recorrente (nº 4).

5. Nos casos em que os incidentes de arguição de nulidade ou de reforma tenham sido deduzidos autonomamente, por não caber recurso ordinário da sentença, a decisão então proferida pelo juiz será definitiva em caso de indeferimento, mas obedece a um regime especial de recorribilidade no caso contrário. Com efeito, sendo deferida a nulidade ou a reforma, a parte prejudicada com a alteração da sentença daí decorrente é admitida a impugná-la por via de recurso, fora das regras da alçada do tribunal, embora tal recurso tenha sempre efeito meramente devolutivo, tendo por objeto a sentença original com as alterações decorrentes da decisão do incidente (nº 6). Quanto ao prazo do recurso, aplicam-se as regras gerais contidas no art. 638º.

6. O regime do nº 6 é igualmente aplicável nos casos em que, tendo sido arguida nulidade ou pedida reforma da sentença, na pressuposição de que o processo admitia recurso, o tribunal superior acaba por decidir que não pode ser apreciado o objeto do recurso, com a inerente baixa dos autos (nº 5).

ARTIGO 618º
Defesa contra as demoras abusivas

Nos casos em que não seja admissível recurso da decisão, é aplicável, com as necessárias adaptações, o disposto no artigo 670º.

1. É de aplicar na 1ª instância o que no art. 670º está previsto para os tribunais superiores, sofrendo apenas a modificação resultante da circunstância de não haver conferência e de, por isso, a decisão ser apreciada pelo juiz do processo. Trata-se de um mecanismo que tem por objetivo impedir ou atenuar os efeitos de manobras dilatórias em sede de processos em que não seja admissível recurso.

CAPÍTULO III
Efeitos da sentença

ARTIGO 619º
Valor da sentença transitada em julgado

1 – Transitada em julgado a sentença ou o despacho saneador que decida do mérito da causa, a decisão sobre a relação material controvertida fica a ter força obrigatória dentro do processo e fora dele nos limites fixados pelos artigos 580º e 581º, sem prejuízo do disposto nos artigos 696º a 702º.

2 – Mas se o réu tiver sido condenado a prestar alimentos ou a satisfazer outras prestações dependentes de circunstâncias especiais quanto à sua medida ou à sua duração, pode a sentença ser alterada desde que se modifiquem as circunstâncias que determinaram a condenação.

Remissões: art. 91º (competência do tribunal em relação às questões incidentais); art. 282º (renovação da instância); art. 581º (exceção de caso julgado); art. 628º (trânsito em julgado); art. 704º (requisitos da exequibilidade da sentença).

1. O preceito trata do caso julgado material, isto é, daquele que se constitui sobre uma sentença ou despacho saneador que aprecie o mérito da causa, dele emergindo não apenas a eficácia intraprocessual, mas ainda a extraprocessual. A sua aparente singeleza oculta, porém, numerosas dificuldades de integração que deverão ser resolvidas com apelo a outros preceitos ou por via da interpretação e integração, com recurso à jurisprudência e à doutrina.

2. Assim ocorre com a delimitação subjetiva ou objetiva do caso julgado, convocando a regra geral do art. 581º, que faz depender a exceção de caso julgado da identidade dos sujeitos ativo e passivo, da causa de pedir, isto é, dos factos em que se funda a pretensão, e do pedido, ou seja, do efeito prático-jurídico que se pretende alcançar (STJ 24-4-13, 7770/07).

3. Sendo exigida a identidade dos três elementos enunciados no art. 581º, tal significa que a improcedência da ação não obstará a que a mesma pretensão seja sustentada noutra causa de pedir (sobre a delimitação temporal da causa de pedir, cf. STJ 18-4-13, 1904/10 e nota 10 ao art. 581º) ou que, com base na mesma causa de pedir, o autor formule contra o mesmo réu outra pretensão, tal como não impede que a mesma ação, sob uma perspetiva objetiva, decorra entre outros sujeitos colocados num ou em ambos os lados da relação processual.

4. O âmbito do caso julgado tem sido profusamente tratado a respeito dos fundamentos que, sendo decisivos para a ação, foram apreciados noutra ação com eficácia jurídica relativamente aos mesmos sujeitos, esbarrando a ampliação dos efeitos da sentença com a forte restrição que está prevista no art. 91º, nº 2, norma segundo a qual a decisão de questões e incidentes suscitados numa ação apenas produz caso julgado, com eficácia externa, quando alguma das partes requerer o julgamento com essa amplitude (sobre a questão, cf. anot. ao art. 91º e Lebre de Freitas e Isabel Alexandre, *CPC anot.*, vol. I, 4ª ed., pp. 205-207).

5. Vem surgindo com alguma frequência em arestos dos diversos tribunais o recurso à figura da "autoridade do caso julgado" (ou efeito positivo do caso julgado), com vista a extrair de algumas decisões o mesmo efeito impeditivo que emerge da verificação da exceção dilatória de caso julgado. Foi relativamente a uma dessas situações que, em STJ 18-6-14, 209/09, se concluiu que essa figura, "emergente de sentença proferida numa ação, não é suscetível de ser invocada noutra ação em que são partes outros sujeitos, não sendo permitido que, com esse exclusivo fundamento, se aditem os factos que naquela ação foram considerados provados" (cf. ainda, em STJ 28-6-18, CJ, t. II, p. 133, STJ 3-11-16, 1628/15 e STJ 17-6-14, 233/2000). Em STJ 8-11-18, 478/08, decidiu-se que tal figura pressupõe uma decisão anterior definidora de direitos que se apresenta como pressuposto indiscutível do efeito jurídico da decisão posterior. Tal foi reconhecido também relativamente ao reconhecimento de crédito no processo de insolvência em STJ 27-9-18, 10248/16. Evidente se tornava a sua aplicação ao caso que foi apreciado em STJ 26-2-19, 4043/10, em cujo sumário se refere, além do mais, que "a sentença, transitada em julgado, proferida em ação anterior, que reconheceu à seguradora laboral o direito de se sub-rogar no direito de indemnização da lesada contra o terceiro responsável pelo acidente, quanto a prestações pagas até à sua prolação, tem autoridade de caso julgado na ação posterior onde a seguradora laboral pede o reembolso das prestações pagas, de idêntica natureza, desde então".

6. Naturalmente que nenhum efeito de caso julgado (ou mesmo de autoridade de caso julgado) pode ser extraído de uma decisão relativamente a sujeitos que não tiveram qualquer intervenção na ação em que foi proferida nem se integram na esfera da identidade subjetiva definida pelo art. 581º, nº 2.

7. Já em STJ 22-9-16, 106/11, decidiu-se que, "julgada improcedente determinada pretensão por falta de verificação de um facto (o efetivo desembolso de uma quantia), o caso julgado formado pela sentença não obsta a que seja interposta nova ação na qual seja alegada a verificação ulterior desse facto para sustentação da mesma pretensão material (art. 621º)". Ainda que em tal situação não se configurasse a exceção de caso julgado (art. 581º, nº 1), atenta a diversidade da causa de pedir num dos seus segmentos essenciais, considerou-se que aquela sentença se projetava na segunda ação através da autoridade de caso julgado relativamente às demais questões que nela foram especificamente apreciadas.

8. Verifica-se, contudo, alguma dificuldade de conjugação com a norma do art. 91º, nº 2, que aparentemente exige que a questão prejudicial tenha sido apreciada com o específico efeito de produzir eficácia externa. Lebre de Freitas e Isabel Alexandre, apregoam, em *CPC anot.*, vol. I, 4ª ed., pp. 205-207 (e vol. II, 3ª ed., pp. 595-597), uma solução mais restritiva da extensão de caso julgado do que aquela que é percecionada a partir da leitura de diversos arestos, concluindo que a autoridade de caso julgado que emerge da sentença que transitou em julgado e a exceção de caso julgado são efeitos distintos da mesma realidade jurídica: "pela exceção visa-se o efeito negativo da inadmissibilidade da segunda ação, constituindo-se o caso julgado em obstáculo a nova decisão de mérito", enquanto "a autoridade do caso julgado tem antes o efeito positivo de impor a primeira decisão, como pressuposto indiscutível de segunda decisão de mérito (...). Este efeito positivo assenta numa relação de prejudicialidade: o objeto da primeira decisão constitui questão prejudicial na segunda ação, como pressuposto necessário da decisão de mérito que nesta há de ser proferida".

9. Já Teixeira de Sousa, numa linha que tem obtido maior adesão por parte da jurisprudência, defende que "a exceção de caso julgado visa evitar que o órgão jurisdicional, duplicando as decisões sobre idêntico objeto processual, contrarie na decisão posterior o sentido da decisão anterior ou repita na decisão posterior o conteúdo da decisão anterior", acrescentando ainda que "quando vigora como autoridade de caso julgado, o caso julgado material manifesta-se no seu aspeto positivo de proibição de contradição da decisão transitada: a autoridade de caso julgado é o comando de ação, a proibição de omissão respeitante à vinculação subjetiva à repetição do processo subsequente do conteúdo da decisão anterior e à não contradição no processo posterior do conteúdo da decisão anterior" ("O Objeto da Sentença e o Caso Julgado Material", *BMJ* 325º, pp. 49 e ss.).

10. Enfim, respeitada a identidade dos sujeitos (STJ 18-6-14, 209/09), a autoridade de caso julgado decorrente de decisão proferida em anterior ação pode funcionar independentemente da verificação do restante condicionalismo de que depende a exceção de caso julgado (art. 581º), em situações em que a questão anteriormente decidida não possa voltar a ser discutida entre os mesmos sujeitos (STJ 26-2-19, 4043/10, STJ 23-11-11, 644/08, STJ 6-3-08, 08B402 e STJ 13-12-07,

07A3739), abarcando, para além das questões diretamente decididas na parte dispositiva da sentença, as que sejam antecedente lógico necessário à emissão da parte dispositiva do julgado (STJ 12-7-11, 129/07 e RP 8-10-19, 2097/12). Seguro é que tal mecanismo, que visa evitar contradições decisórias entre os mesmos sujeitos, não poderá ser invocado em ação que corra entre sujeitos diversos na perspetiva da sua qualidade jurídica, como quando está em causa o binómio sociedade/sócio (STJ 13-9-18, 687/17)

11. A apreciação dos efeitos que emanam de uma sentença transitada em julgado tem sido ainda feita em torno dos meios de defesa que foram ou poderiam ter sido invocados pelo réu, valendo para este efeito a norma preclusiva do art. 573º, que foi invocada em STJ 10-10-12, 1999/11, onde se decidiu que "a autoridade de caso julgado de uma decisão que reconheceu ao autor o direito de propriedade sobre uma parcela de terreno e condenou o réu na sua restituição e na demolição da construção que na mesma foi erigida impede que este, em nova ação, peça o reconhecimento do direito de propriedade sobre a mesma parcela, ainda que com fundamento na acessão industrial imobiliária", na medida em que uma tal pretensão poderia (e deveria) ter sido deduzida por via reconvencional na primeira ação, como defende Miguel Mesquita, em *Reconvenção e Exceção em Processo Civil*, pp. 418 e ss. (no mesmo sentido, aludindo ao efeito preclusivo dos meios de defesa, STJ 29-5-14, 1722/12).

12. Outro ponto de discussão gira em torno da eficácia reflexa do caso julgado, importando distinguir entre terceiros juridicamente indiferentes e terceiros juridicamente interessados, nos termos que são descritos por Lebre de Freitas e Isabel Alexandre, *CPC anot.*, vol. II, 3ª ed., pp. 758 a 761, STJ 12-4-18, 622/08 e STJ 18-2-15, 2451/08.

13. A imodificabilidade do caso julgado material sofre as restrições que decorrem do regime dos recursos extraordinários para uniformização de jurisprudência e de revisão. Por seu lado, o disposto no nº 2 tem relação direta com o previsto no art. 282º sobre a possibilidade de renovação da instância extinta.

14. Continua válida a jurisprudência que foi fixada pelo ***Assento nº 6/88***, segundo o qual: "*O desistente do pedido de simples apreciação prescinde do conhecimento do respetivo direito e, por isso, o caso julgado impedi-lo-á de estruturar nele um pedido de condenação.*"

15. Sobre o caso julgado, seus efeitos e limites, cf., desenvolvidamente, Teixeira de Sousa, *Estudos Sobre o Novo Processo Civil*, 2ª ed., pp. 567-599, Remédio Marques, *Acção Declarativa à luz do Código Revisto*, 2ª ed., pp. 642-680 e Rui Pinto, "Exceção e autoridade de caso julgado. Algumas notas provisórias", *ROA*, ano 78º, tt. II-II, pp. 377 e ss. Para uma análise circunstanciada do regime do nº 2, cf. Isabel Alexandre, *Modificação do Caso Julgado Material Civil por Alteração das Circunstâncias*, pp. 366-377, 543-565, 586-606 e 664-671.

ARTIGO 620º
Caso julgado formal

1 – As sentenças e os despachos que recaiam unicamente sobre a relação processual têm força obrigatória dentro do processo.

2 – Excluem-se do disposto no número anterior os despachos previstos no artigo 630º.

Remissões: art. 152º, nº 4 (despachos de mero expediente e proferidos no uso de poder discricionário); art. 625º, nº 2 (casos julgados contraditórios).

1. O caso julgado formal, por oposição ao caso julgado material, restringe-se às decisões que apreciam matéria de direito adjetivo, produzindo efeitos limitados ao próprio processo e, ainda assim, com algumas exceções, designadamente a que decorre do art. 595º, nº 3, quanto à apreciação genérica de nulidades e exceções dilatórias (cf. notas 4 e 5 ao art. 595º). Despacho que recai sobre a relação processual é todo aquele que, em qualquer momento do processo, aprecia e decide uma questão que não seja de mérito (Lebre de Freitas e Isabel Alexandre, *CPC anot.*, vol. II, 3ª ed., p. 753).

2. Em associação com esta matéria, importa notar que, nos termos do art. 364º, nº 4, a decisão cautelar, posto que preliminar ou incidental da ação, não exerce qualquer influência nesta. Inversamente, nos casos em que a exceção de incompetência absoluta tenha sido apreciada pelo Supremo Tribunal de Justiça, na situação prevista no art. 101º, nº 1, ou pelo Trib. dos Conflitos (art. 101º, nº 2), tal decisão forma caso julgado com eficácia externa que impede que no tribunal considerado competente para a ação se suscite de novo a mesma questão. Solução que igualmente se prescreve para a decisão do incidente de incompetência relativa (arts. 105º, nº 4 e 652º, nº 5, al. a)).

3. O nº 2 reporta-se aos despachos de mero expediente e aos proferidos no uso de um poder discricionário, os quais constituem decisões que o juiz pode modificar no decurso do processo.

4. Quanto à extensão do caso julgado aos fundamentos da decisão, cf. a anot. ao art. 91º.

ARTIGO 621º
Alcance do caso julgado

A sentença constitui caso julgado nos precisos limites e termos em que julga: se a parte decaiu por não estar verificada uma condição, por não ter decorrido um prazo ou por não ter sido praticado determinado facto, a sentença não obsta a que o pedido se renove quando a condição se verifique, o prazo se preencha ou o facto se pratique.

Remissões: art. 988º (valor das resoluções nos processos de jurisdição voluntária).

1. O preceito está ligado aos pressupostos do caso julgado previstos no art. 581º: o caso julgado apenas se verifica entre os mesmos sujeitos (sob uma perspetiva qualitativa), relativamente à mesma pretensão material e a partir do mesmo fundamento substancial.

2. A violação do caso julgado, pela sua gravidade em face da insegurança que induz no sistema, determinou a previsão da recorribilidade da decisão independentemente do valor da causa em conexão com a alçada do tribunal (art. 629º, nº 2, al. a); STJ 18-12-13, 1801/10).

3. É esse condicionalismo que permite afirmar também que a restrição decorrente do caso julgado material deixa de se verificar perante modificação das circunstâncias objetivas conexas com a verificação de uma condição, o decurso de um prazo ou a prática de um facto que esteve na génese da improcedência da pretensão (STJ 22-9-16, 106/11) ou uma diferente localização temporal dos factos que integram a causa de pedir (STJ 18-4-13, 1904/10).

ARTIGO 622º

Efeitos do caso julgado nas questões de estado

Nas questões relativas ao estado das pessoas, o caso julgado produz efeitos mesmo em relação a terceiros quando, proposta a ação contra todos os interessados diretos, tenha havido oposição, sem prejuízo do disposto, quanto a certas ações, na lei civil.

Remissões: art. 931º (divórcio e separação sem consentimento do outro cônjuge).

1. São ações de estado aquelas que têm por objeto relações de natureza familiar ou que visam regulamentar aspetos de natureza eminentemente pessoal, como ocorre com as ações de filiação, adoção, tutela, acompanhamento de maiores, divórcio ou separação, identidade pessoal, estado civil (cf. António P. Pinto Monteiro, "Do caso julgado nas questões de estado", em *Themis*, nº 18, pp. 77-130).

2. Naturalmente que, em tais ações, os efeitos do caso julgado não poderiam obedecer ao regime geral. Por isso, demandado o interessado ou os interessados diretos (art. 30º), desde que tenha havido oposição, a sentença constitui caso julgado com eficácia *erga omnes*.

3. Sobre esta matéria, cf. António Júlio Cunha, *Limites Subjetivos do Caso Julgado*, pp. 248-260, pugnando no sentido de que a eficácia do caso julgado tem apenas como destinatários aqueles que se encontravam legitimados, considerando o objeto do processo, a alcançar uma diferente definição ou declaração do estado pessoal em causa.

ARTIGO 623º
Oponibilidade a terceiros da decisão penal condenatória

A condenação definitiva proferida no processo penal constitui, em relação a terceiros, presunção ilidível no que se refere à existência dos factos que integram os pressupostos da punição e os elementos do tipo legal, bem como dos que respeitam às formas do crime, em quaisquer ações civis em que se discutam relações jurídicas dependentes da prática da infração.

Remissões: art. 350º do CC (presunções legais); art. 375º do CPP (sentença condenatória).

1. A sentença penal condenatória do arguido constitui caso julgado contra o mesmo, o qual pode ser invocado noutra ação. O preceito trata apenas do relevo a atribuir à mesma sentença relativamente a terceiros, nos casos em que sejam titulares de uma relação jurídica dependente da infração criminal, como ocorre com a seguradora para quem o segurado e arguido transferiu a sua responsabilidade civil. Nestes casos, a sentença penal, conquanto proferida no âmbito de um processo em que o terceiro não teve intervenção, representa uma presunção ilidível da ocorrência dos factos que sejam comuns aos que foram apreciados e considerados provados no âmbito do processo penal (facto ilícito, culpa, nexo de causalidade, forma de atuação).

2. A decisão judicial homologatória de medida tutelar educativa proferida no âmbito do art. 104º, nº 4, da Lei nº 166/99, de 14-9, não se equipara a sentença penal para os referidos efeitos (STJ 27-10-15, 1549/10).

3. Sobre este preceito, cf. Maria José Capelo, *A Sentença Entre a Autoridade e a Prova*, pp. 210-227, Luís Filipe Sousa, *Prova por Presunção no Direito Civil*, pp. 197-199 e Cristina Dá Mesquita, "Prova na ação de responsabilidade civil fundada na prática de crime e factos provados na fundamentação da sentença penal", *Julgar Online*, 2018.

ARTIGO 624º
Eficácia da decisão penal absolutória

1 – A decisão penal, transitada em julgado, que haja absolvido o arguido com fundamento em não ter praticado os factos que lhe eram imputados, constitui, em quaisquer ações de natureza civil, simples presunção legal da inexistência desses factos, ilidível mediante prova em contrário.

2 – A presunção referida no número anterior prevalece sobre quaisquer presunções de culpa estabelecidas na lei civil.

Remissões: art. 376º do CPP (sentença absolutória); art. 350º do CC (presunções legais).

1. O preceito não abarca toda e qualquer sentença absolutória, designadamente aquela em que a absolvição emerge do princípio *in dubio pro reo*, mas apenas aquela em que seja demonstrado, pela positiva, que o arguido não praticou os factos que lhe eram imputados e que servem de sustentação a pretensão de natureza cível deduzida autonomamente. É essa sentença que integra uma presunção legal ilidível mediante prova do contrário, sobrepondo-se, assim, a outras presunções de culpa, designadamente a que deriva do art. 503º, nº 3, do CC (STJ 29-1-19, 951/06).

2. Sobre este preceito, cf. Maria José Capelo, *A Sentença Entre a Autoridade e a Prova*, pp. 210-227 e Luís Filipe Sousa, *Prova por Presunção no Direito Civil*, pp. 197-199.

ARTIGO 625º

Casos julgados contraditórios

1 – Havendo duas decisões contraditórias sobre a mesma pretensão, cumpre-se a que passou em julgado em primeiro lugar.

2 – É aplicável o mesmo princípio à contradição existente entre duas decisões que, dentro do processo, versem sobre a mesma questão concreta da relação processual.

Remissões: art. 729º, al. f)(caso julgado como fundamento de oposição).

1. A exceção dilatória de caso julgado (art. 577º, al. i)) visa impedir a existência de duas decisões contraditórias nos limites objetivos e subjetivos definidos pelo art. 581º. Apesar da oficiosidade de conhecimento de tal exceção (art. 578º) e da recorribilidade sem dependência do valor da causa (art. 629º, nº 2, al. a)), que visam evitar a consumação da violação do caso julgado, os seus efeitos são remediados *a posteriori* através de uma medida que concede prevalência à decisão que transitou em julgado em primeiro lugar (valendo, para o efeito, o critério que consta do art. 628º). Essa prevalência redunda na ineficácia da sentença coberta por trânsito em julgado posterior, constituindo ainda fundamento de oposição à execução que venha a ser instaurada com base em tal decisão (art. 729º, al. f)).

2. Semelhante solução é prevista para os casos em que o conflito se estabeleceu entre duas decisões de natureza adjetiva proferidas no âmbito do mesmo processo.

ARTIGO 626º

Execução da decisão judicial condenatória

1 – A execução da decisão judicial condenatória inicia-se mediante requerimento, ao qual se aplica, com as necessárias adaptações, o disposto nos artigos 724º e seguintes, salvo nos casos de decisão judicial condenatória proferida no âmbito do procedimento especial de despejo.

2 – Sem prejuízo do disposto no nº 3 do artigo 550º, a execução da decisão condenatória no pagamento de quantia certa segue a tramitação prevista para a forma sumária, havendo lugar à notificação do executado após a realização da penhora.

3 – Na execução de decisão judicial que condene na entrega de coisa certa, feita a entrega, o executado é notificado para deduzir oposição, seguindo-se, com as necessárias adaptações, o disposto nos artigos 860º e seguintes.

4 – Se o credor, conjuntamente com o pagamento de quantia certa ou com a entrega de uma coisa, pretender a prestação de um facto, a citação prevista no nº 2 do artigo 868º é realizada em conjunto com a notificação do executado para deduzir oposição ao pagamento ou à entrega.

5 – Se a execução tiver por finalidade o pagamento de quantia certa e a entrega de coisa certa ou a prestação de facto, podem ser logo penhorados bens suficientes para cobrir a quantia decorrente da eventual conversão destas execuções, bem como a destinada à indemnização do exequente e ao montante devido a título de sanção pecuniária compulsória.

Remissões: art. 85º (competência para a execução fundada em sentença); art. 164º, nº 2, al. c) (limitação à publicidade do processo); art. 129º da LOSJ (competência dos juízos de execução); art. 4º da Port. nº 282/13, de 29-8 (termos da apresentação do requerimento de execução da decisão judicial condenatória); arts. 15º-E, 15º-J e 15º-L a 15º-O da Lei nº 6/06, de 27-2 (procedimento especial de despejo).

1. São mais aparentes do que reais as vantagens que advêm da modificação operada relativamente à execução da sentença. A segurança inerente a um tal título executivo judicial claramente justificava a sua integração, como regra, no processo executivo sob a forma sumária que aqui surge em termos imediatos depois da formação do título executivo, sem que, no entanto, se tenha ido ao ponto de prever a oficiosidade da ação executiva, cujo impulso inicial e sucessivo continua a pender sobre o exequente. Por força da remissão do nº 1, incumbe ao exequente observar o disposto no art. 724º, nº 1, als. f), h), i) e k), nos nºs 2 e 3, bem como no nº 4, als. b) e c).

2. Quando a sentença careça de liquidação que não dependa de mero cálculo aritmético, não pode dar-se logo início à atividade executiva, devendo começar-se pela dedução da liquidação por via incidental (arts. 358º, nº 2, 360º, nº 3 e 704º, nº 6).

3. Fazendo uma análise bastante circunstanciada deste preceito, cf. Ramos de Faria e Ana Luísa Loureiro, *Primeiras Notas ao Novo Código de Processo Civil*, vol. I, pp. 563-570 e RE 8-2-18, 933/03.

TÍTULO V
Dos recursos

CAPÍTULO I
Disposições gerais

ARTIGO 627º
Espécies de recursos

1 – As decisões judiciais podem ser impugnadas por meio de recursos.

2 – Os recursos são ordinários ou extraordinários, sendo ordinários os recursos de apelação e de revista e extraordinários o recurso para uniformização de jurisprudência e a revisão.

Remissões: art. 615º (nulidade da sentença); art. 616º (reforma da sentença); art. 643º (reclamação); arts. 644º e ss. (apelação); arts. 671º e ss. (revista); arts. 688º e ss. (recursos extraordinários).

1. A matéria dos recursos cíveis e, em concreto, a parte geral dos recursos encontra-se detalhada em Abrantes Geraldes, *Recursos no Novo CPC*, 5ª ed., com larga ilustração jurisprudencial e doutrinária à margem de cada preceito.

2. Na delimitação do âmbito dos recursos, importa distinguir as nulidades de procedimento (art. 195º) das nulidades da decisão (art. 615º). Quando as nulidades se reportem à própria decisão e decorram de qualquer dos vícios assinalados nas als. b) a e) do nº 1 do art. 615º, a sua invocação deve ser integrada nas alegações de recurso. Já quanto às nulidades de procedimento, a sua arguição faz-se por requerimento dirigido ao juiz (art. 197º), cuja decisão ficará submetida às regras gerais da recorribilidade.

3. Ocorre, porém, que nem sempre esta distinção é evidente, como sucede nos casos em que a omissão de determinada formalidade obrigatória (*v.g.* cumprimento do contraditório antes de apreciar *ex officio* uma determinada questão) acaba por se traduzir numa nulidade da própria decisão, ajustando-se, então, a interposição de recurso no âmbito do qual essa nulidade seja suscitada (sobre esta questão e com ilustração jurisprudencial e doutrinal, cf. Abrantes Geraldes, *ob. cit.*, pp. 25-26; cf. também STJ 22-2-17, 5384/15, STJ 23-6-16, 1937/15 e RL 15-3-18, 23267/17).

4. Outra situação que suscita dúvidas respeita às consequências que emergem da prolação de decisão formal ou de mérito no despacho saneador sem que seja precedida das diligências impostas por lei, nos termos do art. 590º, nºs 2, 3 e 4, para cujas notas se remete (cf. RG 23-6-16, 713/14).

5. Relativamente a determinadas decisões, a sua impugnação é veiculada através de um instrumento de natureza diversa: a reclamação. Assim é com a decisão que aprecia o incidente de incompetência relativa (arts. 105º, nº 4 e 652º, nº 5, al. a)), sendo dirigida ao presidente do tribunal imediatamente superior. É através de reclamação dirigida ao próprio juiz que a parte pode reagir relativamente à enunciação dos temas da prova (art. 596º, nº 3).

6. Já da decisão do juiz de 1ª instância ou do relator na Relação que rejeita o recurso interposto a impugnação é feita através de reclamação dirigida ao tribunal superior (recurso de queixa), sendo apreciada por um juiz desse tribunal, com eventual intervenção posterior da respetiva conferência (art. 643º, nº 4). Da generalidade das decisões singulares proferidas pelo relator na Relação ou no Supremo existe a possibilidade de requerer a intervenção da conferência, numa função de reapreciação do que foi decidido (art. 652º, nº 3).

7. Nos casos em que a decisão ou o acórdão proferido não admita recurso (tendo em conta o valor do processo, o valor da sucumbência ou qualquer norma que especialmente vede tal meio de impugnação), se para tal tiver motivos, pode a parte interessada reagir através do incidente de declaração de nulidade ou de reforma, nos termos dos arts. 615º, nº 4 e 616º, nºs 1 e 2.

8. A lei estabelece uma divisão entre recursos ordinários e recursos extraordinários a partir de um critério formal ligado ao trânsito em julgado da decisão. Enquanto os recursos ordinários pressupõem que ainda não ocorreu o trânsito em julgado, devolvendo-se ao tribunal de recurso a possibilidade de anular, revogar ou modificar a decisão, os recursos extraordinários são interpostos depois daquele trânsito. O recurso extraordinário para uniformização de jurisprudência, uma vez admitido, será apreciado pelo pleno das secções cíveis (art. 695º, nº 1), ao passo que o recurso de revisão é decidido pelo próprio tribunal que proferiu a decisão revidenda (art. 697º, nº 1).

9. Cf., mais desenvolvidamente, Abrantes Geraldes, *ob. cit.*, pp. 23-36.

ARTIGO 628º
Noção de trânsito em julgado

A decisão considera-se transitada em julgado logo que não seja suscetível de recurso ordinário ou de reclamação.

Remissões: art. 149º (prazo da reclamação); art. 615º (nulidades da sentença); art. 616º (reforma da sentença); art. 638º, nº 1 (prazos gerais de recurso); art. 644º (apelação); art. 670º (demora abusiva); art. 671º (revista).

1. O trânsito em julgado fixa o momento a partir do qual a decisão passa a revestir-se da certeza e da segurança jurídica que decorre dos arts. 619º e 620º. Quando a decisão é suscetível de recurso ordinário, tal efeito consuma-se no momento em que se encontrem esgotadas as possibilidades de interposição de recurso.

2. Nas demais situações, incluindo aquelas em que se encontra esgotada a possibilidade de interposição de recurso, ocorre no fim do prazo (que é o geral, de 10 dias – art. 149º) para a eventual arguição de nulidades ou da reforma da sentença, nos termos dos arts. 615º, nº 4 e 616º, nº 3, para onde remetem também os arts. 666º e 685º, quando se trate de acórdãos da Relação ou do Supremo. Em caso de uso abusivo do expediente de reclamação pode justificar-se o uso do mecanismo previsto no art. 670º (cf. o nº 5).

3. Salvam-se os casos em que possa haver antecipação desse prazo (*v.g.* em caso de declaração de renúncia prevista no art. 632º) (cf. Abrantes Geraldes, *Recursos no NCPC*, 5ª ed., pp. 37-40).

ARTIGO 629º
Decisões que admitem recurso

1 – O recurso ordinário só é admissível quando a causa tenha valor superior à alçada do tribunal de que se recorre e a decisão impugnada seja desfavorável ao recorrente em valor superior a metade da alçada desse tribunal, atendendo--se, em caso de fundada dúvida acerca do valor da sucumbência, somente ao valor da causa.

2 – Independentemente do valor da causa e da sucumbência, é sempre admissível recurso:

a) Com fundamento na violação das regras de competência internacional, das regras de competência em razão da matéria ou da hierarquia, ou na ofensa de caso julgado;

b) Das decisões respeitantes ao valor da causa ou dos incidentes, com o fundamento de que o seu valor excede a alçada do tribunal de que se recorre;

c) Das decisões proferidas, no domínio da mesma legislação e sobre a mesma questão fundamental de direito, contra jurisprudência uniformizada do Supremo Tribunal de Justiça;

d) Do acórdão da Relação que esteja em contradição com outro, dessa ou de diferente Relação, no domínio da mesma legislação e sobre a mesma questão fundamental de direito, e do qual não caiba recurso ordinário por motivo estranho à alçada do tribunal, salvo se tiver sido proferido acórdão de uniformização de jurisprudência com ele conforme.

3 – Independentemente do valor da causa e da sucumbência, é sempre admissível recurso para a Relação:

a) Nas ações em que se aprecie a validade, a subsistência ou a cessação de contratos de arrendamento, com exceção dos arrendamentos para habitação não permanente ou para fins especiais transitórios;

b) Das decisões respeitantes ao valor da causa nos procedimentos cautelares, com o fundamento de que o seu valor excede a alçada do tribunal de que se recorre;

c) Das decisões de indeferimento liminar da petição de ação ou do requerimento inicial de procedimento cautelar.

Remissões: art. 96º (competência absoluta); art. 306º (fixação do valor); art. 580º (caso julgado); art. 590º, nº 1 (indeferimento liminar); art. 621º (alcance do caso julgado); art. 637º, nº 2 (fundamento específico de recurso); 641º, nº 7 (citação do réu); arts. 687º e 695º (acórdãos de uniformização de jurisprudência); art. 853º, nº 3 (recurso do despacho de indeferimento liminar em execução); art. 44º, nº 1, da LOSJ (alçadas em matéria cível).

1. Em princípio, a parte vencida apenas poderá recorrer de qualquer decisão se o valor do processo exceder a alçada do tribunal que a proferiu e, além disso, se o decaimento exceder metade dessa alçada. Uma vez que as alçadas do tribunal de 1ª instância e da Relação são, respetivamente, de € 5.000,00 e de € 30.000,00, em regra, só admissível a interposição de recurso de apelação ou de revista quando o valor processual superar aqueles limites e, além disso, quando a sucumbência da parte superar metade desse valor (isto é, seja superior a € 2.500,00 ou a € 15.000,00).

2. Esta segunda condição cede apenas nos casos em que exista fundada dúvida acerca da sucumbência, ou seja, uma situação de incerteza que não possa ser razoavelmente decidida em face dos elementos disponíveis (STJ 24-6-08, 08A1736), caso em que se aplica apenas o critério geral assente no valor do processo, em conexão com a alçada do tribunal que proferiu a decisão. É uniforme o entendimento de que qualquer das referidas condições limitadoras do direito ao recurso não sofre de inconstitucionalidade material (STJ 19-5-16, 122702/13), suposto que seja o respeito pelo princípio da proporcionalidade.

3. A admissibilidade dos recursos por efeito das alçadas é regulada pela lei em vigor ao tempo em que a ação foi instaurada (art. 44º, nº 3, da LOSJ e STJ 27-4-17, 190/07). É de notar ainda que, conforme se decidiu no ***AUJ nº 10/15***, para efeitos de admissibilidade da revista: "*Conformando-se uma parte com o valor da condenação na 1ª instância e procedendo parcial ou totalmente a apelação interposta pela outra parte, a medida da sucumbência da apelada, para efeitos de ulterior interposição de recurso de revista, corresponde à diferença entre os valores arbitrados na sentença de 1ª instância e o acórdão da Relação*" (cf. STJ 22-2-18, 2219/13 e STJ 12-5-16, 982/10; contra, Maria José Capelo, "A não interposição de recurso – uma forma de aceitação tácita da decisão?", em *Cad. de Direito Privado*, 54º, pp. 40 e ss.).

4. Importa ainda destrinçar os casos em que o valor processual corresponda ao somatório de valores parcelares nos casos de apensação de ações e de coligação, valendo para efeitos de recorribilidade o valor parcelar (STJ 1-9-16, 2653/13 e STJ 9-3-10, 94/2001).

5. Mas aquelas regras não são absolutas, prevendo-se exceções que emergem dos nºs 2 e 3 e de outras normas avulsas. Desde logo, quando a decisão em causa seja impugnada por alegada violação das regras da competência em razão da nacionalidade, matéria ou hierarquia ou quando seja invocada a ofensa de caso julgado (STJ 18-10-18, 3468/16 e STJ 18-12-13, 1801/10). Note-se que, atualmente, face ao teor do art. 96º, al. b), a competência absoluta tem uma amplitude que vai além das questões da competência em razão da nacionalidade, da matéria ou da hierarquia, embora só a estas três se refira a previsão do art. 629º, nº 2, al. a) (cf. Paulo Pimenta, *Processo Civil Declarativo*, 2ª ed., p. 138, nota 302).

6. Outrossim quando, no domínio da mesma legislação e sobre a mesma questão fundamental de direito, a decisão contrarie jurisprudência uniformizada do Supremo (identidade da questão de direito, oposição frontal, quadro normativo substancialmente idêntico e essencialidade da questão).

7. Em cada um desses casos, seja qual for o valor da causa ou da sucumbência, é sempre admissível recurso para a Relação ou para o Supremo, ainda que circunscrito ao específico fundamento (STJ 14-5-19, 2075/17 e STJ 15-2-17, 2623/11). Aliás, nestes casos, o recurso de revista nem sequer é condicionado pela eventual verificação de uma situação de dupla conforme, nos termos do art. 671º, nº 3.

8. A al. d) do nº 2 consagra outra exceção cuja delimitação já não é tão evidente, suscitando dificuldades de interpretação: verifica-se nos casos em que, apesar de existir um bloqueio à intervenção do Supremo por via de algum impedimento legal, o acórdão da Relação está em contradição com outro acórdão da Relação (ou do próprio Supremo) relativamente ao modo como foi resolvida alguma questão fundamental de direito, no domínio da mesma legislação (STJ 24-11-16, 571/15). É o que ocorre em matéria de procedimentos cautelares, atento o art. 370º, nº 2 (STJ 11-11-14, 542/14) ou de processos de jurisdição voluntária, quando esteja em causa juízo de legalidade (art. 988º, nº 2, *a contrario*). Em tais circunstâncias, admite-se o recurso de revista, o qual encontra justificação na necessidade de superar a referida contradição jurisprudencial.

9. Tendo-se considerado que o preceituado na al. d) admitia recurso de revista mesmo de decisões que não se enquadrem na norma do nº 1 do art. 671º (desde que a irrecorribilidade em geral não decorra da conjugação entre o valor da ação e o valor da alçada da Relação), o Trib. Const., no seu Ac. nº 159/2019, decidiu não julgar inconstitucional uma diversa interpretação de pendor mais restritivo.

10. Mas a norma não é clara quanto ao restante condicionalismo, ou seja, quanto à exigência de que o valor do processo exceda o da alçada do tribunal *a quo* ou de que o valor da sucumbência supere metade dessa alçada, sendo de notar que existe alguma incongruência entre o proémio do nº 2 e o teor da sua al. d), que, numa versão anterior (art. 678º, nº 4, do CPC de 1961, antes do DL nº 303/07) formavam preceitos separados.

11. Apesar disso, a partir da consideração da parte final da al. d), formou-se um largo consenso no sentido de que a admissibilidade do recurso à luz deste preceito excecional não dispensa em caso algum (diferentemente das als. a) e c)) as exigências previstas no nº 1 quanto ao valor da causa e quanto à medida da sucumbência (cf. a justificação, com ilustração jurisprudencial e doutrinária, desta solução em Abrantes Geraldes, *Recursos no NCPC*, 5ª ed., pp. 56-62, Teixeira de Sousa, em *https://blogippc.blogspot.com*, em comentário aos Acs. do STJ de 24-6-15 e de 16-6-15 e, entre outros, STJ 8-2-18, 810/13, STJ 24-11-16, 1655/13, STJ 24-11-16, 571/15, STJ 23-6-16, 2023/13, STJ 26-3-15, 2992/13 e STJ 11-11-14, 542/14).

12. Outras situações: admitem sempre recurso as decisões respeitantes ao valor processual, desde que se alegue que o mesmo excede a alçada do tribunal de que se pretende recorrer; é admitido recurso de apelação das decisões proferidas em quaisquer ações em que se aprecie a validade, subsistência ou cessação de contratos de arrendamento, com exceção dos arrendamentos para habitação não permanente ou para fins especiais transitórios; do despacho de indeferimento liminar da petição é sempre admissível recurso de apelação; é sempre admissível um grau de recurso da decisão que condene a parte como litigante de má-fé (art. 542º, nº 3); é sempre admissível recurso em um grau da decisão que aplique multa, penalidade ou taxa sancionatória excecional, nos termos do art. 27º, nº 6, do RCP (cf. a melhor interpretação do preceito em STJ 26-3-15, 2992/13).

13. Relativamente a algumas ações ou a algumas questões existem normas no CPC ou em disposições avulsas que alargam ou impedem a interposição de recurso ou estabelecem limitações. A irrecorribilidade está prevista no art. 630º, nº 1, para os despachos de mero expediente ou proferidos no âmbito de poderes discricionários; no art. 226º, nº 5, para o despacho de citação; no art. 590º, nº 7, para o despacho de aperfeiçoamento.

14. O condicionamento está também previsto no art. 630º, nº 2, para despachos de simplificação ou de agilização ou que apreciem nulidades processuais, sem embargo das exceções aí referidas. A restrição no acesso ao Supremo é imposta em matéria de procedimentos cautelares (art. 370º, nº 2; STJ 11-11-14, 542/14) e em processos de jurisdição voluntária, no que concerne a decisões fundadas em critérios de conveniência ou oportunidade (STJ 25-5-17, 945/13; cf. anot. ao art. 988º), sendo ainda diversos os diplomas avulsos que restringem esse acesso, nomeadamente em matéria de insolvência, expropriações, registos, notariado ou marcas e patentes.

15. Para mais desenvolvimentos, cf. Abrantes Geraldes, *ob. cit.*, pp. 41-75.

ARTIGO 630º
Despachos que não admitem recurso

1 – Não admitem recurso os despachos de mero expediente nem os proferidos no uso legal de um poder discricionário.

2 – Não é admissível recurso das decisões de simplificação ou de agilização processual, proferidas nos termos previstos no nº 1 do artigo 6º, das decisões proferidas sobre as nulidades previstas no nº 1 do artigo 195º e das decisões

de adequação formal, proferidas nos termos previstos no artigo 547º, salvo se contenderem com os princípios da igualdade ou do contraditório, com a aquisição processual de factos ou com a admissibilidade de meios probatórios.

Remissões: art. 3º (princípio do contraditório); art. 4º (princípio da igualdade); art. 6º (dever de gestão processual); art. 152º, nº 4 (despachos de expediente e proferidos no uso de poder discricionário); art. 547º (adequação formal); art. 591º, nº 1, al. e) (despacho de simplificação e agilização); art. 620º, nº 2 (modificabilidade dos despachos referidos no nº 1).

1. Despachos de "*mero expediente*" são aqueles que se limitam a prover ao andamento do processo, de acordo com a tramitação legalmente prescrita (cf. nota 3 ao art. 152º); despachos proferidos no "*uso legal de um poder discricionário*" decidem matérias confiadas ao prudente arbítrio do julgador ou que desembocam numa das alternativas legalmente admissíveis (art. 152º, nº 4; cf. nota 5 ao art. 152º com exemplos de despacho proferidos no uso legal de um poder discricionário, e nota 2 ao art. 490º, no que concerne aos limites do poder discricionário). São, como tal, irrecorríveis, para além de sobre os mesmos não se formar caso julgado (art. 620º, nº 2).

2. O nº 2 constitui uma inovação e visou reforçar os poderes do juiz na gestão e direção da lide, excluindo do regime geral da recorribilidade as decisões que promovam a simplificação, a agilização processual ou a adequação formal, nos termos previstos nos arts. 6º, nº 1, 547º, 591º, nº 1, al. e) (na audiência prévia), 593º, nº 2, al. b) (quando seja dispensada ou não haja lugar a audiência prévia) e 597º, al. d) (ações de tramitação simplificada), assim como as que incidam sobre a arguição de nulidades secundárias (art. 195º, nº 1) ou irregularidades processuais gerais.

3. Em relação a qualquer das aludidas decisões, o legislador previu uma cláusula de salvaguarda: a irrecorribilidade é afastada sempre que seja alegada e, depois, confirmada violação do princípio da igualdade substancial das partes (art. 4º), do princípio do contraditório (art. 3º), das regras sobre a aquisição processual de factos (diferente do princípio da aquisição processual de provas que emana do art. 413º) ou sobre a admissibilidade de meios de prova (cf., ainda, nota 8 ao art. 155º (despacho que se pronuncia sobre a gravação deficiente) e nota 9 ao art. 195º (recorribilidade do despacho que aprecia nulidades atípicas).

4. Para mais desenvolvimentos, cf. Abrantes Geraldes, *Recursos no NCPC*, 5ª ed., pp. 76-84.

ARTIGO 631º
Quem pode recorrer

1 – Sem prejuízo do disposto nos números seguintes, os recursos só podem ser interpostos por quem, sendo parte principal na causa, tenha ficado vencido.

2 – As pessoas direta e efetivamente prejudicadas pela decisão podem recorrer dela, ainda que não sejam partes na causa ou sejam apenas partes acessórias.

3 – O recurso previsto na alínea g) do artigo 696º pode ser interposto por qualquer terceiro que tenha sido prejudicado com a sentença, considerando-se como terceiro o incapaz que interveio no processo como parte, mas por intermédio de representante legal.

Remissões: arts. 30º e ss. (legitimidade processual); art. 629º, nº 1 (sucumbência).

1. Em regra, só a parte principal que tenha ficado vencida na causa pode recorrer, importando verificar em que medida a decisão proferida lhe é ou não objetivamente e diretamente desfavorável (critério material) (STJ 24-10-19, 1152/15). É parte vencida aquela que é objetivamente afetada pela decisão, ou seja, a que não haja obtido a decisão mais favorável aos seus interesses, independentemente da posição assumida nos autos (salvo se tal corresponder a renúncia ao recurso ou aceitação tácita da decisão, nos termos do art. 632º). Também é conferida legitimidade às pessoas direta e efetivamente prejudicadas pela decisão, ainda que não sejam partes na causa ou sejam apenas partes acessórias (quanto ao assistente, cf. o art. 328º, nº 2).

2. A legitimidade também pode ser invocada por terceiros direta e efetivamente prejudicados: depositários, adquirentes, preferentes na ação executiva, agentes de execução, testemunhas ou peritos e todos quantos sejam direta e efetivamente atingidos na sua esfera pessoal ou patrimonial pelos efeitos de qualquer decisão judicial.

3. Em qualquer dos casos, a legitimidade constitui apenas um dos pressupostos processuais, devendo observar-se ainda os demais pressupostos, com especial realce para os que atinam com o valor do processo e com o valor da sucumbência, sem prejuízo do que resulte de alguma norma especial, como a do art. 27º, nº 6, do RCP (cf. a melhor interpretação em STJ 26-3-15, 2992/13).

4. Para mais desenvolvimentos, cf. Abrantes Geraldes, *Recursos no NCPC*, 5ª ed., pp. 85-93 e Rui Pinto, *O Recurso Civil. Uma Teoria Geral*, pp. 166-200.

ARTIGO 632º

Perda do direito de recorrer e renúncia ao recurso

1 – É lícito às partes renunciar aos recursos; mas a renúncia antecipada só produz efeito se provier de ambas as partes.

2 – Não pode recorrer quem tiver aceitado a decisão depois de proferida.

3 – A aceitação da decisão pode ser expressa ou tácita; a aceitação tácita é a que deriva da prática de qualquer facto inequivocamente incompatível com a vontade de recorrer.

4 – O disposto nos números anteriores não é aplicável ao Ministério Público.

5 – O recorrente pode, por simples requerimento, desistir do recurso interposto até à prolação da decisão.

1. O efeito prático da renúncia ao recurso ou da aceitação tácita da decisão manifesta-se essencialmente através da antecipação do trânsito em julgado da decisão (art. 628º). No entanto, salvo se existir declaração expressa da parte, os efeitos de tal atuação serão paralisados se a parte contrária interpuser recurso, nos termos do art. 633º, nº 4, ficando então aberta a possibilidade de aquela interpor recurso subordinado.

2. Conclui Teixeira de Sousa, *Estudos Sobre o Novo Processo Civil,* p. 383, que a renúncia à impugnação só é admissível quanto a fundamentos disponíveis, razão pela qual a renúncia não abrange os casos em que a lei admite expressamente o recurso ordinário com base em certos fundamentos (*v.g.* art. 629º, nº 2). A restrição feita quanto ao Ministério Público tem a sua razão de ser na especificidade das funções que lhe competem, quer de representação do Estado, quer de tutela de interesses da comunidade ou de interesses difusos, quer de defesa de direitos de menores ou de ausentes.

3. A desistência relativamente a recurso interposto, em vez de obrigar a parte à apresentação de documento autêntico ou à necessidade de lavrar termo no processo, pode ser formalizada por requerimento subscrito pelo respetivo mandatário, sem necessidade sequer de comprovação dos poderes especiais exigidos pelo art. 45º, nº 2.

4. A previsão da desistência deixa claro que a mesma apenas pode ser declarada até à prolação do acórdão, o que tem a virtude não só de evitar a interposição de recursos exploratórios, isto é, destinados a "testar" a admissibilidade de determinada tese pelo tribunal *ad quem,* mas também de impedir a utilização abusiva da desistência, de que seria exemplo o caso de, perante acórdão desfavorável, o recorrente independente desistir do seu recurso com o intuito de fazer caducar o recurso subordinado (art. 633º, nº 3), entretanto julgado procedente no mesmo acórdão.

ARTIGO 633º

Recurso independente e recurso subordinado

1 – Se ambas as partes ficarem vencidas, cada uma delas pode recorrer na parte que lhe seja desfavorável, podendo o recurso, nesse caso, ser independente ou subordinado.

2 – O prazo de interposição do recurso subordinado conta-se a partir da notificação da interposição do recurso da parte contrária.

3 – Se o primeiro recorrente desistir do recurso ou este ficar sem efeito ou o tribunal não tomar conhecimento dele, caduca o recurso subordinado, sendo todas as custas da responsabilidade do recorrente principal.

4 – Salvo declaração expressa em contrário, a renúncia ao direito de recorrer ou a aceitação, expressa ou tácita, da decisão por parte de um dos litigantes não obsta à interposição do recurso subordinado, desde que a parte contrária recorra da decisão.

5 – Se o recurso independente for admissível, o recurso subordinado também o será, ainda que a decisão impugnada seja desfavorável para o respetivo recorrente em valor igual ou inferior a metade da alçada do tribunal de que se recorre.

Remissões: art. 629º, nº 1 (sucumbência); art. 632º (renúncia); art. 638º (prazo); art. 641º, nº 4 (prazo, em caso de nomeação de advogado).

1. Ficando vencidas ambas as partes, cada uma tem legitimidade para interpor recurso independente. Mas qualquer delas pode fazer depender a impugnação da decisão na parte em que a desfavorece da posição que seja assumida pela contraparte; outras vezes, atento o valor da sucumbência, a lei impede uma parte de interpor recurso autónomo (art. 629º, nº 1).

2. Nestes dois casos, ajusta-se a interposição de recurso subordinado, o qual é de admitir independentemente da sucumbência, numa manifestação do aproveitamento da tramitação recursória para apreciação de mais do que uma pretensão (STJ 26-1-07, 308/13).

3. No entanto, esta faculdade é restrita aos casos em que o impedimento ao recurso deriva do valor da sucumbência, excluindo outros fatores impeditivos, como o que decorre da situação de dupla conforme (cf. STJ 13-11-18, 1086/09). Efetivamente os motivos que levaram a admitir o recurso subordinado sem dependência do valor da sucumbência são de natureza meramente quantitativa, ao passo que a restrição decorrente da situação de dupla conforme é de natureza qualitativa, sendo excecionada apenas nos casos previstos no art. 672º, nº 1. O mesmo ocorre, aliás, com os impedimentos ao recurso de revista (principal ou subordinado) que decorrem dos arts. 662º, nº 4 (sobre a decisão da Relação que fixa a matéria de facto), 673º, nº 3 (apreciação das provas e fixação da matéria de facto) ou 988º, nº 2 (juízos e oportunidade ou de conveniência em processos de jurisdição voluntária).

4. Todavia, a aludida questão não tinha uma resposta unívoca: a solução apontada era defendida por Abrantes Geraldes, *Recursos no NCPC*, 5ª ed., pp. 101-103, com indicação de jurisprudência e de doutrina em cada um dos sentidos: STJ 10-3-16, 1602/10 (no sentido do texto) e STJ 19-1-17, 3/13, STJ 4-6-15, 1166/10 e Teixeira de Sousa, no sentido oposto.

5. A divergência jurisprudencial acabou por ser resolvida pelo ***AUJ nº 1/20***: "*O recurso subordinado de revista está sujeito ao nº 3 do art. 671º do CPC, a isso não obstando o nº 5 do art. 633º do mesmo Código.*" Assim, em casos em que a parte que pretenda recorrer subordinadamente se defronte com uma situação de dupla conforme, a admissibilidade do recurso de revista terá de passar pelo mecanismo excecional previsto no art. 672º.

6. Razões de igualdade das partes e de justiça processual justificam que, salvo declaração expressa em sentido contrário, a renúncia ao recurso ou a aceitação expressa ou tácita da decisão, nos termos do art. 632º, não impedem a interposição de recurso subordinado. Não sendo, em tal eventualidade, admissível recurso principal, a lei concede à parte ao menos o direito de interpor recurso subordinado nesse caso.

7. Da conjugação do disposto no art. 638º, nº 5 e no art. 633º, nº 2, resulta que a parte que não tenha recorrido e seja confrontada com recurso interposto pela contraparte dispõe, a partir da respetiva notificação, de condições para tomar duas atitudes: responder à alegação (em prazo igual ao do recorrente) e recorrer subordinadamente (no prazo aplicável, à luz do art. 638º).

8. A situação do recorrente subordinado é, contudo, instável: se o recorrente principal desistir do recurso, se este ficar sem efeito (*v.g.* por ser rejeitado, por verificação de uma situação de deserção ou por inutilidade superveniente) ou se ocorrer qualquer outra circunstância que impeça o tribunal de tomar conhecimento do mesmo (*v.g.* extemporaneidade, irrecorribilidade, ilegitimidade ou aceitação expressa ou tácita da decisão), o objetivo projetado pelo recorrente subordinado fica prejudicado pela caducidade do recurso, beneficiando apenas da isenção de custas. Não assim quando seja negado provimento ao recurso principal, efeito que não colide com a apreciação do mérito do recurso subordinado.

9. Não deve, contudo, estabelecer-se qualquer confusão entre o recurso subordinado e a ampliação do objeto do recurso a que se reporta o art. 636º. No recurso subordinado, a parte é vencida quanto ao resultado da ação (ou seja, quanto a um pedido ou a um segmento do pedido), ao passo que nas situações reguladas no art. 636º releva a não aceitação de algum dos fundamentos de facto ou de direito que sustentavam a pretensão ou a defesa, ou a verificação de alguma nulidade decisória que não tenha interferido (ainda) no resultado final.

10. Assim, tratando-se de mera recusa de algum dos fundamentos da ação ou da defesa ou de nulidade que não tenham interferido, porém, no resultado que foi favorável à parte, a esta não cabe reagir mediante a interposição de recurso (nem subordinado, nem independente), antes mediante a ampliação do objeto do recurso nas contra-alegações, de forma a obter uma resposta favorável às questões que suscitou, prevenindo o eventual acolhimento pelo tribunal *ad quem* dos argumentos de facto ou de direito suscitados pelo recorrente.

11. Para mais desenvolvimentos, cf. Abrantes Geraldes, *ob. cit.*, pp. 97-106 e Rui Pinto, *O Recurso Civil. Uma Teoria Geral*, pp. 208 a 210.

ARTIGO 634º

Extensão do recurso aos compartes não recorrentes

1 – O recurso interposto por uma das partes aproveita aos seus compartes no caso de litisconsórcio necessário.

2 – Fora do caso de litisconsórcio necessário, o recurso interposto aproveita ainda aos outros:

a) Se estes, na parte em que o interesse seja comum, derem a sua adesão ao recurso;

b) Se tiverem um interesse que dependa essencialmente do interesse do recorrente;

c) Se tiverem sido condenados como devedores solidários, a não ser que o recurso, pelos seus fundamentos, respeite unicamente à pessoa do recorrente.

3 – A adesão ao recurso pode ter lugar, por meio de requerimento ou de subscrição das alegações do recorrente, até ao início do prazo referido no nº 1 do artigo 657º.

4 – Com o ato de adesão, o interessado faz sua a atividade já exercida pelo recorrente e a que este vier a exercer; mas é lícito ao aderente passar, em qualquer momento, à posição de recorrente principal, mediante o exercício de atividade própria; e se o recorrente desistir, deve ser notificado da desistência para que possa seguir com o recurso como recorrente principal.

5 – O litisconsorte necessário, bem como o comparte que se encontre na situação das alíneas b) ou c) do nº 2, podem assumir em qualquer momento a posição de recorrente principal.

Remissões: art. 32º (litisconsórcio voluntário); art. 33º (litisconsórcio necessário); art. 34º (litisconsórcio conjugal).

1. Em regra, o ato de interposição de recurso apenas aproveita ao recorrente, havendo, no entanto, uma limitação em caso de litisconsórcio necessário: independentemente da iniciativa de qualquer dos demais litisconsortes ou sequer da sua posterior intervenção, o resultado do recurso interposto por algum ou alguns dos sujeitos em situação de litisconsórcio necessário repercutir-se-á em todos os demais.

2. Já na coligação e no litisconsórcio voluntário, em princípio, o recurso apenas produz efeitos na esfera do concreto recorrente. Ainda assim, também com exceções que ampliam os limites subjetivos do recurso:

a) Se os consortes não recorrentes derem a sua adesão ao recurso, na parte em que o interesse seja comum;

b) Se tiverem um interesse que dependa essencialmente do interesse do recorrente;

c) Se o recurso for interposto de sentença que tenha condenado os consortes em regime de solidariedade, a não ser que, pelo seu fundamento, respeite unicamente à pessoa do recorrente.

3. A adesão ao recurso é restrita aos casos em que o interesse em discussão seja comum, podendo ser formulada mediante requerimento ou subscrição das alegações do recorrente, até ao início do prazo referido no nº 1 do art. 657º.

4. Pode acontecer que a posição jurídica de um comparte esteja dependente do que se decidir relativamente a outro, caso em que, em função deste nexo de prejudicialidade, a interposição de recurso pela parte que pretende a tutela de interesse preponderante se repercute na esfera jurídica daquele cujo interesse dele depende (STJ 7-12-16, 1923/14).

5. Em casos de solidariedade passiva, qualquer dos condevedores responde integralmente pela obrigação, sem que seja lícito alegar que a mesma o não vincula por inteiro, pelo que a interposição de recurso por qualquer deles acaba por se repercutir nos demais, salvo se o recurso, pelos seus fundamentos, respeitar apenas à pessoa do recorrente.

6. Para mais desenvolvimentos, cf. Abrantes Geraldes, *Recursos no NCPC*, 5ª ed., pp. 107-112.

ARTIGO 635º
Delimitação subjetiva e objetiva do recurso

1 – Sendo vários os vencedores, todos eles devem ser notificados do despacho que admite o recurso; mas é lícito ao recorrente, salvo no caso de litisconsórcio necessário, excluir do recurso, no requerimento de interposição, algum ou alguns dos vencedores.

2 – Se a parte dispositiva da sentença contiver decisões distintas, é igualmente lícito ao recorrente restringir o recurso a qualquer delas, uma vez que especifique no requerimento a decisão de que recorre.

3 – Na falta de especificação, o recurso abrange tudo o que na parte dispositiva da sentença for desfavorável ao recorrente.

4 – Nas conclusões da alegação, pode o recorrente restringir, expressa ou tacitamente, o objeto inicial do recurso.

5 – Os efeitos do julgado, na parte não recorrida, não podem ser prejudicados pela decisão do recurso nem pela anulação do processo.

Remissões: art. 5º, nº 3 (apreciação oficiosa do direito); art. 33º (litisconsórcio necessário); art. 595º (despacho saneador); art. 609º (sentença); art. 631º (requerimento de interposição de recurso); art. 639º (alegações de direito); art. 640º (impugnação da decisão sobre a matéria de facto).

1. Em situações em que haja diversos vencedores, é admitido que o recorrente (vencido) selecione os sujeitos contra quem interpõe o recurso, salvo quando se trate de litisconsórcio necessário; se nada disser, o recurso abarca todos os sujeitos que integram a contraparte vencedora.

2. Quanto à delimitação objetiva, a mesma pode ser feita pelo isolamento de algum ou alguns dos segmentos decisórios, sendo que, por defeito, o recurso abarca toda a "*parte dispositiva da sentença*" (cf. Paula Costa e Silva, "Poderes do tribunal de recurso sobre o objeto do processo", em *Cad. de Direito Privado*, nº 1, pp. 63 e ss.). Fica claro, por outro lado, que o objeto do recurso é a decisão que prejudica o recorrente e não os respetivos fundamentos, os quais apenas interessam enquanto objeto de argumentação que será inserida nas alegações ou, quanto ao recorrido, nas contra-alegações, na medida em que o art. 636º o prevê.

3. Outro aspeto que não oferece qualquer dúvida está relacionado com a delimitação do objeto do recurso através do teor das alegações e mais precisamente das respetivas conclusões, como se infere do nº 4 e do art. 639º. O objeto do recurso é integrado pelas respetivas conclusões, estendendo-se ainda a questões de conhecimento oficioso relativamente às quais existam elementos que possam ser apreciados.

4. Tal ocorre em matéria de aplicação das normas de direito, nos termos do art. 5º, nº 3, de apreciação da inconstitucionalidade de normas e de apreciação da maior parte das exceções dilatórias, mas estende-se a outras questões ou exceções que sejam de conhecimento oficioso, desde que os dados do processo o permitam: nulidades formais e materiais, caducidade em matéria de direitos indisponíveis, abuso de direito, etc.

5. Ademais, não podem ser suscitadas no âmbito do recurso questões novas (designadamente quando daí decorra a alteração da causa de pedir ou do pedido) nem retomadas outras que estejam cobertas pelos efeitos de caso julgado anteriormente formado (STJ 29-1-14, 1206/11).

6. Como se disse, em matéria de qualificação jurídica dos factos ou relativamente a questões de conhecimento oficioso, o tribunal *ad quem* não está limitado pela iniciativa das partes. Por outro lado, dentro do objeto do recurso, é também legítimo considerar para efeitos de apreciação do recurso factos que estejam plenamente provados por documento, confissão ou acordo das partes (cf. nº 2 do art. 663º).

7. Em qualquer situação, não pode ser afetado o caso julgado que porventura já se tenha formado sobre qualquer decisão ou segmento decisório (princípio da proibição da *reformatio in peius*), de modo que a decisão do tribunal *ad quem* não pode ser mais desfavorável ao recorrente do que a decisão proferida pelo tribunal *a quo* (STJ 18-12-13, 1801/10).

8. Para mais desenvolvimentos, cf. Abrantes Geraldes, *Recursos no NCPC*, 5ª ed., pp. 113-121.

ARTIGO 636º

Ampliação do âmbito do recurso a requerimento do recorrido

1 – No caso de pluralidade de fundamentos da ação ou da defesa, o tribunal de recurso conhece do fundamento em que a parte vencedora decaiu, desde que esta o requeira, mesmo a título subsidiário, na respetiva alegação, prevenindo a necessidade da sua apreciação.

2 – Pode ainda o recorrido, na respetiva alegação e a título subsidiário, arguir a nulidade da sentença ou impugnar a decisão proferida sobre pontos determinados da matéria de facto, não impugnados pelo recorrente, prevenindo a hipótese de procedência das questões por este suscitadas.

3 – Na falta dos elementos de facto indispensáveis à apreciação da questão suscitada, pode o tribunal de recurso mandar baixar os autos, a fim de se proceder ao julgamento no tribunal onde a decisão foi proferida.

Remissões: art. 638º, nº 5 (contra-alegações); art. 638º, nº 8 (resposta à matéria da ampliação).

1. A parte recorrida pode suscitar nas contra-alegações do recurso a reapreciação dos fundamentos em que tenha decaído, prevenindo os riscos de uma eventual resposta favorável do tribunal de recurso às questões que tenham sido suscitadas pelo recorrente ou mesmo a outras questões de conhecimento oficioso (sobre o modo, cf. STJ 16-11-17, 768/08).

2. Também pode alegar, com o mesmo propósito, nulidades da decisão recorrida, na medida em que o seu deferimento possa servir para reforçar a decisão que lhe foi favorável ou evitar a produção do efeito pretendido pelo recorrente.

3. Pode ainda requerer a ampliação do objeto do recurso no que respeita à matéria de facto considerada provada ou não provada com relevo para a defesa dos interesses do recorrido.

4. Aos motivos referidos deve juntar-se ainda, por via do elemento racional, a possibilidade de o recorrido impugnar subsidiariamente decisões interlocutórias em que ficou vencido e das quais não pôde recorrer, por não se incluírem na norma do nº 2 do art. 644º, mas cujo provimento possa reforçar a manutenção do resultado final (cf. STJ 30-4-19, 425/12).

5. A exigência da ampliação do objeto do recurso não se mostra necessária nos casos a que se reporta o art. 665º, ou seja, quando a 1ª instância tenha deixado de apreciar questões por considerá-las prejudicadas, ressurgindo o interesse nessa apreciação com o acórdão da Relação. Nestes casos, se a Relação estiver na posse de todos os elementos para apreciar as questões prejudicadas, deve fazê-lo; na situação inversa, deve remeter o processo para a 1ª instância, independentemente de qualquer iniciativa da parte interessada e, por isso, sem qualquer necessidade de prévia ampliação do objeto do recurso, como se refere na fundamentação do ***AUJ nº 11/15***.

6. Para mais desenvolvimentos, cf. Abrantes Geraldes, *Recursos no NCPC*, 5ª ed., pp. 122-131.

ARTIGO 637º
Modo de interposição do recurso

1 – Os recursos interpõem-se por meio de requerimento dirigido ao tribunal que proferiu a decisão recorrida, no qual se indica a espécie, o efeito e o modo de subida do recurso interposto.

2 – O requerimento de interposição do recurso contém obrigatoriamente a alegação do recorrente, em cujas conclusões deve ser indicado o fundamento específico da recorribilidade; quando este se traduza na invocação de um conflito jurisprudencial que se pretende ver resolvido, o recorrente junta obrigatoriamente, sob pena de imediata rejeição, cópia, ainda que não certificada, do acórdão fundamento.

Remissões: art. 629º, nº 2 (fundamento de recorribilidade); 642º (pagamento de taxa de justiça); art. 644º (apelação); art. 645º (modo de subida da apelação); art. 647º (efeito da apelação); art. 671º (revista); art. 672º, nº 1, al. c) (revista excecional com fundamento em conflito jurisprudencial); art. 675º (modo de subida da revista); art. 676º (efeito da revista); art. 678º (recurso de revista *per saltum*); art. 688º (recurso para uniformização de jurisprudência); art. 12º, nº 2, do RCP (ónus de indicação do valor da sucumbência).

1. No requerimento de interposição de recurso o recorrente deve indicar a espécie, o efeito e o modo de subida do recurso, ainda que tais menções não vinculem nem o tribunal recorrido, nem o tribunal *ad quem* (arts. 652º e ss.). Nos casos que constituem exceções à recorribilidade das decisões (*v.g.* art. 629º, nº 2), no recurso de revista excecional e no recurso extraordinário para uniformização de jurisprudência deverão ainda ser indicados os motivos especiais de admissibilidade. Quando esta dependa da alegação de contradição jurisprudencial, o recorrente deve demonstrar essa contradição mediante cópia ou certidão do acórdão, sendo conveniente a respetiva nota de trânsito em julgado, embora o trânsito se presuma (art. 688º, nº 2). Com o requerimento de interposição de recurso devem ser juntas as respetivas alegações (arts. 640º e 641º) e ser comprovado o pagamento da taxa de justiça (art. 642º).

2. Para mais desenvolvimentos, cf. Abrantes Geraldes, *Recursos no NCPC*, 5ª ed., pp. 132-138.

ARTIGO 638º
Prazos

1 – O prazo para a interposição do recurso é de 30 dias e conta-se a partir da notificação da decisão, reduzindo-se para 15 dias nos processos urgentes e nos casos previstos no nº 2 do artigo 644º e no artigo 677º.

2 – Se a parte for revel e não dever ser notificada nos termos do artigo 249º, o prazo de interposição corre desde a publicação da decisão, exceto se a revelia

da parte cessar antes de decorrido esse prazo, caso em que a sentença ou despacho tem de ser notificado e o prazo começa a correr da data da notificação.

3 – Tratando-se de despachos ou sentenças orais, reproduzidos no processo, o prazo corre do dia em que foram proferidos, se a parte esteve presente ou foi notificada para assistir ao ato.

4 – Quando, fora dos casos previstos nos números anteriores, não tenha de fazer-se a notificação, o prazo corre desde o dia em que o interessado teve conhecimento da decisão.

5 – Em prazo idêntico ao da interposição, pode o recorrido responder à alegação do recorrente.

6 – Na sua alegação, o recorrido pode impugnar a admissibilidade ou a tempestividade do recurso, bem como a legitimidade do recorrente.

7 – Se o recurso tiver por objeto a reapreciação da prova gravada, ao prazo de interposição e de resposta acrescem 10 dias.

8 – Sendo requerida pelo recorrido a ampliação do objeto do recurso, nos termos do artigo 636º, pode o recorrente responder à matéria da ampliação, nos 15 dias posteriores à notificação do requerimento.

9 – Havendo vários recorrentes ou vários recorridos, ainda que representados por advogados diferentes, o prazo das respetivas alegações é único, incumbindo à secretaria providenciar para que todos possam proceder ao exame do processo durante o prazo de que beneficiam.

Remissões: art. 80º do CPT, alterado pela Lei nº 107/19, de 9-9 (prazo de interposição do recurso); art. 9º, nº 1, do CIRE (natureza urgente do processo de insolvência); art. 37º, nº 8, do CIRE (contagem do prazo de recurso da sentença de insolvência); arts. 102º, nº 1 e 124º, nº 1, da Lei de Prot. de Crianças e Jovens em Perigo (processo urgente e prazo de recurso); art. 32º, nº 3, do Reg. Geral do Proc. Tutelar Cível (prazo de recurso especial); art. 52º, nº 1, do Cód. das Exp. (prazo de recurso da decisão arbitral); art. 363º (natureza urgente dos procedimentos cautelares); art. 640º (impugnação da decisão da matéria de facto).

1. É de 30 dias o prazo geral para a interposição de recurso em processo civil, sendo já de 15 dias nos recursos intercalares previstos nos arts. 644º, nº 2 e 677º, bem assim em todos os processos urgentes. Ao prazo acresce a possibilidade de a parte aproveitar a extensão de 3 dias prevista no art. 139º, nº 5, mediante pagamento de multa.

2. A contagem inicia-se, em regra, com a notificação da decisão escrita. Se a decisão for oral, com reprodução no processo, o prazo para o recurso conta-se do dia em que foi proferida, se a parte esteve presente ou se, pelo menos, foi convocada para o ato.

3. O regime atual não consagra a possibilidade de dedução de incidente autónomo de arguição de nulidade, de aclaração ou de reforma da decisão, mediante o qual, no passado, a parte conseguia obter uma extensão do prazo.

4. O prazo de que o recorrido dispõe para contra-alegar é idêntico àquele de que recorrente beneficiou para a interposição do recurso.

5. Merece especial cuidado a verificação da natureza urgente ou não urgente do processo, pois daí decorre a redução para metade (15 dias) do prazo geral de 30 dias, a que acresce a circunstância de esse prazo correr em férias judiciais (art. 138º, nº 1). Tal qualificação deve resultar de lei expressa, como ocorre em matéria de procedimentos cautelares, nos termos do art. art. 363º (sendo de atentar ainda no do ***AUJ nº 9/09***: "*Os procedimentos cautelares revestem sempre carácter urgente mesmo na fase de recurso*"). Importa também realçar a natureza urgente do processo especial de tutela da personalidade (art. 880º, nº 1) e do processo de insolvência (art. 9º do CIRE).

6. Na apelação, pretendendo impugnar a decisão da matéria de facto a partir da reapreciação de meios de prova gravados (e apenas neste caso), o recorrente beneficia de um acréscimo de 10 dias. Para o efeito, é necessário que a alegação apresentada pelo recorrente, ou seja, a peça que define o objeto do recurso, contenha alguma impugnação da decisão proferida acerca da matéria de facto a partir da reponderação de meios de prova que, tendo sido prestados oralmente, tenham ficado registados, independentemente do juízo que ulteriormente seja feito acerca do cumprimento do ónus de indicação das passagens da gravação ou de qualquer outro requisito previsto no art. 640º.

7. A apreciação do modo como foram preenchidos os ónus de alegação contidos neste preceito poderão naturalmente condicionar o conhecimento de tal impugnação, mas não colocam em crise a tempestividade do recurso de apelação que, naquelas condições, tenha sido apresentado dentro do prazo alargado (STJ 9-2-17, 471/10, STJ 28-4-16, 1006/12 e STJ 22-10-15, 2394/11). O acréscimo de 10 dias definido neste contexto vale também para a contra-alegação do recorrido, ainda que o recorrente não tenha feito concreto uso daquele acréscimo.

8. Para mais desenvolvimentos, cf. Abrantes Geraldes, *Recursos no NCPC*, 5ª ed., pp. 139-151.

ARTIGO 639º
Ónus de alegar e formular conclusões

1 – O recorrente deve apresentar a sua alegação, na qual conclui, de forma sintética, pela indicação dos fundamentos por que pede a alteração ou anulação da decisão.

2 – Versando o recurso sobre matéria de direito, as conclusões devem indicar:

a) As normas jurídicas violadas;

b) O sentido com que, no entender do recorrente, as normas que constituem fundamento jurídico da decisão deviam ter sido interpretadas e aplicadas;

c) Invocando-se erro na determinação da norma aplicável, a norma jurídica que, no entendimento do recorrente, devia ter sido aplicada.

3 - Quando as conclusões sejam deficientes, obscuras, complexas ou nelas se não tenha procedido às especificações a que alude o número anterior, o relator deve convidar o recorrente a completá-las, esclarecê-las ou sintetizá-las, no prazo de cinco dias, sob pena de se não conhecer do recurso, na parte afetada.

4 - O recorrido pode responder ao aditamento ou esclarecimento no prazo de cinco dias.

5 - O disposto nos números anteriores não é aplicável aos recursos interpostos pelo Ministério Público, quando recorra por imposição da lei.

Remissões: art. 635º (delimitação subjetiva e objetiva); art. 637º, nº 2 (indicação do fundamento específico da recorribilidade); art. 663º (apreciação pela Relação).

1. Incidindo o recurso sobre matéria de direito, sem prejuízo da inclusão nas alegações da arguição de eventuais nulidades da sentença (art. 615º, nº 4), o recorrente tem o ónus de enunciar na motivação e de sintetizar nas conclusões diversos aspetos: identificação das questões suscitadas e relativamente às quais pretende uma resposta diversa daquele que foi dada pelo tribunal *a quo*, indicação das normas jurídicas violadas, sentido que deve ser atribuído às normas cuja aplicação e interpretação determinou o resultado que pretende impugnar e, perante eventual erro na determinação das normas aplicáveis, indicação das que deveriam ter sido aplicadas.

2. A clareza do art. 639º, nº 2, faria crer que as alegações fossem tratadas com o adequado rigor. Porém, são frequentíssimas as situações que revelam um claro desrespeito de regras formais elementares, quantas vezes prejudicando o resultado final do recurso. As deficiências verificam-se ao nível da motivação, mas surgem com mais nitidez e com mais frequência quando se trata da formulação das respetivas conclusões.

3. A lei exige que o recorrente condense em conclusões os fundamentos por que pede a revogação, a modificação ou a anulação da decisão. Com as necessárias distâncias, tal como a motivação do recurso pode ser associada à causa de pedir, também as conclusões, como proposições sintéticas, encontram paralelo na formulação do pedido que deve integrar a petição inicial. Rigorosamente, as conclusões devem (deveriam) corresponder a fundamentos que, com o objetivo de obter a revogação, alteração ou anulação da decisão recorrida, se traduzam na enunciação de verdadeiras questões de direito (ou de facto) cujas respostas interfiram com a decisão recorrida e com o resultado pretendido, sem que jamais se possam confundir com os argumentos de ordem jurisprudencial ou doutrinário, os quais não devem ultrapassar o setor da motivação.

4. As conclusões exercem ainda a importante função de delimitação do objeto do recurso, como clara e inequivocamente resulta do art. 639º, nº 3. Conforme ocorre com o pedido formulado na petição inicial, as conclusões devem corresponder à identificação clara e rigorosa daquilo que o recorrente pretende obter do tribunal superior, em contraposição com aquilo que foi decidido pelo tribunal *a quo*. Incluindo, na parte final, o resultado procurado, devem respeitar na sua essência cada uma das als. do nº 2, integrando-se as respostas a tais premissas essenciais no encadeamento lógico da decisão pretendida. Se, para atingir o resultado declarado, o tribunal *a quo* assentou em determinada motivação, dando respostas às diversas questões, as conclusões devem elencar os passos fundamentais que, na perspetiva do recorrente, deveriam ter sido dados para atingir um resultado diverso.

5. Todavia, é com inusitada frequência que se verificam situações irregulares: alegações deficientes, obscuras, complexas ou sem as especificações exigidas pelo nº 2. São triviais as situações em que as conclusões não passam da mera reprodução (total ou parcial) dos argumentos anteriormente apresentados, sem qualquer preocupação de síntese, como se o volume ou a quantidade das conclusões fosse sinónimo de qualidade ou como se houvesse necessidade de assegurar, por essa via, a delimitação do objeto do processo e a apreciação pelo tribunal *ad quem* de todas as questões suscitadas.

6. No que concerne ao ónus de alegar e de apresentar conclusões em matéria de direito, está prevista uma solução paliativa que possibilita a supressão de certas falhas que poderão traduzir-se em deficiências, insuficiências, contradição, excesso, obscuridade, complexidade, prolixidade ou inocuidade, sendo suscetíveis de superação por via da resposta a um despacho de convite ao aperfeiçoamento.

7. O desenvolvimento posterior depende da reação do recorrente, que tanto pode traduzir-se em pura inércia (caso em que caberá ao relator avaliar se a situação justifica a rejeição total ou parcial do recurso), como na apresentação de nova peça processual sobre a qual, depois da eventual resposta do recorrido, incidirá o relator, a fim de verificar se os vícios foram ou não corrigidos e em que termos.

8. Já a falta de alegações ou mesmo a falta de conclusões gera o indeferimento do recurso (art. 641º, nº 2, al. b)). Aliás, no Ac. do Trib. Const. nº 536/2011 concluiu-se pela não inconstitucionalidade da norma correspondente ao atual 641º, nº 2, al. b), quando interpretada no sentido de que a falta de conclusões determina logo a não apreciação do recurso, sem necessidade de prévia prolação de despacho de convite ao aperfeiçoamento. Por outro lado, no Ac. nº 462/2016, foi negada a inconstitucionalidade de uma interpretação conjugada dos arts. 635º, nº 4 e 639º, nº 3, ao abrigo da qual a Relação não tomou em consideração uma questão de inconstitucionalidade mencionada somente nas conclusões da alegação do recurso, sem que ao recorrente tivesse sido dada a oportunidade de suprir tal omissão.

9. Apesar de constituir uma técnica manifestamente errada e violadora das exigências de sintetização impostas pelo preceito, a circunstância de, em sede de conclusões, o recorrente reproduzir a motivação vertida na alegação propriamente dita não configura um caso de falta de conclusões. Nessa eventualidade, o recurso não pode ser rejeitado de imediato, devendo ser proferido despacho de convite ao aperfeiçoamento, com fundamento na apresentação de conclusões complexas ou prolixas (STJ 6-4-17, 297/13 e STJ 9-7-15, 818/07), sem embargo da aplicação de taxa de justiça excecional.

10. Para efeitos de aplicação do nº 5, o Ministério Público recorre por imposição da lei quando, nos termos do art. 72º, nº 3, ou nos casos referidos no art. 70º, nº 1, als. g), h) e i), da Lei nº 28/82, de 15-11 (cf. ainda o art. 4º do EMP), se verifica uma situação de inconstitucionalidade ou de ilegalidade ou quando é recusada a aplicação de norma de convenção internacional, ato legislativo ou decreto regulamentar. Já quando a sua intervenção ocorra em representação do Estado ou de outras pessoas ou em função de interesses ligados à coletividade, o Ministério Público está em posição semelhante à de qualquer outro recorrente, onerado, pois, com a apresentação de alegações e de conclusões.

11. Para mais desenvolvimentos, cf. Abrantes Geraldes, *Recursos no NCPC*, 5ª ed., pp. 152-161.

ARTIGO 640º

Ónus a cargo do recorrente que impugne a decisão relativa à matéria de facto

1 – Quando seja impugnada a decisão sobre a matéria de facto, deve o recorrente obrigatoriamente especificar, sob pena de rejeição:

a) Os concretos pontos de facto que considera incorretamente julgados;

b) Os concretos meios probatórios, constantes do processo ou de registo ou gravação nele realizada, que impunham decisão sobre os pontos da matéria de facto impugnados diversa da recorrida;

c) A decisão que, no seu entender, deve ser proferida sobre as questões de facto impugnadas.

2 – No caso previsto na alínea b) do número anterior, observa-se o seguinte:

a) Quando os meios probatórios invocados como fundamento do erro na apreciação das provas tenham sido gravados, incumbe ao recorrente, sob pena de imediata rejeição do recurso na respetiva parte, indicar com exatidão as passagens da gravação em que se funda o seu recurso, sem prejuízo de poder proceder à transcrição dos excertos que considere relevantes;

b) Independentemente dos poderes de investigação oficiosa do tribunal, incumbe ao recorrido designar os meios de prova que infirmem as conclusões do recorrente e, se os depoimentos tiverem sido gravados, indicar com exatidão as passagens da gravação em que se funda e proceder, querendo, à transcrição dos excertos que considere importantes.

3 – O disposto nos nºs 1 e 2 é aplicável ao caso de o recorrido pretender alargar o âmbito do recurso, nos termos do nº 2 do artigo 636º.

Remissões: art. 638º, nº 7 (acréscimo de prazo); art. 662º (apreciação pela Relação).

1. Sem embargo da arguição de nulidades da sentença que tenham por objeto a matéria de facto, o recurso de apelação pode envolver a impugnação da decisão da matéria de facto provada ou não provada (antecipando alguma das soluções previstas no art. 662º), devendo o recorrente concretizar quer os segmentos que considera erradamente julgados, quer os meios de prova que determinam uma decisão diversa (*v.g.* documentos, depoimentos ou relatórios periciais, complementados ou não pelas regras de experiência).

2. Segundo a jurisprudência largamente maioritária, não existe relativamente ao recurso da decisão da matéria de facto despacho de aperfeiçoamento, o que, em vez de autorizar uma aplicação excessivamente rigorista da lei, deve fazer pender para uma solução que se revele proporcionada relativamente à gravidade da falha verificada.

3. Cumpre ao recorrente indicar os pontos de facto que impugna, pretensão esta que, delimitando o objeto do recurso, deve ser inserida também nas conclusões (art. 635º).

4. Nos termos do nº 1, al. b), recai sobre o apelante o ónus de fundamentar a discordância quanto à decisão de facto proferida, ónus esse que atua numa dupla vertente: cabe-lhe rebater, de forma suficiente e explícita, a apreciação crítica da prova feita no tribunal *a quo* e tentar demonstrar que tal prova inculca outra versão dos factos que atinge o patamar da probabilidade prevalecente. Deve o recorrente aduzir argumentos no sentido de infirmar diretamente os termos do raciocínio probatório adotado pelo tribunal *a quo*, evidenciando que o mesmo é injustificado e consubstancia um exercício incorreto da hierarquização dos parâmetros de credibilização dos meios de prova produzidos, ou seja, que é inconsistente.

5. Relativamente a pontos da decisão da matéria de facto cuja impugnação se funde, no todo ou em parte, em provas gravadas, o recorrente tem o ónus de indicar com exatidão as passagens da gravação em que se baseia, sem prejuízo de poder apresentar a respetiva transcrição.

6. Na jurisprudência do Supremo, é notória a prevalência do entendimento no sentido de evitar a exponenciação dos ónus que a lei prevê nesta sede ou fazer deles uma interpretação excessivamente rigorista, a ponto de ser violado o princípio da proporcionalidade e de ser denegada a pretendida reapreciação da matéria de facto, com a invocação de fundamentos que não encontram sustentação clara na letra ou no espírito do legislador, sendo numerosos os arestos em que tal problemática tem sido analisada, com a sucessiva revogação de decisões das Relações (cf. Ana Luísa Geraldes, "Impugnação e reapreciação da decisão da matéria de facto", *Estudos* *em Homenagem ao Prof. José Lebre de Freitas*, vol. I, pp. 589 e ss. e, entre muitos outros arestos, STJ 8-11-16, 2002/12, STJ 31-5-16, 889/10, STJ 28-4-16, 1006/12 e STJ 21-4-16, 449/10).

7. Sendo evidente que a previsão destes ónus tem razão de ser, quer para garantia do contraditório, quer para efeito de rigorosa delimitação do objeto do recurso, até porque o sistema consagrado não admite recursos genéricos contra a decisão da matéria de facto, não é compreensível que a verificação do cumprimento de tais ónus se transforme num exercício meramente burocrático. Efetivamente, o modo como se interpretam as normas sobre recursos não deve alhear-se dos grandes objetivos do processo civil, os quais tutelam no essencial a apreciação do mérito das pretensões. Isso é particularmente relevante quando está em causa a identificação, mais ou menos precisa, dos depoimentos em que o recorrente sustenta a sua posição, a maior ou menor clareza na identificação dos pontos de facto impugnados e das respostas pretendidas ou até a localização específica de cada um desses ónus nas alegações ou nas respetivas conclusões. Por exemplo, é frequente a invocação de necessidade da indicação do minuto e do segundo da gravação em que se encontra a "passagem" que funda o recurso, fulminando-se com a rejeição os recursos que não satisfaçam tal pretenso requisito. Solução que vem sendo sucessivamente contrariada pelo Supremo em diversos arestos.

8. É objeto de debate saber se os requisitos do ónus impugnatório devem figurar apenas no corpo das alegações ou se também devem ser levados às conclusões sob pena da rejeição do recurso. O Supremo tem vindo a sedimentar como predominante o entendimento de que as conclusões não têm de reproduzir (obviamente) todos os elementos do corpo das alegações e, mais concretamente, que a especificação dos meios de prova, a indicação das passagens das gravações e mesmo as respostas pretendidas não têm de constar das conclusões, diversamente do que sucede, por razões de objetividade e de certeza, com os concretos pontos de facto sobre que incide a impugnação (STJ 9-6-16, 6617/07, STJ 31-5-16, 1572/12, STJ 28-4-16, 1006/12STJ 11-4-16, 449/410, STJ 19-2-15, 299/05 e STJ 27-1-15, 1060/07). O STJ tem afirmado que na verificação do cumprimento dos ónus de alegação previstos no artigo 640º, os aspetos de ordem formal devem ser modelados em função dos princípios da proporcionalidade e da razoabilidade (STJ 3-10-19, 77/06, STJ 12-7-18, 167/11 e STJ 21-3-18, 5074/15).

9. Se houver deficiências de gravação, estas devem ser antecipadamente arguidas no tribunal *a quo* mediante reclamação, submetida à apreciação do juiz (art. 155º, nº 4), não sendo ajustado inscrever essas questões nas alegações de recurso.

10. Para mais desenvolvimentos, cf. Abrantes Geraldes, *Recursos no NCPC*, 5ª ed., pp. 162-178.

ARTIGO 641º
Despacho sobre o requerimento

1 – Findos os prazos concedidos às partes, o juiz aprecia os requerimentos apresentados, pronuncia-se sobre as nulidades arguidas e os pedidos de reforma, ordenando a subida do recurso, se a tal nada obstar.

2 – O requerimento é indeferido quando:

a) Se entenda que a decisão não admite recurso, que este foi interposto fora de prazo ou que o requerente não tem as condições necessárias para recorrer;

b) Não contenha ou junte a alegação do recorrente ou quando esta não tenha conclusões.

3 – No despacho em que admite o recurso, deve o juiz solicitar ao conselho distrital da Ordem dos Advogados a nomeação de advogado aos ausentes, incapazes e incertos, quando estes não possam ser representados pelo Ministério Público.

4 – No caso previsto no número anterior, o prazo de resposta do recorrido ou de interposição por este de recurso subordinado conta-se da notificação ao mandatário nomeado.

5 – A decisão que admita o recurso, fixe a sua espécie e determine o efeito que lhe compete não vincula o tribunal superior nem pode ser impugnada pelas partes, salvo na situação prevista no nº 3 do artigo 306º.

6 – A decisão que não admita o recurso ou retenha a sua subida apenas pode ser impugnada através da reclamação prevista no artigo 643º.

7 – No despacho em que admite o recurso referido na alínea c) do nº 3 do artigo 629º, deve o juiz ordenar a citação do réu ou do requerido, tanto para os termos do recurso como para os da causa, salvo nos casos em que o requerido no procedimento cautelar não deva ser ouvido antes do seu decretamento.

Remissões: art. 617º, nº 1 (apreciação das nulidades e reforma da sentença); art. 629º (admissibilidade de recurso); art. 631º (legitimidade); art. 638º (prazo); art. 639º (alegações de direito); art. 640º (alegações de facto); art. 643º (reclamação).

1. Finda a fase das alegações e das contra-alegações, o juiz *a quo* emite despacho sobre o requerimento de interposição do recurso, que pode variar em função das circunstâncias: admissão, rejeição ou despacho de aperfeiçoamento. Cumpre em especial conhecer, oficiosamente ou mediante iniciativa do recorrido, das questões ligadas à recorribilidade, tempestividade, legitimidade ou outros pressupostos. É a ocasião em que deve emitir pronúncia sobre as nulidades da sentença ou pedidos de reforma, antes de o recurso prosseguir (art. 617º, nº 1).

2. Para além de outras situações, o recurso deve ser rejeitado quando não seja admissível em função da natureza da decisão (art. 630º, nº 1), do valor da causa ou da sucumbência (art. 629º, nº 1) ou da limitação do terceiro grau de jurisdição (art. 671º, nº 3), quando for interposto fora de prazo (art. 638º), quando recorrente não tiver condições para recorrer (art. 631º) ou faltarem as alegações ou as respetivas conclusões (arts. 639º e 640º).

3. O despacho de rejeição imediata do recurso deve ser reservado para casos em que a mera leitura do requerimento e das alegações torne manifesta a ausência do requisito da recorribilidade da decisão, não devendo ser afastada a admissibilidade de despacho de aperfeiçoamento. Por exemplo, quando as conclusões de um recurso são a mera reprodução, ainda que parcial, do corpo das alegações, não se pode, em rigor, afirmar que o recorrente não deu cumprimento ao ónus do nº 2, al. b), havendo, apenas, que convidar ao seu aperfeiçoamento, por força do disposto no nº 1 do art. 659º (STJ 27-11-18, 28107/15; cf. nota 9 ao art. 639º).

4. Se não houver qualquer impedimento à admissibilidade do recurso, o juiz ordena a respetiva subida. Se o recurso subir em separado, o juiz ou o relator deve ainda zelar pela sua correta instrução (art. 646º).

5. Do despacho que não admita o recurso ou que ilegitimamente o retenha, pode o interessado reclamar para o tribunal superior, nos termos do art. 643º.

6. Para mais desenvolvimentos, cf. Abrantes Geraldes, *Recursos no NCPC*, 5ª ed., pp. 179-188.

7. No que respeita ao prazo da contestação na eventualidade referida no nº 7, cf. nota 1 ao art. 569º.

ARTIGO 642º
Omissão do pagamento das taxas de justiça

1 – Quando o pagamento da taxa de justiça devida ou a concessão do benefício do apoio judiciário não tiverem sido comprovados no momento definido para esse efeito, a secretaria notifica o interessado para, em 10 dias, efetuar o pagamento omitido, acrescido de multa de igual montante, mas não inferior a 1 UC nem superior a 5 UC.

2 – Quando, no termo do prazo de 10 dias referido no número anterior, não tiver sido comprovado o pagamento da taxa de justiça devida e da multa ou da concessão do benefício do apoio judiciário, o tribunal determina o desentranhamento da alegação, do requerimento ou da resposta apresentado pela parte em falta.

3 – A parte que aguarde decisão sobre a concessão do apoio judiciário deve, em alternativa, comprovar a apresentação do respetivo requerimento.

(Alterado pelo DL nº 97/19, de 26-7)

Remissões: art. 7º, nº 2, do RCP (taxa de justiça nos recursos).

1. De acordo com o disposto no art. 7º, nº 2, do RCP, a taxa de justiça é da responsabilidade do recorrente e do recorrido. Incumprido esse ónus, a secretaria notifica o faltoso para, em 10 dias, efetuar o pagamento da taxa de justiça e da multa, sob cominação do desentranhamento das alegações ou contra-alegações.

2. Há que ponderar a situação em que o interessado beneficie de apoio judiciário em modalidade que interfira com a exigibilidade do pagamento de taxa de justiça, nos termos que decorrem dos arts. 16º e 18º da Lei nº 34/04, de 29-7.

3. Contra a decisão de desentranhamento referido, cabe recurso, nos termos gerais e não a reclamação prevista no art. 643º (RE 26-10-19, 2426/06).

ARTIGO 643º
Reclamação contra o indeferimento

1 – Do despacho que não admita o recurso pode o recorrente reclamar para o tribunal que seria competente para dele conhecer no prazo de 10 dias contados da notificação da decisão.

2 – O recorrido pode responder à reclamação apresentada pelo recorrente, em prazo idêntico ao referido no número anterior.

3 – A reclamação, dirigida ao tribunal superior, é apresentada na secretaria do tribunal recorrido, autuada por apenso aos autos principais e é sempre instruída com o requerimento de interposição de recurso e as alegações, a decisão recorrida e o despacho objeto de reclamação.

4 – A reclamação, logo que distribuída, é apresentada ao relator, que, em 10 dias, profere decisão que admita o recurso ou o mande subir ou mantenha o despacho reclamado, a qual é suscetível de impugnação, nos termos previstos no nº 3 do artigo 652º.

5 – Se o relator não se julgar suficientemente elucidado com os documentos referidos no nº 3, pode requisitar ao tribunal recorrido os esclarecimentos ou as certidões que entenda necessários.

6 – Se a reclamação for deferida, o relator requisita o processo principal ao tribunal recorrido, que o fará subir no prazo de 10 dias.

Remissões: art. 641º, nº 2 (despacho que não admite o recurso); art. 641º, nº 6 (despacho que retém a subida do recurso).

1. Independentemente do fundamento da rejeição do recurso (intempestividade, ilegitimidade, irrecorribilidade, falta de alegações ou de conclusões, etc.), a decisão do juiz, proferida ao abrigo do art. 641º, nº 2, é passível de reclamação para o tribunal superior, no prazo de 10 dias a partir da notificação do despacho. Semelhante instrumento deve ser utilizado em casos de retenção ilegal de recurso interposto (art. 641º, nº 6). Já do despacho do relator que, na Relação, rejeita o recurso de revista, não cabe reclamação para a conferência, mas sim reclamação para o Supremo (cf. a ressalva feita pelo art. 652º, nº 3).

2. Cumprido o contraditório e instruída a reclamação com as peças pertinentes, é remetida ao tribunal superior, onde será distribuída pelos diversos juízes das secções cíveis (art. 214º, 5ª). Se for deferida a reclamação, o relator requisita o processo principal ao tribunal recorrido, sendo-lhe averbado.

3. Da decisão singular do relator de confirmação ou de revogação da decisão do juiz *a quo* é admissível reclamação para a conferência (art. 652º, nº 3). Já do acórdão da Relação que, em resultado da reclamação para a conferência da decisão do relator, venha a ser proferido não é admissível recurso de revista, salvo se ocorrer alguma situação excecional ressalvada pelo art. 671º, nº 2 (cf. explicação mais detalhada em Abrantes Geraldes, *Recursos no NCPC*, 5ª ed., pp. 194 e 195). Com efeito, o facto de à decisão do juiz de 1ª instância que rejeitou o recurso suceder a decisão do relator, a qual, por sua vez, pode ainda ser submetida à conferência, numa multiplicidade de graus de jurisdição, torna a situação incompatível com a apresentação de um recurso de revista para o Supremo.

4. Para mais desenvolvimentos, cf. Abrantes Geraldes, *ob. cit.*, pp. 189-198.

CAPÍTULO II
Apelação

SECÇÃO I
Interposição e efeitos do recurso

ARTIGO 644º
Apelações autónomas

1 – Cabe recurso de apelação:

a) Da decisão, proferida em 1ª instância, que ponha termo à causa ou a procedimento cautelar ou incidente processado autonomamente;

b) Do despacho saneador que, sem pôr termo ao processo, decida do mérito da causa ou absolva da instância o réu ou algum dos réus quanto a algum ou alguns dos pedidos.

2 – Cabe ainda recurso de apelação das seguintes decisões do tribunal de 1ª instância:

a) Da decisão que aprecie o impedimento do juiz;

b) Da decisão que aprecie a competência absoluta do tribunal;

c) Da decisão que decrete a suspensão da instância;

d) Do despacho de admissão ou rejeição de algum articulado ou meio de prova;

e) Da decisão que condene em multa ou comine outra sanção processual;

f) Da decisão que ordene o cancelamento de qualquer registo;

g) De decisão proferida depois da decisão final;
h) Das decisões cuja impugnação com o recurso da decisão final seria absolutamente inútil;
i) Nos demais casos especialmente previstos na lei.

3 – As restantes decisões proferidas pelo tribunal de 1ª instância podem ser impugnadas no recurso que venha a ser interposto das decisões previstas no nº 1.

4 – Se não houver recurso da decisão final, as decisões interlocutórias que tenham interesse para o apelante independentemente daquela decisão podem ser impugnadas num recurso único, a interpor após o trânsito da referida decisão.

Remissões: arts. 269º e ss. (suspensão da instância); art. 277º (extinção da instância); art. 278º (absolvição da instância); arts. 292º e ss. (incidentes da instância); art. 368º (decisão cautelar); art. 595º (despacho saneador); art. 629º (recorribilidade); art. 638º (prazo); art. 645º (modo de subida); art. 647º (efeitos da apelação); art. 660º (efeitos da impugnação de decisões interlocutórias); art. 1123º (processo de inventário).

1. A matéria dos recursos cíveis e, em concreto, a que respeita ao recurso de apelação encontra-se detalhada em Abrantes Geraldes, *Recursos no Novo CPC*, 5ª ed., com larga ilustração jurisprudencial e doutrinária.

2. Confrontado com qualquer decisão de 1ª instância relativamente à qual estejam reunidos todos o pressuposto da recorribilidade em função do valor, da sucumbência ou de alguma norma especial, a parte vencida que pretenda impugná-la deverá verificar se a mesma se integra ou não em algum dos preceitos dos nº 1 e 2.

3. Obtendo resposta positiva, a parte tem o ónus de interpor recurso no respetivo prazo, sob pena de se formar caso julgado; já se a resposta for negativa, a impugnação da decisão é diferida para a ocasião em que for interposto recurso de alguma das decisões previstas no nº 1 ou, se for o caso, depois de transitar em julgado a decisão final.

4. Não há, pois, possibilidade de interposição de recursos com subida diferida, como se previa, relativamente a alguns agravos, no regime que vigorou até à entrada em vigor das alterações introduzidas no CPC de 1961 pelo DL nº 303/07, de 24-8. Por isso, a impugnação de decisões não abarcadas pelos nºs 1 e 2 é sempre eventual, dependendo do resultado final e da persistência ou não de um interesse legítimo na impugnação da decisão.

5. O preceito limita-se a distinguir as decisões sujeitas a recurso imediato e as decisões cuja impugnação é relegada para momento ulterior, sem se sobrepor a disposições que definem outras condições, como o art. 629º, nº 1, sobre a recorribilidade em função do valor do processo ou da sucumbência, o art. 630º, nº 2, que limita seriamente a impugnação de decisões interlocutórias, ou o art. 631º, sobre a legitimidade ativa.

6. Na al. a) do nº 1 incluem-se as decisões que se traduzem na extinção da instância prevista no art. 277º, como acontece com o despacho de indeferimento liminar, o despacho de absolvição da instância ou qualquer outra forma de extinção da instância, o despacho saneador que ponha termo ao processo e a sentença final. Sem embargo da sua inclusão noutro preceito, como o da al. b), estão excluídas daquela previsão as decisões de extinção da instância meramente parcial. Nos termos do nº 3, com o recurso deverão ser impugnadas as decisões interlocutórias não incluídas no nº 2.

7. O recurso deve ser interposto, em regra, no prazo de 30 dias (art. 638º, nº 1), sendo de 15 dias nos processos urgentes. Quando tiver por objeto a impugnação da decisão sobre a matéria de facto com base em prova gravada, acrescem 10 dias (art. 638º, nº 7). Sobe nos próprios autos (art. 645º, nº 1, al. a)) e, em regra, com efeito meramente devolutivo (art. 647º, nº 1) (cf. Abrantes Geraldes, *ob. cit.*, pp. 201 e 202).

8. Quanto ao recurso da decisão que decrete a providência cautelar (art. 368º), sobe em separado e, em regra, com efeito meramente devolutivo (arts. 645º, nº 2 e 647º, nº 1). Em relação à decisão que não ordene a providência, sobe no próprio procedimento (art. 645º, nº 1, al. d)) e com efeito suspensivo (art. 647º, nº 3, al. d)). Se tiver sido decretada a inversão do contencioso, a impugnação desse segmento decisório é integrada no recurso da decisão cautelar (arts. 370º, nº 1 e 372º, nº 2), enquanto a decisão denegatória é irrecorrível (arts. 370º, nº 1).

9. Considerando que os procedimentos cautelares revestem sempre carácter urgente, o prazo para a interposição de qualquer recurso é de 15 dias, eventualmente acrescidos de 10 dias quando seja impugnada a decisão sobre a matéria de facto e o recurso vise a reapreciação da prova gravada (art. 638º, nºs 1 e 7; cf. Abrantes Geraldes, *ob. cit.*, pp. 202-204).

10. No que concerne aos incidentes, a apelação referida na al. a) apenas abarca os processados autonomamente, isto é, os incidentes que impliquem trâmites específicos que não se confundam com os da ação em que estão integrados (*v.g.* habilitação, verificação do valor da causa, intervenção de terceiros). Em regra, o recurso é interposto no prazo de 30 dias (638º, nº 1).

11. O seu regime de subida é variável: o recurso do despacho que indefira o incidente processado por apenso sobe neste apenso e com efeito suspensivo da decisão incidental (arts. 645º, nº 1, al. c) e 647º, nº 3, al. c)); o recurso do despacho que defira o incidente, processado ou não juntamente com a ação, sobe em separado e, em geral, com efeito meramente devolutivo (arts. 645º, nº 2 e 647º, nº 1) (cf. Abrantes Geraldes, *ob. cit.*, pp. 204 e 205).

12. Na al. b) inscreve-se o despacho saneador que não ponha termo ao processo (pois o que tenha posto termo ao processo está coberto pela previsão da al. a)), incluindo tanto o que incide sobre o mérito da causa (isto é, quando aprecia algum dos pedidos relativamente a todos ou a algum dos interessados ou quando declara a procedência ou a improcedência de alguma exceção perentória) como aquele que aprecia questões formais determinantes da extinção parcial da instância (é com este sentido mais lato que deve ser interpretada a alusão à "*absolvição da instância*", uma vez que as razões coincidem).

13. Em regra, o recurso é interposto no prazo de 30 dias (art. 638º, nº 1), sobe em separado e, em princípio, com efeito meramente devolutivo (arts. 645º, nº 2 e 647º, nº 1). No objeto de tal recurso, o recorrente tem o ónus de inserir a impugnação de outras decisões interlocutórias não previstas no nº 2, aqui se inserindo até, porventura, segmentos decisórios que integram a mesma peça processual (despacho saneador em sentido amplo), como sucede com o que aprecia a nulidade da citação ou juga improcedente a exceção de ilegitimidade (cf. Abrantes Geraldes, *ob. cit.*, pp. 205 e 206).

14. No que concerne às decisões abarcadas pelo nº 2, a apelação referida na al. b) apenas se reporta às decisões sobre competência absoluta, uma vez que a impugnação da decisão sobre a competência relativa é dirigida ao Presidente da Relação (art. 105º, nº 4). A decisão que aprecie a competência absoluta em razão da nacionalidade, da matéria e da hierarquia admite sempre recurso, independentemente do sentido da decisão ou de qualquer outra condicionante (art. 629º, nº 2, al. a)), razão pela qual basta que o recorrente afirme a violação das regras sobre tais critérios de competência para o recurso ser admitido sem restrições.

15. A propósito da competência absoluta, note-se que, atualmente, face ao teor do art. 96º, al. b), aquele pressuposto tem uma amplitude que vai além das questões da competência em razão da nacionalidade, da matéria ou da hierarquia, embora só a estas três se refira a previsão do art. 629º, nº 2, al. a) (cf. Paulo Pimenta, *Processo Civil Declarativo*, 2ª ed., p. 138, nota 302). O recurso sobe nos próprios autos, se a decisão puser termo ao processo (art. 645º, nº 1), e em separado, nos demais casos (art. 645º, nº 2), tendo, em regra, efeito meramente devolutivo (art. 647º, nº 1).

16. É de considerar que a apresentação de recurso da decisão que absolva o réu da instância com fundamento em incompetência absoluta e ponha termo ao processo beneficia do prazo geral de 30 dias, em lugar o prazo reduzido de 15 dias (cf., neste sentido, Abrantes Geraldes, *ob. cit.*, p. 209, STJ 22-11-16, 200/14 e RC 27-10-09, 2288/98).

17. A decisão que declara a instância suspensa (art. 269º) admite recurso no prazo de 15 dias (nº 1 do art. 638º) e sobe nos próprios autos (art. 645º, nº 1, al. b)) e com efeito suspensivo do processo (art. 647º, nº 2). Já a decisão que rejeite a suspensão apenas é impugnável nos termos do nº 3, a não ser que o diferimento da impugnação se revele absolutamente inútil, nos termos em que deve ser interpretado tal conceito indeterminado previsto na al. h).

18. Aos casos em que o recurso incide sobre despacho de admissão ou de rejeição de algum articulado são equiparados aqueles em que se admite ou rejeita algum meio de prova (al. d)), sendo a apelação autónoma justificada, em ambos os casos, pela necessidade de preservar, tanto quanto possível, o efeito útil da atividade desenvolvida no processo enquanto a questão não for objeto de reapreciação pela Relação (STJ 6-12-18, 300/13). De todo o modo, como é natural, os trâmites processuais ou diligências que tenham entretanto sido realizadas sujeitar-se-ão às vicissitudes do que vier a ser decidido: se for confirmada a decisão interlocutória de rejeição, serão integralmente respeitados; sendo a mesma revogada, proceder-se-á, conforme os casos, à invalidação e desconsideração do articulado admitido, ou dos atos de produção de prova indevidamente executados ou à ponderação do articulado, ou produção dos meios de prova que tenham sido rejeitados (cf. RG 17-5-18, 710/15; nota 4 ao art. 415º e nota 3 ao art. 476º).

19. O recurso é interposto no prazo de 15 dias (art. 638º, nº 1), subindo em separado e, em regra, com efeito meramente devolutivo (arts. 645º, nº 2 e 647º, nº 1) (cf. Abrantes Geraldes, *ob. cit.*, pp. 209 e 210).

20. O disposto na al. e) mostra inequivocamente que a apelação intercalar abarca as decisões que se traduzam na aplicação de uma multa ou de outra sanção processual (art. 542º, nº 3, do CPC e art. 27º, nº 6, do RCP; cf. nota 12 ao art. 629º).

21. O recurso é interposto no prazo de 15 dias (art. 638º, nº 1) e sobe em separado (art. 645º, nº 2) e com efeito suspensivo da decisão (art. 647º, nº 3, al. e)) (cf. Abrantes Geraldes, *ob. cit.*, pp. 212 e 213).

22. A al. f) visa garantir a estabilização da decisão que ordena o cancelamento de registo, de modo a produzir efeitos internos ou externos, designadamente os que decorrem das presunções associadas ao registo predial, comercial, automóvel ou civil ou em áreas ligadas a marcas, patentes ou firmas.

23. O recurso é interposto no prazo de 15 dias (art. 638º, nº 1); sobe em separado (art. 645º, nº 2) e com efeito suspensivo da decisão (art. 647º, nº 3, al. e)).

24. Com a decisão final não cessam, contudo, as possibilidades de serem proferidas decisões posteriores, assegurando-se a possibilidade da sua impugnação (necessariamente autónoma), coligidos que sejam os demais pressupostos objetivos e subjetivos. Tal é particularmente evidente em sede de procedimentos cautelares, atenta a variedade de incidentes suscetíveis de serem deduzidos, ou a natureza precária da decisão cautelar que fica submetida a um rigoroso regime de caducidade. Entre essas decisões conta-se a que determina o levantamento da providência com fundamento na sua caducidade ou na extinção do procedimento cautelar (art. 373º, nº 3) ou a que admite ou rejeita a substituição da providência por caução (arts. 368º, nº 3 e 373º, nº 2). Outrossim a decisão que, na sequência da oposição, revoga a providência ou determina a redução dos seus limites (art. 372º, nºs 1, al. b), e 3).

25. Em tais circunstâncias, o recurso, a interpor em 15 dias, sobe em separado (art. 645º, nº 2) e, em regra, com efeito meramente devolutivo (art. 647º, nº 1), o que determinará o levantamento total ou parcial da providência que tenha sido ordenada, salvo se ao recurso for atribuído efeito suspensivo, ao abrigo do disposto no nº 4 do art. 647º (cf. Abrantes Geraldes, *ob. cit.*, pp. 214 e 215).

26. A lei abre ainda a possibilidade de interposição de recursos intercalares quando a sujeição à regra geral importe a absoluta inutilidade de uma eventual decisão posterior favorável (al. h); cf. nota 17), previsão que, contudo, não deve confundir-se com outros casos em que se verifica simplesmente o risco de inutilização ou de repetição de uma parte do processado.

27. Esta interpretação não sofre dúvidas na jurisprudência, que sempre estabeleceu uma divisão entre a inutilidade absoluta de uma decisão favorável e a eventual anulação ou repetição de uma determinada atividade processual (cf. STJ 21-5-97, BMJ 467º, p. 536, RL 5-2-19, 70173/17 e Lebre de Freitas e Isabel Alexandre, *CPC anot.*, vol. II, 3ª ed., dando estes como exemplo paradigmático o recurso da decisão do juiz que, no âmbito de um procedimento cautelar, indefere o pedido de não efetivação do contraditório prévio).

28. O recurso é interposto no prazo de 15 dias (art. 638º, nº 1) sobe em separado e, em regra, com efeito meramente devolutivo (arts. 645º, nº 2 e 647º, nº 1) (cf. Abrantes Geraldes, *ob. cit.*, pp. 215 e 216).

29. A al. i) tem o único objetivo de pôr o intérprete e aplicador de sobreaviso relativamente à admissibilidade de recursos interlocutórios fundada noutros preceitos avulsos do CPC ou de diplomas extravagantes.

30. As decisões intercalares que, reunindo os pressupostos gerais da recorribilidade, não admitam recurso imediato (por falta de previsão no art. 644º, nºs 1 e 2, ou noutras normas avulsas), só podem ser impugnadas no âmbito do recurso que eventualmente seja interposto do despacho saneador ou da decisão final do processo ou do incidente, de acordo com o disposto no nº 3, ou nas condições referidas no nº 4.

31. Naturalmente que tais decisões não se consideram transitadas em julgado, mas constitui condição básica para o sucesso da sua impugnação diferida a manutenção, nessa ocasião, de um interesse autónomo e objetivo do recorrente na anulação ou revogação da decisão, ou seja, a verificação de uma utilidade efetiva na intervenção do tribunal superior, revelada através de um interesse direto e legítimo na revogação ou anulação da decisão.

32. O recurso, a interpor em 15 dias após o trânsito em julgado da decisão final, sobe em separado (art. 645º, nº 2) e, em princípio, com efeito meramente devolutivo (art. 647º, nº 1) (cf. Abrantes Geraldes, *ob. cit.*, pp. 216-220).

33. Para mais desenvolvimentos, cf. Abrantes Geraldes, *ob. cit.*, pp. 199-224.

ARTIGO 645º
Modo de subida

1 – Sobem nos próprios autos as apelações interpostas:

a) Das decisões que ponham termo ao processo;

b) Das decisões que suspendam a instância;

c) Das decisões que indefiram o incidente processado por apenso;

d) Das decisões que indefiram liminarmente ou não ordenem a providência cautelar.

2 - Sobem em separado as apelações não compreendidas no número anterior.

3 - Formam um único processo as apelações que subam conjuntamente, em separado dos autos principais.

Remissões: arts. 266º e ss. (suspensão da instância); art. 277º (extinção da instância); art. 368º (decisão cautelar).

1. Independentemente do conteúdo formal ou substancial, sobe naturalmente nos próprios autos o recurso da decisão que ponha termo à causa (art. 644º, nº 1), tal como o recurso interposto de decisão que determine a suspensão da instância (art. 644º, nº 2, al. c)). E sobe no respetivo apenso o recurso interposto da decisão de indeferimento de incidente processado por apenso (art. 644º, nº 1, al. a)).

2. O mesmo acontece com a decisão que indefira liminarmente (art. 629º, nº 3, al. c)) ou julgue improcedente providência cautelar.

3. Quanto aos recursos das demais decisões, sobem em separado, formando-se um único apenso se forem diversos os recursos a subir na mesma ocasião (cf. Abrantes Geraldes, *Recursos no NCPC*, 5ª ed., pp. 225 e 226).

ARTIGO 646º
Instrução do recurso com subida em separado

1 - Na apelação com subida em separado, as partes indicam, após as conclusões das alegações, as peças do processo de que pretendem certidão para instruir o recurso.

2 - No caso previsto no número anterior, a secretaria deve facultar aos mandatários, durante o prazo de cinco dias, as peças processuais, documentos e demais elementos que, por terem sido apresentados em suporte físico e não tendo sido digitalizados, apenas constem do suporte físico do processo.

3 - *(Revogado)*

(Alterado pelo DL nº 97/19, de 26-7)

Remissões: art. 15º, nº 2, al. a), da Port. 280/13, de 26-8 (indicação das peças ou documentos que não constem em formato eletrónico).

1. Sem prejuízo da eventual junção de documentos, nos termos e com as limitações que decorrem do art. 651º, cada parte deve indicar nas alegações as peças do processo de que pretende certidão ou que tenham idêntico valor, nos termos do art. 646º, nºs 1 e 2, sujeitas a verificação, primeiro, pelo juiz *a quo* e, depois, pelo relator no tribunal *ad quem*, cada um dos quais podendo determinar a junção de outros que sejam necessários para a correta apreciação das questões que são objeto do recurso (art. 652º, nº 1, al. d)). Tudo isto porque o recurso sobe em separado.

ARTIGO 647º
Efeito da apelação

1 – A apelação tem efeito meramente devolutivo, exceto nos casos previstos nos números seguintes.

2 – A apelação tem efeito suspensivo do processo nos casos previstos na lei.

3 – Tem efeito suspensivo da decisão a apelação:

a) Da decisão que ponha termo ao processo em ações sobre o estado das pessoas;

b) Da decisão que ponha termo ao processo nas ações referidas nas alíneas a) e b) do nº 3 do artigo 629º e nas que respeitem à posse ou à propriedade de casa de habitação;

c) Do despacho de indeferimento do incidente processado por apenso;

d) Do despacho que indefira liminarmente ou não ordene a providência cautelar;

e) Das decisões previstas nas alíneas e) e f) do nº 2 do artigo 644º;

f) Nos demais casos previstos por lei.

4 – Fora dos casos previstos no número anterior, o recorrente pode requerer, ao interpor o recurso, que a apelação tenha efeito suspensivo quando a execução da decisão lhe cause prejuízo considerável e se ofereça para prestar caução, ficando a atribuição desse efeito condicionada à efetiva prestação da caução no prazo fixado pelo tribunal.

Remissões. Art. 913º (prestação espontânea de caução); art. 915º (caução como incidente).

1. A regra geral é a de que a apelação tem efeito meramente devolutivo, permitindo a execução imediata da decisão (art. 704º, nº 1) ou, sendo o caso, a produção de outros efeitos jurídicos (*v.g.* ações constitutivas ou de simples apreciação). O efeito suspensivo está especialmente previsto para as situações do nº 3. Nos demais casos, a declaração desse efeito depende de requerimento do interessado e da prestação de caução, nos termos do art. 649º, nº 2.

2. Tratando-se de questão relativa ao "*estado das pessoas*", o recurso da decisão que ponha termo ao processo tem necessariamente efeito suspensivo, o que obsta à imediata produção de efeitos da decisão impugnada. Mas se, em correspondência com o objeto da ação, a sentença apreciar cumulativamente algum pedido de natureza patrimonial (*v.g.* fixação de alimentos), o efeito do recurso ficará dependente das concretas circunstâncias: se incidir exclusivamente sobre as questões patrimoniais, a apelação será admitida, em regra, com efeito meramente devolutivo; já se abarcar todos os segmentos decisórios, o recurso seguirá naturalmente com efeito suspensivo (unitário), restando apenas ao recorrido a possibilidade de, ao abrigo do art. 649º, nº 2, requerer a prestação de caução por parte do recorrente quanto ao segmento decisório que não incida sobre questão de estado.

3. A remissão que é feita para o nº 3 do art. 629º não se dirige unicamente às ações de despejo, mas a toda e qualquer ação em que, por iniciativa do autor ou do réu, se discuta a validade, a subsistência ou a cessação de contrato de arrendamento, nos termos previstos na lei. Sobe também com efeito suspensivo a apelação de decisões que ponham termo ao processo em ações respeitantes à posse ou à propriedade de casa de habitação.

4. Reportando-se a al. d) apenas ao despacho de indeferimento liminar e ao que não ordene a providência, fica excluída a decisão que, nos termos do art. 372º, nº 3, determine o levantamento ou a redução de providência que anteriormente tenha sido decretada sem contraditório prévio, aquela que decrete o levantamento em consequência da caducidade ou da extinção do procedimento, nos termos do art. 373º, nº 3, ou a que determine a substituição da medida cautelar por caução, nos termos do nº 3 do art. 368º.

5. O recurso interposto de alguma destas decisões tem, em regra, efeito meramente devolutivo, nos termos do nº 1 do art. 647º, com o significado que este implica: efetiva possibilidade de se produzirem de imediato os efeitos correspondentes ao levantamento, revogação, redução ou substituição da providência anteriormente decretada. O eventual efeito suspensivo que o requerente da providência (prejudicado pelas decisões) pretenda obter fica dependente da verificação dos requisitos do art. 647º, nº 4, ou seja, da alegação e demonstração da ocorrência de prejuízo considerável e da prestação de caução.

6. A atribuição casuística de efeito suspensivo, nos termos do nº 4, não prescinde da iniciativa do recorrente, a integrar no próprio requerimento de interposição de recurso, juntamente com a alegação de factos que permitam concluir pela verificação do específico *periculum* a que a lei se reporta (*v.g.* prejuízo considerável decorrente do levantamento imediato da providência cautelar). Simultaneamente, o requerente (recorrente) deve deduzir o incidente de prestação de caução, indicando não apenas o valor que oferece como ainda a modalidade e o modo de efetivação da caução (art. 913º, nº 1, *ex vi* art. 915º, nº 1). A par da verificação daquele risco, é necessário que a caução se mostre idónea, tanto em termos qualitativos como quantitativos, para compensar o requerido (parte vencedora) da paralisação dos efeitos que imediatamente poderiam ser extraídos da decisão.

7. O prejuízo considerável a que reporta o nº 4 não se reconduz, *tout court*, à privação da quantia necessária ao pagamento da quantia fixada no dispositivo da sentença. Na verdade, se fosse esse o critério, qualquer condenação de índole pecuniária teria ínsito o fundamento para atribuição de efeito suspensivo ao respetivo recurso. Nessa sede, o prejuízo tem de se consubstanciar num *aliud*, num dano causado à parte com carácter de irreversibilidade ou, pelo menos, em termos de muito difícil remoção. O juiz deve fixar o valor e o modo de prestação da caução, ficando a atribuição do efeito suspensivo dependente da sua efetiva prestação, nos moldes que forem determinados.

8. A suficiência da caução deve ser apreciada tendo em conta o circunstancialismo que existe no momento da sua constituição, ou seja, o valor a caucionar terá de corresponder às quantias em dívida à data em que é oferecida a caução, abrangendo quer as quantias líquidas, quer as quantias ilíquidas, como se decidiu no ***AUJ nº 6/06***: "*O montante da caução que a parte vencida tem a faculdade de prestar, nos termos do art. 79º, nº 1, do CPT de 1981* (correspondente ao art. 83º do atual CPT), *para obter o efeito suspensivo do recurso de apelação, deve corresponder ao quantitativo provável do crédito, abrangendo quer a parte líquida quer a parte ilíquida da condenação*" (cf. RL 16-3-16, 14820/14 e RL 25-6-13, 89/08).

9. O contraditório do recorrido ocorre em dois planos: por um lado, discutindo o pedido de atribuição de efeito suspensivo ao recurso, o que fará nas contra-alegações (art. 648º, nº 2); por outro, discutindo o valor oferecido como caução, a modalidade desta e o modo de a prestar, o que fará no incidente propriamente dito (art. 913º, nº 2, *ex vi* art. 915º, nº 1).

10. Para mais desenvolvimentos, cf. Abrantes Geraldes, *Recursos no NCPC*, 5ª ed., pp. 229-235.

ARTIGO 648º

Termos a seguir no pedido de atribuição do efeito suspensivo

1 – No caso previsto no nº 4 do artigo anterior, a atribuição do efeito suspensivo extingue-se se o recurso estiver parado durante mais de 30 dias por negligência do apelante.

2 – Ao pedido de atribuição de efeito suspensivo pode o apelado responder na sua alegação.

1. Se a instância estiver paralisada durante mais de 30 dias, deve ser decretada a extinção do efeito suspensivo do recurso que tenha sido declarado a requerimento do recorrente. Tal extinção não é automática, devendo ser suscitada pelo recorrido, com invocação dos motivos em que funda a atuação negligente, e está sujeita a contraditório.

ARTIGO 649º

Traslado e exigência de caução

1 – O apelado pode requerer a todo o tempo extração de traslado, com indicação das peças que, além da sentença, ele deva abranger.

2 – Não querendo, ou não podendo, obter execução provisória da sentença, o apelado que não esteja já garantido por hipoteca judicial pode requerer, na alegação, que o apelante preste caução.

Remissões: art. 704º, nº 1 (sentença como título executivo); art. 906º (requerimento para a prestação provocada de caução); art. 710º do CC (constituição de hipoteca judicial).

1. O traslado justifica-se nos casos em que o apelado pretenda extrair consequências imediatas da decisão pendente de recurso a que foi atribuído efeito meramente devolutivo, o que ocorre na situação prevista pelo art. 704º, nº 1, quando a sentença condene na realização de uma prestação ou quando tenha sido proferida em determinadas ações de natureza constitutiva que envolvam questões de natureza patrimonial (*v.g.* execução específica de contrato-promessa de compra e venda, ação de preferência, ação de impugnação pauliana, ação de simples apreciação).

2. No que respeita à aplicabilidade do nº 2, o seu âmbito é mais restrito, visando unicamente as decisões que condenem na realização de uma prestação cujo incumprimento possa ser coercivamente efetivado através do processo de execução.

3. Deste modo, sempre que possa exigir a prestação de caução, por não querer ou por não poder requerer a execução provisória da sentença, o recorrido deve deduzir o incidente nas contra-alegações, indicando o valor a caucionar, nos termos dos arts. 906º e 915º. O juiz decidirá depois de respeitado o contraditório, sendo de destacar que o incidente de prestação de caução tem natureza urgente (art. 915º, nº 2) (cf. Abrantes Geraldes, *Recursos no NCPC*, 5ª ed., pp. 237 e 238).

ARTIGO 650º
Caução

1 – Se houver dificuldade na fixação da caução a que se refere o nº 4 do artigo 647º e o nº 2 do artigo anterior, calcula-se o seu valor mediante avaliação feita por um único perito nomeado pelo juiz.

2 – Se a caução não for prestada no prazo de 10 dias após o despacho previsto no artigo 641º, extrai-se traslado, com a sentença e outras peças que o juiz considere indispensáveis para se processar o incidente, seguindo a apelação os seus termos.

3 – Se a caução tiver sido prestada por fiança, garantia bancária ou seguro-caução, a mesma mantém-se até ao trânsito em julgado da decisão final proferida no último recurso interposto, só podendo ser libertada em caso de absolvição do pedido ou, tendo a parte sido condenada, provando que cumpriu a obrigação no prazo de 30 dias a contar do trânsito em julgado.

4 – No caso previsto na segunda parte do número anterior, se não tiver sido feita a prova do cumprimento de obrigação no prazo aí referido, será notificada a entidade que prestou a caução para entregar o montante da mesma à parte beneficiária, aplicando-se, em caso de incumprimento e com as necessárias adaptações, o disposto no artigo 777º, servindo de título executivo a notificação efetuada pelo tribunal.

Remissões: art. 703º, nº 1, al. d) (título executivo por disposição especial da lei).

1. Toda a tramitação do incidente de prestação de caução, como condição de atribuição de efeito suspensivo ao recurso ou alternativa à execução provisória da decisão, está orientada no sentido de garantir que a decisão seja proferida e efetivada com celeridade, o que é expressamente acautelado pela urgência prevista no art. 915º, nº 2.

2. A caução prestada por terceiro a favor do recorrente (*v.g.* garantia bancária, fiança, seguro-caução) perdura até que seja efetivamente cumprida a obrigação garantida. Por isso, se acaso a obrigação não for espontaneamente cumprida, a caução reverte a favor do credor, cuja pretensão, anteriormente reconhecida na sentença, seja confirmada em recurso.

3. Sendo mantida, no todo ou em parte, a condenação, a entidade caucionante apenas poderá ser liberada se o devedor demonstrar, no prazo de 30 dias, o cumprimento da obrigação.

4. Se tal não ocorrer, a caução que tenha sido prestada por terceiro é convertida em verdadeira obrigação a favor do credor, sendo o garante (*v.g.* banco, seguradora) notificado para efetuar a entrega do numerário ao credor, sob pena de cumprimento coercivo. Se, ao invés, transitar em julgado a decisão de que resulte a absolvição do réu do pedido, a caução deixa de se justificar, impondo-se o seu levantamento (cf. Abrantes Geraldes, *Recursos no NCPC*, 5ª ed., pp. 239-241).

ARTIGO 651º
Junção de documentos e de pareceres

1 – As partes apenas podem juntar documentos às alegações nas situações excecionais a que se refere o artigo 425º ou no caso de a junção se ter tornado necessária em virtude do julgamento proferido na 1ª instância.

2 – As partes podem juntar pareceres de jurisconsultos até ao início do prazo para a elaboração do projeto de acórdão.

1. No recurso de apelação, é legítimo às partes fazer acompanhar as alegações de documentos cuja apresentação não tenha sido possível até esse momento (superveniência objetiva ou subjetiva) ou quando tal apresentação apenas se tenha revelado necessária por virtude do julgamento proferido. A jurisprudência tem entendido, de modo uniforme, que não é admissível a junção, com a alegação de recurso, de um documento potencialmente útil à causa, mas relacionado com factos que já antes da decisão a parte sabia estarem sujeitos a prova, não podendo servir de pretexto a mera surpresa quanto ao resultado.

2. No que tange à parte final do nº 1, tem-se entendido que a junção de documentos às alegações da apelação só poderá ter lugar se a decisão da 1ª instância criar, pela primeira vez, a necessidade de junção de determinado documento, quer quando a decisão se baseie em meio probatório não oferecido pelas partes, quer quando se funde em regra de direito com cuja aplicação ou interpretação as partes não contavam (STJ 26-9-12, 174/08, RP 8-3-18, 4208/16 e RL 8-2-18, 176/14).

3. A junção de pareceres pode concretizar-se até ao início do prazo para a elaboração do projeto de acórdão (art. 657º, nº 1).

SECÇÃO II
Julgamento do recurso

ARTIGO 652º
Função do relator

1 – O juiz a quem o processo for distribuído fica a ser o relator, incumbindo-lhe deferir todos os termos do recurso até final, designadamente:

a) Corrigir o efeito atribuído ao recurso e o respetivo modo de subida, ou convidar as partes a aperfeiçoar as conclusões das respetivas alegações, nos termos do nº 3 do artigo 639º;

b) Verificar se alguma circunstância obsta ao conhecimento do recurso;

c) Julgar sumariamente o objeto do recurso, nos termos previstos no artigo 656º;

d) Ordenar as diligências que considere necessárias;

e) Autorizar ou recusar a junção de documentos e pareceres;

f) Julgar os incidentes suscitados;

g) Declarar a suspensão da instância;

h) Julgar extinta a instância por causa diversa do julgamento ou julgar findo o recurso, por não haver que conhecer do seu objeto.

2 – Na decisão do objeto do recurso e das questões a apreciar em conferência intervêm, pela ordem de antiguidade no tribunal, os juízes seguintes ao relator.

3 – Salvo o disposto no nº 6 do artigo 641º, quando a parte se considere prejudicada por qualquer despacho do relator, que não seja de mero expediente, pode requerer que sobre a matéria do despacho recaia um acórdão; o relator deve submeter o caso à conferência, depois de ouvida a parte contrária.

4 – A reclamação deduzida é decidida no acórdão que julga o recurso, salvo quando a natureza das questões suscitadas impuser decisão imediata, sendo, neste caso, aplicável, com as necessárias adaptações, o disposto nos nºs 2 a 4 do artigo 657º.

5 – Do acórdão da conferência pode a parte que se considere prejudicada:

a) Reclamar, com efeito suspensivo, da decisão proferida sobre a competência relativa da Relação para o Presidente do Supremo Tribunal de Justiça, o qual decide definitivamente a questão;

b) Recorrer nos termos gerais.

Remissões: art. 193º, nº 3 (erro no meio processual); art. 268º (apensação de processos em fase de recurso).

1. Ao relator a quem o recurso é distribuído cabe a direção do processo, designadamente no que concerne à prolação das decisões preparatórias e à determinação das diligências com função instrumental ou prejudicial. Cumpre-lhe também apreciar os pressupostos do recurso ou outros requisitos formais, ainda que uma apreciação genérica não produza efeitos de caso julgado formal, o qual apenas se constitui quando a apreciação incide especificamente sobre alguma questão, sem reclamação para a conferência (cf. Abrantes Geraldes, *Recursos no NCPC*, 5ª ed., pp. 245 e 246).

2. O precedente despacho do juiz sobre os efeitos e regime de subida do recurso não vincula o tribunal superior (nº 5 do art. 641º), podendo ser alterado pelo relator, oficiosamente ou a solicitação do recorrido (cf. Abrantes Geraldes, *ob. cit.*, pp. 246 e 247).

3. No que concerne ao aperfeiçoamento das conclusões, o normativo acaba por recolher aquilo que já estava enunciado no art. 639º, nº 3, acentuando a diferenciação que se pretendeu estabelecer quanto ao recurso da decisão da matéria de facto, nos termos do art. 640º, que, por isso, não admite aquele paliativo (cf. Abrantes Geraldes, *ob. cit.*, p. 167).

4. A al. b) previne uma série de circunstâncias cuja verificação pode contender com a apreciação, no todo ou em parte, do mérito do recurso: ausência de pressupostos processuais, inadmissibilidade de recurso autónomo, falta de alegações ou de conclusões (art. 641º, nº 2, al. b)), incumprimento do ónus previsto no art. 640º, incumprimento de anterior despacho de aperfeiçoamento no que concerne às conclusões da alegação de recurso (art. 639º, nº 3), renúncia ou desistência do recurso (art. 632º), verificação de alguma circunstância que implique o diferimento da apreciação do mérito do recurso, etc. A forma mais comum de extinção da instância de recurso por motivo diverso do julgamento é a deserção prevista no art. 281º, nº 2, em razão da sua paralisação por mais de seis meses. Mas quer a instância de recurso, quer a instância em geral podem extinguir-se por outros motivos, envolvendo designadamente a inutilidade ou impossibilidade superveniente da lide ou do recurso, a desistência do pedido ou da instância, a desistência do recurso (art. 632º, nº 5), a confissão do pedido ou a transação sobre o objeto da causa (cf. Abrantes Geraldes, *ob. cit.*, pp. 247 e 248).

5. Tais decisões são proferidas pelo relator e a sua impugnação para o Supremo através de recurso de revista, nos termos do art. 671º, nº1 (na medida em que ponham termo ao processo), carece de prévia reclamação para a conferência. É, pois, do acórdão que, na sequência dessa reclamação, venha a ser proferido que cabe recurso de revista, nos termos gerais.

6. A natureza exemplificativa das funções do relator deixa margem para a integração de outros poderes, sendo o caso dos seguintes: proferir despachos com vista a clarificar aspetos relevantes para a admissibilidade dos recursos (art. 637º, nº 2, 1ª parte); determinar a baixa do processo para que o juiz *a quo* se pronuncie sobre as nulidades da sentença ou aprecie o incidente de reforma da sentença (arts. 617º, nº 5 e 641º, nº 1); determinar a correção da distribuição quando o recurso tenha sido distribuído na espécie errada (art. 205º, nº 1); dirigir ativamente o processo e adotar os mecanismos de simplificação e de agilização (art. 6º); solicitar às partes ou aos seus mandatários judiciais esclarecimentos sobre a matéria de facto ou de direito que se afigurem pertinentes (art. 7º, nº 2; cf. nota 3 ao art. 7º); ordenar a renovação de depoimentos já anteriormente produzidos ou a produção de novos meios de prova (art. 662º, nº 2, als. a) e b)); dar seguimento a qualquer sugestão dos adjuntos, formulada ao abrigo do art. 658º; provocar a intervenção da conferência quando se verificar que uma das partes suscita incidentes manifestamente infundados com o objetivo de obstar ao trânsito em julgado do acórdão proferido, ao cumprimento da decisão, à baixa do processo ao tribunal *a quo* ou à remessa do processo para outro tribunal (art. 670º) (cf. Abrantes Geraldes, *ob. cit.*, pp. 251-253).

7. No âmbito do recurso de revista (a que o preceito se aplica remissivamente – art. 679º), cumpre em especial ao relator no Supremo apreciar a eventual reclamação deduzida contra o despacho de não admissão de recurso interposto de acórdão da Relação (arts. 652º, nº 3 e 643º, nº 1) ou propor o julgamento ampliado da revista, nos termos do art. 686º, nºs 2 e 3.

8. Das decisões do relator as partes podem, em regra, reclamar para a conferência. Excecionam-se os despachos de mero expediente (já não os proferidos no âmbito de poderes discricionários) ou o despacho de não admissão do recurso de revista, estando este último sujeito ao regime específico do art. 643º (reclamação direta para o Supremo).

9. A reclamação para a conferência deve ser apresentada no prazo de 10 dias (art. 149º, nº 1), não sendo necessária a motivação, já que a lei prevê simplesmente que a parte prejudicada por algum despacho do relator requeira que sobre o mesmo "*recaia um acórdão*", sem exigir *expressis verbis* (mas também sem vedar) qualquer justificação para essa iniciativa ou sequer a motivação que a leva a sustentar uma posição diversa. Cf. o Ac. do Trib. Const. nº 514/2003, onde se concluiu também que "a circunstância de o reclamante não ter explicitado as razões pelas quais discorda do despacho reclamado não conduz inexoravelmente ao indeferimento da reclamação (e muito menos ao seu não conhecimento), antes se impõe que a conferência responda à questão, bem podendo acontecer que, mesmo na ausência de críticas do reclamante ao despacho reclamado, no coletivo de juízes acabe por prevalecer entendimento diverso do inicialmente assumido pelo relator". O facto de ter sido proferido despacho sobre qualquer questão delimita suficientemente o objeto do posterior acórdão, dispensando outros desenvolvimentos. Notificada a parte contrária para se pronunciar, a conferência delibera sobre a questão, podendo redundar na manutenção, revogação ou alteração da decisão do relator.

10. Importa ainda reter que a decisão individual do relator, seja qual for o seu objeto, não é diretamente recorrível para o Supremo. Nos termos dos arts. 652º, nº 2 e 671º, nº 1, a interposição de recurso de revista apenas pode incidir sobre acórdãos da Relação. Por isso, discordando a parte de alguma decisão do relator, deve solicitar a intervenção da conferência, e apenas do acórdão que vier a ser proferido poderá interpor recurso de revista quando este seja admissível.

11. Todavia, se a parte, em vez de reclamar para a conferência, interpuser recurso, deve efetuar-se a conversão oficiosa, desde que não exista qualquer impedimento legal, designadamente o ligado ao prazo legal para a dedução da reclamação (STJ 8-2-18, 4140/16). O art. 193º, nº 3, não deixa lugar a dúvidas, as quais, aliás, já haviam sido clarificadas pelo ***AUJ nº 2/10***: "*Fora dos casos previstos no art. 688º do CPC* (na redação anterior ao Dec. Lei nº 303/07, de 24-9), *apresentado requerimento de interposição de recurso da decisão do relator, que não seja de mero expediente, este deverá admiti-lo como requerimento para a conferência prevista no art. 700º, nº 3, daquele Código*".

12. Para mais desenvolvimentos, cf. Abrantes Geraldes, *ob. cit.*, pp. 244-262.

ARTIGO 653º
Erro no modo de subida do recurso

1 – Se o recurso tiver subido em separado, quando devesse subir nos próprios autos, requisitam-se estes ao tribunal recorrido.

2 – Decidindo o relator, inversamente, que o recurso que subiu nos próprios autos deveria ter subido em separado, o tribunal notifica as partes para indicarem as peças necessárias à instrução do recurso, as quais são autuadas com o requerimento de interposição do recurso e com as alegações, baixando, em seguida, os autos principais à 1ª instância.

Remissões: art. 652º, nº 3 (reclamação para a conferência).

1. Tal como ocorre relativamente aos demais aspetos relacionados com a admissão do recurso ou a fixação do seu efeito (art. 641º, nº 5), a decisão que envolva o regime de subida não vincula o tribunal superior.

2. Assim, consoante as circunstâncias, o relator deve solicitar o processo no qual o recurso deveria ter subido ou fazê-lo baixar à 1ª instância, ficando na Relação o traslado com as peças essenciais.

3. Neste último caso, antes de determinar a remessa dos autos, devem notificar-se as partes para indicarem as peças que considerem necessárias à instrução do recurso e que, com o requerimento e as alegações (e despacho de admissão), formarão o expediente que ficará na Relação.

ARTIGO 654º
Erro quanto ao efeito do recurso

1 – Se o relator entender que deve alterar-se o efeito do recurso, deve ouvir as partes, antes de decidir, no prazo de cinco dias.

2 – Se a questão tiver sido suscitada por alguma das partes na sua alegação, o relator apenas ouve a parte contrária que não tenha tido oportunidade de responder.

3 - Decidindo-se que à apelação, recebida no efeito meramente devolutivo, deve atribuir-se efeito suspensivo é expedido ofício, se o apelante o requerer, para ser suspensa a execução; o ofício contém unicamente a identificação da sentença cuja execução deve ser suspensa.

4 - Quando, ao invés, se julgue que a apelação, recebida nos dois efeitos, devia sê-lo no efeito meramente devolutivo, o relator manda passar traslado, se o apelado o requerer: o traslado, que baixa à 1ª instância, contém somente o acórdão e a sentença recorrida, salvo se o apelado requerer que abranja outras peças do processo.

Remissões: art. 3º, nº 3 (princípio do contraditório); art. 704º, nº 1 (requisitos de exequibilidade da sentença).

1. No requerimento de interposição de recurso, o recorrente deve indicar o seu efeito, quando este decorra diretamente da lei (art. 637º, nº 1), sem embargo de poder solicitar a atribuição de efeito suspensivo nos casos do nº 4 do art. 647º. O recorrido pode impugnar o efeito indicado pelo recorrente (art. 638º, nºs 5 e 6) ou, sendo o caso, responder à pretensão sobre a atribuição de efeito suspensivo (art. 648º, nº 2).

2. Se projetar a modificação do efeito atribuído pelo juiz *a quo*, o relator terá de ponderar a necessidade de audição das partes, por referência ao teor das alegações e das contra-alegações.

3. Se a apelação tiver sido recebida com efeito meramente devolutivo, devendo caber-lhe efeito suspensivo, o apelante pode requerer que se expeça ofício a fim de ser suspensa a execução que porventura tenha sido instaurada ao abrigo do art. 704º.

4. Na situação inversa, em que o recurso tenha sido recebido com efeito suspensivo, quando deveria tê-lo sido com efeito meramente devolutivo, é o recorrido que terá interesse em que se passe traslado, a fim de eventualmente requerer a instauração da execução ou promover a produção de outros efeitos jurídicos.

ARTIGO 655º

Não conhecimento do objeto do recurso

1 - Se entender que não pode conhecer-se do objeto do recurso, o relator, antes de proferir decisão, ouvirá cada uma das partes, pelo prazo de 10 dias.

2 - Sendo a questão suscitada pelo apelado, na sua alegação, é aplicável o disposto no nº 2 do artigo anterior.

Remissões: art. 3º, nº 3 (princípio do contraditório).

1. Alguns motivos que podem justificar uma decisão formal impeditiva do conhecimento da totalidade ou de parte do recurso relacionam-se com a falta de pressupostos gerais e específicos do recurso, de natureza objetiva ou subjetiva (*v.g.* irrecorribilidade, ilegitimidade), a verificação da extemporaneidade, a falta de elementos formais necessários, como as alegações ou as respetivas conclusões, ou a persistência de irregularidades que não tenham sido supridas.

2. Sempre que o relator, por si ou por sugestão de algum dos adjuntos, ou por iniciativa de alguma das partes, constatar a verificação de circunstância impeditiva da apreciação do recurso, deve assegurar-se do cumprimento do contraditório.

3. Sobre a aplicação do art. 278º, nº 3, em sede recursória, cf. nota 18 ao art. 278º.

ARTIGO 656º
Decisão liminar do objeto do recurso

Quando o relator entender que a questão a decidir é simples, designadamente por ter já sido jurisdicionalmente apreciada, de modo uniforme e reiterado, ou que o recurso é manifestamente infundado, profere decisão sumária, que pode consistir em simples remissão para as precedentes decisões, de que se juntará cópia.

Remissões: art. 652º, nº 3 (reclamação para a conferência).

1. As expressões empregues para delimitar o campo de intervenção individual do relator sobre o mérito do recurso revelam a sua natureza exemplificativa, justificando-se a decisão individual quando a questão seja rodeada de simplicidade na resposta, perspetivada pelo confronto com o ordenamento jurídico, pela frequência com que a mesma questão tem sido decidida em determinado sentido, pela resposta uniforme ou reiterada da jurisprudência ou pela verificação de que o recurso é manifestamente infundado (cf. Abrantes Geraldes, *Recursos no NCPC*, 5ª ed., pp. 268-271).

2. Considerando que as partes podem reclamar, com ou sem fundamento (cf. nota 9 ao art. 652º), para a conferência, acaba por ser inócua a discussão sobre a verificação dos pressupostos que habilitam o relator a proferir decisão sumária (STJ 11-12-14, 1904/11).

ARTIGO 657º
Preparação da decisão

1 – Decididas as questões que devam ser apreciadas antes do julgamento do objeto do recurso, se não se verificar o caso previsto no artigo anterior, o relator elabora o projeto de acórdão no prazo de 30 dias.

2 – Na sessão anterior ao julgamento do recurso, o processo, acompanhado com o projeto de acórdão, vai com vista simultânea, por meios eletrónicos, aos dois juízes-adjuntos, pelo prazo de cinco dias, ou, quando tal não for tecnicamente possível, o relator ordena a extração de cópias do projeto de acórdão e das peças processuais relevantes para a apreciação do objeto da apelação.

3 – Se o volume das peças processuais relevantes tornar excessivamente morosa a extração de cópias, o processo vai com vista aos dois juízes-adjuntos, pelo prazo de cinco dias a cada um.

4 – Quando a natureza das questões a decidir ou a necessidade de celeridade no julgamento do recurso o aconselhem, pode o relator, com a concordância dos adjuntos, dispensar os vistos.

1. De acordo com a tramitação formalmente prevista, os passos fundamentais são os seguintes: distribuição do processo e autuação, intervenção liminar do relator, opção pela decisão sumária individual (art. 656º) ou elaboração do projeto e, neste caso, inscrição do processo em tabela (art. 659º, nº 1).

2. Quanto aos adjuntos, consoante as circunstâncias, pode haver dispensa de vistos, expressa ou tácita, vista simultânea por meios eletrónicos, distribuição de cópias do projeto e das peças processuais relevantes ou vista separada a cada um deles (cf. Abrantes Geraldes, *Recursos no NCPC*, 5ª ed., pp. 272-275).

ARTIGO 658º
Sugestões dos adjuntos

1 – Se qualquer dos atos compreendidos nas atribuições do relator for sugerido por algum dos adjuntos, cabe ao relator ordenar a sua prática, se com ela concordar, ou submetê-la à conferência, no caso contrário.

2 – Realizada a diligência, podem os adjuntos ter nova vista, sempre que necessário, para examinar o seu resultado.

1. O preceito assegura simultaneamente a iniciativa de cada elemento que integra o coletivo e a colegialidade que deve rodear a decisão do recurso.

ARTIGO 659º
Julgamento do objeto do recurso

1 – O processo é inscrito em tabela logo que se mostre decorrido o prazo para o relator elaborar o projeto de acórdão.

2 – No dia do julgamento, o relator faz sucinta apresentação do projeto de acórdão e, de seguida, dão o seu voto os juízes-adjuntos, pela ordem da sua intervenção no processo.

3 – A decisão é tomada por maioria, sendo a discussão dirigida pelo presidente, que desempata quando não possa formar-se maioria.

1. A inscrição do processo em tabela será feita de acordo com o que for determinado pelo relator. Na prática, a verdadeira discussão do projeto não é feita propriamente na sessão marcada, mas por via de intervenções anteriores de cada um dos adjuntos e do relator.

2. Os meios eletrónicos permitem precisamente que se potencie por essa via a colegialidade que formalmente estaria centrada no dia designado para o julgamento (cf. Abrantes Geraldes, *Recursos no NCPC*, 5ª ed., pp. 278 e 279).

ARTIGO 660º
Efeitos da impugnação de decisões interlocutórias

O tribunal só dá provimento à impugnação das decisões interlocutórias, impugnadas conjuntamente com a decisão final nos termos do nº 3 do artigo 644º, quando a infração cometida possa modificar aquela decisão ou quando, independentemente dela, o provimento tenha interesse para o recorrente.

Remissões: art. 641º, nº 2, al. a) (rejeição do recurso).

1. A impugnação de certas decisões interlocutórias é vedada ou condicionada nos termos que estão previstos no art. 630º ou noutras normas avulsas. Relativamente às decisões previstas no art. 644º, nº 2, a sua impugnação deve ser imediatamente acionada, sob pena de se formar caso julgado, sendo reapreciadas em recurso de apelação autónomo.

2. Neste contexto, o preceito restringe-se às decisões interlocutórias cuja impugnação é legalmente diferida para a ocasião em que for impugnada alguma das decisões previstas no nº 1 do art. 644º (e bem assim para decisões cuja impugnação seja deduzida depois de transitar em julgado a decisão final, nos termos do art. 644º, nº 4).

3. Em qualquer dos casos, o provimento da impugnação está dependente da verificação de um interesse objetivo da parte que deve ser revelado, consoante as circunstâncias, pela sua repercussão na decisão final ou pela constatação de um benefício direto e imediato que decorra da revogação ou anulação da decisão interlocutória. Neste regime, o interesse em agir é erigido em condição de procedência da impugnação (cf. Abrantes Geraldes, *Recursos no NCPC*, 5ª ed., pp. 280 e 281).

ARTIGO 661º
Falta ou impedimento dos juízes

1 – O relator é substituído pelo primeiro adjunto nas faltas ou impedimentos que não justifiquem segunda distribuição e enquanto esta se não efetuar.

2 – Se a falta ou impedimento respeitar a um dos juízes-adjuntos, a substituição cabe ao juiz seguinte ao último deles.

1. Fora dos casos em que o impedimento do juiz se verifica logo aquando da distribuição inicial, ocorre segunda distribuição quando o relator fica impedido ou deixa de pertencer ao tribunal, nos termos do art. 217º, nº 1, 2ª parte. Noutros casos o relator é substituído nas suas faltas ou impedimentos pelo primeiro adjunto. Por seu lado, cada um dos adjuntos será substituído por aquele que se seguir na lista de antiguidade.

ARTIGO 662º
Modificabilidade da decisão de facto

1 – A Relação deve alterar a decisão proferida sobre a matéria de facto, se os factos tidos como assentes, a prova produzida ou um documento superveniente impuserem decisão diversa.

2 – A Relação deve ainda, mesmo oficiosamente:

a) Ordenar a renovação da produção da prova quando houver dúvidas sérias sobre a credibilidade do depoente ou sobre o sentido do seu depoimento;

b) Ordenar, em caso de dúvida fundada sobre a prova realizada, a produção de novos meios de prova;

c) Anular a decisão proferida na 1ª instância, quando, não constando do processo todos os elementos que, nos termos do número anterior, permitam a alteração da decisão proferida sobre a matéria de facto, repute deficiente, obscura ou contraditória a decisão sobre pontos determinados da matéria de facto, ou quando considere indispensável a ampliação desta;

d) Determinar que, não estando devidamente fundamentada a decisão proferida sobre algum facto essencial para o julgamento da causa, o tribunal de 1ª instância a fundamente, tendo em conta os depoimentos gravados ou registados.

3 – Nas situações previstas no número anterior, procede-se da seguinte forma:

a) Se for ordenada a renovação ou a produção de nova prova, observa-se, com as necessárias adaptações, o preceituado quanto à instrução, discussão e julgamento na 1ª instância;

b) Se a decisão for anulada e for inviável obter a sua fundamentação pelo mesmo juiz, procede-se à repetição da prova na parte que esteja viciada, sem prejuízo da apreciação de outros pontos da matéria de facto, com o fim de evitar contradições;

c) Se for determinada a ampliação da matéria de facto, a repetição do julgamento não abrange a parte da decisão que não esteja viciada, sem prejuízo da apreciação de outros pontos da matéria de facto, com o fim de evitar contradições;

d) Se não for possível obter a fundamentação pelo mesmo juiz ou repetir a produção de prova, o juiz da causa limitar-se-á a justificar a razão da impossibilidade.

4 – Das decisões da Relação previstas nos nºs 1 e 2 não cabe recurso para o Supremo Tribunal de Justiça.

Remissões: art. 218º (distribuição ao mesmo relator); art. 640º (impugnação da decisão sobre a matéria de facto).

1. A decisão da matéria de facto pode ser impugnada pelo recorrente quando os elementos fornecidos pelo processo possam determinar uma decisão diversa insuscetível de ser destruída por quaisquer outras provas, como sucede quando não tenha sido respeitado documento, confissão ou acordo das partes com força probatória plena (cf. Abrantes Geraldes, *Recursos no NCPC*, 5ª ed., pp. 288 e 289 e STJ, 17-12-15, 940/10). Outrossim quando tenha sido considerado provado certo facto com base em meio de prova legalmente insuficiente (*v.g.* presunção judicial ou depoimento testemunhal, nos termos dos arts. 351º e 393º do CC), situação em que a modificação da decisão da matéria de facto passa pela aplicação ao caso da regra de direito probatório material (art. 364º, nº 1, do CC).

2. Em qualquer destas situações, a Relação, no âmbito da reapreciação da decisão recorrida e naturalmente nos limites objetivo e subjetivo do recurso, deve agir oficiosamente mediante a aplicação das regras vinculativas extraídas do direito probatório material, modificando a decisão da matéria de facto advinda da 1ª instância (arts. 607º, nº 4 e 663º, nº 2). A oficiosidade desta atuação é decorrência da regra geral sobre a aplicação do direito (*in casu*, das normas de direito probatório material), na medida em que possam interferir no resultado do recurso que foi interposto e, é claro, respeitando o seu objeto global, que, no essencial, é delimitado pelo recorrente, nos termos do art. 635º, e respeitando também o eventual caso julgado parcelar que porventura se tenha formado sobre alguma questão ou segmento decisório.

3. Mas a modificação da decisão da matéria de facto pode ser desencadeada por iniciativa do recorrente mediante a junção de documento superveniente que, por si, seja suficiente para destruir toda a restante prova produzida (art. 662º, nº 1).

4. Nas situações mais frequentes e mais complexas em que a modificação da decisão da matéria de facto esteja dependente da reapreciação de meios de prova sujeitos a livre apreciação, a Relação apenas intervém quando o recorrente tiver cumprido o triplo ónus de impugnação, nos termos definidos pelo art. 640º.

5. Em tais circunstâncias e dentro dos limites definidos pelo recorrente, a Relação goza de autonomia decisória, competindo-lhe formar e formular a sua própria convicção sobre os meios de prova sujeitos a livre apreciação, sem exclusão do uso de presunções judiciais. Ou seja, desde que se mostrem cumpridos os requisitos formais que constam do art. 640º, a Relação não está limitada à reapreciação dos meios de prova indicados pelas partes, devendo atender a todos quantos constem do processo, independentemente da sua proveniência (art. 413º), sem exclusão sequer da possibilidade de efetuar a audição de toda a gravação se esta se revelar oportuna para a concreta decisão (cf. Abrantes Geraldes, *ob. cit.*, pp. 288-293).

6. A possibilidade de renovação da produção de certos meios de prova está prevista para situações em que subsistam dúvidas sérias sobre a credibilidade de algum depoente ou sobre o sentido do depoimento. Tal não corresponde a um direito potestativo do recorrente a que a Relação deva necessariamente corresponder, antes se trata de um poder/dever da Relação que esta deve exercitar, "*mesmo oficiosamente*", sempre que, no seu prudente critério e em termos objetivos, considerar preenchido o referido condicionalismo legal.

7. Não deve ser descurado sequer para o efeito o grau de diligência revelado pelo recorrente no que concerne à oportuna mobilização dos instrumentos processuais que lhe era permitida na fase de produção da prova ou na audiência final (incidentes de impugnação, contradita e acareação). A experiência revela, no entanto, que tal possibilidade nem é sugerida pelas partes nem executada pela Relação (cf. Abrantes Geraldes, *ob. cit.*, pp. 293-295).

8. Admite-se ainda, mesmo oficiosamente, a produção de novos meios de prova em casos de dúvida fundada sobre a prova realizada em 1ª instância. Tal não corresponde igualmente a um direito potestativo do recorrente, nem o desonera de acionar os instrumentos adequados na fase da produção de prova, designadamente através das instâncias que são apropriadas ao esclarecimento de depoimentos testemunhais ou da junção de documentos em poder de terceiros.

9. Trata-se, contudo, de uma possibilidade a que a Relação pode aceder quando se lhe deparar uma dúvida objetiva e fundada sobre a prova que foi realizada e que possa ser resolvida, por exemplo, através da junção de documentos na posse de entidades administrativas. É, na verdade, o acesso a documentação que não foi oportunamente apresentada, mas que o juiz oficiosamente deveria ter requisitado, para esclarecimento de dúvidas a partir de elementos probatórios objetivos, que pode justificar a sugestão das partes ou a iniciativa da Relação no sentido de proceder à sua recolha para superação de dúvidas sobre a prova realizada. (cf. Abrantes Geraldes, *ob. cit.*, pp. 296-298).

10. Os objetivos projetados pelo legislador no que concerne ao duplo grau de jurisdição em matéria de facto, designadamente quando esteja em causa decisão assente em meios de prova oralmente produzidos, determinam o seguinte: reapreciação dos meios de prova especificados pelo recorrente, através da audição das gravações ou da leitura das transcrições que porventura sejam apresentadas; conjugação desses meios de prova com outros indicados pelo recorrido ou que se mostrem acessíveis, por constarem dos autos ou da gravação; renovação de algum ou alguns depoimentos cuja audição suscite dúvidas sérias sobre a credibilidade do depoente; produção de novos meios de prova que potenciem a superação das dúvidas sobre a prova anteriormente produzida; formação de convicção própria e autónoma quanto à matéria de facto impugnada, introduzindo na decisão da matéria de facto que se considere erradamente julgada as modificações que forem consideradas pertinentes (cf. STJ 14-5-15, 260/70, STJ 29-10-13, 298/07, STJ 14-2-12, 6823/09 e STJ 16-12-10, 170/06). Cf. ainda Luís Filipe Sousa, *Prova por Presunção no Direito Civil*, pp. 187-189, no sentido de que a Relação pode fazer uso de presunções judiciais que o tribunal de 1ª instância não utilizou, bem como que alterar a matéria de facto dada como provada na sentença recorrida com base em presunções judiciais.

11. Não serve de justificação para a recusa de apreciação da impugnação de facto a argumentação, que o legislador naturalmente conhecia, de que os meios de prova foram prestados perante o tribunal de 1ª instância, ainda que essa circunstância não possa deixar de ser tida em conta quando se trata de proceder à sua reapreciação. Também não colhe a justificação, que igualmente tem sido exposta em alguns arestos das Relações, de que à 2ª instância apenas compete verificar se a convicção formada pelo tribunal de 1ª instância assenta ou não em fatores de razoabilidade. Pelo contrário, a livre convicção da Relação deve ser assumida em face dos meios de prova que estão disponíveis, impondo-se que o tribunal de recurso sustente a sua decisão nesses mesmos meios de prova, descrevendo os motivos que o levam a confirmar ou infirmar o resultado fixado em 1ª instância, em confronto com semelhante fundamentação exposta na sentença recorrida.

12. Sem embargo da ponderação das circunstâncias que rodeiam o julgamento da matéria de facto, no exercício desta função, a Relação goza dos mesmos poderes atribuídos ao tribunal *a quo*, sem exclusão dos que decorrem do princípio da livre apreciação genericamente consagrado no art. 607º, nº 5, e a que especificamente se alude no arts. 349º (presunções judiciais), 351º (reconhecimento não confessório), 376º, nº 3 (certos documentos), 391º (prova pericial) e 396º (prova testemunhal), todos do CC, bem assim nos arts. 466º, nº 3 (declarações de parte) e 494º, nº 2 (verificações não judiciais qualificadas)do CPC. Relativamente a esta matéria, existe jurisprudência consolidada do Supremo Tribunal de Justiça que veio moderar os efeitos que vinham sendo refletidos por alguns arestos das Relações, em que se mostrava visível um excessivo apego a elementos de pendor meramente formal, o que redundava, as mais das vezes, numa recusa em cumprir as funções típicas do duplo grau de jurisdição em matéria de facto (cf. Abrantes Geraldes, *ob. cit.*, pp. 287 e 298 a 308).

13. A decisão da matéria de facto proferida em 1ª instância pode apresentar patologias que não correspondem verdadeiramente a erros de apreciação ou de julgamento. O conteúdo da decisão pode revelar-se excessivo, por envolver a consideração de factos essenciais complementares ou concretizadores fora das condições previstas no art. 5º, nomeadamente no que respeita à garantia de pronúncia das partes. Acresce que, como se refere na anot. ao art. 607º, no que concerne à distinção entre matéria de facto e matéria de direito, devem ser admitidas com mais naturalidade asserções que, no contexto da concreta ação, não correspondendo a puras "*questões de direito*", sejam algo mais do que puras "*questões de facto*" no sentido tradicional. Por isso, a patologia da sentença apenas se verificará, em linhas gerais, quando seja abertamente assumido como matéria de facto provada aquilo que, no contexto da ação, seja pura e inequívoca matéria de direito, devendo admitir-se, no mais, uma maior latitude na descrição da realidade litigada.

14. Quanto a segmentos da decisão que (sendo imprescindíveis para a decisão) se revelem deficientes, obscuros ou contraditórios (STJ 12-5-16, 2325/12), a Relação deverá supri-los, desde que constem do processo (ou da gravação) os elementos em que o tribunal se fundou (cf., no sentido da constitucionalidade, o Ac. do Trib. Const. nº 346/2009; STJ 7-11-19, 2929/17). Não sendo o caso, deve anular a decisão recorrida e remeter o processo para a 1ª instância. Solução também prevista para os casos em que se mostre necessária a ampliação da matéria de facto que não possa ser de imediato assegurada. Quando estiver em causa a deficiente fundamentação da decisão da matéria de facto, a devolução do processo deve ser guardada para casos em que, além de serem efetivamente relevantes, não possam sequer ser remediados através do exercício autónomo do poder de reapreciação dos meios de prova.

15. A abordagem do regime consagrado para a impugnação da decisão da matéria de facto não nos deve impedir, no entanto, de apreciar os resultados que têm sido alcançados, na ponderação entre os custos que envolve o sistema vigente (para o Estado e para as partes) e os benefícios que se alcançam. Ainda que não seja conhecido qualquer estudo científico em torno da avaliação dos efeitos desta inovação legislativa introduzida em 1995/1996 e reforçada posteriormente, o quotidiano demonstra suficientemente alguns pontos:

a) A dificuldade na compreensão pelas partes das exigências do triplo ónus de alegação previsto no art. 640º, cujos efeitos negativos só não são mais graves porque o Supremo vem adotando uma interpretação "compreensiva" que atribui relevo à materialidade;

b) Uma certa tendência manifestada em algumas Relações para o empolamento de aspetos de natureza formal, quer na apreciação do cumprimento dos ónus de alegação, quer no exercício do dever de reapreciação da prova, quer ainda na formação da sua própria convicção, muitas vezes com justificações meramente abstratas em torno dos princípios da livre apreciação, da imediação e da oralidade;

c) Uma desproporção entre os encargos associados a um regime que implica a gravação de todas as audiências (art. 155º, nº 1) e os resultados que se alcançam através da impugnação da decisão da matéria de facto, considerando o reduzido número de casos em que essa impugnação conduz efetivamente a uma alteração da sentença recorrida com base na modificação substancial da decisão da matéria de facto.

16. As decisões da Relação proferidas ao abrigo dos nºs 1 e 2 são irrecorríveis para o Supremo, o que não se confunde, no entanto, com a recorribilidade, de acordo com as regras gerais, dos acórdãos da Relação com fundamento na violação de lei substantiva ou adjetiva (como a que precisamente decorre da falta de cumprimento de normas relacionadas com a reapreciação da decisão da matéria de facto).

17. Ainda que os poderes do Supremo sejam essencialmente dirigidos à reapreciação de questões de direito (arts. 674º e 682º, nº 1), pode exercer poderes cassatórios sobre o acórdão da Relação quando se mostrem desconsiderados factos necessários para constituir base suficiente para a decisão de direito, nos termos do art. 682º, nº 3.

18. Também lhe é legítimo intervir no sentido da reparação da decisão sobre factos provados ou não provados que tenha desrespeitado disposição expressa da lei que exija certa espécie de prova (*máxime*, documento legalmente necessário para a prova de certo facto) ou tenha desconsiderado disposição igualmente expressa que defina a força de determinado meio de prova (art. 674º, nº 3), como ocorre com documentos autênticos, com a confissão ou com o acordo das partes estabelecido no processo e que seja relevante.

19. Além disso, é pacífico o entendimento de que, não podendo o Supremo censurar o uso feito pela Relação dos poderes conferidos pelo art. 662º, nºs 1 e 2, já pode verificar se a Relação, ao usar tais poderes, agiu dentro dos limites traçados pela lei para os exercer.

20. Por isso, quando, no âmbito da revista em que tal questão seja suscitada, se constate o incumprimento dos deveres legais relativamente a aspetos relevantes para a decisão, o processo deve ser remetido à Relação, a fim de lhes ser dado cumprimento (cf. Abrantes Geraldes, *ob. cit.*, pp. 312 e 313; STJ 8-11-16, 2002/12, STJ 11-2-16, 907/13, STJ 6-3-14, 1387/05 e STJ 24-9-13, 1965/04).

21. É com este alcance que deve ser interpretada a norma do nº 4, significando que, vedado, embora, o recurso de revista, tal não obsta a este controlo pelo Supremo. Por outro lado, é de rejeitar a aparente verificação de dupla conforme, à luz do art. 671º, nº 3, nos casos em que, apesar da confirmação da sentença da 1ª instância pela Relação, o recorrente suscite a violação de preceitos adjetivos relacionados com a aplicação do art. 662º.

22. Nos termos do art. 218º, em todos os casos em que venha a ser interposto novo recurso da decisão que tenha sido anulada ou revogada, tal recurso é atribuído ao mesmo relator, solução que tem o duplo efeito de potenciar a eficiência dos mecanismos processuais e de profilaticamente moderar alguma sanha anulatória em casos que não se justificam.

23. Para mais desenvolvimentos, cf. Abrantes Geraldes, *ob. cit.*, pp 284-313.

ARTIGO 663º
Elaboração do acórdão

1 – O acórdão definitivo é lavrado de harmonia com a orientação que tenha prevalecido, devendo o vencido, quanto à decisão ou quanto aos simples

fundamentos, assinar em último lugar, com a sucinta menção das razões de discordância.

2 – O acórdão principia pelo relatório, em que se enunciam sucintamente as questões a decidir no recurso, expõe de seguida os fundamentos e conclui pela decisão, observando-se, na parte aplicável, o preceituado nos artigos 607º a 612º.

3 – Quando o relator fique vencido relativamente à decisão ou a todos os fundamentos desta, é o acórdão lavrado pelo primeiro adjunto vencedor, o qual defere ainda aos termos que se seguirem, para integração ou reforma do acórdão.

4 – Se o relator for apenas vencido quanto a algum dos fundamentos ou relativamente a qualquer questão acessória, é o acórdão lavrado pelo juiz que o presidente designar.

5 – Quando a Relação entender que a questão a decidir é simples, pode o acórdão limitar-se à parte decisória, precedida da fundamentação sumária do julgado, ou, quando a questão já tenha sido jurisdicionalmente apreciada, remeter para precedente acórdão, de que junte cópia.

6 – Quando não tenha sido impugnada, nem haja lugar a qualquer alteração da matéria de facto, o acórdão limita-se a remeter para os termos da decisão da 1ª instância que decidiu aquela matéria.

7 – O juiz que lavrar o acórdão deve sumariá-lo.

Remissões: art. 152º, nº 3 (acórdão); art. 154º (fundamentação); art. 607º (sentença).

1. Conquanto o relatório do acórdão não esteja sujeito a regras precisas, sem embargo de algumas situações de maior complexidade, será suficiente a identificação singela dos sujeitos e uma breve menção do objeto da ação e da decisão recorrida, seguida da enunciação das "*questões*" que se suscitam, o que não se confunde (ou não deveria confundir-se) com a pura transcrição de extensas, prolixas e desordenadas "*conclusões*". Quanto à fundamentação, deve distinguir-se o que esteja relacionado com a decisão da matéria de facto e o que concerne à matéria de direito.

2. Pela ordem que se revelar logicamente mais apropriada e excetuando as questões cuja apreciação fique prejudicada, a Relação deve pronunciar-se sobre as decisões intercalares que se revelem prejudiciais em relação ao objeto central do recurso (art. 644º, nº 2), apreciar as nulidades que tiverem sido arguidas, atender à eventual existência de recursos interpostos por ambas as partes ou de recurso subordinado cujo resultado possa colidir com o objeto do recurso principal (art. 633º), ponderar a existência de eventual ampliação do âmbito do recurso (art. 636º), apreciar as questões de conhecimento oficioso (ligadas aos pressupostos ou ao mérito), enfim, incidir sobre cada uma das questões suscitadas pelas partes nas alegações e contra-alegações ou que sejam de conhecimento oficioso e que se revelem pertinentes para a decisão do recurso, tendo em conta o respetivo objeto e as regras que delimitam os poderes da Relação (*v.g.* art. 635º).

3. Cabe especial atenção à apreciação das questões de facto que tenham sido suscitadas pelas partes, na medida em que das mesmas dependa a resolução das questões de direito, sendo de toda a conveniência que haja rigor e precisão no modo como se descreve a matéria de facto apurada, na medida em que, em caso de recurso de revista, será sobre a matéria de facto que tiver sido definitivamente fixada que o Supremo irá reapreciar as questões de direito. Ter-se-ão em conta ainda as regras dos arts. 607º a 612º, sendo de destacar a vinculação ao objeto do processo definido em função do pedido que foi apresentado e da causa de pedir

4. Relativamente a questões de conhecimento oficioso e que, por isso mesmo, não foram suscitadas anteriormente, a Relação deverá assegurar o contraditório, nos termos gerais do art. 3º, nº 3. Efetivamente, embora seja livre na qualificação jurídica dos factos e deva também apreciar *ex officio* a generalidade das exceções dilatórias ainda não concretamente apreciadas, bem assim certas exceções perentórias que resultem dos autos e cujo conhecimento não esteja legalmente dependente da iniciativa das partes, a Relação não pode surpreender as partes com uma decisão que venha contra a corrente do processo, impondo-se que as ouça previamente. Trata-se de um cuidado que, além de permitir recolher das partes os contributos que considerem pertinentes, reduz a margem de erro.

5. Deve ser considerada a responsabilidade pelas custas, tendo essencialmente em conta o princípio da causalidade e o diferencial entre o que foi decidido na 1ª instância e o resultado final declarado pela Relação

6. Deve ainda o acórdão pronunciar-se sobre a eventualidade dispensa do pagamento do remanescente da taxa de justiça (cf. notas 38 e 39 ao art. 607º). Será ainda o momento oportuno para verificar se o comportamento de alguma das partes revela uma atuação em litigância de má-fé.

7. Funcionando em regime de colegialidade, se algum dos juízes discordar da decisão ou de algum dos fundamentos, expressá-lo-á mediante a apresentação de voto de vencido ou de declaração de voto.

8. Para mais desenvolvimentos, cf. Abrantes Geraldes, *Recursos no NCPC*, 5ª ed., pp. 314-332. E sobre a relevância da existência de outras soluções plausíveis de direito no âmbito do acórdão que aprecia saneador-sentença impugnado, cf. Ramos de Faria, "Relevância das (outras) soluções plausíveis de direito", *Julgar online*, 2019.

ARTIGO 664º
Publicação do resultado da votação

1 – Se não for possível lavrar imediatamente o acórdão, é o resultado do que se decidir publicado, depois de registado num livro de lembranças, que os juízes assinam.

2 - O juiz a quem competir a elaboração do acórdão fica com o processo e apresenta o acórdão na primeira sessão.

3 - O acórdão tem a data da sessão em que for assinado.

1. A discussão prévia estabelecida entre os elementos do coletivo, permitindo recolher a posição de cada um dos adjuntos relativamente ao projeto apresentado, possibilita que, em regra, no dia designado para o julgamento já se conheça o resultado. Todavia, em termos formais, os votos a considerar são dados no âmbito da discussão a que se reporta o art. 659º, nº 3.

ARTIGO 665º

Regra da substituição ao tribunal recorrido

1 - Ainda que declare nula a decisão que põe termo ao processo, o tribunal de recurso deve conhecer do objeto da apelação.

2 - Se o tribunal recorrido tiver deixado de conhecer certas questões, designadamente por as considerar prejudicadas pela solução dada ao litígio, a Relação, se entender que a apelação procede e nada obsta à apreciação daquelas, delas conhece no mesmo acórdão em que revogar a decisão recorrida, sempre que disponha dos elementos necessários.

3 - O relator, antes de ser proferida decisão, ouve cada uma das partes, pelo prazo de 10 dias.

Remissões: art. 608º, nº 2 (questões prejudicadas); arts. 635º 639º e 640º (objeto da apelação).

1. O art. 665º abarca as nulidades da sentença que se manifestam essencialmente através da falta de especificação dos fundamentos de facto ou de direito, verificação de oposição entre os fundamentos e a decisão, omissão de pronúncia, excesso de pronúncia e condenação em quantidade superior ou em objeto diverso do pedido (art. 615º, nº 1).

2. Quando a decisão seja recorrível, tais nulidades são arguidas nas alegações de recurso, nos termos do art. 615º, nº 4. Satisfeito o contraditório, o juiz de 1ª instância deve pronunciar-se sobre as mesmas no despacho que admite o recurso e ordena a subida (art. 641º, nº 1).

3. Porém, ainda que a Relação confirme a arguição de alguma das referidas nulidades da sentença, não se limita a reenviar o processo para o tribunal *a quo*. Ao invés, deve prosseguir, em princípio, com a apreciação das demais questões que tenham sido suscitadas, conhecendo do mérito da apelação, nos termos do art. 665º, nº 2. Ponto é que a Relação disponha de todos os elementos necessários para o efeito. Nesta eventualidade, é necessário atuar previamente o princípio do contraditório (cf. nota 16 ao art. 3º).

4. O mesmo ocorre nos casos em que, apesar de não se verificar uma situação de nulidade da sentença, o tribunal *a quo* tenha deixado de apreciar determinada questão que foi considerada prejudicada pela solução dada a outra. Neste caso, existindo elementos para conhecer das questões que ficaram excluídas da primitiva decisão, a Relação apreciá-las-á sem necessidade sequer de expressa iniciativa da parte, ainda que, para evitar decisões-surpresa, o relator deva auscultar as partes (nº 3) (STJ 29-1-15, 531/2011 e STJ 7-6-11, 906/2011). Tal não depende sequer da prévia ampliação do objeto do recurso, ao abrigo do art. 636º, como ficou expresso na fundamentação do ***AUJ nº 11/15***.

5. Para mais desenvolvimentos, cf. Abrantes Geraldes, *Recursos no NCPC*, 5ª ed., pp. 334-337.

ARTIGO 666º
Vícios e reforma do acórdão

1 – É aplicável à 2ª instância o que se acha disposto nos artigos 613º a 617º, mas o acórdão é ainda nulo quando for lavrado contra o vencido ou sem o necessário vencimento.

2 – A retificação ou reforma do acórdão, bem como a arguição de nulidade, são decididas em conferência.

1. Tal como ocorre com a sentença de 1ª instância, com a prolação do acórdão ou da decisão individual do relator esgota-se o poder jurisdicional, sem embargo das exceções ligadas à correção de erros materiais e arguição de nulidades, nos termos dos arts. 615º e 616º. Quando a nulidade seja invocada relativamente a acórdão da Relação, a sua apreciação compete à conferência.

ARTIGO 667º
Acórdão lavrado contra o vencido

Considera-se lavrado contra o vencido o acórdão proferido em sentido diferente do que estiver registado no livro de lembranças.

1. A violação do preceito corresponde a uma nulidade específica dos acórdãos, nos termos do art. 666º, nº 1.

ARTIGO 668º
Reforma do acórdão

1 – Se o Supremo Tribunal de Justiça anular o acórdão e o mandar reformar, intervêm na reforma, sempre que possível, os mesmos juízes.

2 – O acórdão é reformado nos precisos termos que o Supremo Tribunal de Justiça tiver fixado.

1. Os casos em que o Supremo, em vez de exercer poderes de substituição, se limita às funções de cassação são os que decorrem do art. 684º, ou seja, quando a Relação não especifique os fundamentos de facto, ainda que por remissão para a decisão da 1ª instância (sendo esta admissível, nos termos do art. 663º, nº 5), quando deixe de se pronunciar sobre questões que devesse apreciar ou quando o acórdão seja lavrado contra a posição que fez vencimento. Nestes casos, anulado o acórdão recorrido, o processo baixa à Relação, a fim de serem supridas as nulidades, com intervenção, sempre que possível, dos mesmos juízes desembargadores.

ARTIGO 669º
Baixa do processo

Se do acórdão não for interposto recurso, o processo baixa à 1ª instância, sem ficar na Relação traslado algum.

1. Remetido o processo ao tribunal *a quo*, compete-lhe dar seguimento ao que tiver sido ordenado, sem que seja legítima a recusa de cumprimento (art. 4º, nº 1, do EMJ, alterado pela Lei nº 67/19, de 27-8).

ARTIGO 670º
Defesa contra as demoras abusivas

1 – Se ao relator parecer manifesto que a parte pretende, com determinado requerimento, obstar ao cumprimento do julgado ou à baixa do processo ou à sua remessa para o tribunal competente, leva o requerimento à conferência, podendo esta ordenar, sem prejuízo do disposto no artigo 542º, que o respetivo incidente se processe em separado.

2 – O disposto no número anterior é também aplicável aos casos em que a parte procure obstar ao trânsito em julgado da decisão, através da suscitação de incidentes, a ela posteriores, manifestamente infundados.

3 – A decisão da conferência que qualifique como manifestamente infundado o incidente suscitado determina a imediata extração de traslado, prosseguindo os autos os seus termos no tribunal recorrido.

4 – No caso previsto no número anterior, apenas é proferida a decisão no traslado depois de, contadas as custas a final, o requerente as ter pago, bem como todas as multas e indemnizações que hajam sido fixadas pelo tribunal.

5 – A decisão impugnada através de incidente manifestamente infundado considera-se, para todos os efeitos, transitada em julgado.

6 – Sendo o processado anulado em consequência de provimento na decisão a proferir no traslado, não se aplica o disposto no número anterior.

1. O legislador pretendeu repercutir imediatamente no responsável os efeitos da sua conduta abusiva. Assim, qualificado pela conferência o incidente como manifestamente infundado, sem embargo da aplicação do sancionamento devido pela litigância de má-fé (ou da aplicação de taxa sancionatória excecional), é ordenada a extração do traslado contendo a decisão e as peças processuais que interessem, determinando-se a remessa do processo principal ao seu adequado destino.

2. A tramitação do incidente (ou a apreciação do que estiver pendente) apenas prosseguirá se a parte efetuar o pagamento das custas, multas e eventuais indemnizações que tenham sido fixadas.

3. Trata-se de um mecanismo muito eficaz no que respeita ao combate a manobras dilatórias que tenham por objetivo evitar o trânsito em julgado ou a remessa do processo para outro tribunal.

4. Para mais desenvolvimentos, cf. Abrantes Geraldes, *Recursos no NCPC*, 5ª ed., pp. 343-346.

CAPÍTULO III
Recurso de revista

SECÇÃO I
Interposição e expedição do recurso

ARTIGO 671º
Decisões que comportam revista

1 – Cabe revista para o Supremo Tribunal de Justiça do acórdão da Relação, proferido sobre decisão da 1ª instância, que conheça do mérito da causa ou que ponha termo ao processo, absolvendo da instância o réu ou algum dos réus quanto a pedido ou reconvenção deduzidos.

2 – Os acórdãos da Relação que apreciem decisões interlocutórias que recaiam unicamente sobre a relação processual só podem ser objeto de revista:

a) Nos casos em que o recurso é sempre admissível;

b) Quando estejam em contradição com outro, já transitado em julgado, proferido pelo Supremo Tribunal de Justiça, no domínio da mesma legislação e sobre a mesma questão fundamental de direito, salvo se tiver sido proferido acórdão de uniformização de jurisprudência com ele conforme.

3 – Sem prejuízo dos casos em que o recurso é sempre admissível, não é admitida revista do acórdão da Relação que confirme, sem voto de vencido e sem fundamentação essencialmente diferente, a decisão proferida na 1ª instância, salvo nos casos previstos no artigo seguinte.

4 – Se não houver ou não for admissível recurso de revista das decisões previstas no nº 1, os acórdãos proferidos na pendência do processo na Relação podem ser impugnados, caso tenham interesse para o recorrente independen-

temente daquela decisão, num recurso único, a interpor após o trânsito daquela decisão, no prazo de 15 dias após o referido trânsito.

Remissões: art. 675º (modo de subida); art. 676º (efeito do recurso).

1. A matéria dos recursos cíveis e, em concreto, a que contende com o recurso de revista encontra-se detalhada em Abrantes Geraldes, *Recursos no Novo CPC*, 5ª ed., 2018, com larga ilustração jurisprudencial e doutrinária.

2. O recurso de revista é circunscrito a acórdãos da Relação (excecionalmente a sentenças da 1ª instância, quando se trate do recurso *per saltum*, nos termos do art. 678º). Nunca pode ser dirigido contra decisão singular do relator da Relação, cujas decisões devem primeiro ser submetidas à conferência (art. 652º, nº 3), de modo que só perante o acórdão subsequente será de equacionar a hipótese de recurso, nos termos gerais.

3. Em regra, apenas admitem revista:

a) Os acórdãos da Relação que, incidindo sobre decisões da 1ª instância, conheçam, no todo ou em parte, do mérito da causa, isto é, quando, independentemente do teor da decisão da 1ª instância sobre a qual incidiu, a Relação apreciou total ou parcialmente o pedido ou pedidos formulados ou conheceu, no sentido da procedência ou improcedência, alguma exceção perentória;

b) Os acórdãos que, incidindo sobre decisões da 1ª instância, se traduzam, quanto ao resultado declarado pela Relação, na extinção da instância relativamente ao réu ou a algum dos réus quanto a pedido ou reconvenção formulados (cf. nota 20 ao art. 266º).

4. Assim, para a delimitação da revista, é de considerar o efeito processual que emana do acórdão recorrido, independentemente daquele que tenderia a produzir a decisão da 1ª instância. Ademais, apesar de o preceito se reportar textualmente apenas à "*absolvição da instância*", tem suficiente latitude para abarcar outras formas de extinção da instância, como a que decorre designadamente da rejeição do recurso de apelação por intempestividade ou por falta de cumprimento de ónus de alegação ou da declaração da deserção da instância. Conquanto a absolvição da instância constitua o paradigma da extinção da instância por motivos formais, merecem o mesmo tratamento os acórdãos da Relação que redundem em qualquer outra forma de extinção da instância ou do recurso de apelação por semelhantes motivos (cf., desenvolvidamente, Abrantes Geraldes, *ob. cit.*, pp. 360 e 361, STJ 30-3-17, 6617/07, STJ 9-6-16, 6617/07 e STJ 28-1-16, 1006/12).

5. Em princípio, os acórdãos da Relação que apreciem decisões interlocutórias da 1ª instância sobre questões de natureza adjetiva (*v.g.* ocorrência de uma nulidade – STJ 12-2-19, 763/15) não admitem recurso de revista, a não ser que integrem alguma das previsões constantes do art. 629º, nº 2, ou entrem em contradição direta com acórdão do Supremo, já transitado em julgado, proferido no domínio da mesma legislação (nº 2 do art. 671º). O mesmo ocorre com os acórdãos da Relação que recaiam sobre decisões incidentais (STJ 29-6-17, 2487/07 e STJ 3-10-13, 2656/10) e, com especial acuidade, com os que apreciem o incidente de dispensa de sigilo, nos termos do art. 417º, nº 3 (cf. STJ 5-7-18, 842/11, STJ 17-6-10, CJ, t. II, p. 113 e STJ 12-7-05, 05B1901).

6. Quanto aos acórdãos interlocutórios proferidos na Relação, isto é, aqueles que, incidindo sobre questões formais, não determinem a extinção da instância, a sua impugnação é, por princípio, diferida para a revista interposta ao abrigo do nº 1 do art. 671º (art. 673º), a não ser que exista norma que permita a impugnação imediata ou que o diferimento do recurso determine a sua absoluta inutilidade. Se acaso o acórdão da Relação não admitir recurso (*v.g.* em casos de dupla conforme ou pela medida da sucumbência) ou, admitindo-o, a parte vencida optar pela não interposição de recurso, a impugnação do acórdão interlocutório pela parte que nisso tiver interesse direto é diferida para momento posterior ao seu trânsito em julgado (nº 4).

7. Assim, sem embargo dos casos em que o recurso seja sempre admissível, estão excluídos do âmbito da revista (Abrantes Geraldes, *ob. cit.* pp. 347-348):

a) Os acórdãos da Relação que, revogando a sentença que absolveu o réu da instância, determinem o prosseguimento dos autos;

b) Os que incidiram sobre decisões intercalares da 1ª instância, cujos recursos foram autonomamente interpostos, nos termos do art. 644º, nº 2;

c) Os proferidos no âmbito de procedimentos cautelares (art. 370º, nº 2) ou noutros processos em que, em regra, é vedado o acesso ao Supremo, como ocorre no âmbito de processos de expropriações, de insolvência, de registos ou de jurisdição voluntária, sem prejuízo das ressalvas estabelecidas em cada um destes regimes especiais.

8. Está consagrada, como regra, a restrição ao recurso de revista em casos de dupla conforme (confirmação, sem voto de vencido, da decisão da 1ª instância), a que acresce a necessidade de ser empregue em ambas as decisões fundamentação substancialmente idêntica. A este respeito, a eventual modificação da decisão da matéria de facto empreendida pela Relação, ao abrigo do art. 662º, apenas será relevante quando implique uma modificação, também essencial, da motivação jurídica (cf., desenvolvidamente, Abrantes Geraldes, *ob. cit.*, pp. 361-374; STJ 10-2-15, 6543/13, STJ 20-11-14, 3479/10, STJ 28-4-14, 473/10 e STJ 10-12-13, 675/08).

9. A alusão à natureza essencial da diversidade da fundamentação claramente nos induz a desconsiderar discrepâncias secundárias, que não representam efetivamente um percurso jurídico diverso, ou as situações em que se verifique a não aceitação, pela Relação, de uma das vias trilhadas para atingir o mesmo resultado ou, do lado inverso, quando a Relação, confirmando a fundamentação, adite outro fundamento jurídico que não tenha sido considerado ou que não tenha sido admitido. A aludida restrição já não se aplicará designadamente nas situações em que:

a) A confirmação da decisão da 1ª instância se processa a partir de um quadro normativo substancialmente diverso (responsabilidade civil extracontratual *versus* responsabilidade pré-contratual ou contratual);

b) Uma eventual condenação tenha sido sustentada na aplicação das regras de um determinado instituto ou contrato, sendo confirmada pela Relação ao abrigo do instituto do enriquecimento sem causa ou de normas que regulam os efeitos da nulidade do mesmo contrato;

c) Um determinado resultado tenha sido sustentado na apreciação da validade de um contrato e a Relação, oficiosamente, reconheça a existência de nulidade que nenhuma das partes invocou;

d) A primeira decisão tenha absolvido o réu da instância com fundamento numa determinada exceção dilatória e a Relação tenha encontrado motivo para a mesma decisão mas com apoio noutra exceção;

e) A 1ª instância apreciou o mérito da causa, julgando a ação improcedente, e a Relação confirmou essa decisão mas com apoio numa exceção perentória.

10. Mas não pode afirmar-se a existência de uma situação de dupla conformidade se, no recurso de revista, é assacada ao acórdão da Relação a violação de regras de direito adjetivo relacionadas com a apreciação da impugnação da decisão da matéria de facto. Embora tais situações possam evidenciar uma conformidade entre o resultado declarado na sentença de 1ª instância e no acórdão da Relação, esta é aparente, pois bem pode suceder que radique precisamente na violação de normas de direito adjetivo cuja aplicação apenas foi suscitada no âmbito do recurso de apelação, o que, consequentemente, inviabiliza a verificação do referido obstáculo à revista normal (cf. nota 21 ao art. 662º e nota 7 ao art. 674º).

11. De modo semelhante, Teixeira de Sousa, "Dupla conforme e vícios na formação do acórdão da Relação", em *https://blogippc.blogspot.com*, entende que, mesmo que a Relação confirme sem voto de vencido e sem fundamento essencialmente diverso a decisão da 1ª instância, o acórdão proferido pode fornecer um novo fundamento para a interposição do recurso de revista, exemplificando com a situação em que a parte pretende reagir contra o não uso ou o uso deficiente dos poderes da Relação sobre a matéria de facto no julgamento da apelação.

12. É esta, de resto, a jurisprudência do Supremo acerca da delimitação dos casos de recurso de revista em situações de (aparente) dupla conforme estabelecida entre o acórdão da Relação e a decisão da 1ª instância, como se descreve em Abrantes Geraldes, *ob. cit.*, pp. 352-355, com ilustração doutrinária e jurisprudencial. Em tais situações, a real verificação da dupla conformidade fica diferida para depois da apreciação das questões que apresentem características de singularidade no recurso de apelação.

13. A mesma solução deve ser adotada quando sejam apontadas ao acórdão da Relação nulidades, designadamente por excesso ou por omissão de pronúncia, na medida em que constituam a causa da verificação da dupla conformidade suscetível de ser modificada se acaso a nulidade obtiver provimento.

14. A restrição fundada na dupla conformidade também não existe nas situações excecionais em que o recurso de revista é sempre admissível, o que nos remete para o disposto no art. 629º, nº 2 (cf. Abrantes Geraldes, *ob. cit.*, pp. 46 e ss. e 361-362).

15. Ainda que não exista absoluta coincidência entre as decisões das instâncias, por via do elemento racional, devem ser equiparadas às situações de dupla conforme aquelas em que o recorrente (autor ou réu) alcançou na Relação uma melhoria relativamente ao resultado declarado pela 1ª instância (cf. Teixeira de Sousa, "Dupla conforme: critério e âmbito da conformidade", em *Cad. de Direito Privado*, nº 21, pp. 24 e ss., Abrantes Geraldes, *ob. cit.*, pp. 371-374; STJ 13-2-14, 17/09, STJ 13-2-14, 4747/08, STJ 6-2-14, 291/11, STJ 12-12-13, 10485/09 e STJ 30-10-12, 258101/08; contra Rui Pinto, "Repensando os requisitos da dupla conforme", em *Julgar Online*, onde insiste que apenas vale para o caso a conformação irrestrita da sentença da 1ª instância).

16. É esta a solução que, sustentada num argumento de ordem racional ou teleológico, tem sido assumida pelo Supremo em sede de apreciação da admissibilidade dos recursos de revista excecional interpostos em casos de dupla conformidade decisória (art. 672º, nº 3), como se pode confirmar através de *www.stj.pt.* Sendo embora constante a jurisprudência que afirma a existência de dupla conformidade naqueles casos em que a diferença quantitativa acaba por beneficiar a parte que interpôs o recurso de apelação, são já menos seguros os termos em que deverão ser apreciadas as situações que se pautam por diferenças qualitativas (*v.g.* absolvição do pedido na 1ª instância e absolvição da instância pela Relação, ou vice-versa; situações de solidariedade ativa ou passiva ou condenações genéricas).

17. Nos casos em que a parte conclusiva do acórdão da Relação seja integrada por diversos segmentos decisórios (mas já não meras questões ou argumentos), uns favoráveis outros desfavoráveis, a admissibilidade do recurso normal de revista deve fazer-se mediante o confronto de cada um deles, circunscrevendo o recurso de revista normal ao segmento revelador de uma dissensão entre a 1ª instância e a Relação quanto ao resultado ou quanto à fundamentação substancial, ou aos casos em que exista voto de vencido de algum dos três juízes do coletivo e sujeitando a parte restante aos requisitos da revista excecional (STJ 10-4-14, 2393/11).

18. As dificuldades suscitadas pela integração das concretas situações nos limites do recurso de revista normal ou no condicionalismo a que obedece a revista excecional, a par da constatação de alguma incerteza quanto à resposta da instituição judiciária a que o recurso é dirigido, podem justificar que o recorrente se valha da possibilidade de interpor o recurso por uma via a título principal e por outra a título subsidiário (cf. Abrantes Geraldes, *ob. cit.*, pp. 369-371). Não vemos como possa recusar-se esta possibilidade num quadro normativo que não circunscreve com toda a clareza as situações de dupla conformidade decisória e, mais do que isso, perante a constatação de divergências que existiram e ainda continuam a existir sobre essa questão na jurisprudência do próprio Supremo.

19. A divergência na jurisprudência quanto a saber se, face ao disposto na parte final do nº 5 do art. 633º, a ocorrência de dupla conforme, nos termos e para os efeitos previstos no nº 3 do art. 671º, se mantinha como requisito de inadmissibilidade do recurso de revista subordinado foi resolvida através do AUJ de 27-11-19, no proc. nº 1089/09.8TJVNF.G1.S1-A: "*O recurso subordinado de revista está sujeito ao nº 3 do art. 671º do CPC, a isso não obstando o nº 5 do art. 633º do mesmo Código.*" Como defendera Abrantes Geraldes, *ob. cit.*, pp. 101-103 e STJ 10-3-16, 1602/10 (em sentido negativo, STJ 19-1-17, 3/13 e Teixeira de Sousa, "Dupla conforme e recurso subordinado", em *https://blogippc.blogspot.com*), os motivos que justificam a admissibilidade do recurso subordinado quando o valor da sucumbência não exceda o patamar mínimo legal previsto no art. 629º, nº 1, não são equivalentes aos que estão subjacentes à limitação do terceiro grau de jurisdição em casos de dupla conformidade. Aqui estamos em presença de um fator de ordem qualitativa ligado à racionalização do acesso ao Supremo em casos em que se verifica a dupla conformidade decisória, obstáculo que apenas pode ser ultrapassado através da revista excecional (cf. anot. ao art. 633º).

20. Relativamente à generalidade dos recursos de revista, rege o prazo normal de 30 dias (art. 638º, nº 1), sendo reduzido a 15 dias nos recursos interpostos no âmbito de processos urgentes e nos que incidam sobre acórdãos intercalares da Relação previstos nas als. a) e b) do art. 673º (art. 677º) e bem assim nos recursos de acórdãos interlocutórios (arts. 671º, nº 4). Os recursos de revista a que se reporta o nº 1 do art. 671º sobem nos próprios autos e os demais sobem em separado (art. 675º, nº 2); todos, em regra, com efeito meramente devolutivo (art. 676º).

21. Para mais desenvolvimentos, cf. Abrantes Geraldes, *ob. cit.*, pp. 350-376, bem como o caderno de jurisprudência temática do STJ "A dupla conforme no atual CPC", acessível em *www.stj.pt.*

ARTIGO 672º
Revista excecional

1 – Excecionalmente, cabe recurso de revista do acórdão da Relação referido no nº 3 do artigo anterior quando:

a) Esteja em causa uma questão cuja apreciação, pela sua relevância jurídica, seja claramente necessária para uma melhor aplicação do direito;

b) Estejam em causa interesses de particular relevância social;

c) O acórdão da Relação esteja em contradição com outro, já transitado em julgado, proferido por qualquer Relação ou pelo Supremo Tribunal de Justiça, no domínio da mesma legislação e sobre a mesma questão fundamental de direito, salvo se tiver sido proferido acórdão de uniformização de jurisprudência com ele conforme.

2 – O requerente deve indicar, na sua alegação, sob pena de rejeição:

a) As razões pelas quais a apreciação da questão é claramente necessária para uma melhor aplicação do direito;

b) As razões pelas quais os interesses são de particular relevância social;
c) Os aspetos de identidade que determinam a contradição alegada, juntando cópia do acórdão-fundamento com o qual o acórdão recorrido se encontra em oposição.

3 – A decisão quanto à verificação dos pressupostos referidos no nº 1 compete ao Supremo Tribunal de Justiça, devendo ser objeto de apreciação preliminar sumária, a cargo de uma formação constituída por três juízes escolhidos anualmente pelo presidente de entre os mais antigos das secções cíveis.

4 – A decisão referida no número anterior, sumariamente fundamentada, é definitiva, não sendo suscetível de reclamação ou recurso.

5 – Se entender que, apesar de não se verificarem os pressupostos da revista excecional, nada obsta à admissibilidade da revista nos termos gerais, a formação prevista no nº 3 determina que esta seja apresentada ao relator, para que proceda ao respetivo exame preliminar.

Remissões: art. 637º (requisitos do requerimento de interposição de recurso).

1. A revista excecional está prevista para situações de dupla conforme, nos termos em que esta é delimitada pelo nº 3 do art. 671º (sem prejuízo dos casos em que a revista é sempre admissível), desde que se verifiquem também os pressupostos gerais de acesso ao terceiro grau de jurisdição. Cabe ao interessado convencer a formação que, no Supremo, aprecia os requerimentos respeitantes à revista excecional da sua oportunidade, como forma de zelar pela "*melhor aplicação do direito*", acautelar "*interesses de particular relevância social*" ou sanar alguma "*contradição*" jurisprudencial relevante (sobre cada uma das previsões, cf. a jurisprudência do Supremo em *www.stj.pt*).

2. Para a primeira exceção são elegíveis situações em que a questão jurídica suscitada apresente um carácter paradigmático e exemplar, transponível para outras situações, assumindo relevância autónoma e independente em relação aos interesses das partes envolvidas. Na verdade, a intervenção do Supremo apenas se justifica em face de uma questão cujo relevo jurídico seja indiscutível, embora a lei não distinga entre questões que emergem do direito substantivo ou do direito adjetivo. Não bastará, pois, o mero interesse subjetivo da parte (cf. Abrantes Geraldes, *Recursos no NCPC*, 5ª ed., pp. 380-383).

3. Na segunda exceção, por estarem em causa interesses de particular relevo social, serão de incluir ações cujo objeto respeite, designadamente, a interesses importantes da comunidade, à estrutura familiar, aos direitos dos consumidores, ao ambiente, à ecologia, à qualidade de vida, à saúde ou ao património histórico e cultural, valores que naturalmente se sobrepõem também ao mero interesse subjetivo da parte da admissibilidade do terceiro grau de jurisdição (cf. Abrantes Geraldes, *ob. cit.*, pp. 382 e 383).

4. A terceira exceção valoriza a contradição entre acórdãos da Relação ou entre o acórdão da Relação e algum acórdão do Supremo que não tenha ainda sido superada por jurisprudência uniformizada, constituindo, nesta medida, uma situação dotada de maior objetividade (cf. Abrantes Geraldes, *ob. cit.*, pp. 383-388).

5. As duas primeiras situações dão ao Supremo uma certa margem decisória, na medida em que estamos perante previsões normativas integradas por conceitos indeterminados, cumprindo formular um juízo de valor sobre o relevo jurídico e sobre o relevo social. Já a terceira situação, aquela que mais frequentemente é invocada, permite um juízo mais objetivo, pois que se trata simplesmente de confrontar o acórdão recorrido com outro acórdão da Relação ou mesmo do Supremo, verificando se a mesma questão essencial de direito que é comum a ambos foi decidida contraditoriamente.

6. Ainda assim, a facilidade no cumprimento da exigência legal é aparente, sendo necessário que o recorrente instrua as suas alegações de recurso com um acórdão (da Relação ou do Supremo) que reúna as referidas condições, não bastando que, de forma mais ou menos difusa, ambos os acórdãos em confronto tenham incidido sobre a mesma questão. Ao invés, é imprescindível que em ambos tenha sido apreciado de forma diversa a mesma questão de direito cuja resposta contraditória tenha sido essencial para o resultado obtido. Tal não se confunde com meros *obiter dicta* nem com a resolução de questões acessórias, marginais ou periféricas, sem efetiva influência decisiva no resultado.

7. O acesso à revista excecional depende naturalmente da verificação dos pressupostos gerais do recurso de revista, designadamente os que respeitam à natureza ou conteúdo da decisão, em face do art. 671º, nº 1, ao valor do processo e da sucumbência (art. 629º, nº 1) ou à legitimidade (art. 631º). Já nos casos do art. 629º, nº 2, o recurso de revista, com tais fundamentos, é independente quer dos fatores de ordem geral, quer do condicionalismo aposto em situações de dupla conforme, como resulta expressamente do art. 671º, nº 3, 1ª parte.

8. Em todos os casos constitui ónus do recorrente alegar as razões que reclamam a admissão excecional do recurso de revista. Relativamente à revista fundada em contradição jurisprudencial, o recorrente deve enunciar os aspetos de identidade relevantes, apresentando cópia, ainda que não certificada, do acórdão-fundamento, nos termos e para efeitos do disposto nos arts. 637º, nº 2, e 641º, no qual tenha sido decidido de forma diversa a questão jurídica essencial.

9. Embora a lei não exija a certidão de tal acórdão, é indispensável a demonstração do seu trânsito em julgado, requisito formal demonstrativo do seu carácter definitivo, não estando afastada a possibilidade ou mesmo a necessidade de ser proferido despacho de aperfeiçoamento, como concluiu, aliás, o Trib. Const., no Ac. nº 620/2013, num caso em que o recurso foi rejeitado por falta de certidão do acórdão-fundamento.

10. Interposto recurso de revista que a parte tenha qualificado como "*excecional*", no pressuposto da existência de uma situação de dupla conformidade, o relator na Relação limita-se a apreciar os aspetos gerais referidos no art. 641º, devendo rejeitar o recurso se acaso verificar a falta dos pressupostos gerais, tais como a tempestividade, a legitimidade ou a recorribilidade em face do arts. 629º, nº 1 e 671º, nº 1, se faltarem as alegações ou se nestas tiverem sido omitidas as respetivas conclusões (art. 641º, nº 2, al. b)).

11. Uma vez no Supremo, é realizada a distribuição nos termos gerais, sendo o processo apresentado à Formação prevista no nº 3 apenas quando, depois de ser confirmada a ausência de qualquer impedimento geral à admissibilidade do recurso de revista (*v.g.* tempestividade, valor, sucumbência, etc.) e a verificação da dupla conforme, for necessário proceder à apreciação do fundamento ou fundamentos excecionais que tenham sido invocados pelo recorrente, nos termos das diversas als. dos nºs 1 e 2, decidindo a Formação de modo definitivo.

12. Para mais desenvolvimentos, cf. Abrantes Geraldes, *Recursos no NCPC*, 5ª ed., pp. 377-393.

ARTIGO 673º
Recursos interpostos de decisões interlocutórias

Os acórdãos proferidos na pendência do processo na Relação apenas podem ser impugnados no recurso de revista que venha a ser interposto nos termos do nº 1 do artigo 671º, com exceção:

a) Dos acórdãos cuja impugnação com o recurso de revista seria absolutamente inútil;

b) Dos demais casos expressamente previstos na lei.

Remissões: art. 677º (prazo).

1. A regra aplicável aos acórdãos proferidos na pendência do recurso na Relação é a da irrecorribilidade autónoma, com duas exceções: acórdãos cuja impugnação diferida seria absolutamente inútil e nos demais casos expressamente previstos na lei, *máxime* quando seja invocada alguma das situações acauteladas pelo art. 629º, nº 2. Em qualquer dos casos, o recurso deve ser interposto no prazo de 15 dias (art. 677º). Sobe em separado e com efeito meramente devolutivo (arts. 675º, nº 2 e 676º).

ARTIGO 674º
Fundamentos da revista

1 – A revista pode ter por fundamento:

a) A violação de lei substantiva, que pode consistir tanto no erro de interpretação ou de aplicação, como no erro de determinação da norma aplicável;

b) A violação ou errada aplicação da lei de processo;
c) As nulidades previstas nos artigos 615º e 666º.

2 – Para os efeitos do disposto na alínea a) do número anterior, consideram-se como lei substantiva as normas e os princípios de direito internacional geral ou comum e as disposições genéricas, de caráter substantivo, emanadas dos órgãos de soberania, nacionais ou estrangeiros, ou constantes de convenções ou tratados internacionais.

3 – O erro na apreciação das provas e na fixação dos factos materiais da causa não pode ser objeto de recurso de revista, salvo havendo ofensa de uma disposição expressa de lei que exija certa espécie de prova para a existência do facto ou que fixe a força de determinado meio de prova.

Remissões: art. 682º, nº 2 (alteração da matéria de facto).

1. O fundamento principal do recurso de revista e que diretamente se integra nas funções essenciais do Supremo é a violação de lei substantiva, nas suas diversas variantes: erro na determinação da norma aplicável, erro de interpretação e erro de aplicação. Mas, de acordo com as circunstâncias, a revista pode também fundar-se na violação ou errada aplicação da lei de processo ou integrar a arguição de nulidades do acórdão.

2. Em regra, o Supremo Tribunal de Justiça, como tribunal de revista, apenas conhece de matéria de direito, sendo da competência exclusiva das instâncias a apreciação e fixação da matéria de facto. Mas esta regra cede quando exista violação do direito probatório formal ou material, *máxime* quando não tenha sido atribuído relevo a meios probatórios com força vinculada ou tenham sido desrespeitadas regras sobre a exigibilidade de determinados meios de prova.

3. Deste modo, com respeito pelo objeto do recurso e pelos limites do caso julgado, o Supremo deve alterar, mesmo oficiosamente, a decisão da matéria de facto, em conformidade com o regime substantivo aplicável, quando o acórdão recorrido seja sustentado em determinado facto cuja prova esteja dependente de documento escrito, mas que tenha sido declarada a partir de depoimento testemunhal, de documento de valor inferior, de confissão ineficaz ou de presunção judicial.

4. Também deverá introduzir modificações na decisão da matéria de facto que se revelarem ajustadas quando, por exemplo, tenha sido descurado o valor probatório pleno de determinado documento ou tenham sido desatendidos os efeitos legais de uma declaração confessória ou de acordo das partes estabelecido nos autos.

5. Em síntese, o Supremo pode sindicar a decisão da matéria de facto quando o tribunal recorrido tiver dado como provado um facto sem que se tenha produzido a prova que, segundo a lei, é indispensável para demonstrar a sua existência ou quando tenham sido desrespeitadas as normas que regulam a força probatória de algum dos meios de prova admitidos no sistema jurídico português (STJ 13-1-15, 219/11).

6. Tal implica também que, se acaso as instâncias tiverem ignorado algum acordo estabelecido pelas partes nos articulados ou algum documento junto aos autos dotado de força probatória plena, é legítimo ao Supremo considerar na apreciação da revista os factos que com tal fundamento considerar provados.

7. Na violação da lei do processo, importa considerar tudo quanto tenha ligação com os trâmites processuais, com a verificação dos pressupostos processuais ou outros fatores que contendam com a regularidade da instância, a par do direito probatório formal, com especial destaque para os casos em que a Relação incumpriu os deveres respeitantes à reapreciação da decisão da matéria de facto. Na verdade, sendo este o vício do acórdão recorrido, não poderia deixar de estar submetido a um juízo de sindicância do Supremo, o qual, em caso de comprovação, determina a anulação do acórdão e a remessa dos autos à Relação para que seja reapreciada a decisão da matéria de facto em cumprimento do regime legal. Não é aplicável, assim, a esta matéria a restrição que consta do nº 4 do art. 662º.

8. Nos casos em que uma indemnização é fixada segundo juízo de equidade, alguma doutrina e jurisprudência sustentam que não cabe ao Supremo, por não envolver a resolução de uma questão de direito, sindicar os valores exatos dos montantes indemnizatórios concretamente arbitrados (cf. STJ 15-9-16, 492/10, STJ 18-6-15, 2567/09 e STJ 3-4-14, 856/07).

9. Trata-se de uma tese que é minoritária no Supremo, conforme revelam os numerosos arestos em que precisamente se discutem os valores arbitrados em ações de indemnização ao abrigo da equidade (danos morais, danos patrimoniais futuros, etc.). Sobre esta questão, cf. Teixeira de Sousa, "A jurisprudência do STJ sobre a recorribilidade das decisões de equidade está a mudar?", em *https://blogippc.blogspot.com*, bem como Urbano Dias, "Breves notas sobre os poderes de cognição do STJ", no mesmo local, concluindo este que cabe nas competências do STJ a apreciação de casos segundo a equidade, tendo em vista apreciar se a indemnização se enquadra nos padrões gerais assumidos pela jurisprudência.

10. A transposição do regime que consta do art. 615º, *ex vi* art. 666º, implica que só possam ser arguidas autonomamente nulidades de acórdãos se acaso não for admissível recurso de revista. Sendo este admissível, é nas alegações de recurso que deverão ser integradas, dando à Relação a possibilidade de, em conferência, sobre as mesmas se pronunciar, nos termos do art. 641º, nº 1.

11. Constitui jurisprudência constante do Supremo que, a não ser em casos extremos (*v.g.* ilogicidade patente), este não pode fazer uso de presunções judiciais para modificar o juízo decisório das instâncias, assim como lhe é vedado sindicar a convicção que tenha sido formada a partir dessas presunções, mas pode sindicar a violação das regras de direito probatório no que concerne ao julgamento da matéria de facto (STJ 9-7-14, 2127/07 e STJ 22-5-12, CJ, t. II, p. 90). Tal entendimento é criticado por Teixeira de Sousa, "Presunções judiciais e competência (decisória) do STJ", em *https://blogippc.blogspot.com* e Luís Filipe Sousa, *Prova por Presunção no Direito Civil*, pp. 191-196.

12. Para mais desenvolvimentos, cf. Abrantes Geraldes, *Recursos no NCPC*, 5ª ed., pp. 396-412.

ARTIGO 675º
Modo de subida

1 – Sobem nos próprios autos as revistas interpostas das decisões previstas no nº 1 do artigo 671º.

2 – Sobem em separado as revistas não compreendidas no número anterior.

3 – Formam um único processo as revistas que subam conjuntamente, em separado dos autos principais.

1. Sobe nos próprios autos (em que já foi tramitada a apelação) o recurso de revista interposto de acórdão que tenha incidido sobre o mérito da causa ou que tenha posto termo total ou parcial ao processo, nos termos do art. 671º, nº 1. Quanto às revistas interpostas de acórdãos interlocutórios, em qualquer dos casos tipificados nos arts. 671º, nºs 2 e 4 e 673º, sobem em separado.

ARTIGO 676º
Efeito do recurso

1 – O recurso de revista só tem efeito suspensivo em questões sobre o estado de pessoas.

2 – Se o recurso for admitido com efeito suspensivo, pode o recorrido exigir prestação de caução, sendo aplicável o disposto no nº 2 do artigo 649º.

3 – Se o efeito do recurso for meramente devolutivo, pode o recorrido requerer que se extraia traslado, o qual deve compreender unicamente o acórdão, salvo se o recorrido fizer, à sua custa, inserir outras peças.

1. A regra é a de que o recurso de revista tem sempre efeito meramente devolutivo, com o claro significado de que a sua interposição não colide com a execução ou com a produção imediata de efeitos decorrentes do acórdão da Relação.

2. A única exceção que o CPC estabelece no quadro da regulamentação da revista é relativa às ações que incidam sobre o "*estado das pessoas*". Sendo o recurso admitido com efeito suspensivo (nas ações de estado), a lei alude à possibilidade de ser requerida a prestação de caução destinada a proteger o recorrido dos perigos derivados da demora na consolidação da decisão judicial no que respeita aos interesses de ordem patrimonial. Não querendo promover a execução provisória do acórdão (nos casos em que se estabelece uma obrigação), o recorrido pode requerer a prestação de caução por parte do recorrente, solução que se extrai, por analogia, do disposto no art. 649º (cf. Abrantes Geraldes, *Recursos no NCPC*, 5ª ed., pp. 414-416).

ARTIGO 677º
Regime aplicável à interposição e expedição da revista

Nos casos previstos no artigo 673º e nos processos urgentes, o prazo para a interposição de recurso é de 15 dias.

Remissões: art. 638º, nº 1 (prazo); art. 673º (prazo).

1. Prevê-se a redução do prazo para metade quando a revista se reporte a decisões interlocutórias da Relação, de que seja admissível recurso autónomo, ou respeite a processos de natureza urgente e ainda a decisões da Relação de que não seja admissível recurso autónomo (art. 671º, nº 4).

ARTIGO 678º
Recurso *per saltum* para o Supremo Tribunal de Justiça

1 – As partes podem requerer, nas conclusões da alegação, que o recurso interposto das decisões referidas no nº 1 do artigo 644º suba diretamente ao Supremo Tribunal de Justiça, desde que, cumulativamente:
a) O valor da causa seja superior à alçada da Relação;
b) O valor da sucumbência seja superior a metade da alçada da Relação;
c) As partes, nas suas alegações, suscitem apenas questões de direito;
d) As partes não impugnem, no recurso da decisão prevista no nº 1 do artigo 644º, quaisquer decisões interlocutórias.

2 – Sempre que o requerimento referido no número anterior seja apresentado pelo recorrido, o recorrente pode pronunciar-se no prazo de 10 dias.

3 – O presente recurso é processado como revista, salvo no que respeita aos efeitos, a que se aplica o disposto para a apelação.

4 – A decisão do relator que entenda que as questões suscitadas ultrapassam o âmbito da revista e determine que o processo baixe à Relação, a fim de o recurso aí ser processado, é definitiva.

5 – Da decisão do relator que admita o recurso *per saltum*, pode haver reclamação para a conferência.

1. A admissibilidade do recurso *per saltum* está circunscrita aos recursos das decisões do tribunal de 1ª instância previstos no art. 644º, nº 1, ficando condicionada à verificação cumulativa dos seguintes requisitos: valor da causa superior à alçada da Relação, valor da sucumbência superior a metade da alçada da Relação, circunscrição do objeto do recurso a questões de direito (incluindo de direito probatório material: STJ 14-3-19, 2922/17 e CJ, t. I, p. 108) e não impugnação de quaisquer decisões interlocutórias. Trata-se de um mecanismo que permite contornar os obstáculos no acesso ao Supremo que decorrem do eventual estabelecimento de uma situação de dupla conforme (STJ 12-6-17, 8/07).

2. Também não será de admitir esta espécie de recurso se acaso alguma norma especial veda o acesso ao Supremo, como ocorre em sede de procedimentos cautelares (art. 370º, nº 2).

3. A iniciativa do recurso *per saltum* pode advir também do recorrido, através das contra-alegações. Neste caso, a notificação das mesmas ao recorrente dá a este a faculdade de se pronunciar no prazo de 10 dias, nos termos do nº 2.

4. Se o juiz do tribunal de 1ª instância considerar que o recurso *per saltum* não reúne os pressupostos legais, cumpre-lhe recebê-lo como apelação e ordenar a remessa à Relação onde a questão será reapreciada. Nos casos em que o recurso seja remetido ao Supremo, a decisão do relator que, por inverificação do condicionalismo legal, determinar a remessa à Relação para que seja processado como recurso de apelação é definitiva, não admitindo sequer reclamação para a conferência. Na situação inversa de admissão do recurso, pode a parte interessada suscitar a intervenção da conferência (nº 5). Uma vez admitido em definitivo o recurso, será tramitado como o seria o recurso de revista de acórdão da Relação, com exceção do efeito, a que se aplicam as regras da apelação, nos termos dos arts. 647º e ss.

5. Para mais desenvolvimentos, cf. Abrantes Geraldes, *Recursos no NCPC*, 5ª ed., pp. 418-420.

SECÇÃO II
Julgamento do recurso

ARTIGO 679º
Aplicação do regime da apelação

São aplicáveis ao recurso de revista as disposições relativas ao julgamento da apelação, com exceção do que se estabelece nos artigos 662º e 665º e do disposto nos artigos seguintes.

Remissões: arts. 644º e ss. (apelação).

1. Como decorrência da aplicação das disposições gerais sobre recursos ordinários constantes dos arts. 627º a 642º, tudo quanto aí se referiu terá de ser adaptado ao recurso de revista, na parte em que neste encontre um quadro justificativo. Já no que concerne às normas da apelação constantes dos arts. 644º a 651º, por regra, não terão aplicação na revista, a não ser para cobrir eventuais lacunas de regulamentação que encontrem aí razões análogas. O preceituado no art. 679º determina a aplicação remissiva dos preceitos que regulam o julgamento da apelação e que correspondem aos arts. 652º a 670º. De tal remissão devem considerar-se excluídos os aspetos que encontrem tratamento na regulamentação do julgamento da revista.

2. Por indicação expressa, também é excluída do julgamento da revista a aplicação do disposto no art. 662º, sobre a impugnação da decisão da matéria de facto, o que está em conformidade com a delimitação das atribuições do Supremo, sendo que certos aspetos ligados à delimitação da matéria de facto relevante encontram previsão específica na regulamentação da revista, como o demonstram o nº 3 do art. 674º e o nº 3 do art. 682º.

3. Detetada alguma nulidade decisória que afete o acórdão recorrido, o Supremo, nuns casos, decidirá em regime de substituição (arts. 684º, nº 1 e 615º, nº 2, als. als. c), e) e 2ª parte da al. d)), noutros casos, *máxime* quando a nulidade corresponder a omissão de pronúncia, limitar-se-á a cassar a decisão, remetendo os autos para a Relação.

4. Atenta a expressa exclusão do art. 665º, considera-se afastada a possibilidade de o Supremo Tribunal de Justiça se substituir de imediato à Relação nos casos em que esta tenha deixado de apreciar determinada questão por considerá-la prejudicada pela solução dada a outras questões. Assim, se o Supremo revogar tal acórdão, em lugar da apreciação imediata da questão que ficou prejudicada (o que está previsto para os casos em que a revogação é declarada pela Relação relativamente a uma decisão de 1ª instância), impõe-se a remessa dos autos à Relação, atenta a inaplicabilidade do nº 2 do art. 665º à revista (cf., desenvolvidamente, Abrantes Geraldes, *Recursos no NCPC*, 5ª ed., pp. 425-427).

5. Esta resposta não é, contudo, pacífica, opondo-se-lhe Teixeira de Sousa, em "Recurso de revista: cassação ou substituição", em *https://blogippc.blogspot.com*, com o argumento de que "a solução para o problema de saber em que condições o STJ pode substituir-se à Relação na apreciação de uma questão prejudicada deve retirar-se do disposto no art. 682º, nº 3, do CPC (cuja aplicação é expressamente determinada pela parte final do art. 679º do CPC): a remessa para a Relação só se justifica quando o Supremo entenda que a decisão de facto pode e deve ser ampliada, em ordem a constituir base suficiente para a decisão da questão prejudicada, isto é, quando não disponha de matéria de facto suficiente para conhecer dessa questão. Sendo assim, havendo no processo todos os elementos suficientes, nada impede que o Supremo se possa pronunciar sobre a questão prejudicada: é isso que resulta do estabelecido no nº 1 do art. 682º do CPC."

6. Cremos, no entanto, que persistem os argumentos a favor da primeira via, os quais, de resto, foram acolhidos na fundamentação do ***AUJ nº 11/15*** e em diversos outros arestos do Supremo (STJ 4-4-17, 5371/15). Nesta eventualidade, o novo recurso de revista que venha a ser interposto deve ser atribuído ao mesmo relator, atento o regime do art. 218º.

7. Para mais desenvolvimentos e esclarecimentos sobre a aplicabilidade ou não do art. 665º, cf. Abrantes Geraldes, *ob. cit.*, pp. 421-427.

ARTIGO 680º
Junção de documentos e pareceres

1 – Com as alegações podem juntar-se documentos supervenientes, sem prejuízo do disposto no nº 3 do artigo 674º e no nº 2 do artigo 682º.

2 – À junção de pareceres é aplicável o disposto no nº 2 do artigo 651º.

1. É mais restrita a possibilidade de apresentação de documentos, em comparação com o regime previsto para a apelação no art. 651º. No que concerne aos pareceres de jurisconsultos, ficou clara a faculdade de junção até ao início do prazo para a elaboração do projeto de acórdão pelo relator.

ARTIGO 681º
Alegações orais

1 – Pode o relator, oficiosamente ou a requerimento fundamentado de alguma das partes, determinar a realização de audiência para discussão do objeto do recurso.

2 – No dia marcado para a audiência ouvem-se as partes que tiverem comparecido, não havendo lugar a adiamentos.

3 – O presidente declara aberta a audiência e faz uma exposição sumária sobre o objeto do recurso, enunciando as questões que o tribunal entende deverem ser discutidas.

4 – O presidente dá a palavra aos mandatários do recorrente e do recorrido para se pronunciarem sobre as questões referidas no número anterior.

1. O relator apenas designará audiência oral quando vislumbrar algum interesse nisso, sem que tenha de aderir necessariamente ao requerimento da parte.

ARTIGO 682º
Termos em que julga o tribunal de revista

1 – Aos factos materiais fixados pelo tribunal recorrido, o Supremo Tribunal de Justiça aplica definitivamente o regime jurídico que julgue adequado.

2 – A decisão proferida pelo tribunal recorrido quanto à matéria de facto não pode ser alterada, salvo o caso excecional previsto no nº 3 do artigo 674º.

3 – O processo só volta ao tribunal recorrido quando o Supremo Tribunal de Justiça entenda que a decisão de facto pode e deve ser ampliada, em ordem a constituir base suficiente para a decisão de direito, ou que ocorrem contradições na decisão sobre a matéria de facto que inviabilizam a decisão jurídica do pleito.

1. O preceito assenta numa distinção fundamental entre questão de facto e questão de direito, fixando a regra segundo a qual a competência do Supremo é circunscrita à aplicação do direito aos factos que as instâncias fixaram. Consequentemente, como regra geral, o Supremo não pode modificar a decisão da matéria de facto, com exceção dos casos em que exista ofensa de lei expressa que exija certa espécie de prova para a existência do facto ou que fixe a força de determinado meio de prova (art. 674º, nº 3). Afinal, em qualquer destes casos, os erros cometidos acabam por se reconduzir também a verdadeiros erros de direito, sujeitos, assim, à intervenção do Supremo.

2. Se se verificar a necessidade de ser ampliada a matéria de facto, por forma a permitir a correta aplicação do direito, o Supremo determina a remessa dos autos à Relação para que nesta (ou, por determinação desta, na 1ª instância) se apurem os factos que não foram objeto de decisão positiva ou negativa, enunciando antecipadamente, sempre que tal for possível, a solução que deve ser dada à questão de direito em causa, nos termos do art. 683º.

3. Outra exceção liga-se à necessidade de sanar alguma contradição na decisão sobre a matéria de facto que, atenta a sua essencialidade, inviabilize a correta aplicação do direito.

4. Em STJ 6-12-18, 3759/15, entendeu-se que o uso de expressões polissémicas na decisão sobre a matéria de facto, geradoras de ambiguidade, justificam, face ao disposto no nº 3, a ampliação e/ou a clarificação da decisão de facto em ordem a constituir base suficiente para a decisão de direito.

5. Para mais desenvolvimentos, cf. Abrantes Geraldes, *Recursos no NCPC*, 5ª ed., pp. 431-436.

ARTIGO 683º
Novo julgamento no tribunal *a quo*

1 – No caso excecional a que se refere o nº 3 do artigo anterior, o Supremo Tribunal de Justiça, depois de definir o direito aplicável, manda julgar novamente a causa, em harmonia com a decisão de direito, pelos mesmos juízes que intervieram no primeiro julgamento, sempre que possível.

2 – Se, por falta ou contradição dos elementos de facto, o Supremo Tribunal de Justiça não puder fixar com precisão o regime jurídico a aplicar, a nova decisão admite recurso de revista, nos mesmos termos que a primeira.

1. Confrontando-se com uma situação em que a aplicação do direito ao caso concreto se mostre prejudicada pela deficiente seleção dos factos que não possa ser oficiosamente superada (*v.g.* atendendo ao acordo estabelecido ou ao teor de documento ou confissão com força probatória plena), o Supremo, em lugar de se limitar a ordenar a repetição do julgamento, deve pronunciar-se sobre o direito aplicável, o que exercerá força vinculativa sobre as instâncias.

2. Se a falha no que concerne à matéria de facto for de tal modo grave que impossibilite a fixação do regime jurídico, mesmo lançando mão de enquadramentos legais alternativos, mais não resta do que ordenar a repetição do julgamento, cujo resultado será passível de revista nos termos gerais.

3. Conforme estabelece o art. 218º, o eventual recurso que seja interposto do novo acórdão da Relação será atribuído ao mesmo relator do Supremo.

ARTIGO 684º
Reforma do acórdão no caso de nulidades

1 – Quando for julgada procedente alguma das nulidades previstas nas alíneas c) e e) e na segunda parte da alínea d) do nº 1 do artigo 615º ou quando o acórdão se mostre lavrado contra o vencido, o Supremo Tribunal de Justiça supre a nulidade, declara em que sentido a decisão deve considerar-se modificada e conhece dos outros fundamentos do recurso.

2 – Se proceder alguma das restantes nulidades do acórdão, manda-se baixar o processo, a fim de se fazer a reforma da decisão anulada, pelos mesmos juízes quando possível.

3 – A nova decisão que vier a ser proferida, de harmonia com o disposto no número anterior, admite recurso de revista nos mesmos termos que a primeira.

1. A substituição face ao tribunal recorrido está prescrita para as nulidades previstas no art. 615º, nº 1, als. c), e) e na 2ª parte da al. d). Já quando decorrerem da falta de especificação dos fundamentos de facto ou de direito, de omissão de pronúncia ou quando houver falta de vencimento, nos termos do art. 666º, nº 1, *in fine*, vigora o regime de cassação.

2. O mesmo ocorrerá, numa situação paralela, quando a Relação tenha deixado de se pronunciar sobre determinada questão, por ter ficado prejudicada pela solução dada ao pleito, atenta a inaplicabilidade à revista do nº 2 do art. 665º (art. 679º). Aliás, tal remessa não depende sequer da prévia ampliação do objeto do recurso, ao abrigo do art. 636º, como se decidiu ficou expresso na fundamentação do ***AUJ nº 11/15***.

ARTIGO 685º
Nulidades dos acórdãos

É aplicável ao acórdão do Supremo Tribunal de Justiça o disposto no artigo 666º.

1. Uma vez que o acórdão do Supremo é insuscetível de qualquer recurso ordinário, eventual nulidade que o afete deve ser arguida nos termos do art. 615º, nº 4, sendo apreciada pela conferência, nos termos do art. 666º, nº 2.

SECÇÃO III
Julgamento ampliado da revista

ARTIGO 686º
Uniformização de jurisprudência

1 – O Presidente do Supremo Tribunal de Justiça determina, até à prolação do acórdão, que o julgamento do recurso se faça com intervenção do pleno das secções cíveis, quando tal se revele necessário ou conveniente para assegurar a uniformidade da jurisprudência.

2 – O julgamento alargado, previsto no número anterior, pode ser requerido por qualquer das partes e deve ser proposto pelo relator, por qualquer dos adjuntos, pelos presidentes das secções cíveis ou pelo Ministério Público.

3 – O relator, ou qualquer dos adjuntos, propõe obrigatoriamente o julgamento ampliado da revista quando verifique a possibilidade de vencimento de solução jurídica que esteja em oposição com jurisprudência uniformizada, no domínio da mesma legislação e sobre a mesma questão fundamental de direito.

4 – A decisão referida no nº 1 é definitiva.

1. O julgamento ampliado da revista revelar-se-á "*necessário*" quando seja provável o vencimento de uma solução jurídica que esteja em oposição com jurisprudência uniformizada no domínio da mesma legislação e sobre a mesma questão fundamental de direito.

2. A submissão da revista a julgamento ampliado pode ainda verificar-se quando tal se mostre "*conveniente*", integrando situações em que seja indesejável a ocorrência de uma contradição jurisprudencial ao nível do Supremo ou mesmo a persistência de divergência jurisprudencial já efetiva; outrossim, quando o ordenamento jurídico tenha sido sujeito a modificações que careçam de clarificação ou seja visível uma modificação substancial da realidade que se verificava no momento em que foi assumida a anterior jurisprudência uniformizada.

3. O julgamento ampliado da revista deve ser proposto ao Presidente do Supremo, por iniciativa do relator ou por sugestão dos adjuntos ou do presidente da secção, e pode ser requerido por qualquer das partes ou pelo Ministério Público, com a necessária fundamentação. Obviamente que qualquer requerimento apenas pode ser apresentado até à prolação do acórdão e nunca depois (questão que, apesar da sua clareza, foi submetida ao Trib. Const., Ac. nº 383/2009).

4. Para mais desenvolvimentos, cf. Abrantes Geraldes, *Recursos no NCPC*, 5ª ed., pp. 443-461.

ARTIGO 687º
Especialidades no julgamento

1 – Determinado o julgamento pelas secções reunidas, o processo vai com vista ao Ministério Público, por 10 dias, para emissão de parecer sobre a questão que origina a necessidade de uniformização da jurisprudência.

2 – Se a decisão a proferir envolver alteração de jurisprudência anteriormente uniformizada, o relator ouve previamente as partes caso estas não tenham tido oportunidade de se pronunciar sobre o julgamento alargado, sendo aplicável o disposto no artigo 681º.

3 – Após a audição das partes, o processo vai com vista simultânea a cada um dos juízes que devam intervir no julgamento, aplicando-se o disposto nos nºs 2 e 3 do artigo 657º.

4 – O julgamento só se realiza com a presença de, pelo menos, três quartos dos juízes em exercício nas secções cíveis.

5 – O acórdão proferido pelas secções reunidas sobre o objeto da revista é publicado na 1ª Série do Diário da República.

1. Determinado o julgamento ampliado da revista, abrir-se-á nos autos vista ao Ministério Público. A posterior evolução processual varia de acordo com o que se projetar. Estando envolvida a alteração de anterior jurisprudência uniformizada, ouvir-se-ão as partes, se acaso as mesmas ainda não tiverem tido a oportunidade de se pronunciar.

2. O julgamento do recurso ampliado de revista é feito pelos juízes que integram o pleno das secções cíveis, cuja função, assinalada no art. 53º, al. c), da LOSJ, envolve a uniformização de jurisprudência cível, devendo intervir no julgamento, pelo menos, três quartos dos juízes em exercício de funções nas secções cíveis.

3. Apesar da solenidade que os rodeia, os acórdãos de uniformização de jurisprudência (AUJ) não são vinculativos para quaisquer tribunais. Trata-se de uma afirmação que, neste momento, não apresenta qualquer polémica quer na doutrina, quer na jurisprudência. Todavia, a lei não deixa de lhes atribuir um especial relevo, conferindo-lhe implicitamente força persuasiva, como decorre de algumas disposições que regulam a admissibilidade de recursos: arts. 629º, nº 2, als. c) e d), 671º, nº 2, al. b), 672º, nº 1, al. c) e 686º, nº 3 (STJ 12-5-16, 982/10).

4. Conforme foi assinalado em STJ 3-10-06, 06A2334, os acórdãos para uniformização de jurisprudência devem exercer "nos aplicadores da lei um efeito persuasivo que só deverá ser quebrado caso novos e decisivos argumentos, razões ou circunstâncias, não abordados no acórdão uniformizador, venham abrir espaço a uma outra diferente solução."

5. Sobre a problemática da aplicação no tempo dos acórdãos uniformizadores de jurisprudência, cf. STJ 16-2-16, 135/12 e Teixeira de Sousa, "Aplicação no tempo dos acórdãos de uniformização de jurisprudência", em *https://blogippc.blogspot.com.*

6. Para mais desenvolvimentos, cf. Abrantes Geraldes, *Recursos no NCPC*, 5ª ed., pp. 462-468 e "Uniformização de jurisprudência cível", em *Estudos em Homenagem ao Prof. Doutor José Lebre de Freitas*, vol. I, pp. 613 e ss.

CAPÍTULO IV
Recurso para uniformização de jurisprudência

ARTIGO 688º
Fundamento do recurso

1 – As partes podem interpor recurso para o pleno das secções cíveis quando o Supremo Tribunal de Justiça proferir acórdão que esteja em contradição com outro anteriormente proferido pelo mesmo tribunal, no domínio da mesma legislação e sobre a mesma questão fundamental de direito.

2 – Como fundamento do recurso só pode invocar-se acórdão anterior com trânsito em julgado, presumindo-se o trânsito.

3 – O recurso não é admitido se a orientação perfilhada no acórdão recorrido estiver de acordo com jurisprudência uniformizada do Supremo Tribunal de Justiça.

1. A matéria dos recursos cíveis e, em concreto, a respeitante ao recurso extraordinário para uniformização de jurisprudência encontra-se detalhada em Abrantes Geraldes, *Recursos no Novo CPC*, 5ª ed., com extensa e atualizada ilustração jurisprudencial e doutrinal.

2. O recurso extraordinário para uniformização de jurisprudência depende dos seguintes vetores fundamentais: contradição entre o acórdão recorrido e outro acórdão do Supremo relativamente à mesma questão fundamental de direito; carácter essencial da questão em que se manifesta a divergência relativamente a ambos os arestos; identidade substantiva do quadro normativo em que se insere a questão; trânsito em julgado de ambos os acórdãos, presumindo-se este relativamente ao acórdão fundamento. É fator impeditivo do recurso a circunstância de o acórdão recorrido ter adotado jurisprudência anteriormente uniformizada pelo Supremo.

3. O facto de se tratar de recurso que põe em causa o caso julgado formado sobre um acórdão do Supremo justifica o rigor com que a lei define os requisitos legais e explica também a tendência para uma interpretação rigorosa do pressuposto da contradição, sendo de exigir, na prática, que o acórdão em causa seja incompatível com a manutenção da orientação definida noutro acórdão do Supremo. Os arestos que se encontram publicados e que são identificados em Abrantes Geraldes, *ob. cit.*, pp. 471 e 472, ilustram bem este condicionalismo.

ARTIGO 689º
Prazo para a interposição

1 – O recurso para uniformização de jurisprudência é interposto no prazo de 30 dias, contados do trânsito em julgado do acórdão recorrido.

2 – O recorrido dispõe de prazo idêntico para responder à alegação do recorrente, contado da data em que tenha sido notificado da respetiva apresentação.

1. O direito do interessado preclude passados 30 dias depois do trânsito em julgado, o qual ocorre depois de decorrido o prazo para a arguição de nulidades ou do incidente de reforma do acórdão recorrido. Tendo havido arguição de nulidades ou tendo sido suscitada a reforma, o prazo conta-se do trânsito em julgado do respetivo acórdão. O prazo de 30 dias é de natureza processual, seguindo o regime do art. 138º, sendo, por isso, de verificação oficiosa.

2. A parte contrária tem o direito de responder quer quanto aos aspetos de ordem formal (admissibilidade, tempestividade, legitimidade, etc.), quer quanto aos de ordem material ligados aos fundamentos do recurso.

ARTIGO 690º
Instrução do requerimento

1 – O requerimento de interposição, que é autuado por apenso, deve conter a alegação do recorrente, na qual se identificam os elementos que determinam a contradição alegada e a violação imputada ao acórdão recorrido.

2 – Com o requerimento previsto no número anterior, o recorrente junta cópia do acórdão anteriormente proferido pelo Supremo Tribunal de Justiça, com o qual o acórdão recorrido se encontra em oposição.

Remissões: art. 637º (requisitos do requerimento de interposição de recurso).

1. O recorrente deve isolar a questão ou questões que foram objeto de decisões contraditórias no domínio da mesma legislação. Com o requerimento (e com as alegações) deve também ser apresentada cópia do acórdão-fundamento que, na tese do recorrente, justifica a existência de contradição de julgados, apurada pelo mero confronto entre esse acórdão e o acórdão recorrido proferido no processo principal.

2. Uma vez que o art. 688º, nº 2, faz presumir o trânsito em julgado do acórdão-fundamento, o recorrente não tem de demonstrar este concreto requisito, mencionado nos arts. 629º, nº 2, als. c) e d) e 672º, nº 1, al. c).

ARTIGO 691º
Recurso por parte do Ministério Público

O recurso de uniformização de jurisprudência deve ser interposto pelo Ministério Público, mesmo quando não seja parte na causa, mas, neste caso, não tem qualquer influência na decisão desta, destinando-se unicamente à emissão de acórdão de uniformização sobre o conflito de jurisprudência.

1. O preceito vem concretizar a legitimidade extraordinária concedida ao Ministério Público, que agirá com o único intuito de estabelecer jurisprudência uniformizada. No entanto, diversamente do que decorre da regra geral, o resultado alcançado com o julgamento do recurso não terá qualquer influência na decisão recorrida, projetando-se apenas para o futuro, no que concerne à resolução de casos idênticos. Trata-se, afinal, de um recurso interposto no puro interesse da lei.

2. Para mais desenvolvimentos, cf. Abrantes Geraldes, *Recursos no NCPC*, 5ª ed., pp. 486 e 487.

ARTIGO 692º
Apreciação liminar

1 – Recebidas as contra-alegações ou expirado o prazo para a sua apresentação, é o processo concluso ao relator para exame preliminar, sendo o recurso rejeitado, além dos casos previstos no nº 2 do artigo 641º, sempre que o recorrente não haja cumprido os ónus estabelecidos no artigo 690º, não exista a oposição que lhe serve de fundamento ou ocorra a situação prevista no nº 3 do artigo 688º.

2 – Da decisão do relator pode o recorrente reclamar para a conferência.

3 – Findo o prazo de resposta do recorrido, a conferência decide da verificação dos pressupostos do recurso, incluindo a contradição invocada como seu fundamento.

4 – O acórdão da conferência previsto no número anterior é irrecorrível, sem prejuízo de o pleno das secções cíveis, ao julgar o recurso, poder decidir em sentido contrário.

5 – Admitido o recurso, o relator envia o processo à distribuição.

Remissões: art. 652º, nº 2 (composição da conferência); art. 56º, nº 1 e nº 2, da LOSJ (composição da conferência).

1. O requerimento de interposição do recurso é sujeito à apreciação liminar do relator do acórdão recorrido. Deve indeferir liminarmente o recurso: se a decisão não admite recurso; se tiver sido interposto fora do prazo, por não se ter verificado ainda o trânsito em julgado do acórdão recorrido (prematuridade) ou ter sido excedido o prazo de 30 dias após esse trânsito (extemporaneidade); se o recorrente não tiver as condições necessárias para recorrer; se o requerimento não contiver ou não vier acompanhado das alegações do recorrente ou estas não tiverem conclusões; se não tiverem sido identificados os elementos determinantes da contradição jurisprudencial ou as especificações sobre a violação imputada ao acórdão recorrido; se não for apresentada cópia ou certidão do acórdão fundamento; se não se verificar a alegada divergência jurisprudencial ou se esta já tiver sido resolvida por acórdão de uniformização.

2. Da decisão do relator cabe reclamação para a conferência. Admitido o recurso, será sujeito a nova distribuição, na 6ª espécie do art. 215º, posto que, ainda assim, não vincule o pleno das secções cíveis.

3. Para mais desenvolvimentos, cf. Abrantes Geraldes, *Recursos no NCPC*, 5ª ed., pp. 485-491.

ARTIGO 693º
Efeito do recurso

O recurso para uniformização de jurisprudência tem efeito meramente devolutivo.

1. O efeito do recurso é meramente devolutivo, pelo que os efeitos decorrentes do acórdão recorrido produzir-se-ão naturalmente, sem que a pendência e a tramitação do recurso tenham qualquer implicação imediata. Além disso, os efeitos jurídicos entretanto consumados nem sequer sofrem a interferência da decisão uniformizadora, ainda que esta revogue o acórdão recorrido (art. 695º, nº 3).

ARTIGO 694º
Prestação de caução

Se estiver pendente ou for promovida a execução da sentença, não pode o exequente ou qualquer credor ser pago em dinheiro ou em quaisquer bens sem prestar caução.

Remissões: art. 704º, nº 3 (pagamento em execução de sentença pendente de recurso); art. 915º (prestação de caução).

1. O efeito meramente devolutivo nem sequer obsta a que seja instaurada ação executiva, ainda que o exequente não possa ser pago sem prestar caução.

ARTIGO 695º
Julgamento e termos a seguir quando o recurso é procedente

1 – Ao julgamento do recurso é aplicável o disposto no artigo 687º, com as necessárias adaptações.

2 – Sem prejuízo do disposto no artigo 691º, a decisão que verifique a existência da contradição jurisprudencial revoga o acórdão recorrido e substitui-o por outro em que se decide a questão controvertida.

3 – A decisão de provimento do recurso não afeta qualquer sentença anterior à que tenha sido impugnada nem as situações jurídicas constituídas ao seu abrigo.

Remissões: arts. 687º e 688º (julgamento ampliado da revista).

1. Admitido o recurso extraordinário por despacho do relator (ou por deliberação da conferência) e feita a distribuição ao novo relator, nos termos do art. 692º, nº 5, o processo vai com vista ao Ministério Público para emissão de parecer, nos termos do art. 687º, nº 1, a não ser que este tenha tido intervenção como recorrente ou como recorrido.

2. Elaborado o projeto de acórdão e posto em tabela para julgamento, este far-se-á com intervenção de um quórum mínimo de três quartos dos juízes em exercício de funções nas secções cíveis.

3. Sobre a problemática da aplicação no tempo dos acórdãos uniformizadores de jurisprudência, cf. STJ 16-2-16, 135/12 e Teixeira de Sousa, "Aplicação no tempo dos acórdãos de uniformização de jurisprudência", em *https://blogippc.blogspot.com.*

CAPÍTULO V
Revisão

ARTIGO 696º
Fundamentos do recurso

A decisão transitada em julgado só pode ser objeto de revisão quando:

a) Outra sentença transitada em julgado tenha dado como provado que a decisão resulta de crime praticado pelo juiz no exercício das suas funções;

b) Se verifique a falsidade de documento ou ato judicial, de depoimento ou das declarações de peritos ou árbitros, que possam, em qualquer dos casos, ter determinado a decisão a rever, não tendo a matéria sido objeto de discussão no processo em que foi proferida;

c) Se apresente documento de que a parte não tivesse conhecimento, ou de que não tivesse podido fazer uso, no processo em que foi proferida a decisão a rever e que, por si só, seja suficiente para modificar a decisão em sentido mais favorável à parte vencida;

d) Se verifique nulidade ou anulabilidade de confissão, desistência ou transação em que a decisão se fundou;

e) Tendo corrido o processo à revelia, por falta absoluta de intervenção do réu, se mostre que:

i) Faltou a citação ou que é nula a citação feita;

ii) O réu não teve conhecimento da citação por facto que não lhe é imputável;

iii) O réu não pode apresentar a contestação por motivo de força maior;

f) Seja inconciliável com decisão definitiva de uma instância internacional de recurso vinculativa para o Estado Português;

g) O litígio assente sobre ato simulado das partes e o tribunal não tenha feito uso do poder que lhe confere o artigo 612º, por se não ter apercebido da fraude.

h) Seja suscetível de originar a responsabilidade civil do Estado por danos emergentes do exercício da função jurisdicional, verificando-se o disposto no artigo seguinte.

(Alterado pela Lei nº 117/19, de 13-9)

Remissões: art. 188º (falta de citação); art. 191º (nulidade da citação); art. 631º, nº 3 (legitimidade no caso da al. g)); art. 696º-A (responsabilidade civil do Estado); art. 697º (prazo).

1. A matéria dos recursos cíveis e, em concreto, a do recurso extraordinário de revisão de sentença encontra-se detalhada em Abrantes Geraldes, *Recursos no Novo CPC*, 5ª ed.

2. O recurso de revisão pode incidir sobre qualquer decisão judicial, independentemente da sua natureza ou objeto, assim como da categoria do tribunal de onde emana, exigindo-se que tenha transitado em julgado (cf. Lebre de Freitas, "Recurso extraordinário: recurso ou ação", em *As Recentes Reformas na Acão Executiva e nos Recursos*, pp. 25 e ss.). Com este regime, pretende assegurar-se o primado da justiça sobre a segurança em situações limite, sob pena de se abalar clamorosamente o princípio da desejada justiça material (STJ 17-9-09, 09S0318).

3. O fundamento de revisão previsto na al. a) deve traduzir-se em sentença transitada em julgado confirmativa da ocorrência de crime praticado pelo juiz no exercício das funções.

4. Na al. b) prevêem-se fundamentos ligados à falsidade dos meios de prova em geral, exigindo-se que a matéria não tenha sido objeto de discussão no próprio processo e que a sua valoração tenha sido causal da decisão a rever (STJ 7-4-11, 1242-L/1998). A falsidade, no caso de depoimentos de testemunhas e/ou peritos, tem de estar verificada no local próprio, o que significa que, a montante, terá existido um processo cível ou criminal em que aquela tenha sido demonstrada, o que implica a existência de uma sentença transitada em julgado nesse sentido, e que entre os depoimentos e a decisão a rever haja uma relação de causa e efeito (STJ 14-7-16, 241/10; contra: STJ 13-12-17, 2178/04). No que concerne aos documentos, a impugnação da sua genuinidade ou da sua força probatória está prevista nos arts. 444º e 446º, de modo que, conhecendo os vícios, a parte contra quem os documentos são apresentados tem o ónus de suscitar tais incidentes, sob pena de preclusão. O mesmo se diga em relação à falsidade de ato judicial (art. 451º).

5. O acesso ao recurso de revisão ao abrigo da al. c) apenas pode ser permitido nos casos em que não tenha sido objetiva ou subjetivamente possível à parte apresentar o documento a tempo de interferir no resultado declarado na decisão revidenda (cf. STJ 19-12-18, 179/14). Não basta que o documento legitimador da revisão tenha a virtualidade de abalar a matéria de facto fixada na decisão recorrida, devendo ser de tal modo antagónico com aquela, no seu alcance probatório, que justifique, sem qualquer relação com a prova produzida no processo, a decisão em sentido contrário (requisito da suficiência) (STJ 19-10-17, 181/09, STJ 13-7-10, 480/03, STJ 17-9-09, 09S0318 e RL 6-7-17, 2178/04). Uma sentença judicial não pode servir de fundamento a recurso extraordinário de revisão por não poder ser qualificada como um documento (RL 10-4-18, 2020/12).

6. O Ac. do Trib. Const. nº 542/2019 decidiu não julgar inconstitucional a conjugação dos arts. 696º, al. c), e 697º, nº 2, quando interpretados no sentido de que o direito a interpor recurso extraordinário de revisão de decisão judicial, proferida no âmbito do direito civil, com efeitos meramente patrimoniais, com fundamento na apresentação de documento de que a parte não tivesse podido fazer uso, caduca se tiverem decorrido 5 anos sobre o trânsito em julgado da decisão.

7. Quanto ao fundamento da al. d), deve ligar-se diretamente ao disposto no art. 291º, que abre ao interessado duas possibilidades de uso alternativo: instauração de ação para declaração da invalidade ou interposição de recurso de revisão.

8. A al. e) foi alterada pela Lei nº 117/19, de 13-9, no sentido do reforço dos mecanismos de impugnação das sentenças proferidas à revelia, passando a abarcar não apenas os casos de falta ou de nulidade da citação, mas ainda outras situações em que se revele o desconhecimento não culposo da ação, por forma a dar satisfação a exigências da justiça e a aproximar o nosso sistema de parâmetros que vigoram no direito europeu. Admite-se, assim, como fundamento do recurso extraordinário de revisão, a par dos casos da falta ou nulidade da citação do réu, o desconhecimento não culposo da citação que tenha sido realizada e casos de invocação de motivo de força maior para a não apresentação da contestação. A alteração destinou-se a cumprir também exigências colocadas pelo Regulamento nº 805/2004, de 21-4-2004, que cria o título executivo europeu para créditos não contestados (máxime no seu art. 19º, interpretado nos termos do TJUE de 17-12-15, C-300/14, *Imtech Marine Belgium/Radio Hellenic*), permitindo, deste modo, aos tribunais portugueses certificar as decisões proferidas em processos em que se tenha verificado a revelia do réu como título executivo europeu.

9. A al. f) envolve a verificação de uma decisão definitiva de uma instância internacional de recurso que seja vinculativa para o Estado Português (em STJ 4-7-17,

5817/07, apreciou-se a delimitação dos casos em que a decisão é ou não é inconciliável com outra decisão de instância internacional, *in casu*, decisão do TEDH).

10. Na al. g) inscrevem-se os casos de simulação processual não detetada pelo tribunal, nos termos do art. 612º.

11. Com a introdução do fundamento previsto na al. h) procurou-se solucionar um delicado problema da dualidade de regimes que vigorava no ordenamento jurídico português no domínio da responsabilidade do Estado pelo exercício da função jurisdicional e que ficou exposto pela prolação do acórdão do TJUE, de 9-9-15, no proc. C-160/14. Com efeito, nos casos em que a decisão danosa violasse direito europeu, não era aplicável a condição da sua revogação prévia; já quando se invocasse a violação de direito interno o regime jurídico da responsabilidade civil do Estado por atos jurisdicionais resultante da Lei nº 67/07, de 31-12, pressupunha a prévia revogação da decisão. Essa duplicidade de regimes foi suprimida através da introdução da possibilidade prática de se obter a revogação da decisão danosa, que constitui a causa do dano extracontratual pela prática de atos jurisdicionais, através do recurso extraordinário de revisão, a que será acoplada, em caso de procedência da pretensão rescisória, a formulação do pedido de indemnização dirigido contra o Estado, nos termos do art. 13º daquele.

12. Assim, transitada em julgado a decisão motivadora da invocação da referida responsabilidade civil do Estado, desde que o recorrente não tenha contribuído por ação ou por inércia para o vício que imputa a tal decisão causadora dos danos na sua esfera jurídica, está habilitado a interpor recurso de revisão no âmbito do qual pode ser alcançada a revogação e, ato seguido, deduzida a correspondente pretensão indemnizatória, nos termos do art. 696º-A.

13. Para mais desenvolvimentos, cf. Abrantes Geraldes, *Recursos no NCPC*, 5ª ed., pp. 496-501.

ARTIGO 696º-A
Responsabilidade civil do Estado

1 – A revisão de decisão transitada em julgado no caso previsto na alínea h) do artigo anterior só é admissível se o recorrente:

a) Não tiver contribuído, por ação ou omissão, para o vício que imputa à decisão; e

b) Tiver esgotado todos os meios de impugnação da decisão quanto à matéria suscetível de originar a responsabilidade civil do Estado.

2 – O recurso previsto no número anterior é interposto também contra o Estado.

(Aditado pela Lei nº 117/19, de 13-9)

Remissões: art. 701º-A (pedido de indemnização contra o Estado); art. 967º (ação de indemnização contra magistrados); Lei nº 67/07, de 31-12 (responsabilidade civil extracontratual do Estado).

1. O recurso de revisão sustentado na responsabilidade do Estado por atos jurisdicionais está condicionado pela análise do comportamento do recorrente, sendo impedido quando tenha contribuído, de forma ativa ou passiva, para o vício que imputa à decisão e, além disso, enquanto não se mostrarem esgotados os meios de impugnação.

A identificação e o esgotamento destes meios impugnatórios podem variar:

a) Interposição de recurso para a Relação ou para o Supremo Tribunal de Justiça (incluindo, neste caso, a revista excecional), quando seja admissível;

b) Eventual arguição de nulidade da decisão ou pedido de reforma da decisão, nos casos em que o recurso não é admissível;

c) Reclamação para a conferência quando a primitiva decisão tenha sido proferida pelo relator na Relação ou no Supremo;

d) Interpelação do Pleno das Secções Cíveis do Supremo, se acaso estiver em causa matéria sujeita a divergência jurisprudencial dentro do Supremo Tribunal de Justiça.

2. Tendo em conta que a interposição do recurso de revisão e a subsequente procedência do pedido constituem requisitos imprescindíveis à dedução de pretensão indemnizatória contra o Estado, a este é conferida legitimidade processual, permitindo que sejam apreciados os fundamentos de defesa quanto a tal pretensão instrumental relativamente ao pedido de indemnização.

ARTIGO 697º
Prazo para a interposição

1 – O recurso é interposto no tribunal que proferiu a decisão a rever.

2 – O recurso não pode ser interposto se tiverem decorrido mais de cinco anos sobre o trânsito em julgado da decisão, salvo se respeitar a direitos de personalidade, e o prazo para a interposição é de 60 dias, contados:

a) No caso da alínea a) do artigo 696º, do trânsito em julgado da sentença em que se funda a revisão;

b) No caso das alíneas f) e h) do artigo 696º, desde que a decisão em que se funda a revisão se tornou definitiva ou transitou em julgado;

c) Nos outros casos, desde que o recorrente obteve o documento ou teve conhecimento do facto que serve de base à revisão.

3 – No caso da alínea g) do artigo 696º, o prazo para a interposição do recurso é de dois anos, contados desde o conhecimento da sentença pelo recorrente, sem prejuízo do prazo de cinco anos previsto no número anterior.

4 – Nos casos previstos na segunda parte do nº 3 do artigo 631º, o prazo previsto no nº 2 não finda antes de decorrido um ano sobre a aquisição da capacidade por parte do incapaz ou sobre a mudança do seu representante legal.

5 – Se, porém, devido a demora anormal na tramitação da causa em que se funda a revisão existir risco de caducidade, pode o interessado interpor

recurso mesmo antes de naquela ser proferida decisão, requerendo logo a suspensão da instância no recurso, até que essa decisão transite em julgado.

6 – As decisões proferidas no processo de revisão admitem os recursos ordinários a que estariam originariamente sujeitas no decurso da ação em que foi proferida a sentença a rever.

(Alterado pela Lei nº 117/19, de 13-9)

Remissões: art. 138º, nº 4 (contagem do prazo).

1. No que concerne aos prazos de interposição, há que ponderar, em primeiro lugar, que não podem exceder cinco anos depois do trânsito em julgado da decisão revidenda, a não ser que o pedido de revisão respeite a direitos de personalidade. Todavia, neste caso, o recurso de revisão não deixa de estar sujeito ao prazo de 60 dias do nº 1 (Rui Pinto, *CPC anot.*, vol. II, p. 409).

2. Dentro daquele prazo, funciona um outro, bem mais curto, de 60 dias, cujo início depende do fundamento da revisão. Quando o fundamento se integra na al. a) do art. 696º, conta-se a partir do trânsito em julgado da decisão reveladora da prática do crime causal da decisão; nos casos das als. b), c), d) e e), o prazo conta-se a partir do conhecimento de algum desses factos. Fundando-se nas als. f) e h), é a partir da data em que a decisão se tornou definitiva. Por fim, na situação da al. g), o prazo amplia-se para dois anos a partir do momento em que o interessado teve conhecimento da sentença. Este conhecimento pressupõe o acesso ao teor integral da sentença e um prazo de 10 dias para sua análise e do processado que a precedeu (STJ 15-12-11, 1065/08). Além disso, se a revisão for requerida por aquele que, sendo incapaz, interveio no processo por intermédio do seu representante legal, o prazo não finda antes de decorrido um ano sobre a aquisição da capacidade ou a mudança de representante (nº 4).

3. A norma do nº 5 veio responder a uma questão ligada à natural ou anormal morosidade da ação em que se invoquem factos que constituam fundamento de revisão, como sucede nos casos das als. a) ou f). Sem prejudicar a contagem do prazo de caducidade, *máxime* no que concerne ao prazo-limite de 5 anos, o interessado tem o ónus de interpor o recurso de revisão dentro do prazo, ainda que suscitando a suspensão da instância até que transite em julgado a decisão que se pretende apresentar como fundamento da revisão.

4. O Ac. do Trib. Const. nº 542/2019 decidiu não julgar inconstitucional a conjugação dos arts. 696º, al. c), e 697º, nº 2, quando interpretados no sentido de que o direito a interpor recurso extraordinário de revisão de decisão judicial, proferida no âmbito do direito civil, com efeitos meramente patrimoniais, com fundamento na apresentação de documento de que a parte não tivesse podido fazer uso, caduca se tiverem decorrido 5 anos sobre o trânsito em julgado da decisão.

5. A lei não o refere explicitamente, mas estamos perante caducidade de conhecimento oficioso, o que decorre, por um lado, da natureza indisponível do direito que se pretende exercitar e, por outro, do facto de o art. 699º, nº 1, determinar a aplicação do art. 641º, nº 1, que incumbe ao juiz apreciar a oportunidade do requerimento de interposição do recurso.

6. Para mais desenvolvimentos, cf. Abrantes Geraldes, *Recursos no NCPC*, 5ª ed., pp. 502-504.

7. Sobre a obrigatoriedade de constituição de advogado neste processo, cf. nota 3 ao art. 40º.

ARTIGO 698º
Instrução do requerimento

1 – No requerimento de interposição, que é autuado por apenso, o recorrente alega os factos constitutivos do fundamento do recurso e, no caso da alínea g) do artigo 696º, o prejuízo resultante da simulação processual.

2 – Nos casos das alíneas a), c), f) e g) do artigo 696º, o recorrente, com o requerimento de interposição, apresenta certidão, consoante os casos, da decisão ou do documento em que se funda o pedido.

1. Cumpre ao recorrente enunciar no requerimento de interposição do recurso os factos constitutivos respeitantes e instruí-lo com os documentos pertinentes. Caso os documentos que fundamentam o pedido de revisão sejam autênticos, cabe ao recorrente apresentar a respetiva certidão (RP 5-10-15, 402/12).

ARTIGO 699º
Admissão do recurso

1 – Sem prejuízo do disposto no nº 1 do artigo 641º, o tribunal a que for dirigido o requerimento indefere-o quando não tenha sido instruído nos termos do artigo anterior ou quando reconheça de imediato que não há motivo para revisão.

2 – Admitido o recurso, notifica-se pessoalmente o recorrido para responder no prazo de 20 dias.

3 – O recebimento do recurso não suspende a execução da decisão recorrida.

1. O requerimento inicial é submetido à apreciação liminar do juiz (ou do relator), seguindo-se, na parte em que for aplicável, o que dispõe o art. 641º. Será rejeitado, além do mais, se faltar a legitimidade ativa, se a decisão ainda não tiver transitado em julgado ou se tiver sido excedido algum dos prazos de caducidade previstos no art. 697º, nº 2.

2. A rejeição liminar pode fundar-se ainda na falta de junção dos elementos documentais que a lei impõe ou na falta de alegação de elementos de facto pertinentes para o preenchimento de cada um dos fundamentos de revisão se, neste caso, se verificar uma verdadeira situação de ineptidão traduzida na falta ou ininteligibilidade da causa de pedir. Ou ainda quando se constate que os factos alegados não preenchem os pressupostos da revisão, designadamente quando não conduzam ao resultado pretendido ou quando inexista uma relação de causalidade entre o facto e a decisão revidenda.

3. Em caso de indeferimento liminar, o meio próprio de reação é o recurso de apelação e não a reclamação do art. 643º (RG 8-6-15, 71934/12 e RP 19-4-10, 629-C/2001).

4. Admitido o recurso, é notificado pessoalmente o recorrido para responder em 20 dias. A falta de resposta não tem efeito cominatório, devendo o processo seguir a normal tramitação, nos termos do art. 700º.

5. O recurso não tem efeito suspensivo, embora, nos termos do art. 702º, se estiver pendente processo de execução, o exequente ou qualquer credor privilegiado apenas possa ser pago prestando caução que garanta a recomposição da situação se acaso a revisão proceder.

ARTIGO 700º
Julgamento da revisão

1 – Salvo nos casos das alíneas b), d) e g) do artigo 696º, o tribunal, logo em seguida à resposta do recorrido ou ao termo do prazo respetivo, conhece do fundamento da revisão, precedendo as diligências consideradas indispensáveis.

2 – Nos casos das alíneas b), d) e g) do artigo 696º, segue-se, após a resposta dos recorridos ou o termo do prazo respetivo, os termos do processo comum declarativo.

3 – Quando o recurso tenha sido dirigido a algum tribunal superior, pode este requisitar ao tribunal de 1ª instância, de onde o processo subiu, as diligências que se mostrem necessárias e que naquele não possam ter lugar.

1. Após o exercício do contraditório, nos casos previstos nas als. a), c), e) e f) do art. 696º, segue-se a decisão, eventualmente precedida das diligências que se revelarem indispensáveis.

2. Nos demais casos (als. b), d) e g)), seguem-se os termos do processo comum declarativo, envolvendo, para além do eventual saneamento do recurso, a produção de prova que se revelar pertinente para apuramento dos factos controvertidos.

3. Se acaso a competência couber à Relação ou ao Supremo, apenas podem ser requisitadas ao tribunal de 1ª instância (onde o processo correu) as diligências que, revelando-se necessárias para a apreciação da revisão, não possam ser realizadas no próprio tribunal.

ARTIGO 701º
Termos a seguir quando a revisão é procedente

1 – Nos casos previstos nas alíneas a) a f) e h) do artigo 696º, se o fundamento da revisão for julgado procedente, é revogada a decisão recorrida, observando-se o seguinte:

a) Nos casos das alíneas a), c) e f) do artigo 696º, profere-se nova decisão, procedendo-se às diligências absolutamente indispensáveis e dando-se a cada uma das partes o prazo de 20 dias para alegar por escrito;

b) Nos casos das alíneas b) e d) do artigo 696º, ordena-se que sigam os termos necessários para a causa ser novamente instruída e julgada, aproveitando-se a parte do processo que o fundamento da revisão não tenha prejudicado.

c) No caso da subalínea i) da alínea e) do artigo 696º, anulam-se os termos do processo posteriores à citação do réu ou ao momento em que devia ser feita e ordena-se que o réu seja citado para a causa;

d) Nos casos das subalíneas ii) e iii) da alínea e) do artigo 696º, anulam-se os termos do processo posteriores à citação do réu, seguindo os autos os seus termos;

e) No caso da alínea h) do artigo 696º, o recorrente é notificado para, no prazo de 30 dias, formular pedido de indemnização contra o Estado, seguindo-se o disposto no artigo seguinte.

2 – No caso da alínea g) do artigo 696º, se o fundamento da revisão for julgado procedente, anula-se a decisão recorrida.

(Alterado pela Lei nº 117/19, de 13-9)

1. Formulado positivamente um juízo rescisório, por verificação dos pressupostos da revisão, é revogada a decisão. No caso da al. g) do art. 686º, o efeito é a anulação. A tramitação posterior varia consoante as situações. Nos casos referidos nas als. a), c) e f) do art. 686º, é proferida nova decisão, depois de se realizarem as diligências indispensáveis e de ter sido conferida às partes a faculdade de alegarem por escrito, em 20 dias. No caso da al. e), anulam-se os termos do processo posteriores à citação ou ao momento em que a mesma deveria ter sido feita e determina-se a citação do réu para os termos da ação. Finalmente, nos casos da als. b) e d), a causa será de novo instruída e julgada, sem embargo do aproveitamento do processado que não tiver sido afetado pela revisão.

ARTIGO 701º-A
Pedido de indemnização contra o Estado

1 – Exercido o contraditório no prazo de 30 dias a contar da notificação do pedido de indemnização previsto na alínea e) do nº 1 do artigo anterior, o

processo continua, com a tramitação a definir pelo relator com base nos poderes de gestão processual e de adequação formal, para o apuramento da indemnização devida ao recorrente.

2 – O relator exerce, até ao julgamento, todas as funções que competem, em primeira instância, ao juiz de direito, com a possibilidade de reclamação para a conferência.

(Aditado pela Lei nº 117/19, de 13-9)

1. Formulado o pedido de indemnização, o Ministério Público, em representação do Estado (art. 4º, nº 1, al. b), do EMP), tem o ónus de contestar, no prazo de 30 dias, articulado em que, á semelhança do anterior, deve integrar os meios de prova que pretenda apresentar.

2. Segue-se a tramitação que for definida pelo juiz (quando o recurso de revisão corra na 1ª instância) ou pelo relator (quando a competência para a apreciação da revisão e do pedido de indemnização pertença à Relação ou ao Supremo Tribunal de Justiça). Para o efeito deve ser feito uso dos poderes de gestão processual ou de adequação formal, o que tanto se pode refletir na admissão de algum articulado posterior, como na dispensa de audiência prévia ou mesmo na dispensa de elaboração dos temas de prova se acaso a simplicidade do caso justificar a imediata sujeição a julgamento.

3. Correndo o recurso de revisão no tribunal de 1ª instância, toda a tramitação processual e o julgamento são da responsabilidade do respetivo juiz. Sendo a competência da Relação ou do Supremo Tribunal de Justiça, a direção do processo cabe ao relator, até ao julgamento, nos termos gerais do art. 652º.

ARTIGO 702º
Prestação de caução

Se estiver pendente ou for promovida a execução da sentença, não pode o exequente ou qualquer credor ser pago em dinheiro ou em quaisquer bens sem prestar caução.

Remissões: art. 704º, nº 3 (pagamento em execução de sentença pendente de recurso); art. 915º (caução como incidente).

1. Uma vez que o recurso não tem efeito suspensivo, a sentença revidenda pode ser executada.

2. Ao prescrever a prestação de caução, o preceito visa tutelar os interesses do recorrente que poderiam ser afetados se acaso a execução se consumasse antes de estar definitivamente decidida a respetiva revisão.

ÍNDICE IDEOGRÁFICO

(Reportado à anotação global a cada artigo ou a notas específicas numeradas)

ÍNDICE GERAL